新注釈民法
(6)

物 権(3)

§§295〜372

道垣内弘人

編 集

大村敦志・道垣内弘人・山本敬三

編集代表

有斐閣コンメンタール

本書のコピー，スキャン，デジタル化等の無断複製は著作権法上での例外を除き禁じられています。本書を代行業者等の第三者に依頼してスキャンやデジタル化することは，たとえ個人や家庭内での利用でも著作権法違反です。

『新注釈民法』の刊行にあたって

　『新注釈民法』の編集委員会が発足したのは，2010年秋のことであった。『注釈民法』（全26巻），『新版注釈民法』（全28巻）は，民法学界の総力を結集して企画され，前者は1964年に，後者は1988年に刊行が始まった。その後の立法・判例・学説の変遷を考えるならば，第三の注釈書が登場してよい時期が到来していると言えるだろう。

　編集にあたっては次の3点に留意した。

　第一に，『新版注釈民法』が『注釈民法』の改訂版であったのに対して，『新注釈民法』はこれらとは独立の新しい書物として企画した。形式的に見れば，この点は編集代表の交代に表れているが（『注釈民法』の編集代表は，中川善之助，柚木馨，谷口知平，於保不二雄，川島武宜，加藤一郎の6名，これを引き継いだ『新版注釈民法』の編集代表は，谷口知平，於保不二雄，川島武宜，林良平，加藤一郎，幾代通の6名であった），各巻の編集委員も新たにお願いし，各執筆者には『新版注釈民法』の再度の改訂ではなく新たな原稿の執筆をお願いした。もっとも，『注釈民法』『新版注釈民法』が存在することを踏まえて，これらを参照すれば足りる点については，重複を避けてこれらに委ねることとした。

　第二に，『新注釈民法』もまた，「判例に重きをおき，学説についてもその客観的状況を示して，現行の民法の姿を明らかにする」という基本方針を踏襲している。もっとも，判例に関しては，最高裁判例を中心としつつ必要に応じて下級審裁判例にも言及するが，必ずしも網羅的であることを求めないこととした。また，『注釈民法』『新版注釈民法』においては詳細な比較法的説明も散見されたが，『新注釈民法』では，現行の日本民法の注釈を行うという観点に立ち，外国法への言及は必要な限度に限ることとした。法情報が飛躍的に増加するとともに，かつてに比べると調査そのものは容易になったことに鑑み，情報の選別に意を用いることにした次第である。

　第三に，『新注釈民法』は，民法（債権関係）改正と法科大学院の発足を

強く意識している。一方で，民法（債権関係）改正との関係では，全20巻を三つのグループに分け，民法（債権関係）改正と関係の少ないグループから刊行を始めることとした。また，改正の対象となっていない部分についても，変動しつつある日本民法の注釈という観点から，立法論の現況や可能性を客観的に示すことに意を用いた。他方，実務との連携という観点から，要件事実への言及が不可欠な条文を選び出し，各所に項目を設けて実務家に執筆してもらうこととした。

　刊行にあたっては，多くの研究者のご協力をいただいているが，この十数年，大学をめぐる環境は厳しさを増しているのに加えて，民法（債権関係）改正法案の成立時期がはっきりしなかったこともあり，執筆者の方々はスケジュール調整に苦心されたことであろう。この場を借りて厚く御礼を申し上げる。

　冒頭に述べたように，注釈民法の刊行は1964年に始まったが，実は，これに先立ち，有斐閣からは註釈民法全書として，1950年に中川善之助編集代表『註釈親族法（上下）』，1954年に同『註釈相続法（上下）』が刊行されていた。有斐閣は2017年に創業140周年を迎えるが，民法のコンメンタールはその後半70年を通じて，歩みをともにしてきたことになる。熱意を持ってこの企画に取り組んで来られた歴代の関係各位に改めて敬意と謝意を表する次第である。

　2016年10月

『新注釈民法』編集代表

大　村　敦　志

道　垣　内　弘　人

山　本　敬　三

本巻はしがき

　本巻は，担保物権総論を冒頭に置くほか，条文としては民法295条から372条までを対象とするものである。このうち，368条までの部分は，新版注釈民法が出版されておらず，したがって，『注釈民法(8)』の出版された1965年から，54年ぶりの「注釈民法」となる。

　担保物権法の領域は，金銭消費貸借・信用売買などと強く結びついており，新しい問題が間断なく生じてくる。これに対応するためには，最新の注釈書が常に必要とされそうであるが，必ずしもそうとばかりはいえない面もある。新しい問題への対処は，その問題だけに着目し，必要性を考慮するだけでは実現されず，基礎法理に遡り，それをしっかりと踏まえた上でなされなければならないからである。50年以上も前の『注釈民法(8)』が，なお意味を有し続けてきたのは，それ故であろう。

　本巻も，アップデートされた情報を読者に提供するとともに，新しい問題を考える際に踏まえるべき基礎法理を提示することを目指している。前注を含めた注釈は，最終的には各執筆者の責任において行われており，明快に自分の結論を提示しているもの，客観的注釈に重きを置くものなど，若干の違いはある。しかし，いずれの部分においても，現時点での判例・学説の到達点を，いわゆる論点・争点といった観点からではなく示すことによって，その目的をかなり達成できていると考えている。お忙しい中，力作をお寄せくださった各執筆者のみなさんには，編者として感謝するとともに，形式的な統一などのために，ご無理をお願いしたことにつきお詫びしたい。

　学界・実務界にとって，本書は出発点にすぎず，到達点ではない。そのことは，各執筆者にとっても同様であろう。今後も新しい問題に対処していくとともに，基礎法理についても繰り返し反省し，深めていかなければならない。

読者とともに，この分野のさらなる発展を願いたい。

2019 年 1 月

道垣内弘人

目　　次

第2編　物　　権

担保物権総論 ………………………………………（道垣内弘人）… 1

第7章　留　置　権

前注（§§ 295-302〔留置権〕）…………………………（池田雅則）… 17
第295条（留置権の内容）………………………………（　同　）… 44
第296条（留置権の不可分性）…………………………（　同　）… 83
第297条（留置権者による果実の収取）………………（　同　）… 89
第298条（留置権者による留置物の保管等）…………（　同　）… 98
第299条（留置権者による費用の償還請求）…………（　同　）…110
第300条（留置権の行使と債権の消滅時効）…………（　同　）…116
第301条（担保の供与による留置権の消滅）…………（　同　）…119
第302条（占有の喪失による留置権の消滅）…………（　同　）…125

第8章　先　取　特　権

前注（§§ 303-341〔先取特権〕）………………………（今尾　真）…131

第1節　総　　則

第303条（先取特権の内容）……………………………（今尾　真）…148
第304条（物上代位）……………………………………（　同　）…159
第305条（先取特権の不可分性）………………………（　同　）…185

第2節　先取特権の種類

第1款　一般の先取特権

第306条（一般の先取特権）……………………………（今尾　真）…187
第307条（共益費用の先取特権）………………………（　同　）…211
第308条（雇用関係の先取特権）………………………（　同　）…216

目次

　　第309条（葬式費用の先取特権）……………………（　同　）…223
　　第310条（日用品供給の先取特権）……………………（　同　）…229
　第2款　動産の先取特権
　　第311条（動産の先取特権）……………………………（今尾　真）…234
　　第312条（不動産賃貸の先取特権）……………………（　同　）…252
　　第313条（不動産賃貸の先取特権の目的物の範囲）…（　同　）…257
　　第314条……………………………………………………（　同　）…261
　　第315条（不動産賃貸の先取特権の被担保債権の範囲）
　　　　　………………………………………………………（　同　）…265
　　第316条……………………………………………………（　同　）…268
　　第317条（旅館宿泊の先取特権）………………………（　同　）…270
　　第318条（運輸の先取特権）……………………………（　同　）…275
　　第319条（即時取得の規定の準用）……………………（　同　）…278
　　第320条（動産保存の先取特権）………………………（　同　）…286
　　第321条（動産売買の先取特権）………………………（　同　）…294
　　第322条（種苗又は肥料の供給の先取特権）…………（　同　）…307
　　第323条（農業労務の先取特権）………………………（　同　）…312
　　第324条（工業労務の先取特権）………………………（　同　）…314
　第3款　不動産の先取特権
　　第325条（不動産の先取特権）…………………………（今尾　真）…317
　　第326条（不動産保存の先取特権）……………………（　同　）…322
　　第327条（不動産工事の先取特権）……………………（　同　）…326
　　第328条（不動産売買の先取特権）……………………（　同　）…335
　第3節　先取特権の順位
　　前注（§§329-332〔先取特権の順位〕）……………（今尾　真）…340
　　第329条（一般の先取特権の順位）……………………（　同　）…398
　　第330条（動産の先取特権の順位）……………………（　同　）…401
　　第331条（不動産の先取特権の順位）…………………（　同　）…406
　　第332条（同一順位の先取特権）………………………（　同　）…410

目　次

第 4 節　先取特権の効力

　　前注（§§ 333-341〔先取特権の効力〕）…………（今尾　真）…413
　　第 333 条（先取特権と第三取得者）………………（　同　）…421
　　第 334 条（先取特権と動産質権との競合）………（　同　）…431
　　第 335 条（一般の先取特権の効力）………………（　同　）…434
　　第 336 条（一般の先取特権の対抗力）……………（　同　）…437
　　第 337 条（不動産保存の先取特権の登記）………（　同　）…439
　　第 338 条（不動産工事の先取特権の登記）………（　同　）…443
　　第 339 条（登記をした不動産保存又は不動産工事の先
　　　　　　取特権）………………………………………（　同　）…451
　　第 340 条（不動産売買の先取特権の登記）………（　同　）…453
　　第 341 条（抵当権に関する規定の準用）…………（　同　）…456

第 9 章　質　　権

　　前注（§§ 342-368〔質権〕）………………………（直井義典）…459

第 1 節　総　　則

　　第 342 条（質権の内容）……………………………（直井義典）…465
　　第 343 条（質権の目的）……………………………（　同　）…475
　　第 344 条（質権の設定）……………………………（　同　）…478
　　第 345 条（質権設定者による代理占有の禁止）…（　同　）…480
　　第 346 条（質権の被担保債権の範囲）……………（　同　）…482
　　第 347 条（質物の留置）……………………………（　同　）…486
　　第 348 条（転質）……………………………………（　同　）…488
　　第 349 条（契約による質物の処分の禁止）………（　同　）…493
　　第 350 条（留置権及び先取特権の規定の準用）…（　同　）…498
　　第 351 条（物上保証人の求償権）…………………（　同　）…503

第 2 節　動　産　質

　　第 352 条（動産質の対抗要件）……………………（直井義典）…506
　　第 353 条（質物の占有の回復）……………………（　同　）…507
　　第 354 条（動産質権の実行）………………………（　同　）…510

vii

目次

　　　第355条（動産質権の順位）……………………………（　同　）…512

　　第3節　不　動　産　質
　　　第356条（不動産質権者による使用及び収益）……（直井義典）…514
　　　第357条（不動産質権者による管理の費用等の負担）
　　　　　　　………………………………………………（　同　）…516
　　　第358条（不動産質権者による利息の請求の禁止）…（　同　）…518
　　　第359条（設定行為に別段の定めがある場合等）……（　同　）…519
　　　第360条（不動産質権の存続期間）……………………（　同　）…521
　　　第361条（抵当権の規定の準用）………………………（　同　）…524

　　第4節　権　利　質
　　　前注（§§362-368〔権利質〕）……………………（直井義典）…527
　　　第362条（権利質の目的等）……………………………（　同　）…532
　　　第363条　削除
　　　第364条（債権を目的とする質権の対抗要件）……（直井義典）…545
　　　第365条　削除
　　　第366条（質権者による債権の取立て等）…………（直井義典）…548
　　　第367条及び368条　削除

　特別法上の質権……………………………………………（加藤貴仁）…556

第10章　抵　当　権
　　前注（§§369-398の22〔抵当権〕）…………………（鳥山泰志）…611

　第1節　総　　則
　　　第369条（抵当権の内容）……………………………（古積健三郎）…660
　　　第370条（抵当権の効力の及ぶ範囲）…………………（　同　）…710
　　　第371条…………………………………………………（　同　）…746
　　　第372条（留置権等の規定の準用）……………………（　同　）…754

　　　事項索引……………………………………………………………801
　　　判例索引……………………………………………………………811

凡　例

1　関係法令
　　関係法令は，2019年1月1日現在によった。

2　条　　文
　　条文は原文どおりとした。ただし，数字はアラビア数字に改めた。なお，各注釈冒頭の条文において，「民法の一部を改正する法律」（平成29年法律44号）による改正前の規定を枠内に併記した。

3　比較条文
　　各条文のつぎに，〔対照〕欄をもうけ，フランス民法，ドイツ民法など当該条文の理解に資する外国法・条約等の条項を掲げた。

4　改正履歴
　　各条文のつぎに，〔改正〕欄をもうけ，当該条文の改正・追加・削除があった場合の改正法令の公布年と法令番号を掲げた。ただし，表記の現代語化のための平成16年法律147号による改正は，実質的改正がある場合を除き省略した。

5　法令の表記
　　民法は，単に条数のみをもって示した。その他の法令名の略記については，特別なものを除いて，原則として有斐閣版六法全書巻末の「法令名略語」によった。
　　なお，旧民法（明治23年法律28号・法律98号）および外国法については，以下の略記例に従う。

旧財	民法財産編	ス民	スイス民法
旧財取	民法財産取得編	ド民	ドイツ民法
旧担	民法債権担保編	フ商	フランス商法
旧証	民法証拠編	フ民	フランス民法
旧人	民法人事編	フ民訴	フランス民事訴訟法
		フ保険	フランス保険法

6　判例の表記
　①　判例の引用にあたっては，つぎの略記法を用いた。なお，判決文の引用は原文通りとしたが，濁点・句読点の付加，平仮名化は執筆者の判断で適宜行った。
　　　最判平12・9・22民集54巻7号2574頁＝最高裁判所平成12年9月22日判決,

凡　例

最高裁判所民事判例集 54 巻 7 号 2574 頁

② 判例略語

最大	最高裁判所大法廷	家	家庭裁判所
最	最高裁判所	簡	簡易裁判所
高	高等裁判所	大	大審院
知財高	知的財産高等裁判所	大連判	大審院連合部判決
知財高大	知的財産高等裁判所特別部（大合議部）	控	控訴院
		判	判決
支（○○高△△支）	○○高等裁判所△△支部	中間判	中間判決
		決	決定
地	地方裁判所	命	命令
支（○○地△△支）	○○地方裁判所△△支部	審	家事審判

③ 判例出典略語

家　月	家庭裁判月報	訟　月	訟務月報
下民集	下級裁判所民事裁判例集	新　聞	法律新聞
刑　集	〔大審院または最高裁判所〕刑事判例集	判決全集	大審院判決全集
		判　時	判例時報
刑　録	大審院刑事判決録	判　タ	判例タイムズ
金　判	金融・商事判例	評　論	法律〔学説・判例〕評論全集
金　法	金融法務事情		
高民集	高等裁判所民事判例集	民　集	〔大審院または最高裁判所〕民事判例集
裁判集民	最高裁判所裁判集民事		
裁判例	大審院裁判例（法律新聞別冊）	民　録	大審院民事判決録

7　文献の表記

① 文献を引用する際には，後掲③の文献の略記に掲げるものを除き，著者（執筆者）・書名（「論文名」掲載誌とその巻・号数）〔刊行年〕参照頁を掲記した。

② 判例評釈・解説は，研究者等による評釈を〔判批〕，最高裁調査官による解説を〔判解〕として，表題は省略した。

③ 文献の略記

　ⓐ 体系書・論文集

吾妻	吾妻光俊・担保物権法（現代法学全書）〔1957〕（青林書院）
生熊	生熊長幸・担保物権法〔第 2 版〕〔2018〕（三省堂）
石口	石口修・民法要論Ⅲ担保物権法〔2016〕（成文堂）

凡　　例

石田（穣）	石田穣・担保物権法〔2010〕（信山社）
石田・上，下	石田文次郎・全訂担保物権法論上，下〔1947・1948〕（有斐閣）
内田	内田貴・民法Ⅲ債権総論・担保物権〔第3版〕〔2005〕（東京大学出版会）
浦野・逐条	浦野雄幸・逐条解説民事執行法〔全訂版〕〔1981〕（商事法務研究会）
梅	梅謙次郎・民法要義巻之2――物権編〔訂正増補31版〕〔1911〕（有斐閣）
梅〔初版〕	梅謙次郎・民法要義巻之2――物権編〔初版〕〔1896〕（有斐閣）
江頭・株式会社法	江頭憲治郎・株式会社法〔第7版〕〔2017〕（有斐閣）
近江	近江幸治・民法講義Ⅲ担保物権〔第2版補訂〕〔2007〕（成文堂）
大江	大江忠・要件事実民法3（担保物権）〔第4版〕〔2015〕（第一法規）
大村	大村敦志・新基本民法3担保編〔2016〕（有斐閣）
岡松	岡松参太郎・註釈民法理由中巻物権編〔1897〕（有斐閣）
奥田ほか編・民法学1～7	奥田昌道＝玉田弘毅＝米倉明＝中井美雄＝川井健＝西原道雄＝有地亨編・民法学1～7〔1973～1976〕（有斐閣）
加賀山・講義	加賀山茂・債権担保法講義〔2011〕（日本評論社）
加賀山・担保法	加賀山茂・現代民法担保法〔2009〕（信山社）
香川	香川保一・改訂担保（基本金融法務講座3）〔1964〕（金融財政事情研究会）
勝本・上，下	勝本正晃・担保物権法上，下〔改訂新版〕〔1949・1951〕（有斐閣）
角	角紀代恵・はじめての担保物権法〔2013〕（有斐閣）
加戸・著作権法	加戸守行・著作権法逐条講義〔6訂新版〕〔2013〕（著作権情報センター）
川井	川井健・担保物権法〔1975〕（青林書院）
川井・概論	川井健・民法概論2物権〔第2版〕〔2005〕（有斐閣）
河上	河上正二・担保物権法講義〔2015〕（日本評論社）
北川	北川善太郎・物権（民法講要Ⅱ）〔第3版〕〔2004〕（有斐閣）
古積・換価権	古積健三郎・換価権としての抵当権〔2013〕（弘文堂）
後藤ほか編	後藤巻則＝滝沢昌彦＝片山直也編・民法Ⅲ担保物権

xi

凡　例

	〔2015〕（信山社）
小林	小林俊三・担保物権法〔1934〕（巖松堂）
近藤	近藤英吉・改訂物権法論〔1937〕（弘文堂）
島並ほか・著作権法	島並良＝上野達弘＝横山久芳・著作権法入門〔第2版〕〔2016〕（有斐閣）
島並ほか・特許法入門	島並良＝上野達弘＝横山久芳・特許法入門〔2014〕（有斐閣）
清水	清水元・プログレッシブ民法担保物権法〔第2版〕〔2013〕（成文堂）
清水・留置権	清水元・留置権（叢書民法総合判例研究）〔1995〕（一粒社）
末川	末川博・債権総論と担保物権〔1947〕（有斐閣）
鈴木	鈴木禄弥・物権法講義〔5訂版〕〔2007〕（創文社）
鈴木・概説	鈴木禄弥・根抵当法概説〔第3版〕〔1998〕（新日本法規出版）
鈴木・分化	鈴木禄弥・物的担保制度の分化〔1992〕（創文社）
宗宮＝池田	宗宮信次＝池田浩一・物権法論〔新版〕〔1969〕（有斐閣）
田井ほか	田井義信＝岡本詔治＝松岡久和＝磯野英徳・新物権・担保物権法〔第2版〕〔2005〕（法律文化社）
高木	高木多喜男・担保物権法〔第4版〕〔2005〕（有斐閣）
高木ほか	高木多喜男＝曽田厚＝伊藤眞＝福永有利＝生熊長幸＝吉田真澄＝半田正夫・民法講義(3)担保物権〔改訂版〕〔1980〕（有斐閣）
高島	高島平蔵・物的担保法論Ⅰ〔1977〕（成文堂）
髙橋	髙橋眞・担保物権法〔第2版〕〔2010〕（成文堂）
高橋＝尾崎・振替法	高橋康文＝尾崎輝宏・逐条解説新社債, 株式等振替法〔2006〕（金融財政事情研究会）
高林・著作権法	高林龍・標準著作権法〔第3版〕〔2016〕（有斐閣）
高林・特許法	高林龍・標準特許法〔第6版〕〔2017〕（有斐閣）
竹田・実務(1)	竹田稔・民事執行の実務(1)〔1980〕（酒井書店）
田島	田島順・担保物権法〔1934〕（弘文堂）
田髙ほか	田髙寛貴＝白石大＝鳥山泰志・担保物権法〔2015〕（日本評論社）
田中・解説	田中康久・新民事執行法の解説〔増補改訂版〕〔1980〕（金融財政事情研究会）
田中・会社法	田中亘・会社法〔第2版〕〔2018〕（東京大学出版会）

凡　　例

茶園編・著作権法	茶園成樹編・著作権法〔第2版〕〔2016〕（有斐閣）
茶園編・特許法	茶園成樹編・特許法〔第2版〕〔2017〕（有斐閣）
道垣内	道垣内弘人・担保物権法（現代民法Ⅲ）〔第4版〕〔2017〕（有斐閣）
道垣内〔三省堂版〕	道垣内弘人・担保物権法〔1990〕（三省堂）
道垣内・課題	道垣内弘人・非典型担保法の課題（現代民法研究2）〔2015〕（有斐閣）
道垣内・諸相	道垣内弘人・典型担保法の諸相（現代民法研究1）〔2013〕（有斐閣）
道垣内ほか	道垣内弘人＝山本和彦＝古賀政治＝小林明彦・新しい担保・執行制度〔補訂版〕〔2004〕（有斐閣）
富井	富井政章・民法原論第2巻物権〔合冊〕〔復刻版1985〕〔1923〕（有斐閣）
中川＝兼子監修	中川善之助＝兼子一監修・不動産法大系Ⅱ担保〔1971〕（青林書院新社）
中島	中島玉吉・民法釈義巻之二物権編下〔1916〕（金刺芳流堂）
中野＝下村	中野貞一郎＝下村正明・民事執行法〔2016〕（青林書院）
中山・著作権法	中山信弘・著作権法〔第2版〕〔2014〕（有斐閣）
中山・特許法	中山信弘・特許法〔第3版〕〔2016〕（弘文堂）
林・講義案	林良平・担保物権法講義案〔1964〕（有斐閣）
原田・史的素描	原田慶吉・日本民法典の史的素描〔1954〕（創文社）
平野	平野裕之・担保物権法〔2017〕（日本評論社）
平野・総合	平野裕之・民法総合3担保物権法〔2007〕（信山社）
平野ほか	平野裕之＝古積健三郎＝田髙寛貴・民法3担保物権〔第2版〕〔2005〕（有斐閣）
船越	船越隆司・担保物権法〔第3版〕〔2004〕（尚学社）
星野	星野英一・民法概論Ⅱ〔合本再訂版〕〔1980〕（良書普及会）
槇	槇悌次・担保物権法〔1981〕（有斐閣）
松井	松井宏興・担保物権法〔補訂第2版〕〔2011〕（成文堂）
松尾＝古積	松尾弘＝古積健三郎・物権・担保物権法〔第2版〕〔2008〕（弘文堂）
松岡	松岡久和・担保物権法〔2017〕（日本評論社）
松坂	松坂佐一・民法提要物権法〔第4版〕〔1980〕（有斐閣）
丸山	丸山英気・物権法入門〔1997〕（有斐閣）
三ケ月	三ケ月章・民事執行法〔1981〕（弘文堂）

xiii

凡　例

三潴	三潴信三・全訂担保物権法全〔20版改訂〕〔1930〕（有斐閣）
森田・講義	森田修・債権回収法講義〔第2版〕〔2011〕（有斐閣）
薬師寺	薬師寺志光・物権法概論〔1961〕（法政大学出版局）
薬師寺・総判民(19)	薬師寺志光・総合判例研究叢書／(2)民法——物権／民法(19)〔1963〕（有斐閣）
薬師寺・留置権論	薬師寺志光・留置権論〔1935〕（三省堂）
安永	安永正昭・講義物権・担保物権法〔第2版〕〔2014〕（有斐閣）
山下	山下博章・担保物権法論〔1928〕（巌松堂書店）
山野目	山野目章夫・物権法〔第5版〕〔2012〕（日本評論社）
遊佐	遊佐慶夫・新訂民法概論物権編〔1935〕（有斐閣）
柚木	柚木馨・担保物権法（法律学全集）〔1958〕（有斐閣）
柚木＝高木	柚木馨＝高木多喜男・担保物権法（法律学全集）〔第3版〕〔1982〕（有斐閣）
柚木・判例物各	柚木馨・判例物権法各論〔1936〕（巌松堂）
柚木・判例物総	柚木馨・判例物権法総論〔1955〕（有斐閣）
横田	横田秀雄・改訂増補物権法〔1905〕（清水書店）
吉田	吉田久・日本民法論物権編〔1958〕（中央出版社）
我妻	我妻栄・新訂担保物権法（民法講義Ⅲ）〔1971〕（岩波書店）

ⓑ　注釈書・講座・その他

注民	注釈民法〔1964〜1987〕（有斐閣）
新版注民	新版注釈民法〔1988〜2015〕（有斐閣）
基本法コメ	遠藤浩＝鎌田薫編・基本法コンメンタール物権〔第5版新条文対照補訂版〕〔2005〕（日本評論社）
松岡＝中田・コメ	松岡久和＝中田邦博編・新・コンメンタール民法（財産法）〔2012〕（日本評論社）
注解判例	林良平＝岡部崇夫＝田原睦夫＝安永正昭編・物権法（注解判例民法1b）〔1999〕（青林書院）
民コメ	川井健＝西原道雄＝吉野衛＝山田卓生＝淡路剛久編・民法コンメンタール（ぎょうせい）
我妻＝有泉・コメ	我妻榮＝有泉亨＝清水誠＝田山輝明・我妻・有泉コンメンタール民法—総則・物権・債権〔第5版〕〔2018〕（日本評論社）
我妻・判コメ	我妻栄編著・判例コンメンタール第3担保物権法〔1968〕（コンメンタール刊行会）

凡　例

香川監修・注釈(1)〜(8)	香川保一監修・注釈民事執行法(1)〜(8)〔1983〜1995〕（金融財政事情研究会）
鈴木＝三ケ月編・注解(1)〜(8)	鈴木忠一＝三ケ月章編・注解民事執行法(1)〜(8)〔1984・1985〕（第一法規出版）
会社法コメ(3),(4),(5),(16)	・会社法コンメンタール3株式(1)〔2013〕, 4株式(2)〔2009〕, 5株式(3)〔2013〕, 16社債〔2010〕（商事法務）
新基本法コメ会社法(1)	奥島孝康＝落合誠一＝浜田道代編・新基本法コンメンタール会社法1〔第2版〕〔2016〕（日本評論社）
新版注会(3),(9)	上柳克郎＝鴻常夫＝竹内昭夫編・新版注釈会社法(3)株式(1)〔1986〕,(9)株式会社の計算(2)〔1988〕（有斐閣）
逐条会社法(2)	酒巻俊雄＝龍田節編集代表・逐条解説会社法第2巻株式1〔2008〕（中央経済社）
新注解特許法(中)	中山信弘＝小泉直樹編・新・注解特許法(中巻)〔第2版〕〔2017〕（青林書院）
著作権法コメ(2)	半田正夫＝松田政行・著作権法コンメンタール2〔第2版〕〔2015〕（勁草書房）
金融担保法講座Ⅰ〜Ⅳ	米倉明＝清水湛＝岩城謙二＝米津稜威雄＝谷口安平編・金融担保法講座Ⅰ担保制度一般・抵当権,Ⅱ根抵当権・特殊抵当,Ⅲ非典型担保,Ⅳ質権・留置権・先取特権・保証〔1985・1986〕（筑摩書房）
担保法大系Ⅰ〜Ⅴ	加藤一郎＝林良平編・担保法大系1〜5〔1984〜1985〕（金融財政事情研究会）
争点Ⅰ,Ⅱ	加藤一郎＝米倉明編・民法の争点Ⅰ,Ⅱ（法律学の争点）〔1985〕（有斐閣）
新争点	内田貴＝大村敦志編・民法の争点（新・法律学の争点）〔2007〕（有斐閣）
百年Ⅰ〜Ⅳ	広中俊雄＝星野英一編・民法典の百年Ⅰ〜Ⅳ〔1998〕（有斐閣）
民法講座(1)〜(7),(別巻1),(別巻2)	星野英一編集代表・民法講座1〜7〔1984・1985〕, 別巻1・2〔1990〕（有斐閣）
会社法大系(2)	江頭憲治郎＝門口正人編集代表・会社法大系2株式・新株予約権・社債〔2008〕（青林書院）
論点体系会社法(1)	江頭憲治郎＝中村直人編著・論点体系会社法1総則, 株式会社Ⅰ〔2012〕（第一法規）
判民	東京大学判例研究会・判例民事法（有斐閣）（大正10年版・大正11年版は「判例民法」）

凡　例

判例民法Ⅲ	能見善久＝加藤新太郎編・論点体系判例民法Ⅲ〔第3版〕〔2018〕（第一法規）
民百選Ⅰ○版	民法判例百選Ⅰ総則・物権〔1974〕，第2版〔1982〕，第3版〔1989〕，第4版〔1996〕，第5版〔2001〕，第5版新法対応補正版〔2005〕，第6版〔2009〕，第7版〔2015〕，第8版〔2018〕（有斐閣）
民百選Ⅱ○版	民法判例百選Ⅱ債権〔1975〕，第2版〔1982〕，第3版〔1989〕，第4版〔1996〕，第5版〔2001〕，第5版新法対応補正版〔2005〕，第6版〔2009〕，第7版〔2015〕，第8版〔2018〕（有斐閣）
民百選Ⅲ○版	民法判例百選Ⅲ親族・相続〔2015〕，第2版〔2018〕（有斐閣）
家族百選○版	家族法判例百選初版〔1967〕，新版・増補〔1975〕，第3版〔1980〕，第4版〔1988〕，第5版〔1995〕，第6版〔2002〕，第7版〔2008〕（有斐閣）
登記百選	不動産登記先例百選〔1970〕，第2版〔1982〕（有斐閣）
不動産百選○版	不動産取引判例百選〔1966〕，増補版〔1977〕，第2版〔1991〕，第3版〔2008〕（有斐閣）
担保法の判例ⅠⅡ	椿寿夫編・担保法の判例Ⅰ，Ⅱ〔1994〕（有斐閣）
先例集上，下，追Ⅰ～追Ⅸ	法務省民事局・登記関係先例集上，下，追加編Ⅰ～追加編Ⅸ〔1955～2003〕（テイハン）
平（昭）○重判解	平成（昭和）○年度重要判例解説（ジュリスト臨時増刊）（有斐閣）
最判解平（昭）○年	最高裁判所判例解説 民事篇 平成（昭和）○年度（法曹会）
法典調査会民法議事	法典調査会民法議事速記録〔学振版〕（学術振興会）
法典調査会民法議事〔近代立法資料〕	日本近代立法資料叢書・法典調査会民法議事速記録（商事法務）
理由書	広中俊雄編著・民法修正案（前3編）の理由書〔1987〕（有斐閣）

④　雑誌略語

愛　大	愛知大学法学部法経論集		金　判	金融・商事判例
青　法	青山法学論集		金　法	金融法務事情
亜　大	亜細亜法学		銀　法	銀行法務21
岡　法	岡山大学法学会雑誌		神　戸	神戸法学雑誌
学習院	学習院大学法学会雑誌		ジュリ	ジュリスト
関　法	法学論集（関西大学）		新　報	法学新報

凡　例

早　研	早稲田大学大学院法研論集（付）	阪　法	阪大法学
早　誌	早稲田法学会誌	比　較	比較法研究
曹　時	法曹時報	法　協	法学協会雑誌
早　比	比較法学（早稲田大学）	法　教	法学教室
早　法	早稲田法学	法　時	法律時報
千　葉	千葉大学法学論集	法　セ	法学セミナー
帝塚山	帝塚山法学	民　研	民事研修
同　法	同志社法学	民　商	民商法雑誌
獨　協	獨協法学	名　法	法政論集（名古屋大学）
都　法	法学会雑誌（首都大学東京・東京都立大学）	明　学	法学研究（明治学院大学）
東　社	社会科学研究（東京大学）	立　命	立命館法学
判　タ	判例タイムズ	リマークス	私法判例リマークス
判　時	判例時報	論ジュリ	論究ジュリスト
判　評	判例評論（判例時報に添付）	論　叢	法学論叢

8　他の注釈の参照指示

　他の注釈箇所を参照するよう指示する場合には，→印を用いて，参照先の見出し番号で示した。すなわち，

　　　同一箇条内の場合　　　　例：→Ⅰ1⑴(ｱ)
　　　他の条文注釈の場合　　　例：→§175　Ⅱ1⑵(ｲ)
　　　他巻の条文注釈の場合　　例：→第1巻§9 Ⅱ3⑵(ｲ)

編者紹介

　　道垣内弘人（どうがうち・ひろと）　東京大学大学院法学政治学研究科教授

執筆者紹介（執筆順）

　　池田雅則（いけだ・まさのり）　　　名古屋大学大学院法学研究科教授
　　今尾　真（いまお・まこと）　　　　明治学院大学法学部教授
　　直井義典（なおい・よしのり）　　　筑波大学ビジネスサイエンス系准教授
　　加藤貴仁（かとう・たかひと）　　　東京大学大学院法学政治学研究科教授
　　鳥山泰志（とりやま・やすし）　　　東北大学大学院法学研究科教授
　　古積健三郎（こづみ・けんざぶろう）　中央大学大学院法務研究科教授

担保物権総論

細目次

I 伝統的な説明 …………………………1
  1 「担保」という言葉 …………………1
  2 物的担保制度の機能についての伝統的な説明…………………………………2
    (1) 本書の対象 …………………………2
    (2) 債権者平等の原則 …………………3
    (3) 責任財産の拡大 ……………………3
    (4) 法定担保物権と約定担保物権，典型担保と非典型担保 ………………4
II 物的担保制度の機能についての再検討 …………………………………………6
  1 新しい潮流 ……………………………6
  2 債権者平等の原則の再検討 …………6
    (1) 比例弁済原則の妥当範囲 …………6
    (2) 債権の効力としての優先弁済 ……7
  3 担保物権の機能 ………………………8
    (1) 担保物権の効率性 …………………8
    (2) 優先弁済効の位置づけ ……………9
    (3) 担保物権のモニタリング機能 ……10
    (4) 債務者の資産全体の担保化のもう1つの意味 ………………………10
III 担保物権の方向性 ……………………11
  1 伝統的な説明とその成果 ……………11
    (1) 民法典制定後の特別法 ……………11
    (2) 我妻テーゼとの関係 ………………11
  2 現実の流れ ……………………………12
    (1) 投資リスクの分解 …………………12
    (2) 契約の手法による地位の確保 ……14
    (3) 担保物権の再検討の必要性 ………14
IV 担保物権の通有性 ……………………14
    (1) 通常の説明 …………………………14
    (2) 不可分性 ……………………………15
    (3) 物上代位性 …………………………15
    (4) 付従性 ………………………………15
    (5) 随伴性 ………………………………16

I 伝統的な説明

1 「担保」という言葉

「担保」という言葉は，民法典中，見出しと附則を除いて，62条にわたって，103回使用されているが（独立の単語としてだけでなく，「担保不動産収益執行」といった場合を含む。また，2018〔平成30〕年相続法改正後の数値である），その意味は大きく2つに分かれる。1つは，ある債務者に対する特定の債権者が同じ債権者に対する他の債権者よりも有利なかたちで，自分の債権を回収できるようにする手段，を指しているものであり，もう1つは，ある特定の財産に

〔道垣内〕

担保物権総論　I

欠陥があったならば，それについて補いをすること，を意味しているものである（道垣内弘人「担保，優先弁済権」法教157号〔1993〕29頁。ただし，その当時の数があげられている）。もっとも，後者についても，一方当事者（債務者）が，他方（債権者）の地位を確かにするために負う義務のことを指しており，その方法が，前者では，「人」や「財産」に依存しているのに対し，後者では，債務者自身が二次的・追加的責任を負うことによっているのであって，両者には一定の関連性があることが指摘されている（大村11頁）。

さて，前者の意味における「担保」は，依存しているのが「人」であるか「財産」であるかによって，人的担保と物的担保とに分かれる。

人的担保とは，債務者以外の者にも履行義務を負わせることによって，責任財産を拡大し，それによって「ある債務者に対する特定の債権者が同じ債権者に対する他の債権者よりも有利なかたちで，自分の債権を回収できるようにする手段」である。典型的には，保証（446条以下）がこれに当たるが，複数の者が（保証以外の事由によって）連帯債務を負担することも，人的担保とよばれることがある。なお，民法の条文における「担保」という言葉が，何を含み，何を含まないかは解釈の問題である。例えば，137条3号の「担保」には保証を含むことに異論はないが，同条2号の「担保」については，議論がある（新版注民(4)826-828頁〔金山正信・直樹〕）。

物的担保とは，一定の財産の価値を利用して，「ある債務者に対する特定の債権者が同じ債権者に対する他の債権者よりも有利なかたちで，自分の債権を回収できるようにする手段」である。担保物権以外の権利も含み得る。仮登記担保が「担保物権」であるか否かについては議論があるが，一定の財産の価値を利用して，ある債務者に対する特定の債権者が同じ債権者に対する他の債権者よりも有利なかたちで，自分の債権を回収できるようにする手段であることは確かであり，物的担保の1つであることには異論はない。また，後に述べるように，法人格や特別財産性を利用して，物権の設定（あるいは移転）以外の方法で，ある一定の財産から債権を回収し得る債権者を限定することによって，有利な地位を得るということもある。

2　物的担保制度の機能についての伝統的な説明

(1)　本書の対象

本巻および次巻（第7巻）が扱うのは，物的担保である。具体的には，留

置権，先取特権，質権，抵当権という民法に規定されている担保物権，さらには，特別法上の抵当権，仮登記担保，譲渡担保，所有権留保といった非典型担保である。仮登記担保が「担保物権」であるか否かについては議論があるが，新注釈民法では，第7巻物権(4)に組み込んでいる（代物弁済予約は，当初，注釈民法(12)債権(3)の代物弁済の項目中で解説されていたが，仮登記担保契約に関する法律制定後，同法は，1982年に同(9)物権(4)に組み込まれた）。これら本巻および次巻が扱う対象の担保の機能について，伝統的には，以下のように説かれてきた。

(2) 債権者平等の原則

GはSに対して5000万円の貸金債権を有しているが，弁済期が到来してもSが任意に借金を返済しようとしないとする。このとき，Gが強制的にその債権を回収するためには，一般的には，貸金返還請求訴訟を提起し，その訴訟における勝訴確定判決を債務名義にして，Sの財産につき強制執行手続をとることになる（414条1項）。Sの財産を差し押さえ，それを競売手続で換価し，そこで得られた換価金から債権を回収するわけである（民執43条以下）。

この方法は，Sの財産が十分にあるときは実効的であるが，貸金債務について不履行におちいる債務者の財産は，債務超過の状態にあるのが通常であり，そのようなときには，各債権者は平等の権利を有する。Sには，G以外にも債権者A（債権額3000万円），債権者B（債権額4000万円）がおり，A・Bが配当を要求してきたら，Gは，いくら自ら差押えをしたからといって，他の債権者より有利な地位につくわけではない。換価金は，それぞれの債権額に応じて分配される。具体的には，換価金が6000万円であった場合，Gに2500万円，Aに1500万円，Bに2000万円が配当されることになる。Sの債務額がSの財産を超過しているときには，Gは完全な債権回収を望みえないことになるのである。

(3) 責任財産の拡大

このような法制度のもとで，Gが債権を全額回収しようとしたら，どうすればよいか。まず考えつくのは，差押えのできる財産を増加させることである。上記の例だと，差押え可能な財産が1億2000万円以上あれば，A・Bが配当を要求してきたとしても，Gは債権全額を回収できる。

〔道垣内〕

担保物権総論　I

そのために，第1に，Sの財産をなるべく多くしておくことが考えられる。民法においては，その方法として，2つの権利が債権者のために認められている。すなわち，債権者代位権（423条）と詐害行為取消権（424条）である。

しかし，これらの方法では，債務者の財産を増殖させることはできず，保全すべき財産すらSにないときは，どうしようもないことになる。

そこで，第2に，Sの財産以外にも，強制執行の手を伸ばし得るようにすることが考えられる。このための制度が保証である（446条以下）。

しかし，この手段の実効性も，最終的には，保証人の財産の量に依存することになる。保証人に十分な財産がなければそれまでなのである。

(4)　法定担保物権と約定担保物権，典型担保と非典型担保

(ア)　そこで，次に，Sの財産のうち，あるいは，S以外の第三者の財産のうち特定の物を，Gの債権の回収のために，別扱いにしておくことができないか，ということが考えられることになる。例えば，Sの財産のうち，特定の土地について，その換価金はGへの弁済に優先して用いられる，というようにしておくわけである。このようなGの権利，すなわち一定の財産について，そこから優先的に自己の債権を回収できる権利であり，その権利が物権として構成されているものが，担保物権である。

それでは，このような担保物権は，どんな債権者に与えられるのであろうか。

まず，法の立場からみて保護されるべき債権者に対して，法律の規定によって与えられる場合がある。そこで，民法は，例えば給料債権の債権者に，会社財産全体を権利の対象として，先取特権という担保物権を与えて，その債権を優先的に回収できるようにしている。

このように法の立場から見て保護されるべき債権者に付与される担保物権を，法定担保物権とよぶ。ほかにも，いくつかの種類の債権者につき，それぞれに応じた先取特権が与えられることになっている。また，同じく法定担保物権として，留置権という制度もある。

次に，各債権者が，当該財産の保有者との間の合意により，特定の財産について優先権を取得する場合がある。例えば，Sが，Gから金銭を借り受けるに際して，その貸金債務の履行を確実にするために，自己の有する特定の土地について，Gのために抵当権という担保物権を設定するわけである。

担保物権総論　Ⅰ

　たしかに，このような債権者は，法の立場から見てとくに保護すべき債権者とはいえないが，財産状態が十分でない債務者が信用の供与を受ける途を開くためには，このような制度が必要とされる。そうしないと，例えば，中小企業はまったく融資を受けえなくなってしまいかねない。そこで，権利を公示し，かつ，その効力を一定の範囲に制限することによって，他の債権者等に不当な不利益を与えないように配慮しつつ，約定担保物権が認められることになるのである。

　(イ)　このように，民法はいくつかの種類の債権者に法定担保物権を与え，さらに，約定担保物権として，抵当権などいくつかの物権を規定している。これらは，法律上，そもそも担保としての機能を果たすべき権利として創設されたものであり，典型担保とよばれる。

　典型担保では，原則として，債務者の債務不履行時には，担保目的物を裁判所の行う競売により換価し，その換価金から優先的に債権を回収する権利が担保権者に与えられる。もっとも，それぞれの担保権ごとに，収益価値の取得，簡易な実行が認められている場合もあり，また，担保権実行としての競売権限が存しない場合もあるが（留置権），中心的な実行方法は競売による目的物換価である。

　しかし，実際には，競売手続には時間も費用もかかる。そこで債権者としては，なんとか簡易な手続で実行できる担保手段を得たいと考えることになる。すなわち，債務者の不履行があるときには，目的物の所有権など特定の権利を自分に直接帰属させ，その利得（自分に帰属させたことによる価値取得，ないし，第三者への処分による代金取得）によって被担保債権の回収を図ることのできる担保手段である。

　具体的には，債務不履行時に権利の移転を行うことを予約するもの（権利移転予約型担保＝仮登記担保），あらかじめ権利を債権者に移転しておいて債務が履行されたら再移転を行うもの（権利移転型担保＝譲渡担保），さらにはとくに売買代金債権を担保する方法として，債務が履行されるまで売買目的の権利を買主に移転しないもの（所有権留保）が考えられる。これらは，民法典その他の法律に定められた担保手段ではなく，変則的な担保手段であるので，非典型担保（あるいは変則担保）とよばれる（なお，非典型担保はすべて約定担保となる）。

〔道垣内〕　5

(ウ) 法定担保と約定担保は，物権として構成されるのが原則となる。ある債権者が第三者との関係で有利な立場に就くためには，第三者に対抗し得る権利を有する必要が存し，そのためにはその権利は物権である必要がある。したがって，担保物権とよばれることになる。

ただし，すでに述べたように，仮登記担保については，その物権性について争いがある。しかし，いずれにせよ，担保仮登記権利者（仮登記担保権者）の権利は，第三者に対抗できる。仮登記担保は，債務不履行時に権利の移転を行うことについて，仮登記・仮登録がされ（不登105条2号），この仮登記・仮登録の順位保全効により（不登106条），その後に本登記・本登録をしたとき，仮登記・仮登録の時点で本登記・本登録をした効果を得ることができるのである。

なお，相殺予約・代理受領・振込指定のほか，ファイナンス・リースなども非典型担保に含めて論じられることもある。これらについては，本巻および次巻では扱わない。

II 物的担保制度の機能についての再検討

1 新しい潮流

以上のような伝統的な説明に対して，現在では様々に疑問が提起されている。まず，前提である債権者平等の原則についての再検討が行われる。また，担保の機能についても，優先的な債権回収ということにとどまらず，様々に再検討が行われている。そして，2つの再検討には一定の相互関係がある。

債権者平等の原則から考えていこう。

2 債権者平等の原則の再検討

(1) 比例弁済原則の妥当範囲

債権者平等の原則という言葉については，いくつかの意味で用いられ，整理が行き届いていないことが指摘されている。すなわち，第1は，債権は，同一内容のものであっても，同時に2つ以上存在することを妨げない，という意味（非排他性），第2は，債権は，その発生の前後によって優劣はなく，平等である，という意味（非優先性），第3は，債務者の財産が複数の債権者の総債権を満足させるに足りない場合には，各債権者はその債権額の割合に

応じて弁済を受ける，という意味（比例弁済原則）である（中田裕康「債権者平等の原則の意義」曹時54巻5号〔2002〕1292頁）。物的担保制度の機能の説明において前述したのは，このうち，比例弁済原則についてである。そして，この比例弁済原則は，破産手続においては，比較的機能しているものの，財団債権や優先的な債権の弁済の後の，「残りカス同士の平等」にすぎないことが指摘されるようになった（鈴木禄弥「『債権者平等の原則』論序説」同・物的担保制度をめぐる論集〔2000〕34頁）。そして，この比例弁済原則は，債権の基本的な性質を示す重要な意味を持つものではなく，一定の場合に，一定の判断のもとに妥当するものにすぎない，というわけである。

そうすると，いったいどのような場合に比例弁済原則が妥当するのか，という問題になる。そして，この点では，その後，「定型的にみて優先性を認めるべき理由のない債権について，個別債権者の行為の評価にあたって平等を尊重すべき場合であって，かつ，弁済担当者に比例弁済コストを負担させてもよい場合である」（中田・前掲論文1309頁）という定式が示された。費用・報酬も受ける管財人が存在する倒産の場面が，典型的にはこれに当たる（債権者平等の原則については，さらに，栗山朗子「フランスにおける債権者平等と競争の報酬」早法71巻2号〔1996〕55頁以下，中田裕康「契約当事者の倒産」野村豊弘ほか・倒産手続と民事実体法（別冊NBL60号）〔2000〕32-36頁など）。

(2) 債権の効力としての優先弁済

さて，そうすると，物的担保制度は，倒産の局面において，財団債権や優先的破産債権などと同じく，最終的な比例弁済原則が妥当しないということを基礎づけるためのものであり，また，一定の判断のもと，執行の局面でも，同様の基礎づけに用いられるためのものであることになる。ここから2つの問題が生じる。

第1は，担保物権の規律は民法典中に存在する必然性があるのか，という問題である。執行・倒産の局面での順位の問題であるならば，むしろ民事執行法や倒産諸法において，共益債権・財団債権などとの優劣を政策的に考慮しつつ，定めるべきであって，民法に規律を置くことは適当でなく，少なくとも必然的ではないことになる。

もちろん，これに対する批判も可能であり，担保権者に物権的請求権が認められること，期限の利益の喪失事由になること（137条2号・3号），一定の

場合には設定者（あるいは第三取得者）に担保価値維持義務が課されることなどは，執行法・倒産法の問題ではないといえる。しかし，そうなると，民法上におけるポイントは，これらの効果が生じることに存するのであり，「ある債務者に対する特定の債権者が同じ債務者に対する他の債権者よりも有利なかたちで，自分の債権を回収できるようにする手段」であることは（民法の観点からすると）補充的なものとなる。

第2は，担保物権は物権というよりも，むしろ債権の効力を定めるものではないか，という問題である。実は，この点は古くから論じられているところであり（石田文次郎・投資抵当権の研究〔1932〕72-111頁参照。議論の詳しい紹介・位置づけとして，鳥山泰志「抵当本質論の再考序説(2)」千葉24巻1号〔2009〕138頁以下。わが国に影響を与えたドイツ法の議論については，古積・換価権52-57頁，鳥山・前掲論文(4)千葉24巻3＝4号〔2010〕442頁以下参照），近時でも，このことを強調する見解がある（加賀山茂「『債権に付与された優先弁済権』としての担保物権」國井和郎還暦・民法学の軌跡と展望〔2002〕291-324頁，加賀山・担保法9-13頁）。

これに対しては，そもそも，民法典の編別や各規定を離れた物権・債権の本質があるのか，という方法論上の問題も指摘できるが，その指摘の意義は，債権者平等の原則の再検討からも理解することができる。

3 担保物権の機能
(1) 担保物権の効率性

財産状態が十分でない債務者が信用の供与を受ける途を開くためには，担保物権の制度が必要である，という説明は，伝統的には一般的なものである。しかしながら，純粋に理屈の上だけで考えれば，一定の財産を特定の担保権者の独占的・優先的引当て財産にすることは他の債権者の引当て財産を奪うことにつながり，担保権者の回収不能リスクが減じただけ，他の債権者の回収不能リスクは増大する。そうすると，他の債権者の貸付けにおける利率の上昇をもたらし，全体として差し引きゼロで債務者の借入れ能力は何ら拡大しないことになる。それどころか，担保設定がコストのかかるものであることをも考えるならば，かえってそのコスト分，借入れ能力は減少することになる。これは，他の債権者が，担保権の取得・設定後に現れるときにだけ問題になるものではない。担保物権という制度がある限り，他の債権者は引当て財産を奪われるリスクを計算に入れざるを得ず，借入利率の上昇につなが

るのである。

　そうすると，何らか別の説明が求められることになる。

　沖野眞已は，この点に関し，アメリカ法における議論を包括的に紹介しているが（沖野眞已「約定担保物権の意義と機能」学習院34巻1号〔1998〕75頁以下），一般理論としては十分に説得的な見解が示されているとはいえないように思われる（担保財産，債務者企業，金融実態，企業規模などによって，左右される）。ただし，その中では，最も射程が広く，成功している説明だと評されるのは，モニタリングの効率性の改善という機能であるとされる（森田果「お前のものは俺のもの(2)――優先権付与の理論的構造」NBL876号〔2008〕37頁）。つまり，優先弁済効ではないのであり，このことが次の問題につながる。

(2)　優先弁済効の位置づけ

　わが国について考えてみても，担保物権が法により与えられ，あるいは，合意により設定されても，そのうち，実行に至るものはごくわずかであり，また，優先弁済効が執行・倒産の局面での問題だとすると，通常の場合，担保物権の中心的な意味は優先弁済効にはないことになる。もちろん，いざというときの優先弁済効を確保するのが担保物権であり，それ以外にはとくに意味は存在しない，という見方もあり得る。しかし，債権者平等の原則の再検討は，優先弁済効を中心に据えて担保物権を理解することへの疑問を生ぜしめる。

　神田秀樹は，従来の担保取引概念は，機能的には多様なものを一体として把握してきたが，現在的な担保付与信のためには，それぞれの機能に応じた制度設計を必要とする，と説いた。具体的には，「信用審査」，「債権管理」，「債権回収」，「財産分離」，「物件評価」，「物件管理」，「その他の事務」が，その機能としてあげられた（神田秀樹「担保法制の理論的構造と現代的課題」金融研究12巻2号〔1993〕48-51頁）。この分析から，森田修は，「優先権」，「責任財産の分離」，「担保物の管理」の視角を取り出す。そして，「担保物の管理」について，「担保権者の管理権能は，……担保物のみに限定されず，債務者の事業そのものにも向けられる」ということをもって，なお展開の余地のある分析であると評価する（森田修「アメリカにおける『DIP融資者の優越』」平井宜雄古稀・民法学における法と政策〔2007〕418-419頁）。

　しかし，それは必ずしも「展開」ではない。「担保物の管理」と「債務者

の事業の管理」の2つの問題があり、両者のもつ意味は異なるからである。
 (3) **担保物権のモニタリング機能**
　まず、「担保物の管理」を通じた債務者のモニタリングが、担保の重要な意味であるという見解がある。つまり、一般債権者であれば、債務者の全体資産を常に監視していなければならないのに対し、担保権者は、担保財産の価額が被担保債権額を上回る限り、全体についてのモニタリングを行う必要がなく、当該担保財産についてのみ審査・管理を行えば足りる、というわけである（沖野・前掲論文115頁が紹介するところ。また、森田(果)・前掲論文(1)NBL875号〔2008〕30頁も参照）。そして、このことは、審査コストをかけて無担保で貸し付けたとき、他の債権者がその審査結果にただ乗りをするというフリー・ライドの問題も解決することになる（沖野・前掲論文123頁）。
　他方、債務者の資産全体あるいは事業過程で生じる価値全体に担保を設定することにより、債務者の事業につき全体的にモニタリングを行い、コントロールをする、ということに重点を置く見解もある（沖野・前掲論文125頁参照。池田真朗「ABL等に見る動産・債権担保の展開と課題」伊藤進古稀・担保制度の現代的展開〔2006〕275頁以下、森田(修)・前掲論文415頁以下は、この方向にある）。そして、個別担保の機能についても、そのことを通じて、債務者の事業全体をモニタリングすることに重点を置く考え方もある（以上につき、債権管理と担保管理を巡る法律問題研究会「担保の機能再論」金融研究27巻〔2008〕23-29頁も参照）。
　しかし、モニタリングを可能にすること、また、モニタリングを効率化することは、担保物権を通じてのみ可能なのか、という問題が出てくる。そして、この問題は、担保物権の進むべき方向についての議論と関係してくる。
 (4) **債務者の資産全体の担保化のもう1つの意味**
　債務者の資産全体に担保を設定することの意味は、実は、全体に対するモニタリングを可能にするというだけではない。他の債権者が、債務者資産の一部を差し押さえ、その結果として、債務者の事業が崩壊することを妨げる意味がある。執行における剰余主義がこれを支える。
　実は、このことは、かねて経営維持的機能として説かれていた。つまり、動産譲渡担保の目的物について、譲渡担保権者以外の者が差押えをしたとき、それを譲渡担保権者が第三者異議によって排除できるとすることは、とりわけ目的物が債務者の経営上不可欠なものであるときには、債務者の経営を維

持する機能をもつ，というわけである（中野貞一郎・強制執行・破産の研究〔1971〕118頁以下，中野＝下村291頁）。これを広く他の目的物にまで拡大することによって，債務者の経営は維持されることになる（江口直明ほか「日本におけるプロジェクト・ファイナンスの法律的側面（下）」金法1567号〔2000〕75頁）。他の債権者の権利行使から債務者を守るわけである。

また，担保権者は，債務者の経営を維持したまま，債務者と再建交渉に入ることができることも指摘される（債権管理と担保管理を巡る法律問題研究会・前掲論文46頁以下）。

これらは，近時説かれている「生かす担保」論と同じものではないように思われるが（「生かす担保」論については，池田真朗「ABL──『生かす担保論』後の展開と課題」NBL975号〔2012〕32頁以下），同じ方向性にあることは確かであろう。

III　担保物権の方向性

1　伝統的な説明とその成果

(1)　民法典制定後の特別法

明治時代の民法典制定後，担保に関する民法典上の重要な改正は，根抵当に関する諸規定の制定のほかにはなかった。もっとも，特別法は多く存在し，それによって担保法の内容は刻々と変化してきた。具体的には，1905年に担保附社債信託法（これは，担保権の内容そのものを変えたわけではない）ができ，さらに工場抵当法，鉄道抵当法，鉱業抵当法が制定された。1909年には，軌道ノ抵当ニ関スル法律，立木ニ関スル法律（立木の担保化）ができた。1913年には運河法が制定され，1925年には漁業財団抵当法，1933年には農業動産信用法と続く。戦後になり，1951年にも自動車抵当法や港湾運送事業法上の担保制度ができ，1952年には道路交通事業抵当法，1953年，1954年に航空機抵当法，建設機械抵当法，さらに，企業担保法が1958年に制定された。そして，1968年には観光施設財団抵当法ができ，1978年に，仮登記担保契約に関する法律ができた。

(2)　我妻テーゼとの関係

それでは，これらの特別法は，どのような方向に担保法を改革するもので

担保物権総論 III

あったか。

　第1点として，農業動産信用法，航空機抵当法，自動車抵当法など，一連の動産抵当法は，価値の高い動産で，しかし債務者がそのまま利用し続けることが必要なタイプの動産が増えてきたことに対応するものである。そして，それらの購入を促進することが，とりわけ戦後の復興において重要だったのである。

　しかし，これらの制度は十分に用いられることはなかった。

　第2点は，企業担保法や，あるいは工場抵当法も含め，いわゆる財団抵当法といわれる様々なものに見られるように，企業体等を包括的に担保化するということを可能にするという方向である。これは，我妻栄『近代法における債権の優越的地位』〔1953〕がまさに示しているものであり，その主張をごく簡単にいえば，次のとおりとなる。すなわち，かつては，1つの土地，1つの動産が個別的に担保とされた。しかしながら，実は土地や動産は，それが用いられることによって初めてその価値が実現されるものであって，担保とするときも，土地や動産が，用いられることによって，その価値が実現されている形態で担保化することが，近代法によって求められている方向である。それでは，土地や動産はどういったかたちで用いられているのかというと，実際には，ある土地とある建物とある動産とが組み合わされて1つのゴーイング・コンサーン・バリューを有する企業体が構成されている。これが資本主義の発展段階における利用形態である。そして，そのような利用形態においては，それぞれの財産が一塊になっていることによって，大きな価値をもたらしているのだから，それを包括して，そのままのかたちで担保に取ることが，それらの財産が有する価値を十分に利用した担保化ということになり，それを可能にするのが，近代法の流れであり，進むべき道である。

　そして，そのような流れに基づいてできあがっているのが，財団抵当法的な担保法であるということになる。

2　現実の流れ

(1) 投資リスクの分解

　ところが，現在の担保法の流れは，このような古典的な方向とは，おそらく別のものではないか，と思われる。

　これまでの担保制度は，最終的には担保目的物を売却して，その交換価値

から債権を回収するものとして仕組まれていた。これに対して，その担保目的物の有している収益価値を担保化するという方向が現れてきた。抵当権の実行に際し，目的不動産がなかなか売却できない時期があり，このことを背景にして，抵当権に基づいて賃料債権に対して物上代位権を行使するということが積極的に行われた。さらには，中小企業等の融資に関し，売掛代金債権を担保化する試みが積極的に行われようとしているのも，中小企業が持っている財産の換価価値ではなく，その企業体が生み出している収益に着目して，それを担保化しようという流れに位置づけられる。

　そして，プロジェクトファイナンスの隆盛も，これと同じ流れにある。すなわち，1つのプロジェクトの収益を見越して，その担保価値を評価して融資をしていこうというわけである。このようなプロジェクトファイナンスは，一見すると，すでに説明した我妻の理論，つまり，運営される1つの企業体を包括的に担保化するという方向に合致しているようにも思われる。しかし，やはり異なるものと評価すべきである。

　例えば債権のセキュリタイゼーションがそうである。ある企業が，それ自体としては大した信用力を有していないが，当該企業は，取引過程において優良な相手方に対して債権を持っているとする。そうすると，当該企業の財産のうち，優良な取引先に対して有している債権だけに着目すると，その債権の価値は極めて高い。このようなとき，信用力の低い企業から，そのような優良な資産だけを切り出すことができれば，低い利率での資金の調達が可能になる。セキュリタイゼーションにも様々な状況に応じ様々な目的があるが，債務者全体の信用とは切り離したかたちで資金を調達できるのが1つのメリットである。売掛代金債権担保も同じである。賃料債権に対する物上代位についても，同様に考えることができる。競売手続において不動産が売れないという状況のもとでは，本体としての不動産は必ずしも優良資産とはいえない。しかしながら，そこに発生している賃料だけを切り離すことによって，非常に高い価値の財産ができる。

　プロジェクトファイナンスも，例えば，ある企業が全体としては収益力が低いが，そこが新たに着手しようとしている一定の事業はきわめて将来性があり，収益力が高いものだということになると，それを切り離して担保化できれば，有利な資金調達ができることになる。我妻は，包括化することが最

〔道垣内〕

もその企業の担保力を高める，としたが，現在では，いかにして，一定の部分を切り離して，信用力があるかたちのまとまりを作っていくのかが，大きな問題となっているといえる。その点で，同じく事業価値の収益価値への着目といっても，古典的な分析とは異なる方向性が示されているのではないかと思われる（以上につき，道垣内弘人「担保改革元年」同・諸相12-16頁参照。さらに，道垣内弘人「団体構成員の責任」ジュリ1126号〔1998〕68頁以下，内田貴ほか「変容する担保法制」金融法研究19号〔2003〕31頁以下）。

神田の指摘した「財産分離」の問題であり，信託を利用した財産分離も考えられる。

(2) 契約の手法による地位の確保

さらには，担保物権を取得しないで，債務者の状況をモニタリングし，適切な債権管理ができるようにする手法もさかんである。

ネガティブ・プレッジとは，債権者が自らも（さしあたっては）担保権を取得しないかわりに，他の債権者のために担保を設定することを債務者に禁じる条項である（道垣内弘人「ネガティブ・プレッジ条項の効力」同・課題314頁以下，松岡久和「クロスデフォルト条項・ネガティブプレッジ条項の民事法的検討」ジュリ1217号〔2002〕3-6頁）。

また，債権者Aが，他の債権者Bとの間で，Bの債権が債権回収手続においてAの債権に劣後する旨を合意するという方法もある（劣後化合意）。

これらの合意は，神田の指摘したように，担保物権の様々な機能のうち，特定のものに着目して，それに応じた方法をとろうとするものである。

(3) 担保物権の再検討の必要性

担保は，対象においても，手法においても，個別化している現状がある。そのなかで，どのようなかたちの担保制度を構想していくか（担保物権はその制度のなかで1つのパートとして位置づけられる）は，今後の課題である。

IV 担保物権の通有性

(1) 通常の説明

通常，担保物権の総論においては，共通の性質として，次のものが挙げられる。すなわち，不可分性，物上代位性，付従性，随伴性である。しかし，

それぞれ丁寧に検討すると，必ずしも共通の性質とはいえず，いちおうの整理にすぎない。

(2) 不 可 分 性

担保権者は，被担保債権全額の弁済を受けるまで，目的物の全部についてその権利を行うことができる，という性質である。民法では，留置権について規定され（296条），先取特権・質権・抵当権に準用されている（305条・350条・372条）。非典型担保でも同様に解される。

しかし，留置権については，代担保提供による留置権の消滅が認められ（301条），不可分性の貫徹がなされていない。

(3) 物上代位性

担保目的物の売却・賃貸・滅失または毀損によって目的物所有者が受けるべき金銭その他の物，および，目的物に設定した物権の対価に対しても，担保権者が優先権を行使し得る，という性質である。先取特権について規定され（304条），質権・抵当権に準用されている（350条・372条）。

しかし留置権にはこの性質がない。また，非典型担保については争いがある。さらに，先取特権，質権，抵当権においても，上述した売却等のすべての場合に物上代位が認められるわけではない。具体的にどのような場合に物上代位が肯定されるかは，各担保物権の性質に応じて考えねばらないのであり，共通の性質というほどのものではない。

(4) 付 従 性

担保物権の発生には，被担保債権の存在を必要とし，当該被担保債権が消滅すれば，担保物権もまた消滅する，という性質である。担保物権が債権を担保する権利であるがゆえに，債権のないところには担保物権も存在しえないというわけである。この性質は，法定担保物権である留置権・先取特権には完全にあてはまる。そもそも，法定担保物権が特定の債権の債権者を保護する目的であるから，このことは当然である。

しかし，とりわけ確定前の根抵当権においては，このような付従性は存在しない。また，抵当権において被担保債権とされたものが無効であったときも，抵当権が必ずしも無効とならないと解されている。そして，このことは，質権・非典型担保についても同様に考えられるのである。

〔道垣内〕

担保物権総論 IV

(5) 随 伴 性

　被担保債権が譲渡されると，担保物権もこれに伴って移転する，という性質である。担保物権が当該債権を担保する目的の権利だからである，とされる。

　しかし，まず，確定前の根抵当については，随伴性は否定されているし，留置権・一部の先取特権についても認めるべきではないという見解もある。結局，その担保物権の性質に応じて考えていかねばならないのである。

〔道垣内弘人〕

第7章　留　置　権

前注（§§ 295-302〔留置権〕）

細目次

I　機能と意義……………………………17
　(1)　概　説……………………………17
　(2)　沿革と権利内容…………………19
　(3)　留置権関係と契約関係との問題……22
II　法的性質……………………………24
　(1)　物権性……………………………24
　(2)　法定担保権性……………………25
　(3)　担保としての通有性……………26
III　商事留置権…………………………27
　(1)　沿革と権利内容…………………27

　(2)　商人間留置権をめぐる現代的諸問題……………………………………30
　(3)　民事執行手続における留置権の処遇……………………………………38
IV　手続法における留置権の処遇………38
　(1)　破産法……………………………38
　(2)　民事再生法および会社更生法……40
　(3)　国税徴収法………………………41
　(4)　立法論……………………………42

I　機能と意義

(1)　概　説

　留置権は，民法典において定められた法定担保物権の1つである。例えば，時計の所有者がその時計の修理を時計商に依頼し，依頼を受けた時計商に時計を引き渡して，修理をさせた後，修理代金が未払の場合に，時計所有者からの時計の返還請求に対して，修理を行った時計商は，時計の引渡しを拒むことができる。このとき，修理を行った時計について時計商の有している権利が「留置権」である。時計の所有者に対して時計の修理代金債権を有する時計商は，その修理代金債権の弁済がなされるまでは，修理を行った時計を手元に留置することができる。この結果，時計の所有者が時計の返還を望むのであれば，時計の修理代金債務の弁済を行う必要がある。このように，留

〔池田〕

前注（§§295-302） I　　　　　第2編　第7章　留置権

置権は，債権者が債務者の所有物を留置することによって債務者による債務の弁済を促すという機能を有している。

　もっとも，このような時計の引渡拒絶による債務弁済の促進は，「留置権」だけではなく，いわゆる同時履行の抗弁権においても同様である。したがって，「留置権」の権利内容を考える際には，この同時履行の抗弁権との異同も考慮する必要がある（→(3)）。

　また，わが国において「留置権」は，物権として位置づけられており，第三者に対してもその権利を主張し得ると解されている。しかし，このような位置づけは，必然ではなく，物権として位置づけない法制も存在する。例えば，ドイツ民法典において留置権は物権ではなく，債権的な給付拒絶権と位置づけられている（ド民273条）にすぎない。もっとも，ドイツ民法典でも，所有権に基づく返還請求に対して，占有者が物に投下した費用の償還までは，当該物の返還を拒むことが認められている（ド民1000条〜1003条）。しかし，当該拒絶権は，ドイツ民法の体系上，担保物権として位置づけられているわけではない。他方で，わが国と同じく物権として位置づけられている法制としては，スイス民法典（895条〜898条）や2006年に担保編を新設したフランス民法典（2286条）を挙げることができる。もっとも，フランス民法典では，留置権に関して設けられたのは1か条にとどまり，スイス民法典においても条文は多くないなど，留置権をめぐる規定のあり方はさまざまである（注民(8)13頁〔田中整爾〕は，各国の立法例において，物権か否かにかかわらず，特異な扱いを受けていると指摘する）。

　さらに，わが国における留置権は，担保物権として位置づけられているが，優先弁済的効力を有さない点で，他の担保物権とは大きく異なる。これについては，立法論として議論があり，また，民法典の制定過程や他の法典の制定にあたり議論がなされてきたところである。とりわけ，商法上の認められている留置権，いわゆる商事留置権は，民法上の留置権と同様に，被担保債権の弁済まで物の引渡しを拒むことができるという点では同種の権利でありながら，その効力，とりわけ債務者の経済的な破綻の際に認められる効力の点では，民法上の留置権と大きく異なっており，両者間の効力のあり方が問題とされてきた（この点については，→III，IV）。

(2) 沿革と権利内容

　そもそも留置権は，沿革的には，ローマ法における「悪意の抗弁（exeptio doli）」に由来し，公平を図るために認められた制度である（原田・史的素描118頁，Windscheid-Kipp, Pandekten Bd. 2, §351 Anm7.）。ローマ法においては，詐欺行為によって債務の履行を求められた者を救済するために，被告が提出する「悪意の抗弁」によって原告の請求を拒むことが行われていた。これが発展して，双務関係において，自己の債権についてその債務が相手方によって弁済されるまでは自己の債務の履行を拒みうるという抗弁権として機能していたとされる（柚木=高木11-12頁，前田達明ほか「史料・留置権法(1)」民商118巻2号〔1998〕269-270頁〔前田達明〕。なお，ローマ法上の「悪意の抗弁」については船田享二・ローマ法3巻〔1970〕85-86頁や河上正二・歴史の中の民法——オッコー・ベーレンツ教授「ローマ法史講義案」（1999/2000）を基礎に〔2001〕194頁など参照）。その後，フランスでは，当初，民法典は，留置権に関する統一的な規定を持たず，相続や双務契約において，費用償還や代金支払まで物の留置を認める旨の規定を設けていたにすぎなかった（例えば，フ民867条，1612条および1613条）が，学説において留置権概念が形成されてきたとされる（椿寿夫「同時履行の抗弁権」同・民法研究Ⅱ〔1983〕4-5頁，清水・留置権1頁など）。他方，ドイツ民法典では，いわゆる債権的留置権（obligatorisches Zurueckbahaltungsrecht）として，273条および274条の2箇条が規定されたにすぎなかった（椿・前掲論文5-6頁，清水・留置権1頁など）。

　このような中で，わが国においては，旧民法典の制定にあたって，ボアソナードが当時のフランスにおける学説の影響を受けて，留置権を「物に関する権利」として構成した（前田ほか・前掲民商118巻2号270-271頁〔前田〕，清水・留置権1頁など）上で，その規定を「債権担保編」に配置した（旧担92条〜96条）。そして，ボアソナードは，留置権に対して動産質および不動産質の規定を準用している（旧担96条）。またボアソナードは，フランスにおいては留置権についての一般的な規定を法典上欠いていたために，難しい論争が生じていたことを踏まえて，旧民法典には留置権に関する一般的な規定を準備したとされている（前田ほか・前掲民商118巻2号271頁〔前田〕，平井一雄編著・史料・明治担保物権法〔2016〕6頁など）。さらに，この旧民法典では，債権担保編の留置権に関する規定のほか，財産編31条1項をはじめとして，複数の

前注（§§295-302） I　　　　　第2編　第7章　留置権

留置権を認めた規定が設けられていた。これは，留置権の権利の性質上，根拠となる関係ごとに規定を設けたものであり，また，一般市民にとって具体的な規定がある方が理解しやすいという点にあるとされる（前田ほか・前掲民商118巻2号271頁〔前田〕，平井編著・前掲書3頁）。

　しかしこの後，周知のように，法典論争の結果，明治民法典が起草されることになる。この明治民法典の起草過程では，フランス民法典やドイツ民法典第一草案，さらにスイス債務法をはじめとする諸外国の法典が参照されている。しかし，その基本となったのは，旧民法典であり，他国の法制と異なって，留置権を担保物権として位置づけ，留置権の効力や性質に関する規定をまとめて規定した（法典調査会民法議事〔近代立法資料2〕327頁，前田ほか・前掲民商118巻2号274頁〔古積健三郎〕）。

　このようにして立法された留置権は，ある者が占有している物について発生した債権について，物の所有者である債務者がその債権を弁済するまで，その物を留置することを認めるというものである（295条1項）。すなわち，物の所有者からの所有権に基づく返還請求に対して，物の占有者がその物について投下した費用の償還やその物によって占有者が被った損害の賠償を所有者が行うまで返還を拒むことができることを意味する。この実質的な根拠は，結局のところ，投下した費用の償還や損害の賠償を認めずに，物を所有者に返還してしまえば，物に投下された費用による物の価値の維持ないしは価値の増大の利益を何らの負担なしに所有者が獲得することや，本来負担すべき賠償を負担しないまま物の価値の返還を受けることになってしまうため，そのような事態を避けて，両当事者間の公平を保とうとする点にある。このように，留置権者による物の留置，すなわち返還の拒絶は，物の占有を継続することを意味する。また，その物を占有している間に生じた果実についての収取が留置権者には認められ，その果実については被担保債権への充当が許されている。しかし，留置している物を競売して優先弁済を受けることは認められていない。つまり，留置権は優先弁済機能ではなく，あくまでも被担保債権の弁済まで目的物を留置することで，間接的に，その被担保債権の弁済をうながすという債権者への心理的な効果を目指すものといえる。

　もっとも，立法論としては，とりわけ破産法上，商事留置権に優先弁済的効力が認められていること（旧破93条2項〔破66条1項〕。→Ⅳ(1)）との均衡上，

〔池田〕

前注（§§295-302）Ⅰ

民事留置権も同様に扱うべきであるとの見解があった（石田・下573頁）。また，国税徴収法上，民事留置権と商事留置権が区別されていないこと（→Ⅳ(3)）を根拠として，両者を等しく扱うことを主張する見解もあった（石原辰次郎・破産法・和議法実務総攬〔全訂版，1981〕292頁，斉藤秀夫＝伊東乾編・演習破産法〔1973〕335頁〔遠藤功〕，斎藤秀夫ほか編・注解破産法（上）〔3版，1998〕663頁〔斎藤秀夫〕）。これらは，もっぱら破産法上の扱いに関するものであったが，さらに，留置権に優先弁済的効力を認めることに帰着する見解も主張されている。すなわち，留置権目的物について競売がなされる場合に，いわゆる消除主義をとって，最先順位での優先弁済を認めようとする立場である（竹下守夫「不動産競売における物上負担の取扱い」同・不動産執行法の研究〔1977〕156-157頁。なお，消除主義には賛成するものの，最先順位での弁済についてはとりわけ不動産を念頭に置いて躊躇するものとして，椿寿夫「強制執行法案における留置権」同・民法研究Ⅱ〔1983〕39-41頁がある）。

2001（平成13）年に法制審議会に設けられた担保・執行法制部会において，担保・執行法制の改正の一環として，留置権について消除主義に立ち，優先弁済的効力を付与する方向での議論がなされ，中間試案として提示されるに至った（「担保・執行法制の見直しに関する要綱中間試案」ジュリ1221号〔2002〕186頁）。その議論においては，問題状況として，建築請負人による建築請負代金債権を被担保債権とする留置権の抗弁がなされる際に，建物に関する留置権の効力がその敷地に及ぶとすると，先行して設定されている抵当権者との利害対立が生じ，これを解決する必要性が生じていたことが挙げられていた（例えば，松岡久和「いま，担保法に何が起こっているのか(1)」銀法597号〔2001〕51頁および同(6)銀法603号〔2002〕54-58頁）。また，民事留置権は，破産手続においてその効力を失うことになる（破66条3項）。他方で，商事留置権は破産手続においても効力を失わず，また，目的物と債権との牽連関係も問われず，さらに文言上不動産を対象とし得る。このため，請負人は商事留置権を主張することになるが，そもそも，商事留置権の目的物として不動産が相応しいのかも問われていた（松岡・前掲論文(1)銀法597号51頁および同(6)銀法603号54-58頁など）。しかし，その後の審議の結果，留置権に関する改正は実現していない。また，ほぼ同時期に審議が開始された現行破産法への破産法改正に関する議論においても，留置権についてその見直しが検討されたが，やは

〔池田〕

り，見送られている（この間の経緯については，例えば，伊藤眞ほか編・新破産法の基本構造と実務〔2007〕454-458頁を参照のこと）。

(3) 留置権関係と契約関係との問題

(ア) 同時履行の抗弁権との関係　留置権は，すでに述べたように，公平の原則の現れとして，所有権に基づく物の返還請求に対して，物の留置を主張することで，引渡拒絶権として機能している。民法上，同様に公平の原則に基づき双務契約関係においては同時履行の抗弁権が認められている（533条）。この両者の関係については，従前から議論されてきた（注民(8)10-12頁〔田中〕および新版注民(13)〔補訂版〕626頁以下〔澤井裕＝清水元〕など参照）。

通説的な理解によれば，留置権と同時履行の抗弁権とは，公平の原則に基づくものであるという点で共通する（例えば，平井宜雄・債権各論Ⅰ上〔2008〕189頁，内田貴・民法Ⅱ債権各論〔3版，2011〕49-50頁，近江幸治・民法講義Ⅴ契約法〔3版，2006〕39頁，川井・概論233頁。また，公平の観念を前提とすれば，両者は機能的に近似し，とりわけ実際の問題解決にあたっては，共通性・近似性が強いと指摘するものに，椿寿夫「同時履行の抗弁権」同・民法研究Ⅱ〔1983〕11-20頁がある）。すなわち，同時履行の抗弁権も，自らは履行せずに相手にのみ履行を求めるのは公平に反するという考慮に基づくものであって，換言すれば，履行しない限り弁済を受けられないということを意味しているからである。また，いずれもその効果として，引換給付判決が認められる点も共通する（留置権につき，→§295Ⅲ(4)）。もっとも，同時履行の抗弁権にあっては，引換給付判決は，その性質上当然であるのに対して，留置権にあっては，通説は，両当事者間の公平を考慮して，引換給付判決をその効力として認めているにすぎない。

なお，これに関連して，同時履行の抗弁権に関しては，両当事者のいずれの請求についても，同時履行の抗弁権が成立する限り，引換給付判決となるのに対して，留置権に関しては，債権者（留置権者）が提起した被担保債務の弁済請求に対して，債務者が留置権を援用して，留置物の返還と引換えに被担保債務の弁済をせよとの判決を得ることができるのかを問題とする立場がある（この点について，新版注民(13)〔補訂版〕627-628頁〔澤井＝清水〕を参照）。すなわち，実際的な公平の観点や訴訟経済などを踏まえて，反対債務についての給付拒絶権としての留置権を主張する見解（薬師寺・留置権論274頁，同・総判民(19)3-6頁）や，引換え履行が留置権の内在的な限界であり，留置権は

留置物との引換えにのみ，弁済を受領し得る権利と構成すればよいとする見解（新版注民(13)〔補訂版〕628頁〔澤井＝清水〕〔ただし澤井の見解〕）である。しかし，この問題に関する他の学説の反応は不明であるとされる（新版注民(13)〔補訂版〕628頁〔澤井＝清水〕）。

　留置権と同時履行の抗弁権の相違点は次の点にあるとされる（新版注民(13)〔補訂版〕628-638頁〔澤井＝清水〕，注民(8)10-12頁〔田中〕など参照）。第1に，留置権は物権であって，第三者に対しても主張し得るのに対して，同時履行の抗弁権は，当事者間の双務契約から発生するものであって，他の第三者にこれを主張することはできない（例えば，山本敬三・民法講義Ⅳ-1〔2005〕76頁）。留置権が担保物権であることから，果実収取権（297条1項），留置物の利用権（298条2項），費用償還請求権（299条），競売権（民執195条），不可分性（296条）や代担保による消滅（301条）などが認められているのに対して，同時履行の抗弁権にはそれらは認められていないなどの相違が生じる。第2に，債権発生原因での相違である。すなわち，留置権は，留置物との間で牽連関係があればよく，どのような原因に基づく債権であってもよいとされているのに対して，同時履行の抗弁権にあっては，双務契約における反対債権に限定されている点が異なる。第3に，両者の利用の局面は，留置権が物の引渡請求権の行使に対して主張されるのに対して，同時履行の抗弁権は，双務契約上の債務の履行請求に対して主張されるという点が異なっている（例えば，安永455頁）。

　(イ)　契約関係との競合　　売買契約を締結した場合，物の引渡債務と代金債務とは同時履行関係に立つ。そして同時に，売買代金債務は物に関して生じた債権であるので，留置権もまた成立すると考えられる。このとき，両者の関係はどのように捉えることができるのか。この問題の前提には，同時履行の抗弁権の成立をどの範囲で認めるのかという点での議論がある。

　まず，同時履行の抗弁権と留置権の成立範囲を峻別しようとする見解がある。すなわち，同時履行の抗弁権を，対価的債務の相互の履行を牽連させる固有の技術として捉え，そのような対価的双務関係を生じさせる契約では同時履行の抗弁権のみが適用されるのに対して，請負契約などのように，契約関係の清算上の付随義務の履行と報酬支払債務の履行とが牽連する場合においてのみ留置権が認められるとする見解である（川村泰啓・商品交換法の体系Ⅰ

前注（§§ 295-302）II　　　　　　第2編　第7章　留置権

〔増補版，1982〕238-239 頁，白羽祐三「留置権・同時履行の抗弁権と不当利得」谷口知平還暦・不当利得・事務管理の研究(1)〔1970〕99-101 頁）。この見解によれば，先に挙げた具体例に関しては，同時履行の抗弁権は成立するが，留置権は成立しないと解することになる。

　これに対しては，同時履行の抗弁権の成立を双務契約以外の契約関係のある場合へと拡大することを認めた上で，契約関係に基づいて同時履行の抗弁権が成立しない場合にのみ，留置権が成立すると解する見解も主張されている（鈴木 432-434 頁，石田喜久夫・口述物権法〔1982〕455 頁，清水元・留置権の再構成〔1998〕155-160 頁，関武志・留置権の研究〔2001〕678 頁以下など）。この見解に立つ論者の中には，フランス法などに依拠して，留置権と同時履行の抗弁権とを厳密に峻別することを主張する見解がある（清水・前掲書 155-160 頁，関・前掲書 678 頁以下）。この立場によれば，留置権は，「物的牽連」がある場合に発生する権利であり，その「物的牽連」とは，当事者意思にかかわらず，客観的な，事物の性質によって発生する牽連関係であって，例えば，物に費用を加えた場合の費用償還請求権と物が損害を惹起した場合の損害賠償請求権に限定されるとする。他方で，同時履行の抗弁権は，当事者意思による契約関係から生じた牽連関係（法的牽連）であるとし，両者は峻別されるとする。

　しかし，一般にこの点に関する通説は，同時履行の抗弁権の成立を双務契約に限定せず，広く契約関係に基づく債権の対立がある場合に，同時履行の抗弁権の成立を認めている（富井 309-311 頁，高木 21-22 頁，内田 502 頁，道垣内 15-16 頁など）。とりわけ，先に挙げた留置権と同時履行の抗弁権とを厳密に峻別する見解に対しては，実用的な区別ではないと批判する（内田 502-503 頁，道垣内 16 頁）。そしてこの立場からは，同時履行の抗弁権と留置権のいずれを主張してもよいと解されている（高木 21-22 頁，内田 502 頁，道垣内 16 頁など）。

II　法 的 性 質

(1)　物 権 性

　わが国の民法典は，留置権を物権に位置づけており，その権利の内容から明らかなように，留置権とは他人の所有物を留置，すなわち占有することのできる権利である。そして，物権である以上は，第三者に対してもその権利

を主張できる。もっとも，物権ではあるが，その成立と存続には，目的物を留置すること，すなわち継続的な占有を必要とすることから，占有を失った場合には，留置権は消滅する（302条）。このため，物権ではあるが，物権的請求権によって失った占有を回復することはできず，占有回収の訴え（200条1項）によるしかない。また，この成立・存続要件としての占有は，目的物が動産の場合だけでなく，不動産の場合にも妥当し，不動産上の留置権は不動産登記簿への登記を対抗要件とする必要はない（→§295 II(5)）。この点は，不動産を対象とする物権として例外的である。

(2) 法定担保権性

留置権は，法定担保物権であるので，その成立は，295条の要件を満たすか否かによって定まる。質権や抵当権とは異なり，当事者の意思によって成立させることができないのも当然のことである。他方で，法定担保物権とはいえ，債権者の利益を図るための権利であるから，当事者である債権者が不要とするならば，あえて成立させる必要はない。このため，留置権の成立を妨げる意思表示も可能であると解されている（→§295 II(7)）。

また，留置権は，被担保債権となる債権と目的物との間の牽連関係を成立要件とするものであって，債権と目的物の牽連関係も当事者の意思ではなく，法定の牽連関係の有無によって定まることになる。もっとも，この牽連関係をどのように解するのか，それ自体が1個の問題であって，成立要件を定めた295条をめぐる議論の大半は，この牽連関係に関するものといってよい。

留置権は，債権の弁済を受けるまでの間，目的物を留置することができる権利であり，目的物を留置することによって，債務者に対して債務の弁済を促すという心理的な効果を持つ権利である。これに関わって，留置権においては，目的物と被担保債権の価値の大小は必ずしも問題とはならない。もちろん，物の価値がある程度大きい場合にこそ，些少な被担保債権の弁済がより促進されるという関係にあるが，これも心理的な効果にとどまるものである。他方で，留置権自体には，優先弁済受領権能はなく，このためその前提となる換価権能も有しない。もっとも，留置権の目的物について，第三者による競売手続が行われた場合に，いわゆる事実上の優先弁済が生じるとされている（→§295 III(3)）。

なお，留置が長期にわたることで，留置権者が無用の負担を負うことはな

いように，留置権者には，競売権が認められている（民執195条）。この競売権の行使によって目的物を換価した場合には，その換価代金に対して，留置権が移行することになる。この場合に，他の債権者がこの換価代金からの配当を受け得るかについては議論がある（→§295 Ⅲ(2)）。

(3) 担保としての通有性

担保物権には，通常，①付従性，②随伴性，③不可分性，④物上代位性の4つの通有性があるとされる（高木10-11頁など）。

まず，付従性については，留置権も，物に関して発生した債権を担保する権利であるから，当然に要求されることになる。したがって，被担保債権が存在しなければ，留置権は成立せず，被担保債権が消滅すれば，留置権も消滅することになる。

次に随伴性に関しては，若干の対立があった。通説的な理解によれば，被担保債権が移転されれば，占有も移転される限り，当然に留置権も移転すると解されている（富井312-313頁，薬師寺・留置権論180-189頁，我妻・判コメ4頁〔三藤邦彦〕，我妻26頁，柚木＝高木16-17頁，高木16頁など）。というのは，他の担保物権とは異なり，留置権は，占有がその成立と存続のために必要であるから，占有もまた譲受人に移転することが必要だからである。裁判例も，これを肯定する（福岡高決昭29・5・25高民集7巻5号419頁）。もっとも，留置権は占有という事実上の支配を内容とする権利であって，債権の譲渡によってそれを移転し得ないとする見解（遊佐223頁），物の返還義務を負う者が占有していることを重視して，そもそも占有を失った場合には，留置権は消滅するのであるから，譲渡できないと解する見解（三潴90頁），そもそも物を返還する義務自体も譲り受けることができないため，留置権を譲渡し得ないとする見解（横田秀雄「擔保物權ノ移轉性ヲ論ス」法学新報20巻5号〔1920〕68-70頁）などがあった（これらの議論の詳細については，注民(8)15-17頁〔田中整爾〕参照）。現在でもほとんど議論はされていないが，なお折衷的な見解は存在する。すなわち，被担保債権と占有の移転に加えて，債務者の承諾が必要であるとする見解が主張されている（石田(穣)19-20頁）。これは，留置物の使用・賃貸・担保供与について債務者の承諾を要する（298条2項）以上は，留置権それ自体の移転についても債務者の承諾がもちろん必要となるからであるとする。

不可分性については，留置権においても認められ，留置権者は，被担保債

権の一部の弁済を受けても留置目的物全部をなお留置し得る（296条）。もっとも，留置権にあっては，代担保による留置権の消滅請求が認められている関係で，他の担保物権と比較して不可分性が弱められているとの指摘（注民(8)17頁〔田中〕，我妻・判コメ5頁〔三藤〕）があるほか，目的物が可分な場合には，留置権は被担保債権残額に相当する範囲の目的物についてのみ行使可能であると解すべきとの指摘もある（我妻・判コメ5頁〔三藤〕，石田（穣）20頁）。

最後に物上代位性に関しては，留置権には優先弁済を受領する権能がないため，物上代位性を欠いているとされる（我妻26頁，柚木＝高木17頁など）。

なお，以上とは大きく異なり，留置権を担保物権としては捉えない見解が近時主張されている（加賀山・担保法182頁以下）。すなわち，ドイツ民法が留置権を債権的な権利として構成していること（ド民273条）に倣って，留置権を債権的な引渡拒絶の抗弁権と構成する（加賀山・担保法194頁）。その上で，留置権の成立要件である物と債権との牽連関係は，当該債権が物に関して発生したことと物の継続占有によって公示され，この占有継続が第三者対抗要件として機能すると解している（加賀山・担保法195-196頁）。さらに，これが，事実上の優先弁済を受けることができる根拠となっているとする。そして，この立場は，引渡拒絶の抗弁権という観点から，通常，通有性として説明される諸性質を根拠づけることができるとする。

III 商事留置権

(1) 沿革と権利内容

商事留置権とは，商人間の留置権（商521条）のほか商法上規定されている留置権の総称であり，例えば，代理商（商31条），問屋（商557条），運送取扱人（商562条），運送人（商574条〔平30改正前商589条（陸上運送人）〕），海上物品運送（商741条2項，国際海運15条〔平30改正前商753条1項，同国際海運20条1項〕）についてそれぞれ留置権が認められている（薬師寺・留置権論100頁以下や西原寛一・商行為法〔1960〕135頁以下，平出慶道・商行為法〔2版，1989〕138頁以下など参照のこと）。もっとも，「商事留置権」の範囲に何が含まれるのかについては必ずしも一致しないとも指摘されており（注民(8)18-19頁〔田中整爾〕），さらに商法上の各種留置権を「商事留置権」として総称することにも

疑念が示されている（鴻常夫「商事留置権」法セ59号〔1961〕25-26頁）。以下では、商人間の留置権（以下、「商人間留置権」という）を取り上げる（その他の留置権については、例えば、田中誠二ほか・コンメンタール商行為法〔1973〕の該当箇所を参照のこと）。

　商人間留置権は、商行為によって発生した債権を担保するために、商行為によって占有した債務者所有の物または有価証券に成立する留置権である（商521条）。民事留置権の成立要件と比較すれば明らかなように、民事留置権が目的物と被担保債権となる債権との間に牽連関係を必要とする（民295条）のに対して、商人間留置権においては、商行為によって発生した債権を担保するために、商行為によって占有した物または有価証券であれば、留置権が成立するため、個別的な牽連関係を必要としない（平出・前掲書139頁）。これは、商人間の商取引においては信用取引が重要であり、そのために流動する商品を対象とする個別的な担保を取引の度に設定し、変更することが煩雑であること、また、取引に際して個別の担保を要求することが相手方に対する不信の表明になりかねないことなどを踏まえて認められた法定担保物権である（平出・前掲書138-139頁、田中ほか・前掲書157頁など）。そもそも、この商人間の留置権は、中世イタリアの商慣習に淵源があり（小町谷操三「商事留置權に關する二三の疑點」法学3巻6号〔1934〕609-610頁、毛戸勝元「商法上ノ留置權ノ效力ヲ論ス」京都法學会雜誌9巻10号〔1914〕8頁など）、これがドイツ商法典へと受け継がれ、さらにわが国の商法典が取り入れたものとされる（西原・前掲書135頁、平出・前掲書139頁）。すなわち、現行商法典521条は、旧商法典387条を大きく変更したものとされ、その修正は、被担保債権と目的物との間の個別的な牽連関係を不要とする点にあった（田中ほか・前掲書158頁、法典調査会商法修正案参考書〔近代立法資料21，1985〕123頁。なお、旧商法典387条は、商行為によって他人の物を占有し、その物について費用等の債権を有する場合に、留置権の成立を認めるものであった）。さらに明治44年商法改正に際して、目的物を物に限定せず、有価証券をもその対象とすることになり、現在に至っている（田中ほか・前掲書158頁、法律新聞社編纂・改正商法理由〔増補4版、1912〔復刻版、2004〕〕336-337頁）。

　商人間留置権の成立要件は、被担保債権と目的物とが存在することであるが、前者の被担保債権については、①当事者双方が商人であり、②当事者双

方のための商行為によって被担保債権が発生し，③弁済期が到来していることを要する（それぞれの詳細については，田中ほか・前掲書158-159頁，平出・前掲書140-143頁など参照のこと）。また，後者の目的物については，④債務者所有の物または有価証券であること，⑤債権者が債務者との間の商行為によって目的物の占有を得たことである（田中ほか・前掲書159頁，平出・前掲書144-147頁）。このうち，要件④については有価証券を含む点で，民事留置権よりも目的物の範囲が広いといえるが，債務者の所有に限定される点では逆に狭くなっている。この点で，買主が一旦買い取った物品について，後に適法に契約を解除し，売主に返還すべき場合や，債権者が第三者から自己の名をもって商品を取得し，さらにこれを債務者に譲渡するべき義務を負う場合には，商人間留置権が成立しないことになるとして，「債務者所有」に限定する点を立法の不備と指摘する見解がある（竹田省・商行為法〔1931〕31頁，西原・前掲書138頁注6）。もっとも，これに対する反論も存する（平出・前掲書144-145頁）。すなわち，前者については，債権者が所有権とともに占有を取得した後，所有権が債務者に復帰したのであれば，留置権の成立要件を満たすことができるとする。また，後者についても債権者債務者間において取次委託契約がなされたと解して，両当事者間においては債務者に目的物が帰属すると解し得るとしている。

そして，民事留置権と大きく異なるのは，上述の通り，目的物と被担保債権との間の個別の牽連関係を要せず，目的物の占有を債務者との商行為によって取得すればよいという点である（上述の要件⑤）。このうち，個別の牽連関係を必要としないとする点は，商人間留置権がその目的物について特定の物を対象とする場合にとどまらず，むしろその目的物について新陳代謝が生じることから，流動担保として捉えることができると指摘されている（鈴木禄弥「商人留置権の流動担保性をめぐる若干の問題」同・分化574頁）。

また，この目的物の占有を債務者との商行為によって取得するという点に関して，学説では，債権者による占有取得行為が商行為であることを要せず，占有取得の原因が当事者間の商行為であればよいとし（西原・前掲書137頁，平出・前掲書145頁など），さらに，その当事者間の商行為は，当事者の一方にとって商行為であればよいとする見解（小町谷操三・商行為法論〔1943〕95頁など）もあるが，債権者にとって商行為であればよいとされている（西原・前掲

書137頁など)。

最後に，当事者は別段の意思表示によって留置権を排除し得る(商521条ただし書)。

なお，すでに成立している債権の譲渡を受けても，被担保債権は商人間の商行為によって生じたものであることを要するから，たまたま債務者の所有する動産を占有していたとしても譲り受けた債権を被担保債権とする商人間留置権は成立しない（田中ほか・前掲書159頁）。これに対して，すでに成立した商人間留置権は，被担保債権とともに目的物の占有が移転する限り，被担保債権に随伴して移転すると解されており，民事留置権とこの点では異ならない（平出・前掲書141-142頁）。

商人間留置権の効力に関しては，特段の規定が商法典にはなく，民事留置権と異ならないことになる（田中ほか・前掲書160頁など）。すなわち，被担保債権の弁済まで目的物を留置し（295条），目的物から生じる果実を収取して優先弁済に充当することが許される（297条）。しかし，民事留置権と同様に，目的物それ自体からの優先弁済は受領できない。なお，商人間留置権の効力を強化して，優先弁済を認めるべきであるとする見解が主張されている（平出・前掲書149頁，西原・前掲書138頁〔ドイツ商法に依拠する〕など）。このほか，競売権や事実上の優先弁済についても，民事留置権と同様と考えられる（平出・前掲書149頁など）。もっとも，破産手続においては，民事留置権と異なり，優先弁済的効力が認められている（→Ⅳ）。

(2) **商人間留置権をめぐる現代的諸問題**

(ア) **建物建築請負代金債権の担保をめぐる問題**　商人間留置権をめぐっては近時さまざまな問題が生じている。第1に，建物建築請負人が注文主に有する請負代金債権を被担保債権として商人間留置権を主張する事案である。もちろん，同じく請負代金債権を被担保債権として民事留置権の主張も可能であるが，倒産手続における民事留置権の処遇（→Ⅳ(1)）を前提とすると，商人間留置権によらなければ，被担保債権を十分には確保できない可能性がある。そして，建物を留置するにあたっては，それだけを留置しても実効的ではなく，その敷地をも占有し，商人間留置権が主張される。このとき，その敷地に設定された抵当権と留置権との衝突が生じ，いずれが優先するのかが争われている。

この問題に関しては，さまざまな点が議論されており，下級審裁判例も多いが，結論としては抵当権を優先し，商人間留置権の主張を認めない傾向にある。具体的には，①そもそも不動産が商人間留置権の目的物であるのか，②不動産が商人間留置権の対象であるとして，建物建築請負人はその敷地について占有しているといえるのか，③建物建築請負人が土地について商人間留置権を有するとして，抵当権との優劣をどのように決定するのか，という3点が問題となっている。

　①の論点について，商人間留置権の沿革や比較法の観点から，目的物として不動産を含むことに疑問を投げかける見解（鈴木・前掲論文581頁）もあるが，通説は，不動産についても商人間留置権の成立を肯定する（西原・前掲書138頁注35，平出・前掲書144頁，田中ほか・前掲書159頁）。しかし，建築請負代金を被担保債権とする留置権と抵当権とが衝突する問題が顕在化して以降は否定説も有力である（例えば，淺生重機〔判批〕金法1452号〔1996〕20-24頁など。この淺生論文は，立法の沿革，商法および競売法の規定内容，立法当初からの商法学説の状況，当事者意思の内容，さらには法制度全体の整合性を詳細に検討し，不動産を商人間留置権の対象とすべきではないと結論づけている）。裁判例も，肯定するもの（東京高決平6・2・7判タ875号281頁，福岡地判平9・6・11判タ947号297頁など），否定するもの（東京高判平13・1・30判タ1058号180頁，東京高決平22・7・26金法1906号75頁など）が存在する。

　なお，近時，不動産が商人間留置権の対象であるかに関する最高裁平成29年12月14日判決（民集71巻10号2184頁）が登場した。事案は，運送委託料債権を被担保債権として，賃貸借契約に基づいて引渡しを受けた債務者所有の土地を占有していた債権者が賃貸借契約の終了後債務者による土地の返還請求に対して商人間留置権を主張したというケースである。判決は，①民法が民事留置権の対象から不動産を排除しておらず，商法521条もその目的物から不動産を除外することをうかがわせるものではないこと，②商法521条が商人間の信用取引の維持と安全を図る趣旨から商行為によって債権者の占有に帰した物を目的物とする留置権を認めたこと，③不動産を対象とする商人間の取引が広く行われていることを挙げて，不動産が商人間留置権の目的物として商法521条の定める「物」に該当するとした。この判例は，直接，建物建築請負代金債権を被担保債権として商人間留置権の成否を争うもので

はないが，しかし，民法と商法の文理解釈，商人間取引における担保の必要性と不動産を取引対象とする実態に依拠して，不動産を商人間留置権の対象とする判断を示している。これらの点を踏まえれば，商人間留置権の目的物に不動産が含まれるという点は，建物建築請負のケースにも及ぶものと解されよう（清水真希子〔判批〕法教 455 号〔2018〕75 頁，土岐孝宏〔判批〕法セ 758 号〔2018〕97 頁など）。

②の論点に関しては，建物建築請負人は注文者の所持補助者と解すべきであって，土地についての独立した占有がないとする見解（澤重信「敷地抵当権と建物請負報酬債権」金法 1329 号〔1992〕25 頁）や，工事に必要な範囲に限定される特殊な占有であって，工事施工以外の目的で占有権原を主張することは当事者意思に反し公平の観点から問題であって認められないとする見解（栗田哲男「建築請負における建物所有権の帰属をめぐる問題点」金法 1333 号〔1992〕12 頁），建物建築請負人の土地に対する占有は商行為から生じたものとはいえないとする見解（小林明彦「建築請負代金未払建物をめぐる留置権と抵当権」金法 1411 号〔1995〕25 頁）などの否定説が主張されている。建物建築請負人の土地占有を否定する裁判例としては，東京高裁平成 6 年 12 月 19 日決定（判タ 890 号 254 頁），東京高裁平成 10 年 6 月 12 日決定（金判 1059 号 32 頁），東京高裁平成 10 年 12 月 11 日決定（判タ 1004 号 265 頁），東京高裁平成 11 年 7 月 23 日決定（判タ 1006 号 117 頁），東京高裁平成 22 年 9 月 9 日決定（判タ 1338 号 266 頁）などがある。

これに対して，肯定説の立場からは，商法 521 条が占有権原や占有に至った経緯も問題にしていないこと（山崎敏充「建物請負代金による敷地への留置権行使」金法 1439 号〔1996〕64-65 頁）や商人間留置権における土地占有には占有権原は不要であること（河野玄逸「抵当権と先取特権，留置権との競合」銀法 511 号〔1995〕95-96 頁）などが主張されており，東京高裁平成 10 年 11 月 27 日決定（判タ 1004 号 268 頁）や大阪高裁平成 23 年 6 月 7 日決定（金判 1377 号 43 頁）も肯定説に立っている。

さらに③の論点に関しては，商人間留置権の成立と抵当権設定登記との先後で優劣を決する見解（西口元〔判批〕判タ 1036 号〔2000〕57 頁）や商人間留置権が転化した特別の先取特権と抵当権とでは，抵当権が常に優先するとの見解（山本和彦「破産と手形商事留置権の効力」金法 1535 号〔1999〕9 頁，前掲福岡地判

前注（§§295-302）Ⅲ

平9・6・11），抵当権設定後に成立した商人間留置権は民事執行法59条4項の「使用及び収益をしない旨の定めのない質権」と同様に扱われ，抵当権に対抗できないとする見解（畠山新〔判批〕金法1945号〔2012〕50-52頁，前掲大阪高決平23・6・7）などがある。

　結局，この問題の焦点が建物建築請負人の請負代金確保と土地抵当権者の担保価値把握との調整にあり，また，被担保債権との個別的牽連関係を要しない商人間留置権によって請負代金債権の回収を認める必要性は，土地の担保価値に着目してその物自体に担保物権の設定を受けた抵当権者よりも小さいとする指摘（高木20頁）を踏まえるならば，留置権よりも抵当権の優先を認めるべきであろう。しかし，ここでの焦点は，更地に抵当権が設定され，その後建物を建築した場合に，その建物のための土地利用権が認められないことにあるとして，立法論として，土地所有者による自己借地権を認めて，利害調整を図るべきという見解もある（生熊238頁）。

　なお，実務的な解決として，破産管財人が，建物建築請負人と土地抵当権者との間を調整して，土地建物を一括して任意売却するなどして売却代金を配分した上で，一部を破産財団に組み入れるという方策が指摘されている（田原睦夫＝山本和彦監修・注釈破産法（上）〔2015〕466頁〔島田敏雄〕）。

　(ｲ)　手形取立金に対する商人間留置権　　商人間留置権は，その目的物に有価証券を含み，商行為によって占有した有価証券について，債権者は，民事執行法195条に基づいて換価し，その換価金と被担保債権とを相殺することによって，事実上の優先弁済を受けることができる。また，手形についての商人間留置権を有する債権者が，債務者について破産手続が開始した後も，破産管財人との関係で手形について留置できることを承認した判例（最判平10・7・14民集52巻5号1261頁）がある（→Ⅳ⑴）。他方で，民事再生手続においては，商人間留置権は別除権として扱われ，再生手続外において権利行使が可能であるから，再生手続開始後であっても競売を申し立て，換価することができる（園尾隆司＝小林秀之編・条解民事再生法〔3版，2013〕280頁〔山本浩美〕）。

　それでは，この換価金を被担保債権に充当できるのだろうか。というのは，再生手続開始後に再生債権者の負担した債務による相殺は許されない（民再93条1項1号）からである。

〔池田〕

前注（§§ 295-302）Ⅲ

この点に関して争われた最高裁平成23年12月15日判決（民集65巻9号3511頁）においては、まず一般論として、留置権に基づく競売について、留置を永続することによる負担から解放するための手続であって、その換価金を留置権者は留置できるとした上で、商事留置権の目的が取立委任にかかる約束手形である場合に、約束手形が取立金に変じたときは、「取立金が銀行の計算上明らかになっているものである以上」、取立金を留置し得るとした。その上で、銀行が再生手続開始後に取り立てた場合にも、民事再生法53条2項の別除権の行使として、取立金を留置でき、通常は再生計画の弁済原資等に充てることを予定し得ないとする。そして、民事再生法88条や94条2項の趣旨を踏まえて、法定の手続によらずに取立金を債務の弁済に充当し得るとする約定は、別除権の行使に付随する合意として有効であると判示し、銀行による取立充当を肯定した。

これに対して、学説上は、そもそも留置権による競売の場合の換価金には留置権が成立せず、直ちに返還すべきであるとの見解（内田503頁、道垣内40頁）もあるが、通説は、換価金に留置権が成立すると解しており（高木33頁、生熊250頁など）、本判決も、この点を肯定した上で、本件取立金は手形が変じたものであって、「計算上明らか」であるとして、留置できるとしている。この点に関して、裁量の余地のない適正妥当な手形交換の方法での取立てにもかかわらず、手形が取立金に変じた場合には留置できないとすれば、代償なしに留置権を失うという非合理性が重視されたとの指摘（伊藤眞ほか「（座談会）商事留置手形の取立充当契約と民事再生法との関係」金法1884号〔2009〕15頁〔伊藤〕、村田渉〔判批〕金法1896号〔2010〕27頁、岡正晶〔判批〕金法1914号〔2011〕33頁、中井康之〔判批〕伊藤眞＝松下淳一編・倒産判例百選〔5版、2013〕109頁）がある。

他方で、本判決が弁済充当を認めた点に関しては、批判がある。再生手続において商事留置権に優先弁済的効力が認められていない以上、弁済充当は認められるべきではないとの指摘（山本克己〔判批〕金法1876号〔2009〕58-59頁、伊藤ほか・前掲金法1884号25頁〔山本和彦〕、中井康之「取立委任手形による取立てと商事留置権・相殺」ジュリ1438号〔2012〕78頁、齋藤善人〔判批〕判時2157号〔2012〕176頁など）や、取立金を再生計画における弁済原資などに充てることができないのは、取立金の留置を認めた結果であって、弁済充当権を導くことはで

きないとの批判である（山本克己〔判批〕平24重判解136頁，中井・前掲ジュリ1438号76頁，村田典子〔判批〕事業再生と債権管理128号〔2010〕139頁）。

　もっとも，本判決が，法定の手続によらずに取立金を債務の弁済に充当できる旨の本件約定を別除権の行使に付随する合意としてその有効性を認めた点については，実質的には再生債務者の財産に取立金が属していないという判断の結果であると指摘されている（伊藤眞「手形の商事留置権者による取立金の弁済充当」金法1942号〔2012〕32頁，岡・前掲金法1914号29頁，村田渉・前掲金法1896号32頁）。しかし，これに対しても，法的説明として十分かという批判（中井・前掲倒産判例百選〔5版〕109頁）のほか，優先弁済権のない商事留置権の本来の性質からすれば，本件約定を別除権行使に付随する合意として有効性を認めることは優先弁済的効果を認めることに帰結し，民事再生法85条1項に反する合意であって無効であるとの見解（植村京子「商事留置権に関する諸問題」岡正晶ほか監修・倒産法の最新論点ソリューション〔2013〕74頁）も主張されている。

　(ウ) 電子化された債権・証券の担保目的物性　　近年，有価証券の電子化，すなわちペーパーレス化が進展している。例えば，社債，株式等の振替に関する法律（以下，「振替法」と呼ぶ）の施行によって，振替法の対象となる有価証券は，それまでとは異なり，有価証券それ自体はもはや発行されず，その有価証券に表章されていた権利は，振替法に従って，口座管理機関における口座簿に記載されることとなった。この結果，商人間留置権が，振替法により口座に記載された権利，例えば，投資信託受益権や株式，新株予約権，社債など（振替法2条1項）を対象として成立するのかが問題となっている。さらに，電子記録債権は，従来の約束手形に代わるものとしての性格を一部においては有しており，その意味で，手形と同様に，商人間留置権が成立するのかも問題となる。すなわち，振替法によっていわゆる電子化された証券については，従来の券面が発行されず，また，手形と同様に用いられるとしても，電子記録債権も物理的な券面が存在せず，それらが物理的な存在を欠く以上は，商人間留置権が成立しないのではないかという有価証券性の問題である。また，口座管理機関や振替機関に存在する口座簿への記録によってその権利が管理されている点を，商法521条の「自己の占有に属した」と評価できるのかも問題となる。

前注（§§ 295-302）Ⅲ　　　　　　第2編　第7章　留置権

　まず有価証券性については，従来の学説における有価証券の定義（鈴木竹雄・手形・小切手法〔1957〕2頁など）に依拠して，券面の存在しない振替証券等は商人間留置権の目的である「有価証券」には該当しないと解するのが素直であるとする見解（天野佳洋「振替証券と銀行の債権保全・回収」田原睦夫古稀・退官記念・現代民事法の実務と理論（上巻）〔2013〕783頁，木村真也「投資信託の販売金融機関による相殺の可否および商事留置権の成否」岡ほか監修・前掲書107頁ほか）がある。もちろん，これに対しては，学説における定義とはその当時の有価証券と認められるものに共通する特徴をとりだしたものにすぎず，商人間留置権が有価証券を対象としている趣旨や，振替証券等を商人間留置権の対象としたときの当事者の利害関係，振替法の立法過程にあたって振替証券等が商人間留置権の対象となるか否かについて明示的な議論がなかったことなども検討した上で，有価証券に該当し得るとする見解（弥永真生「商法521条にいう『自己の占有に属した債務者の所有する物又は有価証券』とペーパーレス化」銀法744号〔2012〕33頁。この他，金商法などの法律で有価証券とみなされている点を根拠とするものとして，坂本寛「証券投資信託において受益者に破産手続ないし民事再生手続が開始された場合の債権回収を巡る諸問題」判タ1359号〔2012〕26頁や中野修「振替投資信託受益権の解約・処分による貸付金債権の回収」金法1837号〔2008〕54頁，福谷賢典「再生債務者保有の投資信託受益権からの販売銀行の債権回収」事業再生と債権管理134号〔2011〕19頁などがある）も主張されている。しかしこの見解に対しても，商法の他の条文や，振替証券等に関する差押手続を定めた民事執行規則などとの整合性などの点でなお検討が必要ではないかとの指摘（天野・前掲論文784頁）がある。

　また，「占有の成否」については，振替証券等が口座簿への記入によってその権利の管理が行われている点を商法521条にいう「占有」と評価し得るかが問題とされているほか，振替法における口座上の権利の帰属についての理解も問題となっている。すなわち，まず後者の点については，振替法の立法時に，振替口座簿に記載された有価証券上の権利の位置づけに関して議論があったものの，口座開設者に直接帰属し，口座振替によって同一性を保ったまま移転するという方式を採用したとされる（天野・前掲論文773頁）。そうであるならば，口座管理機関がその権利を占有したとは評価し難いことになる。しかし，口座管理機関による記帳がなければ権利が動くことがないとい

う点をとらえて,「事実上の支配を及ぼしている」と評価できるのではないかとの指摘がなされており（森下哲朗「証券のペーパーレス化と商事留置権」金判1317号〔2009〕1頁, 同「〈シンポジウム〉決済法制の再検討 証券決済」金融法研究25号〔2009〕89頁, 前田重行「社債株式等振替法における有価証券のペーパーレス化と商事留置権の成否」金融法務研究会報告書(22)有価証券のペーパーレス化等に伴う担保権など金融取引にかかる法的諸問題〔2013〕8-9頁), 口座管理機関が振替証券に対して権利行使できないとしても, 口座名義人による権利行使を阻止できれば, 商人間留置権における「占有」とパラレルであると評価可能であるとの見解（弥永・前掲論文35頁）もある。

　これらの肯定説の実質的根拠は, 次の点にある。すなわち, 有価証券を保護預りしていた金融機関と預託していた当事者にとって, 従来は商人間留置権が成立するにもかかわらず, そのままペーパーレス化されて, 当該金融機関を口座管理機関とする振替証券の口座簿に記録された場合には, 商人間留置権が成立しなくなるというのは, 実質的な妥当性を欠くというものである。

　これに対して, 否定説からは, 仮に従来は商人間の留置権が成立していたとしても, ペーパーレス化の結果として, また, 立法的な手当もない以上は成立が認められないとしてもやむを得ないとの評価も可能であるとされ, 金融機関を商人間留置権によって保護をすることにそれほど強い要請があるとも思えず, 別途担保権を設定すべきであるとされる（木村・前掲論文108頁）。さらに, 振替証券等に関して「有価証券性」や「占有」を認めることは, 従来の有価証券概念や占有概念に大きく影響を与え, それらを歪める恐れがあることも指摘されている（神作裕之「電子化された有価証券の担保化──『支配』による担保化」前掲金融法務研究会報告書(22)16頁, 木村・前掲論文108頁）。

　この問題を直接扱った裁判例はないが, 口座管理機関や振替機関による口座に記載された権利の準占有を認めた下級審裁判例は存在する（大阪地判平23・1・28金法1923号108頁, 名古屋地判平25・1・25判時2182号106頁）。しかし, これらは, 必ずしも商人間留置権の成立に関する「有価証券性」や「占有」に関する判断ではなく, 銀行取引約定書あるいは管理委託契約上の「占有」にあたるかなどが問われたにすぎないと評価されている（例えば, 大阪地判について天野・前掲論文793頁注39を参照のこと）。

　なお, 商人間留置権を認めることで従来の有価証券概念や占有概念に大き

前注（§§ 295-302）Ⅳ　　　第 2 編　第 7 章　留置権

く影響を与え，それらを歪める恐れを懸念する見解からは，むしろ立法論として検討すべきであるとの指摘もなされている（神作・前掲論文 16 頁。また，電子記録債権に関して商事留置権の可能性を論じたものとして，加藤貴仁「電子記録債権と商事留置権——試論」前掲金融法務研究会報告書(22) 66 頁以下を参照のこと）。

(3) 民事執行手続における留置権の処遇

商人間留置権は，成立要件の点を除けば，民事留置権と異ならず，優先弁済受領権も有しない。したがって，商人間留置権について民事執行法上まず問題となるのは，その権利の目的物について他の債権者による手続が開始された場合における商人間留置権の取扱いである。もっとも，この点も，民事留置権と差異があるわけではない。

また，商人間留置権の債権者が永続的な留置の継続という負担から解放されるために，留置権者のイニシアティブによる競売も可能である（民執 195 条によるいわゆる換価のための競売。中野＝下村 785 頁）。この手続についても，商人間留置権と民事留置権との差は設けられていないため，民事留置権と同様の手続で換価することができる。さらに，その換価金の交付を受けて，その引渡債務と被担保債権とを相殺することによって，「事実上の優先弁済」を受けることもできる（鈴木＝三ケ月編・注解(5) 387 頁〔近藤崇晴〕）。

Ⅳ　手続法における留置権の処遇

(1) 破　産　法

現行破産法は，旧破産法 93 条 2 項と同様に，民事留置権が破産財団との関係においてはその効力を失う旨，規定している（破 66 条 3 項。なお，旧破産法 93 条 2 項をめぐる議論については，斎藤秀夫ほか編・注解破産法（上）〔3 版，1998〕661-664 頁〔斎藤秀夫〕を参照のこと。また，旧破産法の立法過程における留置権をめぐる議論については，鈴木正裕「留置権小史」河合伸一退官・古稀・会社法・金融取引法の理論と実務〔2002〕211-216 頁を参照のこと）。このため，破産管財人が留置権の目的物について留置権者に対してその引渡しを求めた場合には，留置権者は，もはや目的物を留置することができず，引き渡さなければならない（伊藤眞ほか・条解破産法〔2 版，2014〕531 頁，田原睦夫＝山本和彦監修・注釈破産法（上）〔2015〕468 頁〔島田敏雄〕など）。その請求に応じなければ，不法占有者として

の責任を負うことになる（伊藤ほか・前掲書 531 頁。なお，破産法 66 条 3 項によって民事留置権は消滅し，したがって，留置権者は「目的物を留置する権限を失う」とするものに，田原＝山本・前掲書 468 頁〔島田〕がある）。また，留置権の被担保債権は，破産法上，一般の破産債権として扱われるにすぎず，破産手続開始前に民事留置権に基づいて開始されていた競売手続も破産手続の開始によって失効する（伊藤眞・破産法・民事再生法〔4 版，2018〕471 頁注 36）。これは，留置権には単に留置的効力しかなく，優先弁済受領権能を有しないために，破産手続という債務者の財産の「清算」にあたってはその存在意義がないからであると解されている（例えば，近江 33 頁）。もっとも，旧破産法 93 条 2 項に関しては，優先弁済受領権能を有しないことの他に，民事留置権が付与される多くの場合には特別の先取特権も与えられており，保護に欠けることはないことも，破産手続の開始によって民事留置権が失効する理由として挙げられていた（斎藤ほか編・前掲書 662 頁〔斎藤〕）。

　これに対して，商事留置権は，破産手続において，特別の先取特権として扱われ，別除権としての位置づけがなされており（破 66 条 1 項），民事留置権の位置づけとは異なっている。これにより，商事留置権者は，破産手続によらずに権利行使が可能であり（破 65 条 1 項），その担保権としての実行の結果得られた換価代金から，被担保債権の弁済を受けることができる（伊藤・前掲書 472 頁，田原＝山本監修・前掲書 464 頁〔島田〕など）。もっとも，その順位は，民法その他の法律による特別の先取特権に劣後する（破 66 条 2 項）。

　逆に，特別の先取特権とみなされた後も，目的物を留置できるかに関して，商事留置権の目的物として手形が問題となった事案において，判例は，破産財団に属する手形上に商事留置権を有する債権者は，破産手続開始決定後も，その手形を留置する権能を有し，破産管財人からの手形の返還請求を拒むことができるとし，旧破産法 93 条 1 項の文言から当然に留置権を消滅させる趣旨は見いだせず，特別の先取特権とみなすことからも，留置権能を消滅させて，先取特権の行使を困難にすることを予定しているとは解されないとした（最判平 10・7・14 民集 52 巻 5 号 1261 頁）。学説は，この判旨の理解を含めてなお対立している。すなわち，特別の先取特権の実行を確保する限度で占有権限が認められるとする見解（伊藤眞ほか・条解破産法〔2 版，2014〕528 頁），特別の先取特権とみなされる趣旨は優先弁済権と換価権の付与であって，その

留置的効力は存続するとする見解（伊藤・前掲書470頁注35），そもそも特別の先取特権に転化する以上は留置的効力は失われ，またそうでないと事実上の優先弁済との関係でバランスを欠くとする見解（山本克己ほか編・新基本法コンメンタール破産法〔2014〕160頁〔金春〕，出口雅久〔判批〕伊藤眞＝松下淳一編・倒産判例百選〔5版，2013〕111頁）などがあり，拮抗しているとされる（伊藤眞ほか・条解破産法〔2版，2014〕526頁）。その後，不動産に関する商事留置権に関して破産手続開始後の留置的効力を否定する下級審判決も登場した（東京高決平10・11・27判タ1004号268頁）。なお，留置的効力の議論にかかわらず，破産財産との間での利害調整を促進する目的で，破産管財人による商事留置権の消滅請求制度が設けられている（破192条）。

なお，目的物の価値保存や価値増加が存する場合には例外的に，民事留置権に優先弁済受領権を認める見解によれば，留置権者が優先弁済受領権を有しない場合には破産法66条3項が適用されるものの，優先弁済受領権を有する場合には，破産法2条9項の類推適用によって，別除権が与えられるべきであるとする（石田（穣）57頁）。

(2) 民事再生法および会社更生法

再生手続および更生手続においては，民事留置権に関する特別な規定は設けられていない。このため，破産法とは異なり，手続の開始によって，民事留置権が失効するわけではない。したがって，再生手続においては，留置権者は，目的物をなお留置することができると解されている（園尾隆司＝小林秀之編・条解民事再生法〔3版，2013〕290頁〔山本浩美〕，山本和彦ほか・倒産法概説〔2版補訂，2015〕129頁〔沖野眞已〕など）。裁判例においても，民事留置権に基づく留置的機能に関する規定を民事再生法が有さないこと，破産法66条3項に相当する規定もないことを理由に，民事再生手続の開始や再生計画によって，民事留置権に基づく留置的効力は当然には失われないと判示する（東京地判平17・6・10判タ1212号127頁）。もっとも，再生手続においては，再生手続開始前の中止命令（民再26条1項2号）によって，あるいは再生手続開始に伴って（民再39条1項），その実行が禁止または中止されることがあり得る（伊藤眞・破産法・民事再生法〔4版，2018〕966頁）。

他方，更生手続においては，開始決定によって留置権は失効しないが，更生計画認可決定によって留置権が消滅するか否かについて，民事再生法と同

様に解する見解のほか、商事留置権との均衡や会社更生法204条1項柱書の文言を重視して、消滅するとの見解もある（学説の詳細については伊藤眞・会社更生法〔2012〕645頁注190を参照のこと）。

　商事留置権者は、民事再生法において別除権を有する（民再53条1項）が、破産法と異なり、その権利は特別の先取特権とみなされておらず、優先弁済を受けることはできない（園尾＝小林編・前掲書280頁〔山本〕）。したがって、再生手続外において商事留置権の行使は可能であるが、その内容は、引渡拒絶権と、民事執行法195条による換価のための競売の申立てにとどまる（園尾＝小林編・前掲書280頁〔山本〕）。この点は、民事留置権と変わりはなく、その議論が同様に当てはまることになろう。

　このような再生手続と上述した破産手続における商事留置権の相違は、次の2点が根拠とされている（園尾＝小林・前掲書280頁〔山本〕）。第1に、清算手続である破産手続においてはすべての財産を換価処分する必要があり、担保権実行手続を容易にするという点で合理的であるのに対して、再建手続である再生手続においては商事留置権を特別の先取特権とすることで別除権行使を促進する必要性に乏しいからである。第2に、再生手続開始前に、一般優先権のある債権に劣後する商事留置権が手続開始後に特別の先取特権として優先することは不合理であると考えられたためである。

　他方、民事再生法と同様に再建手続である会社更生法では、商事留置権は更生担保権の基礎となるにすぎず（会更2条10項）、更生手続開始決定後の個別の実行は禁止され（会更50条1項）、更生計画の認可決定によって担保権が消滅する（会更204条1項）。このような処遇は、そもそも会社更生自体が担保物権も手続への参加を強制し、更生計画によらなければ、弁済を受けることなどができないためである（会更47条1項・2条10項）。

(3) 国税徴収法

　国税徴収法においては、民事留置権と商事留置権は区別されておらず、国税滞納処分によって換価された留置権の目的物の換価代金から、留置権者は国税債権に優先して配当を受けることができる旨規定されている（税徴21条1項。地方税について、地税14条の15第1項）。そして、滞納処分において留置権者が優先する配当を主張するためには、留置権の存することを証明する必要がある（税徴21条2項、地税14条の15第2項）。このような留置権の優先を定

めた規定が設けられた趣旨は，民事留置権が物の価値の維持やその増加のために支出された費用償還請求権を被担保債権として認められるものであることから，共益的な性格が強く，また国税に優先したとしても徴税上大きな支障がない点を考慮したものとされている（吉国二郎ほか編・国税徴収法精解〔2015〕225頁）。もっとも，この立法趣旨のうち，「徴税上大きな支障がない」とする点，すなわち被担保債権の少額性については，不動産を留置している場合を想定すれば，常に妥当するものではないと指摘され，さらに共益性とあわせて，その根拠が「いささかラフである」とされる（鈴木正裕「留置権小史」河合伸一退官・古稀・会社法・金融取引法の理論と実務〔2002〕218-219頁および219頁注58）。また，民事執行法上，留置権の目的となっている動産については事実上差押困難である（民執124条参照）のに対して，国税徴収法においては，「他に換価が容易であり，かつ，その滞納に係る国税の全額を徴収することができる財産を有しないと認められるときに限り」，当該動産の引渡しを求め，引き渡されない場合には差押えも可能である（税徴58条2項・3項）。さらに，国税徴収法124条によれば，国税徴収処分としての差押えの前後を問わず，留置権が換価によって消滅する旨を規定し，いわゆる消除主義に立っている。

(4) 立 法 論

これらの特別法上の処遇を踏まえて，立法論として，留置権について引受主義から消除主義へと転換し，一本化を図る方が望ましいとする見解が，現行破産法の制定過程において主張されていた（松岡久和「留置権に関する立法論」倒産実体法（別冊NBL69号）〔2002〕105-106頁，鈴木・前掲論文227-228頁）。とりわけ，この見解によれば，引受主義の場合には次の3点から，買受人が登場しなくなり，目的物の売却が困難になるという弊害が生じているとする（松岡・前掲論文105頁）。すなわち，第1は，執行手続の開始後の留置権の発生や費用の増加などによって被担保債権額の増加が生じる可能性があり，被担保債権額の確定手続を欠くため，不測の損害が買受人に発生し得る点である。第2には，買受人による引受けが責任にとどまるのか，債務にまで及ぶのかが不明確であることであり，さらに第3点は，留置権を引き受けることで競売が繰り返される場合が増加し，費用が無駄になるなどの問題があることである。さらに，とりわけ現行破産法上の民事留置権の処遇について，民事留

置権が破産手続上担保権としての実効性を欠き，商事留置権と権衡を失しているとして立法論上見直しの余地があると指摘されている（山本和彦ほか・倒産法概説〔2版補訂，2015〕130頁〔沖野眞已〕。旧破産法における立法論について，斎藤秀夫ほか編・注解破産法(上)〔3版，1998〕663頁〔斎藤〕を参照のこと）。

　なお，現行破産法の制定過程においては，民事留置権に関して，目的物の価値増加に寄与しており，また留置権者が一般に小規模事業者であって，破産手続上保護されるべき債権者であることなどから，別除権として取り扱うべきであるとして検討されたものの，実現には至らなかったとされる（伊藤眞ほか・条解破産法〔2版，2014〕526頁。現行破産法における民事留置権に関する検討過程や立法に至らなかった理由については，伊藤眞ほか編・新破産法の基本構造と実務〔2007〕454-457頁，山本ほか・前掲書129-130頁〔沖野〕などを参照のこと）。

〔池田雅則〕

§295 I　　　　　　　　　　　　　　　　　　第2編　第7章　留置権

（留置権の内容）
第295条①　他人の物の占有者は，その物に関して生じた債権を有するときは，その債権の弁済を受けるまで，その物を留置することができる。ただし，その債権が弁済期にないときは，この限りでない。
②　前項の規定は，占有が不法行為によって始まった場合には，適用しない。

〔対照〕　フ民2286 I，ド民273・274，ス民895～898

細　目　次

I　本条の趣旨……………………………44
II　成立要件……………………………45
　(1)　概　　要……………………………45
　(2)　他人物性……………………………46
　(3)　被担保債権の存在と弁済期………52
　(4)　牽連関係……………………………54
　(5)　占　　有……………………………63
　(6)　不法行為によらない占有…………64
　(7)　留置権の発生を阻止する意思表示
　　　の不存在……………………………69
　(8)　具体的な問題………………………70
III　効　　果……………………………75
　(1)　留置的効力…………………………75
　(2)　競売権………………………………76
　(3)　事実上の優先弁済…………………79
　(4)　引換給付判決………………………82

I　本条の趣旨

　本条は，留置権の内容とその成立要件を規定する。本条に関する趣旨説明においては，旧民法典債権担保編92条について，次の5点で修正を加えたものであるとされた（法典調査会民法議事〔近代立法資料2〕328-329頁）。第1は，留置権の対象となるものを本条では「他人の物」とした点である。これは，債務者の所有物に限定できず，善意であれば，他人の所有物を占有している場合にも留置権の成立を認めざるを得ないためである。第2に，債権担保編92条は「正当ノ原因ニ由リテ」占有することを求めていたが，このような規定振りでは留置権者が「正当の原因」を証明する必要があることになってしまうため，2項の「不法行為によって」占有が開始された場合に留置権の成立を認めないことも踏まえて，「正当の原因」を削除したとする。第3は，「その物に関して生じた債権」という要件についてである。これは，商人間の留置権と異なり，民事留置権ではあまり広くその成立を認める必要はないとして，設けられたとする。第4は，被担保債権が弁済期にあることについ

てである。留置権は，物を留置して引き渡さないという性質を有するのであるから，弁済期でないときに，留置できるのは不都合であり，この点を本条1項ただし書として明確にしたとする。最後に，債権担保編92条は被担保債権の発生原因について詳細に規定し，区別したが，本条では，それらの区別を廃したとする。

　本条の審議においては，被担保債権について，例えば改良が奢侈に及んでいる場合にも留置権が成立することの是非を問う質問や，「弁済期ニ在ラサルトキ」という表現が意味することへの疑問，さらに留置権の成立についていわゆる牽連関係を求めることへの疑問が示されたにとどまり，実質的な議論はなかった（法典調査会民法議事〔近代立法資料2〕329-332頁，前田達明ほか「史料・留置権法(1)」民商118巻2号〔1998〕287-290頁〔古積健三郎〕）。なお，債権担保編92条の立法理由においては，留置権を法定担保として規定した点を踏まえて，成立要件として，債権者による対象物の占有取得の正当性を求めるとともに，債務者所有の物に関して発生した債権であることを求めている。その上で，第三者所有物について有益な費用を支出しても，同条による留置権ではなく，各別の規定，例えば財産編197条によって善意の占有者による有益費の償還についての留置権が例外的，恩恵的に認められるにすぎないとしている（前田ほか・前掲民商118巻2号292-293頁〔古積〕など）。

　また，本条の審議の過程において，起草委員である穂積陳重は留置権が物権であると述べているのに対して，債権担保編92条の立法理由では必ずしもこの点が明らかではなく，本条の起草過程において留置権の物権性が明示されたとの指摘（平井一雄編著・史料・明治担保物権法〔2016〕8頁）がある。しかし，この点に関して，ボアソナードは，当初より，留置権を統一的に把握して1個の担保物権であると解して，旧民法典を起草したとの指摘（前田ほか・前掲民商118巻2号272-273頁注3〔前田〕を参照のこと）も存する。

II　成 立 要 件

(1)　概　　　要

　本条による留置権は，「他人の物」を占有して，その返還を拒むことで，債権の弁済を促すことを企図する法定担保物権である。本条に規定されてい

る成立要件は，次のように整理できる。まず，留置目的物として，「他人の物」であること，次に被担保債権を有し，かつ，その債権が弁済期にあること，3番目に，被担保債権が留置目的物に関して生じたという「牽連関係」の存在，そして，債権者がその留置目的物を「占有」し，かつ，その占有が「不法行為によって始まったものではない」ことである。

すでに述べたように，留置権制度自体は，沿革的には，ローマ法上の「悪意の抗弁（exeptio doli）」に由来し，公平を図るために認められた制度である（原田・史的素描118頁など。→前注(§§ 295-302) I (2)）。そして，占有した他人の物の返還を拒むにあたっては，弁済を促す対象となる債権と当該物との関係が必要となる。すなわち，物について支出した費用の償還を求めるために，費用支出の対象となった物の返還を拒む場合であり，例えば，時計を修理した時計商が時計の修理代金の支払を受けるまで，当該時計の返還を拒む場合などを挙げることができる。この場合に，費用償還を求める債権者は，当該債権の債務者に対してのみならず，第三者との関係においても返還を拒むことができる。さらに，当該債務者に対する別の債権者によって行われた強制執行などを原因として当該物が競売され，買い受けた者が現れたとしても，その買受人に対しても引渡しを拒むことができ，その結果として，留置権者は自己の有する債権についての弁済を確保できることになる。

もっとも，留置権は，法定担保物権であって，成立要件を満たした場合に権利が成立するものであって，当事者間においてこれを約定によって成立させるものではない。

(2) **他人物性**

本条は，留置権の対象を「他人の物」と規定する。上述したように，旧民法債権担保編92条は，「其債務者ノ動産又ハ不動産」と規定し，債務者の所有物を債権者が占有した場合にのみ留置権が成立していた。この点は明治民法典の起草過程において「他人の物」としてその範囲が文言上拡大されている。もっとも，このような評価に対しては，条文の体裁上，その表現の変更にすぎず，債権担保編92条と同じく，債務者に限定されていると解するのが当然の前提であったとの認識を示すものがある（平野・総合353頁注502）。

(ア) 「**他人**」**の範囲**　では，本条で規定する「他人」の範囲は債務者に限られるのか。債務者所有物に限定した債権担保編92条に対して，「他人の

物」と規定した明治民法典は，文言上はその範囲を債務者に限定しない趣旨を含んでいるといえよう。しかもこの点は，明治民法典の審議において，その趣旨説明ですでに述べられている（法典調査会民法議事〔近代立法資料2〕328頁）。もっとも学説上は，「他人」の意義については，「債務者」に限定するか否かについて争いがある。通説的な理解によれば，本条の「他人」は債務者に限定されず，第三者所有物であっても留置権の成立を妨げないと解されている（富井314頁，中島603頁，三潴34頁，柚木・判例物各134頁，我妻35頁，柚木＝高木26頁，注民(8)31-32頁〔田中整爾〕など）。例えば，商法上の留置権に関する商法521条との文言の相違を根拠として，本条の「他人」は債務者に限定しないとする（中島603頁など）。また，物と被担保債権との牽連関係が成立要件として求められていながら，債務者所有物に限定していないのは，物に関して生じた債権である以上は，所有者が誰であるかを問わずに留置権の成立を認めることが公平に資するとの理解に立っているとする（我妻35頁など）。

他方で，「債務者に限定される」との見解も有力に主張されていた（梅304頁，薬師寺・留置権論60頁，同・総判民(19)10頁，石田・下586-587頁。近時，この見解を支持するものとして高島112頁）。これは，通説的な理解に対して次のように批判する。すなわち，通説的な見解に立つと，債務者以外の者の所有物について留置権によって，その所有権が制限されることになるが，それは自らが負担している債務の担保のためでもないのであるから，留置権を認める根拠である「公平の観念」に反することになる。また，「他人」を債務者に限定しないとすると，298条や301条が債務者と留置物の所有者が一致していることを前提とした規定であることと矛盾する点を挙げている（これらの点について，薬師寺・留置権論60-71頁）。もっとも，この立場にあっても，債務者以外の第三者が所有する物について，債権者にまったく保護がないと解するのではなく，債権者は善意取得によって留置権の主張が許されると解している（薬師寺・留置権論131頁，石田・下589頁，高島111頁など。近年では，石田(穣)26頁，清水元・留置権概念の再構成〔1998〕190頁など）。

さらにこの他に，留置権を相対的に捉えて，賃借物の修理が行われ，修理代金債権が未払である場合に，修理代金債権の債権者である留置権者は，賃借人に対しては修理代金債権を被担保債権とする留置権を主張することがで

きるが，所有者との関係においては賃借人に対する債権を被担保債権とする留置権を主張することができないと解する見解がある（勝本・上106頁，高木27-28頁。とりわけ，高木28頁は，留置権を債権的に構成することになるものの，結論として妥当であるとする）。さらに，先の場合にあっても，債権者が所有者に対して損害賠償請求権や不当利得返還請求権を有することになる場合には，留置権を主張することができるとする（高木27-28頁）。

　現在では，以上の対立を踏まえて，さらに議論が展開している。すなわち，「他人」性を類型的に検討することによって，原則として第三者所有物については留置権は成立しないと解する見解（清水198-199頁）や，他人性については通説的な見解に従いつつも，効力を主張し得る第三者の範囲の点で制限するという立場（道垣内19-20頁）の登場である。

　前者は，類型的な検討によって，従来第三者が問題となった場面を切り分けて整理する。すなわち，まず，留置されている物が債務者所有であったが，第三者に譲渡されて，所有者と債務者とが分離した場合は一旦成立した留置権の第三者への対抗の問題であって，「成立」の問題ではない。次に，物と債権とが直接的に結合している関係（物的・客観的牽連）がある場合は，債務者と物の返還請求権者とが一致しており，「他人性」が問題となる局面ではない。むしろ，債務者以外の者が「他人」とされる場合とは，物と債権との牽連が契約関係ないし双務関係に基づく「法的・主観的牽連」が問題となる場面である。しかし，この法的牽連が存する場合であっても即時取得が成立するかあるいは194条の要件を具備しなければ占有者は所有者からの引渡しに応じなければならず，したがって原則として第三者の所有物については留置権は成立しないと解すべきであるとする。すなわち，194条は，被害者または遺失者が占有者の支払った代価の弁償をするまで盗品または遺失物の回復を認めていないからである（なお，清水・留置権71頁は，占有者に一種の留置権が与えられているとする）。もっとも，この見解は同時にその例外として，留置物の所有者が契約相手方以外の者による牽連債権の取得を予測し，あるいは，予め留置権の発生を承認している場合には，留置権の成立が認められるとする（清水199頁）。なお，この見解の論者は，債務者所有の物ではない場合には，善意無過失を要件として留置権を善意取得し得るとされる（清水元・留置権概念の再構成〔1998〕190頁）。この点に関して，留置権者に課される留置物

の所有権ないし処分権限の有無についての調査義務が厳格でないのであれば，善意取得は容易に成立することになり，結論として，通説と大差がないと指摘されている（松岡242頁）。さらに，いわゆる転用物訴権に関する判例（最判平7・9・19民集49巻8号2805頁）を前提とすると，留置権の成立は債権者が悪意の場合も認められることになるとする（松岡243頁）。

　これに対して，後者の立場にあっては，そもそも従来の留置権の成立に関する学説は，留置権の成立それ自体の問題と，留置権の効力の物的範囲および人的範囲の問題とを自覚的に区別せず，牽連関係の要件の成否によって問題の解決を図ってきたとして，従来の学説の態度を批判する（道垣内19頁。松岡252頁は，道垣内を支持して牽連関係の有無を基準とすることは，制度や原理間の衝突・調整という実質的判断をわかりにくくし適切でないと指摘する）。その上で，「他人性」について，賃借人が修理を依頼したが，修理代金を未払である場合に，修理代金債権を被担保債権として賃借物を留置できないのは妥当ではなく，この場合に費用償還請求権を被担保債権として留置権を認めるのでは金額の点で債権者に不利であることを理由として，原則としては，第三者所有物であっても留置権が成立するものの，成立した留置権を当該第三者に主張できない可能性を認めて，妥当な解決を図るべきであるとする（道垣内19-20頁）。

　それでは，この「他人性」に関して，裁判例においては，どのように理解されているのか。下級審ではあるが，留置権の成立を認めたものがある。すなわち，名古屋高裁金沢支部昭和33年4月4日判決（下民集9巻4号585頁）は，立木伐採の下請負人が伐採した立木を留置していたとしても，請負人と下請負人との間で売買契約を締結して，下請負人が自己の所有であることを主張し，さらに他に売り渡す契約をするなどしていた事案において，そもそも下請負人は請負人に対する代金債権に基づき，第三者である立木所有者との関係で，伐採した立木に対して留置権を行使し得ると判示している。また，名古屋高裁昭和46年11月2日判決（判時654号63頁）は，自動車の所有権留保買主から依頼されて当該自動車を修理した請負人は，所有権留保売主が売買契約を解除して当該自動車の引渡しを請求した場合に，所有権留保買主に対する修理代金債権を被担保債権とする留置権の行使が認められると判示している（なお，所有権留保の法律構成については，近時の最高裁判決〔最判平21・

3・10民集63巻3号385頁など〕において進展が見られるところである）。さらに，建物所有者が建物賃借人に対して建物の明渡しと未払賃料の支払が求めた事件において，その敷地を所有する第三者と賃借人との間で当該土地の売買契約が成立したものの，売買代金の一部不払によって契約が解除され，支払済みの売買代金返還請求権を被担保債権として，当該土地を買い受けたと認定された建物賃借人に対しても，本条の「他人」には債務者以外の者が含まれるとして留置権の行使を認めたものもある（最判昭38・2・19民集21巻9号2489頁）。もっともこの事件は，差戻後控訴審（大阪高判昭40・1・18民集21巻9号2490頁）において，延滞賃料債権と土地売主から建物所有者が債権譲渡を受けた売買代金返還請求権とが相殺により消滅したため，留置権の主張が否定され，差戻後上告審（最判昭42・11・30民集21巻9号2477頁）も被担保債権の消滅による留置権の消滅を承認しており，一般論として留置権の成立を前提としていると思われる。この他，大審院判決として，留置権者が留置物の競落人に対して留置権を主張し得ると判示したもの（大判昭13・4・19民集17巻758頁）や賃借人が支出した必要費・有益費の償還請求権を現在の所有者に返還すべき場合において，留置権を主張し得ると判示したもの（大判昭9・10・23裁判例8巻民249頁，大判昭14・4・28民集18巻484頁）がある。

　(イ)　「物」の範囲　　民法上，留置権の対象は「物」であり，動産または不動産である（86条）。また，2017〔平成29〕年の民法改正前においては無記名債権は動産とみなされていた（旧86条3項）が，記名債権などは留置権の対象ではなかった。これに対して，商人間留置権においては，明文で物または有価証券と規定されており（商521条），その範囲はわずかながら，商人間の留置権の方が広かったことになる（商人間留置権については，一前注(§§295-302)Ⅲ）。もっとも，現在では，民法上，有価証券のほか，無記名債権を含めて債権一般がその対象とならないこととなった。

　この点に関わって，近時，立替払金返還請求権を被担保債権として株券の留置が可能であるとした裁判例も存在する（東京地判平18・7・19判時1962号116頁）。もっともこれは，立替払によって株券の引渡しを受けた者への株券の引渡請求に対して，株券が留置権の対象であることを前提に，立替金返還請求権と留置されている株券との間での牽連関係の有無が判断されたにすぎない。この他にも，立替金返還請求権と留置された株券との間の牽連関係を

§295 Ⅱ

肯定した判決（大阪高判昭34・8・14下民集10巻8号1671頁）がある一方で，払込株金返還請求権と留置された株券との間の牽連関係を否定した判決（東京控判昭7・6・10新聞3442号15頁，東京地判昭15・4・22評論29民632）もあるが，もっぱら牽連関係が問題になっているにすぎず，株券の客体性が問われたものとはいえないとされる（清水・留置権15頁）。なお，民事留置権について，有価証券を排除することは少なくとも立法論としては疑わしいとの指摘（清水・留置権15頁）がある。また，無効な手形は「有価証券としての価値のない一の紙片としての有体物」として，留置権の対象であるとした東京高裁昭36年8月30日判決（下民集12巻8号2106頁）がある。

　上述した留置権の効力の物的範囲という観点から，留置物の従物や付合物が留置権の効力が及ぶ範囲に含まれると解されている（注民(8)49頁〔田中整爾〕，松岡250頁など）。さらにこれに加えて，「目的物の留置に必要不可欠な，あるいは，目的物との結合が被担保債権の発生の前提となっている他の物」にも留置権の効力が及ぶとする見解がある（道垣内30-31頁。松岡250頁は，ここでも牽連関係の有無を基準とするのでは，留置権を肯定することによって被担保債権の弁済を促す手段として適切・妥当か，また制度と適合的であるかが不明確になるとして，従来の判例・学説の態度を批判する）。そして，この「目的物の留置に必要不可欠な，あるいは，目的物との結合が被担保債権の発生の前提となっている他の物」とはどのような物であるのか，がここでの焦点である。この点に関しては，従来の議論が後述する牽連関係の有無において議論をしてきたことを踏まえて，その詳細については，牽連関係の箇所およびその後の具体的な問題を扱う箇所において取り扱うこととし，ここでは，この見解を紹介することにしたい（以下，道垣内30-31頁の記述による）。

　まず，「目的物の留置に必要不可欠な他の物」の例としては，建物について留置権が成立している場合のその敷地が挙げられている。仮にこの場合に敷地についても留置できることを認めなければ，建物について留置権が認められたとしても，敷地からの建物収去・土地明渡しが認められることになってしまうためである。もちろん，この場合に認められる敷地は，建物の留置に合理的に必要な範囲に限定されるとともに，その敷地について建物を留置している者が所有権その他の利用権を有しなければならないと解されている。次に，「目的物との結合が被担保債権の発生の前提となっている他の物」に

〔池田〕

該当するのは，造作について留置権が成立している場合の建物である。この場合には，留置されている造作は，それ単独では意味はなく，建物に付加されたことによって建物使用について客観的な便益を付与することから，造作買取請求権を認めることで建物所有者に対してその買い取りが求められているからである。このため，造作とともに，その造作が付加されている建物の留置が必要となる。もちろん，この場合にあっても，その建物について所有権その他の利用権を有していることが必要であると解されている。

　(ウ)　その他　　登記手続自体は，現在，留置権の対象とは考えられていない。もっとも，かつて，特殊な事案において登記名義の移転を拒絶することを認めた判決がある（大判昭2・6・29民集6巻415頁）。これは，先順位抵当権を消滅させるために債務を立替払した譲渡担保権者が，当該譲渡担保の被担保債務が弁済された後に，所有権移転登記手続を求められたのに対して，立替払をした抵当債務の弁済がないことを理由に，移転登記手続を拒絶したものである。そして，物の返還請求を本来の対象とする留置権の趣旨を，公平の観念に基づいて，給付に推し及ぼした上で，不可分性を認めず，債務者の債務不履行の範囲に応じた給付拒絶を認めている。この判決に対しては，債権とその債務者の移転登記請求権とが同一の双務契約から生じたといえない場合であることを考えると首肯できると評価するものがある（我妻・判コメ11頁〔三藤邦彦〕）。しかし，この他には，いわゆる「登記の留置」を認めた例はない。すなわち，不動産競落許可決定の取消しによる登記抹消手続について支払済み代金の返還を被担保債権とする留置権の主張は否定されている（大判明37・11・11民録10輯1437頁）。さらに，旧借地法10条の建物買取請求権の行使に対して土地所有者が建物所有権移転登記手続を請求し，それに対して借地人が建物買取代金を被担保債権として主張した留置権の抗弁も，登記手続請求が有体物ではないとして否定されている（最判昭52・12・8金法850号38頁）。

　(3)　**被担保債権の存在と弁済期**

　留置権が担保物権である以上，被担保債権の存在は当然といえる。

　この点に関して，賃貸借において賃借人が費用を支出し，敷金を交付していた場合に，その賃貸借の終了に際して，費用償還請求権や敷金返還請求権によって賃貸借の目的物の返還を拒み得るかが問題となる。古い下級審裁判

例には有益費を支出した土地賃借人が土地賃料を延滞し，契約を解除された場合において，土地所有者が有益費償還請求権と延滞賃料債権との相殺の意思表示を行ったのに対して，土地賃借人は有益費の償還までは本件土地を留置できるのであって，このような留置権付きの債権は相殺によって消滅しないと抗弁した事案において，有益費償還請求権と延滞賃料債権との相殺によって被担保債権も消滅し，留置権もまた将来に向かって消滅すると判示したものがある（千葉地判昭13・8・17新聞4327号7頁）。

また，判例は，賃貸借の終了後，所有者による建物明渡請求に対して敷金返還請求権を被担保債権とする留置権の主張がなされた事件において，敷金返還請求権は建物明渡債務と同時履行関係になく，先履行義務があることを理由に，敷金返還請求権によって留置権を取得する余地はないとする（最判昭49・9・2民集28巻6号1152頁）。もっとも，これでは，賃借人は敷金を取り戻すことは困難であるから，公平の観点から，敷金返還請求権は賃貸借契約の終了時に成立し，これを被担保債権として留置権を行使し得ると解すべきとの見解（石田(穣)43頁注1）もある。

また，留置目的物との個別的な牽連関係が必要であることについては，次項（一(4)）において述べるが，それ以外に被担保債権をめぐっては，とくにその発生原因についての制限もなく，売買や賃貸借などの契約関係だけでなく，事務管理，不当利得や不法行為によって発生した債権であってもよい。また，金銭債権であることも求められていない。さらに，物を留置している場合に，その物に関して費用を支出したときには，その費用の償還請求権を被担保債権としてさらにその物について留置権を行使できると解されている（大判昭9・6・27民集13巻1186頁，注民(8)35頁〔田中〕）。

本条1項ただし書によれば被担保債権となる債権が弁済期になければならない。仮に弁済期前に留置権が成立し，債権者が留置目的物の引渡しを拒み得るとすると，債務者は留置目的物の引渡しを受けるためには，被担保債務を弁済しなければならず，債務者は，弁済期前の弁済を間接的にではあれ，強いられることになり，妥当性を欠くからである（生熊245頁，道垣内21-22頁，石田(穣)43頁など）。

なお，判例は，土地の返還請求に対して必要費を支出した者が反訴などの方法で必要費の償還を請求することなく，必要費の弁済をせずに取り戻すこ

との不当性を主張するだけでは，必要費の償還を請求したことにはならず，必要費償還請求権の弁済期はなお未到来であるとして留置権の成立を認めなかった（大判明37・3・25民録10輯330頁）。また，債権者が適法な弁済の提供を受けていながら，その受領を拒絶し，他方で留置権を行使することは，留置権制度の目的を逸脱し，公平の原則に反するために，許されないとの判決（最判昭49・9・20金法734号27頁）もある。

(4) 牽連関係

(ｱ) 一般的な見解，いわゆる二元説について　本条1項によれば，債権者が有する債権は，留置目的「物に関して生じた債権」でなければならない。この物と債権との関係を「牽連関係」と呼ぶ。すでに述べたように，従来，留置権の成否は，この牽連関係の有無を，さまざまな側面から考慮することによって判断されてきた。しかし，そもそも，「その物に関して生じた」と認められるためには，どのような関係が必要なのか。この点を明確にするべく，従前から，判例学説は議論を積み重ねてきており，さまざまな理解が示されてきた（詳細については，注民(8)22-23頁〔田中〕を参照のこと）。現在，通説は，牽連関係を次の2つの関係として整理し，理解している（我妻28頁，柚木＝高木20頁，髙木22頁など）。すなわち，債権が物自体から生じた場合と，債権が物の返還請求権と同一の法律関係または同一の生活関係（事実関係）から生じた場合である（もっとも，これが，牽連関係を判断する明確な基準として機能していないのではないかと指摘するものに，例えば，椿寿夫「留置権と牽連関係」柚木馨ほか編・判例演習物権法〔増補版，1973〕176頁がある）。

まず，債権が物自体から生じた場合に該当すると解されているのは，物の瑕疵によって生じた損害賠償請求権や物に加えた必要費や有益費の償還請求権などの場合（例えば，我妻29頁）である。なお，これらの場合に，損害賠償請求権や必要費償還請求権は直ちに弁済期が到来することになるが，賃借人が必要費を支出した場合に，賃貸借契約継続中にすでに留置権は成立しているのかについて，本来，留置権が物の引渡請求に対して抗弁的に用いられるものであることを理由に賃貸借契約の継続中は留置権を生じていないと解すべきであるとの指摘（安永458頁注4）がある。

物自体を目的とする債権は，「物に関して生じた」債権ではないとするのが判例である。すなわち，土地所有者に対抗できない借地人が，土地所有者

からの建物収去・土地明渡請求に対して，土地に関して生じた債権として土地賃借権を被担保債権とする留置権が成立すると抗弁した事件において，大審院は，物自体を目的とする債権は留置権の発生原因とはならないとし，その根拠として，物自体を目的とする債権はその権利の実行によって弁済を受けるべきであって，留置権を認める必要がないからであるとした（大判大11・8・21民集1巻498頁）。もっとも，この判決に対しては，本件の借地人は新地主に賃借権を主張し得ず，対抗できない賃借権が被担保債権たり得ないことは当然であって，「物に関して生じた債権」という「曖昧な」論理を用いる必要はないとの指摘（高木27頁）がある。

次に，同一の法律関係または同一の生活関係（事実関係）から生じた場合のうち，同一の法律関係から生じた例にあたるのは，自動車修理会社の修理代金債権と修理委託者の修理された自動車の引渡請求権が同一の修理委託契約から発生する場合などである（例えば，我妻31頁）。この場合には，自動車の修理によって実質的な価値の増加が発生し，この価値増加を補償させることが目的物の引渡しを請求する相手方に対する債権として発生し，相手方の自動車引渡請求権と一体となって1個の契約関係を構成しているとする（例えば我妻31頁など）。そして，この見解は，売買契約の履行後当該契約が取消しまたは解除され，あるいは無効であった場合においても，売主による目的物返還請求に対して，買主は支払済みの代金の返還を受けるまで，目的物の引渡しを拒絶できるとし，この場合に，代金返還請求権は返還すべき物に関して生じた債権であるとする（例えば，我妻32頁）。

しかし，例えば不動産の二重譲渡において，売主Aが一方の買主Bに不動産を引き渡し，他方の買主Cに登記名義を移転した場合に，CがBに不動産の引渡しを求めたのに対して，BがAに対する損害賠償請求権を被担保債権とする留置権を有する場合については，1個の処分行為から債権と物の引渡請求権が生じていることを理由に留置権の成立を肯定する見解（柚木馨〔判批〕民商42巻3号〔1960〕362頁以下）も存するが，「同一の法律関係」によって生じたとは解されていない（例えば，近江26頁）。被担保債権の債務者と物の引渡請求権者とが当初より異なるためである（高木24頁など。安永416頁は，さらに，譲渡により初めて被担保債権が生じる関係であり，目的物の譲受人にとっては不意打ちにあたり，不利益が大きい点も指摘する）。

§295 Ⅱ　　　　　　　　　　　　　　　　　　第2編　第7章　留置権

さらに，同一の生活関係（事実関係）から生じた例にあたるのは，2人の者が互いに傘を取り違えて持ち帰った場合などである（例えば，我妻32頁）。この場合も，傘の取り違えによる相互の傘の返還請求権は，傘の取り違えという「同一の生活関係（事実関係）」から発生している。もっとも，この場合には，相互の返還請求権は厳密には物権的請求権であって，債権ではないとの指摘（河上35頁）や，そもそも留置権の成立を認めるのが適切であるのか，また具体的な事情を斟酌する必要はないのか，さらに多数の者の間で取り違えが生じた場合をも念頭に疑問を呈する見解（鈴木421-422頁）などがある。

（イ）新たな基準の提唱　以上のような通説による基準の理解に対しては，明確性を欠くとして，新たな基準を提唱するものがある。

　（ⅰ）通説による基準では，牽連関係の成否を一義的に判断できず，個別の事案毎に留置権の成否を公平の観点から実質的に判断しているにすぎないとし，その原因として，第三者との関係での公平をも牽連関係の有無によって判断しようとしてきたことにあると指摘する（道垣内22頁以下）。したがって，第三者との関係については留置権の効力が及ぶ物的範囲や人的範囲によって判断すべきであり，牽連関係の有無は債権者と債務者間の公平のみに着目して判断すべきであるとする（道垣内23-26頁）。具体的には，「物の（積極的）価値の全部が債権に変容している場合」と「物の（積極的）価値の一部が債権に変容している場合」，さらに「物の反価値が債権に変容している場合」の3つの場合に，債権者債務者間における公平に着目した牽連関係が存在すると認められることになるとする。

　まず，「物の（積極的）価値の全部が債権に変容した場合」とは，典型的には売買契約による代金債権と売買目的物の関係である（道垣内23頁）。この場合には，まさに，目的物の価値全体が債権に変容しているからである。借地借家法上の建物買取請求権や造作買取請求権が行使される場合も同様であるとされる。もっとも，この場合に，従来議論が集中していた留置できる範囲については，物的効力の範囲の問題とする。また，売買契約の無効，取消しまたは解除によって代金返還債務が生じた場合もこの「全部が変容した場合」に該当し，さらに，解除には至らないが，目的物を引き渡された買主が所有権を取得できず，売主に債務不履行に基づく損害賠償請求権を有するに至った場合もこれに該当する。そして，いわゆる二重譲渡の場合や所有者で

§295 Ⅱ

ない者から目的物の引渡しを受けて真の所有者から返還請求を受けた場合には，人的効力範囲の問題として，いずれも留置権の成立は認めつつも，その主張をなし得ないと解している。

次に，「物の（積極的）価値の一部が債権に変容している場合」に該当するのは，典型的には，賃借人が有する必要費ないし有益費の償還請求権と賃借目的物の関係についてである（道垣内24頁）。この場合の償還請求権は，必要費や有益費による価値増加部分が変容したものだからである。また，同様に物の修理代金債権や保管料債権，運送代金債権と目的物との関係もこの「一部の変容」に該当する。さらに賃貸人が，賃貸目的物を第三者に譲渡し，賃借人の占有権限を喪失させ，損害賠償請求権が成立する場合や譲渡担保権者の目的不当処分による設定者の取得する損害賠償請求権についてもそれぞれ価値の「一部の変容」に該当し，留置権は成立するものの，やはり留置権の人的効力範囲の問題を別途検討すべきであるとする。仮登記担保や譲渡担保において発生する清算金請求権もここに言う「一部の変容」に該当し，留置権の成立を認めている。

最後に，「物の反価値が債権に変容している場合」とは，物の瑕疵を原因として占有者が損害を被った場合に占有者が損害賠償請求権を取得する場合である（道垣内25頁）。

　(ⅱ)　さらに別の基準を提唱するものも存在する。例えば，通説に依拠しつつ，牽連関係が認められる場合を次の3つの領域に分けることで明確な基準を提供しようとするものである（髙島118頁）。これによれば，第1は，債務者のなすべき給付と物の引渡しとが対価的な性質を持つかそれに準ずる場合および物の引渡しが債務者の給付と対価的な性質を持つ債権者の給付を実質的に完了させるものである場合である。第2は，債権が債権者の損失において物の価値を維持または増加したことに基づいて発生している場合であり，そして，第3は，債権が物の占有によって生じた損害賠償の請求を内容としている場合である。

第1の基準は，債権と物の引渡請求権とが同一の法律関係または同一の生活関係から生じたことという通説の基準をさらに明確化しようとするものである。そして，通説の基準は，結局のところ，留置権を成立させて公平を維持することを適当であると判断できる関係を示そうとするものであることか

§295 II

ら，債権と物の給付が対価的な性質を持つ場合であり，実質的に対価的な性質を持つ売買の取消しや解除における原状回復のための性質なども含まれることになる。そして，この立場からは，修理契約における修理代金債権と目的物の引渡請求権とはそれ自体は対価的な性質を持たず，物の引渡しが対価的な給付と一連のものとして結合し，実質的に完結させる性質を持つとする。

次に通説にいう「債権が物自体から生じたとき」という基準からは，この立場における第2および第3の基準が導き出されている。すなわち，第2の基準は，結局債務者が物について得た利益を償還せずに債権者に対して物の引渡しを請求することが衡平に反するというものであって，債権者の損失による価値の維持・増加が債権の発生原因となっている場合だからである。また，物の瑕疵にあっては，留置権を認める実質的な根拠は債務者側に物の占有による債権者の損害について責任があるという点に求められるとする。

(iii) また，これらとは異なって，原則として，通説にいう「物自体から生じた債権」に留置権の成立を限定しようとする見解も主張されている（清水190-193頁，同・留置権概念の再構成〔1998〕155-166頁，関武志・留置権の研究〔2001〕187-231頁および665頁以下）。この見解もまた，通説によれば広く留置権の成立が認められるが，その反面牽連関係の基準そのものは観念的抽象的で包括的となり，明確性を欠くと考えている。その上で，この見解では，物と債権とが直接に結合する場合である「物的・客観的牽連」の場合にのみ原則としては留置権の成立を認めようとする。というのは，契約関係が存在する当事者間において，物と債権との牽連関係がある場合については，もっぱらその当事者間における同時履行の抗弁に委ねられるのに対して，そのような契約関係にない場合にのみ留置権の主張が許されるべきだからであるとする。

もっとも，動産と不動産を分離し，不動産については原則通りとするものの，動産については，「契約と所有の分離が徹底されていないこと」や不十分ながらも占有のみによる優先弁済権が認められている質権との均衡上，法的牽連に基づく留置権を否定する理由はないとする（清水193頁，篠塚昭次＝川井健編・講義物権法・担保物権法〔1982〕183頁〔清水元〕）。

(ウ) 一般的な見解からの反論とその展開　このような新たに明確な基準を模索しようとする諸見解，とりわけ「物の価値の変容」を債権に見出す見

解に対して,「物の反価値が債権に変容している場合」に牽連関係があるとする点において難解であること,さらに,この立場に従ったとしても牽連関係の有無の判断が一義的に明確になるわけではないことを挙げて,むしろ通説を前提としつつ,さらに類型化を進めることが有益であるとする見解が主張されている(石田(穣)35頁)。

これによれば,通説を前提としつつ,さらに目的物に関して契約関係やこれに準じる関係の有無によって分けた上で,それらがない場合について,さらに占有者が必要費や有益費を支出した場合と,占有者が目的物から損害を受けた場合とに分けるが,これらの場合,必要費償還請求権や損害賠償請求権と目的物との間には牽連関係があり,留置権が成立するとする(石田(穣)35頁)。他方,契約関係やそれに準じる関係がある場合について,例えば,売買契約においては一般に売買目的物と代金債権との間には牽連関係があると解されているが,この立場では,そもそも物権変動において,登記や引渡しを効力要件と理解しているため,動産の場合には引渡し,不動産の場合には登記名義の移転がなければ,所有権は移転せず,他人の物ではないために留置権が成立しないとする(石田(穣)36頁)。

さらに,二重譲渡に関しては,目的物の引渡しを受けた第1買主が売主に対して有する損害賠償請求権は,売主が第2買主に目的物の所有権を移転したことによって生じたのであり,損害賠償請求権の発生時点で目的物は売主の所有ではなく,すでに第2買主の所有であって売主には処分権限がなく,損害賠償請求権を被担保債権とする留置権は成立しないとする(石田(穣)37頁)。

賃貸借に関しては,必要費や有益費については牽連関係があるとしつつ,例えば建物買取請求権の場合には建物の登記の移転まで建物所有権が建物所有者にとどまると解することから,それまでは同時履行の抗弁権,それ以後は留置権を行使できると解する(石田(穣)38頁)。造作買取請求権についても,造作の引渡しの先後で同時履行の抗弁権と留置権の取得が峻別される(石田(穣)39頁)。

また,契約に準じる関係については,契約の取消しや解除が典型例であるとし,留置権について,契約法理に従った処理が妥当であるとする。このことを前提に,例えば,売買契約の無効について,その清算という対価性の重

§295 II　　　　　　　　　　　　第2編　第7章　留置権

視される関係，すなわち契約に準じる関係から生じる目的物の返還請求権と代金返還請求権との間には牽連関係があり，留置権が行使可能であるとする（石田（穣）42 頁）。

　㈏　裁判例の状況　　それでは，判例は，牽連関係をどのように判断しているのであろうか（裁判例の分析については，注民(8)24 頁以下〔田中〕，我妻・判コメ 12 頁以下〔三藤〕，薬師寺・総判民(19)17 頁以下，清水・留置権 28 頁以下などに詳しいので，それらを参照のこと。また，従前から大きな問題領域として扱われてきたものなどについては，一後述(8)）。一般的な評価として，判例は必ずしも明確な基準によって判断しているわけではなく，個別具体的な解釈の積み重ねによっているのではないかという指摘（例えば，清水・留置権 28 頁や我妻・判コメ 12 頁〔三藤〕）がなされている。このことを踏まえて，いくつかの裁判例を取り上げることにする。

　まず，売買に関して，代金債権と目的物との間の牽連関係は当然とされているが，代金債権の一部について代物弁済が合意されている場合について，その代物弁済が履行されていないときに，留置権の成否が問題となった事件がある。すなわち，不動産の買主が残代金債務の一部について代物弁済の合意を行ったにもかかわらず，その履行がなされないまま，買主が当該不動産を第三者に譲渡し，当該第三者が当初の売主に対して不動産の引渡しを求めたという事件に関して，最高裁は，代物弁済予約が完結し所有権が移転して対抗要件が具備されるまでは残代金債権は消滅せず，この残代金債権と不動産の明渡請求権とは同一の売買契約によって生じた債権であるとして，留置権を行使して，不動産の明渡しを拒むことができると判示している（最判昭 47・11・16 民集 26 巻 9 号 1619 頁）。

　また，物それ自体から生じる損害賠償請求権についてもその物との間の牽連関係はとくに問題とならないが，損害賠償請求権であっても契約上の債務不履行に基づく場合についての牽連関係は問題となってきた。例えば，売渡担保に供された目的不動産が転売されたために，担保権者に対して担保設定者が取得した担保目的物返還義務の不履行に基づく損害賠償請求権を被担保債権とする留置権を行使して，目的不動産の取得者からの明渡請求を拒絶することができるかについて，判例は，目的不動産の取得者との関係では損害賠償請求権を対抗し得ず，債務不履行と不動産との間には牽連関係がないと

§295 Ⅱ

した（最判昭34・9・3民集13巻11号1357頁）。さらに，不動産の二重譲渡において，第1買主が目的不動産の引渡しを受けた後に第2買主が所有権移転登記手続を了し，この第2買主から第1買主に対してなされた所有権に基づく不動産の明渡請求に対して，第1買主が売主に対する損害賠償請求権を被担保債権とする留置権を主張できるかが争われた事件（最判昭43・11・21民集22巻12号2765頁），さらに売買契約そのものではないが，自作農創設特別措置法に基づいて土地が買収された後に買収処分の前提である買収計画が取消しされて遡及的に効力を失った場合に，当該土地の取得者が，他人物売買における買主として売主の履行不能による損害賠償請求権を被担保債権とする留置権の行使として，元の土地所有者からの不動産の返還請求を拒絶し得るかが問題となった事件（最判昭51・6・17民集30巻6号616頁〔主たる争点は有益費償還請求権の成否であり，295条2項の類推適用の可否が問題となった〕），さらにまた，売買代金の不払を理由に不動産売買契約が解除された後に転売され，当該不動産の取得者からなされた当該不動産の売主に対して行われた不動産の引渡請求に対して，売主が買主に対して有する土地返還債務の履行不能によって生じた代償請求権を被担保債権とする留置権の行使が問題となった事件（最判昭62・7・10金法1180号36頁）では，いずれにおいても最高裁は，目的物と損害賠償請求権との間には牽連関係を否定している。これらは，いずれも売買目的物の給付にかかる債権についての債務不履行に基づく損害賠償請求権が問題になっており，いわば原債権が「物自体に関する債権」であって，牽連関係が認められない以上は，その債務不履行による損害賠償請求権についても同様に扱われるといえよう（例えば，清水・留置権54-55頁）。

　さらに，二重譲渡に類似した状況において，売主に対する売買代金返還請求権等を被担保債権とする留置権の主張を認めなかった下級審裁判例がある。すなわち，根抵当権が設定された不動産に売買契約が締結されたが，売主が抵当権を解消できず，買主が売買契約を解除した場合において，当該抵当権の実行による買受人が取得した引渡命令に対して，買主が売買代金返還請求権を被担保債権とする留置権を主張した事件である。解除による売買代金返還請求権は，もともと買主の有する物の給付を求める債権がその態様を変じたものであって，物を留置して間接的に債務の履行を強制する関係にないことの他，物の価値増加による債権や物から損害を受けたことによる債権では

〔池田〕

なく，債務不履行等の解除原因によって債務者に不当利得が生じたこと，あるいは債務者から損害を受けたことによる債権であることを理由として，留置権の成立が否定されている（東京地判平 15・5・23 金法 1702 号 77 頁）。同様に，やはり抵当権が先行して設定されており，その不動産の売買契約が締結され，代金の支払と不動産の引渡しが行われたが，抵当権の解消と所有権移転登記手続が行われなかったことを理由として，売買契約が解除された後，抵当権実行がなされ，その競売手続において留置権の成立が認められないものとして行われた売却許可決定に対して執行抗告がなされた事件においても，留置権の成立が否定されている（東京高決平 14・6・6 判時 1787 号 124 頁）。この判決でも，物の価値増加や物による損害によって発生した債権ではなく，売買契約などによる交換価値を表す債権について留置権を認めることが第三者との関係で実質的な公平性が維持されないことが理由として挙げられている。これらは，いわゆる新たな判断基準を求める学説の見解，とりわけ留置権の成立を「物的・客観的牽連」がある場合に限定しようとする立場に影響を受けたものといえよう。さらにまた，上述した東京地裁平成 15 年 5 月 23 日判決とほぼ同様の事案において，当事者間においてなされた売買契約の合意解除による売買代金返還請求権等が売買契約の目的物に関して生じた債権にはあたらず，留置権が成立しないと判断されている（東京高判平 15・7・31 判時 1830 号 37 頁）。ここでは，被担保債権とされた売買代金返還請求権等が物の給付を求める債権がその態様を変じたものであるとして，牽連関係を否定している。もっともこの事件では，売買契約の締結以前にはこの買主は売主に対する一般債権者でしかなかったこと，本件不動産には多数の抵当権が設定されていたこと，留置権の成立が認められると実質的には抵当権者に優先してその債権が回収できることになる点などから，公平の原則に反することになるとされている。そうすると，この判決も先に示した下級審判決と同様に，交換価値について留置権を認めることが第三者との間で実質的な公平を損なうものでないかが問題となったものといえよう。

　そのほか，近時の下級審裁判例としては，依頼を受けて立替払をして株券の引渡しを受けた受任者が委任者からの所有権に基づく返還請求等に対して，立替金返還請求権を被担保債権とする留置権の成否が問題となった事件において，出資金の清算と株券の返還を引換えに行う旨の合意に基づいてなされ

た清算金の立替払として本件立替金が支払われたことを踏まえて，本件立替金返還請求権が，立替払と引換えに引き渡された株券との間で牽連関係を有すると判断したもの（東京地判平18・7・19判時1962号116頁）がある。また，機械ロック式の無人駐車場に第三者によって放置された自動車の所有者からなされた所有権に基づく当該自動車の返還請求に対して，駐車場の経営者が，駐車料金等の債権を被担保債権とする留置権を行使した事件において，両者の請求権が同一の駐車場利用契約によって発生しており，駐車料金等の請求権が当該自動車について発生した債権であると判断した裁判例（名古屋高判平14・6・28判タ1139号129頁）もある。

(5) 占　　有

留置権が成立するためには，目的物を債権者が占有していなければならない。不動産の場合も占有が留置権の成立要件であり，さらに第三者に対抗するために不動産登記を要しない（注民(8)32頁〔田中整爾〕など）。登記簿上，不動産を目的とする留置権は現れてこないが，留置権者は不動産を現に占有しており，かつ，その被担保債権はその不動産と個別的な牽連関係にある債権であるから，実際上は，登記を経由せずとも大きな弊害は生じないとされる（基本法コメ174頁〔良永和隆〕）。また，留置権の成立に必要な占有は，直接占有でも間接占有でもよいことについても異論はない（注民(8)33頁〔田中〕，道垣内26頁，石田（穣）27頁など）。もっとも，占有改定によって債務者が占有代理人となっている場合は，除かれると解されている（道垣内26-27頁，松岡243頁）。この場合には，債務者が現実に占有を取得できないように債権者による目的物のコントロールが必要であるにもかかわらず，それが確保されていないからである。他方で，そのような場合には，占有代理人である債務者が爾後自己のために占有物を所持する旨の意思表示を行えば，代理占有関係が消滅するため，そのような留置権は実効性にとぼしいとする見解もある（注民(8)33頁〔田中〕）。

裁判例では，留置権に必要な占有は直接占有でも間接占有でもよいものの，現実の占有が必要であるとされており（東京控判昭9・3・24新聞3702号16頁），実際に，占有がないと判断されたものに，例えば，東京地裁平成12年11月14日判決（金法1622号52頁）がある。これは，貸倉庫業者の所有するトランクルーム内に設置された貸倉庫（キャビネット）に収められた動産について，

§295 II

貸倉庫の利用者に対する債権者が強制執行として利用者の貸倉庫業者に対する動産引渡請求権を差し押さえたのに対して，貸倉庫業者は利用者に対する未払の保管料債権を被担保債権とする留置権を主張した事件である。貸倉庫業者の占有は留置権を成立させるに足りる占有ではないと判示された。その判断にあたっては，トランクルームや貸倉庫の管理状況などを詳細に認定した上で，貸倉庫業者は本件貸倉庫に対する包括的な占有を有しているものの，その内部に収められた個々の動産については，その内容を把握しておらず，また，内容物の個別の移転を拒み得ないことが理由として挙げられている。また，不動産競売手続において建物所有権の取得者に対して建物内装工事の請負代金債権を被担保債権とする留置権が主張された事件において，建物占有者においてその関係者間で占有を転々と移転させていたとして留置権の成立を否定した裁判例がある（東京地判平13・3・28判タ1092号229頁）。他方で，機械ロック式の無人駐車場に第三者によって放置された自動車について，駐車場経営者が留置権を主張した事件において，機械式ロックによって当該自動車が駐車スペース内で固定され，継続的に当該自動車の搬出や移動ができない状態であることを理由に留置権の成立を認めた裁判例がある（前掲名古屋高判平14・6・28）。これらの裁判例からは，目的物の占有の態様に関しては，学説が主張するように，債務者による占有獲得を阻止できるように債権者が目的物を支配しているか否かが問われているといえよう。

　なお，物の占有と被担保債権との間に牽連関係が必要かについて，通説は，これを否定する（注民(8)30頁〔田中〕，我妻・判コメ26頁〔三藤〕，我妻35頁，基本法コメ174頁〔良永〕，道垣内29頁，平野・総合358頁など）。したがって，売主が売買代金の支払を受けないまま，目的物を買主に引き渡した後，買主から当該目的物の修理などを依頼されて，占有するに至った場合であっても売買代金債権を被担保債権とする留置権は成立する。この点では，占有と債権との牽連関係を明文で要求していた旧民法典債権担保編92条とは異なる（同条は，「債権カ……其物ニ関シ又ハ其占有ニ牽連シテ生シタルトキ」と規定していた）。

(6) 不法行為によらない占有

　本条2項は，留置権の成立要件である1項を踏まえて，留置権が成立しない要件として「占有が不法行為によって始まった場合」と規定している。本項の趣旨は，不法行為によって占有を取得した者をも留置権によって保護す

べき必要はなく，この場合に留置権の成立を認めるのは公平に反するからである（注民(8)33頁〔田中〕，我妻36頁，道垣内27頁，石田（穣）27頁，高木28頁，高島113頁，基本法コメ174頁〔良永〕，清水204頁など）。例えば，物の盗取者がその物について必要費や有益費を支出しても，留置権は成立しないことになる（梅304頁など）。

　(ア)　占有開始時における「不法行為」の意義　　それでは，本条2項にいう「不法行為」はどの範囲を意味するのか。本条2項が「不法行為によって始まった」と規定することから，占有の開始にあたって不法行為が用いられた場合に留置権が成立しないことはいうまでもないだろう。問題は，占有権原がない場合に，本条2項によって留置権は成立しないことになるのか，つまり，占有取得行為以外についても本条2項は拡張されるのかである（例えば，柚木＝高木27頁）。この点について，学説には，以前から争いがある。

　まず，本条2項における「不法行為」を709条に規定する不法行為概念と同じものであると捉える見解がある（薬師寺・留置権論73-74頁，末弘厳太郎〔判批〕判民大正10年度646頁，道垣内27頁など）。この立場では，無権原である場合に，そのことについて善意無過失であるときには，むしろ留置権の成立を認めて保護を与えるべきであって，709条の不法行為と異なる理解をする必要はないと解している（道垣内27頁，髙橋20頁など）。

　これに対しては，本条2項の「不法行為」は無権原であることを知りながら占有を開始した場合にも適用があるとする立場がある（我妻・判コメ49頁〔三藤〕）。この見解は，295条2項の解釈において，709条における不法行為の概念に引きずられるべきではなく，占有の形態を問題にすべきであって，196条の趣旨をも考慮すべきであるとの視点から，善意占有と悪意占有とを区別しようとするものである。

　さらに，占有開始時点における権原の有無に加えて，必要費や有益費を念頭にその出費時点での権原の有無と占有の態様とを組み合わせて，検討を加え，占有開始時点で権原がなく，かつ，出費時点で無権原であることに悪意であった場合にのみ，295条2項の適用があるとの立場もある（四宮和夫〔判批〕法協90巻6号〔1973〕942頁）。同様に，占有の態様によって保護の程度が変わるべきであるとの見解も存在する（柚木＝高木27-28頁）。すなわち，故意不法行為者，悪意占有者，さらに過失ある善意占有者を一括して，留置権の

保護を認めないとすることは妥当ではなく，それぞれに段階を設けて保護を考えるべきであるとする。これによれば，民法は，留置権の沿革を踏まえて，占有取得行為が不法行為である場合は留置権の保護を与えず，悪意占有者については裁判所が期限の許与を与えることで留置権の保護を失う（196条2項ただし書）ものであるとしてきたのであるから，過失ある善意占有者は留置権の成立を妨げられないと解すべきであるとする。さらにまた，同じく196条2項とのバランスをとるべきであるとの観点に立ちつつも，占有が権原を欠くことを知っているばかりでなく，そのような占有に基づく留置権を認めることが実質的に不当な場合は留置権の成立を否定すべきであるとの見解もある（高島113-114頁）。そしてその際には，悪意の占有が背信的性質を有するかによって判断されるべきであるとする。

　他方で，占有が単なる過失不法行為によって開始された場合に，留置権の成立を認めないのは妥当性に欠けるとし，故意不法行為に限定する見解がある（石田(穣)28頁）。これによれば，占有者の支出した必要費等の償還を所有者が義務づけられたとしても，必ずしも不当な不利益を受けるわけではなく，逆に占有者が留置権の成立なしに費用の償還を受けることは困難であって，過失不法行為という不法性の小ささも考慮すべきだとする。

　(イ)　権原喪失型への本条2項の類推適用　当初の占有開始の時点では，占有権原を占有者が有していたが，後になって，占有権原を失った場合，一般には，権限喪失型と呼ばれているこのような場合には，留置権は成立するのであろうか。また，このとき，196条，すなわち占有者による必要費ないし有益費の償還請求についての規定との整合性はどのように図られることになるのであろうか。

　この196条は，必要費については善意悪意を問わずにその償還請求を承認しており，また悪意の場合であっても償還が認められないわけではなく，債務者である占有の回復を求める者からの請求により裁判所による期限の許与が与えられることになっているにすぎない。

　そうとすると，295条2項をこの場合に類推適用することは，留置権による保護をまったく与えないことを意味するのであるから，両者の間には体系的な矛盾が生じることになる。そこで，学説では，権原喪失型について，196条を適用し，295条2項の適用を排除する見解が主張されている（例えば，

我妻・判コメ 48-50 頁〔三藤〕)。これは, 上述したように, 本条 2 項の「不法行為」概念を 709 条のそれから切り離した上で, 196 条の趣旨を考慮して, 善意占有と悪意占有を区別し, 権限喪失の場合で, 悪意になったときは, 期限許与により留置権を失うが, 善意のときは, 過失がある場合も含めて, 留置権が行使できると解する。この見解に対しては, そもそも不法行為概念から「違法性」の要素を取り去ることに疑問を呈した上で, 具体的な基準として, 悪意占有者が期限許与によって初めて留置権を失い, 善意占有者は何ら留置権を失わないとする点で一致する見解もある（柚木＝高木 28 頁注(11)）。さらに, 295 条 2 項を文理解釈して, 権限喪失型には 295 条 2 項の適用がなく, 必要に応じて裁判所が期限を許与すること（196 条 2 項ただし書）で足りるとする見解も主張されている（鈴木 427 頁）。

しかしこれらに対して, 196 条は, 留置権の成立とは無関係に, 悪意占有の場合に期限許与を裁判所が決定することを定めた規定であって, 留置権の成否については 295 条 2 項が類推適用されるとの見解が主張されている（薬師寺・留置権論 74 頁〔不法行為による占有取得の場合のほか, 占有継続の場合にも留置権の成立を否定する〕, 小川保弘・物権法研究〔1985〕157-158 頁, 川井・概論 243 頁, 髙橋 23 頁, 道垣内 28 頁など）。もっとも, 賃借人の債務不履行による契約解除などの不信行為がある場合にのみ類推適用を限定する見解（我妻 36 頁, 高島 113 頁, 近江 31 頁, 生熊 246 頁〔善意有過失の場合は, 留置権の成立を認める〕など）もみられる。さらに, 権限喪失型の場合でも, 占有が故意の不法行為で開始された場合に匹敵する不法性がある場合には 295 条 2 項が類推適用されるとする見解も主張されている（石田(穣)31-32 頁, 髙橋 23 頁〔占有継続の違法性に着目する〕）。

なお, 196 条と 295 条 2 項との関係に関して, 起草過程の議論では必ずしも明確ではなく, 判例学説の展開に委ねられていると指摘されている（石田(穣)30 頁。起草過程における議論については, さらに, 小川・前掲書 149 頁以下, 関武志・留置権の研究〔2001〕489 頁以下, 荒川重勝〔判批〕立命 104 号〔1973〕415 頁以下などを参照のこと）。

(ウ) 裁判例の状況　「占有取得時における不法行為」が問題となる典型例として, 詐欺や強迫による占有取得が考えられるが, 実際の裁判例ではあまり問題になっていないと指摘されている（我妻・判コメ 45 頁〔三藤〕。なお,

§295 II　　　　　　　　　　　　　　　　第2編　第7章　留置権

裁判例については，同書のほか，清水・留置権100頁以下，薬師寺・総判民(19)12頁以下などを参照のこと)。「占有取得時における不法行為」に該当する裁判例として，占有権原のないことについて悪意で占有が開始されるか，または，過失によって知らなかったものとして，代理人による権限の範囲外での価格で売却された物の買主がその価格が範囲外であることについて悪意であったとき（東京控判明44・5・6新聞738号19頁）や無断転借人のケース（東京控判大10・3・23新聞1890号22頁）などがある。その他，2003〔平成15〕年担保執行法改正以前においては，いわゆる抵当権詐害型の利用権設定に伴う必要費や有益費の償還請求が行われることがあったが，例えば，仙台高裁平成3年12月2日決定（判時1408号85頁）は，必要費等の支出を執行妨害として，本条2項を類推適用し，留置権の成立を否定している。

また，「権限喪失型」については，有効な賃貸借契約が解除された後の占有が争点であり，例えば，建物賃貸借において，契約解除後に賃借人が支出した建物修繕費用を被担保債権とする留置権の主張に対して，権限のないことを知りながらなされた他人の物の占有を不法な占有として，本条2項の類推適用により，留置権の成立が否定されている（大判大10・12・23民録27輯2175頁）。

また，売買契約の合意解除の場合における買主の費用支出に関して，同様に，「権原のないことを知りながら不法にこれを占有中に支出した」として本条2項の類推適用によって留置権の主張が否定されている（最判昭41・3・3民集20巻3号386頁）。さらに，解除後の有益費支出についても，「権原のないことを知りながらこれを不法に占有」していた場合に本条2項が類推適用されている（最判昭46・7・16民集25巻5号749頁）。

他方で，権原のないことを知っている場合に該当しない事件として最高裁昭和51年6月17日判決（民集30巻6号616頁）においては，自作農創設特別措置法による買収が，その根拠である買収計画の取消しによって遡及的に無効とされた場合において，買主が有益費を支出した当時，買収・売渡しが無効に帰す可能性を疑わなかったことに過失があるときには本条2項が類推適用されると判示されている。これは，本条2項の適用範囲を拡大したものと評価できよう（なお，一般論としては，すでに大判昭13・4・16民集17巻714頁が傍論ではあるものの，過失がある場合に本条2項の類推適用により留置権が否定される可

能性を示していた)。なお、そもそも裁判例が本条2項の適用範囲を拡大してきたと評価する見解もある(清水・留置権129頁)。

　(エ)　不法行為の相手方　　本条2項における「不法行為」の相手方は債務者である必要があるのか。

　かつては、目的物を修繕した債権者が第三者の手中にある目的物を当該第三者から不法に奪取した例を念頭に、占有が不法行為によって始められており、留置権が成立しないとされていた(勝本・上101頁、注民(8)33頁〔田中〕)。近年は、抵当権妨害事例を念頭に、競売妨害目的で設定された賃借権に基づく占有中に支出された必要費や有益費の償還請求権を被担保債権とする留置権に基づいて、抵当権者による抵当権に基づく妨害排除請求としての明渡請求を拒絶することには、本条2項を適用して、留置権の成立を否定する見解が主張されている(道垣内29頁)。なお、裁判例では、本条2項を類推適用するもの(東京高決昭62・10・5判タ660号231頁、大阪高決平元・3・10判タ709号267頁、前掲仙台高決平3・12・2判時1408号85頁)のほか準用とするもの(東京地判平5・11・15金法1395号61頁)、適用とするもの(東京地判昭63・8・29判時1308号128頁、山口地下関支決平元・12・27判タ724号260頁)とがある。

　(オ)　証明責任　　本条2項による不法行為による占有でないことの証明責任は、占有についての推定規定(186条1項)の存在と、本条2項が本条1項の例外規定であることから、物の返還を請求する側にあるとされる(注解判例353頁〔井藤公量〕、平野・総合352頁注501など。なお、理由書312頁参照)。

(7)　留置権の発生を阻止する意思表示の不存在

　留置権の成立を予め放棄する旨ないしその成立を妨げる旨の意思表示の効力が問題となる。というのは、留置権は法定担保物権ではあるが、債権者の利益保護を目的とするため、当該債権者がその利益の享受を放棄するのであれば、とくに第三者の利益や公益には関わらないからである(薬師寺・留置権論93頁、注民(8)35頁〔田中〕)。これは、519条においては債権者による免除の際に担保の有無を問わないこと、商人間の留置権では留置権の成立を妨げる旨の合意が可能であること(商521条ただし書など)、さらに債権者の意思に反してまで債権者を保護する必要はないとの観点から執行制限契約の有効性が認められていること(中野=下村68頁注1など参照)などを根拠とする(注民(8)35-36頁〔田中〕)。さらに、留置権を放棄させて債権者が暴利行為の手段とす

るおそれはない点を指摘して，この種の合意によって留置権を当事者意思によって成立させないことも認められている（我妻27頁，槇44頁など）。もっとも，将来発生する可能性のある留置権をあらかじめ放棄することについては，そもそも一般論として慎重に検討すべきとする見解がある（今西康人〔判批〕法時68巻13号〔1996〕236頁）。

なお，この問題に関連して，留置権の成立後，目的物の占有を喪失し，さらにその後占有を再取得した場合に留置権を取得し得るかも問題となり得る（例えば，薬師寺・留置権論205頁，注民(8)81頁〔田中〕などを参照のこと。→§302 II(3)）。

(8) **具体的な問題**

以下では，裁判例を中心に留置権の成否が争われた具体的な問題をいくつか取り上げる。

(ア) 造作買取代金債権による建物の留置　　借地借家法33条（旧借家法5条）に基づいて造作買取請求権が行使された場合に発生する造作買取代金債権を被担保債権とする留置権に関しては，周知のように，造作買取代金債権が形成権である造作買取請求権の行使によって成立し，その代金債権を被担保債権として，当該造作について留置権が成立することについては異論はない。問題は，この留置権の効力が，当該造作の作り付けられた建物自体に及ぶのかである。

後述する近時の学説とは異なり，従来は，留置権の成否の問題，すなわち目的物と被担保債権との間の牽連関係の有無にかかわる問題と捉えられてきた。判例は，造作買取代金債権が当該造作について発生した債権であって，建物に関して生じた債権ではないとして，留置権の成立を否定している（大判昭6・1・17民集10巻6頁）。これ以来，判例として維持されており（注民(8)26頁〔田中〕），最高裁においても，同旨の判断が示されている（最判昭29・1・14民集8巻1号16頁，最判昭29・7・22民集8巻7号1425頁。なお，裁判例の分析については，清水・留置権45-53頁を参照のこと。それによれば，多くの裁判例において造作買取請求権自体が否定されており，留置権の成否よりも賃貸借の終了そのものが争われていると分析されている）。

学説には，判例を支持して，造作は建物にとっては従物にあたるものであり，従物に対する債権によって主物を留置できないとの理由から留置権の成

立を否定する見解（薬師寺・総判民(19)21頁以下，松尾＝古積261頁〔古積〕。このほか建物引渡しに先立ち造作代金の支払を求められることの妥当性を含めて，否定説の詳細については，注民(8)28頁〔田中〕および新版注民(15)〔増補版〕778-779頁〔渡辺洋三＝原田純孝〕参照）もある。しかし近時では，判例の立場に反対し，留置権の成立を認めようとするものが多数を占めている（我妻30頁，我妻・判コメ22頁〔三藤〕，槇38頁，近江28頁，高木25頁，平野272頁など）。これらは造作買取請求権の趣旨や，有益費償還請求権との均衡，さらに造作と建物との価値的一体性などを理由とする。このほか，造作が建物の構成部分となっているか否か，また価値の大きさによって留置権の成否を決定すべきであるとの見解も主張されている（柚木＝高木23-24頁）。

さらに，この問題は，造作買取代金債権と建物との間の牽連関係ではなく，造作への留置権の効力を建物に及ぼして建物の留置を認めることによって生じる建物所有者と造作所有者との間の利害調整の問題であるとして，成立要件の問題ではなく，効力の及ぶ範囲の問題として捉えるべきであるとの見解が主張されている（高島119-120頁，道垣内30-31頁）。そして，効力の及ぶ範囲内であるか否かについては，実質的な公平の観点から，建物と造作を別個の存在として扱うことの不当性や造作買取請求権が認められた趣旨を踏まえて，これを肯定する立場（高島119-120頁）と造作は建物に付加されることを前提とし，付加されたことによって造作買取請求権が発生することから「目的物との結合が被担保債権の発生の前提になっている場合」に該当し，留置権の効力が及ぶと解する立場（道垣内31頁）とが存在する。

なお，片面的強行規定であった旧借家法5条の場合と異なり，任意規定である借地借家法33条に基づく造作買取請求権が行使される場合には慎重に検討されるべきとの指摘がある（清水196頁）。

(イ) 建物買取代金債権による敷地の留置　借地借家法13条（旧借地法4条2項）ないし借地借家法14条（旧借地法10条）に基づいて建物買取請求権が行使された場合には，建物買取代金債権を被担保債権として建物についての留置権が発生するほか，当該建物の敷地を留置することが許されるかが問題となった。判例は，借地上の建物所有者から賃借権と建物所有権を譲り受けた者に対して，土地所有者が民法612条2項に基づいて賃貸借契約を解除して建物収去土地明渡請求を行い，当該建物所有者（譲受人）が建物買取請

求権を行使した事件について，建物買取代金の支払まで同時履行の抗弁権または留置権を有し，それに基づいて敷地を占有することも違法ではなく，不法行為を構成しないとする（大判昭14・8・24民集18巻877頁）。その後，敷地の占有利用が不当利得となり，その賃料相当額の返還が必要となるものの，敷地の占有それ自体は，同時履行の抗弁または留置権の反射的効果であるとしている（大判昭18・2・18民集22巻91頁）。このことから，敷地の引渡しを拒絶できると解されている（我妻・判コメ18頁〔三藤〕ほか）。

従来の学説は，このような判例の立場を異論なく支持している（例えば，我妻・判コメ18頁〔三藤〕，椿寿夫編・現代民法講義3担保物権法〔1991〕282頁〔松井宏興〕，松尾＝古積261頁〔古積〕，高木26頁〔建物と敷地の物理的一体性を根拠に建物留置権が敷地に「延長する」と解する〕）。また，近時の見解も，「目的物の留置に必要不可欠な他の物」については留置権の効力が及ぶとして，敷地の留置を肯定する（道垣内30-31頁）。建物についての留置権を肯定する以上，その建物の敷地についても効力を認めなければ，実効的ではないという実質的な判断に基づくものである。

もっとも，借地契約の解除に伴って土地所有者から退去を求められた際に，建物に関して支出された有益費の償還請求権を被担保債権とする留置権を建物賃借人が土地について主張した事件では，留置権を根拠として土地の明渡しを拒絶することは許されないとされている（大判昭9・6・30民集13巻1247頁，最判昭44・11・6判時579号52頁）。

(ウ) 譲渡担保・仮登記担保の清算金をめぐる問題　近年，留置権の成否が争われる場合として，譲渡担保ないし仮登記担保における清算金支払請求権を被担保債権とする目的不動産の留置が認められるのかという問題がある。譲渡担保においていわゆる帰属清算方式による場合にあっては，清算金の支払と目的不動産の引渡しおよび本登記手続とが引換給付となることはすでに判例法上認められている（最判昭46・3・25民集25巻2号208頁）。

これに対して，いわゆる処分清算方式による場合には，目的不動産の所有権は譲渡担保権者による処分によって移転するのに対して，清算金支払債務は譲渡担保権者がなお負っており，両者が同時履行関係にない（ゴルフ場会員権の譲渡担保に関する最判昭50・7・25民集29巻6号1147頁）ため，譲渡担保設定者が清算金支払請求権を被担保債権として，譲渡担保目的物の譲受人からの

引渡請求に対して留置権を主張し得るかが問題となる。判例は，仮登記担保契約に関する法律の施行前に，清算金支払請求権を被担保債権とする留置権に基づいて，仮登記担保の目的不動産の引渡請求を拒絶することを認めている（最判昭58・3・31民集37巻2号152頁）。さらに，譲渡担保に関しても，結論としては，留置権の主張を認めた判決（最判平9・4・11裁判集民183号241頁）があるほか，目的不動産の譲受人が清算金支払請求権の消滅時効を主張し得る「直接利益を受ける者」であると認める前提として，設定者に留置権が認められるとした判決（最判平11・2・26判タ999号215頁）も存在する。

　学説においても，結論として，処分清算の場合に設定者に清算金を確実に受領させることを目的として，留置権の成立を肯定する見解は多い（例えば，安永409頁，田井ほか369頁〔松岡久和〕）が，その根拠は必ずしも明らかではない（実質論として，松岡253頁は，設定者による占有の継続から譲渡担保関係の未清算を譲渡担保権者は推定可能であり，留置権を覚悟すべきとする）。

　むしろ，処分清算の場合には，清算金支払請求権の発生は，譲渡担保権者による目的不動産の第三者への処分の時点，すなわち目的不動産の所有権が第三者に移転した時点であり，留置権の発生する余地はない（小林秀之＝角紀代恵・手続法から見た民法〔1993〕106頁注17〔角〕）。このような理解を前提とすれば，処分清算の場合に，処分以前に留置権が成立し，その後目的不動産の第三者への譲渡によって当該第三者に対して留置権を主張し得るとの構成は採り得ないことになりそうである（道垣内・課題56頁，高木348頁〔留置権成立後の第三者にのみ留置権を主張可能とする〕）。

　もっとも，清算金請求権の発生は譲渡担保の被担保債権についての弁済期の到来によるのであり，その時点で留置権が成立し，第三者に対抗できると解し得るとする立場も主張されている（近江幸治〔判批〕金法1556号〔1999〕37頁）。また，実質的な観点からも，不動産譲渡担保において，設定者の占有している目的不動産を譲渡担保権者から譲り受ける第三者にはその権利関係についての調査義務があり，仮に留置権が主張されることになっても不測の損害があるわけではないとされる（生熊324頁）。また，清算金請求権は目的物の価値の一部が変容したものであるとして，留置権の成立を認める見解（道垣内25頁）も主張されている。

　(エ)　準消費貸借による留置権の消滅　　近時，一度成立した留置権の被担

§295 Ⅱ 　　　　　　　　　　　　　　　第2編　第7章　留置権

保債権が準消費貸借によって消滅した後に、新たな債権を担保するために、当該留置権が存続するかが問題となった。この点に関する下級審裁判例として、留置権の被担保債権である売買契約に基づく残代金債権について準消費貸借契約によって消滅したため、留置権も消滅したと判示するものがある（東京高決平26・2・28判タ1402号123頁）。留置権は、被担保債権が消滅すれば、付従性によって留置権も消滅することになるから、本件においては準消費貸借における債務の同一性の有無が問題となると考えられる。この点に関して、準消費貸借においては、旧債務が消滅し、新債務が発生すると解され、旧債務に付着する抗弁権は消滅すると解する判例が存在していた（大判大5・5・30民録22輯1074頁など）。しかしその後、判例は、新旧債務の同一性が準消費貸借契約によって失われるか否かによって、担保や抗弁権の帰趨は異なり、そしてその同一性は、当事者の意思によって決定されるとし（大判大7・3・25民録24輯531頁など）、さらに、当事者の意思は原則として債務の同一性を維持しようとする点にあるとする判例（大判昭4・5・4新聞3004号12頁、大判昭8・2・24民集12巻265頁など）が登場し、現在に至っているとされる（最判昭33・6・24裁判集民32号437頁、最判昭50・7・17民集29巻6号1119頁など。裁判例の展開については、新版注民(15)〔増補版〕26-28頁〔平田春二〕を参照）。

この結果、現在では、準消費貸借契約に際しての当事者の意思は、担保を自ら放棄して不利益を招くようなことは、通常、推定できないために、旧債務に伴う担保は原則として存続すると解されている（近江幸治・民法講義Ⅴ契約法〔3版、2006〕174頁、新版注民(15)〔増補版〕31頁〔平田〕など）。

以上のような理解からすれば、上述の裁判例においても準消費貸借契約がなされたとしても、原則として留置権はなお存続することになるはずである。もっとも、その際に重視されるべきは、当事者意思であるから、上述の事案では、準消費貸借契約とともに、当事者間において抵当権の設定がなされ、この抵当権が「代担保」として捉えられていることや、当初の留置権よりも「弱い」担保権であると解されることから、本決定（前掲東京高決平26・2・28）は、当事者の意思が留置権の消滅に帰着したとの立場にあると解されている（大澤慎太郎〔判批〕民事判例10号〔2015〕92頁）。

III 効 果

(1) 留置的効力

　留置権の効力は，被担保債権の弁済まで，目的物を留置する点にある。したがって，目的物の引渡請求に対して，これを拒絶し，占有を継続する点にその効力の主眼が存在する。この点に関して，判例は，賃貸借契約に基づいて占有していた建物について支出した有益費の償還請求権を被担保債権とする留置権に基づいて建物を占有することが，明渡請求を行っている所有者との関係において不法行為を構成しないとする（大判昭13・2・14判決全集5輯5号31頁）。そして，留置権者が被担保債権の弁済まで目的物を留置するということは，要するに目的物の引渡請求権を有する者からの引渡請求を拒絶できるという一種の履行拒絶権である（近江34頁など）。

　なお，これに関連して，留置権の効力は履行拒絶のような受動的な権能にとどまり，能動的に留置権を行使し得るのは，留置権者が目的物の占有支配そのものが覆されるおそれがある場合に限定されるとした裁判例がある（仙台高決昭59・9・4判タ542号220頁）。学説にも，留置権には占有訴権が認められるだけであって，物権的請求権は認められないとする見解（例えば道垣内37頁）と，物権的請求権としての妨害排除請求権と妨害予防請求権が認められるとする見解（星野195頁，山野目239頁，生熊247-248頁など）とがある。

　留置権は目的物の占有継続にその効力の主眼がある以上，占有を失えば，留置権は消滅する（302条）。もっとも，留置権者は占有回復の訴えによってその回復を図ることができ（200条1項），これによって占有回復ができれば，占有は消滅しなかったこととなり（203条ただし書），留置権は消滅しなかったことになる。この点については，後述する（→§302）。

　さらに，留置権は物権であるから，その留置的効力を第三者に対しても主張することができる。この点で，そもそも債務者以外の者の所有物についての留置権の成否については，「他人の物」をどのように解するかによることはすでに述べたとおりである（→II(2)(ｱ)）。したがって，典型的には，一度留置権が成立した後に，留置権の目的物の所有権が第三者に移転した場合であっても，留置権者は，被担保債権の弁済までは，当該第三者への目的物の引渡しをなお拒むことができることになる。この点について，学説上も争いは

なく（例えば，注民(8)37頁〔田中整爾〕，高木31頁，道垣内33頁），判例も，留置権による第三者への対抗を承認している（最判昭47・11・16民集26巻9号1619頁）。すなわち，不動産の買主が残代金債務の一部について代物弁済の合意を行ったにもかかわらず，その履行がなされないまま，買主が当該不動産を第三者に譲渡し，当該第三者が当初の売主に対して不動産の引渡しを求めたという事件に関して，残代金債権が土地建物の明渡請求権との同一の売買契約によって生じた債権であり，留置権による明渡しを拒絶することができるとした上で，留置権が成立した後に目的物を譲り受けた者に対しても債権者がその留置権を主張し得ることは留置権が物権である以上当然であると判示されている。

(2) 競 売 権

留置権者は，被担保債権の弁済がなされない場合には，目的物を競売してその競売代金から優先弁済を受けることが許されるのか。他の担保物権にあっては，優先弁済受領権が担保物権としての効力の中心にあるが，留置権は，本条の文言から明らかなように優先弁済受領権が認められていない（例えば，椿寿夫編・現代民法講義3担保物権法〔1991〕285頁〔尾崎三芳〕，高木29頁）。しかしこのような通説の立場に対しては，留置権者の被担保債権が他の債権者にとって目的物の価値の保存やその増加をもたらす場合には，例外的に，公平の見地から優先弁済受領権が認められるとする見解も存在する（石田(穣)53-54頁）。

民事執行法制定以前の競売法では，留置権者にも競売権が認められていた（競3条・22条）ため，留置権に実体法上の競売権能が認められるかが争われた（詳細については，注民(8)44-47頁〔田中〕）。これに対して，強制執行手続と担保権の実行手続を単行法として定めた民事執行法195条は，留置権者の競売について「担保権の実行としての例による」と規定している。

この民事執行法195条による競売は，債権の弁済を受けないまま長く目的物を留置せざるを得ないという不利益から留置権者を解放するために認められた換価のための競売，すなわち形式的競売であると解されている（三ヶ月467-468頁，高木33頁，松尾＝古積264頁〔古積〕，生熊250頁など）。また，この競売の結果，得られた換価金を留置権者に交付することについては，学説は一致してこれを認めている（鈴木＝三ヶ月編・注解(5)387頁および403頁注129〔近藤

崇晴〕)。この場合に，換価金上に留置権は成立せず，直ちに留置物所有者に返還しなければならないとする見解（内田 503 頁，道垣内 40 頁）と，換価金上に留置権が成立するとの見解（高木 33 頁，生熊 250 頁，松尾＝古積 264 頁〔古積〕）がある。判例は，形式的競売によって留置権の効力が否定されるわけではないとして，留置権者が換価金を留置することができるとする（最判平 23・12・15 民集 65 巻 9 号 3511 頁）。

換価金が留置権者に引き渡された場合，この換価金を留置物所有者に引き渡すべき債務と被担保債権とを相殺することによって，「事実上の優先弁済」を留置権者は受けることができる（生熊 250 頁，道垣内 40 頁，鈴木＝三ヶ月編・注解(5)387 頁〔近藤〕）。なお，この場合において，留置権の目的物の所有者とその被担保債権の債務者とが異なるときには，留置権者は所有者に対して換価金を返還せざるを得ず，競売を行うことによって，留置権を失う結果になるとの見解も主張されている（内田 503 頁，山野目 240 頁）。これに対して，上述した判例（前掲最判平 23・12・15）を前提としても，第三者所有物が形式的競売された場合に換価金を留置し得るとするためには，換価金を分別管理する必要性や留置された換価金に限定された責任を所有者に対して留置権者が負っていると解する必要性があるとして，なお議論の蓄積が必要であると指摘されている（道垣内 40-41 頁）。

また，形式的な競売である以上は，配当を前提とするわけではないから，他の債権者による配当加入の可否を議論することは無意味であるとの見解（近江 35 頁，田中・解説 469 頁，鈴木＝三ヶ月編・注解(5)386 頁〔近藤〕，浦野雄幸・条解民事執行法〔1985〕891 頁など）や換価金には留置権が存続しており，一般債権者を排除し得るとする見解（松尾＝古積 264 頁〔古積〕）がある。しかし他方で，形式的競売とはいえ，基本的に同質の国家的手続としての換価手続が進行しているのであるから，他の債権者の配当手続をあえて拒む必要はないとの見解（三ヶ月 467 頁，園尾隆司「留置権による競売および形式的競売の売却手続」金法 1221 号〔1989〕9-11 頁および 14 頁，竹田・実務(1)228 頁）もあるほか，とりわけ形式的競売における消除主義と引受主義のいずれをとるべきかを含めて見解が対立しており（園尾隆司〔判批〕竹下守夫＝伊藤眞編・民事執行法判例百選〔1994〕240 頁），一致していないとされる（中野＝下村 788 頁。この点に関する諸見解については，同書 791 頁注 4 や園尾・前掲〔判批〕240 頁などを参照のこと）。この点

に関して，裁判例には，留置権に基づく競売について，形式的競売そのものではないが，きわめてこれに類似するとした上で，配当要求に関する手続は性質上適用の余地がないとするものもある（東京地決昭60・5・17判時1181号111頁）。なお，形式的競売とされる共有不動産分割の競売（258条2項）については，判例は，消除されることを前提として無剰余措置（民執63条準用）を認めている（最決平24・2・7判タ1379号104頁）。

　留置権者が民事執行法195条に基づいて競売を申し立てる際は，担保権実行のための競売ではないとしても，競売手続である以上は，その開始要件が問題となる。民事執行法上は，担保権実行としての競売の「例による」ことになるから，留置権の目的物の種類に応じて，担保権実行の手続が準用される（中野＝下村786頁）。したがって，例えば，不動産を留置している場合に，競売を申し立てるときには，民事執行法181条1項に基づく担保権の存在を証する文書の提出が必要となる。同法181条1項によれば，確定判決等（1号文書），公正証書（2号文書）または登記事項証明書（3号文書）ということになるが，このうち留置権の場合には，登記事項証明書は用い得ず，確定判決や公正証書によって留置権の存在を証明することは実際上きわめて困難であるため，181条1項4号の一般先取特権に準じて，何らかの文書の提出があればよいとする見解（鈴木＝三ケ月編・注解(5)371頁〔近藤〕，竹田・実務(1)228頁，香川監修・注釈(8)292頁〔園尾隆司〕，中野＝下村786頁など）が主張されている。しかし，同条1項4号は「一般先取特権」に関する規定であって，「留置権」は規定されておらず，確定判決等で留置権の存在を認め得る場合も存在するため，4号の準用は説得力を欠くと指摘されている（天野勝介〔判批〕民商137巻1号〔2007〕77頁）。

　この点に関して，判例は，登録自動車について留置権による競売が申し立てられた事案において，留置権の成立要件のうち，目的物の占有に関しては権利行使時に存在すればよく，かつ，それで足り，登録自動車の場合には，債権者から執行官が引渡しを受けることが予定されていることなどから，競売手続において目的物を占有しているという要件は自ずから明らかになるとして，同法181条1項1号所定の「担保権の存在を証する確定判決」として必要であるのは，債権者による登録自動車の占有の事実が主要事実として確定判決中で認定されることが要求されるものではなく，被担保債権が当該登

録自動車に関して生じていることが主要事実として認定されていれば足りると判断している（最決平18・10・27民集60巻8号3234頁）。この判決については，とりわけ登録自動車に関する留置権に基づく競売にあたって，民事執行法181条1項1号所定の確定判決の要件を緩和して，債務者が占有していることが認定されていない判決であっても，1号文書に該当すると解する立場に立ったものであると解されている（中吉徹郎〔判解〕最判解平18年下〔2009〕1141頁。なお，同書1142-1143頁によれば，4号の準用を否定したものではなく，留置権一般については，なお4号準用の余地があり得るとする）。

(3) 事実上の優先弁済

留置権の目的物について，第三者による競売手続が進行した場合に，留置権はどのように扱われることになるのか。

留置権の目的物が不動産である場合には，当該不動産に対する他の一般債権者による強制競売や他の担保権者による担保権の実行としての不動産差押えはいずれも差押登記によって行われるため，留置権者が当該不動産を占有していたとしても競売手続は進行することになり，終局的には第三者が当該不動産を買い受けることになる。この場合に，民事執行法59条4項によれば，買受人は，留置権の負担のある不動産を取得した（引受主義）上で，買受人が留置権の被担保債権を弁済する責任を負うことになる。また担保権の実行による不動産の競売の場合についても，民事執行法188条により同条項が準用されている。この結果，買受人は，留置権の被担保債権を弁済して，目的不動産に付着している留置権を消滅させなければ，その引渡しを受けることができない。このため，事実上の優先弁済を受けたのと同様の効果を留置権者は享受し得ることになる（高木31頁，椿寿夫編・現代民法講義3担保物権法〔1991〕283頁〔尾崎〕，松尾＝古積264頁〔古積〕，生熊252頁など）。もっとも，優先弁済受領権を例外的に認める見解（→(2)）からは，事実上の優先弁済を認めることが他の担保権との間で矛盾を生じており，認めるべきではないとして民事執行法59条4項，188条の適用を否定し，同法59条1項，188条の類推適用によるべきであると主張されている（石田(穣)55頁）。この点に関して判例は，買受人が被担保債権を弁済する義務を負うことを認めている。すなわち，建物の有益費を支出し，その償還請求権を被担保債権とする留置権を行使して当該債権の債権者が留置していた建物について開始された抵当権

の実行としての競売手続の結果，抵当権者が自ら競落し，建物の明渡しを留置権者に求めた事案において，留置権者は競落人に対する関係においても留置権を行使することができ，その被担保債権を弁済する責任を競落人が負うことは当時の民事訴訟法649条3項（現民執59条4項）に基づいて認められるとする（大判昭13・4・19民集17巻758頁）。また，その後も下級審ではあるが，換価命令に基づく競売によって留置権は消滅しない旨判示されている（名古屋高金沢支判昭33・4・4下民集9巻4号585頁）。

　それでは，民事執行法59条4項における買受人が被担保債権弁済の責任を負うとの規定の趣旨として，不動産の物的負担として買受人が留置権を引き受けることを超えて，留置権者がその支払を求めることができると解し得るのか。この点に関して，留置権の目的物が競売によって買受人が取得した場合に，留置権の被担保債権が買受人に承継されるか否かについてはこれを肯定する見解（承継説），否定する見解（不承継説），留置権者が買受人の債務引受を承認するまでは債務者が被担保債務の弁済義務を負担し，買受人は履行引受となるとする見解，買受人が債務者と連帯債務関係に立つとする見解などがあった（学説の詳細については，関武志「不動産競売における買受人の債務と留置権の主張(上)(中)(下)」判時1615号164頁，1618号164頁，1621号164頁〔1997-1998〕を参照）。下級審裁判例ではあるが，買受人が被担保債権の支払義務を負わない旨を判示したものがある（横浜地川崎支判平20・2・26判タ1277号433頁）。この判断に際して，理由として挙げられたのは，留置権は目的物を留置して間接的に被担保債権の弁済を求めるものにとどまり，返還請求権者に対して債務を引き受けさせる効力を持つものではないこと，他方で，留置権が公示されないことから買受人が不測の損害を被る可能性や仮に被担保債権の支払義務を負うとすれば，目的物価額を被担保債権額が上回っている場合には買受人の一般財産への執行を甘受しなければならないこと，さらに留置権者の保護としても引渡命令発令時の審尋など民事執行法上自己の利益を主張する機会は十分に与えられていることなどであった。

　なお，不動産が留置権の対象となっている場合に，目的物を占有はしているものの，不動産登記簿上その権利が記載されていない留置権について，競売手続によって目的物を競落した者が留置権を引き受けることについて，その公示機能の欠如を理由に，立法論として民事留置権から不動産を排除しよ

§295 Ⅲ

うとする見解がある（松尾＝古積264-265頁〔古積〕，古積健三郎「留置権の射程および性質に関する一考察」新報111巻3・4号〔2004〕1頁以下など）。

これに対して，留置権の目的物が動産である場合に，債務者である動産所有者に対する他の債権者が当該動産について強制執行手続をとろうとする場合には，その債権者は当該動産を執行官に差し出さなければ（民執124条），執行官が動産差押えを行うことができないため，留置権者が当該動産を留置している限り，動産差押えを申し立てることは困難である（高木31頁，椿寿夫編・現代民法講義3担保物権法〔1991〕283頁〔尾崎〕，松尾＝古積264頁〔古積〕，生熊251頁など）。また，他の担保権者による担保権の実行も動産を対象とする限り，当該担保権者に対して留置権者が目的動産を引き渡すか差押承諾文書を提出しなければ，その手続は開始しない（民執190条1項1号・2号）。もっとも，動産に関する競売開始許可決定に基づく担保権実行の手続をとる場合には，不動産の場合と同様に，手続が開始する（民執190条1項3号）。しかし，通常の場合には，他の担保権者による担保権の実行も直ちには困難である。

そこで，これらの場合には，他の債権者または他の担保権者は，留置権の被担保債権を弁済することによって留置権を消滅させて，動産差押えないしは担保権の実行を行うことになる。結果として，事実上，留置権者は優先弁済を受けたのと同様の効果を享受していることになる（高木32頁，椿編・前掲書283-284頁〔尾崎〕など）。また，他の債権者が留置権者に弁済しなければ，動産競売手続は実施できないわけであるから，被担保債権の弁済まで目的物の留置を継続できることになる（生熊251頁）。

逆に，他の債権者の動産競売に際して，目的物を執行官に提出し（民執124条・190条1項1号），差押えを承諾した場合（民執190条1項2号），さらに競売開始決定に基づく場合（民執190条1項3号）には，競売手続は進行するが，その結果，買受人が当該動産について所有権を取得したときには，不動産競売に関する民事執行法59条に相当する規定が動産競売には存在しないため，留置権が引き受けられるのかが問題となる。これに関しては，目的物を執行官に提出した場合には，留置権を放棄したことになるとの見解（鈴木＝三ケ月編・注解(5)394頁および405頁注161〔近藤〕，我妻・判コメ33頁〔三藤〕。なお，松尾＝古積264頁〔古積〕は，競売の結果占有が失われ，留置権が消滅するが，競売代金上に存続するとする）もある。しかし，留置権を留保することで占有を失

〔池田〕

わず，留置権も消滅しないと解すべきだとの見解も主張されている（櫻井孝一「民事執行法と留置権」金融担保法講座Ⅳ 150 頁。その他，生田治郎「留置権の実行をめぐる諸問題」担保法大系Ⅱ 843 頁は，担保責任（568 条）を念頭に置いて，留置権の存在を公示してその被担保債権額を減額控除して売却すべきであるとする）。

(4) 引換給付判決

　留置権は，すでに述べたように，引渡拒絶権として機能するが，訴訟においては留置権者が自ら行使する旨を表明しなければ，裁判所は，留置権を斟酌することはできないと解されている（我妻 42 頁，注民(8)39-40 頁〔田中〕，基本法コメ 175 頁〔良永和隆〕，最判昭 27・11・27 民集 6 巻 10 号 1062 頁）。そして，目的物引渡請求訴訟において，留置権の抗弁が主張され，それが認められる場合に，その訴訟はどのような帰結に至るのか。

　学説には，被担保債務の完済まで目的物引渡請求権は発生しないとする見解（石田・下 595-596 頁，柚木＝高木 33 頁）もあるものの，通説は，引換給付判決をすべきであると解している（我妻 42 頁，高木 32 頁，近江 34 頁，松尾＝古積 265 頁〔古積〕など）。留置権者は，引換給付判決によって，その目的を達成することができるからである。前者の見解は，留置権の成立は被担保債務の弁済期の到来を前提とするのであるから，債務者にその債務を先履行させたとしても，債務者の弁済期を繰り上げることにはならないとし，通説を批判している。そして，留置権は担保物権であり，質権と同様に，「債権の弁済を受けるまで」留置できると解すべきであるとする。他方で，後者の通説的な見解によれば，仮に留置権の成立を認めて，目的物の返還請求に対してその敗訴（請求棄却）判決を行うとすれば，結局のところ，被担保債務の先履行を求めることになり，公平に反するとする。

　この点に関して，判例もまた，引換給付判決をすべきであるとする。すなわち，借家契約を解除してなされた建物の明渡請求に対して，有益費の償還請求権を被担保債権とする留置権が主張された事案において，留置権が被担保債権の弁済を受けるまで物を留置するだけであって，優先弁済受領権があるわけではないので，留置権の抗弁に理由がある場合であっては，引渡請求を棄却することなく，被担保債権の弁済と引換えに物の引渡しを命ずべきものと判示されている（最判昭 33・3・13 民集 12 巻 3 号 524 頁）。借地上の建物収去土地明渡請求に対して，建物買取請求権を行使し，その代金債権を被担保

債権として，留置権を行使された事件においても同様の判断が繰り返されており（最判昭33・6・6民集12巻9号1384頁），現在では，異論のないところと考えられる（なお，大審院においてもすでに同様の判断が示されている（大判昭11・1・24判決全集3巻2号18頁））。

また，被担保債権の債務者と引渡請求権者とが異なる場合において，留置権の抗弁が認められる場合にも，被担保債権の弁済と引換えに物の引渡しをすることを命ずるべきであると解されている。すなわち，不動産の買主が残代金債務の一部について代物弁済の合意を行ったにもかかわらず，その履行がなされないまま，買主が当該不動産を第三者に譲渡し，当該第三者が当初の売主に対して不動産の引渡しを求めたという事案において，判例は，留置権が成立した後に目的物を譲り受けた者に対しても債権者がその留置権を主張し得るとした上で，代金債務の支払と引換えに目的物の引渡しをなすべきであるとする（最判昭47・11・16民集26巻9号1619頁）。さらに，宅地造成工事の請負人が未払の請負代金債権を被担保債権として留置権を行使していたところ，債務者から当該土地を譲渡された者が土地の明渡しを求めた事案においても，同様の判断が繰り返されている（最判平3・7・16民集45巻6号1101頁）。

〔池田雅則〕

（留置権の不可分性）
第296条　留置権者は，債権の全部の弁済を受けるまでは，留置物の全部についてその権利を行使することができる。

I　本条の趣旨

本条は，留置権の不可分性を定めた規定であり，担保物権の通有性として他の担保物権にも準用されている（305条・350条・372条）。本条に関する審議においては，旧民法債権担保編93条の文言のみを変更したものにすぎないとの趣旨説明に対して，当然の内容であり，規定がなくてもよいとして削除の提案がなされたものの，否決されており，実質的な審議はなされていない

(法典調査会民法議事〔近代立法資料2〕332頁）。債権担保編93条においては，留置し得るもの（権利）の一部のみを留置した場合の被担保債権と留置物との関係を同条1項において規定するとともに，被担保債権の全部の弁済を受けるまですべてを留置し得る旨を定めた同条2項とが規定されていた（旧担93条については，前田達明ほか「史料・留置権法(1)」民商118巻2号〔1998〕293-295頁〔古積健三郎〕参照）。なお，債権担保編93条1項は，無用の法文であることを理由に起草過程において削除されている（前田ほか・前掲民商295頁〔古積〕）。

　本条が機能する場面として以下の場合が挙げられている。すなわち，天災によって留置物の一部を失った場合であっても，残部によって債権の全部のために留置権を行使できる点や被担保債権の債務者の死亡により相続人が数人登場した場合にそのうちの1人が弁済しなかった場合などが本条の最も必要とされる場合であるとされる（梅310頁，注民(8)47頁〔田中整爾〕）。もっとも，このような理解は，担保物権に共通する性質として説明されるものでもあり，留置権に限定されているわけではない（担保物権の「通有性」として説明するものとして，富井301頁）。

　なお，本条については，任意規定であって，当事者は異なる合意をなし得るとの見解も主張されている（薬師寺・留置権論32-33頁，田山輝明〔判批〕リマークス1992下34頁）。これは，本条が債権者保護のための規定であることを理由に，債権者自身がその適用を回避する合意を行うことは可能だからであるとする。そして，仮にこの立場をとって，債権者自身が異なる合意をするときには，例えば，当事者間の合意によって，被担保債権が半減すれば留置権も一部消滅するという内容の条件付きの留置権放棄も可能であるとする（薬師寺・留置権論33頁，松岡＝中田・コメ410頁〔松岡久和〕）。

II 不可分性

　留置権の不可分性には，2つの側面が存在する。一方は，本条が定めるように，被担保債権の全額が弁済されるまでは，目的物の全部を留置することが留置権者には許されているという面であり，他方は，上述したように，目的物の一部のみが残存している場合であっても，被担保債権の全部が留置権の被担保債権であり続けるという面である（注民(8)47頁〔田中整爾〕，高木16

頁，清水・留置権8頁，平野・総合373頁など）。もっとも，本条については，後者の側面を定めていた旧民法典債権担保編93条1項が削除されたという沿革を踏まえて，後者の趣旨を含むものとして規定されたかは疑問であるとの指摘がある（我妻・判コメ50頁および同頁注1〔三藤邦彦〕）。

　前者の「不可分性」が担保物権の通有性であるとされる点については，起草当時を含め，現在においても一般的な理解であるといえる（起草当時につき梅310頁，富井301頁。我妻26頁，柚木＝高木17頁，高木10頁および16頁，道垣内9頁および42頁〔もっとも，同時に担保物権としての通有性は一応の整理にすぎないと指摘する〕，石田（穣）12頁および20頁，生熊15頁および236頁など）。そして，不可分性は，沿革的には相続，とりわけ遺産相続に関して債権者の利益を害さないために発展してきたことが指摘されている（道垣内42頁。なお，梅310頁や富井301頁において例示として相続が挙げられている）。これに対して，不可分性は，質権についてローマ法において発展した原則であり，それを受容したフランスとドイツにおいて現れ方が異なっているとの指摘がある（柚木＝高木108-109頁）。

　しかし，一部の物をもってすべての被担保債権を担保するという不可分性自体も，留置権の場合には，必ずしも貫徹されているわけではない（例えば，基本法コメ176頁〔良永和隆〕，道垣内9頁）。すなわち，留置権においては，被担保債権額と目的物の価額とを比較すれば，目的物が高額であることが一般的である。そして，このことを踏まえて，債務者には代担保を提供して留置権の消滅を請求することが認められている（301条）ためである。本条は，債権すべての弁済を受けるまで留置権者が権利を行使できる対象は「留置物の全部」と規定する。この「留置物」が1個の物であって不可分物であるときについては，とくに問題にはならない。しかし，可分物または複数の物である場合に，不可分性がどのように現れるのか議論がある（この点に関して，不可分性は，留置物が可分である場合に実益があるとするものに，清水・留置権8頁）。すなわち，1棟の建物や1個の時計が留置されている場合に，被担保債権の半額が弁済されたとしても，そもそも留置物の半分を返還することは不可能だからである（注民(8)48頁〔田中〕）。

　これに対して，可分物や複数の物である場合には，被担保債権の範囲に応じて返還することは可能であるから，まさに不可分性がどのように機能する

〔池田〕

かが問題となる。この点に関して、双務契約当事者間に認められている同時履行の抗弁権との相違が指摘されている。すなわち、同時履行の抗弁権にあっては、債務が可分であれば、相手方がその債務の一部を履行して、履行請求を行った場合、原則として、未履行部分に対応する給付について同時履行の抗弁権を行使できると解されている（我妻栄・債権各論（上）〔1954〕92頁、広中俊雄・債権各論講義〔6版、1994〕16頁、川井・民法概論Ⅳ債権各論〔補訂版、2010〕32頁、山本敬三・民法講義Ⅳ-1〔2005〕88頁など）。この点で、留置権が、被担保債権の一部の弁済があっても、留置物全部を依然として留置できる点で大きく異なっていることになる。これは、留置権が、同時履行の抗弁権とは異なり、担保物権として構成されており、仮に留置物が複数の物であった場合であっても、それぞれの物がそれぞれ異なった債権を担保しているときを除き、それぞれの物は他の物とは無関係にそれぞれが被担保債権すべてを担保するとの理解（注民(8)48頁〔田中〕、清水・留置権12頁など。岡松321-322頁は、目的物が可分であるときに、分割されても、各部分が債権全部を担保するとする）に基づいている。

　しかし、このような理解に対しては、上述した代担保による留置権消滅請求によって、不可分性の意義が減じられており、同時履行の抗弁権との相違はきわめて小さくなるとの見解がある（我妻・判コメ51頁〔三藤〕）。すなわち、代担保による消滅請求において求められる代担保が被担保債権を担保し得る価値を有するものであればよいと解する限り、留置物について被担保債権額との価値の差（担保余力）が生じる限り、残存被担保債権額に相当する物（代担保）を提供すれば、留置権を消滅させることができることになる。このことをさらに推し及ぼせば、残存被担保債権額の担保に相当する部分を除き、これを超える部分については返還請求し得ることになり、留置権の不可分性は、同時履行の抗弁権との関係においてその独自の意義を失うに至るとする（我妻・判コメ51頁〔三藤〕）。

　これらの点に関して、同時履行の抗弁権を類推して、可分給付について履行されない割合に応じて留置権による履行拒絶を認める趣旨の判決（大判昭2・6・29民集6巻415頁）がある。これは、Aに対する債務の担保としてXが設定した抵当権の目的物である不動産3筆を、XがさらにYに売渡担保として供した後、YがAの依頼に応じてXの抵当債務を弁済したところ、X

は売渡担保の債務をYに弁済したものの，Yの負担した抵当債務を支払わないまま，当該不動産3筆の所有権移転登記をYに求めた事件であった。このように，この判決は，物の引渡しを拒絶した事案ではなく，所有権移転登記の拒絶の可否が争われた事案であって，先例的な価値は大きくないとの指摘がなされている（清水・留置権10頁）。

III 複数の留置物と留置権の及ぶ目的物の範囲

被担保債権が1個の債権であって，留置されるべき物が複数存在する場合には，留置権は複数存在するのだろうか。それとも複数の物に1個の留置権が成立するのだろうか。この点に関しては，そもそもどのように留置権を成立させようと当事者が意図していたのかという意思解釈の問題と解されている。これによれば，全体として1個の留置権を成立させようとしていたのか，それとも各別に留置権を複数成立させようとしていたのかによって異なることになろう（清水・留置権12頁，注解判例358頁〔宮島繁成〕。この他，複数の物に生じた債権を1個の債権として複数の物に1個の留置権が成立する場合と各別の物に生じた個別の債権毎に留置権が成立する場合とがあり得るとするものに基本法コメ176頁〔良永和隆〕があるが，それが何によって区別されるのかは明瞭でない）。これに対して，数個の留置物が存在していたとしても，それぞれの物は，共同保証に関する456条のような特別規定がない限りは，他の物とは無関係に債権を担保しており，分割して担保しているのではないと解する立場も存在する（薬師寺31-32頁など）。なお，下級審裁判例ではあるが，複数の物の場合には，物の数に応じて留置権が複数成立することを示唆するものがある（名古屋高判昭47・12・14判時703号40頁）。すなわち，不動産譲渡担保において債権者に目的不動産が確定的に帰属した場合の清算金請求権と当該不動産の引渡請求との関係に関して「留置権の不可分性からして，本件のように譲渡担保の目的不動産が数個ある場合，各個の不動産がそれぞれ清算金請求権の全部を担保すると解すべきである」と説示されている（なお，複数の物について1個の留置権が成立するのは，その成立の時点で複数の物を担保として一体とみる意思がある場合であり，そのような意思を欠く場合には別個の留置権が成立するとするものに，清水・留置権12頁がある。他方で，複数の物が一体として留置権の客体となっている場合に一物一

権の原則により1個の物に1個の留置権が成立するとするものとして，田山輝明・担保物権法〔3版，2013〕15頁がある）。

　他方で，1個の留置物についての留置権の及ぶ範囲に関しては，近時に至るまでそれほど問題とならなかった（この点を指摘するものに，高島127頁）。そして，とりわけ検討すべきであるのは，本来の目的物の範囲ではなく，それ以外の物に対して留置権の効力が及ぶのかという点である。これは，すでに成立要件に関する295条において述べたところであるが，例えば，本来の目的物である造作について留置権が成立するときに，その造作の存在する建物をも留置し得るかという問題である（同様に，この留置権の物的範囲の重要性を強調するものに，道垣内18-19頁および22-23頁がある。この点については，295条〔→§295 II(2)(イ)〕を参照のこと）。

IV　留置物の一部の返還との関係

　先に挙げた留置権の不可分性の2つの側面のうちの後者，すなわち留置物の一部が失われたとしても債権の全部が依然として担保の対象であるという側面については，留置物の一部が返還された場合の留置権の帰趨が問題となる。不可分性の問題として理解すれば，この場合であっても，残存する留置物についての留置権はやはり損なわれることなく存在し，被担保債権の全部を担保することになる（例えば，道垣内42頁〔もっとも，同時に，このことは残存する留置物と被担保債権との牽連関係の問題とも捉えることができると指摘する〕）。

　他方で，上述したように，不可分性そのものが代担保の提供による留置権の消滅請求によって制約を受けているのであり，代担保の価値が被担保債権額以上でありさえすればよいとの理解に立つならば，一部返還によっても残存留置物の価格が被担保債権額を下回らない限りは，残存した留置物の価格に応じた割合的な留置，すなわち割合的な拒絶を認めざるを得ないとの見解が主張されている（我妻・判コメ51頁〔三藤邦彦〕，薬師寺・総判民(19)8頁）。しかし，これに対しては，そもそも留置権においては価値的な均衡を図らなければならないものではなく，一部返還の結果として，それに対応する価値を減じた被担保債権額のみを弁済すれば，残存する留置物の返還を求めることができるとすれば，残代金債権の無担保化を生じてしまい妥当ではないとの

反論がある（清水・留置権 12 頁）。

　この点に関して，判例は，留置物の一部の引渡しによって被担保債権の「一部につき留置権による担保を失うことを承認した等の特段の事情がない限り」，残部で債権全体を担保し得ると判示している（最判平 3・7・16 民集 45 巻 6 号 1101 頁）。この事案は，宅地造成工事の請負人が造成工事の完了した係争土地を含む宅地を注文主に順次引き渡していたが，請負代金債権は一部未払のままになっていたところ，係争土地について請負人に譲渡担保に供され，請負人が占有していたが，さらに別の債権者に譲渡担保として提供され，さらに本件土地について所有権を取得し，登記を具えた者から，請負人に対して土地明渡しが求められたというものであった。

V　準　　用

　本条は，すでに述べたように，他の担保物権にも準用されている（305 条・350 条・372 条）。

〔池田雅則〕

　（留置権者による果実の収取）
　第 297 条①　留置権者は，留置物から生ずる果実を収取し，他の債権者に先立って，これを自己の債権の弁済に充当することができる。
　②　前項の果実は，まず債権の利息に充当し，なお残余があるときは元本に充当しなければならない。

I　本条の趣旨

　留置権は，その目的物を留置する権利であって，その実質的な内容は引渡拒絶権であるとされる。そのため，留置権者は，優先弁済受領権能や，目的物を使用し，そこから生じる収益を獲得する権能は有しないとされている。しかし，本条は，留置物から生じる果実について優先弁済受領権を認めている（1 項）。その上で，2 項は，その充当の順序を規定する。

§297 I 　　　　　　　　　　　　第2編　第7章　留置権

　本条の起草過程においては，字句の説明が審議の中心であって，とくに議論がなされたわけではない。そして，起草趣旨として述べられたのは，旧民法債権担保編94条を若干修正したものであって，不要な条項（同条1項）を削除するとともに，留置権者に果実の収取義務を負わせた同条3項も削除することであった。後者は，そもそも留置権が用いられるのはそれほど長い期間が想定されるわけではなく，また仮に長期にわたるとしても，確実な期間を区切って留置するわけではないため，果実の収取を留置権者に義務づけると多大の負担になることから，それを回避するためであった（法典調査会民法議事〔近代立法資料2〕349-350頁）。他方で，債権担保編94条2項において，果実についての優先弁済を認めたのは，目的物の管理保存に関して留置権者が苦労と注意を払うことへの代償と理解されていた（平井一雄編著・史料・明治担保物権法〔2016〕13頁）。

　現在では，本条は，いくつかの観点から説明されている。第1に，便宜という点である。すなわち，留置権の目的物から生じる果実は，通常は，少額のものであるから，これを優先弁済として被担保債務に充当したとしても，他の債権者を害するおそれが小さく，また，簡便な処理が可能だからである（我妻・判コメ52頁〔三藤邦彦〕，基本法コメ177頁〔良永和隆〕）。第2は，留置権者に付与された権利という点である。すなわち，留置権者は，留置物を善良な管理者の注意をもって占有しなければならない（298条1項）。その労務に報いるために優先弁済受領権が付与されたと考える立場である（例えば，富井328頁，柚木＝髙木34頁）。もっとも，後者に対しては，単に果実が被担保債権の弁済に充てられ得るにすぎないため，そのような理解を否定する指摘がある（例えば，基本法コメ177頁〔良永〕）。

　なお，これに関連して，留置権には目的物自体からの優先弁済受領権を定める文言がなく，民法典の定める他の担保物権とはその性質が異なることが示されている。しかし，本条において，果実について収取と優先弁済受領権を認めたことは，結局，留置権の担保物権としての性質を明確に示すことになったとの指摘がある（平井編著・前掲書14頁）。

II 果実収取権

(ア) 法的性質　本条1項において規定されている留置権者の権利は，果実を収取し，被担保債権への優先的な充当が認められるというものである。この留置権者の権利，すなわち果実収取権の法的性質をめぐっては，かつて争いがあった（この学説の詳細については，注民(8)50-51頁〔田中整爾〕を参照のこと）。1つの立場は，留置権者が果実を収取することによって，その果実の所有権を取得すると解する立場であった（中島620-621頁，三潴90頁）。この立場によれば，留置権者は，89条1項に規定する果実収取権を有するとする。その上で，留置権者は，無償でこの果実所有権が与えられたわけではなく，優先弁済の目的で認められたのであるから，取得した果実は換価された上で，被担保債権に充当されることになるとした（中島622頁）。しかし，これに対しては，この権利を89条1項による果実収取権と解すると，収取した果実は留置権者の所有物であり，その所有物から弁済を受けることになるという「不能」を是認したことになるなどの過誤をはらんでいることを指摘して，この見解を批判する立場があった（薬師寺・留置権論146-148頁）。その上で，留置権者が取得するのは，収取した果実の所有権ではなく，果実についての留置権であって，この果実留置権に基づいて優先弁済受領権が認められていると解していた（石田・下597-598頁など）。もっとも，この果実留置権と解する立場に対しても，果実の経済的価値の大きさから見て，もっぱら果実による優先弁済を第一義に考えたものではなく，むしろ便宜を考慮したものであることを重視して，果実に関する所有権を取得すると解するのが妥当であるとの反論もなされていた（我妻・判コメ52頁〔三藤〕）。

しかし現在では，端的に，留置権者には目的物を留置することは許されているが，使用収益権能がなく，収取した果実は，本来，不当利得として所有者に返還しなければならないが，本条において果実収取による優先弁済を認めて，簡易な清算を認めたと解されている（例えば，松岡＝中田・コメ410頁〔松岡久和〕，道垣内38-39頁。また，これを石田(穣)57頁は，代物弁済としての果実取得と解する）。したがって，「果実収取権」と一般に表記されるが，現在の理解を前提とすると，必ずしも果実の所有権を取得するものとはいえないであろう。

§297 II

(イ) 換価方法　さらに，近時においては，この果実収取権によって留置権者が収取した果実についてどのように被担保債権に充当するのかについても議論がなされている。すなわち，果実が金銭である場合には，当該金銭を被担保債権にそのまま充当することになる点で一致しているが，金銭以外の果実を留置権者が収取した場合が問題とされている。

なお，この議論は，以前の果実収取権の法的性質をめぐるかつての対立（一⑺）とは必ずしも一致していない。すなわち，果実所有権を取得すると解する立場であれ，果実留置権を取得すると解する立場であれ，収取した果実を留置権者が被担保債権に充当するに当たっては，果実の競売（旧競売法3条〔現民執195条〕）が行われると解していた（例えば，前者につき中島622頁，また後者につき薬師寺・留置権論146頁および151頁，石田・下598頁）からである。もっとも，同時に，当事者間の合意によって，果実を評価し，その評価額をもって充当することができ，そのような合意が整わない場合に，競売がなされるとされていた（薬師寺・留置権論151頁，石田・下598頁，注民(8)53頁〔田中〕など）。

現在においても，この果実の競売（民執195条）によって換価が行われ，充当されると解する立場（例えば，我妻43頁，内田506-507頁，高橋27-28頁）が通説的な立場であると評価できよう。これに対しては，収取した果実を留置権者は自ら適切に評価した上で代物弁済として被担保債権に充当するとの見解（例えば，我妻・判コメ52頁〔三藤〕，槙50頁，道垣内39頁，石田(穣)57頁）も主張されている。この見解による場合には，留置権者の評価額の適切性は，被担保債権の残額をめぐる争いにおいて裁判所の判断によって解決されることになるとされている（道垣内39頁，石田(穣)59頁など）。

(ウ) 収取義務　現在はほとんど議論されていないが，かつては，留置権者は，果実を収取する義務を負うかが問われていた。すなわち，298条に規定する留置物の善管注意義務に基づく保管義務によって，留置権者は，果実を適時に収取することを怠った場合には，損害賠償義務を負うことになると解する見解がある（中島623頁，石田・下598頁。近年では，篠塚昭次＝前田達明編・新・判例コンメンタール4担保物権〔1991〕12頁〔新垣進〕）。その上で，この場合には，留置権者の負う損害賠償義務と被担保債権とは相殺されるとする（中島623頁）。

これに対しては，本条に従って，果実を収取し，被担保債権に弁済することは，留置権者の権利であって義務ではないことを指摘して，債務者は果実収取を行わなかったことによる損害の賠償を留置権者に請求し得ないとする見解があった（勝本・上121頁。近年，収取義務がないことを指摘するものとして我妻・判コメ52頁〔三藤〕）。もっとも，後者の見解も，留置権者の果実の不収取が同時に善管注意義務違反を構成するときには，損害賠償請求の余地を残していた。したがって，実際は，両者の相違はほとんどなかったのではないだろうか。

　㈰ 占有者の果実収取権（189条）との関係　この点についても，かつて，本条における果実収取権の法的性質が果実所有権か果実留置権であるのかの理解の相違の中で，議論されていた（詳細については，薬師寺・留置権論155-156頁および注民(8)51頁〔田中〕参照）。すなわち，そもそも占有者の果実収取権に関する189条1項は，善意の占有者の果実収取権を規定し，190条では悪意占有者の果実の返還等を規定している。すなわち，占有者の主観的態様に応じて果実収取権能の成否が決定されることになる。そして留置権者は，留置物を占有しており，この占有の効力として，本条によらずとも善意占有者であれば果実収取権能が認められ得るが，留置権者が善意占有者であるかは疑問があるため，189条の規定によらずに果実収取権を認めるため本条が設けられたと理解する立場があった（中島621頁，三潴91-92頁）。この立場によると，本条によって留置権者には果実収取権能が認められることになるので，占有者が留置権を有すると誤信すれば，189条1項により果実収取権が認められることになる。しかし，この見解は留置権者が善意占有者か疑問であることを本条の根拠としているが，ここでの善意は，189条において通常解されている本権の存在についての誤信ではなく，単に占有権原の誤信を意味しており，この点でそもそも189条の理解を誤っているという批判がある（注民(8)51頁〔田中〕）。

　他方で，本条における留置権者の権利が果実留置権にすぎず，果実からの優先弁済が認められたにすぎないとの立場をとるならば，占有者が留置権を有すると信じたとしても，189条1項による果実収取権は認められないことになる（注民(8)51頁〔田中〕，石田穣・物権法〔2008〕547頁）。

III 果実の範囲

(ア) 法定果実の扱い　本条において収取を認められた果実は，天然果実のほか法定果実を含むと解するのが一般的である（我妻43頁，柚木＝高木34頁，近江34頁，石田(穣)58頁など）。しかし，法定果実については，若干異なった見解が主張されている（詳細については，注民(8)52-53頁〔田中整爾〕参照のこと）。すなわち，法定果実が生じる典型的な場合として，298条2項により債務者に承諾を得て，留置物を賃貸に提供した場合を考えることができるが，この場合について，前者の一般的な立場によれば，賃料は本条にいう果実に含まれ，したがってその賃料は被担保債権への充当の対象となると解されている。これに対して，後者の見解は，債務者の承諾を得た賃貸借がなされている以上，その賃貸借によって得られた賃料は，本条における優先弁済の対象ではなく，留置権者の収益であって，利得することができると主張する（薬師寺・留置権論153頁は，承諾を得て賃貸借を行い，留置権者が果実収取権者となる場合には，本条の適用がないとする）。したがって，この見解によるときは，留置権者は，承諾を得た賃貸借による賃料を被担保債権に充当する必要はないことになる（もっとも，薬師寺・留置権論153-154頁は，当事者間の明示または黙示の特約によって留置権者の取り立てた賃料によって被担保債権を消滅させ，超過分については，債務者に返還する旨を合意するであろうとする）。

　この点に関して，判例は，法定果実についても297条の適用があることを承認している。これは，建物の賃借人が支出した大修繕に係る費用を有益費として留置権を主張していたところ，目的建物が強制競売より第三者の所有となったため，この第三者との間で賃借人が改めて目的建物を賃借した上で，留置権の被担保債権である有益費償還請求権に支払うべき賃料を充当することを建物の第三取得者に主張した事案であった。この事案において，297条の果実は，法定果実を包含し，留置権者が適法に目的物を賃貸した場合だけではなく，自らが留置物を賃借した場合であっても297条が適用され，被担保債権への充当が認められると判示されている（大判大7・10・29新聞1498号21頁）。

(イ) 賃貸についての承諾がない場合　法定果実に関して，留置権者が賃貸借について債務者の承諾を得ていない場合は，どのように扱われることに

なるのか。この点に関して，そもそも賃借人は留置物の所有者との関係においては使用収益権を有さないのであり，所有者は賃借人に対して不当利得返還請求権が行使でき，さらに賃貸人に対して請求することも妨げられないとする（薬師寺・留置権論154頁）。また，債務者は，留置権者に対して不当利得返還請求権と留置権の被担保債権との相殺を主張できるとされる（薬師寺・留置権論154頁）。

　他方で，不当利得として留置権者から債務者に返還するか，それとも本条を適用して果実として被担保債権への充当を認めるかの相違は，不当利得返還請求権と被担保債権との相殺を認めるとすれば，結局のところ，当然に充当されるのか，それとも相殺の意思表示を要するかの違いでしかないと指摘されている（我妻・判コメ53頁〔三藤邦彦〕）。したがって，債務者の承諾のない賃貸借における賃料について，あえて不当利得と解する必要はなく，むしろ債務者の承諾の有無は，結局，298条3項に規定する消滅請求の要件としてのみ意味を持ち，果実として扱うこととの関係では重要ではないとする（我妻・判コメ53頁〔三藤〕）。なお，この場合に，債務者の承諾を得ない賃貸借それ自体が有効か否かは298条2項の解釈による。

　(ウ)　留置権者の使用利益　　それでは，留置権者自身の使用利益はどのように扱われるべきであろうか。留置権者自身が留置物を継続的に使用することによって得られる使用利益は，直接的には果実とはいえず，また，留置権者は物を留置する権能しか有していないために，その使用利益を保持することも許されていない。仮にこのように解するならば，留置権者は，その使用利益を債務者に対して不当利得として返還することが必要となる。

　学説は，基本的に，そのように解して，留置権者の使用利益を不当利得として返還すべきであるとする（我妻39-40頁，薬師寺・留置権論159頁，柚木＝高木30頁，高木31頁，近江33頁，髙橋25頁，生熊248頁，我妻・判コメ57-58頁〔三藤〕など）。その上で，留置権者による使用利益を法定果実に類似するとして，本条の類推適用を認める見解が近年では多数を占めている（例えば，注民(8)65頁〔田中〕，柚木＝高木34頁，高木32頁，近江34頁，道垣内38-39頁）。すなわち，この立場では，留置権者の使用利益についても簡易な処理が必要であることについては，法定果実の場合と変わりがないことを理由とする。さらに，そもそも目的物について留置権者は法定の使用権を取得するとした上で，その

§297 Ⅲ

使用料について被担保債権と相殺することや法定果実として被担保債権の弁済に充てることができるとする見解も主張されている（石田（穣）58頁）。

　他方で，所有者の側からも，留置権者の使用利益による不当利得返還請求権と自らの被担保債務とを相殺することができると解されている（我妻 40頁, 髙橋 25頁。なお，注民(8) 65頁〔田中〕は，収益権能を有する債務者による相殺を認めている）。なお，被担保債権への充当と相殺による処理の相違は，後者が留置権者と債務者のいずれもが主張し得るのに対して，前者は留置権者のみが行いうる点にある（清水・留置権 157頁）。

　この点に関して，判例は，留置権者による使用利益を不当利得と解している（我妻・判コメ 53-57頁〔三藤〕は，裁判例を素材に問題となる局面ごとに詳細に検討している）。すなわち，建物所有のための土地賃貸借において賃借権の譲渡が行われたものの，土地所有者はその譲渡を承諾せず，賃借権の譲受人である建物所有者に対して，建物収去土地明渡しを求め，賃借権の譲受人は，(旧)借地法10条に基づく建物買取請求権を行使した事案において，建物買取請求権の行使後，買取代金の支払までの間について，「買取代金の支払あるまで右建物の引渡を拒むことができるけれども，右建物の占有によりその敷地をも占有するかぎり，敷地占有に基く不当利得として敷地の賃料相当額を返還すべき義務あること」は，大審院の判例（大判昭11・5・26民集15巻998頁）であり，変更する必要がないと判示している（最判昭35・9・20民集14巻11号2227頁）。もっとも，この判決は，留置権に基づいて引渡しが拒絶できると明示しているわけではなく，建物買取代金の支払と建物引渡義務との同時履行関係に基づくものと解されている（林良平〔判批〕民商44巻4号〔1961〕698頁, 川添利起〔判解〕最判解昭35年〔1973〕345頁）。

　他方で，判例は，家屋賃貸借の終了後，明渡しまでの間の賃料相当損害金について賃貸人からの支払請求に対して賃借人が必要費等の償還請求権を被担保債権として留置権を主張して，家屋の使用を継続している場合に関して，継続使用が298条2項ただし書の「保存に必要な使用」に当たると同時に，その場合の継続使用による利得については償還の可能性を示した（大判昭10・5・13民集14巻876頁）。その後，使用継続により利得が発生することを前提に，不当利得に基づく返還請求（大判昭13・12・17新聞4377号14頁, 大判昭17・10・27法学12巻421頁など）や不当利得返還請求権と留置権の被担保債権

§297 Ⅳ・Ⅴ

の相殺（大判大 7・10・29 新聞 1498 号 21 頁，大判昭 13・4・19 民集 17 巻 758 頁，大判昭 15・1・18 新聞 4528 号 9 頁，東京地判昭 34・11・4 判タ 101 号 50 頁，東京高判昭 35・3・14 下民集 11 巻 3 号 521 頁など）が認められている。

Ⅳ 充当をめぐる問題

本条 2 項は，果実の充当の順序を定めている。これによれば，果実はまず被担保債権の利息に充当され，残余があれば，その元本に充当される。なお，さらに余剰が生じている場合には，それを元物とともに債務者に返還しなければならないとする見解（注民(8)53 頁〔田中整爾〕）がある。

もっとも，この規定は，債権者の利益となる順序で充当すべきことを定めた 489 条（平 29 改正前 491 条）と同趣旨の規定であるが，強行規定ではないため，当事者間の合意によってこれを変更することができる（注民(8)54 頁〔田中〕など）。

それでは，留置権者は果実を充当しなければならないのか。すなわち，充当義務の有無について，収取した果実は必ず弁済に充当すべきであるとする見解（三潴 92 頁〔もっとも，収取については任意であるとする〕，篠塚昭次＝前田達明編・新・判例コンメンタール 4 担保物権〔1991〕12 頁〔新垣進〕。なお，梅 312 頁は，留置権者は果実を私することや任意に使用することができず，被担保債権に充当すべきものと指摘する）もある。しかし他方で，本条に規定する果実収取権は，留置権者の権利であって義務ではないと見るべきであるとして，充当は義務づけられていないと解すべきであるとの見解も主張されている（基本法コメ 177 頁〔良永和隆〕）。

Ⅴ 準　用

本条は，350 条によって質権に準用されている。しかし，動産質と権利質については準用があるものの，使用収益権能を有する不動産質については，準用されない。

〔池田雅則〕

§298 Ⅰ

（留置権者による留置物の保管等）
第298条① 留置権者は，善良な管理者の注意をもって，留置物を占有しなければならない。
② 留置権者は，債務者の承諾を得なければ，留置物を使用し，賃貸し，又は担保に供することができない。ただし，その物の保存に必要な使用をすることは，この限りでない。
③ 留置権者が前2項の規定に違反したときは，債務者は，留置権の消滅を請求することができる。

細 目 次

Ⅰ 本条の趣旨……………………98	(2) 使用利益 ……………………106
Ⅱ 管理義務………………………99	Ⅴ 消滅請求 ………………………107
Ⅲ 承諾を得て行う使用・賃貸・担保提供	(1) 消滅請求権者と違反行為の継続
……………………100	性・損害の発生 ………………107
Ⅳ 保存に必要な使用と使用利益 …………103	(2) 法的性質とその効果 ………109
(1) 保存に必要な使用 …………103	Ⅵ 準 用……………………110

Ⅰ 本条の趣旨

　留置権は，その物に関して生じた債権の担保のために，当該物を債権者が留置して，被担保債権の弁済まで，所有者に対して返還を拒むことができるのであるから，被担保債権の弁済までの間，当該物を留置権者は保管をすることになる。そしてこの保管は，他人の物の保管であるのだから，その保管に際しても一定の注意を払うことが必要である（例えば，高木33頁）。本条は，この留置権者による保管の際の注意の程度を，「善良な管理者の注意」として定めたものである。
　さらに，留置権者は，「善良な管理者の注意」をもって留置物を保管するにとどまり，その留置物によって使用・収益を図ること，さらに留置物を担保の目的に供することが許されない旨を本条2項は規定している。また，留置権者による保管が善管注意義務に反している場合，または，2項の規定に反して留置権者が留置物による使用・収益もしくは留置物の担保提供を行った場合には，債務者は，当該留置権の消滅を請求することができる（本条3

項)。

　もっとも，本条の立法過程においては，旧民法典の動産質権において定められていた留置的効力に関する規定を，法典の編成上先に定めることになった留置権に移行させたものであるとの説明がなされているにすぎない（法典調査会民法議事〔近代立法資料2〕351頁，石田剛ほか「史料・留置権法(2・完)」民商118巻3号〔1998〕423頁〔石田剛〕，平井一雄・史料・明治担保物権法〔2016〕20頁）。また，法典調査会の審議において，留置権の消滅請求に関して善管注意義務違反だけではなく，2項の規定に反して使用収益等を行った場合も適用があることを明確にするために，現在の3項が起草委員による修正によって設けられた（法典調査会における原案については，石田ほか・前掲民商118巻3号425-426頁〔石田〕などを参照のこと）。

II　管　理　義　務

　留置権者は，留置物の留置，すなわち保管に当たってどの程度の注意を払うべきであるのか。本条1項は，これを「善良な管理者の注意」をもって保管すべきであるとした。すなわち，留置権者は，自己の債務者に対する被担保債権の担保目的で，留置物を保管しているのであるから，自己の利益のための保管であると同時に，被担保債務が弁済されれば，留置物を返還しなければならず，他人の物を保管する者としての注意義務を負わなければならない（注民(8)54頁〔田中整爾〕，梅313頁，富井333頁）。この「善良な管理者の注意」は，取引上要求される注意義務を客観的な基準によって定めることを示す概念（平井宜雄・債権総論〔2版4刷，1996〕22頁），あるいは，取引上当該場合に応じて平均人について一般に要求される程度の注意（奥田昌道・債権総論〔増補版，1992〕36頁）であるとされ，当該留置権者の具体的な注意能力に応じた注意をなすべき義務ではないとされる。

　そして，この注意義務を負う留置権者は，通常留置物の保存にとって必要な行為を行う義務がある。しかし，この保存行為を行う義務を自らの責任において実施できない事情がある場合には，所有者による保存行為に協力する義務があるとされている（大阪高決昭39・7・10下民集15巻7号1741頁）。すなわち，宅地造成の途中にある土地の留置権者は，宅地造成工事を中断し，放

置した場合，自然崩壊のために近隣に被害を及ぼす危険があるときに，多額の費用や労力を要するため留置権者自らが保存行為を完遂しがたいのであれば，留置物の所有者にその事情を連絡して，保存行為を行うように催告し，また保存行為のために留置物である造成中の土地に所有者が立ち入ることを受忍すべき義務を負うと判示している。

　留置権者がこの注意義務に反した場合には，留置物の所有者との関係で債務不履行責任を負う（注民(8)54頁〔田中〕，我妻・判コメ59頁〔三藤〕など）ことのほかに，本条3項によって留置権の消滅を請求され得ることになる。

　なお，この注意義務は，従来は，平成29年改正前400条における特定物に関する保存義務に関わる注意義務であり，民法上の注意義務の原則であると解されていた（奥田・前掲書37頁）。もっとも，平成29年の民法改正後の400条は，「善良な管理者の注意」の内容が「契約その他の債権の発生原因及び取引上の社会通念に照らして」定まると規定し，改正前民法における「善良な管理者の注意」とは質的に異なっているとされる（潮見佳男・新債権総論Ⅰ〔2017〕194-195頁）。

　さらに，この「善良な管理者」の注意義務と同時に，例えば，無償の受寄者として軽減された注意義務（「自己の財産に対するのと同一の注意」義務）を留置権者が負い得る場合に留置権者が，求められる注意義務の程度に関して，無償の受寄者が自己の積極的な利益のために留置権を行使しようとしない限り，自己の財産に対するのと同一の注意で足りるとの指摘がある（薬師寺・留置権論165-167頁，注民(8)55頁〔田中〕）。

Ⅲ　承諾を得て行う使用・賃貸・担保提供

　本条2項は，債務者の承諾がなければ，留置権者による留置物の使用・賃貸・担保提供を認めていない。これは，留置権が単に物を留置するにとどまる権利であることを理由とする（梅313-314頁，富井334頁，高木30頁，道垣内36頁など）。

　(ｱ)　「債務者」の範囲　　この承諾を行う「債務者」については，債務者と留置物所有者とが一致している場合を念頭に置いた文言であって，「所有者」と解すべきであるとするのが通説的な見解である（我妻45頁，清水207頁

注2など)。したがって，両者が一致していない場合には，所有者の承諾が必要である（高木33頁，石田（穣）61頁など。なお，柚木＝高木34頁は，両者が一致していない場合は所有者のみが承諾を与えることができるとする）。この点に関して判例は，直接には本条3項の消滅請求に関して，本条1項および2項に反する場合には，債務者だけではなく，留置物の第三取得者もまた消滅請求ができる旨を判示しているにとどまる（最判昭40・7・15民集19巻5号1275頁）。

所有者と読み替えるべきであるとする立場は，債務者の所有物に限られないとする通説的な立場を前提としたもの（我妻・判コメ59-60頁〔三藤邦彦〕）であり，仮に債務者の所有物にのみ留置権が成立するとの立場（薬師寺・留置権論60頁，薬師寺・総判民(19)10-11頁，高島111-112頁）に立てば，承諾を与えるのは「債務者」であることは当然ということになる（注民(8)55頁〔田中整爾〕）。

もっとも，所有者とは別に債務者が地上権などの物権的な使用収益権能を有している場合には，留置権者に対して使用や賃貸についての承諾を行うことが可能であると指摘されている（注民(8)55-56頁〔田中〕，我妻・判コメ60頁〔三藤〕）。そして，この立場からは，そのような場合をも踏まえるならば，単に債務者を所有者として読み替えるのではなく，本条2項の「債務者」は「債務者または所有者」であり（近江36頁），使用，賃貸または担保提供のそれぞれの場合に応じて，債務者の権能を踏まえて，承諾を行うべき者を定めるべきであるとする（注民(8)56頁〔田中〕）。たしかに，所有者による承諾が債務者の使用権限等を侵害する恐れがあるので，所有者とは別に債務者が使用権原を有する場合には，債務者の承諾を得るべきであろう（道垣内37頁）。

それでは，当初は留置物の所有者と債務者とが同一であり，その者から「承諾」を得て賃貸していたところ，留置物が第三者に譲渡された場合にあっては，当該第三取得者から改めて「承諾」を得ることが必要であろうか。建物建築請負契約に基づいて建物を完成させた請負人が請負代金債権を被担保債権として当該建物に留置権を行使し，注文主である建物所有者の承諾を得て，建物の使用および賃貸を行っていたところ，当該建物が競売され，建物を買い受けた第三者が，承諾がないことを理由に留置権の消滅を求めたという事案において，判例は，所有権移転の対抗要件の具備の前に留置権者が「留置物の使用又は賃貸についての承諾を受けていたときには，留置権者は右承諾の効果を新所有者に対し対抗することができ」，新所有者は留置権の

〔池田〕

消滅請求をすることができないとする（最判平9・7・3民集51巻6号2500頁）。したがって，前所有者による「承諾」がある場合には，その承諾に，譲受人は拘束されることになる（平野・総合372頁）。というのは，そうでなければ，留置権の第三者対抗力が事実上無意味になるからであると指摘されている（道垣内37頁。なお，予見できない所有権移転等によって留置権者の地位が左右されることは留置権者にとって酷であるとするものに，八木一洋〔判解〕最判解平9年中〔2000〕830-831頁がある）。

しかし，この点に関して，承諾が所有権の移転後，対抗要件の具備以前に行われていた場合には，第三取得者が不当に害される恐れがあるとして，所有権移転の事実を知りながら留置権者が承諾を受け，かつ，もとの所有者も自分が承諾をすれば第三取得者が害されることを知っていながら承諾をした場合には，第三取得者は，留置権者による使用・賃貸・担保提供を否認でき，したがって留置権の消滅を請求し得ると解すべきとの見解もある（石田（穣）61頁）。

(イ)「使用・賃貸・担保提供」　本条2項における「使用」とは，2項ただし書において保存行為としての使用は許されると規定されているため，抽象的には，保存行為を超える使用を意味することになる（注民(8)56頁〔田中〕，我妻・判コメ60頁〔三藤〕など）。保存行為としての使用について，具体的には，次項（一Ⅳ）を参照。

また，留置権者本人に使用を許さず，第三者による使用を許すことはあり得ないとの理解から，使用貸借も「賃貸」に含まれるとの理解が示されている（三潴117-118頁，注民(8)56頁〔田中〕，柚木＝高木34頁）。また，「承諾」なしに賃貸が行われた場合，これを無効とする見解（梅314頁，富井335頁，石田・下602-603頁など）のほか，当事者間においては有効であるとする見解（薬師寺・留置権論168頁，注民(8)57頁〔田中〕）もある。後者の見解の場合，賃貸借契約は所有者の承諾に基づくものではないから，所有者に対抗することはできない。また，留置権者の取得する賃料は，不当利得として債務者または所有者に返還すべきである（注民(8)57頁〔田中〕）。もっとも，この点に関しては，不当利得としても，債務者が被担保債務との相殺を行うことは許されるのであり，本条における承諾は，消滅請求との関係でのみ問題とすれば足りることを理由に，法定果実として当然に被担保債権の弁済に充当されるべき

であるとの見解もある（我妻・判コメ53頁〔三藤〕）。

　他方で，承諾のない「担保提供」についても，賃貸と同様に，無効であるとの見解もある（梅314頁，富井335頁，石田・下602-603頁など）。しかし，賃貸の場合とは異なり，留置権者から動産質権の設定を受けた者は，192条によって質権を即時取得するとの見解も主張されている（石田・下603頁，薬師寺・留置権論169頁）。

　(ウ)　承諾による使用・賃貸・担保提供　　留置権者が留置物の使用，賃貸または担保提供について所有者などの権原を有する者による承諾を得た場合には，その使用等は有効であることはいうまでもない。しかし，使用等による利益や収取した果実については，留置権が被担保債権の弁済を間接的に強制するものであることからすれば，留置権者に帰属させるべきものではないが，297条は留置権者に果実収取権を認めている（→§297Ⅱ）。したがって，使用または賃貸が許された場合には，留置権者は，賃料相当額または賃貸料を優先的に被担保債権の弁済に充当することができる（注民(8)56頁〔田中〕，道垣内38-39頁，近江34頁など）。もっとも，そもそも，所有者との関係において留置権を主張して，引渡しを拒絶している場合にあっては，所有者が留置物の第三者への賃貸を承諾するということは稀であるとされる（清水・留置権158頁）。

Ⅳ　保存に必要な使用と使用利益

(1)　保存に必要な使用

　上述したように，本条2項ただし書は，保存に必要な使用については，「債務者」の承諾を要しない旨を規定する。このため，留置物の使用が保存に必要な使用に当たるか否かが争われることが多い。講学上，「乗馬用の馬に毎日乗ること」（我妻37頁，柚木＝高木35頁など）や「錆を生ずるのを避けるために機械を動かすこと」（注民(8)60頁〔田中〕，基本法コメ178頁〔良永和隆〕など）がその例として挙げられている。

　これに対して，裁判例においては，賃貸借契約の終了後，目的物を従来通り「使用」することが許されるかが争われることが多い。すなわち，賃貸借契約の終了後，旧賃借人が留置権に基づいて賃借目的物を引き続いて占有し

〔池田〕

ている場合に，従前通りの使用について，旧賃貸人（債務者）の承諾を要するのかという問題である（下級審裁判例を含めて，判例の動向については，薬師寺・総判民(19)29頁以下，清水・留置権139頁以下などを参照のこと）。また，建物や土地，自動車，船舶といった耐久性を有し，長期の使用が問題になるものについて争われている（判例民法Ⅲ31頁〔今村与一〕）。

　(ア)　建物の場合　　借家について，賃貸借終了後の継続的な使用が保存に必要な使用ではないとして，留置権の消滅請求がなされたケースにおいて，当初，判例は，保存に必要な使用に当たらないとしていた（大判昭5・9・30新聞3195号14頁など）。しかし，その後，従前通りに家屋に居住することは，特別な事情がない限り保存に必要な行為であるとした（大判昭10・5・13民集14巻876頁）。その理由として，家屋を空家のままにしておくことや管理人をおいて管理しなければならないとすると，保管費用が増加するなど所有者の不利益となることや従前通りの継続使用が適切であることを挙げている。また，浴場建物の所有者が建物を寄託し，浴場営業の管理も委託していたが，その後，契約を解除して浴場建物の明渡しを求めたのに対して，必要費および有益費の償還請求権を被担保債権として，留置権の抗弁を主張したケースについて，留置権者による浴場経営の継続を，「第298条第2項但書に所謂保存に必要な使用と云うべきである」と判示する下級審裁判例がある（高松高判昭30・2・22下民集6巻2号326頁）。さらに最高裁においても，従前の建物賃借人が賃借中に支出した費用の償還請求権を被担保債権として建物を留置したケースにおいて，賃借中と同一の態様をもって建物を占有し，使用を継続することは，特段の事情がない限り，留置権に基づく適法な行為であると判示されている（最判昭47・3・30判時665号51頁）。

　(イ)　土地の場合　　借地の場合では，土地改良費を支出した土地賃借人が自らの建築した建物を第三者に賃貸していたケースにおいて，土地の譲受人からの土地明渡請求に留置権を主張したのに対して，借地上の建物の賃貸は，建物賃借人を立ち退かせることが容易ではなく，被担保債権が弁済されても直ちに借地を返還することができず，土地所有者の利益を不当に害し，保存に必要な使用を超えるとして，留置権の主張を排斥している（大判昭10・12・24新聞3939号17頁。同時に，この判決は，留置物である土地上の建物を賃貸して土地を使用する場合と，留置権の目的である建物に留置権者が自ら居住する場合とは異なると

する)。他方で，同様に借地ではあるが，土地賃借人が住宅組合であって，地上建物を組合員に供していたケースにおいては，組合の目的から見て，土地を地上建物とともに組合員に提供する行為は自らの土地使用と同視でき，土地を地上建物のために占有することは保存に必要な範囲にあると判示して，留置権の行使を容認した判決も存在する（大判昭 16・4・30 法学 10 巻 1097 頁)。

　(ウ)　自動車の場合　戦後においては，自動車を対象とした裁判例が登場している。まず，自動車修理を請け負った者が修理代金を被担保債権として当該自動車を留置している間に，部品の運搬に使用し，また重量物を積載して道路に駐車していた点をとらえて，所有者が本条 3 項の留置権消滅を主張した事案について，下級審裁判例として，留置権消滅請求は相当であると判示するものがある（東京高判昭 39・11・11 下民集 15 巻 11 号 2662 頁)。また，自動車の修理完成後に 737 キロメートルに及ぶ運行が走行距離計の記録から推認された事案では，当該自動車の保管されていた倉庫と修理工場との間をバッテリー点検充電のために往復したとしても，その距離の合計は 80 キロメートル程度であるから，残りの走行距離は，「自動車整備のための走行（保存に必要なる使用）と認めることはできず，被控訴人は留置物占有者としての善管義務に違反し必要の限度を超え自己の用途に使用したもの」であって，留置権は消滅請求により消滅したとする（大阪高判昭 42・6・27 判時 507 号 41 頁)。もっとも，この事案は，事実認定の点で不明瞭な点があったため，一審（大阪地判昭和 41・2・15 判時 457 号 49 頁）と控訴審（上述）とで判断が分かれている（判例民法Ⅲ 32 頁〔今村〕)。

　(エ)　船舶の場合　木造帆船の売買契約解除前に買主が支出した修理費用の償還請求権を被担保債権として，その解除後に，買主が留置権を行使した上で，当該帆船を従前と同様に，遠距離の貨物運送に用いて，収益を上げていた事案について，判例は，「契約解除前と同一の使用形態を継続していたものであったとしても，その航行の危険性等からみて，留置権者に許された留置物の保存に必要な限度を逸脱」しているとして，留置権の消滅請求を認めた原審判決を支持している（最判昭 30・3・4 民集 9 巻 3 号 229 頁)。

　これらの裁判例は，留置権成立後に新たに開始した使用が問題となった自動車に関する裁判例を除き，いずれも継続使用が「保存に必要な使用」であるか否かが問われている。

これに対して，学説には，そもそも，このような枠組み自体を問題とする立場がある。すなわち，そもそも留置権は，目的物を引き続き占有する権利であり，留置権者は，原則として従前通りの占有状態，すなわち使用状態を継続することができると解すべきであるとする（我妻38頁，柚木＝高木30頁，道垣内36頁など）。この立場からは，継続使用が保存に必要な使用であるか否かを問う必要がないことになる。また，判例に対しても，この立場からは，その結論を支持しつつも，船舶のケースについて航行の危険性などからそもそも「留置」の概念に含まれない（柚木＝高木31頁）であるとか，留置権の被担保債権が弁済などによって消滅した場合に遅滞なく留置物を所有者に引き渡すことができる状態で，継続使用することが許されるとして，船舶の場合や借地上の建物を賃貸したケースについては，それに該当しない（我妻39頁，道垣内36頁）との理由を挙げている。

他方で，判例と同様に，継続使用が「保存に必要な使用」であるか否かによって判断すべきであるとの立場（於保不二雄〔判批〕民商33巻2号〔1956〕208-210頁，注民(8)59-60頁〔田中〕）からは，「留置」は占有を継続することにすぎず，従前と同様の使用状態の継続を意味しないとの批判がある（注民(8)59頁〔田中〕）。この立場からは，それぞれの裁判例は，継続使用が「保存に必要な使用」であるか否かは具体的な判断によるものであり，その1つの限界を示したものが船舶のケースであったと評価している（於保・前掲〔判批〕210頁）。もっとも，この対立は，もっぱら理論上のものであって，具体的な結論においては両者は一致しているとされる（高木31頁）。

(2) 使 用 利 益

保存に必要な使用を留置権者が行った場合にも，留置権者は，留置物の使用に伴う利益を獲得することになる（この使用利益の取扱いについては，→§297 Ⅲ(ｳ)を参照のこと）。なお，学説上は，保存行為ないし善管注意義務の範囲における使用であれば，留置権者による留置物の使用は不当利得を生じないとする見解（勝本・上126頁注3，明石三郎「留置権の効力」柚木馨ほか編・判例演習物権法〔増補版，1973〕184頁）も存在するが，すでに述べた（→§297 Ⅲ(ｳ)）ように，不当利得として返還すべきであり，297条1項によって被担保債権の弁済に充当し得るとする見解が現在では多数を占めている。

V 消滅請求

(1) 消滅請求権者と違反行為の継続性・損害の発生

本条3項は，留置権の行使が本条1項および2項に反する場合に，「債務者」は，留置権の消滅を請求することができる旨規定している。このような場合，すなわち，留置権者が善管注意義務を尽くさないまま留置物を保管している場合や，債務者の承諾のないまま留置物を第三者に賃貸し，あるいは，担保提供している場合，さらに保存に必要な範囲を超えて留置物を使用している場合には，留置物の価値が損なわれたり，失われたりする危険が存在する。本項は，そのような危険から債務者を保護しようとするものである（梅315頁，注民(8)66頁〔田中整爾〕，柚木＝高木37頁，高木34頁，髙橋29頁，道垣内43頁〔義務違反の効果として消滅請求権が発生するとする〕。なお，現に目的物の価値が損なわれていることが必要だと指摘するものに，我妻・判コメ65頁〔三藤邦彦〕がある）。もっとも，かつては留置権者の義務違反に対する制裁と解する立場が有力であったとされる（基本法コメ179頁〔良永和隆〕。例えば，富井334-335頁，中島628頁，三潴118頁）。

この相違は，違反行為が継続している必要があるか否か，損害の有無などの点での相違をもたらすものと考えられる。すなわち，違反行為が終了しているか否かを問わず，また損害が発生していなくとも，消滅請求が留置権者の義務違反に対する制裁であることを理由として，請求を認めるという立場につながっていたためである（薬師寺・留置権論170頁，薬師寺志光「民法298条3項の法意」民商50巻1号〔1964〕113頁，枡田文郎〔判解〕最判解昭38年〔1973〕142頁）。

判例は，本条の義務違反がある場合に，留置権の消滅を請求し得るとしている。すなわち，立木の伐採の下請負人が一方において請負代金債務の弁済を受けておらず，他方で伐木を所有者の承諾なく売却ないしは担保提供したところ，所有者が下請負人の主張する留置権について消滅請求の意思表示をしたケースにおいて，「民法298条3項の法意に照らせば，留置権者が同条1項および2項の規定に違反したときは，当該留置物の所有者は，当該違反行為が終了したかどうか，またこれによって損害を受けたかどうかを問わず，当該留置権の消滅を請求することができるものと解するのが相当である」と判示されている（最判昭38・5・31民集17巻4号570頁）。

これに対して，留置物に関する危険を根拠として消滅請求を認める立場からは，危険の現実性を考慮すべきであると指摘する（例えば，高木 35 頁）。その上で，過去の違反行為は現在の違反行為の可能性を示唆し，現在，損害がなくとも将来生じ得るため，一般的には消滅請求を肯定できるが，危険の現実性がない場合には消滅請求を否定すべきであると指摘している（柚木＝高木 37-38 頁，高木 35 頁）。さらに，本条 1 項または 2 項の違反行為がなされている場合には，所有者ないし債務者から留置権者に対して相当期間を定めて義務違反の停止を求め，これに応じなければ，留置権の消滅を請求し得ると解するのが妥当との見解もある（石田（穣）62 頁）。この立場では，所有者ないし債務者の警告を無視して義務違反を行っているなどの背信性の高い場合を除き，留置権者が義務違反をやめていたときには，原則として消滅請求ができないとする。

　また，本条 3 項は，消滅請求権者を「債務者」と規定している。しかし，これは，本条 2 項と同様に，所有者と債務者とが同一である場合を念頭に置いた規定であるから，消滅請求についても，所有者にも認められると解されている（高木 34 頁，道垣内 43 頁，髙橋 29 頁）。

　この点に関して，債務者と所有者とが同一でない場合について，さらに場合分けをした検討（我妻・判コメ 65-66 頁〔三藤〕）によれば，まず留置権の成立後，所有者が変更した場合について，従来から，新所有者による消滅請求が認められてきたとし，判例もこれを承認しているとされる（最判昭 40・7・15 民集 19 巻 5 号 1275 頁）。これは，自動車の修理代金債権を被担保債権として留置権を主張して当該自動車を占有する者に対して，当該自動車の第三取得者が留置権の消滅請求権を行使した事案である。第三取得者である所有者も留置権の消滅請求権を行使し得るとして，留置権の消滅請求は債務者の消滅請求によるべきであるとした原審判決が破棄されている。このような場合に，所有者と債務者のいずれも消滅請求が可能であるとする見解（注民(8)66 頁〔田中〕）に対して，あまり実益はないとの評価がある（我妻・判コメ 66 頁〔三藤〕）。

　次に，当初から所有者以外の者の所有物の上に留置権が成立しており，その留置権者による本条の違反行為が問題となった場合については，上述した最高裁昭和 38 年 5 月 31 日判決（民集 17 巻 4 号 570 頁）は，所有者が消滅請求

できることを前提としている。これは，紛争形態として，所有者による引渡請求に対して，占有者が留置権の抗弁を主張し，さらにそれに対して所有者が留置権消滅請求を行うという場合が多いとの認識（我妻・判コメ66頁〔三藤〕）に立っており，そうであるとすると，誰が訴訟当事者となるかによって消滅請求権行使の主体も決定されることになるとの指摘がある（判例民法Ⅲ33頁〔今村〕）。もっとも，本条2項において述べたように，債務者に使用収益権原等が帰属しているために所有者が留置物の返還請求権を有しない場合には，債務者のみが消滅請求できることになろう（我妻・判コメ66頁〔三藤〕）。

さらに，上述したように（一Ⅲ(ア)），留置権の成立した後に，当時の所有者から使用および賃貸について承諾を得ていたが，その後留置物の所有権が移転した場合において，新所有者から留置権の消滅請求がなされたケースについて，所有権移転の対抗要件具備よりも前所有者による承諾が先になされているときは，新所有者は，留置権者に対して消滅請求をすることができない（最判平9・7・3民集51巻6号2500頁）。この判決において，旧所有者から承諾を受けた以上は，その後の所有権の移転によって不利益を受けるべきではないとの実質的な考慮が働いていることは上述の通りである（一Ⅲ(ア)）。他方で，この事件における所有権の移転は留置物である建物に設定されていた担保権の実行によるものであるが，この判決では，旧所有者の承諾に関して格別の要件を要しないとの判断がなされていると指摘されている（八木一洋〔判解〕最判解平9年中〔2000〕830-831頁）。この点を踏まえて，従前の使用状態等を知り得ない買受人の保護を図る必要があるとの指摘がある（判例民法Ⅲ34頁〔今村〕）。

(2) 法的性質とその効果

本条3項の消滅請求権は，形成権であり，消滅請求権者である所有者ないし債務者の意思表示によってその効果を生じると解されている（注民(8)66頁〔田中〕，我妻・判コメ66頁〔三藤〕，高木35頁，道垣内43頁，生熊252頁など）。なお，消滅請求がなされなければ，本条1項あるいは2項の違反行為があったとしても，留置権は消滅することはなく，また，裁判所は，消滅請求をする趣旨か否かを釈明する義務を負わないとする（最判昭33・1・17民集12巻1号55頁）。すなわち，留置物の使用が298条2項ただし書の保存に必要な範囲を逸脱す

るものであるか否かは，消滅請求権の成否の問題でしかなく，消滅請求権を行使していなければ，留置権の存続を認めざるを得ないと判示した。

　消滅請求の意思表示がなされれば，当然に，留置権は消滅する。しかし，留置権自体は法定担保物権にすぎず，留置権の消滅によって目的物の返還義務が生じるわけではない（注民(8)67頁〔田中〕）。もっとも，留置権の消滅請求は，実際上，所有者による留置物の引渡請求に対して，留置物の占有者が行う留置権の抗弁に対して行われることが多いとされる（我妻・判コメ66頁〔三藤〕）。したがって，そのような紛争形態であれば，留置権の消滅請求がなされ，その効果が生じれば，留置物の返還に帰着することになる。

VI　準　　用

　本条は，350条において，質権に準用されている。しかし，収益を把握し得るか否かによって準用の範囲が異なっている。すなわち，収益を把握できない動産質については，責任転質が認められる関係で担保設定についてはとくに承諾を要しないものの，その他については全面的に準用されることになる。これに対して，収益を把握し得る不動産質については，使用および賃貸についての承諾を要しないため，善管注意義務，担保設定への承諾および消滅請求について準用がなされることになる。詳細については，質権の規定を参照のこと（→§350）。

〔池田雅則〕

（留置権者による費用の償還請求）
第299条①　留置権者は，留置物について必要費を支出したときは，所有者にその償還をさせることができる。
②　留置権者は，留置物について有益費を支出したときは，これによる価格の増加が現存する場合に限り，所有者の選択に従い，その支出した金額又は増価額を償還させることができる。ただし，裁判所は，所有者の請求により，その償還について相当の期限を許与することができる。

I 本条の趣旨

　本条は，留置権者が留置物について費用を支出した場合に，所有者に対する償還請求を認めるものである。すなわち，留置権者は，留置物から生じる果実を収取し，それを優先弁済として被担保債権に充当することができる（297条）ものの，使用収益権限を有さず（298条2項），留置物それ自体に関する優先弁済受領権限も有しない（295条）上に，善良なる管理者としての注意をもって留置物を保管しなければならない（298条1項）ため，留置権者が留置物の管理の費用を負担する理由はないからである。そもそも留置権は，被担保債権の弁済まで，その目的物である留置物の返還を拒絶できるところにその主眼があるにすぎない。このため，目的物の価値を維持あるいは増加させたとしても，その価値を目的物から優先弁済の形で回収できるわけではない。そこで，目的物の価値が維持され，あるいは，価値が増加した場合に，その利益を享受する所有者に対して，費用を負担した留置権者からの償還を認めて，利害の均衡を図ったものである。

　本条の立法過程においては，留置権者は，物を留置することによって被担保債権の回収を図る点で利益を得ていると誤解される可能性があり，そのような誤解を回避することを目的としたものであるとの説明がなされている（法典調査会民法議事〔近代立法資料2〕354頁）。もっとも，原案300条においては，現行299条と異なり，1項に当たる条項のみが規定されており，かつ，「必要費」ではなく，「保存費用」と規定されていた。これが，現行規定と同様に修正されたのは，整理会への提案の際と考えられるが，その理由は必ずしも明らかではない（石田剛ほか「史料・留置権法（2・完）」民商118巻3号〔1998〕430頁〔亀岡倫史〕）。その後，整理会において示された提案理由によれば，占有物について支出した必要費および有益費について所有者から償還を受けることができるのは，占有者に認められるところだが，留置権に関しては，善意の占有，悪意の占有という区別ができるわけではないために，特別の規定が必要だという点にあるとされる（石田ほか・前掲民商118巻3号430頁〔亀岡〕）。すなわち，目的物が自己所有でないという点においては悪意の占有者であるが，留置権という占有権原をもって占有している点では悪意の占有者とはいえないからである（梅316頁，富井329-330頁）。

II 費用償還請求

　本条による費用償還を請求することができるのは，留置権者に限定される。留置権の消滅後に生じた費用支出については，占有権に基づく費用償還によるべきであって，留置権に基づく費用償還は認められないとされる（注民(8) 68頁〔田中整爾〕）。

　他方で，費用を償還すべき義務を負う者は，留置物の所有者である（本条1項および2項）が，被担保債務の債務者に限られるのかが問題となる。これは，債務者以外の第三者所有物について留置権が成立するのかという問題（295条参照）に大きく関わるものである。第三者所有物について留置権が成立しないという立場に立つならば，費用償還請求の相手方は，被担保債務の債務者である留置物の所有者であるということになる（梅304-305頁，薬師寺・留置権論60頁など）。

　これに対して，通説は，第三者所有物についても留置権が成立するという立場をとり，そのような場合に，留置権者が費用を支出したときは，所有者に対して費用償還を請求し得ることになる。そのうえで，留置権の被担保債務の債務者に対しても費用の償還を求め得るかが問題となる。この点に関しては，本条の「所有者」を留置物の返還請求を行う所有者または債務者を意味すると解して，債務者が費用を償還した場合には，所有者と債務者との間で608条ないし本条による償還請求を認めればよいと解されている（注民(8) 69頁〔田中〕，我妻・判コメ69頁〔三藤邦彦〕ほか。なお，所有者でない注文主と請負人，所有者の三者関係における請負人の費用償還請求権を被担保債権とする留置権に関して，関武志・留置権の研究〔2001〕241頁以下）。もっとも，古い見解にあっては，第三者所有物についてはいわゆる「相対的な留置権」しか成立しないことを前提に，所有者である第三者に対する費用償還請求は196条を根拠とし，他方で，本条を根拠とする費用償還請求は債務者または留置権成立後の所有権取得者に対するものであり，本条の「所有者」を留置権成立後に留置物について所有権を取得した者とするものもあった（勝本・上123-124頁）。

　また，留置権者が費用を支出した場合にはその費用を被担保債権として留置権が成立するから，従来の被担保債権とあわせて，それらの弁済を受けるまで，留置権の行使が可能となる（注民(8) 68頁〔田中〕，我妻・判コメ68頁〔三

藤〕，近江 34-35 頁，高木 34 頁，髙橋 27 頁など)。浴場の管理委託契約に基づいて管理を委ねられていた者が浴場建物に関する必要費を支出したところ，当該浴場の所有者が管理契約を解除して，明渡しを求めたのに対して，管理者が必要費の償還請求権を被担保債権とする留置権を主張して，浴場の明渡しを拒んだ事案において，判例は，必要費の償還請求権を被担保債権とする留置権の成立を認め，さらに，留置権成立後支出された必要費・有益費についても，本条による償還請求を認めている（最判昭 33・1・17 民集 12 巻 1 号 55 頁)。

III 必要費・有益費

本条 1 項は，留置権者に対して必要費の償還請求を認めており，支出した必要費の全額を所有者は償還しなければならない。ここで，必要費に該当するのは，所有者が当該物を占有していたとしても支出することになったであろう費用（道垣内 35 頁）であり，目的物の現状を維持するために必要な費用（石田（穣)59 頁）である。具体的には，物の保存に必要な費用であって，租税等の管理費用や修繕費，さらには善良な管理者の注意をもって物を保管するために必要な費用である（注民(8)69 頁〔田中整爾〕など)。判例は，受寄者が寄託終了前の保管料債権を被担保債権として寄託終了後に留置権を行使して受寄物を留置した場合に，寄託終了後の保管料も必要費に当たり得るとする（大判昭 9・6・27 民集 13 巻 1186 頁)。この他，占有者や賃借人による必要費によって，留置権が成立し得る点については，295 条（→§295 II）を参照のこと。

他方で，本条 2 項は，留置権者によって支出された有益費の償還について規定する。この場合にあっては，留置物の価格の増加が存在するときに限って，償還が認められている。しかもこのときは，償還義務者である所有者の選択に従って，支出額か目的物の増価額のいずれかが償還される。ここで，有益費とは，目的物の価値を増加させる費用であって，必要費でないもの（石田（穣)59 頁）であり，具体的には，物の保存に必要な費用ではなく，物の利用改良のための費用であって，例えば，建物に造作を付加する費用などである（注民(8)69 頁〔田中〕など)。

この有益費の償還に関しては，必要費の場合と異なり，支出した全額が償還されるわけではない。上述の通り，留置物の価格の増加が現存していなけ

ればならないから，有益費を支出してもその価値増加が失われていては，償還請求はできない。また，有益費は，必ずしも必要不可欠な費用の支出ではないが，価値増加が生じている以上は，少なくとも増加価値分についての償還を認めなければ，所有者に不当な利得を許すことになってしまう。他方，増加価値を超える過大な有益費を留置権者が支出していたとしてもその全額を所有者に負担させることは，現存している増加価値以上を所有者に負担させることを意味し，所有者にとって酷な結果となる。逆に留置権者としても，支出した有益費の額以上の価値が仮に現存していたとしても，少なくとも留置権者は支出した額の回収で満足すべきである。以上を踏まえて，価値増加が現存している場合に，現存している価値増加額か支出額のいずれかが償還されることになる（道垣内35-36頁，基本法コメ180頁〔良永和隆〕など）。

　また，有益費の償還請求にあっては，「所有者の選択」により償還される金額が決定されることになる。かつては，この所有者の選択に関して，選択債務であるか否かが，とりわけ196条2項に関して議論されていた。古い判例には選択債務ではないとするもの（大判明35・2・22民録8輯2巻93頁）があるが，通説は，選択債務の一種であると解している（注民(8)70頁〔田中〕，196条2項に関して新版注民(7)239頁〔田中整爾〕などを参照のこと）。もっとも，所有者が選択をしない場合には，選択権が留置権者に移転する点（408条）については，留置権者による不当な利得を回避する目的を達成し得なくなるおそれがあり，選択権を留置権者に与えることは疑問であるとして，常に増加額のみを償還すべきであるとの見解が示されている（注民(8)70頁〔田中〕）。

　さらに，この有益費の償還請求の場合においては，裁判所は，所有者の請求によって相当の期限を許与することができる（本条2項ただし書）。その趣旨については，次のように解されている。すなわち，留置権者は被担保債権の弁済がなされれば，直ちに留置物を所有者に返還すべき立場にあり，そのためそもそも長期にわたって目的物を留置することは想定されていない。また，同時にたとえ有益であったとしても莫大な費用を投じることも想定されていない。しかし，仮に留置権者がそのような費用をあえて投下した場合であっても，その償還それ自体についてはこれを認めないと，結局は所有者には不当な利益が残存することとなる。そこで，償還を認めつつも，所有者の利害を考慮して，裁判所による期限の許与を認めたというのである（梅317

頁，道垣内 35-36 頁など。なお，松岡＝中田・コメ 412 頁は，端的に「予定外の支出の強要」からの所有者の保護とする)。

　また，この裁判所による「期限の許与」が得られた場合には，当該有益費の償還債務についての弁済期は期限の到来に至っていないことになるため，当該有益費の償還請求権を被担保債権とする留置権は成立しない（295 条）。したがって，所有者は，想定外の有益費の償還をその時点では負担することなく，当初の被担保債務を弁済して留置物の返還を受けた上で，有益費を償還すればよいことになる。もっとも，当初の被担保債務を弁済する前に，許与された期限が到来した場合には，留置権者には，当初の留置権に重ねて，期限の到来した有益費償還請求権を被担保債権とする留置権が成立することになる（注民(8)71 頁〔田中〕）ため，当初の被担保債務と有益費償還債務のいずれをも弁済しなければ，留置物の引渡しを受けることはできない。

　この「期限の許与」は，所有者から留置権者に対する形成の訴えによって，裁判所が当該有益費の償還のために必要な期間を定めることによって行われる。裁判所により定められた期間が不相当に長期である場合には，留置権者は，上訴することができると解されている（注民(8)70-71 頁〔田中〕）。

IV　他の制度との関係

　本条における償還請求権は，占有者の費用償還請求権（196 条）と類似した規定である（注民(8)68 頁〔田中整爾〕）が，以下の点で異なっている。すなわち，196 条 1 項ただし書において占有者が果実を取得する場合においては占有者には「通常の必要費」の償還が認められていないのに対して，本条においてはそのような制限はない。これは，297 条において果実収取権が認められており，収取した果実は被担保債権の弁済に充当されるため，通常の必要費といえども留置権者が負担する余地がないためである（梅 317 頁）。また，196 条 2 項の有益費の償還請求に関しては，悪意の占有者からの償還請求については期限の許与が許されているのに対して，本条では留置権者の主観的な認識は問われていない。

　他方で，608 条において賃借人が費用償還請求を行う場合にあっては，295 条に基づいて留置権が成立することがあり，この場合の賃借人たる地位

と留置権との関係が問題となることがあるとされている（例えば，注民(8) 71-72頁〔田中〕）。

V 準 用

本条は，350条によって質権に準用されている。しかし，収益を把握し得る不動産質の場合，その目的物の管理費用等は不動産質権者の負担となる（357条）。詳細については，質権の規定を参照のこと（→§350）。

〔池田雅則〕

（留置権の行使と債権の消滅時効）
第300条 留置権の行使は，債権の消滅時効の進行を妨げない。

I 留置権の消滅原因と本条の趣旨

留置権の消滅原因には，物権一般の消滅原因（目的物の滅失，放棄など）や，担保物権に共通する消滅原因（被担保債権の消滅など），さらに留置権特有の消滅原因（次条以下）が存在する。本条は，担保物権に共通する消滅原因である被担保債権の消滅に関わる規定である。すなわち，留置権も担保物権である以上は，被担保債権の消滅によって，消滅する（消滅における付従性）。例えば，被担保債権が債務者による弁済によって消滅した場合には，その弁済によって債権者である留置権者は満足を得たのであるから，物を留置しておく必要はないことになる。他方で，被担保債権は弁済以外の事由によっても消滅するが，債権者にとって満足を得ない形で消滅する事由に，時効消滅がある。被担保債権の消滅時効によって，留置権も消滅し，物の返還請求に対して債権者は留置権による拒絶をなし得ないことになる。

これらのことを前提として，本条は，留置権を行使しているとしても，被担保債権の消滅時効は進行し，留置権の行使による物の留置は，時効中断ないし停止（時効の完成猶予および更新，147条以下参照）として認められないことを意味している。本条の立法趣旨は，以下の点にあるとされている（我妻・

判コメ71頁〔三藤邦彦〕，石田剛ほか「史料・留置権法(2・完)」民商118巻3号〔1998〕431頁以下〔亀岡倫史〕など参照)。すなわち，仮に留置権の行使によって時効が進行しないとなるならば，被担保債権が存在することを理由に権利行使を怠ることが可能となり，さらに原案303条(現行法においては該当規定がない)が，留置権者に競売権を付与して被担保債権の回収を認めたことと相まって，留置権者を保護しすぎることになるから，単に物を留置しているだけでは被担保債権の消滅時効の進行を妨げない旨を規定したとする(法典調査会民法議事〔近代立法資料2〕355頁)。

　本条に関して，とくに議論はなされていない。なお，本条の原案301条は「消滅時効ヲ停止セス」との文言であったが，その後の条文の整理に際して本条と同じ文言に修正されている(石田ほか・前掲民商118巻3号433頁〔亀岡〕)。

II　留置権の行使と消滅時効の完成猶予

　上述の立法趣旨において示されているように，目的物の留置自体が本条における「留置権の行使」を意味する。たしかに，目的物の留置は，被担保債権の弁済を直接求めているわけではなく，心理的な効果を期待しているにすぎないのであるから，被担保債権についてはその権利を直ちに行使しているとは評価することができない(我妻47頁)。したがって，留置権者は，その被担保債権の消滅時効の進行を妨げるためには，時効の完成猶予(中断)を生じさせる事由(147条〜151条)に従った手段を行う必要がある。

　もっとも，留置権の行使として物の留置を超える場合を考えることができるのか，また，その場合に消滅時効の進行を妨げることはできるのかは，さらに問題となる。この点に関して，従来問題となっているのは，訴訟における留置権の主張が消滅時効の進行を妨げるのか否かであった。すなわち，債務者による目的物の引渡請求に対して，留置権者が被担保債権の存在を主張して留置権を行使し，目的物の引渡しを拒んだ場合に関して，判例は，被担保債権の主張を裁判上の催告と同様の効力を持つ完成猶予(中断)事由に該当するとして，当該訴訟の係属中については，消滅時効の進行を妨げる効力を有するとしている(最大判昭38・10・30民集17巻9号1252頁)。もっとも同時に，訴訟における留置権の主張は反訴ではなく抗弁にすぎないため，裁判上の請

§300 II

求（147条1項1号〔平29改正前147条1号〕）としての時効の完成猶予（中断）の効力を認めているわけではないから，訴訟終結後6か月以内にほかの時効の完成猶予（中断）を生じさせる事由に従った手段をとる必要があるとされる。

　学説には，判例を支持する見解（我妻47頁，生熊250頁，高木32頁，四宮和夫＝能見善久・民法総則〔9版，2018〕466頁など）がある。すなわち，裁判上，留置権の基礎となる被担保債権の存在が主張されれば，裁判所は，その存在を確認した上で，引換給付の判決をしなければならないことから，留置権者が単に目的物を留置しているのとは異なるとした上で，最高裁の結論はきわめて正当であるとする（我妻47頁）。他方で，より直截に時効の完成猶予（中断）を認める見解は，訴訟において留置権の抗弁に際して，被担保債権の存在を裁判所に対して主張した以上は，「裁判上の請求」がなされたものと解している（四宮和夫（旧説）・民法総則〔4版補正版，1996〕315-316頁注3，川井健・民法概論Ⅰ〔4版，2008〕333頁，川井250頁，石田穣・民法総則〔2014〕1064-1065頁（もっとも被担保債権の存在が争点効をもって確認されていることを理由とする），石田（穣）69頁，平野裕之・民法総則〔3版，2011〕520頁，槇48頁，道垣内35頁〔裁判上の請求または催告（150条）にあたるとする〕など）。

　なおその後，取得時効を原因とする不動産登記手続請求訴訟において，被告が抗弁として所有権を主張し，請求棄却判決を求めることが取得時効の時効中断事由に当たるかが争点となった事件において，時効中断効を認めた判決（最大判昭43・11・13民集22巻12号2510頁）や，債務者兼設定者による債務の不存在を理由に抵当権設定登記の抹消登記手続請求において債権者兼抵当権者が被担保債権の存在を主張した事件においてやはり時効中断効を認めた判決（最判昭44・11・27民集23巻11号2251頁）を受けて，上述の判例が変更されたとの理解を示すものもある（前者を示すものとして近江37頁，後者を示すものとして四宮和夫（旧説）・民法総則〔4版補正版，1996〕316頁，石田穣・民法総則〔2014〕1064-1065頁など）。

　さらに，所有権に基づく返還請求が債権者ではなく，第三者である場合，とりわけ譲渡担保権者から目的物を譲り受けた第三者の場合に，この者が清算金支払請求権の消滅時効を主張できるとする判例（最判平11・2・26判タ999号215頁）を前提に，この結論は積極的な権利行使手段を有しない債務者にとって苛酷な結果となりかねないとの指摘がある（田井ほか383頁〔松岡久和〕）。

もっとも，この判例自体もその説示において，清算金支払請求権の消滅時効を第三者との関係で中断する方法はないものの，譲渡担保権者との関係において中断すれば，被担保債権の存続する限り留置権は第三者に対しても効力が及ぶために留置権者である設定者にとって不利益はないとする。

またさらに，被担保債権が消滅時効の完成によって消滅した場合であっても，抗弁権の永久性を根拠として，留置権をなお主張して，目的物の引渡しを拒み得るかという問題について，少なくとも債務者からの引渡請求に対しては消滅時効にかかった被担保債権の存在を抗弁として主張し得るとの見解（槇悌次〔判批〕民商54巻3号〔1966〕380-382頁，四宮和夫・民法総則〔4版補正版，1996〕298頁，道垣内34-35頁）がある。これに対して，そもそも消滅時効が誠実な債務者の証明の困難を救済するという時効制度の趣旨からすれば，このような帰結は妥当とはいえないとの指摘もなされている（石田（穣）69頁）。

III 本条の準用

本条は，質権に関する350条において準用されている。これは，留置的効力の点で，留置権と質権とが共通するためである。

〔池田雅則〕

（担保の供与による留置権の消滅）
第301条　債務者は，相当の担保を供して，留置権の消滅を請求することができる。

I 本条の趣旨

本条において規定されている留置権の消滅原因は，留置権における特殊な消滅事由の1つである。留置権は，当事者間における約定によって成立するのではなく，物との間に牽連関係のある債権が発生することによって成立する法定担保物権であるから，留置物の価額と被担保債権額との間に不均衡があり，その価額が著しく高価であることが生じ得る。そのような場合に，少

額の債権の担保のために高額な物の留置を認めることが債務者（所有者）に不利益であり，留置権者と債務者（所有者）との間に公平を欠くことが考えられる。また，そのような場合に，その物自体に代わる価値が提供されれば，留置権者はその物自体を留置せずとも，被担保債権の弁済を確保できることになる。このような観点から，本条では，債務者（所有者）が代担保を提供することで，留置権の消滅についてのイニシアティブが債務者（所有者）に付与されている。さらに，留置物については，債務者と留置権者のいずれもが利用できないことによる国家経済的な損失からの解放という側面もあることも指摘されている（梅321頁，薬師寺・留置権論69頁および195頁など。また注民(8)76頁〔田中整爾〕を参照のこと）。もっとも，代担保の提供による留置権の消滅請求は，被担保債権額が未定である場合の解決策であるとの指摘もある（田中清「代担保の提供による留置権の消滅について」論叢（秋田経済法科大）33号第2分冊〔1984〕89頁）。またさらに，留置権の不可分性との関係から，被担保債権に関する一部弁済の場合の不都合が解消されるとの指摘もある（注民(8)76頁〔田中〕）。

　なお，留置権の対象となる物の価値が被担保債権額を超えている場合に，それに代わる相当の担保の提供によって留置権の消滅を債務者が請求できるのであれば，留置権の対象となっている物の価値が，留置権者の帰責事由なく，被担保債権額の下回った場合には，留置権者は，債務者に対して増担保請求が可能であると解すべきだとの見解がある（石田(穣)65頁）。この見解によれば，留置権者は，従来の目的物に代えて，または，従来の目的物のほかに，担保の提供を要求し得るとする。もっともこのように解することができるのであれば，当初から被担保債権額に満たない目的物を留置している場合には，追加の担保を要求することができることになるが，このことは，他方で，留置権の成立要件として物と債権との関係を求めている現行法制との整合性が問題となろう。

II　代　担　保

(1)　代担保の「相当性」

代担保の種類については，物的担保であれ，人的担保であれ種類を問わな

いと解するのが通説の立場である（梅321頁，薬師寺・留置権論196頁，我妻46頁，柚木＝高木38頁，高木35頁，道垣内43頁，生熊253頁など）。これに対して，物的担保，例えば質権，抵当権または譲渡担保に限定するものがある（石田・下608頁，石田(穣)65頁〔人的担保では担保としての確実性を欠くとする〕）。民法典の起草過程における原案では「相当の担保物」と規定されており，審議過程において，相当性の判断を裁判所が行うことを理由に「物」に限定しない旨の修正案が提出されたものの，否決されている。しかし，成立した民法典は「相当の担保」と規定されている（以上の審議過程の整理については，平井一雄編著・史料・明治担保物権法〔2016〕27-28頁，石田剛ほか「史料・留置権法(2・完)」民商118巻3号〔1998〕434-440頁〔亀岡倫史〕を参照のこと）。この経緯を重視するならば，物的担保に限定する必要はないといえよう。

　そうであるとすれば，むしろ問題とされるべきは，提供される代担保の「相当性」である。すなわち，留置権を消滅させるに足りる担保が提供されるか否かである。この観点からは，そもそも提供された担保が被担保債権の担保にふさわしいものであるのか，また，消滅する留置権に代わるものと評価できるのかが問われる必要があるとされる（注民(8)77頁〔田中整爾〕）。そして，本条に基づく消滅請求が問題になるのは留置権の対象物の価格に比して被担保債権が少額である場合と考えられる。そのような場合には，被担保債権額に相当する担保の提供があればよく，他方で，留置権の対象物の価格が被担保債権額よりも少額である場合には，提供された代担保が当該対象物の価格相当であればよいということになろう（注民(8)77頁〔田中〕，我妻・判コメ74頁〔三藤邦彦〕）。

(2) 代担保の提供

　代担保の提供は，物的担保の提供による場合にも，留置権の目的物の差し換えを意味するのではなく，新たな担保の設定によって行われる（我妻・判コメ74頁〔三藤〕）。したがって，代担保の提供は，例えば抵当権設定契約や保証契約の締結による必要があり，単に抵当権設定契約締結の申込みや保証契約の申込みでは足りないと解されている（注民(8)77頁〔田中〕）。また，留置権の消滅までも意図して担保の提供がなされることまでは必要ではなく，この結果，債務者が留置権の発生前にすでに十分な担保を提供していた場合には，改めて担保を提供する必要はないとされている（注民(8)77-78頁〔田中〕，

我妻・判コメ74頁〔三藤〕)。

さらに，留置物が可分である場合に，被担保債権額を超える留置権についてすでに相当の担保が提供されているとして，その消滅を主張し得る可能性も指摘されている（我妻・判コメ74頁〔三藤〕)。

(3) **留置権者の承諾の要否**

債務者が相当な担保の提供によって留置権を消滅させようとする場合に，留置権者の承諾は必要なのか。理論的には，相当な担保の提供それ自体に対する承諾ないし同意の要否と，次に消滅請求についての承諾ないし同意の要否の2つの承諾が必要であると考えることができる（例えば，石田（穣）66頁)。もっとも，この点の理解自体について，必ずしも一致はしていない（学説状況の整理については注民(8)78頁〔田中〕参照)。

担保の提供と消滅請求に関する承諾を区別せず，また，留置権の消滅に関して義務違反による298条の場合と本条の場合とを統一的に扱う必要はないとの観点から，本条の消滅請求の場合には留置権者の承諾なしに一方的な意思表示によって効果を発生させることは認められないとの理解がある（富井341頁，道垣内43-44頁，生熊253頁など)。この立場からは，留置権者の承諾がなければ，要件を満たした消滅請求によって留置権が消滅することで不法占有状態となり，これを回避するためには提供された担保の相当性を留置権者自身が判断する危険にさらされることが指摘されている（道垣内43-44頁)。

他方，通説は，そもそも消滅請求それ自体は単独で効果が発生すると理解するものの，その前提となる担保提供については留置権者の承諾が必要であるとして，担保提供に関する承諾を要すると解している（中島636頁，柚木＝高木38頁，近江38頁，高木35頁，髙橋30頁，松井152頁など)。これらの見解では，留置権の消滅請求ないしは代担保の提供についての留置権者の承諾がない場合には，承諾に代わる裁判が可能であると解している。これに対して，さらに，留置権者の承諾がなければ，代担保は成立しないとしつつ，承諾がない場合には，「適当な担保」を債務者が提供して消滅請求できるとの理解もある（我妻46-47頁，鈴木429頁，平野・総合377頁，松岡255頁〔承諾を要すると解すると，承諾に代わる裁判を経たとしても，さらに争われる可能性があり，迂遠であるとする〕など)。これは，消滅請求権が形成権であり，債務者による留置権を消滅させる意思によって直ちに留置権が消滅するとの理解を前提とする。

代担保の提供による留置権の消滅請求がなされるのは，典型的には，債務者が被担保債権額に比して高額な留置物を利用するために，被担保債権額に相当する代わりの担保を提供して，留置権の消滅を求めるという場合である。この場合に，留置権者の関心は被担保債権の回収が可能であるか否かにあると考えられる。すなわち，代担保が「相当」であるか否かにある。そうであるとすれば，留置権者が少なくとも相当だと判断しなかった場合に，留置権の消滅を債務者が一方的に決定できることには疑問があり，少なくとも「相当」であるか否かを承諾に代わる裁判において判断する必要があるのではないだろうか。また，留置物の価額が被担保債権額との比較で不足していると仮に留置権者が判断している場合には，債務者からの担保の提供それ自体は受け入れるとしても，それによって直ちに留置権の消滅請求を承諾することには帰結しない。この場合も，提供された担保による回収可能性が問題となる。そうであるとすれば，この場合にも，担保の「相当」性が問題となるのであるから，この点の判断について留置権者に危険を負わせるべきではないといえよう。

Ⅲ　代担保提供による留置権消滅請求

(1)　消滅請求権者

本条の規定によれば，消滅請求権者は，債務者である。留置権者が第三者所有物について留置できることを前提とすれば，消滅請求権についても，留置権を行使される当該第三者にも認められるべきことになる。この点に関して，かつては，留置物所有者による消滅請求が認められるかが問題となっていた。すなわち，債務者にのみ限定されると解する見解（中島635-636頁），留置物所有者への本条の準用によって含まれるとする見解（勝本・上134頁），債務者と留置物所有者の両者に認められるとする見解（我妻46頁など）に分かれていた。しかし，現在では，この点に関しては，債務者だけではなく，留置物の所有者もまた代担保の提供によって留置権の消滅請求が可能であると解されている（高木35頁，石田(穣)65頁，生熊253頁，髙橋30頁，平野・総合377頁など）。すなわち，298条3項における「債務者」と同様に，留置権によって目的物の返還請求権の行使が阻止されている者，すなわち債務者や留

置物所有者が含まれると解すべきであるとされている（我妻・判コメ73頁〔三藤邦彦〕，注民(8)76頁〔田中整爾〕，清水・留置権167頁など）。

(2) **請求の時期**

留置権の消滅請求は，代担保の提供後に行われるのが通常であるが，代担保の提供と同時でもよく，消滅させることを示して代担保を提供する場合には，留置権の消滅請求をしたものと解されるとする（注民(8)79頁〔田中〕）。さらに，留置権の発生以前に債務者が十分な担保を提供した上で，予め留置権の成立を排除する旨の一方的な意思表示をした場合には，将来の留置権の消滅請求であって，有効であると解されている（注民(8)79頁〔田中〕）。

(3) **消滅請求の効果**

代担保を提供して債務者が留置権の消滅請求をした場合，留置権は消滅することになる。代担保の提供を受けたことで，被担保債権の回収が可能になることが留置権の消滅をもたらしているのであるから，仮に代担保が失われ，債権者がさらに債務者から別の物の占有を取得したのであれば，その物について従前の被担保債権のために留置権が復活すると解されている（薬師寺・留置権論200-201頁，注民(8)79頁〔田中〕）。

また，留置権とともに，同時履行の抗弁権が併存している場合において，代担保の提供による留置権の消滅請求がなされたときは，留置権自体は消滅するものの，同時履行の抗弁権が存続しており，対象物の返還請求権はなお拒絶されることになる（注民(8)79頁〔田中〕，我妻・判コメ75頁〔三藤〕）。もっとも，同時履行の抗弁権と留置権の併存自体が認められるべきではなく，同時履行の抗弁権が認められる場合にあっては，留置権の成立が認められないと解すべきであるとの見解も存在する（我妻・判コメ75頁〔三藤〕）。

なお，留置権が消滅することで，直ちに，留置権者が物の返還義務を負うわけではなく，所有者による物の返還請求権を阻止し得なくなるにすぎない（注民(8)79頁〔田中〕）。もっとも，想定される紛争形態を考慮すれば，代担保を提供して，留置権の消滅を請求するのは，留置物の返還を求めるためであると考えられるから，留置権の消滅後，物の返還がなされないまま，債権者の占有に委ねられているとは考えにくい。

〔池田雅則〕

（占有の喪失による留置権の消滅）
　第302条　留置権は，留置権者が留置物の占有を失うことによって，消滅する。ただし，第298条第2項の規定により留置物を賃貸し，又は質権の目的としたときは，この限りでない。

　〔対照〕　フ民2286 Ⅱ

I　本条の趣旨

　留置権は，その成立において目的物の占有を必要とする権利であるから，その占有を失った場合には，消滅することになる。本条は，この点を規定した条文である。目的物の占有による留置的機能は質権においても備わっているが，質権の場合には，目的動産の占有を失うことによって質権が消滅することになるのかが争われた（とりわけ動産質について，352条参照）。この点で，留置権は，明文によって占有の喪失による留置権の消滅を規定することで問題の発生を回避していると言えよう（注民(8)80頁〔田中整爾〕）。

　もっとも，占有を失うにあたって，留置権者がどのようにして占有を失ったのか，すなわち占有喪失の態様によって留置権の消滅の成否を異にする必要はないかが問題となる。この点が，ただし書において規定されている。このような形で本条が定められたのは，占有喪失の態様によっては，留置権が消滅しないことを明らかにするためであるとされる（法典調査会民法議事〔近代立法資料2〕366頁，梅321-322頁）。もっとも，この点については，すでに疑問が提示されている。すなわち，賃貸または質入がなされたとしても留置権者は間接占有者として依然として占有を失わないのであるから，このようなただし書がなくとも，留置権が消滅しないことは明らかである（我妻・判コメ76頁〔三藤邦彦〕）。さらに，298条2項の規定に基づく賃貸または質入に限定されていることから，298条2項に基づかない場合には，質権が消滅することになる。しかし，この場合には，298条3項が留置権消滅請求によって留置権が消滅すると規定している。これらの点から，このただし書には不備があり，単なる注意規定にすぎないとされる（我妻・判コメ76頁〔三藤〕，高木36頁など）。

　この他に留置権が消滅するのは，目的物の滅失などの物権に共通する一般

的消滅事由や，被担保債権の弁済による消滅など担保物権に共通する消滅事由によることはいうまでもない。さらに，留置権に特殊な消滅事由としては，本条以外に，留置権の消滅請求による消滅（298条3項），代担保の供与に基づいて行なわれる留置権の消滅請求による消滅（301条），さらに債務者の破産（破66条3項）がある（なお，債務者の倒産手続における留置権の消長については，前注〔→§§295-302〕Ⅳを参照のこと。また，留置物の一部返還の場合の留置権の帰すうについては，296条〔→§296 Ⅳ〕を参照のこと）。

Ⅱ　占有の喪失による留置権の消滅

(1)　占有「喪失」の意義

本条における「占有を失うこと」は何を意味するのか。上述したように，留置権者が間接占有を有している限り，留置権は消滅しないのであるから，直接占有のみならず，間接占有をも失うことを意味することになる。また，占有を失うことになる原因についても限定はない。

この点に関して，従来争いがあるのは，仮差押えや仮処分によって留置権の消滅が生じるか否かであった（我妻・判コメ76頁〔三藤邦彦〕，清水・留置権167頁以下参照）。留置権が消滅するものとして，横浜地裁昭和33年3月10日判決（下民集9巻3号384頁）は，留置権者自らが申し立てた債権の執行保全のための仮差押えおよび監守保存処分の執行に際して，対象動産の占有を放棄して執行吏の保管に委ねたことから，占有を喪失し，留置権が消滅したと判示する。他方で，名古屋高裁金沢支部昭和33年4月4日判決（下民集9巻4号585頁）は，第三者所有物である伐木について留置権が成立していたが，占有解除の仮処分が行われ，引き続き換価命令によって当該伐木が競売されたにもかかわらず，これによって留置権者は占有を失うものではないと判示する（もっとも事件自体は，留置権者による占有が善良な管理者の注意を欠くものであって，留置権消滅請求により留置権は消滅したと結論づけている）。この相違について，少なくとも前者の判決の事案では，留置権者自らがその占有を放棄している点を指摘するものがある（我妻・判コメ76頁〔三藤〕）。

なお，この点に関して，明治民法典の原案には，留置物の譲渡，差押え，仮差押えまたは仮処分によって留置権の効力が失われない旨を定める条項

（原案297条）があったが，起草過程において削除されている（この間の経緯に関しては，前田達明ほか「史料・留置権法(1)」民商118巻2号〔1998〕296頁以下〔髙橋眞〕，法典調査会民法議事〔近代立法資料2〕332頁以下参照のこと）。

また，占有の喪失に関わって，建物の占有は，一般に鍵の引渡しをもって行われているが，鍵が複数存在する場合に，そのうちの1つを引き渡したことによって，占有を失うのかが争われた事案がある。それによれば，マンション分譲における建設工事請負人が注文主に対して分譲マンションの各室の鍵の3本のうちの1本を交付したことは，留置権に関する利害において対立する注文主との関係で各室の独占的な占有を請負人は失ったことになり，これによって請負人の有していた留置権は消滅したと判断されている（東京高判平14・2・5判時1781号107頁）。

(2) 占 有 侵 奪

留置権者がその占有物を奪われる場合，すなわち占有侵奪が生じた場合についても，占有を失ったことによって留置権は消滅する（我妻46頁，高木36頁など）。もっとも，占有回収の訴え（200条1項）によって留置権の対象物の占有を回復した場合には，占有は失われていなかったことになる（203条ただし書）。このことを前提に，留置権についても，占有回収の訴えによって占有が回復された場合には，留置権は消滅していなかったことになると解されることになる（高木36頁，石田(穣)64頁など）。また，占有回収の訴えによる占有の取戻しによって占有が失われなかったことになることが，単なる擬制ではなく，確定的な状態の発生まではなお占有が継続していると解して，侵奪者による任意の返還が侵奪後1年以内に生じたときにも，留置権が消滅しなかったと解するものもある（薬師寺203頁，注民(8)81頁〔田中〕，髙島141頁など）。これに対して，留置権は一旦消滅するとの理解も示されている（道垣内44頁。なお，松岡255頁も「復活させうる」と表現する）。なお，侵奪者が所有者である場合，占有回収の訴えに対して，所有権に基づく返還請求訴訟が反訴または別訴として提起され得る。しかし，この訴えを認めることは，結局，留置権の被担保債権を弁済しないまま自力救済を認めることになり，妥当ではないとされる（道垣内44頁，生熊253頁）。

留置権の対象物の占有が奪われた場合には，占有回収の訴えによる保護しか与えられないのであるから，善意の特定承継人が登場したときは，その者

との関係においては占有を取り戻すことができず，したがって留置権を主張することができなくなる。他方で，占有を侵奪した者から，留置権の対象物の所有者が所有権に基づく返還請求権によって取り戻したとしても，留置権者がその占有を回復しているわけではないのであるから，留置権が失われなかったことになるわけではなく，留置権は消滅したままとなるのは当然である（道垣内37-38頁）。

(3) 任意の返還および占有の再取得と留置権の成否

これに対して，占有侵奪ではなく，留置権者が占有を任意に返還した場合にも，留置権者は占有を喪失しており，留置権は消滅することになる。しかしこの場合にあっては，そもそも留置権者による対象物の任意の返還に，留置権者がどのような意思を有していたのかが問題とされる可能性がある。すなわち，留置権の確定的な放棄の意思があるのか否かである。

留置権放棄の確定的な意思がある場合には，その後の占有の再取得によっても再び留置権は再取得されるべきではないとの理解がある（清水・留置権174頁）。他方で，このような場合にも，物と被担保債権との間の牽連関係を根拠に留置権の成立を認めるのがそもそもの法の趣旨であることから，確定的な放棄の意思の認定には慎重であるべきだとの指摘がある（道垣内45頁，生熊253頁，平井一雄〔判批〕判時1567号〔1996〕200頁など）。この点に関して，留置権者が留置権の存在を知りながら返還した場合には，確定的な放棄の意思があると解されるのが通常であるのに対して，留置権の存在を知らずに返還した場合には留置権放棄の意思がないことは明らかであるとして，場合に分けて考察すべきであるとされている（薬師寺・留置権論205-206頁，注民(8) 81-82頁〔田中〕）。

留置権放棄の意思に関する裁判例としては，次のようなものがある。建物の建築請負人が請負代金債権を被担保債権とする留置権を有していたが，建築建物の完成後注文主にいったんその建物を引き渡したが，注文主の破産後，再度建物の占有を取得し，その後に建物の所有権を取得した新所有者からの建物の引渡請求に対して，留置権の抗弁を主張している。この事案においては，請負人による当初の建物の引渡しには留置権の放棄の意思を認められないとして，再度の占有取得による留置権の取得が認められている（仙台高判平6・2・28判時1552号62頁）。また，自動車の修理を依頼され，修理後，その

代金を被担保債権とする留置権を取得したものの，当該自動車を所有者に返還して占有を失った後，さらに所有者から再度当該自動車の修理を請け負い，修理後，所有者からの自動車の返還請求に対して自動車の修理業者が留置権の抗弁を主張した事案においては，占有喪失の際に留置権を放棄したと認められない限り，当該留置権によって担保された債権について，新たに留置権を取得するものと解すべきであると判示されている（東京地判昭49・5・16判時757号88頁）。とりわけ，この事件において留置権者が留置権を放棄していないとの判断は，所有者が修理済みの自動車の引渡しを受けるために，修理代金額の確認をする趣旨の署名を行っており，修理業者は約束通りの支払を受け得るものと誤信して引き渡したとの事実に基づいている。これらの裁判例は，留置権者が留置権の対象物を任意に返還した場合において，留置権を放棄する意思を有しているときは，後に当該目的物の占有を再取得しても留置権を再取得し得ないことを前提とした上で，そのような放棄の意思の認定を慎重に行っているものと評価できよう。

(4) **留置権の消滅——留置権に基づく返還請求権の不成立**

　留置権者が留置権の対象物の占有を失った場合には，留置権者は，留置権を失うことになる。このとき，占有の喪失が占有侵奪によって生じた場合であっても，留置権が消滅することは上述したとおりであるが，留置権に基づく返還請求権もまた否定されており，この点については異論をみない。これは，留置権の対象物の占有を失うことで，留置権自体が消滅するからである。したがって，留置権に基づく返還請求権を，占有を失うことで権利が消滅した留置権者はもはや行使することができない。しかし，留置権に基づくその他の物権的請求権，すなわち妨害排除請求権や妨害予防請求権については，争いがある。否定説は，留置権に基づく返還請求権が認められず，占有回収の訴えしか認められていないこととの均衡を理由に，占有訴権しか認められないとする（道垣内37頁，平野裕之・コアテキスト民法Ⅲ担保物権法〔2011〕218頁注258など）。これに対して，留置権の対象物を占有している限り，他の物権と同様に，妨害排除請求権や妨害予防請求権を認める見解もある（山野目239頁，星野195頁，生熊248頁，松岡255頁）。

〔池田雅則〕

第8章　先取特権

前注（§§303-341〔先取特権〕）

細目次

I 総説 …………………………131
  1 意義および種類………………131
    (1) 意義…………………………131
    (2) 種類…………………………132
  2 先取特権の社会的機能………133
    (1) 先取特権が認められる理由………133
    (2) 先取特権制度の社会的機能とその評価および問題点…………………134
  3 沿革……………………………139
II 法律的性質……………………139
  1 物権性…………………………139
  2 担保物権性……………………142
    (1) 法定担保物権………………142
    (2) 優先弁済的効力……………143
    (3) 先取特権の性質……………145
    (4) 先取特権の侵害……………146

I　総　説

1　意義および種類

(1)　意　義

　先取特権とは，民法その他の法律が定める一定の債権を有する者が，債務者の財産から他の債権者に優先して自己の債権の弁済を受けることができる担保物権である（303条）。この優先弁済的効力の及ぶ目的物の範囲は，先取特権の種類に応じて，債務者の総財産であることもあれば，特定の財産（動産または不動産）であることもあり，前者を一般の先取特権（306条以下）といい，後者を特別の先取特権という。さらに，特別の先取特権は，特定の動産を目的物とする動産の先取特権（311条以下）と特定の不動産を目的物とする不動産の先取特権（325条以下）とに分かれる。

〔今尾〕

前注（§§ 303-341） I　　　　　第2編　第8章　先取特権

　例えば，使用人＝労働者（債権者）は，雇用主（債務者）が給料の支払をしないときには，その給料債権を被担保債権として，雇用主の総財産から優先弁済を受けることができる（308条。一般の先取特権）。また，動産の売主は，買主がその売買代金の支払をしないときに，その売買代金債権を被担保債権として，当該動産を競売に付してその代金から優先弁済を受けることができる（321条。動産の先取特権）。さらに，不動産について工事を行った請負人は，注文者が請負代金の支払をしないときは，その請負代金債権を被担保債権として，当該不動産を競売した代金から優先弁済を受けることができる（327条。不動産の先取特権）。このように，先取特権は，法律が定める一定の債権が発生すれば，債務者との合意なくして法律の規定によって当然に優先弁済的効力を生じる，法定の担保物権である。

　(2)　種　　類

　民法は，債権者に，債務者の財産に対する担保物権としての先取特権を付与するという構成を採り，目的物となる財産の種類と債権者の保護理由に応じて，15種類の先取特権を定めている。すなわち，債務者の総財産を目的物とする一般の先取特権（306条1号〜4号）として4種類（共益費用〔307条〕・雇用関係〔308条〕・葬式費用〔309条〕・日用品供給〔310条〕の先取特権），特別の先取特権のうち特定の動産を目的物とする動産先取特権（311条1号〜8号）として8種類（不動産賃貸〔312条〜316条〕・旅館宿泊〔317条〕・運輸〔318条〕・動産保存〔320条〕・動産売買〔321条〕・種苗または肥料の供給〔322条〕・農業労務〔323条〕・工業労務〔324条〕の先取特権），特定の不動産を目的物とする不動産先取特権（325条1号〜3号）として3種類（不動産保存〔326条〕・不動産工事〔327条〕・不動産売買〔328条〕の先取特権）が，民法上定められている。

　また，民法以外にも先取特権を定める法律は種々ある。例えば，租税債権や社会保険料のような公益的収入にかかる国や地方公共団体の債権を確保するための先取特権（税徴8条，地税14条，健保182条，国健保80条4項，厚年88条，労徴29条など），公益事業への投資を促進する目的でそうした事業を行う法人が発行した社債の債権者に当該法人の総財産に対して付与される先取特権（放送80条6項，国大法人33条3項など），外国貨物の関税について当該貨物に対する優先権（関税9条の5第1項）および船舶に関して生じた特定の債権を担保するために当該船舶およびその属具について付与される船舶先取特権

（商802条・842条・843条）などがあげられる（特別法上の先取特権の詳細については、→§306Ⅲ2、§311Ⅱ2、§325Ⅱ2）。そして、民法以外の先取特権の数は、1960年代の調査では約130種類（注民(8)167頁以下〔甲斐道太郎〕）、1990年代の調査では151種類（遠藤浩ほか監修・民法注解財産法(2)物権法〔1997〕61頁〔松岡久和〕）、2009年では200種類以上（加賀山・担保法260頁・267頁）に増加しているといわれている（2018年12月現在の先取特権の種類については、管見によれば220種類を超えている。→前注（§§329-332）Ⅲ1・2・3およびそれらの各末尾【別表1】〜【別表3】）。

2 先取特権の社会的機能
(1) 先取特権が認められる理由

先取特権が一定の債権者に認められる意義は、本来、債権者の債権の効力はその債権額に応じて平等に取り扱われるのが原則（債権者平等の原則）であるところ、法律が一定の債権者の有する「特殊な債権」を特に保護しようとすることにある。そこには、先取特権の付与される「特殊な債権」が、それ以外の債権に対して優先して保護される客観的かつ合理的な理由が存在しなければならない。しかし、各種先取特権が認められる理由は、必ずしも同一ではなく、さまざまなものがあげられ、しかも、その理由をどのように分類するかについて、見解が分かれている。

まず、民法上の先取特権が認められる理由として、①債権者間の実質的公平の確保（例えば共益費用の先取特権〔306条1号・307条〕）、②社会的弱者が有する比較的少額の債権の保護といった社会政策的配慮（例えば雇用関係・葬式費用・日用品供給の先取特権〔306条2号〜4号・308条〜310条〕）、③債権者の通常の期待の保護ないし意思の推測（例えば不動産賃貸の先取特権〔312条〜316条〕）、④特定産業の保護・育成という政策的考慮（例えば農業・工業の労務の先取特権〔323条・324条〕）の4つをあげ、これらの1つまたは複数の理由に基づいて、先取特権が認められるとする見解がある（注民(8)84頁〔林良平〕、我妻50頁、星野197頁、道垣内47頁、髙橋32頁、河上45頁など通説。なお、債権者間の公平〔306条〕・債権と目的物との関連〔321条・327条〕・当事者意思の推測〔312条〕・弱小債権者の保護〔308条・310条〕の4つの理由をあげるもの〔注解判例370-371頁〔田原睦夫〕〕や、公平の確保〔307条・320条・326条〕・弱小債権者の保護〔308条・323条・324条〕・債務者に必要な給付を行う契約の促進〔309条・322条〕・担保意思の推測〔312条〕

前注（§§303-341） I　　　　　　　　第2編　第8章　先取特権

の4つの理由をあげるものもある〔松岡261-262頁〕）。また，先取特権が認められる理由として，(i)社会政策的配慮（308条など），(ii)当事者意思の推測（317条など），(iii)当事者間の公平維持（327条など）の3つをあげ，これらの1つまたは複数の理由に基づいて，先取特権が認められるとする見解もある（柚木＝高木41頁，判例民法Ⅲ42頁〔今村与一〕，角紀代恵「先取特権の現代的意義」新争点135頁，加賀山・担保法263頁，生熊208頁など）。先取特権が認められる理由の分類については，特定産業の保護・育成も一応先取特権が認められる理由といえるので，前者の見解すなわち通説に依拠することが妥当であろう。

　また，民法以外の特別法の規定する先取特権については，上記の①〜④の理由に加えて，公益目的（租税債権・社会保険料の先取特権），公益的事業への投資促進（日本放送協会の放送債券の債権者の先取特権・国立大学法人債券），債権と目的物の密接な関連性（船舶先取特権）などを理由に認められている。もっとも，現在は，租税債権に代表されるように，国や地方公共団体の債権を保護するために先取特権が最も機能しており，弱小債権者の保護のための先取特権は，実際にはあまり機能していないといわれている（角・前掲論文136頁）。

(2)　先取特権制度の社会的機能とその評価および問題点

　㋐　判例・裁判例の変遷　　昭和50年代に至るまでは，先取特権はあまり利用されなかった。判例・裁判例においても，雇用関係（雇人・使用人の給料債権）の先取特権（308条，平15改正前商295条〔この改正により本条は削除〕），動産売買先取特権（321条），不動産工事の先取特権（327条），日用品供給の先取特権（310条），不動産賃貸の先取特権（312条）および商法における船舶先取特権（平30改正前商842条），旧証券取引法（現行金融商品取引法）に基づく先取特権（旧証取97条4項〔金商114条4項〕），旧商品取引所法（現行商品先物取引法）に基づく先取特権（旧商取38条5項・47条3項〔商品先物101条5項〕）などにつき，数件ずつ現れたにすぎなかった（平成11年頃までの判例・裁判例の詳細は，注解判例371頁以下参照〔田原睦夫〕）。先取特権の利用が振るわなかった理由としては，不動産の先取特権は保存手続が煩雑であること（保存行為完了後直ちに〔337条〕，工事開始前に費用の予算額を〔338条〕，売買契約と同時に代価または利息の弁済されていない旨〔340条〕を登記する必要がある），日用品供給の先取特権や動産保存の先取特権は被担保債権額の割に権利実行・手続が煩瑣であること，動産売買先取特権は権利実行手続に制約があったこと（2003〔平成15

年の担保・執行法改正〔平 15 法 134。以下,「平成 15 年改正」とする〕以前の民事執行法は,動産の先取特権の実行に,目的動産の執行官への提出または目的動産の占有者による差押え承諾を必要としており〔民執旧 190 条〕,事実上この先取特権の実行は極めて困難であった〔平成 15 年改正により,債権者の申立てに基づく執行裁判所の許可による競売開始手続が新設され,動産の先取特権の実行が比較的容易となった。→§303 II 2(1)(イ)〕,運輸の先取特権は留置権によりその機能が代替できること,現行法で廃止された公吏保証金の先取特権(平 16 改正前民 320 条)は国家賠償法の制定により適用余地がないこと,旅館宿泊(317 条),種苗または肥料の供給(322 条),農業・工業労務(323 条・324 条)の先取特権は社会生活の変化によりこれらがほとんど機能しないこと,などがあげられる。

ところが,昭和 50 年前後になると,売買商品の大型化・高額化に伴い,特に,動産買主の倒産という場面に直面した約定担保物権を有しない売主が,目的物の売買代金債権回収の手段として,動産売買先取特権の行使に着目し,その行使例をめぐる判例・裁判例が急激に増加した(判例・裁判例の動向に関しては,今中利昭「動産売買先取特権をめぐる最近の判例の動向と倒産法上の諸問題(上)」金法 1107 号〔1985〕6 頁,野村秀敏「動産売買先取特権とその実行手続をめぐる裁判例の動向(1)」判時 1253 号〔1988〕148 頁参照)。これらの判例・裁判例で取り上げられた論点としては,①債務者破産宣告後の動産売買先取特権に基づく転売代金債権に対する物上代位の可否,②動産売買先取特権の転売代金債権に対する物上代位とその転売代金債権の仮差押え・差押えとの優劣,③請負代金債権に対する動産売買先取特権の物上代位の可否,④動産売買先取特権の物上代位と目的債権譲渡との優劣,⑤流動集合動産譲渡担保と動産売買先取特権の優劣,⑥動産売買先取特権の実行手続,⑦動産売買先取特権の物上代位の実行手続,⑧動産売買先取特権に基づく物上代位と「担保権の存在を証する文書」,⑨動産売買先取特権・その物上代位権の保全処分の方法,⑩動産売買先取特権の目的物をもってする代物弁済と否認などであった(こうした状況下で,最高裁はいくつか重要な判断を示した。すなわち,①につき最判昭 59・2・2 民集 38 巻 3 号 431 頁,②につき最判昭 60・7・19 民集 39 巻 5 号 1326 頁,⑤につき最判昭 62・11・10 民集 41 巻 8 号 1559 頁など)。

また,これら以外にも,使用人の給料債権の先取特権(退職金債権の法的性質に関する最判昭 44・9・2 民集 23 巻 9 号 1641 頁,平 15 改正前民 306 条 2 号・308 条の

前注（§§ 303-341） I   第2編 第8章 先取特権

「雇人」の意義に関する最判昭47・9・7民集26巻7号1314頁、社内預金が商法旧295条の債権に該当するか否かに関する東京高判昭62・10・27判タ671号218頁など）、日用品供給の先取特権（法人が310条の「債務者」に含まれるか否かに関する最判昭46・10・21民集25巻7号969頁）、不動産賃貸の先取特権（商品が建物賃貸の先取特権の目的物になるか否か等に関する東京地判昭50・12・24下民集26巻9〜12号1032頁）、不動産工事の先取特権（建物新築による不動産工事の先取特権保存の登記につき建物所在地番の更正が許されるか否かに関する最判昭50・10・29判タ798号22頁、不動産工事の先取特権の対抗力に関する仙台高判昭62・5・28金法1162号85頁、不動産工事の先取特権保存の登記の時期等に関する浦和地判昭59・12・26判タ549号223頁など）などに関する判例・裁判例も散見された。なお、船舶先取特権に関する判例・裁判例は、比較的数が多い（主なものとしては、平30改正前商842条6号の「航海」の意義に関する最判昭58・3・24判タ496号84頁、船舶の発航により平30改正前商842条8号の先取特権を消滅させた行為の不法行為該当性に関する最判昭58・3・24判タ533号144頁、平30改正前商842条6号の「債権」に該当する範囲に関する最判昭59・3・27判タ527号99頁、平30改正前商842条7号の「雇傭契約」および「船長其他ノ船員」の意義に関する福岡高判昭52・7・7下民集28巻5〜8号775頁、平30改正前商842条の法意に関する大阪高判昭52・10・28下民集28巻9〜12号1133頁、平30改正前商842条6号の「債権」に該当する範囲に関する高松高判昭52・12・9判時895号114頁、平30改正前商842条6号の「債権」に該当する範囲に関する東京高判昭53・12・19判タ383号114頁、平30改正前商842条7号の船員債権の範囲に関する福岡高判昭58・9・28訟月30巻4号603頁、海難救助料請求権を被担保債権とする船舶先取特権の成否と効力の準拠法に関する広島地呉支判昭45・4・27下民集21巻3＝4号607頁、平30改正前商842条6号の「航海」の意義に関する福岡地判昭55・5・26下民集31巻5〜8号417頁など）。

そして、平成時代に入ると、先取特権をめぐる判例・裁判例の数は減少し、一定の落ち着きを見せたが、抵当権の賃料債権に対する物上代位に関する一連の最高裁判決が展開するとともに（賃料債権に対する抵当権の物上代位の可否〔最判平元・10・27民集43巻9号1070頁〕、賃料債権に対する抵当権の物上代位と目的債権の譲渡との優劣〔最判平10・1・30民集52巻1号1頁、最判平10・2・10判タ964号79頁〕、賃料債権に対する抵当権の物上代位と一般債権者による差押え〔最判平10・3・26民集52巻2号483頁〕、賃料債権に対する抵当権の物上代位と反対債権による相殺の優劣〔最判平13・3・13民集55巻2号363頁〕、賃料債権に対する抵当権の物上代位と

転付命令の劣後〔最判平14・3・12民集56巻3号555頁〕，賃料債権に対する抵当権の物上代位と敷金充当〔最判平14・3・28民集56巻3号689頁〕などの判例が登場した。詳細は→§372 Ⅱ 2(3))，上記③および④に関する論点について，動産売買先取特権の物上代位の判例が登場するに至っている（③につき最決平10・12・18民集52巻9号2024頁，④につき最判平17・2・22民集59巻2号314頁）。

このように，近時の先取特権とりわけ動産売買先取特権に関する判例・裁判例の増加という現象は，売買商品の大型化・高額化，譲渡担保や所有権留保などの約定担保権の設定を受けられない弱小債権者の要保護性，倒産事例の多発およびその配当率の低下等の諸事情に起因するといえよう（注解判例373頁〔田原〕）。このことは，取引社会の変化に伴い，従来の不動産担保あるいは動産の占有担保重視の金融担保手段の構造的な変容を物語っている。また，こうした現象は，社会の変容・複雑化に伴い，真に保護されるべき債権を保護するための方策として，先取特権制度が広く認知されてきた証左ともいえよう。

（ｲ）先取特権制度の評価と課題　従来の通説的理解によれば，先取特権制度は，公示制度が不完全であることから「近代物的担保制度の極度に嫌悪するところ」または「最も欠陥の激しいもの」と消極的・批判的に評価されていた（我妻50頁，柚木＝高木41頁）。すなわち，民法上の先取特権は，留置権・質権のように占有を要素とせず，また必ずしも抵当権のように登記を対抗要件とするわけではないので（不動産の先取特権の登記については，これを効力要件と解する見解が有力〔道垣内63頁〕），他の債権者に不測の損害を与えるおそれがあることから，公示の原則と不可分に結合する「近代法における物的担保制度進展の過程からみてやや遅れた態度である」（我妻52頁）というわけである。

このような先取特権に対する批判的な態度に対しては，「国家が当事者間の自由な競争にまかせ，あるいは，自然の推移にまかせることをよしとせず，特殊な社会関係や経済関係に干渉介入を必要とするときに，特定の債権者の保護という形態をとろうとするときには，この先取特権の制度が技術的方法としては最適なものである。現代社会において，何らかの理由による，国家の干渉介入の必要の増加は避けられない傾向であり，したがつて，先取特権またはこれに類する優先権によつて保護せられる特定債権はむしろ増加して

いる」(注民(8)84頁〔林良平〕) との指摘もなされていた。そして，これを裏打ちするかのように，前述（→1(2)）のごとく，民法以外の特別法上の先取特権は，なお増加の一途を辿っているといえよう。

たしかに，公示の不完全または存しない先取特権の存在は，一般債権者やときには質権者・抵当権者などの第三者にも不測の損害を与えるので，これを合理的に規制すべきとの要請は一面では真理を含むといえよう。しかし，社会構造が大きく変質し，高度に複雑化した現代社会にあっては，さまざまな政策的理由から，特定の債権者を特に保護する必要があり，先取特権の数が必然的に増加せざるを得ない。そして，このことは，先取特権制度が，必ずしも不合理な制度ではないことをも物語っているといえよう（平野・総合358頁）。また，先取特権の付与された債権の弁済は，詐害行為や否認の対象となりにくいので任意に弁済されるなど，裁判に至る前の段階で先取特権制度は十分に機能しているとの指摘もある（松岡260頁）。

そこで，今後，先取特権制度はどうあるべきかであるが，上記2つの要請を既存の法制度の中でどう調和させるかを前提に，社会の変化に伴い民法典・その他の特別法制定当初の政策的考慮が維持できなくなった先取特権を廃止するとともに，真に保護を要する債権に先取特権を付与するという方向で，先取特権制度を再構築すべきである。つまり，ここでの核心は，「現行法において先取特権を与えられている債権者が，現代社会において真に保護されるべき債権者なのか，あるいは，逆に，保護されるべきとされる債権者に与えられている先取特権が十分に実効的なものであるか」という観点から，「種々の先取特権を洗いなおし，整理すること」が，今後の先取特権制度の課題ということになろう（道垣内48頁）。

もっとも，近時も立法論として，先取特権制度を総合的に規定する必要はなく，これまで使われてきた先取特権においては，一般の先取特権では共益費用・雇用関係の先取特権，また，動産の先取特権では動産売買先取特権であるとして，これらの先取特権について，民法以外の法律（共益費用については執行法，雇用給与については労働法で）あるいは債権法（動産売買先取特権については）において，租税債権のように「優先債権」として扱えば足りるとの主張もなされている（近江幸治「現行担保法制をどのように考えるべきか」椿寿夫ほか編・民法改正を考える〔2008〕140頁）。依然として，先取特権制度自体の廃止論

も根強い。

3 沿　革

先取特権制度については,「時より評価せられずして原因より評価せられる（non ex tempore aestimatur, sed ex causa）」との法諺に由来する,ローマ法上の「対人的な訴権の間の特権（privilegium inter personales actiones）」にその起源を有する（原田・史的素描119頁以下）。もっとも,ローマ法におけるその特権は,現在の先取特権とは様相を大きく異にし,債務者の特定の財産を目的とせず総財産のみを目的とし,無担保債権者のみに優先でき,第三者への追及権も認められていないものであった（現代の一般の先取特権に近いものであった）。こうしたローマ法上の特権をフランス古法が受け入れ,同法においてこの特権が大きく変容した。すなわち,総財産を目的とする特権に加えて,特定の動産・不動産を目的とするものが登場し,不動産を目的とするものにあっては第三者への追及権も承認されるとともに,抵当権にも優先できるとされた。そして,フランス民法典において,このような特権が基本的に受け継がれ,先取特権制度として結実し,わが国の旧民法および現行民法典がこれに倣ってこの制度を採用したものである（沿革の詳細については,H. L. et J. MAZEAUD et F. CHABAS, LEÇONS DE DROIT CIVIL, t. III, vol. I, Sûretés Publicité foncière, 7e éd., 1999, par Y. PICOD, nos 132 et s. また,邦語文献としては,我妻51-52頁,注民(8)84頁以下〔林〕,柚木＝高木41頁以下,石田（穣）76頁以下。なお,1955年デクレおよび1959年オルドナンス等による先取特権の改正の詳細については,星野英一「フランスにおける1955年以降の不動産物権公示制度の改正」同・民法論集第2巻〔1970〕139頁以下参照。また,2006年のフランス担保法改正の概要については,山野目章夫ほか「2006年フランス担保法改正の概要」ジュリ1335号〔2007〕32頁以下参照)。したがって,フランス民法典がわが国における先取特権制度の母法といえる。

II　法律的性質

1　物　権　性

先取特権は,債務者の財産（担保目的物）から他の債権者に優先して自己の債権の弁済を受けることができる権利という意味で,目的物ないしその価値を排他的に直接的に支配できる権利であるので,物権性を有するといえる。

〔今尾〕

前注（§§ 303-341） II   第2編 第8章 先取特権

　起草者によれば，わが国の民法典は，フランス民法典および旧民法に倣って，先取特権を物権と構成したと説明される（梅323頁）。学説の多数も，こうした優先弁済的効力が，目的物の価値を支配している担保物権の支配権的性格から生ずるもので，これこそが担保物権の本質であると解し，優先弁済権をもつ先取特権を物権と構成する考え方に立脚している（我妻16頁，柚木＝高木5頁・6頁，高木8頁，近江3頁，髙橋32頁，道垣内8頁）。

　もっとも，先取特権については，物権法の原理・原則の適用との関係で通常の物権と様相を異にする。一般の先取特権の場合は，債務者の総財産を対象とするので目的物の特定性が存せず，有体物以外の財産（債権など）も対象になり，登記をしなくても一般の債権者には優先し得る（336条）。また，動産の先取特権にあっては，債務者の占有下にある動産を対象とするが，公示方法が存在せず178条の適用がなく，目的物たる動産が第三者取得者に引き渡された場合にはもはや先取特権を行使できなくなる（333条）。わずかに不動産の先取特権について，効力保存のために「登記」を要するとされていることから（337条・338条・340条），通説は，これを対抗要件と解し，不動産の先取特権が物権変動の一般原則に服さしめられるとしている（注民(8)218頁〔西原道雄〕）。ただし，この「登記」の意味に関しては，対抗要件と捉える見解（通説）と文字どおり効力要件と捉える見解（古くは中島750頁，最近は道垣内63頁）との対立があり（→§337Ⅲ），後者の見解に立脚すれば，不動産の先取特権についても，対抗要件主義の適用がないことになろう。

　このように，先取特権は，物権性の表現たる優先的効力ならびに追及効において，その物権性が不完全であるともいえる。起草者自身も，「先取特権ハ債権其他有体物以外ノ物ノ上ニ存スルコトアリ此場合ニ於テハ先取特権ハ物権ニ非ス」と述べていた（梅323頁・331頁）。それにもかかわらず，わが国の民法典が，「近代物的担保制度の極度に嫌悪する」公示のない先取特権を広範に規定したことに対して，「近代法における物的担保制度進展の過程からみてやや遅れた態度である」（我妻52頁）と批判されたことは，すでに述べたところである。

　そして，こうした主張を背景に，近時，物権は有体物の支配権に限定されるべきとして，とりわけ先取特権の物権性ひいては担保物権全体の物権性まで否定する見解が登場した。すなわち，この見解によれば，まず，「担保物

権とは，債権に優先権が与えられている現象を示しているだけであり，債権のほかに担保物権という別の物権が存在するわけではない」として，担保物権の1つに数えられる先取特権は，「担保目的の『保存』，『供給』，『環境提供』に関連する債権に対して与えられる法律上の優先弁済効」（加賀山・担保法6頁・7頁および9-13頁）であって，「債権の摑取力が強化されただけ」，つまり「優先弁済権そのもの」である（加賀山茂・民法入門・担保法革命：DVD講義〔2013〕41頁・45頁および同・担保法269頁も参照）と主張する。論者によれば，物権の対象は，原則として有体物（動産，不動産）に限定されるところ（85条），先取特権の対象は，有体物のみならず無体物としての債権（物上代位の対象たる売買代金債権・賃料債権・損害賠償債権，民法314条における賃料債権など），債務者の総財産（一般の先取特権）にまでわたり，権利の対象といった見地から，先取特権は物権ではないというわけである。また，相殺についても，事実上の優先弁済的効力が認められるので，優先弁済的効力は物権固有の効力ではないとする（加賀山・講義17-18頁）。そして，この見解は，担保物権が物権であることの根拠が明示されていないことを前提に，債権の摑取力の強化という見地から，民法における人的担保（摑取力の量的強化）と物的担保（摑取力の質的強化）に連なる諸制度・諸権利を改めて統一的に説明し直す，または再整理できるとの主張を展開して，新理論を提唱する。

　しかし，これに対しては，先取特権ひいては担保物権は，目的物の交換価値から，被担保債権の債権価値を優先的に確保することにその目的があり，その意味で，担保物権は担保目的物そのものを支配することを目的とせず，その目的物の有する交換価値を支配し，その支配が直接的・排他的であることから，有体物を目的物とする純然たる物権に類比してこれらが物権として位置づけられるのだと反論できよう（注民(8)5頁〔林良平〕）。すなわち，担保物権が物権たる所以は，それが担保目的物の有する交換価値に対する支配権であり，このことこそが，換価可能な権利や利益に担保物権の成立が広く認められる根拠といえるのである（松岡394頁）。また，この見解（加賀山説）に対しては，「この背景には，民法典の編別や各規定を離れて，物権・債権の本質がある，という考え方があるが，物権・債権の性質は，実定法規範から帰納的に定まるというべきであろう」との批判もある（道垣内8頁注5参照）。さらに，相殺の事実上の優先弁済的効力といっても，そもそもその前提とな

る相殺の担保的機能自体が理論的に解明されておらず（加賀山は，この担保的機能の根拠として自働債権と受働債権の牽連性を想定しているようであるが，それのみで担保物権の優先弁済的効力と同視するとするのも論拠薄弱と思われる），しかも，抵当権の物上代位に基づく賃料債権と相殺の衝突事案（この見解によれば，優先債権同士の競合事案といえる）にあっては，物上代位が優先するとの判例法理（最判平13・3・13民集55巻2号363頁）にこの見解がどう応接するのかも不明である。さらにまた，先取特権の効果や優先弁済権相互の優先関係についての理解および先取特権をめぐる具体的な問題解決等に関して，既存の物権・債権峻別論を前提に担保物権の優先弁済的効力を物権制度における物の排他的支配性に類比させた債権保全制度と捉える従来の担保物権理解と比べて，この見解に基づくことによって両者の帰結に実際上大きな差異がもたらされるわけでもない。以上より，こうした主張を新理論あるいは新体系と位置付けて（加賀山はこれを「担保法革命」と評する〔前掲民法入門・担保革命39頁以下〕），「担保物権は物権ではない」，「先取特権は優先弁済権そのもの」だという必然性があるかは疑問である。わが国の民法典は，先取特権の捉え方に関する複数の可能性がある中で，担保物権ひいては先取特権を物権と構成したというにとどまり，先取特権を敢えて債権と理解する必要はないものと思われる。したがって，以下の叙述では，先取特権を物権と構成する民法体系に従って説明をしていくこととする。

2 担保物権性
(1) 法定担保物権

先取特権は，当事者間の契約によってこれを発生させることはできず，法律の規定によってのみ成立する法定担保物権である（フランスの古い判例において「法文なければ先取特権なし〔Pas de privilège sans texte〕」との法格言が形成されている）。そこで，当事者間の特約または先取特権者の意思表示により，先取特権の成立を予め排除することができるかが問題とされる。留置権についても同様の問題がある（→前注(§§ 295-302) II(2)，§295 II(7)）が，留置権はもっぱら債権者の私益保護が中心となるため，こうした特約ないし意思表示を容易に有効と解し得るのに対し，先取特権は，それが認められる理由につき私益保護に加えて公益保護のものもあるので，各先取特権の規定の趣旨を個別的に検討して決するほかないとされている（注民(8)90頁〔林〕）。具体的に，こう

した特約等の効力が問題となった裁判例はなく，学説にあっては，従前から，公益ないし社会政策的考慮を理由とする先取特権については特約等による先取特権の排除を認めないが，もっぱら債権者の私益保護を理由とする先取特権についてはこれを認めるべきとするのが多数説であった（中島642頁，三潴159-160頁，石田・下618頁，田島50頁，柚木＝高木43頁）。また，雇用関係の先取特権などの弱小債権者を保護する先取特権についてはその排除を認めるべきではないが，それ以外の先取特権については公平や公益を理由とするだけでは当事者の意思を排斥するに足りないとして，こうした特約等を有効と解する説もある（我妻58頁）。さらに，弱小債権者の保護を理由とするものに加えて，特定産業の保護育成を理由とするもののうちで国家的見地からみてその保護が必須のものは，特約等により先取特権を排除できないとする説もある（注民(8)90頁〔林〕）。いずれにしても，基本的には上記の学説の方向性を支持すべきであるが，先取特権によっては複数の理由により認められるものもある（例えば，不動産賃貸の先取特権は当事者意思の推測を主たる理由とするものであるが，公平や政策的見地からの理由も含まれている）ので，個々の規定の趣旨を踏まえて総合的な考慮に基づき，当該特約等の有効性を判断していくことになろう。

(2) 優先弁済的効力

先取特権者は，法定の順位に従って，「その債務者の財産について，他の債権者に先立って自己の債権の弁済を受ける権利」，すなわち優先弁済権を有する（303条）。これは，先取特権者自らが目的物を競売してその代金から優先的に弁済を受けるか（民執180条1号・181・189条・190条・193条），他の債権者が開始した目的物の競売手続において優先的に配当を受けるか（民執51条1項・133条・154条1項・87条1項4号・188条・192条・193条2項），または目的物が不動産の場合には担保不動産収益執行の方法によって不動産の収益（賃料など）から優先弁済を受ける（民執180条2号・181条）といった形で，実現される。このように，先取特権者が目的物を換価しその換価金の交付または配当もしくは目的物から生ずる収益に対する執行により被担保債権の優先弁済を受けられるという点で，先取特権は目的物を直接的に支配しており，ここに物権性が示されているといえよう（担保権に換価権が内在する否かについては，→前注（§§369-398の22）Ⅱ1(4)(ｱ)。また，抵当権の換価権の肯否につき，古積・

前注（§§303-341） II　　　　　第2編　第8章　先取特権

換価権153-154頁・157頁以下参照）。以下では，各先取特権において，この優先弁済的効力がどのように顕現するかを概観する（優先弁済的効力と各先取特権における実行方法の詳細については，→§303 II 1・2）。

　㈦　一般の先取特権　　一般の先取特権は，「債務者の総財産」を目的物とする（306条）が，先取特権者は，この「総財産」を一体として捉えてそこから優先弁済を受けるのではなく，個々の財産に対して先取特権を実行して権利行使することになる。

　目的物が動産である場合は，先取特権に追及力がない（333条）ので，債務者の財産である（財産が第三者に引き渡されない）限りにおいて，優先弁済的効力が認められる。目的物が不動産である場合には，先取特権者は，登記がなくても一般債権者に優先することができ（336条本文），登記がなされれば，他の担保物権にも優先すると解されている（高木41頁，道垣内72頁）。ただし，債務者の倒産処理手続においては，一般の先取特権は，一般債権者に対してしか優先することができない。すなわち，一般の先取特権には，物権としてではなく債権の特殊な効力としての地位しか付与されず，その被担保債権が，破産手続では優先的破産債権（破98条1項），会社更生手続では優先的更生債権（会更168条1項2号・3号），民事再生手続では一般優先債権（民再122条1項・2項）として処遇される。

　㈣　動産の先取特権　　動産の先取特権は，特定の動産を目的物とするが，公示手段がなく追及力がないので，第三取得者に引き渡されると，それに優先弁済的効力を及ぼすことができない（333条）。したがって，先取特権者は，目的動産が債務者のもとにとどまっている限りでこれに優先弁済権を行使し得る。なお，倒産処理手続においては，破産手続および民事再生手続では別除権を与えられ（破2条9項，民再53条），この権利を自由に行使することができる。また，会社更生手続においては，その被担保債権が更生担保権となる（会更2条10項）。

　㈥　不動産の先取特権　　不動産の先取特権は，登記を効力要件として公示されることになるので（337条以下，不登3条5号），抵当権の規定が準用され（341条），原則として他の担保物権との関係は登記の先後によって優劣が決せられる。さらに，不動産保存・工事の先取特権は，登記によって保存されれば，先に登記をした抵当権にも優先する（339条）。また，倒産処理手続

においては，動産の先取特権と同様の処遇が与えられる。
  (3) 先取特権の性質
  先取特権は，担保物権の1つとして，付従性，随伴性，不可分性，物上代位性の4つの通有性を備えている（→担保物権総論Ⅳ）。
  (ア) 付従性　先取特権は，特定の債権の保護を目的とする法定担保物権であるので，抵当権や質権のような約定担保物権と異なり（根担保権の有効性の承認により約定担保物権は付従性が緩和されている），付従性が厳格に貫かれている。したがって，先取特権は，被担保債権が有効に成立しなければ成立せず，債権が消滅すれば先取特権も消滅する。
  (イ) 随伴性　先取特権は，特定の債権の保護を目的とするものであって，特定の債権者を保護するものではないことを理由に，被担保債権につき譲渡等がされれば先取特権も移転する，いわゆる随伴性を有すると解するのが通説である（我妻59頁，注民(8)88頁〔林〕，柚木＝高木44頁，高木42頁，近江42頁）。これに対して，雇用関係の先取特権（もっぱら使用人＝債権者の保護を目的とする），および債権者の期待の保護を目的とした不動産賃貸・旅館宿泊・運輸の先取特権（債権譲受人が目的物への優先弁済権行使の合理的期待を有するとはいいがたいもの）については，随伴性を否定すべきとの有力な主張もある（道垣内82頁）。
  また，被担保債権の譲渡契約において先取特権の随伴性を排除する旨の特約は有効であると解されよう（清水194頁）。
  (ウ) 不可分性　先取特権は，被担保債権の全部の弁済を受けるまでは目的物の全部に対して権利を行使することができるという不可分性を有する（305条による296条準用。また，→§305）。
  (エ) 物上代位性　先取特権は，目的物の売却・賃貸・滅失または損傷によって債務者が受けるべき金銭その他の物および債務者が先取特権の目的物の上に設定した物権の対価に対しても，優先弁済的効力を及ぼすことができる（304条）。これを担保物権の物上代位性という（詳細は→§304）。なお，物上代位を行使するためには，先取特権者がその対象である金銭等が債務者に払い渡される前に，差押えをしなければならないとされている（304条1項ただし書）。
  民法は，この物上代位性を先取特権の箇所に規定し，同じく優先弁済的効

前注（§§ 303-341）II　　　　　第2編　第8章　先取特権

力を有する質権（350条）と抵当権（372条）にも準用するといった体裁をとっている。したがって，従来は，物上代位性は，3つの担保物権に共通する性質と理解されていた。しかし，近時，判例は，動産売買先取特権の物上代位と抵当権の物上代位につき，異なった理解を示しており（前者につき最判平17・2・22民集59巻2号314頁，後者につき最判平10・1・30民集52巻1号1頁・最判平10・2・10判タ964号79頁），学説もこれを一般的に支持する傾向にある（→§304，§372 II）。

なお，物上代位に関する規定は別に強行法規性を有するものではないことを理由に，当事者の特約により排除できるとするのが通説である（注民(8)97頁〔林〕，柚木＝高木45頁）。

(4)　先取特権の侵害

これまでほとんど論じられてこなかったが，近時，先取特権の目的物につき，第三者によってその占有が奪われた，または損傷された場合，もしくは債務者自身によって目的物が処分または損傷された場合，先取特権の侵害として，債権者は何らかの救済策を与えられるかという問題が提起されている（道垣内弘人「担保の侵害」同・諸相48頁以下）。各先取特権に応じて事態を分けて検討する。

まず，一般の先取特権については，上記の事由が生じても，原則として債権者＝先取特権者には何らの権利も生じない。すなわち，債務者自身による目的物の処分・損傷の場合，先取特権者は，債務者の行動を制限することができないので，債務者に何もいえないことになる。また，第三者の不法行為により目的物が損傷された場合も，債務者の第三者に対する損害賠償請求権は一般の先取特権の目的となるので，債権者に新たに権利を与える必要はない。ただし，不動産につき一般の先取特権が登記されている場合には，後述のように，抵当権侵害の場合（→§369 VII，§370 II 6）と同様に考えるべきことになろう（道垣内72頁）。

次に，動産の先取特権については，債務者がその目的物を処分・損傷等したとしても，これを制限する効力を有しない以上（処分できることについては333条からも明らか），先取特権の侵害にはあたらないと解すべきである（道垣内72-73頁）。また，第三者の不法行為による目的物の損傷の場合も，先取特権者に直接の損害賠償請求権は否定されると解される。というのは，先取特

前注（§§ *303-341*）II

権者は，債務者の財産中に一定の財産が存在し，それについて特定の債権者の優先権を認めるのが妥当である限りにおいて，優先権を有するにすぎないと考えるべきだからである（道垣内73頁，同・前掲論文49頁）。もっとも，これらの場合に，目的物の売却代金債権・損害賠償債権に対して物上代位（304条）が認められることは別問題である。

これに対して，不動産の先取特権は，登記を効力要件（ないし対抗要件）として公示されることから，目的不動産および付加一体物の売却・処分・損傷などの場合には，先取特権者は，抵当権侵害と同様（→§369 VII, §370 II 6），先取特権の侵害として，損害賠償またはこれらの行為の差止め・妨害排除請求をなし得ると解せられる（道垣内73頁・184頁以下）。

〔今尾　真〕

第1節 総　則

（先取特権の内容）
第303条　先取特権者は，この法律その他の法律の規定に従い，その債務者の財産について，他の債権者に先立って自己の債権の弁済を受ける権利を有する。

〔対照〕　フ民2323・2324

細目次

Ⅰ　先取特権の成立（発生原因）……………148
　1　法律の規定による先取特権の成立……148
　2　先取特権の被担保債権………………149
　3　先取特権の目的物……………………150
　　(1)　債務者の財産………………………150
　　(2)　目的物と物上代位性・不可分性との関係……………………………150
　　(3)　先取特権の目的物と公示の関係…151
Ⅱ　先取特権の内容………………………151
　1　優先弁済的効力………………………151
　2　先取特権の実行手続…………………152
　　(1)　先取特権者自らが実行した場合…152
　　(2)　他の債権者・担保権者が実行した場合………………………………154
　　(3)　債務者に倒産処理手続が開始した場合………………………………155
　3　先取特権の順位の意義………………155
Ⅲ　先取特権の消滅………………………157
　1　物権一般の消滅原因…………………157
　2　先取特権ないし担保物権固有の消滅原因……………………………………157
　3　その他の消滅原因……………………158

Ⅰ　先取特権の成立（発生原因）

1　法律の規定による先取特権の成立

　先取特権は，民法その他の法律に定められた要件を充足すれば，法律上当然に成立する法定担保物権であり（303条），当事者の契約によって発生させることはできない。この点で，当事者の設定契約によって発生する質権・抵当権などの約定担保物権と異なる。それでは反対に，先取特権の成立を当事者の特約等により予め排除できるかどうかであるが，この点については，すでに述べたように，基本的にはこうした特約の有効性を承認しつつ，公益・

弱小債権者保護・特定産業の保護育成などの社会政策的考慮に基づく先取特権などについてはその排除を認めないといった形で，個々の先取特権の規定の趣旨を踏まえて総合的考慮によってその特約の有効性を判断すべきである（→前注（§§303-341）Ⅱ2(1)）。

民法により成立する先取特権は，先取特権の効力の及ぶ目的物に応じて，一般の先取特権として4種類（306条以下），動産の先取特権として8種類（311条以下），不動産の先取特権として3種類（325条以下）の全部で15種類である（→前注（§§303-341）Ⅰ1(2)）。

また，民法以外の特別法により成立する先取特権は，極めて数が多い。現在では，220種類以上を数えることができる（その詳細については，→前注（§§329-332）Ⅲ1・2・3およびそれらの各末尾【別表1】～【別表3】参照）。なお，これらの特別法によるものの中には，「その他の債権に先だつて徴収する」という規定があり（税徴8条，地税14条など），厳密な意味での先取特権の形態をとらないものもある（公的収入確保のため一般の先取特権に相当するといえるが，一部の例外を除いて〔税徴19条・20条および地税14条の13・14条の14などは，一定の特別の先取特権の優先を規定する〕，強力な優先的効力が付与されるので，他の債権者保護との関係で問題であり，慎重な考慮を要すると指摘されている〔平野・総合358頁〕）。また，先取特権は，「法律の規定」に従って成立するとされているので，命令等による先取特権の成立は基本的には認められないが，上記のような厳密な意味での先取特権の形態をとらないものは，法律に限らず命令によって認められることもあり，法律以外の先取特権の成立が例外的に承認されている（注民(8)89頁〔林良平〕）。

2　先取特権の被担保債権

先取特権の被担保債権は，一定の債権者につき，債権者平等の原則を破って特に優先弁済をさせるべき客観的な理由があるものである。各先取特権における債権者保護の理由は，すでに述べたように，通説は，①債権者間の実質的公平の確保，②社会的弱者が有する比較的少額な債権の保護といった社会政策的配慮，③債権者の通常の期待の保護ないし意思の推測，④特定産業の保護・育成という政策的考慮の4つをあげ，その1つまたは複数の理由に基づいて先取特権が認められるとしている（→前注（§§303-341）Ⅰ2(1)）。

先取特権の目的物との関係でいえば，一般の先取特権については，被担保

債権と特別な関係はみられないが，その保護の必要が大きい割に被担保債権が比較的僅少なものが多く，動産の先取特権にあっては，被担保債権の発生原因と密接な関係のある動産が目的物となっており，不動産の先取特権では，被担保債権によって直接的に経済的恩恵を受けたとみられる不動産が目的物となる，といった一般的傾向が指摘されている（注民(8)91頁〔林〕）。

　また，先取特権は，法定担保物権であるがゆえに，被担保債権との付従性が厳格に貫かれている点については，すでに述べたところである（→前注(§§303-341) Ⅱ 2(3)(ア)）。

3　先取特権の目的物

(1)　債務者の財産

　先取特権は，「債務者の財産」を目的物とし（303条），債務者以外の者の所有物には成立しない点で，他の担保物権と異なる。ただし，不動産賃貸・旅館宿泊・運輸の先取特権については，即時取得の規定の準用により，先取特権者が債務者の財産であると無過失で信頼した場合には，債務者の所有に属さない動産の上に成立することがある（319条）。

　先取特権の目的物である債務者の財産は，それぞれの先取特権ごとに，債権者保護の理由が異なることと関連して，先取特権の種類に応じて異なっている。一般の先取特権については，債務者の総財産（債務者の動産・不動産に加えて債権その他の諸権利等）が目的物となり，動産および不動産の先取特権にあっては，被担保債権と密接な関係を有する債務者の特定の動産および特定の不動産が目的物となる。

　民法以外の特別法による先取特権については，債務者の総財産のうちの特別財産を目的物とするもの，特定の動産または特定の不動産を目的物とするもの，ある種の不動産と動産を併せて目的物とするもの（建物区分7条）など，個々の先取特権に応じて規定されている（詳細は，→前注(§§329-332) Ⅲ 1・2・3 およびその末尾【別表1】〜【別表3】）。

(2)　目的物と物上代位性・不可分性との関係

　先取特権には物上代位性があるので，目的物の売却，賃貸，滅失・損傷を原因として，当初の目的物に置き換わった請求権（目的物の転売代金債権や損害賠償債権）または目的物から派生する請求権（賃料債権）も，先取特権の目的となる（304条）。

ただし，一般の先取特権については，物上代位性との関係で若干の議論があった（→§304 Ⅱ 1）。すなわち，一般の先取特権の目的物につき，被担保債権（先取特権）が成立したときの総財産である（先取特権成立時に目的物の範囲を固定する）として，先取特権の実行時までに目的物が売却等されたときには，その請求権に物上代位を認める余地があると解する有力な見解がかつて主張されていた（注民(8)92頁・98頁・106頁〔林〕）。これに対しては，従前から，一般の先取特権は，実行時の総財産を目的物とすべきで，その効力が，債務者が第三者に取得する金銭債権・物の引渡請求権にも及ぶので，物上代位は問題にならないと解するのが通説である（我妻60頁，柚木＝高木44頁，高木43頁，内田515頁，生熊224頁，道垣内66頁，安永478頁，松岡273頁）。

また，先取特権には，被担保債権のすべての弁済を受けるまで，目的物の全部にその効力が及ぶという点で，不可分性がある。

(3) 先取特権の目的物と公示の関係

先取特権者は，必ずしも債務者の財産を占有しているわけではないので，債権者による目的物占有は先取特権の公示とならない。ただし，動産の先取特権については，債務者の占有下にある動産が目的物となり（それが第三者に引き渡されると先取特権を行使し得ない〔333条〕），また，動産の先取特権のうちの不動産賃貸・旅館宿泊・運輸の先取特権（312条・317条・318条）については，目的物の所在場所に限定があり，さらに，不動産の先取特権にあっては，登記を効力要件（学説によっては対抗要件）とするので（337条・338条・340条），それらの限りではある程度目的物が公示されることになる（注民(8)92頁〔林〕）。これに対して，一般の先取特権は，不動産を目的物とする場合，登記をすることは可能であるが，登記なくしても一般債権者には優先することが認められているので（336条本文），登記の必然性はない。以上のように，先取特権は，公示の不完全さから，物権性が希薄であるということがいえよう（→前注(§§ 303-341) Ⅱ 1）。

Ⅱ 先取特権の内容

1 優先弁済的効力

先取特権の中心的効力は，すでに述べたように（→前注(§§ 303-341) Ⅱ 2(2)），

〔今尾〕

法定の順位に従って，債務者の財産から優先弁済を受けることである（303条）。これは，先取特権者自らが目的物を競売してその代金から優先的に弁済を受けるか（民執180条1号・181・189条・190条・193条），他の債権者が開始した目的物の競売手続において優先的に配当を受けるか（民執51条1項・133条・154条1項・87条1項4号・188条・192条・193条2項），または目的物が不動産の場合には担保不動産収益執行の方法によって不動産の収益（賃料など）から優先弁済を受ける（民執180条2号・181条）といった形で，実現される。また，先取特権者が優先弁済を受ける順位については，先取特権相互間，他の担保物権との関係に関して，民法に詳細な規定がなされている（→3）。

2 先取特権の実行手続

優先弁済的効力の実現手段，すなわち先取特権の実行手続は，民事執行法に規定されており，先取特権者自らが実行する場合，他の債権者・担保権者が開始した実行手続において配当要求する場合，債務者に倒産処理手続が開始した場合の3つに分けることができる。

(1) 先取特権者自らが実行した場合

(ア) 目的物が不動産の場合　先取特権者は，執行裁判所に法定の文書（不動産の先取特権については登記が効力要件となっているので，「担保権の登記（仮登記は除く。）に関する登記事項証明書」〔民執181条1項3号〕，登記のない一般の先取特権については「その存在を証する文書」〔同項4号〕）を提出して，担保不動産競売または担保不動産収益執行のいずれか，もしくは双方を選択して，実行を開始し（民執180条・181条），それぞれの手続において優先弁済を受けることになる（これらの実行方法の具体的内容については抵当権の実行方法と共通するので，2003〔平成15〕年の担保・執行法改正〔平15法134。以下，「平成15年改正」とする〕以前については，新版注民(9)193頁以下〔上田徹一郎〕を参照。また，平成15年改正以降については，道垣内74-76頁，中野＝下村331-334頁・338-341頁・349-354頁・373頁以下を参照）。

なお，担保不動産収益執行は，平成15年改正の際に導入された制度で，それ以前は，債務名義を有する債権者が債務者所有の不動産の強制管理（民執93条以下）によって当該不動産の収益から債権回収ができるにとどまり，担保権の実行方法としてこうした制度は存在しなかった。担保不動産収益執行については，不動産を目的とする一般の先取特権者も利用することができ

第 1 節　総　則　　　　　　　　　　　　　　　　§*303*　II

る（一般の先取特権者自らが担保不動産収益執行を申し立てることができる〔民執107条4項1号ロ〕。手続の詳細は，道垣内74頁，中野＝下村611頁を参照）。

　(イ)　目的物が動産の場合　　平成15年改正以前は，先取特権者が「執行官に対し，動産を提出したとき，又は動産の占有者が差押えを承諾することを証する文書を提出したときに限り」，競売が開始すると規定されていた（平15改正前民執190条）。しかし，動産の先取特権者は，一部の例外（運輸の先取特権）を除き，一般に目的動産を占有しておらず，また，占有者たる債務者が目的動産の差押えを承諾することも期待できないことから，事実上競売は不可能な状態にあった。そこで，平成15年の改正法は，こうした動産の先取特権の実行の難点を克服すべく，目的動産の提出や占有者の差押承諾文書の提出がない場合でも，「執行裁判所は，担保権の存在を証する文書を提出した債権者の申立てがあつたときは」，動産競売の開始を許可できるものとし（民執190条2項），その場合には執行官が債務者の住居その他債務者の占有する場所に立ち入り，目的動産を捜索することができるとした（民執192条による同法123条2項の準用。手続の詳細は，道垣内77-78頁，中野＝下村341-343頁・636頁）。

　もっとも，動産の先取特権の実行については，同種動産の継続的売買などにおいては，債務者の占有下にある動産のうち，既払のものと未払のものの区別が難しく，なお実行に困難があることが指摘されている（道垣内79頁）。

　また，動産の先取特権とりわけ動産売買先取特権およびそれに基づく物上代位に関しては，目的動産の即時支払での売却や転売代金債権の譲渡・取立ての防止を企図するとともに，上記の実行手続の困難性とも相俟って，仮差押えや仮処分などによる先取特権の保全可否の議論が，従前から，実務および下級審裁判例を中心に展開されてきた。裁判例の傾向としては，これらの保全処分を否定する方向が多数である（裁判例の詳細については，注解判例372頁・391頁・408-409頁・412-413頁〔田原睦夫〕，松岡277頁を参照）。

　(ウ)　目的物が債権その他の財産権の場合　　一般の先取特権については，動産・不動産以外の債権その他の財産権を目的物とすることもあるが，この場合には，先取特権者が「担保権の存在を証する文書」（例えば，雇用関係の先取特権であれば，賃金台帳〔労基108条〕・労働者名簿〔労基107条〕がこの文書の典型とされる。もっとも，これらの文書は，雇用主側〔債務者〕が有しているものなので，従

〔今尾〕　153

§303 Ⅱ　　　　　　　　　　　　　　　　　　　第2編　第8章　先取特権

業員等〔先取特権者〕による入手がなかなか難しいため，公的な証明制度が必要であると指摘されている〔道垣内76頁，道垣内弘人「雇用関係の先取特権」同・諸相78-79頁〕）を執行裁判所に提出して実行手続に入り（民執193条1項），実際の手続は債権執行の例によることになる（民執143条以下・167条）。

また，動産・不動産の先取特権の物上代位権の行使についても同様の手続による（手続の詳細は，中野＝下村344-348頁）。

(2)　他の債権者・担保権者が実行した場合

㋐　一般債権者による強制執行　　一般債権者が不動産の強制競売をした場合，不動産の先取特権者は，強制競売における差押えより先にその登記がなされていれば，自動的に配当を受けることができる（民執87条1項4号）。不動産を目的物とする登記された一般の先取特権についても同様である。また，一般の先取特権者が登記を備えないときは，二重差押えを行うか（民執188条による同法47条の準用），法定文書によって先取特権を証明して（民執181条1項），配当要求することにより優先弁済を受けることができる（民執51条）。なお，一般債権者が強制管理手続（民執93条以下）を開始している場合，法定文書（181条1項各号）を提出して配当要求するか（民執105条1項・107条4項3号），裁判所が定める期間内に自らが一般の先取特権の実行としての担保不動産収益執行を申し立てるか（民執107条4項1号ロ）により，配当を受けることになる（道垣内74頁，中野＝下村611頁）。

一般債権者が動産競売を開始した場合は，一般の先取特権者および動産の先取特権者は，二重に競売を申し立てるか（民執192条による同法125条2項・3項の準用），「その権利を証する文書」を提出して，配当要求をする（民執133条）ことによって，優先弁済を受けることができる。

一般債権者が債権に対して執行した場合も，一般の先取特権者は，「担保権の存在を証する文書」を提出して二重差押えを行うか（民執193条1項），配当要求をする（民執154条・167条の9）ことによって優先弁済を受けられることは，動産の場合と同様である。

㋑　他の担保権者が担保権を実行した場合　　他の担保権者が担保不動産競売を開始した場合，先取特権者は，一般債権者の競売の場合と同じ手続により，民法の定める優先順位に従って優先弁済を受けることになる（不動産競売の場合は民執188条により同法51条1項・87条1項4号が，動産競売の場合は民執

192条により同法133条が, 債権についての担保権の実行の場合は民執193条2項により同法154条1項がそれぞれ準用される)。

また, 他の担保権者が担保不動産収益執行を開始した場合は, 不動産の先取特権者および一般の先取特権者は, 執行裁判所が定める期間内に, 自らが一般の先取特権の実行としての担保不動産収益執行を申し立てることにより, 配当を受けることになる (民執107条4項1号ロ・ハ)。

(3) 債務者に倒産処理手続が開始した場合

債務者に破産手続が開始した場合には, 一般の先取特権者は, 優先的破産債権として (破98条1項。なお, 退職金を含む給料債権については財団債権としてさらに優先的保護が付与される〔破149条〕), 動産・不動産の特別の先取特権者 (物上代位権を含む) は, 別除権が与えられ (破2条9項・65条), それぞれ優先弁済を受けることができる。

また, 会社更生手続においては, 一般の先取特権者は, 優先的更生債権として (会更168条1項2号・3項。なお, 退職金を含む給料債権については共益債権としてさらに優先的保護が付与される〔会更130条〕), 特別の先取特権者は, 更生担保権として (会更2条10項), それぞれ優先弁済を受けることができる。

民事再生手続では, 一般の先取特権者は, 一般優先債権として再生手続によらず随時弁済されることになるが (民再122条1項・2項), 特別の先取特権者は, 別除権を与えられ, やはり再生手続によらず権利を行使し (民再53条), それぞれ優先弁済を受けることができる。

3 先取特権の順位の意義

先取特権は, 民法上15種類もの数があり, 債務者の同一財産上に複数の先取特権が成立することがある。そして, 先取特権も物権であることから, このような場合の優劣は, 物権法の原則に従って, 本来は成立時の先後によって決せられるはずである。しかし, 各先取特権は, 特別な理由に基づいて一定の債権を保護するために認められるものであるから, その優劣を成立順の原則によって決するとした場合には, 制度の趣旨を没却せしめることにもなりかねない。そこで, 民法は, 各先取特権によって債権を保護した理由の強弱に応じて, 先取特権相互間および先取特権と他の担保物権との間の優先順位を法定したのである (我妻88頁, 柚木＝高木70頁)。これを先取特権の順位という。

〔今尾〕

§303 II

民法は、先取特権の順位に関して、先取特権相互間の競合についての優先順位は「第3節 先取特権の順位」として329条から332条までの規定を設け、また、先取特権と他の担保物権との競合についての優先順位は「第4節 先取特権の効力」の中の334条・336条・339条・341条で規定する（後掲【先取特権の順位表】を参照）。

これらの優先順位関係の詳細は、後述の関係条文の箇所で考察する（→前注(§§329-332)，§329～§332，§334，§336，§339，§341）。

【先取特権の順位表】

競合する権利	順位関係
一般の先取特権相互の間（329条1項）	第1順位　共益費用 第2順位　雇用関係 第3順位　葬式費用 第4順位　日用品供給
一般の先取特権と特別の先取特権との間（329条2項）	原則：特別の先取特権が一般の先取特権に優先する（同条2項本文） 例外：共益費用の先取特権は、その利益を受けたすべての債権者に優先する効力を有する（同項ただし書）
動産の先取特権相互の間（330条）	原則：1項 　第1順位　不動産賃貸・旅館宿泊・運輸の先取特権 　第2順位　動産保存の先取特権 　第3順位　動産売買・種苗肥料供給・農業労務・工業労務の先取特権 例外①：2項 　・第1順位の先取特権者は、その債権取得において第2順位または第3順位の先取特権者があることを知っていたときは、これらの者に対して優先権を行使できない 　・第1順位の先取特権者のために物を保存した者に対しても同様 例外②：3項 　果実に関しては、第1順位　農業労務の従事者 　　　　　　　　　第2順位　種苗肥料の供給者 　　　　　　　　　第3順位　土地の賃貸人
不動産の先取特権相互の間（331条）	原則：1項 　第1順位　不動産保存 　第2順位　不動産工事 　第3順位　不動産売買※ ※特例：2項 　同一不動産について売買が順次された場合は売買の前後による
同順位の先取特権相互の間（332条）	各先取特権者は、その債権額の割合に応じて弁済を受ける（按分弁済）
	先取特権と動産質権：334条 →動産質権者は、動産の先取特権の第1順位（330条1項1号）と同順位※

156　〔今尾〕

第1節　総則　　　　　　　　　　　　　　　　　　　　§303　III

他の担保物権との競合	※動産質権者が，その債権取得時に第2・第3順位の先取特権者の存在につき悪意であるときは，これらの者に優先権を行使できない（330条2項前段参照） 先取特権と不動産質権・抵当権：不動産物権変動の一般原則 　→登記の先後による 不動産保存・不動産工事の先取特権と抵当権：339条 　→337条・338条により登記した場合は先取特権が常に抵当権に優先する 不動産売買の先取特権と抵当権：不動産物権変動の一般原則 　→登記の先後による 一般の先取特権と抵当権：336条※ 　→登記した一般の先取特権については，登記の先後による 　　※一般の先取特権者は，登記をしなくても無担保債権者（一般債権者）に対抗できる 先取特権と留置権 　→事実上，留置権が優先する
用益物権との競合	不動産物権変動の一般原則に従って登記の先後による

III　先取特権の消滅

1　物権一般の消滅原因

　先取特権は，物権であるので，物権一般の消滅原因，すなわち目的物の滅失，収用，没収，混同，権利の放棄により消滅する。また，動産の先取特権については，目的動産と他の動産・不動産との添付により，先取特権が消滅することがある。この場合には，先取特権者は，目的動産の所有者が有する償金請求権（248条）に物上代位権を取得することになろう。

2　先取特権ないし担保物権固有の消滅原因

　先取特権は，付従性を有することから，被担保債権の消滅によっても消滅する。もっとも，被担保債権の全部が消滅するまでは，不可分性により，先取特権者は目的物全部に対して権利を行使することができる（305条による296条の準用）。

　ところで，先取特権は特定の債権者ではなく特定の債権を保護するものであるから，被担保債権の譲渡等がなされてもこれが存続する限り，随伴性により，先取特権は消滅せず新たな債権者に先取特権が移転すると一般に解されている（→前注(§§303-341) II 2(3)(イ)）。しかし，雇用関係の先取特権（306条2号・308条〔もっぱら，使用人＝債権者の保護を目的とするもの〕），および債権者の

〔今尾〕　157

期待の保護を目的とした不動産賃貸・旅館宿泊・運輸の先取特権（311条1号～3号・312条～318条〔債権譲受人が目的物への優先弁済権行使の合理的期待を有するとはいいがたいもの〕）については，随伴性を否定すべきとの有力な見解もある（道垣内82頁）。この見解によれば，これらの先取特権については，被担保債権の譲渡により先取特権が消滅するということになろう。

なお，この問題（債権者が変更した場合）に関連して，債権者が先取特権発生当時の地位を失ったが被担保債権が存在している場合について，先取特権は消滅するものではないと解されている（注民(8)96頁〔林〕，柚木＝高木80頁）。判例も，不動産賃貸の先取特権につき，いったん発生した建物賃貸人の先取特権は，後に賃貸借契約が解除されて債権者が建物賃貸人たる地位を喪失しても，この先取特権により保護される債権が存続する限りは消滅しないとする（大判昭18・3・6民集22巻147頁）。

また，動産の先取特権は，目的動産が第三取得者に引き渡された後は，その動産に対して行使することができなくなる（333条）。この場合，「行使することができない」の意味に関しては，①先取特権が消滅すると解する見解（我妻93頁・99頁，高木58頁），②単に追及力が制限されるにとどまり，債権者が再び目的物の所有権と占有権を回復したときには先取特権を行使できるとする見解（中島738-739頁，石田・下674-675頁，勝本・上208頁，注民(8)210頁〔西原道雄〕），③目的動産の第三取得者への引渡しにより先取特権はいったん消滅するが，債務者が目的物の所有権と占有を回復すれば，先取特権が復活するとする見解（川井316-317頁，同・概論276頁）などが対立している（→§333 Ⅲ 1）。①および③の見解に立脚した場合には，目的動産の第三取得者への引渡しにより，先取特権が消滅することになろう。

さらに，先取特権には，抵当権に関する規定が準用されるので（341条），不動産の先取特権にあっては，目的不動産の第三取得者による代価弁済（378条）および消滅請求（379条以下）によっても消滅する。

3 その他の消滅原因

民事再生手続開始のとき，再生債務者の財産につき特別の先取特権（民再53条1項）が存する場合において，当該財産が再生債務者の事業の継続に欠くことのできないものであるときは，再生債務者等は，裁判所に対し，当該財産の価額に相当する金銭を裁判所に納付して当該財産につき存するすべて

第1節　総　則　　　　　　　　　　　　　　　　　　　　§304

の担保権を消滅させることについての許可の申立てをすることができるとされている（民再148条）。そこで，先取特権を消滅させることについて，許可がなされれば先取特権は消滅することになろう。

　また，会社更生手続においても，民事再生法にならって，更生手続開始当時更生会社の財産につき特別の先取特権がある場合，裁判所は，更生会社の事業の更生のために必要であると認めるときは，管財人の申立てにより，当該財産の価額に相当する金銭を裁判所に納付して当該財産を目的とするすべての担保権を消滅させることを許可する旨の決定をすることができるとされている（会更104条1項）。この場合，裁判所の許可決定に基づき，裁判所の定める期限までに，当該財産の価額に相当する金銭を裁判所に納付したとき，先取特権は消滅することになろう（会更108条3項）。

〔今尾　真〕

（物上代位）
第304条①　先取特権は，その目的物の売却，賃貸，滅失又は損傷によって債務者が受けるべき金銭その他の物に対しても，行使することができる。ただし，先取特権者は，その払渡し又は引渡しの前に差押えをしなければならない。
②　債務者が先取特権の目的物につき設定した物権の対価についても，前項と同様とする。

〔対照〕　イタリア民2742（旧1951），フ保険 L. 121-13

　　　　　　　　　　　　　細　目　次

I　物上代位の意義・本条の適用範囲・準
　　用 ……………………………………160
　1　物上代位の意義……………………160
　2　物上代位の存在理由・法的性質…162
　3　本条の適用範囲・準用……………164
II　物上代位の目的物の範囲……………164
　1　一般の先取特権の目的物…………165
　2　特別の先取特権の目的物…………165
　　(1)　売却の場合……………………165
　　(2)　賃貸の場合……………………168

　　(3)　目的物の滅失および損傷の場合 …169
　　(4)　物権設定の対価を受けるべき場合
　　　　………………………………171
　　(5)　その他…………………………171
III　債務者の範囲…………………………171
IV　物上代位権行使の要件………………172
　1　総　説……………………………172
　2　「差押え」の趣旨 …………………173
　　(1)　「差押え」の趣旨をめぐる考え方…173
　　(2)　若干の考察……………………174

〔今尾〕　159

§304 I　　　　　　　　　　　　　　　　　第2編　第8章　先取特権

　3　「払渡し又は引渡し」の意義 ………177
　　(1)　弁　済 ………………………177
　　(2)　債務者の破産 …………………177
　　(3)　目的債権の差押え・目的債権につ
　　　　 き転付命令の取得 ………………177
　　(4)　目的債権の譲渡 ………………178
　　(5)　その他の想定される場合 ………179
　4　物上代位権の行使手続 ……………180
Ⅴ　物上代位権と質権との競合 …………181

Ⅵ　物上代位の効果 ………………………182
　1　物上代位の効果とその理論的根拠……182
　2　本来的目的物に対する先取特権の行
　　 使と物上代位の関係………………………183
　　(1)　不動産の先取特権の追及効と物上
　　　　 代位 …………………………183
　　(2)　動産の先取特権の行使と物上代位…184
　　(3)　債務者に開始した倒産処理手続と
　　　　 物上代位 ………………………184

Ⅰ　物上代位の意義・本条の適用範囲・準用

1　物上代位の意義

　先取特権は，その目的物の売却，賃貸，滅失または損傷によって債務者（目的物所有者）が受けるべき金銭その他の物，および債務者が目的物の上に設定した物権の対価（地上権・永小作権・地役権などの用益物権設定の対価）に対しても，行使することができる（304条）。これを，優先弁済的効力を中核とする担保物権の通有性の1つである物上代位性ないし単に物上代位といい，先取特権者がこうした目的物に対して有する権利を物上代位権とよぶ。同じく優先弁済的効力を有する質権（350条）と抵当権（372条）にも304条が準用される。したがって，物上代位は，優先弁済的効力を本体としない留置権には認められない。

　本条は，ボアソナード草案1138条を原型とする旧民法債権担保編133条の文言を一部修正して起草されたといわれている（法典調査会民法議事〔近代立法資料2〕376頁〔穂積陳重発言〕）。ボアソナード草案1138条に関する注釈によれば，フランス民法典上にはこのような規定はなく，イタリア旧民法1951条（現行2742条）から採用したものとされている（G. BOISSONADE, PROJET DE CODE CIVIL POUR L'EMPIRE DU JAPON ACCOMPAGNÉ D'UN COMMENTAIRE, Nouv. éd., t. IV, Livre IV, Des sûretés, Livre V, Des preuves, Art. 1001-1501, 1891, pp. 267-268〔ボワソナード民法典資料集成　後期Ⅳ（1998）〕）。なお，フランスでは，1889年2月19日の法律〔農地賃貸人の先取特権の制限及び保険金の分与に関する法律〕2条と3条により，保険金請求権や補償金請求権上に先取特権または抵当権の効力が及ぶと規定されていたにすぎなかった〔現行保険法典L. 121-13条〕）。なお，本条の沿革および諸外

第1節　総　則　　　　　　　　　　　　　　　　　　§*304*　Ⅰ

国の立法例の詳細については，旧注釈民法に譲る（注民(8)97頁〔林良平〕，注民(9)50-51頁〔柚木馨＝西沢修〕。また，谷口安平「物上代位と差押——物上代位の場合に，債務名義なしに代位物を差し押えうるか。」奥田ほか編・民法学3・108頁以下，吉野衛「物上代位に関する基礎的考察(上)」金法968号〔1981〕7頁以下も参照）。

　物上代位の目的物は，条文上は，「金銭その他の物」と規定されているが，一般に，転売代金債権・賃料債権・損害賠償債権のような金銭やその他の物に対する債務者の請求権が対象とされるのであって，現実の金銭の上に優先弁済的効力が及ぶものではない。なぜなら，債務者に支払われた金銭に対してこれが及ぶとすれば，304条1項ただし書の「払渡し」の文言に反するばかりか，債務者の一般財産に優先権を認める結果となり，制度の趣旨に反することになるからである（我妻61頁）。そして，先取特権者は，払渡しや引渡しの前にその請求権を差し押さえなければならないとされている（304条1項ただし書）。なお，物上代位の目的物に関して，請求権に限定されるわけではなく，先取特権の目的物との交換として給付された特定物や替地（収用104条）も物上代位の目的となるとの主張もある（石田(穣)136-137頁。ただし，石田は，債務者の一般財産の中で請求権の対価や弁済された請求権の目的物〔弁済金を含む〕が特定されていれば，それらに対しても先取特権を行使できるとする〔同143頁〕が，少なくとも，弁済は304条1項ただし書の「払渡し」に含まれる以上，こうした解釈は，成り立ち得ないといえよう）。

　いずれにしても，物上代位については，先取特権が目的物の交換価値を把握し，これをもって優先弁済に充てる権利であることから，担保目的物に代わるもの，すなわち代償物（Surrogat）の上にも，その効力を及ぼさしめるのを妥当とする趣旨であると，従来は説明されてきた（石田・上54-57頁，勝本・上35頁，我妻17頁）。しかし，この「担保目的物に代わるもの」の理解については，物上代位の目的である請求権の発生原因が各場合に応じて異なることから，一律・統一的に把握されるものではなく（注民(8)96頁〔林〕），また，近時は，その各場合においてすべての種類の先取特権に物上代位を認める必要があるわけでもなく，個々的な検討をすべきとの指摘もなされている（道垣内66頁）。この点に関して，とりわけ抵当権の物上代位について，比較的最近，抵当権の効力が及んでいた物の代わりとして得られたものに対する「代替的物上代位」と，抵当権の効力の及んでいるものに対する抵当権実行

〔今尾〕

手続としての「付加的物上代位」の2種類の物上代位があると考えるべきとの主張が有力となっている（古くは鈴木禄弥・抵当制度の研究〔1968〕134頁以下。「代替的物上代位」、「付加的物上代位」の用語法については、松岡久和「物上代位権の成否と限界(1)」金法1504号〔1998〕12頁以下・同16頁以下によった。なお、類似の分類〔代償的価値・派生的価値への物上代位〕を提唱するものとして、髙橋眞「賃料債権に対する物上代位の構造について」金法1516号〔1998〕12頁以下も参照）。また、物上代位に関する判例法理の展開により、先取特権の物上代位と抵当権の物上代位とは異なるとの判断も示されるに至っている（最判平17・2・22民集59巻2号314頁は、動産売買先取特権の目的物の転売代金債権に対する物上代位につき、差押え前にその目的債権が譲渡されその対抗要件が具備された場合には、動産売買先取特権には公示がないことを理由に物上代位をもはや行使できないとし、この判断は、同じく物上代位と債権譲渡との優劣が問題となった抵当権の物上代位に関する事案に対する最判平10・1・30民集52巻1号1頁および最判平10・2・10判タ964号79頁などの結論〔抵当権者は、抵当権設定登記により抵当権の効力が目的債権に及ぶことを事前に公示している以上、目的債権の譲渡の対抗要件が具備された後でも物上代位権を行使できるとの判断〕と明らかに異なっている）ので、以下では、各担保物権における物上代位に共通する原理・制度的構造と先取特権について判例法・学説上特に問題となった点、およびなり得る点等を中心に考察することとする。各担保物権の物上代位に固有の事柄やその判例の展開については、質権（→§350 I(2)）と抵当権（→§372 II）の物上代位の箇所に譲る。

2　物上代位の存在理由・法的性質

物上代位の目的物に先取特権の効力が及ぶことの理由やその法的性質をどのように理解するかについて、これまで見解が鋭く対立してきた。これを敷衍すれば、304条1項ただし書が目的物である請求権に対して物上代位権を行使するにはその払渡しまたは引渡し前にこれを差し押さえなければならないと規定しているところ、なぜ差押えが必要なのか、またこの差押えは誰がいつまでになすべきか、という問題と関連づけて、論じられてきたといえる。

この点に関して、従来、先取特権・質権・抵当権の3つの担保物権の物上代位を区別することなく、主に2つの見解が主張されていた。1つは、担保物権は目的物の交換価値を把握し、これを優先弁済に充てる権利であるから、

第1節　総　則

目的物の交換価値が現実化したときにその現実化した交換価値（代償物）にも当該担保物権の効力が及ぶこととなり，そのことを定めたのが物上代位の規定であると捉える「価値権説」である（我妻17頁・276頁以下）。そして，この代償物が債務者の一般財産に混入するとそのうちのどれに優先弁済的効力が及んでいるのか不明なので，その特定性を維持するために「差押え」が必要であると説かれた。この見解によれば，他の債権者が代償物たる債権につき差押えをなし，転付命令を受けても，またはこれの譲渡がなされても，特定性が喪失しない（その債権にかかる債務につき弁済等がされない）限りは物上代位権を行使できるとする（我妻290-291頁，柚木＝高木270-271頁）。これに対して，もう1つは，担保物権も物権である以上，目的物が滅失すればその物権も消滅するはずであるが，担保物権者を特に保護するために，目的物に置き換わった損害賠償請求権などにも優先弁済的効力を及ぼすとする「特権説」である（大連判大12・4・7民集2巻209頁，大決昭5・9・23民集9巻918頁。石田・上54-55頁）。これによれば，物上代位権は，当然の権利ではないので，担保物権者自身による「差押え」によって対第三者との関係では保全されなければならず，「差押え」以前に物上代位の対象物に対して第三者が登場すれば，担保物権者はもはや物上代位権を行使できないということになる（石田・上73頁。なお，従来の見解の対立とその変遷についての詳細は，→§372 II 3）。

　しかし，価値権説・特権説のいずれの見解に立脚しても，すでに述べたように，先取特権の物上代位に限っても物上代位権の対象となる請求権の発生原因は様々であり，各場合を一律に同じ理由付けで優先弁済的効力がその請求権に及ぶとすることは困難である（「売却」や「滅失又は損傷」といった場合には，目的物の「代償物」であるということにより説明できるとしても，「賃貸」の場合にはこの観念によることは難しい）とともに，近時は先取特権と抵当権の物上代位の理解が異なるという判例・学説の趨勢に照らして，物上代位の趣旨・法的性質を一元的に説明しようとの試みは，ほとんど行われなくなってきている。むしろ，法定担保物権としての先取特権と約定担保物権としての抵当権・質権における物上代位の存在理由，担保物権自体の公示の有無およびそれに関連して物上代位の公示の有無等が異なることを前提に，担保物権ごとの物上代位の考察，すなわち3つの担保物権の特徴および各種の担保物権（総財産・特定の動産・特定の不動産・債権などの諸権利というように目的物に応じた各種の担

〔今尾〕

保物権）が認められる趣旨・理由およびそれらと物上代位の発生原因との関連などに照らして，物上代位を認めるべきか否かを，個別に検討すべきとの立場（道垣内 68 頁，近江 58 頁，松尾＝古積 276 頁・322-323 頁〔古積健三郎〕）が有力になっている（この点の検討については，→Ⅳ）。

3 本条の適用範囲・準用

一般の先取特権については，物上代位は問題とならない（ただし，→Ⅱ1）。この先取特権は，債務者の総財産を目的とすることから，目的物が滅失したり売却されたりして損害賠償請求権や転売代金請求権に置き換わった場合，これらの請求権は当然に先取特権の対象となるので，物上代位によりその効力を及ぼさしめる必要がないからである。動産・不動産の特別の先取特権について物上代位が適用されることに意味がある。ただし，一般の先取特権の登記がなされた不動産が第三者に売却された後，第三者のもとで当該不動産の売却・賃貸・滅失・損傷が発生した場合には当該第三者が受けるべき代償物に対する物上代位が問題となり得るが，これについては抵当不動産の場合（→§372 Ⅱ2）と同様に考えることになろう（道垣内 66 頁）。

また，先取特権の物上代位に関して規定する本条は，質権（350条）と抵当権（372条）に準用されるが，すでに述べたように，それぞれの担保物権の目的物に対する追及力や支配力および公示の有無等に差異があるため，三者の物上代位の機能は異ならざるを得ず，個々的な検討が必要である（質権・抵当権の物上代位については，それぞれ§350 Ⅰ(2)，§372 Ⅱを参照）。

なお，通説は，物上代位に関する規定は別に強行性を有すべき理由もないことから，当事者の特約によって排除できるとしている（注民(8)97 頁〔林〕，柚木＝高木 45 頁）。

Ⅱ 物上代位の目的物の範囲

物上代位の目的物は，先取特権の目的物の(1)売却，(2)賃貸，(3)滅失・損傷を発生原因として，当初の目的物に置き換わった請求権（転売代金債権や損害賠償債権）または目的物から派生する請求権（賃料債権）がその対象となる（304条1項本文）。以下では，各種の先取特権について，発生原因の各場合に応じて物上代位の成否を個別に考察することとする。

第1節　総則　　　　　　　　　　　　　　　　§304　II

1　一般の先取特権の目的物

かつて，一般の先取特権の目的物につき，被担保債権が発生したとき，すなわち先取特権が成立したときの総財産である（先取特権成立時に目的物の範囲が固定する）として，先取特権の実行時までに目的物が売却等されたときには，その請求権に物上代位を認める余地があると解する有力な見解が主張されていた（注民(8)92頁・98頁・106頁〔林良平〕）。しかし，一般の先取特権は，実行時の総財産を目的とするものであるとして，その効力は，債務者が第三者に取得する金銭債権・物の引渡請求権にも及ぶので，物上代位は問題にならないと解するのが以前からの通説である（我妻60頁，柚木＝高木44頁，高木43頁，内田515頁，生熊224頁，道垣内66頁，安永478頁，松岡273頁。また→§303 I 3(2)）。

2　特別の先取特権の目的物

(1)　売却の場合

(ア)　売買代金

　(a)　動産の先取特権　　動産の先取特権（8種類すべて）については，その目的物が売却されて第三取得者に引き渡されると先取特権を行使できなくなるので（333条），債務者が受けるべき売買代金請求権に対して物上代位を認めることは有意義であるとともにまさに実益がある。

ところで，請負人に対して材料を供給した動産の売主が，請負人が注文者に対して有する請負代金債権に対して物上代位できるかどうかが問題とされてきた。大審院時代の判例は，建築請負人が原材料の一部として売主から供給を受けた材木を用いて建物を完成させたという場合について，「請負代金ハ建築工事ノ完成ニ要スル一切ノ労務材料等ニ対スル報酬ヲ包含スルモノニシテ単純ニ」，請負人の「供給ニ係ル材木ノミヲ直接代表スルモノト謂フコトヲ得ス」として，請負代金債権に対する動産売買先取特権の物上代位を否定した（大判大2・7・5民録19輯609頁）。従来の学説にあっては，一部の学説が物上代位を否定するこの判決を支持したものの（三潴153頁，注民(8)100頁〔林〕），多くの学説は，「請負代金には実質的に材料代金が含まれているのだから，肯定することが公平を旨とするこの制度の趣旨に適する」（我妻61頁）ことなどを理由として，請負代金債権に対する物上代位肯定説を主張していた（石田・上69-70頁，末弘厳太郎・債権総論（現代法学全集6巻）〔1928〕51頁，勝

本・上205頁，柚木＝高木46頁)。

　その後，この問題に関して，多くの下級審裁判例が現れ，否定説（大阪高決昭59・7・16判タ531号160頁，大阪高決昭60・10・2判タ583号95頁，東京地決昭61・9・10判時1210号65頁，大阪高決昭61・9・16判タ624号176頁，仙台高決昭61・10・20判タ625号228頁など)，肯定説（大阪高決昭56・9・21判タ465号108頁，福岡高決平8・11・18判タ944号163頁など)，そして「動産が加工の結果社会通念上価値の異なる他の物に転化したことにより当初の売買契約の目的物とみなし得なくなったか否か」を基準に物上代位の肯否を決すべきとする折衷説（東京高決昭59・10・3判タ546号138頁）が鼎立・対立する状況にあった。また学説においても，こうした下級審裁判例の展開を受けて，「転化した物に対しても，被担保債権の範囲内においてその価値を支配しうる」として，肯定説を具体的場合に適用したときの帰結を明らかにした割合的物上代位説（石田喜久夫〔判批〕法時57巻7号〔1985〕122頁）や，売買目的物と加工された物との外部的・社会的同一性がある場合に物上代位を肯定すべきとする折衷説の範疇に入る動産同一性説（吉田光碩「動産売買先取特権による物上代位の及ぶ範囲」判タ655号〔1988〕52頁。この見解は前掲東京高決昭59・10・3にその萌芽が見られる）などの新たな見解も登場した。

　そして，このような判例・裁判例および学説の長い展開過程を経て，近時，最高裁は，「請負代金全体に占める当該動産の価額の割合や請負契約における請負人の債務の内容等に照らして請負代金債権の全部又は一部を右動産の転売による代金債権と同視するに足りる特段の事情がある場合には，右部分の請負代金債権に対して右物上代位権を行使できる」と判示し（最決平10・12・18民集52巻9号2024頁)，原則否定説に立つことを明らかにした。学説もこの判例を支持する立場が比較的多い（高木44頁，近江60頁，安永488頁，道垣内66頁，直井義典〔判批〕民百選Ⅰ8版164-165頁など)。これに対しては，担保物権が価値の支配権であることを反映する247条2項の趣旨を考慮し，売却された動産の価値が請負工事の成果物中に残存している限りより広く物上代位を認めてよいとする肯定説（石田喜久夫〔判批〕リマークス2000上32-33頁，石田（穣）138頁，河上74頁，松岡274頁）や，動産の買主（債務者＝請負人）から第三債務者（注文者）に目的動産が原形をとどめたままで給付された限りはその給付の原因（売買か請負か製作物供給契約か）にかかわらず原則として物上代位

権を行使できる（逆に，買主のもとで目的動産が変形して同一性を喪失した場合にはそもそも動産売買先取特権自体が行使できない以上，その変形物の第三者への引渡等により生じた債権にも物上代位できない）とする主張もある（今尾真「請負契約・製作物供給契約と動産売買先取特権」内山尚三追悼・現代民事法学の構想〔2004〕160頁）。

なお，この平成10年最決以降の裁判例として，目的動産（家具）の売主による請負代金債権に対する動産売買先取特権に基づく物上代位が問題となった事案につき，当該家具の納入・設置が工事全体の完成・引渡し前にされたこと，建物新築工事の一部の家具設置工事であり工事全体に占める当該家具の価格割合が僅少（約2.48％）であることを考慮して，請負代金債権に対する物上代位を否定したものがある（東京高決平20・5・26判タ1287号261頁）。

さらにまた，動産の買主（債務者）と第三者との間のいわゆる製作物供給契約によって生じた債権に対する動産売主の物上代位可否について，最上級審の判断は示されていないものの，下級審裁判例は，請負契約に関する判例法理と同じ判断枠組によりこれを否定する傾向にある（東京地判昭61・11・20判タ647号172頁，大阪高決昭63・4・7判タ675号227頁）。これに対して，担保物権の目的物に対する価値支配を理由に肯定する見解も主張されている（河上74頁，松岡274頁。なお，今尾・前掲論文158頁以下も参照）。

　(b) 不動産の先取特権　　不動産の先取特権（3種類すべて）について，その登記がなされているときには目的不動産が第三者に売却されても目的物への追及が可能であるので，その売買代金債権への物上代位を認めるべきか否かについては，抵当権に基づく売買代金債権に対する物上代位肯否の問題（→§372 Ⅱ 2 ⑵）と同様，議論がある。従来は，これを否定する見解が有力であった（鈴木321頁，内田515頁，加賀山・講義278頁，同・担保法330頁，生熊224-225頁，松岡273頁）が，近時は，抵当権の物上代位と異なり，不動産の先取特権の場合には売買価格等の増加が先取特権者の行為に起因すること（道垣内67頁），および追及効と物上代位の双方を認める「過分な保護」が物上代位を否定する積極的根拠となるわけではないこと（近江59頁）などを理由に，追及効とともに物上代位を認めるべきとする見解も主張されている。

　(イ) その他の物　　債務者が受けるべき，金銭以外の「その他の物」の引渡請求権が物上代位の対象となる場合，厳密にはその発生原因は交換であるであろうが，304条の文言の体裁からも本条の趣旨からも，ここに交換を含

むべきと解されている（注民(8)98頁〔林〕）。
  (2) 賃貸の場合
  (ア) 賃　　料
　　(a)　動産の先取特権　　304条の文言上からは，すべての種類の動産の先取特権について目的物の賃貸による債権に対して物上代位が認められることになっている。ただし，不動産賃貸・旅館宿泊・運輸の先取特権については，これらの先取特権の目的物の存在すべき場所について制限があり（賃貸された土地・建物，宿泊した旅館・ホテル等および運送人の手中など），その目的物たる動産が賃貸され，一定の場所から搬出されてしまうと目的物たる性質を失うことを理由に賃料債権に対する物上代位を否定すべきとの主張がある（道垣内67頁）。ここには，これらの先取特権については，すでに目的物でなくなった物が賃貸されて生ぜしめた賃料債権にまで物上代位による優先弁済的効力を及ぼすことは，債権者の通常の期待を超えるとの考慮がある。これらの先取特権が認められる趣旨・理由に鑑みれば，この主張は妥当なものといえよう。
　　その他の動産の先取特権については，目的物自体に対する先取特権行使が認められる場合（333条の「第三取得者」とは所有権を取得した者を意味し，賃借人は含まれないとするのが判例〔大判昭16・6・18新聞4711号25頁〕・通説であるので，目的物が賃貸されて第三者に引き渡されてもその目的物に債権者は先取特権を行使できる）であっても，賃料債権に対する物上代位が認められるとされている。これは，304条の文言上当然であるかのようにも思われる（ほとんどの学説はこの点に関する理由を明らかにしていない）が，その理由を掘り下げてみれば，賃料債権が生じたり，その額が増加したのは，やはり債権者の行為に起因するものであるから（道垣内67頁），ということになろう。
　　(b)　不動産の先取特権　　不動産の先取特権については，それが登記された場合には，目的物に対する追及効があることから，直接に目的物の代償物とはいえない賃料債権に対して物上代位を認めるのは不適切であるとの見解が有力である（鈴木321頁）が，売買代金債権に対する物上代位の場合と同様（一(1)(ア)(b)），賃料債権発生・額の増加が債権者の行為に起因すること，「過分の保護」が物上代位否定の積極的理由にならないことを根拠に，これを肯定すべきとの見解も主張されている（道垣内67頁，近江60頁）。なお，先

取特権に関する判例は存しないが，抵当権の賃料債権に対する物上代位（→§372Ⅱ2⑶㋐）については，これを肯定するのが判例である（最判平元・10・27民集43巻9号1070頁，最判平10・1・30民集52巻1号1頁など）。

　㋑　**権利金等**　動産の先取特権に関してはあまり想定されないが，不動産の先取特権については，債務者による目的物の賃貸等に際して授受される権利金等の支払請求権についても，物上代位が認められる余地があろう。すなわち，権利金については，その法的性質が多様であるので一概にはいえないが，それが実質上賃料に相当する場合や，賃貸物の減価に相当するもので売却代金の一部とみることができる場合には，物上代位の目的物となると解されている（注民⑻99頁〔林〕）。この点についても，抵当権の物上代位に関して（→§372Ⅱ2⑶㋑），議論がなされている（石田・上65-66頁，我妻282頁）。

⑶　**目的物の滅失および損傷の場合**

　本条における「滅失又は損傷」には，事実的・物理的な場合に限らず，公用徴収による土地収用等の法律的な場合も含むと解するのが通説・判例である（公用徴収による補償金等に対する物上代位の問題については，→㋒）。ただし，請負人が買い受けた材木を家屋の建築工事に用いたようなときは，前述のように，判例は，先取特権は当該材木に直接代わるべき価値の代表物に及ぶもので，その目的物の全部または一部を直接代表しない工事の請負代金（建築工事の完成に要する一切の労務材料等に対する報酬を包合するもの）には及ばないとするので，この場合は「滅失」に該当しない（前掲大判大2・7・5。なお，同種事案に関する前掲最決平10・12・18は，請負代金債権の一部が当然には転売代金債権に相当しないことを理由に物上代位を原則否定しつつ，両者に類似性が認められる〔請負代金債権が転売代金債権と同視できる〕場合にはこれを肯定するとしており，前掲大正2年大判の否定説から折衷説的な立場へとシフトしたといえる）。また，物上代位の目的物は請求権であるのが一般であるので，天災により家屋が倒壊して材木になってもその動産たる材木には物上代位は及ばない（大判大5・6・28民録22輯1281頁）。

　㋐　**損害賠償請求権**　動産・不動産の先取特権の目的物につき第三者が滅失・損傷を生じさせ，債務者がその第三者に対して損害賠償請求権を取得する場合，先取特権者は，その損害賠償請求権が目的物のまさに代償物であるがゆえに，物上代位をこれに行使することが認められる。物上代位の趣旨

が明確に現れる場合といえよう。

　(イ)　保険金　　目的物につき損害保険契約が締結されており，債務者がその目的物の滅失・損傷により保険金請求権を取得する場合，先取特権者は，その請求権に対して物上代位を行使することができるか否かが問題となる。というのは，この保険金請求権に対する物上代位については，保険金請求権が保険契約における保険料支払の対価であり，先取特権の目的物の価値が実現したもの（代償物）ではないともいえるからである（西嶋梅治「保険金債権に対する物上代位」法政研究23巻1号〔1955〕57頁，注民(9)60頁〔西沢修〕）。この問題は，火災保険金請求権に対する抵当権の物上代位に関して従前から議論があったところである（詳細は→§372 II 2(4)(ウ)）が，先取特権（とりわけ不動産の先取特権）についても共通する点があるといえよう。

　この問題（抵当権の火災保険金請求権に対する物上代位の可否）に対して，判例は，大審院以来一貫して物上代位を肯定し（大判明40・3・12民録13輯265頁，大判大2・7・5民録19輯609頁〔ただし，傍論〕，大連判大12・4・7民集2巻209頁），最高裁もこれを踏襲する（最判昭41・12・23民集20巻10号2211頁）。また，通説も，抵当権設定契約の趣旨および実質的な政策的考慮からこれを肯定すべきとしてきた（我妻283頁，柚木＝高木266頁，高木146頁・147頁，近江143-144頁，道垣内153頁，髙橋120頁）。

　以上の理は，先取特権についても当てはまる部分もあるが，先取特権については，とりわけ次のように考えられよう。すなわち，目的物が滅失等して先取特権が消滅し，他方で，目的物の価値を補塡する意味をもつ保険金を債務者（目的物所有者）が取得するとすれば，債務者は債務の弁済を免れると同時に先取特権の負担を免れた価値を取得することになり，当事者間の公平を著しく損なうことになるので，先取特権者が保険金請求権に対して物上代位権を行使できると解すべきである。

　(ウ)　補償金・清算金等　　冒頭でも述べたように，本条における「滅失又は損傷」とは，事実的・物理的滅損に限らず，法律的な場合も含まれると解されている（注民(8)99頁〔林〕）。すなわち，土地収用法・土地区画整理法・土地改良法などの特別法に基づき土地の公用徴収（収用・買取りなど）により当該土地上の不動産の先取特権が失われた場合，目的物の所有者に交付される補償金・清算金請求権に対する先取特権の物上代位が認められる（収用

104条, 区画整理78条5項・6項および同法112条1項・2項, 土地改良123条1項・2項)。なお, 公用徴収にかかる補償金・清算金等の請求権に対する先取特権の物上代位を認めた判例・裁判例はないが, 抵当権については, 古くからその集積がある (→§372 Ⅱ 2(4)(イ))。

(4) 物権設定の対価を受けるべき場合

本条2項は, 債務者が目的物の上に設定した物権の対価に対しても物上代位を行使できると規定する。ここにいう「物権」とは, 地上権・永小作権・地役権などの用益物権(質権・抵当権の設定には対価は存しないので)を意味するので, 動産の先取特権については問題となり得ず, これらの物権が不動産の先取特権の目的物に設定された場合に一時的または継続的に支払われる対価の請求権に対して物上代位が及ぶということである。この点については, 賃貸の場合に準じて考えれば足りよう (→(2)(ア)(b)および(イ))。

(5) そ の 他

上記の(1)〜(4)の場合以外で, 抵当権の物上代位においてこれが認められたものとして, 仮差押解放金(民保22条)の取戻請求権と買戻代金請求権(民579条)がある(仮差押解放金の取戻請求権につき最判昭45・7・16民集24巻7号965頁, 買戻代金請求権につき最判平11・11・30民集53巻8号1965頁)。先取特権の物上代位においても問題となり得ると思われるが, 判例・裁判例は見当たらない。これらの請求権に対する物上代位の検討については, 抵当権の物上代位の説明箇所に譲る (→§372 Ⅱ 2(2))。

Ⅲ 債務者の範囲

本条における「金銭その他の物」を受けるべき「債務者」とは, 一般的には被担保債権の債務者, すなわち先取特権の目的物の所有者である。ただし, 不動産の先取特権および不動産が目的物となる一般の先取特権に登記がある場合には, 追及効があることから, その不動産の第三取得者も本条の「債務者」に含まれると解されている (注民(8)101頁〔林良平〕)。

また, 319条が適用される先取特権(不動産賃貸・旅館宿泊・運輸の先取特権)については, 被担保債権の債務者ではない, 目的物の真の所有者も本条の「債務者」に含まれるといえよう。

なお，本条が質権・抵当権に準用される場合，「債務者」に物上保証人・目的物の第三取得者も含むとされている（大判明40・3・12民録13輯265頁および通説）。

IV 物上代位権行使の要件

1 総　説

　先取特権者が物上代位権を行使するためには，その目的物である請求権につき，債務者による「その払渡し又は引渡しの前に差押えをしなければならない」とされている（304条1項ただし書）。この「差押え」を必要とする趣旨・理由に関して，従前から議論が展開されてきた。そこでは，物上代位が認められる根拠の捉え方の違いに応じて，本条の「払渡し又は引渡し」の意味に差異を生ずることとなり，また，誰がいつまでにどのように「差押え」をする必要があるかといった問題にも関連して，見解が鋭く対立してきた。

　従来の議論は，先取特権の物上代位と質権・抵当権の物上代位とを区別せずに，論じられてきた。しかし，近時，判例は，抵当権の物上代位につき，差押えの趣旨を，差押えがなされる目的債権の第三債務者の保護にある（最判平10・1・30民集52巻1号1頁，最判平10・2・10判タ964号79頁，最判平10・3・26民集52巻2号483頁）とした後，動産売買先取特権の物上代位については，第三債務者の保護と目的債権の譲受人などの第三者の保護にもある（最判平17・2・22民集59巻2号314頁）として，両担保物権の物上代位が区別されるとする判断を示すに至った。こうした一連の判例法理の展開を受けて，学説においても両者の物上代位を区別して論じる傾向が強くなった（とりわけ，道垣内68頁・69頁はこの点を強調する）。すなわち，法定担保物権たる先取特権に物上代位が認められるのは，当該先取特権の趣旨に照らして個々の代償物にまで優先弁済的効力を及ぼすのが妥当であるとの考慮（債権者の期待の保護・公平など）に基づくものであるのに対して，約定担保物権たる抵当権における物上代位の存在理由は，抵当権設定契約の趣旨や担保不動産収益執行よりも簡易な執行手続としての存在意義があること（特に賃料債権に対する物上代位）などに求められるもので，両者の物上代位が認められる理由が異なるというわけである。また，公示の有無もそれぞれの物上代位の差異に影響を及ぼすと

する。

そこで，以下ではこうした主張を意識しつつ，従来の議論の枠組を前提に，「差押え」の趣旨，「払渡し又は引渡し」の意味，「差押え」をすべき者および「差押え」の時期・手続等について考察することとする。

2 「差押え」の趣旨

(1) 「差押え」の趣旨をめぐる考え方

304条1項ただし書の「差押え」の趣旨に関しては，従前から抵当権の物上代位を中心に議論され，①特定性維持説，②優先権保全説，③多元的に理解する説，④第三債務者保護説の大きく4つの考え方が主張されてきた。ここでは，先取特権の物上代位における「差押え」の考察に必要な限りにおいて，各説の概略を示すこととする。

①特定性維持説は，次のように主張する。すなわち，物上代位の存在理由におけるいわゆる価値権説に立脚して，担保物権の目的物が一定の事由により金銭債権等（代償物）に置き換わった場合にも価値同一性ゆえにそれに優先弁済的効力が及ぶことになるが，その目的物が払渡し等されて債務者の一般財産に混入してしまうと物上代位を行使できなくなる。そこで，この混入を防止するために「差押え」が必要であると説く（抵当権の物上代位に関するものであるが，我妻288頁以下，鈴木245頁，柚木＝髙木272-273頁，川井61頁）。つまり，物上代位の目的物の特定性を維持するために「差押え」が必要であるので，他の債権者の差押えによって目的物が特定されれば，必ずしも物上代位権者自身が差押えをしなくともよいというわけである。

これに対して，②優先権保全説は，物上代位を一種の特権とみて（物上代位の存在理由におけるいわゆる特権説に立脚），他の債権者に優先して物上代位権を行使するためには，物上代位権者自らがこの「差押え」をしなければならないとする（抵当権に関する大連判大12・4・7民集2巻209頁，大決昭5・9・23民集9巻918頁。また，学説として，古くは梅329頁，石田・上73頁，香川229頁。また，近時では，先取特権の物上代位と抵当権の物上代位を明確には区別せず，優先権保全説を採るものとして，髙木150頁，内田414頁，生熊141頁，など）。また，この説を機能面から捉えて，「差押え」は実質的には対抗要件としての機能を営むものであるとの主張もなされている（髙島64頁以下，宗田親彦「破産宣告と動産売買先取特権(下)」NBL212号〔1980〕48頁以下，近江65頁・149頁，松井47頁・165頁など）。

そして、こうした主張を前提に、特定性維持説と優先権保全説を融合して、この「差押え」には、物上代位の目的物である債権を特定する意味と、他の債権者との関係で優先弁済的効力が物上代位の目的物に及ぶことを保全する意味の少なくとも2つの機能があるとするのが、③多元的に理解する説である（高島65頁、近江65頁、髙橋49頁）。また、さらに、これらの「差押え」の意味・機能に、第三債務者をも保護する機能を付け加える考え方もある（高木〔初版、1983〕130頁、生熊長幸〔判批〕民商92巻2号〔1985〕253-254頁、石川明「先取特権の物上代位と債務者の破産」金法1100号〔1985〕60頁、河上72頁）。

　他方、上記の説に対して、物上代位の沿革に忠実に「差押え」の趣旨を理解しようとする説が、④第三債務者保護説である（本条の「差押え」の淵源は、イタリア語の「opposizione」ないしフランス語の「opposition」に由来するもので、「故障」ないし「異議」と訳され、これは、第三債務者に弁済を誤る危険を回避させるために、先取特権者から「故障」または「異議」を告知することとして、第三債務者にこの危険を予防させようとしたものと理解されていた。詳細は、谷口安平「物上代位と差押──物上代位の場合に、債務名義なしに代位物を差し押えうるか。」奥田ほか編・民法学3・110頁以下、吉野衛「物上代位に関する基礎的考察（上）」金法968号〔1981〕7頁以下参照）。この説は、もっぱら抵当権の物上代位に関して展開されたものであるが、次のように説く。すなわち、抵当権の効力が物上代位の目的物に及んでいることから、第三債務者は弁済等をしても債務の消滅を抵当権者に対抗できず、二重弁済の危険にさらされるので、「差押え」により第三債務者からの弁済等を防ぎ、第三債務者をこの二重弁済の危険から保護するため「差押え」を要するとする（前掲最判平10・1・30など。清原泰司・物上代位の法理〔1997〕101頁以下）。

(2)　若干の考察

　上記の議論は、主に抵当権の物上代位をめぐって展開されてきたので、その当否も含めて詳細は抵当権の該当箇所に譲る（→§372 II 3）こととして、以下では、先取特権の物上代位における「差押え」の趣旨に関する判例法理を中心に考察することとする。

　判例は、動産売買先取特権の目的物の転売代金債権に対する物上代位に関して、この「差押え」の趣旨を、物上代位の目的債権の特定性を維持するとともに、第三債務者その他の第三者の不測の損害を防止する点にあると解し

て,「差押え」がなされる前に目的債権が譲渡された場合はともかく,債務者の破産または一般債権者による目的債権の差押えがなされただけでは,なお物上代位権を行使できるとした(最判昭59・2・2民集38巻3号431頁,最判昭60・7・19民集39巻5号1326頁)。これらの判例は,「差押え」の趣旨に関して,③多元的に理解する説に立脚しているといえる。その後,判例は,同じく動産売買先取特権の物上代位と目的債権の譲渡が問題となった事案で,「差押え」の趣旨理解につき③説の立場を前提に,「差押え」前に目的債権が第三者に譲渡され対抗要件が具備された場合には,動産売買先取特権に公示がないことを理由にもはや物上代位権を行使することができないと判示した(前掲最判平17・2・22)。ここに至って,判例は,動産の先取特権については,「差押え」の趣旨に関する③説,すなわち多元的に理解する説を採用するとの法理を確立させるとともに,抵当権の物上代位における「差押え」の趣旨理解(前掲最判平10・1・30,前掲最判平10・2・10,前掲最判平10・3・26などが採用する④第三債務者保護説)との訣別を宣言したということができる。また,学説の多くもこうした判例の方向を支持する傾向にある。ただし,平成10年最判以降に登場した,用地買収による補償金債権への転付命令と抵当権の物上代位との優劣に関する最高裁平成14年3月12日判決(民集56巻3号555頁)の論理(転付命令の第三債務者への送達までに「差押え」をしなければ物上代位権を行使できない)によれば,平成10年の一連の最高裁判決を修正したとみるべきではないかとして,優先権保全説への判例の回帰を示唆する主張もある(内田415頁。また,生熊長幸・物上代位と収益管理〔2003〕198-202頁は,この平成14年最判により,平成10年の一連の最判における理論は放棄せざるを得ないとする)。こうした主張によれば,先取特権と抵当権の物上代位におけるそれぞれの「差押え」の趣旨理解につき,これを依然として同一の性格のものと理解することができよう。

なお,「差押え」に公示的意味をも加味する見解(前掲高島・宗田・近江・松井)があるが,「差押え」を公示と捉えることには疑問がある。すなわち,動産の先取特権そのものにあってはそもそも公示がなく,これが物上代位権行使の局面になると,にわかに「差押え」を公示と理解するのは困難であるからである。もともと公示のない動産の先取特権の効力(優先弁済的効力)を目的物の変形物・代償物ないし派生物に及ぼさしめる仕組みが物上代位であ

るとするならば，そうした担保権における物上代位権にも公示がないとするのが自然であろう（今尾真「動産売買先取特権に基づく物上代位とその目的債権の譲渡」明学79号〔2006〕127頁以下，角160頁）。また，抵当権の物上代位にあっては，判例は，「差押え」の趣旨に関する④第三債務者保護説を採用して，物上代位の公示は登記と解するので，「差押え」を公示とは捉えていない（前掲最判平10・1・30など）。

　ところで，判例は，上記のように，「差押え」の趣旨に関しては動産の先取特権（動産売買先取特権）に対してのみ判断を示しているので，不動産の先取特権における「差押え」の趣旨理解についても，③説が当てはまるか否かはさらに検討を要する。この点については，学説もほとんど言及しておらず，動産の先取特権と不動産の先取特権の双方の物上代位とも共通の仕組みに服する，または統一的に理解するとすれば，不動産の先取特権の物上代位における「差押え」の趣旨も，③説の多元的に理解する説と解されることになろう。これに対して，不動産の先取特権については登記による公示がなされるので，抵当権と同じく，物上代位権の公示も登記によるべきとの理解に立てば，不動産の先取特権の物上代位における「差押え」の趣旨理解は，④第三債務者保護説によることになろう（生熊230頁はこの見解に立つ）。

　なお，以上に対して，先取特権の物上代位は，先取特権が抵当権と異なり本来的に公示を欠く物権であるという前提（不動産の先取特権の登記は純粋に公示目的ではなく，いわば効力要件であるとの理解）に立って，当該の先取特権の趣旨に照らして，個々の代償物にまで優先弁済的効力を認めるのが妥当かどうかにより決定されるものだから，抵当権の物上代位とは一線を画して論じられるべきとの主張がある（道垣内68頁）。これによれば，抵当権の物上代位における「差押え」の趣旨をめぐる従来の議論を経ず，直截に，先取特権の物上代位権が認められるのはいつまでか（目的物が債務者の一般財産に混入して特定性を喪失するか，第三者が目的債権に排他的権利を取得するか），換言すれば，304条1項ただし書の「払渡し又は引渡し」の解釈として，これにいかなる場合が該当するかを判断すれば足るということになろう（後記3の考察に直結する）。

　いずれにしても，物上代位における「差押え」の趣旨に関する議論は，判例・学説とも，先取特権の物上代位と抵当権の物上代位とを区別して論じら

れる方向にある。しかも，先取特権にあっては，動産の先取特権と不動産の先取特権とで区別するか否か，さらには先取特権の種類に応じた趣旨理解に照らして，物上代位の可否を決するといった個別的・具体的な議論が展開され始めているといえる。

3 「払渡し又は引渡し」の意義

(1) 弁　済

第三債務者が，物上代位の目的債権の「差押え」前に，これを債務者に対して弁済をしてしまうと，もはや先取特権者は，物上代位権を行使することができない。304条1項ただし書の「払渡し又は引渡し」は，基本的には第三債務者による弁済を想定しているといえよう。

それでは，この第三債務者による弁済以外に，「払渡し又は引渡し」に該当するのはいかなる場合があるか，すなわち，債務者に破産手続が開始した場合，他の一般債権者が目的債権を差し押さえたり，これに転付命令を取得した場合あるいは目的債権が譲渡された場合も，同条項ただし書の「払渡し又は引渡し」と同視できるかが問題となる。これは，換言すれば，物上代位権を行使しようとする者が，いつまでに目的債権の「差押え」をしなければならないかという問題でもある。

(2) 債務者の破産

判例は，債務者が破産手続開始決定を受けた後でも，動産売買先取特権者は物上代位権を行使し得るとした（前掲最判昭59・2・2）。すなわち，この判例は，304条1項ただし書の「差押え」の趣旨につき，前述2(1)の③多元的に理解する説を採用した上で，「第三債務者による弁済又は債務者による債権の第三者への譲渡の場合とは異なり，単に一般債権者が債務者に対する債務名義をもつて目的債権につき差押命令を取得したにとどまる場合には，これによりもはや先取特権者が物上代位権を行使することを妨げられるとすべき理由はないというべきである」と判示した。破産手続開始決定も一般債権者による差押えと同じく，債務者の処分権限が制限されているにすぎず，両者を区別すべき理由はないというわけである。学説もこの判例を支持する（道垣内68-69頁，近江63頁，髙橋49-50頁）。

(3) 目的債権の差押え・目的債権につき転付命令の取得

物上代位の目的債権につき一般債権者が仮差押えをした後，動産売買先取

〔今尾〕

特権者が物上代位権の行使として目的債権につき差押え・転付命令を取得した事案につき，判例は，前掲昭和59年最判と同様に，「差押え」の趣旨に関して③多元的に理解する説を採用した上で，「目的債権について一般債権者が差押又は仮差押の執行をしたにすぎないときは，その後に先取特権者が目的債権に対し物上代位権を行使することを妨げられるものではない」と判示して，物上代位権の行使を認めた（前掲最判昭60・7・19）。

これに対して，物上代位の目的債権に対して一般債権者が転付命令を取得してそれが第三債務者に送達され確定した後（民執159条・160条参照），先取特権者が物上代位権を行使し得るかについては，先取特権に関する判例はない。この問題に対して，学説は，転付命令は債権の委付（法定譲渡）であるから，転付命令が効力を有して債権の帰属が変更した以上，先取特権者は物上代位権をもはや行使し得ないとする（近江61-62頁，道垣内69頁）。なお，抵当権の物上代位と一般債権者の転付命令取得の優劣が争われた事案について，判例は，転付命令の第三債務者への送達と抵当権の物上代位による差押えの先後により優劣を決定すべきとしており（前掲最判平14・3・12），この基準は先取特権においても参考になるであろう。

(4) **目的債権の譲渡**

物上代位の目的債権が第三者に譲渡されその対抗要件が具備された後（467条2項），動産売買先取特権者が目的債権を差し押さえて物上代位権を行使できるかが問題となった事案につき，判例は，「差押え」の趣旨に関して，「抵当権とは異なり公示方法が存在しない動産売買の先取特権については，物上代位の目的債権の譲受人等の第三者の利益を保護する趣旨を含むものというべきである。そうすると，動産売買の先取特権者は，物上代位の目的債権が譲渡され，第三者に対する対抗要件が備えられた後においては，目的債権を差し押さえて物上代位権を行使することはできない」と判示した（前掲最判平17・2・22）。ここでの優劣決定基準は，物上代位権行使としての差押えと債権譲渡の第三者対抗要件具備の先後に求められている。学説もこの判例を支持する（道垣内69頁，髙橋49-50頁，松尾＝古積276頁〔古積〕）。

なお，抵当権の物上代位に関する類似の事案では，判例は，すでに述べたように，抵当権設定登記をもって物上代位の公示となし，物上代位の差押え以前に債権譲渡が対抗要件を具備していても，それ以前に抵当権が登記され

ている場合には，物上代位を優先させている（前掲最判平10・1・30，前掲最判平10・2・10）。したがって，抵当権のように公示手段を持たない動産の先取特権にあっては，対抗力を有する目的債権の譲受人や転付命令を取得した第三者の登場によって，その効力が限界づけられているといえよう（河上72頁）。しかし，物上代位の目的物は債権であるので，抵当権の公示（登記）が債権に対して抵当権の優先弁済的効力が及んでいることをも公示するということには，疑問なしとしない（角160-161頁参照）。

(5) その他の想定される場合

先取特権者が物上代位の目的債権に対して差押えをする前に，第三債務者の債務者に対して有する反対債権によって相殺がなされるという場合が想定されるが，これに関する判例・裁判例は存在せず，学説の言及もない。この場合，相殺と差押えの事案における判例法理である無制限説（最大判昭45・6・24民集24巻6号587頁）に依拠して相殺を優先させるとの論理的帰結も導き得るが，本件は，単なる一般債権者の差押えと相殺の場合ではなく，優先弁済的効力を本体とする担保物権の物上代位と相殺の衝突といった場合であることに鑑みれば，先に述べた目的債権の譲渡と物上代位の優劣における考え方（前掲最判平17・2・22）がここでは妥当するものと思われる。すなわち，物上代位権行使としての差押えと相殺の主張の先後により優劣が決定されるべきであろう。

なお，抵当権の賃料債権に対する物上代位と反対債権（保証金返還請求権）による相殺が問題となった事案（相殺合意の事案）に対して，判例は，抵当権者が物上代位権の行使として賃料債権に差押えをした後は，抵当不動産の賃借人は，抵当権設定登記後に賃貸人に対して取得した債権を自働債権とする賃料債権との相殺をもって抵当権者に対抗することはできず，また，差押え後に発生する賃料債権については，抵当権者に対して相殺合意の効力を対抗できないとした（最判平13・3・13民集55巻2号363頁）。この判例は，抵当権の物上代位に関するものであるが，その判旨からは，物上代位の差押え前の相殺は制限されないとの理解が可能であり（内田409頁，松尾＝古積333頁〔古積〕），そうすると，物上代位の差押えと相殺の主張の先後による優劣決定という基準が論理的には導き出されるように思われる。

4 物上代位権の行使手続

物上代位権の行使は，担保権実行手続として，先取特権者自らが，執行裁判所に「担保権の存在を証する文書」（不動産の先取特権では登記事項証明書，動産売買先取特権では見積依頼書・発注書・納品書・受領書などの取引関係文書，雇用関係の一般の先取特権では賃金台帳の写し・給与支払担当者の賃金支払証明書・銀行等の給与振込未了証明書など〔中野＝下村338頁・342頁・344頁参照〕）を提出し（民執193条1項後段），執行裁判所が差押命令を発することによって開始する（同条2項〔民執143条準用〕）。ただし，物上代位権の行使においては，この担保権の存在を証する文書だけでなく，物上代位権の存在を証する文書（例えば，買主・転買人間の売買契約書，納品書，商品受領証，転買人作成の転買証明書など）の提出も必要とされている点に注意を要する（中野貞一郎「『担保権の存在を証する文書』（民執193条1項）――動産売買先取特権に基づく物上代位権の行使をめぐる裁判例」判タ585号〔1986〕15頁，中野＝下村344-345頁）。このような手続によって，304条1項ただし書の「差押え」は行われるわけであるが，この「差押え」手続を行うには，これが先取特権に基づいて優先弁済を受ける手続であるので，被担保債権の弁済期が到来していなければならず（道垣内70頁），未到来のときは差押命令の申請は却下されることになる。

また，先取特権者が，上記のような担保権の実行としてではなく，一般債権者として差押えを行った場合，判例は，配当要求の終期までに「担保権の存在を証する文書」を提出して，物上代位権の行使手続に切り換えなければ，優先弁済を受けることができないとする（最判昭62・4・2判タ645号162頁）。

さらに，他の債権者が物上代位の目的債権を差し押さえている場合に物上代位権者が配当要求をすることができるかについて，抵当権の事案に対してであるが，判例は，「304条1項ただし書の『差押』に配当要求を含むものと解することはできず，民事執行法154条及び同法193条1項は抵当権に基づき物上代位権を行使する債権者が配当要求をすることは予定していない」ことを理由に，これを否定した（最判平13・10・25民集55巻6号975頁）。つまり，物上代位権者は，配当要求の終期までに，自らも物上代位権行使としての「差押え」をしなければ，優先弁済を受けられないということである。この理は，先取特権の物上代位にも妥当するものと思われる（道垣内70頁参照）。

なお，先取特権者が，「担保権の存在を証する文書」を提出できない（弁

済期が未到来の）場合，その文書を得る（弁済期到来）までの間，物上代位権を保全する（目的債権の「払渡し又は引渡し」を仮に差し止めておく）必要が生ずる。この点に関し，仮差押えや処分禁止の仮処分が認められるか否かについて，裁判例・学説が多様に展開されている（詳細は，さしあたり，今中利昭「動産売買先取特権実行上の諸問題」民事特別法の諸問題2巻〔1985〕151頁，同「動産売買先取特権をめぐる最近の判例の動向と倒産法上の諸問題(上)」金法1107号〔1985〕10頁以下，生熊長幸「物上代位権行使の保全のための差押えと物上代位権の行使としての差押え」法学50巻5号〔1987〕1頁，野村秀敏「動産売買先取特権とその実行手続をめぐる裁判例の動向(6)」判時1269号〔1988〕172頁以下参照）。

V　物上代位権と質権との競合

　先取特権自体と質権との競合に関して，動産の先取特権については，334条がその優先順位を規定しており，また，不動産の先取特権については，登記の先後によることになるので，問題とならない（注解判例392頁〔田原睦夫〕）。

　しかし，先取特権に基づく物上代位権とその目的債権に対する質権（債権質）との競合については，その優劣決定に関する規定がなく，裁判例・学説において多様な見解が主張されている。この問題は，もっぱら抵当権に基づく保険金請求権に対する物上代位とそれに対する質権との優劣に関して論じられてきた。基本的には，そこでの議論が不動産の先取特権の物上代位権の場合にも当てはまるであろう。そこで，この考察は，抵当権の箇所に譲る（→§372 Ⅱ 3(2)(ウ)）。

　他方，動産の先取特権の物上代位権と質権の競合については，動産保存の先取特権とその保険金請求権に対する質権との優劣が問題となった事案で，福岡高裁平成元年12月21日判決（判タ731号176頁）が，物上代位における差押えと債権質の対抗要件具備の先後により，その優劣を決定すべきと判示している。債権質の対抗要件具備が364条により債権譲渡の対抗要件具備の規定を準用することから，前掲平成17年最判の法理に照らしても，妥当な判断といえよう。

VI 物上代位の効果

1 物上代位の効果とその理論的根拠

　物上代位権の効果は，先取特権者が，その目的物の売却，賃貸，滅失または損傷によって，債務者（目的物の所有者）が受けるべき金銭その他の物，すなわち本来の目的物に置き換わった請求権（転売代金債権や損害賠償債権などの代償物）またはその目的物から派生する請求権（資料債権）に先取特権の効力を及ぼし，そこから優先弁済を受けることである。また，先取特権者がその効果を享受し得る（物上代位権を行使し得る）時点は，動産・不動産の先取特権を問わず，目的物の滅失・損傷等の場合はそれらの事態が生じた時点から，目的物が賃貸・売却された場合には被担保債権の不履行の時点からとされている。いずれにしても，この物上代位権の行使は，先取特権行使の一態様ということができる。

　そして，すでに述べたように（→Ⅰ2），これらの請求権に物上代位が認められる理由について，従来の議論は，法定担保物権である先取特権の物上代位と，約定担保物権である質権・抵当権のそれとを同一のメカニズムに服するものとして，両者を区別せず，その理由の捉え方と関連させて，物上代位権の行使要件の問題を論じてきた（担保物権の価値権性や特権性から，目的物に置き換わったまたはそこから派生したものに優先弁済的効力が及ぶとの説明を前提に，304条1項ただし書における「差押え」の趣旨・主体・時期および「払渡し又は引渡し」の意義等に関する解釈論が展開されていた）。しかし，先取特権の物上代位に限っても物上代位権の対象となる請求権の発生原因は様々であり，各場合を一律に同じ理由付けで優先弁済的効力がその請求権に及ぶとすることは困難であることが認識される（いわゆる価値権説によるとき，「売却」や「滅失又は損傷」といった場合に，それらの請求権は目的物の「代償物」であるといえるが，「賃貸」の場合には代償という観念によって物上代位権が賃料債権に及ぶとする説明は難しく，また，特権説によっても，本来的目的物が消滅せず，これに担保物権自体を行使できる場合にさらに物上代位権を認めることの説明は，担保物権が特権であるということからは説明できない）とともに，近時は，先取特権と抵当権・質権の物上代位の認められる理由が異なることを前提に，両者における物上代位を一元的に説明する試みは，ほとんど行われなくなっている。そして，先取特権において物上代位権が認めら

第 1 節 総 則　　　　　　　　　　　　　　　　§*304* Ⅵ

れる理由については，各先取特権の制度趣旨に照らし，個々の代償物等にまで債権者の優先弁済的効力を及ぼすことが妥当か否かといった基準ないし観点（債権者の通常の期待の保護・債権者間の公平）から，物上代位の可否を判断するとする見解が有力となっている（道垣内 68 頁，近江 58 頁，松尾＝古積 276 頁・322-323 頁〔古積健三郎〕）。

　そこで，以下では，こうした物上代位の理論的根拠の捉え方の差異に即して，本来的目的物に対する先取特権の行使と物上代位権との関係が問題となり得る場合を整理することとする。

2　本来的目的物に対する先取特権の行使と物上代位権の関係
(1)　不動産の先取特権の追及効と物上代位

　不動産の先取特権については，目的物の滅失のときは本来の目的物に対する先取特権の行使ができないことから，その代償物に物上代位が認められることに問題はない（損傷の場合は，その程度にもよるが，本来の目的物に対する先取特権と損傷部分に対応する代償物へ物上代位権行使の双方が認められることがあろう）が，売却・賃貸・地上権等の設定のときには，先取特権が登記された場合に追及効が認められるため，それと物上代位により二重の保護を受けられる可能性がある。この点に関して，従来は，先取特権と抵当権の物上代位の区別をあまり意識せず，①追及効が認められる限りは物上代位権を行使できないとする見解（古くは近藤 206 頁，比較的最近までは鈴木 321 頁，内田 515 頁，加賀山・講義 278 頁，同・担保法 330 頁，生熊 224-225 頁，松岡 273 頁），②304 条の文理解釈から物上代位権と追及効のいずれをも主張できるとする見解（末弘厳太郎・債権総論（現代法学全集 6 巻）〔1928〕51 頁および 52 頁の註 4），③両者のいずれか一方を選択的に行使できるとする見解（石田・上 60 頁），④物上代位により全部の弁済を受けられなかったときにさらに残額につき先取特権を行使できるとする見解（富井 356 頁，勝本・上 38 頁，柚木 245 頁）などが展開されていた。

　これに対して，近時は，先に述べたように，先取特権と抵当権の物上代位が認められる理由は異なるとして（→1），不動産の先取特権の場合には売買価格等の増加が先取特権者の行為に起因すること（道垣内 67 頁），および追及効と物上代位の双方を認める「過分な保護」が物上代位を否定する積極的根拠となるわけではないこと（近江 59 頁・60 頁）などを理由に，追及効とともに物上代位を認めるべきとする見解も主張されている（→Ⅱ 2 (1)(ｱ)(b)）。

〔今尾〕

(2) 動産の先取特権の行使と物上代位

　動産の先取特権については，目的物の売却・滅失のときには，本来の目的物に対する先取特権の行使ができないことから（売却の場合は333条により本来的目的物に対する追及力がないとされているので），すべての先取特権においてその代償物に物上代位が認められることに問題はない（損傷の場合は，不動産の先取特権と同様，その程度にもよるが，本来の目的物に対する先取特権と損傷部分に対応する代償物へ物上代位権行使の双方が認められることがあろう）。また，不動産賃貸・旅館宿泊・運輸の先取特権以外の動産の先取特権については，本来の目的物が賃貸されたときも，その目的物自体に対する先取特権の行使は禁じられておらず，賃料債権に対しても，賃料債権が生じまたはその額が増加したのは先取特権者の行為に起因していることから，これに物上代位権を行使できるとされている（道垣内67頁，髙橋48頁）。

　これに対し，不動産賃貸・旅館宿泊・運輸の先取特権については，目的物が賃貸されたときは，本来の目的物に対する先取特権自体の行使はもとより，その賃料債権に対する物上代位も認めるべきではないと解されている（道垣内67頁）。これらの先取特権は，目的物の存在すべき場所について制限があり，ある動産が賃貸されてその場所から搬出されると，先取特権の目的物としての性質を喪失することになるから，すでに目的物ではなくなった物が生ぜしめた賃料債権に対してまで，先取特権の一行使態様である物上代位権を認めることは，先取特権者の通常の期待を超えるからというわけである（→ II 2 (2)(ア)(a)(b)）。

(3) 債務者に開始した倒産処理手続と物上代位

　動産・不動産の先取特権者（特別の先取特権者）は，破産手続および民事再生手続において別除権を与えられることになる（破2条9項，民再53条）ので，これらの手続外で自由に先取特権を実行することができる（破65条1項，民再53条2項）。そして，物上代位権者も，物上代位権が先取特権の本体的効力たる優先弁済的効力を発現するものであるので，倒産処理手続外で自由に行使できると解されている（注解判例393頁〔田原睦夫〕）。

　また，裁判例は，特別の先取特権の物上代位の目的物である債権を，債務者が当該物上代位権者に代物弁済または譲渡担保に供しても破産法上否認されないとする（大阪地判昭48・6・30下民集24巻5～8号438頁，大阪地判昭57・8・

9判タ483号104頁)。これも,動産の先取特権の目的物を当該先取特権者に代物弁済に供しても否認されない(最判昭41・4・14民集20巻4号611頁)ことと同じ考慮に基づくものである。

〔今尾　真〕

(先取特権の不可分性)
第305条　第296条の規定は,先取特権について準用する。
〔対照〕　フ民2349

I　先取特権の不可分性の意義

先取特権は,被担保債権の全部の弁済を受けるまで,その目的物の全部に対してその効力を及ぼし,目的物が複数ある場合(目的物の一部でもって被担保債権全額を弁済するに足る場合)でも,先取特権は,被担保債権の全額をもってそれぞれの目的物にその効力を及ぼす。これを,担保物権の通有性の1つである不可分性という。民法は,留置権の箇所で不可分性の原則を規定し(296条),その他の担保物権にもこれを準用するという体裁をとっており,本条は,この規定を先取特権にも準用している(305条)。不可分性の詳細については,留置権の注釈に譲る(→§296)。

II　不可分性の具体的内容

先取特権者は,すでに述べたように(→I),被担保債権の弁済を受けるまで,目的物の全部に対して先取特権を行使できるというだけでなく,その目的物が,一定の事由によって,損害賠償債権や転売代金債権に置き換わって物上代位の対象となっても(304条),不可分性はそれに当てはまる。

もっとも,先取特権の不可分性は,留置権のように,被担保債権の全部の弁済があるまでは目的物の全部について引渡しを拒絶できるという意味での不可分性とは異なり,先取特権の優先弁済的効力が目的物全部に及んでいることを意味するにとどまると解されている(注民(8)103頁〔林良平〕,判例民法

Ⅲ55頁〔今村与一〕)。それゆえ，債務者の総財産を目的とする一般の先取特権のように，その優先弁済権の行使方法に制限がある場合であっても（335条参照），これは先取特権の不可分性に反するものではない〔判例民法Ⅲ55頁〔今村〕)。

なお，通説は，当事者の特約により，不可分性を排除できるとする（富井301頁，中島918頁，石田・上99頁)。

〔今尾　真〕

第2節　先取特権の種類

第1款　一般の先取特権

（一般の先取特権）
第306条　次に掲げる原因によって生じた債権を有する者は，債務者の総財産について先取特権を有する。
　一　共益の費用
　二　雇用関係
　三　葬式の費用
　四　日用品の供給

〔対照〕　フ民2331・2375・2400

〔改正〕　本条＝昭24法115・平15法134改正

細目次

- Ⅰ　総説 …………………………………………188
- Ⅱ　目的 …………………………………………189
- Ⅲ　被担保債権の種類 …………………………190
  - 1　民法上の一般の先取特権 ………………190
  - 2　特別法上の一般の先取特権 ……………190
    - (0)　共益費用に関する債権 ………………191
    - (1)　租税 ……………………………………191
    - (2)　国または公共団体の徴収金等 ………191
    - (3)　公法人またはこれに準ずるもの（独立行政法人等）の徴収金等 ………198
    - (4)　各種の社会保険料等 …………………199
    - (5)　民法上の共益費用に関する債権 ……201
    - (6)　特殊の私債権等 ………………………201
    - (7)　雇用関係に基づいて生じた債権 ……201
    - (8)　葬式費用に関する債権 ………………201
    - (9)　日用品供給に関する債権 ……………201
    - (10)　公法人・独立行政法人等に対する解約手当金等の支払請求権 …………201
    - (11)　特殊会社・独立行政法人等の社債またはその発行債券（一般担保）……202
- Ⅳ　順位 …………………………………………206
  - 1　一般の先取特権相互の間 ………………206
  - 2　一般の先取特権と特別の先取特権との間 …………………………………………206
  - 3　特別法上の一般の先取特権の順位概観 ……………………………………………207
- Ⅴ　一般の先取特権の実行方法 ………………209
  - 1　先取特権者自らが実行した場合 ………209
    - (1)　目的物が不動産の場合 ………………209
    - (2)　目的物が動産の場合 …………………209
    - (3)　目的物が債権その他の財産権の場合 ……………………………………………210

〔今尾〕

2 他の債権者が実行した場合……………210
　(1) 一般債権者による強制執行 ………210
(2) 他の担保権者が担保権を実行した
　　場合 ……………………………………211

I　総　　説

　一般の先取特権は,「債務者の総財産」を担保目的とする先取特権である（306条）。「債務者の総財産」には, 債務者が所有する動産・不動産・債権その他の一切の財産権が含まれる。一般の先取特権の被担保債権は, 債務者の特定の財産と密接な関係を有するものではなく, 反面, 政策的見地から要保護性の強いものであることから,「債務者の総財産」がその担保目的物とされるわけである。また, 不動産を目的物とする場合には, 登記がなくても特別担保を有しない債権者に対抗することができる（336条本文）。

　民法は, ①共益の費用（307条）, ②雇用関係（308条）, ③葬式の費用（309条）, ④日用品の供給（310条）の4つの債権につき, 一般の先取特権を定めている。これに対して, 民法以外の特別法によって, 一般の先取特権は多数認められている（→後記Ⅲ）。

　なお, わが国の先取特権制度は, すでに述べたように（→前注（§§303-341）Ⅰ3）, フランス民法典に由来し, 同法典における1955年のデクレ等による改正以前の制度を範としたので, 一般の先取特権が認められる債権の範囲は広範である（1955年改正前のフランス民法では, 動産および不動産に及ぶ先取特権として, 裁判費用・葬式費用・最後の疾病の費用・乳母の給金・雇人の給料・日用品供給・労働災害の補償・家族手当・その他特別法上認められる債権・国庫に関するものにつき一般の先取特権が認められ〔1955年改正前のフ民2101条・2104条〕, しかもこの先取特権は登記なくして抵当権に優先するものとされていた〔1955年改正前のフ民2105条・2107条〕）。しかし, フランス民法典は, 1955年の改正により, 裁判費用と雇人の給料についてのみ, 従来の一般の先取特権の効力を有するとした（1955年改正後のフ民2104条・2105条・2107条〔2006年改正による現行フ民2331条・2375条・2377条・2378条〕）が, その他については債務者の動産に一般の先取特権が成立するとし（1955年改正後のフ民2104条〔2006年改正による現行フ民2331条〕）, また特別法等により債務者の不動産に効力を有する一般の先取特権は法定抵当権（hypothéques lègales）に変更して, 公示の原則に服さしめることとした

第 2 節　先取特権の種類　第 1 款　一般の先取特権　　　§*306* II

（1955年のデクレ15条）。したがって，フランス民法典においては，登記なしに効力を有する一般の先取特権が大幅に減少したといえる（L. AYNÈS et P. CROCQ, DROIT DES SÛRETÉS, 12e éd., 2018, n° 460, pp. 273-274.）。

　これに対して，わが国の一般の先取特権は，これが与えられる債権の範囲も広く，不動産については登記をしていなくとも特別担保を有しない債権者に対抗することができるとされているので（336条本文），一般債権者に不測の損害を与える危険性があるとして，従前から，公示の原則との関係で立法論的に疑問が提起されてきた（注民(8)105頁〔甲斐道太郎〕，柚木＝高木49頁）。

　もっとも，不動産を目的物とする一般の先取特権については登記なくして優先できるのは一般債権者に対してのみであること（特別担保を有する債権者には対抗できない），特別法上一般の先取特権が多数認められているのに対して民法上は 4 つの先取特権しか認められていないこと，また特に，一般の債権に比し優先的に保護する政策的必要のある比較的少額な債権に，この先取特権が認められる傾向があることからすれば，こうした立法例にも一定の合理性があるように思われる。むしろ，ここでは，本条に定める一般の先取特権が認められる債権が，現代社会において真に保護されるべきものであるか否かを，特別法上の一般の先取特権が認められる債権と対比しつつ，改めて検討する作業が不可欠であろう。

II　目　　的

　一般の先取特権の目的は，「債務者の総財産」であり，ここには債務者が所有する動産・不動産・債権その他の一切の財産権が含まれる。ただし，この「総財産」は，債務者に帰属する「一般財産」または「責任財産」を意味するので，差押えが禁止される財産（民執131条〔動産〕・152条〔債権〕，生活保護58条，国健保67条，恩給11条3項，母子保健24条など）や法律上または性質上譲渡できない権利（扶養請求権など）は，ここから除外される（注民(8)105頁〔甲斐道太郎〕，清水誠「一般の先取特権の意義・効力」担保法大系Ⅱ345頁，河上49頁）。

　債務者の責任財産に属する不動産・動産・債権その他の一切の財産権が一般の先取特権の目的となり，一般の先取特権者は，これらの財産につき，自らのイニシアティブにより競売し（不動産が目的物の場合には担保不動産収益執行

〔今尾〕

もできる），または他の債権者による競売手続において，その被担保債権につき民法の定める順位に応じて（329条・306条），優先弁済権を主張することができる。また，総財産の一部が売却等された場合にも，それによって債務者が取得する代金・物または代金債権等は，総財産の一部を構成することになるから，物上代位によることなくして，当然に先取特権の目的となり，債権者はこれらが払い渡される前に差押えをする必要はない（通説。この問題については，物上代位肯定説も含めて，→§303 I 3(2)および§304 II 1）。

　もっとも，この先取特権が「債務者の総財産」を担保目的とするといっても，一般の先取特権者は，その「総財産」を一体と捉えてそこから優先弁済を受けるのではなく（これと対照的に，企業担保権は，会社の「総財産」を「一体として」目的とし〔企業担保1条1項〕，これを「一括し」て実行する〔企業担保37条〕ことができる〔清水・前掲論文346頁〕），実行に際して，個々の財産を差し押さえて競売し，その競売代金から優先弁済を受けることになるのである。したがって，不動産が目的物となり登記される場合には，個々の不動産についてそれぞれ登記をしなければならない。また，一般の先取特権者は，「債務者の総財産」のうち，いずれの財産からでも自由に弁済を受けられるわけではなく，他の担保権者を害さないようにその効力に一定の制限も課されている（335条。→§335 II）。

III　被担保債権の種類

1　民法上の一般の先取特権

　民法の定める一般の先取特権は，①共益の費用（307条），②雇用関係（308条），③葬式の費用（309条），④日用品の供給（310条）の4つを被担保債権とする。これらの先取特権の趣旨および被担保債権の種類等の解説については，各先取特権の説明箇所に譲る（→§307，§308，§309，§310）。

2　特別法上の一般の先取特権

　民法以外に一般の先取特権を認める特別法は多数ある。以下，きわめて不備なものであるが，管見の及ぶ限りで，2018年12月時点の特別法上の一般の先取特権を被担保債権の性質に従って，民法上の一般の先取特権の被担保債権と対比しつつ，分類・整理する。なお，1965年までのものであるが，

第2節　先取特権の種類　第1款　一般の先取特権　　　　　§306　Ⅲ

特別法上の一般の先取特権の網羅的紹介と民法および特別法上の各種先取特権・優先権の優先順位関係の考え方について，現在でも有用な指針を提供する旧版注釈民法も併せて参照されたい（注民(8)106頁以下〔甲斐道太郎〕および189頁以下〔西原道雄〕）。また，民法上の一般の先取特権と下記に掲げる特別法上の一般の先取特権の順位関係の一覧については，後掲【別表1】〔民法上の一般の先取特権と特別法上の一般の先取特権の順位一覧表〕（一前注（§§329-332）Ⅲ 1 末尾）も参照されたい。

(0)　共益費用に関する債権

0：強制換価手続の費用（税徴9条，地税14条の2），滞納処分費（税徴10条，地税14条の3）〔共益費用最優先〕※

　　※強制換価手続の費用や滞納処分費を被担保債権とする優先権は，それらの手続による換価代金を対象とするので，厳密な意味で先取特権とはいえないが，これらの優先権は，特別法上の一般の先取特権の第1順位に位置づけられる租税にも優先するので，最優先順位として第0順位を付すこととする。

(1)　租　　税

1：国が課する税のうち関税，とん税および特別とん税以外の国税債権（税徴8条・2条1号）

2：地方税等の地方団体の徴収金債権（地税14条・1条1項14号）

(2)　国または公共団体の徴収金等

3：砂防法に基づく費用負担金・過料等に関する行政庁の徴収金債権（砂防38条1項・2項）

4：行旅病人・行旅死亡人およびその同伴者の救護もしくは取扱いに関する費用にかかる市町村の徴収金債権（行旅病人及行旅死亡人取扱法15条2項・3項）

5：公有水面の埋立についての免許料・鑑定費用に関する埋立をしようとする者に対する都道府県知事の徴収金債権（公水38条）

6：価格等に対する給付を為すを業とする者に対する価格の特別割増額に相当する金額の全部または一部の納付金に関する財務大臣の徴収金債権（物価統制令23条・20条）

7：分担金・加入金・過料・法律で定める使用料その他の普通地方公共団

〔今尾〕

§*306* III　　　　　　　　　　　　　　　　第2編　第8章　先取特権

体の歳入（その歳入の督促に関する手数料・延滞金）に関する普通地方公共団体の長の徴収金債権（自治231条の3第2項・3項）
8：課徴金（その督促に関する延滞金）をその納期限までに納付しない者に対する公正取引委員会の徴収金債権（独禁69条4項・5項）
9：児童福祉施設の入所者本人またはその扶養義務者もしくは保育所・こども園等に入所・入園した乳児・幼児の保護者に対するこれらの福祉施設等への入所費用等に関する厚生労働大臣，都道府県または市町村の長の徴収金債権（児福56条6項～8項）
10：農地開発事業による受益者に対する負担金に関する都道府県知事の徴収金債権（農地開発営団の行う農地開発事業を政府において引き継いだ場合の措置に関する法律2条4項）
11：行政代執行に要した費用に関する行政庁の徴収金債権（代執6条2項）
12：清算金・延滞金に関する国の徴収金債権（土地改良89条の3第3項）
13：偽りその他不正の手段により給付を受けた者に対する市町村長による不正利得の徴収金債権（接種19条1項・2項）
14：漁業権の変更・取消しまたはその行使の停止によって利益を得た受益者に対する損失補償の負担金に関する国の徴収金債権（漁業177条6項・8項）
15：電波利用料を納めない者に対する電波利用料・その延滞金に関する総務大臣の徴収金債権（電波103条の2第43項）
16：国から修理等・管理等の補助金または費用負担を受けた文化財をその所有者・包括承継人等が有償で譲渡した場合にそれらの者が国庫に納付する補助金・負担金に関する国の徴収金債権（文化財42条4項）
17：国庫の負担による国宝の修理または措置に要した費用の一部に関する国宝所有者に対する文化庁長官の徴収金債権（文化財40条3項，代執6条1項・2項）
18：港湾区域または臨港地区内にある工場または事業場に対する港湾環境整備等の負担金（その督促に関する延滞金）に関する国土交通大臣または港湾管理者の徴収金債権（港湾56条の6第3項・43条の5第1項。なお，延滞金は負担金に先だつ〔港湾56条の6第4項〕）
19：入港料その他の料金・過怠金その他港務局の収入（その督促に関する手

数料・延滞金）等に関する港湾管理者の徴収金債権（港湾44条の3第2項，自治231条の3第2項）

20：鉱区の減少の処分または鉱業権の取消しによって著しく利益を受ける者に対する受益者負担金に関する経済産業大臣の徴収金債権（鉱業143条3項・5項・53条の2第3項）

21：土地もしくは物件を引き渡しまたは物件を移転するのに要した費用に関する市町村長の徴収金債権（収用128条5項）

22：保安林指定によって利益を得た受益者に対する損失補償の負担金に関する国（農林水産大臣）または都道府県の徴収金債権（森林36条4項）

23：道路法に基づく命令もしくは条例またはこれらによってした処分により道路管理者に納付すべき負担金・占用料・駐車料金・割増金・料金または連結料（その督促に関する手数料・延滞金）等に関する道路管理者の徴収金債権（道73条3項。なお，手数料・延滞金は負担金等に先だつ〔同条4項〕）

24：利子補給契約にかかる融資を受けた会社が利益を計上した場合における納付金・延滞金等に関する運輸大臣の徴収金債権（外航船舶建造融資利子補給臨時措置法12条3項・13条）

25：土地区画整理組合の賦課金・負担金・分担金または過怠金に関する滞納者に対する市町村長または（一定の場合に都道府県知事の認可を受けた）組合の理事の徴収金債権（区画整理41条3項〜5項）

26：換地処分による清算金（その督促に関する手数料・延滞金）に関するその滞納者に対する土地区画整理事業の施行者の徴収金債権（区画整理110条5項。なお，手数料・延滞金は負担金に先だつ〔同条6項〕）

27：自動車損害賠償保障事業賦課金または損失補てんにかかる過怠金に関する国土交通大臣の徴収金債権（自賠78条〜81条）

28：各省庁の長が返還を命じた補助金等またはこれにかかる加算金もしくは延滞金の徴収金債権（補助金21条）

29：海岸占用料・土石採取料・受益者負担金および延滞金等に関する海岸管理者の徴収金債権（海岸35条3項。なお，延滞金は負担金に先だつ〔同条4項〕）

30：特定多目的ダムの使用権の設定予定者・その建設による受益者・流水の貯留を利用して流水をかんがい用に供する者に対する建設に要する負

担金，ダム使用権者の負担する管理費用その他の納付金，およびそれらの延滞金に関する国土交通大臣または都道府県知事の徴収金債権（ダム36条3項。なお，延滞金は負担金等に先だつ〔同条4項〕）

31：自然公園法に基づく国に納付すべき負担金および延滞金に関する環境大臣の徴収金債権（自園66条3項。なお，延滞金は負担金に先だつ〔同条4項〕）

32：地すべり防止施設の管理等に要する費用および受益者負担金ならびに延滞金の納付義務者に対する都道府県知事の徴収金債権（地すべり等防止法38条3項。なお，延滞金は負担金に先だつ〔同条4項〕）

33：指定開発促進機関に対する納付金またはこれにかかる加算金もしくは延滞金等に関する経済産業大臣の徴収金債権（航空機工業振興法25条1項・2項）

34：違法駐車に対する措置に要した費用・延滞金・その督促に要した手数料などの負担金等に関する違反者に対する警察署長の徴収金債権（道交51条15項〜18項）

35：偽りその他不正の手段により手当の支給を受けた者に対する都道府県知事・市長または福祉事務所を管理する町村長による不正利得の徴収金債権（特別児童扶養手当等の支給に関する法律24条1項・2項）

36：河川法に基づく政令もしくは都道府県の条例の規定またはこれらの規定に基づく処分により納付すべき負担金または流水占用料，およびこれらの延滞金等に関する納付義務者に対する河川管理者の徴収金債権（河川74条3項〜5項）

37：養育医療の給付に要する費用を支弁した市町村長による当該措置を受けた者またはその扶養義務者に対する当該費用の徴収金債権（母子保健21条の4第1項・3項）

38：不実の申請その他不正の手段により国債の交付を受け償還金を取得した者に対する総務大臣による当該償還金の返還にかかる徴収金債権（引揚者等に対する特別交付金の支給に関する法律14条3項・4項）

39：都市計画事業によって著しく利益を受ける者に対する受益者負担金および延滞金に関する国等（国・都道府県・市町村）の徴収金債権（都計75条3項〜5項。なお，延滞金は負担金に先だつ〔同条6項〕）

40：賦課金・負担金・分担金または過怠金を滞納した市街地再開発組合の組合員に対する市町村長または当該組合の理事長によるその賦課金等の徴収金債権（都開41条1項〜4項）

41：事業者負担金を納付しない事業者に対する公害防止事業を実施する施行者（国の行政機関または地方公共団体の長）によるその負担金および延滞金の徴収金債権（公害費12条3項。なお，延滞金は事業者負担金に先だつ〔同条4項〕）

42：偽りその他不正の手段により児童手当の支給を受けた者に対する市町村長による不正利得の徴収金債権（児手14条1項・2項）

43：保全事業の執行が必要となった原因者の負担費用および保全事業の執行により著しく利益を受ける者の受益者負担費用等の負担金および延滞金に関する環境大臣または地方公共団体の長の徴収金債権（自然環境40条3項。なお，延滞金は負担金に先だつ〔同条4項〕）

44：偽りその他不正の手段により補償給付の支給を受けた者に対する都道府県知事による不正利得の徴収金債権（公害補償15条1項・2項）

45：特定品目の物資の販売をした者のその販売価格が当該販売をした物資にかかる特定標準価格を超えていると認められる場合の当該販売者に対する主務大臣による課徴金の徴収金債権（国民生活安定緊急措置法12条3項・4項）

46：石油コンビナート等特別防災区域に所在する事業所であって，石油の貯蔵・取扱量が一定の基準以上になるものを設置する事業者（第一種事業者）に対する事業者負担金および延滞金に関する地方公共団体の長の徴収金債権（石油コンビナート等災害防止法35条3項。なお，延滞金は事業者負担金に先立つ〔同条4項〕）

47：偽りその他不正の手段により犯罪被害者等給付金の支給を受けた者に対する国家公安委員会による不正利得の徴収金債権（犯罪被害給付15条1項・2項）

48：政党助成法に違反して政党交付金の支給を受けた政党に対する総務大臣による返還すべき交付金またはこれにかかる加重金もしくは延滞金に関する徴収金債権（政党助成33条12項）

49：計画水道事業者に対する負担金および延滞金に関する河川水道原水水

§306 Ⅲ　　　　　　　　　　　　　　　　　　第2編　第8章　先取特権

　　質保全事業を実施する国の行政機関の長もしくは地方公共団体の長による徴収金債権（水道原水水質保全事業の実施の促進に関する法律16条3項。なお，延滞金は負担金に先立つ〔同条4項〕）

50：国内希少野生動植物種の保存のための必要費または特定国内希少野生動植物種以外の希少野生動植物種の個体等を輸出国内または原産国内のその保護のために適当な施設その他の場所を指定して返送する費用等を負担する者に対する環境大臣または経済産業大臣等によるその負担金および延滞金の徴収金債権（野生動植物52条4項。なお，延滞金は負担金に先だつ〔同条5項〕）

51：偽りその他不正の手段により原子爆弾被爆者に対する援護に関する法律に基づく給付を受けた者に対する厚生労働大臣または都道府県知事による不正利得の徴収金債権（被爆者47条1項・2項）

52：アルコール事業法に基づく国庫納付金の納付義務者に対するその納付金および延滞金に関する経済産業大臣による徴収金債権（アルコール事業法37条4項。なお，延滞金は納付金に先立つ〔同条5項〕）

53：偽りその他不正の手段により補償金の支給を受けたハンセン病療養所入所者等に対する厚生労働大臣による不正利得の徴収金債権（ハンセン病療養所入所者等に対する補償金の支給に関する法律10条1項・2項）

54：独立行政法人水資源機構法に基づく河川における特定施設の利用者および水資源開発施設の利用者が負担する当該施設の新築または改築にかかる費用および当該施設の利用による受益者の負担金および延滞金に関する都道府県知事の徴収金債権（独立行政法人水資源機構法28条3項・4項）

55：犯罪被害財産支給手続において偽りその他不正の手段により被害回復給付金の支給を受けた者に対する検察官による不正利得の徴収金債権（犯罪被害回復30条1項・2項）

56：防除の実施が必要となった場合の原因となった行為を行った者に対する負担金および延滞金に関する国の徴収金債権（特定外来生物による生態系等に係る被害の防止に関する法律17条4項。なお，延滞金は負担金に先立つ〔同条5項〕）

57：偽りその他不正の手段により交付金の交付を受けた者に対する農林水産大臣による交付金返還債権（農業の担い手に対する経営安定のための交付金

第2節　先取特権の種類　第1款　一般の先取特権　　　　　　§*306* III

の交付に関する法律6条3項・4項）
58：偽りその他不正の手段によりオウム真理教犯罪被害者等に対する給付金の支給を受けた者に対する国家公安委員会による不正利得の徴収金債権（オウム真理教犯罪被害者等を救済するための給付金の支給に関する法律12条1項・2項）
59：偽りその他不正の手段により給付を受けた者に対する厚生労働大臣による不正利得の徴収金債権（新型インフルエンザ予防接種による健康被害の救済に関する特別措置法7条1項・2項）
60：占用料もしくは土砂採取料・過怠金・負担金等および延滞金に関する国土交通大臣の徴収金債権（排他的経済水域及び大陸棚の保全及び利用の促進のための低潮線の保全及び拠点施設の整備等に関する法律13条3項。なお，延滞金は負担金等に先立つ〔同条4項〕）
61：偽りその他不正の手段により子ども手当の支給を受けた者に対する市町村長による不正利得の徴収金債権（平成22年度等における子ども手当の支給に関する特別措置法13条1項・2項）
62：偽りその他不正の手段により子ども手当の支給を受けた者に対する市町村長による不正利得の徴収金債権（平成23年度における子ども手当の支給等に関する特別措置法13条1項・2項）
63：偽りその他不正の手段により就学支援金の支給を受けた者に対する都道府県知事による不正利得の徴収金債権（高等学校等就学支援金の支給に関する法律11条1項・2項）
64：偽りその他不正の手段により仮払金の支払を受けた者に対する主務大臣による不正利得の徴収金債権（平成23年原子力事故による被害に係る緊急措置に関する法律11条1項・2項）
65：津波防護施設区域内の土地の占用料，他の施設等の除却・保管・売却・公示その他の措置に要した費用，兼用工作物の管理に要する費用，津波防護施設の工事・維持の費用，津波防護施設の付帯工事費用，津波防護施設の工事の受益者負担金等および延滞金に関する納付義務者に対する津波防護施設管理者（都道府県知事・市町村長）の徴収金債権（津波防災地域づくりに関する法律47条3項。なお，延滞金は負担金等に先立つ〔同条4項〕）

〔今尾〕

66：保育所にかかる委託費に関する保育認定子どもの支給認定保護者または扶養義務者に対する市町村の長の徴収金債権（子育て支援附則6条7項）
67：原子力事業者に対する一般負担金・特別負担金に関する文部科学大臣の徴収金債権（原子力損害の補完的な補償に関する条約の実施に伴う原子力損害賠償資金の補助等に関する法律8条・9条・12条）
68：偽りその他不正の手段により国外犯罪被害弔慰金等の支給を受けた者に対する国家公安委員会による不正利得の徴収金債権（国外犯罪被害15条1項・2項）

(3) 公法人またはこれに準ずるもの（独立行政法人等）の徴収金等

69：組合員に対する組合費その他組合の収入および督促手数料に関する水害予防組合の徴収金債権（水害予防56条・57条3項）
70：組合員に対する賦課金等もしくはこれにかかる延滞金またはその延滞金以外の過怠金に関する土地改良区から委任を受けた市町村または（一定の場合に都道府県知事の認可を受けた）土地改良区の理事の徴収金債権（土地改良39条4項・5項・7項・38条）
71：組合員に対する賦課金・負担金・分担金または過怠金に関する土地区画整理組合から申請を受けた市町村または（一定の場合に都道府県知事の認可を受けた）組合の理事の徴収金債権（区画整理41条3項～5項）
72：事業主に対する障害者雇用納付金・追徴金・延滞金等に関する独立行政法人高齢・障害・求職者雇用支援機構（厚生労働大臣の認可を受けて）の徴収金債権（障害雇用59条3項・61条・62条）
73：採掘権者または租鉱権者に対する鉱害防止事業基金への鉱害防止業務を永続的に実施するために必要な費用の拠出金および延滞金に関する独立行政法人石油天然ガス・金属鉱物資源機構の徴収金債権（金属鉱業等鉱害対策特別措置法12条の2第3項・4項・5項）
74：組合員に対する賦課金・負担金・分担金または過怠金に関する防災街区整備事業組合から申請を受けた市町村長または（一定の場合に都道府県知事の認可を受けた）事業組合の理事長の徴収金債権（密集市街160条2項・3項・4項）
75：放射性廃棄物の最終処分業務等に必要な費用にかかる拠出金および延滞金に関する納付義務者に対する原子力発電環境整備機構（経済産業大臣

第 2 節　先取特権の種類　第 1 款　一般の先取特権　　　　　　　§*306*　III

の認可を受けて）の徴収金債権（特定放射性廃棄物の最終処分に関する法律 15 条 3 項・4 項・5 項）

76：副作用拠出金・感染拠出金または安全対策等拠出金および延滞金等に関する納付義務者に対する独立行政法人医薬品医療機器総合機構（厚生労働大臣の認可を受けて）の徴収金債権（独立行政法人医薬品医療機器総合機構法 25 条 3 項・4 項・5 項）

77：偽りその他不正の手段により救済給付の支給を受けた者に対する独立行政法人環境再生保全機構による不正利得の徴収金債権（石綿被害救済 27 条 1 項・2 項）

78：偽りその他不正の手段により給付金等の支給を受けた者に対する独立行政法人医薬品医療機器総合機構による不正利得の徴収金債権（特定フィブリノゲン製剤及び特定血液凝固第 IX 因子製剤による C 型肝炎感染被害者を救済するための給付金の支給に関する特別措置法 13 条 1 項・2 項）

79：偽りその他不正の手段により特別給付金の支給を受けた者に対する独立行政法人平和祈念事業特別基金による不正利得の徴収金債権（戦後強制抑留者に係る問題に関する特別措置法 10 条 1 項・2 項）

80：偽りその他不正の手段により特定 B 型肝炎ウイルス感染者給付金等の支給を受けた者に対する社会保険診療報酬支払基金による不正利得の徴収金債権（特定 B 型肝炎ウイルス感染者給付金等の支給に関する特別措置法 21 条 1 項・2 項）

(4)　各種の社会保険料等

81：保険料等を滞納した者に対するその保険料および滞納金等に関する全国健康保険協会または健康保険組合（厚生労働大臣の認可を受けて）の徴収金債権（健保 182 条・183 条・180 条・181 条・181 条の 3）

82：保険料等を滞納した者（被保険者たる船員）に対する保険料および延滞金等に関する厚生労働大臣または全国健康保険協会の徴収金債権（船員保険法 136 条・137 条・132 条・133 条・135 条）

83：労働者災害補償保険法に定める一定の事故について政府が労働者に保険給付を行った場合にその保険給付に要した費用等に関しては事業主に対し，また，一部負担金に関しては療養給付を受ける労働者に対する，政府の徴収金債権（労災 31 条 4 項・1 項・2 項，労保徴 27 条 3 項・29 条・30

〔今尾〕

条）

84：労働保険料を納付しない者に対するその保険料および延滞金等に関する政府の徴収金債権（労保徴29条・30条・27条・28条）

85：掛金等を滞納した学校法人等に対するその掛金等および延滞金に関する日本私立学校振興・共済事業団の徴収金債権（私立学校教職員共済法32条・33条・30条・31条）

86：保険料等を滞納した者に対するその保険料等および延滞金に関する国民健康保険組合（都道府県知事の認可を受けて）の徴収金債権（国保80条・79条）

87：国民年金における保険料等を滞納した者に対するその保険料等および延滞金に関する厚生労働大臣の徴収金債権（国年98条・95条・96条・97条）

88：厚生年金における保険料等を滞納した者に対するその保険料等および延滞金に関する厚生労働大臣の徴収金債権（厚年88条・89条・86条・87条）

89：農林漁業団体職員共済組合における共済掛金等を滞納した者に対するその掛金等および延滞金に関する厚生労働大臣の徴収金債権（厚年88条・89条・86条・87条）※

※厚生年金保険制度及び農林漁業団体職員共済組合制度の統合を図るための農林漁業団体職員共済組合法等を廃止する等の法律（平成13年法律101号）に基づいて，2002（平成14）年4月に共済年金の1つであった農林年金は厚生年金と統合。ただし，統合後も農林漁業団体職員共済組合は存続している。

90：保険料を滞納した農水産業協同組合に対するその保険料および延滞金に関する農水産業協同組合貯金保険機構により徴収の請求を受けた市町村または（一定の場合に主務大臣の認可を受けた）当該機構の徴収金債権（農水産業協同組合貯金保険法54条・52条・53条）

91：雇用保険における雇用保険事業に要する費用に充てるための保険料等に関する政府の徴収金債権（雇保68条1項，労保徴29条・30条・27条・28条）

92：被保険者に対する介護保険事業に要する費用に充てるための保険料等に関する市町村の徴収金債権（介保199条・129条）

第2節　先取特権の種類　第1款　一般の先取特権　　　　　　　　§306　III

93：保険料等を滞納した者に対するその保険料等および延滞金に関する独立行政法人農業者年金基金の徴収金債権（独立行政法人農業者年金基金法57条・55条・56条）

(5)　民法上の共益費用に関する債権

　□「債務者の財産の保存，清算又は配当に関する費用」を支出した者の当該債務者に対するその費用の支払請求権（民307条1項・329条1項）

(6)　特殊の私債権等

94：独立行政法人郵便貯金簡易生命保険管理・郵便局ネットワーク支援機構と生命保険会社との間に再保険関係が成立する旨を定める契約が締結された場合における当該生命保険会社に対する同機構の払戻しを受けることができる再保険料の請求権・再保険金の請求権その他の当該再保険関係により生じた債権（独立行政法人郵便貯金簡易生命保険管理・郵便局ネットワーク支援機構法17条1項・2項）

95：保険契約者が被保険者のために積み立てた金額に関する生命保険会社に対する保険契約者の保険金請求権・損害補てん請求権・返戻金・剰余金・契約者配当にかかる配当金等の権利（保険業117条の2第1項・2項）

(7)　雇用関係に基づいて生じた債権

　□「雇用関係に基づいて生じた債権」に関する雇用主に対する使用人の支払請求権（民308条・329条1項）

(8)　葬式費用に関する債権

　□「債務者のためにされた葬式の費用のうち相当な額」に関する葬式を営んだ者の支払請求権（民309条1項・329条1項）

(9)　日用品供給に関する債権

　□「生活に必要な最後の6箇月間の飲食料品，燃料及び電気の供給について」の費用に関する債務者に対する供給者の支払請求権（民310条・329条1項）

(10)　公法人・独立行政法人等に対する解約手当金等の支払請求権

96：独立行政法人中小企業基盤整備機構に対して共済金または解約手当金の支給を受ける権利を有する者の当該共済金または当該解約手当金の弁済請求権（小規模企業共済法21条1項・3項）

97：地方住宅供給公社と住宅の積立分譲に関する契約をした者による当該

〔今尾〕　201

§306 III　　　　　　　　　　　　　　第2編　第8章　先取特権

契約の解除に際して同公社から受けるべき金額に関する契約者の返還請求権（地方住宅供給公社法23条2項・3項）

98：独立行政法人中小企業基盤整備機構に対して解約手当金または完済手当金の支給を受ける権利を有する者の当該解約手当金または当該完済手当金の弁済請求権（中小企業倒産防止共済法18条1項・3項）

⑾　**特殊会社・独立行政法人等の社債またはその発行債券（一般担保）**

99：株式会社日本貿易保険に対する社債券（貿易保険25条1項・2項）

100：日本放送協会に対する放送債券（放送80条6項・7項）

101：株式会社日本政策投資銀行の電気事業会社に対する貸付金債権（電気事業会社の株式会社日本政策投資銀行からの借入金の担保に関する法律1条1項・2項）

102：奄美群島振興開発基金に対する奄美群島振興開発債券（奄美群島振興開発特別措置法55条2項・3項）

103：独立行政法人勤労者退職金共済機構に対する財形住宅債券（中小企業退職金共済法75条の2第3項・4項）

104：小売電気事業，一般送配電事業および発電事業のいずれも営む者たる会社（兼業会社）に対する社債権（〔平成27年法律47号による改正前〕電気27条の30第1項～4項，同改正附則6条）

105：空港周辺整備機構に対する空港周辺整備債券（公共用飛行場周辺における航空機騒音による障害の防止等に関する法律30条2項・3項）

106：金融システムの著しい混乱が生ずるおそれを回避するために必要な資金の貸付けを受けた金融機関に対する預金保険機構による当該貸付けにかかる債権（預金保険126条の19第2項・3項）

107：沖縄振興開発金融公庫に対する公庫債券・財形住宅債券または住宅宅地債券（沖縄振興開発金融公庫法27条5項・6項）

108：日本下水道事業団に対する下水道債券（日本下水道事業団法42条4項・5項）

109：輸出入・港湾関連情報処理センター株式会社に対する社債（電子情報処理組織による輸出入等関連業務の処理等に関する法律11条1項・2項）

110：国土交通大臣により東京港・横浜港・大阪港または神戸港ごとにその特定外貿埠頭の管理運営を行う者として指定された会社に対する社債

(特定外貿埠頭の管理運営に関する法律5条1項・2項)

111：独立行政法人鉄道建設・運輸施設整備支援機構に対する鉄道建設・運輸施設整備支援機構債券（独立行政法人鉄道建設・運輸施設整備支援機構法19条2項・3項）

112：独立行政法人水資源機構に対する水資源債券（独立行政法人水資源機構法32条2項・3項）

113：社会保険診療報酬支払基金に対する高齢者医療制度関係業務に関する債券（高齢医療147条6項・7項）

114：日本たばこ産業株式会社に対する社債（たばこ産業6条1項・2項）

115：日本電信電話株式会社，東日本電信電話株式会社および西日本電信電話株式会社に対する各社の社債（電電9条1項・2項）

116：東京湾横断道路建設事業者に対する社債（東京湾横断道路の建設に関する特別措置法8条1項・2項）

117：承継法人（日本国有鉄道が行っている事業等を引き継いだ法人）が日本国有鉄道の権利・義務を承継した場合のその承継法人および日本国有鉄道清算事業団（事業団は承継法人と連帯債務を負う）に対する日本国有鉄道の鉄道債券，また，日本国有鉄道が日本鉄道建設公団の鉄道建設債券にかかる債務の全部または一部を承継した場合の日本国有鉄道清算事業団および日本鉄道建設公団（事業団は同公団と連帯債務を負う）に対するその承継のときにおいて発行されている鉄道建設債券（日本国有鉄道改革法26条1項〜5項）

118：北海道旅客鉄道株式会社，四国旅客鉄道株式会社および日本貨物鉄道株式会社に対する社債（旅客鉄道株式会社及び日本貨物鉄道株式会社に関する法律4条1項・2項）

119：社会保険診療報酬支払基金に対する介護保険関係業務に関する債券（介保168条6項・7項）

120：民間都市開発推進機構に対する債券（民間都市開発の推進に関する特別措置法8条5項・6項）

121：日本私立学校振興・共済事業団に対する私学振興債券（日本私立学校振興・共済事業団法37条7項・8項）

122：中部国際空港の設置および管理等を行う指定会社に対する社債（中

§ 306　III　　　　　　　　　　　　　　　第2編　第8章　先取特権

　　部国際空港の設置及び管理に関する法律7条1項・2項）
123：特定目的会社に対する特定社債（資産流動化128条1項・2項）
124：国立研究開発法人森林研究・整備機構に対する森林研究・整備機構債券（国立研究開発法人森林研究・整備機構法18条3項・4項）
125：銀行等保有株式取得機構に対する銀行等保有株式取得機構債（銀行等の株式等の保有の制限等に関する法律50条3項・4項）
126：沖縄振興開発金融公庫による小売電気事業・一般送配電事業および発電事業のいずれも営む者たる会社（兼業会社）に対する貸付金債権（〔平成27年法律47号による改正前〕沖縄振興特別措置法64条1項〜4項，同改正附則70条）
127：独立行政法人造幣局に対する長期借入金および独立行政法人造幣局債券（独立行政法人造幣局法16条2項・3項）
128：独立行政法人国立印刷局に対する長期借入金および独立行政法人国立印刷局債券（独立行政法人国立印刷局法16条2項・3項）
129：独立行政法人石油天然ガス・金属鉱物資源機構に対する石油天然ガス・金属鉱物資源債券（独立行政法人石油天然ガス・金属鉱物資源機構法14条2項・3項）
130：独立行政法人国際協力機構に対する有償資金協力勘定における国際協力機構債券（独立行政法人国際協力機構法32条6項・7項）
131：独立行政法人中小企業基盤整備機構に対する中小企業基盤整備債券（独立行政法人中小企業基盤整備機構法22条2項・3項）
132：独立行政法人国立病院機構に対する独立行政法人国立病院機構債券（独立行政法人国立病院機構法18条3項・4項）
133：独立行政法人日本スポーツ振興センターに対する日本スポーツ振興センター債券（独立行政法人日本スポーツ振興センター法附則8条の7第2項・3項）
134：独立行政法人福祉医療機構に対する独立行政法人福祉医療機構債券（独立行政法人福祉医療機構法17条2項・3項）
135：独立行政法人労働者健康安全機構に対する独立行政法人労働者健康安全機構債券（独立行政法人労働者健康安全機構法14条3項・4項）
136：東京地下鉄株式会社に対する社債（東京地下鉄株式会社法3条1項・2項）

第 2 節　先取特権の種類　第 1 款　一般の先取特権　　　　　§*306*　III

137：独立行政法人環境再生保全機構に対する環境再生保全機構債券（独立行政法人環境再生保全機構法附則 8 条 2 項・3 項）
138：中間貯蔵・環境安全事業株式会社に対する社債（中間貯蔵・環境安全事業株式会社法 8 条 1 項・2 項）
139：独立行政法人日本学生支援機構に対する日本学生支援債券（独立行政法人日本学生支援機構法 19 条 2 項・3 項）
140：独立行政法人都市再生機構に対する都市再生債券（独立行政法人都市再生機構法 34 条 2 項・3 項）
141：国立大学法人等に対する債券（国大法人 33 条 3 項・4 項）
142：独立行政法人大学改革支援・学位授与機構に対する独立行政法人大学改革支援・学位授与機構債券（独立行政法人大学改革支援・学位授与機構法 19 条 3 項・4 項）
143：成田国際空港株式会社に対する社債（成田国際空港株式会社法 7 条 1 項・2 項）
144：東日本高速道路株式会社，首都高速道路株式会社，中日本高速道路株式会社，西日本高速道路株式会社，阪神高速道路株式会社，本州四国連絡高速道路株式会社（以下，「各高速道路株式会社」とする）など，各高速道路株式会社に対する社債（高速道路株式会社法 8 条 1 項・2 項）
145：独立行政法人日本高速道路保有・債務返済機構が各高速道路株式会社に対する社債を引き受けた場合の社債権者の債権（独立行政法人日本高速道路保有・債務返済機構法 15 条 2 項・3 項）
146：独立行政法人日本高速道路保有・債務返済機構に対する日本高速道路保有・債務返済機構債券（独立行政法人日本高速道路保有・債務返済機構法 22 条 3 項・4 項）
147：旧日本道路公団・旧首都高速道路公団・旧阪神高速道路公団・旧本州四国連絡橋公団の借入金または道路債券を承継した，各高速道路株式会社または日本高速道路保有・債務返済機構に対する，その承継時に発行されていた道路債券（日本道路公団等民営化関係法施行法 16 条 2 項・3 項）
148：国立研究開発法人日本原子力研究開発機構に対する日本原子力研究開発機構債券（国立研究開発法人日本原子力研究開発機構法 22 条 2 項・3 項）
149：日本アルコール産業株式会社に対する社債権者の債権（日本アルコー

〔今尾〕

150：独立行政法人地域医療機能推進機構に対する独立行政法人地域医療機能推進機構債券（独立行政法人地域医療機能推進機構法17条3項・4項）

151：独立行政法人住宅金融支援機構に対する住宅金融支援機構債券または財形住宅債券（独立行政法人住宅金融支援機構法19条4項・5項）

152：日本郵政株式会社に対する社債（日本郵政株式会社法7条1項・2項）

153：日本郵便株式会社に対する社債（日本郵便株式会社法8条1項・2項）

154：株式会社日本政策金融公庫に対する社債（株式会社日本政策金融公庫法52条1項・2項）

155：地方公共団体金融機構に対する地方公共団体金融機構債券（地方公共団体金融機構法40条2項・3項）

156：国立高度専門医療研究センターに対する債券（高度専門医療に関する研究等を行う国立研究開発法人に関する法律21条3項・4項）

157：原子力損害賠償・廃炉等支援機構に対する原子力損害賠償・廃炉等支援機構債（原子力損害賠償・廃炉等支援機構法60条4項・5項）

158：株式会社国際協力銀行に対する社債（株式会社国際協力銀行法34条1項・2項）

159：新関西国際空港株式会社および空港用地の保有・管理等を行う指定会社に対する社債（関西国際空港及び大阪国際空港の一体的かつ効率的な設置及び管理に関する法律18条1項・2項・3項）

IV　順　位

1　一般の先取特権相互の間

　一般の先取特権が互いに競合した場合には，その優先権の順位は，306条各号に掲げる順序に従って決せられる（329条1項）。すなわち，第1順位が共益の費用，第2順位が雇用関係，第3順位が葬式の費用，そして第4順位が日用品の供給の順である（→§303 II 3末尾の【先取特権の順位表】）。

2　一般の先取特権と特別の先取特権との間

　一般の先取特権は，「債務者の総財産」を目的物とするので，「総財産」に属する特定の財産に成立する特別の先取特権との競合を生じることになる。

この場合，原則として，特別の先取特権が一般の先取特権に優先する（329条2項本文）が，共益の費用の先取特権については，その利益を受けたすべての債権者に優先するもの（同項ただし書）とされている（共益費用最優先の原則。→§303 Ⅱ 3 末尾の【先取特権の順位表】）。

3 特別法上の一般の先取特権の順位概観

民法以外の特別法上の一般の先取特権は，すでにみたように，多数規定されており，現在においてもその数を増している。これらの先取特権の優先順位関係は，各法に規定されているが，かつては必ずしもそれが体系的に整序・分類されているわけではなかった（注民(8)189頁〔西原道雄〕によれば，同じような趣旨に基づいて設けられた先取特権でも法律によってその順位を異にしていることがあり，また他の優先権との順位についての規定が不備で，単に「他の債権に優先する」あるいは「他の権利に先だつ」等とのみ規定されていたため，解釈上の疑義を生じている例は枚挙にいとまがない，と述べられている）。しかし，現在では，各特別法において優先順位関係の明確化の努力がなされ（国または公共団体の徴収金を被担保債権とする先取特権の中で，例えば，児童福祉法による児童福祉施設等への入所費用等に関する入所者本人・扶養義務者に対する徴収金債権や森林法による受益者に対する補償金債権に関する先取特権などは，かつては順位規定を欠いていた〔児福旧56条7項や森林旧36条4項は，「国税の，……地方税の滞納処分の例により処分することができる」，「国税滞納処分の例によって……，地方税の滞納処分の例によって，これを徴収することができる」と規定しているのみであった〕ので，租税債権と同順位なのか，それに劣後するものなのかが判然とせず，解釈上疑義を生じていたが，現在では，順位規定が盛り込まれて，租税債権に劣後するものとされている〔現行の児福56条7項および森林36条4項は，「先取特権の順位は，国税及び地方税に次ぐものとする」と明文化されている〕)，解釈上疑義を生じる場合が相当程度減少したといえる。

そこで，ここでは，ひとまず特別法上の一般の先取特権における優先順位関係を各法における先取特権の趣旨および優先順位に関する規定の文言等に照らして，概観・分類する（→後記前注(§§329-332) Ⅲ 1 およびその末尾の【別表1】）こととする（下記の優先順位関係は，注民(8)167頁以下〔甲斐道太郎〕の後注〔特別法上の先取特権一覧表〕および同189頁以下〔西原〕における指針を基本的に参考とした）。なお，民法上の一般・特別の先取特権も含めて，現行法の全体系における先取特権ないしこれに類似する優先権の順位関係を明確にする必要があ

〔今尾〕

るが，その詳細については後述することとする（→後記前注（§§329-332）Ⅲ 1～3 およびその末尾の【別表1】～【別表3】）。

　まず，租税は，別段の定めがある場合を除き，「すべての公課その他の債権に先だって徴収する」（税徴8条，地税14条）とされている（第1順位）が，共益費用最優先の原則により，強制換価手続の費用（税徴9条，地税14条の2），滞納処分費（税徴10条，地税14条の3）には劣後する（したがって，強制換価手続の費用・滞納処分費が第0順位となる）。また，国税と地方税との間には，優先劣後の関係がなく（昭和25年までは国税が優先するとされていた），国税相互間および地方税相互間においても，原則として優先劣後の関係はない（金子宏・租税法〔22版，2017〕951頁）。ただし，実際の手続においては，先着手主義の原則が採用されており，差押えをした租税はこれに交付要求した租税に優先し（差押先着手主義〔税徴12条，地税14条の6〕），交付要求した租税相互間については，先に交付要求した租税が優先する（交付要求先着手主義〔税徴13条，地税14条の7〕）とされている。

　次に，国または公共団体の徴収金（公課）が「国税及び地方税に次ぐもの」とされ（第2順位），公法人等の徴収金も「国税及び地方税ニ次テ」（水害予防57条3項等）ないし「国税及び地方税に次ぐもの」（土地改良39条7項等）と規定されているので，国・公共団体等の徴収金と同順位となり（第2順位），そしてまた，各種の社会保険料も（健保182条などは「国税及び地方税に次ぐもの」と規定しているので）前2者と同順位となる（第2順位）。

　次いで，民法上の共益費用に関する債権がこれに続き（民307条。第3順位），その後に，独立行政法人郵便貯金簡易生命保険管理・郵便局ネットワーク支援機構の生命保険会社に対する払戻し等を受ける権利（独立行政法人郵便貯金簡易生命保険管理・郵便局ネットワーク支援機構法17条1項・2項）および保険契約者が被保険者のために積み立てた金額に関する生命保険会社に対する保険契約者の保険金請求権・損害補てん請求権・返戻金・剰余金・契約者配当にかかる配当金等の権利（保険業117条の2第1項・2項）などの特殊の私債権が，「民法第306条第1号〔共益費用の先取特権〕に掲げる先取特権に次ぐ」とされている（第4順位）。そして，民法上の雇用関係から生じる債権（民308条。第5順位），葬式費用に関する債権（民309条。第6順位），日用品供給に関する債権（民310条。第7順位）となる。

第2節　先取特権の種類　第1款　一般の先取特権　　　　§306　V

　最後に，独立行政法人中小企業基盤整備機構に対して共済金または解約手当金の支給を受ける権利を有する者の当該共済金等の弁済請求権（小規模企業共済法21条1項・3項），地方住宅供給公社と住宅の積立分譲に関する契約をした者による当該契約の解除に際して同公社から受けるべき金額に関する契約者の返還債権（地方住宅供給公社法23条2項・3項），独立行政法人中小企業基盤整備機構に対して解約手当金または完済手当金の支給を受ける権利を有する者の当該解約手当金または当該完済手当金の弁済請求権（中小企業倒産防止共済法18条1項・3項）などの公法人ないし独立行政法人に対する弁済・返還請求権等が，「民法（明治29年法律第89号）の規定による一般の先取特権に次ぐ」とされている（第8順位）。また，これと同じく，公益的事業への投資を促進する目的による特殊会社・独立行政法人等の社債またはその発行債券が同じく最後順位となる（第8順位）。

V　一般の先取特権の実行方法

1　先取特権者自らが実行した場合
(1)　目的物が不動産の場合
　一般の先取特権者は，執行裁判所に法定の文書，すなわち，登記のなされた一般の先取特権については「担保権の登記（仮登記を除く。）に関する登記事項証明書」（民執181条1項3号）を，登記のない一般の先取特権については「その存在を証する文書」（同項4号）を提出して，担保不動産競売（民執188条による同法45条以下の準用）または担保不動産収益執行（民執188条以下による同法93条以下の準用）のいずれか，もしくは双方を選択して，実行を開始し（民執180条・181条），それぞれの手続において優先弁済を受けることになる。
(2)　目的物が動産の場合
　一般の先取特権者が，執行官に対し，①動産を提出したとき，②動産の占有者が差押えを承諾することを証する文書を提出したとき，そして，これらがない場合でも，③一般の先取特権者の申立てに基づく執行裁判所の許可により（この場合には執行官が債務者の住居その他債務者の占有する場所に立ち入り，目的動産を捜索することができる〔民執192条による同法123条2項の準用〕。これは，平成15年担保・執行法の改正により導入された〔改正の経緯および新たな法制の詳細につ

いては，道垣内ほか132頁以下〕。このような改正により，動産の先取特権の実行は従前よりも容易になったが，それでも，動産売買先取特権に関しては，動産の代金が未払のときに発生するものなので，同種動産の継続的売買にあっては，債務者のもとにある動産について，どれが既払・未払かを明らかにすることが困難な場合も多いと指摘されている〔道垣内79頁〕），競売が開始される（民執190条1項・2項）。

(3) **目的物が債権その他の財産権の場合**

一般の先取特権者が「担保権の存在を証する文書」（例えば，雇用関係の先取特権では，賃金台帳〔労基108条〕・労働者名簿〔労基107条〕がこの文書に該当するが，使用人〔労働者〕側がこれらを入手することは困難なことが多く，公的な証明制度の必要性が指摘されている〔道垣内76頁，道垣内弘人「雇用関係の先取特権」同・諸相77-79頁〕）を執行裁判所に提出して実行手続に入り（民執193条1項），実際の手続は債権執行の例によることになる（民執193条による同法143条以下の準用）。

2 他の債権者が実行した場合

(1) **一般債権者による強制執行**

一般債権者が不動産の強制競売をした場合，不動産を目的物とする登記された一般の先取特権については，強制競売における差押えより先にその登記がなされていれば，一般の先取特権者は自動的に配当を受けることができる（民執87条1項4号）。また，登記を備えていないときは，一般の先取特権者は，二重差押えを行うか（民執188条による同法47条の準用），法定文書によって先取特権を証明して（民執181条1項），配当要求をすることにより優先弁済を受けることができる（民執51条）。なお，一般債権者が強制管理手続（民執93条以下）を開始している場合には，法定文書（181条1項各号）を提出して配当要求をするか（民執105条1項・107条4項3号），裁判所が定める期間内に自らが一般の先取特権の実行としての担保不動産収益執行を申し立てるか（民執107条4項1号ロ）により，配当を受けることになる。

一般債権者が動産競売を開始した場合は，一般の先取特権者は，重ねて執行を申し立てるか（民執192条による同法125条2項・3項の準用），「その権利を証する文書」を提出して，配当要求をする（民執133条）ことにより，優先弁済を受けることができる。

一般債権者が債権に対して執行した場合も，一般の先取特権者は，「担保権の存在を証する文書」を提出して二重差押えを行うか（民執193条1項），

第2節　先取特権の種類　第1款　一般の先取特権

配当要求をする（民執154条・167条の9）ことにより優先弁済を受けることができる。

(2) 他の担保権者が担保権を実行した場合

他の担保権者が担保不動産競売を開始した場合，先取特権者は，一般債権者の競売の場合と同じ手続により，民法の定める優先順位に従って優先弁済を受けることになる（不動産競売の場合は民執188条により同法51条1項・87条1項4号が，動産競売の場合は民執192条により同法133条が，債権についての担保権の実行の場合は民執193条2項により同法154条1項が，それぞれ準用される）。

また，他の担保権者が担保不動産収益執行を開始した場合は，不動産を目的とする一般の先取特権者は，執行裁判所が定める期間内に，自らが一般の先取特権の実行としての担保不動産収益執行を申し立てることにより，配当を受けることになる（民執107条4項1号ロ・ハ）。

〔今尾　真〕

（共益費用の先取特権）
第307条①　共益の費用の先取特権は，各債権者の共同の利益のためにされた債務者の財産の保存，清算又は配当に関する費用について存在する。
②　前項の費用のうちすべての債権者に有益でなかったものについては，先取特権は，その費用によって利益を受けた債権者に対してのみ存在する。

〔対照〕　フ民2331①・2375①

I　本条の沿革および趣旨

共益費用の先取特権は，各債権者の共同利益のためになされた債務者の財産の保存・清算または配当に関する費用について，債務者の総財産の上に存在する（306条1号・307条1項）。この先取特権は，フランス古法に淵源を有し（原田・史的素描120頁），フランス民法典で裁判費用（frais de justice）について認められ（2006年改正前のフ民2101条1号〔現行2331条1号〕。フランス民法典に

おいても,「裁判費用」のみならず,裁判外の債権者の共同利益のために支出された費用も含むと解されている〔M. CABRILLAC, Ch. MOULY, S. CABRILLAC, Ph. PÉTEL, MANUEL DROIT DES SÛRETÉS, 10e éd., 2016, n° 670, p. 499, L. AYNÈS et P. CROCQ, DROIT DES SÛRETÉS, 12e éd., 2018, n° 461, p. 274.〕。わが国において,旧民法(旧担137条第1・138条)を経て現行民法典(306条1号・307条)に承継されたものである(注民(8)110頁〔甲斐道太郎〕)。

本条の趣旨は,これらの費用支出は各債権者が債務者の財産に対してその権利を実行するために必要不可欠のものである(この支出によって他の債権者も利益を受けた)から,誰が支出してもその費用につき他の債権者に優先して弁済を受けさせることが公平に合致するというものである。

なお,共益費用の先取特権は,上記のように,公平を趣旨として認められるもので公益ないし社会政策的考慮に基づくものではないので,当事者間の特約や先取特権者の意思表示により,あらかじめこれを排除することが認められる(→前注(§§ 303-341) II 2 (1))。

II 被担保債権

1 共益の費用

共益の費用とは,「各債権者の共同の利益のために」支出された,「債務者の財産の保存,清算又は配当に関する費用」であり,この2つの要件を充足すると,共益費用の償還請求権を被担保債権として,その費用を支出した債権者に,債務者の総財産に対する先取特権が付与されることになる。

2 「債務者の財産の保存,清算又は配当に関する費用」であること

(1) 保存費用

「財産の保存」とは,債務者の財産の法律上・事実上の現状を維持する行為である(山崎寛「一般先取特権の機能・現状・問題点」金融担保法講座IV 170頁)。保存費用の例としては,債権者代位権(423条)の行使(債務者に代位して債務者の有する債権の消滅時効を更新する),詐害行為取消権(424条)の行使(債務者の詐害行為を取り消して逸出財産を取り戻す)などの費用,および債務者の不動産についての登記などの法律的行為について要した費用や,債務者不在中の財産管理,債務者の財産の物理的朽廃・破損を防ぐなどの事実的行為に要した

費用などがあげられる。ただし、保存行為が債務者に対する強制執行や倒産処理手続の申立ての前段階として一般財産（責任財産）の保全のために行われたことが必要であり、そうした手続が後続することを前提としない場合には、当該不動産・動産についてのみの先取特権（311条4号・320条・325条1号・326条）を付与すれば十分であると解されている（道垣内51頁）。

なお、債務者の委任による財産整理の報酬金（大阪区判大5・11・21新聞1201号21頁）や、不動産競売の申立債権者の代理人弁護士の報酬（東京高決平11・2・9金法1545号43頁）は、共益費用に含まれないと判断した下級審裁判例・高裁決定例がある。ここには、受任者は債務者との委任契約に基づきその債務の履行をしたにすぎず、債務者とは別の立場で財産の保存をしたわけではないとの考慮がある（民事執行判例エッセンス2002〔判タ1103号〕〔2002〕56頁）。

ところで、後述のように（一Ⅲ）、不動産強制競売手続（担保権の実行としての競売も含む）において債権者が支出した執行費用のうち共益費用については売却代金から最優先で償還されることとされており（民執42条2項・55条10項・188条・194条）、競売手続に関与したすべての債権者の公平が図られているところ、競売手続において代理人となった弁護士に支払うべき弁護士報酬は、競売手続上、共益費用として扱われていない。このことは、民事手続一般において弁護士代理強制制度が採用されていないため、弁護士報酬については競売手続に関与したすべての債権者のために必要な費用とは考えられていないからである（前掲金法1545号〔1999〕の「匿名コメント」44頁、前掲判タ1103号56頁）。

(2) 清算・配当費用

「清算」とは、債務者の死亡・破産・法人の解散等の場合に行われる財産関係の整理（債務者の財産の換価・債権の取立て・債務の支払・財産目録の調製など）であり、「配当」とは、上記の場合に債務者の財産の各債権者への分配（配当表の作成・配当の実施）である。例えば、法人の清算のための費用（一般法人206条以下、会社475条以下など）および強制執行・担保権実行としての競売・倒産処理手続に要する費用など（民執42条2項・194条、破148条1項1号、民再119条1号、会更127条1号など）が、清算・配当費用に該当する。また、法律に基づく清算手続においては、「保存」も「配当」も、「清算」として行われることになる（山崎・前掲論文170頁）。

なお，強制執行・担保権実行としての競売・倒産処理手続に要する費用については，上述のように，それぞれ特別法による規定があるので，本条の直接適用はないと解されている（我妻63頁，柚木＝高木50頁，家近正直「一般の先取特権をめぐる実務上の問題点」担保法大系Ⅱ397頁）。この点で，民法の制定当時にくらべて，本条の役割は大幅に減少したといわれている（山崎・前掲論文169頁）。ただし，本条は，共益費用の償還請求権が最優先の弁済権を有するという「全私法いな全法体系を通じての一般原則」を宣明したものであり，解釈の基本的な指針を示すとともに，規定のない部分について補充的な規定としての役割を果たすものという意味では，なお存在意義は大きいといえよう（注民(8)201頁〔西原道雄〕）。

3 「各債権者の共同の利益のために」すること

共益費用の先取特権が与えられるためには，「各債権者の共同の利益のために」・「保存」・「清算」・「配当」などの支出がなされることを要するが，その意味は，債権者の主観的意思ないし目的によるのではなく，債権者の行為の結果から客観的に判断され，結果的に総債権者の共同利益を生じたことと解されている（通説。したがって，結果的に何らの利益も生じなかったときには，この先取特権は成立しない〔中島666頁，勝本・上165頁，山下94頁，注民(8)111頁〔甲斐道太郎〕，高島154頁〕）。

また，この費用支出が総債権者のうち一部の者にとってのみ利益になる場合は，利益を受けた債権者に対してのみ，優先弁済権を主張できる（307条2項）。例えば，債務者が自己所有の抵当権の設定された不動産を譲渡したとき，その譲渡を債権者の1人が詐害行為として取り消した場合（424条），他の一般債権者は責任財産が保全されるので利益を受けるが，抵当権者は抵当不動産が第三者に譲渡されても抵当権をその第三者に対して対抗（実行）できるから，詐害行為取消しの費用に関する先取特権は，一般債権者に対してのみ存在し，抵当権者に対しては存在しないということである。

Ⅲ 順　位

共益費用の先取特権は，一般の先取特権のうちで最優先の順位を有し（329条1項），その利益を受けたすべての債権者に対して優先する効力を有す

第2節　先取特権の種類　第1款　一般の先取特権　　§307　Ⅳ

るので（同条2項ただし書），特別の先取特権者もその利益を受けていれば，その者にも優先できる（「共益費用最優先の原則」〔注民(8)200頁以下〔西原道雄〕〕）。

Ⅳ　類似の特別法上の先取特権

1　建物の区分所有等に関する法律による先取特権

　建物の区分所有等に関する法律（以下，「建物区分所有法」とする）7条1項は，区分所有者（マンションの各戸〔専有部分〕を所有している者）が，共用部分（マンションの階段・廊下），建物の敷地，共用部分以外の建物の附属施設につき，他の区分所有者に対して債権を有するときは，その債務者（他の区分所有者）の区分所有権および建物に備え付けた動産の上に先取特権を有すると規定する。この先取特権は，区分所有者等が共用部分を共有し，建物の敷地を共同使用することにより，相互に管理費用・公租公課の立替等に基づく債権を取得することが多いとの見地から認められるもので，民法における共益費用の先取特権と趣旨を同じくし（公平の観念），優先権の順位および効力は，共益費用の先取特権と同一とみなされている（建物区分7条2項）。

　現在の住居形態として，中高層分譲マンション等が増加している状況下では，この先取特権の存在意義は大きく，現に建物区分所有法の先取特権に基づく配当要求の申立ては増加しているといわれている（坂本倫城「一般の先取特権の実行」担保法大系Ⅱ369頁，山崎寛「一般先取特権の機能・現状・問題点」金融担保法講座Ⅳ173頁）。

　なお，この先取特権は，共益費用の先取特権と同様，公平を趣旨として認められるもので，公益ないし社会政策的配慮に基づくものではないので，当事者間の特約や先取特権者の意思表示により，あらかじめこれを排除することが認められると解されている（坂本・前掲論文368-369頁）。

2　被担保債権と目的物・順位・効力

(1)　被担保債権

　この先取特権の被担保債権としては，まず，区分所有者が，共用部分，建物の敷地，共用部分以外の建物の附属施設につき他の区分所有者に対して有する債権，例えば，共用部分の修繕費・地代・公租公課などの立替によって生ずる債権である（建物区分7条1項前段）。また，区分所有者が，規約，集会

〔今尾〕

§308 Ⅰ

決議に基づき他の区分所有者に対して有する債権、管理費用や修繕積立金の支払債権も被担保債権となる（同項前段）。さらに、管理者、管理組合法人が、その職務または業務を行うにつき、区分所有者に対して有する債権も被担保債権とされる（同項後段）。そして、区分所有者、管理者、管理組合法人は、これらの債権につき、債務者たる区分所有者の特定承継人に対しても先取特権を行うことができる（建物区分8条）。

(2) 目的物・順位・効力

この先取特権は、債務者の区分所有権（共用部分に関する権利および敷地利用権を含む）および建物に備え付けた動産を目的物（客体）とする（建物区分7条1項）。それゆえ、目的物に限定が付されているという点で、この先取特権は、厳密な意味で、民法における一般の先取特権と異なるといえるが、共益費用の先取特権の趣旨と同様、公平の観念に基づくものであることから、優先権の順位および効力については、共益費用の先取特権と同一とみなされるわけである（同条2項）。

3 準用・被準用規定

民法319条の即時取得の規定は、この先取特権に準用される（建物区分7条3項）。また、建物区分所有法7条の先取特権と同法8条における特定承継人の責任の規定は、団地（団地建物所有者の団体、建物区分65条）にも準用される（建物区分66条）。

〔今尾　真〕

（雇用関係の先取特権）
第308条　雇用関係の先取特権は、給料その他債務者と使用人との間の雇用関係に基づいて生じた債権について存在する。

〔対照〕　フ民2331 ④・2375 ②
〔改正〕　本条＝昭24法115改正移動（309条→308条），平15法134全部改正

Ⅰ　本条の沿革および趣旨

雇用関係の先取特権は、「給料その他債務者と使用人との間の雇用関係に

第 2 節　先取特権の種類　第 1 款　一般の先取特権　　　　　　§308　I

基づいて生じた債権」について，債務者の総財産の上に存在する（306 条 2 号・308 条）。この先取特権は，共益費用の先取特権と同様，フランス古法に起源を有し（原田・史的素描 120 頁），元来，「家事使用人〔domestique：住み込みの奉公人・召使・女中など〕」の賃金について認められていたものを，フランス民法典の起草者も基本的に踏襲し，「雇人〔gens de service：家事使用人はもとより料理人・門番・運転手・給仕・農家の手伝い女・牧童など〕の給料〔salaires〕」として，これに債務者の動産および不動産を目的物とする一般の先取特権を付与した（1804 年のフ民 2101 条 4 号・2104 条）。その後，フランス民法典は，これに「労務の賃貸をなす者〔personnes qui louent leurs services：劇場・舞台の俳優，商業代理人（外交員）など〕の報酬〔appointement〕」を付け加え（1919 年 6 月 17 日の法律），さらに，多数の特別法によって保護を拡張し，今日では，すべての給料生活者（salarié）にこの先取特権を認めるに至っている（2006 年改正前のフ民 2101 条 4 号〔現行 2331 条 4 号〕）。この給料の先取特権が認められる趣旨は，給料生活者はその労働により債務者の総資産（patrimoine）の増殖ないし保存に貢献したこと，給料が扶養的性質を有していること（給料は給料生活者の生活の基礎であるのでこれの優先的確保によりその者およびその家族などの生活を保護すること），給料の額は僅少なので債務者の信用をそれほど害するおそれがないことなどにあるとされている（H. L. et J. MAZEAUD et F. CHABAS, LEÇONS DE DROIT CIVIL, t. III, vol. I, Sûretés Publicité foncière, 7e éd., 1999, par Y. PICOD, n° 146, p. 226.）。

　そして，わが国において，上記のようなフランス法に淵源をもつ先取特権が，旧民法（旧担 137 条第 4・141 条）を経て現行民法典（306 条 2 号・308 条）に承継されたわけである。本条の趣旨につき，従来は，もっぱら使用人（給料生活者等）の保護という社会政策的考慮に基づき，雇用関係から生ずる給料等の債権に先取特権を付与したものであると説明されてきた（注民(8)112 頁〔甲斐道太郎〕，我妻 67 頁・77 頁，柚木＝高木 50 頁）。しかし，近時は，これに，母法フランス法と同様，使用人の労働による雇用者（債務者）の財産増殖・保存という観点を加味して，雇用関係の先取特権の趣旨を積極的なものとして捉え直すべきとの主張もある（山野目章夫「倒産時賃金債権保護考」タートンヌマン 5 号〔2001〕2-3 頁）。すなわち，使用人の労働による雇用者の財産増殖・保存は，結果的には一般債権者の利益にも資することになるとともに，使用

〔今尾〕　217

人の労働があったからこそ，それが雇用者の財産増殖に至ったのだから使用人に先取特権を付与することが債権者間の実質的公平に適うというわけである（大山和寿「アメリカ連邦破産法における賃金優先権（6・完）」早研 101 号〔2002〕455 頁）。この先取特権により，労働債権の保護を強化できる反面，他の一般債権者を害するとの懸念に対して，その趣旨として，社会政策的考慮に使用人による雇用者の財産増殖・維持を付け加えることにより，より説得的な説明ができるという意味でも，近時の主張は正当といえよう（今尾真「法定担保の在り方——留置権，不動産工事・保存の先取特権，雇人給料の先取特権を中心に」法時 74 巻 8 号〔2002〕46 頁，道垣内 51 頁）。いずれにしても，本条は，少なくとも使用人の保護という社会政策的考慮に基づいて認められる先取特権であるので，当事者間の特約によってこれをあらかじめ排除することは認められないということになろう（注民(8)112 頁〔甲斐〕，髙島 155 頁）。

ところで，本条は，2003（平成 15）年の担保・執行法改正（平成 15 年法律 134 号）（以下，「平成 15 年改正」とする）により，大きな修正を受けた（改正の経緯については，谷口園恵＝筒井健夫編著・改正担保・執行法の解説〔2004〕13 頁以下および道垣内 51 頁以下を参照）。具体的には，平成 15 年改正前の民法 306 条・308 条の「雇人ノ給料」・「雇人給料」の文言が「雇用関係」に，「雇人」（平 15 改正前 308 条）の文言が「使用人」に改められるとともに，被担保債権の範囲につき「最後ノ六个月間ノ給料」に限定する文言も削除された。これは，平成 15 年改正前は，会社使用人の一般の先取特権を定めていた商法旧 295 条が「会社ト使用人トノ間ノ雇傭関係ニ基キ生ジタル債権」（この規定は当時，有限会社〔旧有限会社法 46 条 2 項〕，相互会社〔保険業旧 59 条 1 項〕，資産流動化法上の特定目的会社〔資産流動化旧 107 条〕，有限責任中間法人〔旧中間法人法 71 条 2 項〕のそれぞれの使用人について準用されていた）としていて，民法と商法の労働者の給料等の保護を図る規定内容に格差が生じていた（会社使用人と会社に所属しない家事使用人等との間の保護の不均衡があった）点を，より一般的に労働者の保護の充実・強化の見地から，民法の規定内容を商法の規定と同じ内容に拡大する改正がなされたというわけである（平成 15 年改正以降の民法 308 条における権利主体および被担保債権の詳細は，→Ⅱ）。その結果，この商法 295 条の規定は削除（あわせて，この規定を準用する前記の諸規定も削除）され，平成 15 年改正以降，会社の使用人の給料債権等の保護は，民法 308 条の一般の先取特権によるこ

第2節　先取特権の種類　第1款　一般の先取特権　　　§308　II

ととなった。

　なお，倒産処理手続における未払給料債権等（身元保証金の返還請求権や退職手当の請求権なども含む）の取扱いについては，会社更生手続では手続開始前の6か月分についてのみ共益債権として保護され（会更130条），民事再生手続では一般優先債権として再生手続によらずして随時に弁済され（民再122条1項・2項），破産手続では破産手続開始前3か月間に生じた給料債権等が財団債権として保護されることになる（破149条）。もっとも，こうした点からは，実際問題として，一般の先取特権により，どれほどの給料債権等の保護が図られるのかは疑問であるとの指摘もなされている（河上50-51頁）。

II　被担保債権

1　「使用人」の意義・範囲

　平成15年改正前の民法306条2号・308条の規定における「雇人」の意義・範囲をめぐっては，見解が分かれ，「雇人」とはひろく雇傭契約によって労務を供給する者をさすとする広義説と，主従の関係のもとに使用者の指揮命令に従い，継続的労務に服する僕婢・園丁・運転手などの家族的労務者に限るとする狭義説の対立があった。かつての判例は，「広ク雇傭契約ヲ為シタル総テノ労務者ヲ包含セルモノト解スヘキニ非スシテ使用者トノ間ニ従属的関係存在シ継続シテ使用セラルル者ノミヲ指示セルモノト解スルヲ正当トス」（大判昭3・6・2民集7巻413頁。この判決は，家屋の建築工事につき棟梁として監督その他の労務に服した者の取得する債権が民法170条2号〔平成16年法律147号による改正（民法の現代語化等の改正）前の「技師，棟梁及ヒ請負人ノ工事ニ関スル債権」〕に該当するか，同法174条1号〔平成16年法律147号による改正前の「月又ハ之ヨリ短キ時期ヲ以テ定メタル雇人ノ給料」にかかる債権〕に該当するかが争われた事案に関して，その前提として「雇人」の意義について判示したものである）として，狭義説を採用していた。しかし，学説は，広義説が通説となっていた（三潴167-168頁，石田・下626頁，我妻77頁，注民(8)113頁〔甲斐道太郎〕）。また，最高裁の判例も（請負業者の森林組合に対する請負代金債権に対し請負業者の債権者による差押・転付命令がなされたので，森林組合が当該請負代金を供託した場合に，請負業者に雇われて森林組合の工事の労務に服した者に雇人給料の先取特権が認められるか否かが問題となった事

〔今尾〕

案),「雇人」は「ひろく雇傭契約によって労務を供給する者をさす」として，労働法上の労働者・継続的労務提供者に限られない（本件では工事労務者に先取特権が認められる）とした（最判昭47・9・7民集26巻7号1314頁）。したがって，労働法上の労働者・継続的労務提供者はもとより，家事使用人・パートタイマー・アルバイトも「雇人」に含まれると解され，未払給料のうち最後の6か月分に限って（本条改正前の学説状況として），先取特権が付与されることとされていた（道垣内弘人「雇用関係の先取特権」同・諸相74頁）。

そして，平成15年改正後の民法306条2号・308条にいう「使用人」についても，基本的には上記の旧規定における考え方が当てはまるといえよう。また，新規定のもとでは，近時の雇用関係の多様化および民・商法の規定内容の同一化（平15改正前民308条を商法旧295条の規定内容に拡大）に鑑みれば，さらに広く請負契約や委任契約などを通じて労務を提供する者（商法旧295条の「雇傭関係」にある「使用人」にこれらの者も含まれるという，より広い解釈が一般的であった〔谷口＝筒井編著・前掲書13頁〕）も，雇用関係があれば，「使用人」に該当し，先取特権を与えられることになろう（河上50頁，松岡265頁，道垣内52頁）。例えば，顧問弁護士・嘱託医なども，雇用関係があれば「使用人」に該当することになる（ただし，平成15年改正前の規定に関するものであるが，たとえ雇傭関係があるとしても，顧問弁護士・嘱託医は，社会政策的保護の必要がないことから，「雇人」には含まれないとする説もあった〔柚木＝高木52頁〕）。

これに対して，派遣社員や契約デザイナーは，債務者と雇用関係にないことから，当然には「使用人」に該当しない。しかし，これらの者も，債務者を含む関係者との間に一定の関係がある場合には，例外的に本条の適用があると解する見解もある（詳細は道垣内・前掲論文78頁）。すなわち，派遣社員については，派遣元会社と派遣先会社との間に資本関係（前者が後者の子会社であるといった関係）ないし経済的依存関係（前者の業務における後者への社員派遣の比重が高いといった関係）がある場合には，派遣社員も「使用人」に該当するとする（派遣社員が派遣先に対して一般の先取特権を行使し得る）。また，契約デザイナーについても，継続的な関係が構築されている場合（他社へのデザイン持ち込みが禁じられ，長期間にわたって継続的なデザイン買入れ関係が構築されている場合）には，「使用人」に該当するというわけである。

第 2 節　先取特権の種類　第 1 款　一般の先取特権　　　　　§*308*　II

2　「雇用関係に基づいて生じた債権」の意義

　平成15年改正前の民法308条により保護される被担保債権については，給料債権に限られ，かつ，「最後ノ六个月ノ給料」というように保護範囲が限定されていた。もっとも，判例は，合資会社の従業員の退職金債権が被担保債権に含まれるか否かが問題となった事案に関して，「退職金債権が給料の後払の性格をもつものである」場合には，「最後の6か月間の給料相当額について一般の先取特権がある」とした（最判昭44・9・2民集23巻9号1641頁，東京地判平16・3・24判タ1160号292頁）。

　これに対し，平成15年改正後の民法308条は，その規定内容につき商法旧295条の規定と同一内容に拡大し，「債務者と使用人との間の雇用関係に基づいて生じた債権」を被担保債権として，かつ，期間の限定もなく，先取特権を認めることとした。したがって，給料債権のほか，退職金債権，賞与金（ボーナス）債権なども被担保債権の範囲に含まれることとなった。また，退職後の年金債権のように，使用人たる資格を失ってから取得するものでも，雇用関係に基づいて発生した債権であれば被担保債権になると解されている（道垣内53頁，新版注会(9)260頁〔森本滋〕）。さらに，労働災害があった場合の損害賠償債権も被担保債権に含まれる。

　なお，使用人の身元保証人が雇用主に預けていた身元保証金返還債権もこの先取特権の被担保債権になるかについては，肯定説と否定説とに分かれている。肯定説は，平成15年改正により「身元保証金ノ返還ヲ目的トスル債権其ノ他会社ト使用人トノ間ノ雇傭関係ニ基キ生ジタル債権」を被担保債権とする旨規定していた商法旧295条が削除されたが，これは平成15年改正前の民法308条の被担保債権（給料債権）の範囲を拡大することに主眼があり，身元保証金返還債権を被担保債権から外す趣旨ではなかったとして，この債権は雇用関係に伴う使用人側（主として使用人の親族）の債権であるからこれを被担保債権の範囲に含ませるべきとする（新版注会(9)260頁〔森本〕，生熊211頁，安永475頁）。これに対して，否定説は，本条の趣旨を「使用人」の生活基盤たる債権の保護にあるとすれば，第三者を債権者とする身元保証金返還債権は被担保債権に含ませるべきではないとする（道垣内53頁）。

　また，社内預金（住宅資金積立金や従業員持株積立金を含む）の返還債権については，預金の任意性が認められる限り，貯蓄にすぎず，被担保債権には含ま

れないと解されている（道垣内52頁）。もっとも，この預金が強制的なものである場合には（事実上の強制であっても），使用人保護の見地から，その返還債権は被担保債権に含まれると解されよう（新版注会(9)261頁〔森本〕）。

III 順　位

雇用関係の先取特権は，一般の先取特権のうちで，共益費用の先取特権に次ぐ第2番目の順位を有する（329条1項・306条）。なお，1949（昭和24）年の民法改正（「民法等の一部を改正する法律」〔昭24法115〕）により，雇人給料（雇用関係）の一般の先取特権と葬式費用の一般の先取特権の順位の入れ替えが行われた（雇人の賃金債権の保護を厚くするため雇人給料の一般の先取特権の順位が1つ繰り上がり，葬式費用の一般の先取特権の順位が1つ繰り下がった〔旧306条3号が同条2号に，旧309条が308条に，旧306条2号が同条3号に，旧308条が309条というように，号数・条数の入れ替えがなされた。なお，こうした順位の入替えに関する理由の詳細については，→前注(§§329-332) II 1 (1)〕）。

IV　類似の特別法上の先取特権

保険業法117条の2は，保険契約者が被保険者のために生命保険会社に積み立てた金額につき，保険金請求権，損害補てん請求権，返戻金・剰余金・契約者配当にかかる配当金等の権利を有する保険契約者はその権利の額につき，それぞれ当該生命保険会社の総財産の上に先取特権を有すると規定している（同条1項）。これは，保険金が，保険契約者の生活において重要な意味を有することが多いことを考慮した趣旨に出たもので，雇用関係の先取特権と共通性を有するといえる（道垣内53頁）。それゆえ，この先取特権は，共益費用の先取特権に次ぐ優先順位を有するものとされている（同条2項。→§306 IV 3）。

〔今尾　真〕

第2節　先取特権の種類　第1款　一般の先取特権　§*309*　I

(葬式費用の先取特権)
第 309 条①　葬式の費用の先取特権は，債務者のためにされた葬式の費用のうち相当な額について存在する。
②　前項の先取特権は，債務者がその扶養すべき親族のためにした葬式の費用のうち相当な額についても存在する。

〔対照〕　フ民 2331・2400
〔改正〕　本条＝昭 24 法 115 移動（308 条→309 条）　②＝昭 22 法 222 改正

I　本条の沿革および趣旨

　葬式費用の先取特権は，債務者（死者自身）のためになされた葬式の費用（309 条 1 項）および債務者がその扶養すべき親族のためになした葬式費用（同条 2 項）のうち相当な額の請求権について，債務者の総財産（死者の相続財産・扶養すべき親族の葬式を行った扶養義務者の総財産）の上に存在する。この先取特権は，ローマ法に遡ることができ（原田・史的素描 120 頁），ローマでは，宗教上の理由から，死者に葬儀を行うことが望まれ，葬儀を引き受けた者に先取特権を付与するものとされていた。この先取特権をフランス民法典も引き継ぎ，起草者達は，すべての人が，支払不能状態にあるとしても，各人に相応の葬儀がなされる権利があると考えた（H. L. et J. MAZEAUD et F. CHABAS, LEÇONS DE DROIT CIVIL, t. III, vol. I, Sûretés Publicité foncière, 7e éd., 1999, par Y. PICOD, n° 151, p. 230.）。従来の規定は，この先取特権が葬式費用にかかる債権につき，「動産の総体〔généralité〕の上に」，また登記なくして「動産および不動産に及ぶ」としていたが（1804 年のフ民 2101 条 2 号・2104 条），1955 年の改正により，葬式費用については「動産の総体の上に先取特権が認められる」（動産に対する一般の先取特権）とされ（1955 年改正〔2006 年改正前〕のフ民 2101 条 2 号。なお，葬式費用を担保するために不動産を目的とする場合には，法定抵当権として登記を要することとなった〔1955 年改正のフ民 2104 条・2121 条 5 号・2122 条参照〕），2006 年の改正においてもこれがそのまま踏襲された（現行フ民 2331 条 2 号・2400 条 5 号・2401 条。なお，現在では，この先取特権の有用性は大幅に失われたといわれている。すなわち，「銀行の活動の分離および規制」に関する 2013 年 7 月 26 日の法律によって新設された，通貨金融法典新 L. 312-1-4-I 条が，「死者の葬式を引き受ける資格

〔今尾〕

§309　I　　　　　　　　　　第2編　第8章　先取特権

を有する者は，銀行の預金担当者に対して葬式の請求書を提示して，葬式費用の全部または一部の支払に必要な金額で，経済担当大臣のアレテにより定める額を限度とする金額につき，死者の口座の貸越額を限度として，その者の預金口座から払戻しを受けることができる」と規定するに至ったからである〔L. AYNÈS et P. CROCQ, DROIT DES SÛRETÉS, 12e éd., 2018, n° 600, note 2, p. 351.〕。つまり，葬式費用を支出する者は，死者の預金口座のある銀行に葬式費用の請求書を提示して，一定額を上限として，死者の預金口座の貸越額およびアレテの定める額を限度として，葬式費用に相当する預金の即時払戻しを受けることができ，債務者の動産の総体のいずれかに執行をかける必要がなくなったというわけである。注目に値する立法である）。また，この先取特権は，債務者（死者自身）のための葬式費用だけでなく，扶養すべき親族（子・配偶者・尊属など）のための葬式費用についても担保すると解されている（H. L. et J. MAZEAUD et F. CHABAS, loc. cit.）。

　そして，わが国において，上記のようなフランス法に起源を有する先取特権が，旧民法（旧担137条第2・139条）を経て現行民法典（306条3号・309条）に承継されたのである。本条は，資力の乏しい者でも，分相応の葬式を出せるようにすることが，人間性の尊重および国民道徳の維持にも適い，また，衛生的見地からも必要であることをその目的とする（梅335頁，注民(8)115頁〔甲斐道太郎〕，我妻77頁，柚木＝高木54頁，星野199頁，道垣内54頁）。それゆえ，フランス法と基本的にその趣旨を同じくするものである。そこで，葬儀社や遺族等が葬式費用の回収を心配せず，安心して葬式を執り行えるように認められたのが葬式費用の先取特権であるというわけである。

　もっとも，この先取特権は，特定の債権（葬式費用についての債権）を保護することによって，間接的に，ある政策的な目的（葬式の実施）を実現しようとする技術的手段であるとの特徴を有するが，この手段が実際上，その目的をどの程度まで実現させているかが問題であると指摘されている（高島157頁）。事実，この先取特権に関する最上級審の判断は示されておらず，わずかに，自ら喪主として葬儀社と葬儀に関する契約をした者が，葬儀社に支払った費用につき，死者またはその相続人に対し葬式費用の先取特権を有しているということはできないとした決定例があるにすぎない（東京高決平21・10・20金法1896号88頁）。それゆえ，従前から，306条3号および309条を削除すべきとの立法論すら主張されている（三ケ月章「『任意競売』概念の終焉」鈴木竹雄

第2節　先取特権の種類　第1款　一般の先取特権　　　§309　II

古稀・現代商法学の課題下〔1975〕1637頁・1641頁注8, 山崎寛「一般先取特権の機能・現状・問題点」金融担保法講座Ⅳ 198頁)。

　なお，本条の先取特権については，上記のように，社会政策的考慮ないし公益を理由に認められるものなので(高木45頁，髙橋36頁，松岡266頁)，当事者の特約による事前の排除は認められないともいえそうであるが，この先取特権を公益の理由に基づくものとした上で，当事者の意思を排斥するほど強い理由を有するものではないので，特約によりこれを排除することは許されると解されている（我妻58頁，注民(8)115頁〔甲斐〕，高島157頁)。

II　被担保債権

1　「葬式費用」の意義

　被担保債権の範囲は，上記の本条の趣旨に照らして，死者（債務者自身）および債務者の扶養すべき親族のためになされた相応の葬式・埋葬に直接必要な費用に限定される（309条1項・2項)。したがって，一般論として，「葬式費用」には，棺柩その他葬具・葬式場設営・読経・火葬の費用，人夫の給料，墓地の代価，墓標の費用等は含まれるが，葬式に直接必要な費用とはいえない，法事・石碑建立等の費用はこれに含まれないと解されている（注民(8)115頁〔甲斐道太郎〕。ちなみに，フランス法では，墓地利用権の設定費用およびモニュメント建立の費用は葬式費用に含まれないと解されている〔A.COLIN et H.CAPITANT, COURS ÉLÉMENTAIRE t.II, 7e éd., 1932, n°1060, p. 875, H.L.et J. MAZEAUD et F. CHABAS, LEÇONS DE DROIT CIVIL, Sûretés Publicité foncière, 7e éd., 1999, par Y. PICOD, n° 151, p. 230.〕)。なお，墓地の代価については，その額の大きさなどからして問題があるとしつつも，埋葬にとって必要であるから，制度の趣旨よりしてやはり葬式費用とすべきとの主張もある（高島158頁)。この点に関しては，本条の「葬式」の文言から原則として墓地の代価は葬式費用に含まれないとした上で，その費用が葬式にかかる他の費用との対比において「相当な額」にあたる場合には例外としてこれに含めるといった対応（現代における家族形態・生活スタイルやそれに基づく葬式・墓・埋葬・供養等に対する考え方の多様化に応じて様々な葬儀・埋葬形態が登場しているので）が穏当であろう。

　この先取特権が認められるためには，債権者が債務者のために直接葬式費

用を支出したことを要するが，債権者自らが葬式に必要な物品・労務を提供するか，他人にこれらを提供させてその費用を支払うかを問わない。そこで，葬儀社のみならず葬儀社に葬式費用の立替払をした者もこの先取特権を有することになるが，貸与した金銭がたまたま葬式費用に支出された場合のその貸主の貸金債権や葬儀社に雇われた者（人夫・運転手等）の報酬債権については，先取特権は認められない（注民(8)115頁〔甲斐〕）。また，先に紹介した決定例が判示しているように，自ら喪主として葬儀社との間で死者の葬式に関する契約を締結した者についても，その費用につき自己の債務として支払った者であるから，葬儀社に費用の立替払をした者にはあたらず，また，葬儀社に代位することのできる立場にある者でもないので，先取特権は認められない（前掲東京高決平21・10・20。なお，大山和寿〔判批〕青法53巻1号〔2011〕252頁以下は，この決定に対して，喪主に火葬・埋葬費用に相当する分については先取特権の被担保債権とする余地があることを示唆する。いずれにしても，本条は，葬式費用の先取特権の債権者が誰で，この先取特権がいかなる範囲で誰の財産を対象に成立するかを定めるのみで，本条の文言・趣旨等から，葬式費用を誰がどのように負担すべきかという点まで導くことは困難であり〔葬式費用の先取特権に関する306条・309条は，その趣旨からして，葬式費用を相続財産ないし遺産の負担とすることの根拠にはなり得ない〕，これら2つの問題は，別個に検討すべきものといえよう〔近藤幸康〔判批〕別冊判タ32号〔2011〕71頁〕）。この決定例は，相続における葬式費用の負担者の問題に関して，相続財産や相続人の負担ではなく，喪主が負担するとする裁判例（東京地判昭61・1・28判タ623号148頁。なお，東京地判昭59・7・12判タ542号243頁は，相続人全員が相続放棄した場合には葬式費用につき相続財産から支払うことを認める）とも，結論的に整合性があるといえよう（相続における葬式費用の負担者に関する議論については，石川利夫「葬式費用」判タ688号〔1989〕101-102頁，新版注民(26)134頁以下〔泉久雄〕などを参照）。

　なお，相応の葬式であるか否かは，死者の社会的地位・財産状態・地方慣習等を考慮して判断されるのであって，葬式を執り行う者の地位等を基準とするものではなく，不相応な葬式費用が支出された場合には，相応の費用部分についてのみ先取特権が認められることになる（注民(8)115頁〔甲斐〕）。

2 「債務者」の意義
(1) 本条1項の「債務者」

本条1項の「債務者のためになされた葬式」というのは，債務者が死亡した場合の葬式のことであり，「債務者」とは，まさに死者自身のことを意味し，先取特権は死者の遺産の上に成立する（我妻77頁）。これに対して，かつては「債務者」とは，葬式費用について債務を負担した者をさすという見解も主張されていた（遊佐397頁）。たしかに，死者を債務者とするのは，民法体系上，生前に自分の葬式について契約をしていたといったような特殊な事情がない限り（平野・総合360頁），想定しにくい事態であるが，死者の遺産から優先弁済を受けられるとの安心感を媒介として葬式を営むことを容易にするというこの先取特権の作用からすれば，死者自身の財産を目的物とする必要がある（高島158頁）。いずれにしても，死者を債務者とする理論構成が困難であることから，本条1項の先取特権は，通常の債権担保のための先取特権とは性質を異にした，特殊な遺産上の優先権と説明せざるを得ないであろう（石田・下623頁，勝本・上166頁，高島158頁。なお，本条における葬式費用の先取特権の債権者が誰で，この先取特権がいかなる範囲で誰の財産を対象に成立するかといった議論と，葬式費用の負担者は誰かという議論とは，すでに述べたとおり，別問題といえるので〔一1〕，ここでは，本条1項の「債務者」の意義から導かれる葬式費用の先取特権の法的性質につきどのように解すべきかを論ずるにとどめ，葬式費用の負担者如何に関する議論の詳細は，新版注民(26)134頁以下〔泉〕に譲る）。

(2) 本条2項の「債務者」

死者に財産がほとんどない場合，本条1項の先取特権の実効性がないので，その親族が死者のために葬式を執り行ったときは，債権者はその親族の総財産に対して先取特権を有するとしたのが本条2項である。例えば，子が父の葬式をした場合には，この先取特権は子の総財産の上に成立することになる。本項における「債務者」とは，葬式を執り行った扶養義務者をさし，「扶養すべき親族」の範囲は，法律の規定（752条・877条）によって基本的に定まるが，内縁の妻もそこに含まれると解するのが通説である（注民(8)115頁〔甲斐〕）。そこで，一般論としては，本項における「扶養すべき」者とは，単に法律上の扶養義務者に限られず，死者の財産が乏しいため，これに代わって葬式費用を支出せざるをえない立場にある者を包含すると解されることにな

ろう（道垣内54頁）。

　また，法律上，死者のために埋葬義務を負う者があった場合，この者の支出した葬式費用につき先取特権が成立するか否かが問題とされてきたが，埋葬義務は必ずしも費用負担義務を意味しないことを理由に，これを肯定するのが多数説であった（注民(8)116頁〔甲斐〕）。もっとも，こうした場合，特別法上の先取特権が付与されることが多いといえよう（例えば，市町村長には一定の場合，死者の埋葬義務があるが〔墓地9条1項〕，その費用に関しては，先取特権を付与する行旅病人及行旅死亡人取扱法の規定〔同法15条2項・3項〕を準用するとされている〔墓地9条2項〕）。

III　順　位

　葬式費用の先取特権は，一般の先取特権のうちで，共益費用・雇用関係の先取特権に次ぐ第3番目の順位を有する（329条1項・306条）。また，この先取特権の順位については，すでに述べたように（→§308 III），1949（昭和24）年の民法改正（「民法等の一部を改正する法律」〔昭24法115〕）により，雇人給料（雇用関係）の一般の先取特権と葬式費用の一般の先取特権の順位の入れ替えが行われた（雇人給料の一般の先取特権の順位が1つ繰り上がり，葬式費用の一般の先取特権の順位が1つ繰り下がった〔旧306条3号が同条2号に，旧309条が308条に，旧306条2号が同条3号に，旧308条が309条というように，号数・条数の入れ替えがなされた〕）。

IV　類似の特別法上の先取特権

　資力の乏しい者や身寄りのない者でも，容易に葬式が行われるようにするという機能は，民法以外でも，生活保護法，老人福祉法，行旅病人及行旅死亡人取扱法などの特別法によっても担われている。

　まず，生活保護を受けている者が死亡した場合において，死亡者の遺族や扶養義務者が困窮のため葬祭を行うことができないとき（生活保護18条1項），その者の葬祭を行う扶養義務者がないとき（同条2項1号），または死亡者に対しその葬祭を行う扶養義務者がない場合において，その遺留した金品で葬

第2節　先取特権の種類　第1款　一般の先取特権　　　§310　I

祭を行うに必要な費用を満たすことのできないとき（同項2号），第三者が行う葬祭に対して都道府県・市町村が葬祭扶助をなした場合には，これらの公共団体は，その費用につき，死亡者の遺留物品の上に他の債権者の先取特権に対して優先権を有するとされている（生活保護76条2項）。

　また，養護老人ホームまたは特別養護老人ホームに入所している者が死亡した場合において，その葬祭を行う者がいないときは，市町村が，その葬祭を行う等した場合（老福11条2項），その費用について，遺留物品の上に他の債権者の先取特権に対して優先権を有するとされている（老福27条2項）。

　さらに，行旅死亡人があるときその所在地の市町村が，埋葬または火葬をした場合（行旅病人及行旅死亡人取扱法7条1項），市町村は，行旅死亡人取扱費用につき遺留物件の上に他の債権者の先取特権に対し優先権を有するとされている（同法13条2項）。

〔今尾　真〕

（日用品供給の先取特権）
第310条　日用品の供給の先取特権は，債務者又はその扶養すべき同居の親族及びその家事使用人の生活に必要な最後の6箇月間の飲食料品，燃料及び電気の供給について存在する。

　〔対照〕　フ民2331⑤・2400⑤
　〔改正〕　本条＝昭22法222改正

I　本条の趣旨

　日用品供給の先取特権は，債務者または扶養すべき同居の親族および家事使用人の生活に必要な最後の6か月間の飲食料品，燃料および電気を供給した者のそれらの費用債権につき，債務者の総財産の上に存在する（310条）。この先取特権は，共益費用・雇用関係の先取特権と同様，フランス古法に起源を有し（原田・史的素描120頁），フランス民法典のもとで，従来は，「パン屋，肉屋およびその他の小売商によって債務者およびその家族になされた日用品の供給」にかかる債権は「最後の6箇月間」につき，先取特権が「動産

〔今尾〕

の総体〔généralité〕の上に」，また登記なくして「動産および不動産に及ぶ」とされていたが（1804年のフ民2101条5号・2104条），1955年の改正により，単に「動産の総体の上に先取特権が認められる」（動産に対する一般の先取特権）と改正され（1955年改正のフ民2101条5号。なお，日用品等の供給費用を担保するために不動産を目的とする場合には，法定抵当権として登記を要することとなった〔1955年改正のフ民2104条・2121条5号・2122条参照〕。また，この2101条5号は，1964年7月6日の法律および1980年7月4日の法律により，その被担保債権に，農業生産者の引き渡した生産物の費用・農業経営者の契約の相手方が支払う金銭が付け加えられ，その期間も最後の6か月間から最後の1年間に伸長された），2006年の改正においてもこれがそのまま踏襲された（現行フ民2331条5号・2400条5号・2401条）。この先取特権が認められる趣旨は，人間性・人道（humanité）を理由とするもので，日用品の供給者が他の債権者との競合リスクがないということを知れば，債務者は非常に容易にその者から信用を得られるということにあるとされる（H. L. et J. MAZEAUD et F. CHABAS, LEÇONS DE DROIT CIVIL, t. III, vol. I, Sûretés Publicité foncière, 7e éd., 1999, par Y. PICOD, n° 153, p. 231. なお，現在では，この先取特権の有用性は，1988年の12月1日の法律の「社会参入最低所得手当（revenu minimum d'insertion）」制度〔著しく困難な状況にある者に生活給付と住宅援助を保障する制度で，日本の生活保護に近い。現在は，2008年12月1日の法律の「積極的連帯所得手当（revenu de solidalité active）」制度《生活保護を受けていた失業者が就職してもなお手当の一部を引き続き受け取れる制度》に置きかえられた〕の導入により，喪失したといわれている）。

　そして，わが国において，上記のようなフランス法に起源を有する先取特権が，旧民法（旧担137条第5・142条）を経て現行民法典（306条4号・310条）に承継されたわけである。本条は，フランス法と基本的に同じく，日用品供給者を保護することにより（公平の見地），債務者が現金を供給者に直ちに支払うことなしに，日用品の供給を受けられるようにしてその生活の維持を可能にすることをその趣旨とする。この先取特権も，葬式費用の先取特権と同様，特定の債権（日用品の供給者の売掛債権等）を保護することによって，間接的に，ある政策的な目的（債務者の生活維持）を実現しようとする技術的手段であるとの特徴を有するが（岡松358頁，中島672頁，吾妻25頁，注民(8)116頁〔甲斐道太郎〕），この機能がどこまで発揮されているかは疑わしいとの指摘も

ある（高島159頁）。また，日用品の供給者は売主であることが大部分であるので，動産売買の先取特権（311条5号・321条）による保護を受けることもできるが，取引の性質や目的物が消耗品であることから，実際上の意義はほとんど認められないと思われる（高島160頁，安永476頁）。

この先取特権は，上記のように，一面で社会政策的な目的（生活困窮者の保護）を有するといえるので，当事者間の特約によっては排除できないとも考えられる（注民(8)116頁〔甲斐〕）。しかし，この目的は，日用品を供給した債権者の保護を媒介として間接的に実現されるものであるので，先取特権の排除がこの目的実現の妨げになるわけではなく，また債権者が債務者によってその排除を強いられる危険も少ないことから，当事者間の特約による排除は認められると解される（我妻58頁，高島160頁）。

II 被担保債権

1 「債務者又はその扶養すべき同居の親族及び家事使用人」の意義

この先取特権の被担保債権は，「債務者又はその扶養すべき同居の親族及び家事使用人」の生活に必要な飲食品・燃料および電気等の供給代金債権のうち「最後の6箇月分」である。

「扶養すべき同居の親族」に内縁の妻（夫）が含まれるかについて，これを肯定するのが判例（内縁の妻につき大判大11・6・3民集1巻280頁）・通説（我妻78頁，柚木＝高木55頁，高島161頁，高木46頁，髙橋36頁，道垣内55頁，松岡266頁）である。本条の趣旨からすれば，親族であるか否かは問題でなく，債務者の扶養すべき人であるか否かに重点が置かれるべきであるのと，内縁関係が実質的に婚姻関係と同視されること等に鑑みれば，これを肯定すべきであろう（柚木＝高木55頁，高島161頁）。

「家事使用人」とは，家庭的労務のために雇われた者をさし，この先取特権がひとまとまりの家庭の生活を保護することをその趣旨とするので，この者は債務者と同居している者に限られると解されている（道垣内55頁）。なお，債務者と同居していたとしても，事務員などは含まれない（平成16年法律147号による改正前の民法310条の「僕婢」に事務員が含まれるか否かに関して，東京区判昭6・4・7新報258巻27頁はこれを否定。高島161頁）。

また，本条の趣旨のうちの債務者の生活保障という見地からは，法人が債務者である場合，法人の規模，経営態様等のいかんを問わず，「債務者」は自然人に限られ，法人はこれに含まれないとするのが判例である（最判昭46・10・21民集25巻7号969頁）。これに対し，個人企業たる法人など実質的には自然人と考えるべき場合もあるとの指摘もある（高木ほか44頁，道垣内55頁）。例えば，店舗併用住宅における小規模商店のように家族が営業活動の主体であり，もっぱら税法上の利点から法人となっている場合などである。もっとも，こうした場合，水道・ガス・電気などに関しては法人が契約主体となり，その料金債務は家庭生活に関する部分も法人に帰属する例が多く，家庭生活に関する部分についてだけ先取特権を認めるとの解釈もありうるが，その先取特権の成立する範囲を限定することは困難であるので，上記判例を支持すべきとの主張もある（基本法コメ193頁〔平田春二〕）。

2　「日用品」の意義

　本条の「日用品」は，生活必需品である飲食料品・燃料および電気に限られ，酒・たばこ・菓子などの嗜好品や衣類・家具・新聞（現在ではテレビの視聴料）などはこれに含まれないと解されている（梅341頁，注民(8)117頁〔甲斐道太郎〕，星野199頁）。もっとも，生活必需品かどうかは時代の実情によって変わるものであるから，「日用品」の内容も，それぞれの時代における一般の生活様式を基準に判定していくことになろう（高島161頁，髙橋36頁）。

　また，生活必需品として「日用品」に該当するものであっても，その供給量が日常の必要を超過する場合には，この超過部分について先取特権は認められないと解されている（梅341頁，星野199頁，高島161頁）。

　なお，近時は，日用品購入や電気・水道代支払に際して，クレジットカードによる支払や口座引落としのような決済手段が用いられることが多くなってきたが，このような場合，当該クレジット債権等の債権者にも，この先取特権が付与されると解されている（道垣内55頁，河上52頁，松岡267頁）。

3　「最後の6箇月間」の起算点

　この先取特権により日用品供給にかかる債権に優先弁済権が与えられるのは，「最後の6箇月間」に限られている。こうした制限は，他の債権者との均衡や債務者のさしあたっての生活保障といった考慮に基づくものであり，このことに鑑みれば，「最後の6箇月間」は，先取特権の行使時から起算し

第 2 節　先取特権の種類　第 1 款　一般の先取特権　　　　　§310　Ⅲ

て遡って半年と解されている（基本法コメ 192 頁〔平田〕，河上 51-52 頁，道垣内 55 頁）。

Ⅲ　順　　位

　日用品供給の先取特権は，一般の先取特権のうちで最後順位とされている（329 条 1 項・306 条）。

〔今尾　真〕

§311

第2款　動産の先取特権

（動産の先取特権）
第311条　次に掲げる原因によって生じた債権を有する者は，債務者の特定の動産について先取特権を有する。
　一　不動産の賃貸借
　二　旅館の宿泊
　三　旅客又は荷物の運輸
　四　動産の保存
　五　動産の売買
　六　種苗又は肥料（蚕種又は蚕の飼養に供した桑葉を含む。以下同じ。）の供給
　七　農業の労務
　八　工業の労務

〔対照〕　フ民 2332・2332-3
〔改正〕　本条＝平 16 法 147

細目次

- Ⅰ　総　説 …………………………………235
  - 1　動産の先取特権の沿革 ………………235
  - 2　被担保債権と目的物との関連性 ………235
  - 3　動産の先取特権と公示の原則・追及力 …………………………………………237
- Ⅱ　動産の先取特権の種類 ………………238
  - 1　民法上の動産の先取特権 ……………238
  - 2　特別法上の動産の先取特権 …………238
    - (1)　関税 …………………………………238
    - (2)　船舶債権 ……………………………238
    - (3)　上記(2)以外の船舶債権 ……………240
    - (4)　目的物の保存の費用（租税等に優先するもの）……………………………240
    - (5)　不動産の賃料・旅館の宿泊料・旅客または荷物の運送料等 ……………241
  - (6)　租税 …………………………………241
  - (7)　共益費用 ……………………………241
  - (8)　地方公共団体の葬祭費等 ……………242
  - (9)　動産の保存の費用 …………………242
  - (10)　動産の売買・種苗または肥料の供給代金，農業労務・工業労務の賃金およびそれらに類似するもの ………243
  - (11)　破産手続開始により商事留置権から転換した先取特権により担保される債権 ……………………………………244
  - (12)　その他——旧公吏保証金の先取特権の被担保債権に類似するもの（平16改正前民320条）………………245
- Ⅲ　順　位 …………………………………249
  - 1　動産の先取特権と一般の先取特権と

第 2 節　先取特権の種類　第 2 款　動産の先取特権　　　　§*311* I

の間……………………………………249　　　3　特別法上の動産の先取特権の順位概
2　動産の先取特権相互の間………………250　　　　観…………………………………………250

I　総　　説

1　動産の先取特権の沿革

　動産の先取特権は，本条所定の 8 つの原因によって生じる債権を被担保債権として，債務者の特定動産上に成立する先取特権である（311 条）。すなわち，①不動産賃貸（311 条 1 号・312 条～316 条），②旅館宿泊（311 条 2 号・317 条），③運輸（311 条 3 号・318 条），④動産保存（311 条 4 号・320 条），⑤動産売買（311 条 5 号・321 条），⑥種苗または肥料の供給（311 条 6 号・322 条），⑦農業労務（311 条 7 号・323 条），⑧工業労務（311 条 8 号・324 条）の 8 種類の動産の先取特権が民法上定められている。

　この先取特権は，フランス古法にその起源を有し（原田・史的素描 120-121 頁，下村信江「フランス先取特権制度論(上)」帝塚山 3 号〔1999〕87 頁，D. LEGEAIS, DROIT DES SÛRETÉS ET GARANTIES DU CRÉDIT, 12e éd., 2017, n° 690, p. 458.），フランス民法典のもとで「特定動産上の先取特権（privilèges sur certains meubles）」として規定され（2006 年改正前のフ民 2102 条〔現行 2332 条〕は，1 号：不動産賃貸料，2 号：動産質権者の債権〔学説上これは先取特権でないとされている〕，3 号：動産保存費，4 号：動産売買代金，5 号：旅店宿泊費，6 号：輸送費，7 号：公務員の職務上の濫用等による損害賠償，8 号：損害被害者の保険補償金，9 号：家内労働者の補助者による仕事の提供者に対する金銭の 9 種類の債権を被担保債権とする動産の先取特権を規定する），わが国において，旧民法がこれを基本的に踏襲して（旧担 146 条は，第 1：不動産賃貸人，第 2：種子・肥料供給者，第 3：農業稼人・工業職工，第 4：動産保存人，第 5：動産売主，第 6：旅店主人，第 7：舟車運送営業人，第 8：保証金を提供した公吏の職務上の所為に対する債権者，第 9：第 8 の保証金の貸主に，動産の先取特権を与えていた），現行民法典に承継されたものである。

2　被担保債権と目的物との関連性

　動産の先取特権には，被担保債権の発生原因と債務者の特定動産との間に何らかの密接な関係（牽連関係）が認められる。この牽連関係によって，動産の先取特権は 3 つに分類される。

〔今尾〕　　235

§311 Ⅰ　　　　　　　　　　　　　　　　第2編　第8章　先取特権

　まず，債権者の通常の期待の保護ないし意思の推測を趣旨とするものである。すなわち，被担保債権と目的動産との関係から債権者がその動産を自らの債権の引当てとして期待するとの黙示の合意があると考えられる場合である。この趣旨に基づいて認められるものとしては，上記の①不動産賃貸・②旅館宿泊・③運輸の先取特権である。なお，このほかに，かつては公吏保証金の先取特権（公吏の職務上の過失によって生じた債権を担保する先取特権）も規定（平16改正前民311条4号・320条）されていたが，公務員の職務上の過失による損害については，国家賠償法の制定（昭22法125）によりその責任が認められることとなっていたので（国賠1条），平成16年の民法の現代語化（平16法147）に際してこの先取特権は削除された。すなわち，国家賠償法制定以前は，官公吏（公務員）が職務上の過失により私人に損害を与えても，国や公共団体はもとより当該官公吏自身も原則として損害賠償責任を負わなかったので，例外的に官公吏の損害賠償責任が認められる規定（身元保証金の納付義務を負う公証人・執行吏に損害賠償責任を認める規定〔公証旧6条，旧民訴532条〕）が存在していた場合に，公吏保証金の先取特権の存在意義があったが，国家賠償法制定後は，これらの規定が廃止され（国賠附則2条・5条），この先取特権の存在意義が失われていたというわけである（注民(8)140頁〔甲斐道太郎〕）。

　次に，債務者の特定動産を保存したことにより債務者の一般財産の価値を維持し，そこから他の債権者も弁済を受けるのであるから，その保存費用につき優先権を与えることが公平（債権者間の公平）に適うとの趣旨によるものがある。これは，一般の先取特権のうちの共益費用の先取特権（306条1号・307条）の趣旨と共通する。この趣旨に基づく先取特権は，上記④動産保存の先取特権である。また，債務者の財産増殖による公平（当事者間の公平）を趣旨とするものもある。すなわち，債権者が売却した動産が債務者の一般財産の一部を構成しているのであるから，当該動産につきその債権者に先取特権を付与するのが公平であるというわけである。この趣旨に基づくものとしては，上記⑤動産売買・⑥種苗または肥料の供給・⑦農業労務・⑧工業労務の先取特権があり，また不動産賃貸借における果実に先取特権が存する場合には①不動産賃貸の先取特権もここに含まれる（なお，⑥⑦⑧は公平の趣旨に加えて，後述の特定産業の保護・育成および労務者の生活保障をもその趣旨とする）。

　最後に，特定産業の保護・育成および労務者の生活保障を趣旨として認め

第2節　先取特権の種類　第2款　動産の先取特権　　　§311　I

られるものがある。この趣旨に基づく先取特権は，上記⑥種苗または肥料の供給・⑦農業労務・⑧工業労務に関する先取特権である（前述のとおり，これらの先取特権は公平をもその趣旨とする）。

3　動産の先取特権と公示の原則・追及力

これらの先取特権の目的物たる動産は，留置権と異なり，基本的に債務者の占有下にあるので，公示の原則が無視される（対抗要件が必要とされない）ことになる（高島162頁，道垣内55頁）。もっとも，動産の先取特権は，比較的価値の少ない動産を目的物とすることから，一般債権者を害する程度はそれほど大きくなく，また目的動産が第三取得者に引き渡された後はこれを行使できなくなる（追及力がない）ので（333条），第三取得者を害することもなく，この先取特権の実効性はあまり大きくないといわれている（注民(8)119頁〔甲斐〕，柚木＝高木57頁）。なお，これらの先取特権には追及力がない代わりに，その目的物に売却・賃貸・滅失・損傷等の事由が生じた場合には，それに置き換わった請求権，またはそこから派生した請求権に対して，先取特権者は一般に物上代位権を行使できるとされている（304条）。ただし，目的物の存在場所に制限のある不動産賃貸・旅館宿泊・運輸の先取特権の3つについては，それらの目的物が賃貸されて存在場所から搬出されれば目的物たる性質を失うところ，その賃料債権に物上代位を認めることは，これらの先取特権の趣旨である債権者の期待・当事者意思の推測の域を超え，過ぎたる保護を与えるものとして，上記3つの先取特権における目的物の賃貸による賃料債権に対する物上代位を否定すべきとの見解もある（道垣内67頁）。

ところで，8種類の動産の先取特権の中にはほとんど利用されていないものもあるが，そのうちの不動産賃貸の先取特権と動産売買の先取特権は現在でもよく利用されている（今中利昭「動産の先取特権の種類とその内容，効力」担保法大系Ⅱ473頁）。特に，動産売買の先取特権は，昭和50年代以降，その利用が著しく増加したが，その背景には，売買される動産の高額化，譲渡担保や所有権留保などの約定担保権確保の困難性，倒産事案の多発およびその配当率の低下等があるとされている（注解判例373頁〔田原睦夫〕）。

〔今尾〕

II 動産の先取特権の種類

1 民法上の動産の先取特権

冒頭ですでに述べたように，民法上の動産の先取特権は，①不動産賃貸（311条1号・312条〜316条），②旅館宿泊（311条2号・317条），③運輸（311条3号・318条），④動産保存（311条4号・320条），⑤動産売買（311条5号・321条），⑥種苗または肥料の供給（311条6号・322条），⑦農業労務（311条7号・323条），⑧工業労務（311条8号・324条）の8種類である。

2 特別法上の動産の先取特権

民法以外の特別法上の動産の先取特権は，相当数ある。そこで，以下では，特別法上の動産の先取特権のうち，主要なものを取り上げて，類似する民法上の動産の先取特権または特別法上の先取特権の被担保債権とその目的物（なお，動産の代価請求権ないし供託・預託金の還付・返還請求権等〔債権〕を目的とする先取特権〔いわば物上代位的なもので，下記(4)の9および(12)の28〜50など〕もここに列記する）との関係に応じてこれらを分類することとする。なお，民法上の特別の動産の先取特権と下記に掲げる特別法上の動産の先取特権の順位関係の一覧については，後掲【別表2】〔民法上の特別の動産の先取特権と特別法上の動産の先取特権の順位一覧表〕（→前注(§§329-332)Ⅲ2末尾）を参照されたい。

(1) 関　税

1：外国貨物に対する関税（関税9条の5第1項。同条項は，「当該関税を徴収すべき外国貨物について，他の公課及び債権に先だつて徴収する」と規定。ただし，関税が，例外的に輸入後に，外国貨物に対して国税徴収の例によって徴収される場合には，関税およびその滞納処分費の徴収の順位は，国税およびその滞納処分費と同順位となる〔同条2項〕※。→前注(§§329-332)Ⅲ2(1)）

※　収用貨物（関税80条参照）が公売または売却された場合には，その代金に対して，①売却に要した費用，②収用に要した費用，③収用課金，④関税およびその他の国税の順で，優先権が付与される（関税85条）。

(2) 船　舶　債　権

2：商法842条1号〜5号に掲げる船舶債権（商法は，これらの債権を有する者

第 2 節　先取特権の種類　第 2 款　動産の先取特権　　　　　　§311　II

は，「船舶及びその属具について先取特権を有」し（商 842 条柱書），これらの先取特権が「互いに競合する場合には，その優先の順位は，同条〔842 条〕各号に掲げる順序に従」い（商 843 条 1 項本文。括弧内は筆者）※，また，これらの「船舶先取特権は，他の先取特権に優先する」（商 844 条）と規定）

※　また，同一順位の船舶先取特権者が数人あるときは，これらの者は，その債権額の割合に応じて弁済を受けることになる（商 843 条 2 項本文）が，商法 842 条 2 号から 4 号までに掲げる債権にあっては，同一順位の船舶先取特権が同時に生じたものでないときは，後に生じた船舶先取特権が前に生じた船舶先取特権に優先する（商 843 条 2 項ただし書）。

　なお，2018（平成 30）年 5 月 18 日に，「商法及び国際海上物品運送法の一部を改正する法律案」が可決され（平成 30 年法律第 29 号），船舶先取特権等に関する規律が修正・変更を受けた。この改正前は，船舶・その属具の競売費用および競売開始後の保存費につき，船舶債権として最優先順位（上述の関税と同順位）の先取特権が付与されていた（平 30 改正前商 842 条 1 号・844 条 1 項・845 条，税徴 19 条 1 項 4 号，地税 14 条の 13 第 1 項 4 号も参照）が，改正後は，競売費用等が船舶債権から削除された（改正商 842 条参照）ので，これらの費用にかかる先取特権ないし優先権は，関税に後れる，強制換価手続等の費用に関するもの（税徴 9 条・10 条，地税 14 条の 2・14 条の 3）と同順位になると解される（→前注（§§ 329-332）III 2 (1)(2)）。

2-1：船舶の運航に直接関連して生じた人の生命または身体の侵害による損害賠償請求権（商 842 条 1 号）

2-2：救助料にかかる債権または船舶の負担に属する共同海損の分担に基づく債権（同条 2 号。ただし，救助料にかかる船舶先取特権は，その発生の時において既に生じている他の船舶先取特権に優先する〔商 843 条 1 項ただし書〕）

2-3：国税徴収法もしくは国税徴収の例によって徴収することのできる請求権であって船舶の入港，港湾の利用その他船舶の航海に関して生じたものまたは水先料もしくは引き船料にかかる債権（同条 3 号）

2-4：航海を継続するために必要な費用にかかる債権（同条 4 号）

2-5：雇用契約によって生じた船長その他の船員の債権（同条 5 号）

〔今尾〕

3：船舶の賃貸借における「その船舶の利用について生じた」商法842条1号〜5号に掲げる債権（商703条2項本文、および商843条・844条参照）

4：定期傭船契約にかかる船舶により物品を運送する場合の「定期傭船者の船舶の利用について生じた」商法842条1号〜5号に掲げる債権（商707条による商703条2項の準用、および商843条・844条参照）

5：海難救助における救助料にかかる債権（商802条。同条1項は、「救助料に係る債権を有する者は、救助された積荷等について先取特権を有する」とし、同条2項が、その順位等について、商843条2項・844条を準用すると規定）

(3) 上記(2)以外の船舶債権

6：制限債権者の有するその制限債権（船舶所有者等もしくは救助者または被用者等が、この法で定めるところによりその責任を制限することができる債権〔船主責任制限2条4号〕）（船主責任制限95条1項。同条項は、「その制限債権（物の損害に関する債権に限る。）に関し、事故に係る船舶及びその属具について先取特権を有する」とし、同条2項がその順位につき、「商法（明治32年法律第48号）第842条第5号の先取特権に次ぐ」と規定）

7：タンカー油濁損害にかかる制限債権者の有するその制限債権（タンカー所有者またはこの法律で定めるタンカー油濁損害賠償保障契約にかかる保険者等が、この法律で定めるところによりその責任を制限することができる債権〔油賠2条11号〕）（油賠40条1項。同条項は、「その制限債権に関し、事故に係る船舶及びその属具について先取特権を有する」とし、同条2項がその順位につき、「商法（明治32年法律第48号）第842条第5号の先取特権に次ぐ」と規定）

(4) 目的物の保存の費用（租税等に優先するもの）

□動産保存の費用（民320条）のうちで、国税・地方税に優先する債権のためまたは国税・地方税のために動産を保存した費用に関する債権（税徴19条1項5号、地税14条の13第1項5号）

8：農業協同組合等による農業をなす者への農業用動産または農業生産物の保存資金貸付に関する債権（農動産4条1項1号・5条1項・2項）のうちで、国税・地方税に優先する債権のためまたは国税・地方税のために動産を保存した費用の貸付にかかる債権（税徴19条1項5号、地税14条の13第1項5号）

9：抵当自動車の第三取得者が抵当自動車に支出した必要費または有益費

第2節　先取特権の種類　第2款　動産の先取特権　　　　　　　§311　II

に関する費用償還請求権（自抵14条。同条は，抵当自動車に必要費または有益費を支出した第三取得者は「抵当自動車の代価をもつて最も先にその償還を受けることができる」と規定※）

　※　第三取得者の費用償還請求権に付与されるこの優先権は，抵当自動車の代価（にかかる請求権）を目的とするので，一種の物上代位的な優先権ということができる。

(5)　**不動産の賃料・旅館の宿泊料・旅客または荷物の運送料等**※

□不動産の賃貸借における賃料債権等（民311条1号・312条）

□旅館の宿泊・飲食料等の債権（民311条2号・317条）

□旅客または荷物の運送費・その付随費用等の債権（民311条3号・318条）

　※　国税・地方税等は，これらの先取特権が，「納税者の財産上に……法定納期限等以前からあるとき，又は納税者（等）がその先取特権のある財産を譲り受けたときは，……その換価代金につき，その先取特権により担保される債権に次いで徴収する」とされている（税徴20条1項1号，地税14条の14第1項1号）。したがって，これらの先取特権が，法定納期限後に成立した場合には，租税に優先できず，また，同一目的物に競合した場合には，同順位となる。

(6)　**租　　税**※

□国税債権（税徴8条。同条は，「納税者の総財産について，この章に別段の定がある場合を除き，すべての公課その他の債権に先だつて徴収する」と規定）

□地方税等の地方公共団体の徴収金債権（地税14条。同条は，「地方団体の徴収金は，納税者又は特別徴収義務者の総財産について，本節に別段の定がある場合を除き，すべての公課……その他の債権に先だつて徴収する」と規定）

　※　租税に関する先取特権は，一般の先取特権の性格を有するが，これらの先取特権が特定動産を目的物として他の先取特権と競合する場合をここでは想定。

(7)　**共 益 費 用**

□共益費用（民306条・307条）※

　※　民法上の共益費用の一般の先取特権（民306条1号・307条）が動産を目的物とする場合には，この先取特権もこのグループに属することになる（民329条2項ただし書は，「その利益を受けたすべての債権者に対して優

〔今尾〕

先する効力を有する」と規定)。

10：区分所有者が，共用部分，建物の敷地，共用部分以外の建物の附属施設につき，他の区分所有者に対して有する債権（管理費用・公租公課の立替等に基づく債権）（建物区分7条1項。同条項は，「債務者の区分所有権（共用部分に関する権利及び敷地利用権を含む。）及び建物に備え付けた動産の上に先取特権を有する」（傍点は筆者。この「建物に備え付けた動産」の上に成立する先取特権が特別の動産の先取特権といえる）とし，同条2項が，「優先権の順位及び効力については，共益費用の先取特権とみなす」と規定）

11：各債権者の共同の利益のためにされた信託財産に属する財産の保存，清算または配当に関する費用等の償還または費用の前払に関する請求権（信託49条6項前段。同項後段が，この場合における「その順位は，民法第307条第1項に規定する先取特権と同順位とする」と規定）

(8) 地方公共団体の葬祭費等

12：市町村が行った行旅死亡人の埋葬・火葬等の取扱費用にかかる債権（行旅病人及行旅死亡人取扱法7条1項・13条2項。同法13条2項は，「市町村ハ行旅死亡人取扱費用ニ付遺留物件ノ上ニ他ノ債権者ノ先取特権ニ対シ優先権ヲ有ス」と規定）

13：保護の実施機関（都道府県または市町村）が行った葬祭扶助の費用にかかる債権（生活保護76条1項。同条2項は，都道府県または市町村は，死者の葬祭扶助の費用に関し，「その遺留の物品の上に他の債権者の先取特権に対して優先権を有する」と規定）

14：市町村が行った老人ホームの入所者の葬祭措置に要する費用にかかる債権（老福27条1項。同条2項は，入所者の葬祭措置に要する費用に関し，「その遺留の物品の上に他の債権者の先取特権に対して優先権を有する」と規定）

(9) 動産の保存の費用

□動産の保存等の費用に関する債権（民311条4号・320条）※

※　ここでは，上記(4)の場合（国税・地方税に優先する債権のためまたは国税・地方税のために動産を保存した場合〔税徴19条1項5号・地税14条の13第1項5号参照〕）を除く，動産保存等の費用に関する債権（民法320条は，動産保存の先取特権は，「動産の保存のために要した費用又は動産に関する権利の保存，承認若しくは実行のために要した費用に関し，その動産について存在する」

第 2 節　先取特権の種類　第 2 款　動産の先取特権　　　§*311*　II

とし，民法 330 条 1 項がその優先順位について同項各号の順序に従うと規定）を被担保債権とするもの
15：農業協同組合等による農業をなす者への農業用動産または農業生産物の保存資金貸付に関する債権（農動産 5 条 1 項・2 項）※
　　※　ここでは，上記(4) 8 の場合（国税・地方税に優先する債権のためまたは国税・地方税のために動産を保存した場合〔税徴 19 条 1 項 5 号・地税 14 条の 13 第 1 項 5 号参照〕）を除く，農業用動産または農業生産物の保存資金貸付に関する債権（農動産 5 条 1 項は，「先取特権ハ貸付ヲ受ケタル資金ヲ以テ保存シタル農業用動産ノ上ニ存在ス」とし，また，同条 2 項は，「先取特権ハ貸付ヲ受ケタル資金ヲ以テ保存シタル農業生産物ノ上ニ存在ス」とし，同 11 条は，「農業用動産又ハ農業生産物ノ保存資金貸付ノ先取特権ハ動産保存ノ先取特権ト……看做ス」と規定）を被担保債権とするもの

⑽　**動産の売買・種苗または肥料の供給代金，農業労務・工業労務の賃金**※1 **およびそれらに類似するもの**※2
□動産の売却代金債権（民 311 条 5 号・321 条）
□種苗または肥料の供給代金債権（民 311 条 6 号・322 条）
□農業労務による賃金債権（民 311 条 7 号・323 条）
□工業労務による賃金債権（民 311 条 8 号・324 条）
　　※ 1　先取特権は，売却・供給された「その動産」（民 321 条），種苗または肥料を「用いた土地から生じた果実」（民 322 条），農業労務または工業労務によって「生じた果実」または「製作物」（民 323 条・324 条）に存在し，その優先順位は民法 330 条 1 項各号の順序に従う。
16：農業用動産の購入資金貸付債権（農動産 6 条。同条は，「先取特権ハ貸付ヲ受ケタル資金ヲ以テ購入シタル農業用動産ノ上ニ存在ス」と規定）
17：薪炭原木の購入資金貸付債権（農動産 9 条。同条は，「先取特権ハ貸付ヲ受ケタル資金ヲ以テ購入シタル薪炭原木ヨリ生産シタル薪炭ノ上ニ存在ス」と規定）
18：種苗または肥料の購入資金貸付債権（農動産 7 条。同条は，「先取特権ハ貸付ヲ受ケタル資金ヲ以テ購入シタル種苗又ハ肥料ヲ用ヒタル後 1 年内ニ之ヲ用ヒタル土地ヨリ生ジタル果実ノ上ニ存在ス尚桑樹ノ肥料購入資金貸付ノ先取特権ニ在リテハ其ノ果実タル桑葉ヨリ生ジタル物ノ上ニモ亦存在ス」と規定）
19：蚕種または桑葉の購入資金貸付債権（農動産 8 条。同条は，「先取特権ハ貸

付ヲ受ケタル資金ヲ以テ購入シタル蚕種又ハ桑葉ヨリ生ジタル物ノ上ニ存在ス」と規定）

20：水産養殖用の種苗または餌料の購入資金貸付債権（農動産10条。同条は，「先取特権ハ貸付ヲ受ケタル資金ヲ以テ購入シタル種苗ヲ養殖シタル物ノ上ニ存在ス」と規定）

※2　これらの先取特権については，「農業用動産又ハ農業生産物ノ保存資金貸付ノ先取特権ハ動産保存ノ先取特権ト，農業用動産又ハ薪炭原木ノ購入資金貸付ノ先取特権ハ動産売買ノ先取特権ト，種苗若ハ肥料，蚕種若ハ桑葉又ハ水産養殖用ノ種苗若ハ餌料ノ購入資金貸付ノ先取特権ハ種苗肥料供給ノ先取特権ト看做ス」と規定され（農動産11条），それぞれ民法の類似の先取特権に擬せられて順位付けがなされる。

(11)　**破産手続開始により商事留置権から転換した先取特権により担保される債権**※

21：代理商の取引の代理または媒介によって生じた債権（商31条。同条は，代理商は，取引の代理または媒介によって生じた債権の弁済期が到来しているときは，「その弁済を受けるまでは，商人のために当該代理商が占有する物又は有価証券を留置することができる」と規定）

22：代理商の取引の代理または媒介によって生じた債権（会社20条。同条は，代理商は，取引の代理または媒介によって生じた債権の弁済期が到来しているときは，「その弁済を受けるまでは，会社のために当該代理商が占有する物又は有価証券を留置することができる」と規定）

23：商人間の商行為によって生じた債権（商521条。同条は，商行為によって生じた債権が弁済期にあるときは，「債権者は，その債権の弁済を受けるまで，その債務者との間における商行為によって自己の占有に属した債務者の所有する物又は有価証券を留置することができる」と規定）

24：問屋の物品の販売または買入によって生じた債権（商557条による商31条の準用）

25：運送取扱人の報酬・運送賃等にかかる債権（商562条。同条は，「運送取扱人は，運送品に関して受け取るべき報酬，付随の費用及び運送賃その他の立替金についてのみ，その弁済を受けるまで，その運送品を留置することができる」と規定）

26：運送人の報酬・付随の費用・運送賃等にかかる債権（商574条。同条は，

第2節　先取特権の種類　第2款　動産の先取特権　　　§311　Ⅱ

運送人は，運送賃等についてのみ，「その弁済を受けるまで，その運送品を留置することができる」と規定）

27：海上物品運送人の運送賃・付随の費用等の債権（商741条2項。同条項は，「運送人は，運送賃等の支払を受けるまで，運送品を留置できる」と規定）

※　破産手続開始の時において破産財団に属する財産につき存する，上記21～27の債権を担保するために認められる商事留置権は，「破産財団に対しては特別の先取特権とみなす」とされ（破66条1項），これらの「特別の先取特権は，民法その他の法律の規定による他の特別の先取特権に後れる」（同条2項）とされている。

⑿　その他──旧公吏保証金の先取特権の被担保債権に類似するもの（平16改正前民320条※）

※　以下に掲げるものは，2004（平成16）年改正前民法320条の公吏保証金の先取特権に類似し，行政機関の許認可業務等を営む者が当該業務に関連して負担する債務につき，その者の債権者を保護するために，事前に一定の金銭や有価証券等を供託・預託等させられ，それらの供託・預託物に対し当該債権者が他の債権者に先立って弁済を受けることのできる制度に基づく優先権である。特に，供託された金銭等に対する優先権（順位以前の段階で還付請求権が他のすべての債権・担保権を排除して事実上優位に立っているにすぎない）の場合には，厳密な意味で，先取特権といえるかは疑問の余地があるとされている（注民⑻119頁〔甲斐道太郎〕，今中利昭「動産の先取特権の種類とその内容，効力」担保法大系Ⅱ507頁）。

①供託──他の債権・担保権を排除する事実上の優先権（租税にも優位する）

28：金融商品取引業者と投資顧問契約等を締結した者等は，これらの契約により生じた債権に関し，当該金融商品取引業者にかかる営業保証金につき，「他の債権者に先立ち弁済を受ける権利を有する」（金商31条の2第6項）

29：鉱害被害者の損害賠償請求権に関し，当該鉱区または租鉱区に関する賠償を担保するため供託された金銭につき，その被害者は，「他の債権者に優先して弁済を受ける権利を有する」（鉱業118条1項）

〔今尾〕

30：水洗炭業の施業にかかる被害者は，当該損害賠償請求権に関し，水洗炭業者がその施業にかかる損害の賠償を担保するため供託した保証金につき，「他の債権者に優先して弁済を受ける権利を有する」(水洗炭業に関する法律22条)

31：「日本における保険契約に係る保険契約者，被保険者又は保険金額を受け取るべき者は，保険契約により生じた債権に関し，当該外国保険会社等に係る供託金について，他の債権者に先立ち弁済を受ける権利を有する」(保険業190条6項)

32：保険の引受けを行う当該特定法人の社員(「引受社員」)の日本における保険契約にかかる保険契約者，被保険者または保険金額を受け取るべき者は，「保険契約により生じた債権に関し，免許特定法人に係る供託金について，他の債権者に先立ち弁済を受ける権利を有する」(保険業223条6項)

33：「保険契約に係る保険契約者，被保険者又は保険金額を受け取るべき者は，保険契約により生じた債権に関し，当該少額短期保険業者に係る供託金について，他の債権者に先立ち弁済を受ける権利を有する」(保険業272条の5第6項)

34：「信託の受益者は，当該信託に関して生じた債権に関し，当該信託の受託者たる信託会社に係る営業保証金について，他の債権者に先立ち弁済を受ける権利を有する」(信託業11条6項)

35：「前払式支払手段の保有者は，前払式支払手段に係る債権に関し，当該前払式支払手段に係る発行保証金について，他の債権者に先立ち弁済を受ける権利を有する」(資金決済31条1項)

36：「資金移動業者がその行う為替取引に関し負担する債務に係る債権者は，履行保証金について，他の債権者に先立ち弁済を受ける権利を有する」(資金決済59条1項)

37：宅地建物取引業者と宅地建物取引業に関し取引をした者は，「その取引により生じた債権に関し，宅地建物取引業者が供託した営業保証金について，その債権の弁済を受ける権利を有する」(宅地建物27条1項)※

　※　この権利については，宅建業者がその営業免許の前提条件として供託した「営業保証金の還付」と条文の見出しに明定されている(還付

第 2 節　先取特権の種類　第 2 款　動産の先取特権　　　　　　§*311*　II

　　請求権は他のすべての債権・担保権を排除して事実上優位に立つ）ので（宅地建
　　物 27 条 1 項，宅地建物取引業者営業保証金規則 1 条 1 項），その者がそれに対
　　して優先弁済権を有すると解されている（今中・前掲論文 494 頁・500 頁）。
38：旅行業者または当該旅行業者を所属旅行業者とする旅行業者代理業者
　　と旅行業務に関し取引をした旅行者は，「その取引によつて生じた債権
　　に関し，当該旅行業者が供託している営業保証金について，その債権の
　　弁済を受ける権利を有する」（旅行 17 条）※
　　※　この権利については，「営業保証金の還付」と条文の見出しに明定
　　　されている（還付請求権は他のすべての債権・担保権を排除して事実上優位に
　　　立つ）ので（旅行 17 条），旅行業者等がそれに対して優先弁済権を有す
　　　ると解されている（今中・前掲論文 495 頁）。
39：旅行業協会の社員で，弁済業務保証金分担金を同協会に納付した保証
　　社員または当該保証社員を所属旅行業者とする旅行業者代理業者と旅行
　　業務に関し取引をした旅行者は，「その取引によつて生じた債権に関し，
　　当該保証社員について弁済業務規約で定める弁済限度額の範囲内……に
　　おいて，旅行業協会が供託している弁済業務保証金から弁済を受ける権
　　利を有する」（旅行 48 条 1 項）※
　　※　この権利については，「弁済業務保証金の還付」と条文の見出しに
　　　明定されている（還付請求権は他のすべての債権・担保権を排除して事実上優
　　　位に立つ）ので（旅行 48 条 1 項），保証社員等がそれに対して優先弁済権
　　　を有すると解されている（今中・前掲論文 495 頁）。
40：原子力事業により損害を被った被害者は，損害賠償措置として，「原
　　子力事業者が供託した金銭又は有価証券について，その債権の弁済を受
　　ける権利を有する」（原賠 13 条）※
　　※　この権利については，損害賠償措置としての「供託物の還付」と条
　　　文の見出しに明定されている（還付請求権は他のすべての債権・担保権を排
　　　除して事実上優位に立つ）ので（原賠 12 条），被害者がそれに対して優先
　　　弁済権を有すると解されている（今中・前掲論文 494 頁）。
41：許可割賦販売業者と前払式割賦販売の契約を締結した者は，その契約
　　によって生じた債権に関し，「当該許可割賦販売業者又は当該許可割賦
　　販売業者と供託委託契約を締結した受託者が供託した営業保証金又は前

受業務保証金について，その債権の弁済を受ける権利を有する」（割賦21条）※

※　この権利については，「営業保証金及び前受業務保証金の還付」と条文の見出しに明定されている（還付請求権は他のすべての債権・担保権を排除して事実上優位に立つ）ので（割賦21条），前払式割賦販売契約を締結した者がこれに対し優先弁済権を有すると解されている（今中・前掲論文494頁・500頁）。

②預託――一種の先取特権とみられるもの（ただし，他の動産の先取特権と競合しないが，租税債権に劣後する）

42：金融商品取引所会員等に対して取引所金融商品市場における有価証券の売買または市場デリバティブ取引の委託をした者は，その委託により生じた債権に関し，当該会員等の信認金について，「他の債権者に先立ち弁済を受ける権利を有する」（金商114条4項）

43：金融商品取引所会員等が取引所金融商品市場における有価証券の売買または市場デリバティブ取引に基づく債務の不履行により他の会員等，金融商品取引所又は金融商品取引清算機関に対し損害を与えたときは，その損害を受けた会員等，金融商品取引所または金融商品取引清算機関は，その損害を与えた会員等の信認金について，「他の債権者に先立ち弁済を受ける権利を有する」（金商115条1項）

44：金融商品取引清算機関が業務方法書で清算預託金を定めている場合において，清算参加者が債務の不履行により金融商品取引清算機関に対し損害を与えたときは，その損害を受けた金融商品取引清算機関は，その損害を与えた清算参加者の清算預託金について，「他の債権者に先立ち弁済を受ける権利を有する」（金商156条の11）

45：商品先物取引業者である会員等に対して商品市場における取引を委託した者は，その委託により生じた債権に関し，当該商品市場についての当該会員等の信認金について，「他の債権者に先立つて弁済を受ける権利を有する」（商取101条5項）

46：商品取引所の会員または取引参加者（以下，「会員等」〔商取2条20項参照〕という）が商品市場における取引に基づく債務の不履行により他の会員等または商品取引清算機関に損害を与えたときは，その損害を受け

た会員等または商品取引清算機関は，その損害を与えた会員等の当該取引にかかる商品市場についての信認金及び当該取引についての取引証拠金について，「他の債権者に先立つて弁済を受ける権利を有する」（商取108条1項）

47：会員等（商取2条20項参照）は，商品市場における取引に基づく債務の不履行による債権に関し，商品先物取引所法108条1項の規定により同項に規定する信認金および取引証拠金について弁済を受け，なお不足があるときは，当該取引の相手方たる会員等の当該商品市場についての特別担保金について，「他の債権者に先立つて弁済を受け」（商取109条2項），なお不足があるときは，他の会員等の当該商品市場についての特別担保金について，「その特別担保金の額に応じて，他の債権者に先立つて弁済を受ける権利を有する」（同条3項）

48：商品取引清算機関は，清算参加者の債務の不履行により損害を受けたときは，その損害を与えた清算参加者の清算預託金について，「他の債権者に先立ち弁済を受け」（商取180条2項），なお不足があるときは，同項の清算参加者以外の清算参加者の清算預託金について，「その清算預託金の額に応じて，他の債権者に先立つて弁済を受ける権利を有する」（同条3項）

49：原子力事業により損害を被った被害者の損害賠償請求権を確保するため，被害者は，損害賠償の事前措置の1つである，「責任保険契約の保険金について，他の債権者に優先して弁済を受ける権利を有する」（原賠9条1項）

50：「責任保険契約の被保険者に対して当該責任保険契約の保険事故に係る損害賠償請求権を有する者は，保険給付を請求する権利について先取特権を有する」（保険22条1項）

III 順 位

1 動産の先取特権と一般の先取特権との間

動産の先取特権が一般の先取特権に優先する（329条2項本文）が，共益費用の先取特権については，その利益を受けたすべての債権者に優先するもの

（同項ただし書）とされている（共益費用最優先の原則。→§303 II 3【先取特権の順位表】・§306 IV 2・§307 III）。

2 動産の先取特権相互の間

動産の先取特権が互いに競合した場合には，それぞれの先取特権が認められる趣旨に応じて以下のように優先順位が定められている（詳細は，→§330）。第1順位が不動産賃貸・旅館宿泊・運輸の先取特権，第2順位が動産保存の先取特権，第3順位が動産売買・種苗または肥料の供給・農業労務および工業労務の先取特権の順である（330条1項柱書前段）。なお，第2順位の動産保存の先取特権について，数人の保存者があるときは，後の保存者が前の保存者に優先するとされている（同条同項柱書後段）。また，第1順位の先取特権者が，その債権取得時に，後順位の先取特権者の存在を知っていたときは，この者との関係では優先権を行使できない（同条2項前段）。さらに，果実に関して先取特権が競合した場合には，農業労務の先取特権，種苗または肥料の供給の先取特権，不動産賃貸（土地の賃貸人）の先取特権の順番となる（同条3項）。これは，果実の生じた原因の遠近に関する考慮と労働者保護の観点のほか，不動産賃貸の先取特権については，他にも担保目的物が存在するとの理由に基づくと説明されている（梅398-399頁，星野215頁，道垣内78頁）。

3 特別法上の動産の先取特権の順位概観

ここでは，特別法上の動産の先取特権における優先順位関係を各法における先取特権の趣旨および優先順位に関する規定の文言等に照らして，分類・紹介することとする（下記の優先順位関係は，注民(8)167頁以下〔甲斐道太郎〕の後注〔特別法上の先取特権一覧表〕，同189頁以下〔西原道雄〕の「順位表〔1〕一般の優先権の順位」，今中利昭「動産の先取特権の種類とその内容，効力」担保法大系 II 507頁以下および尾崎三芳「特別法による先取特権」金融担保法講座 IV 270頁以下を基本的に参考とした）。なお，民法上の一般・特別の先取特権も含めて，現行法の全体系における先取特権ないしこれに類似する優先権の順位関係を明確にする必要があるが，その詳細については後述することとする（→前注(§§329-332) III 2 およびその末尾の【別表2】〔民法上の特別の動産の先取特権と特別法上の動産の先取特権の順位一覧表〕）。

まず，(1)関税に関する先取特権（関税9条の5第1項）が最優先の順位を付与され（第1順位），これに，(2)船舶債権に関する先取特権（商842条1号～5

第 2 節　先取特権の種類　第 2 款　動産の先取特権　　　　　§*311*　Ⅲ

号・843条・844条，703条2項〔843条・844条参照〕，707条〔703条2項の準用，843条・844条参照〕，802条〔843条2項・844条の準用〕）（第2順位），(3)上記(2)以外の船舶先取特権（船主責任制限95条1項，油賠40条1項）の順に続く（第3順位）。

　次に，(4)目的物の保存の費用に関する先取特権で租税等に優先するもの（民法の動産保存の先取特権〔民320条〕のうちで国税・地方税に優先する債権のためまたは国税・地方税のために動産を保存した費用に関する先取特権〔税徴19条1項5号，地税14条の13第1項5号〕，それに類似するもの〔農動産4条1項1号・5条1項・2項〕および抵当自動車の第三取得者の費用償還請求権に関する先取特権〔自抵14条〕）がくる（第4順位）。

　その次に，(5)民法上の黙示の質の観念に基づく動産の先取特権（民311条1号～3号・312条・317条・318条〔ただし，これらの先取特権が国税・地方税の法定納期限等以前から存在していることが要件となる（税徴20条1項1号，地税14条の14第1項1号）〕）が続く（第5順位）。

　次いで，特定動産を目的物として他の先取特権と競合する場合の(6)租税に関する先取特権ないし優先権（税徴8条，地税14条）（第6順位），(7)共益費用の先取特権およびそれに類似するもの（民307条，建物区分7条1項，信託49条6項）（第7順位），その後に，(8)地方公共団体の葬祭費等に関する先取特権（行旅病人及行旅死亡人取扱法13条2項，生活保護76条2項，老福27条2項）（第8順位）が続く。

　そして，(9)民法上の動産保存の先取特権およびそれに類似する先取特権（民320条・農動産5条1項・2項など〔ただし，ここでの先取特権は，税徴19条1項5号・地税14条の13第1項5号の要件を充足しないもの〕）（第9順位），次いで，(10)民法上の動産売買・種苗または肥料の供給・農業労務・工業労務の先取特権およびそれらに類似するもの（民311条5号～8号・321条・322条・323条・324条，農動産6条～10条）（第10順位）がくる。

　最後に，(11)破産手続開始により商事留置権から転換した先取特権（商31条・521条・557条・562条・574条・741条，会社20条）が最後順位となる（第11順位。破産手続開始の時において破産財団に属する財産につき存する，上記法条の商事留置権は，「破産財団に対しては特別の先取特権とみなす」とされ〔破66条1項〕，これらの「特別の先取特権は，民法その他の法律の規定による他の特別の先取特権に後れる」〔同条2項〕とされている）。

〔今尾〕

なお，その他として，(12)行政機関の許認可業務等を営む者が当該業務に関連して負担する債務につき，その者の債権者を保護するために，事前に一定の金銭や有価証券等を供託・預託等させられ，それらの供託・預託物に対し当該債権者が他の債権者に先立って弁済を受けることのできる制度に基づく優先権がある（平成16年改正前民320条の公吏保証金の先取特権に類似する。その種類等については→Ⅱ2(12)）。特に，供託された金銭等に対する優先権（順位以前の段階で還付請求権が他のすべての債権・担保権を排除して事実上優位に立っているにすぎない）の場合には，厳密な意味で，先取特権といえるかは疑問の余地があるとされている（注民(8)119頁・145頁以下〔甲斐〕，今中・前掲論文507頁）。いずれにしても，これらは基本的には他の動産の先取特権と競合しないとされている（預託金に対するものは租税には劣後する）。

〔今尾　真〕

（不動産賃貸の先取特権）
第312条　不動産の賃貸の先取特権は，その不動産の賃料その他の賃貸借関係から生じた賃借人の債務に関し，賃借人の動産について存在する。

〔対照〕　フ民2332①

Ⅰ　本条の沿革と趣旨

わが国における不動産賃貸の先取特権は，ローマ法の法定抵当権ないし黙示の抵当権（hypotheca legalis, hypotheca tacita）がフランスの慣習法地帯によって修正を受けて先取特権と呼称されるに至り，これをフランス民法典が踏襲して不動産賃貸の先取特権として規定し，わが国の旧民法（旧担147条）を経て現行民法典に継受されたものである（原田・史的素描120-121頁）。すなわち，ローマ法では，賃貸人に，家屋に持ち込まれたすべての動産と農地の収穫物（農地賃貸の場合のみ）に対して第三者への追及効のある法定抵当権が認められていたが，フランスの慣習法地帯において，農地賃貸の場合にも小作人が持ち込んだ農機具などの動産にその効力が拡張された代わりに，フランス古法

第 2 節　先取特権の種類　第 2 款　動産の先取特権

の「動産は抵当権によって追及されない (les meubles n'ont pas de suite par hypothèque)」との法格言によって追及効が制限され，先取特権になったものである（A.COLIN et H. CAPITANT, COURS ÉLÉMENTAIRE t. II, 7e éd., 1932, n° 1070, p. 883.）。このフランス慣習法の伝統をフランス民法典が踏襲して，民・商事の賃貸借または農地賃貸借を問わず不動産の賃貸借において，すでに生じたもののみならず将来生ずべきすべての賃料について，賃貸人（不動産所有者，用益権者さらには転貸人にも）は，賃借人が賃貸家屋・賃貸地・農地に備え付けた動産，その年の収穫の果実，農場経営に供するすべての動産等に先取特権を認められると規定したのである（2006 年改正前のフ民 2102 条 1 号〔現行 2332 条 1 号〕）。そして，フランスの伝統的学説は，賃借した場所に賃借人が持ち込んだ動産に対して賃貸人のために質を設定したものとみなす（「黙示の質・黙示の動産質（nantissement tacite, gage tacite）」）として，債権者と債務者の間のそのような意思の推測に基づきこの先取特権が認められると説明する（A. COLIN et H. CAPITANT, loc. cit.）。これに対して，当事者間に動産質設定の合意があるわけではなく，動産質設定のための目的物の占有移転があるわけでもないので，「黙示の質」というのは「純然たる擬制（pure fiction）」であって，あくまで説明のための概念であるとの指摘もある（H. L. et J. MAZEAUD et F. CHABAS, LEÇONS DE DROIT CIVIL, t. III, vol. I, Sûretés Publicité foncière, 7e éd., 1999, par Y. PICOD, n° 164, p. 239.）。また他方で，賃貸人は，賃借物に備え付けられた動産に一定の占有，すなわち事実上の支配を有する（質権者の留置権に類似する）ことから，伝統的な考え方もあながち正しくないわけではないとする主張もある（L. AYNÈS et P. CROCQ, DROIT DES SÛRETÉS, 12e éd., 2018, n° 602, pp. 353-354.）。その趣旨を「黙示の質」の概念に基づいて説明するか否かはともかく，不動産賃貸の先取特権は，債権者・債務者の当事者間の意思の推測に基づいて認められる（賃貸人は，賃料等の賃借人に対する債権につき，賃借物に備え付けられた賃借人の動産をその引当てとすることを期待する）ものということはできよう。

　このような沿革を背景として，わが国にもたらされた不動産賃貸の先取特権は，不動産の賃料その他賃貸借関係から生じた賃貸人の賃借人への債権を被担保債権として，賃貸地・賃貸家屋等にある賃借人の動産の上に成立すると規定された（312 条以下）。この先取特権は，フランス法と同様，賃貸人が

賃貸不動産上にある賃借人の動産を自らの債権の引当てとして期待しているとの当事者意思の推測（黙示の質・黙示の担保という概念を援用するものとして，梅344頁・347頁，注民(8)119頁・122頁〔甲斐道太郎〕。これに反対するものとして，加賀山・担保法284頁）をその趣旨とする。これに加えて，社会における不動産賃貸借の果たす機能の重要性に鑑み，不動産の所有者である債権者を保護することにより不動産の固定資本としての利用を安全かつ盛んにして，利用者に不動産利用の機会を豊富に付与するという政策的な意味も有するとの主張もある（勝本・上172頁，中島675-676頁，注民(8)122頁〔甲斐〕）が，このような先取特権の存在がただちに賃貸借の量的増加をもたらすとは考えにくいとの指摘もある（高島162頁）。

なお，不動産賃貸の先取特権は，上記のように，公益的考慮に基づくものではないので，当事者間の特約であらかじめこれを排除することは認められる（注民(8)122頁〔甲斐〕，高島163頁）。

II 被担保債権

1 「不動産の賃料」と「その他の賃貸借関係から生じた賃借人の債務」

この先取特権の被担保債権には，不動産の賃料債権のほか，不動産賃貸借関係から生ずる賃貸人の賃借人に対する債権，例えば賃借人の目的物損傷による損害賠償債権や賃料支払に関する違約金特約に基づく違約金支払債権など，賃貸借関係から生ずる一切の債権が含まれる（312条）。

不動産は，土地でも建物でもよく，賃貸借の登記も必要でなく，また賃貸借の目的についても制限がないとされていることから，土地に関しては建築・耕作・牧畜・造林・養魚等，建物に関しては住宅・店舗・倉庫等の一切の賃貸借を包含すると解されている（中島676頁，石田・下630-631頁，注民(8)122頁〔甲斐道太郎〕）。

2 賃貸人たる地位の喪失・賃借人たる地位からの離脱

賃貸借契約が解除・解約申入れ等により消滅し，債権者が賃貸人たる地位を喪失した場合でも，判例は，被担保債権が現存する限りはこの先取特権が存続するとしている（大判昭18・3・6民集22巻147頁）。また，判例は，債務者が賃借人たる地位を離脱した場合についても，目的物たる動産が第三取得者

に引き渡されない限り（333条），先取特権は存続するとする（大判昭16・6・18新聞4711号25頁）。なお，賃貸借契約が無効または取り消された場合でも，賃借人が不動産を利用しているときは，その期間の賃料相当額の不当利得返還請求権につき，この先取特権が付与されると解すべきである（注民(8)122頁〔甲斐〕）。

3　優先弁済の範囲

不動産の賃貸人は，この先取特権により，原則として上記の被担保債権の全額につき優先弁済権を有する。ただし，この優先弁済権は，第三者の不利益を防止するため，賃借人の財産のすべてを清算する場合（315条）と敷金が交付されている場合（316条）には，一定の範囲で制限が課されることになる（→§315，§316）。

4　本条の適用範囲

本条は，不動産の賃貸人保護の見地から，不動産賃貸借と実質的に同様の事情が認められる地上権（266条2項参照）および永小作権（273条参照）に準用されるとするのが通説である（注民(8)123頁〔甲斐〕，我妻78頁，高島163頁）。なお，本条は，使用貸借については準用されないことはもとより，地役権についても，承役地上にこの先取特権の目的物たる動産が存在するとは一般に想定できないので，準用する必要はないと解されている（中島678頁，高島163頁）。

Ⅲ　目　的　物

§313，§314の解説を参照。

Ⅳ　順　位

不動産賃貸の先取特権は，動産の先取特権の中で，旅館宿泊・運輸の先取特権とならんで第1順位の優先弁済権を付与されている（330条1項1号。ただし，第1順位の先取特権者が，その債権の取得時に，後順位の先取特権者の存在を知っていたときは，この者との関係では優先権を主張できない〔同条2項前段〕）。

〔今尾〕

V　特別法による目的物の範囲の拡張

1　借地借家法による効力拡張

　借地借家法は，借地権設定者に，借地権者に対する弁済期の到来した最後の２年分の賃料債権につき，借地権者または転借地権者が借地上に所有する建物を目的物とする先取特権を認めている（借地借家12条1項・4項）。これは，民法上の賃貸人の先取特権が借地または建物に備え付けた動産上にしかその効力を及ぼさないところ（313条），借地借家法によって借地権者を保護した代償として，先取特権の効力の及ぶ目的物の範囲を建物（不動産）にまで拡張したというわけである（注民(8)123頁〔甲斐道太郎〕，我妻70頁。なお，→§325 Ⅱ 2(1)）。

　この先取特権は，地上権または土地賃借権の登記を効力要件としている（借地借家12条2項）。このことは，この先取特権が単なる当事者の意思の推測に基づいて認められるにとどまらず，借地権者の利益との調整をも図ったものといえる。すなわち，地代額なども登記されるので地代先取特権の公示に役立つだけでなく，借地権に対抗力を取得させることから（177条・605条参照），地主と借地権者との利害が巧みに調和されるといわれている（我妻70頁，高島222頁）。

　この先取特権の順位は，共益費用，不動産保存および不動産工事の先取特権ならびに地上権または土地の賃貸借の登記より前に登記された質権および抵当権に次ぐものとされている（借地借家12条3項）。

2　「立木ノ先取特権ニ関スル法律」

　「立木ノ先取特権ニ関スル法律」は，他人の土地上に立木を有する者がその土地の所有者に対し樹木伐採の時期においてその樹木の価格に対する一定の割合の地代を支払うべき契約をしたときは，当該土地の所有者はその地代につき立木の上に先取特権を有すると定めている（立木特権1項）。この先取特権は，共益費用の先取特権を除き（329条2項ただし書），他のすべての権利に優先するとされている（立木特権2項）。

　同法は，山林の借地に関する地代を一部前払とし，残部を伐採樹木の価格の一定割合として後払するというわが国の一定の地方の林業慣習において，この後払地代の確保を目的として先取特権を付与するとしたものである（我

妻69頁)。この先取特権も，当事者意思の推測に基づくものといえよう。

〔今尾　真〕

(不動産賃貸の先取特権の目的物の範囲)
第313条① 土地の賃貸人の先取特権は，その土地又はその利用のための建物に備え付けられた動産，その土地の利用に供された動産及び賃借人が占有するその土地の果実について存在する。
② 建物の賃貸人の先取特権は，賃借人がその建物に備え付けた動産について存在する。

〔対照〕　フ民 2332 ①

I　土地の賃貸人の先取特権の目的物

土地賃貸借の場合には，以下の4種の動産に不動産賃貸の先取特権が成立すると規定されている（313条1項）。

1　賃借地に備え付けられた動産

賃借地の利用のため，継続して存置する目的をもって備え付けられた動産であって，排水用または灌漑用のポンプなどが典型例とされている。常置されるものに限定され，一時的な利用目的で備え付けられた動産は含まれない。また，賃借地に備え付けられた動産とは，賃借地上の建物に備え付けられた動産も含むと解するのが通説である（梅346頁，三潴186頁，注民(8)124頁〔甲斐道太郎〕，我妻80頁，道垣内56頁などは，本項の「賃借地の利用のための建物」を賃借地外の建物と読むこととの対比からそのように解する）。これに対し，土地賃貸借の場合には，土地利用に直接関係のある動産に限定することが，建物賃貸借の場合とのバランスからして適当であるとして，賃借地上の建物に備え付けられた動産にまでこれを拡張するのは疑問であるとの反対説もある（高島165頁，松岡270頁）。

2　賃借地の利用のための建物に備え付けられた動産

賃借地の利用のための建物に備え付けられた動産とは，例えば，土地を借りて耕作する者が建てた納屋に備え付けられた動産類で，農具・牛馬・備品

庫・家具などがこれにあたるとされてきた。ここにいう「建物」は，前述のように，賃借地外にあるものを意味すると解するのが通説である。また，土地利用に重点を置く見地から，「建物」の所在場所は賃借地内・外を問わないとする見解もある（石田・下 639 頁，中島 679 頁，横田 642 頁，高島 165 頁）。

他方，これらの見解に対しては，賃借地上の建物内の動産に先取特権の目的物を拡張することすら賃貸人が担保としてそれを期待しているかどうか怪しいのに，土地賃貸借と関連の薄い賃借地外の建物内の動産にまでこれを拡張すべきでないとして，「建物」とは「賃借地上の建物」の意味であるとする見解も主張されている（松岡 270 頁。この見解は，これに加えて，通説による場合，賃借地外の土地（乙地）上の建物内に備え付けられた動産をめぐり，賃借地（甲地）の賃貸人の先取特権と賃借地外の土地（乙地）の賃貸人の先取特権が競合するといった複雑な問題を生じるとして，通説を批判する）。

この問題に関して，あくまで本条 1 項には「利用のための建物」との限定が付されており，賃借地外の建物内の動産すべてを目的物とするわけではないので，通説ないし建物の所在場所を問わないとする見解で差し支えないと思われる。

3 賃借地の利用に供した動産

「土地の利用に供された動産」とは，例えば，賃借地の耕作に使用する農具や耕作用の牛馬・機械などであり，上記 1，2 以外の場所に置かれているものとされている（注民 (8) 124 頁〔甲斐〕）。

4 賃借人の占有にある賃借地の果実

賃借地の果実で賃借人が占有しているものについては，賃貸人の先取特権が及ぶとされているが，これは，果実を生じたことの原因が賃貸人による当該土地の賃貸にあるから，その果実を担保とするのが妥当であるとの理由に基づく（梅 348 頁，星野 201 頁，道垣内 57 頁）。

「果実」とは，賃借地の農作物・鉱物・砂石などの天然果実のことを意味し（法定果実は 314 条の問題であるので，ここでいう果実は天然果実を意味すると解される〔道垣内 57 頁〕），これを賃借人が占有していることは必要であるが，賃借地またはその利用のための建物内に存することは必要でない（注民 (8) 124 頁〔甲斐〕）。ただし，賃借人が果実を第三者に譲渡した場合（333 条参照），またはその他の理由によって果実が賃借人の占有を離れたときには，先取特権の

第2節　先取特権の種類　第2款　動産の先取特権　　　　§*313*　II

効力は及ばなくなる。

II　建物の賃貸人の先取特権の目的物

　建物賃貸借の場合，賃貸人の先取特権の目的物は，賃借人が当該建物に備え付けた動産である（313条2項）。ここにいう「備え付けた動産」の意味につき，従前から見解が分かれている。すなわち，この先取特権がどの範囲の動産にまで及ぶのかが問題とされてきた。

　この点に関して，判例は，「賃借人カ賃貸借ノ結果或時間継続シテ存置スル為メ其建物内ニ持込ミタル動産タルヲ以テ足リ其建物ノ常用ニ供スル為メ之ニ存置セラルル動産タルヲ要スルコトナシ」として，先取特権は「金銭，有価証券賃借人其家族ノ一身ノ使用ニ供スル懐中時計寶石類其他全ク建物ノ利用ニ供スル目的ナク又之ニ常置セラレサル物ノ上ニモ存在スル」とした（大判大3・7・4民録20輯587頁。その後も，判例は，この判決を引用して，大判昭8・4・8新聞3553号7頁が営業用什器・商品について，また大判昭18・3・6民集22巻147頁は賃借人であるインキ製造販売業者が建物に持ち込んだインキ練機についても先取特権が及ぶとした）。

　これに対しては，87条1項の「常用に供するため」建物に附属させた畳・建具などのいわゆる従物に限定すべきとして動産の範囲を最狭義に解する考え方も成り立ちうるが（この問題に関して最狭義説，後述の通説たる中間説，判例の最広義説の3つに分類する説明があるが，最狭義説を主張するものはいない），これよりやや広く解して，建物の利用に関連して常置する動産に限ると解して，従物はもとより掛時計・椅子・テーブル・掛額・タンスなどの家具調度（現在ではテレビ・冷蔵庫・エアコン・ピアノなども），機械・器具・営業用什器等は目的物となるが，賃借人の個人的な所持品，例えばカメラ・スポーツ用具・衣服・飲食物・金銭・有価証券等（現在ではパソコン等も含む）は，建物の利用とは無関係であるので目的物に含まれないとするのが従来の通説であった（梅349頁，富井366頁，中島680頁，三潴189頁，石田・下639-640頁，我妻栄・担保物権法（民法講義Ⅲ）〔初版，1936〕78頁，勝本・上177頁，柚木52頁）。

　もっとも，近時は，判例の最広義に解する考え方を再評価する見解も増えている（星野201頁，内田512頁，船越47頁，丸山317頁，石田（穣）92頁，平野289

〔今尾〕　259

§*313* III　　　　　　　　　　　　　　　第2編　第8章　先取特権

頁〔同頁の注(106)によれば，「この結果，賃貸人は，債務名義なしに，夜逃げした賃借人の動産を先取特権に基づいて競売でき，賃貸人は自分でただ同然で競落した上で廃棄処分できる。そうでなければ，自力救済が禁止されるので，債務名義を得て差し押さえて競売しなければならない。」との理由をあげる〕など）。しかし，そのように解することは，やはり当事者の意思の推測という本条の趣旨からは逸脱する（賃貸人の通常の期待を超える）ことを理由に（道垣内57頁），従来の通説を支持する見解が現在でも多数説であるといえよう（我妻80頁，柚木＝高木61頁，高島166頁，近江45-46頁，髙橋38頁，安永478頁）。また，判例によると，賃借人の個人的な所持品である宝石・貴金属類にも，不動産賃貸の先取特権が及ぶことになるので，他方で，これらの動産が動産売買先取特権の目的物でもある場合，前者が後者に優先するとしてよいかなど（330条1項1号・3号によれば不動産賃貸の先取特権が動産売買先取特権に優先），必要以上に複雑な問題を生起することになろう。さらに，この多数説の中には，当該賃貸借契約の趣旨と賃貸目的物の性質に照らして「備え付けた動産」にあたるかどうか判断すべきとの見解も主張されている（荒川重勝〔判批〕担保法の判例Ⅱ169頁，道垣内57-58頁，松岡269頁）。これによれば，宝石店の建物が賃貸されている場合には宝石類は先取特権の目的物になるが，通常の居宅の場合には目的物にならないとする。

　なお，本条の母法，フランス民法典2332条1号は，「賃貸された家屋または農場に備え付けられたすべてのもの（tout ce qui garnit la maison louée ou la ferme）」に先取特権が認められると規定しており，わが国の判例の解釈に近いといえるが，宝石・装身具（bijou）については，目的物の範囲から除外すべきとするのが支配的見解である（G. MARTY et P. RAYNAUD et Ph. JESTAZ, LES SÛRETÉS LA PUBLICITÉ FONCIÈRE, 2e éd., 1987, n° 424, pp. 260-261, H. L. et J. MAZEAUD et F. CHABAS, LEÇONS DE DROIT CIVIL, t.III, vol. I, Sûretés Publicité foncière, 7e éd., 1999, par Y. PICOD, n° 169, p. 242.）

III　目的物の範囲の拡張

　不動産賃貸の先取特権の目的物は，原則として，賃借人が備え付けた動産である（なお，本条は，2項の場合〔建物の賃貸人の先取特権〕についてのみ「賃借人がその建物に備え付けた」と規定しており，1項の場合〔土地の賃貸人の先取特権〕には，

第 2 節　先取特権の種類　第 2 款　動産の先取特権　　§313　Ⅳ, §314

賃借人が土地またはその利用のための建物に動産を備え付けることは不要のようにみえるが，先取特権は，基本的には債務者の所有する財産を目的とするものなので，本条の先取特権の目的物が原則賃借人の所有動産を目的物とすることは，1 項の場合も同様である〔注民(8)124 頁〔甲斐道太郎〕〕。しかし，2 つの例外が定められている。

1 つは，賃借権の譲受人または転借人の備え付けた動産に対しても，本条の先取特権が認められる場合がある（→§314）。また，もう 1 つは，即時取得に関する 192 条ないし 195 条の規定が準用され，第三者の動産にも本条の先取特権の効力が拡張される場合がある（→§319）。

Ⅳ　目的物確定の時期

不動産賃貸の先取特権の被担保債権は，賃貸人の賃借人に対する賃料債権であるが，この賃料債権は一定期ごとに発生するものであり，他方，目的物たる動産は，必ずしも被担保債権成立時に決定されているものでもない（被担保債権成立から先取特権の実行時までの間に内容が変動する）ので，ある目的物がどの範囲の債権を担保するかが問題となる。

この点に関して，賃借権の譲渡・転貸の場合（314 条），被担保債権は賃借権の譲渡または転貸以前に生じた債権であり，また目的物についても賃借人（賃借権の譲渡人・転貸人）が備え付けた動産を譲受人・転借人に譲渡したものに限らず，譲受人・転借人自身が新たに備え付けた動産をも含むと考えられることから，この先取特権実行時までの間に要件を充足した動産はすべて目的物になると解されよう（注民(8)126 頁〔甲斐道太郎〕，高島 165 頁）。

〔今尾　真〕

第 314 条　賃借権の譲渡又は転貸の場合には，賃貸人の先取特権は，譲受人又は転借人の動産にも及ぶ。譲渡人又は転貸人が受けるべき金銭についても，同様とする。

〔対照〕　フ民訴旧 820，フ民 2332 ①・1753

I 本条の沿革と趣旨

1 本条前段

本条前段は，賃借権の譲渡または転貸があった場合，賃貸人の先取特権が譲受人または転借人の動産（313条の要件を充足するもの）にも及ぶとして，目的物の範囲を拡張する。沿革的には，この規定は，ローマ法上で転貸借の場合には法定抵当権が転借人の財産にも及ぶとされていたのが，旧フランス民事訴訟法 820 条を経て，わが国の旧民法（旧担 150 条）および現行民法典において修正・拡張されたものといわれている（原田・史的素描 120-121 頁，柚木＝高木 62 頁，注民(8)127 頁〔甲斐道太郎〕）。ちなみに，フランスでは，「賃貸人の先取特権は，転借人の動産を目的物とすることができ，……これは，賃貸人が転借人によって占有された場所に備え付けられた動産を『担保―差押え（saisie-gagerie）』できると規定した（フランス旧）民事訴訟法 820 条――同条は，これらの動産が，賃貸人の先取特権に充当される，すなわち，その『担保―差押え』が先取特権行使の事前準備と位置付けられるものであることを黙示的に承認する――を根拠に生ずるものである」（括弧内は筆者）と説明されてきた（G. BAUDRY-LACANTINERIE et P. de LOYNES, TRAITÉ THÉORIQUE ET PRATIQUE DE DROIT CIVIL, t. XXIII, 1895, n° 374, p. 305. なお，「担保―差押え」は，1991 年の民事執行手続法改正により廃止され，一般法上の保全差押え〔saisie conservatoire de droit commun〕に代わった〔フランス民事執行手続法 67 条〜76 条参照〕）。このことはまた，転借人が転貸人に対して支払う転借料の限度で，賃貸人に転借人に対する直接訴権（action directe）を付与すると規定するフランス民法典 1753 条 1 項（わが国の民法 613 条に相当する）によっても基礎づけられるとされている（M. PLANIOL et G. RIPERT, TRAITÉ PRATIQUE DE DROIT CIVIL FRANÇAIS, 2e éd., t. XII, par E. BECQUÉ, 1953, n° 160, p. 185.）。

わが国においても，賃借権の譲渡・転貸が適法である場合，新賃借人（譲受人・転借人）は，直接賃貸人に対して義務を負うことになるので（承諾転貸については 613 条 1 項），賃貸人の新賃借人に対する債権を被担保債権とする先取特権は，新賃借人によって備え付けられた動産に当然に及ぶことになる。そこで，本条前段の意味は，賃借人の備え付けた動産が賃借権の譲渡・転貸に際して備え付けられたままで譲受人・転借人に譲渡されることが多く，そ

の場合に賃貸人がその動産に先取特権を行使できなくなる（333条参照）ことを防ぐため，新賃借人の動産にも先取特権が及ぶとしたところにある（注民(8)127頁〔甲斐〕，星野202頁）。つまり，譲渡・転貸以前の譲渡人（旧賃借人）・転貸人（賃借人）の賃貸人に対して負担する債務につき，新賃借人（譲受人または転借人）所有の動産上に先取特権の効力が及ぶとしたわけである。

しかし，本条により，譲渡・転貸後に譲受人・転借人が備え付けた動産にも賃貸人の先取特権が及ぶとすると，賃貸人を過度に保護し，他方で譲受人・転借人に酷であるとの立法論的批判がある（我妻81頁，柚木＝高木62頁）。もっとも，こうした批判に対して，近時，本条の効果を認めないと，賃貸人は賃借権の譲渡・転貸に承諾を与えにくくなり，その結果，無断譲渡・転貸による当事者間の信頼関係破壊に基づく解除事由の範囲が広がることになるので，本条は賃借人や譲受人・転借人に有利に作用するとの主張もある（道垣内59頁）。

2 本条後段

本条後段は，賃借権の譲渡または転貸があったとき，賃貸人の先取特権は，譲渡人（もとの賃借人）または転貸人（賃借人）の「受けるべき金銭」の支払請求権にも及ぶと規定する。この「受けるべき金銭」とは，賃借権譲渡の対価や転借料・権利金等である。賃借人がこれを受け取ることができるのは，賃貸人が賃借人に賃貸したから（賃貸人の恩沢によってこの債権が生じたから）であってこれを担保とするのが妥当であるとの説明（梅352頁，星野202頁，道垣内58頁）や，賃借権の譲渡・転貸の場合に備え付けられた動産のみの代価・賃料を測定することは困難であるから譲渡人・転貸人の受けるべき金銭に先取特権が及ぶとして，賃貸人の物上代位権を拡大したものである（したがって，金銭が払い渡される前に差押えを要する）との説明（中島684頁，横田646-647頁，石田・下642頁，勝本・上179頁，我妻81頁，柚木＝高木62頁，高島167頁，高木47頁）がなされている。もっとも，後者の説明に対しては，本条後段の「金銭」は元来の先取特権の目的物であったものの価値代表物ではなく，賃借権の変形物であるので，物上代位の法理によって説明すべきではないとの見解もある（山下131頁）。いずれにしても，賃貸人は，この金銭が賃借人に払い渡された後には先取特権の及ぶ目的物の特定性が失われることから先取特権を行使することはできないと解すべきであろう（注民(8)128頁〔甲斐〕。これに対して，

II 被担保債権

　本条の真の意味は，賃借権の譲渡・賃借物の転貸以前に賃貸人が譲渡人（旧賃借人）・転貸人（賃借人）に対して取得した債権を被担保債権として，新賃借人所有の動産上に先取特権の効力が及ぶとしたところにある（→Ⅰ1）。譲渡・転貸後に発生した新賃借人に対する債権を被担保債権とする先取特権が，新賃借人の動産の上に先取特権が成立することは当然であって，本条によるまでもない。

III 目　的　物

　すでに述べたとおり，本条前段の場合，賃貸人の先取特権は，313条の要件を充足することを前提に，譲受人または転借人の動産を目的物とする（→Ⅰ1）。この場合，先取特権が行使されて譲受人または転借人が当該動産の所有権を喪失したときは，これらの者は物上保証人と同様の地位に立つことから，保証債務に関する459条に基づいて，賃借人に対して求償権を有すると解されている（石田・下642頁，注民(8)128頁〔甲斐道太郎〕）。
　また，本条後段の場合には，譲渡人または転貸人の受けるべき金銭，すなわち賃借権譲渡の対価や転借料・権利金等の支払請求権に賃貸人の先取特権が及ぶことになる。なお，その説明については，すでに述べたとおりである（→Ⅰ2）。

IV 転貸人の先取特権

　転貸借がなされた場合，賃貸人は，本条によって転借人の動産に先取特権を有することになるが，他方で，転貸人（＝賃借人）も転貸賃料その他の転貸借関係から生じた転借人の債務に関して，転借人の動産に対して先取特権を有し（313条），両先取特権が競合するという場合が想定される。この場合，両者の優劣に関しては，信義則上，賃貸人の先取特権が転貸人のそれに優先

すると解されている（吉田268頁，注民(8)128頁〔甲斐道太郎〕）。

V　賃貸人の承諾なき賃借権の譲渡・賃借物の転貸の場合

　賃貸人の承諾なくして賃借権の譲渡または賃借物の転貸がなされた場合，賃貸人は，賃貸借契約を解除し（612条2項），または解除しないで，譲受人または転借人に対して，賃貸人の所有にかかる賃貸不動産の明渡しを請求することができる。もっとも，この場合，もとの賃借人または転貸人が備え付けた動産の譲渡は無効ではないので，譲受人または転借人に引き渡された動産に対して，賃貸人は先取特権を行使することができない（333条）。また，もとの賃借人・転貸人と譲受人・転借人との賃借権譲渡・転貸借契約は，当事者間では有効であるとしても，賃貸人がその譲渡・転貸を否認している限りは，本条の適用はなく，賃貸人は，譲受人・転借人の動産等に対して先取特権を主張することはできないと解されている（注民(8)128-129頁〔甲斐道太郎〕）。

〔今尾　真〕

（不動産賃貸の先取特権の被担保債権の範囲）
第315条　賃借人の財産のすべてを清算する場合には，賃貸人の先取特権は，前期，当期及び次期の賃料その他の債務並びに前期及び当期に生じた損害の賠償債務についてのみ存在する。

　　〔対照〕　フランス1872年2月12日の法律（フ商L. 622-16），同1889年2月19日の法律

I　本条の趣旨と沿革

　不動産の賃貸人は，不動産の賃料のほか，賃借人が賃借目的物を損傷したときの損害賠償債権など，賃貸借関係から生じた債権全額を被担保債権として，不動産賃貸の先取特権を賃借人の動産に対して行使できるのが原則である（312条）。しかし，このことから生ずる第三者の不利益を防止するため，

§315 Ⅰ

賃借人の財産の総清算の場合（本条）と敷金が交付されている場合（→§316）につき，この優先弁済権の範囲が制限されている。すなわち，賃借人が破産手続開始決定を受けたり，賃借人の相続に関し限定承認があって，その財産のすべてが清算される場合，賃貸人は，不動産賃貸の先取特権によって，これまでの全債権だけでなく将来の賃料債権等も担保され得るので（期限の利益喪失〔137条1項〕，法律による弁済期到来〔930条〕），他の債権者の利益を害することになる。また，賃貸人と賃借人が通謀して多額の未払賃料があるように装うことにより，他の債権者を害する危険もある（梅355頁，星野200頁）。そこで，本条は，賃借人の総清算の場合に被担保債権の範囲を制限すると規定したわけである。

　本条は，フランス法に由来する（原田・史的素描121頁，注民(8)129頁〔甲斐道太郎〕）。すなわち，フランス商法典の破産の章の旧450条・同550条に挿入された商人の賃貸借に関する1872年2月12日の法律と定額小作（ferme）に関する1889年2月19日の法律とが，フランス民法典の不動産賃貸の先取特権による過度の賃貸人の保護を制限した（A. COLIN et H. CAPITANT, COURS ÉLÉMENTAIRE t. Ⅱ, 7e éd., 1932, n° 1080, pp. 888-889.）。前者に関しては，1872年の法律以降も，倒産法制の幾多の改正を経て（1889年3月4日の法律による改正，その後1967年9月23日の法律により倒産処理手続に関する単行法が制定され，これを改正した1985年1月25日の法律の倒産処理手続法が，さらに1994年6月10日の法律および1996年7月1日の法律により改正を受けた後，2000年9月18日のオルドナンスにより再び商法典に組み込まれるに至った），商人の賃貸借において賃借人に対する裁判上の更生または清算手続が開始した場合の賃貸人による先取特権行使が制限されてきた。現在では，賃貸人の先取特権は，倒産処理手続開始判決前の最後の2年分の賃料に対して，また賃貸借が解約された場合には，当年分の賃料に対してしか，行使できないとされている（フ商L. 622-16条）。

　また，後者（定額小作）に関しても，1889年の法律は，確定日付があるものであっても，期日到来後の最後の2年分，当年分および翌年分の小作料，ならびに賃貸借の履行に関する費用および損害賠償についてのみ先取特権を行うことができると定めている（L. AYNÈS et P. CROCQ, DROIT DES SÛRETÉS, 12e éd., 2018, n° 602, p. 354.）。

II 「賃借人の財産のすべてを清算する場合」の意義

「賃借人の財産のすべてを清算する場合」とは，賃借人の破産手続開始決定，賃借人の相続に関し限定承認・財産分離があった場合，賃借法人の解散など，法定の原因に基づいて債務者の全財産ないし特別の財産をもって，総債権者に分配・弁済を行うことである。

III 本条による被担保債権の範囲

1 前期・当期・次期の賃料その他の債務

不動産賃貸の先取特権は，賃借人の財産のすべてを清算する場合，上記に述べた本条の趣旨から，賃料その他の賃借人が負担すべき費用等については，「前期，当期及び次期」の分についてのみ行使することができるとされている。前期・当期・次期とは，すべてを清算する事由が発生した時点を基準として決せられ，その時点でまだ終了していない賃料等の支払期間が当期であり，当期の直前の1期間が前期であり，当期の直後の1期間が次期である。ここにいう「期」とは，賃料等の支払の基準とされる期間の単位を意味する（1か月や1か年など）。例えば，賃料を毎月25日に支払う賃貸借契約の場合，10月10日に清算を行うときは，10月が当期で，9月が前期，11月が次期である。

2 前期ならびに当期に生じた損害の賠償

損害賠償債権に関しては，前期と当期の2期分についてのみ先取特権を行使することができるとされている。損害賠償債権については，賃料債権のように支払の基準とされる期間が存しないので，賃料のために定めた期間によることとなる。また，ここでの損害賠償には，賃借人の賃借物保管義務違反により生じたもの（415条）のほか，賃貸借契約の解除によって生じたもの（545条4項）も含まれる（注民(8)130頁〔甲斐道太郎〕）。なお，本条は，一般債権者を保護するために先取特権の被担保債権の範囲を限定する趣旨の規定ゆえに，314条の場合にも適用されると解されている（石田・下632頁，勝本・上174頁）。

〔今尾　真〕

第 316 条 賃貸人は，第 622 条の 2 第 1 項に規定する敷金を受け取っている場合には，その敷金で弁済を受けない債権の部分についてのみ先取特権を有する。

〔改正〕 本条＝平 29 法 44 改正

> **第 316 条** 賃貸人は，敷金を受け取っている場合には，その敷金で弁済を受けない債権の部分についてのみ先取特権を有する。

I 本条の趣旨

本条は，賃貸人が敷金を受け取っている場合，当該敷金から債権回収できない部分についてのみ先取特権を行使できるとして，その被担保債権の範囲を限定する。これは，敷金をもって賃料その他賃貸借関係から生ずる債権の弁済に充てて，なお不足があるときにはじめて先取特権の行使を認めるとする当事者意思の推測および他の債権者とのバランス・公平の観念を趣旨とする規定である（梅 358 頁，道垣内 56 頁）。

敷金制度自体がわが国に固有のものであることから，本条は，外国法に例をみない，わが国の民法が創設した独自の規定である（原田・史的素描 121 頁，注民(8)130 頁〔甲斐道太郎〕）。

II 効 果

1 敷金の意義と本条の関係

敷金とは，賃貸借契約に際して賃借人から賃貸人に交付される金銭である。敷金の法律的性質については，かつては諸説が主張されていたが，判例が，賃借人が賃貸人に対し，賃貸借終了後賃借物明渡しまでに負う賃料および損害金等の債務を担保する性質を有し，賃貸人は賃借人に債務額を控除した（賃料の延滞等があるときは敷金から充当した）残金を返還するべきもの（停止条件付返還債務を伴う金銭所有権移転説＝信託的所有権譲渡説）と解し（大判大 15・7・12 民集 5 巻 616 頁・大判昭 18・5・17 民集 22 巻 373 頁。なお，最判昭 48・2・2 民集 27 巻 1 号 80 頁も参照。また，2017〔平成 29〕年改正民法は，判例および後掲学説によって形

第2節　先取特権の種類　第2款　動産の先取特権　　　　§316　II

成された敷金概念を622条の2第1項柱書において明文をもって定義した），学説においてもこの見解が通説となっている（我妻79頁，柚木＝高木58頁，注民(8)131頁〔甲斐道太郎〕，川井304頁等参照）。判例・通説によれば，敷金契約は，所有権移転の形式を用いて清算的方法により債権の効力を確保する一種の担保権といえるので，賃貸人がこのような担保によって満足を受けられない部分についてのみ，先取特権を行使できるのは当然ということになる（高島164頁）。

そこで，賃貸借の継続中にも賃料その他の債務の延滞が生じたとき，賃貸人は，先取特権の行使を認められるが，その場合でも，敷金を控除した残額についてしか先取特権を行使できないとするところに，本条の意義があるとされている（注民(8)131頁〔甲斐〕）。例えば，借家契約において，借家人が備え付けた動産を借家人の一般債権者が差し押さえた場合，賃貸人たる家主は当該借家人に対する延滞賃料債権をもって配当加入できるが，先取特権に基づく優先弁済権は，敷金を控除した残額についてのみ主張できるということである（我妻79-80頁）。

なお，敷金に類似するものとして，保証金，権利金，礼金などが賃借人から賃貸人に交付されることがある。保証金は一般に敷金と同じ性質（賃借人への返還義務がある）とされているが，権利金（賃料の前払的性質ないし賃借権の譲渡・転貸の承諾料の意味を有するものなど，さまざまな内容のものがある）や礼金（文字どおり賃貸人に対するお礼金）については，返還義務がないとされることが多い（近江幸治・民法講義V〔契約法〕〔3版，2006〕195-196頁，中田裕康・契約法〔2017〕411-412頁）。したがって，賃借人の債務担保の意味を有しない（賃貸借契約終了時に返還されない）ものについては，本条の適用はない（注民(8)130頁〔甲斐〕）。

2　不動産賃貸の先取特権と敷金をめぐる法律問題

賃借人の動産に一般債権者が差押えをなした後に賃貸人が敷金を返還した場合について，判例は，差押えの効力（差押え後における債務者の差押物の処分はこれを差押債権者に対抗できないこと）を理由に，敷金額に相当する部分の先取特権を主張することができないとする（大判昭12・7・8民集16巻1132頁）。これに対しては，判例と結論を同じくするが，その根拠として，敷金の返還は，「その敷金のカヴァーしている担保を放棄するものと解し」，差押えの有無にかかわらず，賃貸人は敷金に相当する部分については先取特権を行使できな

〔今尾〕

いとする見解もある（柚木51頁，柚木＝高木59頁）。

また，賃貸人が敷金を自己に保有しつつ賃料取立債権を第三者に譲渡した場合についても，賃貸借終了のときは，延滞賃料は当然に敷金をもってその弁済に充当されることになるから，賃料債権の譲受人は，敷金の存する限度において賃借人に対し延滞賃料を請求することはできないとするのが判例である（大判昭10・2・12民集14巻204頁）。他方，賃貸借継続中に賃貸人が敷金を自己に保有しつつ延滞賃料債権を第三者に譲渡した場合は，当該債権の発生当時には敷金があることから，本条によってこの債権につき先取特権は成立せず，譲受人は先取特権のない債権を取得することになると解されている（石田・下638頁）。

〔今尾　真〕

（旅館宿泊の先取特権）
第317条　旅館の宿泊の先取特権は，宿泊客が負担すべき宿泊料及び飲食料に関し，その旅館に在るその宿泊客の手荷物について存在する。

〔対照〕　フ民2332⑤

I　本条の趣旨と沿革

本条の先取特権は，旅館の宿泊客が旅館主に対して負担すべき宿泊料・飲食料支払に関する債権を被担保債権として，その旅館に持ち込んだ当該宿泊客の手荷物の上に成立する。本条の趣旨は，一面識もない宿泊客を宿泊させる旅館主の保護を目的とするもので，旅館主は，宿泊客の手荷物をみて，暗黙裏に宿泊料等の債権の引当てになることを期待するという当事者意思の推測に基づくものと一般に理解されている。またこれに加えて，古くは，こうした先取特権を認めることにより，日用品供給の先取特権と同様，旅行者の宿泊を容易にするとの目的もあるとの主張もあった（岡松367頁）。もっとも，当事者意思の推測によって第三者に影響を及ぼすことの問題性，旅館主・旅行者の保護だけにその存在意義を求めることの不十分性および実際上の機能

第 2 節　先取特権の種類　第 2 款　動産の先取特権　　　　　§317　II

の僅少性から，この先取特権の存在意義自体に疑問を投げかける主張もある（高島169頁）。いずれにしても，本条の先取特権は，上記の趣旨に基づくものであるので，当事者の特約により排除できると解されている。

なお，旅館主は，この先取特権とともに宿泊客の手荷物に対して留置権を併有するとの見解もあるが（我妻82頁），宿泊客が旅館主に預けたのでない場合にも旅館主が手荷物を占有しているかは疑わしいとの疑問も呈されている（注民(8)132頁〔甲斐道太郎〕）。

本条は，フランス古法に起源のある制度である（原田・史的素描121頁）。パリ慣習法175条は，「巡礼者またはその者の馬に旅店主によって提供された出費は，旅店に持ち込まれたその者の財産と馬に対して，先取特権を与えられ，他のすべての者に優先する。そして，旅店主は，それらものを支払のあるまで留置することができる。他の債権者がそれらのものを持ち去ろうとする場合，旅店主は，それに異議を唱える正当な権限を有する。」と規定していた（A. COLIN et H. CAPITANT, COURS ÉLÉMENTAIRE t. II, 7e éd., 1932, n° 1112, p. 910.）。1804年のフランス民法典2102条5号（現行2332条5号）がこの規定を基本的に踏襲し（黙示の質〔gage tacite〕の観念に基づく），わが国において旧民法（旧担159条）を経て現行民法典がこれを承継したものである。

II　被担保債権

1　債　権　者

この先取特権の被担保債権は，旅館の宿泊客（債務者）が旅館主（債権者）に対して負担すべき宿泊料および飲食料支払に関する債権である。本条の「旅館」とは，対価（宿泊料）を得て人を宿泊させることを業とするもの，すなわち旅館業法2条1項の「旅館・ホテル営業，簡易宿所営業及び下宿業」などの「旅館業」を営むものがこれに該当するとされているが，そこで飲食物を供給するか否かは問わないと解されている（石田・下644頁）。したがって，宿泊業を伴わない料理店・レストランなどはこれに含まれないが，旅館業法3条による都道府県知事等の許可を得たものに限定はされない（注民(8)132頁〔甲斐道太郎〕）。

ただし，いわゆる下宿屋などの下宿営業も，旅館業法上の「旅館業」に含

まれる（旅館2条1項）が，「施設を設け，1月以上の期間を単位とする宿泊料を受けて，人を宿泊させる営業」（旅館2条4項）という点で，旅館・ホテル・簡易宿所営業と異なっているといえる（同条2項・3項参照）。しかし，通説は，下宿屋も本条の「旅館」に含まれると解して，下宿屋の主人等に先取特権を認めるとする（注民(8)132頁〔甲斐〕）。これに対しては，下宿屋は，必ずしも借主の選択が許されないわけではないこと，また，借主の手荷物に対して先取特権を認めることが当事者意思の推測に合致するともいえないことから，本条ではなく，不動産賃貸の先取特権（313条2項）の保護によるべきとの主張もある（高島170頁）。

　次に，一時的に人を宿泊させる寺院・僧坊などは，旅館を業とするものではないので本条の保護は認められず，また，旅客を宿泊させる船舶・寝台列車などについても，債権者としての性質から旅館として扱うことは困難であり，かつ通常宿泊料は前払されているので，実際上問題を生じることは稀であるとされている（注民(8)133頁〔甲斐〕）。

　最後に，近時，漫画喫茶（漫画を多数揃えた喫茶店から発展し，漫画の閲覧などの娯楽サービス提供に加えて，終夜営業を行う店では，夜中そこに滞在することも可能な施設），インターネットカフェ・ネット喫茶（有料でインターネットにアクセスできるパソコンを利用できる喫茶店で，事実上宿泊も可能な施設），民泊（旅行者などが，民家に宿泊することを一般的に意味し，特に，宿泊者が対価を支払うような施設）といった，事実上宿泊を伴う，またはそれを業とするような新たな施設・営業が登場し，これらの形態にも本条の先取特権が認められるかが問題となることが予想される。これらの問題に関しては，前述の下宿営業も含めて，対価を得ているか否か，宿泊客の選択が許されないものか否か，宿泊客の手荷物を担保とする期待や当事者意思が推測されるか否か，さらには宿泊日数の長短などを基準に，先取特権を認めるか否かを判断すべきである（なお，民泊については，平成29年法律65号により住宅宿泊事業法が制定され，これにより規律されることとなった。そこで，民泊営業者に先取特権が認められるか否かが問題となる場合には，同法2条3項の「宿泊料を受けて住宅に人を宿泊させる事業」〔住宅宿泊事業〕を営むものに該当することを前提に，上記に述べた基準に照らしてこれを判断するのが妥当であろう）。

2 被担保債権の範囲

本条における先取特権の被担保債権の範囲は,「宿泊客が負担すべき宿泊料及び飲食料」に関する旅館主等の債権である。

宿泊客とは,旅館等に宿泊する者本人をさすが,これに同行する者で,宿泊客自身の計算において宿泊する者も「宿泊客」といえる(平成16年に現代語化される前の旧規定の「従者」の解釈に関するものであるが,注民(8)133頁〔甲斐〕,高島171頁参照)。したがって,宿泊者の配偶者や子どもなどが同宿した場合,それらの者の宿泊料・飲食料も「宿泊料」に含むと解されている(河上55頁,髙橋40頁,道垣内60頁)。また,自動車の駐車料金もこれに含まれ,この場合には,旅館主等は,留置権も行使できよう。なお,旧規定では人や荷物の運搬および交通手段として用いられることを想定した「牛馬」の宿泊料・飲食料債権に関する議論があったが(注民(8)133頁〔甲斐〕),現行規定ではこれらの文言が削除されたので,これを論じる必要がなくなった(ただし,ここでの議論は,あくまで牛馬の宿泊料・飲食料債権の範囲をめぐっての議論であり,その牛馬自体に旅館主等の先取特権が及ぶか否かの議論〔先取特権の目的物の議論〕ではないことに注意を要する〔→Ⅲ 1〕)。

これに対し,自動車代・案内料・電話代等の立替金や損害賠償金については,通説は,営業上当然に生ずるものではなく,またその額に際限がないことを理由に,先取特権が認められないとする(注民(8)133頁〔甲斐〕)。旅館主が予測できない債権については,その者の期待ないし当事者の合理的意思の推測という本条の趣旨からすれば,この先取特権の被担保債権に含ませるべきでないと解される。

Ⅲ 目 的 物

1 「手荷物」

本条の先取特権が及ぶ目的物は,宿泊客の「手荷物」である。「手荷物」とは,宿泊客が宿泊に際して旅館等に持ち込んだ携帯の動産である。宿泊客が身につけている衣服・眼鏡・時計・帽子・ペンなどはこれに含まれないと解されている(注民(8)133頁〔甲斐道太郎〕,今中利昭「動産の先取特権の種類とその内容,効力」担保法大系Ⅱ 481頁)。もっとも,この先取特権の母法であるフラ

〔今尾〕

ンス法（2006年改正前のフ民2102条5号〔現行2332条5号〕の解釈として）では，旅客が旅店に持ち込んだ動産のうちに，衣服・宝石類・馬車・馬・自動車のみならず占有している現金まで含むと解されてきた（A. COLIN et H. CAPITANT, op. cit., n° 1115, p. 911.）。

　また，本条の旧規定が「旅店」，「旅客」などの文言を用いていたため，「手荷物」について旅行目的に必要な範囲での動産に限るか否かの議論がなされており，その肯否に応じて，宿泊客が携帯する商品にこの先取特権が認められるか否かにつき結論が分かれていた（注民(8)133-134頁〔甲斐〕）。現行法の解釈としては，上記の本条の趣旨に照らせば，宿泊客の商品にまで旅館主等が担保として期待するとするのは当事者意思の推測の域を超え，商品には先取特権を認めるべきでないと解すべきであろう。

　さらに，宿泊客の自動車・自転車（古くはこれらに加えて荷車・牛馬）等の車両については，先取特権が認められないとするのが通説である。本条の趣旨・文理および宿泊料に関する旅館主等の債権が比較的僅少であること等に鑑みれば，妥当な解釈といえよう。ただし，宿泊客が持ち込んだ動物（興行師の各種動物や愛玩用の犬猫など）については，従前から先取特権を肯定する見解（山下136頁）と否定する見解（通説）に分かれていた（注民(8)134頁〔甲斐〕）。

2　旅館外にある手荷物等の取扱い

　本条は，「旅館に在るその宿泊客の手荷物」と規定するので，先取特権の目的物となる「手荷物」は，旅館にあることを要する。したがって，旅館外の他所に預けてある手荷物や，いったん旅館に持ち込まれその後搬出された手荷物については，先取特権は認められない（フランス法では，宿泊客がひそかに手荷物を持ちだした場合，不動産賃貸の先取特権と同様〔この先取特権には一定の期間制限があるが取戻権が認められている〕，取戻しが一般に認められると解されている〔H. L. et J. MAZEAUD et F. CHABAS, LEÇONS DE DROIT CIVIL, t. III, vol. I, Sûretés Publicité foncière, 7e éd., 1999, par Y. PICOD, n° 178, p. 246.〕。これに対し，わが国では，この先取特権については文理上目的物の所在場所に制限があるので，フランス法のような解釈は採ることができないであろう）。

3　他人所有の手荷物に関する特則

　手荷物が宿泊客の所有物でない場合にも，319条により即時取得の規定が準用されるので，同条の要件を充足するときは，本条の先取特権がその手荷

物に成立することは，不動産賃貸の先取特権と同様である（→§319）。

IV　順　位

旅館宿泊の先取特権は，動産の先取特権の中で，不動産賃貸の先取特権・運輸の先取特権とならび，第1順位の優先弁済権を付与されている（330条1項1号。ただし，同条2項前段に留意）。

〔今尾　真〕

（運輸の先取特権）
第318条　運輸の先取特権は，旅客又は荷物の運送賃及び付随の費用に関し，運送人の占有する荷物について存在する。

〔対照〕　フ民旧2102⑥（削除）

I　本条の趣旨

本条の先取特権は，旅客または荷物の運送賃および付随の費用（運送人が立て替えた関税・通行料・保険料など）に関して，運送・輸送等を委託した者（以下，「運送委託者」と一括する）に対する運送人の債権を被担保債権として，運送人の占有下にある委託者所有の荷物の上に認められる。本条の先取特権は，旅館宿泊の先取特権（317条）と同様，当事者意思の推測（黙示の質・担保）・当事者の期待をその趣旨とするものである。すなわち，運送人と運送委託者との間には，運送賃等が未払の場合，運送人は自らの占有下にある運送委託者の荷物を債権の引当てとして期待する（運送委託者もそうされてもやむを得ないと考える）との当事者意思の推測に基づくものとされている。ただし，この先取特権は，不動産賃貸・旅館宿泊の先取特権に比べて，当事者意思の推測やその期待がそれほど強いものでなく，また運送業の特殊性や運送契約の円滑化のために運送人を保護する必要があるわけでもない（運送人は荷物を占有している限り留置権により保護される）として，この先取特権の存在意義に疑問を提起する指摘もある（高島173頁）。なお，本条の先取特権も，当事者意

思の推測・期待を趣旨とするので，当事者の特約により排除できると解されている。

本条も，フランス古法に起源のある制度である（原田・史的素描121頁）。フランス古法では輸送人（voiturier）の先取特権の法的根拠につき，黙示の質に依拠するものと価値の増加（輸送人が依頼された場所に物を輸送してその物の価値を増加せしめた）に依拠するものとに考え方が分かれていた（民法典制定以降は，この先取特権の根拠を黙示の質とする見解が支配的となり，裁判例も，物の占有を喪失したときに先取特権が消滅するとして，前者の考え方を採用した〔Paris, 29 août 1855, S. 56.2.109〕。以上は，A. COLIN et H. CAPITANT, COURS ÉLÉMENTAIRE t. II, 7e éd., 1932, n° 1117, p. 911.）。その後，この先取特権は，フランス民法典旧2102条6号（1998年2月6日の法律第69号により民法典から削除され，現在は，商法典 L. 133-7条の運送業者〔transporteur〕の先取特権として規定）に規定され，わが国において旧民法（旧担160条）を経て現行民法典（318条）がこれを承継したものである。

II 被担保債権

1 債 権 者

この先取特権を有する者は，「運送人」であるが，この者は，自然人・法人を問わず，人や物を輸送・運送する者であれば，必ずしも運送を業とする者に限られず（梅362頁），さらにその方法も航空機・電車・船舶・自動車・人夫その他によるかを問わないと解されている（注民(8)134-135頁〔甲斐道太郎，今中利昭「動産の先取特権の種類とその内容，効力」担保法大系II 482頁）。それゆえ，通説は，本条の「運送人」と，商法569条1号の「陸上運送，海上運送又は航空運送の引受けをすることを業とする者をいう」とされる「運送人」とはその範囲を異にすると解している（注民(8)135頁〔甲斐〕。これに対し，遊佐415頁は本条の先取特権を商法の定める「運送人」に限るべきとする）。いずれにしても，通説は，商法を含む「運送人」一般に本条の先取特権が認められるとしている。

ただし，商法559条1項の「運送取扱人」にはこの先取特権が認められない。「運送取扱人」は，自己の名をもって物品運送の取次ぎをすることを業とする者であるが，あくまで取次ぎを業とする者（委任契約の一種で，問屋や準

問屋に類似する者）であり，現実に物品や旅客を運送する「運送人」とは異なるためとされている（中島695頁，石田・下646頁，注民(8)135頁〔甲斐〕）。また，荷造費・保険料等の立替えによる債権を有する者であっても，対価を得ずに運送を行った者は，本条の「運送人」にはあたらず，先取特権は認められないが，留置権は付与されると解されている（山下137-138頁）。

2 被担保債権の範囲

この先取特権の被担保債権は，運送人の荷主・旅客等に対する運送賃および運送に付随する費用に関する債権である。運送賃とは，文字どおり，運送・輸送の対価である。また，運送に付随する費用とは，運送に付随して生ずる通常の費用であり，関税・保険料・荷造費など，運送人が立て替えた費用である。なお，運送品に瑕疵があって運送人が損害を被った場合の運送人の損害賠償債権もこれに含まれると解する見解もある（山下138頁）。

Ⅲ 目 的 物

本条の先取特権の目的物は，運送人の占有する荷物である。したがって，旅客の携帯する手荷物等は運送人の占有する荷物とはいえないので，これに含まれない（柚木＝高木64頁，注民(8)135頁〔甲斐道太郎〕）。ただし，旅客が運送人に運送を委託した物品は含まれると解される（今中・前掲論文482頁）。

なお，本条の占有の意味については，動産の先取特権に公示が要求されるわけではないので，公示とは無関係といえる。そこで，一部の学説は，ここにいう占有が，当事者意思の推測を可能とする前提ともいえないので，結局，この先取特権と目的動産たる荷物の関係が，動産売買・保存の先取特権における対価・保存費と被担保債権との密接さに比べて希薄なため，運送人の占有下にある動産についてのみ先取特権を認めることが公平に適うというところに本条の趣旨を見出すべきと主張する（高島174-175頁）。

運送人の荷物の占有は，この先取特権の実行時まで必要とされるので，運送人がその占有を喪失した場合にはこの先取特権も消滅する（石田・下646頁）。ただし，この占有喪失が占有侵奪の場合には，運送人は占有回収の訴え（200条）をなすことにより，先取特権が存続するもの（203条参照）と解されている（注民(8)135頁〔甲斐〕）。

また，債務者から目的物の引渡請求がなされた場合，本条の先取特権を維持するためにはこれを拒まなければならないところ，これを実現するには運送人は留置権を行使することになろう（高島 175 頁）。

　なお，荷物が債務者の所有物でない場合にも，319 条により即時取得の規定が準用されるので，同条の要件を充足するときは，本条の先取特権がその荷物に成立することは，不動産賃貸・旅館宿泊の先取特権と同様である（→§319）。また，善意・無過失の判断時点は，荷物を占有した時を基準とすべきである（高島 175 頁）。

IV　順　位

　運輸の先取特権は，動産の先取特権の中で，不動産賃貸の先取特権・旅館宿泊の先取特権とならび，第 1 順位の優先弁済権を付与されている（330 条 1 項 1 号。ただし，同条 2 項前段に留意）。

〔今尾　真〕

（即時取得の規定の準用）
第 319 条　第 192 条から第 195 条までの規定は，第 312 条から前条までの規定による先取特権について準用する。

I　本条の趣旨

　本条は，不動産賃貸・旅館宿泊・運輸の 3 つの先取特権について，192 条から 195 条までの即時取得に関する規定の準用を認める。すなわち，本条は，賃借人が賃借不動産に他人所有の動産を備え付けたとき，旅館に持ち込まれた手荷物が宿泊客のものではなく他人所有であったとき，車中・船中で旅客が携帯する荷物が当該旅客のものではなく他人所有のときなどに，債権者たる賃貸人・旅館主・運送人がそれらの物品を債務者の所有物と過失なく誤信した場合には，それらの物品に対して先取特権を行使できるとする。また，これらの物品が盗品または遺失物であるときは，一定の要件を充足すること

第 2 節　先取特権の種類　第 2 款　動産の先取特権

を条件に（193 条・194 条参照），被害者・遺失主（真の所有者）は先取特権の成立を否認することができる（なお，195 条の準用の意味については，→後記Ⅲ 3）。

　本条の趣旨の捉え方をめぐっては，従前から見解が分かれている。起草者は，即時取得の成立には取得者に「純然タル占有」が必要であるところ，不動産賃貸・旅館宿泊・運輸の先取特権における債権者には往々にしてこれがない（賃借人の賃借不動産に備え付けた動産に賃貸人が占有を有しているとはいいがたく，宿泊客が携帯する手荷物や旅客が車中または船中に携帯する荷物に対しても旅館主・運送人が占有を有しているとはいえないことが多い）が，即時取得の規定の精神は上記の場合にも適用されるべきとする（梅 363 頁）。つまり，この見解は，即時取得の成立要件である取得者の「純然タル占有」要件の欠缺を本条により補充するものと捉えているといえよう。

　これに対して，本条の趣旨は，即時取得の成立要件中の取得者の「占有」要件欠缺の補充にあるのではなく，「取引行為」の介在という要件欠缺を補充するものであるとの捉え方も主張されている（注民(8)136 頁〔甲斐道太郎〕）。すなわち，この見解は，即時取得制度が動産取引の安全の保護（無権利者を権利者と信頼した取得者の保護）を目的とすることから，取得される物権は当事者間の意思に基づいて変動する所有権・質権に限られ，法律の規定に基づき当然に発生する先取特権は取引で取得される権利ではないので，本来即時取得の適用の余地がないところ（舟橋諄一・物権法〔1960〕239 頁），この制度の趣旨および効果を変容して取引行為によらない法定担保物権たる先取特権にまで拡張したものと捉えるわけである（注民(7)136 頁〔好美清光〕，新版注民(7)194 頁〔好美〕，注民(8)136 頁〔甲斐〕）。また，これらの先取特権は，当事者意思の推測および債権者の期待（黙示の質・担保）に基づくものであることから（こうした趣旨理解に反対するものとして，加賀山・担保法 284 頁），あたかも質入れについて即時取得の規定が適用されるのと同様に取り扱うのが適切であるという理由に基づく見解もある（我妻 82 頁）。これらの先取特権が黙示の質・担保という観念をその趣旨とするかはともかく，本条が想定するような各場合において，債権者は各目的物の上に先取特権が認められると信頼・期待して契約を締結するのが通常であることから，このような債権者の信頼・期待を保護するために本条が規定された（192 条の趣旨と効果を上記 3 種の先取特権に適合する形で推し及ぼした）と捉えるのが妥当であろう（注民(8)136 頁〔甲斐〕，道垣内 60

頁)。

　もっとも，本条により上記のように先取特権者を厚く保護することには，真の権利者の不利益が賃借権の譲渡・転貸の場合（314条）よりも大きく，本来の即時取得の適用場面における無権利者の財産処分といった典型例と異なり，本条の場合は債務者に不法行為責任を負わせることが困難であるなどを理由として，立法論としてここまで賃貸人等を保護することが適切か否か疑問である（高島167頁）との批判がある点にも留意すべきである。

II　民法192条の準用

1　要　件

(1)　目的動産が債務者の所有物でないこと

　上記3種の先取特権を行使するためには，目的動産が債務者の所有物でないことを要する。本条は，債務者が当初から目的動産を所有していない場合を想定するので，先取特権成立時に債務者が所有する動産を第三者に譲渡したときは，本条の適用はなく，先取特権の追及力の問題として処理されることになる（石田・下643頁）。すなわち，債務者が目的動産を第三者に譲渡して引渡しをなしたときは，債権者はもはや先取特権をこれに行使できなくなる（333条）。

　ただし，この場合，引渡しが占有改定（183条）によってなされた場合，なお本条によって処理するか，333条によって処理するかがかつて問題とされた。判例は，不動産の賃借人が備え付けた動産を第三者に譲渡し占有改定によって引き渡した上でこれを賃借して依然占有している事案について，333条の引渡しに占有改定も含まれるとしつつ（→§333），319条の適用を肯定したが，この場合，「民法第319条ノ規定ニ依リ更ニ先取特権ヲ取得シタルコトヲ主張且立証スルニアラサレハ該動産ニ対シ先取特権ノ効力ヲ及ホスコトヲ得」ないとした（大判大6・7・26民録23輯1203頁）。学説は，この判例を支持する見解（勝本・上180頁，柚木＝高木63頁）と，319条により先取特権を取得したことを主張・立証する必要はないが，この判決の趣旨には賛成する見解（石田・下643-644頁は，319条によることを主張・立証する必要はないが，賃貸人が善意・無過失で目的動産に対して先取特権を行使したことにより，動産取引の安全

と先取特権者の利益とを調和させようとするこの判決の趣旨には賛成したいとする）とに分かれている（注民(8)137頁〔甲斐道太郎〕）。

(2) 目的動産につき民法313条・317条・318条各条の要件を充足していること

不動産賃貸の先取特権にあっては，賃借人が賃借不動産に他人所有の動産を備え付けたことである。なお，ここには，賃借権の譲受人または転借人が他人所有の動産を賃借・転借不動産に備え付けた場合も含まれる（314条参照）。また，旅館宿泊の先取特権にあっては，宿泊客が旅館に他人所有の動産を手荷物として持ち込んだことである。さらに，運輸の先取特権にあっては，運送委託者または旅客から委託を受けて運送人が他人所有の荷物を占有したことである。

(3) 債務者が目的動産の所有権を有すると債権者が過失なく信じたこと

この要件については，不動産賃貸の先取特権を中心に債権者の善意・無過失の判定時期をめぐって争いがある（旅館宿泊・運輸の先取特権についても同様の議論が当てはまろう）。

①上記3種の先取特権が当事者意思の推測を趣旨とする点を重視して，善意・無過失の判定時期を賃借人が目的動産を賃借不動産に備え付けた時とすべきとの見解がある。この見解にあっては，①-1：本条をあたかも質権が即時取得される場合と同様に考えて（これらの先取特権を黙示の質と捉えて），備付け時以降の債権についてのみ先取特権により担保されると主張するもの（我妻82頁），①-2：判定時期（備付け時）以降，賃借人が悪意に転じた後に生じた債権を含まないと主張するもの（槇65頁）などが展開されている。また，②債権者の期待の保護を重視して，賃借人が目的動産を備え付けたことを債権者が知った時を判定時期とすべきとの見解もある（道垣内59頁。東京地判昭50・12・24下民集26巻9～12号1032頁も同様の見解を採る）。

これに対し，③本来の即時取得（192条）にあっては，取得者の善意・無過失の判定時期は目的動産の占有取得時（現実の引渡時）と解されており（通説。大判明32・3・16刑録5輯3巻76頁参照），先取特権においてこれに相当するものは先取特権の効力として一定の支配を目的動産に及ぼした時，すなわち先取特権の実行着手時と解すべきとの見解がある（船越49-50頁，平野・総合365頁，平野289頁，松岡270頁）。これによれば，賃貸人が賃借人から競売のた

めに目的動産の引渡しを受けた時，それに代わるものとして，賃貸人が「占有者が差押えを承諾することを証する文書」を執行官に提出した時，または賃貸人が「担保権の存在を証する文書」を提出して執行裁判所に対して競売申立てを行った時（民執190条1項2号・2項）を基準に債権者の善意・無過失が判定されることになる（備付け時を基準とすると，賃貸人がその事実すら知らないのが通常で判定不能であること，基準を実行時とすることにより，善意・無過失の判定時期以降の債権だけが担保されるといった問題も生じなくなるとする〔平野289頁〕）。

　この問題については，これらの先取特権が債権者の期待の保護を趣旨として認められることを直視すれば，目的動産が備え付けられたことを債権者が知った時点で，それ以前に生じた債権・以降に生じた債権とも目的動産により担保されるとの債権者の期待が形成されること，賃料債務の弁済は古い債務から充当される結果（488条4項3号），残っている最近の賃料債務が担保されなくなるのは妥当でないことから（道垣内59頁），②の見解が支持されるべきと思われる（もっとも，道垣内59頁も，賃貸人は「実際上は実行時まで備付けの事実を知らないことも多いと思われる」とされる）。

　ところで，賃借人が他人の物の寄託を受けることを業とするような商人——例えば，若干例が古いが，他人の時計を修理するためにこれを預かる時計商や他人の所有物の売却委託を受ける古物商——である場合，起草者は，賃貸人がその者を目的動産の所有者と誤信しても，賃貸人には過失があるとして，本条による192条の準用を否定すべきと考えていた（梅364頁。なお，この問題は，従来あまり論じられておらず，近時の学説ではまったく論じられていない）。

　他方，フランス法では，この問題について，従前からそうした寄託を業とするような商人に関しては，賃貸人の悪意が推定されるとされてきた（A. COLIN et H. CAPITANT, COURS ÉLÉMENTAIRE, t. II, 7e éd., 1932, n° 1077, p. 887., H. L. et J. MAZEAUD et F. CHABAS, LEÇONS DE DROIT CIVIL, t. III, vol. I, Sûretés Publicité foncière, 7e éd., 1999, par Y. PICOD, n° 171, p. 243.）。また，業種によっては物品の所有者が賃貸人に対して当該物品を賃借人に賃借していることを知らせる場合もあるといわれている（L. AYNÈS et P. CROCQ, DROIT DES SÛRETÉS, 12e éd., 2018, n° 602, p. 355.）。賃貸人が，その顧客に属する物品を預かることを業とする者，例えば，洗濯屋，時計屋，自動車修理工場などの場合，あるいは寄託された物品を所持する代理商である場合には，賃貸人は，これらの物品の出

所を知らないと主張することができない，とされている（H. L et J. MAZEAUD et F. CHABAS, loc. cit.）。つまり，これらの場合には，賃貸人の悪意が推定されるというわけである。また，弦楽器職人がピアノを賃貸するときや商人がテレビを賃貸するときには，それらの者が賃貸人にその旨を知らせるとされている（L. AYNÈS et P. CROCQ, loc. cit.）。もっとも，判例は，画廊が壁に吊り下げられている絵画の所有者でないことを推定させるが，この推定は，その画廊を飾っている骨董品のタンスについては働かないとしている（破毀院1969年3月12日第1民事部判決〔Bull. civ. I, n° 176.〕）。このように，フランス法では，詳細な議論が展開されているのが特徴的である。

(4) その他の要件に関する留意点

債権者が第三者所有の動産に対して先取特権を実行することは，本来の192条における「動産の占有を始めた」（取得者の占有取得）に相当するものといえるので，債権者が先取特権を実行すれば，同条の平穏・公然の要件も当然に充足するものと解されている（注民(8)138頁〔甲斐〕）。

2　効　果

上記の(1)〜(3)の要件を充足すると，債権者は，目的動産が債務者の所有に属さない場合でも，当該動産を差し押さえ，競売に付して，その競売代金から優先弁済を受けることができる。これが本条の効果である。この場合，目的動産の真の所有者は，第三者異議の訴え（民執38条）を行使できないと解されている（注民(8)138頁〔甲斐〕）。

真の所有者の債権者が目的動産に対して執行を行った場合には，先取特権者は，二重に競売を申し立てるか（民執192条による同法125条2項・3項の準用），「その権利を証する文書」を提出して，配当要求をする（民執133条）ことによって，優先弁済を受けることができよう（旧競売法下における見解であるが，注民(8)138頁〔甲斐〕）。

また，目的動産に対する別の担保権と本条による先取特権が競合する場合，例えば，賃借人に動産を売却した売主の動産売買先取特権と賃借人が当該動産を賃貸不動産に備え付けた場合における不動産賃貸の先取特権との競合については，330条1項によりその優劣が決せられることになる（不動産賃貸の先取特権が動産売買先取特権に優先する）。さらに，本条の先取特権の実行前に，真の所有者が目的動産を賃貸不動産や旅館から搬出した場合（本条による192

条の準用の効果は目的動産の真の所有者から所有権を奪うものでないので搬出は可能），これを阻止することができないのはもとより，先取特権者は上記(2)の要件を欠くことになり，先取特権を当該動産に行使できなくなる（注民(8)138-139頁〔甲斐〕）。また，運輸の先取特権については，真の所有者から運送人に対して目的動産の所有権に基づく返還請求がなされた場合には，運送人はこれを返還しなければならない。

なお，不動産賃貸・旅館宿泊の先取特権については，上記(3)の要件に関する見解によって，目的動産によってカバーされる被担保債権の範囲に差異が生ずることに留意すべきである。すなわち，上記①-1の見解（動産の備付け時・持込み時説）によれば，目的動産の備付け・持込み時以降に生じた債権についてのみ（なお，①-2の見解によれば，備付け時・持込み時以降の債権のうちで債権者が悪意に転じた後の債権は被担保債権の範囲から除外する〔槇65頁〕），その動産によって担保されることになる（我妻82頁）。また，②および③の見解によれば，目的動産の備付け時・持込み時以前からの債権者の債務者に対する債権が被担保債権に含まれることになる（道垣内59頁，船越49頁，平野・総合365頁，平野289頁，松岡270頁）。

III 民法193条・194条・195条の準用

1 民法193条の準用

本条における193条の準用の意味は，上記3種の先取特権の目的動産が盗品または遺失物である場合，被害者または遺失主（真の所有者）が，盗難または遺失のときから2年間，先取特権者に対して，当該動産を先取特権の目的物から除外ないし先取特権行使の差控えを請求できることと，一般に解されている（注民(8)139頁〔甲斐道太郎〕，高島168頁，今中利昭「動産の先取特権の種類とその内容，効力」担保法大系II480頁）。被害者または遺失主がこの請求をするには，先取特権の実行による目的動産の競売・第三者の買受け以前にこれをしなければならない。なぜなら，競売による第三者の買受け以降については，194条そのものの適用により処理されるからである。

もっとも，193条が準用される場合，判例・学説においてほとんど論じられていない，いくつか未解明の問題が指摘されている（詳細は注民(8)139頁

〔甲斐〕を参照)。以下では，その概要のみを紹介することとする。

まず，本来の193条における被害者または遺失主の回復請求に相当するものが，本条が準用される場合に具体的に何かということである。被害者または遺失主が先取特権の成立を知ったときにこの先取特権の消滅を請求できるということなのか，それとも先取特権の実行がなされたときから第三者異議の訴え（民執38条）を提起できるにすぎないということなのか，判例は存在せず，学説もこの点についてほとんど言及していない。

また，先取特権が実行され目的動産が競売された場合（前述したように，競売による第三者の目的動産の買受け以降は，真の所有者は代価を弁償して当該動産を回復できる〔194条の問題となる。→後記2〕）が，その買受代金が先取特権者に配当されるに際して，被害者または遺失主は，その買受代金に対して何らかの主張（例えば，交付請求）をすることができるかも問題となるといわれている。この問題に対して，第三者異議の訴え提起による執行の停止（民執37条・38条）が間に合わずに競売された場合と同様に解して差し支えないとして，これを否定する見解が主張されている（今中・前掲論文480頁・497頁）。

2 民法194条の準用

本条における194条の準用の意味は，上記3種の先取特権の目的動産が盗品または遺失物であった場合，債務者がその動産と同種の物品を販売する商人であるときは，被害者または遺失主は，その債務者が債権者に支払わなかった金銭（賃料・宿泊代金・運送代金等）を弁償しなければ，先取特権行使の差控えまたは第三者異議の訴えを提起できないということである。例えば，旅館宿泊の先取特権（317条）に関して，旅客の携帯している手荷物が盗品または遺失物であり，旅客がその手荷物と同種の物品を販売する商人であるときは，被害者または遺失主は，旅客の宿泊代金を弁償しなければその手荷物を回復しえず，旅館主に先取特権を行使されるといった例があげられている（梅365頁，注民(8)139頁〔甲斐〕）。ただし，194条の準用に関しては，同条がその性質上所有権の取得にのみ適用があるので，先取特権の取得に準用することは不可能であるとの見解もある（山下133頁）。

また，盗品または遺失物に関して先取特権の実行によって競売が終了すれば，公の市場での買受けとなり，194条そのものが適用されることになるので，被害者または遺失主は，買受人にその代金を弁償すれば，その物品を回

3 民法195条の準用

本条による195条が準用される例として，例えば，旅館宿泊の先取特権に関して，旅客が旅館に携帯した家畜外の動物が他人の所有物であった場合，その旅客が悪意であっても旅館主が善意であり，かつその動物が逃失のときから1か月を経過しているときは，旅館主がその動物に先取特権を行使できるといった場合があげられている（梅365頁）。

195条の準用については，その理由を明示せず無意味ないし疑わしいとの主張がある（柚木＝髙木62頁，我妻81頁）。この主張に関して，195条は，本来，動物逃失後1か月経過したときの占有者の善意悪意がその動物の所有権取得の可否を決することから，先取特権への準用は考えられない（債務者が善意無過失で逃失後1か月を経過していれば，195条により債務者自身が当該動物を取得し，また買受人の所有権取得の可否も買受人自身の善意悪意と逃失後の期間経過により決せられるので，先取特権者自身の善意悪意は問題となる余地はない）との理由が推測されている（注民(8)140頁〔甲斐〕）。

これに対しては，債務者と動物の所有者との関係がどのような状態であろうとも，先取特権者が，債務者が占有のはじめに善意であって1か月以上その所有者から返還を求められていないと誤信している場合には，先取特権を行使できるという意味では準用の必要があるとの主張もある（今中・前掲論文481頁）。

〔今尾　真〕

（動産保存の先取特権）
第320条　動産の保存の先取特権は，動産の保存のために要した費用又は動産に関する権利の保存，承認若しくは実行のために要した費用に関し，その動産について存在する。

〔対照〕　フ民2332③
〔改正〕　本条＝平16法147移動（321条→320条）

第2節　先取特権の種類　第2款　動産の先取特権　　　　　§320　Ⅰ

Ⅰ　本条の趣旨

　本条の先取特権は，動産の保存のために要した費用または動産に関する権利を保存，承認もしくは実行のために要した費用の償還請求権を被担保債権として，それらの費用を支出した者のために当該動産上に成立する。この先取特権は，動産の保存等が，共益費用の一般の先取特権（306条1号・307条）と同様，債務者の共同担保の維持を意味し，他の債権者もそこから弁済を受けられるようになったのだから，当該債権者がそのために費やした費用について保存された動産に関し優先弁済権を付与されるのが他の債権者との間で公平に適うとの趣旨に基づくものである。また，これに債務者の財産増殖による当事者間の公平も加えるべきとの見解もある（高島178頁）。いずれにしても，この先取特権は，公平を趣旨として認められるものなので，当事者間の特約や先取特権者の意思表示によりこれを排除できると解されている（高島178頁）。

　この先取特権を有する者は，共同担保の維持に貢献している以上，共益費用の一般の先取特権を併有する場合が多く，295条の要件を充足するときは留置権をも有することになろう（注民(8)148-149頁〔甲斐道太郎〕，高島178頁，判例民法Ⅲ72頁〔今村与一〕）。また，動産保存の先取特権にあっては，保存によって債務者の受けた利益が考慮されており（前掲の債務者の財産増殖による当事者間の公平をも趣旨とする見解からは），他の債権者が利益を受けたことは必要でないから，ここにこの先取特権に独立の存在意義を認め，他に債権者がある場合は，共益費用の一般の先取特権との併存を肯定する説明もある（高島178頁）。

　本条の先取特権は，ローマ法における船舶・家屋の修繕・保存・再構に関する一般の先取特権に起源を発し，フランス古法・民法典で変形され，わが国の旧民法（旧担155条）を経て，現行民法典に規定されたものである（原田・史的素描121頁，注民(8)148頁〔甲斐〕，柚木＝高木65-66頁）。すなわち，ローマ法では，船舶または家屋に施された修繕，保存または再構についてのみ，しかも一般の先取特権しか存しなかったが，フランス古法において，物の保存者にこの先取特権のさまざまな適用が見出されるに至った。もっとも，一般原則があったわけではなく，占有下にある物の保存のために費用を費やし

た者は，その物に対して留置権も有するとされていた。また，フランス民法典の草案も，保存費用の先取特権については言及していなかったが，ナポレオン第1帝政下の護民院が，一般担保の構成要素の1つを債権者団のために保存した債権者を他の債権者に優先させることがいかに正当であるかを指摘して，債務者の支払不能の場合に，物の保存の先取特権を民法典に導入させたのである。フランス民法典の起草者は，ローマ法では一般の先取特権であった保存者の先取特権を変容させて，目的物が保存された当該動産に限定されるとする特別の先取特権として規定した（1804年のフ民2102条3号〔現行2332条3号〕）。そして，この先取特権の認められる趣旨として，その動産の保存費用を投下した債権者は，債務者の財産保護と同時に，他の債権者の利益をも保護したのだから（さもなければ，その動産は滅失または毀損したであろうから），その保存した動産に対して他の債権者に優先して支払われるべきである，と一般に説明される（以上は，A. COLIN et H. CAPITANT, COURS ÉLÉMENTAIRE t. II, 7e éd., 1932, n° 1109, pp. 908-909, H. L. et J. MAZEAUD et F. CHABAS, LEÇONS DE DROIT CIVIL, t. III, vol. I, Sûretés Publicité foncière, 7e éd., 1999, par Y. PICOD, n° 183, p. 252, L. AYNÈS et P. CROCQ, DROIT DES SÛRETÉS, 12e éd., 2018, n° 603, p. 356.）。

II 被担保債権

1 動産の保存費

本条の「動産の保存のために要した費用」とは，動産の現状を維持するための費用，すなわち動産の滅失・損傷・価格減少を防止するための費用を意味する。例えば，機械・器具・自動車等の修繕費用や牛馬の飼養料などの物自体の保存のための費用をいう。したがって，通説は，改良費などの有益費を含まないと解している（注民(8)149頁〔甲斐道太郎〕）。

また，この保存費用を支出した原因については，それが修繕契約に基づくか，事務管理・不当利得または法律の規定によって生ずるかを問わないと従来から解されている（石田・下649頁，中島702頁，遊佐419頁）。さらに，保存のために費用を支出しただけでなく，実際に保存の効果が生じたことを要するか否かについては，本条の趣旨（共同担保の維持やその増殖）に照らせば，こ

第 2 節　先取特権の種類　第 2 款　動産の先取特権

れを要すると解すべきであろう（注民(8)149 頁〔甲斐〕）。

　なお，本条の先取特権の趣旨に照らせば，動産の添付に伴って生じる償金請求権（248 条）についても，この先取特権が認められると解されよう（道垣内 61 頁，同・信託法理と私法体系〔1996〕206 頁）。

　ところで，近時，船舶の修繕代金債権に関して，船舶先取特権（商 703 条 2 項・842 条 4 号〔平成 30 年法律 29 号による改正前商 704 条 2 項・842 条 6 号。以下，「平 30 改正前商」とする〕）と本条の動産保存の先取特権の関係が問題とされた裁判例・判例が登場している。福岡高裁平成元年 12 月 21 日判決（判タ 731 号 176 頁）は，航行作業中事故を起こした船舶毀損の修繕代金債権につき，債権者が商法 842 条 4 号（平 30 改正前商 842 条 6 号）の船舶先取特権がこれに成立すると主張した事案に関して，同条同号の「航海継続の必要に因りて生じたる債権」とは，すでに開始された航海を継続するのに必要不可欠な費用について生じた債権をいい，新たな航海の開始に必要な債権はこれに含まれず，まして航海を終了し当該船籍港に帰港後に発生した債権も含まれない（船舶先取特権は成立しない）としながら，民法 320 条の動産保存の先取特権が成立するとした（なお，本件は，この船舶の修繕代金債権に関して船舶保険契約上の損害保険金請求権をめぐって，動産保存の先取特権に基づく物上代位権と当該請求権に設定された債権質との優劣が問題となった事案であり，この判決は，物上代位権行使としての差押えと質権の第三者対抗要件具備の先後によりその優劣を決すべきとした）。また，最高裁平成 14 年 2 月 5 日決定（判タ 1094 号 114 頁）は，運輸施設事業団と海運会社とが費用分担して建造した共有船舶をその海運会社が賃借して運航させている場合に生じた当該船舶の修繕代金債権につき，その支払を受けられなかった債権者が他方共有者である運輸施設事業団にその支払を請求したという事案に関して，商法 703 条 2 項（平 30 改正前商 704 条 2 項）の「先取特権」には，商法 842 条の船舶先取特権のほかに，民法 320 条の動産保存の先取特権も含まれるので，この修繕代金債権を被担保債権とする動産保存の先取特権は，船舶所有者に対してもその効力が及ぶとした上で，運航に従事している船舶共有者の持分のみならず，他方共有者の持分上にも成立するとした。

　なお，不動産に準ずる登記船舶であっても，動産保存の先取特権の成立を否定する理由はなく，「一般の先取特権又は商法 842 条に定める先取特権」に準じて，担保権の存在を証する私文書を提出することによって船舶競売を

〔今尾〕

申し立てることができるとした裁判例も現れている（東京地判平 15・9・30 判タ 1155 号 291 頁）。

2 動産に関する権利の保存・承認・実行に要した費用

(1) 「動産に関する権利」の意味

本条における「動産に関する権利」とは，いかなる権利を意味するのかが問題となる。旧民法債権担保編 155 条 2 項は，「先取特権ハ金額，有価物其他動産物ニ関スル物権又ハ人権ヲ債務者ノ為ニ追認シ保存シ又ハ実行セシメタル」（傍点は筆者）と規定し，動産に関する物権または債権（ここにいう「人権」とは債権を意味する〔旧財 3 条〕）を保存等した場合にも動産保存の先取特権が付与されるとしていた。現行民法典制定後も，古くは，所有権のほか，質権・留置権・先取特権などの物権の保存等を含むとの見解もあった（中島702 頁，遊佐 419 頁，吉田 276 頁）。例えば，動産質権の目的物が奪われたときに質権者がこれを回復するために訴訟を提起するなどの場合であるとする。しかし，この場合，質権者は利益を得るとしても，動産所有者や他の債権者が利益を受けるわけではないので先取特権を付与する理由がなく，動産の質権を保存しても質権者に対する関係で先取特権を生じないので，本条の「動産に関する権利」は，動産の所有権に限定され，質権・留置権・先取特権は含まないと解すべきことになろう（山下 145 頁，注民(8)149 頁〔甲斐〕，高島 179 頁）。

もっとも，動産の占有が侵奪され，その占有代理人が占有回収の訴えによりこれを回復するような場合には，「動産に関する権利」に占有権も含むとして，占有代理人に先取特権を認めるべきとする見解もある（注民(8)149 頁〔甲斐〕）。また，この見解は，「動産に関する権利」に債権が含まれるか否かについても（すでに述べように，旧民法は債権も含むと規定していたが），現行法の解釈として，例えば，動産の売買契約において債務者が買主として有する当該動産の引渡請求権を，所有権に基づくものではなく売買契約による債権的なものに基づくとする場合には，こうした債権の保存等の費用に関して本条の先取特権が付与される（「動産に関する権利」に債権が含まれる）と解している（注民(8)149 頁〔甲斐〕）。この見解によれば，本条における「動産に関する権利」の保存等とは，原則として，動産に関する所有権の保存等を意味するが，究極的に動産所有権の保存に帰着する限りにおいて所有権以外の権利の保存等を含むということになろう。つまり，本条における「動産の保存」とは動

第2節　先取特権の種類　第2款　動産の先取特権　　　　　§320　II

産の物質的保存で,「動産に関する権利」とは権利的保存を意味するとの考え方(我妻85頁)をその基礎としているといえよう。

(2)「権利の保存, 承認若しくは実行のために要した費用」

「権利の保存」とは, 権利の現状を維持することを意味し, そのために要した「費用」の典型例としては, 債務者所有の動産が第三者に時効取得されようとしているときに, 他人がこれを更新(2017〔平成29〕年改正前は「中断」)するために訴えの提起をする費用などがあげられる(注民(8)149頁〔甲斐〕, 高島179頁, 髙橋40頁, 河上56頁, 道垣内60頁)。また, 動産上に即時取得によって所有権や質権を取得しようとする者がある場合に, 事実を知らせてこれを防止することも,「権利の保存」に当たると解されている(山下145頁, 高島179頁)。なお, 動産の占有が侵奪され, その占有代理人が占有回収の訴えによりこれを回復するために要した費用が,「権利の保存……のために要した費用」に当たるか否かにつき, 結論的にはこれを肯定する点で一致するが, その理由付けにおいて異なる見解が展開されている。1つは, 前述のように(一(1)),「動産に関する権利」に占有権も含むとしてこの結論を導く見解である(注民(8)149頁〔甲斐〕)。もう1つは, この場合は, 時効と異なり, 直接に権利喪失の危険が発生していないとしつつ(先取特権は認められないはずのところ), 権利の現状を維持することを, 権利の本来の姿の実現の維持と考え, ここでも先取特権を付与することが本条の公平の趣旨に適うとの見解である(山下145頁, 高島179頁)。

次に,「権利の……承認……のために要した費用」とは, 取得時効を更新(中断)させるために, 動産を占有する者にそれが債務者の所有物であることを承認させることに要した費用である(注民(8)150頁〔甲斐〕, 高島180頁, 髙橋40頁, 河上56頁, 道垣内60頁)。

最後に,「権利の……実行のために要した費用」とは, 債務者の動産が他人によって占有されている場合に債務者の有する引渡請求権を代位行使するための費用がその典型例としてあげられる(我妻85頁, 注民(8)150頁〔甲斐〕, 高島180頁, 髙橋40頁, 河上56頁, 道垣内60頁)。これに対して, 動産の所有権侵害によって生じた損害賠償債権を所有者に代わって実行することは,「権利の……実行」に当たらないと解されている(注民(8)150頁〔甲斐〕, 高島180頁。反対説として山下146頁)。なお, 動産の競売(例えば, 第三者が債務者に動産を

〔今尾〕

§320 III　　　　　　　　　　　第2編　第8章　先取特権

引き渡すべき義務を負うときに債務者のために当該動産を競売に付す場合）に関しては古くから議論があり，この場合も「権利の……実行」に含まれるとする見解もある（富井384頁，三潴205頁，吉田276頁）が，この見解に対しては，本条の先取特権を，動産を目的とする債権にまで及ぼそうとするもので，債権の実行は債務者の一般財産の確保であるから共益費用の先取特権により担保されるべきであるとの批判がある（中島703頁，高島180頁）。また，債権もここにいう権利に含まれると解する余地があるが，これは債務者の動産所有権の保存に帰する場合に限定され，競売の場合はこれに含まれないとする見解もある（注民(8)150頁〔甲斐〕）。

III　目　的　物

本条の先取特権の目的物は，保存された動産，または保存・承認・実行された権利（所有権）の対象であるところの動産である。なお，「動産に関する権利」を広く解すれば，保存・承認された所有権以外の権利や質権実行・競売の結果得られた金銭にも及ぶことになる（中島704頁，小林84頁）が，すでに述べたとおり，この権利は動産の所有権に限定されると解されるので，所有権以外の権利・その他の金銭には先取特権が及ばないとすべきであろう。

また，この先取特権が債務者以外の者の所有動産に対して成立するか否かについて見解の対立がある。これを肯定する見解は，本条の保存費用等の償還義務の原因につき何ら区別すべき文言がなく，また区別すべき理由もないとして，契約に基づく費用償還義務についてもこの先取特権が認められる（例えば，器具の賃借人が保存のために他人にこれを修繕させた場合にはその修繕した者に当該器具上に先取特権が付与される）とする（中島704頁）。これに対して，否定する見解は，他の場合とのバランスからして，特別な規定なしに（314条・319条参照），債務者以外の者の所有動産に先取特権の成立を認めるべきでないとする（高島181頁）。あるいは，前述の例の場合には，賃借人を修繕者とみて賃借人には先取特権が認められるが，実際に修繕した者には先取特権は認められないとの主張もある（遊佐419-420頁）。

IV 順　位

　動産保存の先取特権は，動産の先取特権の中で，不動産賃貸・旅館宿泊・運輸の先取特権に次ぐ，第2順位の優先弁済権を付与されている（330条1項2号。ただし，同条2項前段に留意）。

V 類似の特別法上の先取特権

　動産保存の先取特権に類似する特別法上の先取特権としては，次のものがあげられよう。

　まず，農業協同組合・信用組合等が農業をなす者に農業用動産または農業生産物の保存のために貸し付けた債権を被担保債権として，その農業用動産または農業生産物上に成立する先取特権（農動産4条1項1号・5条1項・2項）が，民法上の動産保存の先取特権と類似するといえる（実際，農動産11条は，これらの先取特権は「動産保存ノ先取特権ト……看做ス」と規定している）。

　また，抵当自動車の第三取得者が抵当自動車に支出した必要費（有益費）の償還請求権を被担保債権として，その自動車の代価に対して行使し得る優先権（自抵14条）も，動産保存の先取特権と類似するものといえよう（なお，有益費の償還請求権に関する優先権は，民法上の動産保存の先取特権にあっては，動産の保存費に有益費は含まないとするのが通説であるので〔注民(8)149頁〔甲斐道太郎〕〕，この優先権は動産保存の先取特権と性質を同じくするものとはいえないであろう）。

　さらに，区分所有者が，共用部分，建物の敷地，共用部分以外の建物の附属施設につき他の区分所有者に対して有する管理費用等の債権を被担保債権として，「建物に備え付けた動産の上に」先取特権を有するとされる場合（建物区分7条1項。なお，同条項は「債務者の区分所有権」も対象とするが，この部分は除外される）や，受託者が信託財産に属する財産の保存に関する費用の償還請求権を被担保債権として，当該財産に対して優先権を有するとされる場合（信託49条6項。この場合も保存された財産が動産である場合に限られる）なども，広い意味では動産保存の先取特権と性質を同じくするといえよう。もっとも，これらの費用は，厳密には性質上共益費用に属するものである（区分所有7条2項は「共益費用の先取特権とみなす」とし，信託49条6項後段は「その順位は，民法

〔今尾〕

§321　I

第307条第1項に規定する先取特権と同順位とする」と規定する）が，この先取特権ないし優先権が，建物に備え付けられた動産または保存にかかる動産である信託財産を目的物とする場合には，やはり，動産保存の先取特権に類似するということもできよう。

〔今尾　真〕

（動産売買の先取特権）
第321条　動産の売買の先取特権は，動産の代価及びその利息に関し，その動産について存在する。

〔対照〕　フ民2332④
〔改正〕　本条＝平16法147移動（322条→321条）

細　目　次

I　本条の趣旨 …………………………294
II　被担保債権 …………………………296
　1　「動産の代価」……………………296
　2　「その利息」………………………298
　3　権利等の売買……………………298
III　目的物 ………………………………299
　1　本条の先取特権の発生時期……299
　2　目的物の特定性・同一性………300
　3　物上代位…………………………302
IV　動産買主の倒産……………………304
　1　動産買主の破産等………………304
　2　破産管財人による目的物の任意処分…305
V　順　位 ………………………………305
VI　類似の特別法上の先取特権 ………306

I　本条の趣旨

　本条の先取特権は，動産が売買されたとき，売主の代金およびその利息に関する債権を被担保債権として，当該売買の目的物たる動産上に成立する。この先取特権は，動産売主が目的動産を売却したことにより，債務者（買主）の一般財産を構成するに至ったのだから，動産売主が売買代金等について当該動産に関し優先弁済権を付与されるのが債権者間の実質的公平に適うとの趣旨に基づくものである。これに加えて，この先取特権を付与して売主を保護することにより，動産売買を容易かつ安全にする趣旨もあるとの主張もある（注民(8)151頁〔甲斐道太郎〕）。これらに対して，かつては，公平維持の要求と他の債権者に対する優先権の付与とは直ちに結びつかず，また，動産売

第2節　先取特権の種類　第2款　動産の先取特権　　　　　§*321*　I

買の円滑化の実効性もさほど期待できないことなどを理由に，この先取特権の存在意義を疑問視する向きもあった（高島181頁）。しかし，後述のように，動産売買先取特権の行使例等の裁判例・判例に現れた数は動産の先取特権（ひいては先取特権全体）の中で群を抜いており，実務上（動産売主は格別の担保を取得しないまま，目的物の引渡義務を先履行することが多く），この先取特権は，すべての動産先取特権のうち最も重要な意味を有していると現在では評されている（道垣内61頁）。

いずれにしても，この先取特権は，主として公平を趣旨として認められるものなので，当事者間の特約や先取特権者の意思表示によりこれを排除できると解されている（高島182頁）。

売主は，目的物たる動産を買主に引き渡すまでは，同時履行の抗弁権（533条）や留置権（295条）により保護されるので，この先取特権は，代金未受領のまま売主に目的動産を引き渡した場合に実益がある。実際，取引社会においては，動産売主が格別の担保を設定されることなく，代金未受領で目的動産を引き渡す場合が多く，また特に，昭和50年代以降は売買商品の大型化・高額化を背景に，動産買主の倒産という局面で約定担保権を有しない動産売主が，目的物の売買代金債権回収の手段として，動産売買先取特権の行使に着目し，その行使例をめぐる裁判例・判例が急増した（動産売買先取特権に関する裁判例・判例を網羅的に考察・検討するものとして，鎌田薫ほか「債務者の破産宣告と動産売買先取特権の物上代位」判タ529号〔1984〕60頁以下，野村秀敏「動産売買先取特権とその実行手続をめぐる裁判例の動向(1)〜(7・完)」判時1253号148頁・1256号148頁・1260号148頁・1263号165頁・1266号174頁・1269号172頁・1273号148頁〔1988〕）。それゆえ，前述のように，「実務上，この先取特権は，すべての動産先取特権のうち最も重要な意味を有している」というわけである（道垣内61頁）。なお，動産売主は，日用品供給の先取特権（306条4号・310条）を併有することも多い（注民(8)152頁〔甲斐〕）。

本条の先取特権は，ローマ法の「所有物返還訴権（rei vindicatio）」（代価支払に期限の付与・担保設定のなされない現金売買では，売主はその支払があるまで所有者にとどまり，買主に所有物返還訴権を行使し得るとされていた〔他方，売主が買主に期限等を付与する信用売買においては，所有権の移転は目的物の引渡しにより完成するとされていた〕）に端を発し，フランス古法（改正パリ慣習法176条・177条やオルレアン慣

〔今尾〕　295

習法458条など）において，代価支払のない動産売主の保護手段として，「取戻訴権（action en revendication）」と「先取特権（privilège）」が確立した（すなわち，現金売買にあっては売主に「取戻訴権」が与えられる点は，ローマ法と同様であったが，信用売買の売主にも，他の債権者が売買目的物を差し押さえたときには，その目的物に対する優先権が与えられる形へと保護手段が拡張・発展し，この優先権〔privilège〕こそが，先取特権の起源となったというわけである。以上は，A. COLIN et H. CAPITANT, COURS ÉLÉMENTAIRE t. II, 7e éd., 1932, n° 1092, pp. 897-898, M. PLANIOL et G. RIPERT, TRAITÉ PRATIQUE DE DROIT CIVIL FRANÇAIS, 2e éd., t. XII, par E. BECQUÉ, 1953, n° 188, pp. 214-215, G. RIPERT et J. BOULANGER, TRAITÉ DE DROIT CIVIL D'APRÈS LE TRAITÉ DE PLANIOL, t. III, 1958, n° 1077, p. 382, H. L. et J. MAZEAUD et F. CHABAS, LEÇONS DE DROIT CIVIL, t. III, vol. I, Sûretés Publicité foncière, 7e éd., 1999, par Y. PICOD, n° 187, pp. 255-256.）。そして，フランス民法典がこれらを受け継ぎ（1804年のフ民2102条4号〔現行2332条4号〕），わが国の旧民法（旧担156条～158条）が先取特権のみ採用し，現行民法典がこれを踏襲したものである（以上は，原田・史的素描121頁，注民(8)152頁〔甲斐〕，柚木＝高木66頁，道垣内弘人・買主の倒産における動産売主の保護〔1997〕73頁以下，今尾真「動産売買先取特権による債権の優先的回収の再検討序説」早誌45巻〔1995〕6頁以下）。

II 被担保債権

1 「動産の代価」

　動産売買先取特権の被担保債権については，動産売買の代金と利息の債権に限定し，売買費用や違約金債権は含まないとするのが通説である。それゆえ，売買代金債権確保のために振り出された手形上の債権は，売買代金債権と別個のものであるから本条の先取特権は認められないとするのが判例である（大判昭11・10・2民集15巻1756頁）。また，動産の売買契約の解除により生じた原状回復義務の不履行に基づく損害賠償請求権についても，これを被担保債権とする動産売買先取特権の主張は認められないとする裁判例がある（広島高松江支判昭61・10・20判タ630号217頁）。この判決は，321条は，「売買契約が存続する限りにおいて，契約の履行を欲する売主の債権を保護するためにのみ設けられた規定であつて，契約の解除によつて売主が担保権を喪失

する不利益の救済は右規定の解釈の及ぶところではない」との理由をあげるが，正当であろう（判例民法Ⅲ74頁〔今村与一〕）。

代価の支払に期限が付されている場合，本条の先取特権がいつから生ずるかが問題となるが，期限到来が先取特権発生の要件とされていないこと，先取特権は他人の所有物について発生を認めるべきものであることから，目的物の所有権移転と同時に生ずると解されている（中島705頁，注民(8)152頁〔甲斐道太郎〕，高島182頁）。

ところで，本条は，その文言上から売買以外の法律行為により生ずる債権には適用されないので，売買に関する556条以下の規定がすべての有償契約に準用される（559条）としても，売買を除く他の有償契約には，一般に本条は準用されないとされている。ただし，交換の場合に補足金の支払を約した場合は，586条2項が適用されるので（同項は「売買の代金に関する規定を準用する」と規定），この債権を担保するために本条の先取特権が認められると解されている（注民(8)152頁〔甲斐〕，高島182頁）。また，代物弁済（482条）が清算金（補足金）の支払を生じる場合も，この支払請求権を担保するため本条の先取特権が当該代物に認められることになろう。

そこで，これに関連して，近時，いわゆる製作物供給契約に基づいて生じた製作販売代金債権に関して本条の先取特権により保護されるか否かについて論じられている。下級審裁判例においては，否定説と肯定説が対立している。一方で，製作販売代金を担保するために321条を準用することは同条の立法趣旨と沿革ならびに文言上許されない（大阪高決昭63・4・7判タ675号227頁），または製作販売代金の支払を確保する手段は別にもあり321条を準用する合理的理由は乏しい（東京高決平15・6・19金法1695号105頁）などと述べて，本条の先取特権の成立を否定する裁判例がある。他方で，請負的性質よりも売買的色彩が強い製作物供給契約については本条の適用を認めて先取特権の成立を肯定する裁判例もある（東京高決平12・3・17判タ1103号198頁）。

これに対して，この問題を論じている学説は少数ではあるが，それらは，動産売買先取特権の成立を肯定する点で一致する（今尾真「請負契約・製作物供給契約と動産売買先取特権」内山尚三追悼・現代民事法学の構想〔2004〕159頁，道垣内61頁，河上56-57頁，松岡271頁）。その理由として，製作物供給契約においては請負契約と売買契約が一体となっており分離不可能である（目的物の供給・

〔今尾〕

引渡しといった売買契約的側面は否定できない）こと，債権者による工作によって価値が増加した目的物が債務者に引き渡されていることなどをあげて，先取特権の成立を肯定すべきとする（道垣内61頁）。この問題に関しては，製作物供給契約にあっても，債権者が引き渡した目的物により債務者の一般財産の価値が増加している点で動産の売買契約と共通することから，両契約とも債権者間の実質的公平を確保する必要において一致する以上，先取特権の成立を肯定すべきである（今尾・前掲論文159頁）。

2 「その利息」

ここにいう「利息」とは，売買目的物を引き渡した日以後または弁済期到来の日以後の利息を意味し（575条2項参照），原則として法定利息をさす。ただし，当事者間に特約がある場合には，約定利息も本条による先取特権により担保されると解されている（富井385頁）。こうした解釈に対しては，動産売買先取特権に公示がないことを理由に疑問を提起する見解もある（高島182頁）。

なお，先取特権の効力に関しては抵当権の規定が準用されるので（341条），利息債権の被担保債権の範囲については，他の債権者との利害調整を規定する375条1項が適用され，満期となった最後の2年分についてのみ先取特権を行使できるとの制限が課されることになる（通説はこれを支持するが，近藤246頁は，被担保債権の範囲や順位に関しては別段の規定が存するので，それらに関する抵当権の規定を準用する余地はないとして，反対する）。

3 権利等の売買

本条が，所有権以外の権利の売買に対しても適用されるか否かについて，判例はなく，わずかにこれを消極に解する見解がある。この見解は，法定担保物権たる性質上，先取特権の種類を限定するとの見地から，本条は権利の売買には適用されないと解すべきとする（注民(8)152頁〔甲斐〕，高島182頁）。

これに対し，本条の母法であるフランス法においては，フランス民法典535条が「biens meubles, mobilier, および effets mobiliers という表現は，先に定められた規定（フ民527条〜534条）により，動産とみなされるすべてのものを含む」とし，これを受けて，フランス民法典2332条4号（フ民旧2102条4号）が，「未払の動産物件（effets mobiliers）」の代金債権を被担保債権として，動産売買先取特権が認められると規定する。したがって，フランス

第2節 先取特権の種類 第2款 動産の先取特権　　　　　　　§*321* III

法では，有体物か無体物か，債権か，営業財産かを問わず，法律に規定された，不動産以外のすべての財産を動産として，その売買において代価の支払がない場合には，広く動産売買先取特権が認められるとしている（A. COLIN et H. CAPITANT, COURS ÉLÉMENTAIRE t. II, 7e éd., 1932, n° 1094, p. 898, M. PLANIOL et G. RIPERT, TRAITÉ PRATIQUE DE DROIT CIVIL FRANÇAIS, 2e éd., t. XII, par E. BECQUÉ, 1953, n° 189, p. 216, G. RIPERT et J. BOULANGER, TRAITÉ DE DROIT CIVIL D'APRÈS LE TRAITÉ DE PLANIOL, t. III, 1958, n° 1082, p. 383, H. L. et J. MAZEAUD et F. CHABAS, LEÇONS DE DROIT CIVIL, t. III, vol. I, Sûretés Publicité foncière, 7e éd., 1999, par Y. PICOD, n° 188, p. 256.）。

わが国においても，近時，債権や知的財産権等の取引・担保化の有用性が注目されている点，先取特権のうちでも動産売買先取特権が最重要の位置付けを与えられている点等から，有体物以外の権利の売買についても，それらを目的として動産売買先取特権が認められる方向での検討をすべき時期にきているように思われる。

III　目　的　物

1　本条の先取特権の発生時期

動産売買先取特権は，当該売買における動産を目的物とする。この先取特権は，その目的物の所有権が買主に移転したときに発生する。換言すれば，当該売買において売主に代金が支払われないまま買主に所有権が移転した動産にこの先取特権が成立するわけである（我妻85頁）。それゆえ，目的物の買主への所有権移転時期に関する解釈（判例・学説の詳細は，新版注民(6)226頁以下〔山本進一〕参照）が，この先取特権の成否に理論的差異をもたらすことになる。

売買契約の当事者間における目的物の所有権移転時期をめぐる見解として，判例および通説（我妻栄＝有泉亨補訂・新訂物権法（民法講義II）〔1983〕57頁・59-61頁，滝沢聿代・物権法〔2013〕54-57頁など）の採用する契約時移転説によれば，目的物の所有権移転時期は，特定物売買の場合には当該売買契約が締結された時（最判昭33・6・20民集12巻10号1585頁）に，不特定物（種類物）売買の場合には目的物が特定した時（最判昭35・6・24民集14巻8号1528頁）とされ

〔今尾〕

ているので，それらの時点で動産売買先取特権は発生することになる。

　これに対して，いわゆる物権行為独自性肯定説（末川 65-72 頁，近江幸治・民法講義 II 物権法〔3 版，2006〕52-53 頁）ないし有償性説（川島武宜・所有権法の理論〔新版，1987〕222-227 頁，舟橋諄一・物権法〔1960〕86-88 頁，安永 35 頁，松岡久和・物権法〔2017〕95-96 頁）によれば，代金支払時または目的物の引渡し時に所有権が移転すると解されているので，代金支払前に目的物を引き渡した時にこの先取特権が発生することになる。

　いずれの見解に立脚するとしても，本条の先取特権は，代金の支払がなされる前に目的物が引き渡された場合に実益があるといえよう。すなわち，引渡し前については，判例・通説によれば，所有権は買主に移転するが，売主は留置権（295 条）や同時履行の抗弁権（533 条）により保護されるので，この先取特権によることの有用性は少なく，また物権行為独自性肯定説ないし有償性説では，そもそも所有権が移転していないので，先取特権を主張するまでもない。

2　目的物の特定性・同一性

　本条の先取特権が存続するには，債務者（買主）の財産中において目的物が特定性を保持していることを要する。例えば，米・酒のような種類物が債務者の他の財産と混合して特定性を喪失したときには先取特権を行使できなくなる（勝本・上 184 頁，横田 658 頁）。もっとも，添付によって債務者が当該動産の所有権を失っても，333 条の場合には該当しないので追及効は消滅せず，247 条 2 項に従って，先取特権は，新物の所有者に対する債務者の償金請求権（248 条）に対して存続すると解されている（注民(8)153 頁〔甲斐道太郎〕，高島 183 頁）。なお，近時，動産売買先取特権の目的物は，「当該売買の対象物件として他のものと識別できる程度に特定されていることを要する」とする裁判例も現れている（東京高判平元・4・17 判タ 693 号 269 頁。この裁判例は，不特定物〔種類物〕の売買においても給付の目的物は遅くともその引渡しの提供がなされるときまでには特定されるから，不特定物〔種類物〕の売買であるからといって物件の特定を要しないと解することはできないとする）。また，動産売買先取特権の物上代位に関するものであるが，売却された生コンクリートが転売された事案において，運送された個々の生コンクリートにつき運送車 1 台ずつの生コンクリートが運送車ごとに特定され，この特定された生コンクリートの品質・数量に

第2節　先取特権の種類　第2款　動産の先取特権　　　§321　III

基づき個別に代金額が算出されるような場合には，売主・買主間の売買，買主・第三者間の転売の対象物が他のものと識別され，かつ同一であるといえるので，動産売買先取特権の物上代位権を行使できるとした裁判例もある（東京高決昭62・3・4判タ657号249頁）。ここでは，動産売買先取特権の物上代位権行使の要件として，当初の売主・買主間における売買目的物が買主のもとで同一性を有して存在している（売主が動産売買先取特権自体を買主の占有下にある目的物に対して行使できる）ことが前提とされているといえよう（請負代金債権に対する物上代位の可否に関するものであるが，今尾真〔判批〕法教226号〔1999〕129頁参照）。

　また，本条の先取特権は，債務者のもとで目的物の同一性が失われた場合には行使することができない。例えば，売却された木材を用いて買主が建物を建築・完成させた場合，木材の売主は，その建物に対して動産売買先取特権を行使できないとの裁判例がある（大阪地判・年月日不明・新聞751号24頁）。ただし，目的物が変形しても一般の取引通念に照らして，新たな物となっていないときは，依然として動産売買先取特権をこれに行使できるとするのが通説である（注民(8)153頁〔甲斐〕）。

　この点に関して，フランス法においては，動産売買先取特権または取戻訴権を行使するための要件として，「物件がその引渡しが行われたときと同一の状態にあること」を要すると明文をもって定められており（フ民2332条4号2文〔フ民旧2102条4号2文〕），この要件をめぐって詳細に議論が展開されている点は，わが国における解釈にも参考になる。主要な学説は，目的物がその同一性を喪失（変形・変質）した場合，換言すれば識別不能となった場合には，当該目的物はもはや先取特権の対象ではなくなるとする（H. L. et J. MAZEAUD et F. CHABAS, LEÇONS DE DROIT CIVIL, t. III, vol. I, Sûretés Publicité foncière, 7e éd., 1999, par Y. PICOD, n° 188, pp. 256-257, A. COLIN et H. CAPITANT, COURS ÉLÉMENTAIRE t. II, 7e éd., 1932, n° 1101, p. 903, G. RIPERT et J. BOULANGER, TRAITÉ DE DROIT CIVIL D'APRÈS LE TRAITÉ DE PLANIOL, t. III, 1958, n° 1087, pp. 384-385, A. WEILL, Droit civil, Les sûretés, La publicité foncière, 1979, n° 223, p. 209.）。つまり，こうした変形・変質は，目的物の滅失と同様に取り扱われるというわけである。そして，変形・変質には，物理的または法律的変形・変質の場合がある。前者の例としては，売買目的物であるぶどうが買主のもとでワインに変えられ

た場合，ホップがビールに変えられた場合，ぶどうまたはホップはその同一性を喪失するとされている。これに対して，木材が木炭にされることは，目的物の同一性を喪失せしめないと評価されている（わが国の古い学説には，この場合にも目的物が識別不能となって先取特権を行使できないとするものもある〔横田658頁〕）。また，後者（法律的変形・変質）の例としては，売却された動産が不動産化して，その法的性質が変わる場合であるとされている。例えば，動産——煉瓦，石，梁等——が，土地または建造物に付合して，「性質による不動産（immeuble par nature）」となった場合，それらは法的同一性を喪失し，先取特権も消滅すると解されている。反対に，「用途による不動産（immeuble par destination）」（例えば，土地の用益・経営のために設置された施設・器具・動物等〔フ民524条〕）となった動産は，それが不動産の利用に充てられていたとしても，またそれが永久的に不動産に付着させられていたとしても，その同一性を保持しているとされる。

3 物上代位

先取特権は，物上代位によって目的物に代わって生じた債権または目的物から派生した債権にもその優先弁済権を及ぼすことができる（304条）。これは，目的物の売却・滅失等の代償または賃貸による目的物から派生するものとして債務者（買主）が取得する債権についても，債権者（売主）の行為（信用売買）に起因して生じ，あるいはその額が増加したものであるから，その債権者に優先弁済権を付与するのが公平であるとの趣旨に基づくものである（道垣内67頁。→§304 Ⅰ 1・2）。

この物上代位は，債務者の総財産を対象とする一般の先取特権を除いて，動産・不動産を問わず特別の先取特権に認められるとされているが，不動産の先取特権は利用が少ない上に登記による追及が認められるので，実際上意義があるのは動産の先取特権であり，とりわけ，動産売買先取特権について物上代位がよく利用されているといわれる（生熊225頁，河上62頁，松岡273頁）。すなわち，動産売買先取特権の目的物が転売されて第三者に引き渡されたり（333条），目的物が滅失したりすると，先取特権を行使できなくなるため，目的物に置き換わった転売代金債権または損害賠償・保険金債権等によってこれを補填する必要があるからである（平野・総合368頁，松岡273頁）。

なお，物上代位の詳細については，304条の注釈の箇所に譲り（→§304），

第 2 節　先取特権の種類　第 2 款　動産の先取特権　　　§321　III

　ここでは，動産売買先取特権の目的物に関連して，近時登場した，債権者の製作物供給契約に基づく製作販売代金債権を担保するために，債務者が第三債務者に同じく製作物供給契約によって取得した債権に対して動産売買先取特権の物上代位権を行使できるか否かの問題を紹介することとする。
　この問題に関して，最高裁の判断は示されていないが，下級審裁判例において否定説と肯定説が対立している。一方で，製作物供給契約は請負と売買の混合契約であるとした上で，製作販売代金債権は売買の目的物の価値代表物とはいえないことから，物上代位を否定する裁判例がある（大阪高決昭63・4・7判タ675号227頁，東京高決平15・6・19金法1695号105頁）。これに対し他方で，請負的性質よりも売買的色彩が強い製作物供給契約については本条の適用を認めて先取特権の物上代位を肯定する裁判例もある（東京高決平12・3・17判タ1103号198頁）。この問題については，製作物が債務者に引き渡されたときに債権者の動産売買先取特権がそれに成立することを前提に（一前記II 1），その物が同一性を保持したまま債務者から第三債務者に引き渡された場合には，債務者が第三債務者に有する製作販売代金債権に対して債権者は物上代位権を行使できると解すべきであろう（今尾真「請負契約・製作物供給契約と動産売買先取特権」内山尚三追悼・現代民事法学の構想〔2004〕159頁）。なぜなら，製作物供給契約は，純然たる請負契約と異なり，物を製作する面だけにとどまらず，その製作物を供給（しかも一般的には債権者の仕事場で自己の材料により製作した物を供給）する面をその債務内容に包含しており（来栖三郎・契約法〔1974〕449頁），特に後者の面は，当該契約の法性決定如何にかかわらず，「製作の完了から製作物の引渡（供給の完了）までの間における当事者間の関係が売買における当事者間の関係に酷似する」（新版注民(16)116頁〔広中俊雄〕）といえるからである。また，この問題の核心は，製作物の引渡し後に，債権者が製作販売代金を確保できるか否かにある以上，債務者が買主か注文者かは関係なく，債権者間の実質的公平の実現を図る方向での解釈を行うべきということもできよう。

〔今尾〕

IV 動産買主の倒産

1 動産買主の破産等

　動産売買先取特権は，債務者（買主）の破産手続および民事再生手続においては，これらの手続によることなく，債権者（売主）が目的物に自由に担保権を行使できる別除権とされている（破2条9項・65条1項，民再53条）。すなわち，債権者は，債務者に破産・民事再生手続が開始した場合でも，動産売買先取特権の実行として動産競売を申し立て，当該動産の換価代金から優先弁済を受けることができる（民執190条1項・2項）。ただし，民事再生手続においては，先取特権の目的物が再生債務者の事業の継続に不可欠のものであるときは，再生債務者等は担保権消滅許可請求を行うことができる（民再148条1項）。

　また，破産・民事再生手続開始前に債務者が目的物を転売したときには，債権者は当該目的物に対して動産売買先取特権を行使することはできないが（333条参照），債務者の破産後であっても転売代金債権が払い渡される前であれば，債権者の差押えを前提にその債権に物上代位権を行使することができる（304条1項ただし書）とするのが判例である（最判昭59・2・2民集38巻3号431頁）。

　もっとも，買主（破産者）が動産売買先取特権の目的物を第三取得者に転売して引き渡した後，支払を停止した買主がこの転売契約を合意解除し，目的物を取り戻してこれを売主に代物弁済に供した場合に関して，次のような判断を示した判決がある。すなわち，この判決は，買主のそうした行為は，売主との関係で法的に不可能であった担保権の行使を可能とする意味において新たな担保権の設定と同視し得るとともに，破産者が当該目的物を売主に返還する意図のもとに取戻し・代物弁済を一体として行った場合には，支払停止後に義務なくして設定された担保権の目的物を被担保債権の代物弁済に供する行為に等しく，破産法162条1項2号（旧破72条4号）による否認の対象となる，とした（最判平9・12・18民集51巻10号4210頁）。たしかに，この判決の事案における転売契約の合意解除および代物弁済は，危機時期に特定の債権者にのみ与えられた便宜とみることもできよう（佐藤鉄男〔判批〕法教212号〔1998〕129頁）。しかし，民法333条の解釈に関して，同条は先取特権

の消滅を定めたものではなく，追及力を制限したにすぎず，債務者が第三取得者から目的物の占有および所有権を回復した場合には先取特権の行使が可能となると解し得ること（石田・下674-675頁，勝本・上208頁，注民(8)210頁〔西原道雄〕。→§333Ⅲ1），およびもともと転売代金債権に対して物上代位により優先弁済を受けられる債務者がその転売契約を合意時解除することは，物上代位権による優先権が先取特権による優先権に代わるのみ（優先権の対象における価値的同等性がある）とも評価し得ること（町村泰貴〔判批〕平9重判解〔1998〕138頁）に鑑みれば，本件の売主は，そもそも実体法上の優先権を認められており，これを実際行使したにすぎない（新たな担保権の設定ではない）とみることも可能ではあるまいか。

2 破産管財人による目的物の任意処分

債務者（買主）が破産した場合に，破産管財人は，債権者（売主）の同意を得ることなく，動産売買先取特権の目的物を任意に売却することができ，当該行為は不法行為や不当利得を成立させないとする裁判例が出されている。その理由として，動産売買先取特権の効力は目的物を換価してその代金から優先弁済を受けるにとどまり，破産管財人に対して目的物の引渡しを求めたり，任意処分を禁止する効力はないこと（大阪地判昭61・5・16判タ596号92頁），また，破産管財人は目的物に対して債務者に代わって管理処分権能を有し，それが破産財団を構成する以上，管財人において当該目的物を別除権の負担のついたまま法の定める手続に従って任意処分するのは何ら差し支えないこと（名古屋地判昭61・11・17判タ627号210頁。ただし，この判決は，破産管財人が当該目的物に対する動産売買先取特権の存在を明確に認識しながら，破産手続上の格別の必要性もないのにことさら先取特権者を害する意図をもって目的物を任意処分するなどした場合には不法行為の成立の余地があるともしている）などがあげられている。

Ⅴ 順　　位

動産売買先取特権は，動産の先取特権の中で，第1順位の不動産賃貸・旅館宿泊・運輸の先取特権（312条・317条・318条），第2順位の動産保存の先取特権（320条）に次いで，種苗または肥料供給（322条）・農業労務および工業労務の先取特権（323条・324条）とならんで，最後順位の優先弁済権を付与

されている（330条1項3号）。

VI　類似の特別法上の先取特権

　動産売買先取特権に類似する特別法上の先取特権として，農業協同組合・信用組合等が農業をなす者に農業用動産・薪炭用の原木の購入のために貸し付けた金銭の元本・利息債権を被担保債権として，その貸付金によって購入された動産（農動産4条2号・6条），また薪炭用原木についてはそれによって「生産シタル薪炭」（農動産4条5号・9条）に対して成立する，農業動産信用法上の先取特権がある（農動産11条は，「農業用動産又ハ薪炭原木ノ購入資金貸付ノ先取特権ハ動産売買ノ先取特権ト……看做ス」と規定している）。

　なお，民法上の種苗または肥料供給の先取特権（322条）や商法上の航海を継続するために必要な費用にかかる債権（例えば，そのために必要な物品を売却した売主の債権）を被担保債権とする船舶先取特権（商842条4号）なども，それらが認められる趣旨（債権者間における実質的公平の確保）に関して，動産売買先取特権と共通する（注民(8)153頁〔甲斐道太郎〕は，これらも動産売買先取特権に類似するものとする）が，これらの先取特権については，前者は，「種苗又は肥料を用いた後1年以内にこれを用いた土地から生じた果実」を，また後者は，「船舶及びその属具」を目的物とすることから，厳密な意味で購入動産そのものに先取特権が必ずしも成立するわけではない点で，動産売買先取特権の目的物の範囲と差異を生じることになる。もっとも，この点からすると，先に述べた，薪炭原木の購入資金貸付にかかる先取特権も，原木から「生産シタル薪炭ノ上に存在」するとされるので（農動産9条），種苗または肥料供給等の先取特権の方に類似することになりそうであるが，目的物の同質性（先取特権の目的物が変形・変質していないと解し得る。→Ⅲ2）から，動産売買先取特権にやはり類似するということができよう。

〔今尾　真〕

第2節　先取特権の種類　第2款　動産の先取特権　　§322　I

（種苗又は肥料の供給の先取特権）
第 322 条　種苗又は肥料の供給の先取特権は，種苗又は肥料の代価及びその利息に関し，その種苗又は肥料を用いた後1年以内にこれを用いた土地から生じた果実（蚕種又は蚕の飼養に供した桑葉の使用によって生じた物を含む。）について存在する。

〔対照〕　フ民 2332 ①
〔改正〕　本条＝平 16 法 147 移動（323 条→322 条）

I　本条の趣旨

　本条の先取特権は，種苗または肥料と蚕種・蚕の飼養に供する桑葉の売主が取得する代価および利息に関する債権を被担保債権として，その種苗または肥料を用いた後1年以内にその土地から生じた果実，およびその蚕・桑葉から生じた蚕・蛹・繭・生糸の上に認められるものである。この先取特権は，動産売買先取特権と同様に，種苗・肥料等の供給があったからこそ，その収穫・生産物が産出されたのだから，これらの物に対して供給者に優先弁済権を付与するのが他の債権者と間で公平に適うとの趣旨に基づく。また，この先取特権には，種苗・肥料等の供給者の保護を通じて，零細農業者に種苗・肥料等の供給を容易にするという農業振興の趣旨もあるとされている（星野205 頁，関武志「桑葉供給の先取特権に関する一考察──民法 311 条 6 号・322 条の系譜とその社会的背景を中心に」青法 58 巻 3 号〔2016〕103 頁以下）。ただし，こうした政策的理由を付加してこの先取特権を付与することにより，これらの物を「つけ」で購入することがどの程度容易になっているのかは疑問であるとの指摘もある（高島 184 頁，河上 57 頁）。かくして，農業経営に対する資金供給については，本条の先取特権のような迂遠な方法では不十分であることが認識され，農業動産信用法がより直接的な手段を講じているということができる（高島 184 頁）。具体的には，同法 4 条以下により，農業協同組合・信用組合等が農業をなす者に種苗・肥料・蚕種・桑葉・水産養殖用種苗・餌料などの購入資金を貸し付けたときは，これらの動産によって産出された生産物・収穫物等につき，当該貸付金・利息債権を被担保債権とする先取特権が成立するとされている（農動産 4 条 1 項 2 号～4 号・6 号・7 条・8 条・10 条・11 条）。

〔今尾〕

なお，本条の先取特権は，前述のとおり，債権者間の実質的公平を確保する趣旨で認められるものなので，当事者間の特約や先取特権者の意思表示によりこれを排除できると解されている（高島184頁）。

　本条の先取特権は，フランス古法に起源を有し（原田・史的素描121頁），1804年のフランス民法典2102条1号（現行2332条1号）に規定され（後に，1936年3月24日の法律により補足），わが国の旧民法（旧担153条）を経て，現行民法典に規定されたものである。この先取特権の立法理由は，種子・肥料等の供給をした債権者は総資産（patrimoine）に収穫物を生じさせた，またはそれを保存したのだから，その債権者がその代価について優先して支払を受けるのが公平であるとされている（A. COLIN et H. CAPITANT, COURS ÉLÉMENTAIRE t. II, 7e éd., 1932, n° 1108, p. 907, G. RIPERT et J. BOULANGER, TRAITÉ DE DROIT CIVIL D'APRÈS LE TRAITÉ DE PLANIOL, t. III, 1958, n° 1120, p. 395, H. L. et J. MAZEAUD et F. CHABAS, LEÇONS DE DROIT CIVIL, t. III, vol. I, Sûretés Publicité foncière, 7e éd., 1999, par Y. PICOD, n° 197, p. 261.）。ちなみに，フランス民法典2332条1号4文は，「種子，肥料および土地改良材，除草・殺虫剤，農業に有害な植物・動物の寄生虫の駆除を目的とする製品またはその年の収穫の費用に関して支払うべき金額は，その収穫物の代価から，および器具に関して支払うべき金額はその器具の代価から，いずれの場合にも所有者に優先して支払われる」と規定する。

II　被担保債権

　本条の先取特権の被担保債権は，種苗・肥料・蚕種・桑葉の代価および利息についての債権である。なお，利息に関しては，動産売買先取特権に関する規律が本条の先取特権についても当てはまる。したがって，先取特権の効力に関して抵当権の規定が準用される結果（341条），利息債権の被担保債権の範囲については，他の債権者との利害調整を規定する375条1項が適用され，満期となった最後の2年分についてのみ先取特権を行使できるとの制限が課されるとするのが通説である（注民(8)154頁〔甲斐道太郎〕）。

第 2 節 先取特権の種類 第 2 款 動産の先取特権　　　§322　III

III　目　的　物

1　種苗・肥料供給の場合

　供給された種苗・肥料を用いた後 1 年以内にこれらを用いた土地から生じた果実が本条の先取特権の目的物となる。通常の動産の売買と異なり，この先取特権は，売買目的物そのものの上に成立するわけではなく，供給された物の変形物またはこれを用いて収穫された天然果実を目的物とする点に特徴がある。

　1 年以内に制限された理由は，種苗・肥料が収穫に貢献・関係するのは通常 1 年以内である（農作物などの果実は大抵 1 年間で収穫期をむかえる）こと，また，数年後の果実に先取特権を認めると一般債権者に不測の損害を及ぼすのを避けることなどによる（注民(8)154 頁〔甲斐道太郎〕，高島 185-186 頁）。それゆえ，果樹の苗木を供給し数年後に果実を生ずるような場合には，本条の先取特権は認められないと解されている（山下 150 頁，注民(8)155 頁〔甲斐〕）。なお，元物から分離していない天然果実は独立の物ではないが，このような状態にある果実にあっても，果実収取権者が被担保債権の債務者である限り，その果実に先取特権を認めるべきとの見解もある（吉田 278 頁，高島 186 頁。ただし，この見解による場合でも，先取特権の実行としての差押えについては，未分離の果実も差し押さえることができるが，「分離する前の天然果実で 1 月以内に収穫することが確実である」〔民執 122 条 1 項〕との制限は課されよう）。さらに，果樹に用いる肥料を供給した場合には，それを用いた後最初に果樹より生じた果実に先取特権が認められるとの見解もある（小林 86 頁）。

　ただし，1 年以内に生じた果実であっても，供給された種苗・肥料との間に因果関係がなければ，本条の先取特権の目的物とはなりえない（横田 659-660 頁，三潴 209 頁，山下 150 頁）。すなわち，肥料の供給を受けた債務者が，夏季に稲を作り，冬季に麦を作るような場合，稲苗または稲作のために肥料を供給した者は，稲の収穫物に対して先取特権が認められるが，麦の収穫物にはこれが認められないということになる（山下 150 頁）。また，土地からの収穫物からさらに精製された物，古い例であるが，例えば，米俵や畳表等については本条の先取特権は認められないとされている（注民(8)155 頁〔甲斐〕）。

　ところで，供給された種苗を債務者が無権原で土地に播種ないし植付けし

〔今尾〕

たときに，この場合における付合（242条）の可否をめぐる考え方によってはその種苗上への本条の先取特権の成否が問題となりうる。この場合，種苗の付合を認めない見解（末弘厳太郎「不動産の附合について」法協50巻11号〔1932〕2048-2049頁，末川博・物権法〔1956〕303頁，川島武宜・所有権法の理論〔新版，1987〕167-168頁）を採れば，こうした問題は生じない（当該種苗は依然債務者の所有に属するので，これに本条の先取特権が成立する）。これに対し，判例（大判大10・6・1民録27輯1032頁〔小麦の種子〕，大判昭6・10・30民集10巻982頁・大判昭12・3・10民集16巻313頁〔稲苗・稲立毛〕，最判昭31・6・19民集10巻6号678頁〔野菜苗〕等）および通説（我妻栄＝有泉亨補訂・新訂物権法（民法講義Ⅱ）〔1983〕307頁，舟橋諄一・物権法〔1960〕366頁など多数）のように，無権原者による種苗の播種から生育したものの所有権は土地所有者に属する（種苗が付合して債務者の種苗に対する所有権が喪失する）との見解を採るときには，生育したものに先取特権が成立するか，なお問題となる。この点に関して，先取特権が原則として債務者の所有物に対してのみ成立すること，および動産の先取特権には追及効がない（333条参照）ことなどから，本条の先取特権は否定されることになるが，債務者が土地所有者に対して取得する償金請求権（248条）に対して債権者は物上代位権を行使することができよう（注民(8)155頁〔甲斐〕，高島186頁）。

2 蚕種・桑葉供給の場合

この場合における先取特権の目的物は，蚕種から生じたもの，または桑葉によって飼養された蚕から生じたもの，すなわち，蚕・蛹・繭・生糸である。また，蚕が成長した蛾の産卵による蚕種も含まれると解されている（高島186頁）。ただし，生糸が加工されてできた絹糸および絹布を目的物とすることはできないとするのが通説である（注民(8)155-156頁〔甲斐〕）。これは，目的物が変形（変質）し，経済的価値が増大したものまで先取特権の効力が及ぶとすることは，本条の先取特権の趣旨を逸脱し妥当でなく，またこうした効力の限界を画することで繊維業への圧迫を回避できるとの考慮（高島186-187頁）からも支持されよう。

3 種苗・肥料等を譲渡した場合

本条の先取特権は，種苗・肥料・蚕種・桑葉等の供給を受けた債務者自身がこれらを用いた場合に限られ，これらを他人に譲渡して使用させた場合に

は，その他人の果実上に先取特権は成立しないと解されている（中島709頁）。その他人は，債権者の債務者ではないことをその理由とする。もっとも，債権者は，債務者がその他人に対して有する債権（譲渡代金債権等）に対して物上代位権を行使することにより，保護されるとの見解もある（高島187頁）。

IV 順 位

本条の先取特権は，動産の先取特権の中で，第1順位の不動産賃貸・旅館宿泊・運輸の先取特権（312条・317条・318条），第2順位の動産保存の先取特権（320条）に次いで，動産売買の先取特権（321条）・農業労務および工業労務の先取特権（323条・324条）とならんで，最後順位の優先弁済権を付与されている（330条1項3号）。

V 類似の特別法上の先取特権

本条の先取特権に類似する特別法上の先取特権としては，前述したように（→前記I），農業動産信用法における農業協同組合・信用組合等（農動産3条）が，農業をなす者に対する低利の生産資金等の貸付金・利息債権を担保するために付与される先取特権がある（農動産4条以下）。この先取特権には，①農業用動産保存・農業生産物保存資金貸付の先取特権，②農業用動産購入資金貸付の先取特権，③種苗または肥料購入資金貸付の先取特権，④蚕種または桑葉の購入資金貸付の先取特権，⑤薪炭原木の購入資金貸付の先取特権，⑥水産養殖用の種苗購入・水産養殖用餌料購入資金貸付の先取特権の6種類がある（農動産4条1項1号〜6号）。①については，すでに述べたように（→§320 V），民法上の動産保存の先取特権と類似するが，それ以外の②から⑥は，動産売買先取特権および種苗・肥料等供給の先取特権と類似している。

まず，②と⑤の先取特権は，貸付けを受けた資金で購入した農業用動産（農動産6条）または原木より生産した薪炭（農動産9条）に成立し，その優先順位は動産売買先取特権と同順位とみなされる（農動産11条）。

また，③④⑥の先取特権については，貸付けを受けた資金で購入した，種苗または肥料を用いた後1年以内に土地から生じた果実または桑樹の肥料購

入資金についてはその果実である桑葉より生じた物（桑葉をもって飼養した蚕などを含む）に（農動産7条），蚕種より生じまたは桑葉をもって飼養した蚕等に（農動産8条），そして水産養殖用の種苗より生じまたは餌料を用いて養殖した物に（農動産10条），それぞれ先取特権が成立し，その優先順位は種苗または肥料供給の先取特権と同順位とみなされる（農動産11条）。

〔今尾　真〕

（農業労務の先取特権）
第323条　農業の労務の先取特権は，その労務に従事する者の最後の1年間の賃金に関し，その労務によって生じた果実について存在する。

〔対照〕　フ民2332①
〔改正〕　本条＝平16法147移動（324条前段→323条）

I　本条の趣旨

本条および次条については，2004（平成16）年の民法改正によって，それまで「農工業労役ノ先取特権」として一括規定されていたものを，民法の現代語化に伴い，「労役」の文言を「労務」に改め，本条を「農業労務の先取特権」とし，次条を「工業労務の先取特権」として，2つに分けて規定することになった。

本条の先取特権は，農業労務者の賃金のうち，最後の1年分につき，その労務によって生じた果実の上に成立する。その趣旨は，労務によって債務者の果実が得られたのだからその労務者に優先弁済権を付与するのが債権者間の実質的公平に適うとの考慮と，雇用関係の先取特権（306条2号・308条）と同様，賃金は労務者・その家族の生活維持に不可欠のものゆえ賃金保護とそれによる農業振興という社会政策的考慮の2つに基づくものである。したがって，債権者は，雇用関係の先取特権とこの先取特権を併有することが多いといわれる（道垣内62頁，河上58頁，髙橋41頁）。なお，本条の先取特権は，一面で社会政策的考慮をも趣旨として認められるものなので，当事者間の特約によりこれを排除することはできないと解されている（高島188頁）。

第2節　先取特権の種類　第2款　動産の先取特権　　　　　　　§*323*　II

　本条の先取特権は，フランス古法に起源を有し（原田・史的素描121頁），1804年のフランス民法典2102条1号（現行2332条1号）を経て，わが国の旧民法（旧担154条）に規定され，現行民法典がこれを引き継いだものである。しかし，フランス法とわが国の民法とでその規定内容が著しく異なっており（フランス法は，不動産の賃料・定額小作料につき，「その年の収穫の果実」，「農場に備え付けられたすべてのもの」および「農場経営に供するすべてのもの」の「代価」に対して〔これは不動産賃貸の先取特権〕，また，その年の収穫の費用につき，「収穫物の代価」に対して，それぞれ先取特権が及ぶと規定し，特に前者の「その年の収穫の果実の代価」や後者の「収穫物の代価」に対するものなどは，債務者の財産に価値増加をもたらしたことに基づく先取特権の範疇に属すると理解されている〔H. L. et J. MAZEAUD et F. CHABAS, LEÇONS DE DROIT CIVIL, t. III, vol. I, Sûretés Publicité foncière, 7e éd., 1999, par Y. PICOD, n° 170, p. 242.〕)，本条はほとんどわが国独自の立法であるといわれている（柚木＝髙木67頁，注民(8)157頁〔甲斐道太郎〕）。

II　被担保債権

　本条の先取特権によって担保される債権は，農業労務者の賃金債権である。まず，「農業」とは，収穫季節の定まっている天然果実を生産する仕事であって，「労務に従事する者」とは，他人の経営する農業のために労務を提供する者を意味し，雇用契約に基づくか請負契約に基づくかを問わず（山下151-152頁），さらに必ずしも継続的契約関係に基づいて労務に服する必要もないと解されている（石田・下652頁，勝本・上187頁）。

　また，被担保債権の範囲については，賃金のうち最後の1年分に制限されるが，これは，他の債権者との利害を調整するとの理由による（なお，平成15年改正前の民法308条の「雇人給料ノ先取特権」の被担保債権については，「最後ノ六个月ノ給料」というように被担保債権の範囲が制限されていたが，改正後の民法308条の「雇用関係の先取特権」についてはこうした制限がなくなった）。なお，次にみる工業労務者の先取特権（→§324）については，最後の3か月分の賃金に限定されるとして，農業・工業それぞれの労務者の有する先取特権の被担保債権の範囲に差異が生じているが，これは両者における賃金の支払方法の違いに基づくものと説明されている（梅374頁，富井387頁，中島711頁）。すなわち，工業

〔今尾〕

§323 Ⅲ・Ⅳ, §324

労務者の賃金は，通常，毎週または毎月支払われるのに対して，農業労務者の方は，1年または半年ごとに支払われる慣行に配慮したからというわけである（注民(8)158頁〔甲斐道太郎〕，道垣内62頁）。さらに，本条の「最後の1年間」の起算点については，債務者の財産の清算をなすべき事実の発生した時，すなわち，先取特権・他の債権者の担保権の実行時または強制執行における配当加入時もしくは破産手続開始決定時から起算される（注民(8)158頁〔甲斐〕，髙島189頁・156頁）。

Ⅲ 目 的 物

本条の先取特権の目的物は，農業労務者の労務によって生じた果実である。その労務が当該果実を生じさせた唯一または主たる原因であることを要しないと解されている（中島711頁）。したがって，複数の労務者の先取特権が同一果実上に競合して存在する場合もあり得る。また，果実が他の物と混和した場合には，本条の先取特権は，混和物上に存続する（247条2項）と解されている（中島711頁，注民(8)158頁〔甲斐道太郎〕）。

Ⅳ 順 位

本条の先取特権は，動産の先取特権の中で，第1順位の不動産賃貸・旅館宿泊・運輸の先取特権者（312条・317条・318条），第2順位の動産保存の先取特権（320条）に次いで，動産売買の先取特権（321条），種苗または肥料の供給の先取特権（322条）および工業労務の先取特権（324条）とならんで，最後順位の優先弁済権を付与されている（330条1項3号）。

〔今尾　真〕

（工業労務の先取特権）
第324条　工業の労務の先取特権は，その労務に従事する者の最後の3箇月間の賃金に関し，その労務によって生じた製作物について存在する。

第2節　先取特権の種類　第2款　動産の先取特権　　　§*324*　I・II

〔改正〕　本条＝平 16 法 147 移動（324 条後段→324 条）

I　本条の趣旨

　本条の先取特権は，工業労務者の賃金のうち，最後の3か月分につき，その労務によって生じた製作物の上に成立する。この先取特権が認められる趣旨は，前条の農業労務の先取特権と基本的には同様である（→§323 I）。すなわち，工業労務者の労務によって債務者の製作物が得られたのだからその労務者に優先弁済権を付与するのが債権者間の実質的公平に適うとの考慮と，雇用関係の先取特権（306条2号・308条）と同様，賃金は労務者およびその家族の生活維持に不可欠のものゆえ賃金保護をすべきという社会政策的考慮の2つに基づくものである。したがって，この先取特権についても，雇用関係の先取特権と併用されることが多いといえよう。また，本条の先取特権も，一面で社会政策的考慮を趣旨として認められるものなので，農業労務の先取特権と同じく，当事者間の特約等によってこれを排除することはできないと解される（高島 188 頁）。

　なお，本条の先取特権については，フランス法にも規定がなく，わが国のオリジナルの立法ということができよう（注民(8)157頁〔甲斐道太郎〕）。

II　被担保債権

　本条の先取特権によって担保される債権は，工業労務者の賃金債権である。まず，「工業」とは，動産（天然果実を含む）を生産する仕事であって，前述の「農業」（→§323 II）以外のものを意味し，林業・牧畜業・鉱業などは「工業」に含まれるが（横田 661 頁，山下 152 頁），土木建築業は含まれないと解されている（注民(8)158頁〔甲斐道太郎〕）。また，「労務に従事する者」についても，他人の経営する工業のために労務を提供する者を指し，雇用契約に基づくか請負契約に基づくかを問わず（山下 151-152 頁），また，必ずしも継続的契約関係に基づいて労務に服する必要もないと解される点は，農業労務者と同様である（石田・下 652 頁，勝本・上 187 頁）。

　さらに，被担保債権の範囲についても，賃金のうち最後の3か月分に制限

〔今尾〕

されているが，これも，他の債権者との利害を調整するとの理由において農業労務の先取特権と基本的に共通する。さらにまた，農業・工業それぞれの労務者の有する先取特権の被担保債権の範囲に差異が生じる点（両者における賃金の支払方法の違いによるもの），および被担保債権の期間の起算点（債務者の財産の清算をなすべき事実の発生した時）とも，農業労務の先取特権の場合と同じである（→§323 Ⅱ）。

Ⅲ 目 的 物

本条の先取特権の目的物は，工業労務者の労務によって生じた製作物である。労務が製作物を生じさせる原因関係に関する事項，および目的物に混和が生じた場合の処理等については，農業労務の先取特権の箇所で述べたことが，ここでも当てはまる（→§323 Ⅲ）。

Ⅳ 順 位

本条の先取特権は，動産の先取特権の中で，第1順位の不動産賃貸・旅館宿泊・運輸の先取特権（312条・317条・318条），第2順位の動産保存の先取特権（320条）に次いで，動産売買の先取特権（321条），種苗または肥料の供給の先取特権（322条）および農業労務の先取特権（323条）とならんで，最後順位の優先弁済権を付与されている（330条1項3号）。

〔今尾　真〕

第3款　不動産の先取特権

（不動産の先取特権）
第325条　次に掲げる原因によって生じた債権を有する者は，債務者の特定の不動産について先取特権を有する。
一　不動産の保存
二　不動産の工事
三　不動産の売買
〔対照〕　フ民2374

I　総　　説

　不動産の先取特権は，本条所定の3つの原因によって生じる債権を被担保債権として，債務者の特定不動産上に成立する先取特権である（325条）。すなわち，民法上は，不動産の保存（325条1号・326条），不動産の工事（325条2号・327条），不動産の売買（325条3号・328条）の3種類の不動産の先取特権が定められている。
　これらの先取特権は，不動産の保存・工事・売買により，債務者所有の不動産の経済的価値が維持され，増加し，または債務者に当該不動産を取得させる（債務者の責任財産が増加する）のであるから，債権者にその不動産に対して先取特権を付与することが公平であるとの趣旨に基づくものである。この点で，これらの不動産の先取特権は，動産保存・動産売買の先取特権と趣旨を同じくする部分が多いといえるが，他方で，債権者の属性（債権者は請負業者・不動産業者などの業者が多い），被担保債権額の大きさ（動産の先取特権に比べて不動産の先取特権の被担保債権額は高額になる傾向にある），目的物が不動産であることから登記の問題などにおいて，特殊性を示している（高島190頁。後記の各不動産の先取特権の項目〔→§326，§327，§328〕を参照）。
　また，不動産の先取特権は，現実にはほとんど機能していないともいわれ

〔今尾〕

ている（内田513頁，判例民法Ⅲ77頁〔今村与一〕）。すなわち，不動産の先取特権者が優先弁済権を保存するためには登記をしなければならず（337条・338条・340条），この登記が効力要件か対抗要件かは別として（→§326Ⅳ，§327Ⅳ，§328Ⅳ），これを行うことが実際上困難であるとともに，実態にもそぐわない場合が多いからである。例えば，不動産工事の先取特権を例にとれば，顧客（債務者）と請負人（債権者）との力関係や債権者間の序列から登記を行うことが難しく（建設業者などの請負人が建設工事の顧客に登記への協力を求めることは工事の契約の締結自体を拒まれるおそれがある〔加藤木精一「不動産工事・保存の先取特権」星野英一ほか編・担保法の現代的諸問題（別冊NBL10号）〔1983〕28頁注2・注3〕），また，工事前に予算額の登記を要求され，しかも予算超過の場合には，その超過部分につき優先弁済権が認められない（338条1項）ことから，この先取特権は，工事途中で変更が多い請負工事契約において請負人の請負代金債権確保の有効な手段とはなり得ないというわけである（判例民法Ⅲ78頁〔今村〕，道垣内64頁，松岡271頁）。

これらの問題も踏まえて，不動産の先取特権のあり方をどうすべきかは今後の大きな立法課題であるといえよう。

Ⅱ　被担保債権

1　民法上の不動産の先取特権

民法上の不動産の先取特権の被担保債権は，3種類である（詳細は，後記の各先取特権の被担保債権の項目〔→§326Ⅱ，§327Ⅱ，§328Ⅱ〕を参照）。不動産保存の先取特権の被担保債権については，当該不動産の「保存のために要した費用」と不動産に関する「権利の保存，承認若しくは実行のために要した費用」（326条）である。また，不動産工事の先取特権については，「工事の設計，施工又は監理をする者」が債務者の「不動産に関してした工事の費用」（327条）である。さらに，不動産売買の先取特権は，「不動産の代価及びその利息」である（328条）。

2　特別法上の不動産の先取特権

民法以外の特別法によって認められている不動産の先取特権としては次のものがある。

第 2 節　先取特権の種類　第 3 款　不動産の先取特権　　　　§*325* Ⅱ

(1) **借地借家法 12 条**
　借地借家法は，借地権設定者が，弁済期の到来した最後の 2 年分の地代等につき，借地権者がその土地上に所有する建物の上に先取特権を有すると定める（借地借家 12 条 1 項）。この先取特権の被担保債権は，動産の先取特権である不動産賃貸の先取特権における賃料債権（312 条）と同じであるが，不動産賃貸の先取特権の目的物が賃借人の動産であるところ（313 条），借地借家法上の先取特権の目的物は，借地権者の不動産（建物）にまで拡大されている点に特徴がある（→§312 Ⅴ 1）。
　この先取特権は，地上権または土地の賃貸借の登記をすることによってその効力が保存される（借地借家 12 条 2 項。なお，「保存」の意味については，→§326 Ⅳ，§327 Ⅳ，§328 Ⅳ，前注（§§333-341）Ⅲ 4）。また，この先取特権は，共益費用，不動産保存および不動産工事の先取特権ならびに地上権または土地の賃貸借の登記より前に登記された質権および抵当権を除き，他の権利に優先する（同条 3 項）。なお，上記のように，この先取特権は，法文上は共益費用の先取特権に劣後することになっているが，強制換価手続（税徴 9 条，地税 14 条の 2）・滞納処分費（税徴 10 条，地税 14 条の 3）や不動産保存費用（326 条）等の広い意味での共益費用は別として，それ以外のいわば狭義の共益費用により借地借家法上の建物に対する先取特権者が利益を受けて，その共益費用の先取特権が借地借家法上の先取特権に優先するといった事態は実際上想定されないとされている（注民(8)198 頁〔西原道雄〕）。

(2) **接収不動産に関する借地借家臨時処理法 7 条**
　接収不動産に関する借地借家臨時処理法（日米間の安全保障条約に基づく行政協定またはいわゆる日米地位協定等を実施するため米軍等に接収された土地・建物の接収の解除後の借地借家関係を調整するための措置を定めた法律〔接収不動産臨 1 条参照〕）は，土地が接収された当時におけるその土地の借地権者で，その土地の接収中にその借地権が存続期間の満了によって消滅した者が，接収の解除後に一定の条件により，その土地に所有者から借地権の設定を受けた場合，または借地権者から借地権の譲渡を受けた場合には，賃貸人（土地所有者）または借地権の譲渡人（賃借人）は，借賃の全額および賃借権の設定の対価等につき，借地権の設定または譲渡を受ける者がその土地に所有する建物の上に，先取特権を有すると定めている（接収不動産臨 7 条 1 項）。この先取特権も，前述の

〔今尾〕　319

借地借家法12条における先取特権と類似する趣旨に基づくものといえる（ただし，被担保債権の範囲につき，借賃の他に借地権の譲渡等の対価もこれに含まれる点で，借地借家法上の先取特権と差異を生じる）。

この先取特権は，借賃の額および存続期間・支払時期の定めのあるときはその旨，弁済期の到来した借賃があるときはその旨，賃借権の設定の対価または譲渡の対価につき弁済されない旨を登記することによって，その効力が保存される（接収不動産臨7条2項。なお，「保存」の意味については，→§326 Ⅳ，§327 Ⅳ，§328 Ⅳ，前注（§§333-341）Ⅲ 4）。そして，この先取特権は，共益費用，不動産保存または不動産工事の先取特権ならびにこの先取特権の登記前に登記した質権および抵当権を除き，他の権利に優先する（接収不動産臨7条3項）。なお，この先取特権も，借地借家法上の先取特権と同様，共益費用の先取特権に劣後するとされているが，この先取特権者が狭義の共益費用により利益を受ける事態は実際上考えられないといえよう。

(3) 立木ノ先取特権ニ関スル法律

「立木ノ先取特権ニ関スル法律」は，他人の土地上に立木を有する者がその土地の所有者に対し樹木伐採の時期においてその樹木の価格に対する一定の割合の地代を支払うべき契約をしたときは，当該土地の所有者はその地代につき立木の上に先取特権を有すると定めている（立木特権1項。なお，→§312 Ⅴ 2）。この先取特権は，共益費用の先取特権を除き（329条2項ただし書参照），他のすべての権利に優先するとされている（立木特権2項）。

(4) 建物の区分所有等に関する法律7条

「建物の区分所有等に関する法律」7条1項は，区分所有者（マンションの各戸〔専有部分〕を所有している者）が，共用部分（マンションの階段・廊下等），建物の敷地，共用部分以外の建物の附属施設につき，他の区分所有者に対して債権を有するときは，その債務者（他の区分所有者）の区分所有権および建物に備え付けた動産の上に先取特権を有すると規定する（詳細は，→§307 Ⅳ）。このうちの前者（区分所有権上）の先取特権が，不動産の先取特権である。

なお，この先取特権は，区分所有者等が共用部分を共有し，建物の敷地を共同使用することにより，相互に管理費用・公租公課の立替等に基づく債権を取得することが多いとの見地から認められるもので，民法における共益費用の先取特権と趣旨を同じくし（公平の観念），優先弁済権の順位および効力

第 2 節　先取特権の種類　第 3 款　不動産の先取特権　　§*325*　III

は，共益費用の先取特権と同一とみなされている（建物区分 7 条 2 項）。

III　順　位

1　不動産の先取特権と一般の先取特権との間

不動産の先取特権が一般の先取特権に優先する（329 条 2 項本文）が，共益の費用の先取特権については，その利益を受けたすべての債権者に優先する（同項ただし書）とされている（共益費用最優先の原則。→§303 II 3【先取特権の順位表】および前注（§§329-332）III 1，2，3 各末尾の【別表 1】〜【別表 3】）。

2　不動産の先取特権相互の間

不動産の先取特権が互いに競合した場合には，それぞれの先取特権が認められる趣旨に応じて以下のように優先弁済権の順位が定められている（詳細は，→§331）。第 1 順位は不動産保存の先取特権，第 2 順位が不動産工事の先取特権，そして第 3 順位が不動産売買の順となっている（331 条 1 項・325 条）。なお，第 3 順位の不動産売買の先取特権については，同一の不動産が順次売買された場合（A がその所有家屋を B に売却して代金の支払を受けない間に B がこれを C に売却し，B もやはり代金支払を受けていないような場合）には，売主相互間の優先順位は売買の時の前後による（A が優先する）ことになる（331 条 2 項）。

3　他の担保物権との間

不動産保存の先取特権については保存行為完了後に直ちに登記をすることにより（337 条），また不動産工事の先取特権については工事開始前にその費用の予算額を登記することにより（338 条 1 項），先に登記をした抵当権および不動産質権（361 条参照）に優先する（339 条）。

不動産売買の先取特権と抵当権・不動産質権との間は，登記（先取特権者が売買契約と同時に不動産の代価またはその利息が支払われていない旨を登記することを前提〔340 条〕）の先後により優先順位関係が定まる。

〔今尾　真〕

§326 Ⅰ

(不動産保存の先取特権)
第326条 不動産の保存の先取特権は，不動産の保存のために要した費用又は不動産に関する権利の保存，承認若しくは実行のために要した費用に関し，その不動産について存在する。

Ⅰ 本条の趣旨

　本条の先取特権は，不動産の保存のために要した費用または不動産に関する権利を保存，承認もしくは実行のために要した費用の償還請求権を被担保債権として，それらの費用を支出した者のために当該不動産上に成立する。この先取特権は，動産の保存の先取特権（320条）と同様，債務者の共同担保の維持を目的とし，他の債権者もそれによって弁済を受けられるようになったのだから，当該債権者がそのために費やした費用について保存された不動産に関し優先弁済権を付与されるのが，当事者間および他の債権者との間で公平に適うとの趣旨に基づくものである（柚木＝高木68頁，高島190頁，尾崎三芳「不動産の特別先取特権の内容・効力」担保法大系Ⅱ 421頁）。それゆえ，この先取特権は，公平を趣旨として認められるものなので，当事者間の特約や先取特権者の意思表示によりこれを排除できると解されている（高島190頁）。

　本条の先取特権は，現行立法例としては他に例をみず，わが国独自の立法といえる（柚木＝高木68頁）。不動産を対象とする先取特権は，ローマ法においては船舶・家屋の修繕・保存・再構に関する一般の先取特権として一部不動産を対象として認められていたが，フランス法はこれを引き継がず（原田・史的素描122頁。なお，フランスは，動産の保存についてはローマ法の一般の先取特権を動産の特別の先取特権として変形・承継した〔1804年のフ民2102条3号（現行2332条3号）〕。→§320 Ⅰ)，わが国の旧民法も規定しなかった（旧担165条以下は，不動産の先取特権として，不動産の譲渡人，共同分割者，工匠・技師・工事請負人の先取特権とこれらの者への支払のための金銭貸主の先取特権の4つを規定していた）。現行民法典の起草過程の議論において，当初は不動産売買と不動産工事の先取特権のみを規定する原案が示された（不動産の先取特権の起草者である穂積博士は，不動産保存の先取特権を認めなくとも，一般の先取特権〔共益費用〕や工匠・技師・工事請負人の不動産の先取特権により保存費用等は担保されると考えていたようである）が，

他の委員から動産保存の先取特権との均衡を失する等の指摘がなされたことを受けて，不動産の保存についても特別の先取特権として規定されたものと推定される（法典調査会民法議事〔近代立法資料5〕502頁〔箕作麟祥発言〕，503頁〔横田国臣発言〕，527頁〔磯部四郎発言〕等々）。

なお，この先取特権は，債権者が不動産工事を業とする者（請負業者等）が多いこと，それゆえ被担保債権額も比較的大きいことなどから，その利用可能性が期待されているところ，前述のように（→§325Ⅰ），特別な登記手続を要するとされているので（337条。なお，登記手続については→Ⅳ），現実にはその実効性に乏しいといわれている（高島190頁，尾崎・前掲論文421頁）。

Ⅱ 被担保債権

1 不動産自体の保存費

本条の先取特権は，不動産自体の保存費に関する債権を被担保債権とする。この保存費とは，修繕費など，当該不動産の滅失・損傷や価格減少を防止するために債権者が支出した費用を意味し，保存の程度を超えた装飾費や建増しのための建築費は保存費に当たらないとされている（注民(8)160頁〔甲斐道太郎〕）。この点に関して，古い判例・裁判例であるが，そこに現れたものとしては次のものがある。未完成の建物は不動産ではないから，その完成に要した費用は，不動産の工事費であって保存費には当たらない（大判明43・10・18民録16輯699頁）。また，修繕の程度を超えて改築とみられる場合もその費用は保存費に当たらない（東京地判大5・2・21新聞1098号27頁）。これに対し，火災予防等のために建物に番人をおく費用は保存費に当たるとした裁判例もある（大阪地判大2・5・7新聞882号9頁）。

また，本条の先取特権の趣旨からすれば，動産が不動産に添付したこと（動産を付合させる行為が不動産の現在価値を維持する保存に当たる場合）に伴って生じる償金請求権（248条）を被担保債権として，その不動産に対してこの先取特権が認められることもあろう（道垣内63頁，同・信託法理と私法体系〔1996〕206頁）。

さらに，不動産を保存するために工事が行われることが多いが，その場合，後述の不動産工事の先取特権（→§327Ⅱ2）と本条の先取特権との境界をど

§326 Ⅱ　　　　　　　　　　　　　　　　　　　　第2編　第8章　先取特権

う画するかが問題となる。この点に関しては，積極的に価値の増加をもたらすものが「工事」で，価値の維持ないし回復をもたらすものが「保存」と解すべきこととされている（道垣内63頁。同旨として髙橋43頁，河上59頁）。

　なお，この保存費用を支出した原因については，それが修繕契約に基づくか，事務管理・不当利得またはその他の法律の規定によって生ずるかを問わないことは，動産保存の先取特権と同様である（→§320 Ⅱ 1）。

2　不動産に関する権利の保存・承認・実行のために要した費用

　まず，本条の「不動産に関する権利」の意義については，動産保存の先取特権における「動産に関する権利」と，基本的には同様に考えるべきであろう。動産保存の先取特権における「権利」の意義に関する解釈としては，所有権のみに限定すべきとの見解（山下145頁，横田655頁，高島179頁），所有権のみに限定せず質権・留置権・先取特権などの物権も包含するが，債権は含まれないとする見解（中島702頁，遊佐419頁，吉田276頁），所有権に限定することを原則としつつ，占有権（占有回収の訴えによる回復の場合）や債権（売買契約等に基づく引渡請求権の場合）も含まれることがあるとする見解（注民(8)149頁〔甲斐〕）などが展開されている（→§320 Ⅱ 2）。

　他方，不動産保存の先取特権における「権利」の意義をめぐる考え方については，動産保存の先取特権と同様に解すべきとするだけで，具体的帰結を明らかにする見解は少ないが，この問題に関して明言するものとして，所有権のみに限定すべきとの見解（尾崎三芳「不動産の特別先取特権の内容・効力」担保法大系Ⅱ422頁）と，所有権とそれ以外の地上権・賃借権等の用益権もそれが保存されることにより他の債権者も利益を受けることからこれらも含まれるとする見解（注解判例417頁〔田原睦夫〕）が主張されている。本条の趣旨からすれば，後者の見解が妥当と思われる。

　次に，「権利の保存，承認若しくは実行」の具体的な例であるが，「保存」とは，債務者所有の不動産が第三者に時効取得されようとしているときに，これを更新（2017〔平成29〕年改正前は「中断」）するために訴えの提起をする場合であり，「承認」とは取得時効を更新（「中断」）するために不動産の占有者に債務者の所有権を文字どおり承認させる場合であり，「実行」とは，不動産について債務者の有する引渡請求権を代位行使する場合などである。

第2節　先取特権の種類　第3款　不動産の先取特権　　§*326*　III・IV

III　目　的　物

　本条の先取特権は，保存された不動産または保存・承認・実行された権利の対象である不動産を目的物とする。なお，先取特権については抵当権に関する規定が準用されるので（341条），先取特権成立後の付加一体物（370条参照）および債務不履行後に当該不動産から生じた果実（371条参照）も，本条の先取特権の目的物となる。

IV　登記の意味

　本条の先取特権は，337条により，保存行為が完了した後，「直ちに」登記をすることによってその「効力を保存する」ものとされている（この登記に関する詳細については→§337）。

　まず，「直ちに」の意義に関して，通説は，遅滞なくの意に解している（我妻96頁，注民(8)216-217頁〔西原道雄〕，柚木＝高木77頁，高木56頁）が，より具体的に，常識をもって判断することのできる時日を与えるべきとの見解（梅417頁，三潴256頁）や第三者が抵当権や不動産質権を取得する前であるならばいつでもよいとする見解（中島751頁）などもある。また近時は，早期の登記を要求したことの政策的，技術的な理由を考慮して決定すべきとの主張も現れている（高島212頁，尾崎三芳「不動産の特別先取特権の内容・効力」担保法大系II 423頁。詳細は→§337 II）。

　次に，「効力を保存する」の意味については，対抗力を生ずる（登記を対抗要件）と解する見解（勝本・上212頁，我妻98頁，注民(8)218頁〔西原〕，柚木＝高木79頁，高木56頁，高島214頁）が通説である。これに対し，337条や338条の文言（「効力を保存する」）や登記された不動産保存・工事の先取特権は既登記の抵当権にも優先する効力を有することなどの理由から，登記をしないと先取特権の効力が生じない（登記を効力要件）と解する見解（古くは富井417頁，中島750頁，近時は道垣内63頁，石田（穣）130頁）もある（→§327 IVおよび§337 III）。いずれにしても，この登記がなされると，債権者は，すでに登記された抵当権や不動産質権に対しても優先することができる（339条・361条）。

〔今尾〕

§326 V, §327 I

V 順位

不動産保存の先取特権は，不動産の先取特権の中で，第1順位の優先弁済権を付与されている（331条1項・325条）。

〔今尾　真〕

（不動産工事の先取特権）
第327条① 不動産の工事の先取特権は，工事の設計，施工又は監理をする者が債務者の不動産に関してした工事の費用に関し，その不動産について存在する。
② 前項の先取特権は，工事によって生じた不動産の価格の増加が現存する場合に限り，その増価額についてのみ存在する。

〔対照〕　フ民 2374 ④　　ス民 837 Ⅰ ③

I 本条の趣旨

本条の先取特権は，工事の設計，施工または監理をする者（広く不動産工事に携わる者）が債務者の不動産に関して行った工事の費用請求権を被担保債権として，それらの費用を支出した者のために当該不動産上に成立する。ただし，この先取特権は，工事によって生じた不動産の価格の増加が現存する場合に限り，その増加額についてのみ認められる（本条2項）。この先取特権は，動産売買（321条）および後述の不動産売買（328条）の先取特権と同じく，債務者の不動産に関する工事という行為によって，当該不動産の価値が増加し，または新たにその不動産が債務者の財産に加わったのだから，その工事を行った者に当該不動産の増加価値分だけは優先弁済権を付与するのが，当事者間および他の債権者との間で公平に適うとの趣旨に基づくものである（注民(8)162頁〔甲斐道太郎〕，柚木＝高木68頁）。また，この先取特権の趣旨は，主として建築業者を保護することによって建築を容易にするという政策的理由にあるとの見解もある（吾妻光俊・物権法・担保物権法〔新版，1974〕122頁）。しかし，本条の先取特権による建築促進の効果については疑問が提起されてい

第 2 節　先取特権の種類　第 3 款　不動産の先取特権　　　§*327* I

る（髙島 191 頁）。なお，この先取特権も，公平を趣旨として認められるものなので，当事者間の特約や先取特権者の意思表示によりこれを排除できると解されている（髙島 192 頁）。

　本条の先取特権は，ローマ法における破損した家屋の再建者に付与された一般の先取特権をフランス古法が模倣・変形したもの（古法時代の判例によって，不動産に行われたすべての工事にこの先取特権が拡大された）をフランス民法典（1804 年のフ民 2103 条 4 号・5 号〔現行 2374 条 4 号・5 号〕）が踏襲し（A. COLIN et H. CAPITANT, COURS ÉLÉMENTAIRE t. II, 7e éd., 1932, n° 1161, p. 942, M. PLANIOL et G. RIPERT, TRAITÉ ÉLÉMENTAIRE DE DROIT CIVIL, t. II, 11e éd., 1932, n° 2913, p. 988.），わが国の旧民法（旧担 165 条第 3 および 174 条・175 条）を経て，現行民法典に規定されたものである（原田・史的素描 122 頁，注民(8)162 頁〔甲斐〕，柚木＝髙木 68 頁）。フランス民法典は，「建築家，請負人，石工，および建築物・導管その他の何らかの工作物を建造し，再建しまたは修繕するために雇用されるその他の製作者」に不動産の先取特権を付与するとともに（フ民 2374 条 4 号），これらの者に支払をするために金銭を貸し付けた者にもこの先取特権を付与している（同条 5 号）。この先取特権は，建築家や請負人等が行った工事により，債務者の一般財産だけでなく，その不動産自体にも価値の増加がもたらされたのだから，これらの者およびこれらの者への支払に充てるために金銭を貸し付けた者に当該不動産に対する優先弁済権を付与する（所定の要件を充足すると抵当権にも優先する）ことが公平の観念に資するとの趣旨に基づいて認められるものである（H. L. et J. MAZEAUD et F. CHABAS, LEÇONS DE DROIT CIVIL, t. III, vol. I, Sûretés Publicité foncière, 7e éd., 1999, par Y. PICOD, n° 347, p. 358.）。

　なお，スイス民法典 837 条 1 項 3 号にも，同様の優先権が法定抵当権として規定されている（注民(8)162 頁〔甲斐〕，柚木＝髙木 68 頁）。すなわち，同項同号は，「建物の建築または取り壊しもしくはその他の仕事に，足場の設置，穴埋めまたは他の類似の仕事に雇われた工匠および請負人は，彼らが材料および仕事を，または仕事のみを提供した不動産について，債務者がその不動産の所有者であるか，その不動産上に権利を有する工匠，請負人，賃借人，定額小作人またはその他の者であるかにかかわらず，法定抵当権の登記を請求することができる」と定めている。

〔今尾〕

II 被担保債権

1 債権者

　本条の先取特権を有する債権者は、設計のみを行った者や元請業者などを含め、広く不動産工事に携わる者と解されている（道垣内63-64頁）。2004（平成16）年に現代語化される前の旧規定の「工匠、技師及ヒ請負人」の文言に関する解釈と基本的に同様といえよう。すなわち、「工匠」とは、大工・左官・屋根職・鳶職・植木職など、自ら不動産の工事に従事する者であり、「技師」とは、工事の設計・測量・監督をする者であり、「請負人」とは、注文者より報酬を受けて工事の完成を引き受けた者と解されていた（注民(8)162頁〔甲斐道太郎〕、柚木＝高木68頁、高島192頁）。ただし、これら以外の者は、不動産工事に関する債権を有していても本条の先取特権を有しないとされ（小林90頁）、また、単に工事材料を提供した者も、同様に解されていた（注民(8)162頁〔甲斐〕、高島192頁など通説）。さらに、本条の先取特権を有する者は、不動産工事を業とする者に限られる（遊佐425頁）のか、業とする者であることを要しないとする（中島718頁、我妻＝有泉・コメ531頁）のかについても見解が対立している（注民(8)163頁〔甲斐〕）。本条の先取特権が、建築業者を保護することにより建築を容易にすることにある点を強調し、かつ抵当権にも優先することがあることからその効力範囲を限定するとの見地から、前者を支持する主張もある（高島192頁、尾崎三芳「不動産の特別先取特権の内容・効力」担保法大系Ⅱ433頁）。しかし、本条の趣旨が、不動産工事により債務者の財産を増価させた者を保護することにあるとすれば、この先取特権を付与される者は広く不動産工事に携わる者と解し、必ずしもこれを業とする者に限る必要はないように思われる。

　本条の先取特権を有する者は、直接に不動産の所有者と工事の契約をした者に限られ、この者に雇われた者や下請負人などはこの先取特権を有しないと解するのが通説である（注民(8)163頁〔甲斐〕、高島193頁、尾崎・前掲論文434頁）。もっとも、下請負人については、請負人の注文者に対する債権を代位行使することもあり（423条）、その場合には、付随的・間接的に本条の先取特権を行使し得るとされている（山下155頁、高島193頁）。

　ところで、建物の新築の場合、請負人が材料の全部または主要部分を提供

して工事をさらに下請負人に行わせ建築された建物について請負人が所有権を取得した後（材料提供者帰属説〔大判明37・6・22民録10輯861頁, 大判大3・12・26民録20輯1208頁など〕），請負人がさらに注文者にその建物を譲渡したときには，請負人と下請負人との間に本条を適用して下請負人がこの建物に不動産工事の先取特権を有し，請負人は注文者に対する債権に関しては不動産売買の先取特権を取得すると解されている（石田・下656頁, 勝本・上193-194頁）。そうしないと，注文者が請負人としてわら人形を用い，その請負人からさらに下請負をさせた場合に，現に工事のために労力または材料・労力を供給した者の保護を企図する本条の趣旨が没却されるからとの理由をあげる（石田・下656頁）。これに対し，請負人・注文者間について，特別な先取特権によって保護されるべき不動産売買として取り扱うことを疑問視し，この場合も不動産工事の先取特権によるべきとの見解もある（高島193頁）。

2　「工事」の意義

旧民法では，工事の例として，「建物, 土手若クハ堀割ノ築造若クハ修繕又ハ地上ニ為シタル排泄, 灌漑, 開墾, 置土其他之ニ類似スル工事」ないし「鉱坑及ヒ石坑ノ開掘, 利用, 閉鎖又ハ廃止ニ関スル地下又ハ外部ノ工事」など，具体的に列挙されていた（旧担174条）。他方，現行民法では，「工事」と規定されるのみで例示はなく，土地については，開墾, 埋立, さく溝, 通路開設, 耕地整理など, 建物については, 新築, 増築, 改築などをさすと解されている（石田・下657頁, 注民(8)163頁〔甲斐〕, 高島193頁）。

また，修繕は一般に保存として取り扱われる（したがって, 不動産保存の先取特権によることになる）。しかし，その程度を超えた大修繕の場合, 工事や改築・増築に当たるかどうかが問題となり得るが，これは社会通念によって決すべきとされている（注民(8)163頁〔甲斐〕）。これに関連して裁判例・判例に現れた例としては，修繕の程度を超えて，大修繕，増築に当たる場合は保存に当たらない（東京地判大5・2・21新聞1098号27頁），または未完成の建物の建造に要した費用は工事費にほかならない（大阪控判明43・5・11新聞648号11頁〔「五六分ノ出来ノ建物」の工事を完成させた者が，不動産工事の先取特権ではなく，不動産保存の先取特権を主張した事例〕），および未完成の建物の建築費は，それが未だ不動産ではないから，その完成に要した費用は工事費であって，保存費には当たらない（大判明43・10・18民録16輯699頁）とするものなどがある。

ところで，本条の先取特権の効力を保存するためには，工事開始前にその費用の予算額を登記しなければならない（338条1項）が，現実的にはこれを行うことが困難なため，工事着手後に不動産保存の先取特権の名目で（特に，建物の新築の場合，上棟以後の費用を保存費として）登記される場合が多いといわれている（注民(8)163-164頁〔甲斐〕，柚木＝高木68頁）。こうした予めの登記を要求することに対する立法論的批判（不動産工事の先取特権の効力を弱める）はともかく，この場合に関して，学説は，規定上不動産保存の先取特権と工事の先取特権とは区別されている以上，建物の新築は保存自体を目的とする工事ではなく，完成まで一連の工事であって，上棟までを工事費とし，その後を保存費とすることは許されない（不動産保存の先取特権を主張できない）としている（我妻87頁，勝本・上195頁，注民(8)164頁〔甲斐〕，柚木＝高木68頁）。また，判例も同様の考え方に立つと思われる（前掲大判明43・10・18は，「建物ハ其未タ完成セサル間ハ不動産ニ非サルヲ以テ建物ノ建造ニ要シタル費用ハ不動産ノ工事費ナルコトハ勿論ナレトモ不動産ノ保存費ト云フコトヲ得ス」とする）。なお，上記の事案と異なるが，6分がた竣成した建物に保存行為を施し不動産保存の先取特権の登記をした場合には，その先取特権の効力を認めるとした判例もある（大判昭6・12・28法学1巻上646頁）。

3 被担保債権の範囲
(1) 被担保債権の範囲の制限

本条の先取特権の被担保債権は，工事費用であるが，その範囲については次の点に留意すべきである。

まず，事前に登記された予算額よりも実際の工事費用がこれを超過した場合，その超過部分について先取特権は存在しない（338条1項後段）。逆に，予算額を下回るときは，実際の工事費用について先取特権が成立することになる。

次に，本条の先取特権は，当該工事によって生じた不動産の増加額が先取特権行使時に現存する場合に限って，その増加額についてのみ存在する（327条2項）。同条項は，一見すると先取特権の成否という形で規定されているが，この規定は，被担保債権の範囲を限定するものと理解されている（勝本・上194頁，吉田283頁，注民(8)164頁〔甲斐〕，高島194頁）。それゆえ，工事費用が不動産の増加額より少ない場合には，本条の先取特権が成立して全額担

保されることになるが，工事費用が増加額を上回る場合には，その増加額の範囲で先取特権が成立し，その残りの工事費用については無担保の一般債権になると解されている（岡松375頁）。増加額が現存しない場合には，先取特権は存在しない（327条2項参照）。

(2) 被担保債権の取得原因

債権者が被担保債権を取得（工事費用を支出）した原因については，予算額の事前登記を要件とする338条の規定から当事者間に契約の存在を想定していることを窺わせるので（当事者間に工事契約等がなければ予算額の事前登記をすることは困難だから），債権者・債務者間の契約に基づくものに限定すべきと解されている（注民(8)163頁〔甲斐〕）。また，こう解することが本条の趣旨にも適するとの主張もある（高島193頁）。いずれにしても，契約以外の原因，例えば，事務管理による工事（保存ではなく）によって被担保債権が取得された場合（実際上はほとんどあり得ないが，契約によらない場合には338条の登記はなされないであろうから），本条の先取特権によって担保されないことになる（横田664頁）。

III 目 的 物

本条の先取特権の目的物は，工事の対象となった不動産であるが，その範囲等については，この先取特権に準用される規定・わが国の民法の原則および権利実行手続等との関係で，次の点に注意を要する。

1 抵当権規定の準用

本条の先取特権の目的物の範囲については，341条により抵当権の目的物の範囲に関する370条および371条が準用されることになる。しかし，この先取特権は，工事によって生じた増価額が現存する場合に限って認められるので（327条2項），目的物の範囲についてはさほど問題となり得ない（注民(8)164頁〔甲斐道太郎〕，高島194頁。なお，これ以外の抵当権規定の準用等に関しては，後記2も参照）。

2 土地と土地上の建物の双方に工事が行われた場合

土地と土地上の建物の双方に工事が行われた場合，土地と建物の工事費について，それぞれ土地と建物が本条の先取特権の目的物となる。この場合，

〔今尾〕

§327 III　　　　　　　　　　　　　　　　　第2編　第8章　先取特権

土地と建物を一括して競売することができる（341条による抵当権の389条の規定が準用）が，債権者は，土地の工事代金は土地の競売代金から，建物の工事代金は建物の競売代金から，それぞれ優先弁済を受けることになると解されている（山下157頁，注民(8)164頁〔甲斐〕，高島194-195頁）。

3　建物の新築の場合

建物の新築工事の場合，当初は不動産が存在しないので，これを土地の工事と捉え，土地と建物が一体として本条の先取特権の目的物になるとの見解がかつて存在した（梅〔初版〕342頁。ただし，梅博士は，その後，「我邦ノ慣習ハ通常土地ト家屋トヲ二物ト視（370）登記法ニ於テモ土地登記簿ト建物登記簿トヲ別チ……必ス各別ニ之ヲ登記セシムルヲ以テ本条ニ謂フ所ノ不動産ハ則チ家屋ナリト謂ハサルヘカラス」として改説された〔梅382頁〕）。しかし，現在では，土地と建物とは別個の不動産であることを前提として，建物の新築の場合も新築によって新たに価額の全部を生じさせたことが本条の「増価」に当たると解して（富井392-393頁は，「建物ヲ新築シタル場合……其建物ハ既ニ存在スル建物ノ増価ト称スルコト当ラサルカ故ニ多少ノ疑ナキニ非スト雖モ此『増価』ナル語ハ建物ヲ以テ土地ノ一部ト為ス仏民法等ノ用語ヲ踏襲セルノミ立法ノ主旨ハ畢竟工事ニ因リテ生シタル価格ニ付キ先取特権ヲ行フコトヲ得ルモノトスルニ在リ」とする），建物のみがこの先取特権の目的物となるとするのが通説である（注民(8)164-165頁〔甲斐〕および高島195頁注1も参照）。

4　不動産の「増価額」の「現存」

不動産工事の先取特権は，工事により「不動産の価格の増加が現存する場合に限り」，その増加額についてのみ存在するとされているので（327条2項），「現存」の基準時がいつかが問題となるが，これはこの先取特権の行使時と解されている（注民(8)165頁〔甲斐〕）。したがって，工事によっていったん不動産の価格が増加したとしても，その後，先取特権行使時点では，当初の不動産価格と同額ないしこれを下回った場合には，先取特権を行使できないこととなる。

また，本条の先取特権者は，不動産の増価額からのみ優先弁済を受けることができるので（327条2項），増価額の存否およびその価額については，配当加入のときに，裁判所が選任した鑑定人に評価させて定めることになる（338条2項）。

ところで，工事後の物価上昇等により，工事直後の「増価額」を当該不動産が上回ることとなったとき，その価格上昇分も「増価額」に含めて本条の先取特権を行使できるかという問題が提起されている（注民(8)165頁〔甲斐〕）。この点については，わが国の学説においては論じられていない。本条の母法フランス法では，この問題に関して，「その先取特権の額は，仕事の完成後，6か月以内に作成された調書（procès-verbal）によって，確認された価額を超えることができず，……不動産に行われた工事から生じる増価（plus-value）に縮減される」と規定されている（1804年のフ民2103条4号ただし書〔現行2374条4号ただし書〕）。これを受けて，学説も，この条文（フ民旧2103条4号ただし書）を引いて，「この先取特権は，工事完成後6か月以内に作成された調書によって確認された価額を超えることはできない」と解している（A. COLIN et H. CAPITANT, COURS ÉLÉMENTAIRE t. II, 7e éd., 1932, n° 1164, p. 943, H. L. et J. MAZEAUD et F. CHABAS, LEÇONS DE DROIT CIVIL, t.III, vol. I, Sûretés Publicité foncière, 7e éd., 1999, par Y. PICOD, n°s 350-351, pp. 359-360.）。わが国においても，本条の先取特権が認められる趣旨および立法の沿革に照らして，同様に解すべきものと思われる（注民(8)165頁〔甲斐〕）。

IV 登記の意味

本条の先取特権は，工事を始める前にその費用の予算額を登記することによってその効力を保存するとされている（338条1項前段。この登記に関する詳細については→§338）。したがって，この登記は工事開始前にすることを要し，工事開始後に登記をしても効力を有しない（効力要件）とするのが判例（大判大6・2・9民録23輯244頁，大判昭9・5・21新聞3703号10頁，同旨の下級審裁判例として，東京高決昭44・11・28判タ246号296頁，浦和地判昭58・2・22判タ498号155頁，仙台高判昭62・5・28金法1162号85頁）および通説（富井419頁，中島754頁，注民(8)165頁〔甲斐道太郎〕，道垣内64頁）である。このため，不動産工事の先取特権は，ほとんど機能していないといわれている（松田安正「不動産工事の先取特権について」法時66巻10号〔1994〕97頁，道垣内64頁，髙橋43頁，河上60頁，松岡271頁）。すなわち，建築業者が先取特権を事前に登記するということは，顧客の債務不履行を予想していることになるから顧客の機嫌を損ねるととも

に，場合によっては，業者と顧客との力関係から登記を求めると契約自体の締結を拒まれるおそれがあることも指摘されている（加藤木精一「不動産工事・保存の先取特権」星野英一ほか編・担保法の現代的諸問題（別冊NBL10号）〔1983〕28頁注2・注3，判例民法Ⅲ78頁〔今村与一〕，道垣内64頁，松岡271頁。この問題解決に関する登記時期をめぐる解釈論・立法論の詳細については→§338 Ⅰ）。

また，建物の新築の場合には，建物自体の保存登記はもとより，不動産工事の先取特権の目的物である不動産も存在しないので，先取特権の登記手続はかなり面倒であるといわれている（尾崎三芳「不動産の特別先取特権の内容・効力」担保法大系Ⅱ436頁）。手続の概略を示せば，次のとおりである。すなわち，新築工事の先取特権保存の登記申請がなされると，不動産登記法86条に基づき，登記官は登記記録の甲区に登記義務者の氏名・名称および住所ならびに不動産工事の先取特権の保存の登記をすることにより登記をする旨を記録する（不登則161条）。そして，建物が完成した場合には建物所有者（登記義務者）は，遅滞なくその建物の所有権の保存を登記しなければならない（不登87条）。したがって，不動産工事の先取特権の保存登記をした者は，建物完成とともに，建物所有者に対してその所有権保存登記手続を請求できることになる（大判昭12・12・14民集16巻1843頁）。

そこで，建物の建築の場合，上記のように登記手続が煩雑であるとともに，顧客（債務者）との関係でも実行困難であるため，工事着手後に不動産保存の先取特権として登記されることが多いといわれているが，判例は，一連の工事は一個の工事であって，上棟までを工事としその後を保存であるとすることは許されず，上棟以後の行為について建築完成後に登記しても，これについて先取特権の効力を保存することはできない（前掲大判明43・10・18）とする点は，すでに述べてきたところである。

ところで，判例・通説は，上記のように，338条の登記を効力要件と理解するが，近時は，不動産保存の先取特権におけると同様，これを対抗要件と解する見解（古くは，末弘厳太郎・債権総論（現代法学全集6巻）〔1930〕71頁，石田・下683頁，我妻98頁，柚木＝高木78-79頁。近時は，髙島216頁，鈴木321頁，高木56-57頁，生熊217頁，安永484頁）が有力となっている（この点については→§338 Ⅲ）。いずれにしても，この登記がなされると，債権者は，すでに登記された抵当権や不動産質権に対しても，登記された予算額の範囲内で優先する

ことができる（339条・361条）。

V　順　位

不動産工事の先取特権は，不動産の先取特権の中で，第2順位の優先弁済権を付与されている（331条1項・325条）。

〔今尾　真〕

（不動産売買の先取特権）
第328条　不動産の売買の先取特権は，不動産の代価及びその利息に関し，その不動産について存在する。

〔対照〕　フ民2374①　ス民837 I①

I　本条の趣旨

本条の先取特権は，不動産が売買されたとき，売主の代金およびその利息に関する債権を被担保債権として，当該売買の目的物たる不動産上に成立する。この先取特権は，動産売買の先取特権と同様，不動産の売主が目的不動産を売却したことにより，債務者（買主）の一般財産を構成するに至ったのだから，不動産売主が売買代金等について当該不動産に関し優先弁済権を付与されるのが債権者間の実質的公平に適うとの趣旨に基づくものである。これに加えて，この先取特権を付与して売主を保護することにより，不動産売買を容易かつ安全にする趣旨もあるとの主張もある（注民(8)166頁〔甲斐道太郎〕）。これらに対して，公平維持の要求と他の債権者に対する優先権の付与とが直ちに結びつくものではなく，この先取特権の存在意義は疑問である，また，不動産売買の円滑化の実効性もさほど期待できない（しかもこれが立法当初から意図されていたかも疑わしい）などの指摘もなされている（高島195頁，181頁も参照）。いずれにしても，この先取特権は，主として公平を趣旨として認められるものなので，当事者間の特約や先取特権者の意思表示によりこれを排除できると解されている（高島195頁）。

〔今尾〕

§328 I 第2編 第8章 先取特権

　なお，売主は，不動産を買主に引き渡すまでは，同時履行の抗弁権（533条）や留置権（295条）により保護されるので，この先取特権は，代金未受領のまま買主に目的不動産を引き渡した後に実益があるといわれることもある（高島195頁）が，動産売買と異なり，不動産売買にあっては，代金が完済されないと買主に登記を移転しないのが通常であることから，引渡しの有無にかかわらず，先取特権が効果を発揮することはあまりないといえよう（道垣内64-65頁）。

　また，本条の先取特権は，沿革的には動産売買の先取特権と異なり，フランス古法における不動産の信用売買の売主の約定抵当権の実務慣行に起源を発し，これが中間法時代に法定担保権に変化させられたものをフランス民法典（1804年のフ民2103条1号〔現行2374条1号〕）が不動産の信用売買のみならず現金売買にも拡大して受け継ぎ（A. COLIN et H. CAPITANT, COURS ÉLÉMENTAIRE t. II, 7e éd., 1932, n° 1134 bis., p. 925, H. L. et J. MAZEAUD et F. CHABAS, LEÇONS DE DROIT CIVIL, t. III, vol. I, Sûretés Publicité foncière, 7e éd., 1999, par Y. PICOD, n° 326, pp. 349-350.），わが国の旧民法（旧担165条第1および166条・167条・168条・169条）を経て，現行民法典に規定されたものである（原田・史的素描122頁，注民(8)166頁〔甲斐〕，柚木＝高木69頁）。すなわち，フランス古法においては，不動産の信用売買（vente à terme, vente à crédit）に関して，当該不動産は，売主のために，買主のすべての債権者に対抗できる優先権をその売主に付与する抵当権を売買証書の中で約定するという実務慣行が存在していた。1628年の4月30日と9月8日のパリ高等法院の2つの判例が，この慣行を承認し，かつ，明示の抵当権の約定が売買証書に挿入されない場合にも，売主に，その代金債権を担保するため，黙示の特権的抵当権（hypothèque tacite privilègiée）を認めることとした。その後，中間法時代に至り，共和暦7年ブリュメール（霧月）11日の法律が，これを法定担保権とした。そして，フランス民法典が，この法定担保権を，信用売買か現金売買（vente au comptant）かを問わず，不動産売買の先取特権として規定するに至ったのである（以上は，A. COLIN et H. CAPITANT, loc. cit., M. PLANIOL et G. RIPERT, TRAITÉ PRATIQUE DE DROIT CIVIL FRANÇAIS, 2e éd., t. XII, par E. BECQUÉ, 1953, n° 624, pp. 661-662, H. L. et J. MAZEAUD et F. CHABAS, loc. cit.）。すなわち，フランス民法典旧2103条1号（現行2374条1号）は，「不動産に対する先取特権を有する債権者は，売却さ

れた不動産に対して，代金支払についての売主である」と規定する。この売主はまた，先取特権のみならず解除訴権（action en résolution）をも有しており，さらに，現金売買の場合には，留置権も認められている。ただし，不動産売買の売主は，動産売買における場合と異なり，抵当権のように第三者に対する追及権（droit de suite）があるため，取戻訴権（action en revendication）は付与されていない（H. L. et J. MAZEAUD et F. CHABAS, op. cit., n° 327, p. 350, L. AYNÈS et P. CROCQ, DROIT DES SÛRETÉS, 12e éd., 2018, n°s 702-703, pp. 432-433, D. LEGEAIS, DROIT DES SÛRETÉS ET GARANTIES DU CRÉDIT, 12e éd., 2017, n°s 674-675, pp. 450-451.）。この先取特権は，債権者が債務者の財産に価値を付加したこと（増価〔plus-value〕），すなわち，債権者の行為によって債務者の財産が増加した場合にはその増価部分につき他の債権者に優先して弁済を受けられるのが公平であるとの趣旨に基づいて認められるわけである（H. L. et J. MAZEAUD et F. CHABAS, op. cit., n° 323, pp. 347-348.）。

なお，スイス民法典837条1項1号にも，同様の優先権が法定抵当権として規定されている（注民(8)166頁〔甲斐〕，柚木＝高木69頁）。すなわち，同条項同号は，「不動産の売主は，その債権担保として，当該不動産に対して，法定抵当権の登記を請求することができる」と定めている。

II　被担保債権

不動産売買の先取特権の被担保債権は，不動産売買の代金と利息の債権である。その他，この先取特権の被担保債権の範囲については，動産売買先取特権の被担保債権に関する事項が基本的に当てはまる。すなわち，被担保債権の範囲に売買費用や違約金の債権が含まれないこと，売買代金と同視される交換・代物弁済における補足金・清算金を除いて売買以外の有償契約上の債権も含まれないこと，利息債権の発生時期が目的物引渡後または弁済期到来後であること，および利息債権につき375条1項が準用される（341条）ことなどは，動産売買先取特権の場合と同じである（注民(8)166頁〔甲斐道太郎〕）。

なお，フランスにおいては，抵当権を設定し得る不動産の権利，すなわち所有権，地上権，用益権，虚有権（nue-propriété）などが売買の対象（これら

の権利の売買代金を被担保債権として先取特権がこれらの権利を目的物にする）とされている（H. L. et J. MAZEAUD et F. CHABAS, LEÇONS DE DROIT CIVIL, t. III, vol. I, Sûretés Publicité foncière, 7e éd., 1999, par Y. PICOD, n° 330, p. 351.）。これに対し，わが国では，不動産売買の先取特権が不動産に関する権利の売買にも認められるかについてほとんど論じられておらず，わずかに，その必要性がないことを理由にこれを否定する見解があるにすぎない（高島 196 頁）。動産売買先取特権における場合と同様（→§321 II 3），立法論的には今後この問題を検討する余地があろう。

III　目　的　物

本条の先取特権の目的物は，売買された不動産である。目的不動産の所有権が買主に移転したことを要するが，買主への移転登記までなされる必要があるとする見解（注民⑧166 頁〔甲斐道太郎〕）と，不動産売買の先取特権の登記も対抗要件である（先取特権の目的物となるための要件ではない）との理解に立って移転登記までは必要ないとする見解（高島 196 頁）が対立している。不動産売買の先取特権が特別な登記（先取特権の効力を保存するためには「売買契約と同時に，不動産の代価又はその利息の弁済がされていない旨」の登記〔340 条〕）を要することからすれば，買主に目的不動産の登記が移転されていることが前提ということができる。340 条の文理からは，前者の見解が親和的であろう。

なお，先取特権の効力に関しては抵当権に関する規定が準用されることから（341 条），先取特権成立後の付加一体物（370 条参照）および被担保債権の不履行後に目的不動産から生じた果実（371 条参照）についても，本条の先取特権の目的物に含まれることになる。

IV　登記の意味

本条の先取特権についても，売買契約と同時に，不動産の代価またはその利息の弁済がされていない旨を登記しなければ，先取特権の効力を保存できない（340 条）とされていることから，ここでの登記も効力要件と解する見解もある（道垣内 65 頁。この登記に関する詳細については→§340）。そして，この

ように厳格な登記が要求された理由は，後日の登記を認めると，売主と買主が通謀して虚偽の登記をして第三者を害するおそれがあるのでこれを阻止することにあると説明されてきた（梅421頁，横田695頁，注民(8)223頁〔西原道雄〕，高島216頁）。

しかし，本条の先取特権は，不動産保存・工事の先取特権と異なり，目的不動産にすでに抵当権等が設定されている場合には，売買契約と同時に登記がなされても，既登記の抵当権等に優先できる効力はなく，その意味で，こうした厳格な登記を要するとした実質的根拠が不明確であるとの指摘がなされている（柚木＝高木78-79頁）。そこで，この登記は，対抗要件としての登記であるとして（177条），売買契約に後れて登記がなされてもこれを無効とせず，それ以前に登記をした抵当権等に優先できないとすれば足りるとの見解が通説となっている（柚木＝高木79頁，注民(8)223頁〔西原〕，我妻98頁，高島217頁，鈴木321頁，高木57頁，生熊217頁，安永484頁）。

なお，「売買契約と同時に」と規定されていることから，売買契約成立時と同時と解することもできないわけではないが，実際的見地から，当事者間で目的不動産の所有権移転登記がなされると同時，と解すべきとされている（注民(8)223頁〔西原〕，高島216-217頁は，その理由として，不動産売買の先取特権が既登記の抵当権等に優先するわけではないこと，単に第三者との調整の趣旨から厳格な登記が必要とされているにすぎないことなどをあげる）。

V　順　位

不動産売買の先取特権は，不動産の先取特権の中で，不動産保存（第1順位）・不動産工事（第2順位）に後れる，最後順位の優先弁済権を付与される（331条1項・325条）。

同一の不動産につき，順次売買が行われたときは，売主相互間の優先順位は「売買の前後」によることになる（331条2項）。

また，同一不動産を目的とする抵当権や不動産質権との間では，登記の前後によってその優劣が決定される。

〔今尾　真〕

前注（§§ 329-332）　　　　　　　　　　　第 2 編　第 8 章　先取特権

第 3 節　先取特権の順位

前注（§§ 329-332〔先取特権の順位〕）

細　目　次

- Ⅰ　総　説 …………………………………… 341
- Ⅱ　優先順位の規律とその決定に関する基準 …………………………………………… 342
  - 1　先取特権相互間における優先順位関係 ……………………………………… 342
    - (1)　一般の先取特権相互間 ………… 342
    - (2)　動産の先取特権相互間 ………… 344
    - (3)　不動産の先取特権相互間 ……… 345
    - (4)　同順位相互間 …………………… 345
  - 2　優先順位決定の基準 ……………… 346
- Ⅲ　民法上の先取特権と特別法上の先取特権における順位関係 ……………………… 348
  - 1　民法上の一般の先取特権と特別法上の一般の先取特権の競合 ………… 349
    - 【別表 1】〔民法上の一般の先取特権と特別法上の一般の先取特権の順位一覧表〕……………………………… 351
  - 2　民法上の特別の動産の先取特権と特別法上の動産の先取特権との競合 ……… 371
    - (1)　関税に関する先取特権 ………… 371
    - (2)　船舶債権に関する先取特権 …… 372
    - (3)　上記(2)の船舶先取特権以外の船舶先取特権 …………………………… 373
    - (4)　目的物の保存費用に関する先取特権 …………………………………… 373
    - (5)　民法上の不動産賃貸・旅館宿泊・運輸の先取特権 ………………… 374
  - (6)　租税債権に関する先取特権 ……… 374
  - (7)　共益費用に関する先取特権およびそれに類似する特別法上の先取特権 ……………………………………… 375
  - (8)　地方公共団体の葬祭費等に関する先取特権 ……………………………… 375
  - (9)　民法上の動産保存の先取特権およびそれに類似する特別法上の先取特権 ………………………………… 376
  - (10)　民法上の動産売買・種苗または肥料の供給・農業労務・工業労務の先取特権およびこれらに類似する特別法上の先取特権 ………………… 376
  - (11)　破産手続開始により商事留置権から転換した先取特権 ………………… 376
  - (12)　その他──供託・預託された金銭・有価証券に対する優先弁済権等（旧公吏保証金の先取特権に類似するもの）………………………………… 377
    - 【別表 2】〔民法上の特別の動産の先取特権と特別法上の動産の先取特権の順位一覧表〕……………………………… 382
  - 3　民法上の特別の不動産の先取特権と特別法上の不動産の先取特権との競合 … 392
    - 【別表 3】〔民法上の特別の不動産の先取特権と特別法上の不動産の先取特権の順位一覧表〕……………………… 396

〔今尾〕

第3節　先取特権の順位　　　　前注（§§ *329-332*）Ⅰ

Ⅰ　総　　説

　先取特権の中心的効力は，債務者の財産に対して他の債権者に先立って自己の債権の弁済を受けることができる優先弁済的効力である（303条）。このように，債務者の財産の交換価値を他の債権者を排除して独占する仕組みは，物権の典型である所有権の直接支配性・絶対性・優先的効力などの特徴を応用していることから，抵当権や質権と同様，先取特権も担保物権（なお，先取特権を物権とみない見解として，加賀山・担保法6頁・260頁以下，とりわけ7頁・269頁。一前注(§§ 303-341)Ⅱ1）と構成されている（松岡5頁，同・物権法〔2017〕11頁以下も参照）。それゆえ，先取特権も物権である以上，同一目的物について，各種の先取特権が複数成立する場合や先取特権と他の担保物権とが競合する場合，物権法の一般原則に従い，その成立の先後，または対抗要件制度のもとでは対抗要件具備の先後によって，その優劣が決まるはずである。

　しかし，先取特権については，この原則に従わず，その優先順位があらかじめ法律によって定められている。これは，先取特権がそれぞれの理由に基づき特別の債権を保護するために認められたものであるので，その保護の必要の強弱に応じて，先取特権相互間に優劣の順序が設けられたからである（注民(8)178頁〔西原道雄〕，我妻88頁，柚木＝高木70頁，高島198-199頁）。フランス民法がこのことを明記し〔フ民2325条〔旧2096条〕は，「先取特権者間においては，優先権は，先取特権の様々な性質によって定まる」と規定する。ただし，これまで，フランス民法が先取特権相互間および先取特権と他の担保権との優先順位関係を具体的かつ詳細に定めているわけではないともいわれていた〔下村信江「フランス先取特権制度論（下）」帝塚山4号〔2000〕133頁〕が，2006年の改正〔2006年3月23日のオルドナンス346号〕によって，従来の判例法理の集積を取り込んだ順位関係の規定が設けられ，一定程度この問題は明確化されるに至った。概括的にいえば，一般の先取特権と特別の先取特権の優先関係〔フ民2332-1条〕，一般の先取特権相互間の順位関係〔フ民2332-2条〕および一定の動産の特別な先取特権相互間の順位関係〔フ民2332-3条〕に関する規定が新設され，ある程度明確になった〔この点については，Ph.SIMLER et Ph.DELEBECQUE, Droit civil Les sûretés La publicité foncière, PRÉCIS DALLOZ, 7e éd., 2016, n°s 840-849, pp. 770-775, M.MIGNOT, DROIT DES SÛRETÉS ET DE LA PUBLICITÉ FONCIÈRE, 3e éd., 2017, n°s 1103-1124, pp. 424-427, D.LEGEAIS, DROIT DES SÛRETÉS ET GARANTIES

〔今尾〕

前注（§§ 329-332） II　　　　　　　　第2編　第8章　先取特権

DU CRÉDIT, 12e éd., 2017, n°ˢ 704-705, p. 463, M.BOURASSIN et V.BRÉMOND, Droit des sûretés, Université, 6e éd., 2018, n°ˢ 1078-1092, pp. 698-703.〕。もっとも、これらは網羅的・統一的ではなく、とりわけ、動産の特別な先取特権の順位関係については、いくつかの特別な規律を規定するにとどまり、一般原則を規定するものではないといえる〔L.AYNÈS et P. CROCQ, DROIT DES SÛRETÉS, 12e éd., 2018, n°610, pp. 361-362.〕）、わが国の民法もこれを基本的に踏襲したといえる。

　もっとも、わが国の民法も、フランス民法の状況と近似して、一般の先取特権相互間（329条）、動産の先取特権相互間（330条）および不動産の先取特権相互間（331条）における順位関係、そして同一順位の先取特権相互間の関係（332条）について、別々に規定するのみで、統一的な優先順位決定のルールを明らかにしているわけではないともいわれている（加賀山・講義278頁）。

　そこで、これから各種先取特権の順位関係を具体的に考察する前提として、ここでは、民法に個別に定められた順位規律から、優先順位の決定について、ある程度客観的で明確な基準を析出することを試みてみたい。

II　優先順位の規律とその決定に関する基準

1　先取特権相互間における優先順位関係

(1)　一般の先取特権相互間

　一般の先取特権相互間の優先順位関係は、①共益費用、②雇用関係、③葬式費用、④日用品供給の先取特権の順序となる（329条1項・306条各号）。また、一般の先取特権と特別の先取特権（動産・不動産の先取特権問わず）とが競合する場合には、特別の先取特権が一般の先取特権に優先する（329条2項本文）。ただし、共益費用の先取特権については、その利益を受けたすべての債権者に優先する（同条項ただし書）。これらの規定から、次のような順位付けの説明が導かれよう。

　まず、各債権者の共同の利益のためにした債務者の財産の保存・清算・配当等に関する費用支出が、これによって、全債権者が利益を得ている以上、この費用支出にかかる債権を担保する先取特権が最優先順位を付与される（もちろん、この費用の利益を受けていない債権者は共益費用の先取特権を主張できない

第3節　先取特権の順位

〔307条2項参照〕)。つまり，共益費用優先の原則（公平）が導かれることになる（→§329 Ⅱ 2）。

次いで，社会政策的考慮の強弱に応じて，雇用関係（労働者の生活保護という労働政策)，葬式費用（国民道徳の維持・人間性の尊重と衛生的見地)，最後に，日用品供給（貧窮者の当面の生活保障）の先取特権が続くことになる。なお，当初は第2順位が葬式費用の先取特権で第3順位が雇人給料の先取特権（現行法の雇用関係の先取特権）であったが，1949（昭和24）年に，労働者の生活不安を緩和するため（賃金の遅配・欠配の対策のため)，この順序が入れ替えられ（昭和24年法律115号)，現在に至っている。敷衍すれば，葬式費用はあくまで個人的なもので，もともと本人の家族または縁者が負担すべきものであること，商法旧295条の会社使用人の給料の先取特権については葬式費用の先取特権に優先するとされており，民法もこの規定との釣り合いをとるべきことなどを理由に，順位が入れ替えられたと説明されている（参議院法務委員会会議録9号〔1949〕13頁)。この背景には，葬式費用に関しては無制限でなく債務者の地位に応じた相応の葬式費用に限られること，雇人給料の先取特権と葬式費用の先取特権が競合するケースは雇用主（＝死者）が自然人に限られるところ，雇用形態の変化（多くの労働者が会社＝法人の使用人となってきたこと）に伴い，両先取特権が競合するケースが希になってきたこと，憲法においても労働者の生活を保障する趣旨の規定（憲25条・27条）が設けられたことなどにより，雇人給料の先取特権を上位に置くべきであり，またはそうしてもさほど支障がないといった考慮が強くなったということができよう（参議院法務委員会議録14号〔1949〕11頁〔岡咲恕一政府委員発言〕。特に，岡咲委員は，「現実に生きて働いておる勤労者の生活というものをこの葬式費用よりも先順位に先取特権の上に認めて行くことが当然であろう」と述べている)。

また，すでに述べたように，一般の先取特権と特別の先取特権とが競合する場合には，特別の先取特権が一般の先取特権に優先する（329条2項本文）が，その理由として，一般の先取特権は，債務者の総財産を目的としているので，その一部につき他の特別の先取特権に劣位しても別の財産から優先弁済を受けられるため，さほど支障がないこと（我妻89頁，柚木＝高木71頁，星野213頁)，特別の先取特権にあっては被担保債権と目的物との間に牽連性があること（高島199頁）などがあげられる（→§329 Ⅱ 1）。

〔今尾〕

前注（§§ 329-332）II　　　第2編　第8章　先取特権

(2) 動産の先取特権相互間

　民法は，8種類の動産の先取特権について，これらを3つのグループに分けて，順位を付している（330条1項）。まず，目的物が先取特権者の事実上の支配下にあり，債権者がその動産を自らの債権の引当てとして期待するとの黙示の合意によるもの（「黙示の質・黙示の動産質（nantissement tacite, gage tacite)」の観念に基づく），すなわち債権者の通常の期待の保護ないし意思の推測を趣旨とするものを第1順位とする（不動産賃貸・旅館宿泊・運輸の先取特権の3つ）。次に，他の債権者との公平（目的物の保存によりそこから他の債権者も弁済を受けられる以上，保存者に優先権を付与するのが公平）を趣旨として認められるものを第2順位とする（動産保存の先取特権）。なお，同一動産に複数の保存者がいる場合には，後の保存者が前の保存者に優先するとされる（330条1項柱書後段）。後の保存行為があったことにより前の保存者もその権利を行使できるからである（注民(8)202頁〔西原道雄〕）。最後に，第2順位の動産保存の先取特権よりも公平の要求がやや弱いもの（売却・供給・労務提供があったればこそ債務者の責任財産の構成・増殖をもたらしたのだから売却・供給・労務提供した者に優先権を付与するのが公平）を第3順位とする（動産売買・種苗または肥料の供給・農業労務および工業労務の先取特権の4つ）。動産の先取特権相互間の優先順位決定においては，①当事者意思の推測＋目的物が債権者の支配下にある（公示的要素も加味された）先取特権を最優先とし，以降，②公平の趣旨が強い先取特権，③公平の趣旨が比較的弱い先取特権の順序になるとの一応の基準を導き出すことができよう（詳細は→§330 I）。

　ただし，上記の基準も絶対というものではなく，例外が設けられている。すなわち，第1順位の先取特権者が，債権取得時に，第2順位以下の先取特権者のあることを知っていたときはこれらの者に対して優先権を行使することができない（330条2項前段）。また，第1順位の先取特権者のために物を保存した者に対しても第1順位者は優先権を行使することができない（同項後段）。なお，ここでの「優先権を行使することができない」の意味に関して，同順位になるという見解と劣後するとする見解が対立しており，後者が通説とされているが，後順位の先取特権の存在を知っていると何故順位が逆転するかなどにつき合理的な説明がなされておらず，前者にも一定の説得力があるように思われる（→§330 II 1）。さらに，果実に関する順位は，第1順位が

第 3 節　先取特権の順位　　　　　　　　　　　前注（§§ *329-332*）　II

農業の労務者，第 2 順位が種苗または肥料の供給者，第 3 順位が土地の賃貸人とされており（330 条 3 項），330 条 1 項の優先順位のルールが逆になる。

(3)　**不動産の先取特権相互間**

　不動産の先取特権相互間の優先順位関係は，第 1 順位が不動産保存の先取特権，第 2 順位が不動産工事の先取特権，第 3 順位が不動産売買の先取特権の順序となる（331 条 1 項・325 条）。不動産保有の先取特権が第 1 順位となる理由は，保存行為により他の先取特権者も目的不動産から弁済を受けられる以上，保存者に優先権を付与するのが公平である（動産保存の先取特権と同様）と考えられるからである。次に，保存と工事の差異は微妙であるが，工事は保存と異なり目的物の本来の価値を維持するために必要な行為ではなく，工事より後に保存がされたときは保存により不動産工事の先取特権者も利益を受けるので，保存の先取特権に劣位するという理由により（この理由付けに対しては，疑問も呈されている。詳細は→§331 I および II 1），不動産工事の先取特権が第 2 順位となる。そして，不動産売買の先取特権は，目的物たる不動産の保存・工事により売主も利益を受ける以上，それらよりも下位の第 3 順位とされたといえる（注民(8)205 頁〔西原〕）。不動産の先取特権間にあって，これらの先取特権はすべて公平を趣旨として認められるものであるが，その優先順位は，公平の強弱の度合いによって定まるといえよう。つまり，不動産の保存が，当該不動産を目的とするすべての先取特権者の利益に資するので第 1 順位となり，次いで工事が目的不動産の売主にも価値増加をもたらすので第 2 順位となり，第 1・第 2 順位の先取特権による目的物保存・価値増加を前提に債務者の責任財産の充実に寄与する売買が第 3 順位になるというわけである。

(4)　**同順位相互間**

　同一の目的物について同一順位の先取特権が競合するときは，各債権額の割合に応じて先取特権者がそれぞれ弁済を受けることになる（332 条）。この場合には，各先取特権は対等であり，相互に順位は付かないことになる。ただし，332 条の適用範囲については，一般の先取特権が念頭に置かれ，これ以外に，動産の先取特権のうち，種苗または肥料供給の先取特権，農業労務・工業労務の先取特権にも適用される（これらの先取特権は一般の先取特権における日用品供給の先取特権や雇用関係の先取特権と同様の性格を有するので）と解す

〔今尾〕

べきである（→§332Ⅰ）。というのは，それらの先取特権以外の特別の先取特権については，同一目的物を対象に同順位の先取特権が競合する場合には，それぞれ優先順位が定められている（330条1項柱書後段や331条2項参照），ないし解釈により優劣が決められるか，そもそも競合が想定されていないからである。

2 優先順位決定の基準

上記のように，一般の先取特権相互間，動産の先取特権相互間，不動産の先取特権相互間のそれぞれの優先順位の規定から，次のような理由に基づく一般的な基準（もちろんいくつかの局面では例外もある）を導くことができよう。

まず，一般の先取特権と特別の先取特権の優劣は，先取特権ないし被担保債権の成立時点での目的物の特定性の有無（包括担保か個別担保かの視点）を前提に，被担保債権と目的物の牽連性の度合いにおいて，特別の先取特権は一般の先取特権に優先することになる。ただし，これらの先取特権間にあっても，一般の先取特権中の共益費用の先取特権は，関係する債権者の利益に資する費用を支出したものであるから，すべての先取特権の中で最優先の順位を付与されることになる（こうした規律は，抵当権の競売手続における売却代金の配当に関して抵当不動産の第三取得者が支出した必要費・有益費の償還につき他の債権者に先立って配当されること〔391条〕や特別法上では納税者の財産に対する強制換価手続〔税徴9条，地税14条の2〕・滞納処分費〔税徴10条，地税14条の3〕につき租税等が劣後するということにも表れている）。つまり，①共益費用の先取特権＞②特別の先取特権＞③共益費用の先取特権を除く一般の先取特権という順序で律せられているということができる。

次に，一般の先取特権間においては，共益費用の先取特権を最優先として，社会政策的配慮の強弱に応じて順位が定まる。また，動産の先取特権間にあっては，当事者意思の推測と債権者の事実上の目的物の占有ないし支配による先取特権（不動産賃貸・旅館宿泊・運輸の先取特権）を第1順位として，公平の強弱，すなわち他の債権者の利益にもなるという意味での公平（共益費用の先取特権と類似の考慮）による先取特権（動産保存の先取特権）が第2順位となり，他の債権者と比較してその者を優先させなければ不公平である（供給者の供給した物品・労務者の提供した労務等が債務者の責任財産の充実をもたらしている以上，その供給者・労務者が一般債権者・その他の債権者に優先するのが公平）との考慮が働

第3節　先取特権の順位　　　　　　　前注（§§329-332）　II

く先取特権（動産売買・種苗または肥料の供給・農業労務および工業労務の先取特権）が第3順位となる。つまり，①当事者意思の推測＋目的物の事実上の支配による先取特権＞②公平の趣旨が強い先取特権＞③公平の趣旨が②より比較的弱い先取特権という順序になる。

　最後に，不動産の先取特権間にあっては，これらの先取特権がすべて公平を理由として認められるものであり，動産の先取特権における第2順位以降のものと同じ考慮に基づき，公平の強弱に応じて，それぞれ，他の債権者の利益となる先取特権（不動産保存の先取特権）が第1順位，保存の先取特権よりは劣位するがそれ以外の債権者（不動産売主）には利益となる先取特権（不動産工事の先取特権）が第2順位，前二者の先取特権者の目的物に対する貢献を前提に利益を享受するとともに，債務者の責任財産充実に寄与した先取特権者（不動産売買の先取特権）が第3順位となる。つまり，①目的物にかかわる特別の先取特権者すべての利益に資する先取特権＞②売主の先取特権の利益に資する先取特権＞③債務者の責任財産の増加・増殖に貢献する先取特権という順になる。

　以上から，民法上の各種先取特権の優先順位関係に関しては，⓪共益費用の先取特権の最優先を筆頭として，特別の先取特権にあっては，共益費用を除く①保存の先取特権（複数の保存者間にあっても，他の先取特権者に利益をもたらす程度に応じて「後の保存者が前の保存者に優先する」。ただし，動産の特別の先取特権にあっては，目的物の事実上の占有・支配を伴う黙示の質に基づく先取特権が保存の先取特権に優位する）＞②債務者の責任財産充実に寄与する供給の先取特権＞③共益費用の先取特権以外の一般の先取特権の順序になると，一般的には説明することができよう。

　なお，先取特権の順位決定のキーワードとして，目的物の「保存」，目的物の維持・保存・価値の増加のための「供給」，目的物の保存等のための「環境提供」（例えば，動産保存のためや果実保存のために不動産を提供する者の不動産賃貸の先取特権など）の3つを抽出することができるとし，各種の先取特権は，それらのキーワードに既定値として（この既定値は動産・不動産・一般の先取特権ごとに微妙に変化するとしつつ），第1順位を保存，第2順位を供給，第3順位を環境設定という順に一般論として順位が付されているとの説明を試みるものもある（加賀山・担保法332頁以下）。

〔今尾〕　347

前注（§§329-332）III　　　　　　　　　　　　　第2編　第8章　先取特権

しかし，こうした説明に対しては，そこでいわれる「環境提供」に属する先取特権は，動産の特別の先取特権（特に不動産賃貸の先取特権）に限られ（旅館宿泊・運輸の先取特権者も「環境提供」をした者といえるかは疑問である），一般の先取特権（論者は，雇用関係・葬式費用・日用品供給を「供給環境提供」と括るが〔加賀山・担保法337頁〕，これらの先取特権が環境提供といえるかははなはだ疑問）や不動産の先取特権には存在しないので，「環境提供」の先取特権を一般化して，これに既定値として第3順位が付されていると説明することには無理があるといえよう。また，民法の規定では，動産の先取特権にあっては，この優先順位関係につき，論者の言葉を借りれば，第1順位が「環境提供」，第2順位が「保存」，第3順位が「供給」となっている（330条1項）が，論者は，この第1順位の先取特権は脆弱であり，第1順位者が第2順位以下の先取特権者を知っているときは，順位が下降する結果，第1順位が「保存」，第2順位が「供給」，第3順位が「環境提供」の既定値による順位に戻るとする（加賀山・担保法333頁）。この説明に対しても，不動産賃貸・旅館宿泊・運輸の先取特権が第1順位と定められているのは，債権者の期待の保護と動産に特有の占有が重視されていることによるもので，第2順位以下の先取特権に優先できるだけの理由があるからであって，そもそも動産の先取特権において既定値として①「保存」＞②「供給」＞③「環境提供」という優先順位があるわけではないといえよう。しかも，第1順位者が後順位者を知っている場合，すでに述べたように（II 1(2)。また，詳細は→§330 II 1），330条2項前段の「優先権を行使することができない」の文言の意味につき，第1順位の先取特権者が後順位の先取特権者と同一順位になると解すれば，必ずしも，論者のいう既定値による順位に戻るわけではないということもできよう。

III　民法上の先取特権と特別法上の先取特権における順位関係

民法上の先取特権と特別法上の先取特権が同一目的物に対して成立する場合の順位関係については，それぞれの規定においてその優先関係が規定されているが，順位関係が錯綜している場合や，これを確定することが困難な場合もあり（我妻＝有泉・コメ533頁），そうした場合には，基本的に，さきに述べた民法上の優先順位決定の基準（→II）に依拠して，これを整理すること

第 3 節　先取特権の順位

になろう（高島 220-221 頁）。

1　民法上の一般の先取特権と特別法上の一般の先取特権の競合

各種規定および前述の基準に照らせば，民法上の一般の先取特権と特別法上の一般の先取特権との優先順位関係は，原則として後者が前者に優先することになる。また，特別法上の一般の先取特権間にあっては（なお，以下では，特別法上の一般の先取特権の順位関係をより明確にするため，民法上の一般の先取特権の順位も組み込んで順位関係を相対化する），国税（税徴 8 条）・地方税（地税 14 条）などの租税（かつて〔昭和 25 年まで〕は，国税が地方税に優先するとされていたが，現在は両者の間には優先劣後の関係はない）が，一般的優先権を有するとしている（第 1 順位：〔1〕〔2〕。租税に一般的優先権が付与される理由は，租税が公共サービスを提供するための資金として強い公益性があること，および租税債権が私債権のように反対給付を伴わないため任意の履行可能性が低いことなどがあげられる。なお，〔　〕の番号は，前掲§306 Ⅲ 2「特別法上の一般の先取特権」および後掲の【別表 1】〔民法上の一般の先取特権と特別法上の一般の先取特権の順位一覧表〕に掲げた特別法上の先取特権に付された番号である）。ただし，共益費用優先の原則に基づき，強制換価手続の費用（税徴 9 条，地税 14 条の 2）および滞納処分費（税徴 10 条，地税 14 条の 3）（これらが最優先で第 0 順位〔0〕）には，租税は劣後することになる（金子宏・租税法〔22 版，2017〕949-950 頁，951 頁以下参照）。次いで，国・公共団体の徴収金等（〔3～68〕）または公法人およびこれに準ずるもの（独立行政法人）の徴収金等（〔69～80〕）と各種の社会保険料等（〔81～93〕）に関する先取特権が同順位で租税の次順位となり（第 2 順位），民法上の一般の先取特権のうち共益費用の先取特権（第 3 順位）がこれに次ぎ，その次が特殊の私債権等に関する先取特権（第 4 順位：〔94〕〔95〕），そして，民法上の一般の先取特権のうちの雇用関係の先取特権（第 5 順位），葬式費用の先取特権（第 6 順位），日用品供給の先取特権（第 7 順位）の順で続き（329 条 1 項），公法人・独立行政法人等に対する解約手当金等の支払請求権に関する先取特権（〔96～98〕）と特殊会社・独立行政法人等の社債またはその発行債券などの一般担保（〔99～159〕）とが同順位で最後順位（第 8 順位）となる。

ただし，民法上では，一般の先取特権と特別の先取特権が競合する場合には，原則として特別の先取特権が優先する（329 条 2 項本文。もっとも，同項ただし書は，共益費用の先取特権〔一般の先取特権〕は，その利益を受けたすべての債権者

前注（§§ 329-332） III　　　　第2編　第8章　先取特権

に優先するとの例外を規定する〔共益費用優先の原則〕）が，特別法上の一般の先取特権と民法上の特別の先取特権とが競合する場合には，次のような順位関係になるとされている。租税法は，租税の徴収（特別法上の一般の先取特権）と，不動産保存・不動産工事の先取特権（339条参照）および立木の先取特権（立木特権2項但書参照）のように抵当権・質権に常に優先する先取特権との競合については，それらが納税者の財産上にあるときは，その換価代金につき，租税に関する先取特権はこれらの先取特権に常に劣後するとされている（税徴19条1項1号〜3号，地税14条の13第1項1号〜3号）。また，不動産賃貸・旅館宿泊・運輸の先取特権のように債権者が動産の事実上の占有を有する先取特権や，不動産売買の先取特権のように登記の先後等により抵当権・質権との優劣が定まる先取特権については，それらが納税者の財産上に租税の法定納期限等以前からあるときは，その換価代金につき，租税に関する先取特権はこれらの先取特権に劣後する（税徴20条1項1号・2号，地税14条の14第1項1号・2号）とされている（→2(5)・3）。そして，これらの範疇以外の先取特権については，租税に関する先取特権に劣後すると解されている（金子・前掲書955頁）。

　　上記の優先順位関係を整理分類すれば，次のようになる。
　　　第0順位　・強制換価手続（税徴9条，地税14条の2）・滞納処分の費用
　　　　　　　　（税徴10条，地税14条の3）等（〔0〕）
　　　第1順位　・租税（税徴8条〔1〕，地税14条〔2〕）※
　　　　　　　　※ただし，租税徴収（一般の先取特権）と民法上の特別の先取特権が競合する場合には，不動産保存・不動産工事・立木の先取特権が常に（税徴19条1項1号〜3号，地税14条の13第1項1号〜3号），また不動産賃貸・旅館宿泊・運輸の先取特権および不動産売買等の先取特権はそれらが法定納期限等以前からある場合に，租税に優先する（税徴20条1項1号・2号，地税14条の14第1項1号・2号）。
　　　第2順位　・国・公共団体の徴収金等（〔3〜68〕）
　　　　　　　　・公法人またはこれに準ずるもの（独立行政法人）等の徴収

第3節　先取特権の順位

前注（§§ 329-332）　III

　　　　　　　金等（〔69～80〕）
　　　　　　・各種の社会保険料等（〔81～93〕）
第3順位　・共益費用（306条1号・307条）
第4順位　・特殊の私債権等（〔94〕〔95〕）
第5順位　・雇用関係（306条2号・308条）
第6順位　・葬式費用（306条3号・309条）
第7順位　・日用品供給（306条4号・310条）
第8順位　・公法人・独立行政法人等に対する解約手当金等の支払請求権（〔96～98〕）
　　　　　　・特殊会社・独立行政法人等の社債・発行債券（〔99～159〕）

【別表1】〔民法上の一般の先取特権と特別法上の一般の先取特権の順位一覧表〕
　＊下記表の「先取特権の被担保債権」の欄の番号は、前記本文の特別法上の一般の先取特権の分類に際して付した通し番号である。優先順位とは関係がないことをお断りしておく。また、表中の民法上の一般の先取特権については、通し番号を付していない。

分類	順位	先取特権の被担保債権	備考
(0) 共益債権に関する先取特権	最優先（第0順位）	0：強制換価手続の費用（税徴9条、地税14条の2）、滞納処分費（税徴10条、地税14条の3）※ ※強制換価手続の費用や滞納処分費を被担保債権とする優先権は、それらの手続による換価代金を対象とするので、厳密な意味で先取特権とはいえないが、これらの優先権は、特別法上の一般の先取特権の第1順位に位置づけられる租税にも優先するので、最優先順位として0順位を付してここに置く	・租税は、強制換価の「手続により配当すべき金銭……につき、その手続（当該強制換価手続）に係る費用に次いで徴収する」（税徴9条〔地税14条の2〕） ・滞納処分費は、「その換価代金につき、他の国税、地方税〔他の地方団体の徴収金、国税〕その他の債権に先だって徴収する」（税徴10条〔地税14条の3〕）
(1) 租税債権に関する先取特権	第1順位	1：国が課する税のうち、関税、とん税および特別とん税以外の国税債権（税徴8条・2条1号）	租税は、納税者等の総財産について、「すべての公課その他の債権に先だって徴収する」（税徴8条、地税14条も同旨）※ ※国税と地税とは一般的な優先劣後関係なし
		2：地方団体の徴収金債権（地税14条・1条1項14号）	

〔今尾〕　351

前注（§§ 329-332） III　　　　　　　　　第2編　第8章　先取特権

(2) 国または公共団体の徴収金等に関する先取特権	第2順位	3：砂防法に基づく費用負担金・過料等に関する私人に対する行政庁の徴収金債権（砂防38条1項・2項）	「行政庁ハ国税及地方税ニ次キ先取特権ヲ有スルモノトス」（砂防38条2項）
		4：行旅病人・行旅死亡人およびその同伴者の救護もしくは取扱いに関する費用の弁償金にかかる市町村の徴収金債権（行旅病人及行旅死亡人取扱法15条1項・2項）	「徴収金ノ先取特権ハ国税及地方税ニ次グモノトス」（行旅病人及行旅死亡人取扱法15条3項）
		5：公有水面の埋立についての免許料・鑑定料に関する埋立をしようとする者に対する都道府県知事の徴収金債権（公水38条・12条1項・37条）	「先取特権ノ順位ハ国税及地方税ニ次クモノトス」（公水38条）
		6：価格の特別割増額に相当する金額の全部または一部の納付金に関する価格等に対する給付を為すを業とする者に対する財務大臣の徴収金債権（物価統制令23条・20条）	「先取特権ノ順位ハ国税及地方税ニ次グモノトス」（物価統制令23条但書）
		7：分担金・加入金・過料・法律で定める使用料その他の普通地方公共団体の歳入（その歳入の督促に関する手数料・延滞金）に関する納付義務者に対する普通地方公共団体の長の徴収金債権（自治231条の3第1項・2項）	「先取特権の順位は，国税及び地方税に次ぐものとする」（自治231条の3第3項）
		8：課徴金（その督促に関する延滞金）をその納期限までに納付しない者に対する公正取引委員会による課徴金等の徴収金債権（独禁69条1項・2項・4項）	「先取特権の順位は，国税及び地方税に次ぐものとし」（独禁69条5項）
		9：入所者本人または扶養義務者もしくは保育所・こども園等に入所・入園した乳児・幼児の保護者に対するこれらの福祉施設等への入所費用等に関する厚生労働大臣，都道府県または市町村の長の徴収金債権（児福56条1項・2項・6項～8項）	「先取特権の順位は，国税及び地方税に次ぐものとする」（児福56条6～8項）
		10：農地開発事業による受益者に対する一部負担金に関する都道府県知事の徴収金債権（農地開発営団の行う農地開発事業を政府において引き継いだ場合の措置に関する法律2条2項・4項）	「先取特権の順位は，国税に次ぐものとする」（農地開発営団の行う農地開発事業を政府において引き継いだ場合の措置に関する法律2条4項但書）
		11：行政代執行に要した費用に関する行政上の義務の履行者に対する行政庁	「行政庁は，国税及び地方税に次ぐ順位の先取特権を

第3節　先取特権の順位

		の徴収金債権（代執6条1項）	有する」（代執6条2項）
		12：清算金・延滞金に関する納付義務者に対する国の徴収金債権（土地改良89条の3第1項〜3項）	「先取特権の順位は，国税及び地方税に次ぐものとする」（土地改良89条の3第3項）
		13：偽りその他不正の手段により給付を受けた者に対する市町村長による不正利得の徴収金債権（接種19条1項）	〃　（接種19条2項）
		14：漁業権の変更・取消しまたはその行使の停止によって利益を得た受益者に対する損失補償の負担金に関する国の徴収金債権（漁業177条1項1号・6項・8項）	〃　（漁業177条8項ただし書）
		15：電波利用料を納めない者に対する電波利用料・その延滞金に関する総務大臣の徴収金債権（電波103条の2第42項〜44項）	〃　（電波103条の2第43項）
		16：国から修理等・管理等の補助金または費用負担を受けた文化財をその所有者・包括承継人等が有償で譲渡した場合にその所有者等に対する国庫納付金に関する国の徴収金債権（文化財42条1項・4項）	〃　（文化財42条4項）
		17：国宝の修理または措置に要した費用の一部に関する国宝所有者に対する文化庁長官の徴収金債権（文化財40条2項・3項・38条1項，代執6条1項）	「行政庁は，国税及び地方税に次ぐ順位の先取特権を有する」（文化財40条3項，代執6条2項）
		18：港湾区域または臨港地区内にある工場または事業場に対する港湾環境整備等の負担金に関する納付義務者に対する国土交通大臣または港湾管理者の徴収金債権（港湾56条の6第1項・3項・43条の5第1項）	「先取特権は，国税及び地方税に次ぐものとする」（港湾56条の6第3項）※ ※「延滞金は，負担金に先だつものとする」（港湾56条の6第4項）
		19：入港料その他の料金・過怠金その他港務局の収入（その督促に関する手数料・延滞金）等に関するそれらの納付義務者に対する港湾管理者の徴収金債権（港湾44条の3第1項・2項，自治231条の3第2項・3項）	入港料その他の料金・過怠金その他港務局の収入およびその督促に関する手数料・延滞金については，「国税及び地方税に次いで先取特権を有し」（港湾44条の3第2項，自治231条の3第3項）
		20：鉱区の減少の処分または鉱業権の取消しによって著しく利益を受ける者	「先取特権の順位は，国税及び地方税に次ぐものとす

〔今尾〕　353

		に対する経済産業大臣による受益者負担金の徴収金債権（鉱業143条1項・3項・4項・53条の2第3項）	る」（鉱業143条5項）
		21：土地もしくは物件を引き渡しまたは物件を移転するのに要した費用に関するそれらの物件等を引き渡しまたは移転すべき者に対する市町村長の徴収金債権（収用128条1項・5項・102条・102条の2）	〃（収用128条5項）
		22：保安林指定によって利益を得た受益者に対する保安林指定された森林所有者等の損失補償額の負担金に関する国（農林水産大臣）または都道府県の徴収金債権（森林36条1項・4項・35条）	〃（森林36条4項）
		23：道路法に基づく命令もしくは条例またはこれらによってした処分により道路管理者に納付すべき負担金・占用料・駐車料金・割増金・料金または連結金（その督促に関する手数料・延滞金）等に関する納付義務者に対する道路管理者の徴収金債権（道73条1項・3項）	〃（道73条3項）※ ※「手数料及び延滞金は、負担金等に先だつものとする」（道73条4項）
		24：利子補給契約にかかる融資を受けた会社が利益を計上した場合における納付金・延滞金等に関する納付義務者に対する運輸大臣の徴収金債権（外航船舶建造融資利子補給臨時措置法12条1項・3項・13条・9条・11条）	〃（外航船舶建造融資利子補給臨時措置法12条3項）
		25：土地区画整理組合の賦課金・負担金・分担金または過怠金に関する滞納者に対する市町村長または（一定の場合に都道府県知事の認可を受けた）組合の理事の徴収金債権（区画整理41条1項・3項）	〃（区画整理41条5項）
		26：換地処分による清算金に関するその滞納者に対する土地区画整理事業の施行者の徴収金債権（区画整理110条1項・3項〜5項）	〃（区画整理110条5項）※ ※「督促手数料及び延滞金は、清算金に先立つものとする」（区画整理110条6項）
		27：自動車損害賠償保障事業賦課金または損失補てんにかかる過怠金に関する納付義務者に対する国土交通大臣の徴収金債権（自賠80条1項・4項・78	「先取特権の順位は、国税及び地方税に次ぐ」（自賠81条）

第3節　先取特権の順位

		条・79条）	
		28：各省庁の長が返還を命じた補助金等またはこれにかかる加算金もしくは延滞金に関する返還義務者に対する各省庁の長の徴収金債権（補助金21条1項）	「先取特権の順位は，国税及び地方税に次ぐものとする」（補助金21条2項）
		29：海岸占用料・土石採取料・受益者負担金および延滞金等に関する納付義務者に対する海岸管理者の徴収金債権（海岸35条1項～3項）	〃　（海岸35条3項）※ ※「延滞金は，負担金等に先だつものとする」（海岸35条4項）
		30：特定多目的ダムの使用権者・受益者・かんがい者に対する負担金，ダム使用者の負担する管理費用その他の納付金に関するそれらの納付義務者に対する国土交通大臣または都道府県知事の徴収金債権（ダム36条1項～3項）	〃　（ダム36条3項）※ ※「延滞金は，負担金等に先だつものとする」（ダム36条4項）
		31：自然公園法に基づく国の負担金等に関する納付義務者に対するの徴収債権（自園66条1項～3項）	〃　（自園66条3項）※ ※「延滞金は，負担金に先立つものとする」（自園66条4項）
		32：地すべり防止施設の管理等に要する費用および受益者負担金ならびに延滞金に関する納付義務者に対する都道府県知事の徴収金債権（地すべり等防止法38条1項～3項）	〃　（地すべり等防止法38条3項）※ ※「延滞金は，負担金に先だつものとする」（地すべり等防止法38条4項）
		33：指定開発促進機関に対する納付金またはこれにかかる加算金もしくは延滞金等に関する経済産業大臣の徴収金債権（航空機工業振興法25条1項・23条・24条）	〃　（航空機工業振興法25条2項）
		34：違法駐車に対する措置に要した費用・延滞金・その督促に要した手数料などの負担金等に関する違反者に対する警察署長の徴収金債権（道交51条15項～18項）	〃　（道交51条18項）
		35：偽りその他不正の手段により手当の支給を受けた者に対する都道府県知事・市長または福祉事務所を管理する町村長による不正利得の徴収金債権（特別児童扶養手当等の支給に関する法律24条1項）	〃　（特別児童扶養手当等の支給に関する法律24条2項）
		36：河川法に基づく政令もしくは都道府県の条例の規定またはこれらの規定に基づく処分により納付すべき負担金	「先取特権の順位は，国税及び地方税に次ぐものとし」（河川74条4項）

〔今尾〕

		または流水占用料等に関する河川管理者の徴収金債権（河川74条1項・3項）	
		37：養育医療の給付に要する費用を支弁した市町村長による当該措置を受けた者またはその扶養義務者に対する費用の徴収金債権（母子保健21条の4第1項・3項）	「先取特権の順位は，国税及び地方税に次ぐものとする」（母子保健21条の4第3項）
		38：不実の申請その他不正の手段により国債の交付を受け償還金を取得した者に対する総務大臣による当該償還金の徴収金債権（引揚者等に対する特別交付金の支給に関する法律14条3項）	〃（引揚者等に対する特別交付金の支給に関する法律14条4項）
		39：都市計画事業によって著しく利益を受ける者に対する受益者負担金および延滞金に関する国等（国・都道府県・市町村）の徴収金債権（都計75条1項・3項〜5項）	〃（都計75条5項）※ ※「延滞金は，負担金に先だつものとする」（都計75条6項）
		40：賦課金・負担金・分担金または過怠金を滞納した組合員に対する市町村長または市街地再開発組合の理事長によるその賦課金等の徴収金債権（都開41条1項〜3項）	〃（都開41条4項）
		41：公害防止事業を実施する施行者（国の行政機関または地方公共団体の長・地方公共団体）による事業者負担金を納付しない事業者に対する負担金等の徴収金債権（公害費12条1項〜3項）	〃（公害費12条3項）※ ※「延滞金は，事業者負担金に先だつものとする」（公害費12条4項）
		42：偽りその他不正の手段により児童手当の支給を受けた者に対する市町村長による不正利得の徴収金債権（児手14条1項）	〃（児手14条2項）
		43：保全事業の執行が必要となった原因者の負担費用および保全事業の執行により著しく利益を受ける者の受益者負担費用等の負担金および延滞金に関するそれらの納付義務者に対する環境大臣または地方公共団体の長の徴収金債権（自然環境40条1項〜3項・37条・38条）	〃（自然環境40条3項）※ ※「延滞金は，負担金に先だつものとする」（自然環境40条4項）
		44：偽りその他不正の手段により補償給付の支給を受けた者に対する都道府県知事による不正利得の徴収金債権	〃（公害補償15条2項）

第3節　先取特権の順位　　　　　　　　前注（§§ 329-332）　III

		（公害補償15条1項）	
		45：特定品目の物資の販売をした者のその販売価格が当該販売をした物資にかかる特定標準価格を超えていると認められる場合の販売者に対する主務大臣による課徴金の徴収金債権（国民生活安定緊急措置法12条1項・3項）	「先取特権の順位は，国税及び地方税に次ぐものとし」（国民生活安定緊急措置法12条4項）
		46：石油コンビナート等特別防災区域に所在する事業所であって，石油の貯蔵・取扱量が一定の基準以上になるものを設置する事業者（第一種事業者）に対する事業者負担金および延滞金に関する地方公共団体の長の徴収金債権（石油コンビナート等災害防止法35条1項～3項）	「先取特権の順位は，国税及び地方税に次ぐものとする」（石油コンビナート等災害防止法35条3項）※ ※「延滞金は，事業者負担金に先立つものとする」（石油コンビナート等災害防止法35条4項）
		47：偽りその他不正の手段により犯罪被害者等給付金の支給を受けた者に対する国家公安委員会による不正利得の徴収金債権（犯罪被害給付15条1項）	〃（犯罪被害給付15条2項）
		48：政党助成法に違反して政党交付金の支給を受けた政党に対する総務大臣による返還すべき交付金またはこれにかかる加重金もしくは延滞金の徴収金債権（政党助成33条1項・12項）	〃（政党助成33条12項）
		49：計画水道事業者に対する河川水道原水水質保全事業を実施する国の行政機関の長もしくは地方公共団体の長による負担金・その延滞金の徴収債権（水道原水水質保全事業の実施の促進に関する法律16条1項～3項）	〃（水道原水水質保全事業の実施の促進に関する法律16条3項）※ ※「延滞金は，負担金に先立つものとする」（水道原水水質保全事業の実施の促進に関する法律16条4項）
		50：国内希少野生動植物種の保存のための必要費または特定国内希少野生動植物種以外の希少野生動植物種の個体等を輸出国内または原産国内のその保護のために適当な施設その他の場所を指定して返送する費用等を負担する者に対する環境大臣または経済産業大臣等によるその負担金および延滞金の徴収金債権（野生動物52条1項・3項・4項）	〃（野生動物52条4項）※ ※「延滞金は，負担金に先立つものとする」（野生動物52条5項）
		51：偽りその他不正の手段によりこの法律に基づく給付を受けた者に対する厚生労働大臣または都道府県知事によ	〃（被爆者47条2項）

〔今尾〕　357

	る不正利得の徴収金債権（被爆者47条1項）	
	52：アルコール事業法に基づく国庫納付金の義務者に対する経済産業大臣によるその給付金および延滞金の徴収金債権（アルコール事業法37条1項・2項・4項・31条・36条）	〃（アルコール事業法37条4項）※ ※「延滞金は、納付金に先立つものとする」（アルコール事業法37条5項）
	53：偽りその他不正の手段により補償金の支給を受けたハンセン病療養所入所者等に対する厚生労働大臣による不正利得の徴収金債権（ハンセン病療養所入所者等に対する補償金の支給等に関する法律10条1項）	〃（ハンセン病療養所入所者等に対する補償金の支給等に関する法律10条2項）
	54：水資源機構法に基づく河川における特定施設の利用者および水資源開発施設の利用者が負担する当該施設の新築または改築にかかる費用および当該施設の利用による受益者の負担金および延滞金に関する都道府県知事の徴収金債権（独立行政法人水資源機構法28条1項・3項）	「先取特権の順位は、国税及び地方税に次ぐものとし」（独立行政法人水資源機構法28条4項）
	55：犯罪被害財産支給手続において偽りその他不正の手段により被害回復給付金の支給を受けた者に対する検察官による不正利得の徴収金債権（犯罪被害回復30条1項）	「先取特権の順位は、国税及び地方税に次ぐものとする」（犯罪被害回復30条2項）
	56：防除の実施が必要となった場合の原因となった行為を行った者に対する負担金・延滞金に関する国の徴収金債権（特定外来生物による生態系等に係る被害の防止に関する法律17条1項・3項・4項）	〃（特定外来生物による生態系等に係る被害の防止に関する法律17条4項）※ ※「延滞金は、負担金に先立つものとする」（特定外来生物による生態系等に係る被害の防止に関する法律17条5項）
	57：偽りその他不正の手段により交付金の交付を受けた者に対する農林水産大臣による交付金返還債権（農業の担い手に対する経営安定のための交付金の交付に関する法律6条1項・3項）	〃（農業の担い手に対する経営安定のための交付金の交付に関する法律6条4項）
	58：偽りその他不正の手段により給付金の支給を受けた者に対する国家公安委員会による不正利得の徴収金債権（オウム真理教犯罪被害者等を救済するための給付金の支給に関する法律12条	〃（オウム真理教犯罪被害者等を救済するための給付金の支給に関する法律12条2項）

第3節　先取特権の順位

		1項）	
		59：偽りその他不正の手段により給付を受けた者に対する厚生労働大臣による不正利得の徴収金債権（新型インフルエンザ予防接種による健康被害の救済に関する特別措置法7条1項・2項）	〃（新型インフルエンザ予防接種による健康被害の救済に関する特別措置法7条2項）
		60：占用料もしくは土砂採取料・過怠金・延滞金等に関するそれらの納付義務者に対する国土交通大臣の徴収金債権（排他的経済水域及び大陸棚の保全及び利用の促進のための低潮線の保全及び拠点施設の整備等に関する法律13条1項～3項）	〃（排他的経済水域及び大陸棚の保全及び利用の促進のための低潮線の保全及び拠点施設の整備等に関する法律13条3項）※ ※「延滞金は、負担金等に先立つものとする」（排他的経済水域及び大陸棚の保全及び利用の促進のための低潮線の保全及び拠点施設の整備等に関する法律13条4項）
		61：偽りその他不正の手段により子ども手当の支給を受けた者に対する市町村長による不正利得の徴収金債権（平成22年度等における子ども手当の支給等に関する特別措置法13条1項）	〃（平成22年度等における子ども手当の支給等に関する特別措置法13条2項）
		62：偽りその他不正の手段により子ども手当の支給を受けた者に対する市町村長による不正利得の徴収金債権（平成23年度における子ども手当の支給等に関する特別措置法13条1項）	〃（平成23年度における子ども手当の支給等に関する特別措置法13条2項）
		63：偽りその他不正の手段により就学支援金の支給を受けた者に対する都道府県知事による不正利得の徴収金債権（高等学校等就学支援金の支給に関する法律11条1項）	〃（高等学校等就学支援金の支給に関する法律11条2項）
		64：偽りその他不正の手段により仮払金の支払を受けた者に対する主務大臣による不正利得の徴収金債権（平成23年原子力事故による被害に係る緊急措置11条1項）	〃（平成23年原子力事故による被害に係る緊急措置11条2項）
		65：津波防護施設区域内の土地の占有料，他の施設等の除却・保管・売却・公示その他の措置に要した費用，兼用工作物の管理に要する費用，津波防護施設の工事・維持の費用，津波防護施設の付帯工事費用，津波防護施設の工	〃（津波防災地域づくりに関する法律47条3項）※ ※「延滞金は，負担金等に先立つものとする」（津波防災地域づくりに関する法律47条4項）

〔今尾〕

前注（§§329-332）III　　　　　　　　　第2編　第8章　先取特権

		事の受益者負担金等および延滞金に関する納付義務者に対する津波防護施設管理者（都道府県知事・市町村長）の徴収金債権（津波防災地域づくりに関する法律47条1項～3項）	
		66：保育費用に関する市町村長の徴収金債権（子ども・子育て支援法・附則6条1項・4項・7項）	〃（子ども・子育て支援法・附則6条7項）
		67：原子力事業者に対する一般負担金・特別負担金に関する文部科学大臣の徴収金債権（原子力損害の補完的な補償に関する条約の実施に伴う原子力損害賠償資金の補助に関する法律8条・9条・12条）	〃（原子力損害の補完的な補償に関する条約の実施に伴う原子力損害賠償資金の補助等に関する法律8条）
		68：偽りその他不正の手段により国外犯罪被害弔慰金等の支給を受けた者に対する国家公安委員会による不正利得の徴収金債権（国外犯罪被害15条1項）	〃（国外犯罪被害15条2項）
(3) 公法人またはこれに準ずるもの（独立行政法人等）の徴収金等に関する先取特権	第2順位	69：組合員等に対する組合費その他組合の収入および延滞金ならびに督促手数料に関する水害予防組合の徴収金債権（水害予防56条1項・57条1項）	「組合ノ徴収金ハ国税及地方税ニ次テ先取特権ヲ有シ」（水害予防57条3項）
		70：組合員に対する賦課金等もしくはこれにかかる延滞金またはその延滞金以外の過怠金に関する土地改良区から委任を受けた市町村または（一定の場合に都道府県知事の認可を受けた）土地改良区の理事の徴収金債権（土地改良39条1項・3項・4項・5項・38条）	「先取特権の順位は，国税及び地方税に次ぐものとし」（土地改良39条7項）
		71：組合員等に対する賦課金・負担金・分担金または過怠金に関する土地区画整理組合から申請を受けた市町村または（一定の場合に都道府県知事の認可を受けた）組合の理事の徴収金債権（区画整理41条1項・3項・4項）	「先取特権の順位は，国税及び地方税に次ぐものとする」（区画整理41条5項）
		72：事業主に対する障害者雇用納付金・追徴金・延滞金等に関する独立行政法人高齢・障害・求職者雇用支援機構（厚生労働大臣の認可を受けて）の徴収金債権（障害者雇用56条・58条～60条・62条）	〃（障害者雇用61条）
		73：採掘権者または租鉱権者に対する鉱害防止事業基金への鉱害防止業務を	「先取特権の順位は，国税及び地方税に次ぐものと

第3節　先取特権の順位　　　　　　　　前注（§§ 329-332）III

		永続的に実施するために必要な費用の拠出金および延滞金に関する独立行政法人石油天然ガス・金属鉱物資源機構の徴収金債権（金属鉱業等鉱害対策特別措置法12条の2第1項・3項・5項・12条）	し」（金属鉱業等鉱害対策特別措置法12条の2第4項）
		74：組合員に対する賦課金・負担金・分担金または過怠金に関する防災街区整備事業組合から申請を受けた市町村長または（一定の場合に都道府県知事の認可を受けた）事業組合の理事長の徴収金債権（密集市街160条1項・2項・3項）	「先取特権の順位は，国税及び地方税に次ぐものとする」（密集市街160条4項）
		75：放射性廃棄物の最終処分業務等に必要な費用にかかる拠出金および延滞金等に関する納付義務者に対する原子力発電環境整備機構（経済産業大臣の認可を受けて）の徴収金債権（特定放射性廃棄物の最終処分に関する法律15条1項・3項）	「先取特権の順位は，国税及び地方税に次ぐものとし」（特定放射性廃棄物の最終処分に関する法律15条4項）
		76：副作用拠出金・感染拠出金または安全対策等拠出金に関する納付義務者に対する独立行政法人医薬品医療機器総合機構（厚生労働大臣の認可を受けて）の徴収金債権（独立行政法人医薬品医療機器総合機構法25条1項・3項）	〃（独立行政法人医薬品医療機器総合機構法25条4項）
		77：偽りその他不正の手段により救済給付の支給を受けた者に対する独立行政法人環境再生保全機構による不正利得の徴収金債権（石綿被害救済27条1項）	「先取特権の順位は，国税及び地方税に次ぐものとする」（石綿被害救済27条2項）
		78：偽りその他不正の手段により給付金等の支給を受けた者に対する独立行政法人医薬品医療機器総合機構による不正利得の徴収金債権（特定フィブリノゲン製剤及び特定血液凝固第IX因子製剤によるC型肝炎感染被害者を救済するための給付金の支給に関する特別措置法13条1項）	〃（特定フィブリノゲン製剤及び特定血液凝固第IX因子製剤によるC型肝炎感染被害者を救済するための給付金の支給に関する特別措置法13条2項）
		79：偽りその他不正の手段により特別給付金の支給を受けた者に対する独立行政法人平和祈念事業特別基金による不正利得の徴収金債権（戦後強制抑留者に係る問題に関する特別措置法10	〃（戦後強制抑留者に係る問題に関する特別措置法10条2項）

〔今尾〕

前注（§§ 329-332） III　　　　　　　　　　　　　　　第2編　第8章　先取特権

		条1項）	
		80：偽りその他不正の手段により特定B型肝炎ウイルス感染者給付金等の支給を受けた者に対する社会保険診療報酬支払基金による不正利得の徴収金債権（特定B型肝炎ウイルス感染者給付金等の支給に関する特別措置法21条1項）	〃（特定B型肝炎ウイルス感染者給付金等の支給に関する特別措置法21条2項）
(4) 各種の社会保険料等に関する先取特権	第2順位	81：保険料等を滞納した者に対する保険料および延滞金等に関する全国健康保険協会または健康保険組合（厚生労働大臣の認可を受けて）の徴収金債権（健保180条・181条・181条の3・183条）	「先取特権の順位は，国税及び地方税に次ぐものとする」（健保182条）
		82：保険料等を滞納した者（被保険者たる船員）に対する保険料および延滞金等に関する厚生労働大臣または全国健康保険協会の徴収金債権（船員保険法132条・133条・135条・137条）	〃（船員保険法136条）
		83：労働者災害補償保険法に定める一定の事故について政府が労働者に保険給付を行った場合に保険給付に要した費用に関しては事業主に対し，また，一部負担金に関しては療養給付を受ける労働者に対する，政府の徴収金債権（労災31条1項・2項・4項，労保徴27条・28条・30条）	〃（労保徴29条）
		84：労働保険料を納付しない者に対する保険料および延滞金等に関する政府の徴収金債権（労保徴27条・28条・30条）	〃（労保徴29条）
		85：掛金等を滞納した学校法人等に対する掛金等および延滞金に関する日本私立学校振興・共済事業団の徴収金債権（私立学校教職員共済組合法30条1項・3項・31条1項・2項・33条）	〃（私立学校教職員共済組合法32条）
		86：保険料等を滞納した者に対する保険料等および延滞金に関する国民健康保険組合（都道府県知事の認可を受けて）の徴収金債権（国保79条1項・3項・79条の2・80条1項，自治231条の3第3項）	〃（国保80条4項）
		87：国民年金における保険料等を滞納した者に対する保険料等および延滞金に関する厚生労働大臣または同大臣か	〃（国年98条）

第3節　先取特権の順位　　　　　　　　　前注（§§ 329-332）　III

		ら処分の請求を受けた市町村の徴収金債権（国年95条～97条）	
		88：厚生年金における保険料等を滞納した者に対する保険料等および延滞金に関する厚生労働大臣の徴収金債権（厚年86条・87条・89条）	〃（厚年88条）
		89：農林漁業団体職員共済組合における共済掛金等を滞納した者に対する掛金等および延滞金に関する厚生労働大臣の徴収金債権（厚年86条・87条・89条）※ ※厚生年金保険制度及び農林漁業団体職員共済組合制度の統合を図るための農林漁業団体職員共済組合法等を廃止する等の法律（平成13年法律101号）に基づいて，2002（平成14）年4月に共済年金の1つであった農林年金は厚生年金と統合。ただし，統合後も農林漁業団体職員共済組合は存続している。	〃（厚年88条）
		90：保険料等を滞納した農水産業協同組合に対する保険料および延滞金に関する農水産業協同組合貯金保険機構により徴収の請求を受けた市町村または（一定の場合に主務大臣の認可を受けた）当該機構の徴収金債権（農水産業協同組合貯金保険法52条1項・3項・4項・5項）	〃（農水産業協同組合貯金保険法54条）
		91：雇用保険における雇用保険事業に要する費用に充てるための保険料等に関する納付義務者に対する政府の徴収金債権（雇保68条1項，労保徴27条・28条・30条）	〃（労保徴29条）
		92：被保険者に対する介護保険事業に要する費用に充てるための保険料等に関する市町村の徴収金債権（介保129条1項）	〃（介保199条）
		93：保険料等を滞納した者に対する保険料等および延滞金に関する独立行政法人農業者年金基金の徴収金債権（独立行政法人農業者年金基金法54条～56条）	〃（独立行政法人農業者年金基金法57条）

〔今尾〕

前注（§§ 329-332） III　　　　　　　　　　　第2編　第8章　先取特権

(5) 民法上の共益費用の先取特権	第3順位	□「債務者の財産の保存，清算又は配当に関する費用」を支出した者の当該債務者に対するその費用の支払請求権（民307条1項）	「その優先権の順位は，第306条各号に掲げる順序に従う」（民329条1項）
(6) 特殊の私債権等に関する先取特権	第4順位	94：独立行政法人郵便貯金簡易生命保険管理・郵便局ネットワーク支援機構と生命保険会社との間に再保険関係が成立する旨を定める契約が締結された場合における当該生命保険会社に対する同機構の払戻しを受けることができる再保険料の請求権・再保険金の請求権その他の当該再保険関係により生じた債権（独立行政法人郵便貯金簡易生命保険管理・郵便局ネットワーク支援機構法17条1項）	「先取特権の順位は，民法（明治29年法律第89号）第306条第1号に掲げる原因によって生じた債権に係る先取特権に次ぐものとし，かつ，保険業法第117条の2第1項の規定による先取特権と同順位とする」（独立行政法人郵便貯金簡易生命保険管理・郵便局ネットワーク支援機構法17条2項）
		95：保険契約者が被保険者のために積み立てた金額について，保険契約者の生命保険会社に対する保険金請求権・損害てん補請求権・返戻金・剰余金・契約者配当金等にかかる配当金等の請求権（保険業117条の2第1項）	「先取特権の順位は，民法第306条第1号（共益費用の先取特権）に掲げる先取特権に次ぐ」（保険業117条の2第2項）
(7) 雇用関係の先取特権	第5順位	□「給料その他債務者と使用人との間の雇用関係に基づいて生じた債権」に関する債務者（雇用主）に対する使用人の支払請求権（民308条）	「その優先権の順位は，第306条各号に掲げる順序に従う」（民329条1項）
(8) 葬式費用の先取特権	第6順位	□「債務者のためにされた葬式の費用のうち相当な額」に関する葬式を営んだ者の支払請求権（民309条1項）	〃　（民329条1項）
(9) 日用品供給の先取特権	第7順位	□「生活に必要な最後の6箇月間の飲食料品，燃料及び電気の供給について」の費用に関する債務者に対する供給者の支払請求権（民310条）	〃　（民329条1項）
(10) 公法人・独立行政法人等に対する解約手当金等の支払請求権に関する先取特権	第8順位	96：独立行政法人中小企業基盤整備機構に対して共済金または解約手当金の支給を受ける権利を有する者の当該共済金または当該解約手当金の弁済請求権（小規模企業共済法21条1項）	「先取特権の順位は，民法（明治29年法律第89号）の規定による一般の先取特権に次ぐものとする」（小規模企業共済法21条3項）
		97：地方住宅供給公社と住宅の積立分譲に関する契約をした者による当該契約の解除に際して同公社から受けるべき金額に関する契約者の返還請求権（地方住宅供給公社法23条2項）	〃　（地方住宅供給公社法23条3項）
		98：独立行政法人中小企業基盤整備機	〃　（中小企業倒産防止

第3節　先取特権の順位

		構に対して解約手当金または完済手当金の支給を受ける権利を有する者の当該解約手当金または当該完済手当金の弁済請求権（中小企業倒産防止共済法18条1項）	共済法18条3項）
(11) 特殊会社・独立行政法人等の社債または発行債券の権利者の一般担保	第8順位	99：株式会社貿易保険に対する社債（貿易保険法25条1項）	「先取特権の順位は，民法（明治29年法律第89号）の規定による一般の先取特権に次ぐものとする」（貿易保険法25条2項）
		100：日本放送協会に対する放送債券（放送80条6項）	「先取特権の順位は，民法の一般の先取特権に次ぐものとする」（放送80条7項）
		101：株式会社日本政策投資銀行の電気事業会社に対する貸付金債権（電気事業会社の株式会社日本政策投資銀行からの借入金の担保に関する法律1条1項）	「先取特権の順位は，民法（明治29年法律第89号）の規定による一般の先取特権に次ぐものとする」（電気事業会社の株式会社日本政策投資銀行からの借入金の担保に関する法律1条2項）
		102：奄美群島振興開発基金に対する奄美群島振興開発債券（奄美群島振興開発特別措置法55条2項）	〃（奄美群島振興開発特別措置法55条3項）
		103：独立行政法人勤労者退職金共済機構に対する財形住宅債券（中小企業退職金共済法75条の2第3項）	〃（中小企業退職金共済法75条の2第4項）
		104：小売電気事業，一般送配電事業および発電事業のいずれも営む者たる会社（兼業会社），これらの事業の譲渡または兼業会社の分割により事業を承継した会社等に対する社債（〔平成27年法律47号による改正前〕電気事業27条の30第1項～3項）	〃（〔平成27年法律47号による改正前〕電気事業27条の30第4項）
		105：空港周辺整備機構に対する空港周辺整備債券（公共用飛行場周辺における航空機騒音による障害の防止等に関する法律30条2項）	〃（公共用飛行場周辺における航空機騒音による障害の防止等に関する法律30条3項）
		106：金融システムの著しい混乱が生ずるおそれを回避するために必要な資金の貸付けを受けた金融機関に対する預金保険機構による当該貸付けにかかる債権（預金保険法126条の19第2項）	「先取特権の順位は，民法の規定による一般の先取特権に次ぐものとする」（預金保険法126条の19第3項）

〔今尾〕

前注（§§329-332）III　　　　　　　　　　　第2編　第8章　先取特権

	107：沖縄振興開発金融公庫に対する公庫債券・財形住宅債券または住宅宅地債券（沖縄振興開発金融公庫法27条5項）	「先取特権の順位は，民法（明治29年法律第89号）の規定による一般の先取特権に次ぐものとする」（沖縄振興開発金融公庫法27条6項）
	108：日本下水道事業団に対する下水道債券（日本下水道事業団法42条4項）	〃（日本下水道事業団法42条5項）
	109：輸出入・港湾関連情報処理センター株式会社に対する社債（電子情報処理組織による輸出入等関連業務の処理等に関する法律11条1項）	〃（電子情報処理組織による輸出入等関連業務の処理等に関する法律11条2項）
	110：国土交通大臣により東京港・横浜港・大阪港または神戸港ごとにその特定外貿埠頭の管理運営を行う者として指定された会社に対する社債（特定外貿埠頭の管理運営に関する法律5条1項）	〃（特定外貿埠頭の管理運営に関する法律5条2項）
	111：独立行政法人鉄道建設・運輸施設整備支援機構に対する鉄道建設・運輸施設整備支援機構債券（独立行政法人鉄道建設・運輸施設整備支援19条2項）	〃（独立行政法人鉄道建設・運輸施設整備支援19条3項）
	112：独立行政法人水資源機構に対する水資源債券（独立行政法人水資源32条2項）	〃（独立行政法人水資源32条3項）
	113：社会保険診療報酬支払基金に対する高齢者医療制度関係業務に関する債券（高齢医療147条6項）	〃（高齢医療147条7項）
	114：日本たばこ産業株式会社に対する社債（たばこ産業6条1項）	〃（たばこ産業6条2項）
	115：日本電信電話株式会社，東日本電信電話株式会社および西日本電信電話会社に対する各社の社債（電電9条1項）	〃（電電9条2項）
	116：東京湾横断道路建設事業者に対する社債（東京湾横断道路の建設に関する特別措置法8条1項）	〃（東京湾横断道路の建設に関する特別措置法8条2項）
	117：承継法人（日本国有鉄道が行っている事業等を引き継いだ法人）が日本国有鉄道の権利・義務を承継した場合のその承継法人および日本国有鉄道清算事業団（事業団は承継法人と連帯	〃（日本国有鉄道改革法26条5項）

〔今尾〕

第3節　先取特権の順位　　前注（§§ 329-332）III

債務を負う）に対する日本国有鉄道の鉄道債券，また，日本国有鉄道が日本鉄道建設公団の鉄道債券にかかる債務の全部または一部を承継した場合の日本国有鉄道清算事業団および日本鉄道建設公団（事業団は同公団と連帯債務を負う）に対するその承継のときにおいて発行されている鉄道建設債券（日本国有鉄道改革法26条1項～4項）	
118：北海道旅客鉄道株式会社，四国旅客鉄道株式会社および日本貨物鉄道株式会社に対する社債（旅客鉄道株式会社及び日本貨物鉄道株式会社に関する法律4条1項）	〃　（旅客鉄道株式会社及び日本貨物鉄道株式会社に関する法律4条2項）
119：社会保険診療報酬支払基金の介護保険関係業務に関する債券（介保168条6項）	〃　（介保168条7項）
120：民間都市開発推進機構に対する債券（民間都市開発の推進に関する特別措置8条5項）	〃　（民間都市開発の推進に関する特別措置8条6項）
121：日本私立学校振興・共済事業団に対する私学振興債券（日本私立学校振興・共済事業団法37条7項）	〃　（日本私立学校振興・共済事業団法37条8項）
122：中部国際空港の設置および管理等を行う指定会社に対する社債（中部国際空港の設置及び管理に関する法律7条1項）	〃　（中部国際空港の設置及び管理に関する法律7条2項）
123：特定目的会社に対する特定社債（資産流動化128条1項）	「先取特権の順位は，民法の規定による一般の先取特権に次ぐものとする」（資産流動化128条2項）
124：国立研究開発法人森林研究・整備機構に対する森林研究・整備機構債券（国立研究開発法人森林研究・整備機構法18条1項～3項）	「先取特権の順位は，民法（明治29年法律第89号）の規定による一般の先取特権に次ぐものとする」（国立研究開発法人森林研究・整備機構法18条4項）
125：銀行等保有株式取得機構に対する銀行等保有株式取得機構債（銀行等の株式等の保有の制限等に関する法律50条3項）	〃　（銀行等の株式等の保有の制限等に関する法律50条4項）
126：沖縄振興開発金融公庫による小売電気事業，一般送配電事業および発電事業のいずれも営む者たる会社（兼	〃　（〔平成27年法律47号による改正前〕沖縄振興特別措置法64条4項

	業会社），これらの事業の譲渡しまたは兼業会社の分割により事業を承継した会社等に対する貸付金債権（〔平成27年法律47号による改正前〕沖縄振興特別措置法64条1項～3項，同改正附則70条）	
	127：独立行政法人造幣局に対する独立行政法人造幣局債券（独立行政法人造幣局法16条2項）	〃（独立行政法人造幣局法16条3項）
	128：独立行政法人国立印刷局に対する独立行政法人国立印刷局債券（独立行政法人国立印刷局法16条2項）	〃（独立行政法人国立印刷局法16条3項）
	129：独立行政法人石油天然ガス・金属鉱物資源機構に対する石油天然ガス・金属鉱物資源債券（独立行政法人石油天然ガス・金属鉱物資源機構法14条2項）	〃（独立行政法人石油天然ガス・金属鉱物資源機構法14条3項）
	130：独立行政法人国際協力機構に対する有償資金協力勘定における国際協力機構債券（独立行政法人国際協力機構法32条6項）	〃（独立行政法人国際協力機構法32条7項）
	131：独立行政法人中小企業基盤整備機構に対する中小企業基盤整備債券（独立行政法人中小企業基盤整備機構法22条2項）	〃（独立行政法人中小企業基盤整備機構法22条3項）
	132：独立行政法人国立病院機構に対する独立行政法人国立病院機構債券（独立行政法人国立病院機構法18条3項）	〃（独立行政法人国立病院機構法18条4項）
	133：独立行政法人日本スポーツ振興センターに対する日本スポーツ振興センター債券（独立行政法人日本スポーツ振興センター法附則8条の7第2項）	「先取特権の順位は，民法の規定による一般の先取特権に次ぐものとする」（独立行政法人日本スポーツ振興センター法附則8条の7第3項）
	134：独立行政法人福祉医療機構に対する独立行政法人福祉医療機構債券（独立行政法人福祉医療機構法17条2項）	「先取特権の順位は，民法（明治29年法律第89号）の規定による一般の先取特権に次ぐものとする」（独立行政法人福祉医療機構法17条3項）
	135：独立行政法人労働者健康安全機構に対する独立行政法人労働者健康安全機構債券（独立行政法人労働者健康	〃（独立行政法人労働者健康安全機構法14条4項）

	安全機構法14条3項)
136：東京地下鉄株式会社に対する社債（東京地下鉄株式会社法3条1項）	〃 （東京地下鉄株式会社法3条2項）
137：独立行政法人環境再生保全機構に対する環境再生保全機構債券（独立行政法人環境再生保全機構法附則8条2項）	〃 （独立行政法人環境再生保全機構法附則8条3項）
138：中間貯蔵・環境安全事業株式会社に対する社債（中間貯蔵・環境安全事業株式会社法8条1項）	〃 （中間貯蔵・環境安全事業株式会社法8条2項）
139：独立行政法人日本学生支援機構に対する日本学生支援債券（独立行政法人日本学生支援機構法19条2項）	〃 （独立行政法人日本学生支援機構法19条3項）
140：独立行政法人都市再生機構に対する都市再生債券（独立行政法人都市再生法34条2項）	〃 （独立行政法人都市再生法34条3項）
141：国立大学法人等に対する当該国立大学法人等の名称を冠する債券（国大法人33条3項）	〃 （国大法人33条4項）
142：独立行政法人大学改革支援・学位授与機構に対する独立行政法人大学改革支援・学位授与機構債券（独立行政法人大学改革支援・学位授与機構法19条3項）	〃 （独立行政法人大学改革支援・学位授与機構法19条4項）
143：成田国際空港株式会社に対する社債（成田国際空港株式会社法7条1項）	〃 （成田国際空港株式会社法7条2項）
144：東日本高速道路株式会社，首都高速道路株式会社，中日本高速道路株式会社，西日本高速道路株式会社，阪神高速道路株式会社および本州四国連絡高速道路株式会社（以下，「各高速道路株式会社」とする）など，各高速道路株式会社に対する社債（高速道路株式会社法8条1項）	〃 （高速道路株式会社法8条2項）
145：独立行政法人日本高速道路保有・債務返済機構が各高速道路株式会社に対する社債を引き受けた場合のその社債権者の債権（独立行政法人日本高速道路保有・債務返済機構法15条2項）	「先取特権の順位は，民法（明治29年法律第89号）の規定による一般の先取特権に次ぐものとし，かつ，第22条3項の規定による先取特権と同順位とする」（独立行政法人日本高速道路保有・債務返済機構法15条3項）

		146：独立行政法人日本高速道路保有・債務返済機構に対する日本高速道路保有・債務返済機構債券（独立行政法人日本高速道路保有・債務返済機構法22条3項）	「先取特権の順位は，民法の規定による一般の先取特権に次ぐものとし，かつ，第15条第2項の規定による先取特権と同順位とする」（独立行政法人日本高速道路保有・債務返済機構法22条4項）
		147：旧日本道路公団・旧首都高速道路公団・旧阪神高速道路公団・旧本州四国連絡橋公団の借入金または道路債券を承継した，各高速道路株式会社または日本高速道路保有・債務返済機構に対する，その承継時に発行されていた道路債券（日本道路公団等民営化関係法施行法16条2項）	「先取特権の順位は，民法（明治29年法律第89号）の規定による一般の先取特権に次ぐものとする」（日本道路公団等民営化関係法施行法16条3項）
		148：国立研究開発法人日本原子力研究開発機構に対する日本原子力研究開発機構債券（国立研究開発法人日本原子力研究開発機構法22条2項）	〃（国立研究開発法人日本原子力研究開発機構法22条3項）
		149：日本アルコール産業株式会社に対する社債（日本アルコール産業株式会社法3条1項）	〃（日本アルコール産業株式会社法3条2項）
		150：独立行政法人地域医療機能推進機構に対する独立行政法人地域医療機能推進機構債券（独立行政法人地域医療機能推進機構法17条3項）	〃（独立行政法人地域医療機能推進機構法17条4項）
		151：独立行政法人住宅金融支援機構に対する住宅金融支援機構債券または財形住宅債券（独立行政法人住宅金融支援19条4項）	〃（独立行政法人住宅金融支援19条5項）
		152：日本郵政株式会社に対する社債（日本郵政株式会社法7条1項）	〃（日本郵政株式会社法7条2項）
		153：日本郵便株式会社に対する社債（日本郵便株式会社法8条1項）	〃（日本郵便株式会社法8条2項）
		154：株式会社日本政策金融公庫に対する社債（株式会社日本政策金融公庫法52条1項）	〃（株式会社日本政策金融公庫法52条2項）
		155：地方公共団体金融機構に対する地方公共団体金融機構債券（地方公共団体金融機構法40条2項）	〃（地方公共団体金融機構法40条3項）
		156：国立高度専門医療研究センターに対する当該国立高度専門医療研究センターの名称を冠する債券（高度専門	〃（高度専門医療に関する研究等を行う国立研究開発法人に関する法律21

第3節　先取特権の順位

		医療に関する研究等を行う国立研究開発法人に関する法律21条3項）	条4項）
		157：原子力損害賠償・廃炉等支援機構に対する原子力損害賠償・廃炉等支援機構債（原子力損害賠償・廃炉等支援機構法60条4項）	〃　（原子力損害賠償・廃炉等支援機構法60条5項）
		158：株式会社国際協力銀行に対する社債（株式会社国際協力銀行法34条1項）	〃　（株式会社国際協力銀行法34条2項）
		159：新関西国際空港株式会社および空港用地の保有・管理等を行う指定会社に対する社債（関西国際空港及び大阪国際空港の一体的かつ効率的な設置及び管理に関する法律18条1項・2項）	〃　（関西国際空港及び大阪国際空港の一体的かつ効率的な設置及び管理に関する法律18条3項）

2　民法上の特別の動産の先取特権と特別法上の動産の先取特権との競合

　各種規定および前述の基準に照らせば，民法上の特別の動産の先取特権と特別法上の特別の動産の先取特権との競合の場合の優先関係は，13のグループに分類され，次のとおりとなる。

(1)　関税に関する先取特権

　まず，第1グループは，関税に関する先取特権ないし優先権である。外国貨物に対する関税（関税は，貨物を輸入する者を納税義務者として〔関税6条〕，輸入貨物を課税物件として課税される〔関税3条〕ものである〔金子宏・租税法〔22版，2017〕781頁〕）は，「外国貨物について，他の公課及び債権に先だつて徴収する」とされており（関税9条の5第1項），最優先順位のいわば先取特権が付与されているということができる（第1順位：〔1〕。なお，〔　〕の番号は，前掲§311ⅠⅠ2「特別法上の動産の先取特権」および後掲の【別表2】〔民法上の特別の動産の先取特権と特別法上の動産の先取特権の順位一覧表〕に掲げた特別法上の動産の先取特権に付された番号である）。関税については，これを納付しない外国貨物は輸入を許可されないのが原則だからである（関税72条。注民(8)193頁〔西原道雄〕）。もっとも，関税が，例外的に輸入後に，外国貨物に対して国税徴収の例によって徴収される場合には，関税およびその滞納処分費の徴収の順位は，国税およびその滞納処分費と同順位となる（関税9条の5第2項）。また，収容貨物（関税80条参照）が公売または売却された場合には，その代金に対して，①売却に要した費用，②収容に要した費用，③収容課金，④関税およびその他の国税

〔今尾〕

の順で，優先権が付与される（関税85条1項）。

ところで，強制換価手続（税徴9条，地税14条の2）・滞納処分の費用（税徴10条，地税14条の3）に関しては，これらの費用等にかかる優先権は，共益費用優先の原則により最優先順位となるはずであるが，関税が納付されていない外国貨物に対して，他の債権者による強制執行または担保権の実行としての競売等がなされたときの費用は，収用された貨物の公売ないし売却の場合（関税85条1項参照）を除き，関税に劣後する（関税9条の5第2項および同条1項参照）と解されている（注民(8)193-194頁〔西原〕）。

なお，2018（平成30）年5月18日に，「商法及び国際海上物品運送法の一部を改正する法律案」が可決され（平成30年法律29号），その結果，船舶先取特権等に関する規律が修正・変更を受けた。これに関係するものとして，この改正前は，船舶・その属具の競売費用および競売開始後の保存費につき，船舶債権として最優先順位（第1順位）の先取特権が付与されていた（平30改正前商842条1号・844条1項・845条，税徴19条1項4号。注民(8)193頁〔西原〕）が，改正後は，競売費用等が船舶債権から削除された（改正商842条参照）ので，これらの費用にかかる先取特権ないし優先権は，関税に後れる，強制換価手続等の費用に関する優先権（税徴9条・10条，地税14条の2・14条の3）と同順位になると解される。

(2) **船舶債権に関する先取特権**

第2グループは，①船舶の運航に直接関連して生じた人身侵害による損害賠償請求権，②救助料・船舶負担の共同海損分担金債権，③船舶の航海に関して生じた諸税・水先料・引き船料にかかる債権，④航海継続に必要な費用にかかる債権，⑤雇用契約によって生じた船長・船員の債権などの船舶債権に関する先取特権である（第2順位：〔2〕）。これらの費用に関する船舶債権者は，「船舶及びその属具について」先取特権を有し（商842条1号～5号），この先取特権は，「他の先取特権に優先する」（商844条〔平30改正前商845条〕）とされ，かつ，租税に優先するとされている（税徴19条1項4号，地税14条の13第1項4号）。ただし，これらの船舶先取特権が互いに競合する場合には，その順位は改正商法842条に掲げた順位に従うことになる（商843条1項〔平30改正前商842条1項〕）が，同条2号に掲げる債権（救助料にかかるものに限る）にかかる船舶先取特権はその発生の時においてすでに生じている他の船舶先

第 3 節　先取特権の順位　　　　　　　　　　前注（§§ *329-332*）　Ⅲ

取特権に優先し（商843条1項ただし書〔平30改正前商844条1項但書〕），また，同条2号から4号までに掲げる債権にあって同一順位の船舶先取特権が同時に生じたものではないときは後に生じたものが前に生じたものに優先するとされている（商843条2項ただし書〔平30改正前商844条2項但書〕）。なお，船舶の賃貸借において，第三者の船舶賃借人および船舶所有者に対する，「その船舶の利用について生じた先取特権」についても（商703条2項本文〔平30改正前商704条2項本文〕），改正商法842条の各号に掲げる債権を被担保債権とする場合（商843条・844条参照）には，このグループに属するといえよう（第2順位：〔3〕）。

　また，定期傭船契約にかかる船舶により物品を運送する場合の「定期傭船の船舶の利用について生じた」商法842条1号～5号に掲げる債権（商707条による703条2項〔平30改正前商704条2項〕の準用，および商843条・844条参照）に関する先取特権も，このグループに属することになる（第2順位：〔4〕）。

　さらに，海難救助における救助料にかかる債権を有する者も，「救助された積荷等について先取特権を有する」とされ（商802条1項），この先取特権については，上記の船舶先取特権に関する規定（商843条2項・844条）が準用されるので（商802条2項），これも第2グループに属するといえる（第2順位：〔5〕。税徴19条1項4号および地税14条の13第1項4号参照）。

(3)　上記(2)の船舶先取特権以外の船舶先取特権

　第3グループは，船舶の所有者等の責任の制限に関する法律95条1項（〔6〕）および船舶油濁損害賠償保障法40条1項（〔7〕）の船舶先取特権であり，これらは，「事故に係る船舶及びその属具について」成立し，租税にも優先する（税徴19条1項4号，地税14条の13第1項4号）が，「商法（明治32年法律第48号）第842条第5号の先取特権に次ぐ」とされており（船主責任制限95条2項・油賠40条2項），商法における船舶先取特権の最後順位に位置づけられることになる（第3順位）。

(4)　目的物の保存費用に関する先取特権

　第4グループが，目的物の保存費用に関する先取特権であり，広義の共益費用の一種といえるものである（第4順位）。そして，租税またはこれに優先する債権等のために動産を保存した場合，その費用に関する先取特権は，租税に優先するとされている（税徴19条1項5号，地税14条の13第1項5号）。こ

〔今尾〕　373

の範疇に属するものとしては，上記の租税法の要件を充足する動産保存の先取特権（民320条）や農業用動産または農業生産物の保存資金貸付に関する先取特権（農動産4条1項1号・5条1項・2項〔8〕）。この先取特権は，後記の第9グループに属するものであるが，優先権の順位は動産保存の先取特権とみなされる〔農動産11条〕ので，租税の法定納期限後にこの資金が貸し付けられた場合には，この貸付金債権も租税に優先するものと解すべきとされている〔注民(8)194頁〔西原〕〕）があげられる。また，抵当自動車の第三取得者が抵当自動車に支出した必要費または有益費に関する優先権についても，「抵当自動車の代価をもつて最も先にその償還を受けることができる」とされており（自抵14条），これも，目的物の代価に対する優先権という特殊性はあるが，動産保存の先取特権の一種として，このグループに属するといえよう〔〔9〕〕。

(5) 民法上の不動産賃貸・旅館宿泊・運輸の先取特権

　第5グループは，民法上の不動産賃貸（民312条）・旅館宿泊（民317条）・運輸（民318条）の先取特権のように債権者が動産の事実上の占有・支配を有する（黙示の質の観念に基づく）先取特権であり（第5順位），それらが納税者の財産上に租税の法定納期限等以前からあるときは，その換価代金につき，租税はこれらの先取特権に劣後するとされている（税徴20条1項1号，地税14条の14第1項1号）。

　なお，これらの先取特権者が債権取得の当時，動産保存の先取特権や動産売買の先取特権等のあることを知っていたときはこれに対して優先権を行使できないとされている（民330条2項前段。「行使できない」とは，同順位になるのではなく，順位が後れると解するのが通説であるが，これに対しては有力な反対説もある。→§330 Ⅱ 1）。また，不動産賃貸・旅館宿泊・運輸の先取特権者のために物を保存した者に対しても，これらの先取特権者は，優先権を行うことができない（民330条2項後段。→§330 Ⅱ 2）。さらに，農業上の果実については，第1順位が農業労務の先取特権，第2順位が種苗または肥料の供給の先取特権，第3順位が土地の賃貸人の先取特権（不動産賃貸の先取特権）の順位となる（民330条3項。→§330 Ⅱ 3）。

(6) 租税債権に関する先取特権

　第6グループは，国税（税徴8条）や地方税（地税14条）などの租税債権に関する先取特権（一般の先取特権である）が，納税者の動産を目的する場合で

第3節　先取特権の順位　　　　　前注（§§ *329-332*）　III

ある（第6順位）。

(7) **共益費用に関する先取特権およびそれに類似する特別法上の先取特権**
　第7グループは，民法上の共益費用の一般の先取特権（民307条・329条2項ただし書参照）が動産を目的物とする場合である。また，これに類似するものとして，区分所有者が共用部分，建物の敷地もしくは共用部分以外の建物の附属施設につき他の区分所有者に対して有する債権（管理費用・公租公課の立替等に基づく債権）（建物区分7条1項〔10〕）および受託者が各債権者の共同の利益のためにした信託財産に属する財産の保存・清算または配当の費用等（信託49条6項〔11〕）に関する先取特権がある（第7順位）。これらは，それぞれ建物に備え付けた動産または当該信託財産（これが動産の場合）に成立することになる。

(8) **地方公共団体の葬祭費等に関する先取特権**
　第8グループは，都道府県または市町村が，行旅死亡人の救護・埋葬・火葬等の取扱費用を支出した場合（行旅病人及行旅死亡人取扱法13条〔12〕），生活保護受給者（生活保護76条〔13〕）や老人ホーム等の入居者（老福27条〔14〕）の葬祭扶助の費用等を支出した場合におけるそれらの費用に関して，死者の遺留物品に成立する先取特権である（第8順位）。これらの先取特権は，「他ノ債権者ノ先取特権ニ対シ優先権ヲ有ス」（行旅病人及行旅死亡人取扱法13条2項）または「他の債権者の先取特権に対して優先権を有する」（生活保護76条2項，老福27条2項）と規定されており，関税，強制換価手続の費用，目的物の保存費用等，租税債権および共益費用の先取特権に次ぐものと解される。とりわけ，これらの先取特権については，国税や地方税との優劣関係に関する規定がないことから，租税債権には劣後するということができよう（注民(8) 196頁〔西原〕）。また，これらの先取特権は，民法の一般の先取特権である葬式費用の先取特権（民306条3号・309条）に類似するので，同じく民法の一般の先取特権である共益費用の先取特権（民306条1号・307条）と類似する，上記の建物区分所有法・信託法上の共益費用に関する先取特権（建物区分7条2項〔10〕，信託49条6項後段〔11〕）にも劣後すると解されよう（民法上，共益費用の先取特権と葬式費用の先取特権が競合する場合には，共益費用優先の原則から，前者が後者に優先するとされている〔民329条1項〕）。

〔今尾〕

前注（§§329-332） III　　　　　　第2編　第8章　先取特権

(9)　民法上の動産保存の先取特権およびそれに類似する特別法上の先取特権

　第9グループは，民法上の動産保存の先取特権（民320条）およびそれに類似する農業用動産または農業生産物の保存資金貸付に関する先取特権（農動産4条1項1号・5条1項・2項・11条〔15〕）であり，これらの先取特権は，保存された動産の上に成立するものである（第9順位）。なお，国税徴収法では，国税は，「国税に優先する債権のため又は国税のために動産を保存した者の先取特権」により「担保される債権に次いで徴収する」と規定されており（税徴19条1項5号。地税14条の13第1項5号も同様の規定を有する），この場合には，動産保存の先取特権および農業用動産等の保存資金貸付に関する先取特権が国税および地税にも優先することになる（つまり，これらが上記(5)の第5グループ以降の先取特権者の利益となっている場合などである）。

(10)　民法上の動産売買・種苗または肥料の供給・農業労務・工業労務の先取特権およびこれらに類似する特別法上の先取特権

　第10グループは，民法上の動産売買の先取特権（民321条），種苗または肥料の供給の先取特権（民322条），農業労務（民323条）または工業労務（民324条）の先取特権，およびこれらに類似する農業用動産（農動産6条〔16〕）または薪炭原木（農動産9条〔17〕）の購入資金貸付に関する先取特権（これらは動産売買の先取特権とみなされる），種苗もしくは肥料（農動産7条〔18〕），蚕種もしくは桑葉（農動産8条〔19〕）または水産養殖用の種苗もしくは餌料（農動産10条〔20〕）の購入資金貸付に関する先取特権（これらは種苗または肥料の供給の先取特権とみなされる）であり（農動産11条），これらの先取特権は，購入された農業用動産・薪炭用原木から生産された薪炭または種苗・肥料等を用いて生じた果実等の上に成立するものである（第10順位）。

(11)　破産手続開始により商事留置権から転換した先取特権

　第11グループは，破産手続開始により，破産財団に属する財産上の商事留置権（商31条〔代理商の留置権〔21〕〕，会社20条〔代理商の留置権〔22〕〕，商521条〔商人間の留置権〔23〕〕，商557条・31条〔問屋の留置権〔24〕〕，商562条〔運送取扱人の留置権〔25〕〕，商574条〔運送人の留置権〔26〕〕および商741条2項〔平30改正前商753条2項。海上物品運送人の留置権〔27〕〕など）から転換した先取特権（破66条1項）であり（第11順位），これらの先取特権は，「民法その他の法律の

第3節　先取特権の順位

規定による他の特別の先取特権に後れる」とされている（破66条2項）。したがって，これらの先取特権は，民法上および特別法上の動産の先取特権中では，最後順位の先取特権ということができる。

⑿　その他——供託・預託された金銭・有価証券に対する優先弁済権等（旧公吏保証金の先取特権に類似するもの）

　ここで取りあげるものは，2004（平成16）年改正前民法320条に規定されていた公吏保証金の先取特権に類似する優先弁済権ないし先取特権ということができる。すなわち，顧客との間に金銭・有価証券等の預託を伴う，行政機関による許認可業務を営む業者，例えば，金融商品取引業者，商品先物取引業者，卸売業者，保険業者，宅地建物取引業者，旅行業者等にあっては，これらの業者と取引をする債権者を保護するため，特別法によって，営業保証金・会員信認金などの名目で一定額の金銭・有価証券を供託または預託させ，業者が当該取引に関連して負った債務・責任等につき，債権者がそうした金銭等から優先弁済を受け得るといった制度である。また，鉱業権者，原子力事業者，水洗炭業者等に関しても，被害者保護のために損害賠償の担保として金銭を供託または預託させ，被害者がその金銭から弁済を受け得るとする制度も設けられている。

　そして，債権者がこの提供物から弁済を受ける権利につき，他の一般債権者に優先して弁済を受けるとするものが多いが，その法的性質に関しては，これが先取特権なのか否かその評価が難しい。法文上は「他の債権者に先立ち弁済を受ける権利を有する」と規定されていても，これを一律に一種の先取特権とみてよいかは，金銭・有価証券が供託されたものか，預託されたものかにより，その優先弁済権の性質が異なるということができるからである。

　すなわち，供託の場合（金商31条の2第6項，鉱業118条1項など）には，この優先弁済権は，一般に供託物への還付請求権（これは，特定の債権者のために供託された供託物の当該債権者からの払渡請求権〔供8条1項参照〕であり，他方，供託者＝債務者からの供託物の払渡請求権の方は，取戻請求権〔同条2項参照〕といい，両者は異なる）と解され（注民⑻145頁〔甲斐道太郎〕，同181頁〔西原〕，立花宣男監修／福岡法務局ブロック管内供託実務研究会編・実務解説供託の知識167問〔2006〕640頁以下），供託においては，順位以前の段階で還付請求権が他のすべての債権・担保権を排除して事実上優位に立っているにすぎないとされる（〔28～36〕）。

〔今尾〕

前注（§§ 329-332） III　　　　　　　第2編　第8章　先取特権

なお，保証金等が供託された場合，法文上，単に「その債権の弁済を受ける権利を有する」（宅建業27条1項，旅行17条1項など）と規定されている場合がある（〔37〜41〕）が，この権利もまさに還付請求権と解される（注民(8)181頁〔西原〕）ので，事実上の優先弁済権を有するといえよう。

これに対し，預託の場合（金商114条4項・115条1項・156条の11や商取101条5項など）には，預託された金銭等は，預託者（債務者）の全債権者に対する責任財産の一部を構成し，その預託物に債権者の優先弁済権が及ぶと解される，つまり，こちらは一種の先取特権とみることになる（〔42〜50〕）。なお，〔50〕は「先取特権」と明記されている〔保険22条1項〕）。したがって，預託の場合の優先弁済権は，他の債権や担保権と競合する可能性があり，特に，租税債権には劣後する（税徴8条，地税14条。ただし，この先取特権は動産の先取特権とは目的物が異なるので基本的に租税以外とは競合しないといえる）のに対し，供託の場合の優先弁済権は租税債権にも優先することになる（荒井勇「先取特権の担保物権中における地位——現行の先取特権の一覧及びその順位」金法91号〔1956〕12頁，注民(8)145-146頁〔甲斐〕，注民(8)181-182頁〔西原〕，今中利昭「動産の先取特権の種類とその内容，効力」担保法大系Ⅱ 491頁）。

　上記(1)〜(12)の優先順位関係を整理分類すれば，次のようになる。
　　第1順位　　・関税（関税9条の5第1項〔1〕）に関する先取特権※
　　　　　　　　※関税を納付しないと外国貨物の輸入が許可されない（関税72条）が，関税が，例外的に輸入後に外国貨物に対して，国税徴収の例によって徴収され場合には，関税・その滞納処分費の徴収の順位は，国税およびその滞納処分費と同順位になる（関税9条の5第2項）。
　　　　　　　　　また，収用貨物（関税80条）が公売または売却された場合，その代金に対して，①売却に要した費用，②収用に要した費用，③収容課金，④関税およびその他の国税の順で，優先権が付与される（関税85条1項）。ただし，関税が納付されていない外国貨物に対する強制換価（税徴9条，地税14条の2）・滞納処分（税徴10条，地税14条の3）がなされた場合のそれらの費用に関す

第3節　先取特権の順位

|第2順位|・船舶先取特権（商842条1号〜5号・844条，税徴19条1項4号，地税14条の13第1項4号〔2〕）※
※平成30年法律29号による改正前の商法842条1号は，船舶・その属具の競売費用および競売開始後の保存費用につき，最優先順位の船舶先取特権を規定していた（平30改正前商844条1項・845条，税徴19条1項4号，地税14条の13第1項4号も参照）が，改正後は競売費用等が船舶債権から削除されたので，これらの費用にかかる先取特権ないし優先権は，関税に後れる，強制換価手続等の費用に関するもの（税徴9条・10条，地税14条の2・14条の3）と同順位になると解される。
・船舶の賃貸借における当該船舶の利用について生じた第三者の船舶賃借人および船舶所有者に対する先取特権（商703条2項本文〔平30改正前商704条2項本文〕，商842条・843条・844条参照〔3〕）
・定期傭船者の船舶の利用について生じた債権に関する先取特権（商707条による商703条2項〔平30改正前商704条2項〕の準用，および商843条・844条参照〔4〕）
・海難救助に関する先取特権（商802条1項・843条2項・844条の準用〔商802条2項〕，税徴19条1項4号，地税14条の13第1項4号〔5〕）

る優先権については，収用貨物の公売等の場合（関税85条1項）を除き，関税には優先できないと解されている。

第3順位　・上記の船舶債権に関する先取特権（第2順位）以外のものとして，船舶の所有者等の責任の制限に関する法律95条1項（〔6〕）および船舶油濁損害賠償保障法40条1項（〔7〕）に基づく船舶先取特権

第4順位　・動産保存の費用（民320条）のうちで，国税・地方税に優先する債権のためまたは国税・地方税のために動産を保存した費用に関する先取特権（税徴19条1項5号，地税

〔今尾〕

前注（§§ 329-332）Ⅲ　　　　　　第2編　第8章　先取特権

　　　　　　　　14条の13第1項5号）
　　　　　　・農業協同組合等による農業をなす者への農業用動産または農業生産物の保存資金貸付に関する債権（農動産4条1項1号・5条1項・2項）のうちで，租税の法定納期限後にこの資金が貸し付けられ，それによって動産を保存した場合などにおけるその貸付にかかる債権に関する先取特権（〔8〕。農動産11条，税徴19条1項5号，地税14条の13第1項5号参照）
　　　　　　・抵当自動車の第三取得者が抵当自動車に支出した必要費または有益費にかかる費用償還請求権に関する先取特権（自抵14条〔9〕）※
　　　　　　　※第三取得者の費用償還請求権に付与されるこの優先権は，抵当自動車の代価（にかかる請求権）を目的とするので，一種の物上代位的な優先権といえる

第5順位　　・民法上の不動産賃貸（民312条）・旅館宿泊（民317条）・運輸の先取特権（民318条）（黙示の質の観念に基づき一定の要件の下，租税にも優先するもの）※
　　　　　　　※国税・地方税等は，これらの先取特権が，納税者等の財産上に法定納期限等以前からあるとき，または納税者等がその先取特権のある財産を譲り受けたときは，その換価代金につき，その先取特権により担保される債権に次いで徴収するとされている（税徴20条1項1号，地税14条の14第1項1号）

第6順位　　・租税債権に関する先取特権（税徴8条，地税14条）※
　　　　　　　※この先取特権が特定動産を目的物として他の先取特権と競合する場合

第7順位　　・共益費用に関する先取特権（民307条・329条2項ただし書）
　　　　　　・建物の区分所有者の債権に関する先取特権（建物区分7条2項〔10〕）
　　　　　　・受託者の費用償還請求権に関する先取特権（信託49条6項後段〔11〕）

第 3 節　先取特権の順位

第 8 順位	・地方公共団体の葬祭費等に関する先取特権（行旅病人及行旅死亡人取扱法 13 条 2 項〔12〕，生活保護 76 条 2 項〔13〕，老福 27 条 2 項〔14〕）
第 9 順位	・民法上の動産保存の先取特権（民 320 条・330 条 1 項）およびそれに類似する先取特権（農業用動産等の保存資金貸付に関する先取特権〔農動産 4 条 1 項 1 号・5 条 1 項・2 項・11 条〕〔15〕）※
	※上記第 4 順位以外の動産保存の先取特権
第 10 順位	・民法上の動産売買の先取特権（民 321 条・330 条 1 項 3 号）
	・種苗または肥料の供給の先取特権（民 322 条・330 条 1 項 3 号）
	・農業労務（民 323 条）・工業労務（民 324 条）の先取特権（民 330 条 1 項 3 号）
	・それらに類似する先取特権（農業用動産等の購入資金貸付に関する先取特権（農動産 6 条〔16〕・9 条〔17〕・7 条〔18〕・8 条〔19〕・10 条〔20〕）
第 11 順位	・破産手続開始により商事留置権から転換した先取特権（商 31 条〔21〕，会社 20 条〔22〕，商 521 条〔23〕・557 条〔商 31 条〕〔24〕・562 条〔25〕・574 条〔26〕・741 条 2 項〔平 30 改正前商 753 条 2 項〕〔27〕）

■順位対象外……供託・預託された金銭・有価証券に対する優先弁済権等（旧公吏保証金の先取特権に類似するもの）

　　　　　　　・供託に関するもの（金商 31 条の 2 第 6 項〔28〕，鉱業 118 条 1 項〔29〕，水洗炭業に関する法律 22 条〔30〕，保険業 190 条 6 項〔31〕・保険業 223 条 6 項〔32〕・保険業 272 条の 5 第 6 項〔33〕，信託業 11 条 6 項〔34〕，資金決済 31 条 1 項〔35〕・資金決済 59 条 1 項〔36〕宅建業 27 条 1 項〔37〕，旅行 17 条 1 項〔38〕，旅行 48 条 1 項〔39〕，原賠 13 条〔40〕，割賦 21 条 1 項〔41〕）

　　　　　　　・預託に関するもの（金商 114 条 4 項〔42〕・金商 115 条 1 項〔43〕・金商 156 条の 11〔44〕，商取 101 条 5 項〔45〕・商取 108 条 1 項〔46〕・商取 109 条 2 項・3 項〔47〕・商取 180 条 2 項・3 項

前注（§§ 329-332） III　　　　　　　　　第2編　第8章　先取特権

〔48〕，原賠9条1項〔49〕，保険22条1項〔50〕）

【別表2】〔民法上の特別の動産の先取特権と特別法上の動産の先取特権の順位一覧表〕

＊下記表の「先取特権の被担保債権」の欄の番号は，前記本文の特別法上の各種動産の先取特権の分類に際して付した通し番号である。優先順位とは関係がないことをお断りしておく。また，表中の民法上の一般・特別の動産の先取特権および租税に関する先取特権については，通し番号を付していない。

分類	順位	先取特権の被担保債権	備考
(1) 関税に関する先取特権	第1順位	1：外国貨物に対する関税（関税9条の5第1項）※1・※2 ※1：収用貨物（関税80条）が公売または売却された場合，その代金に対して，①売却に要した費用，②収用に要した費用，③収用課金，④関税およびその他の国税の順で，優先権が付与される（関税85条1項） ※2：関税が納付されていない外国貨物に対する，他の債権者による強制執行または担保権の実行としての競売等がなされたときのそれらの費用に関する優先権については，収用貨物の公売等の場合（関税85条1項参照）を除き，関税には優先できないと解される	「当該関税を徴収すべき外国貨物について，他の公課及び債権に先だつて徴収する」（関税9条の5第1項）※ ※関税を納付しないと外国貨物の輸入が許可されない（関税72条1項）が，関税が，例外的に輸入後に外国貨物に対して，国税徴収の例によって徴収される場合には，関税・その滞納処分費の徴収の順位は，国税およびその滞納処分費と同順位になる（関税9条の5第2項）
(2) 船舶債権に関する先取特権	第2順位	2：船舶債権（商842条1号～5号）※ 1号　船舶の運航に直接関連して生じた人身侵害による損害賠償請求権 2号　救助料・船舶負担の共同海損分担金債権 3号　船舶の航海に関して生じた諸税・水先料・引き船料にかかる債権 4号　航海継続に必要な費用にかかる債権 5号　雇用契約によって生じた船長・船員の債権 ※平成30年法律29号による改正前の商法842条1号は，船舶・その属具の競売費用および競売開始後の保存費用につき，最優先順位の船舶先取特権を規定していた（平30改正前商844条1項・845条，税徴19条1項4号，地税14条の13第1項4号も参照）が，改正後は競売費用等が船舶債権から削除されたので，これらの費用にかかる先取特権ないし優先権は，関税に後れる，強制換価手	これらの費用に関する船舶債権者は，「船舶及びその属具について」先取特権を有し（商842条1号～5号），この先取特権は，「他の先取特権に優先する」（商844条〔平30改正前商845条〕）※1・※2 ※1：船舶債権者の先取特権が納税者の財産上にあるときは「国税は，その換価代金につき，その先取特権により担保される債権に次いで徴収する」（税徴19条1項4号。地税14条の13第1項4号も同旨） ※2：前条（商842条）各号に掲げる船舶先取特権が「互いに競合する場合には，その優先権の順位は，同条各号に掲げる順

382　〔今尾〕

第3節　先取特権の順位　　　　　　　　前注（§§ 329-332）　III

		続等の費用に関するもの（税徴9条・10条，地税14条の2・14条の3）と同順位になると解される	序に従う」（商843条1項〔平30改正前商844条1項〕）
		3：船舶の賃貸借における「その船舶の利用について生じた」商法842条1号～5号に掲げる債権（商703条2項〔平30改正前商704条2項〕本文，商843条・844条参照）	
		4：定期傭船契約にかかる船舶により物品を運送する場合の「定期傭船者の船舶の利用について生じた」商法842条1号～5号に掲げる債権（商707条による同703条2項〔平30改正前商704条2項〕の準用，および商843条・844条参照）	
		5：海難救助における救助料にかかる債権（商802条。同条1項は，「救助料に係る債権を有する者は，救助された積荷等に先取特権を有する」とし，同条2項が，その順位等について，商843条2項・844条を準用すると規定）	
(3) 上記 (2) の船舶先取特権以外の船舶先取特権	第3順位	6：制限債権者の有する，その制限債権（船舶所有者等もしくは救助者または被用者等が，本法で定めるところによりその責任を制限することができる債権〔船主責任制限2条4号参照〕）（船主責任制限95条1項）	制限債権者は，「その制限債権（物の損害に関する債権に限る。）に関し，事故に係る船舶及びその属具について先取特権を有する」とし（船主責任制限95条1項），「商法（明治32年法律第48号）第842条第5号の先取特権に次ぐ」（同条2項）
		7：タンカー油濁損害にかかる制限債権者の有する，その制限債権（タンカー所有者又はこの法律で定めるタンカー油濁損害賠償保障契約にかかる保険者等が，この法律で定めるところによりその責任を制限することができる債権〔油賠2条11号参照〕）（油賠40条1項）	制限債権者は，「その制限債権に関し，事故に係る船舶及びその属具について先取特権を有する」とし（油賠40条1項），「商法（明治32年法律第48号）第842条第5号の先取特権に次ぐ」（同条2項）
(4) 目的物の保存の費用に関する先取特権（租税等に優先するもの）	第4順位	□動産保存の費用（民320条）のうちで，国税・地方税に優先する債権のためまたは国税・地方税のために動産を保存した費用に関する債権（税徴19条1項5号，地税14条の13第1項5	国税は，「国税に優先する債権のため又は国税のために動産を保存した者の先取特権」により，「担保された債権に次いで徴収する」

〔今尾〕

		号）	（税徴19条1項5号。地税14条の13第1項4号も同旨）
		8：農業協同組合等による農業をなす者への農業用動産または農業生産物の保存資金貸付に関する債権（農動産4条1項1号・5条1項・2項）のうち，租税の法定納期限後にこの資金が貸し付けられ，それによって動産を保存した場合などにおけるその貸付にかかる債権（農動産11条，税徴19条1項5号，地税14条の13第1項5号）	
		9：抵当自動車の第三取得者が抵当自動車に支出した必要費または有益費に関する費用償還請求権（自抵14条）※ ※第三取得者の費用償還請求権に付与されるこの優先権は，抵当自動車の代価（にかかる請求権）を目的とするので，一種の物上代位的な優先権ということができる。	「抵当自動車の代価をもって最も先にその償還を受けることができる」（自抵14条）
(5) 民法上の黙示の質の観念に基づく動産の先取特権（法定納期限等以前から存在していることが要件）	第5順位	□不動産の賃貸借における賃料債権等（民311条1号・312条） □旅館の宿泊・飲食料等の債権（民311条2号・317条） □旅客または荷物の運送費・その付随費用等の債権（民311条3号・318条） →これらの先取特権が，法定納期限後に成立した場合には，租税に優先できず，また，同一目的物に競合した場合には，同順位となる	不動産賃貸等の先取特権が，「納税者の財産上に国税の法定納期限等以前からあるとき，又は納税者がその先取特権のある財産を譲り受けたときは，この国税は，その換価代金につき，その先取特権により担保される債権に次いで徴収する」（税徴20条1項1号。地税14条の14第1項1号も同旨）
(6) 租税債権に関する先取特権	第6順位	□国税債権（税徴8条）※ ※この先取特権は，一般の先取特権の性格を有するが，これが特定動産を目的物として他の先取特権と競合する場合をここでは想定	「納税者の総財産について，この章に別段の定がある場合を除き，すべての公課その他の債権に先だつて徴収する」（税徴8条）
		□地方税等の地方公共団体の徴収金債権（地税14条）※ ※この先取特権は，一般の先取特権の性格を有するが，これが特定動産を目的物として他の先取特権と競合する場合をここでは想定	「地方団体の徴収金は，納税者又は特別徴収義務者の総財産について，本節に別段の定がある場合を除き，すべての公課……その他の債権に先だつて徴収する」（地税14条）

第3節　先取特権の順位

(7) 共益費用に関する先取特権およびそれに類似する特別法上の先取特権	第7順位	□共益費用（民307条）※ ※民法上の共益費用の一般の先取特権（民306条1号・307条）が動産を目的物とする場合には、この先取特権もこのグループに属することになる（民329条2項ただし書）	「その利益を受けたすべての債権者に対して優先する効力を有する」（民329条2項ただし書）
		10：区分所有者が、共用部分、建物の敷地、共用部分以外の建物の附属施設につき、他の区分所有者に対して有する債権（管理費用・公租公課の立替等に基づく債権）（建物区分7条1項）	「優先権の順位及び効力については、共益費用の先取特権とみなす」（建物区分7条2項）
		11：各債権者の共同の利益のためにされた信託財産に属する財産の保存、清算または配当に関する費用等の償還または費用の前払に関する請求権（信託49条6項前段）	この場合における「その順位は、民法第307条第1項に規定する先取特権と同順位とする」（信託49条6項後段）
(8) 地方公共団体の葬祭費等に関する先取特権	第8順位	12：市町村が行った行旅死亡人の埋葬・火葬等の取扱費用にかかる債権（行旅病人及行旅死亡人取扱法13条1項）	「市町村ハ行旅死亡人取扱費用ニ付遺留物件ノ上ニ他ノ債権者ノ先取特権ニ対シ優先権ヲ有ス」（行旅病人及行旅死亡人取扱法13条2項）
		13：保護の実施機関（都道府県または市町村）が行った葬祭扶助の費用にかかる債権（生活保護76条1項）	都道府県または市町村は、死者の葬祭扶助の費用に関し、「その遺留の物品の上に他の債権者の先取特権に対して優先権を有する」（生活保護76条2項）
		14：市町村が行った老人ホームの入所者の葬祭措置に要する費用にかかる債権（老福27条1項）	市町村は、入所者の葬祭措置に要する費用に関し、「その遺留の物品の上に他の債権者の先取特権に対して優先権を有する」（老福27条2項）
(9) 民法上の動産保存の先取特権およびそれに類似する特別法上の先取特権	第9順位	□動産保存等の費用にかかる債権（民311条4号・320条）※ ※上記(4)の場合（国税・地方税に優先する債権のためまたは国税・地方税のために動産を保存した場合〔税徴19条1項5号・地税14条の13第1項5号参照〕）を除く、動産保存等の費用に関する債権	動産保存の先取特権は、「動産の保存のため要した費用又は動産に関する権利の保存、承認若しくは実行のために要した費用に関し、その動産について存在」し（民320条）、その優先順位は民法330条1項各号の順序に従う
		15：農業協同組合等による農業経営者	「先取特権ハ貸付ヲ受ケタ

〔今尾〕

		への農業用動産または農業生産物の保存資金貸付に関する債権（農動産4条1項1号・5条1項・2項）※ ※ここでは、上記(4) 8の場合（国税・地方税に優先する債権のためまたは国税・地方税のために動産を保存した場合〔税徴19条1項5号・地税14条の13第1項5号参照など〕）を除く、農業用動産または農業生産物の保存資金貸付に関する債権を被担保債権とするもの	ル資金ヲ以テ保存シタル農業用動産ノ上ニ存在」し（農動産5条1項）、「先取特権ハ貸付ヲ受ケタル資金ヲ以テ保存シタル農業生産物ノ上ニ存在ス」とし（同条2項）、これらの先取特権は、「動産保存ノ先取特権ト……看做ス」とされる（農動産11条）
(10) 民法上の動産売買・種苗または肥料の供給・農業労務・工業労務の先取特権およびそれらに類似する特別法上の先取特権	第10順位	□動産の売買代金債権（民311条5号・321条） □種苗または肥料の供給代金債権（民311条6号・322条） □農業労務による賃金債権（民311条7号・323条） □工業労務による賃金債権（民311条8号・324条）	先取特権は、売却・供給された「その動産」（民321条）、種苗または肥料を「用いた土地から生じた果実」（民322条）、農業労務または工業労務によって生じた「果実」または「製作物」（民323条・324条）に存在し、その優先順位は民法330条1項各号の順序に従う
		16：農業用動産の購入資金貸付債権（農動産6条）	「農業用動産又ハ薪炭原木ノ購入資金貸付ノ先取特権ハ動産売買ノ先取特権ト、種苗若ハ肥料、蚕種若ハ桑葉又ハ水産養殖用ノ種苗若ハ餌料ノ購入資金貸付ノ先取特権ハ種苗肥料供給ノ先取特権ト看做ス」（農動産11条）
		17：薪炭原木の購入資金貸付債権（農動産9条）	
		18：種苗または肥料の購入資金貸付債権（農動産7条）	
		19：蚕種または桑葉の購入資金貸付債権（農動産8条）	
		20：水産養殖の種苗または餌料の購入資金貸付債権（農動産10条）	
(11) 破産手続開始により商事留置権から転換した先取特権	第11順位	21：代理商の取引の代理または媒介によって生じた債権（商31条。同条は、代理商は、取引の代理又は媒介によって生じた債権の弁済期が到来するときは、「その弁済を受けるまでは、商人のために当該代理商が占有する物又は有価証券を留置することができる」と規定）	破産手続開始の時において破産財団に属する財産につき存する、左記21～26の債権を担保するために認められる商事留置権は、「破産財団に対しては特別の先取特権とみなす」とされ（破66条1項）、これらの「特別の先取特権は、民法その他の法律の規定による他の特別の先取特権に後れる」とされている（同条2
		22：代理商の取引の代理または媒介によって生じた債権（会社20条。同条は、代理商は、取引の代理又は媒介によって生じた債権の弁済期が到来して	

第3節　先取特権の順位

		いるときは、「その弁済を受けるまでは、会社のために当該代理商が占有する物又は有価証券を留置することができる」と規定）	項）
		23：商人間の商行為によって生じた債権（商521条。同条は、商行為によって生じた債権が弁済期にあるとき、「債権者は、その債権の弁済を受けるまで、その債務者との間における商行為によって自己の占有に属した債務者の所有する物又は有価証券を留置することができる」と規定）	
		24：問屋の物品の販売または買入によって生じた債権（商557条による商31条の準用）	
		25：運送取扱人の報酬・運送賃等の債権（商562条。同条は、「運送取扱人は、運送品に関して受け取るべき報酬、付随の費用及び運送賃その他の立替金についてのみ、その弁済を受けるまで、その運送品を留置することができる」と規定）	
		26：運送人の報酬・付随の費用・運送賃等にかかる債権（商574条。同条は、運送人は、運送賃等についてのみ、「その弁済を受けるまで、その運送品を留置することができる」と規定）	
		27：海上物品運送人の運送賃・付随の費用等にかかる債権（商741条2項〔平30改正前商753条2項〕。同条項は、「運送人は、運送賃等の支払を受けるまで、運送品を留置することができる」と規定）	
(12) その他──供託・預託された金銭・有価証券に対する優先弁済権等（旧公吏保証金の先取特権に類似するもの）	①供託※他の債権・担保権を排除する事実上の優先権（租税にも優位する）	28：金融商品取引業者と投資顧問契約等を締結した者等の有する、これらの契約により生じた債権（金商31条の2第6項）	金融商品取引業者が供託した営業保証金につき（金商31条の2第1項）、「他の債権者に先立ち弁済を受ける権利を有する」（同条6項）
		29：鉱害被害者の損害賠償請求権（鉱業118条1項）	鉱業権者または租鉱権者が当該鉱区または租鉱区に関する賠償を担保するため供

〔今尾〕

前注（§§ 329-332）　III　　　　　　　　　　　　第2編　第8章　先取特権

			託した金銭につき（鉱業117条1項），「他の債権者に優先して弁済を受ける権利を有する」（鉱業118条1項）
		30：水洗炭業の施業にかかる被害者の有する損害賠償債権（水洗炭業に関する法律22条）	水洗炭業者がその施業にかかる損害の賠償を担保するため供託した保証金につき（水洗炭業に関する法律21条1項），「他の債権者に優先して弁済を受ける権利を有する」（同法22条）
		31：日本における保険契約にかかる保険契約者，被保険者又は保険金額を受け取るべき者の有する債権（保険業190条6項）	「保険契約により生じた債権に関し，当該外国保険会社等に係る供託金について，他の債権者に先立ち弁済を受ける権利を有する」（保険業190条6項）
		32：保険の引受けを行う当該特定法人の社員（「引受社員」）の日本における保険契約にかかる保険契約者，被保険者または保険金額を受け取るべき者の有する債権（保険業223条6項）	「保険契約により生じた債権に関し，免許特定法人に係る供託金について，他の債権者に先立ち弁済を受ける権利を有する」（保険業223条6項）
		33：保険契約にかかる保険契約者，被保険者または保険金額を受け取るべき者の有する債権（保険業272条の5第6項）	「保険契約により生じた債権に関し，当該少額短期保険業者に係る供託金について，他の債権者に先立ち弁済を受ける権利を有する」（保険業272条の5第6項）
		34：信託の受益者の当該信託に関して生じた債権について信託会社に対して有する弁済請求権（信託業11条6項）	「当該信託に関して生じた債権に関し，当該信託の受託者たる信託会社に係る営業保証金について，他の債権者に先立ち弁済を受ける権利を有する」（信託業11条6項）※ ※営業保証金は供託されたもの（信託業11条1項）ゆえ，上記の権利は還付請求権といえる
		35：前払式支払手段の保有者の有する，前払式支払手段にかかる債権（資金決済31条1項）	「当該前払式支払手段に係る発行保証金について，他の債権者に先立ち弁済を受ける権利を有する」（資金決済31条1項）※

第3節　先取特権の順位

		※供託された発行保証金（資金決済14条1項）に対する上記の権利は還付請求権とされている（資金決済31条1項）
	36：資金移動業者がその行う為替取引に関し負担する債務にかかる債権者の有する債権（資金決済59条1項）	「履行保証金について，他の債権者に先立ち弁済を受ける権利を有する」（資金決済59条1項）※ ※供託された履行保証金（資金決済43条1項）に対する上記の権利は還付請求権とされている（資金決済59条1項）
	37：宅地建物取引業者と宅地建物取引業に関し取引をした者の有する債権（宅建業27条1項）	「その取引により生じた債権に関し，宅地建物取引業者が供託した営業保証金について，その債権の弁済を受ける権利を有する」（宅建業27条1項）※ ※供託された営業保証金（宅建業25条1項）に対する上記の権利は還付請求権とされている（宅建業27条・宅地建物取引業者営業保証金規則1条1項）ので，事実上の優先弁済権を有する
	38：旅行業者または当該旅行業者を所属旅行業者とする旅行業者代理業者と旅行業務に関し取引をした旅行者の有する債権（旅行17条1項）	「その取引によって生じた債権に関し，当該旅行業者が供託している営業保証金について，その債権の弁済を受ける権利を有する」（旅行17条1項）※ ※供託された営業保証金（旅行7条1項）に対する上記の権利は還付請求権とされている（旅行業17条）ので，事実上の優先弁済権を有する
	39：旅行業協会の社員で，弁済業務保証金分担金を同協会に納付した保証社員または当該保証社員を所属旅行業者とする旅行業者代理業者と旅行業務に関し取引をした旅行者の有する債権（旅行48条1項）	その取引によって生じた債権に関し，当該保証社員について弁済業務規約で定める弁済限度額の範囲内において，旅行業協会が供託している弁済業務保証金から

〔今尾〕

前注（§§ 329-332） III　　　　　　　第 2 編　第 8 章　先取特権

			弁済を受ける権利を有する（旅行 48 条 1 項）※ ※供託された弁済業務保証金（旅行 47 条 1 項）に対する上記の権利は還付請求権とされている（旅行 48 条 1 項）ので，事実上の優先弁済権を有する
		40：原子力事業により損害を被った被害者の有する損害賠償債権（原賠 13 条）	損害賠償措置として，「原子力事業者が供託した金銭又は有価証券について，その債権の弁済を受ける権利を有する」（原賠 13 条）※ ※供託された金銭または有価証券（原賠 12 条）に対する上記の権利は還付請求権とされている（原賠 13 条）ので，事実上の優先弁済権を有する
		41：許可割賦販売業者と前払式割賦売の契約を締結した者の有する債権（割賦 21 条 1 項）	その契約によって生じた債権に関し，「当該許可割賦販売業者又は当該許可割賦販売業者と供託委託契約を締結した受託者が供託した営業保証金又は前受業務保証金について，その債権の弁済を受ける権利を有する」（割賦 21 条 1 項）※ ※供託された営業保証金または前受業務保証金（割賦 16 条 1 項・18 条の 3・20 条の 3）に対する上記の権利は還付請求権とされている（割賦 21 条）ので，事実上の優先弁済権を有する
	②預託 ※一種の先取特権とみられるもの （他の動産の先取特権と基本的には競合しな	42：金融商品取引所会員等に対して取引所金融商品市場における有価証券の売買または市場デリバティブ取引の委託をした者の有する，その委託により生じた債権（金商 114 条 4 項）	当該会員等の預託した信認金につき（金商 114 条 1 項），「他の債権者に先立ち弁済を受ける権利を有する」（同条 4 項）
		43：金融商品取引所会員等が取引所金融商品市場における有価証券の売買または市場デリバティブ取引に基づく債務の不履行により他の会員等，金融商品取引所または金融商品取引清算機関に	その損害を与えた会員等の預託した信認金につき（金商 114 条 1 項），「他の債権者に先立ち弁済を受ける権利を有する」（金商 115 条

第 3 節　先取特権の順位　　　　　　前注（§§329-332）　III

	い。ただし，租税には劣後）	対し損害を与えたとき，その損害を受けた会員等，金融商品取引所または金融商品取引清算機関の有する損害賠償債権（金商 115 条 1 項）	1 項）
		44：金融商品取引清算機関が業務方法書で清算預託金を定めている場合において，清算参加者が債務の不履行により金融商品取引清算機関に対し損害を与えたとき，その損害を受けた金融商品取引清算機関の有する損害賠償債権（金商 156 条の 11）	その損害を与えた清算参加者の清算預託金につき，「他の債権者に先立ち弁済を受ける権利を有する」（金商 156 条の 11）
		45：商品先物取引業者である会員等に対して商品市場における取引を委託した者が有する，その委託により生じた債権（商取 101 条 5 項）	当該商品市場についての当該会員等の預託した信認金につき（商取 101 条 1 項），「他の債権者に先立つて弁済を受ける権利を有する」（同条 5 項）
		46：商品取引所の会員または取引参加者（以下，「会員等」〔商取 2 条 20 項参照〕という）が商品市場における取引に基づく債務の不履行により他の会員等または商品取引清算機関に損害を与えたとき，その損害を受けた会員等または商品取引清算機関の有する損害賠償債権（商取 108 条 1 項）	その損害を与えた会員等の預託した，当該取引にかかる商品市場についての信認金及び当該取引についての取引証拠金について（商取 101 条 1 項・103 条 1 項），「他の債権者に先立つて弁済を受ける権利を有する」（商取 108 条 1 項）
		47：会員等（商取 2 条 20 項参照）が，商品市場における取引に基づく債務の不履行による債権に関し，商品取引所法 108 条 1 項の規定により同項に規定する信認金および取引証拠金について弁済を受け，なお不足があるときの会員等の債権（商取 109 条 2 項・3 項）	当該取引の相手方たる会員等の預託した当該商品市場についての特別担保金について（商取 109 条 1 項），「他の債権者に先立つて弁済を受け」（同条 2 項），なお不足があるときは，他の会員等の預託した当該商品市場についての特別担保金について（同条 1 項），「その特別担保金の額に応じて，他の債権者に先立つて弁済を受ける権利を有する」（同条 3 項）
		48：商品取引清算機関が清算参加者の債務の不履行により損害を受けたとき，当該機関が有する損害賠償債権（商取 180 条 2 項・3 項）	その損害を与えた清算参加者の清算預託金につき（商取 180 条 1 項），「他の債権者に先立ち弁済を受ける権利を有する」（同条 2 項），

〔今尾〕

			「なお不足があるときは，同項〔2項〕の清算参加者以外の清算参加者の清算預託金について，その清算預託金の額に応じて，他の債権者に先立つて弁済を受ける権利を有する」（同条3項）
		49：原子力事業により損害を被った被害者の損害賠償債権（原賠9条1項）	その損害賠償債権を確保するため，損害賠償の事前措置の1つである（原賠8条），「責任保険契約の保険金について，他の債権者に優先して弁済を受ける権利を有する」（原賠9条1項）
		50：責任保険契約の被保険者に対して当該責任保険契約の保険事故にかかる損害賠償請求権を有する者の債権（保険22条1項）	「保険給付を請求する権利について先取特権を有する」（保険22条1項）

3 民法上の特別の不動産の先取特権と特別法上の不動産の先取特権との競合

各種規定および前述の基準に照らせば，民法上の特別の不動産の先取特権と特別法上の特別の不動産の先取特権との競合の場合の優先関係は，次のとおりとなる。

まず，不動産の先取特権については，共益費用優先の原則に基づき，不動産の強制換価手続（税徴9条，地税14条の2）・滞納処分（税徴10条，地税14条の3）の費用等に関するものが最優先となる（第0順位）。

次いで，不動産保存の先取特権（第1順位：民326条），不動産工事の先取特権（第2順位：327条）が続く（民331条1項）。これらの先取特権は，その成立時期を問わず，常に租税に優先するとされている（税徴19条1項1号・2号，地税14条の13第1項1号・2号）。

そして，不動産売買の先取特権（民328条），不動産を目的物とする登記した一般の先取特権，借地人に対する地代請求に関する先取特権（借地借家12条1項〔1〕），接収不動産における賃借権の設定または借地権の譲渡に際して賃借権の設定または借地権の譲渡を受ける者に対する賃貸人または借地権の譲渡人の借賃および貸借権設定・借地権譲渡の対価に関する先取特権（接収

第 3 節　先取特権の順位　　　　　　　　前注（§§ *329-332*）　III

不動産臨 7 条 1 項〔2〕）および立木所有者に対する地代請求に関する先取特権（立木特権 1 項〔3〕）が続く（第 3 順位：税徴 20 条 1 項 2 号・3 号・4 号，同 19 条 1 項 3 号，地税 14 条の 14 第 1 項 2 号・3 号・4 号，同 14 条の 13 第 1 項 3 号参照。なお，特別法上の不動産の先取特権については→§325 II 2）が，これらの先取特権が同一不動産を目的物として競合する場合には，その優劣は登記の前後によって決められることになる。なお，借地借家法・接収不動産に関する借地借家臨時処理法上の先取特権については，法文上は共益費用の先取特権に劣後すると規定されている（借地借家 12 条 3 項，接収不動産臨 7 条 3 項）が，強制換価手続（税徴 9 条，地税 14 条の 2）・滞納処分（税徴 10 条，地税 14 条の 3）の費用や不動産保存の費用（326 条）等の広い意味での共益費用は別として，それ以外のいわば狭義の共益費用によりこれらの先取特権者が利益を受けて，その共益費用の先取特権が優先するという場合は実際には想定されないといわれており（注民(8)198 頁〔西原〕），これらは不動産売買の先取特権等と同順位（第 3 順位）に位置づけられよう。

　ところで，立木所有者に対する地代請求に関する先取特権については，借地人に対する地代請求に関する先取特権と異なり，共益費用の先取特権，不動産保存・工事の先取特権に劣後する旨の規定（借地借家 12 条 3 項）がないこと，その成立時期を問わず租税に優先するとされていること（税徴 19 条 1 項 3 号，地税 14 条の 13 第 1 項 3 号）から，不動産保存の先取特権等に優先するとの見解もある（我妻＝有泉・コメ 536 頁）。しかし，これに対しては，借地借家法 12 条 3 項のような規定を設けなかったのは立法上のミスである（立木およびその権利の保存を考えなかったことによる）とともに，立木の先取特権も登記によって対抗力を具備すると解される以上，その登記以前に登記された不動産の担保権等には劣後すると考えざるを得ないことから，この先取特権は，不動産売買の先取特権等と同一順位とすべきとの見解が有力である（注民(8)198 頁〔西原〕，尾崎三芳「特別法による先取特権」金融担保法講座Ⅳ 275-276 頁）。

　その次に，租税に関する先取特権が不動産を目的とする場合には，これに続く（第 4 順位）。租税に関する先取特権は，上記に述べた先取特権を除き，「すべての公課その他の債権に先だつて徴収する」とされている（税徴 8 条〔4〕，地税 14 条も同旨〔5〕）。

　そして，その次が，共益費用の先取特権（民 307 条），建物の区分所有者の

債権に関する先取特権（建物区分7条1項〔6〕）および受託者の費用償還請求権に関する先取特権（信託49条6項〔7〕）の順となる（第5順位）。

　まず，共益費用の先取特権は，その利益を受けたすべての債権者に対して優先できるはずである（民329条2項ただし書）が，不動産についてはこの原則は実際上意味をもたないといわれている（注民(8)198-199頁〔西原〕）。すなわち，不動産上の特別担保権者は，強制換価手続の費用を別として，共益費用によって利益を受ける場合はほとんどなく，また，共益費用の先取特権も一般の先取特権であるので，登記がなければ特別の担保権には対抗できず，登記があっても不動産保存・工事の先取特権には劣後し，その他の登記ある担保権との間は登記の前後で決せられるからであるとされる（民336条）。

　次に，区分所有者は，共用部分，建物の敷地もしくは共用部分以外の建物の附属施設につき他の区分所有者に対して有する債権または規約もしくは集会の決議に基づき他の区分所有者に対して有する債権（管理費用・公租公課の立替等に基づく債権）について，債務者の区分所有権および建物に備え付けた動産の上に先取特権を有し（特にここでは区分所有権に対する先取特権が問題となる），この先取特権は共益費用の先取特権とみなすとされている（建物区分7条1項・2項）。前述のように，区分所有者が先取特権を取得後に，建物の保存または工事により先取特権を取得した者が区分所有者から利益を受けているとは考えられず（不動産については共益費用優先の原則はほとんど意味をもたない），また，この先取特権は共益費用の一般の先取特権と同視されるので，登記なくしても一般債権者には対抗できるものの，登記のある特別担保権には対抗できず（336条ただし書），登記された場合でも，不動産保存・工事の先取特権には劣後し（339条），その他の担保権との間は登記の前後により優劣を決せられる。したがって，この先取特権の優先順位は，共益費用の先取特権と同順位ということになろう。

　また，受託者の費用償還請求権に関する先取特権も，共益費用の先取特権とみなされるので（信託49条6項後段），建物の区分所有者の債権に関する先取特権について述べたのと同様のことが当てはまる。したがって，この先取特権も共益費用の先取特権と同順位となる。

第3節　先取特権の順位

以上の優先順位関係を整理分類すれば，次のようになる。

- 第0順位　・強制換価手続（税徴9条，地税14条の2）・滞納処分（税徴10条，地税14条の3）の費用等（〔0〕）
- 第1順位　・不動産保存の先取特権（民326条，税徴19条1項1号，地税14条の13第1項1号）
- 第2順位　・不動産工事の先取特権（民327条，税徴19条1項2号，地税14条の13第1項2号）
- 第3順位※　・不動産売買の先取特権（民328条，税徴20条1項2号，地税14条の14第1項2号）
  - ・不動産を目的物とする登記した一般の先取特権（民336条，税徴20条1項4号，地税14条の14第1項4号）
  - ・借地人に対する地代請求権に関する先取特権（借地借家12条1項，税徴20条1項3号，地税14条の14第1項3号〔1〕）
  - ・接収不動産に賃借権の設定または借地権の譲渡を受けた者に対する賃貸人または借地権の譲渡人の借賃および賃借権設定・借地権譲渡の対価に関する先取特権（接収不動産臨7条1項，税徴20条1項3号，地税14条の14第1項3号〔2〕）
  - ・立木所有者に対する地代請求権（立木特権1項，税徴19条1項3号および地税14条の13第1項3号参照〔3〕）
  - ※相互の優先関係は，登記の前後による
- 第4順位　・租税に関する先取特権（税徴8条〔4〕，地税14条〔5〕）
- 第5順位　・共益費用の先取特権（民307条・329条2項ただし書）
  - ・建物の区分所有者の債権に関する先取特権（建物区分7条1項〔6〕）
  - ・受託者の費用償還請求権に関する先取特権（信託49条6項〔7〕）

〔今尾〕

前注（§§ 329-332） III　　　　第2編　第8章　先取特権

【別表3】〔民法上の特別の不動産の先取特権と特別法上の不動産の先取特権の順位一覧表〕

＊下記表の「先取特権の被担保債権」の欄の番号は，前記本文の特別法上の各種不動産の先取特権の分類に際して付した通し番号である。優先順位とは関係がないことをお断りしておく。また，表中の民法上の一般・特別の不動産の先取特権については，通し番号を付していない。

分類	順位	先取特権の被担保債権	備考
■共益債権	最優先（第0順位）	0：強制換価手続の費用（税徴9条，地税14条の2），滞納処分費（税徴10条，地税14条の3）	・租税は，強制換価の「手続により配当すべき金銭……につき，その手続（当該強制換価手続）に係る費用に次いで徴収する」（税徴9条〔地税14条の2〕） ・滞納処分費は，「その換価代金につき，他の国税，地方税〔他の地方公共団体の徴収金，国税〕その他の債権に先だつて徴収する」（税徴10条〔地税14条の3〕）
(1) 不動産保存の先取特権	第1順位	□不動産の保存のために要した費用または不動産の権利の保存，承認もしくは実行のために要した費用（民326条）	国税・地方税は不動産保存の先取特権により「担保される債権に次いで徴収する」（税徴19条1項1号，地税14条の13第1項1号）
(2) 不動産工事の先取特権	第2順位	□不動産の工事の設計，施工または監理をする者が不動産に関して行った工事の費用（民327条1項）	国税・地方税は不動産工事の先取特権により「担保される債権に次いで徴収する」（税徴19条1項2号，地税14条の13第1項2号）
(3) 不動産売買の先取特権および借地人に対する地代請求権・立木所有者に対する地代請求権	第3順位	□不動産の売買代価および利息に関する債権（民328条）	国税・地方税等は，これらの先取特権が，「納税者の財産上に国税の法定納期限等以前からあるとき，又は納税者がその先取特権のある財産を譲り受けたときは，その国税は，その換価代金につき，その先取特権により担保される債権に次いで徴収する」（税徴20条1項2号・3号。地税14条の14第1項2号・3号も同旨）
		1：弁済期の到来した最後の2年分の地代等（借地借家12条1項）	
		2：接収不動産への賃借権の設定または借地権の譲渡に関する借賃・賃借権等の対価（接収不動産臨7条1項）	
		3：「樹木伐採ノ時期ニ於テ其ノ樹木ノ価格ニ対スル一定ノ割合ノ地代」（立木特権1項）	国税・地方税は立木の先取特権に関する法律第1項の先取特権により「担保され

第3節　先取特権の順位

			る債権に次いで徴収する」（税徴19条1項3号，地税14条の13第1項3号）
(4) 租税に関する先取特権	第4順位	4：国税債権（税徴8条）	「納税者の総財産について，この章に別段の定がある場合を除き，すべての公課その他の債権に先だつて徴収する」（税徴8条）
		5：地方税等の地方団体の徴収金債権（地税14条）	「地方団体の徴収金は，納税者又は特別徴収義務者の総財産について，本節に別段の定がある場合を除き，すべての公課……その他の債権に先だつて徴収する」（地税14条）
(5) 共益費用の先取特権および建物の区分所有者の債権・受託者の費用償還請求権に関する先取特権	第5順位	□共益費用（民307条）※ ※民法上の共益費用の一般の先取特権が特定不動産を目的物として他の先取特権と競合する場合をここでは想定（民329条2項ただし書）	「その利益を受けたすべての債権者に対して優先する効力を有する」（民329条2項ただし書）
		6：区分所有者が，共用部分，建物の敷地，共用部分以外の建物の附属施設につき，他の区分所有者に対して有する債権（管理費用・公租公課の立替等に基づく債権）（建物区分7条1項）	「優先権の順位及び効力については，共益費用の先取特権とみなす」（建物区分7条2項）
		7：各債権者の共同の利益のためにされた信託財産に属する財産の保存，清算または配当に関する費用等（信託49条6項）	「その順位は，民法第307条第1項に規定する先取特権と同順位とする」（信託49条6項後段）

〔今尾〕

§329 I

第2編 第8章 先取特権

(一般の先取特権の順位)

第329条 ① 一般の先取特権が互いに競合する場合には,その優先権の順位は,第306条各号に掲げる順序に従う。
② 一般の先取特権と特別の先取特権とが競合する場合には,特別の先取特権は,一般の先取特権に優先する。ただし,共益の費用の先取特権は,その利益を受けたすべての債権者に対して優先する効力を有する。

〔対照〕 フ民2331・2332-1・2332-2

I 一般の先取特権相互の間の順位

債務者の総財産のうちで,特定の財産について一般の先取特権同士が競合する場合,一般の先取特権相互の間の優先順位は,306条各号に掲げる順位に従うことになる(329条1項)。すなわち,第1順位が共益費用の先取特権(306条1号),第2順位が雇用関係の先取特権(同条2号),第3順位が葬式費用の先取特権(同条3号),第4順位が日用品供給の先取特権(同条4号)の順序となる。なお,民法典制定当初は,葬式費用の先取特権は第2順位であったが,1949(昭和24)年の改正により,労働者保護の見地から,雇用関係の先取特権(旧雇人給料の先取特権)が第2順位に昇格し,葬式費用の先取特権は第3順位となった(この改正の経緯の詳細は→前注(§§329-332)Ⅱ1(1))。

本条の順位関係を具体化すると,例えば,一方で,債務者の詐害行為を取り消して一般(責任)財産から逸出した財産の取戻費用を支出した者がその債権回収のために債務者の総財産中の特定財産に対して共益費用の先取特権を行使する場合(307条),他方で,その債務者に燃料・電気を供給した者がその費用債権を回収するため日用品供給の先取特権を同一の特定財産に行使する場合(310条),両者の優劣は,先取特権の成立の先後や対抗要件具備の先後を問わず,共益費用の先取特権が日用品供給の先取特権に優先することになる。その理由に関しては,共益費用の先取特権は,同一債務者に対する債権者すべての共同の利益になる費用を支出した者に他の債権者に優先してこれを回収させることが公平に適うとの趣旨に基づくものであるのに対し,日用品供給の先取特権は債務者が現金を供給者に直ちに支払うことなしに日

第3節　先取特権の順位　　　　　　　　　　　　　　§329 Ⅱ

用品の供給を受けられるようにしてその者のさしあたりの生活維持を可能にすることを趣旨（社会政策的配慮ないし人道的見地）とするものなので，前者の公平の趣旨が後者の趣旨に優るとの判断に依拠するというわけである。

このように，先取特権は，ある種の債権を特別に保護することを目的とするものなので，本来の物権における成立の先後や対抗要件具備の先後のような優劣決定基準に依拠せず，法律によって（被担保債権の要保護性の強弱に応じて）あらかじめ優先順位が決められているところに特徴がある。

Ⅱ　一般の先取特権と特別の先取特権との間の順位

1　特別の先取特権の優先

一般の先取特権と特別の先取特権が競合した場合，特別の先取特権が一般の先取特権に優先することになる（329条2項本文）。例えば，給料の未払により使用人（＝労働者）が雇用主の総財産中の特定の動産に対して雇用関係の先取特権を行使する場合，他方で，当該動産の売主がその動産に対して動産売買先取特権を行使した場合には，後者が優先することになる。

その理由として，従来の通説は，通常，一般の先取特権は債務者の総財産を目的物としているから，その一部について他の特別の先取特権に劣位しても他の財産から優先弁済を受けられるのでそれほど支障がないからと説明してきた（我妻89頁，柚木＝高木71頁，星野213頁。フランス法においても，一般の先取特権が特別の先取特権に優先するとすれば，特別の先取特権者は他の財産に先取特権を行使できないので，不公平であるとの理由をあげるものが多い〔L. AYNÈS et P. CROCQ, DROIT DES SÛRETÉS, 12e éd., 2018, n° 609, p. 361, M. BOURASSIN et V. BRÉMOND, Droit des sûretés, Université, 6e éd., 2018, n° 1081, p. 699, etc.〕)。もっとも，債務者に他の財産がない場合にも，一般の先取特権が劣位にあることには変わりがないので，結局，一般の先取特権における被担保債権の保護の理由が特別の先取特権のそれよりも弱いからであるとも指摘されている（注民(8)200頁〔西原道雄〕）。

そこで，これに加えて，特別の先取特権については，被担保債権が目的物と密接な関係にあるので，その目的物に債権者の優先弁済権を認めるのが公平（動産売買先取特権を例にとれば，売主が売却した動産が債務者の一般財産の価値の増

〔今尾〕

加に寄与・貢献しているのだから、売主が被担保債権と牽連性のある当該動産に対して優先弁済権を行使できるのが公平）であるとの理由もあげられている（高島199頁。フランス法でもこうした理由をあげるものとして，Ph. SIMLER et Ph. DELEBECQUE, Droit civil Les sûretés La publicité foncière, PRÉCIS DALLOZ, 7e éd., 2016, n° 848, p. 774.）。

従来の通説の理由のように，一般の先取特権者は他の財産からも弁済を受けられる，または一般の先取特権の被担保債権の要保護性が特別の先取特権の場合に比べて弱いということは直ちに断定はできない（後述のように，共益費用の先取特権はその利益を受けた総債権者〔特別の先取特権〕に対しても優先する〔329条2項ただし書〕）以上，債務者の一般財産の価値増加への寄与および被担保債権と目的物との牽連性から両者の優劣を説明することが妥当であろう。

2　共益費用の先取特権の優先

上記の規律に対して，共益費用の先取特権は，その利益を受けたすべての債権者に優先するとされている（329条2項ただし書）。例えば，借家人の備え付けた家具について賃料債権の先取特権（312条＝特別の先取特権）を有する家主に対して，当該家具を換価・配当するために要する費用を支出した共益費用の先取特権者が優先することになる。これは，この共益費用により家主も利益を受けているので，これを支出した者に優先弁済権を認めなければ，家主が不当に利得して不公平だからとの理由に基づく。ただし，共益費用の先取特権も，一般の先取特権に属するため，その目的物を不動産とする場合には，この優先の規律はほとんど意味をなさないといわれている（注民(8)201頁〔西原〕）。というのは，これが未登記の場合には，一般債権者に優先できるだけであり（336条本文），また登記をした場合でも，不動産保存・工事の先取特権には劣後し（339条参照），その他の登記された特別担保権との間は登記の先後によって決せられることになるからである。これに対して，一般の先取特権のうち，共益費用の先取特権に限っては，不動産についても336条ただし書を排除して，329条2項ただし書が働き，登記のいかんにかかわらず，利益を受けた特別担保権者にも優先すると解すべきとの主張もある（鈴木禄弥「登記された一般の先取特権」同・分化603頁。また，加賀山・担保法335頁も，『『共益費用の先取特権』も，目的財産の維持費用を負担した者として，広い意味での『保存者』と考えることが可能であり」，「すべての類型を超えた最優先順位（第0順位）が与えられている理由となっている」として，鈴木説と同旨を説く）。

第3節　先取特権の順位　　　　　　　　　　　　　　　　§*330*

　いずれにしても，このように，共益費用の先取特権の優先という規律に類似するものは，民法以外の法律にも見られる。例えば，共益費用に属する強制換価手続の費用に関して，租税はその手続にかかる「費用に次いで徴収する」とされ（税徴9条，地税14条の2），租税の滞納処分費（税徴10条，地税14条の3）や強制換価の場合の消費税等（税徴11条，地税14条の4）も，「他の国税，地方税その他の債権に先立つて徴収する」と規定されている。また，破産法における財団債権は「破産手続によらないで破産財団から随時弁済を受けることができる」（破2条7号）・「破産債権に先立って，弁済する」（破151条）と規定されている。民事再生法および会社更生法における共益債権（民再119条，会更127条）なども，「再生手続〔更生計画の定めるところ〕によらないで，随時弁済する」・「再生債権〔更生債権等〕に先立って，弁済する」（民再121条1項〔会更132条1項〕，民再121条2項〔会更132条2項〕）と規定されている。これらの例は，共益費用優先の規律を具体的に反映した規定といえよう。

　以上から，共益費用の優先という規律は，全私法秩序ひいては全法体系を通じての一般原則の1つであり，民法307条2項および329条2項ただし書は，一方で，各法分野において貫かれる根本原則を宣言して解釈の基本的な指針を示すとともに，他方で，共益費用的なものの優先に関する規定がない場合における補充的な規定の役割をも果たすものということができる（注民(8)201頁〔西原〕）。

〔今尾　真〕

（動産の先取特権の順位）
第330条①　同一の動産について特別の先取特権が互いに競合する場合には，その優先権の順位は，次に掲げる順序に従う。この場合において，第2号に掲げる動産の保存の先取特権について数人の保存者があるときは，後の保存者が前の保存者に優先する。
一　不動産の賃貸，旅館の宿泊及び運輸の先取特権
二　動産の保存の先取特権
三　動産の売買，種苗又は肥料の供給，農業の労務及び工業の労務の先取特権

② 前項の場合において，第1順位の先取特権者は，その債権取得の時において第2順位又は第3順位の先取特権者があることを知っていたときは，これらの者に対して優先権を行使することができない。第1順位の先取特権者のために物を保存した者に対しても，同様とする。
③ 果実に関しては，第1の順位は農業の労務に従事する者に，第2の順位は種苗又は肥料の供給者に，第3の順位は土地の賃貸人に属する。

〔対照〕 フ民 2332-3

I 動産の先取特権相互の間の順位

　本条は，同一動産上に異種の動産の先取特権が競合した場合のそれらの先取特権相互の間の順位関係を定めている。原則として，第1順位は不動産賃貸・旅館宿泊・運輸の先取特権であり，第2順位が動産保存の先取特権，第3順位が動産売買・種苗または肥料の供給・農業労務および工業労務の先取特権の順となる（330条1項）。例えば，AがBから購入した中古の家具をCに修繕させて，Dから賃借している家屋に備え付けたとき，AがBに対する購入代金債務，Cに対する修繕代金債務，Dに対する賃料債務のいずれも支払っていない場合に，当該家具に対して，Bの動産売買の先取特権，Cの動産保存の先取特権，Dの不動産賃貸の先取特権が競合することになるが，その優先順位関係は，本条1項によれば，D＞C＞Bの順となる。
　第1順位に属する動産の先取特権は，その目的物が先取特権者の事実上の支配下にあり，債権者がその動産を自らの債権の引当てとして期待するとの黙示の合意（「黙示の質・黙示の動産質（nantissement tacite, gage tacite）」の観念に基づく），すなわち債権者の通常の期待の保護ないし意思の推測を趣旨とするものである。民法は，動産の特別の先取特権においては，これを最優先順位とした。次いで，第2順位の動産の先取特権は，他の債権者との公平を趣旨として認められるものである。なお，同一動産に複数の保存者がいる場合には，後の保存者が前の保存者に優先するとされている（330条1項柱書後段）。これは，後の保存行為があったことにより前の保存者もその権利を行使でき

第3節　先取特権の順位

るからであると説明されている（注民(8)202頁〔西原道雄〕）。そして，第3順位の動産の先取特権も，公平を趣旨に認められるものであるが，第2順位の先取特権よりも公平の要求がやや弱いもの（注民(8)202頁〔西原〕，柚木＝高木71頁）がこれに属すると説明されている（敷衍すれば，第3順位の先取特権は，売却・供給があったからこそ債務者の責任財産の構成・増殖をもたらしたのだから，売却・供給者に優先権を付与するのが公平であるとの理由から認められるものであるが，当該動産に保存行為がなされることによりその価値が維持される結果，第3順位の先取特権もこれに権利を行使できるようになるので，第2順位の動産保存の先取特権に劣後することになるといった説明になろうか）。

　動産の先取特権相互の間の優先順位の根拠としては，一応，上記のような基準（①当事者意思の推測＋目的物が債権者の支配下にある先取特権＞②公平の趣旨が強い先取特権＞③公平の趣旨が弱い先取特権）を導き出すことができよう。しかし，8種類もの動産の先取特権について，その被担保債権保護の必要性の大小を合理的に決定することは極めて困難であり，330条1項各号の順に優先順位が決められている根拠が必ずしも明確でないとの批判もある（高島200頁）。すなわち，第1順位の先取特権につき，当事者意思の推測を趣旨とする先取特権を意思と無関係な先取特権に優先させたとするならば，この考え方自体が疑問であり，また第1順位の先取特権において常に目的物が債権者の支配下にあるとはいえないのであり，これをもって優先の根拠とはできないと批判されている（高島200頁）。さらに，第2順位の動産保存の先取特権については，他の債権者との公平という趣旨からしても，むしろこれを第1順位にすべきではなかったかとの指摘もなされている（高島200-201頁は，第1順位の先取特権が，第2順位の先取特権に優先できない例外が広く認められている点〔330条2項，3項参照〕もその証左ではないかとする）。さらにまた，第3順位の先取特権が，第2順位の先取特権に劣後するのは，ここでは他の債権者の共通の利益が考慮されないということが根拠となりうるが，第1順位の先取特権にも劣後することの理由は乏しいとの疑問も提起されている（高島201頁）。

　このように，本条1項の優先順位関係は，その根拠・基準も含めて，立法論的には再検討の余地があるといえよう。この点に関しては，近時立法されたフランス法の規律が参考になろう。すなわち，フランス民法典2332-3条は，第1順位として他の先取特権成立後に保存費用を支出した場合の保存の

§330 II

先取特権（同条1項1号），第2順位が他の先取特権者の存在につき善意の場合の不動産賃貸の先取特権（同項2号），第3順位が他の先取特権成立以前に保存費用を支出した場合の保存の先取特権（同項3号），第4順位が動産売買の先取特権（同項4号），第5順位が他の先取特権者の存在につき悪意の場合の不動産賃貸の先取特権（同項5号）という順位関係を規定する。ここには，広い意味での共益費用的な性格を有する動産の保存費用を支出した先取特権者が，その保存により利益を受けたすべての者に優先するとの考慮があるといえよう（L. AYNÈS et P. CROCQ, DROIT DES SÛRETÉS, 12e éd., 2018, nº 610, p. 361.）。

なお，動産質権（334条）と自動車（自抵11条）・航空機（航抵11条）・建設機械（建抵15条）を目的とする特別法上の抵当権は，本条1項に規定する第1順位の先取特権と同順位とされている。

II 例 外

1 第1順位者が後順位者の存在を知っているとき

上記の優先順位の原則には，3つの例外がある。

まず，第1順位の先取特権者が，被担保債権取得の当時，第2順位・第3順位の先取特権者の存在を知っていたときは，第1順位の先取特権者は，これらの先取特権者に対して「優先権を行使することができない」とされている（330条2項前段）。例えば，前記Iであげた，AがBから購入した中古の家具をCに修繕させて，Dから賃借している家屋に備え付けたという例でいえば，DがBおよびCの先取特権者の存在を知っていたときには，DはBおよびCに対して優先権を行使できないことになる。その理由として，この場合，第1順位の先取特権者は，その限度で価値の減少した動産を担保にとったものと考えるべきで，後順位の先取特権者の出現により不測の損害を被るものとはいえないからと説明される（注民(8)203頁〔西原道雄〕）。

ここで「優先権を行使することができない」とは，第1順位の先取特権者がその存在を知っていた後順位の先取特権者と同一順位になる（そう解する有力見解として，中島732頁，勝本・上216-217頁，高島202頁，道垣内78頁などがある）のではなく，順位の転換が生ずる，すなわち後順位の先取特権者に第1順位の先取特権者が劣後すると解するのが多数説である（石田・下666頁，我妻90

第3節　先取特権の順位　　　　　　　　　　　　§330　II

頁，松坂255頁，柚木＝高木71頁，高木52頁，加賀山・担保法333頁，生熊219頁)。

　この多数説に対しては，被担保債権保護の必要性の大小により優先順位を法定する先取特権制度の趣旨に適合しないとともに，後順位の先取特権者の存在を知っていると何故順位が逆転するのか，また仮に，多数説のように考えるとしても，他の先取特権（例えば，第2順位の先取特権）について同様の規定を何故設けなかったのか，その理由が明らかでないとの批判がなされている（高島202頁）。これらの批判に対する応接がなされない限りは，前者の有力見解（順位の逆転は生じず，同一順位になる）にも一定の説得力があるように思われる（ただし，近時，フランス法が部分的に順位の逆転を規定した点〔フ民2332-3条1項5号〕には留意すべきである）。

　なお，上記多数説の見解を前提として，第1順位の先取特権者（例えば，前例のD）が，第3順位の先取特権者（B）の存在することは知っていたが，第2順位の先取特権者（C）の存在を知らなかった場合の優先順位関係につき，①第3順位者（B）＞第2順位者（C）＞第1順位者（D）の優先順になるとする見解（石田・下666頁）と，そう解すると第3順位者（B）のために物を保存した第2順位者（C）が劣後するのは不合理であるとして，②第2順位者（C）＞第3順位者（B）＞第1順位者（D）の優先順になるとする見解（注民(8) 203頁〔西原〕）が対立している。この問題に対しては，330条1項の規定の体裁・文言からすれば，第2順位者と第3順位者との優劣をどのように付けるかが不明であるので，現段階では，先に述べた有力見解に依拠して，第2順位者（C）が，第3順位者（B）と第1順位者（D）に優先し，第3順位者と第1順位者は同順位になると解する，すなわち③第2順位者（C）＞第3順位者（B）＝第1順位者（D）とするのが妥当であろう。

2　第1順位者のために物を保存した者

　第1順位者のために目的物を保存した者がある場合には，第1順位者はこの者に対して優先権を行使することができない（330条2項後段）。例えば，前例で，Aが中古の家具をDから借りている家屋に備え付けた後，当該家具をCが修繕した場合には，DはCに対して優先権を行使できないということである（C＞D）。ここには，第1順位者が修繕によって利益を受けた以上，修繕をした者が第1順位者に優先できるといった，いわゆる共益費用優先の考え方と同様の考慮があるといえよう（なお，すでに述べたように，高島202頁は，

こうした見地から，動産保存の先取特権を第2順位にしたこと自体が問題であるとする）。したがって，この優先の利益を享受できる者は，第1順位の先取特権成立後に，その目的物に対して動産保存の先取特権を取得した者と解すべきことになる。また，第1順位者が目的物の保存により利益を得た限り，その保存者は，第1順位者の委託を受けたか否かを問わず，さらに，第1順位者の善意・悪意（保存者の存在につき）も問うことなく，第1順位者に優先すると解とされている（注民(8)204頁〔西原〕，髙島202-203頁）。

3 果　実

農業上の果実につき先取特権が競合した場合，第1順位が農業労務の先取特権，第2順位が種苗または肥料の供給の先取特権，第3順位が土地の賃貸人の先取特権の順位となる（330条3項）。その理由は，果実の産出に対する寄与の程度および先取特権者の資力を考慮したものと説明される（横田675頁，注民(8)204頁〔西原〕，星野215頁）。本項は，フランス古法からフランス民法典旧2102条（現行2332条）を経て（果実を産出したのは，賃貸人ではなく，種苗の供給者であると説明），わが国の旧民法（旧担164条）および現行民法において変形されて規定されたものである（柚木＝髙木71頁）。

なお，農業経営資金貸付の先取特権の順位についても，本項が適用されると解されている。例えば，土地より生じた果実について，種苗または肥料の購入資金貸付の先取特権（農動産6条・7条）と，民法上の農業労務の先取特権（323条）・種苗または肥料供給の先取特権（322条）・不動産賃貸の先取特権（312条）などが競合した場合には，第1順位が農業労務の先取特権，第2順位が種苗または肥料の供給の先取特権および種苗または肥料の購入資金貸付の先取特権（農動産11条参照），第3順位が土地の賃貸人の先取特権の順位になるということである。

〔今尾　真〕

（不動産の先取特権の順位）
第331条① 同一の不動産について特別の先取特権が互いに競合する場合には，その優先権の順位は，第325条各号に掲げる順序に従う。
② 同一の不動産について売買が順次された場合には，売主相互間に

第3節　先取特権の順位　　　　　　　　　　　　　　　　　§*331*　I・II

おける不動産売買の先取特権の優先権の順位は，売買の前後による。

〔対照〕　フ民2374①・2379 I

I　不動産の先取特権相互の間の順位

　本条は，同一の不動産上に異種の不動産の先取特権が競合した場合のそれらの先取特権相互の間の順位関係を定めている。すなわち，325条に掲げる順序に従って，第1順位は不動産保存の先取特権，第2順位が不動産工事の先取特権，そして第3順位が不動産売買の先取特権の順となる（331条1項）。

　不動産保存の先取特権が第1順位とされた理由は，目的不動産に対する保存行為によって他の先取特権者も当該不動産から弁済を受けることができるからであるとされる。また，不動産工事の先取特権が第2順位とされた理由は，工事は保存と異なり目的物の本来の価値を維持するために必要な行為ではなく，工事より後に保存がされたときは保存により不動産工事の先取特権者も利益を受けるからであるとされる（梅400頁，注民(8)205頁〔西原道雄〕，我妻91頁，道垣内80頁，松岡281頁。なお，加賀山・担保法334頁は，工事も保存の一種と捉えて，330条1項柱書後段の「後の保存者が前の保存者に優先する」との動産の先取特権のルールがここにも準用されるとする）。そして，不動産売買の先取特権が第3順位とされたのは，当該不動産の保存・工事により売主も利益を受けるので最下位とされたと説明されている（注民(8)205頁〔西原〕）。

　しかし，目的物の保存の後，工事がなされた場合にも，不動産保存の先取特権者を優先させる理由はなく，立法論として疑問が提示されている（注民(8)205頁〔西原〕，また道垣内80頁も参照。なお，加賀山・担保法334頁によれば，この場合の具体的帰結について言及はないが，工事が保存に優先するということになろうか）。

II　保存・工事または売買の先取特権の競合

1　複数の保存・工事の先取特権の競合

　同一不動産について，複数の不動産保存の先取特権または複数の不動産工事の先取特権が競合した場合については，明文の規定が存しない。これは，

〔今尾〕

起草者によれば，保存費用ないし工事による増価額は不動産全体の価格に比して僅少であろうし，工事費用は増価額に限定されるので，これらの費用が目的不動産から弁済を受けられないことは実際上まれであるから，複数の不動産の保存ないし工事の先取特権が競合した場合の順位規定を設けなかったと説明されている（梅401-402頁）。

そこで，学説では，この問題を理論上のものと位置づけた上で，3つの考え方が展開されている（注民(8)205頁〔西原道雄〕参照）。①不動産の先取特権を登記によって公示される物権として抵当権と同様に扱い，物権法の一般原則に従って先発の先取特権が後発の先取特権に優先するという考え方，②この問題に関する具体的処理規定が存しない以上，332条に従って債権額の割合に応じて先取特権者が弁済を受けるという考え方（中島735頁），③後の保存または工事により現在の不動産の価値が維持・増価していることはその共益的性格から前の保存または工事に優先させるべきとして，330条1項柱書後段を類推適用するとの考え方（山下174-175頁，我妻91頁，柚木＝高木72頁，注民(8)205頁〔西原〕，高木53頁，道垣内80頁。なお，高島203頁は，この考え方〔③〕を支持しつつ，不動産の先取特権の登記を対抗要件と解し，各先取特権が所定の要件を充たした対抗要件を具備したことを前提に，この優劣は認められるべきとする）が主張されている。

この問題に関して，民法が，動産保存の先取特権（330条1項柱書後段）や不動産売買の先取特権（331条2項）のような規定を，複数の不動産保存または複数の不動産工事の先取特権が競合した場合を想定して規定しなかったことから推すと，②の考え方を採用するのが民法の構造理解に最も合致するとしつつ，この場合に，共益費用優先の原則（329条2項ただし書参照）の例外を認めるほどの理由もないことから，③の考え方を支持すべきとする主張がある（注民(8)205頁〔西原〕。なお，同書同頁は，立法論としては後の工事が先の保存に優先するとすればさらに論理は一貫すると主張する）。そして，この③の考え方が通説となっている。

なお，通説（我妻91頁，柚木＝高木72頁，注民(8)205頁〔西原〕など）は，不動産工事の先取特権が競合した場合にも③の考え方を採用する（この点を指摘するものとして道垣内80頁注71）が，330条1項柱書後段は，動産保存の先取特権が競合した場合の規定であるので，保存行為という共通点（共益費用的性

格）からこれを不動産保存の先取特権にも類推適用することは許容できるとしても、これを不動産工事の先取特権にまで類推・拡張することは問題のように思われる。そこで、不動産工事の先取特権については、2つの考え方ができよう。1つは、不動産工事の先取特権は、不動産に工事を行った者に当該不動産の増加価値分だけは優先弁済権を付与するのが当事者間および他の債権者との間で公平であるとの趣旨に基づくものであるので（→§327 Ⅰ）、むしろ不動産売買の先取特権に近いということができよう。そうだとすれば、複数の不動産工事の先取特権が同一目的物に競合した場合には、331条2項を類推適用して、工事の前後すなわち前の工事の先取特権者が優先するという考え方により優先順位を決めるという方向もあるように思われる。また、不動産工事の先取特権は、工事開始前にその費用の予算額を登記しなければならないので（338条1項）、前の工事の先取特権の登記がなされておれば、後の工事の先取特権者はその登記をする際に、すでに前の工事の存在およびその被担保債権額を知ることができるので、工事の前後によって優劣を決するとしても不都合はない点も、不動産売買の先取特権の場合（331条2項）と同じといえよう。これに対し、もう1つは、増加価値分について、前の工事の先取特権者と後の工事の先取特権者の双方が自分の工事によって生じた不動産価格の増加の現存を厳密に明らかにすることが難しいとするならば、複数の保存行為が行われた場合に関する上記②の考え方（債権額の割合に応じた弁済を受ける〔332条の類推適用〕）に基づき両者を処理する方向もありうると思われる。いずれにしても、ここでは、不動産工事の先取特権が同一目的物に競合する場合に、不動産保存の先取特権の競合の場合と同様に取り扱うのは、両者の趣旨の違いから問題であることを指摘しておこう。

2　売買の先取特権の競合

複数の不動産売買の先取特権が同一目的物に競合する場合、すなわち同一不動産につき順次の売買があったとき（A所有家屋をAがBに、BがCに、そしてCがDに順次売却し、AとCがそれぞれB・Dから代金の支払を受けていない場合、AとCの先取特権はいずれが優先するかについて）、売主相互間の優先順位関係は、売買の前後による（Aが優先する）ことになる（331条2項）。これは、前の売買があったからこそ後の売買も可能となった（梅400頁、星野215頁）のと同時に、すでに述べたように（→1）、前の売買の登記（340条）により、後の売

§332　　　　　　　　　　　　　　　　　　第2編　第8章　先取特権

買の売主（C）は前の売主（A）の先取特権の存在を知ることになるので，売買の前後により優劣を決するとしても不都合がないからである（注民(8)205頁〔西原〕）と説明される。

　本条2項は，フランス民法典旧2103条1号後段（現行2374条1号後段に同様の規定があり，「その代金の全部又は一部が未払の数個の連続した売買がある場合には，第一の売主が第二の売主に，第二の売主が第三の売主に，及び以下同様に優先する」と規定する）を範として，わが国の旧民法（旧担187条第2「逐次ノ譲渡……ノ場合ニ於テハ優先権ハ債権者間最モ旧キ者ニ属ス」）がこれを踏襲して，現行民法典に規定されたものである。

　なお，フランス法においては，この準則の根底に，明確な対抗要件主義的な考慮がある。ここでは，順次の売買が，売買から2か月の期間内に登記をしなければならないとの限定はあるものの（フ民2379条1項），すべて登記されるという前提に基づき（フ民2377条参照），最初の売主が次の売主に優先し，次の売主はその次の売主に優先する……というように，つまり，最初の売主が，第三取得者・転得者のもとで不動産を差し押さえる権利をもって，日付において後れる売主たる債務者（第二売主）に優先して支払われる（逆にいえば，登記をしなかった最初の売主は，登記をした第二売主に対抗できない），と考えられているわけである（A. COLIN et H. CAPITANT, COURS ÉLÉMENTAIRE t. II, 7e éd., 1932, nº 1148, p. 935.）。この点で，わが国において，不動産売買の先取特権の登記を対抗要件と捉える通説（我妻98頁，柚木＝高木79頁，高島216-217頁，安永484頁）とフランス法の考慮とは親和的ということができる。

〔今尾　真〕

（同一順位の先取特権）
第332条　同一の目的物について同一順位の先取特権者が数人あるときは，各先取特権者は，その債権額の割合に応じて弁済を受ける。
　　〔対照〕　フ民2326

第 3 節　先取特権の順位　　　　　　　　　　　§*332*　I

I　同順位の先取特権者相互の間の関係

　本条は，同順位の先取特権者相互の間の関係を定めるもので，同一目的物について同順位の先取特権者が複数あるときは，各債権額の割合に応じて弁済を受けると規定する。例えば，雇用関係に基づいて生じた給料債権を有する者が多数あるときは，債務者の財産について，それぞれの給料債権の割合に応じて弁済を受けるということである。

　本条は，フランス民法典旧 2097 条（現行 2326 条は「同一順位にある先取特権者は，競合して支払を受ける」と規定する）を範として，わが国の旧民法（旧担 135 条 3 項・144 条 2 項）を経て，現行民法典に規定されたものである。

　フランス法では，この準則は，同じ性質の同じ順位の一般の先取特権にしか適用されず，動産の特別な先取特権には適用されないとされている（H. L. et J. MAZEAUD et F. CHABAS, LEÇONS DE DROIT CIVIL, t. III, vol. I, Sûretés Publicité foncière, 7e éd., 1999, par Y. PICOD, nº 204, pp. 267-268 et nº 218, p. 273.）。ただし，旧民法は，一般の先取特権のみならず特別の先取特権にもこの準則が適用されるとして，その適用範囲を拡張した（先取特権の総則の旧担 135 条 3 項は，「同原因又ハ同順位ノ先取特権アル債権者ハ其債権額ノ割合ニ応シテ弁済ヲ受ク」とし〔ここでは，一応，一般の先取特権と特別の先取特権を区別しない規定の体裁となっている〕，また，動産・不動産の一般の先取特権に関する旧担 144 条 2 項は，「右ノ数条ニ掲ケタル同原因ノ債権ハ同順位ニテ配当ニ加入ス」と規定していた）。そして，本条の「同一の目的物」とは，特定財産だけでなく，債務者の総財産を含むとして，本条は，一般の先取特権にも適用されるとされてきた（我妻＝有泉・コメ 537 頁）が，以上の沿革に照らせば，わが国においても，332 条は，原則として，一般の先取特権を念頭に適用されると解すべきであろう。

　もっとも，動産の先取特権のうち，種苗または肥料の供給の先取特権（311 条 6 号・322 条），農業労務（311 条 7 号・323 条）および工業労務（311 条 8 号・324 条）の先取特権については，一般の先取特権における日用品供給の先取特権や雇用関係の先取特権と同じ性質・性格を有するものといえるので，本条が適用されると解されよう（農業労務・工業労務の先取特権について適用例をあげるものとして，我妻 91 頁）。それ以外の特別の先取特権については，すでにみたように，同一目的物を対象に同順位の先取特権が競合する場合には，そ

〔今尾〕

れぞれ優劣決定基準の定めがなされているか，解釈によりその優劣が決定されているということができる（ただし，先に331条で紹介した，不動産保存・不動産工事の先取特権が同一目的物を対象に複数競合した場合の考え方の②説〔→§331 II 1〕によれば，この場合にも本条の適用があるといえようか）。

II 特別法による本条の例外的取扱い

本条は，同一目的物について同順位の（一般の）先取特権者が複数あるときは，各債権額の割合に応じて弁済を受けるものとする。しかし，特別法により本条の取扱いが修正を受けることがある。例えば，租税法上（租税債権に関する先取特権は一般の先取特権としての性格を有する），差押先着手による租税の優先（税徴12条1項は，「納税者の財産につき国税の滞納処分による差押をした場合において，他の国税又は地方税の交付要求があつたときは，その差押に係る国税は，その換価代金につき，その交付要求に係る他の国税又は地方税に先だつて徴収する」と規定する。また，地税14条の6第1項も同じ内容を規定する）や交付要求先着手による租税の優先（税徴13条は，「納税者の財産につき強制換価手続（破産手続を除く。）が行われた場合において，国税及び地方税の交付要求があつたときは，その換価代金につき，先にされた交付要求に係る国税は，後にされた交付要求に係る国税又は地方税に先だつて徴収し，後にされた交付要求に係る国税は，先にされた交付要求に係る国税又は地方税に次いで徴収する」と規定する。また，地税14条の7も同じ内容を規定する）などの特別の規定がある。

〔今尾　真〕

第4節　先取特権の効力

前注（§§333-341〔先取特権の効力〕）

I　総　説

　先取特権の中心的効力は，すでに述べたように，債務者の財産に対して他の債権者に先立って自己の債権の弁済を受けることができる優先弁済的効力である（303条）。その効力については，①先取特権の被担保債権の範囲，②その効力の及ぶ目的物の範囲，③物上代位，④各種先取特権間の優先順位関係，⑤先取特権と他の担保物権・目的物の第三取得者・一般債権者との関係（先取特権の侵害の場合も含む），⑥先取特権の実行方法，⑦倒産処理手続における先取特権の効力等が問題となる。

　民法は，これらのうち，③については第1節の「総則」において（304条），④については第3節の「先取特権の順位」において規定しており（329条～332条），それらの解説は，該当条文（→§304, §329～§332）ないし第3節の前注（→前注（§§329-332）II・III）において述べ，また，⑥についても，本章の前注（→前注（§§303-341）II 2⑵, §303 II 1・2）において解説したところである。

　そこで，本節の前注（§§333-341）では，各条の具体的な考察をする前提として，①②⑤について，これまであまり論じられてこなかった問題を指摘するとともに，⑦に関して，目的物所有者の倒産処理手続における先取特権の処遇といった見地から，民法実体法上の先取特権の効力が倒産処理手続においてどのように変容・制限を受けるのかを概観することとする。

〔今尾〕

前注（§§333-341） II　　　　第2編　第8章　先取特権

II　被担保債権の範囲およびその効力の及ぶ目的物の範囲

1　被担保債権の範囲

先取特権は，法定の担保物権であるので，それぞれの先取特権について，被担保債権が指定され，その範囲についても法定された固有の規定を有していることが多い（日用品供給の先取特権〔310条〕，不動産賃貸の先取特権〔315条〕，農業労務〔323条〕，工業労務〔324条〕の先取特権など）。しかし，これら以外の先取特権の被担保債権の範囲については問題となりうる。

341条は，先取特権の効力について，「その性質に反しない限り」で，抵当権に関する規定を準用すると定める。したがって，抵当権の被担保債権の範囲に関する375条が準用され，先取特権の被担保債権のうち利息・遅延損害金は，「最後の2年分についてのみ」，これを行使できることになる。

ただし，341条による抵当権の規定の準用については，不動産の先取特権が法定の抵当権に類似していることから，不動産の先取特権についてのみ準用されると解するか（梅422頁，中島758頁，石田・下678頁，注民(8)224頁〔西原道雄〕，高橋52頁，安永485頁，生熊232頁），「その性質に反しない限り」で，不動産・動産の先取特権を問わず，準用されると解するか（高島197頁，近江56頁，道垣内65頁）は，判然としない。いずれにしても，この問題について，これまで，あまり取りあげられてこなかったように思われる（→§341 I）。

2　効力の及ぶ目的物の範囲

先取特権は，目的物の占有を基本的に要件としない担保物権である点で抵当権に近似することから，その効力の及ぶ目的物の範囲に関する370条の規定が準用されるとされている（341条）。そして，通説は，この準用により，不動産を目的物とする先取特権は，付加一体物にも先取特権の効力が及ぶと解している（石田・下678頁，我妻95頁，柚木＝高木73頁，高木58頁，道垣内65頁）。

これに対しては，370条は，抵当権において設定行為後の従物等に効力を及ぼす目的を有する規定であって，先取特権にあっては設定時という観念がなく，その行使時に各条に定めるところに合致する財産を目的物とするにすぎない以上，いったん目的物が定まった後の目的物の増加を問題とする余地はないとして，370条は準用されないとの見解も唱えられていた（道垣内〔三

第4節　先取特権の効力　　前注（§§ 333-341）　III

省堂版〕51頁。なお，現在，道垣内は，不動産を目的とする先取特権は，370条の準用によって付加一体物にもその効力が及ぶとして，改説している〔道垣内65頁〕）。

　上記の見解の相違はともかく，不動産の先取特権について，それぞれの先取特権が認められる趣旨や被担保債権と目的物との関係（牽連性の有無等）で，目的物の増加部分にもその効力を及ぼすことができるか，また，及ぼす必要があるかどうかといった見地から（例えば，不動産売買の先取特権など），あらためてこの問題を検討し直す必要があるように思われる。

III　優先弁済的効力——各種先取特権の効力の特殊性に関する問題点

1　問題の所在

　先取特権の中心的効力は，すでに何度も述べてきたように，優先弁済的効力である。先取特権は，権利者が被担保債権の弁済がなされないとき，目的物を自ら差し押さえ，それを競売に付してその競売代金から優先的に弁済を受けるか，他の債権者が目的物に執行してその配当手続の中で有する順位に従って優先弁済を受けることができる担保物権である。しかし，これが法定担保物権であることから，優先弁済的効力の実現についても，先取特権の種類・各先取特権が認められる趣旨に応じて，法定の手続により，その効力が特別に強化され，あるいは取引保護の要請から効力が制限されており，しかも，そこでは物権法の一般原則が大きく修正されている（高島197頁）。そこで，ここでは，各種先取特権の効力の特殊性について，特に問題となりうる点を概観することとする。

2　一般の先取特権の行使方法

　一般の先取特権は，債務者の総財産を目的とするので，先取特権者がいかなる財産からでも優先弁済を受けてよいとするならば，他の債権者に影響を及ぼすことになる（梅411頁）。そこで，民法は，優先弁済を受ける順序について，次のような制限を設けている。まず，一般の先取特権者は，不動産以外の財産（動産や債権など）から弁済を受け，なお不足があるときでなければ，不動産から弁済を受けられない（335条1項）。また，不動産については，特別担保（抵当権・質権・不動産の先取特権など）の目的とされていないものから弁済を受けなければならない（335条2項）。これらの制限に反する実行は，

〔今尾〕

前注（§§ 333-341） III 第2編 第8章 先取特権

執行異議の対象となる（民執11条・182条）。また，こうした順序で配当加入することを怠った場合には，一般の先取特権者は，その配当加入をしたならば弁済を受けられた額につき，登記をした第三者（一般の先取特権者に劣後する抵当権者・不動産質権者・第三取得者）に対して，優先権を主張できないとされている（335条3項）。そして，このような制限は，不動産以外の財産の代価より先に不動産の代価が配当される場合，または他の不動産の代価より先に特別担保の目的物である不動産の代価が配当される場合には，適用されない（335条4項）。つまり，一般の先取特権が登記されている場合には，先取特権者は，優先順位に従って当然に上記の手続において配当を受けることができ（民執87条1項4号），また登記がされていない場合には，配当要求することができる（同項2号）というわけである。これは，先取特権者が優先弁済を逸するおそれに配慮したものであるとされている（石田・下680頁，柚木＝高木75頁，道垣内75頁，松岡278頁，生熊223頁）。

しかし，335条の制限については，一般の先取特権が，不動産を目的とする場合，その登記がなければ登記をした担保権者等の第三者には対抗できないところ（336条ただし書），一般の先取特権が登記されることはまれであるので，その実効性があまりないとされている（梅413頁，我妻96頁，生熊223頁。もともと，335条は，登記なくして抵当権にも優先できるという，強力な効力を持つ一般の先取特権を規定するフランス法〔1955年改正前のフ民2105条・2107条。なお，現行法下では，裁判費用と給料債権に関する一般の先取特権が従来の強力な効力を維持しているのみである（現行2375条・2376条・2378条参照）〕に倣ったもので，登記をしなければ抵当権者等には優先できないとするわが国の民法下では，本条の存在意義は乏しいといえよう。また→§335Ⅲ2）。したがって，335条は一般の先取特権の実行方法に関して詳細に規定しているが，その存在意義につき，立法論的には再検討の余地があるといえよう。

3 動産の先取特権の追及効の制限

一般の先取特権，特別の先取特権を問わず，先取特権が動産を目的物とする場合，債務者がその動産を第三取得者に引き渡したときには，先取特権者は，もはや当該動産に対して先取特権を行使できないとされている（333条）。

この規定の趣旨に関して，通説は，動産の先取特権には公示手段がなく，先取特権の追及力を無制限に認めれば，第三者に不測の損害を与えることに

第4節　先取特権の効力

なるので，動産取引の安全を図るものであると説明する（梅405頁，柚木＝高木76頁，注民(8)209頁〔西原道雄〕，高木55頁，安永481頁）。しかし，これに対しては，333条が先取特権の存在につき第三取得者に善意を要求していないことから，取引の安全のみの理由からでは説明できないとの問題指摘がなされている（川井315頁，同・概論274頁，道垣内70頁）。そこで，この規定の趣旨をどう捉えるかは問題となる。

また，333条の「引き渡した」には，現実の引渡しのみならず，占有改定等も含まれるとするのが従来の判例（大判大6・7・26民録23輯1203頁）・通説（我妻93頁，注民(8)210頁〔西原〕，柚木＝高木76頁，高島210頁，川井316頁，同・概論275頁，近江69頁）であるが，このことを本条の趣旨理解との関係でどう説明するかも問題である（道垣内71頁）。さらに，第三取得者が所有権を取得しただけで，引渡しを受けなかった場合，333条が適用されるか否かも，説の分かれるところである（高木56頁参照）。

さらにまた，333条の「行使することができない」の意味をめぐっても，①目的動産の第三取得者への引渡し後は先取特権が消滅するとする見解（我妻99頁，高木58頁など），②本条は先取特権の追及効を制限した規定にすぎず（先取特権は消滅しない），後日債務者が目的動産につき所有権と占有を回復したときには再びこれに先取特権を行使できるようになるとする見解（中島738-739頁，石田・下674-675頁，勝本・上208頁，注民(8)210頁〔西原〕），③目的動産の第三取得者への引渡しにより先取特権はいったん消滅するが，債務者が目的物の所有権と占有を回復すれば先取特権が復活するとする見解（川井316-317頁，同・概論276頁）などが展開されており，いまだ定説をみるに至っていない。これも，実際的・理論的の双方の局面から重要な問題といえよう。

4　不動産の先取特権における登記の意義・機能

不動産物権については，一般に登記によって公示され，その効力を第三者に対抗することができるとの原則が採用されている（177条：対抗要件主義）。しかし，不動産保存・工事の先取特権については，所定の要件に従ってそれらを登記することにより（337条・338条），それ以前から登記されていた抵当権等の担保物権にも優先できるとされており（339条），ここでは物権法の対抗要件主義の原則が修正されている。

そして，こうした見地からすると，不動産の先取特権すべて（保存・工事・

〔今尾〕

売買）につき，登記をすることによって「効力を保存する」との文言（337条・338条・340条）の意味に関しても，これを効力要件（登記をしなければ先取特権の効力が生じない）と解する考え方が導かれよう（富井417頁・419頁，中島750頁・754頁，注民(8)161頁・165頁〔甲斐道太郎〕，道垣内63-64頁）。判例も，不動産工事の先取特権についてであるが，登記をしなければ先取特権そのものが発生しないとする（大判大6・2・9民録23輯244頁，大判昭9・5・21新聞3703号10頁）。

　これに対して，近時は，不動産の先取特権についてのみ物権変動における一般原則の例外を認める必要性を見出しがたいこと，339条が登記のない不動産の先取特権の存在を窺わせていること，登記のない先取特権も目的不動産に対して担保不動産競売の申立てをなしうる実益があることなどを理由に，この登記を対抗要件と解すべきとの見解（注民(8)218頁〔西原〕，高島214頁・216頁，柚木＝高木78-79頁，鈴木321頁，生熊216頁・217頁，安永483-484頁）が有力になっている。しかし，この見解が支持に値しうるとしても，条文の文言との乖離があるとともに，その論拠も実質論に終始しており，立法論としてならまだしも，解釈論としてはその論拠が薄弱といわざるをえない。そこで，この点をどう補強するかは問題となる。

IV　倒産処理手続と先取特権

1　各種先取特権の倒産処理手続における処遇

　一般の先取特権は，債務者の倒産処理手続においては，一般債権者に対してしか優先することができない。すなわち，一般の先取特権には，物権としてではなく債権の特殊な効力としての地位しか付与されず，破産手続では，一般の先取特権の被担保債権は，優先的破産債権となり，先取特権者は，他の破産債権者に優先して弁済を受けることができる（破98条1項）。一般の先取特権も実体法上の優先権を有する以上，これを一般の破産債権と同順位とすることは公平に反する反面，優先権の対象は特定財産ではなく，一般財産であることに鑑み，これを破産債権でありながら，一般の破産債権に優先するとしたものである（伊藤眞・破産法・民事再生法〔4版，2018〕295頁）。また，会社更生手続では，一般の先取特権の被担保債権は，優先的更生債権となり，

第4節　先取特権の効力

先取特権者は，更生手続に参加し，更生計画の定めに従って通常の更生債権に先んじて分配を受けることになる（会更168条1項2号）。さらに，民事再生手続では，その被担保債権は，一般優先債権となり，民事再生手続によることなく随時弁済される（民再122条1項・2項）。

なお，雇用関係に基づく債権（退職金債権を含む給料債権など）については，破産手続においては財団債権（破149条）として，会社更生手続では共益債権（会更130条）として，さらに優先的な保護が与えられる。

次に，動産および不動産の特別の先取特権については，破産手続および民事再生手続では別除権を与えられ（破2条9項・65条，民再53条），破産・再生手続外で，財団中にある目的物たる特定財産に対して優先弁済権を自由に行使することができる。また，会社更生手続においては，更生担保権となり，更生計画において優遇される（会更2条10項）。

2　債務者に開始した倒産処理手続と物上代位

動産・不動産の先取特権者（特別の先取特権者）は，すでに述べたように，破産手続および民事再生手続において別除権を与えられることになる（破2条9項，民再53条）ので，これらの手続外で自由に先取特権を実行することができる（破65条1項，民再53条2項）。そして，破産者または破産管財人が目的物を転売したときには，その代金債権は破産財団に属することになるが，この場合にも，先取特権者は物上代位に基づく別除権者としての地位を与えられるかについては，304条1項ただし書の「差押え」の趣旨理解（→§304 Ⅳ2）と相俟って，これを消極に解する見解（先取特権者が破産手続開始前に債権を差し押さえていない限り物上代位権を破産管財人に主張できない）と積極に解する見解（破産手続開始後でも債権を差し押さえて物上代位権を主張できる）との対立がある（伊藤・前掲書481-482頁）。

この点に関して，判例は，物上代位権者も，物上代位権が先取特権の本体的効力たる優先弁済的効力を発現するものであるので，倒産処理手続外で自由に行使できるとしている（最判昭59・2・2民集38巻3号431頁。注解判例393頁〔田原睦夫〕も参照）。

また，裁判例は，特別の先取特権の物上代位の目的物である債権を，債務者が当該物上代位権者に代物弁済または譲渡担保に供しても破産法上否認されないとする（大阪地判昭48・6・30下民集24巻5〜8号438頁，大阪地判昭57・8・

〔今尾〕　419

9判タ483号104頁)。これも,動産の先取特権の目的物を当該先取特権者に代物弁済に供しても否認されない(最判昭41・4・14民集20巻4号611頁)ことと同じ考慮に基づくものである。

さらに,動産売買先取特権の物上代位権に関して,その行使としての「差押え」は,破産債権に基づくものではないので,破産手続開始による制限(破42条1項)を受けないが,これを行うためには,先取特権者は,その担保権の存在を証明する文書を執行裁判所に提出しなければならない(民執193条1項)ところ,この文書の意義に関して見解の対立がある。すなわち,債務名義に準じる程度の高度の蓋然性をもって担保権の存在を証明できる文書が必要であるとする準債務名義説(三ケ月440頁以下,浦野・逐条620頁以下,浦野雄幸「最近の動産売買の先取特権の実行をめぐる諸問題(4・完)」NBL337号〔1985〕19頁)と,提出された文書を総合して裁判官の自由な心証によって担保権の存在を証明できる文書であればよいとする書証説(中野貞一郎『『担保権の存在を証する文書』(民執193条1項)——動産売買先取特権に基づく物上代位権の行使をめぐる裁判例」判タ585号(1986)13頁以下,中野=下村339頁以下・344頁,生熊長幸「動産売買先取特権の実行(2)」ジュリ876号〔1987〕116頁)との対立である。この問題につき,下級審裁判例は分かれているが,近時の実務は,書証説に基づいて運用されているといわれている(竹下守夫編集代表・大コンメンタール破産法〔2007〕278頁〔野村秀敏〕,伊藤・前掲書483頁注61)。なお,これに関連して,先取特権者が担保権の存在を証明する文書を提出できない場合に,目的債権の仮差押えや破産管財人に対する取立てまたは譲渡禁止仮処分などの申立てにより,物上代位権を保全することができるか否かも問題とされている(詳細は,中野=下村347頁,斎藤秀夫ほか編・注解破産法(上)〔1998〕673頁以下〔斎藤秀夫〕,伊藤・前掲書483頁を参照)。いずれにしても,これらの問題は,物上代位が認められる趣旨やその行使としての差押えに際して担保権の存在を証明する文書が要求される趣旨などを勘案して,判断すべきものといえよう。

〔今尾　真〕

第4節　先取特権の効力　　　　　　　　　　　　　§333　Ⅰ

（先取特権と第三取得者）
第333条　先取特権は，債務者がその目的である動産をその第三取得
　　者に引き渡した後は，その動産について行使することができない。

〔対照〕　フ民2332④

細　目　次

Ⅰ　本条の趣旨 …………………………421
Ⅱ　要　件 ……………………………424
　1　本条の適用される先取特権の種類……424
　2　「第三取得者」の意義 ………………424
　3　「引き渡した」の意義 ………………425
Ⅲ　効　果 ……………………………427
　1　「行使することができない」の意義 …427
　2　本条が適用された場合の先取特権者
　　の保護等……………………………429
Ⅳ　特別法上の動産先取特権の追及効の制
　　限 …………………………………430
　1　海難救助における積荷に関する先取
　　特権の追及効の制限……………………430
　2　船舶先取特権の目的物譲渡とその追
　　及効に関する特例………………………430

Ⅰ　本条の趣旨

　本条は，動産を目的物とする先取特権については，債務者がその目的物を第三取得者に譲渡して引き渡したときは，もはやこの動産に対して先取特権を行使できないと規定する。通説は，動産の先取特権は公示方法が存しないので，先取特権の追及効を制限することにより，動産取引の安全を図る趣旨で規定されたと説明する（梅405頁，富井406頁，石田・下674頁，柚木＝高木76頁，注民(8)209頁〔西原道雄〕，星野216頁）。つまり，動産の先取特権は，債権者による目的動産の占有を要件としないので，第三取得者が先取特権の目的物となっていることを知らずに債務者からその動産を譲り受けることが多く，こうした第三取得者を保護して動産取引の安全を図るため，先取特権の追及効を制限したのだというわけである。

　しかし，このような説明に対しては，本条が先取特権の存在につき第三取得者に善意を要求していないことから，取引の安全のみの理由からでは説明できないとの問題指摘がなされている（川井315頁，同・概論274頁，道垣内70頁）。そこで，本条の説明としては，一般の先取特権（動産を対象とする場合，先取特権実行時に目的物たる要件を満たしている動産から優先弁済を受けるにとどまり，債務者の目的物処分を制限することはできない）や動産の先取特権（一方で，目的物

〔今尾〕　　421

§333 I

が処分された場合には物上代位により先取特権者は保護されるとしつつ、他方で、債務者に目的物処分を認めるとの仕組みになっている）の双方とも、先取特権者が債務者による先取特権の及んだ目的動産の処分を制限することはできない（逆にいえば、「追及効の否定というテクニックにより、画一的に、債務者以外の者の所有物上に先取特権が成立することを阻止しようとする」〔高島209頁〕）ことに、その趣旨を求めるべきとの見解がある（道垣内71頁）。

また、本条に関して、先取特権者と第三取得者との間を対抗関係と捉え、目的物が第三取得者に引き渡されると第三取得者が対抗要件を備えることになるので、先取特権者は権利を第三取得者に対抗できなくなるとの説明もある（平野ほか299頁〔平野裕之〕は、「動産先取特権と目的動産の譲受人とは、一方で先取特権の負担を主張し、他方で先取特権の負担のない所有権の取得を主張する対抗関係に立つことになる」とする）。しかしそもそも動産の先取特権は公示を観念し得ず、公示制度のない権利（者）とそれのある権利（者）との間の関係を、「対抗」ないし「対抗問題」という概念でもって律する説明には、違和感を禁じ得ない。

なお、フランス法においても、とりわけ、動産売主の先取特権の追及権の有無を中心に、類似の議論が展開されている。すなわち、一方で、動産売主が第三者に対して追及権を行使できないのは、「動産については、占有は権原に値する」とのフランス古法の法諺（フ民2276条1項〔旧2279条1項〕に具体化されている）によって、第三者が保護されるからである（したがって、動産が買主のもとにとどまっている場合や第三者＝転得者が先取特権につき悪意の場合には、売主は依然先取特権を行使できる）との学説がある（J. MESTRE, E. PUTMAN, et M. BILLIAU, TRAITÉ DE DROIT CIVIL, DROIT SPÉCIAL DES SÛRETÉS RÉELLES, 1996, n° 696, pp. 117-118, M. CABRILLAC, Ch. MOULY, S. CABRILLAC, Ph. PÉTEL, MANUEL DROIT DES SÛRETÉS, 10e éd., 2015, n° 742, p. 551, Ph. SIMLER et Ph. DELEBECQUE, Droit civil Les sûretés La publicité foncière, PRÉCIS DALLOZ, 7e éd., 2016, n° 823, p. 760, D. LEGEAIS, DROIT DES SÛRETÉS ET GARANTIES DU CRÉDIT, 12e éd., 2017, n° 699, p. 461, L. AYNÈS et P. CROCQ, DROIT DES SÛRETÉS, 12e éd., 2018, n° 468, p. 287, et n° 611, p. 362.）。他方で、動産が譲渡された場合には、買主の動産の占有の有無や第三者の善意・悪意にかかわらず、当該動産はもはや買主の所有に属さず一般財産から逸出している以上、動産売主は先取特権等を行使できない（転売代金が支払わ

第4節　先取特権の効力

§*333* Ⅰ

れていない限りでそれに対する物的代位〔subrogation réelle, わが国の物上代位に類似する〕しか認められない〕とする学説もある（A. COLIN et H. CAPITANT, COURS ÉLÉMENTAIRE t. II, 7e éd., 1932, n° 1097, pp. 900-901, G. MARTY et P. RAYNAUD et P. JESTAZ, LES SÛRETÉS LA PUBLICITÉ FONCIÈRE, 2e éd., 1987, n° 442, pp. 273-274, H. L. et J. MAZEAUD et F. CHABAS, LEÇONS DE DROIT CIVIL, t. III, vol. I, Sûretés Publicité foncière, 7e éd., 1999, par Y. PICOD, n° 195, pp. 260-261.）。後者の考え方が従来の多数説を形成していたと思われる。また判例も、売却された動産が転得者のてもとに存在するケースに関して、一般的な表現ではあるが、転得者の善意・悪意を問題とせず、フランス民法典旧2102条4号（現行2332条4号）は、「当該動産の第三取得者に対する債権の支払を追及する」ことを動産売主に認めるものではない、と判示し（破毀院1894年2月19日民事部判決〔D.P. 1894. 1. 413, S. 1895, 1, 457, note A. Wahl.〕）、後者の学説の考え方に依拠して、動産売買先取特権の第三取得者への追及効を全面的に否定した（もっとも、その後100年近くを経て、破毀院商事部は、所有権留保の売主が第三取得者に売買目的物の返還を請求した事案において、第三取得者の善意を強調して、悪意の場合には追及権にかなり好意的な解釈を認めている点〔Cass. com., 1er oct. 1985, Bull. civ. IV, n° 224, p. 187.〕、および近時の学説も、動産先取特権の追及権の有無につき、第三取得者の善意・悪意を基準にする見解が増えてきた点には留意すべきである）。

このようなフランス法における議論に照らして、わが国の動産の先取特権の第三取得者への追及効が制限されることの趣旨を考えると、民法333条は、フランス法における判例および従来の多数説の考え方を前提に規定されたのではないかということができよう（旧担148条や同160条も第三取得者の善意・悪意を規定していない。また、法典調査会民法議事〔近代立法資料5〕529頁によれば、磯部四郎委員の「第三取得者ハ善意ト悪意トヲ問ハヌ訳デ御座イマセウカ」との質問に対して、起草委員からは、「御説ノ通リ本案ハ善意悪意ヲ問ハヌノデアリマス」との回答がなされている〔穂積陳重発言〕。もっとも、穂積委員は、本条の趣旨説明では、取引上の信用保護ないし信用取引を保護する趣旨であるとも発言している）。したがって、本条の趣旨としては、まったく動産取引の安全を図ることを趣旨としないわけではないが、債務者による目的物の処分を制約するものではないことを主眼として、その反面、先取特権者の保護は物上代位により保護されることを確認した規定であると理解するのが妥当であるように思われる。

〔今尾〕

II 要　件

1　本条の適用される先取特権の種類

本条は，主として動産の特別の先取特権に適用されるが，一般の先取特権が動産上に成立する場合も適用されると解されている。もっとも，一般の先取特権については，目的動産の譲渡によりこれが債務者の総財産でなくなることから，先取特権の効力が及ばなくなるのはむしろ当然であるといわれている（注民(8)209頁〔西原道雄〕）。

また，債権その他の財産権が先取特権の目的とされる（そうした解釈を前提とする）場合，本条を準用し，債務者が当該債権を第三者に譲渡し，かつその対抗要件を備えたときには，その財産権上に先取特権を行使できないと解されている（中島739-740頁，石田・下677頁，勝本・上210頁，注民(8)209頁〔西原〕，高島210頁）。

しかし，このような解釈は，理論的には疑問である。すなわち，本条が適用される動産の先取特権は公示を観念し得ない以上，対抗問題的処理にはなじまず，しかも，後述のように（→後記3），動産を目的物とする場合にあっては，判例・通説は，本条の「引き渡した」に占有改定（動産の現実の占有移転を伴わず，傍目には譲渡がなされたかどうかも分からないとき）も含まれると解するので，本条を，債権を目的とする先取特権にも適用するとするのであれば，平仄をあわせて，単なる譲渡により（譲受人が対抗要件を備えたか否かにかかわらず），先取特権者は目的債権の譲受人に先取特権を主張できないとするのが筋ではないかと思われる。

あるいは，本条は債権を目的とする先取特権には適用されない（本条は「その目的である動産」〔傍点は筆者〕と規定しているので，"債権"は含まないと解する余地は十分にある）として，先取特権者と債権の譲受人との間は，別の法理，例えば，先取特権者の債権執行としての差押え（民執143条参照）と債権譲渡の対抗要件具備の先後などの基準により，両者の優劣を決定するということもあり得よう。

2　「第三取得者」の意義

本条の「第三取得者」とは，一般に，目的動産の所有権を取得した譲受人を意味し，単にその動産の占有を取得した者（賃借人や保管者等）を含まない

第4節　先取特権の効力

と解されている。判例は，建物の賃借人が賃貸人の承諾を得てその賃借権の譲渡をした場合，賃借家屋に備え付けられたまま賃借権の譲受人がその動産の占有のみを取得した（所有権の移転はなかった）という場合，賃貸人は当該動産に先取特権の行使を妨げられないとした（大判昭16・6・18新聞4711号25頁）。また，判例は，建物の賃借人が借家に備え付けたインク練機を賃貸借契約の合意解除後に新たに賃借人となった者に保管させた（譲渡はしなかった）という場合にも，賃貸人の先取特権はこのインク練機に存続するものとした（大判昭18・3・6民集22巻147頁）。さらに，目的動産に第三者が質権の設定を受けた場合には，先取特権と質権とが当該動産に競合して成立し，両者の優劣は，334条（330条1項1号参照）により決定されることになる（吉田296頁，注民(8)209頁〔西原〕）。

　なお，本条の文言からは，第三取得者の主観的要件（善意・悪意）は問題とならないことから，先取特権の目的物であることを知ってこれを譲り受けた者に対しても，先取特権者は先取特権を行使できないと解するのが通説である（横田679頁，三潴252頁，中島739頁，注民(8)209-210頁〔西原〕，高島210頁，道垣内71頁，河上67頁，松岡285-286頁。これに対し，先取特権の負担のない動産を取得するには善意ないし善意・無過失を要するとする見解として，田島75頁，柚木・判例物各179頁，石田(穣)121頁がある）。

3　「引き渡した」の意義

　本条の「引き渡した」に，動産の現実の引渡し（182条1項）のほか簡易の引渡し（同条2項），指図による占有移転（184条）や占有改定による引渡し（183条）も含まれるかについては，従前から議論があった。古くは，民法旧321条（現行320条）以下の先取特権に319条の適用がない関係上その保護が薄くなるので，本条の引渡しは現実の引渡しがあった場合に限定するのが至当であるとの見解もあった（末弘厳太郎・債権総論（現代法学全集6巻）〔1928〕68-69頁，田島75-76頁）。しかし，判例は，現実の引渡しに限らず占有改定等も「引き渡した」に該当するとし（大判大6・7・26民録23輯1203頁），従来の通説もこれを支持している（中島738頁，三潴253頁，山下165頁，石田・下676頁，勝本・上208-209頁，我妻93頁，柚木＝高木76-77頁，注民(8)210頁〔西原〕，高島210頁。現在も，近江69頁〔ただし，譲渡担保権の設定についてはこれを否定〕，安永481頁，道垣内71頁，松岡286頁，平野292頁，生熊231頁など，ほとんどの学説がこの考え方

を支持する)。また，最高裁の判例も，動産売買先取特権の目的物がいわゆる集合物に加わり（売却された鋼鉄材が流動集合動産譲渡担保の範囲とされている一定倉庫内に搬入され），これを譲渡担保権者が占有改定により引渡しを受けたという事案について，譲渡担保権者は当該動産の引渡しを受けたといえ，333条の第三取得者に該当するので，動産売主は先取特権を行使できないとした（最判昭62・11・10民集41巻8号1559頁。なお，動産売買先取特権と流動集合動産譲渡担保との優劣をめぐり，様々な見解が展開されているが，先取特権の目的物が譲渡担保の範囲に加わったときに流動集合動産譲渡担保の法的構成等をどのように考えるかとも密接に関連してくるので，この問題の詳細に関しては，第7巻「動産譲渡担保」の箇所に譲る)。

　もっとも，判例・通説の根底には，動産の先取特権の追及効を制限して動産取引の安全を図るとの考慮が中心に据えられているといえるが，すでに述べたように（→前記Ⅰ），本条の趣旨理解として，債務者の動産処分権を認めるとともに動産の先取特権者は物上代位により保護されるとの観点から考えれば，本条の適用に際しては第三取得者の主観的要件が問題とならないことはもとより，本条の引渡しに現実の引渡しのみならず占有改定による引渡し等も含むと解されるのは当然といえよう（道垣内71頁）。

　また，「動産及び債権の譲渡の対抗要件に関する民法の特例等に関する法律」3条1項により，動産の譲渡につき動産譲渡登記ファイルに譲渡の登記がされたときは，民法178条の「引渡し」があったものとみなされるので，この場合も本条の「引き渡した」に該当することになる。

　ところで，319条が適用される先取特権（不動産賃貸・旅館宿泊・運輸の先取特権）については，目的動産が占有改定により第三取得者に引き渡された場合にも，先取特権を行使できる余地に関して議論が展開されている。例えば，家賃を滞納した賃借人が賃借家屋に備え付けていた家具を占有改定により第三取得者に譲渡した後，さらにその賃借人が家賃を延滞して賃貸人が先取特権を取得したときにおいて，その賃貸人が当該家具を賃借人の所有であると誤信したような場合には，319条によって改めて当該家具に対して先取特権を行使し得るとの見解がある（我妻=有泉・コメ538頁。この見解は，譲渡後の賃料延滞分についてのみ当該動産に先取特権を行使できると解しているようである）。

　これに対して，319条はもともと債務者の所有物でなかった動産について

第4節　先取特権の効力　　　　　　　　　　　　§333 III

先取特権の成立を認める規定であるにもかかわらず，当初は債務者の所有に属しその後第三者に所有権が移転した動産を債務者が占有し続けているときに，先取特権者がその譲渡の事実につき善意・無過失である場合でも，占有改定後は当該動産に先取特権の行使を認めないとするのは権衡を失するとの批判もある（注民(8)211頁〔西原〕）。そこで，有力学説は，債務者が目的動産の占有を継続している限りは，319条を333条の場合にも拡大して，善意・無過失の先取特権者は，いったん有効に取得した（占有改定の前後を問わず）先取特権を当該動産に対して行使できると解すべきとする（石田・下643-644頁・676-677頁，星野209頁，近江69頁，道垣内71頁。なお，前掲大判大6・7・26も，傍論ながら，先取特権の即時取得の余地を認める）。

III　効　　果

1　「行使することができない」の意義

本条の「行使することができない」の意味については，①目的動産の第三取得者への引渡し後は先取特権が消滅すると解する見解（我妻93頁・99頁，高木58頁，高島220頁，近江68頁，河上76頁，松岡285頁，生熊232頁），②本条は先取特権の追及効を制限した規定にすぎず（先取特権は消滅しない），後日債務者が目的動産につき所有権と占有を回復したときには再びこれに先取特権を行使できるようになるとする見解（中島738-739頁，石田・下674-675頁，勝本・上208頁，注民(8)210頁〔西原道雄〕），③目的動産の第三取得者への引渡しにより先取特権はいったん消滅するが，債務者が目的物の所有権と占有を回復すれば先取特権が復活するとする見解（川井316-317頁，同・概論276頁）などがある。

この点に関して，下級審の判断であるが，動産売買先取特権の目的動産が転売契約により第三取得者に引き渡された後，転売契約を合意解除して目的動産を取り戻して先取特権者にこれを代物弁済した行為が破産法上の否認の対象になるか否かが争われた事案において，その判断の前提として，債務者が目的動産の所有権とともに占有も回復した場合には先取特権を行使することができるとして，結論的には②または③の見解を採用したと思われるものがある（大阪高判平6・12・16金判972号14頁。この判決は，目的動産が第三取得者に

〔今尾〕

§333 III　　　　　　　　　　　　　　　　第2編　第8章　先取特権

転売されると先取特権の行使はできなくなるが物上代位を行使でき，転売契約の解除により物上代位ができなくなる代わりに先取特権の行使が可能になるので動産売主の優先的地位はトータルとして変わらないと解して，転売契約の解除は買主〔＝債務者〕の一般財産の減少をもたらすものではないとして否認権の成立を否定した。なお，その上告審である最高裁は，先取特権の消滅または存続に関する判断は留保して，債務者の一連の行為を新たな担保権の設定とみて破産法旧72条4号〔現行162条1項2号〕による否認の対象になるとした〔最判平9・12・18民集51巻10号4210頁〕)。なお，執行実務との関係で，先取特権の追及効の制限（ないし消滅）を前提として，先取特権に基づく目的動産の引渡請求権や差押承諾請求権は認められないとする裁判例もある（東京高決平3・7・3判タ772号270頁，大阪高決平元・9・29判タ711号232頁。これに対し，東京高決昭60・5・16判タ554号319頁および東京高判平元・4・17判タ693号269頁は，先取特権者が差押承諾請求権を有するとしている）。

　さて，本条の「行使することができない」の意味をめぐる上記3つの見解の当否に関しては，まず，第三取得者への引渡しにより先取特権はいったん消滅するが，所有権と占有の回復により先取特権が復活するとの考え方（前記③の見解）に対しては，何故先取特権が復活するのかの理由が明らかでないとの疑問が振り向けられよう。そこで，通説のように，目的動産を悪意で取得した第三取得者にも先取特権を行使できない，と考えるならば，目的動産の処分・引渡しにより先取特権は消滅すると解する考え方（前記①の見解）がそうした結論を導き出すのに親和的であるのは確かである（逆にいえば，悪意の第三取得者に対しては先取特権を行使できるとすれば，この場合には目的動産に対する先取特権は消滅していないといえるからである）。しかし，民法が先取特権を物権と構成している以上，目的動産に先に成立した他物権ないし制限物権たる先取特権が，動産の先取特権には公示が存しないとしても，その目的物の処分・引渡しにより消滅するとしてよいかは，にわかには賛成しがたい（公示のない動産の先取特権については対抗理論を用いることができないとしても，物権法一般の規律にあっても，目的物に対する複数の物権の競合・衝突におけるその帰属や優劣決定をするに際し対抗理論を用いる場合，劣後する者の物権が消滅するか否かは理論的には明らかでない〔結果的には，物権消滅のように取り扱われるとしても，劣後者は，物権取得等を相手方に対抗・主張しえないだけで，目的物には物権が及んでいる〕，ともいえるのではないだろうか）。そこで，本条の趣旨を債務者の目的動産の処分権を制約

するものではないという点に求め（道垣内71頁参照），かつ，公示が存しないゆえに動産の先取特権の物権としての追及効を制限した（例外的に先取特権者は物上代位や319条により保護されるとした）政策的な規定が本条であるとの理解に立脚すれば，目的動産が第三取得者に処分・引渡しがなされても，理論的にはそれに先取特権が及んでいる——ただし，第三取得者には先取特権の行使を主張できないが，債務者が目的動産の所有権と占有を回復すれば，先取特権は消滅していないので，行使要件を再び充足した——と解することもできよう（前記②の見解）。また，目的動産が処分された場合に，債務者がその対価として第三取得者に取得する金銭その他の請求権に対して，先取特権者が物上代位権を行使できる（304条）ということも，本来の先取特権は目的動産自体に行使できないとしても，それに置き換わった代償物に先取特権の優先弁済的効力を及ぼすという点で，一概に先取特権が消滅したとはいえない（本来の目的物に対する先取特権が，目的物の代償物にその優先弁済的効力を及ぼすという形で転化したという意味では，先取特権が消滅していないともみ得る）ように思われる。さらに，本条の「先取特権は，……行使することができない。」という文言（「先取特権は，……消滅する。」ではない）との関係でも，こうした解釈は適合的であろう。

2　本条が適用された場合の先取特権者の保護等

目的動産の処分・引渡しがなされて，本条の適用の結果，第三取得者に対して先取特権を行使できなくなった場合の先取特権者の保護としては，次の救済策がある。

まず，目的動産の処分の対価として債務者が第三取得者に取得する金銭その他の請求権に対して，先取特権者は，物上代位権を行使することができる（304条）。また，債務者と第三取得者とが通謀して目的動産の譲渡・引渡しがなされ，その結果，債務者の資力が悪化して債権者（先取特権者）が弁済を受けられなくなったときには，当該譲渡行為を詐害行為として取り消すことも可能である（424条）が，その場合，取り戻された動産に先取特権の効力はもはや及ばないとするか（末弘厳太郎・債権総論（現代法学全集6巻）〔1928〕69頁），及ぶとするか（注民(8)210頁〔西原〕），見解が分かれている（実際問題としては，動産については債権者への直接引渡しを請求できるとするのが判例〔大判大10・6・18民録27輯1168頁，最判昭39・1・23民集18巻1号76頁〕であるので，受け取っ

た動産を執行官に提出することによって差押えが可能となり〔民執124条〕，事実上の優先弁済を受けられることになろう）。さらに，本条の適用とは直接関連しないが，目的動産が債務者のもとで盗難にあった場合には，先取特権者は，債権者代位権の行使により（423条），当該動産を取り戻すこともできよう。

IV 特別法上の動産先取特権の追及効の制限

1 海難救助における積荷に関する先取特権の追及効の制限

積荷の全部または一部が海難に遭遇した場合にこれを救助した者（商792条〔平30改正前商800条〕）は，その救助料債権につき，積荷の上に先取特権を有するとされている（商802条1項〔平30改正前商810条1項〕）。そして，債務者がその積荷を第三取得者に引き渡した後は，平成30年改正前の商法813条は明文の規定をもって先取特権を行使できないとしていたが，今般の改正により，この規定が削除された。そこで，この場合，一般法である民法333条が適用され，この先取特権の追及効が制限されると解すべきことになろう。

2 船舶先取特権の目的物譲渡とその追及効に関する特例

商法842条1号～5号に規定する，船舶の運航に直接関連して生じた人身侵害による損害賠償請求権（1号），救助料・船舶負担の共同海損分担金債権（2号），船舶の航海に関して生じた諸税・水先料・引き船料にかかる債権（3号），航海継続に必要な費用にかかる債権（4号），雇用契約によって生じた船長・船員の債権（5号）を被担保債権として「船舶及びその属具」に成立する船舶先取特権については，その目的物の譲渡により，当然にその追及効が制限されるわけではない。すなわち，この先取特権の目的物である船舶が所有者により第三者に譲渡された場合，譲受人は，その譲渡を登記した後，1か月以上の期間を定めて先取特権者にその期間内にその債権の申出をなすべき旨を公告しなければならず（商845条1項），先取特権者がその期間内に申出をしなかった場合に先取特権が消滅するとされている（同条2項）。

〔今尾　真〕

第4節　先取特権の効力

（先取特権と動産質権との競合）
第334条　先取特権と動産質権とが競合する場合には，動産質権者は，第330条の規定による第1順位の先取特権者と同一の権利を有する。

I　本条の趣旨

本条は，先取特権と動産質権が競合する場合の順位関係を規定するもので，動産質権が，330条1項1号に定める第1順位の動産先取特権（不動産賃貸・旅館宿泊・運輸の先取特権）と同順位になるとする。これらの先取特権は，その目的物が先取特権者＝債権者の事実上の支配下にあり，債権者がその動産を自らの債権の引当てとして期待するとの黙示の合意（当事者間の意思の推測）ないし黙示の質・黙示の動産質（nantissement tacite, gage tacite）の観念に基づくものとされており，この点で，債権者が目的物の占有を要件とする動産質権と類似し，一種の法定された質権のような性格を有しているといえる（注解判例426頁〔森恵一〕）。それゆえ，約定担保物権である動産質権についても，当事者間の意思の推測ないし黙示の質の観念に基づく先取特権と同じ順位になるとされたわけである（柚木＝高木74頁）。

II　動産質権と動産の先取特権との競合

1　動産質権と民法330条1項1号の先取特権との競合可能性

動産質権と330条1項1号に定める第1順位の先取特権が同一目的物上に競合するか否かが，古くから論じられている。例えば，動産質権者が賃借している借家にすでに質権の及んでいる質物を備え付けた場合，質権者が質物を手荷物として旅館に持ち込んだ場合，運送人に質物を運送させた場合などに，その質権者が家賃・宿泊料・運送賃等の不払を生じたとき，その質物につき，動産質権者の質権と賃貸人・旅館主・運送人の先取特権が競合する可能性があるとされている（梅409頁）。これらの場合，賃貸人・旅館主・運送人が，先取特権の目的物が質権の対象となっていることにつき善意・無過失であるときは，質権の負担のない先取特権を取得するので（319条），競合を生じないとする見解がある。すなわち，本条は，単に動産質権が330条1項

2号や3号に定める第2順位以下の先取特権に優先することを規定したにすぎないとする（梅409頁，三瀦236-237頁，田島79頁，近藤240頁以下）。

これに対し，質権と先取特権の競合を前提として，質権者と先取特権者は，各債権額の割合に応じて弁済を受けるべきとの見解もある（富井409-410頁，中島741頁）。ここには，319条は，債務者でない者の所有動産に先取特権が成立することを定めただけで，その結果として当該動産上に存在する一切の権利を排斥できる旨を認めたものではないとの理解がある（中島741-742頁）。たしかに，そのような理解は，319条の効果（注民(8)138頁〔甲斐道太郎〕は，319条の効果として，「債権者は目的動産が債務者の所有物でない場合にも，これについて先取特権を行なうことができる」とする。また→§319 II 2）との関係でも，また本条の文言（「同一の権利を有する」）との関係でも整合するように見受けられる。しかし，賃貸人等の先取特権者に不払をしている動産質権者が，自己の質物についてそうした事情を知らない（質権者の所有物であると信じた）先取特権者と按分比例によって弁済を受けるとの結論に対しては違和感を覚える。

そこで，319条の解釈として，先取特権者は，質権の負担のない先取特権を取得すると解するのではなく，その目的物に質権の負担は及んでいるが，同条により，先取特権者が質権者に優先して先取特権を行使できる（優先弁済を受けられる）と解すべきではなかろうか。結論的には，前者の見解に類似するが，理論的には，319条の要件を充足する場合，同一目的物に質権と先取特権とが競合することを前提に，先取特権が質権に優先すると説明することになり，もし先取特権の行使後に目的物の換価代金に余剰があれば，質権者も弁済を受けられるといった点では，前者の見解と差異を生ずることになる。なお，319条の要件を充足しない場合には，先取特権は質権との競合を生じず（質物に先取特権は成立せず），本条は単に動産質権が330条1項の第2順位以下の先取特権に優先することを規定したにすぎないと解する点は，前者の見解と同様である。

ところで，今度は逆に，不動産賃貸等の先取特権がすでに成立している目的物に動産質権が成立するか否かも問題とされ，こうした事態はまれであるとしつつ（これらの先取特権者は目的物の事実上の占有を有するが，他方で動産質権も目的物の占有・継続を要件とするので，先取特権の及んでいる物に質権を設定することは難しいが），旧借家人が借家に備え付けた動産を新賃借人に質入れする場合や

第4節　先取特権の効力

旅館に持ち込んだ手荷物を同宿の他の宿泊客に質入れする場合（先取特権・動産質権の双方に319条または192条の適用がないことを前提に，333条の「第三取得者」に質権者が含まれないとの解釈による限り）などがあり得るとされている。これらの場合，先取特権者と質権者がそれぞれの債権額に応じてその目的物から弁済を受けることになると解されている（注民(8)212頁〔西原道雄〕）。

2　動産質権と民法330条1項2号・3号の先取特権との競合

動産質権が330条1項2号（動産保存の先取特権）や同項3号（動産売買先取特権など）の先取特権と競合した場合には，本条により，動産質権が優先する。なお，動産質権者が質権設定に際し目的物に同項2号や3号の先取特権の存在を知っていながらこれを質にとった場合には，同条2項の適用があると解されている（我妻91-92頁，柚木＝高木74頁，注民(8)212頁〔西原〕，高島204頁，道垣内78頁，髙橋55頁）。もっとも，その適用の効果については争いがあることに注意を要する（→§330 II 1）。

III　不動産質権・権利質と先取特権との競合

1　不動産質権と不動産の先取特権との競合

不動産質権には抵当権の規定が準用されるので（361条），不動産質権と不動産を目的とする一般の先取特権とが競合する場合には，登記の先後によってその優劣が決せられることになる（336条ただし書参照）。不動産保存の先取特権については保存行為完了後直ちに登記がなされれば（337条），また，不動産工事の先取特権については工事前にその費用の予算額が登記されれば（338条1項前段），これらの先取特権は，すでに登記した不動産質権に先立ってこれを行うことができる（339条・361条）。さらに，不動産売買の先取特権は，売買契約と同時に代価またはその利息の弁済がない旨を登記すればその効力が保存されるので（340条），不動産質権との順位は登記の先後によることになる（柚木＝高木78頁，星野213頁，高木53頁，道垣内80頁，生熊220頁）。

2　権利質と先取特権との競合

権利質と先取特権とが競合する場合，物権の優先的効力に関する一般原則に従って，その権利発生の先後によって優劣を決すべきと解されている（柚木＝高木74頁，注民(8)212頁〔西原道雄〕）。ただし，共益費用の先取特権につい

§335 Ⅰ

ては，329条2項ただし書の趣旨から，その利益を受けたすべての権利質権者に対して優先すると解されている（中島836頁，柚木＝高木74頁，注民(8)212頁〔西原〕，高木53頁）。

〔今尾　真〕

（一般の先取特権の効力）
第335条① 一般の先取特権者は，まず不動産以外の財産から弁済を受け，なお不足があるのでなければ，不動産から弁済を受けることができない。
② 一般の先取特権者は，不動産については，まず特別担保の目的とされていないものから弁済を受けなければならない。
③ 一般の先取特権者は，前2項の規定に従って配当に加入することを怠ったときは，その配当加入をしたならば弁済を受けることができた額については，登記をした第三者に対してその先取特権を行使することができない。
④ 前3項の規定は，不動産以外の財産の代価に先立って不動産の代価を配当し，又は他の不動産の代価に先立って特別担保の目的である不動産の代価を配当する場合には，適用しない。

Ⅰ　本条の趣旨

本条は，一般の先取特権の行使の仕方について制限を規定したものである。すなわち，一般の先取特権は，債務者の総財産を目的とするので，その行使の仕方いかんによっては，他の債権者に大きな影響を及ぼすことになるため，なるべく他の債権者を害することのないよう，債務者の財産の種類に応じて弁済を受けなければならないとされている（注民(8)214頁〔西原道雄〕，柚木＝高木75頁，道垣内75頁，生熊223頁，基本法コメ207-208頁〔平田春二〕。一前注（§333-341）Ⅲ2）。もっとも，本条4項の適用がある場合には，後述のように（一Ⅲ），一般の先取特権の効力は相当強いものとなる（我妻＝有泉・コメ539頁）。

第 4 節　先取特権の効力　　　　　　　　　　　　　　　§*335* Ⅱ

Ⅱ　制限の内容

1　本条1項による制限

　一般の先取特権者は，まず，不動産以外の財産から弁済を受け，なお不足がある場合に，はじめて不動産について弁済を受けることができるとされている（本条1項）。この制限は，一般の先取特権の被担保債権額が通常少額であるのに対して，不動産に対する権利の実行は，比較的多くの費用と煩雑な手続とを要するため，他の債権者に与える影響（利益を害するおそれ）が大きいからとの理由による（石田・下678-679頁）。本項にいう「不動産」には，不動産の所有権のほか，地上権および永小作権などの不動産物権をも包含するとともに（注民(8)214頁〔西原道雄〕，高島208頁），単に一般の先取特権（者）と規定されているので，共益費用の先取特権についても本項の適用があると解されている（石田・下679頁）。

2　本条2項による制限

　一般の先取特権者が不動産以外の財産に対して実行したが，なお不足を生じ不動産から弁済を受けようとする場合には，特別担保すなわち不動産質権・抵当権・不動産の特別の先取特権の目的となっていない不動産から弁済を受けなければならないとされている（本条2項）。その趣旨は，一般の先取特権者は特別担保の目的となっていない財産についてなお優先権を行使する余地があるから，特定の不動産についてしか優先権を持たない特別担保権者をまずは保護する必要があるからと説明されている（注民(8)214頁〔西原〕）。しかし，実際問題として，これらの不動産を目的とする特別担保にあっては登記を対抗要件ないし効力要件としているので，これらの担保が登記を備えれば，登記のない一般の先取特権に優先することになるから，担保権者の保護はあまり考慮する必要がないともいわれている（我妻96頁，高島208頁）。

3　本条3項による制限

　一般の先取特権者が，本条1項・2項の規定に従って配当に加入することを怠ったときは，その者は，その配当に加入していれば弁済を受けられた分について，登記をした第三者（不動産質権者・抵当権者・不動産の特別の先取特権者または第三取得者）に対して先取特権を行使できなくなる（本条3項）。敷衍すれば，次のような場合である。一般の先取特権者が，不動産以外の財産か

〔今尾〕　　435

ら弁済を受けられるにもかかわらず，まず自ら不動産または特別担保の目的たる不動産を競売した場合には，その執行は不適法なものとされる（我妻＝有泉・コメ539頁）。また，他の債権者が，不動産以外の財産または特別担保の目的となっていない不動産に対し強制執行をしたとき，一般の先取特権者がその配当に加入することを怠った場合は，後に不動産または特別担保の目的である不動産から弁済を受けようとしても，もし配当に加入していれば弁済を受けられた限度においては，登記をした不動産質権者・抵当権者・不動産の特別の先取特権者または第三取得者に対して先取特権を行使できなくなるということである（注民(8)214頁〔西原〕，我妻96頁，高島208頁）。

III 本条の適用範囲と実効性

1 本条1項～3項の適用範囲

本条1項～3項における一般の先取特権の行使に関する制限は，不動産以外の財産の代価より先に不動産の代価が配当される場合，または，他の不動産の代価より先に特別担保の目的物である不動産の代価が配当される場合には，適用されない（本条4項）。つまり，本条の1項～3項の制限は，一般の先取特権者が，不動産以外の財産があるのに不動産から，あるいは特別担保の目的物である不動産以外に不動産があるのに特別担保の目的物たる不動産から，自ら実行ないし実行されて配当を受けようとするのは，他の債権者の利益を害するおそれが大きいため，まずは不動産以外または特別担保の目的物以外の不動産から配当を受けるべきとの理由によるものである。それゆえ，そのようなおそれがなく，むしろ一般の先取特権者が優先弁済を受ける機会を逸する可能性がある場合には，そうした制限を免れるとしたわけである（石田・下680頁，柚木＝高木75頁，注民(8)214頁〔西原道雄〕，高木55頁，道垣内75頁，髙橋51頁，松岡278頁，生熊223頁）。

2 本条の実効性

上記のような本条の制限については，その実効性があまりないとされている。すなわち，一般の先取特権は，不動産を目的とする場合，その登記がなければ登記をした担保権者等の第三者には対抗できないところ（336条ただし書），一般の先取特権が登記されることはまれであるので，本条の制限は疑

第4節　先取特権の効力　　　　　　　　　　　　§336　I

問視されている（我妻96頁は，本条の実益がある場合はまれとして，「一般先取特権が登記によって抵当権に優先しまたは第三取得者に対抗しうるときなどに適用をみるのであろうか」とする）。かつてのフランス法におけるように，一般の先取特権が動産および不動産に及び，登記なくして抵当権にも優先するものとされていたような場合（1955年改正前のフ民2105条・2107条）であれば（→§306 I），本条の制限にも実益があるといえるが，わが国においてはそうした強力な一般の先取特権は承認されていないので，その存在意義は乏しいといえよう（柚木＝高木75頁，我妻96頁。→前注(§§333-341) III 2）。

そこで，本条の存在理由は，むしろ，これによって一般の先取特権者自身による強制執行を，ある程度抑制している点に求めるべきではないかとの主張もなされている（注民(8)214-215頁〔西原〕）。

〔今尾　真〕

（一般の先取特権の対抗力）
第336条　一般の先取特権は，不動産について登記をしなくても，特別担保を有しない債権者に対抗することができる。ただし，登記をした第三者に対しては，この限りでない。

　〔対照〕　フ民2375・2376・2378

I　本条本文の趣旨

一般の先取特権は，債務者の総財産を構成する個々の財産の上に効力を及ぼすもので（306条），債務者所有の不動産にも成立し，その権利を登記することもできるとされている（不登3条5号・83条参照）。また，下級審裁判例においても，一般の先取特権者が債務者に登記請求できるとしたものがある（東京地判昭25・6・27下民集1巻6号1000頁は，平成15年改正前の商法旧295条〔使用人の先取特権〕に関するものであるが，会社を解雇された元従業員による退職金債権を担保するための会社所有の不動産に対する一般の先取特権の登記手続を認めた。また，東京地決昭29・10・4金法55号5頁は，株式会社の従業員の退職金・賃金・予告手当等の債権につき会社所有の不動産に対し先取特権の仮登記仮処分ができるとした）。したが

って，一般の先取特権も不動産を目的とする場合には登記が可能である以上，同一不動産について，これが抵当権・不動産質権などの担保物権や第三取得者と競合・衝突するときには，その優劣は，登記の先後すなわち177条の一般原則によることになる（注民(8)215頁〔西原道雄〕，注解判例428頁〔森恵一〕，基本法コメ208頁〔平田春二〕，道垣内76頁）。

しかし，一般の先取特権が登記されることは実際上極めて困難であると考えられ（我妻95頁），これに物権法の一般原則を及ぼすとすれば，一般の先取特権は不動産については，ほとんど無意味なものになりかねない。そこで，こうした点を考慮して，不動産について登記をしていない一般の先取特権者も，一般債権者に対しては先取特権を対抗できるとして特例を設けたというのが，本条本文の趣旨である（注民(8)215頁〔西原〕）。しかも，一般の先取特権の被担保債権は，雇用関係や日用品供給の先取特権などにみられるように，その債権額が比較的僅少であるのが通常であることから，物権法の一般原則を貫かずとも一般債権者が害されるおそれは少ないとの理由もこれに付け加えられよう（柚木＝高木76頁）。

なお，フランス法では，すでに述べたように（→§306 Ⅰ），1955年の改正によって登記なしに効力を有する一般の先取特権が大幅に減少したとはいえ，今なお裁判費用（共益費用に相当）と雇人の給料については登記なくして効力を有するとされており（1955年改正後のフ民2104条・2105条・2107条〔2006年改正による現行2375条・2376条・2378条〕），わが国より強力な一般の先取特権を有しているといえよう。この点は，今後，共益費用優先の原則，労働債権保護の強化および租税債権をはじめとする特別法上の一般の先取特権などの見直しや立法論を行うに際して，一定程度有用な視座を提供するものと思われる。

Ⅱ 本条ただし書の意味——登記しない一般の先取特権の効力

本条ただし書は，物権法の一般原則に関する一般の先取特権の特例も，登記をした第三者に対しては及ばない旨を規定する。これは，登記をしていない一般の先取特権者を保護するために，登記をした第三者の地位まで覆すことは，不動産取引の安全を害するとの考慮に基づくものとされている（我

第4節　先取特権の効力　　　　　　　　　　　§*337*　I

妻＝有泉・コメ540頁，注解判例428頁〔森恵一〕，基本法コメ208頁〔平田春二〕）。ここにいう「第三者」とは，当該不動産につき所有権・地上権・永小作権・地役権等の物権および特別の先取特権・質権・抵当権等の担保物権の設定または移転の登記をした者である（石田・下681頁）。

　なお，これらの第三者が登記をしていない場合には，本条本文の文言との関係で（ここでは，単に「特別担保を有しない債権者に対抗することができる」と規定しており，特別担保を有する者は登記がなくとも，一般の先取特権者に対抗することができるとの解釈の余地もあるので）若干不明瞭であるが，通説は，登記のない第三者は一般債権者と同等の地位にしかつけないとして，一般の先取特権者は，その登記をしていなくとも，そうした第三者に対抗することができると解している（石田・下681頁，我妻95頁，注民(8)215-216頁〔西原道雄〕，高島207頁，高木56頁，道垣内76頁，河上66頁）。

〔今尾　真〕

（不動産保存の先取特権の登記）
第337条　不動産の保存の先取特権の効力を保存するためには，保存行為が完了した後直ちに登記をしなければならない。

I　不動産の先取特権の登記に関する制限

　不動産の3つの特別の先取特権（不動産保存・不動産工事・不動産売買の先取特権）は，不動産物権の一種として登記を要するとされているが，ここでの登記については，各先取特権の種類に応じて，他の不動産物権におけるよりも厳格な要件が課され，特殊な効力を生じる点に特色がある（注民(8)216頁〔西原道雄〕，柚木＝高木77頁，高島211頁）。

　本条以下の4か条が3つの不動産先取特権の登記について定めるが，その考察の前提として，何故，厳格な要件（特に，不動産保存・不動産工事の先取特権に関しては登記時期に関する制限）が課されるのか，その理由について，確認しておくこととする。

　まず，法律上当然生ずる不動産担保物権はなるべく速やかに公示してその

存在を第三者に知らしめ，不動産取引の安全を害しないようにするためであるということを理由にあげる見解がある（注民(8)217頁〔西原〕，我妻97頁，柚木＝高木78頁）。これに対して，民法が法定担保物権にそこまで厳格な公示を想定していたとは思われないし，また，一般的な公示の要求ならば，これほど時期的に厳格な限定をする必要もないとして，第三者との調整を考慮しての，先取特権の効力の制限にその理由を求めるべきであるとの見解もある（高島212頁。そして，この見解は，特に厳格な制限が課される理由として，不動産の先取特権のすべてについて，その被担保債権額が高額になり得るということをあげる）。

いずれにしても，この登記に関する制限の理由を考慮して，各条文における要件の解釈や登記・先取特権の効力を検討しなければならないことが指摘されている（高島212頁）。

II 不動産保存の先取特権に関する登記の時期──「直ちに」の意義

本条は，不動産保存の先取特権の「効力を保存する」ために，保存行為の完了後「直ちに」登記をしなければならないと規定する。この「直ちに」の意義に関して，諸説が展開されている。

まず，古くは，これは即時または即日という意味ではなく，常識をもって遅滞したといわれないような日時の間に登記すべきとの見解が主張されていた（梅417頁，三瀦256頁）。そして，従来の通説も，この見解を承継して，「直ちに」を「遅滞なく」の意に解してきた（富井417頁，石田・下685頁，我妻96頁，柚木＝高木77頁，高木56頁）。

他方，常識的には遅滞なく登記した（例えば，保存行為完了後1週間で先取特権の登記をした）場合でも，その間に抵当権等を取得した善意の第三者は不測の損害を被るおそれがあるとの弊害が指摘された（中島751頁）。また，通説のいう「遅滞なく」というのは，結局明確な決定を回避するものにほかならないとの批判もなされた（注民(8)216頁〔西原道雄〕）。これらの弊害・批判を克服すべく，第三者が抵当権または不動産質権を取得する前までであれば，いつでも登記してよいとの見解が登場する（中島751頁）。しかし，この見解に対しても，登記すべき時期が偶然の事情によってあまりに左右されすぎ，登記を有しない第三者や保存行為以前から登記をしていた抵当権者等との関係

を無視するものであるとの問題指摘がなされた（注民(8)216-217頁〔西原〕）。

そこで、「直ちに」の意義をめぐる従来の見解に対する上記の弊害・批判や問題点を踏まえて、不動産の先取特権の登記に厳格な要件が課された理由——不動産保存の先取特権について早期の登記を要するとされた政策的・技術的な理由——の考察という原点に立ち返って、この「直ちに」の意義を解釈すべきとの主張が現れた（注民(8)217頁〔西原〕、高島212頁）。この主張を前提に、ここでは2つの見解が展開されている。1つは、登記すべき時期について、場合によってある程度の弾力性を持たせながらも、他面ある程度は統一的に扱う他はなく、その具体的な判定は結局個々の事案における裁判所の判断に委ねられるものとの見解である（注民(8)218頁〔西原〕）。また、もう1つは、早期の登記が要求された理由を、先取特権の効力を一定範囲に制限すること、特に、不動産保存の先取特権には先に成立した抵当権にも優先するという強い効力があることを考慮して、これを制限することに求められるべきとする見解である（高島212-213頁）。そして、この見解は、結論として、先取特権成立以前の既登記抵当権に対しては「直ちに」（合理的期間内に）登記を要するとし、先取特権成立後の抵当権に対しては、民法の原則どおり（本条の登記を対抗要件と捉えて）、登記を具備した時期の先後でその優劣を決するとの考え方を示す。両説とも、「直ちに」の解釈につき、一方で柔軟性・弾力性を持たせながら、他方で統一性・画一性をも尊重するという判断枠組みにおいて共通するが、前者の見解が具体的判定を最終的には裁判所に委ねるとする点で、解釈における偶然性の要素を多分に残しているといえる。そこで、前者の見解に比して、幾分明確な判定基準を提供している後者の見解が妥当であるということができようか。

III 登記の効力——「効力を保存する」の意義

本条は、不動産保存の先取特権につき、登記をすることによって「効力を保存する」と定めている。この意味をめぐっては、他の条で簡単に紹介したように（→§326 IV）、条文を文言どおりに解し、登記をしなければ先取特権の効力が発生しない（当事者間でも効力を生じない）とする効力要件説（富井417頁、中島750頁）と、保存行為によって先取特権自体は当然発生するが登記を

§337 Ⅲ

しなければ第三者に対抗できないとする対抗要件説（末弘厳太郎・債権総論（現代法律学全集6巻）〔1928〕71頁，石田・下683頁，勝本・上212頁以下，我妻98頁，柚木=高木79頁，注民(8)218頁〔西原道雄〕，高島214頁）が，従前から対立してきた。

判例は，不動産保存の先取特権の登記に関するものとしては存在しないが，不動産工事の先取特権について（→§338Ⅲ），登記をしなければ先取特権そのものが発生しないとしている（効力要件説：大判大6・2・9民録23輯244頁，大判昭9・5・21新聞3703号10頁，同旨の下級審裁判例として，東京高決昭44・11・28判タ246号296頁，浦和地判昭58・2・22判タ498号155頁，仙台高判昭62・5・28金法1162号85頁）。また，近時の学説の中にも，この効力要件説を支持する有力見解がある（道垣内63頁。なお，石田（穣）130頁は，登記を物権の効力要件＝成立要件と解して同旨を説く）。その理由として，抵当権等の担保物権の登記の先後を問わず，先取特権につき保存行為完了後「直ちに」登記をすれば，抵当権等に優先することになる以上（339条），このことは対抗要件主義の例外をなすものであるからとする。また，民法は，本条の「効力を保存する」という文言，そして不動産工事の先取特権に関しても同様の文言（「効力を保存する」〔338条1項前段〕）を用い，しかも工事費用が登記された予算額を超えた場合には「先取特権は，その超過額については存在しない」（傍点は筆者）としているので，これらの文言からも登記を効力要件と理解するのが妥当であるとする（この見解は不動産工事の先取特権の登記についても効力要件説を採用する）。

しかし，現在，学説は，対抗要件説を支持するものが多い。従来，この説の論拠としては，不動産の先取特権についてのみ物権変動における一般原則の例外を認める必要性を見出しがたいこと，339条が登記のない不動産の先取特権の存在を窺わせていること，登記のない先取特権も目的不動産に対して担保不動産競売の申立てをなしうる実益があることなどが指摘されてきた（注民(8)218頁〔西原〕，高島214頁）。そして，近時は，より実質的な見地から，先取特権の登記がなされない場合は，先に登記された抵当権等に優先するという効果は保存できないが，後にその登記がなされれば，それ以後登記された抵当権等とは一般の対抗問題として対抗要件具備（登記）の先後により優劣を決するとするのが利害の調整として適切であるといった理由も，上記の根拠付けに付加されている（鈴木321頁，安永483頁，生熊216頁）。母法フラン

第4節　先取特権の効力　　　　　　　　　　　　　　　§*338*

ス法においても，不動産工事の先取特権（フランス法では不動産保存の先取特権は存しない）に関して，「登記によって……保́存́する（conserver）」（傍点は筆者）の語を用いている（フ民2382条〔旧2110条〕）が，登記がなされていない先取特権でもその効力が完全に否定されるわけではない（フ民2386条2項〔旧2113条2項〕参照）とされている（H. L. et J. MAZEAUD et F. CHABAS, LEÇONS DE DROIT CIVIL, t. III, vol. I, Sûretés Publicité foncière, 7e éd., 1999, par Y. PICOD, n° 423, pp. 407-408, L. AYNÈS et P. CROCQ, DROIT DES SÛRETÉS, 12e éd., 2018, n° 702, p. 432. →§338 III）。

　以上より，わが国における不動産の先取特権（不動産保存・不動産工事・不動産売買の先取特権すべて）の登記について，登記のされていない不動産の先取特権の効力を認める必要性ないし実益および関係当事者間のきめ細かい利害調整といった見地からは，物権法の一般原則に従い，これを対抗要件と解するのが妥当であろう。

　なお，登記を対抗要件とするときには，登記がなされなければ，第三者に優先弁済権を主張することはできないが，目的不動産について，担保不動産競売を申し立てることはでき（我妻98頁，鈴木321頁），この場合一般債権者と同じ立場で配当を受けることになると解されている（生熊216頁）。しかし，登記のなされない一般の先取特権ですら，一般債権者に対抗できるとされていることから（336条本文），ましてや，不動産の特別な先取特権にあっては，被担保債権と目的物の牽連性がある以上，その登記が対抗要件であるとしても，先取特権者は，登記なくして一般債権者には優先できると解する余地もあるように思われる。

〔今尾　真〕

（不動産工事の先取特権の登記）
第338条①　不動産の工事の先取特権の効力を保存するためには，工事を始める前にその費用の予算額を登記しなければならない。この場合において，工事の費用が予算額を超えるときは，先取特権は，その超過額については存在しない。
②　工事によって生じた不動産の増価額は，配当加入の時に，裁判所

〔今尾〕

§338　I

が選任した鑑定人に評価させなければならない。

〔対照〕　フ民2374④・2382・2386

I　不動産工事の先取特権に関する登記の時期
　　　——「工事を始める前に」の意義

　本条1項前段は，不動産工事の先取特権に関しては，「工事を始める前に」，その費用の予算額を登記することによって，その効力を保存すると定める。この「工事を始める前に」との文言に関して，判例は，工事着手後に工事の先取特権を登記してもその登記は無効とし（大判大6・2・9民録23輯244頁），さらに，建売りの目的で建築に着手した建物につき不動産工事の先取特権の登記をした日にはすでに4棟の建物の上棟が終わっており，残り2棟についてもその日か翌日に上棟する状況にあるときには，工事着手前の登記とはいえない（大判昭9・5・21新聞3703号10頁）とするので，本項前段の登記の時期については，工事着手前と解しているといえる（同旨の下級審裁判例として，東京高決昭44・11・28判タ246号296頁，浦和地判昭58・2・22判タ498号155頁，東京高判昭60・11・21金法1119号46頁。なお，仙台高判昭62・5・28金法1162号85頁は，不動産造成工事をした請負業者が不動産工事の先取特権の登記をしなかった場合に，当該不動産の抵当権者らが造成工事の施工に同意する旨の同意書を工事の注文者である不動産所有者に交付していたとしても，請負業者は不動産工事の先取特権を抵当権者らに対抗できないとした）。また，通説も同様に解している（末弘厳太郎・債権総論（現代法学全集6巻）〔1928〕72頁，石田・下685-686頁，我妻97頁，柚木＝高木77-78頁）。

　こうした解釈を採る前提として，本条1項前段の趣旨につき，不動産工事の先取特権は，不動産保存の先取特権と同様，それ以前に登記された抵当権や質権にも優先するので（339条・361条），不動産工事の先取特権の登記が工事完成までの間はいつでもできるとすると，ほぼできあがった完成前の家屋に抵当権等の設定を受けた者がその後の工事費の登記によって優先されるとの弊害があること（我妻97頁），債務者と通謀して工事費が水増しされて他の債権者を害するおそれもあること（注民(8)220頁〔西原道雄〕，注解判例430頁〔森恵一〕）などから，これらの弊害等を回避するため，工事開始前に工事費の予算額を登記させることとしたと説かれている。

第4節　先取特権の効力　　　　　　　　　　　　　　§*338* I

　しかし，工事着手前に登記が要求されることは，実際的作用を妨げているといわれる。すなわち，建築請負人らが報酬代金債権を確保するためこの先取特権を用いようとしても，工事着手前に予算をたてて登記するということは実際には困難であり，また，工事着手後の登記は無効とされているので，工事進行中に注文者の資力が悪化してもこれに対処できず，かれらはほとんど少しも与えられるところのない状態にあるというわけである（我妻66頁。我妻博士は，「立法上再考を要するものではあるまいか」とされる）。

　そこで，本条項における登記をなすべき時期について，不動産保存の先取特権と同様，先取特権者が登記の効力を主張する相手方によっては，ある程度弾力的にかつ相対的に解釈すべきとの提案もなされている（注民(8)220頁〔西原〕）。これによれば，不動産工事の先取特権は工事費用すべてに認められるものではなく，当該工事によって生じた不動産価格の増加が現存する場合にその増価額についてのみ認められるものである以上（327条2項），工事着手前に抵当権や不動産質権を取得した者に対して，工事開始後に先取特権が登記されこれ（当該増加額分だけ）を主張させたとしても，これらの担保権者はほとんど損害を被らない（担保権者が当初予測した優先弁済額は影響を受けないから）とする。また，工事開始後その完了までの間に先取特権が登記され，その後に抵当権等を取得した者も，先取特権の登記が工事開始前になされなかったからといっても，やはり何ら損害を受けるわけではない。すなわち，工事後の登記であっても，後に登場した抵当権者等との関係では，公示としては十分であるからである（高島215頁）。ただし，工事完了直前に抵当権等を取得した者（新築中の建物には抵当権設定ができず，増築もそれが終わりかけるまで増価額が存在しない。なお，これらの登記手続については，→後記II）に対して，その後の先取特権の登記により先取特権者が優先できるとすると，抵当権者等は不測の損害を被るといえなくもないが，これらの者も不動産に工事が行われていることは外部から認識でき，先取特権の存在も容易に予測・推測できるであろうから，これも認められるとされている。

　以上要するに，立法論または解釈論としても，「少なくともこの登記以後に権利を取得した第三者に対する関係では工事開始後になされた登記をも有効なものと」認めるべきとの主張である（注民(8)220-221頁〔西原〕。なお，西原教授は，立法論としてかかる主張をされるが，石田喜久夫「不動産の先取特権」中川＝兼

〔今尾〕　445

子監修〔改訂版，1977〕41頁は，これを解釈論としても成り立ちうるとする。最近でも，工事開始後の登記の有効性を認める見解として，西牧正義「建物の新築工事における請負人の報酬債権の担保方法」亜細亜大学大学院法学研究論集20号〔1996〕263頁，伊室亜希子「ニューヨーク州法における建築請負報酬債権の担保方法(4・完)」早法76巻4号〔2001〕80頁などがある）。さきに述べたように，建築請負人らの報酬代金債権確保・担保の手段として，不動産工事の先取特権が機能していない現状にあっては，このような解釈論は支持できるとともに，これが仮に解釈論として困難な場合（これに対しては，工事前から存在している第三者との関係では工事前に登記をしなければ先取特権を主張できないとし，工事後の第三者との関係では登記の前後で優劣を決するといった形で〔この場合には工事後の登記も有効として〕，本条1項前段を第三者の登場時期に応じて限定的に解釈することも可能であろう〔髙島215頁参照〕）には，立法論としてこの問題に早急に対処すべきと考える（立法に際しての課題等に関して，今尾真「法定担保の在り方」法時74巻8号〔2002〕45頁参照。また，アメリカ法を参考に立法論を展開するものとして，執行秀幸「不動産工事の先取特権」伊藤進古稀・担保制度の現代的展開〔2006〕138頁以下・163頁以下参照）。

　なお，フランス法における不動産工事の先取特権に関しては，次のような対応がとられている（→§337 Ⅲ）。まず，不動産工事の先取特権が成立するためには，2つの調書（procès-verbal）が必要とされ，1つは工事をする土地の現状を確認する工事前の調書ともう1つが工事完成後6か月以内の土地の工作物受理の調書であり，これらの調書の「二重の登記によって，……その先取特権を保存する」とされている（フ民2382条〔旧2110条〕）。これは，工事前と工事後の調書を比較することによって，増価が判断されるという仕組みとなっている。そして，この先取特権は，これら2つの調書の登記によって，最初の調書の日付で保存される（フ民2382条〔旧2110条〕）。したがって，フランス法にあっては，工事前の調書の登記だけでなく工事後の調書の登記をも要すること，2つの調書の比較により増価額を明らかにすることができることから，わが国の不動産工事の先取特権の保存のように，工事前の登記だけが要求されるわけではないので，工事後の登記の効力の有無といった問題は起こらず，しかも工事による増価額も明らかとなる仕組みが採られている結果，工事前の予算立ての困難といった問題も生じないといえよう。それゆえ，今後，わが国の不動産工事の先取特権に関する立法を検討するに際して，フ

ランス法における上記のような仕組みは大いに参考になると思われる。

II 不動産工事の先取特権の登記手続と内容

　不動産工事の先取特権については，前述のとおり，効力を保存するために，その費用の予算額を工事前に登記しなければならない（338条1項前段）。そして，工事前にこの先取特権を登記しようとするとき，特に，建物の工事については，建物新築の場合は建物自体が存在していなかったり，存在していても未登記である場合には，その手続がかなり厄介であるといわれている（注民(8)219頁〔西原道雄〕，石田喜久夫「不動産の先取特権」中川＝兼子監修〔改訂版，1977〕41頁，高島215頁）。なお，不動産工事の先取特権の登記の手続は，不動産登記法83条・85条・86条等に定められている。

　そこで，まず，建物新築の場合についてみてみると，債権額として工事費用の予算額・債務者の氏名または名称および住所等（不登83条1項各号参照，同85条）に加えて，「新築する建物並びに当該建物の種類，構造及び床面積」については「設計書による旨」，「登記義務者の氏名又は名称及び住所」を登記事項として（不登86条2項1号・2号），工事着手前に登記しなければならないとされている（338条1項前段）。なお，不動産工事の先取特権の保存の登記は権利の登記であり，登記権利者・登記義務者の共同申請の原則（不登60条）が適用されるはずである。しかし，この登記は工事着手前に登記しなければならないが，登記申請時点では建物所有権の登記名義人がおらず，「登記義務者」の定義（不登2条13号参照）に該当する者がいないので，「建物の所有者となるべき者」を「登記義務者」とみなすこととして（不登86条1項前段，不登則161条），共同申請の原則をここにも適用するとしたのである（清水響編・一問一答新不動産登記法〔2005〕221頁）。

　また，すでに登記のある建物の附属建物の新築（増築）の場合には，不動産工事の先取特権の保存の登記についての登記事項は，新築する「附属建物」ならびに新築する附属建物の「種類，構造及び床面積」については「設計書による旨」であるとされている（不登86条3項による同条2項1号の準用。なお，この場合には，主たる建物の所有権の登記名義人を登記義務者として登記申請できるので，本条1項および2項2号の特則は規定されていない〔清水・前掲書222頁〕）。

次に，建物新築による不動産工事の先取特権の保存の登記がなされた後，建物の建築が完了した場合には，建物の所有者（債務者）は遅滞なく所有権の保存の登記をしなければならないとされている（不登87条1項，不登則162条2項）。この場合，建物の所有者が建物の表示に関する登記を申請した上，その表題登記を前提として所有権保存登記を申請する必要がある（不登74条1項1号参照。これは，登記義務者のいない初めての所有権の登記であり，表題部の所有者による単独申請となるので，債権者たる不動産工事の先取特権者は建物の所有権保存登記の申請に関与する余地がない〔判例民法Ⅲ91頁〔今村与一〕〕）。また，所有権の登記がある建物の附属建物を新築する場合における不動産工事の先取特権の保存の登記がなされたときは，当該附属建物が属する建物の所有権の登記名義人が，遅滞なく当該附属建物の新築による建物の表題部の変更の登記を申請しなければならないとされている（不登87条2項，不登則162条3項）。なお，建物の所有者（債務者）が完成した建物につき保存登記をしない場合に関して，判例は，所有者が不動産工事の先取特権の保存登記に同意した以上，先取特権者はその所有者に対して当該建物の保存登記を申請するよう請求できるとしている（大判昭12・12・14民集16巻1843頁。なお，この判決は，先取特権者の債権者が，自己の債権を保全するため，債権者代位権に基づき，先取特権者に代位して建物の所有者に所有権保存登記手続を請求できるとしたもので，先取特権者が建物の所有者に対して所有権保存登記手続を請求できる権利を有していることを前提としているといえる）。

ところで，下級審裁判例には，建物の新築の場合，不動産工事の先取特権の保存登記のみがなされ，いまだ建物の表示に関する登記もその所有権保存登記もなされないときは，当該建物の完成を知りえないばかりか，むしろ当該建物の未完成を推測させるので（平16法123による改正前の不登139条1項本文〔現行87条1項〕），先取特権者が当該建物の競売を申し立てるためには，少なくとも不動産工事の先取特権の保存登記および表示の登記がなされた登記簿謄本でなければ，担保権の存在を証する法定文書（平16法124による改正前民執181条1項3号の「担保権の登記（仮登記を除く。）のされている登記簿の謄本」〔現行民執181条1項3号では「担保権の登記（仮登記を除く。）に関する登記事項証明書」〕）ということはできない，としたものがある（広島高松江支決平5・4・26判時1457号104頁）。

第4節　先取特権の効力　　　　　　　　　　　§*338*　III

　また，判例は，不動産工事の先取特権の登記をすべきところ，不動産保存の先取特権の登記をした場合，「登記更正ノ方法ニ依リ不動産保存ノ先取特権ノ登記ヲ之ト全ク異ナリタル不動産工事ノ先取特権ノ登記ニ変更スルコトヲ得ルモノニアラス」，つまり，不動産保存の先取特権の登記を不動産工事の先取特権の登記に変更する更正登記は認められないとしている（大判大4・12・23民録21輯2173頁）。さらに，判例は，不動産工事の先取特権を工事完了後に不動産保存の先取特権として登記しても，その効力は認められないとした（大判明43・10・18民録16輯699頁）。

　なお，不動産工事の先取特権の保存登記に関して，新築建物の所在地番を実在しない地番で表示した場合に，これを更正することは，更正前の登記と後の登記との間の同一性がなくなるとの理由で，認められないとする判例もある（最判昭50・10・29判時798号22頁）。

III　登記の効力

1　「効力を保存する」の意義

　不動産工事の先取特権は，工事開始前にその費用の予算額を登記することによって，その効力を保存するとされている（本条1項前段）。そして，ここでの登記が，効力要件なのか対抗要件なのかについて，不動産保存の先取特権の場合と同様（→§326 IV，§337 III），見解の対立がある。

　判例（大判大6・2・9民録23輯244頁，大判昭9・5・21新聞3703号10頁など。また，下級審裁判例として，東京高決昭44・11・28判タ246号296頁，浦和地判昭58・2・22判タ498号155頁，仙台高判昭62・5・28金法1162号85頁）および従来の通説（富井419頁，中島754頁，注民(8)165頁〔甲斐道太郎〕）は，この登記を文字どおり効力要件と解し，登記をしなければ先取特権そのものが発生しないとしてきた（近時においても，不動産工事の先取特権の登記について効力要件説を採る見解として，道垣内64頁参照）。しかし，現在では，対抗要件説を採る学説が多数説になりつつあり（古くは，末弘厳太郎・債権総論（現代法学全集6巻）〔1928〕71頁，石田・下683頁・685頁，我妻98頁，柚木＝高木78-79頁，高島216頁。近時は，鈴木321頁，高木56-57頁，生熊217頁，安永484頁。なお，下級審裁判例でも対抗要件説を採用するものとして，東京高決昭42・12・14下民集18巻11＝12号1160頁がある），

〔今尾〕

登記のされていない不動産の先取特権の効力を認める必要性ないし実益および関係当事者間のきめ細かい利害調整といった見地から，この説を支持すべきことはすでに述べたところである（→§337Ⅲ）。

2 登記の効力

まず，本条１項前段による登記がなされると，不動産工事の先取特権者は，その登記の前後を問わず，この先取特権の成立する不動産を目的とする，共益費用の先取特権以外の一般の先取特権（329条2項），不動産売買の先取特権（331条1項・325条），抵当権（339条）および不動産質権（361条）に優先することができる。また，一般債権者やこの登記以後に目的不動産につき登記をした第三者・第三取得者に対してもこの先取特権を主張することができる。さらに，本条1項前段の登記を対抗要件と捉える場合には，これが工事着手後になされたものでも，その後に目的不動産に権利を取得し登記をした第三者（抵当権者や不動産質権者）に対してもこの先取特権を対抗できると解する余地がある（注民(8)221頁〔西原道雄〕，我妻98頁，石田喜久夫「不動産の先取特権」中川＝兼子監修〔改訂版，1977〕41頁，鈴木321頁，生熊217頁，安永484頁）。

次に，本条の登記の効力は，工事による不動産の増価額のうち，工事着手前に登記された予算額の範囲内についてのみ生ずる（327条2項・338条1項後段）。したがって，増価額が予算額以内であれば，その増価額についてのみ効力が生じることになる。そして，この増価額の評価（その有無や金額等）については，先取特権者・債務者間だけでなく，他の担保権者や一般債権者の利害にも大きな影響を及ぼす可能性があるので，「配当加入の時」に，裁判所の選任する鑑定人の評価によるものとされている（338条2項）。ここにいう「配当加入の時」とは，先取特権の実行時と解されている（小林109頁，注民(8)221頁〔西原〕）。

なお，本条2項の法的性質に関するものであるが，宅地造成工事において本件宅地の鑑定評価の時点で残土処分工事等までしか行われていなかったが，その後売却までの間に工事がされて増価が発生したという事案において，原審が本件宅地の最低売却価額の決定過程および売却許可決定に至る不動産競売の手続内で増価分が反映されていない以上，不動産工事の先取特権に基づく優先弁済権を主張できないとしたのに対して，増価額が不動産競売手続において反映されていないことは，先取特権によって優先弁済を受けるべき権

第4節　先取特権の効力　　　　　　　　　　　　　§*339*　I

利に影響しないと判断した判例がある（最判平14・1・22判タ1085号176頁）。この判例は，本条2項は増価額の存在およびその額を主張し配当加入するためには鑑定人の評価が必要との単なる増価額の証明方法を規定しているにすぎず，評価をすること自体が実体的権利を生じさせる要件となっているわけではない（本条項は手続規定である）旨を明らかにしたといえよう（三井憲人〔判批〕判タ1125号〔2003〕35頁）。つまり，不動産工事の先取特権者が優先弁済権を主張できる増価額の実体的権利は，権利行使の時に現存する限りその額について客観的に存するもの（327条2項）との考慮があるというわけである（したがって，増価額を実体的に確定させるためには配当異議訴訟によることになろう）。

〔今尾　真〕

（登記をした不動産保存又は不動産工事の先取特権）
第339条　前2条の規定に従って登記をした先取特権は，抵当権に先立って行使することができる。

〔対照〕　フ民2324・2377・2382・2386

I　不動産保存の先取特権または不動産工事の先取特権と抵当権・不動産質権との関係

　本条は，前2条の規定（337条・338条）に従って登記された不動産保存の先取特権と不動産工事の先取特権は，その登記の前後を問わず，抵当権（および不動産質権〔361条参照〕）にも優先すると定めるが，これは，これらの先取特権に厳格な登記に関する要件を課す反面，その要件を充足した先取特権には，それ以前に登記を備えた抵当権等にも優先できるとして，物権法における一般原則の例外を認めたものといわれている（注民(8)222頁〔西原道雄〕，我妻216頁，高島217頁）。その趣旨として，抵当権等の設定後に行われる保存行為は抵当権者等にも利益になるので広義の共益費用優先の原則の一適用とみられること，抵当権等の設定後の工事による増価額につき先取特権が優先するとしても不動産価格の増加前の不動産を担保にとった抵当権者等は理屈の上からは損害を被らないことなどがあげられている（注民(8)222頁〔西原〕）。

〔今尾〕

§339 I　　　　　　　　　　　　　第2編　第8章　先取特権

また，請負業者の債権確保により間接的に居住者の住宅生活を守るとの住宅者保護という観点から金融業者の債権の効力を制限したものと説明する主張もある（吾妻127頁）。

　なお，本条に対しては，抵当権等を害するおそれがないか，はなはだしく疑問であるとの向きもあるが（我妻92頁），登記に関する厳格な要件が課されているので，実際上はこれらの先取特権はほとんど機能していないため，懸念される弊害も生じないとされている（注民(8)222頁〔西原〕）。

　いずれにしても，本条は，フランス法に倣ったもので，フランスでは，一方で，先取特権は抵当権に一般的に優先するとされる（フ民2324条〔旧2095条〕は，「先取特権は，債権の性質がその債権者に他の債権者，たとえ抵当権者に対しても優先できることを与える権利である」と定める）反面，他方で，不動産の特別の先取特権の保存登記には厳格な制限が課され（フ民2377条〔旧2106条〕・2382条〔旧2110条〕），それが履践されない場合でも抵当権付きであることをやめない（フ民2386条2項〔旧2113条2項〕），すなわちその後の登記により抵当権と同一の順位が認められるとされている（G. MARTY et P. RAYNAUD et P. JESTAZ, LES SÛRETÉS LA PUBLICITÉ FONCIÈRE, 2e éd., 1987, n° 300, p. 194. 柚木＝高木78頁。→§337Ⅲ）。そして，とりわけ不動産工事の先取特権は，建築家や請負人等が行った仕事により，債務者の一般財産だけでなく，その不動産自体にも価値の増加がもたらされた以上，これらの者およびこれらの者への支払に充てるために金銭を貸し付けた者に当該不動産のもたらされた増価額に対する優先弁済権を付与する（所定の要件を充足すると抵当権にも優先する）ことが公平の観念に資するとの趣旨に基づいて認められると説明される（H. L. et J. MAZEAUD et F. CHABAS, LEÇONS DE DROIT CIVIL, t. III, vol. I, Sûretés Publicité foncière, 7e éd., 1999, par Y. PICOD, n° 347, p. 358.）。

　ところで，不動産保存・不動産工事の先取特権の登記後に登場した抵当権者等の第三者との関係については，不動産の保存行為後しばらく経過してから登記がなされた場合または工事着手後にその費用の予算額の登記がなされた場合に，こうした登記が有効か否かが問題とされている。この点に関して，これを対抗要件と捉えた上で，先取特権者が登記の効力を主張する相手方によっては，ある程度弾力的にかつ相対的に解釈すべき，すなわち，物権法の一般原則に従い，登記の前後で優劣を決すべきと解する余地があることにつ

第4節　先取特権の効力

いては，すでに述べたところである（→§337Ⅲ，§338Ⅰ）。

Ⅱ　不動産売買の先取特権と抵当権・不動産質権との関係

不動産売買の先取特権については，本条に規定されていないので，抵当権に準じて（341条），抵当権および不動産質権との優劣は，物権の一般原則に従って，登記の前後によって決すべきとするのが通説である（我妻92-93頁・98頁，柚木＝高木78頁，高木54頁，近江55頁，髙橋55頁，河上75頁，道垣内80頁）。

なお，借地借家法・接収不動産に関する借地借家臨時処理法上の先取特権については，①共益費用の先取特権，②不動産保存の先取特権または③不動産工事の先取特権ならびに④地上権または土地の賃貸借の登記より前に登記された質権および抵当権に後れるとされている（借地借家12条3項，接収不動産臨7条3項）。しかし，これらの先取特権は，強制換価手続（税徴9条，地税14条の2）・滞納処分（税徴10条，地税14条の3）の費用や不動産保存の費用（326条）等の広い意味での共益費用は別として，それ以外のいわば狭義の共益費用によりこれらの先取特権者が利益を受けて，その共益費用の先取特権が優先するという場合は実際には想定されず，不動産売買の先取特権等と同順位（共益費用の先取特権〔307条〕より上位）になると解されている（注民(8)198頁〔西原道雄〕。→前注(§§329-332)Ⅲ3）。

〔今尾　真〕

（不動産売買の先取特権の登記）
第340条　不動産の売買の先取特権の効力を保存するためには，売買契約と同時に，不動産の代価又はその利息の弁済がされていない旨を登記しなければならない。

　　〔対照〕　フ民2379・2380・2386

Ⅰ　登記の時期

本条は，不動産売買の先取特権の効力を保存するためには，その不動産の

〔今尾〕

§340 I　　　　　　　　　　　　　　第2編　第8章　先取特権

代価または利息が支払われていない旨を,「売買契約と同時に」登記しなければならないと規定する。その趣旨は,売主の優先弁済権の存在をなるべく早く公示させて第三者に不測の損害を与えないようにするとともに,後日売主と買主が通謀して虚偽の登記をなすことを防止することにあるとされる(梅 421 頁,横田 695 頁)。

ここにいう「売買契約と同時に」とは,文字どおり,売買契約締結と同時にという意にもとれるが,実際上は売買による所有権移転登記をする時と同時と解してよいとされている(中島 757 頁,石田・下 686 頁,勝本・上 214 頁,我妻 97 頁,注民(8)223 頁〔西原道雄〕,高島 216 頁)。もっとも,こう解しても,動産と異なり,不動産の売買では代金未払のまま買主に所有権移転登記だけがなされることはまれであるので,不動産売買の先取特権の実際的意義は極めて薄いといわれている(注民(8)223 頁〔西原〕,石田喜久夫「不動産の先取特権」中川=兼子監修〔改訂版,1977〕42 頁,星野 207 頁,道垣内 64-65 頁,河上 60 頁)。

なお,フランス法では,不動産売買の先取特権を保存するために,「先取特権を有する売主又は不動産の取得のために金銭を供与した貸主は,登記によってその先取特権を保存する」とされている(フ民 2379 条 1 項前段〔旧 2108 条 1 項前段〕)が,事前に処分者または最後の権利者の権利を確認する証書等により売買が公示されないと(これを「公示の連続性の原則(effet relative de la publicité)」という〔H. L. et J. MAZEAUD et F. CHABAS, LEÇONS DE DROIT CIVIL, t. III, vol. I, Sûretés Publicité foncière, 7e éd., 1999, par Y. PICOD, n° 689, pp. 571-572, L. AYNÈS et P. CROCQ, DROIT DES SÛRETÉS, 12e éd., 2018, n° 638, pp. 373-374. また,星野英一・民法論集 2 巻〔1970〕162 頁以下参照〕),先取特権の登記はできないとされている(1955 年 1 月 4 日のデクレ 3 条および 1955 年 10 月 14 日のデクレ 32 条以下)。もっとも,この登記は,売買の公示の後でも行うことができるが,一定の形式(フ民 2426 条〔旧 2146 条〕〔登記される権利・手続,目的不動産の特定〕および同 2428 条〔旧 2148 条〕〔登記申請手続〕)において,かつ,売買行為から起算して 2 か月の期間内に登記しなければならず,この登記がなされると,当該売買行為の日付で順位を有することになる(フ民 2379 条 1 項後段〔旧 2108 条 1 項後段〕)。したがって,この期間内に抵当権が登記されても,これは先取特権者を害することができないとされている(フ民 2386 条 1 項〔旧 2113 条 1 項〕)。

以上のように,フランス法においても,不動産売買の先取特権の登記の時

第4節　先取特権の効力　　　　　　　　　　　　　　　　§340　II

期については，売買行為の公示と同時にされることが多いとされるものの，それに一定期間後れての登記も認められており，わが国の同種の問題（「売買契約と同時に」）の解釈においても，フランス法の制度を参考にして，必ずしも売買目的物の所有権移転と同時にと厳格に解するのではなく，ある程度弾力的に所有権移転登記に後れての（フランス法のように2か月の期間内といった明確な定めがないとしてもそれに類する合理的な期間内の）登記も認められると解してよいように思われる（後述のように，不動産売買の先取特権の登記を対抗要件と解する場合には，売主の所有権移転登記以後に登場した抵当権者・不動産質権者との関係で〔既登記の抵当権等に優先する効力はない以上（339条参照）〕，その登記時期をあまり厳格に限定して，所有権移転登記に後れた登記は一切対抗力を生じないとするのは行き過ぎであろう〔注民(8)223頁〔西原〕〕）。

II　登記の効力

本条の「効力を保存する」の意味についても，これを効力要件と解する見解もある（道垣内65頁）が，条文の文言にかかわらず，不動産保存および不動産工事の先取特権と同様，対抗要件と解すべきである（→§337 III，§338 III 1）。とりわけ，不動産売買の先取特権については，前二者の不動産の先取特権と異なり，すでに登記された抵当権に優先する効力はないとされている以上（339条参照），登記しなければこの先取特権の効力が生じないとする必要はあまりなく，登記をしなければその後に登場した第三者に対抗することができないという意味に解すべきであろう（柚木＝高木79頁，注民(8)223頁〔西原道雄〕，我妻98頁，高島217頁，鈴木321頁，高木57頁，生熊217頁，安永484頁）。

ちなみに，フランス法においても，不動産の先取特権（不動産工事・不動産売買の先取特権の双方）の保存期間中に登記された抵当権との関係につき，「登記の手続に服する先取特権付きのすべての債権は，それに関して先取特権の保存のために定めるさきの条件（不動産売買の先取特権については，フ民2379条〔旧2108条〕）が充足されないものであっても，抵当権付きのものであることをやめない（不動産の先取特権は法定抵当権とされている）。ただし，その抵当権は，登記がなされた日付以後からしか，第三者に順位を有しない。」（括弧内は筆者）として（フ民2386条2項〔旧2113条2項〕），登記がなされていない先取

特権でもその効力が完全に否定されるわけではないことに留意すべきである（H. L. et J. MAZEAUD et F. CHABAS, LEÇONS DE DROIT CIVIL, t. III, vol. I, Sûretés Publicité foncière, 7e éd., 1999, par Y. PICOD, n° 423, pp. 407-408, L. AYNÈS et P. CROCQ, DROIT DES SÛRETÉS, 12e éd., 2018, n° 702, p. 432 et n° 704, p. 434.）。

〔今尾　真〕

（抵当権に関する規定の準用）
第341条　先取特権の効力については，この節に定めるもののほか，その性質に反しない限り，抵当権に関する規定を準用する。

I　本条の趣旨

本条の趣旨に関しては，先取特権は，もともと不動産については特に強力な抵当権ということができ，その性質は抵当権とほとんど異ならないから，本節に規定したもの以外はすべて抵当権に関する規定を先取特権に準用するものとしたと説明される（梅422頁）。つまり，不動産の先取特権は，目的物の占有を要件とせず，そこから優先弁済を受ける担保物権であるという点で抵当権に類似しており，不動産の先取特権や不動産について登記された一般の先取特権は，いわば法定の抵当権というべき性格のものであるというわけである（石田・下678頁，注民(8)224頁〔西原道雄〕）。

もっとも，本節前注でも述べたように（→前注(§§333-341)Ⅱ1），本条により抵当権の規定が不動産の先取特権のみに準用されるか否かは判然としない。すなわち，不動産の先取特権はいわば法定の抵当権といえることから，不動産の先取特権についてのみに準用されるとする（梅422頁，石田・下678頁）か，「その性質に反しない限り」で，不動産・動産の先取特権に必要に応じて準用されるとする（高島197頁）かである。この問題については，不動産の先取特権と抵当権とが目的物に対する占有を要件としない担保物権であるという点で共通していること，本条の淵源となった旧民法の規定（旧担188条・194条，とりわけ，194条）が動産の先取特権についても抵当権の規定を準用するとしていること等に鑑み，後者の見解を支持すべきと考える（ただし，不動産

第4節　先取特権の効力

以外の先取特権に準用される規定としては，375条くらいしかないように思われる）。

II　準用される規定

以上から，「その性質に反しない限りで」，先取特権に準用される主な抵当権の規定としては，次のものがある。効力の及ぶ範囲に関する370条，果実に対する効力に関する371条，被担保債権の範囲に関する375条，代価弁済に関する378条，抵当権消滅請求に関する379条以下，共同抵当の場合の代価の配当と代位の付記登記に関する392条・393条，抵当不動産以外の財産からの弁済に関する394条，抵当建物使用者の引渡しの猶予に関する395条，法定地上権に関する388条，抵当地の上の建物の競売に関する389条などの規定が準用されるといえよう（なお，375条は，被担保債権の範囲につき特別の規定がある場合〔310条・315条・323条・324条〕を除いて，先取特権一般に準用されるが，それ以外の規定はもっぱら不動産の先取特権に準用されると解される）。

ただし，370条の準用に関しては，先取特権にあってはいったん目的物が定まった後の目的物の増加を問題とする余地はないとの指摘（道垣内〔三省堂版〕51頁）もさることながら，不動産の保存費用ないし工事による増価額は，不動産全体の価格に比して僅少であることが多く，工事費用も増価額に限定される以上，これらの費用が目的不動産から弁済を受けられないことは実際上まれであるといえるので，目的不動産の付加一体物ないし従物にまで先取特権を及ぼしめる必要があるかは疑問である。また，不動産売買の先取特権にあっては，そもそも売却した不動産が目的物となるのであって，これに付加した物または従物（その増加価値）にまでその効力を及ぼす必要はないように思われる。したがって，370条の規定は準用されないというべきであろうか。

また，抵当権の順位に関する373条（「同一の不動産について数個の抵当権が設定されたときは，その抵当権の順位は，登記の前後による。」）については，不動産保存・不動産工事の先取特権などには例外規定（339条）があるので，適用されるのは不動産売買の先取特権ということになろう。さらに，抵当権の処分に関する376条・377条も，先取特権においては被担保債権と切り離しての権利処分や順位譲渡ができないことから，先取特権の放棄だけが許されると

〔今尾〕

解されている(注民(8)224頁〔西原道雄〕)。あるいは，抵当権の処分に関する規定は，被担保債権の発生原因別に順位付けされる先取特権にはなじまないとの指摘もある(判例民法Ⅲ93頁〔今村与一〕)。

　ところで，抵当権の個々の規定の準用だけでなく，抵当権に関する判例法理ないし理論についても，先取特権について意味があるものは援用されるとされている(注民(8)224頁〔西原〕)。その典型例としては，不動産の先取特権に関しては，登記を対抗要件(効力要件)として公示されることから，目的不動産の売却・処分・損傷などの場合には，先取特権者は，抵当権侵害と同様(→§370Ⅱ6)，先取特権の侵害として，損害賠償またはこれらの行為の差止め・妨害排除請求をなしうると解されている(道垣内73頁・184頁以下参照)。

〔今尾　真〕

第 9 章 質　　権

前注（§§ 342-368〔質権〕）

I　総　　説

(1)　質権の意義

質権は，債権者が債務の弁済があるまで，その債権の担保として債務者または第三者(物上保証人)から占有の移転を受けた物を留置し，さらに，弁済のない場合にはその物の価格から優先的に債権の回収を行える担保物権である。

(2)　質権の社会的機能

質権には，(1)で述べた優先弁済効のほか，目的物の占有を質権者に移転することを通じて債務者に何らかの心理的圧力を加えることで履行を促すという機能がある。そのため，設定者から目的物の占有を奪うことになり，生産に必要な動産，生活や営業の拠点となる不動産は質権になじまない（この点から，不動産質権廃止論も主張されている〔近江幸治「現行担保法制をどのように考えるべきか」椿寿夫ほか編・民法改正を考える〔2009〕141 頁〕）。また，質権者が質物を占有するのは質権者自身にとっても不便である（道垣内 84 頁）。

そこで，不動産については抵当権，機械その他の生産設備には動産譲渡担保が用いられることが多い（法務省の統計によれば，2017 年には土地上の質権設定登記は 510 件，1499 個，建物上の質権設定登記は 29 件，131 個にとどまる。これに対して，土地上の抵当権設定登記は 95 万 7618 件・217 万 3123 個，建物上の抵当権設定登記は 43 万 4797 件・130 万 4473 個である〔いずれも根抵当権設定登記を含む〕）。これに対して，消費生活用の動産については，設定者による不当処分等の背信行為によって無力化する危険があることから譲渡担保の利用は困難とされ（鈴木禄

弥「譲渡担保」同・分化466-467頁，新田宗吉「動産質権の機能と効用」担保法大系Ⅱ645頁），質権は質屋に代表されるような小口の金融ではなお一定の利用がある（もっとも，警察庁の統計によれば，2016年末の質屋営業の許可件数は2951件であり，漸減傾向にある。なお，過剰貸付けのおそれが少ない消費者金融の方法として動産質を位置づけるものとして，松井128頁）。しかし，金融界においては，動産質・不動産質はほとんど用いられておらず，権利質が質権の中心となっている。特に自行預金を担保化する際に譲渡担保では債権の混同（520条）によって債権が消滅してしまうことから質権を利用する必要があるとされる（中島晧「債権・その他の財産権の質権と金融取引」担保法大系Ⅱ744頁，大江140頁）。

もっとも，こうした状況下において，あらためて不動産質権の活用可能性を主張する見解も見られる。すなわち，大規模貸しマンションの担保化のためには，換価を予定せず担保権者が賃借人から継続的に賃料を収取する制度の存在が望ましいと指摘される（鈴木禄弥「不動産質制度再活用のための立法論」同・分化534頁）。そして，不動産質権をより利用しやすくする方策として，各種担保制度で清算義務が課されていることとの関係で，反対の特約があっても，利息を超過する賃料部分については元本に充当されるべき旨の強行規定を置くこと，貸しマンションの場合は不動産質が長期にわたって存続しても建物が荒廃する恐れはないから，存続期間制限規定を撤廃することが提言されている（鈴木・前掲論文535頁。不動産質の現代化との関係で357条・358条・360条の改正を提言する，道垣内弘人「担保客体の分解的把握」同・諸相34頁，抵当権との比較において，不動産質権には利用権によって制約されないとの利点があることを指摘する，伊藤進「不動産質権の内容・効力」同・物的担保論〔1994〕274頁も参照）。

(3) 立 法 例

フランス民法典では，質権は有体動産質（gage de meubles corporels）・無体動産質（nantissement de meubles incorporels）・不動産質（gage immobilier）に分かれる。債権などの諸権利は無体動産として扱われる。2006年の民法典改正によって占有非移転型の動産質が認められた結果として代替物（フ民2341条）や将来動産（フ民2333条1項）の質入れが可能となり，公示機能は占有移転以外の方法によっても果たし得るものとなった。また不動産質は純粋な収益質であり，わが国のような優先弁済権能はない。

ドイツ民法典では質権は動産質（Pfandrecht an beweglichen Sachen）と権利質

(Pfandrecht an Rechten) とに分かれ，不動産質は認められない。こうした約定の質権のほか，法定質権（ド民562条・583条など）と差押えによって成立する差押質権（ド民訴804条）が認められる。

II　質権の法律的性質

(1)　物　権　性

　質権は留置権能ならびに優先弁済権能によって目的物を担保目的で排他的に直接支配する担保物権である。目的物に対して留置権能・優先弁済権能を行使することが排他的に保障されている意味で物権であり，担保目的の範囲内でこれらの権能を行使し得るという意味で担保物権である。もっとも，権利質はその目的が有体物ではないことから留置権能は認めにくいが，目的たる権利の交換価値に対して優先弁済権能が認められることからこの場合も物権と見ることができる。また，質権は抵当権と同様に当事者の意思に基づいて設定される約定担保物権である。

(2)　担保物権としての支配内容

　留置的権能・換価優先弁済権能が認められ，不動産質においてはさらに使用・収益権能が認められる。詳細は→§342 IV。

(3)　担保物権性

　質権は担保物権の一種であることから，担保物権の通有性である付従性，随伴性，不可分性（350条・296条），物上代位性（350条・304条）が認められる。

　(ア)　付従性　　質権はその成立・存続・内容において被担保債権の存在を必要とする。これを付従性という。もっとも，被担保債権が将来債権の場合に見られるように約定担保においては成立における付従性は貫徹されておらず，将来に被担保債権発生の可能性があり担保権実行段階で被担保債権が特定されれば足りると解される。

　(イ)　随伴性　　質権は被担保債権の移転に伴って移転する。これを随伴性という。ただし，これに反する特約がある場合，あるいは，根質権の場合は別論である。担保物権の通有性と解するのが通説であるが，質権の随伴性には制約があるとの見解が近時主張されている（石田(穣)157頁）。質権者は目的物の保管について善管注意義務を負っている（350条・298条1項）のだから，

〔直井〕

前注（§§ 342-368） III

動産質権や不動産質権において被担保債権が譲渡された場合に随伴性を認めて質権も移転するならば，譲渡人は譲受人に目的物を引き渡すことになるが，それは保管義務に反することになるというのである。しかし，こうした事態は質権設定当初から想定されており，保管義務に反するものではないと解すべきである。

　㈦　不可分性　　§350 Ⅰ(1)参照。

　㈢　物上代位性　　§350 Ⅰ(2)参照。

Ⅲ　複数担保権の設定

　動産質の場合は355条に規定があり，不動産質の場合は361条の準用する373条によって認められる。また，権利質の場合についても複数担保権設定は可能と解される。しかし，抵当権の規定が準用される（361条）不動産質の場合を除き，実行における後順位質権者の地位は明らかではない。

　動産質の場合，後順位質権者の地位は以下のように解される。㋐後順位質権者が先順位質権者から目的動産の引渡しを受けた場合，後順位質権者は自らが直接占有する目的動産を執行官に提出すること（民執190条1項1号）によっても質権を実行することはできないものと解される。民事執行法133条は，目的物を占有しているという事実を考慮して質権者に配当要求を認めている（中野＝下村658頁）が，先順位質権者は自らのイニシアティブで目的動産の競売を開始できたはずであり，実行時期を選択できなくなるという点で後順位質権者の存しない場合に比べて先順位質権者の実行権能が害されるものといえるからである。㋑第三者が先順位質権者と後順位質権者の双方のために代理占有する場合，直接占有する第三者が後順位質権者の指示に従って目的動産を執行官に提出すると，㋐の場合と同様の問題が生じる。したがって，この場合もまた後順位質権者は実行に着手することはできないものと解される。これに対して，直接占有する第三者が先順位質権者の指示に従って目的動産を執行官に提出することは許される。この場合，後順位質権者は配当要求をすることとなる。また，権利質の場合は，セキュリティ・トラストとして権利質を受託者のために成立させ，複数の債権者を受益者とすることで，安定した法律関係を実現できることが指摘されている（山田誠一「複数債

権者・複数担保権者に係る問題」金融法務研究会報告書(18)動産・債権譲渡担保融資に関する諸課題の検討〔2010〕49頁)。

IV　譲渡担保との区別ならびに利用

　動産や不動産を担保にとった場合，担保目的物の占有が設定者の下にあれば譲渡担保または抵当権を設定したものと解される。これに対して，占有が担保権者の下にあると質権か譲渡担保かの区別が問題となる。目的物の占有が移転している以上，すべて質権と解すべきとの見解もある（高木ほか89頁〔曽田厚〕。我妻596頁は，立法論として占有移転型の動産担保はすべて質権に統一すべきであると説く）。しかし，担保目的の範囲内とはいえ所有権が移転している以上，占有が譲渡担保権者にある譲渡担保を認めない理由はないから，占有移転の有無によって区別することはできない。不動産の場合は，登記の目的が登記事項とされている（不登59条1項）ことから，登記があれば登記簿の記載に従って性質決定がなされる。これに対して，動産の場合あるいは登記を欠く不動産担保の場合は，当事者の所有権移転意思の有無によって判断することとなるが，それが明らかでない場合は質権設定と解すべきであろう。所有権移転という効果を生じさせるには，その旨の意思が必要と解されるからである。ただし有価証券を担保の目的とする場合は，旧来から譲渡担保を設定することが一般的であったことから，譲渡担保と推定される（株式の担保化につき，江頭・株式会社法225頁注1)。権利を担保の目的とした場合は占有移転の有無によって区別することができず，権利質か債権譲渡担保かは当事者意思によって決定される。当事者意思が明らかでない場合は質権設定とする見解（能見善久「信託受益権の担保」金融法務研究会報告書(10)債権・動産等担保化の新局面〔2004〕52頁）もあるが，私的実行による担保権実行が可能な譲渡担保権設定とする見解が有力である（もっとも，我妻660頁は，金銭債権を個々に担保化する場合については366条の実行方法があるから譲渡担保による必要はなく，質として取り扱うべきであり，債権群を担保化する場合に対抗要件を具備できないから譲渡担保が用いられるとする。しかし，この問題点は動産・債権譲渡特例法の制定によって解消されているので，上記の論理からは，現在ではすべてを質権として取り扱うということになろうか)。

　実務上，権利の担保化にあたっては譲渡担保が利用されることが多い（我

〔直井〕

妻660頁）ものの，自行預金の譲渡担保は認められないことから自行預金を担保化する場合には質権が用いられる。また，生命保険給付請求権の担保化にあたっては，保険料の継続払込みなしには生命保険契約は失効することから，担保権者による保険料支払を可能とすべく譲渡担保が用いられる（糸川厚生「生命保険と担保」星野英一ほか編・担保法の現代的諸問題（別冊NBL10号）〔1983〕175頁。実務における質権と譲渡担保権の使い分けについては，椿寿夫・集合債権担保の研究〔1989〕36-37頁参照）。

債権質と債権譲渡担保は対抗要件が同じであり，実行方法として第三債務者に対する直接取立てが認められている点でも共通しているから，実質的な相違はほとんどない。ただし，債権譲渡担保の場合は後順位者の出現が実際上想定されない点で債権質と異なる（鈴木禄弥「譲渡担保」同・分化436頁）。また，被担保債権の弁済期が質入債権の弁済期よりも先に到来した場合は，被担保債権の弁済期到来までは直接取立権が認められず質権者は供託を請求できるにとどまるのに対し（366条3項），譲渡担保ではそのような制限は必然的ではないので，債権質よりも譲渡担保の方が簡便であるとの指摘（小林明彦「不動産・個別動産譲渡担保の効力」小林明彦＝道垣内弘人編・実務に効く担保・債権管理判例精選〔2015〕131頁）があり，実務上は債権譲渡担保の方がより強い効力を有している感を債権者に抱かせている（平野ほか273頁〔田髙寛貴〕）。

V 買戻しとの区別

特に不動産質において問題となる。

歴史的に不動産質に認められていた流担保性が買戻し規定に受け継がれており，流質を禁じる不動産質権衰退の主要な原因となっている（伊藤進「不動産質権の内容・効力」同・物的担保論〔1994〕270-271頁。近江幸治「不動産の質・譲渡担保・所有権留保」星野英一ほか編・担保法の現代的諸問題（別冊NBL10号）〔1983〕13頁も，不動産質と買戻しの系譜の同一性を指摘する）。いずれと解するかは当事者の意思解釈によることとなるが，設定者保護の観点からは当事者意思が明確でない場合には質権を設定したものと解すべきであろう。

〔直井義典〕

第1節　総　則

（質権の内容）

第 342 条　質権者は，その債権の担保として債務者又は第三者から受け取った物を占有し，かつ，その物について他の債権者に先立って自己の債権の弁済を受ける権利を有する。

〔対照〕　フ民 2333・2334，ド民 1204

細　目　次

Ⅰ　質権総則としての位置づけ …………465
Ⅱ　質権の設定 ……………………………466
　（1）　質権設定契約 ……………………466
　（2）　質権を設定できる目的物 ………467
　（3）　効力が及ぶ目的物の範囲 ………467
　（4）　質権の被担保債権 ………………468
Ⅲ　質権の対抗要件 ………………………469
　（1）　動産質 ……………………………469
　（2）　不動産質 …………………………469
　（3）　権利質 ……………………………469
Ⅳ　質権の内容 ……………………………469
　（1）　総　説 ……………………………469
　（2）　留置的権能 ………………………470
　（3）　換価優先弁済権能 ………………470
　（4）　使用・収益権能 …………………471
　（5）　第三者異議権 ……………………472
　（6）　質権者の処分権能 ………………472
　（7）　質権者の質物占有に関連する権
　　　　利・義務 …………………………472
Ⅴ　質権の侵害に対する効力 ……………473
　（1）　総　説 ……………………………473
　（2）　設定者による侵害に対する効力 …473
　（3）　第三者による侵害に対する効力 …473
　（4）　増担保 ……………………………474
Ⅵ　質権の消滅 ……………………………474
　（1）　総　説 ……………………………474
　（2）　被担保債権の消滅 ………………474
　（3）　質権の実行・他の担保物権の実行
　　　　および債権者の強制執行，設定者の
　　　　倒産手続開始 ……………………474
　（4）　質権の消滅請求 …………………474
　（5）　質権設定者に対する目的物の返還
　　　　………………………………………475
　（6）　消滅時効 …………………………475
　（7）　不動産質の場合の特則 …………475

Ⅰ　質権総則としての位置づけ

本節の規定は，条文の体裁上は権利質も含めたすべての質権に適用されることになっている。また，起草者も，旧民法典では動産質・不動産質が別個の章となっていたが，性質を全く同じくするものであるから，それらを統一

〔直井〕

して質権の章を設けたものとしており（法典調査会民法議事〔近代立法資料2〕579頁〔富井政章〕）、総則には、質権の種別を超える通則性が与えられていることになる（なお、旧民法典においては、フランス法に倣って権利は動産に含まれていた）。しかし、本節の各規定は、質権の目的を「物」と表現しており、本節は動産質と不動産質に共通の規定群であるにすぎず、権利質には362条2項を通じて個別に準用されるに過ぎないものと解されるであろう（田髙ほか113頁〔鳥山泰志〕、後藤ほか編122頁〔占部洋之〕）。ただし、便宜上、II以下では必要に応じて権利質についても言及する。

II 質権の設定

(1) 質権設定契約

質権設定契約は質権を取得する者（質権者）と質権の目的たる物に質権を設定する者（質権設定者）との間で締結される。

「自己の債権の」とあることから、質権者は被担保債権の債権者であることが原則である。しかし、担保付社債信託法の場合や信託法3条1号・2号のセキュリティ・トラストの場合のように、例外もある。

質権設定者は債務者のほか第三者であってもよい（物上保証人）。物上保証人は保証人と異なり、自ら債務を負うものではなく、他人の債務のために自己の財産に物的担保を負うにすぎない。また、質権設定者は原則として所有者であるが、所有者でなくても処分権を有していれば質権を設定できる（注民(8)234頁〔林良平〕）。例えば、第三者のためにする生命保険契約において、保険契約者は受取人の変更権限を有するのであるから、受取人の同意なく生命保険給付請求権に質権を設定できる（竹濵修「第三者のためにする生命保険契約における質権設定権者」立命339＝340号〔2011〕127頁）（ただし被保険者の同意は必要である（保険47条））。

動産質権について、判例・学説は即時取得を肯定している（大判昭7・2・23民集11巻148頁、最判昭45・12・4民集24巻13号1987頁〔未登録自動車の事例〕）。もっとも、通常の質権設定においても占有改定では効力を生じないとされているから（345条）、占有改定による質権の即時取得は問題とならない（新版注民(7)164頁〔好美清光〕）。また、193条は質権に適用されるが、194条につい

第1節 総則

ては「買い受けた」という文言があることから適用は否定されると解すべきである。

(2) 質権を設定できる目的物

質権の客体たる物は質権者自身の所有物であってはならず，他人の所有物でなければならない（我妻117頁）。

不動産質権の目的物は土地・建物に限られ，立木法上の立木や工場財団等の財団は不動産とみなされるが不動産質の目的とはならない。いずれも一定の目的との関係で不動産とみなしているにすぎず，質権の設定は予定されていない（立木法2条参照）。また，動産質・不動産質について，共有持分であっても，質権者が344条に従って目的物の引渡しを受けることで質権の効力が生じる。具体的には，設定者ではない共有者と共同占有の状況をもたらす方法によることになる。この場合，質権の実行は持分権の競売になる。ドイツ民法1258条と異なり明文がないことから質権者には分割請求権が認められない（中島799頁）。

その他の点は，343条および362条の注釈参照。

(3) 効力が及ぶ目的物の範囲

動産質については，占有取得が質権の効力発生要件であるから，客体の範囲に関して疑義を生じることは少なく，そのため，動産質の目的の範囲に関する規定はない（山下188頁）。設定時に従物があるときは質権は従物に及ぶが（87条2項），従物の引渡しが質権の効力発生要件となる。また，動産質目的物が，他の動産と添付し，共有持分権あるいは償金請求権に転化したときは，それについても動産質権の効力が及ぶこととなる。償金請求権については物上代位によって差押えを要すると解するのが通説であるが，質権者が合成物などを占有している限り，占有によって質権が償金請求権に及ぶことは公示されているから，質権者は差押えを経ることなく償金請求権から優先弁済を受けられるとの見解もある（石田(穣)173頁）。

不動産質権の効力の及ぶ範囲については，抵当権に関する370条が361条によって準用される（反対：道垣内90頁〔370条は，目的物の占有が設定者にとどまることを前提とするものだとする〕）。

権利質については，利息債権・果実に質権が及ぶ（注民(8)242頁〔林〕）。また，生命保険の解約権を質権の対象とするかは，生命保険会社の約款によ

り異なる。学説には，解約返戻金請求権を質入れした場合は，当事者の合理的意思解釈として解約権も質入れされているものと解するものがある（糸川厚生「生命保険と担保」星野英一ほか編・担保法の現代的諸問題（別冊NBL10号）〔1983〕165頁。解約返戻金請求権を差し押さえた債権者は，取立権の行使として解約権を行使できるとする判例〔最判平成11・9・9民集53巻7号1173頁〕との関係について，山下友信・保険法〔2005〕613頁参照）。生命保険契約が失効後に復活した場合，復活後の契約に質権が有効に存続する旨が，生命保険会社の作成する書式で定められている。定期保険契約の更新の場合も同様の規定を置く会社がある（山下友信・現代の生命・傷害保険法〔1999〕201頁）。

(4) **質権の被担保債権**

金銭債権が被担保債権となり得ることはもちろんである。しかし，それ以外の債権も債務不履行時には債権者は損害賠償請求権を行使できるから，当該請求権が被担保債権となると解することができ，被担保債権の種類に制限はないことになる。質権には留置効があるため，間接的な強制を通じて当該債権の内容を実現することが可能であることも理由とされる（髙橋60-61頁）。ただし，不動産質の場合は，「一定の金額を目的としない債権については，その価額」を登記すべきこととされる（不登83条1項1号）。

金銭に見積もることのできない債権（399条）でもよいといわれるが，結局，不履行時に金銭債権たる損害賠償請求権が発生するかということが重要になる。

将来債権も被担保債権となり，将来の不特定債権の場合も同様に質権の被担保債権となり得る（根質）。ただし，債務負担の可能性を推断すべき具体的基礎を欠くような抽象的将来の債務については，経済上も担保を設定する必要がないばかりでなく，こうした債務に対して担保を設定するのは担保権の従属性に反するものであることを理由に，質権を設定することはできないとする見解もある（中島787頁）。将来債権譲渡の有効性が認められる範囲の問題と関係し，譲渡の有効性と被担保債権としての適格性を区別するかという問題は検討に値すると思われる。

根質に関しては民法典には明文規定がないが，電子記録債権法37条3項・4項・41条2項・42条に規定がある。不動産根質の場合は根抵当の規定が準用される結果，包括根質は禁じられ，極度額の定めが必要となる（道

垣内90頁, 河上84頁)。これに対して動産質においては, 後順位担保権者・設定者が不当に害されることがないので包括根質も認められ, 極度額の定めも不要と解される (大判大6・10・3民録23輯1639頁, 道垣内90頁)。保険金請求権への根質設定のような権利質の場合は, 362条2項が361条を準用していることから根抵当権の規定が準用されるかが問題になる (詳細は, →§362Ⅱ)。

条件付きの債権を被担保債権とする可能性について, かつてはそれを否定し, 条件付質権が成立するにすぎないという見解が有力であった (学説の展開については注民(8)237頁以下〔林〕参照)。しかし, 現在では異論なく認められている。

Ⅲ 質権の対抗要件

(1) 動産質

動産質権は質権者が継続して目的物を占有しなければ第三者に対抗できない (352条)。この場合の占有は現実の占有に限られないが, 質権設定者による代理占有は除かれる (345条)。また, 対抗できない第三者とは, 質権設定者および債務者を除いたすべての者を指す (この点, 178条とは異なる) (→§352Ⅱ)。

(2) 不動産質

一般の不動産物権変動と同じく, 登記である (177条)。

(3) 権利質

債権質については, 債権譲渡に準ずる旨の規定がある (364条)。その他の権利についても債権質に準ずる (→§364Ⅰ)。

Ⅳ 質権の内容

(1) 総説

質権は換価優先弁済権能と留置的権能を中心的権能とする。しかし, 留置的権能は債務者に被担保債務の弁済を促す作用ならびに換価優先弁済を容易にする作用を有するものである (占有移転による留置的権能が質権の本質でないことは, 近時のフランス民法典改正における非占有質権導入にも見てとれる) から, 重点

は換価優先弁済権能にある。

以下，質権の内容について整理しておくが，詳細は，各条の注釈に譲るところが大きい。

(2) 留置的権能

質権者は，債権担保のために，被担保債権の弁済を受けるまで質物の占有を継続し返還を拒絶する権能を有する（詳細は，→§347）。

(3) 換価優先弁済権能

質権者は，債務の履行が受けられないとき，目的物を競売し，その換価金から他の債権者に優先して弁済を受領することができる。

動産質の場合，質権者は執行官に対し質物を提出することによって担保権の実行としての競売手続を開始することができる（民執190条1項1号・122条以下）。また，設定者に対する他の債権者が動産質の目的物を差し押さえた場合，質権者は，占有する質物につき，質物を提出して優先的に配当を受けるか質物の引渡しを拒むかの選択ができる（347条，民執124条・133条）。ただし，質権者に優先する債権者によって競売に付された場合は留置的権能を対抗できない（347条ただし書）から，質権者は質物の引渡しを拒むことができず，この場合には競売によって質権は消滅する（留置的権能を対抗できない相手方については，→§347 Ⅰ(5)）。質物を提出した場合は配当によって質権は消滅する。

不動産質の場合，質権者は質権の登記事項証明書を提出することによって，担保不動産の競売を開始して換価代金から配当を受けることができる（民執180条・181条1項3号・87条1項1号）。設定者に対する一般債権者や後順位担保権者が競売を申し立てると，使用・収益をしない旨の定めのある質権は売却により消滅し，質権者は配当を受ける（民執59条1項・87条1項4号）。使用・収益をしない旨の定めのない質権は競落人に引き受けられる（民執59条4項）。先順位担保権者による申立てに係る競売による売却があったときは，使用・収益をしない旨の定めのない質権も消滅する（民執59条2項・3項）。

不動産質権者は，理論的には担保不動産収益執行を申し立てることもできるが（民執180条），反対の特約がない限り，不動産質権者は目的物の使用・収益権限を有するから，その必要はない。また，他の一般債権者が強制管理手続（民執93条以下）の開始を申し立てても，質権者は，民法347条に基づき質物の留置権能を有し，かつ，自己に対し優先権を有しない債権者にこの

権能を対抗できるので（同条ただし書の反対解釈），強制管理手続における管理人は質権者にその不動産の引渡しを求めることができず，手続が取り消される（民執106条2項）。その質権者に後れる先取特権者，後順位質権者，後順位抵当権者により担保不動産収益執行の申立てがあったときも同様である。これに対して，先順位担保権者の申立てによって担保不動産収益執行が開始されたときには，質権者の留置権能は，先順位担保権者に対抗できないので（347条ただし書），質権者は留置権能を失う（359条）。

　質権者が一般債権者として債務者の一般財産に執行することは妨げられない。抵当権の場合（394条）と異なり，債務者ならびに債務者の一般債権者は質権者に対して，まず質権を実行した後に質物の代価から弁済を受けない被担保債権の部分について債務者の一般財産に対して執行するよう求めることはできない（質物指定の抗弁の否定）（注民(8)240頁〔林良平〕，薬師寺・総判民(19)100頁，我妻144頁）。ただし，不動産質権については361条が394条を準用するので抵当権と同様となる。

　目的物所有者について破産手続または民事再生手続が開始されても，質権者は別除権を有する（破2条9項，民再53条）から破産手続・再生手続によらないで質権を実行することができ（破65条1項，民再53条2項），会社更生手続が開始されたときは，被担保債権が更生担保権となる（会更2条10項）。

　なお，中国物権法220条は，被担保債権の履行期到来後，遅滞なく質権を実行するよう求める実行請求権を設定者に対して認めている。この場合は，質権者からは質権実行期の選択権が奪われることとなる。さらに，中国物権法220条2項は実行請求権行使にも拘らず質権者が権利の実行を怠ったために損害が生じた場合は質権者が賠償責任を負うものとしており，立法論としては検討に値するように思われる。

　債権質における優先弁済権能の実現については，366条の注釈参照。

(4)　**使用・収益権能**

　動産質において質権者は果実を収取することができ（350条・297条1項），設定者の承諾を得て質物を使用することができる（350条・298条2項）。不動産質においては特約のない限り使用・収益権能が質権者に認められる（356条）。

(5) 第三者異議権

差押債権者が質権者に対して優先権を有しない場合には，質権者は自己の占有権限を差押債権者に対抗できるので（347条），第三者異議の訴え（民執38条）を提起できる（動産質権の場合は，質権者はそもそも引渡しを拒むことができるので，差押え自体が認められない）。これに対して，債権質権者は差押えがあっても自己の取立権行使を妨げられないし，占有権限がないので問題になる。しかし，差押命令ないし転付命令によって事実上取立てを妨げられるから第三者異議の訴えを提起できると解されている（中野＝下村287頁。旧民事訴訟法下における議論との関係につき，鈴木＝三ケ月編・注解(1)672-673頁〔鈴木忠一〕）。ただし，質権者としては他の債権者による差押え手続内で優先弁済を受ければ十分であって，第三者異議はもとより，第三債務者からの直接取立て等の独自の質権の実行はできないと解する見解もある（石田（穣）245頁）。

(6) 質権者の処分権能

質権も権利の一種である以上，質権者は質権の処分権能を有する。また，質権には随伴性が認められることから，被担保債権が処分された場合は質権もこれに従う。この場合，質物の引渡しおよび不動産質権における付記登記の要否およびその位置付けについては議論がある（注民(8)243頁〔林〕参照）。

転質は明文をもって認められている（348条）。順位の譲渡・放棄も認められるが，不動産質権の場合（361条・377条）はともかく，動産質・権利質においては順位の譲渡・放棄を公示する手段がないから当事者間でのみ効力を生じるにすぎない。

(7) 質権者の質物占有に関連する権利・義務

質権者は質物について必要費・有益費を支出した場合には費用償還請求権を有する（350条・299条）。質物保存に必要な範囲での利用権能（350条・298条2項ただし書）・果実収取権能（350条・297条）も認められる。

他方で質権者は質物保管義務（350条・298条1項）・質権消滅時の質物返還義務を負う。

V 質権の侵害に対する効力

(1) 総　説

質権者は質物を担保目的で排他的に支配する権能を有するから，質物への侵害に対しては侵害を排除すべき物権的請求権を有する。もっとも動産質においては占有の継続が対抗要件であることに伴う問題がある。

(2) 設定者による侵害に対する効力

設定者による侵害に対しては，質権者は占有訴権を行使できるほか，質権設定契約に基づく引渡請求ができる（薬師寺・総判民(19)109頁）。妨害排除・妨害予防の請求もできる。ただし，動産質に基づく返還請求権行使は認められない（353条）。なお，設定者が質権者から占有を奪うことなく質物を第三者に譲渡したり後順位担保権を設定したりしても，それは質権に対する侵害には当たらない。

設定者が質物を滅失・損傷したときは期限の利益喪失事由（137条2号）に該当する。不法行為の要件を満たすときは，質権者は損害賠償請求権を行使することもできる。

(3) 第三者による侵害に対する効力

動産質において質物の占有を奪われた場合は，占有回収の訴えによるほかない（353条）。物権的返還請求権は行使できない。これに対して，妨害排除請求権・妨害予防請求権についてはこれを排除する規定がないから行使可能である。損害賠償請求権も行使できるが，抵当権について論じられることが多いので，抵当権に基づく妨害排除請求の注釈に譲る（→§369Ⅶ。質権に即して簡単には，注民(8)247頁〔林〕参照）。

不動産質の場合，第三者の不当占有に対しては質権に基づく返還請求ができる（我妻177頁，高木80頁，道垣内94頁）。

権利質の場合，債権そのものには物権的請求権がないから質権自体に基づく妨害排除・妨害予防請求は認められない（反対：我妻196頁）。損害賠償については，債権侵害とパラレルに考えるべきことが指摘されている（高木88頁）。ただし，目的債権が不動産賃借権の場合は，不動産の占有権に基づいて妨害排除請求権を行使できるとされる（道垣内115頁）。地上権や永小作権を権利質の目的とする場合にも同様であろうし，このときは，質権の目的自

体が物権であり，質権者に物権的請求権を認めることは背理にならない。

(4) 増 担 保

目的物が滅失・損傷した場合に増担保を請求できるか。実務においては当事者間で増担保請求ができる旨の契約を事前にしておくことが多く，こうした契約の効力が認められることは言うまでもない。問題はこうした特約がない場合であるが，少なくとも目的物滅失・毀損の原因が設定者または債務者にある場合には増担保請求は認められるだろう（学説については，注民(8)248頁〔林〕）。

VI 質権の消滅

(1) 総　　説

質権は，他の担保物権と同様，目的物の滅失・収用によって消滅する（ただし，この場合には物上代位が認められる〔350条・304条〕）ほか，被担保債権の満足によって消滅する。

(2) 被担保債権の消滅

付従性による当然の効果である。被担保債権が時効によって消滅した場合であっても同様である（注民(8)248頁〔林〕）。債務者の責めに帰することができない事由による履行の後発的不能の場合について，質権は消滅しないとの見解（田島174-175頁）があるが，これは，おそらく当該質権が質権者による既履行給付の返還請求権を担保するものとなるという趣旨であろう。そうであるならば，被担保債権の範囲の問題にすぎない。

(3) 質権の実行・他の担保物権の実行および債権者の強制執行，設定者の
　　倒産手続開始

質権の実行方法・他の担保物権の実行および他の債権者による強制執行については，IV(3)参照。質権が実行されると質権は消滅する。

設定者に倒産手続が開始されたときは，担保権消滅許可申立て（破186条，民再148条，会更104条）によって質権が消滅することがある。

(4) 質権の消滅請求

留置権の場合と同様，質権者が質物保管義務に違反する場合には，設定者は質権の消滅を請求できる（350条・298条3項）。この請求の法的性質は形成権と解される（詳しくは，→§298）。

(5) 質権設定者に対する目的物の返還

この場合に質権が消滅するという学説もあるが，判例は単に対抗力喪失を来すにすぎないとする（→§345Ⅱ）。

(6) 消滅時効

質権の消滅時効は認められるか。質権のみ独立して被担保債権の弁済期から起算して20年の時効にかかるとする見解（中島862頁，横田765頁），396条の準用によって債務者および設定者に対しては被担保債権とともにしなければ時効によって消滅しないとする見解（石田・下521頁，勝本・下344頁）が主張されている。被担保債権が残存しているのに質権の消滅時効を援用できるとするのは適切ではないから，後説のように解してよいだろう。

(7) 不動産質の場合の特則

不動産質は存続期間の経過により消滅する（→§360Ⅲ）。また，抵当権の規定が準用される（361条）から，代価弁済（378条），質権消滅請求（379条以下）によっても消滅する。

〔直井義典〕

（質権の目的）
第343条　質権は，譲り渡すことができない物をその目的とすることができない。

〔対照〕　ド民 1274 Ⅱ

Ⅰ　立法理由

起草者は本条の立法理由を，譲渡性のない物は，債務不履行時に換価しその代金を弁済にあてることができないためであるとする（梅429頁）。また，起草者は譲渡禁止特約ある債権への本条の準用も念頭に置いていた（理由書341頁）。

たしかに，質権は留置的効力により弁済を促進する機能を有するから，理論的には，譲渡できない物であっても設定者にとって価値のあるものであれば質権の目的とすることも可能である。しかし，343条は質権者の優先弁済

〔直井〕

権能を重視し目的物の譲渡可能性を質権の不可欠の要素とするのである（林・講義案36頁, 加賀山・講義285頁）。

II 物上質の目的物

(1) 譲り渡すことができない物・権利

譲渡不能物とは，所有権の目的となる資格があるが，性質上交換価値を欠くか，その譲渡が禁じられている物をいい，これらは質権の対象とならない（模造通貨・麻薬・毒物等の禁制品，扶養請求権〔881条〕・賃金債権等，譲渡が禁じられているものを含む）。権利者自身がその権利を行使することを要請されるために譲渡できない権利（漁業77条2項・79条1項）も質権の対象とならない。さらに，基本となる権利を有する者の承諾（特許77条4項・94条2項，著作87条）や許可（農地3条）を要するものは，承諾・許可がない限り質権の対象とならない。

当事者意思により譲渡制限の意思表示がなされた債権は，譲渡の効力が妨げられるわけではない（466条2項）から，質権を設定することができる（→§362 I(2)）。

本条の直接の規律対象ではないが，特別法により質権設定を禁じられた物がある（登記船舶〔商849条（平30改正前商850条）〕，製造中の船舶〔商850条（平30改正前商851条）〕，登録済み自動車〔自抵20条〕，登録済み航空機〔航空機抵当法23条〕，登記済み建設機械〔建設機械抵当法25条〕）。これらについては抵当制度が定められており，抵当権に加えて質権設定も認めると担保権の優先順位確定基準が登記・登録と占有の二系列となって相互の優先順位の決定において混乱が生じること（槇89頁，河上83頁），債務者が担保のためにこれらの物の使用をすることができなくなるのは社会的・経済的見地から望ましくないのでこれを避ける必要があること（石田（穣）169頁）を理由とする（小型船舶の登録等に関する法律26条も参照）。

差押えを禁じられた財産（民執131条・152条，生活保護58条，労基83条，商689条，信託23条）は，必ずしも譲渡を禁じられたものではないから，質権の目的となり得る（注民(8)251頁〔石田喜久夫〕，星野224頁，近江89頁，道垣内88頁，髙橋60頁，石田（穣）169頁。梅430-431頁は，その理由を，質権設定の場合には設定者は将来公売等の方法によりその物または権利を失うことを予期するのに対して，差押えの

場合はそうした予期がないことに求める）。民執192条も差押禁止動産の規定を担保権実行の場合に準用していない（石田（穣)169頁）。もっとも，換価手続の第1段階としての差押えが認められない財産をあえて質権の目的とすることの意味が問われるべきとの指摘もある（判例民法Ⅲ 105頁〔今村与一〕）。

(2) 代替物（金銭等）

封金として不代替物となっている金銭は，動産質の目的となる。しかし，被担保債権が弁済されたときには，一定額の金銭等の代替物の交付を受けた債権者が，同種同量の物を返還する，というかたちで質権を設定することはできるか。敷金の担保化をめぐって議論がなされたが，見解は分かれており，全面否定説（小林119頁），自己の債務に対する債権質として肯定する説（岡松431頁，中島806頁，横田640頁，山下186頁，三潴182頁）のほか，譲渡担保と見るのが適当であるとの説（石田・下382頁，注民(8)252頁〔石田〕）も主張されていた。最後の説の論者によれば，債権者の一般財産と混和することで担保の目的たる金銭についての設定者の所有権が消滅するときは，その上に設定された担保権も消滅してしまうから譲渡担保によらざるを得ない，また，質権を第三者に対抗するには確定日付ある通知・承諾を要するから当事者の意思に反するとされる（さらに，森田宏樹・債権法改正を深める〔2013〕158頁も参照）。

しかし，債権者の一般財産との混和を回避できるのであれば担保権は消滅しないのであり，そうなると，どのような要件のもとで混和の回避を認めるべきか，という問題になる。結論としては，担保権者の下で計算が明らかにされていれば分別管理によって混和は生じず，そのときには，代替物上の質権設定を否定するまでもないと思われる（信託34条1項2号ロ，フ民2341条参照）。

Ⅲ 本条違反の質権設定

本条違反の質権設定も当然に無効というわけではない（注民(8)252頁〔石田〕，大江105頁）。目的となる権利を有する者の承諾や許可なしに質権が設定されても，その後に承諾や許可が得られれば，質権設定は設定時にさかのぼって有効となる。

〔直井義典〕

§344 Ⅰ

(質権の設定)
第344条 質権の設定は，債権者にその目的物を引き渡すことによって，その効力を生ずる。

〔対照〕フ民2336・2356・2387・2390，ド民1205 Ⅰ

Ⅰ 質権設定契約の要物性

(1) 目的物引渡しのない質権設定合意の効力

旧民法では引渡しは対抗要件であった（旧担102条・122条）が，起草者はあえてこれは異なり引渡しを質権の効力発生要件とした。

もっとも，「効力を生ずる」という文言に関しては，質権設定契約を要物契約と解し，目的物の引渡しを契約の成立要件とするのが従来の通説であった（中島881頁，我妻129頁・167頁。星野221頁も参照）。しかし，目的物引渡しは契約成立要件ではなく合意のみで質権設定契約は成立し（法典調査会民法議事〔近代立法資料2〕585頁〔富井政章〕）質権者は質権設定者に対する目的物の引渡請求権を有するに至ると解して，目的物の引渡しは質権の効力発生要件と解する説が有力となっている（鈴木324頁，道垣内86頁，石田（穣）160頁。旧民法下でも要物契約と解するものが多かったところ，それを批判するものとして，野副重一「質権ト占有」法協11巻4号〔1893〕322頁参照）。

本条の目的は，質権の存在を公示して他の債権者に警告することと，質権設定者から目的物の占有を奪うことで留置的効力を発揮させることの2点にある（我妻100頁，石田（穣）155-156頁）。

(2) 本条の適用範囲

不動産質については，登記が対抗要件であることから，本条の適用を否定する学説もあったが，抵当権との区別を理由に本条の適用を肯定する見解（中島882頁）が主張された。現在では，本条が質権総則にあることから，当然に適用されると考えられている（我妻167-168頁，道垣内85頁）。しかし，不動産質権は登記によって公示されるから公示のためには引渡しは不要であること，および，留置的効力は質権者の利益のためであるところ，質権者が目的物を債務者の占有下に置いて質権の設定を受ける場合にこれを無効とする理由はないことから，不動産質への適用を否定する見解も示されている（石

田(穣)215頁)。留置的効力は抵当権との差異という点で質権の本質と考えられることから、肯定説に従うべきであろう。

権利質については、準占有の移転という方法は無意味なので、原則として本条の準用はない（梅434頁、注民(8)253頁〔石田喜久夫〕）。ただし、指図証券については、証券の裏書をして質権者に交付することが、質権の効力発生要件となる（520条の7・520条の2）。また、地上権・永小作権・賃借権を目的とする質権について、地上権・永小作権・賃借権の目的物を質権者に引き渡す必要があるかについては議論がある（→§362 I(2)）。

II　引渡しの意義

(1)　現実の引渡しを要するか

質権者の有する留置的権能に鑑み、質権設定者に現実の所持をさせないことが目的であるから、現実の引渡しである必要はない。簡易の引渡し・指図による引渡しで足りる（大判明41・6・4民録14輯658頁、大判昭9・6・2民集13巻931頁）。

(2)　占有改定を含むか

留置的権能が損なわれ第三者を害することから、占有改定は本条の引渡しには該当しない。判例（最判昭37・10・12裁判集民62巻867頁）は、345条の法意を根拠として同旨を説くが、所有権でさえ占有改定で対抗力を獲得することとのバランスが悪く、結局、質権が留置的効力を本質とする担保物権だからという素朴な説明によらざるを得ないであろう（河上84頁）。

(3)　共同占有の場合

物の共有者がその持分権を質入れする場合のように共同占有状態にある物を質入れする場合も、設定者は質権者に自己に代わって占有を得させなければならない。具体的には、質物の保管されている金庫に別異の二重鍵があるときに設定者が所持するそのうちの1個を質権者に引き渡すこと、あるいは、第三者が目的物を占有するときに設定者に代えて質権者のために占有するよう指図することによって、設定者の目的物処分権能を剝奪することが本条の引渡しに該当する。

III 遺言による設定

物の引渡しが質権設定の効力要件であるため,抵当権の場合とは異なり,遺言のみでは質権は設定できないものと解されてきた(田島112頁。七戸克彦・物権法Ⅱ担保物権〔2014〕95頁は,遺言による抵当権の設定可能性も否定する。なお,旧民法債権担保編119条2項は遺言による不動産質権設定を肯定していた)。しかし,引渡しを効力発生原因とするのであれば,遺言による質権設定を否定するまでのことはない(直井義典「遺言による質権の設定について」筑波ロー・ジャーナル20号〔2016〕149頁)。

〔直井義典〕

(質権設定者による代理占有の禁止)
第345条 質権者は,質権設定者に,自己に代わって質物の占有をさせることができない。

〔対照〕 ド民1205・1253

I 立法理由

ボアソナード草案・旧民法債権担保編・法典調査会提出原案のいずれにも見られない規定である。

起草者によれば,質権の性質上当然だが,代理占有・占有改定の規定があることから疑いが生じないように置いたにすぎない(理由書342頁),あるいは,被担保債権が弁済されない場合は質物を直ちに公売して優先弁済を受けるという質権の性質からの結論である(梅436頁)と説明される。その後の学説では,質権を公示する目的(中島887頁,石田・下407頁)と質権の留置的効力を完全に実現する目的(我妻130頁,柚木＝髙木100頁)とが挙げられている。しかし,不動産質では登記が公示方法であり,動産では質権よりも効力の強い所有権でさえ占有改定が公示方法に含まれることから,前者の理由づけは説得的ではない(我妻103頁,星野222頁,髙木63頁,生熊185-186頁)。しかし,後者の理由付けについても,質権者にとって利益となる留置的効力の貫

第 1 節 総 則　　　　　　　　　　　　　　　　　　　　　§*345* Ⅱ

徹のために，占有改定による質権設定を無効とすることにより質権者に不利益を課すのは矛盾である，という指摘もある（道垣内 86-87 頁，石田（穣）162 頁）。

ここでの「質物の占有」とは質物の直接支配という意味であるから，質権者は設定者を占有機関として占有することもできない（中島 887-888 頁，山下 207 頁，注民(8)256 頁〔石田喜久夫〕）。これに対して，指図による占有移転は，設定者が占有するわけではないから認められる（大判昭 9・6・2 民集 13 巻 931 頁〔賃貸中の建物につき質権を設定した例〕）。

立法論としては，不動産質を収益取得型の担保権として位置付け，質権設定者を賃借人とする可能性も検討されてよいとする見解もある（道垣内弘人「担保客体の分解的把握」同・諸相 34 頁。ただし，倒産法上の問題があるので，債務者を賃借人とする制度は認められるべきではないとする）。

Ⅱ　質権設定後に質権者が質権設定者に質物を返還した場合の質権の効力

(1) 判　例

質権設定後に質権者が設定者に質物を返還した場合に質権が消滅するのか，それとも対抗力が失われるのみなのかについては，本条の目的をどのように解するかによって見解が分かれている。大審院大正 5 年 12 月 25 日判決（民録 22 輯 2509 頁）は，公示作用を重視して，不動産質権には何らの影響もなく，動産質権も第三者に対抗できなくなるにすぎないとする。

(2) 学　説

学説は判例に賛成するもの（三潴 293-294 頁，田島 118-119 頁，石田・下 370 頁・410 頁，勝本・下 301 頁，注民(8)259 頁〔石田〕，槇 88 頁，林良平「質権設定と代理占有」同・金融法論集〔1989〕137 頁，宗宮＝池田 276 頁，川井・概論 282 頁・294 頁，髙橋 63 頁，生熊 189 頁）と，判例に反対して，留置的効力を否定することはできず質権は消滅するというもの（中島 861 頁・888 頁，我妻 131 頁・168 頁，半田正夫「不動産質権」中川＝兼子監修 62 頁，松坂 266 頁・278 頁，柚木＝高木 101 頁・129 頁，高木 63 頁，近江 90 頁）に分かれる。さらに，質権消滅説に立ちつつ，質権設定契約に基づき設定者に返還を求め得るとする見解（道垣内 88 頁，内田 492 頁，石田（穣）165 頁。ただし，道垣内説と内田説とが異なるものであること〔前者が，質権設

定契約としてもとの契約を観念しているのに対し,後者は,新たな契約を観念する〕につき,大村27頁注1参照。これに対して,任意返還を前提とする限り,再度の引渡請求権を認めるのは不合理であるとの批判がある〔生熊189頁,河上86頁〕）もある。さらには,動産質について,質権消滅説を前提とすれば再度の質権設定義務を設定者が負うこととなり,質権非消滅説を前提としても,設定者は質物を質権者に再度引き渡す義務を負うとともに,それが履行されるまでは対抗要件が欠けていることになるから,実質的には質権が消滅したというのとほとんど差がないことも指摘されている（鈴木324頁）。

通常の金銭債権等を目的とする質権については,債権証書の引渡しは質権の成立要件ではないから本条にかかわる問題は生じない。ただし,指図証券を質権の目的としたときの証券の返還,地上権・永小作権・賃借権を目的とする質権について,地上権・永小作権・賃借権の目的物たる不動産を質権者に引き渡す必要があると考えたときにおける当該不動産の返還については問題が生じ得る（→§362 Ⅰ(2)）。

なお,設定者に対する賃貸については,356条の注釈参照。

Ⅲ 「質権設定者」の意義

本条は「質権設定者」と規定するが,これは質権設定者と債務者とが同一人である通常の場合を想定したにすぎず,質権設定者でない債務者を排斥する趣旨ではないと理解すべきである。そうすると,質権設定者でない債務者へ質物を引渡したときにどうなるかが問題になる。留置的作用を重視する立場からは,この場合も,設定者への返還と同様に解すべきであろう（伊藤進「質権——即時取得と転質」同・物的担保論〔1994〕311頁）。

〔直井義典〕

（質権の被担保債権の範囲）
第346条　質権は,元本,利息,違約金,質権の実行の費用,質物の保存の費用及び債務の不履行又は質物の隠れた瑕疵によって生じた損害の賠償を担保する。ただし,設定行為に別段の定めがあるとき

第1節　総則

は、この限りでない。

〔対照〕　フ民 2339、ド民 1210・1216

I　立法理由

　起草者によれば、質権の被担保債権の定めを当事者の意思のみに委ねると、元本についてのみ定め、利息等については明らかにしないことが多いことから、当事者の意思を推測して本条を置いたとされる（梅 437-438 頁）。

　担保する債権の範囲は、抵当権よりも広い。このように定められたのは、質権の場合は、後順位質権者や質物の第三取得者が生ずることは実際上少なく、抵当権と比べて第三者の利害と衝突することが少ないことによる（注民(8)260 頁〔石田喜久夫〕、我妻 135 頁、星野 225 頁、道垣内 92 頁、加賀山・講義 289 頁、河上 84 頁。道垣内はさらに、他の債権者が質権の目的物を債務者の財産として期待することが少ない点を挙げる）。占有による公示があることを理由とする見解（船越 85 頁）もあるが、これも後順位質権者や第三取得者が生ずる可能性を減殺する事由として位置づけることができよう。

　なお、不動産質権についても本条は適用されるが（不動産登記法 95 条 1 項 5 号も、それを前提とする）、利息の範囲については、II(2)を参照。

II　被担保債権の範囲

(1)　元本

　必ずしも金額・数量等を確定的に明示する必要はない。ただし、不動産質の場合、債権額を明示して登記しなければ第三者に対抗できない（不登 83 条 1 項 1 号）。

(2)　利息

　約定利息・法定利息を問わない。債務者と質権設定者が異なるとき、質権設定契約時にすでに利息の定めがあれば、設定者はこの定めを知っているものと推測されるから利息は被担保債権に含まれるが、質権設定契約後に利息の定めがなされた場合には利息は被担保債権に含まれないという見解もある（岡松 439 頁）。たしかに、債務者ではない設定者については、I で述べたと

ころが当てはまらず，その保護を考える必要があり，傾聴に値する。しかし，質権設定契約当事者の意思解釈により被担保債権に含まれると解すべき場合もあろう。

不動産質においては利息を登記しなければ第三者に対抗できず（不登95条1項2号），また，361条で準用される375条が適用され，最後の2年分という制限を受ける（通説。反対説については，→§361 Ⅳ）。不動産根質の場合，これらは極度額の限度で根質権によって担保されるから，根抵当権の場合と同様に利息の定めを登記する必要はない（香川保一・新不動産登記法逐条解説(2)〔2008〕794-795頁）（なお，破産手続開始後の利息に関して生じる問題点については，倒産法改正研究会編・提言 倒産法改正〔2012〕186頁〔野村剛司〕参照）。

(3) 違　約　金

違約罰・賠償額の予定のいずれをも含む。債務者と質権設定者が異なるとき，質権設定契約後に違約金の定めがされた場合については，(2)で述べたのと同様の問題がある。なお，不動産質においては違約金・賠償額を登記しなければ第三者に対抗できない（不登95条1項3号）。約定によらず生じる損害賠償金（415条）は，(6)に該当する。

(4) 質権実行の費用

質物の評価費用（354条），質権の目的たる債権の取立費用（366条）などを指す（梅439頁，中島893頁，柚木＝高木108頁，星野225頁）。競売費用は含まない（梅438-439頁，松坂269頁，高木ほか66頁〔曽田厚〕，道垣内92頁，石田(穣)171頁，香川・前掲書790頁。反対：山下201頁，船越85頁，加賀山・講義289頁）。民事執行法194条・42条2項で，手続内で別個に回収されるからである。

(5) 質物の保存の費用

質物の滅失・毀損・減少を防ぐための費用をいい，公平の観点から被担保債権として認められている（道垣内92頁は，これらが留置権・保存の先取特権の被担保債権にもなることを指摘する）。質権者は，必要費・有益費の償還請求権を有するが（350条・299条），それが保存費に該当しないときは，被担保債権には含まれない（小林140頁）。これに対して，有益費償還請求権が質権で担保されることは占有で公示されているとして，有益費についても質権によって担保されるとの見解もある（石田(穣)171頁）。

不動産質権においても，登記なしに被担保債権の範囲に含まれる。利息等

と同様に，登記がされないと，後順位担保権者に不測の損害を与えそうだが，いずれにせよ留置権・不動産保存の先取特権の被担保債権となるのだから，公平の観点を優先させてかまわないとされる（道垣内 93 頁）。不動産登記法 95 条も登記を要求していない。

(6) 債務不履行によって生じた損害の賠償

債務の不履行によって生じた損害とは，(3)の「違約金」に包摂されないもの，すなわち，415 条によって生じる損害賠償請求権の対象である損害のことである。ここには，遅延損害金，催告の費用，訴訟費用などが含まれる（梅 439 頁，中島 893 頁）。

不動産質権においては，登記なしに被担保債権の範囲に含まれる。たしかに，利息と同様に，後順位担保権者がその額を予測することは困難であるから登記を要するものとも考えられるが，通常生ずべき損害（416 条 1 項）についてはこうした懸念は当たらない。問題は特別の事情によって生じた損害（416 条 2 項）であるが，これもまた被担保債権が変容したものである以上，被担保債権の公示をもって公示はなされているものと見てよいのではないか（香川・前掲書 789-790 頁は，質権の設定後に後発的に生ずる債権であり，その債権額を確定することも容易ではないから，本条ただし書の別段の定めが登記されていない限り，債務不履行によって生じた損害賠償請求権は不動産質権によって担保されることを，登記なしに第三者に対抗できるとする。しかし，この説明では質権設定当事者の利益のみが考慮されており，第三者の利益の考慮は不十分である）。

(7) 質物の隠れた瑕疵によって生じた損害の賠償

「質物の隠れた瑕疵によって生じた損害」とは，質物の引渡しを受けるときに通常の注意をしても気づかなかった不完全さから生じた損害をさす。目的物自体の価値が予想より小さかったことによる損害ではなく，目的物が人または他の物に与えた損害のことをさす（道垣内 88 頁）。これもまた，公平の観点から被担保債権とされる。

不動産質権においても，登記なしに被担保債権の範囲に含まれること，および，その理由は，(5)と同様である。

〔直井〕

III 特約

　本条は任意法規であるから，これと異なる当事者，すなわち質権者と設定者の間の特約は効力を認められる。しかし，第三者との関係で特約の効力が無制限に認められるかは問題となる。

(1) 質権設定時の特約

　不動産質の場合は登記によって被担保債権の範囲を公示できる（不登95条1項5号）から，本条を超えて被担保債権の範囲を定める特約は有効であるが，これに対して，動産質・権利質の場合はこうした公示方法を欠くから被担保債権の範囲を拡大しても第三者に対抗できないとの見解も主張される（石田・下442頁，注民(8)262頁〔石田〕。なお，これらの論者も当事者間では公序良俗に反しない限りこの種の特約を無効とする理由はないとする）。しかし，極度額の定めのない包括根質が可能であること（道垣内92頁），質権者は目的物を占有しているから第三者は不当に害されないこと（石田(穣)172頁），動産質においてはもともと被担保債権の範囲について公示方法を持たないこと（松坂269頁，高木66頁）などを理由に，第三者に対抗できるとする見解も主張されている（我妻136頁，柚木＝高木108頁。なお，上河内千香子「質権の被担保債権の範囲についての特約」椿寿夫編著・強行法・任意法でみる民法〔2013〕116頁は，これらの見解について，実際には他の債権者が現れにくいという理解の下で特約を有効とし，第三者の利益に反しない限りで有効とするに過ぎない，と理解するが，疑問である）。

(2) 質権設定後に締結された被担保債権の範囲を変更する特約

　設定後に被担保債権の範囲を拡大するときは後順位の担保権者の同意を要し，その同意を得られないとき，拡大部分については，既設定の担保権者よりも順位が後れると解すべきである（石田・下443頁，林・講義案37頁）。これに対して縮小するときは，これらの者の同意を要しない。

〔直井義典〕

（質物の留置）

第347条　質権者は，前条に規定する債権の弁済を受けるまでは，質物を留置することができる。ただし，この権利は，自己に対して優

第1節　総則　　　　　　　　　　　　　　　§347　Ⅰ

先権を有する債権者に対抗することができない。
　〔対照〕　フ民2339

Ⅰ　質権者の留置的権能の内容

(1)　留置的権能の物権性

　目的物の留置は質権の本質であり，抵当権との最大の違いをなす。動産質・不動産質において，債権者に心理的圧迫を加え履行を促す効果を有する。質物を留置するにあたっては，留置権の規定（297条・298条・299条）が準用される（350条）。

(2)　質物の占有継続

　留置的権能は占有の継続によって実現される。

　質権の侵害については，§342 Ⅴ参照。

(3)　質物の引渡し拒絶権能

　質権者に対して優先権を有する者以外の者に対しては，質権者は質物の引渡しを拒絶することができ，このことは換価段階においても同様である（動産質につき民執124条）。また，不動産質の場合は目的不動産の競売がなされても，使用・収益しない旨の定めのない質権については引受主義が採られる結果，質権者は質物を留置できる（民執59条4項）（→342 Ⅳ(3)）。なお，他の担保物権の実行・強制執行に伴う質権の消滅については，§342 Ⅵ(3)参照。

(4)　訴訟手続における取扱い

　質物の所有者が質権者に対して返還請求訴訟を提起し，被告が質権を主張してその返還を拒絶するときは，被告が留置権を主張した場合と異なり，原告は引換給付判決ではなく請求棄却判決を受ける（大判明37・10・14民録10輯1258頁，大判大9・3・29民録26輯411頁）。留置権が相手方の請求権の存在を前提として引渡しを拒む抗弁権であるのに対して，質権には不可分性のみでなく優先弁済権能も認められており被担保債権の全額を弁済して初めて質物を取り戻し得ることを理由とする（注民(8)266頁〔田中整爾〕，高木66頁。反対：船越79頁，石田（穣）176頁）。

(5)　対抗できない相手方

　本条ただし書は，質権者は自己に対して優先権を有する債権者には留置的

〔直井〕

権能を対抗できないとする。起草者によれば，この点が純然たる留置権との唯一の違いであるとされる〔梅440-441頁〕。自己に対して優先権を有する者に対して，自己が弁済を受けるまでは留置するというのでは道理に反し不公平であることを理由とする〔法典調査会民法議事〔近代立法資料2〕604頁〔富井政章〕。質権は優先弁済権の方に重点があり，留置的権能を留置権ほど重視する必要がないためとする見解もある〔林・講義案39頁〕〕。

優先権を有する債権者とは，先順位質権者（355条・361条・373条），質物につき保存・工事の先取特権を有する債権者（334条・330条2項・329条2項ただし書・339条），先順位担保権者（361条・373条），その他特別法上の優先権者（税徴15条1項，地税14条の9～14条の12，自治231条の3第3項，土地改良39条7項，健保182条，厚年88条など）を指す。これらの債権者により質物が競売されるときは，質権者は競売のためにする物の引渡しを拒絶することはできない。

〔直井義典〕

（転質）
第348条 質権者は，その権利の存続期間内において，自己の責任で，質物について，転質をすることができる。この場合において，転質をしたことによって生じた損失については，不可抗力によるものであっても，その責任を負う。

I 総　説

(1) 転質の意義

本条はいわゆる転質に関する規定である。転質とは，質権者がその質物の上に自らの債務を担保するために別の質権を設定することと解されているが，転質の厳密な意味や本条の趣旨については見解が分かれる。本条は，質権者がその質物を用いて再度質権を設定できること，その場合の要件・効果について規定する。350条が298条2項を準用しているため，質権者は設定者の承諾なくしては質物を担保に供することはできないこととなりそうである。

第 1 節 総則　　　　　　　　　　　　　　　　　　　　　§*348* I

両条の関係を如何に解するかは 1 つの問題である。

(2) 298 条 2 項と本条との関係

298 条 2 項は，「留置権者は，債務者の承諾を得なければ，留置物を……担保に供することができない」としており，350 条は，同項を質権に準用していることから，本条は設定者の承諾を要する承諾転質を定めたものと解する見解がある（中島 898 頁。大判明 44・3・20 刑録 17 輯 420 頁は，設定者の承諾を得ない転質設定は横領罪を構成するという）。しかし，本条は 298 条 2 項の特則であり，298 条 2 項の定める承諾転質のほかに，債務者の承諾を要しない責任転質を認めたものと解するのが通説である（刑事判例にその趣旨を述べるものがある〔大連決大 14・7・14 刑集 4 巻 484 頁。ただし，この決定も，転質の内容が原質権設定者に不利なものである場合には横領罪の成立が認められるとしており，その後の刑事判例もこれに従っているが，原質権の消滅にあたり，質権者が質物をすみやかに返還できなくなることを問題にするようである〔海老原震一〔判解〕最判解刑昭 45 年〔1973〕273 頁〕。さらに，七戸克彦・物権法 II 担保物権〔2014〕103 頁参照〕）。

(3) 本条の趣旨・沿革

本条の趣旨は，質物に対する担保的支配をさらに担保に供することによって，質権者が固定した資金を再び流動化することを容易にする点にある（注民(8)270 頁〔林良平〕。さらに，転質についてのローマ法以来の沿革について，同 270-271 頁参照）。旧民法典の下でも認められていた制度であるが，旧民法典の規定は，質権者に質物の賃貸を認めると設定者に損害を生じさせる恐れがあるので，不動産質の場合を除いては賃貸は原則として認められないが，これに対して，転質の場合は転質権者が原質権者に対して善管注意義務を負い，さらには原質権者が転質権者の所為について全責任を負うのだから，原質権設定者にとっては危険がないために認められると説明されていた（鶴丈一郎ほか・民法疏義担保編〔1891〕316-317 頁）。起草過程では，旧民法典と同じということで，ほとんど議論がなされていない。現行法の起草者も，設定者に損害を加えない限りで転質は認められるものと解し，質権の解除条件付譲渡と説明する（梅 444 頁）。なお，担保付社債信託法 39 条 1 項は信託契約による担保権につき本条の適用を排除する。

II 責任転質

(1) 性　　質

　責任転質の性質については，原質権の被担保債権と切断して原質権ないしは質物のみを再び質入れしたものとの理解（単独質入説。このうちには，解除条件付質権譲渡説，質物再度質入説，質権質入説などがある。詳細は，注民(8)271-274頁〔林良平〕参照）と被担保債権もまた転質権に服するとの理解（共同質入説）が主張されている。

　単独質入説のうちの質物再度質入説が通説である（我妻149頁，星野231頁，槇95頁，道垣内100-101頁）。質物に転質をすることができるという文言からすると，素直な見解である。この見解によれば，転質とは質権者が自己の債務の担保のために質物上に新たに質権を設定するものと説明される。また，転質の成立要件・対抗要件は質物の種類によって動産質・不動産質・権利質の規定に従うこととなる。この見解に対しては，原質権の被担保債権が転質権の目的にならないため，第三債務者に拘束が生じることを説明しにくい，といった批判がなされる。

　このような批判をする論者は，共同質入説を主張する（石田・下482頁，柚木＝高木114頁，近江97頁）。この見解によれば，転質は，質権を被担保債権と独立に処分することにはならないので，付従性の理論に忠実であることができるとともに，転質権が原質権の範囲内に限られること，原質権の被担保債権が転質権によって拘束されることも説明しやすい。しかし，この見解に対しては，「質物について，転質をする」との本条の文言と整合的ではないこと，質権付債権を質入れすれば随伴性によって原質権は質権付債権の質権者に移転することになるので，本条に独立の意味がなくなるといった批判がなされる（これに対して，後藤ほか編127頁〔占部洋之〕は，質権付債権の質入れでは当然に転質権者が原質権目的物の引渡しを受けるわけではないが，本条によって質物の引渡しを受けることとなる点に本条の独立の意味があるとする。348条を，質権付債権に質権が設定された場合の原質権目的物に関する規定だと捉え，「転質」という特別な担保形態を認めないという見解〔道垣内〔三省堂版〕77頁（道垣内旧説），河上91頁〕と同趣旨ということになろう）。

　このように転質の性質をめぐっては見解が分かれるが，今日ではいずれの

構成によるにしても，転質の要件・効果に関してはほとんど差異がなく（平野ほか204頁〔古積健三郎〕），性質論を展開する実益はあまりない状況になっている。

(2) 責任転質の要件

質権者と転質権者との間に転質権設定の合意があることを要する。目的物所有者である原質権設定者の同意は不要である。その他の要件は通常の質権設定と同様である。したがって，動産質・不動産質の転質においては，目的物の占有が，原質権者から転質権者に移転されることになる。

存続期間は不動産転質の場合にのみ問題となるが，原質権の存続期間を超えた期間を定めて転質権が設定されても原質権の消滅により転質権は消滅するのであり，本条の「その権利の存続期間内において」という文言には確認の意味しかない（道垣内102頁）。

転質権の被担保債権の弁済期が原質権のそれよりも後に到来する場合は，366条3項を類推適用して転質権者は原質権の債務者に供託を求めることができるから，転質の被担保債権の弁済期が原質の被担保債権の弁済期と同時かそれ以前であることは要しない（柚木＝高木116頁，高木ほか73頁〔曽田厚〕，槇95頁。反対：我妻150頁）。

被担保債権額は原債権のそれを超えていてもよい。原質権の被担保債権の範囲内で優先弁済権能を有すると解すれば足りる（高木72頁，高木ほか73頁〔曽田〕，安永381頁）。

対抗要件についても，通常の質権設定と同じであるが，転質においては，原質権の被担保債権について拘束の対抗力が問題になる。(3)で説明する。

(3) 責任転質の効果

転質権も質権である以上，留置的権能や換価優先弁済権能が認められる。ただし，責任転質によって原質権設定者の地位に影響を及ぼすことは許されないから，換価のためには転質権の被担保債務の不履行のみならず原質権の被担保債務の不履行も要する。

動産質・不動産質の転質において，転質権者は原質権の被担保債権を直接に取り立てることができるか。共同質入説では，被担保債権も転質権の目的となっているのだから，直接取立権を行使し得る。これに対して，単独質入説ではできないことになりそうだが，できるものと解されている。

〔直井〕

§348 Ⅱ

　原質権者は，転質によって生じた損害については不可抗力によるものであっても責任を負う。設定者の承諾なしに転質をすることとの均衡上，民法は原質権者（転質権設定者）に重い責任を課したのである。ただし，転質をしなくても生じた損害については，通常の過失責任が課されるに止まる（注民(8) 277頁〔林〕，道垣内 100頁）。

　原質権者・原質権設定者・原質権の被担保債権の債務者にはいかなる拘束が課されることとなるか。

　まず，動産質・不動産質について，原質権の目的物に関しては，転質権設定者は，原質権設定者に対し，転質権設定前と同様の義務を負うことになる。

　次に，原質権の被担保債権については，共同質入説では，原質権の被担保債権も質入れされるわけだから，原質権者には，原質権の被担保債権を消滅させないという担保保存義務が課されることとなるとともに，原質権設定者・原質権の被担保債権の債務者も，債権質の場合と同様の拘束を受けることになる（→366 Ⅱ(2)）。質物再度質入説においても，転質権者に不測の損害を生じさせないため，同様に解することで今日では一致している。ただし，その論理は，転質権の目的である原質権の被担保債権を消滅させない義務を負うというものではなく，当該被担保債権を消滅させることにより，原質権を消滅させない義務を負う，というものになろう。債権質権における第三債務者に準じて，原質権の被担保債権の債務者は，弁済期到来時に弁済供託をすることができる（我妻153頁，松坂275頁，柚木＝高木117頁，高木75頁，道垣内 101-102頁）。この場合，転質権者は質物を返還しなければならず，転質権は供託金返還請求権上にのみ存続する（道垣内 99頁）。なお，原質権が根不動産質権の場合は，398条の11第2項も類推適用され，第三債務者による元本確定前の弁済は禁じられない。

　すでに述べたように，原質権者・原質権設定者・原質権の被担保債権の債務者は，原質権の被担保債権を消滅させないという義務を負うとともに，原質権者は原質権を放棄することもできない。

　問題は，転質権設定契約の当事者でない原質権設定者・原質権の被担保債権の債務者に，これらの義務を課すために必要とされる対抗要件である。この点は，転抵当に関する377条の類推適用によることが主張されている（道垣内 99頁）。

第 1 節　総　則

原質権が不動産質権であるとき，原質権者による質権の実行については，売得金はまず転質権者に配当され残額が原質権者に配当されるのであるから転質権者が不当に害されることはなく，後順位担保権者による担保権の実行と異ならないとしてこれを肯定する見解も見られる（大決昭 7・8・29 民集 11 巻 1729 頁〔転抵当の事例〕。学説として，注民 (8) 279 頁〔林〕，道垣内 99 頁，石田（穣）198 頁）。しかし，担保物権の不可分性からは原質権の把握する全担保価値が転質権によって拘束されるものと解すべきであるから，妥当ではない（我妻 152 頁，柚木＝高木 119 頁，松坂 275 頁，川井・概論 291 頁）。

III　承諾転質

承諾転質は 350 条の準用する 298 条 2 項により認められる。実務上，転質のうちのほとんどが承諾転質であると言われる。

承諾転質は，原質権とは別個の新たな質権の設定と考えられる。したがって，転質権者と原質権者との約定により，原質権設定者の弁済によって原質権が消滅しても転質権は消滅しないとすることも，原質権の弁済期が未到来でも転質権の被担保債権が弁済期にあれば転質権を実行できるものと定めることも許される（反対：加賀山・講義 299 頁）。

〔直井義典〕

（契約による質物の処分の禁止）
第 349 条　質権設定者は，設定行為又は債務の弁済期前の契約において，質権者に弁済として質物の所有権を取得させ，その他法律に定める方法によらないで質物を処分させることを約することができない。

　　〔対照〕　フ民 2348，ド民 1229

I 流質契約の禁止

(1) 立法理由

本条は債務弁済期以前の流質契約を禁止したものである。この種の特約を認めると，窮迫した状態にある債務者が少額の債務のために高価な質物を失い，質権者が不当な利益をむさぼる恐れがあることを理由とする（大判明37・4・5民録10輯431頁，注民(8)281頁〔石田喜久夫〕，我妻144頁）。もっとも，急迫な金銭の必要のある場合には安価で物品を売却してしまう場合もあり，流質だけを禁止しても意味はないとの根本的な批判もある（山下212頁）。

起草者のうち梅と富井は流質契約を肯定する見解に立っていた（梅447-452頁，法典調査会民法議事〔近代立法資料2〕580頁〔富井政章〕。さらに，上河内千香子「民法349条の強行法規性」村田彰還暦・現代法と法システム〔2014〕245頁，直井義典「明治期における流質禁止をめぐる議論」筑波ロー・ジャーナル25号〔2018〕255頁参照）。そのため，法典調査会に提出された原案には本条に相当する規定は存しなかったが，法典調査会において流質禁止の意見が出され（法典調査会民法議事〔近代立法資料2〕581頁・646-647頁〔高木豊三〕），この意見そのものは否決されたものの（法典調査会民法議事〔近代立法資料2〕667頁），さらに，その後の衆議院での審議において流質禁止規定が置かれることとなった（上河内・前掲論文246頁参照）。

(2) 禁止の範囲

本条は強行法規である（注民(8)283頁〔石田〕）。もっとも，弁済期到来前の契約であっても，質権設定者が，債務の弁済に代え，質物の所有権を質権者に移転することができるとする契約は，質物の所有権を質権者に移転するか否かが質権設定者の任意であることから，有効とされている（前掲大判明37・4・5）。

不動産質権には本条は適用されるか。抵当権について流抵当は認められると解されていること（大判明41・3・20民録14輯313頁）との関係が問題になる。通説は当然に適用されることを前提としているが（反対説として，中島911頁），この点について，流質禁止の前提には質権者による質物占有があり，不動産質もその点では変わるところがないことを指摘するものがある（注民(8)283頁〔石田〕）。おそらく，質権存続時と占有状態に何らの変化のないままで弁

済充当を認めるとすると，質権者の権利が強くなりすぎることを指摘するものであろう。もっとも，不動産には買戻しが認められている（579条）から流質禁止は容易に回避できる（梅452頁，富井484頁は，この点を本条が立法論的に妥当でないことの理由の1つとしている）。

本条は起草過程ですでに必要性が疑問視されており，質権設定後であれば弁済期到来前でも流質契約を有効とする見解（梅453頁，注民(8)282-283頁〔石田〕）や，（多くは立法論として，しかし，一部には解釈論として）暴利性の有無に照らしてその効力を決するのが妥当であるとの見解（勝本・下315頁，注民(8)282頁〔石田〕，我妻145頁，松坂272頁，柚木＝高木123頁，高木68頁，松尾＝古積288頁〔古積健三郎〕），清算金を支払うのであれば流質契約を認めてよいとする見解（槙92頁，石田(穣)185頁，248頁）が有力に主張されている。さらに，本条は公序良俗違反の場合のみを禁止したのであり，合理的な場合は流質合意も有効と考える余地があるとする見解もある（平野裕之・コア・テキスト民法Ⅲ担保物権法〔2011〕137頁）。これに対して，比較的値段の低い動産を目的とする質権に関して常に清算義務を課すとすると質権の実行は費用倒れになる恐れが大きいことから流質契約の禁止を正当化する見解（加賀山・講義295頁）もあるが，費用倒れになる場合には清算金が発生しないのではないかという疑問がある。

(3) 本条違反の効果

本条違反の場合，質権設定契約自体までもが無効とされるのか，それとも流質を定めた部分のみ無効とされるのか。裁判例は，質権設定契約も無効とするもの（大阪控判明42・2・22新聞560号10頁）と流質契約のみを無効とするもの（東京控判大5・5・5新聞1136号23頁）とに分かれる。当事者に質権を設定する意思はあることから，後者に従うべきであろう（中島910-911頁，石田・下492頁，薬師寺・総判民(19)94頁，注民(8)283頁〔石田〕）。

Ⅱ 流質契約の認められる場合

以下に掲げるケースでは例外的に流質契約が認められる。

こうした場合であっても，設定者に破産手続が開始された後に，質権者が速やかに流質契約に基づいて質物を処分しないときは，破産管財人は裁判所に対して，処分すべき期間の指定を申し立てることができる（破185条）。な

お，質物は質権者が占有していることから破産管財人による自助売却権（破184条2項）行使は困難である。

(1) 弁済期到来後の契約によって流質を合意すること

被担保債権の弁済期到来後は，設定者からの圧力は加わらないという理由による。

(2) 商事質（商515条）

商法515条は商事質の場合について流質契約を認める。その趣旨として，商人が関与する金融の円滑化をあげる見解と商人の資金調達を容易にする必要があること，および，商人間では力の格差が問題にならないことをあげる見解がある。また，背景には，民法349条が不当・不便であって民法が公布されるやいなや実務家による不満が噴出したことがある（梅454頁）。ただし，商事質であっても，特約があって初めて流質が認められる（大判昭8・10・7新聞3622号9頁）。商法515条についても清算義務を課す見解がある（石田（穣）186頁）。

同条の立法趣旨についての理解の相違を反映して「商行為によって生じた債権」という文言の解釈には争いがある。商人が関与する金融の円滑化をあげる理解からは，当事者のいずれか一方のために商行為たる行為によって生じた債権とする見解（西原寛一・商行為法〔増補3版・1973〕134頁，田邊光政・商法総則・商行為法〔4版，2016〕188頁）が唱えられる。これに対して，借主商人の資金調達円滑化と交渉力格差の不存在をあげる理解からは，債務者のために商行為たる行為によって生じた債権とする見解（大隅健一郎・商行為法〔1958〕40-41頁，鈴木竹雄・新版商行為法・保険法・海商法〔全訂2版，1993〕18頁注5，弥永真生・リーガルマインド商法総則・商行為法〔2版補訂版，2014〕94頁）が説かれる。

なお，担保付社債信託法39条1項は，商法515条の適用を排除する。受託会社が，質物を任意に処分し，金銭に換え，それを社債権者に分配するというのは，法律関係が錯綜し，適当ではないから，とされる（池田寅次郎・担保附社債信託法論〔1909〕63-64頁，67-68頁）。

(3) 質屋営業者の質権

質屋営業者（質屋1条）の場合は，質権設定契約に流質契約が含まれることとなり，その効力が認められている。ただし，流質物の処分までは質屋は

受戻しを認めるように努力すべきものとする（質屋19条1項）。この場合に流質が認められるのは、種々の厳重な行政監督が行われ、かつ、他の営業者との競争の関係上不当に高価な質物を取ることなく質入主が搾取される恐れが少ないこと（注民(8)284頁〔石田〕、道垣内105頁）、および、わが国の慣習に従ったものであること（我妻＝有泉・コメ554頁）によるとされる。

清算義務の有無については明らかではないが、流質が認められる代わりに質物から債権が回収できなくても不足分につき質権設定者の一般財産に強制執行することはできない（質屋1条1項。萩区判大6・12・14新聞1397号29頁は代物弁済の一種であると説明する）から、それとの均衡上、清算義務はないと解するべきであろう。

III 有効な流質契約の効力

(1) 流質契約の性質

流質契約が許される場合には、質権者が弁済として質物の所有権を取得する場合と、法律に定める方法によらないで質権者が質物を処分して弁済に充てる場合とがある。前者は代物弁済の予約であり、後者は質権の実行方法に関する特約である。それぞれ、譲渡担保における帰属清算型、処分清算型に対応する。

(2) 流質契約と他の質権実行方法の関係

有効な流質契約が締結された場合であっても、法律に定められた方法で質権を実行することができる。債権者は流質契約によって自己の債権の効力を強化しようとしたものであって、当然有していた機能を放棄する意思を有するものではないからである（中島913頁）。ただし、質屋営業者については認められない。「流質期限までに当該質物で担保される債権の弁済を受けないときは、当該質物をもつてその弁済に充てる約款を附して、金銭を貸し付け」ているのだからである（質屋1条1項）。

質権者が質物の所有権を取得したときは、質物の価格が被担保債権額に達しなかったとしても残額につき他の財産に対して強制執行をすることはできないとするのが当事者意思にかなうとする見解もある（中島914頁）。しかし、質屋営業者の場合はこれでよいとしても、商事質の場合、質物価格が被担保

債権額を上回るときには清算義務を課すことも加味すると，これが当事者意思であるとするのには疑問がある。

(3) 流質の効果

質権者が弁済として質物の所有権を得る場合には，停止条件付代物弁済予約と狭義の代物弁済予約とが含まれ，前者においては被担保債権の債務不履行によって質物の所有権が質権者に移転するのに対して，後者においては質権者の予約完結権行使によってはじめて所有権移転が生じる。設定者の受戻権行使をできる限り確保するという観点からは，当事者の意思が明確でない場合には後者と解すべきであろう。

商事質の場合，法律に定める以外の方法による処分を認めるとしても，いかなる方法も許されるわけではあるまい。354条においては鑑定に基づく公正な価格での処分によるとされているのであるから，それに準じて鑑定あるいは公の市場での公正価格での処分がなされる場合にのみ有効と解する。質物の価格が被担保債権額を上回る場合には，流質によって被担保債権は消滅する。この場合，譲渡担保との均衡から差額を清算すべきである（たしかに，庶民金融の法として債務者保護が最も必要とされる質屋営業法19条の解釈として清算義務を否定したこととのバランスからは，商法515条の解釈としてもそれを否定することが考えられるが，質屋営業者の場合と異なり行政監督がないこと，零細商人が債務者となることも考えられることから，このように解する）。反対に，質物価格が被担保債権額を下回る場合，残額を債務者に請求できる旨の特約が締結されることが多いが無効とする理由はない（これに対して，宗宮＝池田265頁は，質物価格と被担保債権額の大小を問わず債務は完済されたものと解する。また，質屋営業者の場合については→Ⅱ(3)）。

〔直井義典〕

（留置権及び先取特権の規定の準用）
第350条 第296条から第300条まで及び第304条の規定は，質権について準用する。

〔対照〕 フ民 2339・2341・2343・2344Ⅰ・2345・2349Ⅱ・2391，ド民 223・1213-6・1222

第1節　総　則

I　担保物権の通有性

　本条で準用される条文の趣旨は様々だが，担保物権の通有性である不可分性については留置権の規定を，物上代位性については先取特権の規定を準用する。

　(1)　不可分性（350条・296条）

　債権担保の機能を強化するため担保物権に共通にみられる性質である。物の価値の下落または爾後の債権額の増加等の理由により債権者に損害を及ぼす恐れがあることから認められている。

　不可分性は主として債権者の利益のために定められるものであるから，特約によってこれと異なる定めをなし得る（注民(8)288頁〔田中整爾〕）。

　(2)　物上代位性（350条・304条）

　本条が304条を準用していることから，物上代位の目的債権ならびに要件が問題となる。

　売却代金債権への物上代位権行使については，質権者は物上代位権行使か目的物に追及するかいずれかを選択することができるとする見解（注民(8) 289頁〔田中〕，高木ほか67頁〔曽田厚〕，松坂270頁）と，売却代金債権への物上代位を認める意義は乏しく，第三者が被担保債権を引き受ける趣旨で質物を安く譲り受けた場合に売却代金への物上代位を認めると債務者を不当に害する恐れがあるとして，物上代位権を否定する見解（中島921頁，高木65頁，道垣内91頁，石田（穣）174頁，生熊190頁，河上87頁）とに分かれる。前説によれば質権者が売却代金債権上に物上代位権を行使するか否かが確定しないために売却額の決定が困難となり，売却代金債権の譲渡も困難になろう。したがって，後説が妥当であると考える（法典調査会民法議事〔近代立法資料2〕629頁における土方寧と富井政章の議論も参照）。

　動産質・不動産質については，質物の占有が質権者にあるため，賃料債権が問題になることは少ない。質権設定前にすでに賃貸されている物につき，設定者が質権者の同意を得て指図による占有移転によって質入れした場合に問題が生じるに止まる。この場合，質権者が賃貸人の地位を承継するから，動産質権では果実からの優先弁済の問題（350条・297条），不動産質権では使用・収益権の問題（356条）になる（星野226頁，鈴木326頁，道垣内91頁，石田

(穣)175頁, 河上87頁)。質権者は自ら賃貸人として賃料を取り立てるのであるから, 差押えなしに当然に賃料上に優先弁済権能を行使し得る(我妻139頁)。質権を設定しようとする者が賃貸人の地位を留保した場合は, 質権を得ようとする者は質物について間接占有も有しないこととなるから質権は成立せず, ここでも物上代位の問題は生じない(鈴木326頁。高木65頁, 生熊188頁も参照)。さらに, 質権者が設定者の同意を得て質物を他に賃貸した場合, 質権者が賃貸人であって賃料は質権者に帰属するため, 物上代位の問題は発生しない(我妻139頁, 高木ほか67頁〔曽田厚〕, 石田(穣)175頁)。以上から, 賃料債権への物上代位は不要である。

　目的物の滅失・損傷に伴う損害賠償請求権・保険金請求権については, 物上代位が認められる。ただし, 質権者の故意・過失に基づき目的物が滅失・毀損したときは, 質権者がその責任を負担するから物上代位権行使は問題とならない(小林126-127頁)。第三者の故意・過失に基づく目的物の滅失・毀損によって質権者自身に損害賠償請求権が発生することもあるが, これは物上代位性の問題ではない。法典調査会では, このように質権者も損害賠償請求権者なのだから, 304条の準用は不要であるとする見解も主張されていた(法典調査会民法議事〔近代立法資料2〕630-631頁〔土方寧・磯部四郎〕)。しかし, 目的物の滅失・損傷の時点では目的物の残存価値が被担保債権を担保するのに十分であるために質権に対する侵害はなかったが, その後に目的物の価値が減少したような場合には, 損害賠償請求権に対して物上代位権を行使する必要があろう。

　物上代位権行使の要件は, 先取特権の場合と同様に差押えであると解するのが通説である(我妻139頁。大判大元・10・2民録18輯772頁は, 差押えの欠如を理由に物上代位権行使を否定する。異説として, 石田(穣)175頁・222頁・242頁)。不動産質については, 抵当権の場合と同様に質権の効力が物上代位の目的債権についても及ぶことは不動産質権設定登記によって公示されているものと解されるから, 質権設定登記後に目的債権が譲渡され第三者対抗要件が備えられたとしても, 質権者は, 差押えによって物上代位権を行使し得ることとなる。

　「設定した物権の対価」(304条2項)への物上代位は不動産質権においてのみ問題となる。ここでは設定された物権は使用・収益権を有する質権者に対

抗できず，質権者の使用・収益権排除の特約ある場合（359条）でも質権実行時の競落人には対抗できない。質権者は当該物権が存在しないものとして目的物に質権を行使できるので，物上代位は否定すべきであろう（道垣内91-92頁）。

II　留置的権能に関連して認められる質権者の権能

(1)　果実収取権能（350条・297条）

果実の所有権を取得することではなく，果実につき質権を取得することを意味する。ここでの果実には，天然果実・法定果実とも含まれる（石田・下456頁，注民(8)290頁〔田中〕）。質権者自身が質物を使用する場合，賃料相当額は果実に準じて取り扱う。不動産質権については356条によるので，297条の準用はない（梅455頁，道垣内103頁，石田(穣)222頁，生熊188頁）。債権質において，目的債権が利息付で，各期に発生する利息債権について元本とは別個に支払期限が到来する場合には，質権者はその利息債権を取り立て，元本に充当し得ることになる。

収取した果実が金銭である場合は，質権者は直ちに債権の弁済に充当し得る（297条）。金銭以外の果実については，当事者の合意による評価，または民事執行法の規定に則った換価によることもできる（中島811頁参照。果実が金銭である場合と同様に，被担保債権に充当することもできる。刻々と産出されるという果実の性質上，被担保債権の弁済期の到来を要しないと解すべきだろう〔道垣内102頁，石田(穣)174頁，河上88頁〕）。これに対して，果実収取権は，あくまで果実上に質権を取得するという意味しか有せず，弁済期到来後に競売できるにすぎないとする見解もある（高木ほか67-68頁〔曽田厚〕）。また，債権質について，履行期前に質権者が利息のみを切り離して第三債務者に請求できるとすることに疑問を呈するものもある（安永387頁注9）。

(2)　目的物の使用権能（350条・298条）

動産質においては，質権者に目的物の使用を認めると質物は消耗し，当初の品質のままに設定者に返還されるという設定者の合理的意思に反することから，質権者には目的物の使用・収益権能が原則として否定される。所有者の承諾を得た場合ならびに目的物の保存に必要な場合に限り質権者には目的

物の使用権能が認められるが，この使用権能は保管義務の履行として認められるものである。したがって，使用利益は不当利得として果実に準じて被担保債権の弁済に充当されるべきものである。

これに対して，不動産質権については356条によるので，298条の準用はない（梅455頁）（→§356）。したがって，動産質権目的物や留置権目的物とは異なり，不動産質権者は目的不動産の使用権を有する（ただし，特約は可能。359条）。

(3) 費用償還請求権（350条・299条）

必要費は設定者が負担すべき費用であるから，質権者は所有者に償還を請求できる（350条・299条1項）。これに対して，有益費は，質物が設定者の手許にあったとしても設定者が果たしてその費用を支出したか否かが明らかではないことから，価格の増加が現存する限りで質権者の支出した金額または増加額を償還させることとし，裁判所は設定者の請求によって償還に相当の期限を許与することができる（350条・299条2項）。

不動産質権については357条によるので，299条の準用はない（梅455頁，近江92頁）。

III 留置的権能に関連して認められる質権者の義務

(1) 質物保管義務（350条・298条1項）

この義務に違反した場合は質権消滅請求（350条・298条3項）のほか，415条による損害賠償請求も認められる（朝鮮高判大14・3・3評論14民492頁）。所有者・債務者のいずれも目的物の管理に利害関係を有するから，双方が質権の消滅請求権者となる（最判昭40・7・15民集19巻5号1275頁〔留置権の事例〕）。

担保付社債信託法39条2項は，350条の準用する298条3項は信託契約による質権については適用しないものとする（その趣旨について，会社法コメ(16)451頁〔道垣内弘人〕）。質屋営業の場合についても，保管義務についての特則が定められている（注民(8)293頁〔田中〕参照）。

(2) 使用・賃貸・担保供与にあたり承諾を受ける義務（298条2項）

法文は物の所有者が債務者である通常の場合を想定したにすぎず，目的物の使用・賃貸・担保供与に利害関係を有するのは所有者であるから，承諾権

者は質権設定者（第三取得者を含む）である。この義務に違反した場合の効果は，質物保管義務違反の場合と同様である。

IV 留置的権能と関連して認められる質権の行使と被担保債権の消滅時効（350条・300条）

質物の返還請求に対して訴訟上の抗弁として質権（留置的権能）の抗弁がなされた場合に被担保債権の時効更新事由となるかは，留置権の場合と同様に解される（注民(8)294頁〔田中〕）。留置は債権行使の意思を意味しないし，質権者は質権を実行できるのにそれをしなかったわけであるから，質物を留置していても被担保債権の消滅時効の進行は妨げられない（道垣内97頁）。他方で，300条は抗弁事由としての留置権特有の面があり，準用の意味は疑わしいとする見解もある（判例民法Ⅲ121頁〔今村与一〕）。

V 権利質への準用

権利質への準用の可否については，§362 Ⅱ(10)参照。

〔直井義典〕

（物上保証人の求償権）
第351条　他人の債務を担保するため質権を設定した者は，その債務を弁済し，又は質権の実行によって質物の所有権を失ったときは，保証債務に関する規定に従い，債務者に対して求償権を有する。

〔対照〕ド民1225

I 物上保証人の責任と債務者に対する求償権

(1) 発生のための要件

本条は物上保証人として質権を設定した者に対して，保証債務に関する規定（459条〜465条・465条の5）に従い，債務者に対する求償権を付与する。第

〔直井〕

三者弁済（474条）の場合のみならず質権の実行により物上保証人が所有権を失うに至った場合も代位権能が認められる（注民(8)296頁，中島925頁，石田・下517頁。大判昭4・1・30新聞2945号12頁も参照）。

　法文上は「質物の所有権」とされているが，権利質の場合にも適用される。また，「所有権を失ったとき」には，物上保証人自身が競落人になった場合も含まれる。この場合であっても，物上保証人は競売によって一度所有権を失い，買受けによって新たに所有権を取得するからである（我妻＝有泉・コメ549頁）。

　(2)　求償の範囲

　債務者の委託を受けて物上保証人となった場合には，弁済に充てられた金額ならびに弁済等があった日以後の法定利息および避けることができなかった費用その他の損害を求償できる（459条・442条2項）。委託を受けないで物上保証人となった場合には，債務者の意思に反する（462条2項）か否か（462条1項）の区別に従って，一定範囲の求償権が認められる（459条〜464条）

　(3)　事前求償権の肯否

　物上保証人は債務者に対して本条に基づき事前求償権（460条）を行使できるか。判例（最判平2・12・18民集44巻9号1686頁）は，担保目的物の売却代金による被担保債権の消滅の有無およびその範囲は売却代金の配当等によって確定するものであるから求償権の範囲・存在をあらかじめ確定することはできず，また，担保目的物の売却代金の配当等による被担保債権の消滅または受託者のする被担保債権の弁済をもって委任事務の処理と解することもできないことを理由に，本条は事前求償権行使の根拠とならないとする。

II　物上保証人の代位権能

　(1)　物上保証人と代位権能

　物上保証人は弁済によって当然に債権者に代位する（499条）。物上保証人が質権の実行により質物の所有権を失うに至った場合については，499条が「弁済をした」としていることから疑問も生じ得るが，代位が肯定されることに現在では異論がない。

第1節　総　則

(2) 物上保証人をめぐる代位者相互間の関係

　弁済をするにつき正当な利益を有する者が複数あるときは，501条3項が代位者相互間の優劣関係を定める。

III　準　用

　判例は，本条を物上保証人から質物の所有権を譲り受けた第三取得者に準用し（最判昭42・9・29民集21巻7号2034頁は，抵当権についての事例であるが，抵当物件の限度で債務者の債務について責任を負うにとどまる点で第三取得者は物上保証人に類似する地位にあるから351条が準用されるとする），求償権の範囲は物上保証人に対する債務者の委任の有無によって決まるとする（→I(2)）。これに対して，学説では，質物の第三取得者すべてについて求償権の範囲が物上保証人に対する債務者の委任の有無によって決せられるのは，第三取得者が委任の有無を知り得るとは限らないのだから取引安全の見地からして不当であるとして，物上保証人からの第三取得者には本条の適用はないとする見解も有力に主張されている（抵当権の場合に関する記述であるが，柚木＝高木391頁注4に詳しい）。この見解によれば，委任事務（650条）または事務管理費用（702条）の償還請求として求償権を行使することとなる。

〔直井義典〕

第2節　動　産　質

（動産質の対抗要件）
第352条　動産質権者は、継続して質物を占有しなければ、その質権をもって第三者に対抗することができない。

〔対照〕　フ民 2337 ⅠⅡ・2338，ド民 1227

Ⅰ　継 続 占 有

(1)　占有の意義

　動産質権の対抗要件として占有が要求されるのは、①引渡しが効力発生要件であること、②質権には留置的効力があること、③公示に基づき第三者対抗力が付与されること、④実行する場合に質物がないと執行手続を開始できないこと、による（鳥谷部茂「質権における要物性要件の強行法規性」椿寿夫編・強行法・任意法でみる民法〔2013〕111頁）。

　本条の占有は直接占有に限らず、目的物を第三者に賃貸する場合のように第三者を介する間接占有でもよい。しかし、質権者が質権設定者の直接占有を介して代理占有することは、345条の趣旨に照らして、本条に言う占有の継続には該当しない（詳しくは、→§345 Ⅱ）。

(2)　占有喪失の効果

　質権者が目的物の占有を失うと第三者に対して質権を主張できないが、占有を回復すれば占有は中絶しなかったものとみなされる（203条ただし書）。

　いくら文言上「継続して」とされているからといって、継続性が中断すると、もはや目的物を回復しても質権を第三者に対抗できないという考え方（中島926頁）は適切ではない（注民(8)300頁〔石田喜久夫〕）。

II　対抗できない第三者の範囲

　本条にいう対抗要件とは，物権変動におけるそれ（177条・178条）とは異なり，質権者の占有を不法に侵奪した者を含め，債務者や設定者以外のすべての第三者に対して権利を主張するための要件であり，継続要件とも言うべきものである（注民(8)239頁〔林良平〕）。353条は，質物の占有が奪われたときについて，質権者に占有回収の訴えのみを認めるが，それは質物を奪われたときは，もはや質権を対抗できず質権に基づく返還請求ができないからであると解すべきであり，そうすると，侵奪者との関係でも占有継続が対抗要件とされていることになるからである（北川243頁，道垣内87頁注8，生熊194頁，石田（穣）166頁）。

　このように，本条の「第三者」とは質権設定者を除いたすべての者を指す（注民(8)239頁〔林〕・300頁〔石田〕）。また，物上保証人が質権を設定した場合は，債務者は「第三者」に含まれる（注民(8)〔石田〕，高木63頁。反対：三潴399頁）。これに対して，質権設定者・債務者もすべて第三者に含むとする見解（鈴木325頁），正当な利益を有する第三者に限られ侵奪者等は除外されるとする見解（近藤268頁。最近では，石川美明「動産質権の対抗力と継続占有」中央学院大学法学論叢9巻2号〔1996〕98頁）も存する。

III　対抗力のない動産質権

　第三者対抗力のない動産質権も，設定者には対抗できる。したがって，設定者が質権者の意に反して質物の占有を侵奪した場合，または質物を侵奪した第三者から質物の引渡しを受けた場合には，質権者は質物を占有する設定者に対して質権に基づいてその物の引渡しを請求できる。質権者が設定者に質物を返還したことによって占有を失った場合については，§345 IIを参照。

〔直井義典〕

（質物の占有の回復）
　第353条　動産質権者は，質物の占有を奪われたときは，占有回収の

訴えによってのみ，その質物を回復することができる。

I 占有侵奪

「占有を奪われた」とは質権者がその意に反して占有を失ったことを意味する。

本条の趣旨は，前条と相まって，侵奪の場合に質権自体に基づく取戻権を認めないということにある。ドイツ民法1227条がローマ法に倣って本権の訴え・占有の訴えのいずれも提起できるとするのに対して，わが国がこのように規定したのは，占有のない動産質権者に物権的請求権を認めるのは352条と平仄が合わないが，占有を奪われた質権者を全く保護しないわけにもいかないためであるとされる（法典調査会民法議事〔近代立法資料2〕668-669頁〔富井政章〕。道垣内94頁も参照）。法典調査会では削除論が優勢であり（法典調査会民法議事〔近代立法資料2〕669頁〔磯部四郎〕・671頁〔箕作麟祥〕）一旦は削除されたが，整理会において再度挿入されたものである。

しかし，このように物権的請求権を否定するのは動産質権の物権性を著しく減殺するものであって，質権者が侵奪者に対して有する質物の回復請求をも質権の対抗問題と解した疑いがあり（石田・下414頁，注民(8)302頁〔石田喜久夫〕），また，占有継続を質権の存続要件とする考え方に強く引きずられた結果でもある（河上90頁）として，学説には反対するものも多い。

II 占有回収の訴え

(1) 物権的返還請求権との関係

本条は，「占有回収の訴えによってのみ」としているのであり，質権者は質権に基づく物権的返還請求権を行使できない。これに対して，本条の意義は，占有回収の訴えによって占有を回復したときには，203条によって占有が継続していたものと扱われる点にあり，質権に基づく物権的請求権を否定する趣旨ではないとの見解（山下231頁），占有侵奪があった場合以外は規定されておらず，そのときは質権に基づく物権的請求権が行使できるという見解（石川美明「動産質権の対抗力と継続占有」中央学院大学法学論叢9巻2号〔1996〕

105-106頁）もある。

(2) 目的物の回復と質権の対抗力

　占有回収の訴えを提起したときには，その時点で，占有を失わなかったことになる（203条ただし書）。そして，その訴えによって占有を回復したときには，質権者は占有を失わなかったことに確定する。また，占有侵奪者が任意に質物を返還したときにも，同様の効果が生じると考えてよい。

　これに対して，侵奪から1年を経過したために占有の訴えが認められなくなった後（201条1項），質権者が何らかの方法で質物の占有を回復した場合は，質権もその時から対抗力を回復するが（注民(8)302-303頁〔石田〕），その間までは占有を失っていたことになる。

III　侵奪以外の占有喪失の場合

　「占有を奪われた」とは質権者がその意に反して占有を失ったことを意味するから，質権者が目的物を遺失したり詐欺により任意に目的物を引き渡したりした場合，占有を放棄した場合には，占有回収の訴えを提起できず質権は対抗力を失う（大判大11・11・27民集1巻692頁は，詐取者に対しては占有回収の訴えはできないとする。質権の例として，東京地判昭26・11・13下民集2巻11号1306頁。梅460頁，中島929頁，高木64頁，道垣内94頁）。

　このように質権者が任意に目的物を引き渡した場合には質物の占有回復手段がなく，この点は，立法論としては批判されている（我妻132頁，川井・概論282頁。解釈論としてもこれに反対するものにつき，→II(1)）。そこで，質権設定契約に基づき設定者に対して有する引渡請求権を被保全債権として，設定者が第三者に対して有する返還請求権を代位行使（423条）できると解されている（於保不二雄・債権総論〔新版，1972〕166頁注5，川井・概論283頁，道垣内94頁，河上86頁。なお，騙取者は，信義則上，質権者の返還請求を拒めないとするものとして，薬師寺・総判民(19)75-76頁・90頁・109-110頁）。この場合には占有が継続していたとはみなされず，質権は一旦消滅し目的物の占有回復のときから将来に向かって回復すると解される（勝本・下331頁，石田（穣）167頁）。なお，設定者自身が目的物を奪ったとき，紛失・盗取後に設定者が質物の占有を取得したときは，質権設定契約に基づいて返還を請求できる（伊藤進「質権──即

時取得と転質」同・物的担保論〔1994〕312頁）。

　質物の滅失・損傷によって質権者が質物の占有を失った場合，滅失・損傷の原因が物上保証人の故意・過失であれば質権者は不法行為を理由として目的物の減価額または被担保債権額とのうち少ない方の支払を請求でき，原因が債務者自身にあれば被担保債権の弁済を求め（137条2号参照），第三者にあれば所有者の有する損害賠償請求権に物上代位することとなる（道垣内94頁。道垣内弘人「担保の侵害」同・諸相50頁も参照）。

〔直井義典〕

　　（動産質権の実行）
　第354条　動産質権者は，その債権の弁済を受けないときは，正当な理由がある場合に限り，鑑定人の評価に従い質物をもって直ちに弁済に充てることを裁判所に請求することができる。この場合において，動産質権者は，あらかじめ，その請求をする旨を債務者に通知しなければならない。
　　　〔対照〕　フ民2347

I　動産質権の実行と簡易な実行方法

　動産質権者は，自ら競売開始を申し立て，質権の実行ができるが，本条は，それ以外の方法として，鑑定人の評価に従って質物を直接に弁済に充当することを裁判所に請求できることを定めている。簡易な弁済充当といわれる。
　(1)　正当な理由
　本条の定める「正当な理由」としては，競売に付しても十分な代価が得られない場合，質物の所有権を取得しようとの質権者の希望が正当と認められる場合，質物の価格が低く競売手続を利用すると費用倒れになる場合，質物に公定価格があるとき等が挙げられる（注民(8)303-304頁〔石田喜久夫〕など。梅462頁も参照）。
　(2)　裁判所への請求
　裁判所への請求が求められるのは，正当な理由の有無を質権者または質権

設定者の判断に委ねると紛争を生じるおそれがあることによる。管轄裁判所は，債務履行地を管轄する地方裁判所である（非訟93条1項）。

また，質権者の権利として特別な実行方法を定めたものであるから，設定者は本条の方法により実行するよう請求することはできない（中島932頁）。

(3) 鑑定人の評価

簡易な実行方法を相当とするような質物については，その評価が困難な場合が多く，また，当事者が評価するときは不公平を生ずる可能性が高い。そこで，鑑定人の評価によることとした。

裁判所は自己の権限で鑑定人を選任できるが，鑑定人の評価には従わなければならない。裁判所は，甲鑑定を不当とするときは，乙鑑定をさせる（梅463-464頁，中島931頁，山下234頁，注民(8)304頁〔石田〕）。質物の評価に不服のある設定者・質権者は，非訟事件手続法の規定に従い抗告をすることができる（非訟66条以下）。

(4) 債務者・設定者への事前通知

この事前通知は，債務者・設定者が本条による実行を不利益と信じるときに，普通の質権実行方法の実行を求めるための準備をさせること（岡松486頁。裁判所は許可の裁判をする前に債務者の陳述を聴くものとされている〔非訟93条2項〕），債務者に弁済をなさしめ，裁判所に異議を述べる機会を与えること（田島147頁），債務者に質物の評価が正当に行われるか否かを監視し，自己の意見を述べさせること（注民(8)304頁〔石田〕）を目的とする。したがって，「あらかじめ」とは遅くとも裁判所に申請する以前を指す（小林162頁）。通知は，本条の請求をする旨ならびにその日時を明示して行う（梅465頁，中島932頁）。

債務者と設定者が異なる場合の事前通知の相手方は，債務者と設定者の両方であると解される（石田・下504頁，注民(8)304頁〔石田〕，道垣内103頁，髙橋66頁）。この通知が，密接な利害関係ある者にその利益を擁護する機会を与える趣旨であることを理由とする。

裁判所が通知の懈怠を見落として許可を与えた場合も許可決定は有効であり，設定者は不服申立てができない（非訟98条）。裁判所自らが取り消すことはできる（非訟59条1項）。ただし，質権者は，通知の懈怠によって設定者に生じた損害を賠償する義務を負う（注民(8)305頁〔石田〕）。

〔直井〕

裁判所の許可は，鑑定額をもって質物を弁済に充当することを認めるものであるから，その許可によって弁済充当の効果が生じる。したがって，質権者は裁判言渡前までは本条の請求を撤回できるし，設定者も弁済により質物所有権の喪失を免れることができる。

(5) 効果（清算金の支払）

鑑定による評価額が被担保債権額を上回る場合，質権者は質物所有者に対し清算金の支払を要すると解すべきである（中島933頁，高木67頁，石田（穣）180頁）。

II 本条の有用性・適用範囲

本条の手続によると裁判所を介さなければならず時間も費用も掛かる点で弁済期到来後の流質合意の方が使いやすいことから，実際にどの程度用いられるのかは疑問視される（平野165頁）。

不動産質には本条の適用はない（注民(8)305頁〔石田〕。反対：石田（穣）226頁）。これに対して，権利質については362条2項によって準用されることになりそうである（中島933頁）。しかし，不動産物権を目的とする権利質については，不動産質に関する規定が準用され，本条の準用はないと言うべきであろう（富井521頁，石田・下505頁，注民(8)305頁〔石田〕）。また，担保付社債信託法39条3項は信託契約による動産質権には本条を適用しないものとする。

〔直井義典〕

（動産質権の順位）
第355条　同一の動産について数個の質権が設定されたときは，その質権の順位は，設定の前後による。

〔対照〕　フ民2340，ド民1209

I 同一動産上に複数の質権が成立する場合

起草者によれば，同順位になるという考え方を否定するために，念のため

においた規定とされる（法典調査会民法議事〔近代立法資料2〕675頁〔富井政章〕）。

　占有移転が質権とりわけ動産質の要素である以上，同一の動産について複数の質権を設定することは不可能とも見えるが，占有には代理占有も含まれることから，複数の質権を同一の動産上に設定することも可能である。

II　順位決定の基準

(1)　設定の前後
　条文上は「設定の前後」とされているが，引渡しが動産質権の第三者対抗要件であるから，引渡しの前後で決することとなる（道垣内87頁）。
　物権的効力ある順位の譲渡・放棄は，適当な公示方法がなく，物権内容の変更となることから，明文規定（361条・376条）ある不動産質権の場合とは異なり認められない（中島936頁）（→§342 IV(6)）。

(2)　停止条件付債権，将来債権を被担保債権とする質権設定の場合
　停止条件付債権・将来債権を被担保債権とする場合，通説は条件成就・債権発生前に質物の引渡しがあることを理由として，順位は質権設定時に決するという。債権が条件付だからといって質権も条件付となる理由はなく（→§342 II(4)），根担保についても優先順位は設定契約時に保存されるのだから通説でよいだろう（注民(8)307-308頁〔石田喜久夫〕。反対：中島936頁）。

(3)　同時設定の場合
　それぞれの質権は同順位となり，各質権者はその債権額の割合に応じて配当を受ける。

〔直井義典〕

第3節　不動産質

(不動産質権者による使用及び収益)
第356条　不動産質権者は，質権の目的である不動産の用法に従い，その使用及び収益をすることができる。

〔対照〕　フ民 2389・2390

I　本条の意義

　本条は質権者に使用・収益権能を付与しており，動産質には見られない特徴をなす。諸外国でもローマ法の影響を受けたフランス法では認めるが，ドイツ法は否定する。

　不動産は使用しても毀損することは稀であり，直接の収益をすることも容易であるばかりでなく，第三者に賃貸しても毀損のおそれはない。逆に質権者に使用・収益させないと，不動産が用いられないこととなり国民経済上不利益をもたらすこととなる。それゆえ，不動産質権者に使用・収益権が認められている（梅473頁，道垣内95頁）。350条は298条を準用しているから，同条2項により使用・収益には債務者の承諾が必要であることになりそうだが，本条により，その準用が排除されていると解される。

　もっとも，質権の消滅に伴う収益権能の覆滅を慮って質権者から賃借権の設定を受けるのをためらう者が出てくることが予想されるとの指摘もあり（山野目章夫「不動産の担保と利用権との関係」星野英一ほか・担保法の現代的諸問題（別冊 NBL10 号）24頁。伊藤進「不動産質権の内容・効力」同・物的担保論〔1994〕285頁は，不動産質権の存続期間以前の被担保債権の弁済を否定する，少なくとも不動産質権の消滅を賃借人に主張できないものとすることを提言する），第三者への賃貸というかたちでの収益が，現実にどの程度なされるのかには疑問がないわけではない。

II　不動産質権者の有する使用権能

(1)　不動産の用法に従った使用

不動産質権者は，目的不動産をその本来の性質に適する用法に従って使用することができる（大判昭9・6・2民集13巻931頁）。本来の用法に従わない使用はできない。

不動産質権者は善良な管理者の注意をもって質物を占有しなければならない（350条・298条1項）から，この注意義務違反に該当する場合は，質権設定者は質権の消滅を請求できる（350条・298条3項）。

後述のように不動産の使用をする者は質権者自身でなくてもよいが，質権者からの賃借人である第三者に用法違反がある場合は，質権者が第三者に対して賃貸借の法理によって対処できる適切な処置を採らない場合に限り，質権者による用法違反と見て質権消滅請求ができる（伊藤・前掲論文285頁）。

(2)　不動産使用の主体

質権者は用法に従う限り必ずしも自らが使用する必要はなく，質権の存続期間内で第三者に使用させることができる（設定者に賃貸することの可否については，→III(2)）。質権者に使用・収益が認められるから，質物所有者の承諾は不要である（注民(8)316頁〔石田喜久夫〕，槇102頁。反対：中島944頁）。

III　不動産質権者の有する収益権能

(1)　果実収取権

動産質の場合と異なり不動産質については297条の準用はなく，質権者は収益権に基づいて法定果実・天然果実を収取することができる（→§350 II(1)）。この場合，果実の所有権が質権者に帰属するのであり，果実が質権の客体となるわけではない。この利得は原則として被担保債権の利息に相当すると解される（→§357 I）から，果実の金額または評価額を計算して利息に充当する必要はない。

(2)　賃貸中の不動産の質入れ

賃貸中の不動産を質入れした場合に質権者は賃借人に賃料を請求できるかについては見解が分かれるが，判例（前掲大判昭9・6・2）は賃借人の承諾あ

る限りで請求可能とする。これに対して学説は，賃貸人の地位は質権者に移転し（このように解さないと，設定者は指図による占有移転によって占有を失うはずなのに，設定者が賃借人を介して目的物を占有することとなって矛盾する〔石田（穣）161頁〕），賃借人の承諾なしに賃料を請求できるとする。

　ただし，賃料収取のために質権の登記を要するか，すなわち賃貸借契約上の権能の行使が対抗問題となるかについては見解が分かれる。賃貸中の不動産の売買について，判例（最判昭 49・3・19 民集 28 巻 2 号 325 頁）は，譲受人は所有権の移転につき登記を経由しなければ，賃貸人たる地位を取得したことを賃借人に対して主張できないとしているが，この判例法理自体になお異論もある（質権者が賃貸人となった場合に即して登記不要説を明言するものとして，半田正夫「不動産質権」中川＝兼子監修 67 頁）。そして，質権登記の要否とは別個に，賃貸人の地位の移転については，債権譲渡に準じて質権設定者による通知または賃借人の承諾を要するのかについても問題となる。質権取得登記という物権変動の対抗要件は債権関係移転の対抗要件を兼ねるものではないこと，賃貸借関係には債務関係も含まれることを理由に通知・承諾が必要だとする見解と，賃貸不動産の所有権移転に伴い当然に賃貸人の地位も移転し，質権のときも別異に取り扱う必要はないとしてこれを否定する見解とに分かれる（詳しくは，注民(8)316 頁〔石田〕参照）。

　質権設定者への賃貸については，代理占有関係を成立させるものであるから質権そのものは消滅しないものの，345 条の趣旨に反することから認められない（大判大 5・12・25 民録 22 輯 2509 頁，注民(8)292 頁〔田中整爾〕）。もっとも，不動産質の場合は，質権を一旦有効に設定・登記した後であれば，目的物を設定者に返還した場合と同様，設定者への賃貸を肯定してよいとの見解もある（槇 102 頁，伊藤進「不動産質権の内容・効力」同・物的担保論〔1994〕285-286 頁）。

〔直井義典〕

（不動産質権者による管理の費用等の負担）
第 357 条　不動産質権者は，管理の費用を支払い，その他不動産に関する負担を負う。

　　　〔対照〕　フ民 2389

第3節　不動産質

I　立法理由

質権者が使用・収益できることから，本条のように定めるのが公平であることを理由とする（梅474頁，注民(8)317頁〔石田喜久夫〕）。358条と相まって，使用・収益によって得られた利益は管理費用等と利息の和に等しいと解するわけである（道垣内95頁，河上96頁。伊藤進「不動産質権の内容・効力」同・物的担保論〔1994〕287頁も参照）。元々は，使用・収益の利益を利息・元本に充当する旧民法債権担保編126条を前提に，質権者自らが使用した場合の賃料相当額を算定するのが煩雑であることを理由として，質権者自らが使用する場合に限定した形で法典調査会に提案されたものであった（法典調査会民法議事〔近代立法資料2〕680〔富井政章〕）。しかし，こうした限定は後日に提出された修正案で削除された（法典調査会民法議事〔近代立法資料2〕722）。起草者は，質権者にとっては酷かもしれないとしつつも，359条で別段の合意ができること，不動産質は格別奨励すべきものではないことを理由に本条の正当化を図る（法典調査会民法議事〔近代立法資料2〕680〔富井〕）。

本条は，設定者が負担の重さゆえに不動産を失うことがないようにしたものであって，設定者が管理費用等を負担するものとしても担保権の性質に反するというものではない（→§359）（中島945頁）。

II　不動産管理の費用および不動産に関する負担

不動産の管理の費用とは，不動産を利用するために生ずる費用をいい，土地に柵を設置する費用，建物の屋根を修繕する費用などを含む。不動産に関する負担の主なものとしては固定資産税（地税343条1項），地役権行使のために工作物を設け修繕をなす義務（286条）などがある。

III　特約

359条により特約は許される。

〔直井義典〕

§358 Ⅰ

(不動産質権者による利息の請求の禁止)
第358条 不動産質権者は，その債権の利息を請求することができない。

〔対照〕 フ民2389

Ⅰ 立法理由

　ボワソナード草案ではわが国封建法の田畑質慣行に依拠して，不動産質の対象を宅地建物と田畑に分けて規定していた。このうち田畑質においては，田畑から得られる果実は天然果実であり査定が難しいとして，質権者が果実を収取できる代わりに利息を請求できないこととされていた（注民(8)315頁〔石田喜久夫〕）。さらに，佐野智也・立法沿革研究の新段階〔2016〕113頁以下参照）。これを受けた旧民法典では，不動産質権者は果実を収取できる（旧担116条1項）ものの，果実と利息は相殺されるのではなく，果実は第1に利息に，第2に元本に充当されていた（旧財472条参照）。

　これに対して，本条はわが国の旧慣に従ったものとされる（梅475頁）。いわゆる利質である。しかし，こうした説明に対しては，被担保債権が無利息債権である場合にも質権者が不動産の使用・収益権を有することとなり，立法上の当否は疑問である（三潴413頁），被担保債権の利息と不動産からの収益とが明らかに均衡を失する場合にも本条が維持されるべきかは疑問である（鈴木331頁），使用・収益による利得額と利息額を取捨し両者を一体的に捉えて当然相殺されるものとする考え方は近代的取引においては相いれないものであるから，合理的計算に基づく利息への優先充当の考えに立って修正すべきである（伊藤進「不動産質権の内容・効力」同・物的担保論〔1994〕288頁以下），といった批判的見解が示される（下村信江「不動産質権規定を残す必要性があるのか」椿寿夫ほか編・民法改正を考える〔2008〕149頁も参照）。

　もっとも，これらの疑問は起草時にすでに織込み済みともいえ，果実に豊凶があることをもって幾分射幸的とし，果実に比べて利息は安定して発生するものであるから，農民経済においては債権の利息を支払う方が不動産の果実を失うよりも設定者の苦痛は大きいとして，本条を農業本位の封建社会に合致したものとする理解もある（中島948-949頁）。このような理解からは，

第3節　不動産質

質権者の収取した果実が計算上利息制限法の制限利率を超える場合であっても利息制限法を適用すべきではないことになる。また，収益が利息よりも少ないときも，収益と利息の差額を請求できるものではない。

なお，被担保債権の債務者が履行遅滞に陥り，かつ収益が遅延損害金の額に達しないときには，その差額を損害賠償として請求できると解されている（注民(8)319頁〔石田〕）。弁済期以前に発生する利息の額と収益とが均衡していることを前提とするものだからである。

II　特　約

特約によって利息を生じさせることは359条に照らして可能であるが，この特約を第三者に対抗するには，不動産登記法95条1項2号により登記を要する。また，375条が準用されて，満期となった最後の2年分についてのみ質権を行使することができる（注民(8)314頁〔石田〕，我妻172頁，松坂279頁，石田（穣）221頁）。しかし，根質の場合は，極度額の限度で利息等が根質権によって担保されるから，その定めを登記する必要はない（香川保一・新不動産登記法逐条解説(2)〔2008〕794-795頁）。

質権者が目的不動産の使用・収益をする一方で利息を生じさせる場合のようにもっぱら質権者に有利な特約である場合には，特約が暴利行為に該当して90条により無効となる可能性がある（注民(8)320頁〔石田〕）。ただし，前述のように利息制限法の適用はない。

〔直井義典〕

（設定行為に別段の定めがある場合等）
第359条　前3条の規定は，設定行為に別段の定めがあるとき，又は担保不動産収益執行（民事執行法第180条第2号に規定する担保不動産収益執行をいう。以下同じ）の開始があったときは，適用しない。

〔改正〕　本条＝平15法134・平29法44改正

I 本条の意義

本条の立法理由は，当事者の意思を尊重して，不動産質権制度に伴う弊害をできる限り除くことにある。本条の規定によって不動産質権の内容が区々となり，物権法定主義の1つの要請たる物支配の画一化に支障を来す恐れがあるとも指摘されるが（立法論として誤謬とする中島942頁参照），前3条の規定は，不動産質権の本質を示すものではなく物権法定主義に抵触するものではないと解すべきだろう（注民(8)320頁〔石田喜久夫〕）。

担保不動産収益執行開始時に関する定めは，平成15年に追加されたものである。担保不動産収益執行の開始により，担保不動産の使用・収益権が管理人に移転し，管理人が費用等を負担する。不動産質権者は使用・収益権を失うとともに，利息を請求できることとなる（近江108頁）。もっとも，第1順位に質権があり第2順位に抵当権がある場合，抵当権者が担保不動産収益執行を開始しても，先順位の質権者の使用・収益権は失われない。なぜなら，この場合，質権者は347条に基づき留置権能を有し，それを自己に優先する権利を有しない債権者に対抗できる（347条ただし書の反対解釈）のだから，担保不動産収益執行が開始されても管理人は質権者に引渡しを求めることができないからである。これは民事執行法106条2項にいう「配当等に充てるべき金銭を生ずる見込みがないとき」に該当するので，担保不動産収益執行の申立てが却下されることとなる（内田496頁，道垣内弘人「不動産の収益に対する抵当権の効力」同・諸相356-357頁）。

II 使用・収益権を不動産質権者に与えない特約の有効性

使用・収益権を質権者に与えない特約につき，これを肯定する見解と356条と異なる特約は使用・収益の範囲・方法に関する事柄に限定されるとして否定する見解（我妻＝有泉・コメ553頁）に分かれる。否定説によれば同一不動産上には1個の質権しか存在しえないこととなりかねない（注民(8)321頁〔石田〕）。第1順位の質権者に全面的な使用・収益権を認めてしまうと，後順位質権を設定できなくなってしまうのである。したがって，設定者に使用・収益権を留保することによって質権者への引渡しをしない（そのときは，345条

に反する）というのでなければ，肯定説のように解してよい（なお，注民(8)321頁〔石田〕は，肯定説を支持すべき理由として，質権者が効率的に収益をあげるのに意を注ぎ不動産特に土地を疲弊させる恐れがあることも挙げるが，これは不動産の用法に従った使用に当たらないといえば足り，理由として適切でない）。民事執行法59条1項・4項も，不動産執行の目的物について「使用及び収益をしない旨の定めのある質権」が存在し得ることを認めている。

不動産質には抵当権の規定が準用される（361条）から，被担保債権の不履行後に生じた果実に質権の効力が及ぶ（371条）。これが実際に意味を持つのは質権者に使用・収益権がない場合である。

III　特約の登記

前3条と異なる特約は登記をしなければ第三者に対抗できない。もっとも，不動産登記法95条1項6号は356条・357条のみを挙げ，358条を明示していない。したがって，358条と異なる特約は登記なくして第三者に対抗できると解する余地がありそうだが，不動産登記法95条1項2号の「利息に関する定め」が，358条と異なる特約に該当すると解される（注民(8)321頁〔石田〕，野村豊弘・民法II物権〔2版・2009〕228頁注16）。

〔直井義典〕

（不動産質権の存続期間）
第360条①　不動産質権の存続期間は，10年を超えることができない。設定行為でこれより長い期間を定めたときであっても，その期間は，10年とする。
②　不動産質権の設定は，更新することができる。ただし，その存続期間は，更新の時から10年を超えることができない。

I　不動産質における存続期間制限の意義

(1)　立法理由

　質権者はいずれ不動産を返還すべき地位にあるから物の将来の利益を図らず，また設定者も不動産に改良を加えることができないために不動産は漸次価値を減ずるに至り，社会通念上好ましくない結果を招くおそれがあることから，278条・580条と等しく，存続期間の強行的制限を必要とする（梅477頁，我妻170頁）。抵当権の発達とともに不動産質は衰えるものと考えられるために，法律上奨励すべきものではないことも指摘される（法典調査会民法議事〔近代立法資料2〕691頁〔富井〕）。

　学説では本条を立法論として妥当でないとするものが多い。その理由は，本条が主として農地を念頭に置いたものであり，建物については不動産に改良を加えなくなるという懸念が妥当しないことにある（鈴木禄弥「不動産質制度再活用のための立法論」同・分化535頁，伊藤進「不動産質権の内容・効力」同・物的担保論〔1994〕274頁，道垣内88頁，山野目269頁）。

(2)　10年という期間ならびに期間制限の性質

　10年としたのは，民法典制定以前の3年（地所質入書入規則4条）や30年（旧担116条）があまりに短期・長期であることから，わが国固有の慣習に従ったものである（梅478頁）。しかし，徳川時代の田畑質における10年という限度の意義は田畑質の態様によって異なり，本条がわが国の固有法に従ったと言えるか否かは疑問であるとされる（柚木＝高木133頁注6，高木ほか86頁〔曽田厚〕）。

　期間の起算点は質権の成立時である。

II　存続期間の更新

　更新については更新した旨を登記しなければ第三者に対抗できず，更新された不動産質権は更新時から新しい順位を取得することとなる。10年後に更新すべきことを事前に約束しても効力はない（勝本・下349頁）。これを認めると本条1項の脱法行為となるからである（中島956頁，注民(8)324頁〔石田喜久夫〕）。

III　存続期間の経過と登記

設定契約で存続期間を定めなかった場合の存続期間については，①10年となるという説（大判大6・9・19民録23輯1483頁。学説上も通説であり，我妻170頁，柚木＝高木132頁などが支持する），②10年を限度に債権の弁済期と同一期間とする説（中島955頁，注民(8)324頁〔石田〕），③常に被担保債権の弁済期と同じとする説（谷井辰蔵「不動産質の存続期間に就て」法曹会雑誌14巻10号〔1936〕4頁），④10年は質権者に有利すぎるから，質権者と債務者の双方の利害を考慮し中間の5年とする説（石田（穣）218頁）に分かれる。

③説によれば，履行遅滞になったときにはもはや質権は消滅していることになり，質権の実行がおよそ不可能になりそうだが，③説は，その前提として，本条の期間制限を占有および使用・収益に限定して理解し，10年の経過で質権者の占有権および使用・収益権はなくなるものの質権自体は存続する（使用・収益のできない非占有質権となる）と考える。

まず，③説のように，占有および使用・収益権と優先弁済権とを分けて考えることは，本条の文言からも，また，質権者に占有権限のない質権を認めることになることからも，無理がある。しかし，①説や④説のように個々の質権設定契約における当事者の意思を全く無視するのも妥当ではない。そこで，②説によるべきであろう。②説についても③説に向けられたのと同様の批判が成り立ちそうだが，弁済期徒過後，質権者が遅滞なく競売申立てをすれば質権は消滅しないものと扱うという解釈をとるべきである（この結論は，①説の論者からも，被担保債権の弁済期が質権存続期間と等しいときについて認められている〔我妻171頁〕）。

弁済がないままに質権の存続期間が経過した場合，質権は消滅し，債権は爾後無担保債権となる（大決大7・1・18民録24輯1頁。中島955頁）。質権の消滅は何人にも了知されるところであるから，質権の抹消登記をしなくても第三者に対抗し得る（大判大6・11・3民録23輯1875頁。我妻170頁，柚木＝高木132頁，松坂278頁，高木ほか87頁〔曽田厚〕）。

この存続期間規定ゆえ，質権者が第三者に賃貸できる期間について疑義が生じる。とりわけ土地については借地借家法3条に抵触するように見える。質権者と第三者の関係だけで見れば10年よりも長期間の定めは有効である

が，それを設定者に対抗できないものと解するほかあるまい。立法論としては本条を削除するべきである（伊藤・前掲論文284頁）が，安定した賃借権を実現するためには，現行法下では設定者を含めた三者間で賃貸借契約を締結すべきことになろう。

〔直井義典〕

（抵当権の規定の準用）
第361条　不動産質権については，この節に定めるもののほか，その性質に反しない限り，次章（抵当権）の規定を準用する。

〔対照〕　フ民2388

I　抵当権の規定の準用される範囲

(1)　質権総則との関係

不動産質権も質権の一種であるから，性質の許す限りで質権総則の規定が適用されるとともに，その規定と抵触しない限りで抵当権の規定が準用される。本条に「その性質に反しない限り」とあるのは不動産質権の質権としての性質に反しない限りでと解すべきものである（注民(8)325頁〔石田喜久夫〕）。

(2)　準用範囲の概観

不動産質権も不動産物権であるから，その対抗要件は登記である（177条）。したがって，抵当権の規定のうち登記に関連する規定は不動産質権にも準用される。また，対象が不動産であるため，使用・収益に関する規定以外は基本的に準用される。

II　不動産質権の効力の及ぶ目的物の範囲

不動産質権は，抵当権の場合と同様に不動産の従物・付加一体物に及ぶ（370条準用）。抵当権者と異なり不動産質権者には使用・収益権能があるから356条により果実にも効力が及び，特約で356条の適用が排除される場合を除いては，371条は準用されない。372条による304条の準用については，§

350 参照。

III 不動産質権の順位

登記が対抗要件であるから，373条も当然に準用される。なお，目的物引渡前に登記がなされた場合，無効登記の流用の有効性が認められることから，その後に引渡しがなされれば，その時点から登記も有効と解される。374条も準用される。

不動産質権が不動産保存・工事の先取特権と競合するときは，先取特権が優先する（339条準用）。不動産売買の先取特権と不動産質権の優劣は登記の先後による（341条・373条準用）。

IV 不動産質権によって担保される債権の範囲

利息を請求できる特約があり，それが登記されているときは，利息の範囲については375条を準用するのが通説である。これに対して，質権の通則である346条が適用され，利息の範囲は無制限であるとの見解もある（半田正夫「不動産質権」中川＝兼子監修65頁注3）。しかし，346条が被担保債権の範囲に関する当事者意思の推定として妥当するとしても，375条が第三者に対する優先弁済権の対抗範囲を制限したものであると解され，また，後順位質権者が出現し得ることから，通説に従うべきであろう。債務不履行によって生じた損害のうち遅延損害金も同様に扱われる。

V 不動産質権の処分

376条・377条は不動産質権に準用される（中島958頁）。

VI 不動産質権を実行する要件・効果

第三取得者の代価弁済（378条）・消滅請求（379条～386条）（起草者も，本条において準用すべき規定として滌除規定〔平15改正前民378条以下〕を想定していた〔法

典調査会民法議事〔近代立法資料2〕723頁〔富井政章〕〕。なお，不動産質権には留置的効力が認められており〔347条〕，これは不動産質権の本質的効力である使用・収益を確保する前提となるものであるから，留置的効力を失わせるのは好ましくないとして滌除規定の準用を否定する見解があった〔伊藤進「不動産質権の内容・効力」同・物的担保論〔1984〕293頁〕。しかし倒産手続においては抵当権の場合と同様に担保権消滅許可申立て〔破186条，民再148条・会更104条〕が認められており，平時についてのみ留置的効力を理由に抵当権と別異に解する必要はない）・法定地上権の発生（388条）・地上建物競売（389条）・第三取得者（390条・391条）・共同担保（392条・393条）・抵当不動産以外の財産からの弁済（394条）・質権の消滅（396条～398条）は，抵当権の場合と同様である。賃貸借の対抗力に関する387条と建物使用者の引渡し猶予に関する395条は，準用されない。これらの規定は，不動産質権者が使用・収益権を持たない場合にのみ準用の可否が問題となり得るが，この場合であっても，設定者は使用・収益権限を有しない（→§359 Ⅱ）から，設定者は賃貸人となりえない。考えられるのは，後順位質権者が自己の有する使用・収益権限に基づいて賃貸する場合であるが，この場合は使用・収益権限を有しない質権者にも賃貸借を対抗できるから，387条・395条を準用するまでもないのである。

Ⅶ 根不動産質権

不動産質権においては後順位担保権者の出現が想定し得ることから，極度額・被担保債権の範囲の定め等が要求されるべきであり，根抵当に関する規定（398条の2～398条の22）が準用される。

〔直井義典〕

第4節 権　利　質

前注（§§362-368〔権利質〕）

I　総　説

(1) 権利質の意義

　動産質・不動産質以外で，財産権を目的とする質権を権利質という。質権は本来有体物について発達した制度であり，また，有体物であるからこそ，債権者の留置による弁済の心理的強制が可能となる。しかし，その交換価値を支配して，そこから優先弁済を受けるという観点からすると，質権の目的を有体物に限定する必要はない。そこで，フランス民法は各種の財産権を無体動産と把握して，有体動産以外の財産権を目的とする質権も動産質として認め，また，ドイツ民法は，権利質について特別の規定を設け，所有権以外の財産権についての質権設定を可能としている。わが国の民法も，その362条以下に権利質についての規定を置いている。

　ただし，物権はあくまで有体物を目的とするものであり，権利の上には質権類似の準質が成立するに過ぎないとの見解も有力であった（梅謙次郎「権利質ニ準用スヘキ規定ノ範囲ヲ論ス」法協21巻6号〔1903〕782頁，岡松501頁，三潴421頁）。法典調査会においても，「権利質」としてあった原案を「准質」と改める提案が一旦は可決されている〔法典調査会民法議事〔近代立法資料2〕695頁〕）。そして，その法的性質について，民法典制定後も，権利質とは権利を目的としてその上に設定された質権であると解する権利目的説と，権利質の本質は権利の譲渡であるとする権利譲渡説とに分かれ，権利譲渡説の内部ではさらに債務不履行を停止条件とする質入債権の譲渡と解する停止条件付譲渡説，

前注（§§ 362-368） I

債務の履行を解除条件とする質入債権の譲渡と解する解除条件付譲渡説などが主張された（注民(8)329頁〔林良平〕参照）。

　権利譲渡説は質権者の直接取立権（366条1項）を説明するために主張された見解であるが（高木ほか88頁〔曽田厚〕は，債権質権者に直接取立権が付与されていることをもって，交換価値を優先的に把握する以上の作用であり得ると指摘する），権利質は債権のみを目的とするものではないこと，債権が金銭以外の物の給付を目的とする場合には，質権者は取り立てた物の上に質権を取得するに過ぎない（366条4項）ことから，権利目的説によるのが妥当であると思われる（勝本・下365-366頁。注民(8)329頁〔林〕は権利目的説を支配的見解とする）。もっとも，現在では，議論自体があまりなされなくなっている。

　実際の利用度合いからすると，今日では動産質・不動産質が設定者から使用価値を剝奪するために不便であり，譲渡担保の前に衰退過程にある反面（→前注（§§342-368）Ⅰ(2)），権利質は債権者側にとって保管の負担の少ないこと（槇75-87頁），換価が容易であること（河上82頁）から，企業金融の領域において重要な役割を果たすに至っている。また，集合動産譲渡担保・集合債権譲渡担保の設定者に民事再生手続・会社更生手続が開始された場合，管財人と担保権者との間で，管財人による動産処分・債権回収を認める代わりに，回収した債権の一部を預金とし，当該預金債権に質権を設定するなどの方法によって，担保変換による和解的合意をなすことによる解決が図られるのが一般的であるとの指摘もある（粟田口太郎「倒産手続におけるABL担保権実行の現状と課題」金法1927号〔2011〕88頁注16，籠池信宏「非典型担保(2)譲渡担保，所有権留保」全国倒産処理弁護士ネットワーク編・倒産手続と担保権〔2006〕180頁）。このように，権利質の活用場面は広い。なお，かつては有価証券化された権利に対する質権は重要な役割を果たす（注民(8)328頁〔林〕）とされていたが，今日ではペーパーレス化の進展により状況は異なってきている（詳しくは，→特別法上の質権）。

　すでに述べたように，権利質は物上質と異なり，留置的効力が大きな作用を持たず，換価優先弁済権能がその中心をなす。権利質は，この意味で，交換価値の担保的支配という担保物権の基本的性格に純化された質権であり，また抵当権に近い性質を示すものである（注民(8)328頁〔林〕，柚木142頁，道垣内84頁，加賀山・講義280頁，平野ほか193頁〔古積健三郎〕）。

第4節　権利質

(2)　権利質の目的・種類

　343条に定める質権の目的についての譲渡性の要求は権利質についても362条2項によって準用されるから，譲渡・処分を禁止された権利，担保設定を禁止された権利，担保設定は許されるものの他の形を取るべきことが法定される権利などについては，質権を設定することはできない（→§362 I (2)(オ)）。

(3)　権利質に関する民法規定改正の概要

　(ア)　平成15年法律134号による改正以前は，証書のある債権を質権の目的とするときは証書の交付が質権の効力発生要件とされていた（平15改正前民363条）。これは，質権一般に要求されるものと考えられていた要物性との整合性をはかり，債権質の公示と留置的効力を重視する趣旨である。

　しかしながら，譲渡に証書の交付が不要な債権については証書が質権者によって留置されることによって設定者に不利益が生じるわけではなく，また，証書の所在が公示の役割を果たすわけでもないので，立法論的に疑問視されていた。証書の存否が明らかでなく証書が存しないと考えて質権の設定を受けたが，実は証書が存することが後に判明した場合には質権の効力が否定されるリスクもあった（中島995-996頁，北川242頁，安永385頁）。さらに，賃貸借契約における契約書が敷金返還請求権の債権証書に該当するかについて下級審裁判例が分かれ（非該当説をとったものとして，大阪地判平8・3・29判タ919号169頁，該当説をとったものとして，神戸地判平8・9・4判タ936号223頁），実務が混迷するに至ったことから，平成15年改正によって譲渡に証書の交付を要する債権についてのみ証書の交付を質権の効力要件とするように改められた（道垣内ほか27-31頁〔道垣内弘人〕，建入則久＝今井和男編・Q&A新しい担保・執行制度解説〔2004〕191-192頁）。これにより，従前から債権証書の交付を要件としていなかった債権譲渡担保との違いはほとんどなくなった（中田裕康・債権総論〔3版，2013〕553頁）。

　もっとも，このように平成15年改正法の下では証書の交付が指名債権質の効力発生要件ではなくなったものの，第三債務者への取立の際の目的債権の立証，ならびに，第三債務者からする支払と引換えに証書を返還せよとの要求への対応を目的として，実務上は債権証書の交付を受けておくことが望ましいとの指摘がなされている（錦野裕宗「債権に質権を設定するときには，ど の

ような手続が必要か」金法1700号〔2004〕12頁）。また，証書の引渡しがなくなったことから，二重質入れの有無についての確認が従前以上に重要になったとの指摘もなされている（建入＝今井編・前掲書194頁）。

(イ)　平成17年には，会社法の制定に伴い，株式質の特則を定める平成17年改正前民法364条2項と記名社債質の対抗要件を定める同365条が削除された（平17法87）。

(ウ)　平成29年改正では，指図証券の質入れに関する規定が新設され（520条の7），その結果，平成29年改正前民法363条と同365条が削除された。また，この改正によって証券的債権に関する規律は設けないこととされたことから，364条は指名債権に関する規定から債権一般の規定に変更された。

II　債権質

(1)　債権質権の設定と対抗要件

債権質権の設定契約は質権一般の規律に従う（→§342 II(1)）。

(2)　債権質権の内容

債権質は債権を目的とするため，質権者の有する基本的権能たる留置的権能ならびに換価優先弁済権能のいずれについても特殊性が見られる。

質入債権の設定者ならびに第三債務者に及ぼす拘束力については，→§366 II(1)(2)。

換価優先弁済権能については，→§366 IV。

債権質権の処分については，物上質の場合と異なるところはない（→§342 IV(6)）。

留置的権能に基づく債権質権者の権利義務については，362条2項にそのまま従うと，350条の準用する297条から299条までが準用される可能性がある。しかし，債権質における留置的権能は証書の留置に関する規定が廃止されたこともあってほとんど機能しておらず，準用はないものと解すべきであろう。

(3)　債権質権の侵害に対する効力

債権質は，目的債権自体に（さらに，交付を受けていれば債権証書の上にも）担保権としての支配を及ぼすものであるから，その侵害に対して侵害の除去お

第4節　権利質

よび損害賠償の請求ができる（注民(8)331頁〔林〕。詳しくは，道垣内弘人「担保の侵害」同・諸相52-55頁参照）。

(4) 債権質権の消滅

債権質権も債権の実行により消滅する。

質権の目的債権が差し押さえられた場合，差押えの発効より先に質権設定の対抗要件が具備されていれば，質権者の権利には何らの影響もなく質権は消滅しない（中野＝下村693頁。民執規135条1項3号は，366条に基づく質権者の直接取立権は，他の債権者の得た差押命令や転付命令によっても影響を受けないことを前提とする。また，民執154条1項・167条の9第1項が，債権差押えにおいて質権者を配当要求のできる債権者としていないことも同様である）。質権が設定された指名債権の被転付適格は肯定されるとするのが判例である（最決平12・4・7民集54巻4号1355頁。学説の分布は，中野＝下村742-743頁注20参照）。この場合に転付債権者が取得するのは，質権によって制約された債権である（これに対して，石田（穣）246頁は，転付命令の効力は生ぜず，質入債権は第三債務者によって供託され供託金につき配当がなされるとする）。つまり，債権質権者は，第三債務者に対し，直接取立権を行使し，自ら差押命令・転付命令を得て取立・弁済請求ができることになる（中野＝下村667頁）。

III　その他の権利質

民法の権利質に関する規定は，362条を除いて，すべて債権質について規定するものである。他の権利質の具体的取扱いは，各特別法の規定（会社146条〜154条，特許95条・96条・98条1項3号・2項，著作66条など）を参照して，各個に検討するほかない（→特別法上の質権）。なお，特許権等，知的財産権は金銭的な評価方法が確立されておらず流通市場もないことから，担保化の需要は存在するものの，その担保化は，譲渡担保または買戻特約付譲渡により，質権の利用度は低いとの指摘がある（大江140頁）。

〔直井義典〕

§362 I

(権利質の目的等)
第362条① 質権は、財産権をその目的とすることができる。
② 前項の質権については、この節に定めるもののほか、その性質に反しない限り、前3節（総則、動産質及び不動産質）の規定を準用する。

〔対照〕 フ民2355・2356 II III、ド民1273 I

細目次

I 権利質の目的となる権利 ……………532
　(1) 総　説 ………………………………532
　(2) 債　権 ………………………………533
　(3) 物　権 ………………………………539
II 権利質に準用すべき規定の範囲 ……540
　(1) 概　説 ………………………………540
　(2) 342条（質権の内容）………………541
　(3) 343条（質権の目的）………………541
　(4) 344条（質権の設定）………………541
　(5) 345条（質権設定者による代理占有の禁止）…………………………541
　(6) 346条（質権の被担保債権の範囲）……………………………………541
　(7) 347条（質物の留置）………………541
　(8) 348条（転質）………………………541
　(9) 349条（契約による質物の処分の禁止）……………………………………542
　(10) 350条（留置権及び先取特権の規定の準用）……………………………542
　(11) 351条（物上保証人の求償権）……542
　(12) 動産質に関する規定 ………………543
　(13) 不動産質に関する規定 ……………543

I　権利質の目的となる権利

(1) 総　説

本条1項にいう「財産権」とは、所有権以外の財産権のことである。財産権以外の権利、例えば親族法上の権利などは質権の目的とすることができない。財産権であっても、法律により特に担保に供することを禁止されたものについてはもちろん、譲渡性のない権利についても、343条の準用によって質権は設定できないものと解される（梅482頁、注民(8)332頁〔林良平〕）。金銭債権（電子債権36条〜42条も参照）・地上権・永小作権・株式・無体財産権・信託受益権（信託97条・98条）・信用金庫の持分などが権利質の目的となる。

根債権質は認められるか。債権質契約の多くが根質権設定契約であるとの指摘もあり（田原睦夫「根債権質をめぐって」同・実務から見た担保法の諸問題〔2014〕84頁）、実務に与える影響の大きい問題である。後順位担保権者・設定者が不当に害されることはないこと、債権質については直接に抵当権の規

第4節　権利質

定を準用する規定がないものの，362条2項が361条を準用していることから，根債権質を否定する理由はないだろう。具体的にどの規定が準用されるかについては後述する（→Ⅱ(13)）。

(2) 　債　　　権

(ｱ)　通常の債権　　364条・366条は債権質の規定であって，債権質を代表的な権利質とするたてまえを示す。質権者自身に対する債権も質権の目的となる（信託受益権につき，大判昭8・3・14民集12巻350頁，自行定期預金につき，最判昭40・10・7民集19巻7号1705頁）。また，将来債権・条件付債権，さらに選択債権（土地贈与契約に基づく選択権につき，大判昭11・7・17民集15巻1456頁）であっても，これらを譲渡・換価することが可能である以上，質権の目的とすることができる。

　質権設定後に目的債権に変動が生じる場合は，目的債権の同一性が問題となる。担保定期預金の同一性について，判例（前掲最判昭40・10・7）は，質入れ後に担保目的となっている定期預金の名義変更，預金証書の併合・分割，期間・利率の変更等があるものの預金の払戻しがなく証書のみが更新されたケースで，当初の質権設定契約は書き換え後の定期預金債権に及ぶとする。これに対して，担保定期預金の増額書換の場合や担保定期預金を普通預金のような別種の預金に振り替えた場合には，債権に同一性がなく，当初の質権の効力は及ばないと解される（石井眞司〔判批〕金法779号〔1976〕21頁）。保険金請求権に質権が設定された場合に，保険契約の期間満了後に同一内容の保険契約が締結されたときには，それが実質的に旧保険契約の継続であるといえるならば，新契約による債権に当初の質権の効力が及ぶものと解するのが妥当であろう（道垣内114-115頁。高木89頁は単に保険期間が延長されたにすぎないとする）。

　普通預金債権など取引の流動性に応じて絶えず変動する将来不定の預金債権を目的とする質権設定の有効性については，ことに第三債務者以外の第三者に対する公示方法，質権設定契約の要物性との関係で難点があることから疑問視されていた（注民(8)333-334頁〔林〕，鈴木禄弥「権利質」同・分化521頁）。裁判例の中には，銀行が取引先と継続的手形取引契約を締結するに際して，将来なされる歩積預金債権に質権を設定させた事例において，質権設定契約を有効としたものもある（金沢地判昭32・4・3下民集8巻4号683頁。この当時に

おける普通預金債権担保化の実務については，鈴木竹雄編・普通預金・定期預金〔1962〕89頁)。

　債権質において占有移転は観念的なものであるから，要物性は目的債権の独立性が確保されていれば足りると考えられ，また，公示方法についても動産債権譲渡特例法が制定されたことから，上記の難点はほぼ克服されたものと見てよいだろう。近時の学説では普通預金債権が債権質の対象となるとの結論は一致している（ただし，他行預金担保については，全銀協通達は慎重な取扱いを求める〔伊藤眞ほか編・新訂貸出管理回収手続双書・債権・動産担保〔2010〕435頁〕）が，担保の目的を如何に解するかは争われる。すなわち，①同一性を保ったまま額が変動する1個の普通預金債権とする考え方（同一債権説。道垣内弘人「普通預金の担保化の有効性について」同・諸相118頁。野村豊弘「普通預金の担保化」金融法務研究会報告書(10)債権・動産等担保化の新局面〔2004〕24頁もこの見解に親和的)，②入金または記帳ごとに成立する個々の残高債権の集合体だとする考え方（集合債権説。森田宏樹「普通預金の担保化・再論」道垣内弘人ほか編・信託取引と民法法理〔2003〕299頁)，③普通預金口座自体が担保権の目的であるとする考え方（中田裕康「『口座』の担保化」金融法務研究会報告書(14)担保法制をめぐる諸問題〔2006〕20頁。能見善久「信託受益権の担保」前掲金融法務研究会報告書(10)57-58頁も参照）が見られる。

　①説に対しては，ⓐ入金記帳ごとに既存の預金債権と個々の預入金はいったん消滅し，それに代わる残高債権が新たに成立するので，入金記帳の前後で同一性が失われる，ⓑ残高債権が途中で0になると，この考え方では説明できない，との批判がある。②説に対しては，ⓐ時系列に沿って消滅と発生が繰り返され，常に1個しか存在しない残高債権の「集合債権」は，複数の債権が新陳代謝する通常の集合債権とは異質である，との批判がある（中田・前掲論文28頁)。③説に対しては，ⓐ質権の要物性との関係で，担保存続中の法律関係の説明に工夫を要すること，ⓑ普通預金契約上の地位が「財産権」に当たるかが不明確であること，ⓒ普通預金契約上の地位を担保に供し得るか，担保化が認められるためには財産的価値があることと相手方の承諾があれば譲渡ができることとが要求されるが，普通契約上の地位には財産的価値があるのかという点に問題があることを，論者自身が課題として指摘している（中田・前掲論文25頁・29頁)。

第 4 節　権利質

しかし，③説についての④の課題は，前述のように独立性が要求されるものと解すれば問題とならず，また，⑤の課題についても口座を利用すること自体には財産的価値はないだろうが，将来の口座残高の払戻しを受ける権原という意味では財産的価値があるといえるのではないだろうか。③説に従っておきたい（フ民 2360 条参照）。

なお，普通預金債権を質入れする場合に，対抗要件はどの時点で具備されることとなるか。③説によれば，質権設定契約の締結を通知・承諾した時となる。①説・②説によれば，将来債権譲渡の対抗要件具備の効力は通知・承諾時に生じているとするのが判例（最判平 13・11・22 民集 55 巻 6 号 1056 頁）であることから，通知・承諾時に対抗要件具備の効力は生じていると解される（道垣内・前掲論文 131-133 頁。ただし，①説は，普通預金債権を将来債権と見るものではない）。したがって，この点では各説に差異はない。

　(イ)　担保権付債権　　抵当権付債権を質入れすると，質権の効力は抵当権の随伴性により抵当権にも及ぶ（抵当権付債権を質権の目的とする質権の登記の記載方法につき，平 28・6・8 民二 386 号法務省民事局長通達・不動産登記記録例集〔2017〕236 頁）。また，根抵当権付債権の質入れについては，確定前の被担保債権譲渡の場合には根抵当権の随伴性が否定されている（398 条の 7 第 1 項）ことから，根抵当権に効力が及ぶか否かで争いとなり得るが，登記実務は肯定説に立つ（昭 55・12・24 民三 7176 号法務省民事局長通達・先例集追Ⅳ 933 頁。賛成：清水湛「根抵当権の処分，被担保債権の差押えまたは質入れ」金融担保法講座Ⅱ 69 頁。反対：柚木＝高木 447 頁，鈴木禄弥「確定前根抵当権の被担保債権の差押と質入」同・分化 152 頁，竹下守夫「根抵当権の被担保債権の差押え・質入れとその効力」同・担保権と民事執行・倒産手続〔1990〕132 頁）。もっとも，肯定説であっても，質権者に根抵当権による競売申立権を認めるかについては，さらに見解が分かれる（肯定：松尾英夫「根抵当権付債権の差押，質入れの登記をめぐる諸問題」担保法大系Ⅱ 337 頁，田原睦夫「転抵当と被担保債権の質入れとの競合と実務対応」同・実務から見た担保法の諸問題〔2014〕210 頁。否定：清水・前掲論文 71 頁）。

　なお，債権質の対抗要件（364 条）に加え，抵当権に当該債権質の効力が及んでいることを付記登記によって明らかにしなくては抵当権上の質権を転抵当権者等の第三者に対抗できない（吉田光碩「抵当権付債権の譲渡ないし質入れと転抵当との競合」判タ 888 号〔1995〕56 頁，田原・前掲論文 218 頁参照）。

〔直井〕

目的債権が保証債務で担保されているとき，あるいは，質権で担保されているときも，債権質の効力はこれらの担保に及ぶ（道垣内114頁）。保証債務に質権の効力を及ぼすためには，保証債権につき質権者は質権設定の第三者対抗要件を備える必要があるとの見解（生熊204頁）もあるが，抵当権付債権の譲渡の場合と同様に，主たる債務者について質入れの対抗要件が具備されれば足りる（道垣内114頁は，保証債務の随伴性の帰結とする）。

　目的債権が留置権・先取特権で担保されている場合については，目的債権の性質を加味して質権者にこれらの担保権を付与すべきであるのかを検討する必要があるとの見解（道垣内114頁）もあるが，質権者はこれらの権利を取得するものと解すべきである。たしかに，目的債権の債権者が変わらない以上は留置物の占有を移転する必要はなく，留置権を成立させたままにしつつも質権の効力はその留置権には及ばないと解することはできる。しかし，質権者は留置権によって担保されている債権として目的債権の担保価値を評価して質権を設定しているものと考えられることから，質権者は留置権を取得するものと解してよい。また，先取特権は特定の債権者を保護するものではなく特定の債権を保護するものであり，このことは判例も認めていると考えられるから（弁済による代位制度の趣旨に関する最判平23・11・22民集65巻8号3165頁参照），質権者が取得するものと解してよい。

　(ウ)　証券債権　　平成29年改正によって86条3項が削除され520条の20に規定が置かれることで，証券の交付が効力発生要件かつ対抗要件とされたことから，そちらに譲る（→§520の20）。

　(エ)　不動産賃借権　　不動産の賃借権を質権の目的とできるかについては争いがある。質権実行において競落しても賃貸人が承諾しない限り競落人は賃借人となれない（612条）ことから問題になる。土地賃借権については，譲渡の自由が認められない賃借権は差押えの目的とならないし質権の設定も許されないと解する見解があるが（浦野雄幸「借地上の建物の抵当権と土地の賃借権を目的とする質権の効力」金法482号〔1967〕41頁），賃貸人の承諾を得られないリスクを加味して競落することも考えられる。したがって，賃借権も質権の目的たり得るものと言うべきであろう。

　賃借権に質権の設定が認められるとしても，さらに賃借権目的物の引渡しが必要かについては争いがある。判例（大判昭9・3・31新聞3685号7頁）は，

第4節　権利質

賃借物に対する直接の支配が賃貸借の本質ではないことを理由に否定説をとる一方で、地上権・永小作権を質入れするときは質権者に土地を引き渡さなければならないとする。学説は、地上権・永小作権の質入れと同様に解するべきであるから判例の考え方は適切ではないとする点では見解は一致しているが、引渡しの要否については必要説（我妻184頁、道垣内109頁、山野目275頁）と不要説（川井・概論300頁、石田（穣）232頁）に分かれる。土地所有者が賃貸している土地に質権を設定する場合には、賃貸人たる地位を質権者に移転しなければならないと解されることとの対比で必要説によるべきであろう（我妻184頁）。

　(オ)　質権の目的となりえない債権

　　(a)　法律上担保に供することを禁止された債権　　恩給を受ける権利（恩給11条1項本文）、国家公務員の公務上の災害補償を受ける権利（国公災7条2項本文）、国民健康保険法に基づく給付を受ける権利（国健保67条）、国家公務員共済組合法に基づく給付を受ける権利（国公共済48条本文）、健康保険法に基づく給付を受ける権利（健保61条）、地方公務員等共済組合法に基づく給付を受ける権利（地公共済51条本文）、厚生年金保険法に基づく保険給付を受ける権利（厚年41条1項本文）、介護保険法に基づく給付を受ける権利（介保25条）、自立支援給付を受ける権利（障害総合支援13条）、雇用保険法に基づく失業等給付を受ける権利（雇保11条）、刑事収容施設及び被収容者等の処遇に関する法律100条に基づく死亡手当金の支給を受ける権利（刑事収容102条1項）、障害児通所給付費等および障害児入所給付費等を受ける権利（児福57条の5第2項）、後期高齢者医療給付を受ける権利（高齢医療62条）、船員保険給付を受ける権利（船員保険法51条本文）、確定給付企業年金法に基づく受給権（確定給付34条）、子どものための教育・保育給付を受ける権利（子育て支援17条）、確定拠出年金法に基づく受給権（確定拠出32条1項）、労働者災害補償保険法に基づく保険給付受給権（労災12条の5第2項）、予防接種法に基づく受給権（接種20条）などである。

　　(b)　譲渡性のない債権　　質権は目的物の換価によって被担保債権の優先的満足を受ける権利であるから、譲渡・換価可能性のない財産権（例えば、自分の肖像画を描いてもらう債権）は質権の目的たりえない。目的債権を競売する必要はなく、債権質については直接取立の方法による実行が認められてい

§362 I

る（366条1項）ので，譲渡・換価のできない債権であっても直接取立てによって被担保債権の満足を図ることができるものについては質権の目的とすることができるとの見解（平野裕之・コア・テキスト民法Ⅲ担保物権法〔2011〕144頁注152）もあるが，譲渡禁止・不可は，債権者が変わることを制約するものであり，その趣旨は取立権者の変更にも及び，やはり質権の目的とはなりえないというべきである。したがって，343条は債権質にも準用される（注民(8)336頁〔林〕）。

① 性質上譲渡できない債権（466条1項ただし書）

差押禁止債権は，当事者の任意の意思を介さないで処分することを不適当とするものであって譲渡性がないわけではないから，単に差押えが禁止されているだけの理由で質権設定を禁じる必要はない（注民(8)337頁〔林〕）。民事執行法193条2項も，差押禁止債権の規定を担保権の実行の場合に準用していない。

② 法律上譲渡を禁止された債権

明文上担保に供することを禁じる規定はないが，給付請求権者自身に給付しなければ，これらの権利を認めた趣旨が没却されることを理由とする。

扶養を受ける権利（881条）のうち履行期に達していないものや災害補償を受ける権利（労基83条2項）がこれに該当する。なお，扶養を受ける権利のうち履行期に達したものは身分から独立のものとして処分可能とするのが通説であり（我妻栄・親族法〔1961〕412頁，中川高男・親族・相続法講義〔新版，1995〕303頁），質権設定も認められる。

③ 譲渡禁止の特約ある債権（466条2項）

質権の実行によって債権の帰属が移転することとなるから，質権設定も「譲渡禁止」に含まれる。従前は，譲渡禁止特約に反する譲渡は無効と解されており，善意の第三者には対抗できないとされていた（平29改正前民466条2項）。したがって，原則として質権は成立せず，ただ質権者は譲渡禁止特約について善意であれば有効に質権を取得できるとされていた（大判大13・6・12民集3巻272頁）。しかし，平成29年改正によって譲渡制限の意思表示があっても債権の譲渡は効力を妨げられないとされたこと（466条2項）から，質権設定が可能となった。ただし，質権者が，譲渡制限の意思表示について悪意または重過失であれば，第三債務者には履行拒絶権が付与される（同条3

項)。なお，以上のことは，譲渡一般が禁止されているときも，質権設定や一定の者に対する譲渡について制限が課されているときも同様である。しかし，質権設定には，債権を強制的に取得できるということで，質権者による差押えと似た側面がある（ただし，質権実行には債務名義が不要であり，質権者には直接取立権がある点では異なる）。そして，従来，譲渡禁止特約付債権についても差押え・転付命令の取得は認められてきたところ（最判昭45・4・10民集24巻4号240頁，466条の4第1項）に鑑みるならば，平成29年改正前の民法においても，譲渡が禁止されていることのみをもって質権設定は無効と言ってよいのか再検討の余地があることが指摘されていた（能見善久＝道垣内弘人編・信託法セミナー3〔2015〕77頁〔道垣内弘人〕）。また，平成29年改正前の民法において，譲渡禁止特約の効力によって質権設定が無効とされても，差押えの場面において質権者が優先権を確保できない理由があるのか，との疑問も提起されていた（能見＝道垣内編・前掲書130頁〔道垣内〕）。このような疑問を改正後の民法において位置付けるならば，質権者が譲渡制限の意思表示につき悪意または重過失であっても，直接取立権の行使による優先権の確保は妨げられない，という帰結となる可能性がある。

　もっとも，改正前の実務においては，譲渡禁止特約が付された債権についでは，質権設定によらず，代理受領や振込指定の方法で担保としているとされており，この実務が民法改正によって変容するかは今後を見守る必要がある（なお，質権と代理受領との異同については，中馬義直「質権と代理受領とでは，どのような異同があるか」奥田ほか編・民法学3・45頁，特に51頁以下）。

(3) 物　　権

(ア) 地上権・永小作権　　地上権・永小作権を質入れした場合，これらの権利が不動産の用益物権であることから，質権者は当該不動産について質権の目的たる権利の内容に応じた使用・収益権を有することになる。そして，不動産質の規定が準用され，その結果，不動産管理の費用および不動産に関する負担のうち地上権者・永小作権者が負担するものは質権者の負担となる（357条）。地代・小作料は設定者の負担となる（薬師寺・総判民(19)198頁）。また，質権者は利息を請求できない（358条）。

　登記に際しては，地上権・永小作権が質権の目的であることが登記される（不登83条1項3号）。

永小作権は，設定行為で譲渡を禁じたとき（272条ただし書）または譲渡禁止の慣習あるとき（277条）は質権の目的とできない。

農地または採草牧草地を目的とする地上権・永小作権に質権を設定する場合には，農業委員会の許可を要する（農地3条1項）。

(イ) 所有権・地役権・入会権　　動産所有権を目的とする質権は動産質，不動産所有権を目的とする質権は不動産質であるから，本条の「財産権」には所有権は含まれない。

地役権は要役地から分離して譲渡しまたは他の権利の目的とすることができないから（281条2項），質権の目的とならない。入会権も譲渡することができないから，質権の目的とならない。

(ウ) 担保物権　　担保物権への質権設定の可否につき民法典には規定がないが，転質の法的構成（→§348 II(1)）について単独質入説のうち質権質入説をとるのであれば，質権上に質権が設定されるから権利質となる。また，一般に担保物権に随伴性が認められており，したがって担保物権は譲渡可能と言えるから，被担保債権の質入れとともにする限りでは，担保物権上の質権は認め得る。しかしこれらの場合も，質権の実行方法に特別規定がない以上は質権に服する当該担保物権の取扱いに従うほかなく，権利質として特別に扱う実益はない（注民(8)338-339頁〔林〕）。

II　権利質に準用すべき規定の範囲

(1) 概　説

本条2項は，権利質については，前3節（342条〜361条）の規定が準用されるとしている。ここで「準用」とされているのは，質権は物権であるから目的は有体物に限られ権利上には准質が成立するにすぎないとの見解が当初は有力であったことによる。これを踏まえ，起草過程で准質が権利質に改められたにも拘らず「準用」というのは適当ではなく「適用」とするべきとの批判（石田・下379頁注6）もあるが，以下に見るように権利質の性質に照らして準用の可否が個別に検討されなければならない（電子債権36条3項も，342条等を適用せず準用するにとどめる）。

第4節　権利質

(2)　342条（質権の内容）

　質権の優先弁済権を定める部分は準用される。質物を占有する権利に関する部分は，譲渡に債権証書を要する場合（520条の7の準用する520条の2参照）にのみ準用される。もっとも，地上権・永小作権・不動産賃借権の質入れに際し，不動産の引渡しが必要か否かについては議論があり（→ I (2)(エ)），そのときは占有についての規定が準用されると考えることもできる（梅謙次郎「権利質ニ準用スヘキ規定ノ範囲ヲ論ス」法協21巻6号〔1903〕783頁は，地上権・永小作権を質権の目的とする場合にも準用ありとする）。

(3)　343条（質権の目的）

　物上質の場合と別異に解する理由がないから権利質の場合に準用される。一身専属権や当事者の特約で譲渡を禁止した債権（ただし，平成29年改正前を前提とする叙述）など，権利質にこそ最も適用されるとの評価もある（梅・前掲論文784頁）。

(4)　344条（質権の設定）

　引き渡すべき目的物を欠くことから準用されない（地上権・永小作権の場合につき反対するものとして，梅・前掲論文784頁，中島989頁）。なお，平成15年改正前は，債権の証書のあるときには，証書の交付を質権の効力発生要件としていたが（→前注(§§362-368) I (3)(ア)），これは明示の規定があるものであり，344条の準用はいずれにせよなかったことになる。

(5)　345条（質権設定者による代理占有の禁止）

　前条と同様に本条も準用されない。

(6)　346条（質権の被担保債権の範囲）

　準用されるが，権利質は有体物を目的とするものではないから「質物の隠れた瑕疵によって生じた損害」は問題とならない。また，「質権の実行の費用」とは，果実からの優先弁済，目的債権の直接取立てに要した費用を指す（道垣内115頁）。

(7)　347条（質物の留置）

　342条のうち質物を占有する権利に関する部分と同様に解される。

(8)　348条（転質）

　物上質と別異に解する理由はないから準用される。

〔直井〕

(9) 349条（契約による質物の処分の禁止）

準用されるものと解する。しかし，近時，債権一般について，流質契約禁止を緩和すべきとする見解（→§349 Ⅰ(2)），あるいは，金銭債権の質入れにおいては直接取立権行使による被担保債権の満足が認められている（366条1項）から，弁済に代えて流質契約を締結してもよいとする見解（河上107頁）も主張されている。

(10) 350条（留置権及び先取特権の規定の準用）

296条・299条・300条・304条は準用される。

297条は留置権の留置的権能と密接な関連のある規定であるが，債権質の留置的権能は物上質と同一に論じることができない。特に利息については，厳密に言えば，基本権たる利息債権については，元本請求権の従たる権利（87条2項類推）として本来の債権質に服し，そのうえで，現実に発生する支分権たる利息債権は果実収取権の問題とすることになろうとする見解（高木85-86頁，道垣内114頁），基本権たる利息債権については問題とせず，350条・297条により果実収取権の対象として質権者が利息を取り立てることができるとする見解（石田（穣）241頁）がある。いずれの見解によっても利息債権は質権に服することとなる。しかし，支分権たる利息債権について，果実収取権の問題として捉えると，利息債権の取立てには被担保債権の弁済期到来を要しないことになるところ（→§350 Ⅱ(1)），債権質は，その性質上，質的要素より抵当的要素の強い質権であることを理由として，質入債権の利息にも371条を類推して，質権者は被担保債権の不履行前の利息債権を収取できないとする見解も成り立ち得ると思われる（平成15年改正前の学説であるが，注民(8)365頁〔林〕）。

298条は権利証書の交付ある場合にのみ準用される。298条2項のうち使用の許容や賃貸に関する部分は準用しえない。同項のうち担保供与についても，348条が準用される以上，転質が原質権者の権限を超え，かつ転質が即時取得等によって成立した場合にのみ準用されることになる（注民(8)342頁〔林〕）。298条3項については，不動産賃借権が権利質の目的である場合に準用可能性を認める見解がある（道垣内120頁）。

(11) 351条（物上保証人の求償権）

物上質と別異に解する理由はないから準用される。

第 4 節 権利質　　　　　　　　　　　　　　　　　§*362* II

⑿　動産質に関する規定

　352条・353条は準用されないのが原則である。これに対して，354条・355条は一切の権利を目的とする質権に準用される（梅・前掲論文789-790頁，中島990頁，田島170頁，石田・下505頁。なお，法典調査会に当初出された原案では，「第一節ノ規定ヲ準用ス」となっていたが，順位に関する条文が存在しないことになりはしないか，という疑義が提起され，原案が「前三節ノ規定ヲ準用ス」と変更されたという経緯がある〔法典調査会民法議事〔近代立法資料2〕695-696頁〕）。実際，保険金請求権に後順位質権を設定することも行われている（松村寛治「損害保険と担保」星野英一ほか編・担保法の現代的諸問題（別冊NBL10号）199-200頁）。

⒀　不動産質に関する規定

　地上権・永小作権を目的とする質権に準用される（梅・前掲論文791頁，注民(8)343頁〔林〕）。

　また，361条が抵当権の規定を包括的に準用するものとしていることから，根債権質の場合に根抵当に関する規定が準用されるかが問題となる。

　根債権質の場合は不動産質の場合とは異なり，後順位権利者が現れることは少なく，包括根質を認めたうえで，不法行為上の債権のような偶発的債権などに対しては，設定契約の解釈あるいは信義則によって包括根質の効力を制限すればよいとされる（松村・前掲論文199頁，田原睦夫「根債権質をめぐって」同・実務から見た担保法の諸問題〔2014〕87頁）。また，極度額を公示する方法がなく，残余担保価値の利用も困難だから，極度額の定めは不要である（松村・前掲論文199-200頁，田原・前掲論文86頁）。

　極度額の定めがない場合は被担保債権の範囲は346条によって画され，398条の3は準用されない。これに対して，極度額を定めた場合は398条の3，398条の5，398条の21，398条の22が準用される（田原・前掲論文86頁参照）。確定期日が登記事項とはされていないことから，元本確定事由に関する398条の6は準用されない（田原・前掲論文87頁。期間を5年に限定すると期間10年の国債を目的とできなくなり実務上も支障があるといわれる）。また，目的債権によって責任の上限が画されていることから確定請求権を認める必要はなく，株式や長期国債のように弁済期がないあるいは償還期間が長期にわたる場合に限り398条の19が類推適用されるとの見解もある（田原・前掲論文89頁）が，目的不動産によって責任の上限が画されていることは根抵当の場合も同

〔直井〕　543

様であるから，疑問がある。

　398条の4第3項・398条の8第4項といった登記に関する規定は準用されない。後者については，6か月経過後に対抗要件が具備されてもそれによって権利を害される第三者が存しない限り，6か月を超えたことをもって無効とすべき理由はない。したがって，対抗要件の先後により効力を判断すべきである（田原・前掲論文90-91頁）。共同根抵当の登記に関する398条の16・398条の17も準用されず，その結果共同根債権質は常に累積根債権質となる（これに対して田原・前掲論文96頁は，当事者間の契約で累積・非累積を自由に定め得るとする）。共同根債権質においては明確な約定が存する限りで一部実行が認められる（田原・前掲論文85-86頁）。もっとも，動産債権譲渡特例法に基づき質権を設定した場合には登記が可能となるから，いずれの規定も準用される。

　元本確定事由については，398条の20第1項1号2号と同様の事由により確定するとする見解（田原・前掲論文92頁）と，398条の20第1項の準用はないとする見解（松村・前掲論文199-200頁）が存する。後者の見解の論者は，小損害の保険事故が発生し，根質権者が質権に基づいて保険金を直接取得したときに，それを根抵当権の実行に準じるものとして，元本が確定してしまうとすると，実務上不都合が生じることを理由とするが，当事者間の合意で処理すればよいだろう。また，根債権質目的債権の差押債権者が転付命令を得ても，転付債権者が根債権質の負担付きの債権を所得することになるのであり，あえて元本を確定させる必要はなく，398条の20第1項3号は準用されない（田原・前掲論文92-93頁）。債務者・設定者の破産に関する398条の20第1項4号は準用される（黒木和彰「質権——債権質，根質を中心に」全国倒産処理弁護士ネットワーク編・倒産手続と担保権〔2006〕86頁。田原・前掲論文93頁は，清算手続の性格から当然に元本確定事由であるとする）。これに対して，債務者・設定者が民事再生・会社更生の開始決定を受けても元本は確定しない（黒木・前掲論文86頁。担保権消滅請求を受けたときについては，民再148条6項・会更104条7項）。

　ここに挙げた以外の根抵当権に関する規定は，根債権質の場合に準用される。

〔直井義典〕

第4節　権利質

第363条　削除

〔改正〕　本条＝平15法134全部改正，平29法44削除

> （債権質の設定）
> 第363条　債権であってこれを譲り渡すにはその証書を交付することを要するものを質権の目的とするときは，質権の設定は，その証書を交付することによって，その効力を生ずる。

（債権を目的とする質権の対抗要件）
第364条　債権を目的とする質権の設定（現に発生していない債権を目的とするものを含む。）は，第467条の規定に従い，第三債務者にその質権の設定を通知し，又は第三債務者がこれを承諾しなければ，これをもって第三債務者その他の第三者に対抗することができない。

〔対照〕　フ民2361・2362，ド民1280
〔改正〕　本条＝平17法87（①→本条），平29法44改正　〔②〕＝平2法65改正，平17法87削除

> （指名債権を目的とする質権の対抗要件）
> 第364条　指名債権を質権の目的としたときは，第467条の規定に従い，第三債務者に質権の設定を通知し，又は第三債務者がこれを承諾しなければ，これをもって第三債務者その他の第三者に対抗することができない。

I　債権質の対抗要件

(1)　総　　説

通説は本条を対抗要件規定と解する（我妻184頁，道垣内111頁）。これに対して，質権の要物性を貫徹するならば，第三債務者への質権設定の通知または承諾が債権の引渡しに代わるものとして成立要件とされるべきである（高木ほか93頁〔曽田厚〕。ド民1280条も指名債権質の設定につき第三債務者への通知を効力発生要件とする），あるいは，177条を物権変動の効力要件と解し177条と同様にこれを効力要件規定であると解すべきである，とする見解もある（石田（穣）232-233頁）。しかし，質権設定契約の要物契約性には疑問があること（一

〔直井〕

§344 Ⅰ⑴），177条を物権変動の効力要件と解することにも疑問があることから，通説に従うべきであろう。

　(2)　第三債務者に対する対抗要件

　㈦　通知・承諾の方法　　質入れによって債権者が変更されるわけではないが，これによって第三債務者は種々の拘束を受けるし，第三者との関係でも質入債権の支配をめぐって競合関係（二重譲渡・差押え）が生じ得るので，債権譲渡と同じ対抗要件が要求されたものである（梅489-490頁，注民(8)349頁〔林良平〕，高木82頁，道垣内111頁）。

　承諾は質権設定の事実を了知した旨を表示する第三債務者の行為であるから，自己の負担する債務について他に質権を設定することを承諾するというだけで，何人に対する質権設定を承諾するのか明らかでない場合は，質権設定の承諾があったとは言えない（東京地判昭30・10・27下民集6巻10号2251頁参照。注民(8)350頁〔林〕）。ただし，第三債務者の承諾は，質権者となることが予定された者を特定した上で，質権設定前に行うことも可能である（債権譲渡に関する最判昭28・5・29民集7巻5号608頁参照）。もっとも，承諾が対抗要件としての効力を生ずるのは，質権成立時となる。

　質権者自身に対する債権についても質権を設定することができるが，この場合，質権者と第三債務者が同一人となるので，質権設定契約の締結が同時に通知・承諾にあたり，改めて通知・承諾をする必要はない。自行預金を質入れした場合も，実務上は質権の対抗要件は具備せず，回収行為自体は相殺によることが多い。

　動産債権譲渡特例法14条は，債権質について同法の定める債権譲渡の対抗要件に関する規定が準用される旨を確認する。

　㈣　通知・承諾の効力　　質権設定の通知・承諾があると，質権者は質権設定を第三債務者に対抗することができる。その結果，第三債務者は，質権設定の通知・承諾後は，質権によって把握された交換価値を害してはならない義務を負うこととなる（具体的には，→§366 Ⅱ）。

　(3)　第三債務者以外の第三者に対する対抗要件

　㈦　通知・承諾の方法　　債権質の対抗要件は，467条の規定に従うことが必要とされているので，「債務者以外の第三者」に対抗するためには，通知・承諾が確定日付のある証書によって行われなければならない（467条2項）。

確定日付は通知書・承諾書自体につけるのが通例であるが，質権設定契約書・担保差入証書に確定日付をつけて第三債務者に交付したときでも，これが通知に該当するならば通知がなされたといってよい（注民(8)351頁〔林〕）。通知・承諾においては質権者が特定されていることを要する（最判昭58・6・30民集37巻5号835頁。ただし，鈴木禄弥「債権質の対抗要件としての第三債務者の承諾における質権者特定の要否」同・分化849-850頁は，事案によっては，先順位者が存在することがわかればよいのだから，重要なのは質権者の特定ではなく質権の被担保債権額の明示であるとして，本判決の結論に懐疑的である）。

質権者自身に対する債権に質権を設定した場合は，第三債務者対抗要件が不要であるが，質権設定通知書に確定日付があることが必要である（東京控判昭9・8・31新聞3755号12頁）。対抗要件具備の時期を遡らせる危険性は通常の場合と同じだからである（中島1002頁，道垣内113頁）。

(イ) 確定日付ある証書による通知・承諾の効力　　確定日付ある証書による通知・承諾がなされると，質権者は質入債権について利害関係を有する第三者に対しても質権の効力を主張できることとなる。

本条に言う「その他の第三者」とは質入債権の譲受人・差押債権者・質権者のように「当該質権ノ目的タル債権其ノモノニ対シ法律上ノ利害関係ヲ有シ，質権ノ設定ニ因リ，其ノ利益ヲ害セラルヘキ関係ニ立ツ者ノミヲ指称」（読点は筆者による）し，第三債務者破産時の破産管財人は第三者に該当しない（大判昭10・1・12判決全集14巻10頁）。

II　本条の適用が排除される場合

本書「特別法上の質権」II 2(4)(ウ)・III 2(1)参照。

III　債権質以外の権利質の対抗要件

地上権・永小作権を目的とする質権については不動産質の規定が準用される（362条2項）から，質権の設定登記が対抗要件となる。

〔直井義典〕

第365条　削除

〔改正〕　本条＝平17法87削除・移動（366条→365条），平29法44削除

> （指図債権を目的とする質権の対抗要件）
> 第365条　指図債権を質権の目的としたときは，その証書に質権の設定の裏書をしなければ，これをもって第三者に対抗することができない。

（質権者による債権の取立て等）
第366条①　質権者は，質権の目的である債権を直接に取り立てることができる。
②　債権の目的物が金銭であるときは，質権者は，自己の債権額に対応する部分に限り，これを取り立てることができる。
③　前項の債権の弁済期が質権者の債権の弁済期前に到来したときは，質権者は，第三債務者にその弁済をすべき金額を供託させることができる。この場合において，質権は，その供託金について存在する。
④　債権の目的物が金銭でないときは，質権者は，弁済として受けた物について質権を有する。

〔対照〕　フ民 2363・2364・2365・2366，ド民 1277・1281・1282・1287
〔改正〕　本条＝平17法87移動（367条→366条）

I　本条の意義

本条は債権質権の優先弁済権能の実現方法に関するものであり，権利質に特有な方法について規定する。

本条1項は直接取立権を認める（信託98条も参照）。旧民法典・旧商法典・旧民事訴訟法典は直接取立ての可否，目的債権売却の可否につき扱いを異にしていたが，起草者は，質権の目的の有する性質ならびに実際の利害から考えて，質権者に直接取立権を付与したものとしている（法典調査会民法議事〔近代立法資料2〕723-724頁〔富井政章〕。三ヶ月章「債権質の実行」同・民事訴訟法研究8巻〔1981〕220-224頁も参照）。

前述したように（→前注（§§362-368）Ⅰ(1)），権利質の法的性質につき権利目

第4節　権利質

的説と権利譲渡説とが主張されるが、権利譲渡説によれば直接取立権は質権者が債権の譲受人であることから説明されるのに対して、権利目的説によれば直接取立権は質権の実行方法として法律が特別に認めた権利として位置づけられることになる。

　本条の規定するのは、質権者の直接取立権であるが、便宜上、債権質の効力一般について説明する。

II　債権質権の担保的支配の内容

(1)　債権質権の質権設定者に及ぼす拘束力

　質権設定者には目的債権の担保価値維持義務が課され（最判平18・12・21民集60巻10号3964頁）、債権の取立て、放棄、免除、相殺、更改、期限の猶予、利率切り下げ等の当該債権を消滅、変更させる一切の行為、その他当該債権の担保価値を害するような行為をすることはできない（我妻191頁、道垣内116頁。こうした制約が課される根拠の再検討を行うものとして、梶山玉香「『債権質の拘束』に関する覚書」同法68巻7号〔2017〕465頁）。

　相殺につき、判例（大判大15・3・18民集5巻185号）は無効とし、第三債務者の破産の申立権も、質権者の取立権の行使に重大な影響を及ぼすものだから、否定される（最決平11・4・16民集53巻4号740頁）。被担保債権額が目的債権総額よりも小さい場合でも、質権には不可分性が認められるから、差額の取立て、相殺は認められない（鈴木禄弥「権利質」同・分化522頁、道垣内117頁）。したがって、質権者は担保価値維持義務違反行為がなかったものとして従前通り目的債権につき質権を実行することができる。もっとも、設定者が目的債権を取り立てたために第三債務者の資力が不十分となった場合のように義務違反によって質権者に損害が発生した場合には、義務違反がなければ回収しえた額につき不当利得による返還請求、債務不履行や不法行為を理由とする損害賠償請求ができる。以上はもっぱら質権者の利益保護を目的とするものであるから、取立て、放棄等が質権者に対抗できないというのに止まり、質権者の同意・追認があればこれらは有効である（神戸寅次郎・権利質論〔1917〕203頁）。

　譲受人に対しては追及権を行使できるから、債権譲渡はできる（神戸・前

掲書224頁)。消滅時効中断のための催告（大判昭12・7・7民集16巻1112頁），債権存在確認の訴え提起（大判昭5・6・27民集9巻619頁）も許される。むしろ，質権者に対する義務の履行である。

それでは，設定者につき破産手続が開始された場合，管財人は設定者の負っていた担保権維持義務を承継するのか。判例（前掲最判平18・12・21）は，破産手続において質権は別除権として取り扱われ（破2条9項），破産手続によってその効力に影響を受けないものとされており（破65条1項），他に質権設定者と質権者との間の法律関係が破産管財人に承継されないと解すべき法律上の根拠もないことを理由に，これを肯定する。もっとも，学説は，この判決が示した管財人が負う義務の性質をどのように解すべきかにつき，一般承継同視説と管財人独自義務説とに分かれている（三村藤明＝神林義之「手続機関（破産管財人）の善管注意義務，公平誠実義務，忠実義務」小林信明＝山本和彦編・実務に効く事業再生判例精選〔2014〕38頁，清水祐介「事業再生と集合動産・債権譲渡担保権の取扱い」小林＝山本編・前掲書113頁，籠池信宏「破産管財人の法的地位──通説に対する批判的考察」岡正晶ほか監修・倒産法の最新論点ソリューション〔2013〕229頁参照)。

(2) **債権質権の第三債務者に及ぼす拘束力**

第三債務者も担保価値維持義務を負うものと解される。この場合，債権の差押えに準じて481条の類推適用があり，第三債務者は債務者に弁済しても質権者に対抗できない（中島1012-1013頁，我妻191頁，道垣内117頁）。また，第三債務者は質権の対抗要件具備以降に取得した設定者に対する債権をもって，相殺を質権者に対抗することはできない（大判大5・9・5民録22輯1670頁，注民(8)362頁〔林良平〕，星野234頁，高木88頁）。もっとも，511条2項は，「差押え後に取得した債権が差押え前の原因に基づいて生じたものであるときは」，相殺をもって差押債権者に対抗できるとしており，質権設定においても同様に解されることになろう。

(3) **証書留置権能**

証書が交付されたときは347条が準用されるが，意義は大きくない。

第4節　権利質

III　債権質権の担保的支配と債権質権の及ぶ目的および被担保債権との関係

(1)　債権質権の及ぶ目的の範囲

債権質についても，不可分性・物上代位性は認められる。物上代位の目的としては，質入債権の侵害による損害賠償請求権，本条3項4項によって生じた供託金や弁済として受けた物（→IV(5)）が挙げられる。

質入債権が利息付であるときの利息債権への質権の効力については，§362 II(10)参照。

(2)　被担保債権の範囲

346条が準用される。

IV　債権質権の換価優先弁済権能の実現方法

(1)　総　　説

質権者は質権の目的たる債権の直接取立て，民事執行法上の差押え，転付命令によって優先弁済権能を実現することができる。このほかに，質権者に清算義務を課すことを前提として質権の簡易な実行手続を認める見解もある（354条類推適用。石田（穣）246頁）が，これを認める意義は小さい。民事執行法上の執行方法は，目的債権が条件付などのために取立てが困難なため売却命令（民執161条）を得るべき場合などに，実益があるとされる。（道垣内120頁，髙橋80頁注38）。

(2)　質入債権の直接取立て

本条1項は直接取立てができる旨を規定する。質権設定契約に内在する当事者の合理的意思に基づく質権設定者の授権行為の効果と考えられること（三ヶ月・前掲論文239-240頁），金銭債権の直接取立てによって質権者は手間と費用を節約でき，金銭債権が取り立てられたときはその額が明確なので設定者の不利にもならないこと（道垣内119頁，髙橋80頁）が，理由として挙げられる。

この場合，被担保債権および質入債権の弁済期が到来していなければならないことは，本条3項からも明らかである。第三債務者に対する債務名義，

裁判所による取立権付与，質権設定者の取立委任は不要である。質権者は設定者の代理人としてではなく，自己の名で債権を行使する。

　取立権の内容は，質入債権の内容を実現するのに必要な一切の裁判上・裁判外の行為をすることである（注民(8)362頁〔林〕）。判決を取得した場合，第三者の訴訟担当の一場合として既判力が質権設定者にも及ぶとする見解（注民(8)362頁〔林〕），法定訴訟担当の一例であるが敗訴判決の効力は質権設定者に及ばないとする見解，自己の権利の保全・実現のために他人の権利関係について訴訟追行権を付与されているのだから訴訟担当ではないとする見解，質権者に実質的な権利帰属主体として固有の当事者適格を認める見解などが主張されている（三谷忠之・民事訴訟法講義〔3版，2011〕125頁参照）。

　解約返戻金請求権に質権設定を受けた場合は，取立権の行使として，生命保険契約を解約することもできる（差押債権者について，最判平11・9・9民集53巻7号1173頁は同旨）。

(3)　**質権者の取立権の範囲**

　本条2項は，債権の目的が金銭の場合，質権者は自己の債権額に対応する部分に限り取り立てることができるものとする。取立権が被担保債権の満足のためにのみ与えられた従属的性質の権利であることからすれば，当然の規定である。質権者は，第三債務者から金銭を取り立ててこれを自己の債権に充て，その限度で質権設定者による弁済があったものとみなされることとなる。質権者は免除・更改等によって質入債権を処分することができないが，質入債権と第三債務者の質権者に対する債権とを対当額で相殺することはできる（注民(8)363頁〔林〕）。

　当事者間の合意によって質権者に目的債権全額の取立てを認めることは可能であり，実務上も用いられている（生命保険金・解約返戻金につき，山下友信「生命保険契約に基づく権利の担保化」同・現代の生命・傷害保険法〔1999〕199-200頁）。これを委任契約に基づく代理受領権付与と解するのが実務であるが，委任者の死亡は委任の終了事由である（653条1号）ために死亡保険金請求権発生時点では委任契約も終了するのではないかとの疑問があり，当該特約の合理性にも問題があることから，死亡保険金に関しては質権者に被担保債権の範囲内で支払うという特約が好ましいとの見解もある（道垣内弘人「保険契約に基づく権利の担保化」同・諸相115頁）。これに対しては，質権者の大部分は金融機

関であり,保険金や解約返戻金を受領した後に正当な清算をするはずだから質権者が利得する事態は考えられず,366条2項・3項に反する特約を無効とするまでもないとの主張がなされる(山下・前掲書200頁)。

(4) 質入債権の目的が金銭の給付以外のとき

質入債権が金銭以外の有体物の給付を目的とする債権であるときは,質権者は,被担保債権の弁済期が未到来であっても,第三債務者に対して,目的物を自己に直接引き渡すよう求めることができ,引渡しと同時に質権者はその物の上に質権を取得する(本条4項)。質入債権の目的が金銭の給付であるときと異なり,質権者が質入債権を取り立てても債権質が物上質に転換するにとどまり被担保債権の弁済を受けることとはならないから,この場合には被担保債権の弁済期到来を要しない。したがって,引き渡された物が動産のときは動産質を,不動産のときは不動産質を取得することとなる。

質入債権の目的が物の給付以外の給付である場合でも,質権者は直接にその権利内容の実現を請求することができるとするのが多数説である(注民(8)364頁〔林〕)。質入債権が作為・不作為を目的とする債権である場合においても質権者は直接にその権利内容の実現を請求でき,その結果として質権者の受けた利益が被担保債権額を超過するときはその超過額を質権設定者に返還することとなる。質入債権が作為を目的とし,かつ,その弁済期が被担保債権のそれよりも先に到来する場合,被担保債権の弁済期までは質権者は質入債権を取り立てることができないのが原則である。本条3項は,弁済期前に質権者が被担保債権の満足を受けることを前提としていないからであるが,給付の結果として有体物が得られるような場合(例えば,質入債権が物の制作を内容とする債権の場合)には,質権がその物の上に存続することを認め得るから(柚木=高木158頁など),別異に考えることができよう。

他方,第三債務者は質権設定の対抗を受ける場合(364条)には,質権設定者に弁済をすることが許されない。そのため,質入債権の弁済期が到来しても第三債務者は債務不履行責任を負わず,被担保債権の弁済期到来後に質権が実行されるのを待って履行することとなろう。ところが,このように解すると,第三債務者は金銭や有体物の給付を目的とする場合と異なり供託ができないから,質権の実行があるまでいつまでも債務を免れることができない不利益を被るという問題がある。そこで,この場合は,そもそも質権の設

定が認められないという見解もある（神戸・前掲書195頁）。しかし，期限の利益喪失等により質権設定後に被担保債権の弁済期が質入債権のそれよりも先に到来することとなる可能性もあるから，設定の段階で一律に質権を無効とするまでの必要はなかろう。

(5) 供託金・弁済として受けた物への担保的支配の根拠

被担保債権の弁済期が質入債権の弁済期よりも後に到来するときは，質権者は第三債務者に対して自己への弁済を求めることはできないが，供託を求めることができる（本条3項）。質権者による請求がない場合でも，「弁済を受領することができないとき」（494条1項2号）にあたるから，第三債務者は供託して債務を免れることができる（注民(8)361頁〔林〕，松坂287頁）。供託が質権者の請求に基づくものであるか第三債務者の自発的意思に基づくものであるかにより利益状況に違いはないから，いずれの場合においても質権は供託金について存在する（道垣内118頁）。また，本条3項については，弁済の目的物が金銭以外の物である場合にも適用があるとの見解（山下253頁，道垣内118頁）もある。前述のように（→(4)），質入債権の目的が有体物の給付であるとき質権者は弁済期の到来を要しないで第三債務者に履行を求めることができ，物上質に転換することができるが，動産質においては占有の継続が対抗要件であり（352条），質権者が直接占有をしなければならないとするのは質権者に無用な負担をかけることともなるから，この見解に従うべきであろう。

本条3項・4項は，物上代位を定めたものである（直井義典「権利質の物上代位性について」香川法学32巻3-4号〔2013〕692頁。法典調査会民法議事〔近代立法資料2〕732頁〔梅〕，田島169頁も参照）。差押えを要しない点で物上代位の特則であるとする見解（田井ほか327頁〔松岡久和〕，加賀山・講義311頁）もあるが，差押え要件自体は物上代位の本質ではなく304条で求められているものにすぎない（999条・1001条参照）から，物上代位そのものと言って差し支えない。

質入債権の目的物が金銭でない場合になぜ目的物上に質権を有することとなるかについては，種々の見解が主張されている。このうち，債権質では物上に質権の予約的設定があるとする見解に対しては，当事者が果たしてこうした意思を有していたか疑わしいとの批判が成り立ち，また，債権質の対象は当初から債権そのものではなく債権の目的物であるという見解も採用し得

ない。そこで，債権質の特別の効力であると説明することとなる（中島1013-1015頁）。

なお，会社更生法113条は，設定者に会社更生手続が開始された場合，第三債務者は供託ができ，更生担保権者は供託金につき質権者と同一の権利を有すると定める。更生手続開始後は第三債務者は質権者に弁済できないから，第三債務者としては遅延損害金発生を回避する有効な手段がなく，また，第三債務者の資力が後に悪化した場合は，質権を実行できない更生担保権者の利益が害される。受領不能を理由とする供託も考えられるが，質権設定者に対する弁済は禁止されているわけではなく，質権者に対抗できないにすぎないから，受領不能を理由とする供託を否定するのが供託実務である。同条はこうした問題に対処するために立法されたものである（伊藤眞ほか編・新会社更生法の基本構造と平成16年改正〔2005〕103-104頁〔深山卓也〕）。

V　債権質以外の権利質の効力

地上権・永小作権を目的とする質権については不動産質権の規定が準用されるので，質権者は目的土地を占有して使用・収益をなし得る。これらの質権の実行方法は抵当権のそれに準ずる。

〔直井義典〕

第367条及び第368条　削除

〔改正〕　本条＝昭54法5削除，平17法87削除

特別法上の質権　I　　　　　　　　　　　　　　　　第2編　第9章　質　権

特別法上の質権

細 目 次

I　概　要 …………………………556
II　会社法上の質権 ………………558
　1　概　要 ………………………558
　2　株式への質権の設定・対抗要件………560
　　(1)　質権の設定 ………………560
　　(2)　質権と譲渡担保の区別 …………561
　　(3)　譲渡が制限されている株式への質権の設定 ………………563
　　(4)　質入れの対抗要件 ………………566
　3　株式質の効力………………………571
　　(1)　質権の種類と質権の効力の関係 …571
　　(2)　物上代位が認められる財産の範囲 ………………572
　　(3)　物上代位権を行使する方法 …575
　4　振替株式を目的とする質権………585
　　(1)　振替株式を目的とする質権に適用される規定 ………………585
　　(2)　質権の設定・消滅 ………586
　　(3)　質入れの対抗要件 ………………588
　　(4)　同順位または異順位の複数の質権の設定 ………………591
　　(5)　物上代位が認められる財産の範囲 ………………594
　　(6)　物上代位権を行使する方法 …594
　　(7)　剰余金の配当を受ける権利に対する質権の効力 ………………597
　　(8)　質権の実行 ………………598
III　知的財産権法上の質権 ………601
　1　概　要 ………………………601
　2　特許法上の質権………………602
　　(1)　質権の設定 ………………602
　　(2)　共有された特許権に対する質権の設定 ………………604
　　(3)　質権の効力 ………………605
　3　著作権法上の質権………………606
　　(1)　質権の設定 ………………606
　　(2)　共有著作権に対する質権の設定 …607
　　(3)　著作物を利用する権利を目的とした質権の設定 ………………608
　　(4)　質権の効力 ………………609

I　概　要

　民法の質権に関する規定の特別法として位置づけられるものは，大きく2つに分けられるように思われる。1つ目は，特定の財産権を目的とする質権の設定や効力について，民法の規定を修正しまたは補充する規定である。2つ目は，特定の財産権に質権を設定することを禁止する規定である（自動車抵当法20条，航空機抵当法23条，建設機械抵当法25条，地球温暖化対策の推進に関する法律51条，小型船舶の登録等に関する法律26条など）。ここでは，前者の規定に

特別法上の質権 Ⅰ

焦点を絞って分析を行う。

さらに，前者の規定にも様々なものが存在するが，ここでは株式を目的とする質権（以下「株式質」という）に関する規定と知的財産権を目的とする質権に関する規定を取り上げる。その理由は以下の通りである。第1に，株式質に関する規定は会社法と社債，株式等の振替に関する法律（以下，社債株式等振替法）に存在するが，これらの規定に類似する規定が，新株予約権，社債，新株予約権付社債など株式と同じく会社法を根拠とする財産権だけではなく，会社法以外の法律を根拠とする財産権を目的とする質権についても存在する（信託法，投資信託及び投資法人に関する法律，資産の流動化に関する法律）。したがって，株式質に関する規定を理解することは，このような類似の規定を理解することに資するように思われる。

第2に，特許法や著作権法など知的財産権の根拠法には，各権利を目的とした質権に関する規定が存在するが，これらの規定の中には共通した発想に基づくものが数多く存在する。そこで特許法と著作権法の質権に関する規定を取り上げることで，知的財産権の種類に応じた規定の共通点と差異を明らかにすることを試みる。

なお，電子記録債権法にも，電子記録債権を目的とした質権に関する規定が存在する（電子債権36条〜42条）。これらの規定も，民法の質権に関する規定の特別法として位置づけられるが，ここでは取り上げない。その理由は以下の通りである。電子記録債権への質権の設定は，電子債権記録機関が質権設定記録をすることによってその効力を生じる（電子債権36条1項）。しかし，電子債権記録機関は，その業務規程において，質権設定記録をしないと定めることができる（電子債権7条2項）。例えば，一般社団法人全国銀行協会が設立した全銀電子債権ネットワークは，その業務規程において，質権設定記録をしないと定めている（全銀電子債権ネットワーク・業務規程21条3項）。電子記録債権の担保化は譲渡担保によって行われることが想定されているからである（道垣内109-110頁）。

Ⅱでは，株式質に関する規定を中心に会社法上の質権に関する規定を取り上げる。Ⅲでは，知的財産権法上の質権として主に特許法と著作権法の規定を取り上げる。

特別法上の質権　II　　　　　　　　　　　　　　第2編　第9章　質　権

II　会社法上の質権

1　概　　要

　会社法には，株式，新株予約権（新株予約権付社債に付された新株予約権を含む），社債のそれぞれの質入れについて，民法の質権に関する規定を修正しまたは補充する規定が存在する。なお，新株予約権付社債の質入れについては，新株予約権と社債に関する規定の双方が適用される。また，社債株式等振替法の適用がある場合には，会社法の規定が修正される。以下では，まず，会社法の規定の特徴を説明し，その後，社債株式等振替法の規定の特徴を説明する。

　第1に，株式等に質権を設定する方法および質権者であることを会社および第三者に対抗する方法は，株式等を譲渡する方法によって異なる。株式等を譲渡する方法は，有価証券が発行されているか否か，会社が管理する帳簿に権利者の氏名等が記載または記録されるか否か（記載等が行われるものを記名式，行われないものを無記名式という），社債株式等振替法の適用があるか否かによって異なる。株式等に質権を設定する方法および対抗要件を充足する方法は，これらを譲渡する方法によって異なるということである。なお，新株予約権付社債については，その新株予約権部分またはその社債部分に対象を限定して質権を設定することはできない（会社267条2項3項）。

　有価証券が発行されず，かつ，社債株式等振替法の適用もない場合，質権設定契約に基づき質権設定の効力が生じ，株主名簿等への記載または記録が会社および第三者に対する対抗要件となる（会社147条1項・268条1項・693条1項）。

　有価証券が発行されている場合は，質権設定契約に加えて有価証券が交付されない限り質権設定の効力は生じないし（会社146条2項・267条4項5項・692条），有価証券の継続占有が会社および第三者に対する対抗要件とされている（会社147条2項・268条2項3項・693条2項）。株券と異なり，有価証券が発行される新株予約権と社債には記名式と無記名式の双方が認められる（江頭・株式会社法733頁・803-804頁）。株券または記名式の新株予約権について有価証券が発行されている場合，有価証券の継続占有に加えて，株主名簿または新株予約権原簿への質権の記載または記録も会社および第三者に対する対

特別法上の質権　II

抗要件とされている（会社147条1項・268条1項）。これに対して、無記名式の新株予約権について有価証券が発行されている場合および社債券が発行されている場合、質権設定者は会社に対して新株予約権原簿または社債原簿へ質権の記載または記録を請求することができないため、有価証券の継続占有のみが会社および第三者に対する対抗要件となる（会社269条2項・694条2項）。

　第2に、株主または新株予約権に設定された質権の効力（物上代位効）について、特則が存在する（会社151条〜154条・272条）。これらの特則は、質権の設定や対抗要件の充足の方法を問わず適用される規定（会社151条・272条1項5項）と、株主名簿または新株予約権原簿に記載または記録された質権についてのみ適用される規定（会社152条〜154条・272条2項3項）から構成される。株主名簿または新株予約権原簿に記載または記録された質権者のことを登録質権者という（会社149条1項括弧書・270条1項括弧書。なお、会社152条〜154条が適用される登録質権者の範囲については、会社法152条1項による限定あり）。社債に設定された質権が社債原簿に記載または記録されることもあり得るが、社債に関しては質権の効力（物上代位効）に関する特則自体が存在しない。

　第3に、社債株式等振替法は、株式等について有価証券が発行されない場合に限り適用される（社債株式振替67条1項・128条1項・164条1項・193条1項）。社債株式等振替法が適用される場合、質権設定の効力は質権者の口座の質権欄への記録がされない限り生じない（社債株式振替74条・141条・175条・206条）。株主名簿等への記載または記録を会社および第三者に対する対抗要件とする会社法の規定は適用除外とされているが（社債株式振替86条の3・161条・190条・224条1項）、その趣旨は後述する（一4）。なお、株式質についてのみ質権を株主名簿に記載または記録する手続が用意されているので（社債株式振替151条1項3号・152条1項）、登録質権者の存在は株式質に限られることになる。そもそも、社債および新株予約権については、社債株式等振替法151条・152条のような、定期的に社債原簿および新株予約権原簿の内容を書き換える手続が用意されていない（新株予約権について、髙橋＝尾崎・振替法372頁）。結局、社債株式等振替法において、社債および新株予約権は、無記名式の場合に類似した取扱いがなされているように思われる。

　以上に説明した通り、株式、新株予約権（新株予約権付社債に付された新株予

特別法上の質権 II

約権を含む），社債のそれぞれを目的とする質権に関する会社法の規定については，共通点が多い。そこでは以下では，株式質に関する規定に焦点を絞って会社法の規定を分析する。社債株式等振替法が適用される場合については，会社法の規定のみが適用される場合と問題状況が異なる部分も多いので，会社法の規定とは独立した項目を立てて分析することにした。

2 株式への質権の設定・対抗要件
(1) 質権の設定

株主が株式を譲渡する方法は，株券発行会社の発行する株式であるか否かによって異なる。そして，質権を設定する方法は株式を譲渡する方法によって異なる。株券発行会社とは，定款で株券を発行する旨を定めた会社のことをいう（会社117条7項・214条）。ここでは，このような定款の定めを設けていない会社のことを株券不発行会社と呼ぶ。

株主が株式に質権を設定しようとする場合，株主は質権者となる者との間で質権設定契約を締結しなければならない。株券不発行会社では，意思表示のみによって株式を譲渡することができる。したがって，株券不発行会社では，質権設定契約の成立によって質権設定の効力が生じるということになりそうである。しかし，質権を株主名簿に登録しない限り，質権者であることを会社および第三者に対抗することができない（会社147条1項）。このような規律は，株券不発行会社では，株主が株式を譲渡によって取得したことを会社および第三者に対抗するためには株主名簿の名義書換えが必要とされていることと対応している（会社130条1項）。株主名簿に登録される株式質は登録株式質，登録されないものは略式株式質と呼ばれるが，株券不発行会社では質権者であることを会社および第三者に対抗するために株主名簿への登録が必要であるから，事実上，株券不発行会社の株式に質権を設定する際には登録株式質しか利用されないように思われる。

これに対して株券発行会社の株式に質権を設定するためには，株券の交付が必要となる（会社146条2項）。株主と質権者となる者の合意により質権設定契約が成立するが，株券発行会社では，質権設定者である株主が株券を交付しない限り質権設定の効力は生じないということである。このような規律は，株券発行会社の株式の譲渡の効力が生じるために株券の交付が必要とされていることと対応している（会社128条1項）。株式の譲渡の効力が生じる

特別法上の質権 II

ための要件である「株券の交付」は，現実の引渡し（民182条1項）だけではなく，簡易の引渡し（民182条2項），指図による占有の移転（民184条）および占有改定（民183条）でもよいと解されている（新版注会(3)144頁〔松岡誠之助〕）。質権設定の効力が生じるための要件である「株券の交付」も同様に解されている（仁科秀隆「株式質の諸問題——担保株式の変容が質権の対抗力に与える影響を中心に」金法1944号〔2012〕54頁）。

株券発行会社は株式を発行した日以後遅滞なく，株券を発行しなければならない（会社215条1項）。しかし，全株式譲渡制限会社は，株主から請求があるまで，株券を発行する必要はない（会社215条4項）。また，株主が株券不所持制度（会社217条）を利用している場合も，株主から請求があるまで株券を発行する必要はない（会社217条6項）。全株式譲渡制限会社の場合も株券不所持制度が利用されている場合も，株主が保有する株式は株券発行会社の株式であることに変わりはない。したがって，株式を譲渡するためには，会社に株券の発行を請求し，会社から交付を受けた株券を譲受人に交付する必要がある。質権を設定しようとする場合も同様である（会社法コメ(3)444頁〔森下哲朗〕）。平成17年改正前商法226条の2に基づく株券不所持制度について我妻199-200頁，柚木=高木160-161頁，新版注会(3)192頁〔前田庸〕）。

会社法には，株券の発行前にした株式の譲渡は，株券発行会社に対して効力を生じないとの規定がある（会社128条2項）。その趣旨は，会社が株券を発行しなければならない者を固定することにより株券発行事務を円滑にする点にある（会社法コメ(3)317頁〔前田雅弘〕）。この規定に関して，株式の譲渡の効力は当事者間でも生じないと解する見解（江頭・株式会社法231頁注1）と生じると解する見解（会社法コメ(3)317頁〔前田雅弘〕，田中・会社法112頁）が対立している。株券の発行前に質権設定契約が締結された場合にも同様の問題が発生するが，会社法146条2項を根拠として，株券の発行前に質権を設定することはできないと解する見解がある（会社法コメ(3)439頁〔森下〕）。

(2) 質権と譲渡担保の区別

株式には，質権の他に，譲渡担保を設定することもできる。株式の譲渡担保も質権と同じく，担保権者の名前が株主名簿に記載または記録されるかによって区別される。担保権者の名前が株主名簿に記載されるものは登録譲渡担保，記載されないものは略式譲渡担保と呼ばれている。

〔加藤〕

特別法上の質権 II　　　　　　　　第2編　第9章　質　権

　株券発行会社の株式に設定される略式譲渡担保と略式株式質はいずれも株券の交付によって効力が生じるので，外観上の区別が難しく，両者の区別は担保権設定の当事者の意思によらざるをえない。ところが，当事者の認識は債権担保のために株券の交付が行われたということにとどまっている場合が多いとの指摘がある（竹内昭夫「株式担保法の立法論的考察」同・会社法の理論Ⅰ――総論・株式〔1984〕236-237頁，新版注会(3)195頁〔前田庸〕）。また，特に銀行実務では，譲渡担保のためであることを明示して株券の交付を受けると平成11年まで存在した有価証券取引税が担保権設定時に課されることを踏まえ，設定される担保権の内容を書面等において明らかにしないことが行われてきたといわれている（江頭・株式会社法225頁注1）。

　そこで当事者の意思を認定することができない場合，実務の沿革を考慮して，略式譲渡担保と推定するのが通説であると言われている（江頭・株式会社法225頁注1，逐条会社法(2)330頁〔行澤一人〕，論点体系会社法(1)500頁〔田澤元章〕，会社法コメ(3)428頁〔森下〕）。また，担保権者にとって略式譲渡担保と認定された方が有利であることを主たる根拠として，同様の解釈を主張する見解も存在した（新版注会(3)197頁〔前田庸〕）。一般的に，質権と譲渡担保を比較した場合，以下の点で譲渡担保の方が有利であると解されてきた（新版注会(3)196頁〔前田庸〕，逐条会社法(2)330-331頁〔行澤〕）。第1に，担保権の実行方法について，質権に存在する流質契約の制限（民349条，商515条）が譲渡担保には存在しない。第2に，担保権設定者と担保権者の債権者の関係について，譲渡担保権の設定者は，担保物の強制執行に際して第三者異議の訴え（民執38条1項）を提起することや担保権者の倒産手続において取戻権（破62条など）を行使することができない。第3に，担保権と国税の関係について，国税の法定納期限前に設定された質権および譲渡担保は国税に優先する点は共通するが（税徴14条1項・24条8項），譲渡担保については，国税の法定納期限後に設定された場合でも設定者の他の財産からの回収が優先して行われることとされている（税徴24条1項）。

　これに対して最近では，略式株式質と認定された方が担保権者にとって有利であると解する見解が主張されている（清原泰司「株式質100年」南山法学31巻1＝2号〔2007〕360頁，弥永真生・リーガルマインド会社法〔14版，2015〕85頁注93・注95）。その根拠として，略式株式質の場合は，株券の継続占有によっ

特別法上の質権　II

て質権者であることを会社に対抗できることや（会社147条2項），剰余金の配当にも質権の効力が及ぶことが明示されていること（会社151条1項8号）が挙げられている。ただし，当事者の意思を認定することができない場合には略式譲渡担保と推定すべきことを主張する学説は，譲渡担保の効力（物上代位）について，質権に関する規定が譲渡担保に類推適用されるとも主張していたことに注意を要する（竹内・前掲論文241-242頁・255頁，江頭・株式会社法229頁注12）。

(3) 譲渡が制限されている株式への質権の設定

　民法343条は，譲り渡すことができない物に質権を設定することはできないと規定する。質権を実行する際に，目的物の所有権を移転させなければならないからである（道垣内88頁・110頁）。同条は権利質にも適用されると解されている（注民(8)341頁〔林良平〕）。会社は譲渡制限株式を発行することができる（会社2条17号・107条1項1号・108条1項4号）。しかし，会社法において譲渡制限株式の譲渡が制限されている意味は，譲渡制限株式を譲渡によって取得した者は会社の承認を得ない限り株主名簿の名義書換えを請求できない点にある（会社134条）。株主は会社の承認を得なくとも譲渡制限株式を譲渡することが可能であり，譲渡の効力は当事者間では有効である（最判昭48・6・15民集27巻6号700頁）。譲渡制限株式を譲渡によって取得した者は，会社に譲渡の承認を求めるだけではなく，譲渡を承認しない場合には株式を買い取ることを合わせて請求できる（会社137条・138条2号）。このような譲渡制限株式の取得者が行う請求を譲渡等承認請求という（会社138条括弧書）。すなわち，競売など質権実行に際して譲渡制限株式を取得した者は，譲渡等承認請求によって当該株式を換価することができる。したがって，譲渡制限株式に質権設定することは民法343条に抵触しない。

　譲渡制限株式と異なり，単元未満株式については譲渡自体が制限されている場合があるため，質権を設定することも制限される場合がある。単元株制度のもとでは，定款によって1単元の株式数が定められ，株主総会において株主は1単元につき1個の議決権を行使することができる（会社308条1項ただし書）。1単元の株式数のことを単元株式数といい，単元株式数に満たない数の株式を単元未満株式，単元未満株式を保有する株主を単元未満株主という（会社2条20号・189条1項括弧書）。単元株制度の趣旨は株主管理費用を削

特別法上の質権　II

減することにある（江頭・株式会社法297頁）。例えば、議決権を行使できる株主の数を限定すれば、株主総会の招集や開催に要する費用を削減することができる。

　単元株制度を採用している会社は、株主管理費用を削減するために、会社法が定める一定の権利を除き、定款の定めによって単元未満株主の権利を制限することができる（会社189条2項、会社則35条）。例えば、株券不発行会社は、定款で、単元未満株式について、譲渡によって株式を取得した者が株主名簿の名義書換えを請求する権利（会社133条1項）および譲渡制限株式を譲渡によって取得した者が譲渡等承認請求をする権利（会社137条1項）を認めない旨を定めることができる。このような定款の定めが存在する場合に単元未満株式について質権を設定することができるか否かについて、学説に争いがある。

　否定説は、定款の定めによって株主名簿の名義書換請求や譲渡等承認請求を行う権利を制限することを認める趣旨は、後述する定款の定めにより単元未満株式に係る株券を発行しないことを認めることと同じく、会社が単元未満株式の譲渡を阻止することを可能にする点にあるから、質権の設定もできないと主張する（論点体系会社法(1)503頁〔田澤元章〕）。肯定説は、競売により単元未満株式を取得した者の権利は制約されていないとして（会社則35条1項4号ト・5号）、理論的に質権の設定が不可能とはいえないと主張する（会社法コメ(3)438頁〔森下哲朗〕）。ただし、単元未満株式に質権を設定できると解しても、会社は定款の定めによって質権設定者が株主名簿への質権の登録を請求する権利（会社148条）を制限できるので、質権者は株主名簿への登録という形で会社および第三者に対する対抗要件を充足することはできないように思われる。

　また、単元株制度を採用している株券発行会社は、定款で単元未満株式について株券を発行しない旨を定めることができる（会社189条3項）。単元未満株式について株券を発行しないことによって、株券管理に要する費用を削減することができる。定款で株券を発行しない旨が定められると、単元未満株式を譲渡することによって投下資本を回収することはできなくなると解されている（江頭・株式会社法302頁、会社法コメ(4)195頁〔久保大作〕）。ただし、単元未満株主は単元未満株式の買取りを会社に請求できるし（会社192条1項）、

特別法上の質権　II

定款の定めがあれば，保有する単元未満株式と合わせて1単元となる株式を売り渡すことを会社に請求できる（会社194条1項）。このように単元未満株式について株券を発行しない旨の定款の定めが存在する場合，単元未満株式を譲渡することもできないし，株券も交付されないので，質権を設定することはできないと解されている（論点体系会社法(1)503頁〔田澤〕，会社法コメ(3)438頁〔森下哲朗〕）。

　会社が第三者の保有する自己の株式について質権者となることは，会社法に会社が自己の株式を取得することを対象とした規制が存在することとの関係で問題となる。会社が株主との合意に基づき自己の株式を有償で取得することには，実質的には株主への出資の払戻しと評価される行為によって会社の財産的基礎が毀損することや株主間の不平等，会社支配の公正を害する可能性といった種々の弊害があるので，その手続と財源について規制が存在する（会社156条〜165条・461条1項2号3号）。平成13年の商法改正以前は，自己の株式の取得規制の潜脱を防止するために，会社が第三者の保有する自己の株式に質権を設定する場合，その数は発行済株式総数の20分の1を超えてはならないとの規定があった。この規定が平成13年商法改正によって削除されて以降，自己の株式の取得規制の脱法と評価されない限り，会社が第三者の保有する自己の株式の質権者となることに制約はないと解されている（会社法大系(2)147頁〔土岐敦司〕，論点体系会社法(1)503頁〔田澤〕，会社法コメ(3)439-440頁〔森下〕，江頭・株式会社法250頁）。

　会社が質権者となっている自己の株式について質権を実行する際に流質条項に基づき自らが取得することは，株主との合意に基づき自己の株式を有償で取得することであるから，自己の株式の取得に関する会社法の規制の対象となる（会社法大系(2)148頁〔土岐〕，論点体系会社法(1)504頁〔田澤〕，会社法コメ(3)440頁〔森下〕）。競売により会社が自ら買受人となる場合も同様である。債務者が質権の設定された株式以外にめぼしい財産が存在しない場合には，会社が質権の実行として自己の株式を取得する際に自己の株式の取得に関する規制を遵守する必要はないと主張する見解がある（会社法大系(2)148頁〔土岐〕，論点体系会社法(1)504頁〔田澤〕，江頭・株式会社法250頁）。このような見解に対して，疑問を呈する見解もある（相澤哲＝豊田祐子「株式（株式会社による自己の株式の取得）」相澤哲編著・立案担当者による新・会社法の解説〔2006〕37頁注2，会社

特別法上の質権 Ⅱ　　　第2編　第9章　質権

法コメ(3)440-441頁〔森下〕)。

(4) 質入れの対抗要件

(ア) 株主名簿への登録の意義　株式質の質権者が質権者であることを会社および第三者に対抗するためには，株主名簿への登録が必要である（会社147条1項）。株券発行会社の株式質については，株券の継続占有も会社および第三者に対する対抗要件とされている（会社147条2項）。株主名簿への質権の登録を請求できるのは，質権設定者である株主に限られる（会社148条）。質権設定者が株主名簿へ質権を登録する義務を負うか否かは，質権設定契約によって決まる（鴻常夫「株式の質入れ」田中耕太郎編・株式会社法講座2巻〔1956〕706頁）。質権設定者が株主名簿への登録を請求することを義務付けられていたにもかかわらず請求を行わなかったことは，債務不履行に基づく損害賠償責任の根拠となる。

株券発行会社の株式質と比べて，株券不発行会社の株式質に関する規律は単純である。株券不発行会社の場合には，当事者の合意により質権設定の効力が生じ，質権設定者の請求に基づき株主名簿への登録が行われることで，質権者は会社および第三者に対する対抗要件を充足する。質権者は自己が質権者であることを第三者に示すのに用いるために，登録株式質権者として，株主名簿に登録された質権の内容が記載された書面の交付等を会社に請求できる（会社149条1項～3項。会社法コメ(3)463頁〔森下哲朗〕，新基本法コメ会社法(1)293頁〔高田晴仁〕)。

前述したように，株券発行会社の株式質には，登録株式質と略式株式質がある（一(1)）。平成17年改正前商法209条は，登録株式質権者についてのみ会社から剰余金の配当等を受けて優先的に自己の債権の弁済に充てることができる旨を定めていた。そのため略式株式質と登録株式質ではそもそも質権の効力が及ぶ範囲が異なるかについて争いがあり，剰余金の配当等については登録株式質のみ効力が及ぶと解する見解が有力であった（鴻・前掲論文712頁，新版注会(3)217-218頁〔前田庸〕)。また，同趣旨の下級審裁判例も存在した（東京高判昭56・3・30高民集34巻1号11頁）。これに対して，後述するように，会社法151条は，略式株式質か登録株式質かを問わず，株式に設定された質権の効力を一般的に定めた規定と理解されている（→3(1)）。したがって，現行法では，質権者の氏名等を株主名簿に記載または記録しても質権の効力が

特別法上の質権 II

及ぶ範囲が拡大するわけではない。現行法において株主名簿に質権を登録する意義は、会社から通知を直接受けることができること（会社168条2項・169条3項・170条3項・179条の4第1項2号・181条1項、・187条2項・218条1項3項・219条1項・279条2項・776条2項・783条5項・804条4項）および会社から質権の効力が及ぶ金銭の交付等を直接受けることができること（会社152条〜154条・840条5項6項・841条2項・844条3項〜5項）にある。また、株主名簿に質権を登録しておけば、株券発行会社が株券不発行会社に移行する場合や質権が設定された株式が振替株式ではなくなる場合に、質権者が対抗要件を失うことを避けることができる（会社法コメ(3)452頁〔森下〕）。

株券発行会社が株券不発行会社に移行する場合には、質権設定者ではなく質権者の請求に基づき、会社が株主名簿へ質権を登録する特別な手続が存在する。株券発行会社が株券を発行する旨の定款の定めを廃止する場合、発行済みの株券は無効となる（会社218条2項）。そのため、略式株式質権者は会社および第三者に対する対抗要件を失ってしまう。略式株式質権者が定款変更という会社の行為によって不利益を被ることを防止するために、例外的に略式株式質権者が株主名簿への登録を請求することが認められている（会社218条5項）。略式株式質権者の請求に基づき株主名簿へ登録のなされた質権のことを特例登録株式質という（江頭・株式会社法190頁（注5））。株主名簿への登録により、略式株式質権者は、株券を発行する旨の定款の定めが廃止された後も対抗要件を維持することができるようになる。しかし、特例登録株式質の質権の効力は、略式株式質の範囲でしか認められない（会社152条1項括弧書）。このような取扱いの根拠として、略式株式質権者は質権設定者の同意を得ることなく株主名簿への質権の登録を請求できるという点で、質権設定者の請求に基づき株主名簿へ登録される登録株式質権者と大きく異なる点が挙げられている（始関正光編著・Q&A平成16年改正会社法〔2005〕113頁、会社法コメ(5)229頁〔大塚龍児〕）。なお、特例登録株式質という制度に対して、立法論として疑問を呈する見解がある（仁科秀隆「株式質の諸問題――担保株式の変容が質権の対抗力に与える影響を中心に」金法1944号〔2012〕61頁）。

(イ) 株券の継続占有の意義　会社法147条2項は、登録株式質か略式株式質かを問わず、株券発行会社の株式質に適用される規定である。したがって、株券発行会社の株式を目的とする登録株式質権者にとって、質権者であ

〔加藤〕

特別法上の質権 II　　　　　　　第2編　第9章　質権

ることを会社および第三者に対抗するためには，株主名簿への登録に加えて，株券の継続占有が必要となる（逐条会社法(2)333頁〔行澤一人〕，新基本法コメ会社法(1)291頁〔髙田晴仁〕）。したがって，株主名簿に質権者として登録されている者（A）と株券を占有する者（B）が分かれている場合，AはBに対して質権者であることを対抗できないだけではなく，会社はAが株券を継続占有していないことを理由に質権者としての権利行使を拒否できる（逐条会社法(2)334頁〔行澤〕，会社法コメ(3)457頁〔森下哲朗〕）。株券の継続占有が質権者であることを第三者に対抗するための要件でもあるから，株券発行会社の株式を目的とする登録株式質権者には，株主名簿に登録された質権の内容が記載された書面の交付等を会社に請求する権利を認める必要はないということになる（会社149条4項。会社法コメ(3)463頁〔森下〕，新基本法コメ会社法(1)293頁〔髙田〕）。

　後述するように，会社は質権（物上代位権）の効力が及ぶ金銭等を質権設定者である株主ではなく登録株式質権者に交付することが求められる場合がある（会社153条・154条。→3(3)(ア)(イ)）。この場合，仮に登録株式質権者が既に株券の継続占有を失っていたとしても，株主名簿の免責的効力により，会社は登録株式質権者に金銭等を交付することによって免責されると解される（鴻・前掲論文703頁，清原泰司「株式質100年」南山法学31巻1＝2号〔2007〕357頁）。ただし，株主が会社から金銭等の交付を受けるために株券の提出が必要である場合，登録株式質権者が金銭等の交付を受ける場合も同様に株券の提出が必要となる（会社219条1項）。これに対して，会社法153条や154条といった特別の規定が存在しない場合，登録株式質権者が質権者であることを会社および第三者に対抗するためには，株主名簿への登録に加えて株券の継続占有が必要となる。この点を会社側から表現すれば，会社は，株主名簿に質権の登録はあるが株券を呈示することができない者を登録株式質権者として扱う必要はないということである。会社は自己の責任で株券の継続占有を欠く者を登録株式質権者として扱うことはできるが，質権設定者である株主などに対して損害賠償責任を負う可能性がある。株主名簿に質権者として登録されている者が無権利者であった場合に会社が免責されるか否かは，株主名簿上の株主が無権利者であった場合と同様に解されるように思われる。

　株券発行会社の株式を目的とする略式株式質は株主名簿への登録を欠くの

特別法上の質権　II

で，登録株式質権者への通知等に関する規定（会社150条）や質権（物上代位権）の行使に関する特則（会社153条・154条）が適用されない。登録株式質の場合と同じく，株券を継続的に占有しなければ質権者であることを会社に対抗できないが（会社147条2項），逆に言えば，株券を継続的に占有していれば質権者であることを会社に対抗できるということである。

　ところで，平成17年改正前商法207条2項は「質権者ハ継続シテ株券ヲ占有スルニ非ザレバ其ノ質権ヲ以テ第三者ニ対抗スルコトヲ得ズ」と定めていたため，略式株式質権者が株券の継続占有によって質権者であることを会社に対抗できるか否かについて争いがあった（松田二郎・株式会社の基礎理論〔1942〕461-462頁，鴻・前掲論文702-703頁，新版注会(3)197-200頁〔前田庸〕）。この問題は，略式株式質権者が質権（物上代位権）を行使する場合の手続と関連付けて論じられていた（新版注会(3)205-208頁〔前田庸〕）。否定説は，略式株式質権者も質権者であることを会社に対抗できるのであれば，物上代位の要件として払渡しまたは引渡し前の差押え（民362条2項・350条・304条1項ただし書）を要求する必要がなくなると主張していた（新版注会(3)200頁〔前田庸〕）。これに対して，株券の継続占有によって略式株式質権者が会社に質権者であることを対抗できないと解することは，質権の効力として物上代位権が認められていることと矛盾すると指摘されていた（清原・前掲論文363-364頁）。

　平成17年改正の前後を通じて，会社から株券と引換えに金銭等が交付される場合，略式株式質権者も，差押えを要することなく，株券と引換えに質権の効力（物上代位権）が及ぶ金銭等の交付を受けることができると解する立場が通説である（逐条会社法(2)345頁〔行澤〕，論点大系会社法(1)527頁〔田澤元章〕，会社法コメ(3)487-488頁〔森下〕）。平成17年改正前商法207条2項について前述した否定説に立つ論者も，同様に解していた（新版注会(3)206-207頁〔前田庸〕）。会社法147条2項は，少なくとも，略式株式質権者が株券と引換えに質権の効力（物上代位権）が及ぶ金銭等の交付を受けることができるとの解釈と整合的である（論点大系会社法(1)515頁〔田澤〕）。

　(ウ)　民法364条との関係　　以上に説明した規定の他に，株式質の対抗要件に関する規定として，会社法147条3項がある。しかし，この規定については，以下に述べる通り，立法論として削除すべきことを主張する見解が有力となっている（郡谷大輔＝細川充「会社法の施行に伴う商法および民法等の一部改

特別法上の質権 II

正」相澤哲編著・立案担当者による新・会社法の解説〔2006〕262 頁，会社法コメ(3) 458-459 頁〔森下哲朗〕，新基本法コメ会社法(1)291-292 頁〔高田晴仁〕）。

平成17年に会社法が制定される以前，会社法147条3項と同趣旨の規定が民法に存在した（平成17年改正前民法364条2項）。平成17年改正前民法364条2項は「前項の規定は，株式については，適用しない」と定めていたが，明治29年の民法制定時から平成2年の改正まで，同項の内容は「前項ノ規定ハ記名ノ株式ニハ之ヲ適用セス」であった。なお，同年の商法改正により無記名株券が廃止されたことに伴い，平成17年改正前民法364条2項のような規定に改められた。

明治29年の民法制定時の起草者は，記名株式の質権者であることの対抗要件として株主名簿等の会社の帳簿への記載を提案していたが，衆議院で修正された（我妻199頁，竹内昭夫「株式担保法の立法論的考察」同・会社法の理論Ⅰ──総論・株式〔1984〕231-232頁）。当時の状況を踏まえると，記名株式の質入れに，同条1項（指名債権に質権を設定した場合の対抗要件として指名債権の譲渡の場合と同じく第三債務者への通知またはその承諾を必要とする旨の規定）が適用されないことを明示することには，以下のような意義があった。

明治29年の民法制定時，記名株式は指名債権の一種であると考えられていたようである（注民(8)353頁〔林良平〕，新基本法コメ会社法(1)291頁〔高田〕）。例えば，明治32年に制定された商法も「記名株式ノ譲渡ハ譲受人ノ氏名，住所ヲ株主名簿ニ記載シ且其氏名ヲ株券ニ記載スルニ非サレハ之ヲ以テ会社其他ノ第三者ニ対抗スルコトヲ得ス」（明44改正前商150条）と定めており，記名株式の譲渡と指名債権の譲渡の構造が類似していた（新基本法コメ会社法(1)291頁〔高田〕）。したがって，記名株式の質権者が対抗要件を充足するためには，指名債権の質入れに倣い，会社への通知または会社からの承諾が必要と解される可能性があった。ところが，当時の実務では，会社への通知も会社からの承諾を得ることもなく記名株式の質入れが行われていた。明治29年の民法制定時の364条2項の趣旨は，当時の実務との抵触を避けることにあった（鴻・前掲論文702頁，我妻199頁，注民(8)353頁〔林〕，竹内・前掲論文231-232頁，清原・前掲論文348頁，新基本法コメ会社法(1)291頁〔高田〕）。

しかし，現在では，株式を債権の一種と考え，会社法147条3項がなければ民法364条が株式の質入れに適用される可能性があると考える見解は一般

的ではない。したがって，立法論として，会社法147条3項の削除を主張する見解が有力となっている（郡谷＝細川・前掲論文262頁，会社法コメ(3)458-459頁〔森下〕，新基本法コメ会社法(1)291-292頁〔高田〕）。

3 株式質の効力
(1) 質権の種類と質権の効力の関係

株式質の効力について，会社法は151条〜154条の4つの規定を置いている。このうち会社法151条は，株券発行会社か株券不発行会社かを問わず，かつ，株主名簿への質権の登録の有無とも関係なく，株式質に共通して適用される規定である。また，株券不発行会社の発行する振替株式を目的とする質権にも適用される。これに対して，会社法152条〜154条は登録株式質にのみ適用される規定である。会社法152条は株券不発行会社についてのみ適用され，会社法153条は株券発行会社に対してのみ適用される。ただし，株券不発行会社の発行する振替株式を目的とする質権について，会社法152条は適用されない（社債株式振替161条1項）。

会社法151条は，株式質について，物上代位が認められる財産の範囲を定めた規定と解されている（江頭・株式会社法226頁注4，逐条会社法(2)341頁〔行澤一人〕，論点大系会社法(1)510-511頁〔田澤元章〕，会社法コメ(3)465頁〔森下哲朗〕，新基本法コメ会社法(1)294-295頁〔高田晴仁〕，阿多博文「株券電子化と各種手続（3・完）担保権設定・解除・実行手続」NBL899号〔2009〕55頁）。株式質の物上代位について，民法の物上代位に関する規定（民362条2項・350条・304条）が適用されることは，当然の前提とされてきた。その上で，会社法151条〜154条は，株式質の物上代位について，民法の物上代位に関する規定を補充する規定であると理解されている（平成17年改正前商法208条・209条について鴻常夫「株式の質入れ」田中耕太郎編・株式会社法講座第2巻〔1956〕719頁，注民(8)366頁〔林〕）。会社法151条が物上代位の認められる財産の範囲について民法を補充する規定であるのに対して，会社法152条〜154条は登録株式質権者による物上代位権の行使に関する民法の特則を定めた規定である。すなわち，略式株式質と登録株式質では，物上代位が認められる財産の範囲は共通するが，物上代位権を行使する方法に差異があるということである（逐条会社法(2)348頁〔行澤一人〕，論点大系会社法(1)526頁〔田澤〕，会社法コメ(3)469頁〔森下〕，新基本法コメ会社法(1)296頁〔高田〕）。

特別法上の質権 II　　　　　　第2編　第9章　質権

　会社法に明文の規定は存在しないが，質権設定者である株主の議決権は，質権の設定によって影響を受けないと解されている（我妻202頁，柚木＝高木162頁，新版注会(3)216頁・223-224頁〔前田庸〕，論点大系会社法(1)501頁〔田澤〕，会社法コメ(3)475頁〔森下〕）。その根拠として，株式に質権を設定する目的はその交換価値を把握することであり，質権設定者による株主権の行使を制限する必要はないことなどが挙げられている。

　質権の効力や質権を行使する方法について会社法に規定のない事項は，民法や民事執行法の定めによる。例えば，会社法には株式質を実行する方法に関する規定はない。したがって，株券不発行会社の株式質と株券発行会社の株式質の実行は，民法および民事執行法の一般的な規定に基づき行われる。質権の目的である株式の交換価値から優先弁済を得る方法には，民事執行手続による担保権の実行，簡易な弁済充当（民362条2項・354条），流質契約（民349条，商515条），がある（新版注会(8)203頁〔前田庸〕，会社法大系(2)145-146頁〔土岐敦司〕，会社法コメ(3)477頁〔森下〕）。民事執行手続による担保権の実行の方法であるが，株券発行会社の株式質の実行は動産競売の手続（民執190条・122条）により，株券不発行会社の株式質の実行はその他の財産権に対する担保権の実行方法（民執193条1項前段）により行われる（新版注会(3)203頁〔前田庸〕，会社法大系(2)145頁〔土岐〕，会社法コメ(3)477-478頁〔森下〕）。また，質権者が物上代位権を行使して優先弁済を得るためには，債権その他の財産権に対する担保権の実行方法によらなければならないと解されている（民執193条1項後段・2項。松井秀樹ほか「振替株式に対して設定された担保権による債権回収の留意点──剰余金配当請求権の物上代位による差押えを中心に」金法1912号〔2010〕50頁，中野＝下村696頁）。

　以下では，会社法に特則が存在する物上代位が認められる財産の範囲（会社151条）と物上代位権を行使する方法（会社152条～154条）に焦点を絞って，分析を試みる。

　(2)　物上代位が認められる財産の範囲

　(ア)　会社法151条に基づく場合　　会社法151条1項は，会社が1号～14号に定めた行為を行う際に質権設定者である株主に交付する財産に，質権の効力（物上代位効）が及ぶことを明示する。同条2項は，質権が設定されている株式を特別支配株主が取得する際に，その取得代金に質権の効力が及ぶこ

とを定める規定である。条文の文言上は「質権は，金銭等……について存在する」となっているが，民法304条1項の「金銭その他の物に対しても，行使することができる」と同じく，質権の効力が金銭等を請求する権利に及ぶという意味である（道垣内弘人・信託法〔2017〕328頁）。

会社法151条1項が定める財産のうち，取得請求権付株式の取得の対価（1号），取得条項付株式の取得の対価（2号），全部取得条項付種類株式の取得の対価（3号），株式の分割により増加する株式（5号），株式無償割当てによって株主が取得する株式（6号），新株予約権無償割当てによって株主が取得する新株予約権（7号），剰余金の配当として交付される財産（8号），分配される残余財産（9号），組織変更の対価（10号），合併（質権が設定された株式を発行する会社が消滅する場合に限る）の対価（11号），株式交換の対価（12号），株式移転の対価（13号），会社が自己の株式を取得する際（会社法151条1項1号から3号までを除く）の対価（14号）が，「株主が受けることのできる金銭等」に該当することは明らかである。これに対して株式の併合（会社151条1項4号）は，株主が保有する株式が株主の手元で併合される取引であるから，会社から株主に新たに株式が交付されるわけではない。例えば2株を1株に併合する場合，その効力発生日に，10株を保有していた株主は5株を保有する株主になる（会社法182条1項）。ただし，学説では，会社法151条1項4号は，併合される前の株式質の効力が併合された後の株式にも及ぶことを定めた規定と理解されている（会社法コメ(3)470頁〔森下哲朗〕）。

会社が会社法151条1項各号の行為に基づき株主に交付する金銭等には，多様なものが含まれる。この点を株式の併合を例に説明しよう。会社が株式の併合を行う場合，株主が保有する株式が株主の手元で併合されるだけではなく，以下の通り会社が株主に対して財産を交付することがあるが，会社法151条1項4号により，これらについても質権の効力が及ぶことになる。第1に，株式の併合では，株券の記載事項である「当該株券に係る株式の数」（会社216条1項2号）を変更するため，株主による株券の提出（会社219条1項2項）と会社による新たな株券の交付が行われる。第2に，株式の併合によって端数が生じた場合，端数は切り捨てられ，その代わりに端数に相当する価値が金銭によって株主に支払われる。株式の分割の場合に端数が生じた場合も同様に処理される（会社235条）。

特別法上の質権 II　　　　　　　　第2編　第9章　質　権

　平成17年改正前商法のもとでは、略式株式質の効力（物上代位効）が剰余金の配当（当時の用語法に従えば利益配当）に及ぶか否かについて争いがあり、これを否定する見解が通説であったと言われている（新版注会(3)208-209頁〔前田庸〕、会社法コメ(3)470頁〔森下〕）。また、同趣旨の下級審裁判例も存在した（東京高判昭56・3・30高民集34巻1号11頁）。平成17年改正前商法209条は登録株式質の効力（物上代位効）が剰余金の配当に及ぶことを明示していたが、略式株式質については同旨の規定は存在しなかった。これに対して会社法151条1項8号は、明文の規定によって、略式株式質の効力が剰余金の配当に及ぶことを明らかにした。しかし、会社法151条1項8号によって質権の効力が剰余金の配当に及ぶことは明らかになったが、略式株式質権者が剰余金の配当から優先弁済を得るための手続については未解決の問題が残されている（会社法コメ(3)471-472頁〔森下〕。→(3)(エ)）。

　(イ)　会社法151条以外の規定に基づく場合　　会社法151条は質権の効力が及ぶ範囲を限定列挙したわけではない。まず、会社法には、質権の目的である株式が新株発行の無効判決によって無効となった場合に、質権の効力は無効とされた株式の代わりに会社が支払う金銭に及ぶことを明示する規定がある（会社840条4項）。同趣旨の規定が自己株式の処分の無効判決と株式交換または株式移転の無効判決についても存在する（会社841条2項・844条2項）。また、会社法に明文の規定が無くとも、民法の物上代位に関する規定（民362条・350条・304条）に基づき、物上代位が認められる場合がある（鴻・前掲論文719頁、江頭・株式会社法226頁注4、会社法コメ(3)473頁〔森下哲朗〕、新基本法コメ会社法(1)295頁〔髙田晴仁〕）。その例として、質権の目的である株式が会社の設立、合併、会社分割の無効判決によって無効となった場合に原状回復として株式の代わりに支払われる金銭等や、会社法202条に基づき株式の割当てを受ける権利および会社法241条に基づき新株予約権の割当てを受ける権利が挙げられている（江頭・株式会社法226頁注4、論点体系会社法(1)529頁〔田澤元章〕、会社法コメ(3)473頁〔森下〕、新基本法コメ会社法(1)295頁〔髙田〕）。

　会社法202条に基づき株式の割当てを受ける権利および会社法241条に基づき新株予約権の割当てを受ける権利については、質権の目的である株式の交換価値の一部をなしているとの理由で物上代位が認められると解する見解が多い（逐条会社法(2)346頁〔行澤一人〕、論点体系会社法(1)529頁〔田澤〕、会社法コ

メ(3) 473頁〔森下〕、江頭・株式会社法226頁注4)。これらの権利が株式の交換価値の一部であるということは、以下のように説明できる。会社が株式の発行または自己株式の処分(以下「株式の発行等」という)を行う場合、新株主が会社に払い込む金額が会社の企業価値に比して著しく低いと1株あたりの価値が下落するので、既存株主は株式価値の希釈化という損害を被る。既存株主が株式価値の希釈化という損害を被ったことは、株式の発行等によって、既存株主が把握していた企業価値の一部が新株主に移転したことを意味する。しかし、会社法202条に基づき株主に株式の割当てを受ける権利が与えられる場合、仮に払込金額が企業価値に比して著しく低くても、株主はこの権利を行使することによって新株式を低い払込金額で取得することができるので、株式価値の希釈化による損害を回避することができる。新株予約権についても、発行条件次第で既存株主の株式価値の希釈化が生じる可能性があるが、株主に持株数に応じて新株予約権の割当てを受ける権利を与えることによって株式価値の希釈化を回避できる。別の言い方をすれば、会社法202条または241条に基づく手続が行われる前の株式の経済的価値が、これらの手続が行われることによって、株式と株式の割当てを受ける権利または新株予約権の割当てを受ける権利に分かれるということである。ただし、後述するように質権者が質権を行使する方法は複雑である(一(3)(オ))。

(3) 物上代位権を行使する方法

(ア) 会社法152条・153条　質権者が物上代位権を行使するためには差押えが必要であるが(民350条・304条)、会社法152～154条は登録株式質権者が差押えをせずに物上代位権を行使できる場合があることを認める規定である。なお、会社法152条～154条は、特例登録株式質(会社法218条5項に基づき略式株式質権者の請求に基づき質権が登録されたもの)には適用されない。

会社法152条は、株券不発行会社の株式で振替株式ではない株式を目的とする登録株式質に関する規定である。まず、質権の目的である株式の発行会社は、取得条項付株式、取得請求権付株式または全部取得条項付種類株式の取得(会社151条1号～3号)と株式の無償割当て(会社151条6号)に際して質権設定者である株主に対して株式を交付する場合に、その株式にも質権が及ぶことを株主名簿に記載または記録しなければならない(会社152条1項)。例えば、会社法185条に基づき株式無償割当てが行われる場合、会社は株主

特別法上の質権 II　　　　　　　　　　　　第2編　第9章　質権

が新たに取得する株式を株主名簿に記載または記録しなければならないが（会社132条1項1号3号），その際，その株式が質権の目的となっていることを記載または記録しなければならないということである。その結果，質権設定者である株主が株式無償割当てによって新たに取得する株式についても，登録株式質の効力が及ぶことになる。次に，株式の併合または分割に際して会社が株主名簿の記載または記録を変更する際に（会社132条2項3項），会社は併合された株式と分割された株式が質権の目的となっていることを株主名簿に記載または記録しなければならない（会社152条2項3号）。その結果，併合された株式と分割された株式にも登録株式質の効力が及ぶことになる。

　会社法153条は，株券発行会社の株式を目的とする登録株式質に関する規定である。まず，質権の目的である株式の発行会社は，会社法152条1項が適用される行為に際し質権設定者である株主に対して株式を交付する場合に，その株式に係る株券を登録株式質権者に引き渡さなければならない（会社153条1項）。次に，会社は併合された株式と分割された株式に係る株券を登録株式質権者に引き渡さなければならない（会社153条2項3項）。登録株式質権者は，会社法151条に基づき質権設定者が新たに取得した株式について質権を有するといっても，会社から株券の交付を受けたに過ぎないから，略式株式質権者としての地位しか有さない。これらの株式についても登録株式質権者としての地位を獲得するためには，改めて質権設定者が株主名簿への質権の登録を行う必要がある（新版注会(3)221頁〔前田庸〕，会社法コメ(3)488頁〔森下哲朗〕）。

　会社法153条に基づき，株券発行会社の株式を目的とする登録株式質権者は，会社に対して，質権設定者である株主ではなく自らに株券を交付することを請求できる。会社に登録株式質権者への株券の交付を義務付ける趣旨は，質権設定者である株主が会社から取得する株式について，登録株式質権者が会社および第三者に対する対抗要件を確保できるようにする点にある。なぜなら，登録株式質権者にとっても，株券の継続占有が会社および第三者に質権者であることを主張するための対抗要件とされているからである（会社147条2項）。ただし，会社による取得条項付株式または全部取得条項付種類株式の取得の対価の支払（会社219条1項3号4号）および併合された株式に係る新株券の交付（会社219条1項2号）は，旧株券の提出と引換えに行われる

特別法上の質権　II

(会社219条2項1号)。したがって，登録株式質権者が会社から株券の交付を受けるためには旧株券の提出が必要である。また，株主が取得請求権付株式の取得を会社に請求する場合も，株券の提出が必要である（会社166条3項）。しかし，取得請求権付株式の取得の請求に係る規定は，登録株式質権者への通知が要求されている取得条項付株式の取得等の場合と異なり（会社219条1項），登録株式質権者が請求を行うことを想定していないように思われる。また，取得請求権付株式の取得を会社に請求できる権利と取得の対価として会社が交付する金銭等に対する権利は区別されるべきである。したがって，取得請求権付株式を目的とする登録株式質権者が取得の対価である株券の交付を会社から受けるためには，質権設定者である株主に取得の請求をさせるかその代理人として取得の請求をする必要があるように思われる。

　会社法152条1項と153条1項は，質権の目的である株式の発行会社が株式を対価として取得条項付株式，取得請求権付株式または全部取得条項付種類株式を取得する場合と株式の無償割当てを行う場合に限り適用される。すなわち，会社が取得条項付株式，取得請求権付株式または全部取得条項付種類株式の取得の対価として他社の株式を交付する場合や，合併など組織再編の相手方が組織再編の対価としてその株式を交付する場合には適用されない。このような規定となっている理由は，株主名簿への質権の登録や登録株式質権者への株券の交付を義務付けられる当事者を，質権の目的である株式の発行会社に限る点にある（江頭・株式会社法228頁注8)。例えば，組織再編の対価として組織再編の当事者ではない第三者の株式を交付することも可能であるが，そのような第三者に株主名簿への質権の登録や登録株式質権者への株券の交付を義務付けることは合理的ではないと判断されたということである。

　なお，質権の目的である株式の発行会社が社債，新株予約権または新株予約権付社債を対価として取得条項付株式を取得する場合にも，登録株式質の効力として，会社法152条1項および153条1項と同様の取扱い（社債原簿への質権の記載または記録〔会社693条1項・694条〕など）がなされるべきことを主張する見解がある（会社法コメ(4)83-84頁〔山下友信〕)。このような見解は，取得条項付株式の対価が会社の発行する社債，新株予約権または新株予約権付社債である場合には，社債原簿への質権の記載または記録や社債券の登録株式質権者への交付などを会社に義務付けても過剰な負担とはならないと考

〔加藤〕

えているように思われる。同様のことは会社が社債，新株予約権または新株予約権付社債を対価として取得請求権付株式または全部取得条項付株式を取得する場合にもあてはまるように思われる（江頭・株式会社法228頁注9）。

　(イ)　会社法154条　　会社法152条と153条は質権の目的である株式の発行会社が質権設定者である株主に株式を交付する場合に限り適用されるのに対して，会社法154条1項は，会社法151条1項各号に掲げる行為に伴い会社から金銭の交付が行われる場合に広く適用される。会社法154条1項の適用範囲には，剰余金の配当のように質権の目的である株式の発行会社が金銭を交付する場合だけではなく，組織変更，合併，株式交換および株式移転のように質権の目的である株式の発行会社以外の者が金銭を交付する場合も含まれる。また，会社法154条1項は特別支配株主が株式を取得する対価として金銭を交付する場合にも適用される。ただし，会社が株券の提出と引換えに金銭を交付することとされている場合には，登録株式質権者も株券を提出しない限り会社から金銭の交付を受けることはできない（会社219条）。以下では，特段の断りのない限り，会社法154条1項が適用される金銭を交付する主体を会社等と表記する。

　質権が設定されていない場合，会社等は株主名簿に株主として記載または記録されている者に金銭を交付すれば，原則として免責される。免責されるということの意味は，無権利者が株主名簿に株主として記載または記録されていたとしても，会社等は真の権利者に対して改めて金銭を交付する義務を負わないということである。株主名簿の記載または記録に従えば免責されることから，株主名簿には免責的効力があるといわれることがある（江頭・株式会社法211頁）。会社法154条1項は質権設定者の株主ではなく登録株式質権者が会社等から金銭の交付を受ける権利を有すると定めているが，このことは株主に金銭を交付しても会社等は免責されないことを意味している。すなわち，会社等は，質権設定者の株主ではなく登録株式質権者に対して，金銭を交付しなければならないということである。

　質権の被担保債権の弁済期が到来している場合，登録株式質権者は会社等から受領した金銭を自己の債権の弁済に充てることができる（会社154条1項）。これに対して，被担保債権の弁済期が到来していない場合，登録株式質権者は，会社等に対して金銭を供託することを請求できるに過ぎない。こ

の場合，供託された金銭に対して登録株式質権者の質権が及ぶ（会社154条2項3項）。ただし，会社等は質権の被担保債権の弁済期が到来しているか否かを知ることができないので，登録株式質権者に金銭を交付すれば免責されると解されている（江頭・株式会社法228頁注9，阿多博文「株券電子化と各種手続（3・完）担保権設定・解除・実行手続」NBL899号〔2009〕56頁，論点体系会社法(1)535頁〔田澤元章〕，会社法コメ(3)489頁〔森下哲朗〕，新基本法コメ会社法(1)298頁〔高田晴仁〕）。この場合，登録株式質権者が被担保債権の弁済期が到来する前に会社から受領した金銭について，登録株式質権者が供託しなければならないとする見解と（江頭・株式会社法228頁注9），手元で預り金等の名目で別途管理することもできるとする見解（阿多・前掲論文56頁注5）がある。

なお，平成26年会社法改正により会社法154条2項各号が新設されたが，立案担当者の説明によれば，その趣旨は，供託の主体を明らかにすると共に，同項を株主が金銭の交付を受ける場合に限り適用される規定であることを明確にすることにあったようである（坂本三郎編著・一問一答平成26年改正会社法〔2版，2015〕291頁注3）。会社法151条各号の行為の中で，会社法154条2項各号において対応する規定が存在しないのは，会社法277条に規定する新株予約権無償割当てのみである。その理由は，株主への株式の交付と同じく新株予約権の交付についても，端数が生じた場合に端数に相当する額の金銭の交付を要求する規定が会社法に存在するが（会社234条6項），当該規定では会社法277条に基づき交付される新株予約権に端数が生じた場合が明示されていない点にあると推測される。しかし，学説の中には，会社法277条に基づき交付される新株予約権に端数が生じた場合も，端数に相当する額の金銭の交付が必要となると解する見解がある（会社法コメ(6)265頁〔吉本健一〕）。

(ウ) 会社法152条～154条が適用されない場合　会社法152条～154条が適用されない場合，質権者が物上代位権を行使するためには，原則として，民法304条ただし書に基づき差押えを行うことが必要となる（逐条会社法(2)345頁・350頁〔行澤一人〕，江頭・株式会社法225頁・227頁注5・228頁注8）。登録株式質権者であっても，質権の効力（物上代位効）は及ぶが会社法152条～154条が適用されない金銭等については，物上代位権を行使するために差押えが必要となる。差押えがない場合，質権の効力が及ぶ金銭等を株主名簿の記載または記録に従い質権設定者に対して交付した会社は，株主名簿の免責

特別法上の質権　II　　　　　　　　　　　　第2編　第9章　質権

的効力により保護される（鴻常夫「株式の質入れ」田中耕太郎編・株式会社法講座2巻〔1956〕703頁，弥永真生・リーガルマインド会社法〔14版，2015〕85頁注95，会社法コメ(3)467頁〔森下哲朗〕。同旨，我妻202頁，清原泰史・物上代位の法理——金融担保法の一断面〔1997〕126-127頁）。

　これに対して，民法304条ただし書に基づき差押えをすることなく，物上代位権を行使することが認められる場合がある。例えば，会社法の規定に基づき会社が株券の提出と引換えに金銭等を交付するとされている場合，質権者は差押えをする必要はないと解されている（清原・前掲書126-127頁，仁科秀隆「株式質の諸問題——担保株式の変容が質権の対抗力に与える影響を中心に」金法1944号〔2012〕66頁。略式株式質について同旨を述べる見解として，竹内昭夫「株式担保法の立法論的考察」同・会社法の理論Ⅰ総論・株式〔1984〕260-261頁，江頭・株式会社法227頁注5）。会社法151条または民法の規定に基づき質権の効力が及ぶとされた金銭等の中には，その交付を受けるために株券の提出が必要とされる場合がある（会社219条）。この場合，略式株式質権者であろうと登録株式質権者であろうと株券を提出しない限り金銭等の交付を受けることができないが，差押えは要しないということである。民法の学説の中にも，差押えは物上代位の本質的な要素ではないと主張する見解が存在する（民法366条3項が差押えを要件としていないことは同項を物上代位規定と理解することの障害とはならないと主張する見解として，直井義典「権利質の物上代位性について」香川法学32巻3＝4号〔2013〕352-351頁。信託受益権を目的とする質権の効力を定めた信託法97条・98条を物上代位の規定と解しつつ，質権者は質権の効力が及ぶ金銭を差押えをせずに直接取り立てることができると解する見解として，道垣内弘人・信託法〔2017〕328-329頁）。

　会社法151条1項各号に掲げる行為の中には，株主の請求に応じて，または株主との合意に基づき，会社が行うものが含まれる。そして，株券発行会社では，例えば，株主が会社に対して取得請求権付株式の取得を請求するためには株券の提出が必要であるし（会社166条3項），株主が合意に基づき会社に株式を譲り渡すためには株券を会社に交付する必要がある（会社128条1項）。質権設定者である株主がこれらの行為を行うためには，質権者から株券を返還してもらう必要がある。略式株式質権者が取得請求権付株式の取得の対価等に物上代位権を行使するためには民法304条ただし書に基づき差押えをしなければならないが，質権設定契約に特段の定めがない限り，質権設

特別法上の質権　II

定者に株券を返還する条件として，代わり担保を請求することができるように思われる。

　(エ)　剰余金の配当を受ける権利　　会社法の規定に基づき会社が株券の提出と引換えに金銭等を交付するとされている場合以外に，質権者が差押えをせずに物上代位権を行使できる場合があるか否かについて，学説に争いがある。特に株券発行会社の株式の略式株式質権者が，差押えをせずに，株券を呈示して自らに剰余金の配当をすることを請求できるか否かについて異なる見解が主張されている。

　なお，株主は剰余金の配当を受ける権利を有するが（会社105条1項），株主が剰余金の配当として金銭等の交付を会社に請求できるようになるためには，原則として，会社が会社法の規定に基づき剰余金の配当を行うことを決定する必要がある（江頭・株式会社法691頁）。会社による剰余金の配当の決定前に株主が有する権利は抽象的剰余金配当請求権，会社による剰余金の配当の決定後に株主が有する権利は具体的剰余金配当請求権と呼ばれている（江頭・株式会社法691頁）。抽象的剰余金配当請求権を株式から分離して譲渡・差押えすることはできないが，会社が剰余金の配当を行うことを決定する前に将来生ずべき具体的剰余金配当請求権を差し押さえることは可能と解されている（江頭・株式会社法691頁，松井秀樹ほか「振替株式に対して設定された担保権による債権回収の留意点──剰余金配当請求権の物上代位による差押えを中心に」金法1912号〔2010〕49頁）。以下で「剰余金の配当請求権」とは，既に生じている具体的剰余金配当請求権と将来生ずべき具体的剰余金配当請求権の双方を指す。

　否定説は，剰余金の配当請求権を他の金銭等と区別することなく，略式株式質権者が物上代位権を行使するためには差押えが必要であると解する見解である（江頭・株式会社法226頁注4）。肯定説の根拠として挙げられるのは，以下の2点である。第1に，略式株式質権者も株券の継続占有によって質権者であることを会社に対抗できる（清原泰司「株式質100年」南山法学31巻1＝2号〔2007〕365-367頁，会社法コメ(3)458頁〔森下哲朗〕，弥永・前掲書85頁（注95））。第2に，剰余金の配当は法定果実（民362条2項・350条・297条）であるから，差押えをせずに質権者が取り立てることできる（民366条1項2項。清原・前掲論文365-367頁，会社法コメ(3)467頁〔森下〕）。

〔加藤〕　581

特別法上の質権 II　　　　　　　　　第2編　第9章　質権

　平成17年改正前商法の下でも略式株式質の効力は剰余金の配当に及ぶと解していた見解は，その根拠として，剰余金の配当は株式の果実またはこれに準ずるものであることを挙げていた（我妻201頁，鴻・前掲論文724-727頁）。ただし，略式株式質権者が剰余金の配当から優先弁済を受けるためには，民法304条に基づき剰余金の配当請求権を差し押さえる必要があると主張していた（鴻・前掲論文729-731頁）。差押えを必要とする根拠として挙げられたのは，略式株式質権者も株券の継続占有によって質権者であることを会社に対抗できるが，略式株式質権者の請求に基づき会社が剰余金の配当を略式株式質権者に支払わなければならないとすると，株主名簿の記載に基づき会社と株主の集団的法律関係を円滑に処理することが困難になることであった（鴻・前掲論文729-730頁）。この見解は，質権設定契約に特段の定めのない限り略式株式質の効力は剰余金の配当にも及ぶが質権設定契約において質権の効力が剰余金の配当に及ばない旨を定めることは可能であり，実務において略式株式質権者は剰余金の配当に興味が無い場合が多いことから質権設定契約において質権の効力が剰余金の配当に及ばないことが少なくとも暗黙の前提となっていると評価した上で，差押えの手続の中で略式株式質権者が質権設定契約において質権の効力が制限されていないことを立証していくことを想定していたように思われる（鴻・前掲論文727頁・729-730頁）。

　略式株式質権者が剰余金の配当から優先弁済を得るための手続は，質権設定者である株主の一般債権者が剰余金の配当請求権を差し押さえているか否かによって異なるように思われる。質権設定者である株主の一般債権者が剰余金の配当請求権を差し押さえた場合，略式株式質権者が剰余金の配当請求権から優先弁済を得るためには差押えが必要になると思われる。剰余金の配当請求権が差し押さえられた場合，第三債務者である会社は株主に剰余金の配当を支払っても免責されなくなる（民481条1項）。この場合，民法304条ただし書に基づき差押えを求める根拠として第三債務者の保護を挙げる判例の立場を踏まえると（抵当権に基づく物上代位権について，最判平10・1・30民集52巻1号1頁），差押えが要求されるべきように思われる。これに対して，質権設定者である株主の一般債権者が剰余金の配当請求権を差し押さえていない場合，利害関係人は，質権設定者である株主，質権の目的である株式の発行会社，略式株式質権者に限られる。以下では，この場合についても，民法

304条ただし書に基づく差押えを要求すべきかを検討する。

前述した通り，会社が株券の提出と引き換えに金銭等を交付する場合，株式質の質権者は民法304条ただし書に基づく差押えをせずに物上代位権を行使できると解されていた（一(ウ)）。その根拠として，民法304条ただし書が差押えを要件とする趣旨は第三者債務者保護にあるが，会社が株券の提出と引き換えに金銭等を交付する場合は第三債務者である会社の利益は十分に保護されていることが挙げられている（平成17年改正前商法208条・209条について，清原泰史・物上代位の法理——金融担保法の一断面〔1997〕126-127頁）。また，比較的最近の判例も，民法304条ただし書に基づき差押えを求める根拠として第三債務者の保護を挙げている（抵当権に基づく物上代位権について，前掲最判平10・1・30）。

したがって，質権の目的である株式の発行会社が株券を継続占有する略式株式質権者に剰余金の配当としての金銭等を交付することによって，質権設定者である株主に対して免責されると解することができるのであれば，民法304条ただし書に基づく差押えを要求する必要はないように思われる。略式株式質権者は株券の継続占有によって質権者であることを会社に対抗でき，かつ，会社法151条1項8号によって略式株式質の効力が剰余金の配当に及ぶことが明示されたことを踏まえると，このような免責を認めてもよいように思われる。

(オ) 株式の割当てを受ける権利　質権者が会社法202条に基づき株式の割当てを受ける権利または会社法241条に基づき新株予約権の割当てを受ける権利に対して物上代位権を行使する方法について，以下に説明する通り，質権者は増担保の請求しかできないと解する見解が有力である。この点を会社法202条に基づき株式の割当てを受ける権利を例に説明しよう。会社法241条に基づき新株予約権の割当てを受ける権利についても，実質的に同じ説明が妥当する。

会社法202条に基づき株式の割当てを受ける権利に質権の効力が及ぶことは，質権者が自ら権利を行使して株式の割当てを受けることができることを意味しない。会社法202条の権利を行使するか否かは株主の意思に委ねられているのので，質権者が質権設定者の意思に反して権利を行使することは認められないと解する見解がある（鴻・前掲論文734頁）。また，質権の効力が質

特別法上の質権 II

権設定者である株主が権利を行使し割当てを受けた株式の全部に及ぶと解することもできない。質権設定者である株主が取得した株式の価値には、質権設定者である株主が新たに出資した財産に相当する部分が含まれているからである（新版注会(3)215頁〔前田庸〕、会社法コメ(3)474頁〔森下哲朗〕）。さらに、株主が会社法202条の権利を譲渡できるか否かについて、会社法に明文の規定は存在しないが、第三者が株主から権利を譲り受けたとして会社に権利を行使することはできないと解されている（会社法コメ(5)38頁〔吉本健一〕、田中・会社法484頁）。会社から同条に基づき権利を与えられた株主以外は会社に対して権利を行使できないと解する場合、質権者がこれらの権利を差押えて、「その他の財産権」（民執193条）として換価することはできないように思われる。

そこで、質権設定者である株主が取得した株式に質権の効力が割合的に及ぶと解することは煩雑であるとして、質権者は質権の目的である株式価値が下落した分に相当する増担保の請求ができるのみと解する見解が有力となっている（逐条会社法(2)346頁〔行澤一人〕、論点体系会社法(1)530頁〔田澤元章〕、会社法コメ(3)474-475頁〔森下〕、江頭・株式会社法226頁注4）。なお、質権設定者である株主が会社法202条に基づき株式の割当を受ける権利を行使しなかった場合も、質権設定者の担保価値維持義務を根拠として、増担保の請求ができると解されている（新版注会(3)216頁〔前田庸〕、論点体系会社法(1)530頁〔田澤〕、会社法コメ(3)474頁〔森下〕）。

会社が株式の発行等を行う際に既存株主に持ち株数に応じて株式を割当てる方法には、会社法202条の権利を与える方法の他に、会社法277条に基づき新株予約権無償割当てを行う方法がある（江頭・株式会社法717頁）。会社法202条の権利と異なり、株主は会社法277条に基づき割り当てられる新株予約権を譲渡できる。この場合、質権の効力は会社法277条に基づき質権設定者である株主に割り当てられる新株予約権に及ぶ（会社151条1項7号）。会社法202条の権利が与えられる場合と異なり、質権者は質権設定者である株主に割り当てられる新株予約権を効力発生（会社279条）の前に差し押さえ、「その他の財産権」（民執193条）として換価するか、その代わりとなる担保を請求することができると解されている（論点体系会社法(1)529頁〔田澤〕、会社法コメ(3)474-475頁〔森下〕、江頭・株式会社法226頁注4）。なお、会社法277条に基

づき譲渡制限新株予約権（会社243条2項2号）が割り当てられる場合，質権者は増担保の請求しかできないように思われる。なぜなら，譲渡制限株式の場合（→2⑶）と異なり，譲渡制限新株予約権を取得しても，譲渡を承認しない会社に対して新株予約権の買取りを請求することはできないからである（会社138条・264条）。

4 振替株式を目的とする質権
⑴ 振替株式を目的とする質権に適用される規定

振替株式は，社債株式等振替法において「株券を発行する旨の定款の定めがない会社の株式（譲渡制限株式を除く。）で振替機関が取り扱うもの」と定義され，その権利の帰属は振替口座簿の記載または記録によって定まる（社債株式振替128条1項）。社債，新株予約権（振替株式を目的とするものに限る）および新株予約権付社債（社債に付された新株予約権の目的である株式が振替株式であるものに限る）のうち，振替株式と基本的に同じ仕組みで権利の帰属が決まるものを振替社債，振替新株予約権および振替新株予約権付社債という（社債株式振替66条・163条・192条1項）。

振替口座簿は振替機関または口座管理機関によって開設される（社債株式振替12条3項・45条2項）。振替株式の取引を行うために必要な口座を，振替機関または口座管理機関に開設してもらった者を加入者という（社債株式振替2条3項）。加入者の口座において，保有する振替株式の数は保有欄に，質権を有する振替株式の数は質権欄に記載または記録される（社債株式振替129条3項3号4号・130条2項1号イ括弧書ロ括弧書）。社債株式等振替法には，質権の設定（社債株式振替141条）を初めとして，振替株式を目的とする質権に関する規定がいくつか存在する。振替株式の会社法の位置づけは株券不発行会社の株式であるから，振替株式を目的とする質権には，株券不発行会社の株式質に関する会社法の規定が適用される。ただし，会社法147条1項，148条，152条は適用されない（社債株式振替161条1項）。

なお，現在，わが国の上場会社が発行する全ての振替株式の振替機関は，証券保管振替機構である。振替株式に関する法律関係の処理においては，振替機関である証券保管振替機構が定める「株式等の振替に関する業務規程」（2017年8月17日最終改正。以下「業務規程」）が重要な役割を果たしている。また，証券保管振替機構が振替機関となる振替株式の取引は，電磁的記録で作

成された振替口座簿に基づき行われている（社債株式振替129条6項。業務規程35条）。したがって，以下の記述では，振替口座簿が電磁的記録で作成されていることを前提とする。

(2) 質権の設定・消滅

振替株式への質権の設定は，質権設定者からの振替の申請に基づき，振替口座簿における質権者の質権欄への記録がされない限り，その効力は生じない（社債株式振替141条）。このような規律は，振替株式の譲渡の効力が生じるためには，当事者間における譲渡の合意に加えて，譲受人の口座への記録が必要とされていることに対応している（社債振替株式140条）。すなわち，株主と質権者となる者の合意により質権設定契約が成立しても，質権者となる者の口座に記録されない限り質権設定の効力は生じない。質権欄への記録がなされたとしても，適法な振替の申請を欠いていた場合には，質権設定の効力は生じない（小林英治「振替債の取引における法的諸問題の検討」金法1848号〔2008〕52-53頁，樋口孝夫ほか「シンジケートローン取引等における振替株式担保の実務上の諸問題（上）」NBL922号〔2010〕31頁注3）。また，質権設定契約を欠く場合も，質権欄への記録のみによって質権が成立するわけではない（電子的記録に基づく権利を巡る法律問題研究会「振替証券・電子記録債権の導入を踏まえた法解釈論の再検討」金融研究34巻3号〔2015〕6頁〔振替株式の譲渡について〕）。社債株式等振替法における振替口座簿の記録は，株券が発行されている場合における株券の占有に相当するものと位置づけられている（小林・前掲論文50頁，葉玉匡美「シンジケート・ローンにおける振替株式の担保」NBL892号〔2008〕24頁）。

質権者となる者の口座への記録は，質権設定者である株主が，自分が口座を開設している口座管理機関に申請することによって行われる（社債株式振替132条）。振替口座簿上，質権設定者である株主の口座の保有欄において減少の記録がなされ，質権者の口座の質権欄に同じ数だけ増加の記録がなされる。質権者の口座の質権欄には，質権設定者に関する情報も記録される（社債株式振替129条3項4号）。質権設定者の口座の保有欄が減少するので，質権者は質入れ済みの振替株式を譲渡することはできなくなる（樋口孝夫「振替株式に対する複数の質権設定」岩原紳作＝小松岳志編・会社法施行後5年——理論と実務の現状と課題〔2011〕195頁）。このように質権の設定は質権者の口座の質権欄への記録によって行われるので（社債株式振替132条3項5号），振替株式については

特別法上の質権　II

略式質と略式譲渡担保を外形上，容易に区別することができる（阿多博文「株券電子化と各種手続(3・完)担保権設定・解除・実行手続」NBL899号〔2009〕58頁，論点大系会社法(1)501頁〔田澤元章〕）。

　株式質が設定された場合，質権者は，権利質に関する民法の規定（民362条2項・348条）に基づき，転質することが可能と解されている（新版注会(3) 203頁〔前田庸〕，論点大系会社法(1)509頁〔田澤〕）。転質も質権の設定であるから，振替株式を目的とする質権についての効力が生じるためには，原質権者の申請に基づき，転質権者となる者の口座の質権欄への記録が行われなければならない（社債株式振替132条3項2号3号・141条）。振替株式を目的とする質権が転質されると，原質権者の口座の質権欄に記録されていた振替株式の数が減少する（社債株式振替132条4項1号ロ）。質権欄に記録された振替株式の数を維持することは，振替株式を目的とする質権設定の効力要件でも対抗要件でもないので，転質によって原質権者が質権を失うわけではない（小林・前掲論文53頁・54頁，樋口ほか・前掲論文41-42頁）。ただし，原質権者は，転質された原質権について，口座の記録に基づく権利推定効（社債株式振替143条）を享受することができなくなる（樋口ほか・前掲論文42頁，樋口・前掲論文195頁）。転質権者の口座の質権欄には，原質権を設定した株主に関する情報が記録されるが，原質権が設定された日などは記録されない（社債株式振替132条7項2号）。原質権が設定された日は質権の設定が倒産手続において否認されるか否かと密接な関係があるとして，転質権者の口座の質権欄の記録から原質権が設定された日が明らかとならないことに対して立法論的な批判がある（樋口ほか・前掲論文41頁・42頁）。なお，質権者について，社債株式等振替法277条に基づき，質権設定者または転質における原質権者の口座に記録された事項を証明する書面の交付等を請求できることが明示的に認められているわけではない（社債，株式等の振替に関する法律施行令84条，社債，株式等の振替に関する命令61条。樋口・前掲論文196頁）。また，振替口座簿の記録上，転質と被担保債権の移転に伴う質権の移転を区別できないことについても立法論的な批判がある（樋口ほか・前掲論文42頁，樋口・前掲論文195頁）。

　振替株式を目的とする質権も，担保権の附従性により，被担保債権の消滅に伴い消滅する。振替口座簿上，質権の解除は，質権者の申請に基づき，質権者の口座の減少と質権設定者の口座の保有欄の増加が記録されることによ

〔加藤〕

特別法上の質権 II　　　　　　　　　　第2編　第9章　質権

って行われる（社債株式振替132条3項2号5号）。このような記録が登録株式質について行われると，後述する総株主通知（一(3)）によって，質権者および質権設定者の特段の行為を要することなく，株主名簿への質権の登録も抹消されることになる（論点体系会社法(1)521頁〔田澤〕，会社法コメ(3)460-461頁〔森下哲朗〕）。

　取得条項付株式の全部取得または全部取得条項付種類株式の取得等のように，会社の行為によって，振替口座簿上の振替株式の記録の全部が抹消される場合には，質権欄の記録も抹消されるので，質権者は質権を失う（社債株式振替135条3項・157条3項等）。このような場合に備えて，予め質権設定契約において質権設定者の担保維持義務を定めておくことが考えられる（阿多・前掲論文56頁）。質権設定契約に定めがなくとも，解釈論として価値減少分の増担保請求を認める見解も存在するようである（中央三井信託銀行証券代行部・株券電子化後の株式実務〔2009〕95頁）。

(3) 質入れの対抗要件

　社債株式等振替法には，振替株式を目的とする質権について，質権者であることを会社および第三者に対抗するための要件を定めた規定は存在しない。また，株主名簿への登録が質権者であることを会社および第三者に対抗するための要件であると規定する会社法147条は，振替株式を目的とする質権については適用されない（社債株式振替161条1項）。対抗要件に関する規定が存在しない理由として，振替株式については振替口座簿への記録により権利の帰属が定まることが挙げられている（高橋＝尾崎・振替法357頁）。なお，振替株式を譲渡によって取得したことについては，株主名簿の名義書換が会社に対する対抗要件である（社債株式振替161条3項）。

　質権者が会社および第三者に対して自分が質権者であることを主張する際には，自己の口座の内容を示すことになる（会社法コメ(3)456頁〔森下哲朗〕）。振替口座簿の質権欄への記録により質権が適法に設定されたことが推定されるからである（社債株式振替143条）。振替口座簿への記録に権利者であることを推定する効果があるということは，質権者は自分が実質的な権利者であることを主張立証するためには，振替口座簿の記録を示すのみで足りるということである。なお，質権者は，自分が口座を開設している口座管理機関に対して，口座に記録された事項を証明する書面の交付等を請求できる（社債株

特別法上の質権 II

式振替 277 条)。

　質権者であることを第三者に対抗できるか否かは、一般的に、質権の設定された財産を巡って、質権設定者の債権者と質権者が争う場合に問題となる。しかし、債権者の申立てに基づき質権設定者の保有する振替株式を目的として行われる差押えの効力は、質権設定者の口座の保有欄に記録された振替株式にしか及ばず、質権者の口座の質権欄に記録された振替株式には及ばないと解されている(中西和幸＝松田秀明「振替株式に設定された質権と質権設定者の振替株式に対する差押え」金法1912号〔2010〕56-58頁、樋口孝夫「振替株式に対する複数の質権設定」岩原紳作＝小松岳志編・会社法施行後5年──理論と実務の現状と課題〔2011〕195頁、会社法コメ(3)456頁〔森下〕)。すなわち、質権欄に記録されている限り、質権の目的である株式について、質権者は質権設定者の債権者に常に優先する。したがって、質権の設定された株式を巡って質権設定者の債権者と質権者の間で争いが生じることもない。

　株主名簿への登録は振替株式を目的とする質権の対抗要件ではないが、振替株式に登録株式質を設定するためには株主名簿への登録が必要であることは変わらない。質権者は株主名簿への登録により登録株式質権者となる旨を定める会社法149条は、振替株式を目的とする質権にも適用される。しかし、質権設定者が株主名簿への質権の登録を請求できる旨を定めた会社法148条は、振替株式を目的とする質権には適用されない(社債株式振替161条1項)。その理由は、振替株式に係る株主名簿の名義書換手続が個々の株主からの請求ではなく総株主通知という特別の手続に基づき行われる点にあると思われる(社債株式振替151条・152条)。総株主通知とは、振替機関が振替口座簿に記録された内容を総合して会社に通知する手続である。質権の設定も振替口座簿に基づき行われるので、株主名簿への質権の登録も総株主通知を通じて行われるということである。

　質権の設定により、質権設定者の口座の保有欄に記録された振替株式の数が減少するが、質権者の口座の質権欄には質権設定者の氏名などが記録される(社債株式振替129条3項4号)。そして、総株主通知の際には、原則として、質権者の口座の質権欄の記録に基づき、質権設定者である株主の氏名や保有する振替株式の数が会社に通知される(社債株式振替151条2項2号)。ただし、質権者は、自分が口座を開設している口座管理機関に対して、質権者である

特別法上の質権　II

ことを会社に通知するように請求できる（社債株式振替151条3項4項）。会社は，総株主通知において振替機関から質権者の氏名などの通知を受けた場合，その内容を株主名簿に記載または記録しなければならない（社債株式振替152条1項）。

このように質権者は，総株主通知に際して株主名簿への登録を請求することによって，登録株式質権者となることができる。転質権者も株主名簿への登録を請求することで登録株式質権者となることができるが，その結果，原質権者が登録株式質権者としての地位を失うわけではない（社債株式振替151条3項，社債，株式等の振替に関する命令22条。論点大系会社法(1)509頁〔田澤元章〕）。これに対して，このような請求をしなかった質権者は略式株式質権者となる。振替株式と振替株式以外の株式を目的とする質権の場合を比較すると，以下の2点の差異がある。第1に，振替株式を目的とする質権では，株主名簿への登録の機会は総株主通知が行われる場合に限定される（社債株式振替151条3項4項・152条1項）。これに対して，振替株式以外の株式にはこのような機会の制限は存在しない（会社128条）。振替株式を目的とする質権では，質権者が，自分が口座を開設している口座管理機関に株主名簿への登録を請求しても，次の総株主通知まで登録は行われないということである。

第2に，振替株式以外の株式を目的とする質権については質権設定者しか株主名簿への登録を請求できないが（会社148条），振替株式を目的とする質権では質権者が株主名簿への登録を請求できる。しかし，社債株式等振替法の規定は質権者が登録株式質権者となるための手続を定めたに過ぎず，質権設定者の同意を得ることなく登録株式質権者となることができる権利を与えたものではないと解されている（前田庸・会社法入門〔13版，2018〕259頁，樋口孝夫ほか「シンジケートローン取引等における振替株式担保の実務上の諸問題（下）」NBL923号〔2010〕63頁，松井秀樹ほか「振替株式に対して設定された担保権による債権回収の留意点──剰余金配当請求権の物上代位による差押えを中心に」金法1912号〔2010〕47頁，仁科秀隆「株式質の諸問題──担保株式の変容が質権の対抗力に与える影響を中心に」金法1944号〔2012〕58頁）。質権者が質権設定者の同意を得ることなく株主名簿に質権者としての記載または記録を受けることは，質権者設定者に対する損害賠償責任の原因となり得る（前田・前掲書259頁）。

特別法上の質権　II

(4) 同順位または異順位の複数の質権の設定

2009年1月に上場株式の取引の電子化（振替株式への一斉移行）が行われる以前，主にシンジケートローンやM&Aファイナンスにおいて，株券が発行されている株式に対して複数の質権者が同順位のまたは異順位の質権を有する形で質権を設定するという取引が行われていた（全国銀行協会「シンジケート・ローン等における証券担保利用に関する研究会報告書」〔2008〕4頁）。当時，上場株式の取引は株券保管振替制度に基づき行われていたが，同制度は質権の順位付けを想定した仕組みを有していなかったため，前述した取引を行うためには株券が利用されていた（金川創「振替制度下での買収ファイナンス」金法1861号〔2009〕9-10頁，樋口孝夫「振替株式に対する複数の質権設定」岩原紳作＝小松岳志編・会社法施行後5年——理論と実務の現状と課題〔2011〕189-190頁）。同一の株式について複数の質権が設定された場合，その順位は設定の時期によって決まる（民362条2項・355条）。株券が発行されている株式では，株式の質入れは株券の交付によって効力を生じる（会社146条2項）。前述したシンジケートローンやM&Aファイナンスでは，担保関係の実務を取り扱うセキュリティ・エージェントが質権設定者から質権が設定される株式に係る株券の交付を受け，質権者に代わって占有（代理占有）を行っていた。そして，同順位の質権の設定の場合には占有を同時に開始し，異順位の質権を設定する場合には占有を開始する時期をずらすことが行われていた（全銀協・前掲報告書5-6頁，小林英治「振替債の取引における法的諸問題の検討」金法1848号〔2008〕55頁，樋口孝夫ほか「シンジケートローン取引等における振替株式担保の実務上の諸問題（上）」NBL922号〔2010〕34頁，会社法コメ(3)452頁〔森下哲朗〕）。

これに対して振替株式について，複数の質権者が同順位のまたは異順位の質権を有する形で質権を設定することできるか否かについて，争いがある。電子記録債権については，明文の規定によって，1つの電子記録債権に複数の質権を設定できることが認められている（電子記録債権法36条3項による民法373条の準用）。質権の順位は，質権設定記録がされた順序によって決まる（電子債権37条1項4号。始関正光＝高橋康文編著・一問一答電子記録債権法〔2008〕149頁，池田真朗＝太田穣・解説電子記録債権法〔2010〕193頁）。一方，振替株式には，電子記録債権における記録番号（電子債権16条1項7号）のような特定の振替株式に紐付けられた番号のようなものは存在しない。電子記録債権では記番

〔加藤〕

特別法上の質権 II　　　　　　　　　第2編　第9章　質権

号方式が採用されているのに対して，振替株式では残高管理方式が採用されているこということである（葉玉匡美「シンジケート・ローンにおける振替株式の担保」NBL892 号〔2008〕24 頁）。したがって，ある振替株式に対する質権を各質権者の複数の口座に記録することは制度として予定されていないということになる（仁科秀隆「株式質の諸問題――担保株式の変容が質権の対抗力に与える影響を中心に」金法1944 号〔2012〕58 頁注15）。振替口座簿上の記録には，代理占有に相当するものも存在しない（小林・前掲論文51 頁，金川・前掲論文10 頁）。また，振替株式を目的とする質権がいったん設定されると，質権設定者の口座の保有欄から質権の設定された数だけ振替株式の数が減少する。そのため，質権者の協力を得て第三者の口座の質権欄へ振替を申請してもらうこと（形式上は転質と区別できないという問題もあるが）を別として，質権設定者が質入済みの振替株式に対して別の質権を設定することはできない（小林・前掲論文56 頁，樋口ほか・前掲論文39 頁，樋口・前掲論文194 頁）。

　学説の中には，立法論として，振替株式についても電子記録債権法と同様の立法措置がなされるべきことを主張する見解がある（論点大系会社法(1)511 頁〔田澤元章〕）。これに対して，2008 年1 月に公表された全国銀行協会「シンジケート・ローン等における証券担保利用に関する研究会報告書」（以下「2008 年1 月全銀協報告書」）は，現行法の下で振替株式に複数の質権者が同順位のまたは異順位の質権を有する形で質権を設定する方法として，複数の者が共同で名義人となる口座（以下「共同名義口座」）を利用することなどを提案した。

　社債株式等振替法に明文の規定は存在しないが，立案担当者の解説では，主に（準）共有の場合を念頭において，口座管理機関は共同名義口座を開設できると説明されている（高橋＝尾崎・振替法148-149 頁）。また，社債株式等振替法には，振替株式等を共有する目的以外で共同名義口座を利用することを妨げる規定は存在しない（全銀協・前掲報告書8 頁，葉玉・前掲論文24 頁）。しかし，質権設定者の口座から共同名義口座の質権欄への記録により質入れの効力が生じたとしても，振替口座簿上，共同名義口座の名義人が有する具体的な権利の内容は口座に記録されるわけではない。振替株式に係る権利関係の中で振替口座簿への記録が要求される事項は，準共有の場合でも共有持分の記録は行われないことや譲渡担保の場合も保有欄に記録されることが示す

ように，そもそも限定されている（葉玉・前掲論文24-25頁）。そこで，2008年1月全銀協報告書は，共同名義口座の質権欄に記録された質権に対する名義人の権利，すなわち，1つの質権を準共有しているのかまたは複数の質権を有しているのか，後者の場合に同順位の質権であるかまたは順位が存在するのかといった内容を，名義人間の合意によって決定するという方式を提案した（全銀協・前掲報告書8頁・13-14頁）。

2008年1月全銀協報告書の提案に対しては，好意的な見解と否定的な見解が存在する。ただし，好意的な見解の中でも，共同名義口座の名義人間の合意の効力の範囲について評価が異なる。具体的には，質権欄への記録によって共同名義口座の名義人が取得するのは同順位の質権であり，合意の効力は当事者にしか及ばないと指摘する見解（小林・前掲論文56頁注28，葉玉・前掲論文26頁，金川・前掲論文11頁注10）と，名義人は合意の内容を第三者にも対抗できるとの見解（会社法コメ(3)454頁〔森下哲朗〕）がある。また，2008年1月全銀協報告書も，名義人間の合意の効力は名義人の差押債権者など第三者に及ぶと主張していたが，担保権の実行手続に際して裁判所を拘束するか否かについて議論の余地があることを認めていた（全銀協・前掲報告書11頁注21・13-14頁）。

これに対して否定的な見解がその根拠として挙げる主たる理由は，以下の2点である。第1に，共同名義口座の質権欄に記録された質権の個数（準共有されている1つの質権であるか同順位複数の質権が存在するか）や優先劣後関係が振替口座簿上の記録に基づかず当事者の合意によって決まるということは，振替口座簿上の記録に基づき権利の帰属関係を明確化しようとした社債株式等振替法の制度趣旨に反する（樋口ほか・前掲論文36-37頁，樋口・前掲論文193頁）。第2に，合意が公示されるわけでもないにもかかわらず，特に合意に基づき質権者間の順位を決定できるとの考え方は，対抗要件または効力要件の具備の先後で担保権者間の順位が決定されるという物権法の大原則に反する（樋口ほか・前掲論文39頁，樋口・前掲論文191頁）。

2008年1月全銀協報告書の提案に対する否定的な見解への反論として，動産質のように担保権の数や順位について公示が要求されていない場合も存在すること，社債株式等振替法は振替株式に係る権利関係の全てを振替口座簿に記録することを予定していないことを踏まえ，振替株式を目的とする担

特別法上の質権 II

保権については担保権の数や順位を公示することは不要であるとの立法判断がなされたこと、が挙げられている（会社法コメ(3)453-454頁〔森下〕）。

(5) 物上代位が認められる財産の範囲

質権の効力（物上代位効）が及ぶ財産の範囲は、振替株式ではない株式を目的とする質権と同じである。II 3(2)で説明した通り、株式質の効力を定めた会社法の規定として151条、840条4項、841条2項、844条2項を挙げることができるが、これらは全て振替株式を目的とする質権にも適用される（社債株式振替161条1項）。また、民法の物上代位に関する規定（民362条・350条・304条）に基づき、物上代位が認められる場合があることも同様である。

(6) 物上代位権を行使する方法

振替株式を目的とする質権についても、原則として、質権者が物上代位権を行使するためには民法304条ただし書に基づき差押えを行うことが必要となる。II 3(3)で説明した通り、物上代位権を行使する方法を定めた会社法の規定として152条～154条があるが、振替株式に適用されるのは会社法154条のみである。会社法152条は社債株式等振替法161条により振替株式について適用除外とされており、会社法153条はそもそも株券発行会社の株式を目的とする質権に関する規定である。会社法154条は、物上代位効が及ぶ金銭について登録株式質権者が物上代位権を行使する手続に関する規定であるが、質権の目的が株券発行会社の株式であるか、株券不発行会社の株式であるか、振替株式であるかを問わず適用される規定である。

振替株式については、以下に述べる通り、社債株式等振替法と証券保管振替機構の業務規程に物上代位権の行使に関する特則が存在する。なお、以下で振替株式、振替新株予約権、振替株新株予約権付社債は、証券保管振替機構が振替機関となるものを指す。

第1に、社債株式等振替法は、株式の併合（社債株式振替136条3項4項）、株式の分割（社債株式振替137条3項4項）、合併（質権の目的である株式を発行する会社が消滅会社の場合に限る）・株式交換・株式移転（社債株式振替138条3項4項）の対価として振替株式が交付される場合について、質権者の何らの行為を要することなく、会社からの通知に基づき質権欄への記録が行われる旨を定める。このような取扱いは、略式株式質か登録株式質かを問わず、振替株式を目的とする質権に共通して行われる。その根拠として、個々の株主が保有す

特別法上の質権 II

る株式数など振替株式に係る権利の帰属に関する情報は全て振替口座簿に記録されているので、会社からの通知に基づき株式の併合等の行為の効果を振替口座簿に正確に反映させることができることが挙げられている（高橋＝尾崎・振替法318頁、会社法コメ(3)486頁〔森下哲朗〕）。

証券保管振替機構の業務規程では、振替株式が質権者の質権欄に記録される具体的な手続が定められている（業務規程87条・89条・94条）。例えば、Aの口座の質権欄にBが保有するP社の振替株式を目的とする質権が記録されており、P社とQ社がQ社の振替株式を対価としてP社を消滅会社とする合併（以下「本件合併」）を行うとしよう。まず、P社は本件合併の対価の内容を証券保管振替機構に通知しなければならない（業務規程94条1項）。本件合併の対価の内容は、証券保管振替機構から口座管理機関および口座管理機関から下位の口座管理機関に通知される（業務規程94条2項～4項）。Aの口座を開設している口座管理機関Rは、証券保管振替機構または上位の口座管理機関からの通知に基づき、P社の株主であるBに交付されるべき振替株式の数を計算する（業務規程94条5項4号5号）。その後、Rは本件合併の効力発生日に、Aの口座の質権欄に本件合併の対価としてBに交付される振替株式を記録する（業務規程94条10項1号ロ）。その結果、Aは、本件合併の対価としてBに交付された振替株式について、差押えをせずに質権（略式株式質）を取得することになる。

第2に、証券保管振替機構の業務規程は、会社法151条に基づき質権の効力（物上代位効）が及ぶとされた振替株式、振替新株予約権および振替新株予約権付社債（以下「振替株式等」という）の一部について、登録株式質権者の何らの行為を要することなく、会社からの通知に基づき登録株式質権者の質権欄への記録が行われる旨を定める。このような定めがあるのは、会社が別の種類の振替株式等を対価として取得条項付株式の全部または全部取得条項付種類株式を取得する場合（業務規程80条5項5号・6項5号・20項1号・23項）、振替株式の無償割当て（業務規程92条2項）、振替新株予約権または振替新株予約権付社債の無償割当て（業務規程223条2項・269条2項）、合併（質権の目的である株式を発行する会社が消滅会社の場合に限る）・株式交換・株式移転の対価として振替新株予約権または振替新株予約権付社債が交付される場合（業務規程80条23項・94条13項）、質権の目的である株式を発行する会社が吸収分割

特別法上の質権　II　　　　　　　第2編　第9章　質　権

承継会社または新設分割会社となる会社の分割において効力発生日に分割の対価である振替株式が株主に交付される場合（業務規程102条9項・105条7項），質権の目的である株式を発行する会社が株式分配（法税2条12号の15の2）として振替株式を交付する場合（業務規程107条の2第7項），である。

　第3に，以上に説明した社債株式等振替法および証券保管振替機構の業務規程に基づき登録株式質権者の質権欄になされた振替株式の記録は，証券保管振替機構および口座管理機関が管理する登録株式質権者管理簿に反映される（業務規程123条・128条3項）。証券保管振替機構は，総株主通知に際して，登録株式質権者管理簿に記載された質権者を会社に通知する（業務規程145条4号・149条1項）。したがって，登録株式質権者は，特段の行為を要することなく，社債株式等振替法および証券保管振替機構の業務規程に基づき，物上代位効の及ぶ振替株式について質権欄への記録を受けることができるだけではなく，株主名簿への登録を受けることができる。

　なお，第2と第3で説明した証券保管振替機構の業務規程による取扱いは合理的であるが，会社法151条を除くと，会社法および社債株式等振替法を根拠とするものではないように思われる。例えば，社債株式等振替法130条は，会社が取得条項付株式の取得の対価として新たに振替株式を発行する場合等の手続を定めた規定であるが（高橋＝尾崎・振替法312頁），一見すると証券保管振替機構の業務規程による取扱いの根拠規定であるかのように見える。同条は，会社が新たに振替口座簿に記録される振替株式（以下「本件株式」）を目的とする登録株式質権者の氏名または名称を振替機関に通知し（社債株式振替130条1項2号），その内容に従って登録株式質権者の口座の質権欄への記録が行われること（社債株式振替130条2項1号ロハ・3項）を予定しているが，これらは本件株式に物上代位効が及んでいることを根拠とするものではない。なぜなら，本件株式の登録株式質権者となるためには株主名簿への登録が必要であるが，そのためには振替口座簿の質権欄への記録と総株主通知が必要だからである（一(3)）。そして，振替株式を目的とする質権には会社法152条は適用されないから，会社が振替株式を新たに発行する際に，物上代位効が及ぶ株式について株主名簿に質権を登録することはできないはずである（社債株式振替161条1項）。すなわち，社債株式等振替法130条1項2号のいう「前号の振替株式の……登録株式質権者」は，会社が振替株式を新たに発行

する場合には存在しないということである。したがって，社債株式等振替法130条の登録株式質権者に関する規定は既に株主名簿に質権が登録されている場合にのみ適用されるものであるから，発行済株式を振替株式とする場合にのみ意味があるということになる。

　社債株式等振替法において明記されているわけではないが，質権が取得請求権付株式に設定されている場合，以下に述べる通り，会社法151条1項1号に基づき質権の効力が及ぶとされる金銭等に対する質権者の利益は，事実上，保護されている。株主が取得請求権付株式の取得を会社に請求するためには，振替の申請をしなければならない（社債株式振替156条1項）。しかし，振替の申請をできるのは，自己の口座において減少の記録が行われる者に限られる（社債株式振替132条2項）。取得請求権付株式に質権が設定されている場合，質権設定者の口座に質権の設定された株式に係る記録は存在しない。したがって，質権者設定者は，質権者の協力を得て，質権者の口座の質権欄から質権設定者の口座の保有欄への振替を経なければ，取得請求権付株式の取得を会社に請求できないことになる。このような取扱いは，株券発行会社における取得請求権付株式の取扱いと実質的に等しいように思われる（→3(3)(ア)(ウ)）。質権者には，質権設定者による取得請求権付株式の取得の請求に協力する際に，別の担保を請求するなどして自己の利益を守ることができる機会が存在する。なお，質権の設定された新株予約権の行使も同様に取り扱われている（社債株式振替168条2項・188条・197条2項・220条）。

(7) 剰余金の配当を受ける権利に対する質権の効力

　証券保管振替機構の業務規程には，会社が振替株式の株主に剰余金の配当として金銭を交付する手続に関する規定が存在する（業務規程166条～170条）。しかし，登録株式質権者に対する剰余金の配当としての金銭の交付は，証券保管振替機構が管理するシステムの範囲外で行われることが想定されている。すなわち，剰余金の配当として交付される金銭については，会社は登録株式質権者からの申し出がない限り，質権設定者である株主に金銭を交付することとされている（証券保管振替機構・株式等振替制度に係る業務処理要領2-14-9）。振替株式の株主が，口座管理機関を通じて，剰余金の配当として交付される金銭の振込先を指定する手続は，登録株式質権者には適用されない（業務規程168条1項括弧書）。登録株式質権者が剰余金の配当として交付される金銭

特別法上の質権　II　　　　　　　　　　　第2編　第9章　質権

を直接受領したい旨の申し出を会社に行う手続は、各会社が定めることとされている（証券保管振替機構・株式等振替制度に係る業務処理要領2-14-9）。登録株式質権者がこのような申し出を行った後も、金銭の交付は配当金領収証による一覧払の形式などによって行われる（証券保管振替機構・株式等振替制度に係る業務処理要領2-14-35）。

　このような取扱いがなされている理由として、質権者は債務不履行等が生じるまで剰余金の配当を直接受領することを通常は予定していないことが挙げられている（松井秀樹ほか「振替株式に対して設定された担保権による債権回収の留意点——剰余金配当請求権の物上代位による差押えを中心に」金法1912号〔2010〕48頁）。しかし、会社法154条1項に基づき、振替株式の登録株式質権者は会社に対して、質権設定者である株主に交付されるべき金銭を自らに引き渡すことを請求できるはずである。したがって、会社は質権設定者である株主に金銭を引き渡しても、登録株式質権者に対する責任を免れることはできないように思われる（→3(3)(イ)）。ただし、質権設定契約の当事者の間で、登録株式質権者が会社に申し出ない限り、質権設定者である株主が会社から剰余金の配当として金銭の交付を受ける旨の合意があれば、会社は質権設定者に金銭を交付することによって免責されると思われる。実務では、株式質の効力は剰余金の配当に及ばないという平成17年改正前商法下の実務を受け継ぎ、質権設定契約において質権の効力は剰余金の配当に及ばない旨が定められる場合が多いとの指摘がある（阿多博文「株券電子化と各種手続(3・完)担保権設定・解除・実行手続」NBL899号〔2009〕56頁注4）。

(8)　質権の実行

　質権の目的である振替株式の交換価値から優先弁済を得る方法には、振替株式以外を目的とする質権の場合と同じく、民事執行手続による担保権の実行、簡易な弁済充当（民362条2項・354条）、流質契約（民349条、商515条）、がある（→3(1)）。

　振替機関が取り扱う振替株式に関する強制執行および振替株式に関する担保権の実行について、民事執行規則に特則が存在する（社債株式振替280条、民執規150条の2～150条の8・180条の2）。これらの特則は、振替株式だけではなく、社債株式等振替法に基づき振替機関が取り扱う社債、国債、地方債、新株予約権、新株予約権付社債、投資信託受益権等を広く対象とする（武智

特別法上の質権　II

舞子ほか「株式等の取引に係る決済の合理化を図るための社債等の振替に関する法律等の一部を改正する法律の施行に伴う民事執行規則及び民事保全規則の一部改正の概要（振替社債等に関する強制執行等の手続の概要）」金法1853号〔2008〕11頁，阿多博文「振替社債等と電子記録債権に関する強制執行の現状と法律化の必要性――『その他の財産権』に関する規律との関連で」金法2048号〔2016〕34頁）。

　振替株式を目的とする質権の実行の申立書には，質権者が社債株式等振替法277条に基づき自己の口座が開設されている口座管理機関から発行を受けることができる口座の記録事項の証明書（以下，II 4(8)において「口座記録事項証明書」という）を添付することが求められる（民執規180条の2第1項）。その他の手続に関しては，債権を目的とする担保権の実行に関する規定と振替株式に関する強制執行に関する規定等が準用される（民執規180条の2第2項。武智ほか・前掲論文17頁）。振替株式を目的とする質権の実行は，担保権の存在を証明する文書が提出されたときに限り，開始する（民執規180条の2第2項，民執193条1項前段）。ただし，質権者が口座記録事項証明書を提出すれば，別に担保権の存在を証明する文書を提出する必要は無いと解されている（阿多博文「株券電子化と各種手続(3・完)担保権設定・解除・実行手続」NBL899号〔2009〕62頁，会社法コメ(3)478頁〔森下哲朗〕）。

　質権実行の申立てに基づき，執行裁判所は差押命令を発する（民執規180条の2第2項・150条の3第1項）。質権の設定された振替株式は，質権設定者ではなく質権者の質権欄に記録されているのであるから，差押命令により質権の目的である振替株式の処分等を禁止するためには，差押命令の名宛人に質権者および質権者の口座を開設している口座管理機関が含まれると解する必要がある。差押命令後の手続は，振替株式に関する強制執行と同じである（阿多・前掲論文62頁，会社法コメ(3)478頁〔森下哲朗〕）。

　流質契約に基づく質権の実行には，質権者が自ら買受人となり被担保債権の額を超える利益を質権設定者に返還する方法（以下「帰属清算方式」）と第三者に譲渡してその売却代金から優先弁済を得る方法（以下「処分清算方式」）がある。振替口座簿上，両方式とも質権者の質権欄に減少の記録がなされるが，帰属清算方式では増加の記録は質権者の保有欄に，処分清算方式では増加の記録は譲受人である第三者の口座の保有欄になされる。これらの記録は，質権者の申請に基づき行われる（阿多・前掲論文61-62頁，樋口孝夫ほか「シンジケ

〔加藤〕

特別法上の質権　II　　　　　　　　第2編　第9章　質　権

ートローン取引等における振替株式担保の実務上の諸問題（上）」NBL922号〔2010〕43頁，会社法コメ(3)479頁〔森下〕）。適法な流質契約に基づくことなく行われた振替口座簿上の記録は無効である。ただし，処分清算方式における第三者は，社債株式等振替法144条に基づき保護される可能性がある（阿多・前掲論文62頁）。

　振替株式の質権者が物上代位権を行使して優先弁済を得る方法について，民事執行規則180条の2は振替株式に関する担保権の実行に関する特則，すなわち，差押えの対象が振替株式の場合に関する特則であると解した上で，一般規定に戻って，他の株式質と同じく，その他の財産権に対する担保権の実行方法（民執193条1項後段）によらなければならないと解する見解がある（松井秀樹ほか「振替株式に対して設定された担保権による債権回収の留意点──剰余金配当請求権の物上代位による差押えを中心に」金法1912号〔2010〕50頁）。この見解はさらに，振替株式の質権者が提出しなければならない担保権の存在を証する文書は，質権の目的である振替株式を換価して優先弁済を得る場合（民執規180条の2第1項）と同じく，社債株式等振替法277条に基づく口座記録事項証明書で足りると解している（松井ほか・前掲論文51頁）。

　たしかに，口座記録事項証明書によって，質権者の口座の質権欄に振替株式が記録されていることが示される。一見すると，口座の質権欄の記録には質権者であることを推定する効果が認められるので（社債株式振替143条），口座記録事項証明書を担保権の存在を証する文書として扱うことに問題はないように思われる。しかし，厳密に言うと，口座記録事項証明書は，過去のある時点における口座の記録事項を証明するものに過ぎないことに留意する必要がある（加藤貴仁「多重代表訴訟等の手続に関する諸問題──持株要件・損害要件・補助参加」神田秀樹編・論点詳解平成26年改正会社法〔2015〕96頁）。すなわち，口座記録事項証明書が担保権の存在を証する文書として提出されたとしても，その証明書は提出時点における質権者の口座の質権欄の内容を示すとは限らないのである。

　権利行使の時点での振替口座簿の内容と口座記録事項証明書の内容にズレが生じる可能性は，口座記録事項証明書を提出して振替株式を目的とする質権の実行を申し立てる際にも存在する（民執規180条の2第1項）。しかし，このようなズレは民事執行規則の明文の規定によって許容されている。振替株

式の株主が少数株主権等を行使するために要求される個別株主通知も，このようなズレを法的に許容するための仕組みである（社債株式振替154条）。なお，振替社債等に関する権利を行使するための要件として，自己の口座が開設されている口座管理機関から発行を受けることができる口座の記録事項の証明書の提示が要求されているが（社債株式振替86条1項・127条の27第1項・222条1項），証明書の法的位置づけは社債株式等振替法277条に基づく証明書と大きく異なる（髙橋＝尾崎・振替法216頁）。社債株式等振替法277条に基づく口座記録事項証明書の交付を受けた者と異なり，振替社債等に関する権利行使のために必要な証明書の交付を受けた者は，証明書を返還するまで証明の対象となった振替社債等について振替の申請をすることができない（社債株式振替86条4項・127条の27第4項・222条4項）。振替の申請をすることができないということは，証明書を返還するまでは証明の対象となった振替社債等を有効に譲渡することができないということを意味する。

III　知的財産権法上の質権

1　概　　要

　知的財産権の中で，実務上，質権の設定に限った話ではないが，担保とされることが多いのは，特許権，商標権，著作権であると指摘されることがある（鎌田薫編・債権・動産・知財担保利用の実務〔2008〕367頁〔吉羽真一郎＝大宮立〕）。この中で，特許権を目的とする質権と商標権を目的とする質権に関する規定には共通点が多いし，商標法では特許法上の質権に関する規定の一部が準用されている（商標30条4項・31条6項・34条3項4項・35条）。そこで本稿では，特許法と著作権法のそれぞれの質権に関する規定を分析の対象とする。

　特許権を目的とする質権と著作権を目的とする質権には，質権を設定するための手続に差異があるように思われる。例えば，特許権および専用実施権に質権を設定するためには登録が必要となるのに対して（特許98条1項3号），著作権法には類似の規定が存在しない。この他の差異として，権利者からの許諾に基づき非排他的な形で知的財産を利用する権利という点で類似する通常実施権（特許78条2項）と許諾に基づき著作物を利用する権利（著作63条2項）について，前者については当然対抗制度（特許99条）が存在するため質

特別法上の質権　III

権の目的とすることが可能であるが、後者については登録制度など質権の設定を第三者に対抗する手段が存在しないため、事実上、質権の設定が不可能となっていることを挙げることができるように思われる。

一方、特許法と著作権法の質権に関する規定には、質権の設定された知的財産権の有効活用を図ることを目的とするものがあるという点で共通する。その典型例は、質権の設定された権利を質権者が利用することを制約する規定の存在である（特許95条、著作66条1項）。このような規定が存在することから、特許権および著作権を目的とする質権の実質は抵当権に近いと評価されている（加戸・著作権法463頁、中山・特許法494頁、島並ほか・特許法256頁〔横山久芳〕、高林・特許法219頁、高林・著作権法214頁、鎌田・前掲書367頁〔吉羽＝大宮〕、新注解特許法(中)1572頁〔林いづみ〕、著作権法コメ(2)828頁〔飯島澄雄＝飯島純子〕）。

以下では、特許法上の質権、著作権法上の質権の順番で、それぞれの規定の特徴を紹介する。

2　特許法上の質権
(1)　質権の設定

特許権者は、業として特許発明の実施をする権利を専有する（特許68条）。また、特許権者は専用実施権の設定または通常実施権の許諾により、特許権者以外の者に特許発明の実施をさせることができる（特許77条・78条）。専用実施権者も、特許権者の承諾を得れば、他人に通常実施権を許諾することができる（特許77条4項）。特許権は財産権であり（中山・特許法492頁、茶園編・特許法333頁〔村上画里〕）、かつ、特許法には特許権の移転を一般的に制約する規定は存在しないから、特許権を質権の目的とすることができる（民362条2項・343条）。専用実施権と通常実施権については、移転に一定の制約があるが、それぞれについて質権を設定できることを定めた規定が存在する（特許77条3項4項・94条1項2項）。なお、特許を受ける権利の移転は認められているが、質権を設定することは認められていない（特許33条1項2項）。これに対して、質権の設定を認めるべきとの立法論が有力である（中山・特許法164-165頁、島並ほか・特許法55頁〔横山〕）。また、特許を受ける権利を有する者によって設定された仮専用実施権および許諾された仮通常実施権についても、質権を設定することは認められてない（特許34条の2第8項・34条の

3 第12項・33条2項)。質権を設定することが明文の規定によって認められない場合でも，譲渡担保に供することは可能と解されている（中山・特許法165頁，島並ほか・特許法54-55頁〔横山〕，新注解特許法(中)1579頁〔林いづみ〕）。

　特許権，専用実施権，通常実施権を目的とする質権の設定に必要な手続は，それぞれの移転の手続と関連している。特許権者が特許権を目的とする質権を設定するためには，質権設定契約に加えて，特許権の移転と同じく，登録が必要である。登録は特許権の移転および質権設定の効力が生じるための要件である（特許98条1項1号・3号）。登録により，特許権の譲受人に質権を対抗できるようにもなる。

　専用実施権者が専用実施権を目的とする質権を設定するためには，特許権者の承諾が必要である（特許77条4項）。また，質権設定契約に加えて，専用実施権の移転と同じく，専用実施権を目的とする質権設定の効力が生じるためには登録も必要となる（特許98条1項2号・3号）。登録により，特許権または専用実施権の譲受人に質権を対抗できるようになる（中山・特許法504頁〔専用実施権の登録一般について〕）。

　通常実施権者が通常実施権を目的とする質権を設定するためには，専用実施権の場合と同じく，特許権者等の承諾が必要である（特許94条2項）。特許権者等の承諾があれば通常実施権を目的とする質権設定の効力は質権設定契約の成立によって生じ，登録は不要である。平成23年の特許法改正前は，通常実施権を目的とする質権の設定等を第三者に対抗するためには登録が必要とされていた（平23改正前特許99条3項）。同年の改正により，通常実施権の登録制度は廃止され，通常実施権はその発生後に特許権を譲り受けた者等に当然に対抗できることになった（特許99条）。このような制度は通常実施権の当然対抗制度と呼ばれている（中山・特許法576頁，高林・特許法201頁，茶園編・特許法325頁〔村上〕，新注解特許法(中)1599頁〔林〕）。当然対抗制度の下では，通常実施権者が特許権の譲受人等に通常実施権を対抗するためには，特許権等の譲渡の前に通常実施権の許諾を受けたことを何らかの方法で立証すれば足りると解されている（島並ほか・特許法234頁〔横山〕，新注解特許法(中)1602頁〔林〕）。なお，通常実施権の譲渡等を第三者に対抗するためには，指名債権の譲渡に関する民法467条が適用されると解されている（島並ほか・特許法238頁〔横山〕，高林・特許法203頁，茶園編・特許法325頁〔村上〕，新注解特許法

(中)1603頁〔林〕)。質権を第三者に対抗するための要件については，当然に対抗力を有すると解する見解（中山・特許法493-494頁）と民法364条が適用されると解する見解（島並ほか・特許法238頁〔横山〕，高林・特許法203頁・219頁）がある。

専用実施権または通常実施権を目的とする質権の設定に際して特許権者の承諾が必要とされていることは，特許権者の承諾があれば専用実施権および通常実施権を移転できることに対応している（特許77条3項・94条1項）。特許権者の承諾を必要とする趣旨として，特許権者は誰が専用実施権者等になるかについて重大な利害関係を有しているからと説明されている（中山・特許法505頁，茶園編・特許法321頁〔村上〕，高林・特許法198頁注4）。専用実施権が設定された範囲で特許権者による特許発明の実施が制限され，特許権者は通常実施権者に差止請求権と損害賠償請求権を行使できなくなる。専用実施権者が許諾した通常実施権を目的とする質権の設定には特許権者に加えて専用実施権者の承諾が必要とされていることも，同趣旨である（特許94条1項括弧書・94条2項括弧書）。なお，質権の実行に伴う競売によって競落人が専用実施権または通常実施権を取得する際にも特許権者の承諾が必要か否かについて争いがあるが，不要と解する見解が有力である（中山・特許法494頁，新注解特許法(中)1573頁〔林〕）。

(2) 共有された特許権に対する質権の設定

特許権が共有されている場合，各共有者が自らの持分を譲渡したり，それを目的とする質権を設定したりするためには，他の共有者の同意が必要である（特許73条1項）。特許権の共有は，共同発明や特許権の持分の譲渡，相続によって生じる（中山・特許法311頁，島並ほか・特許法258頁〔横山〕，高林・特許法117頁）。特許権の共有に関する特許法の規定は民法の共有に関する規定の特則として位置づけられており，特許法に規定のない事項については，民法の規定が適用される（中山・特許法311頁，島並ほか・特許法258-259頁〔横山〕，高林・特許法117頁，新注解特許法(中)1418-19頁〔森﨑博之＝根本浩〕）。

特許権を共有する者は，契約で別段の定めをしない限り，民法249条と異なり，持分の大きさとは関係なく特許発明を実施することができる（特許73条2項）。したがって，共有者間には特許発明の実施に関して競争関係が存在することになるので，ある共有者の持分を誰が取得するかによって他の共有

者が保有する持分の価値が変動する可能性がある。そこで，民法の特則として，共有者による持分の譲渡等に制約が設けられることになった（中山・特許法312-313頁，島並ほか・特許法259-260頁〔横山〕，高林・特許法117頁，茶園編・特許法317頁〔村上〕，新注解特許法(中)1419頁〔森﨑＝根本〕）。条文の文言上，譲渡や質権設定の相手方が他の共有者の場合も，相手方となる者以外の共有者の同意が必要と解されているようである（新注解特許法(中)1421頁〔森﨑＝根本〕）。なお，専用実施権および通常実施権の共有者が持分を目的とした質権を設定する場合も，同様の趣旨から他の共有者の同意が必要とされている（特許77条5項・94条6項・73条1項）。

(3) 質権の効力

特許権，専用実施権，通常実施権を目的とする質権が設定された場合でも，契約で別段の定めをした場合を除き，質権者は特許発明の実施をすることができない（特許95条）。したがって，質権の設定後も，質権者の承諾なく，特許権者，専用実施権者，通常実施権者は特許発明の実施を行うことができるし，特許権者は専用実施権の設定や通常実施権の許諾を行うことができる（鎌田・前掲書367頁〔吉羽＝大宮〕，新注解特許法(中)1572頁〔林いづみ〕）。質権者による特許発明の実施を制約する趣旨として，特許権等の有効活用および担保価値の維持の双方の点において特許権者等に特許発明の実施等をさせた方が望ましく，特許権者等と質権者の双方の利益になることが挙げられている（鎌田・前掲書367頁〔吉羽＝大宮〕，中山・特許法494頁，島並ほか・特許法256頁〔横山〕，新注解特許法(中)1571-72頁〔林〕）。

特許権，専用実施権，通常実施権を目的とする質権が設定されている場合，質権者の承諾を得ない限り，特許権者等は特許権等を放棄することはできない（特許97条1項）。また，特許権者は，質権者の承諾を得ない限り，訂正審判の請求をすることができない（特許127条）。

特許権，専用実施権，通常実施権を目的とする質権は，特許権者が特許発明の実施を認めること等によって得る対価（金銭に限らない）に及ぶ（特許96条本文）。ただし，質権者がこれらについて質権を行使するためには，特許権者等への支払または引渡しの前に金銭等を受ける権利を差し押さえなければならない（特許96条ただし書）。これらは，特許権などを目的とする質権の物上代位に関する規定と理解されている（中山・特許法494頁，島並ほか・特許法

256頁〔横山〕，茶園編・特許法334頁〔村上〕，新注解特許法(中)1582頁〔林〕)。
3 著作権法上の質権
(1) 質権の設定

著作者が有する権利には著作者人格権と著作権がある（著作17条）。著作権は財産権であり（加戸・著作権法435頁，中山・著作権法413頁，島並ほか・著作権法255頁〔横山久芳〕，茶園編・著作権法254頁〔村上画里〕，高林・著作権法214頁)，譲渡することが可能であるから，著作権を目的とする質権を設定することも可能となる（著作61条1項，民362条2項・343条。加戸・著作権法439頁，著作権法コメ(2)827頁〔飯島澄雄＝飯島純子〕)。著作権には複製権（著作21条）や公衆送信権（著作23条1項）など様々な権利が含まれるが，その全部または一部を譲渡することができるので，著作権の一部を目的として質権を設定することもできると解されている（鎌田薫編・債権・動産・知財担保利用の実務〔2008〕370頁〔吉羽真一郎＝大宮立〕)。著作権法の中には，著作権の一部を目的とした質権の設定が可能であることを前提とした規定（著作79条2項）も存在する。

実演家などが有する著作隣接権（著作89条6項）も譲渡することが可能であるから，著作隣接権を目的する質権を設定することも可能となる（著作103条・61条1項）

これに対して著作者人格権は著作者の一身に専属し，譲渡することができない（著作59条）。著作者人格権を目的として，質権を含む担保権を設定することはできないと解されている（加戸・著作権法431頁，中山・著作権法469頁）。著作者は著作権を譲渡しても，著作者人格権を行使できる（島並ほか・著作権法118頁〔上野達弘〕，茶園編・著作権法81頁〔青木大也〕，高林・著作権法222頁）。著作権を目的とする質権を設定した場合も同様である。したがって，質権の設定された著作権の担保価値を維持するためには著作者との間で著作者人格権の行使・不行使に関する合意を行うことが重要となる（鎌田・前掲書389頁〔吉羽＝大宮〕389頁）。ただし，このような合意の有効性に関しては議論がある（中山・著作権法472頁，島並ほか・著作権法119頁注4〔上野〕，高林・著作権法233頁）。

著作権または著作隣接権を目的とする質権設定の効力は質権設定契約の成立によって生じるが，質権を第三者に対抗するためには，著作権の移転と同じく，著作権登録原簿への登録が必要である（著作77条2号・104条）。例えば，

特別法上の質権 III

著作権者が質権を設定した後に著作権を譲渡した場合，質権者は著作権が譲渡される前に登録をしておかなければ，譲受人に質権者であることを主張できなくなる（加戸・著作権法505-506頁，著作権法コメ(2)830頁〔飯島澄雄＝飯島純子〕）。

(2) 共有著作権に対する質権の設定

共同著作物（著作2条1項12号）の著作権と共有されている著作権は合わせて共有著作権と定義され（著作65条1項括弧書），持分の譲渡や権利行使について特別の規定が存在する（著作65条）。これらの規定は民法の共有に関する規定の特則として位置づけられており，著作権法に規定のない事項については，民法の規定が適用される（加戸・著作権法458-459頁，中山・著作権法222-223頁，島並ほか・著作権法271-272頁〔横山〕，高林・著作権法109-110頁，茶園編・著作権法68頁〔勝久晴夫〕）。著作隣接権が共有されている場合，共有著作権に関する規定（著作65条）が準用される（著作103条）。

共有著作権の各共有者が，自らの持分を譲渡したり，それを目的とする質権を設定したりするためには，他の共有者の同意が必要である（著作65条1項）。共有著作権を行使するためには共有者全員の合意が必要であるため（著作65条2項），誰が共有持分を取得するかについて共有者は重大な利害関係を有しているからである（加戸・著作権法459頁，中山・著作権法223-224頁，島並ほか・著作権法278頁〔横山〕，茶園編・著作権法68頁〔勝久〕，著作権法コメ(2)815頁〔長塚真琴〕）。例えば，特許権が共有されている場合，各共有者は持分の大きさに関わりなく自ら特許発明を実施できるが（特許73条2項），共有著作権の各共有者が自ら複製や出版等を行う際にも他の共有者の同意が必要となる（加戸・著作権法460頁，中山・著作権法227-228頁，島並ほか・著作権法272頁〔横山〕，高林・著作権法110頁）。

ただし，共有者は正当な理由がない限り，他の共有者による持分の譲渡または持分を目的とした質権の設定に対する同意を拒むことはできない（著作65条3項）。正当な理由なく同意を拒む共有者を被告とする訴訟において勝訴すれば，共有者による同意の意思表示があったものとみなされるので（民執174条），質権の設定等が可能となる（中山・著作権法227頁，島並ほか・著作権法279頁〔横山〕，高林・著作権法111-112頁，茶園編・著作権法69頁〔勝久〕，著作権法コメ(2)816頁〔長塚真琴〕）。

〔加藤〕

特別法上の質権　III

質権の実行に伴い共有著作権の持分が移転する場合，同意は不要と解する見解が有力である（加戸・著作権法460頁，中山・著作権法226頁，著作権法コメ(2)816頁〔長塚〕）。質権の実行の際に質権設定者以外の共有者の同意を改めて得なければならないとすれば，質権の設定された共有著作権の持分の担保価値が損なわれる。しかし，質権の実行に伴い誰が共有著作権の持分を取得するかは質権が設定される時点では不明であるから，共有者が質権の設定に対する同意を拒否できる正当な理由は広く認められるべきとの見解が示されている（中山・著作権法227頁）。

(3) 著作物を利用する権利を目的とした質権の設定

著作権のうち複製権または公衆送信権を有する者（以下「複製権等保有者」という）は出版権を設定できる（著作79条1項）。出版権者は出版権を目的とする質権を設定することができるが，出版権の譲渡と同じく，そのためには複製権等保有者の同意が必要である（著作87条）。複製権等保有者の同意を必要とする趣旨として，誰が出版権者であるかについて複製権等保有者が有する利益を保護する必要があることが挙げられている（加戸・著作権法543頁，中山・著作権法422頁，島並ほか・著作権法251頁〔横山〕，著作権法コメ(2)1031頁〔秦悟志〕）。逆に著作者が複製権等に質権を設定する場合に，出版権者の同意は要求されない。その理由として，出版権の登録がされていれば出版権者の権利は複製権等の譲渡または質入れによって影響を受けないこと，および，同意を要求すると複製権等の財産的価値が減少することが挙げられている（加戸・著作権法544頁）。出版権を目的とする質権設定の効力は質権設定契約によって生じるが，質権を第三者に対抗するためには，出版権の設定や移転と同じく，出版権登録簿への登録が必要である（著作88条1項2号）。質権が実行され出版権が質権者に移転することになった場合，質権の設定に際して複製権等保有者の同意がある以上，改めて複製権等保有者の同意を得る必要はないと解されている（加戸・著作権法543頁，著作権法コメ(2)1036-37頁〔秦悟志〕）。ただし，質権の実行に際して質権者以外の者が出版権を取得するためには，改めて複製権等保有者の同意が必要と解されている（加戸・著作権法544頁，著作権法コメ(2)1036頁〔秦〕）。

出版権の設定を受けなくとも，著作権者から著作物を利用することについて許諾を得れば，その許諾の範囲内で著作物を利用する権利（以下「利用権」

という）が認められる（著作63条1項2項）。利用権を有する者は，著作物の複製など著作権の内容となっている行為を行っても，許諾を受けた範囲内であれば，著作権者から差止めや損害賠償請求をされることはない。ただし，出版権と異なり，利用権は債権的な権利に過ぎない（加戸・著作権法451頁，著作権法コメ(2)774-775頁〔諏訪野大〕）。利用権を目的とした質権について，著作権法に明文の規定は存在しない。例えば，利用権を譲渡するためには著作権者の承諾が必要であるが（著作63条3項），質権を設定する場合も同様であるか否か明らかではない。理論的には利用権を目的とした質権を設定できると解する見解もあるが，この見解も登録制度が存在しないことなどを根拠に，担保としての実効性に疑問を呈している（鎌田・前掲書370頁〔吉羽＝大宮〕）。例えば，著作権が譲渡された場合に利用権者は利用権を譲受人に主張することができないなど，著作権法では利用権の第三者対抗力は認められていないと解されている（島並ほか・著作権法245頁〔横山〕，茶園編・著作権法249頁〔村上〕，高林・著作権法205頁，著作権法コメ(2)781頁・791頁〔諏訪野〕）。

(4) 質権の効力

著作権を目的とする質権が設定された場合でも，設定行為に別段の定めがない限り，著作権者が著作権を行使する（著作66条1項）。例えば，著作権者は質権を設定した後も，他人に著作物の利用を許諾できる（著作63条1項）。その趣旨として，著作権の有効活用および担保価値の維持の双方の点において著作権者に著作権を行使させた方が望ましく，著作権者と質権者の双方の利益になることが挙げられている（加戸・著作権法463頁，中山・著作権法422頁，島並ほか・著作権法262頁〔横山〕，著作権法コメ(2)828頁〔飯島澄雄＝飯島純子〕）。ただし，質権の設定行為において特段の定めをしない限り，質権者が著作権の法定果実を受け取ることができないことは，質権の活用を妨げているとの指摘もある（著作権法コメ(2)831頁〔飯島澄雄＝飯島純子〕）。また，著作権に基づく差止め・損害賠償請求は著作権者に固有の権利であるから，著作権者は質権設定後も単独で行使できると解されている（加戸・著作権法464頁，中山・著作権法422頁，島並ほか・著作権法262頁〔横山〕，著作権法コメ(2)829頁〔飯島澄雄＝飯島純子〕）。一方，質権者は著作権に基づく差止め・損害賠償請求はできないと解されているようである（著作権法コメ(2)829頁〔飯島澄雄＝飯島純子〕）。

ただし，複製権等保有者が有する複製権または公衆送信権を目的とする質

特別法上の質権　III

権が設定されている場合，出版権を設定するためには質権者の承諾が必要となる（著作79条2項）。出版権の設定について質権者の承諾を必要とする趣旨として，出版権の設定は担保価値に大きな影響を与えることが挙げられている（加戸・著作権法518頁，島並ほか・著作権法262頁〔横山〕）。出版権が設定されると，質権の実行に伴い複製権等を取得した者が複製等を行うために，出版権者の同意が必要となるからである（著作権法コメ(2)828-829頁〔飯島澄雄＝飯島純子〕）。質権者は，出版権設定の対価に対して，物上代位権を行使することができる（著作66条2項，加戸・著作権法518頁，著作権法コメ(2)966頁〔小松陽一郎〕）。

　著作権を目的とする質権は，著作権の譲渡や著作物の利用許諾によって著作権者が受ける対価（金銭に限らない）に及ぶ（著作66条2項本文）。ただし，質権者がこれらについて質権を行使するためには，著作権者への支払または引渡しの前に金銭等を受ける権利を差し押さえなければならない（著作66条2項ただし書）。これらは，著作権を目的とする質権の物上代位に関する規定と理解されている（加戸・著作権法462頁，島並ほか・著作権法263頁〔横山〕，茶園編・著作権法255頁〔勝久〕，高林・著作権法215頁）。このような明文の規定が設けられている趣旨として，質権の設定後も質権設定者が著作権を行使できるので，質権の実効性を確保するために，質権設定者が著作権の行使によって得る収益等についても質権の効力を及ぼす必要があることが挙げられている（著作権法コメ(2)830頁〔飯島澄雄＝飯島純子〕）。

〔加藤貴仁〕

前注（§§ *369-398 の 22*）

第10章 抵　当　権

前注（§§ 369-398 の 22〔抵当権〕）

細　目　次

Ⅰ　抵当権の社会的意義 …………………612
Ⅱ　抵当権の法的性質 ……………………613
　1　担保物権性 …………………………613
　　(1)　債権担保性 ……………………613
　　(2)　客　体 …………………………615
　　(3)　非占有性 ………………………618
　　(4)　物権的効力 ……………………619
　　(5)　債務なき責任性 ………………623
　2　約定担保物権性 ……………………626
　3　通有性 ………………………………627
　　(1)　付従性 …………………………627
　　(2)　随伴性 …………………………629
　　(3)　不可分性 ………………………629
　　(4)　物上代位性 ……………………630
Ⅲ　抵当権の諸原則 ………………………631
　1　公示の原則 …………………………631
　2　特定の原則 …………………………631
　　(1)　目的物の特定 …………………631
　　(2)　被担保債権の特定 ……………632
　3　順位昇進の原則 ……………………632
Ⅳ　特別法 …………………………………633
　1　工場抵当権・財団抵当権・企業担保
　　　権 ……………………………………633
　　(1)　工場抵当権 ……………………633
　　(2)　財団抵当権 ……………………634
　　(3)　企業担保権 ……………………635
　2　立木抵当権 …………………………635
　3　動産抵当権 …………………………636
　　(1)　船舶抵当権 ……………………636
　　(2)　農業用動産抵当権 ……………636
　　(3)　戦後の動産抵当法制 …………637
　4　担保付社債・抵当証券 ……………637
　　(1)　担保付社債（担保権信託）……637
　　(2)　抵当証券 ………………………637
Ⅴ　近代的抵当権論 ………………………638
　1　立法論としての近代的抵当権論 …639
　　(1)　公示・特定の原則 ……………639
　　(2)　順位確定の原則 ………………639
　　(3)　独立の原則 ……………………640
　　(4)　流通性確保の原則 ……………641
　2　近代的抵当権論に対する評価 ……642
　　(1)　発展図式に対する評価 ………642
　　(2)　個別原則に対する評価 ………643
　3　近代的抵当権論の解釈論への応用 …646
　　(1)　付加一体物の拡張 ……………646
　　(2)　権利抵当権・財団抵当権・企業担
　　　　　保権 ……………………………647
　　(3)　物上代位のための差押えの意義 …647
　　(4)　付従性の緩和（被担保債権との牽
　　　　　連性の切断）…………………648
　　(5)　無効登記の流用等 ……………648
　　(6)　妨害排除請求権 ………………650
　　(7)　物上代位の対象 ………………650
　　(8)　法定地上権 ……………………651
　4　補論──抵当権の本質論について …652
　　(1)　議論の射程 ……………………652
　　(2)　議論の目的 ……………………653
　　(3)　複数の権利に共通する効力・性質
　　　　　に本質を求めることの問題点 …653
　　(4)　価値権説の沿革──抵当権と金銭

〔鳥山〕

前注（§§ 369-398の22） I

第2編　第10章　抵当権

　　　債権との間の異同 ……………653
VI　民法および手続法の変遷 ……………654
　1　遅延損害金を担保する範囲の制限の追加 ……………655
　2　根抵当権と順位の変更制度の新設 ……655
　3　民事執行法の制定 ……………655
　　(1)　競売法の不備 ……………656
　　(2)　換価手続の申立て ……………656

　　(3)　競売の公信的効果等 ……………657
　　(4)　引受主義の不採用・剰余主義の採用 ……………657
　　(5)　民法旧384条3項の廃止 ……………657
　4　担保・執行法の改正 ……………657
　5　民法の現代語化 ……………658
　6　債権法改正 ……………659

I　抵当権の社会的意義

　抵当権は，担保の女王という古くからの称号をもつ。これは，次の認識に由来するものといえよう。

　すなわち，抵当権を設定した者は，目的不動産を担保に供したとしても，その占有を債権者に移す必要がない（369条1項）。このため，目的不動産を用いた事業を継続して，借入金の返済資金を得ることができる。与信を業とする銀行その他の金融機関も，自ら占有の移転を受けること自体に関心はない。占有は，かえって負担である。その興味は，貸付金の返済を受けることに尽きる。担保物権に期待するものは，もっぱら，換価による優先的な満足である。かくして，抵当権は，事業資金の調達という目的にとって最適の制度であるという認識が生まれる。

　このような認識のもとでは，「近代的資本主義の発展に伴って抵当権制度が極めて急速な発展を遂げた」（末弘厳太郎・債権総論（現代法学全集）〔1928〕180頁）との言葉にあるように，高まる資金需要に応えるために，民法の施行からわずか7年後に特別法による制度の拡充が図られたことは，ごく自然な成り行きであったといえよう。

　もっとも，戦後における大企業の資金需要の充足を支えたのは，（特別法のものも含めた）抵当権ではなく，メインバンク制であった。企業の事業資金調達について，古典的な認識が通用したのは，中小企業のそれに限られていたのである。とはいえ，たしかに，抵当権は，中小企業の資金需要を満たすための手段としては，戦後も半世紀近く，女王と呼ばれるのに相応しかった。その目的物である土地は，この世から消え去ることがない。そして，価値が下がることもなく，むしろ，上がり続ける，と信じられていた。抵当権が土

地神話とともにある間は，その玉座に疑いの眼差しが向けられることはなかった。ところが，バブル経済の崩壊による地価の落ち込みは，担保割れによる数多の不良債権を生んだ。事業に不動産を必要としない成長産業に資本を投下する必要もあった。抵当権を通じた資金調達は見直しが叫ばれ，動産譲渡担保や債権譲渡担保に対する注目が高まり，広く「担保」の機能の再評価が検討されるようになっている（内田貴「担保法のパラダイム」法教266号〔2002〕11頁以下，債権管理と担保管理をめぐる法律問題研究会「担保の機能再論――新しい担保モデルを探る」金融研究27巻法律特集号〔2008〕10頁以下は，優先弁済機能から倒産隔離機能と管理機能を分離し，これに独自の位置づけを与えるべきだとする）。

このように，現代における事業資金調達の担い手としての抵当権の威光は陰りつつある。しかし，不動産をもつ事業者にとって，抵当権は相変わらず低利かつ簡便に貸付を受けるための重要な権利である。このことだけでも，中長期的な視座からさらなる制度改善のための考究を重ねる十分な理由があるといえる。また，戦後の持ち家政策と住宅ローンの発展を支えたのはほかならぬ抵当権であって，その意義も当分の間は変わることがないであろう。事業資金調達の意義が大きく削がれたというのであれば，だからと抵当権から目を離すのではなく，むしろ，個々人の居住に資する権利としての性格を見つめ直し，直接に立法および解釈に反映する努力が求められるのではなかろうか。例えば，抵当権の非占有性は，目的不動産を用いた事業の継続ではなく，そこでの平穏な日常生活の確保に資する性質として，その法的意義を問い直す可能性もある（例えば，Ⅴ3⑴で紹介する鎌野の見解がこのような立場にある）。

それらの検討は今後の課題である。以下では，抵当権の性質，原則および特別法に関する基本的な事柄と，これらをめぐる過去の膨大な議論の一部を概説する。

Ⅱ 抵当権の法的性質

1 担保物権性
⑴ 債権担保性
抵当権は，債権の担保という目的を実現するために制度設計された権利で

ある（369条1項）。しかし，とくに，抵当権はその付従性を失って投資を媒介する権利へと進化すべきであるとの見解（→Ⅴ1⑶）の有力化を境に，その理論体系における位置づけは大きく様変わりする。

　(ア)　財産権分類の基準　　フランスの伝統的な学説は，財産権を主従に応じて区別する。旧民法はこれに従った。地役権，留置権，動産質権，不動産質権，先取特権および抵当権が従たる物権であり，保証債務や連帯債務が従たる債権である。地役権以外の従たる財産権は，債権の担保である（旧財2条・3条）。そして，旧民法は，債権の担保を目的とする従たる物権・債権のために債権担保編という独立の編を用意した。権利の主従は，財産権分類の第一次的な基準であったのである。

　現行法は，パンデクテン体系を採用し，物権・債権の別を財産権分類の第一次的な基準とするようになった。その後もしばらくの間は，学説は，権利の主従を第二次的な分類基準に位置付けていた（岡松336頁，富井政章・民法原論1巻〔合冊版，1922〕131頁，中島玉吉・民法釈義2巻上〔1914〕20頁）。しかし，債権と抵当権の主従関係，つまり付従性を否定しようとする主張が有力になると，その分類基準は放棄されるようになる。以後，他物権または制限物権は——抵当権に債権担保の色を与えない——目的物の使用価値と交換価値のどちらを支配するかという基準から分類されるのが通常のこととなる。

　(イ)　共同担保と特別担保　　旧民法は，共同担保と特別担保の区別を明文で定めてもいた。すなわち，債権担保編1条で債務者の総財産を債権者の共同担保と規定する一方で，2条では特別担保として保証その他の対人担保と抵当権その他の物上担保という2つの分類を明示していた。例えば，保証人の総財産は，保証債権をもつ者の担保になるとしても，主たる債務者に対する他の債権者の債権の担保にはならない。また，抵当権をもつ債権者は，これをもたない債権者を排して弁済を受け得る。このような意味で，対人担保と物上担保は特別担保に位置づけられていたのである（なお，物上担保の語は，現行民法制定後も他の法律において文言として使用されることがあった。例えば，平18改正前担保付社債信託法4条参照）。

　ただし，物上担保は，原則として追及効と優先弁済的効力によって債務者の債務の加重や資産散逸の危険から債権者を保護する（→Ⅱ1⑷(イ)(ウ)）のに対して，対人担保は，主たる債権と同じくそれらの効力を欠くため，保証人等

の債務の加重および資産散逸の危険から債権者を保護しない。この意味で，主たる債権と従たる債権の性質は実質的に同じであるともいわれていた（Boissonade, Projet de Code civil pour l'empire du Japon accompagné d'un commentaire, nouvelle éd., t. 1, 1890, n° 8, p. 22）。共同担保と特別担保の区別の意義は，抵当権といった従たる物権についてこそ大きかったのである。現行民法も，335条，336条および935条において特別担保という文言を使用するが，いずれも抵当権等の担保物権を指すものとして理解されている。

　体系書等においても特別担保という言葉が使われたことはある（梅411頁・581頁，富井292頁・413頁）。しかし，自明すぎる概念であったためか，その内容の詳細は論じられていない。そして，現在に至るまでの間に特別担保という上位のカテゴリーのもとで抵当権を論じる体系書等はみられなくなっている。これには3つの原因が考えられる。第1に，対概念である「共同担保」という言葉が，通常，「責任財産」という言葉に置き換えられている。例えば，債権者代位権や詐害行為取消権は，かつては共同担保を保全するための制度といわれていたが，現在は責任財産を保全するための制度と呼ばれるのが普通である。第2に，抵当権は債権担保の手段としての性格を脱するべきであるとの考えが有力に主張された。このような見解にとって特別担保というカテゴリーを設ける理由はない。第3に，これと関連して，保証債務や抵当権は債務ある責任や債務なき責任として整理されるようになった（→一(5)(イ)）。代替するカテゴリーが別に用意されているのである。

(2) 客　体

　民法上の抵当権を設定することができるのは，土地および建物，ならびに地上権および永小作権である。以下，前者を物上抵当権と呼び，後者を権利抵当権と呼ぶ。

　(ア) 物上抵当権　抵当権は，土地と建物に設定することができる（369条1項）。動産を抵当権の目的物とすることはできない。しかし，土地や建物に付加して一体をなす動産には抵当権の効力が及ぶ（370条本文）。抵当権の効力が及ぶ物は，後日，分離されて独立の動産となり，搬出されたとしても，抵当権に基づく原状回復請求の対象となり得る（→§370 II 6）。

　370条本文が示唆するように，土地と建物は，別個の不動産である。したがって，土地と地上建物の双方に抵当権が設定されると，共同抵当権（392

条）が生じる。また，日本法が，法定地上権（388条）という比較法的には稀な制度を必要とする根本的な理由も，土地と建物が別の不動産であり，それぞれが別人に帰属し得ることに求められる。

(イ) **権利抵当権** 369条2項によれば，抵当権は，地上権や永小作権にも設定することができる。賃借権に設定することは許されていない。しかし，借地上の建物に設定された抵当権は，従たる権利である賃借権にも及ぶと解されている（→§370 II 5⑴）。

(ウ) **権利抵当権および物上抵当権の物権性** 抵当権が権利もその目的とし得ることは，所有権や用益物権と比べれば，異例である。権利質権についてそれが物権かどうかをめぐる争いがあるが，これに準じる議論が権利抵当権についても存在する。この議論は，物上抵当権，さらには特別法上の抵当権に波及する（→V 3⑵）。

　(a) **準物権説** かつての通説は，現行法下における物権の客体が有体物に限られること（85条）を根拠に権利抵当権を準物権とみていた。この説によれば，権利抵当権が民法第2編に規定されていることに理論上の根拠はない。それは本来の抵当権とは異なる準抵当権である。だからこそ，369条2項が物上抵当権の規定を準用する。同条項は準占有を規定する205条に相当する。そして，物上代位権（372条・304条）が行使されたときも，抵当権は損害賠償請求権等の債権を目的とするようになる。つまり，客体の変更が生じるが，これも便宜上，承認せざるを得ない（主に先取特権を想定するが，富井4頁・344頁以下を参照。現行法起草時の議論については，鳥山泰志「抵当本質論の再考序説⑴」千葉23巻4号〔2009〕52頁以下）。

　(b) **権利客体説** 権利抵当権も物権であると主張する見解は，物上抵当権の支配対象を物とみる考え方から離れる。2つの説があり，そのうちの1つが権利客体説である。

　権利客体説は，不動産に設定された抵当権ですら所有権という権利を目的とするとの理解に立つ。そうだとすれば，所有権，地上権および永小作権のうちのどの物権に設定された抵当権であるかに応じた区別をする理由はない。所有権を目的とする抵当権が物権であるならば，地上権または永小作権を目的とする抵当権を物権とみることに理論上の妨げはないのである。優先弁済的効力といった効力面から，そのどちらも物権として説明することができる

（梅504頁）。

　この説は，提唱された当時，担保物権の目的物がその所有者によって放棄されるなどして無主物となった場合に担保物権の消滅という不当な結論に至らざるを得ないとの批判を受け（川名兼四郎・物権法要論〔1915〕5頁・267頁），支持を集めることがなかった。しかし，現在でもこの説が主張されることがある（石田（穣）1頁以下，松岡395頁）。

　(c)　価値権説　　価値権説が権利抵当権を物権とみるもう1つの見解である。この説は，物上抵当権も物そのものではなく，それに内在する交換価値を直接的かつ排他的に支配する権利であるとみる。権利質権や権利抵当権も，物上質権や物上抵当権と同じく交換価値を直接的かつ排他的に支配する物権であり，両者の間に本質的な違いはなく，物上質権や物上抵当権が物権であるのと同様に，権利質権や権利抵当権は物権であるとする。どの権利も優先弁済的効力をもつから，物権とみることに問題はないというのである。この説は，物上代位があったときも，抵当権による交換価値の支配自体に変化は生じないと解する点にも特徴がある（末弘・前掲書183頁，我妻17頁・223頁・276頁，舟橋諄一・物権法〔1960〕10頁，注民(8)5頁・231頁〔林良平〕）。

　(d)　第三権説　　抵当権をやはり価値権とみるが，価値権とは物権と債権の中間にある第三の権利をいうと主張する説もある。これによれば，換価権や物権的請求権といった効力からして，抵当権が物権としての性質をもつことは否定できない。しかし，抵当権は，所有権や用益物権と異なり，目的財産の物質的な支配ではなく，その交換価値の取得を可能にすることを目的とする権利であり，この点では債権と等しい。そして，このことは，物上抵当権と権利抵当権とで違いはない（石田文次郎・投資抵当権の研究〔1932〕85頁以下，石田・上23頁以下，勝本正晃・担保物権法論〔1940〕20頁以下）。

　(e)　責任権説　　立法論的な色彩が濃いため，ここでの紹介は控えるが，石坂音四郎が提唱した責任権説（一(5)(ｲ)）も，この第三権説に通じる。

　(f)　物権性否定説　　加賀山茂によれば，債権担保のために抵当権が設定されたとして，この場合には債権以外に担保物権という別の権利が存在するわけではないとされる。抵当権に基づく優先弁済的効力は，債権に内在する摑取権に優先権が付与されたものであるにとどまる。369条2項が権利すら抵当権の目的とし得ることを定めているのは，抵当権が物権でないことの

証左である。債権に従たる抵当権という物権は存在しないのだから，抵当権の性質として付従性が観念されることはない（加賀山・講義17頁・46頁・407頁，同「『債権に付与された優先弁済権』としての担保物権」國井和郎還暦・民法学の軌跡と展望〔2002〕291頁。物権性否定説に対する批判として，鳥山泰志「抵当本質論の再考序説(6・完)」千葉25巻4号〔2011〕75頁注943，松岡393頁。なお，加賀山は，「『債権から独立した物権』でありながら，『債権に付従する』というのは矛盾である」と指摘する〔加賀山・講義11頁。他の箇所でも同旨を繰り返す〕が，別個の〔独立した〕権利であることと，それが他の権利に従うことに矛盾があるとは思えない。独立した法人格をもつ未成年の子が両親の親権に服すことに矛盾がないのと同じである。矛盾は同一平面において生じるのであって，別個権利性と付従性は次元を異にする）。

加賀山の見解の特徴として，もう1つ付け加えるとすれば，保証その他の人的担保と抵当権その他の物的担保を統合した債権担保法という講学分野を打ち立てようとすることがある。保証と抵当権は，いずれも債務なき責任である点で共通するという（加賀山・講義5頁以下）。この点は，後述の責任権説を思わせるが，加賀山説と責任権説との間にある最大の違いは，抵当権の目的として債権担保のみを想定するかどうかにある。

(g) 議論の現状　権利抵当権の物権性そのものは，実益に関わらないため，現在，論議の対象となることがない（権利質権についてであるが，論じる必要性がないと述べるものとして，石田喜久夫・口述物権法〔1982〕496頁，鈴木334頁）。しかし，権利の客体論は，物上代位をめぐる議論に通じることから，その無視は許されないように思われる。

議論を巨視的に観察すると，古典的な理解である準物権説が，権利抵当権は例外であって，抵当権の一般法理を考察するうえでは物上抵当権のみを想定すればよいとするのに対し，その後の学説は，権利抵当権をも包括する新たな理論体系を打ち立てようと試みている点で共通する。その善し悪しは，検討する価値があろう。

(3) 非占有性

抵当権は，抵当不動産の占有を移転しないで設定される非占有型の物権である（369条1項）。

フランス民法旧2114条（現2393条）1項における抵当権の定義は，非占有性に触れない。フランスにおける当時の有力な学説は，これに批判を加えて

いた。ボアソナードは，これを踏まえ，草案1201条で「質契約を必要とせずに」という文言を付け加えることによって抵当権の非占有性を明らかにした（藤原明久・ボワソナード抵当法の研究〔1995〕12頁）。その後，旧民法の定義規定（旧担195条）からはそれに相当する文言が取り除かれた。しかし，現行法は「占有ヲ移サスシテ」という文言を加えることで，非占有性の明文化を選んだ（法典調査会民法議事〔近代立法資料2〕784頁〔梅発言〕）。

　非占有性は，所有権や用益物権にはない性質である。また，留置権や質権は占有型の担保物権であるから，留置権者や質権者は，目的物を使用・収益する余地がある（298条2項・350条・356条）。さらに，目的物を自己の事実的支配下に置き，債務者に心理的圧力を加えることで，弁済を促すこともできる（留置的効力）。これに対して，抵当権者は，目的不動産を使用・収益することはできないし，それを留置することによって債務者に心理的圧力を加えることもできない。ただし，最高裁平成17年3月10日判決（民集59巻2号356頁）によれば，抵当権者は，抵当権に基づく妨害排除請求権の行使にあたって，抵当不動産の所有者によるその適切な維持管理を期待することができないときは，直接に自己に抵当不動産を明け渡すよう求めることができるとされる（管理占有）。

(4) **物権的効力**

　抵当権は目的不動産を直接に支配する物権である。このため，抵当権者は，他人，すなわち目的不動産の所有者を介することなく，目的不動産を自ら売却することができる（売却権，換価権または換価力）。また，抵当権を万人に対抗することができるため，第三取得者のもとでも権利を行使することができ（追及権，追及力または追及効），あるいは他の債権者に優先して弁済を受けることができる（優先権，優先弁済権，優先弁済的効力）。旧法時や現行法制定時には，こう説明されるのが広く一般的であった。しかし，それらのうち売却権や追及権が説かれることは稀となる。

(ア)　**換価権（売却権）**　　ローマ法における非占有質（質権には占有質と非占有質の2つがあったが，いずれも動産と不動産の双方に設定することができた）の行使は，当初，債務が履行されなかったときに質権者が目的物の占有の移転を受ける方法によった。時代が下ると，質権者がその目的物を売却することによって債権の弁済を受けられることを内容とする特約が交わされるようになる

前注（§§369-398の22） II　　　第2編　第10章　抵当権

が、やがて、売却権は、当事者の特約がなくとも、質権が設定されれば常に質権者に認められるようになった（石田・前掲書13頁以下）。日本の古い体系書等でごく一般的に論じられていた売却権や換価権の淵源は、ここに求められる。

　ドイツ普通法学説は、通常、そのローマ法の沿革に基づいて売却権（Verkaufsrecht）を論じた。その後、ドイツ民法典が、いくつかの地方特別法で許されていた抵当権に基づく強制管理を抵当権等の実行方法として取り込む際に、より上位の概念である換価権（Verwertungsrecht）という概念が普及すると、通説は、抵当権、土地債務、動産質権および権利質権の上位概念である「質権（Pfandrecht）」の本質を換価権に求めるようになる（鳥山泰志「抵当本質論の再考序説(4)」千葉24巻3＝4号〔2010〕212頁以下、同論文(5)千葉25巻3号〔2010〕7頁以下・60頁以下・96頁以下）。

　以上に対して、日本では当初はもっぱら売却権が論じられたが、これと換価権とが異なる意味で使われたことはない。また、抵当権の実行方法として担保収益執行が創設された（→Ⅵ4）ことから、もはや売却権という呼称は用いにくい。そこで、以下では、主張当時は売却権という言葉のもとに論じられた事柄についても、その語を換価権に代えて説明していく。

　旧民法の時代に換価権が明確に観念されていたかは、必ずしも明らかでない。現行法下でドイツ法学説の影響が強くなると、通説は、抵当権が物権であることを理論的に正当化するために、換価権を観念する必要性を認識するようになる。すなわち、たしかに、抵当権は非占有権であるから、その直接性は、所有権や用益物権のように有形的に発現し得ないが、換価権というかたちで観念的に発現しており、これも直接性の要請を満たしているというわけである。そして、抵当権の実行としての競売は、私権である換価権に基づいて行われるから、裁判所を介するとしても、私売の性質をもつ。このことから、抵当権に基づく競売に際して債務名義を要求しない（旧）競売法の規律が正当化されたのである（大判昭13・5・5民集17巻842頁、松波仁一郎ほか・帝国民法正解4巻〔1896〕1066頁、富井298頁・480頁・583頁、川名兼四郎・物権法要論〔1915〕197頁以下・267頁、中島1021頁、兼子一・増補強制執行法〔1955〕8頁・254頁）。

　これに対して、抵当権の行使にも債務名義を要求するべきであるとの考え

から，その換価権を否認する見解が主張されたこともある（雉本朗造・判例批評録1巻〔1917〕509頁以下。このほか，後述の(5)(イ)も参照）。また，かつては，抵当権が手続の開始時に存在せず，または手続の終了までに消滅していたことが判明したときは，競落人は，代金を納付していたとしても，抵当不動産の所有権を取得することができないと解されていたが，この結論も競売が換価権に基づいて行われるとの考えから導かれていた（大判大11・9・23民集1巻525頁，大判昭3・6・28民集7巻533頁等。浦野・逐条620頁参照）。我妻栄は，この結論に不満を感じた（我妻323-324頁参照）ためか，抵当権の効力として換価権をほとんど論じていない。

現在の体系書等が換価権に言及することも稀である。その大きな原因は，物権全般の効力として直接性が消極的に評価され（山中康雄「物権の本質」愛大37=38号〔1962〕13頁・21頁，星野6頁），排他性がそれに代えられたことに求められよう。直接性を否定するのであれば，換価権を論じる必要もない。さらに，民事執行法は，抵当権に換価権があることを前提に立法されたといわれるが，換価権を前提とする理解は，同法の制定の前後，有力な実体法学者と手続法学者から否定的な評価を受けてもいる（→Ⅵ3(2)）。このことも，現在の体系書等が換価権をほとんど取り上げない原因の1つであろう。

しかし，近時，賃料債権への物上代位と抵当不動産の占有者の排除という問題をめぐって，価値権説に代替する理論を提示するために，換価権に着目する主張がされることがある（松井宏興・抵当制度の基礎理論〔1997〕205頁，太矢一彦「抵当権の性質について」獨協46号〔1998〕466頁，古積・換価権175頁以下）。

(イ)　**優先弁済的効力**　抵当権者は，他の債権者に先立って自己の債権の弁済を受けることができる（369条1項）。フランス民法旧2114条（現2393条）1項における抵当権の定義は優先弁済的効力に触れていないところ，ボアソナード草案1201条がそれを盛り込み，旧民法債権担保編195条がこれを承継し（「或ル義務ヲ他ノ義務ニ先タチテ弁償スル」），現行法に至っている。

抵当権者は，抵当権に優先弁済的効力があるから，一般債権者と異なり，債務者の債務加重による無資力の危険を免れることができる（梅謙次郎・民法債権担保論第1冊〔1892〕24頁以下，富井291頁以下）。

抵当権が物権であることの根拠を換価権に求めない見解の多くは，優先弁済的効力にそれを求める（例えば，末弘・前掲書183頁。我妻の見解について，鳥山

前注（§§369-398の22）II　　第2編　第10章　抵当権

泰志「抵当本質論の再考序説(3)」千葉24巻2号〔2009〕23頁参照）。

　(ウ)　追及効　　抵当権者は，抵当不動産の第三取得者が現れたとしても，抵当権を行使することができる。この効力を追及効という。追及効は，より広義に，抵当権の設定者以外の者（地上権者といった第三所持者）が抵当不動産を占有するときも，抵当権の行使が許されることの意味で用いられることもある。追及効を定める明文の規定は，旧民法にはあった（抵当権者が第三所持者に対して任意の弁済を請求することができたことも含め，一(5)(ア)）が，現行法にはない。

　現行法制定の前後，追及効は，抵当権が物権であることを裏付ける最も有力な根拠の1つと考えられていた。すなわち，一般債権者は，詐害行為取消権を行使すれば債務者のもとを離れた財産からも債権を回収することができるが，これはあくまで例外である。抵当権者は，抵当権に追及効があるから，譲渡人の資力や詐害意思の有無に関係なく，第三取得者のもとにある目的不動産につき権利を行使することができる。こうして，抵当権者は，目的不動産の所有者の財産散逸の危険を免れることができる（梅・前掲書24頁以下，富井291頁以下）。

　もっとも，現在の体系書等はあまり追及効を積極的に論じない。追及効からの帰結は，物権の絶対性や対抗力から説明することもできるし，そもそも物権的請求権という効力を承認することが一般化したことにより，物権全般の効力として追及効を論じることが控えられるようになったからである（川名・前掲書3頁，我妻栄＝有泉亨・新訂物権法〔1983〕19頁）。これに対して，いまなお抵当権につき追及効を観念する必要を説く見解もある（近江幸治・民法講義II物権法〔3版，2006〕36頁，椿久美子「物権の追及効」椿寿夫＝中舎寛樹編・解説 新・条文にない民法〔2010〕144頁）。さらには，追及効の現代的意義を探求する研究も現れており（→(5)(ウ)），注目される。

　(エ)　物権的請求権　　旧民法は，所有権その他の主たる物権については，本権訴権に関する規定を用意していた（旧財36条・67条・136条等）。ところが，抵当権その他の従たる物権については本権訴権を規定することがなかった。抵当権者等は，目的物が第三者のもとにあろうと，これを取り戻すまでもなく，追及効によって権利を行使することができることから，本権訴権によって抵当権者を保護する必要が感じられなかったものと思われる（ただし，梅は，

法典調査会において本権訴権が所有権以外のすべての物権に認められるとの発言をしている〔法典調査会民法議事〔近代立法資料1〕744頁〔梅発言〕〕)。

現在は，一般に，抵当権が物権であることから，その効力として物権的請求権が認められている。ただし，非占有権であることや，価値権であることを理由に要件および効力につき所有権その他の物権にはない制約が課される。あるいは，優先弁済的効力の阻害が要件に数えられることもある。また，最高裁平成11年11月24日大法廷判決（民集53巻8号1899頁）は，侵害是正請求権または担保価値維持請求権を観念する（→§369 Ⅶ 2 (3)(イ)(c)）が，これも抵当権に基づく物権的請求権の一種であると考えられる。

(5) 債務なき責任性

(ア) 旧法における物上義務　旧民法の抵当権者は，抵当不動産が第三所持者（第三取得者および用益物権を有する者）のもとにあるときは，この者に対して抵当債務の任意の弁済を請求することができ，第三所持者がこれに応じない場合に限って，抵当不動産の売却を求めることができた（旧担248条以下）。このように抵当権者は，抵当権の追及効によって第三所持者に対する弁済請求権を有する一方で，第三所持者は，物につき物を所持することよって生じ，物を委付（条文上の表現は委棄）することによって免れることのできる義務を課された。この義務は物上義務と呼ばれる（梅・前掲書9頁以下。この義務の沿革については，阿部裕介・抵当権者の追及権について〔2018〕が詳しい。なお，物上義務が旧民法において文言として用いられた形跡は確認されないが，旧民事訴訟法706条2項が抵当権を「不動産上ノ義務」と呼んでいた）。

現行法は，物上義務を否定する（法典調査会民法議事〔近代立法資料2〕868頁以下〔梅発言〕，富井558頁）。第三取得者や物上保証人は，物上義務とは別に，被担保債務の弁済義務を負うわけでもないから，抵当不動産以外の自己の財産の攫取を受けない一方で，第三者弁済（474条1項）をすることによって自らの不動産に対する抵当権の行使を防ぐこともできる地位にある。このことから，第三取得者や物上保証人は債務なき責任のみを負うといわれる。

(イ) 責任構成の多様な目的　債務と責任の分離論の本格的な導入は，石坂による。その目的は，抵当不動産の所有者が弁済義務を負わないことの説明を可能にすることに尽きない。

1つの目的は，抵当権その他の物的担保と人的担保とを一括りにして，民

前注（§§ *369-398の22*）Ⅱ　　　　　第2編　第10章　抵当権

法に責任編という独立の編を新たに構築すべきことを提言することにあった。いずれも「責任権」である点，すなわち債務を強制的に実現する権利である点で共通する。そして，抵当権を物権ではなく，責任権の１つとみることによって，有形的支配を欠く非占有権であり，使用収益権がないにもかかわらず，物権編に規定される抵当権の現行法の編別を改めるとともに，（権利質権や）権利抵当権が物権であるかどうかという理論問題（一(2)(ウ)）も解消される（石坂音四郎・改纂民法研究上巻〔1919〕560頁注67・563頁注68，同・同下巻〔1920〕44頁以下）。

　石坂の提唱する「責任編」は旧民法の債権担保編（一(1)(ア)）の再興を企てるものではない。債権担保編は付従性を有する財産権を規定した。これに対して，石坂は，債務と責任の分離論によって抵当権が被担保債権から独立して存在し得ることの理論的基盤を用意することで，付従性を欠く抵当権の立法と根抵当の理論的な正当化を実現することができると考えていた。これが債務と責任の分離論を導入するもう１つの目的であった（石坂・前掲書(上)556頁以下）。

　債務と責任の分離論自体は，当初，否定的な評価が多かった（鳩山秀夫・日本債権法（総論）〔1916〕12頁，富井政章・民法原論3巻〔1929〕29頁）が，根抵当権の理論的正当化を補足し，抵当不動産の所有者が債務を負わないことを説明するための考え方として受け入れられるようになる（平野義太郎・民法に於けるローマ思想とゲルマン思想〔1924〕213頁，末弘・前掲書17頁，我妻栄・新訂債権総論〔1964〕75頁）。もっとも，債務と責任論と根抵当権を関連付けるのは於保不二雄（同・債権総論〔新版，1972〕79頁注9）や星野英一（同・民法概論Ⅲ〔補訂版，1981〕33頁）までであって，以後の体系書等で言及されることはない。

　以上とは異なる文脈で，手続法学説において責任概念に着目する主張がされたこともある。すなわち，債権に基づく強制執行は責任の実現を目的とするところ，抵当権もまた責任を実現する手段的権利である。債権が人的責任を実現し，抵当権は物的責任を実現する点に違いがあるにすぎない。そして，このことから，担保物権の実行もまた強制執行の一種といえるのであり，したがって，その前提として債務名義を要求するべきである，という（岩松三郎・競売法〔1930〕6頁以下は立法論としてこの趣旨を述べるだけであるが，小野木常・競売法〔1938〕3頁以下，125頁以下は解釈論として，これを主張する）。しかし，こ

前注（§§369-398の22）II

の主張が直接に実体法学説に影響を及ぼすことはなかったようである。

　(ウ)　現行法における抵当不動産の所有者の義務　　現行法のもとでも，第三取得者や物上保証人は抵当権者に対して目的不動産の現在の価格を限度とする金銭給付義務（物上債務）を負うとの主張がされたことがある。

　この物上債務説によれば，抵当権を債務なき責任と理解したままでは導けない帰結の導出が可能となるといわれる。例えば，目的不動産の現在の価格よりも被担保債権額のほうが高額であるため，第三取得者や物上保証人が被担保債権自体の弁済をすることが期待しがたいときに，より低額な金銭給付をもって第三取得者等を抵当権の負担から解放し，無用な競売を防ぐことができるようになる（鈴木禄弥「『債務なき責任』について」法学47巻3号〔1983〕293頁以下。同説については，山野目章夫「物上債務論覚書（上）（中）（下）」亜大23巻1号49頁，23巻2号31頁，24巻2号21頁〔1988〜1990〕参照）。さらに，近時は，追及効を再評価し，抵当権者がフランス古法や旧民法下において換価手続外での満足を求めることが許されたことから着想を得て，現行法下でもその拡充を探求し，結果として，物上債務説が目指すところに接近する見解もある（阿部・前掲書520頁以下）。両学説が目指す結論には強く共感を覚える。

　また，侵害是正請求権または担保価値維持請求権（→(4)(エ)）の裏返しとして，担保価値維持義務が説かれることがある。抵当不動産の所有者には抵当不動産の価値を減少させない義務が課されるというのである。

　同義務の違反は，債務者から期限の利益を奪い（137条2号），または抵当権者が抵当不動産の占有者の排除を求めることを可能とする（近江174頁以下）。現行法の制定時に第三取得者等の義務として明示に否定されたのは，抵当権に基づく金銭給付義務だけである。したがって，本来的義務のない場面でも，信義則に基づいて生じる安全配慮義務の例に準じて，担保価値維持義務を承認することの妨げはないといえるかもしれない（現に，近江174頁は，担保価値維持義務の根拠を信義則に求める。なお，同179頁は抵当権が登記されることを理由に第三取得者による承継を肯定するが，この理解によるならば，担保価値維持請求権を物権的請求権の一種と解する必要がなくなる）。また，最高裁平成18年12月21日判決（民集60巻10号3964頁）が権利質権について担保価値維持義務を論じており，これを梃子にして抵当権も含めた担保物権全般や他の領域で同義務を肯定する可能性も否定できない（片山直也「新たな合意社会における債権者代位

権・詐害行為取消権」池田真朗ほか編・民法（債権法）改正の論理〔別冊タートンヌマン〕〔2010〕159頁以下。同様に担保価値維持義務を所与とし，これと391条との関係を検討するものとして，藤澤治奈「抵当不動産の第三取得者の担保価値維持義務と民法391条」淡路剛久古稀・社会の発展と権利の創造〔2012〕31頁〕。しかし，山野目は，侵害是正請求権または担保価値維持請求権が物権的請求権の一般的理論と整合的に理解される必要性を強調する（山野目章夫「抵当不動産を不法に占有する者に対する所有者の返還請求権を抵当権者が代位行使することの許否」金法1569号〔2000〕51頁）。

2　約定担保物権性

抵当権は，約定担保物権である。法定担保物権である留置権や先取特権と対をなす。

フランス法には法定抵当権や裁判上の抵当権もある（フ民2400条以下・2412条。それらの概要につき，雉本朗造・民事訴訟法の諸問題〔1955〕454頁，星野英一・民法論集2巻〔1970〕20頁以下，139頁以下，山野目章夫「抵当権」北村一郎編・フランス民法典の200年〔2006〕438頁以下を参照。星野・前掲書140頁によれば，先取特権と法定抵当権の違いは，2つあるとされる。第1に，先取特権が一定の発生原因によって生じた債権につき成立するのに対して，法定抵当権は未成年者や被後見人といった一定の債権者のために成立する。第2に，先取特権は登記をすることで債権発生の日に遡って対抗力を生ずるが，法定抵当権は登記の日から対抗力を生ずる）。ドイツ法には法定抵当権自体はないが，法定の抵当権設定請求権に関する規定（例えば，土地の工作物に関する建築請負人は，ドイツ民法典648条に基づいて，注文者の敷地を目的とし，請負契約に基づく債権を被担保債権とする抵当権の設定を請求することができる）が個別に定められている。また，フランスの裁判上の抵当権に類するものとして，強制抵当権がある（ドイツ民事訴訟法868条。雉本・前掲書444頁以下，ゲルハルト・リュケ「ドイツ法における強制抵当権（Zwangshypothek）の諸問題」小野木常＝斎藤秀夫還暦・抵当権の実行（下）〔1972〕527頁以下，斎藤和夫・ドイツ強制抵当権の法構造〔2003〕3頁以下参照）。

旧民法も法定抵当権を規定していた（旧担204条）が，現行法からは除かれた。

また，ドイツのように，登記を抵当権の成立要件とする法制を採る国もある（ド民873条1項）。これに対して，日本の抵当権は，抵当権者と抵当権設

定者の合意のみによって成立し，登記は対抗要件（176条・177条）であるにとどまる。フランス民法典2417条のように，公証証書による合意さえ求められていない。このため，旧競売法下では未登記抵当権者さえも債務名義を得ることなく有効に競売の申立てをすることができた（大判大12・7・23民集2巻545頁）ことが批判の的となった（我妻324頁）。民事執行法は，これを制限する（→Ⅵ3⑵）。

3　通　有　性

抵当権は，担保物権であるから，担保物権に共通する性質として，付従性，随伴性，不可分性および物上代位性を有する。

⑴　付　従　性

(ア)　沿革上の根拠　　抵当権は，被担保債権を担保するための権利であるから，被担保債権がなければ抵当権を存在させても無意味である。このことから，通常，成立における付従性と消滅における付従性の2つが観念される。前者は，被担保債権が成立しなければ抵当権も成立しないことをいい，後者は，被担保債権が消滅すれば抵当権も消滅することをいう。いずれも，条文上の根拠はもたないが，抵当権が債権の担保を目的とする権利であることから当然に導かれる性質であるといわれる（近時において付従性を否定しようとする加賀山説については，→1⑵(ウ)(f)）。

旧民法債権担保編224条1項1号は，被担保債権の無効・取消し・消滅の際の登記の抹消について明文で規定していたが，これは，抵当権が従たる物権であることから説明されていた（例えば，井上操・民法詳解債権担保編之部上巻〔1892〕4頁）。付従性は「従たる」という修飾語のかたちであるけれども，当時から認められていたといえる。また，ドイツ民法典1191条以下が土地債務（Grundschuld）という不動産物権を規定しており，土地債務は，抵当権と同じく，債権を担保するために利用することができるが，付従性を欠く点が抵当権と異なるところ，梅謙次郎は，現行法はこれを認めなかったと断言している（梅500頁。岡松407頁も参照）。これらからすれば，付従性に関する明文の規定が現行法にない理由は，それが規定するまでもない当然の性質であると考えられていたことに求められるのではなかろうか。

付従性という用語の確立は，ドイツ語のAkzessorietätに訳語が与えられたことによる。「従タル性質」（富井政章「未タ発生セサル債権ノ担保ニ就テ」志林

前注（§§ *369-398の22*）Ⅱ　　　第2編　第10章　抵当権

11巻4号〔1909〕1頁）や「従属性」（中島玉吉「根抵当論」同・続民法論文集〔1922〕7頁等），「附随性」（石田・上29頁）という言葉が使われたこともあったが，石坂や我妻が「附従性」という言葉を用い（石坂・前掲書(上)481頁，我妻栄・近代法における債権の優越的地位〔1953〕105頁），これが定着していったようである。

　(イ)　付従性の例外　　抵当権の付従性にはいくつかの例外が認められている。そもそも376条や518条は，特定の被担保債権と抵当権との結びつきが確定的でなく，付従性が厳格に貫かれるわけではない性質であることを示しているといえる。とくに抵当権の処分に関わる付従性の緩和については，起草者も例外と捉えている（例えば，梅523頁，富井599頁）。

　その一方で，将来債権の担保や根抵当については，これを理論的に正当化しようと，付従性の意義を縮小する見解が早い時期から主張されたことがある。すなわち，抵当権は，成立における付従性や消滅における付従性を有しないのであり，抵当権の付従性とは，被担保債権がなければ抵当権の実行（競売）が許されず，また被担保債権の範囲内でしか換価金を受領することができない性質，すなわち実行における付従性のみをいうとされた（富井政章「根抵当の有効なる理由に就て」新聞83号〔1902〕3頁，石田・上29頁・85頁，石田喜久夫・口述物権法〔1982〕96頁，近藤195頁，柚木・判例物各111頁・252頁）。

　さらに，抵当権は債権から独立した権利へと転化する（独立性）との発展史観から，現行法下での付従性の緩和を肯定的に受け止める我妻の説が登場する。その主張は，根抵当だけでなく，転質や抵当権の処分にも及ぶ（→Ⅴ3(4)）。

　我妻説は，学説上，きわめて有力な地位を占めた（勝本正晃・担保物権法論〔1940〕1頁・25頁，松坂291頁・360頁，山中康雄「いわゆる包括根抵当契約に関する通達をめぐって」金法100号〔1956〕24頁，五十嵐清「担保物権総論（含・譲渡担保）」法セ21号〔1957〕15頁）。しかし，近代的抵当権論に対する懐疑的な評価（→Ⅴ2(1)）が一般化すると，付従性を実行における付従性の意味で理解する立場が優勢となった（鈴木223頁，槇139頁，高木10頁・92頁）。

　現在の体系書等においては，実行における付従性には触れないものも多く（道垣内8頁，近江12頁・112頁・237頁），また，それに触れるものも成立・消滅における付従性と併記するかたちを採っており（髙橋9頁・97頁，松井11

頁・25頁，安永237頁，山野目221頁），付従性の妥当する範囲について，自覚的な検討を施すものは見られなくなっている。また，抵当権の処分についても，付従性との抵触については議論されなくなっている（内田452頁，道垣内96頁）。

(2) 随 伴 性

随伴性とは，抵当権が被担保債権の譲渡や質入といった処分に従う性質をいう。譲渡等の目的債権を抵当権付きのままとすることで，その経済的価値を維持する。付従性と同根の性質である。

旧民法は，物を有体物に限定せず（旧財6条1項），「従タル物」には「従タル物権」の1つである抵当権も含まれたため（旧財2条3項第6），随伴性からの帰結は，87条2項に相当する旧民法財産編41条2項から導かれると考えられていたようである（法典質疑会「民1765問題」志林11巻6号〔1909〕67頁〔梅解答〕）。

現行法において随伴性を直接に定める規定はない。しかし，398条の7が確定前の根抵当権につき特則の体で随伴性を否定しているから，これを普通抵当権の随伴性に関する間接的な根拠条文とみることができる。

また，369条は，抵当権者が自己の債権につき優先的に弁済を受けられると規定する。被担保債権をもつ者と抵当権者とが同一人であることを想定する。通常は，債権を有しない者に抵当権のみを与えても無意味であるから，そのような規定で足りる。付従性や随伴性も，このことを前提とする（なお，抵当権の信託につき→Ⅳ4(1)）。

(3) 不 可 分 性

372条は，留置権の不可分性を定める296条を準用する。ただし，留置権の行使が目的物の留置の継続であるのに対して，抵当権の行使は競売等による被担保債権の満足であるから，不可分性の意味は両者で自ずと異なる。ボアソナード草案は担保物権ごとに不可分性を定め，旧民法はこれを基本的にそのまま承継した。債権担保編196条が抵当権の不可分性を規定したが（同条はフ民旧2114条2項〔現2393条2項〕に由来する。他の担保物権については，それぞれ旧担93条・105条・123条・132条に規定があった），現行法の規定方式では，留置権と抵当権との間の違いがみえにくくなっている。ここに，抵当権の不可分性が各種の問題に多義的に援用される原因がある（以上については，柴原宏昭

前注（§§369-398の22） II　　　第2編　第10章　抵当権

「抵当権の不可分性に関する一考察(1)(2・完)」民商133巻5号926頁，134巻1号32頁〔2006〕が詳しい。また不可分性全般の詳細は，→§372 I）。

抵当権の不可分性は，一般に，①抵当不動産の各部分は被担保債権の全体を担保することと，②被担保債権の各部分は抵当不動産の全体によって担保されることを意味するといわれる。

①のため，目的不動産の一部が消滅したとしても，その残部が被担保債権の全部を担保する。その消滅割合に応じて債権が減額されることはない。あるいは，目的不動産が相続等により分割されても，各部分に存在する抵当権は，それぞれ債権の全額を担保する。共同抵当権の目的不動産の1つについて配当がされるときも，抵当権者は債権の全部につき優先弁済を受けることができる（392条2項。我妻257頁によれば，392条1項に基づく同時配当時の債権の割付けはその例外とされる）。

また，②のため，被担保債権の一部が弁済等によって消滅したとしても，目的不動産が残債権額の割合に応じて抵当権の負担から解放されるような事態は生じない。あるいは，被担保債務が相続等により分割されても，各債務は目的不動産の全部によって担保される。共同抵当権によって担保される債権の一部が消滅したとしても，それに応じて一部の不動産が抵当権の負担から解放されることはない。

(4)　物上代位性

372条は，先取特権の物上代位性を定める304条も準用する。304条は，イタリア旧民法典1951条（現2742条）を参酌して規定されたボアソナード草案に一部の修正を加えた旧民法債権担保編133条（抵当につき同編201条1項）に由来する（吉野衛「物上代位に関する基礎的考察（上）」金法968号〔1981〕6頁以下，清原泰司・物上代位の法理〔1993〕12頁以下）。

その読み替えどおりに，抵当権につき売却，賃貸，滅失または損傷によって目的不動産の所有者が受けるべき金銭その他の物（を目的とする債権）に対する権利の行使を認めることができるかについては，争いがある。売却代金については抵当権の追及効から否定説が有力に説かれている。また，賃料については非占有性や価値権性を理由に否定説が通説と目されていた。同様に，保険金についても価値権性から否定説が主張されたことがある（→§372 II(4)(ウ)）。

III 抵当権の諸原則

民法が抵当権につき採用する原則として，公示の原則，特定の原則および順位昇進の原則の3つがある。

1 公示の原則

公示の原則とは，抵当権の存否や変動が外部からも認識することができるよう公示されなければならないという原則である。抵当権は，非占有権であるから，登記による公示を必須とする。

公示の原則は，物権一般につき求められるものであるが，抵当権については，その存在が第三者（一般債権者）に不測の損害を与えず，また抵当権自体が公示のない優先権の出現に脅かされないために要請される。これには歴史的経緯がある。すなわち，時代と地域によっては，いわゆる一般抵当権や法定抵当権が広く用いられていた。一般抵当権は，公示のないまま債務者の総財産につき優先弁済権の主張を可能とした。また，公示の免除された法定抵当権が債務者の所有する不動産に無制約に成立することが認められることもあった（1955年までのフランスにつき星野英一・民法論集2巻〔1970〕143頁参照）。公示のない抵当権が存在すると，不測の損害を受けかねないため，不動産担保に基づく与信をしようとする者が現れにくくなる。そのような事態を避けるため，公示のある限りでのみ優先権の主張を許すべきことが要請されるようになったのである。

2 特定の原則

(1) 目的物の特定

特定の原則とは，抵当権が特定の一個または数個の目的物にのみ存在し得るという原則である。現存する目的物という限定を加えて定義する見解もある（我妻216頁，髙橋86頁。これに対して，フ民2419条・2420条は，現存しない将来の不動産にも例外的に抵当権を設定することを許す）。

目的物の特定は，そもそも物権一般につき，物権が直接的かつ排他的な支配権であることから要請されるが，抵当権については，公示の原則と同様に，一般抵当権や法定抵当権による不動産信用取引の阻害の防止という理念に根差す。一般先取特権が不動産に及ぶことの抑制（335条・336条）は，そのような理念の現れとみることができる（我妻216頁，髙橋87頁）。特定の原則は，

〔鳥山〕 631

公示の原則の前提であり，両者は表裏の関係にあると評される（高木97頁）。
　(2)　被担保債権の特定
　特定の原則は，抵当権が特定の債権のみを担保するという原則を指すこともある（柚木188頁による言及が最初のようである）。その趣旨は，被担保債権を特定のものに限定することで，既存の抵当権者が優先弁済を受けられる量的範囲を明らかにし，第三者が不測の損失を被ることの防止にある（高木97頁，髙橋86頁）。抵当権が担保する利息債権等の範囲を限定する375条は，この原則の要請に応じるものといえる。
　普通抵当権については，被担保債権額の登記が求められており，債権の特定がその前提となる（不登83条1項1号。なお，同号括弧書は，特定されただけでは抵当権者が受ける優先弁済の範囲が明らかとならない非金銭債権について，その価額の登記を求める）。
　根抵当権は，不特定の債権を担保するから，第三者の保護は，債権そのものの特定の代わりに，根抵当権者に極度額の範囲でのみ権利の行使を許すことで図られる（398条の2第1項・398条の3第1項）。被担保債権が登記されないため，375条の適用もない。その一方で，根抵当権について被担保債権の特定は，包括根抵当権（398条の2以下が定められる前において設定の可否が問題となった，基本契約のない根抵当権であり，通常，現在および将来発生する債務の一切を担保することを予定するもの）を禁じるため，担保すべき債権の発生原因または種類を限定することの意味でも観念される。これを厳格に求めることは，抵当不動産の所有者の負担の軽減化にもつながるといわれる（高木多喜男「抵当権の附従性と特定性」同・金融取引と担保〔1980〕106頁・120頁以下）。
　3　順位昇進の原則
　順位昇進の原則とは，先順位の抵当権が消滅した場合に後順位抵当権等の順位が昇進する原則をいう。明文の規定はないが，日本法はこれを採用する（大判大8・10・8民録25輯1859頁）。
　これに対して，順位確定の原則を採用し，先順位の抵当権が消滅しても後順位抵当権等の順位昇進を認めない立法例もある。ドイツがこの法制を採る代表的な国である（とはいえ，ドイツでも順位昇進則が原則であって，役権〔Dienstbarkeit〕や物的負担〔Reallast〕といった物権が消滅したときは後順位の物権の昇進が生じる。抵当権，土地債務および定期土地債務にだけ順位確定の特則が妥当せしめられてい

るのである。また，抵当権等の順位は絶対的に不動のものではなく，むしろ，順位を昇進させるのが実務の一般となっている。以上につき，鳥山泰志「順位昇進原則の立法論・解釈論上の意義」新報122巻1＝2号〔2015〕604頁参照）。

　順位確定の原則は，すでに登記されている抵当権が後に登記された抵当権等よりも後順位とされないという原則の意味でも用いられる（我妻216頁）。この意味での順位確定の原則は，日本法でも妥当する。抵当権間の順位は登記の前後によると定められており（373条），また，既存の抵当権に対する不動産先取特権の優先も，これを認めても抵当権に不利益とならない不動産保存および不動産工事の先取特権に限定される（339条）。

IV　特　別　法

1　工場抵当権・財団抵当権・企業担保権

　日清・日露戦争後，高まった資金需要に応える（とくに外国資本を導入する）ため，1905（明治38）年に工場抵当法（明38法54），鉱業抵当法（明38法55）および鉄道抵当法（明38法53）が制定される。以来，特別法の制定が重ねられる。以下では，各特別法上の抵当権と民法上の抵当権の違いを略述する（各法律の立法の経緯と内容については，近江幸治「日本民法の展開(2)特別法の生成——担保法」百年Ⅰ181頁以下が秀逸であり，以下の記述はこれに大きく負う。また，詳細は，第7巻の解説を参照）。

(1)　工場抵当権

　民法上の抵当権の効力は，不動産の付加一体物に及ぶ（370条本文）が，従物は付加一体物に当たらないというのがかつての一般的な見方であった（→Ⅴ3(1)）。これでは，工場の担保価値を算定するにあたって，そこに持ち込まれた機械類を算定範囲に含めることができない。工場抵当法は，工場抵当権の効力が工場の付加一体物に加えて，供用物件（土地や建物に「備附ケタル機械，器具其ノ他工場ノ用ニ供スル物」）にも及ぶことを認める（工抵2条）。その一方で，工場抵当権の効力が供用物件に及ぶことを第三者に対抗するには，目録に供用物件であることの記載が求められており（工抵3条・35条。最判平6・7・14民集48巻5号1126頁によれば，工場抵当権設定時に存した従物は供用物件に含められ，これについても目録の記載が必要とされる），公示の原則は，工場抵当権に

ついても厳格に遵守されているといえる。

(2) 財団抵当権

財団抵当権は，各特別法で限定列挙される機械・器具の動産類や権利からなる財団をその目的とする。ここでいう権利には，賃借権や工業所有権といった財産権も含まれる（例えば，工抵11条参照）。物権の一般原則によると，その目的物は特定の有体物に限定されるため，財団抵当諸法は，財団を不動産や物とみなすという方法をとる（不動産財団と物財団）。その一方で，いずれの法律も，やはり公示の原則は遵守する。

(ア) 不動産財団　工場財団抵当権が不動産財団の基本型である。その目的となる工場財団は，不動産である工場とこれに属する一定の動産類や諸権利から組成され（工抵11条），工場財団登記簿に所有権保存登記をすることによって設定される（工抵9条）。その申請にあたっては，財団組成物件を工場財団目録に記録しなければならない（工抵22条）。工場財団は，所有権保存登記によって一個の不動産とみなされる（工抵14条1項）。そのうえで，不動産とみなされた工場財団に抵当権が設定されるわけである。したがって，工場財団抵当権には民法や不動産登記法といった不動産に関する法律が適用される。

この系譜にあり，工場抵当法の規定を準用する法律として，鉱業抵当法，漁業財団抵当法（大14法9），港湾運送事業法（昭26法161），道路交通事業抵当法（昭27法204）および観光施設財団抵当法（昭43法91）がある。

(イ) 物財団　財団抵当権のもう1つの系譜が物財団抵当権である。その代表は，鉄道財団抵当権である。その目的となる鉄道財団は，鉄道用地や地上工作物，一定の機械・器具の動産類，さらには地上権・賃借権・地役権といった権利から構成され，一個の物とみなされる（鉄抵2条3項・3条）。鉄道財団は不動産とみなされない。このため，鉄道財団抵当権には不動産登記法の適用がない。その公示は，鉄道抵当原簿への登録による（鉄抵27条以下）。また，鉄道用地のほか，上記の工作物，動産，権利などは，鉄道財団目録への記載がなくても当然に財団を組成する（鉄抵11条1項）が，財団目録への記載が抵当原簿への登録と同一の効力を有するとされていることから（鉄抵33条1項），目録への記載を欠く組成物については財団抵当権を第三者に対抗することはできないといわれる（我妻568頁）。

鉄道抵当法を準用する法律として，軌道ノ抵当ニ関スル法律（明42法28）および運河法（大2法16）がある。このほか，軽便鉄道法（明43法57）が軽便鉄道抵当権を規定していたが，同法は1919（大正8）年の地方鉄道法の制定によって廃止された。同じく，自動車交通事業法（昭6法52）が自動車交通事業財団抵当権を規定していたが，同法は1947（昭和22）年に廃止された。

(3) 企業担保権

株式会社は，企業担保法（昭33法106）1条1項により，発行する社債を担保するため，その総財産を一体として企業担保権の目的とすることができる。総財産を目的とする点では，企業担保権は，一般先取特権に類似する。追及効を欠く（後述）点も併せて，約定の一般先取特権と呼ばれることさえある（鈴木319頁）。しかし，一般先取特権は，債務者に帰属する財産のすべてを個々的に目的とするから，各不動産につきその登記をすることができるし，目的である各財産は個別的な換価に服する。これに対して，企業担保権は，会社の財産すべてを一体として把握するから，企業担保権者は，それを一括して換価の対象とすることもできる（企業担保37条）。このことから，企業担保権と一般先取特権とで総財産を目的とすることの意義が違うことが強く主張されることもある（我妻574頁）。

企業担保権は，公示方法や効力についても民法上の抵当権と大きく異なる。すなわち，設定会社の本店所在地における株式会社登記簿への登記を効力発生要件とする（企業担保4条）が，この登記が公示の役割も果たす。個々の不動産への登記はされない。このため，企業担保権に追及効はなく，その行使は，会社に現存する財産に限られる（企業担保2条1項）。また，他の権利者のする強制執行または担保競売において権利を行使することも許されない（企業担保2条2項）。さらに，対抗要件を備えた抵当権等は，その具備の時期にかかわらず，企業担保権に優先する（企業担保7条2項）。

2 立木抵当権

370条によると，樹木を土地から切り離して担保の目的物とすることはできないが，立木ニ関スル法律（明42法22）は，これを可能とする。樹木の集団は，所有権保存の登記を受けることで，土地から独立した不動産とみなされ，抵当権の目的とすることが可能となる（立木法1条〜3条）。

〔鳥山〕

3 動産抵当権

民法上の抵当権を設定することのできる物は，不動産だけである。以下で紹介する特別法上の抵当権は，動産上の非占有担保に対する需要に応えようとするものである。

(1) 船舶抵当権

商法 847 条以下（平 30 改正前商 848 条以下）が船舶抵当権を定める。その対象は登記された船舶であり，公示方法は船舶登記簿への登記である。船舶抵当権は，船舶先取特権という公示なき権利に劣後する（商 848 条 1 項〔平 30 改正前商 849 条〕）から，公示の原則が厳格に貫かれているとはいえない。もっとも，その確保を安易に求めることはできない。船舶という目的物の性質上，国際的な調和が要求されるため，国際条約による解決が図られる必要があるからである（江頭憲治郎・商取引法の基本問題〔2011〕219 頁以下参照）。

商法 850 条（平 30 改正前商 851 条）によれば，船舶抵当権は，製造中の船舶にも設定することができる。特定の原則を狭く理解して，現存する特定の物にのみ抵当権の設定が許されるとみるのであれば（→Ⅲ 2(1)），商法 850 条は特定の原則に関する例外規定であることとなる。

船舶抵当権の効力は船舶の属具にまで及ぶ（商 847 条 2 項〔平 30 改正前商 848 条 2 項〕）。属具を民法 87 条の従物と等しく理解し，かつ，船舶抵当権はその設定後の属具には及ばないとする説もあるが（小町谷操三＝窪田宏・海商法（上）〔1959〕27 頁・77 頁），属具は船舶所有者の所有に属する必要はなく，船舶抵当権はその設定後の属具にも及ぶとする説も有力である（石井照久・海商法〔1964〕128 頁・139 頁，田中誠二・海商法詳論〔増補 3 版・1985〕176 頁・586 頁）。後者の見解は，付加一体物の拡張という解釈指針（後述する〔→V3(1)〕）を反映するものと思われる（石井・前掲書 128 頁参照）。

以上のほかは民法の規定が準用される（商 847 条 3 項〔平 30 改正前商 848 条 3 項〕）。

(2) 農業用動産抵当権

農業動産信用法（昭 8 法 30）は，一定の農業用動産に抵当権を設定することを可能とする。農業用動産抵当権は，個々の物を目的物とするため，特定の原則に適うといえる。また，その得喪等は，農業用動産抵当登記簿への登記によって公示される。しかし，善意の第三者との関係における対抗要件に

とどまり（農動産13条1項。したがって，抵当権者は，悪意者には登記がなくても抵当権を対抗できる），また，登記がされていても，目的物は即時取得の対象となる（農動産13条2項）。この意味で，登記による公示の意義は大きくない。

原則として，民法上の抵当権に関する規定が準用されるが，抵当権消滅請求権（旧滌除権）に関する規定のみ準用されない（農動産12条2項）。

(3) 戦後の動産抵当法制

戦後になると，自動車抵当法（昭26法187），航空機抵当法（昭28法66），建設機械抵当法（昭29法97）が相次いで制定された。これらの法律に基づく動産抵当権は，それぞれ自動車登録ファイルへの登録（自抵5条1項），航空機登録原簿への登録（航抵5条）または建設機械登記簿への登記（建抵7条）が第三者対抗要件となる。このほか，抵当権消滅請求権（旧滌除権）がないという違いを除けば，民法上の抵当権との間に大差はない。

4 担保付社債・抵当証券

(1) 担保付社債（担保権信託）

担保付社債とは，証券化された債権に抵当権その他の物上担保が付されたものをいう（一般担保付社債については，→前注（§§303-341）Ⅰ1(2)参照）。担保付社債信託法（明38法52。制定時は「担保附社債信託法」）がこれを規定する。

担保付社債信託法は，多数いる社債権者間の平等を確保しつつ，煩雑な登記手続を免れさせるため，社債発行会社（委託会社）と信託会社（受託会社）との間の信託契約のもと，受託会社に対して，受益者である総社債権者のために社債を被担保債権とする抵当権を帰属させ，これを保存または実行する義務を課す（担信36条）。

このような抵当権と被担保債権の分属は，民法が予定するところではなく（→Ⅱ3(2)），担保付社債信託法がその唯一の例外として捉えられてきた（我妻227頁）。しかし，信託法は，2006（平成18）年の改正によって，抵当権その他の担保権を信託財産とする信託を明文化することで，より一般的に抵当権と被担保債権の分属を認めるようになった（信託3条1号・2号。詳細は，山田誠一「セキュリティ・トラスト」金法1811号〔2007〕16頁，長谷川貞之・担保権信託の法理〔2011〕）。

(2) 抵 当 証 券

抵当証券とは，抵当証券法（昭6法15）に基づいて不動産登記所が交付す

る有価証券である。同法は，証券に抵当権と被担保債権を表章させ，手形法の多くの規定を準用して，抵当権付債権の流通の促進を図る。

抵当証券法は，不動産登記に公信力がないことによる不都合を緩和するため，次の方法で証券に公信力を付与し，その流通力を高めている。すなわち，証券の交付に際しては，異議があれば申し立てるよう，抵当権設定者や債務者などの利害関係人に対して催告がされる（抵証6条1項）。催告を受けたにもかかわらず，同法7条1項所定の異議事由を申し立てなかった者は，抵当証券の善意の取得者に当該事由を対抗することができなくなる（抵証10条1項）。もっとも，抵当権や被担保債権の無効・不存在といった事由は，同法7条1項の異議事由に当たらない。このため，催告を受けた者であっても，常に，それを抵当証券の取得者に対抗することができる。

このほか，抵当証券が発行されると，その表章する抵当権について抵当権消滅請求権（旧滌除権）を行使することができなくなる（抵証24条）。

V 近代的抵当権論

日本の抵当権は，ドイツ法を理想とする抵当法制への進化の途上にある。たんなる債権担保の手段から，投資を媒介する権利へ（「保全抵当権から投資抵当権へ」）と発展しつつあるのである。――このような発展史観から，かつて立法論として抵当権の理想像が熱心に論じられた。近代的抵当権論といわれる。

具体的には，近代的抵当権の特質として，公示・特定の原則以外に，順位確定の原則，独立の原則および流通性確保の原則があり，日本法はこれらを取り込むべきであるといわれた。一方で，投資抵当権への発展という図式は批判に晒されて，現在，これを支持する者はいない。他方で，一部の原則については日本における導入の可能性が完全に否定されず，また，その理想が進化の過程にある現行法の解釈指針として援用され，これがいまなお抵当権をめぐる諸問題の考察に影響を残している。

以下では，まず1として，我妻の主張を中心に，近代的抵当権の内容として説かれるところを整理し，2で，その評価として論じられるところを説明する。そして，3において，近代的抵当権論が背景となっている解釈論を

検討していく。

1　立法論としての近代的抵当権論

その内容は，公示・特定の原則，順位確定の原則，独立の原則，流通性確保の原則に分けることができる。

(1)　公示・特定の原則

前述のように，日本の民法もすでに公示・特定の原則を厳格に遵守しているが，我妻によれば，それらは近代的抵当権にとって次の意義ももつとされる。すなわち，抵当権は客体の交換価値を支配することにその特徴をもつから，その客体は，登記や登録によってその存在を公示することができるものであれば，狭義の不動産であること，さらには一個の物であることさえも求められなくなる。こうして，特別法における各種の財団・企業・立木・自動車等の動産に抵当権を設定することが正当化されるのである（我妻223-224頁）。我妻は，このような抵当権の客体の拡大傾向を抵当制度の横の発達と呼び，さらに何らかのかたちで公示ができる場合については，特定性の緩和を積極的に肯定する（我妻栄「資本主義と抵当制度の発達」同・民法研究Ⅳ〔1967〕11頁以下。なお，内田貴「担保法のパラダイム」法教266号〔2002〕10頁も参照）。

(2)　順位確定の原則

日本法は，順位昇進の原則を採る。これに対して，我妻は，ドイツ法のように順位確定の原則を採用すべきであるという（以下，我妻216-218頁）。

ドイツにおいては，例えば，債務を負い，かつ，抵当地を所有する者が債務を弁済すると，被担保債権が存在しなくなるが，抵当権は付従性によっては消滅せず，所有者に帰して土地債務に転じる（所有者土地債務〔Eigentümergrundschuld〕。ド民1163条1項・1177条1項）。あるいは，債務を負わない抵当地の所有者が，債務者との間で被担保債務の弁済義務を負わないにもかかわらず，その弁済をしたときは，抵当権が当該債権とともに所有者に移転する（所有者抵当権〔Eigentümerhypothek〕。ド民1143条1項・1153条1項）。抵当権は混同によって消滅しない。そして，所有者土地債務や所有者抵当権は，後日，土地所有者が新たな貸付を受ける際に再利用することができる。

ドイツ法が順位確定の原則を採用した理由は，次の点にある。後順位の抵当権者等は，通常，被担保債権の利率を高く定めることで担保の不十分さの穴埋めをする。それにもかかわらず，先順位の抵当権等が消滅したからと，

高利を維持したまま先順位抵当権等の担保力を得るのは，過分な利益を享受することとなる。むしろ，土地所有者が抵当権等を取得し，その抵当権等を債権者に移転することによって担保を供与し，貸付を受けられるようにすることで，後順位の抵当権等を新たに設定して貸付を受ける場合よりも，軽い利息の負担で済むように取り計らうべきである（鳥山泰志「順位昇進原則の立法論・解釈論上の意義」新報122巻1=2号〔2015〕607頁参照）。

　日本における順位確定の原則の導入論も，後順位抵当権者に不測の利益を与える不合理さを論拠とする。また，それを導入するための前提として，被担保債権とともに消滅しない抵当権を創設する必要があるとされる（我妻217頁）。

　(3)　独立の原則

　独立の原則とは，抵当権を，現行法のように債権に従たる地位にとどまらせず，投資を媒介する権利として相応しい独自の地位に就かせるべきであるとする原則をいう。我妻によれば，独立の原則を採用するためには，抵当権の付従性の否定，利用権からの独立，引受主義の採用および債務者の責任財産への執行禁止の確立が要請される。

　(ｱ)　付従性の否定　　抵当権がたんなる担保物権から投資の媒介もする権利へと進化するためには，被担保債権がなくとも単独で存在し得る権利に転化しなければならない。その付従性を否定しなければならないのである。これによって順位確定の原則を導入する下地も確立される（我妻218頁）。

　(ｲ)　利用権からの独立　　我妻は，近代法における所有権が，自ら耕作する等の方法によって物を利用する権利から，他人に物を利用させることによって取得される対価の徴収権に転化すると考える。そして，これに応じて，抵当権も，所有権の対価徴収機能がもつ交換価値のみを把握するものになるべきだと主張する。抵当権の意義をそのように捉えるならば，抵当権が賃借権等の利用権を覆滅することはあってはならない。利用権が覆滅すれば，抵当権の効用自体も損なわれるからである。

　このような観点からみれば，短期賃借権の保護制度（平15改正前民395条本文。この制度については，→Ⅵ4）は中途半端である。また，抵当権を流通させるためには，抵当権が利用権によって破壊されることも防ぐ必要があるから，滌除制度（平15改正前民378条以下。これについては，→2⑵(ｳ)・Ⅳ4）も廃止され

なければならない。このように，現行法は，根本的な制度の変革を必要とする（我妻219頁・297頁・341頁・372頁。なお，一部の見解は，抵当権が設定後の利用権による影響を受けないことをもって，利用権からの独立と理解する〔新版注民(9)6頁〔柚木馨＝高木多喜男〕〕が，前述のように，我妻のいうそれは設定前の利用権による影響すら受けないことをいう。この理解の差によって，「価値権と利用権の調和」という言葉が多義的に使用されている〔内田貴・抵当権と利用権〔1983〕5頁以下〕）。

(ウ) **引受主義の採用**　後順位抵当権者が競売を申し立てると，先順位抵当権者は，望まない時期であっても換価金からの満足を受け，その抵当権は消滅する（消除主義。旧競売法2条2項・33条2項）。抵当権の目的が債権担保に尽きるのであれば，債権の満足さえ保障される限り，後順位抵当権者が申し立てた競売によって抵当権が消滅するとしても問題ないが，抵当権が投資を媒介するようになるためには，ドイツ法のように引受主義を採用し，先順位抵当権は，競落人（買受人）によって引き受けられるようにすることで，抵当権者が投資の継続を選択できるようになるべきである（我妻220頁）。

(エ) **債務者の責任財産への執行制限の確立**　抵当権者は，一般債権者の地位に基づいて債務者の責任財産を攫取することができる。しかし，抵当権を債権に付従するものととらえないときは，抵当権者は，目的物の交換価値のみを把握しているのであり，一般債権者としての地位を併有していないと考えるべきこととなる。抵当権が被担保債権とともにあるときであっても，抵当権によっては満足を受けられない範囲でのみ，責任財産への攫取が許されるべきである。そして，394条は，抵当権者が他の財産から配当を受けることを一般債権者との関係でのみ制限しているが，この制限を債務者との関係にも拡張するべきである（我妻220-221頁）。

(4) **流通性確保の原則**

抵当権が投資の媒介を実現する権利となるためには，その流通性が確保されなければならない。これは，公信の原則と証券化の原則によって実現される。

(ア) **公信の原則**　現行法のもとでは，抵当権は，設定契約の無効といった抵当権自体に付着する瑕疵によって，その存立が脅かされる。この点については，ドイツのように登記簿に公信力を認めることで（ド民892条），取引の安全を図らなければならない。また，抵当権の被担保債権が成立せず，消

滅し、またはそれに抗弁権が付着するときに、付従性を理由に抵当権がその影響を受けうることも防がなければならない（我妻221頁。ド民1138条に相当する制度の必要をいうものと思われる。同条についてはヴォルフ＝ヴェレンホーファー（大場浩之ほか訳）・ドイツ物権法〔2016〕550頁〔鳥山泰志〕参照）。

(イ) 証券化の原則　ドイツでは抵当権や土地債務が設定されると、原則として抵当証券や土地債務証券が交付される（ド民1116条）。このように抵当権を証券化すると、その取引の安全を有価証券法理によって確保し、また投下資本を迅速に回収することができるようになる。さらに、目的不動産の所有者と投資家の間を金融機関が媒介すれば、抵当権を少額の証券に分割し、市場でその購入者を募ることができるようにもなる。

これに対して、日本の抵当証券法は、抵当権設定者等が抵当権や債権の無効または不存在を抵当証券の善意の取得者に対しても対抗することができるといった点で、なお不十分である（我妻222頁・589頁）。

2　近代的抵当権論に対する評価

以上のような近代的抵当権論については、それが前提とする発展図式に対しても、主張される個々の原則に対しても、その後、様々な批判が加えられることになった。

(1)　発展図式に対する評価

近代的抵当権論は、「保全抵当権から投資抵当権へ」という抵当権の歴史的進化を前提としている。これに対する決定的な批判は、鈴木禄弥によってなされた。すなわち、その発展図式は、特殊な態様で資本主義が発展したドイツ、とくにプロイセンに妥当するものであって、資本主義が典型的に発展したイギリスやフランスには妥当しないのであり、普遍性がないという（鈴木禄弥・抵当制度の研究〔1968〕26頁）。そして、日本法の抵当権について、立法論上、ことにそれが債権を担保するための手段的存在であることを改める必要はないと主張する（鈴木禄弥・物権法講義〔初版、1964〕81頁）。

鈴木の見解は、その前後のドイツ法に関する実証的・歴史的な研究からも裏付けられる。

山田晟（「土地債務の抽象性について(1)〜(3・完)」法協53巻1号42頁〜3号416頁〔1935〕）は、付従性を欠くドイツの土地債務が債権担保に用いられたとき、必ずしも土地債務と被担保債権とが互いに無関係な存在であるわけではない

とする（例として，土地債務の被担保債権が無効であったときは，土地債務は成立するけれども土地所有者は不当利得返還請求権を行使することができ，また，土地債務が行使されたとしても土地所有者はそれに対して抗弁権を主張することができるということを挙げる。山田と同様の観点からの比較的最近の研究として，中山知己「ドイツ土地債務の担保的機能(1)～(3・完)」立命185号40頁～192号188頁〔1986～1987〕，椿久美子「ドイツ法における土地債務と抵当権の関係」麗澤大学紀要56号〔1993〕272頁)。これに加えて，土地債務がほとんど使われていないという実情も指摘した（高島平蔵「ドイツ抵当法の発達について」早比7巻2号〔1972〕121頁以下でも同旨が述べられている。ただし，川井健「西ドイツ見聞記4——担保法上の問題」ジュリ804号〔1983〕92頁が指摘するように，土地債務は，投資の媒介手段としては使われていないが，債権の担保手段としては抵当権よりもはるかに利用頻度が高いというのが現状である)。

また，高島平蔵（「ドイツ不動産担保法の近代化」同・近代的物権制度の展開と構成〔1969〕219頁以下）は，債権に従属する抵当権が債権から独立した抵当権（土地債務）に発展したという歴史認識を批判する。むしろ，ドイツ古法の権利こそ付従性，すなわち債権との牽連性を欠いていたところ，とくにローマ法の継受後に債権と抵当権との結合が生まれ，付従性が確立されたというのである。同様に，田中克志（同・抵当権効力論〔2003〕19頁以下・93頁以下）は，プロイセン所有権取得法が規定した抵当権が投資媒介制度として機能していたこと，そして，それがほぼそのままドイツ民法典の土地債務として受け継がれたこと，しかし，もともとプロイセン以外のほとんどの地方では土地債務に相当する権利が法制化されていなかったこと，このため，多様な不動産物権が用意されたこと，そして，ドイツ民法典制定時においてすら投資を媒介する手段としての土地債務の意義はあまり高くなかったことを明らかにした。

さらに，フランス（池田恒男「フランス抵当権改革前史(1)(2)」東社30巻5号1頁，31巻2号130頁〔1979〕，同「共和暦三年法論(1)(2)」東社32巻1号1頁，3号1頁〔1980〕，今村与一「抵当証券法の史的考察(1)(2・完)」都法23巻2号193頁，24巻1号311頁〔1982～1983〕ほか多数）やオーストリア（上原由起夫「オーストリア抵当制度の展開と『投資抵当権』」早誌29号〔1978〕61頁）といったドイツ以外の国の法制研究も，鈴木の主張を補強した。

(2) 個別原則に対する評価

もっとも，近代的抵当権論が提示した個別原則がすべて否定されているわ

けではない。投資抵当権の創設とは異なる目的から肯定される個別原則もある。

　(ｱ)　公示・特定の原則　　公示の原則や特定の原則自体は，すでに現行法が採用するものであるから，それらを否定しようとする者はいない。むしろ，より一層の遵守が望まれ，私法の外部での変革までも求められた。すなわち，国税徴収法は旧3条で「納税人ノ財産上ニ質権又ハ抵当権ヲ有スル者其ノ質権又ハ抵当権ノ設定カ国税ノ納期限ヨリ一箇年前ニ在ルコトヲ公正証書ヲ以テ証明シタルトキハ該物件ノ価額ヲ限トシ其ノ債権ニ対シテ国税ヲ先取セサルモノトス」と定めることで，租税債権が抵当権に優先する余地を広く残しており，これは，現代の一般抵当権に相当するものとして強い批判を受けた（我妻栄・民法研究Ⅳ-2〔1967〕89頁）。

　そして，最高裁大法廷昭和32年1月16日判決（民集11巻1号1頁）は，大審院判例の立場を変更して同条を厳格に適用し，また国税徴収法は1959（昭和34）年に全面的な改正を受ける（吉国二郎ほか編・国税徴収法精解〔新訂版，1965〕9頁以下・294頁・312頁，金子宏・租税法〔22版，2017〕950頁参照）。

　さらに，登記・登録によって公示することのできるものであれば，抵当権の目的となり得るとする「横の発達」という理念に対しても，実証的な批判は見当たらない。我妻の主張は既存の特別法の正当化という側面をもっていたが，その後も主張どおりに特別法が制定され続けた。財団抵当権の設定件数も，昭和50年代初頭は2万件を超えていた。法律の制定や運用が我妻の予測どおりに進んでいた（我妻・前掲研究Ⅳはしがき2頁における我妻の自負を参照）のだから，我妻の主張を批判的に検証しようとの動機は生まれにくい。理念を応用した解釈論も通説化した（→3(1)）。

　その一方で，内田貴（「担保法のパラダイム」法教266号〔2002〕17-19頁）は，財貨の収益の担保化をより効率的に実現するために，公示・特定の原則を緩和する必要性を主張しており，新たな方向での議論の胎動として注目される。

　(ｲ)　順位確定の原則　　順位確定の原則に対する評価は割れる。

　例えば，所有者抵当権の法制化は，法制審議会の民法部会でも検討されたことがある（加藤一郎「ドイツ抵当制度とわが民法の改正」比較16号〔1958〕13頁）。また，抵当権の独立性を認める必要はないとする鈴木も，順位昇進の原則が不合理であるとの評価では我妻に同調し，スイスの空位制度を採用する可能

性を説いた（鈴木禄弥・抵当制度の研究〔1968〕181頁）。あるいは，星野のように，順位昇進の原則に対する否定的な評価を解釈論に反映する者もいる（一3(5)）。

以上に対して，ドイツにおいてすら順位確定の原則が形骸化しているという事実を明らかにして，その採用の必要を疑問視する立場もある（山田晟「立法論として所有者土地債務をみとめるべきか」法協97巻9号〔1980〕1213頁，松井宏興・抵当制度の基礎理論〔1997〕153頁以下，鳥山泰志「順位昇進原則の立法論・解釈論上の意義」新報122巻1＝2号〔2015〕609頁以下）。

　(ウ)　独立の原則（利用権からの独立）　近代的抵当権論に対する批判が強まった後に，旧短期賃貸借の保護制度の廃止が提案されたことがある。ただし，その根拠は，我妻が提示したものとは異なる。制度の悪用が目立つ一方で，利用権の保護は不動産が収益財である社会で求められるところ，（民法制定から論文が執筆された当時までの）日本はそれに当たらないから，制度維持の利益がないと主張された（内田貴・抵当権と利用権〔1983〕316頁以下）。

　滌除権廃止の提案はどうか。やはり近代的抵当権論が否定的に評価されるようになった後にも廃止論が説かれたが，その根拠は，滌除制度の弊害にあった。

　すなわち，多くの抵当権者は，増加競売を申し立てるための負担が大きく（滌除の通知から1週間以内に増加競売を申し立てなければならず，その増加競売において滌除金額より1割以上の高値で買受けを申し出た者がいなければ抵当権者自らが滌除金額の1割増しの金額で抵当権を買い受ける必要があり，また抵当権者はその増加金額に相当する保証を提供する必要があった），申立てをしても旧短期賃貸借保護制度を口実とする目的不動産の占拠がされると買受人の登場を期待しがたくなるため，第三取得者が提供する滌除金額が抵当不動産の時価を大きく下回るときであっても，増加競売の申立てをすることなく滌除に応じていた。また，不動産の時価が低いときに抵当権の行使を見合わせる自由（担保権実行時期の選択）を阻害することも滌除権の問題点として認識されるようになった（星野287頁，川井111頁，槙230頁）。廃止論はこれらを論拠とする（柚木336頁，鈴木禄弥・物権法〔初版，1964〕35頁，生熊長幸「わが滌除制度の矛盾と滌除制度廃止論」岡法44巻3＝4号〔1995〕201頁以下）。

　これに対して，抵当権付不動産の流通を促進するべきであるという公益を

重視する制度趣旨（梅545頁，富井564頁）を基調として，廃止ではなく，修正を求める論者もいた（新関輝夫「滌除の制度は廃止されるべきか」奥田ほか編・民法学3・135頁以下，同「滌除制度の存続の可否」金融担保法講座Ⅰ235頁，鈴木禄弥・物権法講義〔4訂版，1994〕187頁，高木多喜男・担保物権法〔3版，2002〕224頁は，滌除金額の客観化または合理化も提案していた。その他につき生熊・前掲論文199頁参照）。2003（平成15）年における滌除権から抵当権消滅請求権への改正（→Ⅵ4）は，この修正案と同じ方向にある（道垣内ほか85頁〔小林明彦〕参照）。

なお，近代的抵当権論が提唱された時期とほぼ同じころに制定された抵当証券法や農業動産信用法だけでなく，戦後に立法された動産抵当諸法も第三取得者に滌除権を認めなかった。しかし，目的物となる財産としての特質（不動産は動産と異なり，希少であり，生活や事業の基盤である）を無視して，特別法を根拠に抵当権の一般的傾向を論じることは難しいであろう。

3 近代的抵当権論の解釈論への応用

近代的抵当権論は，歴史的発展法則の認識と，原理として諸原理を確立することの主張にとどまるものではない。個別具体的な解釈論にも及んでおり，それは現在まで影響を及ぼしている。

(1) 付加一体物の拡張

近代的抵当権は目的物の範囲を次第に拡張し，財団や企業さえもその客体とするに至るとするのが，近代的抵当権論の主張である。このことからすれば，抵当不動産に附属し，その効用を高める従物が抵当権設定時に存在したものに限って抵当権の効力が及ぶという結論は不合理である。ここから，我妻は，従物も370条にいう付加一体物に含まれると考えるようになる（他の論拠も含め，我妻258頁以下。我妻栄〔判批〕判民昭和5年度415-416頁は，抵当権の効力は設定後の従物に及ばないとの立場にあった）。

我妻自身は，これが文言上，無理のある解釈であり，賛同する者は少ないと述べていた（我妻栄〔判批〕聯合部判決巡歴Ⅰ〔1958〕274頁）。ところが，その後，その見解が通説となる（湯浅道男「抵当権の効力の及ぶ範囲」民法講座(3)63頁参照）。

もっとも，批判がないわけではない。例えば，鎌野邦樹（「『抵当権と従物』論」早法64巻3号〔1989〕84頁・130頁）は，抵当取引の種類に応じた区別が必要であるとし，とくに住宅ローンを担保する抵当権につき抵当権の効力が従物に及ばないと主張している（本問題の網羅的な検討は，→§370 Ⅱ 1）。

(2) 権利抵当権・財団抵当権・企業担保権

我妻は，近代的抵当権が交換価値を支配する権利であることから，公示の原則に反しない限り，財団や企業等にもその客体としての適格性を認めることができるという。では，財団や企業等に設定された抵当権は物権といえるのか。我妻は，次のように考える。

すなわち，我妻によれば，抵当権は交換価値を支配するところに本質を有するから，その目的物が特定の有体物であるかどうかは，権利の性質に違いをもたらさず，（特定の不動産を目的物とする）物上抵当権が物権であるならば，（地上権や永小作権を目的とする）権利抵当権も物権と考えることができるとされる（→Ⅱ1(2)(ウ)(c)）。そして，我妻は，これと同様の考え方から，財団抵当権や企業担保権が物権であることも説明できるという（権利質権を物権と解することへの言及も含め，我妻114頁・223頁。末弘・前掲書183頁も同旨）。

現に企業担保法1条2項は，企業担保権が物権であることを明定する。それにもかかわらず，企業担保権が一般先取特権と同じく目的物の特定性と追及効を欠くことから，それを物権とみることに懐疑的な有力説もある（舟橋諄一・物権法〔1960〕8頁，鈴木319頁）。

(3) 物上代位のための差押えの意義

前述のように（→Ⅱ1(2)(ウ)(a)），かつては，目的不動産の滅失によって物上代位が生じると，不動産上に存在した抵当権は，損害賠償請求権その他の債権を目的とするようになると考えられていた。目的物の滅失は物権の消滅原因であるところ，物上代位はその例外にあたる。また，物上代位によって抵当権の目的が変更するから，それに応じた新たな公示を具備する必要も自覚される。このような考え方は，304条1項ただし書が物上代位の要件として定める差押えの意義をどう理解するかについて，いわゆる優先権保全説（→§372Ⅱ3(2)(イ)）につながりやすい。

これに対して，我妻のように，不動産に設定された抵当権も，物そのものではなく，それに内在する交換価値を支配する物権であると考えるのであれば，目的不動産の滅失による物上代位があったとしても，支配対象の変更を観念する必要はない。抵当権は，従前どおりに交換価値を支配し続けている。それを内包するものが不動産から債権に変容したにすぎない。そして，権利抵当権と物上抵当権とで権利内容に違いはない。目的の変更に応じた新たな

公示の必要性は認識されない。こうして，特定性維持説（→§372 II 3(2)(ア)）が正当化される。

特定性維持説は，多数説と呼んで差し支えないほどの地位をながらく占めた。しかし，とくに，最高裁平成10年1月30日判決（民集52巻1号1頁）が抵当権の物上代位に関する差押えの主な趣旨として，二重弁済の危険から第三債務者を保護することを指摘したことで，同説の支持は大きく揺らいだ（→§372 II 3(2)(ウ)）。

(4) 付従性の緩和（被担保債権との牽連性の切断）

我妻は，現行法の抵当権（および質権）も債権から独立する傾向にあるため，将来債権の担保，根抵当，抵当権の処分（および転質）について説かれる付従性の緩和は，理論の破綻ではなく，積極的に肯認すべき事象として評価できるとしていた（我妻栄・新訂担保物権法〔1刷，1968〕117頁・148頁・218頁・390頁。ただし，後日，独立の原則を解釈に反映させることを自重するようになる〔我妻390頁参照〕。我妻説のその後の学説の推移については，前述した〔→ II 3(1)(イ)〕）。

債権からの独立という解釈指針は，付従性そのものの射程外にある問題にも解釈上の影響を残している。すなわち，抵当権の効力を考察するにあたって，抵当権と被担保債権との牽連性を捨象しがちとなる。物上代位によって被担保債権の弁済を受けるには，それが弁済期にある必要があると思われるところ，これを看過する立論が少なくなかったこと（鎌田薫「賃料債権に対する抵当権者の物上代位」石田喜久夫ほか還暦・金融法の課題と展望〔1990〕79頁参照）は，その現れである。また，目的不動産の占有者の排除の可否をめぐって，被担保債権の不履行の前後で抵当権によるその交換価値の支配に変更が生じるとする説（松岡久和「抵当権の本質論について」高木多喜男古稀・現代民法学の理論と実務の交錯〔2001〕21頁以下）があるが，このような主張が近年になって唱えられるようになったことも，それまでの学説が抵当権と被担保債権との牽連性を考察の外においていたことを象徴するといえよう。

(5) 無効登記の流用等

順位昇進の原則に対する否定的な評価は，以下のように解釈論に反映されることがある。

(ア) 無効登記の流用・異議なき承諾による抵当権の復活　被担保債権の弁済によって抵当権が消滅した後，別の債権を担保するために，その登記を

流用して後順位抵当権の昇進を防ぐこと（無効登記の流用〔→§369 Ⅴ 7〕）を許すことで順位確定の原則を採った場合と同じ結論を認めてもよいとの主張がされたことがある（末弘厳太郎〔判批〕判民昭和6年度367-368頁，石田・上115頁）。

　我妻も，一時的にはこの立場を支持していたようである。だが，最終的には，順位昇進に対する実務の期待を理由に，否定説を採る（我妻232頁）。

　また，2017（平成29）年の民法改正までは，弁済済みの抵当債権が譲渡され，これにつき異議なき承諾（平29改正前民468条1項）がされたとき，当該抵当権が復活するかという問題があった（大決昭8・8・18民集12巻2105頁等）。我妻は，この問題について，後順位抵当権者を保護する必要がないとの理由から，肯定説の採用を明らかにした（我妻栄・新訂債権総論〔1刷，1960〕540頁）。ところが，すぐに否定説に転じる。登記の流用に関する改説と同じ理由によるという（我妻418頁。これら2つの問題につき我妻旧説を支持する者については，鳥山・前掲論文624頁注31参照）。

　このように，我妻自らは，順位昇進に対する否定的な評価を解釈論に反映しようとする態度を貫かなかった。ところが，我妻以外の者がそれを結論導出のための論拠（の1つ）に挙げることが度々ある。具体的には，員外貸付や消滅時効の援用権をめぐる議論においてみられる。

　(イ)　員外貸付　　協同組合などについて，員外貸付，つまり組合員でない者への資金などの貸付であることを理由に貸金債権が無効であるときは，その債権を担保するための抵当権や保証は無効であるというのが判例の立場である（大判昭8・7・19民集12巻2229頁等〔→§369 Ⅳ 4 (1)〕）。これに対して，星野英一は，貸金債権と不当利得返還請求権の経済的同一性および当事者の意思を主な根拠として，抵当権と保証のいずれも有効に存続するとし，その際，後順位抵当権者に不測の利益を与える必要はないとの理由をあげる（星野英一〔判批〕法協84巻4号〔1967〕576頁以下）。この有効説は，いまも多くの学説の支持を集めている（高木112頁，内田392頁，山野目286頁，髙橋98頁，松井25頁）。

　(ウ)　被担保債権に関する消滅時効の援用　　最高裁昭和43年9月26日判決（民集22巻9号2002頁）は，物上保証人に抵当債権に関する消滅時効の援用を許す。星野は，これに反対するとともに，第三取得者や後順位抵当権者による援用も認めるべきではないという。消滅時効制度に対する消極的評価を主な論拠とするが，これに加えて，後順位抵当権者には先順位抵当権者が

もつ債権の時効期間経過を奇貨とする利益を得させる必要がないともいう（星野英一〔判批〕法協86巻11号〔1969〕1385頁）。

その後，最高裁平成11年10月21日判決（民集53巻7号1190頁）は，後順位抵当権者による時効の援用を否定したが，これについても，最高裁が順位昇進に対する不合理さに着目したという評価がされることがある（上野隆司＝浅野謙一〔判批〕銀法573号〔2000〕7頁。もっとも，そう断定しないのが平成11年判決の一般的な読み方である〔伊藤進〔判批〕リマークス2001上12頁等〕）。

(6) **妨害排除請求権**

抵当権は目的不動産の交換価値のみを支配する物権であり，また，利用権からの独立の原則により，用益関係が抵当権に影響を及ぼすことはないし，反対に，抵当権が用益関係に影響を及ぼすこともないとすると，抵当権の侵害は目的不動産の交換価値の減少があったときにのみ生じるのであり，かりに第三者が不法に目的不動産を用益しているとしても，抵当権者は，その排除を請求することはできない，という結論が導かれる（我妻294頁・383-384頁）。

この立論は，もともと大審院昭和9年6月15日判決（民集13巻1164頁）を追認するものであった。また，抵当権の用益関係への不干渉は，価値権説自体に従わないとしても，非占有性からも導くことができる（鈴木禄弥・物権法〔初版，1964〕31頁・45頁）。これらから，抵当権者が不法占有の排除を請求することは許されないとの理解が定着した。最高裁平成3年3月22日判決（民集45巻3号268頁）も，不法占有による抵当権の侵害を否定した。

その後，最高裁大法廷平成11年11月24日判決（民集53巻8号1899頁）による判例変更によって，妨害排除請求の余地は開かれた。だが，それでも同判決は，抵当権が目的不動産の交換価値から優先弁済を受けることを内容とする非占有権であることを理由に，抵当権者は目的不動産の使用・収益に干渉することができないという原則論を維持している。この点からは，利用権からの独立という指導原理は，いまも生き永らえていると評し得る。

(7) **物上代位の対象**

我妻自らは，近代的抵当権の理想を物上代位の対象に関する解釈論に必ずしも応用しなかった。しかし，他の者によって，その理想に適うかのような学説が展開される。

(ア) 賃料債権　抵当権は，目的不動産の使用・収益に干渉せず，その交

換価値のみを支配する。このことからすると，賃料は，使用・収益の対価であり，目的不動産の交換価値とはいえないから，物上代位の対象とならないように思える。とくに非占有性を根拠とする否定説が鈴木によって唱えられると（鈴木禄弥・物権法〔初版，1964〕44頁），結論として物上代位を否定する立場は，通説と呼び得るほどの支持を集める。これは，最高裁平成元年10月27日判決（民集43巻9号1070頁）が肯定説の採用を明らかにするまで続く。同判決は，非占有性は先取特権についても同じだから，それが抵当権について賃料への物上代位を否定する論拠とはならないという。

これに対して，我妻は，賃料は交換価値のなし崩し的実現であるから，抵当権者は賃料に物上代位することができるという立場をとっていた。抵当権は不動産所有権の対価徴収機能がもつ交換価値だけを把握する権利に進化するという理解からすれば（→Ⅴ1(3)(イ)），賃料への物上代位を肯定することは，我妻にとって当然の結論であったともいえる（我妻281頁・297頁）。

(イ) 抵当不動産についての損害保険金請求権　我妻は，保険金への物上代位を肯定する（我妻283頁）。しかし，抵当権が目的物の交換価値を支配する権利であるというのであれば，保険料支払の対価である保険金には抵当権が及ばないとも考え得る（西島梅治「保険金債権に対する物上代位」法政23巻1号〔1955〕62頁以下，注民(9)60頁〔柚木馨＝西沢修〕）。もっとも，大審院民事連合部大正12年4月7日判決（民集2巻209頁）が肯定説にあり，学説の多数も古くから政策的な考慮に基づき結論として物上代位を許していたため，現在の学説に対する否定説の影響は見受けられない。

(8)　法定地上権

利用権と抵当権の相互不干渉という理想からすれば，本来，用益関係は，これが抵当権よりも後に設定されたものであったとしても，抵当権によって否認されてはならないはずである。そうだとすると，更地に抵当権が設定された後に建物が築造された場合において，後日，競売がされたとすれば，法定地上権を成立させて土地を建物の敷地として利用することを許すべきこととなる。

しかし，この結論は，大審院大正4年7月1日判決（民録21輯1313頁）に反するし，我妻も，法定地上権の成立を肯定することは，解釈論の域を超えるとしていた（我妻352-353頁）。

前注（§§ 369-398 の 22） V　　第2編　第10章　抵当権

だが，上記の理想を根拠の1つとして，解釈論上も，法定地上権の成立を認める説が主張されたことがある（柚木313頁・319頁）。現在でも肯定説は有力説の地位にあるが，松本恒雄（「抵当権と利用権との調整についての一考察(1)(2・完)」民商80巻3号283頁，81巻1号1頁〔1979〕）以来，利益考量の手法によって結論の正当化が試みられている。したがって，我妻の唱えた理想との関係を絶っていると評価すべきであろう。

4　補論——抵当権の本質論について

抵当権をめぐる大きな問題については，その本質を論じ，それから一定の結論を引き出すという議論の方式に大きく影響されることがある。そこで，そのような議論形式につき，とくに留意すべき事項の4つを指摘しておく。

(1)　議論の射程

大きな特徴として，過去の議論は，射程のうちにある権利が区々であるということを指摘できる。

換価権に本質を求める初期の学説は，留置権以外の典型担保物権を想定して論じられた（富井298頁・433頁・480頁・538頁，川名兼四郎・物権法要論〔1915〕197頁・263頁・267頁）。これに対して，換価権は典型担保物権すべてに共通する効力ではないとの理由から，付従性に本質を求めるべきであるとの主張がされたこともある（三潴5頁）。

典型担保物権以外のものに射程を及ぼす説もある。第1に，抵当権について責任権説（→Ⅱ1(5)(イ)）をとる学説の射程は，留置権以外の典型担保物権と保証債務その他の人的担保に及んでいる（石坂音四郎・改纂民法研究下巻〔1920〕44頁）。第2に，価値権説は，留置権以外の典型担保物権に共通する本質を論じるものであるが，権利抵当権，財団抵当権，さらには債権質その他の権利質といった，特定の有体物を目的としない担保物権にまで射程が及ぶ（→Ⅱ1(2)(ウ)・V3(2)）。第3に，期待権説は，担保権者は目的物の価値をおさめる期待権を有し，その期待権に基づいて必要な限度で目的物を支配すると考えるが，これは，抵当権と譲渡担保に共通の本質を探究した結果として提唱されている（川井12頁）。

以上に対して，抵当権のみを対象とする主張もある。非占有性に本質を求める説（鈴木禄弥・物権法〔初版，1964〕44頁）がそうである。また，近年に唱えられている換価権説（→Ⅱ1(4)(ア)）は，抵当権のみを想定していると思われる。

(2) 議論の目的

 各学説の射程が違うことの原因は，本質を論じる目的，いいかえれば解決が要請される課題が時代ごとに違うことにある。

 付従性に権利の本質を求める見解は，留置権も含めた担保物権に共通の本質を論じることに強い関心をもっていた。責任権説は，物権・債権と並ぶ財産権として責任権を観念することで，非占有権であり，有形的な支配をもたらさないために，物権とはいいにくい抵当権（権利抵当権も含む）を責任権のカテゴリーに分類し，かつ，根抵当権を正当化するために（→Ⅱ1(5)(イ)）提唱された。期待権説は，譲渡担保の法的構成を主眼としていた。価値権説の主な目的は，権利抵当権等の物権性，付従性の緩和，抵当権者による目的不動産の使用・収益への不干渉を正当化することにあった。非占有性説は，その最後の目的を同じくする。換価権説は，かつては非占有権である抵当権が物権であることを説明し，現在は価値権説や非占有性説からは解決しがたい問題（物上代位や妨害排除請求）の克服を目指す。

(3) 複数の権利に共通する効力・性質に本質を求めることの問題点

 価値権説によれば，抵当権と債権質権との間ですら同じ法的構成が妥当する。いずれも客体の交換価値のみを支配するのであり，交換価値を内包するものの違い（不動産か債権か）は考慮されない。したがって，価値権説から演繹される抵当権の効力は，論理上，債権質権に認められるものに限られるはずである。債権質権の効力として物上請求権を認めがたいからには，抵当権の効力として物上請求権を認めることもまた至難である。

 この例からも明らかなように，複数の権利に共通する性質や効力に権利の本質を求めると，その本質から導けるものは，それらの権利に共通の性質・効力に限られやすい。抵当権にのみ一定の性質・効力を認めるかどうかの判断が迫られたときは，他の権利との比較から覚知される差異が，その性質・効力を導出する論拠として十分であるか否かを検証することが有益な場合があろう。

(4) 価値権説の沿革——抵当権と金銭債権との間の異同

 現在でも，担保権の性質把握に関して，価値権説は重要な位置を占めている。もっとも，価値権説が正しく理解されているのかも問題である。

 価値権説はドイツの近代的抵当権につきコーラー（Josef Kohler）が提唱し

た学説であり，これが日本に導入された，との理解が一般的であると思われる。しかし，もととなる学説は，ゾーム（Rudolph Sohm）がローマ法の質権について主張したものである。

　普通法学説では質権が物権と債権のいずれであるかで見解の対立があったところ，ゾームは，その折衷を試みた。そして，一方で，（金銭）債権と質権は権利者に金銭的な満足を与える——いずれも財産の価値に向けられている——ことを内容とする点で共通することを認めながら，他方で，その満足を実現する方法が（金銭）債権と質権とでは異なるとの考えを明らかにしたうえで，換価権を理由に（物上）質権を物権とみたのである。

　ゾーム以後の学説にはいくつかのバリエーションがあるが，一般に，価値権説は，抵当権と金銭債権の権利内容の共通性と，抵当権および所有権の権利内容の相違を強調し，換価権説は，債権とは異なる抵当権の実現方法に着目して，抵当権の物権性の正当化に重きを置く（日本の古い換価権説はこれに従う）。だが，それらの学説の間に根本的な違いはないといわれ，換価権説も，抵当権と金銭債権との共通性という認識を前提とする（内容の一致と方法の不一致から抵当権を物権でも債権でもない第三の財産権とみる学説もあり，これがⅡ1(2)(ウ)で紹介した第三権説のもととなる。また，ゾーム説または第三権説はゲルマニステンによって責任権説として再構成される。日本の責任権説はこれに従う）。

　これに対して，日本の価値権説は，抵当権と他の物権との違いの認識の継受にとどまり（→Ⅱ1(1)(ア)），抵当権と金銭債権の異同についてあまりに無関心であったように思われる。しかし，原初の学説が示唆するところに従って，抵当権と金銭債権を比較し，金銭債権よりもどれだけ強力な権能を与えるのか——例えば，追及効と詐害行為取消権の関係を想起されたい——，あるいは目的の同一性から手段の同一をも肯定すべきか——抵当権の実行手続に債務名義も要求するべきか等——という観点からの考察が有意義であると思われる。

Ⅵ　民法および手続法の変遷

　抵当権の規定については，現行民法典制定後，いくつかの改正がされており，また，関係する手続法についても重要な変化がある。

前注（§§ *369-398の22*）　Ⅵ

1　遅延損害金を担保する範囲の制限の追加

　現375条は，1項と2項でそれぞれ抵当権が担保する利息債権と損害賠償債権の範囲を画する。その原規定（明34改正前民374条）には，現375条1項に相当する規定しかなく，「利息其他ノ定期金ヲ請求スル権利」に損害賠償債権（いわゆる遅延利息）が含まれるかが争われた。大審院明治33年5月2日判決（民録6輯5号1頁）がこれを消極に解したが，これでは第三者の不測の損失を防ごうとする制度趣旨（一Ⅲ2(2)）に大きく反する。そこで，1901（明治34）年の改正（昭34法36）によって2項が追加された（なお，梅522頁参照）。

2　根抵当権と順位の変更制度の新設

　昭和30年6月4日民甲1127号局長通達は，包括根抵当権が無効であるとして，登記申請の不受理を命じ，学説および実務に混乱を生んだ。また，根抵当権の処分や共同根抵当権の取扱いをめぐる実務上の問題もあった。これらを解決するため，1971（昭和46）年に根抵当権に関する規定が398条の2以下に新設された（我妻栄「根抵当立法の基本問題」同・民法研究Ⅺ補巻Ⅰ〔1979〕277頁，鈴木禄弥「新根抵当権の基本的性格」ジュリ487号〔1971〕92頁，小林資郎「根抵当」民法講座(3)217頁）。

　この改正では，398条の2以下の創設と併せて，抵当権の順位の変更（平16改正前民373条2項・3項〔現374条1項・2項〕）も新設された。この新設の理由は，順位の変更を順位の譲渡についての規定に基づいて行うためには，複数回の登記手続を要するところ，それを簡易化し，一度の登記手続をすれば足りるようにする実務的な要請があったことと，そもそも398条の11が元本確定前の根抵当権について376条（平16改正前民375条）が規定する転抵当以外の相対的処分を禁じたことにある（鈴木・概説235頁以下，注民(9)別冊378頁〔西沢修〕。このほかについては，各条に関する第7巻の解説を参照）。

　なお，現398条の10（平16改正前民398条ノ10ノ2）は，2000（平成12）年の商法改正（平12法90）による会社分割の制度の導入に伴って追加された。

3　民事執行法の制定

　抵当権の実行手続は，もともと競売法（明31法15）に規定されていた。1979（昭和54）年に民事訴訟法第6編と競売法を統合した単行法として民事執行法（昭54法4）が制定され，以後，抵当権は，同法に基づいて実行されることとなった。いずれの法律も，換価手続として予定するのは競売だけで

〔鳥山〕

あった。

(1) 競売法の不備

競売法のもとでの競売は，抵当権の換価権に基づいて行われると考えられていたため，その申立てにあたって債務名義が要求されることはなかった。しかも未登記の抵当権者でさえ有効に競売を申し立てることができた。また，競落人は，実体法上，抵当権が存在しなければ，代金を納付したとしても抵当不動産の所有権を取得することができなかった（→Ⅱ1(4)(ア)）。

さらに，民事訴訟法旧649条1項は剰余主義の採用を明らかにし，同656条は剰余の見込みがない場合の競売の取消しを命じていたが，これらの規定が抵当権に基づく競売に適用されるかをめぐって見解の対立があった。判例および通説は，消除主義（→Ⅴ1(3)(ウ)）を採るにもかかわらず，競売が換価権に基づくものであることを理由に，それら規定の準用を否定していた（大審院は，大決大4・3・9民録21輯252頁では準用を肯定したけれども，大決昭5・7・1民集9巻834頁以後，準用否定説に転じる。鈴木忠一ほか・注解強制執行法(3)〔1976〕146頁〔竹下守夫〕，竹下守夫「不動産競売における物上負担の取扱い」同・不動産執行法の研究〔1977〕95頁，伊藤眞「不動産競売における消除主義・引受主義の問題(1)」法協88巻4号〔1971〕379頁参照）。

(2) 換価手続の申立て

民法の古い通説は抵当権に換価権があることを認め，有力な手続法学者もこれを前提としていた。その一方で，上記の結論を不当とみる者からは，たびたび抵当権に換価権が内在するとの見方が非難の的となり，または消極的に評価されていた（→Ⅱ1(4)(ア)）。

民事執行法の制定時にも，抵当権に基づく競売の申立てに債務名義を要求するべきかどうか，さらには換価権を観念するかどうかで意見の対立が生じた（斎藤秀夫・競売法〔1960〕16頁，三ケ月章「任意競売と強制競売の再構成」同・民事訴訟法研究6巻〔1972〕153頁，伊東乾「競売法における競売の本質」小野木常＝斎藤秀夫還暦・抵当権の実行(上)〔1970〕4頁以下，小室直人「競売の公信的効果」前掲小野木＝斎藤還暦(下)〔1972〕269頁以下）が，立案担当者によれば，民事執行法は，抵当権が換価権に基づいて実行されるとの理解を前提に制定され（田中・解説401頁，浦野・逐条625頁。後の学説については，鳥山泰志「抵当本質論の再考序説(3)」千葉24巻2号〔2009〕86頁以下参照），その結論として手続の開始に債務名

義を求めないこととされたが，担保権の存在を証する文書の提出を求めるようになったため，未登記抵当権者は，抵当権の存在を証する判決等や公正証書の謄本を提出しなければ手続を開始することができなくなった（民執181条1項）。

(3) 競売の公信的効果等

民事執行法184条は，競売に公信的効果を認めることによって，抵当権に基づく競売において買受人が代金を納付したときは，その抵当権が存在せず，または消滅していたとしても，買受人による所有権の取得が覆ることはなくなった。その趣旨は，買受人の地位に安定をもたらし，競売手続に対する信用の低下を防ぐことにある（最判平5・12・17民集47巻10号5508頁）。

併せて，手続の開始または続行に対して，債務者や所有者が抵当権の不存在または消滅を理由とする実体上の異議も主張できることとし（民執182条），また，法定の文書の提出があったならば手続を停止し，または取り消すこととした（民執183条）。

(4) 引受主義の不採用・剰余主義の採用

我妻は，抵当権に債権担保のみの役割しか期待しないのであれば，剰余主義を採れば足り，引受主義を採る必要はないとの認識を示していた（我妻自身は引受主義の採用を唱えていたことも含め，→Ⅴ1(3)(ウ)）。民事執行法は，現に消除主義のもとで剰余主義を採ることを明らかにする。

すなわち，引受主義は，これへの転換による取引実務に与える影響が大きすぎることと，買受人の登場を期待しにくくなり，不動産の換価が困難になることから採用が見送られた（香川監修・注釈(3)267頁〔大橋寛明〕）。また，民事執行法188条は，同法59条を準用することで剰余主義の採用を明らかにした。

(5) 民法旧384条3項の廃止

民法旧384条3項は，旧増加競売に際する代価および費用に関する担保の提供を命じていたが，民事執行法旧186条の新設に伴って，不要な規則となったため，民事執行法整理法（昭54法5）2条により廃止された（田中・解説449頁，浦野・逐条643頁以下）。

4 担保・執行法の改正

バブル経済の崩壊後，不良債権の回収と執行妨害の抑止を効果的に実現す

前注（§§ 369-398の22） VI　　　第2編　第10章　抵当権

るため，2003（平成15）年に担保物権及び民事執行制度の改善のための民法等の一部を改正する法律（平15法134。以下，改正法という）が制定された。抵当権に関する改正点の概要は，次のとおりである（詳細は，道垣内弘人ほか・新しい担保・執行法制度〔2004〕，各条文に関する第7巻の解説を参照）。

改正法は，抵当権の実行方法として担保不動産収益執行を認めるようになった。これを実体法において根拠づけるため，371条は，抵当権が被担保債権の不履行後に生じた果実に及ぶことを明らかにする規定に改められた。

旧378条から386条までは，滌除権を規定していた。改正法は，これを廃止し，抵当権消滅請求権を創設した（滌除権の弊害については，→Ⅴ2(2)(ウ)）。これによって，抵当権者は，抵当権の実行にあたって第三取得者等へ通知をする必要がなくなり，また増加競売の負担から解放された。

旧389条は，抵当権者に対して，抵当権設定者が建物を築造した場合に限って一括競売権を認めていたが，改正法は，一括競売権の付与を第三者が建物を築造した場合にまで拡大した。執行妨害目的で第三者が更地に建物を築造した場合の対抗手段となることが期待される。

旧395条は，抵当権に劣後する賃借権が602条所定の期間を超えないときは，賃借人がその短期賃借権を抵当権者に対抗することを許していた。このため，賃借人は，抵当権が実行されても，その期間内は賃貸を継続することができた。改正法は，この保護を悪用した執行妨害への対策として，制度を廃止し，抵当建物の買受人に対する建物賃借人の明渡しを6か月間，猶予することとした（395条1項）。これとともに，劣後賃借権であっても，抵当権者の同意があるときは，抵当権に対抗することができるようになった（387条）。抵当不動産が収益物件であるときの活用が見込まれる。

398条の19に2項が挿入され，根抵当権者も元本の確定請求をすることができるようになった。また，旧398条の20第1項1号は，元本の確定事由として取引の終了その他の事由によって担保すべき元本が生じなくなったことを規定していたが，改正法は，いかなる場合に取引の終了があるのかが不明確であることを理由に，これを削除した。

5　民法の現代語化

2004（平成16）年における民法の現代語化（平16法147）によって369条以下の規定に実質的な変更が加えられることはなかった。ただし，次のとおり，

前注（§§ *369-398の22*）　VI

旧373条以下の条番号の繰り上げや繰り下げ，あるいは号の新設が施された。

改正後	改正前
373条	373条1項
374条1項	373条2項
374条2項	373条3項
375条	374条
376条	375条
377条	376条
378条	377条
379条	378条
380条	379条
381条	380条
398条の3第2項1号～3号	398条ノ3第2項
398条の7第1項・2項	398条ノ7
398条の7第3項	398条ノ8
398条の8	398条ノ9
398条の9	398条ノ10
398条の10	398条ノ10ノ2

（中田裕康「民法の現代語化」ジュリ1283号〔2005〕107頁より一部抜粋）

6　債権法改正

2017（平成29）年における債権法の改正によって，抵当権に関する条文も若干の変更を受けた。

第1に，詐害行為取消権に関する旧424条の改正に伴って，370条の形式的な変更があった。

第2に，従前から実務上，電子記録債権を根抵当権の被担保債権の範囲とすることは認められていた（平成24・4・27民二1106号民事局民事第二課長通知）が，これを明文化するため，398条の2第3項を改正し，これに伴って398条の3第2項も改められた。

第3に，免責的債務引受の明文化に伴って，これを398条の7第3項に反映させ，従来の398条の7第3項は，一定の字句を変更して4項に繰り下げられた。

〔鳥山泰志〕

§369   第2編 第10章 抵当権

第1節 総　則

（抵当権の内容）
第369条①　抵当権者は，債務者又は第三者が占有を移転しないで債務の担保に供した不動産について，他の債権者に先立って自己の債権の弁済を受ける権利を有する。
②　地上権及び永小作権も，抵当権の目的とすることができる。この場合においては，この章の規定を準用する。

〔対照〕　フ民 2393 Ⅰ，ド民 1113 Ⅰ，ス民 794・796・816 Ⅰ・824 Ⅱ

細目次

Ⅰ　本条の趣旨 …………………………661
Ⅱ　抵当権設定の要件・その1──設定契約 ………………………………………661
　1　当事者の意思表示・合意…………661
　2　当事者 ………………………………662
　3　処分権限……………………………663
Ⅲ　抵当権設定の要件・その2──目的物 ………………………………………664
　1　総　説………………………………664
　2　一物一権主義………………………664
　3　一筆の土地の一部…………………664
　4　共有持分……………………………665
　　(1)　問題の所在 ………………………665
　　(2)　区分所有建物における共用部分 …665
　　(3)　組合財産 …………………………665
　5　所有権・持分権の一部……………666
　6　建物の取扱い………………………667
　　(1)　問題の所在 ………………………667
　　(2)　完成前の建物 ……………………667
　　(3)　附属建物 …………………………667
　　(4)　区分所有建物 ……………………668
　7　地上権および永小作権……………668
　8　利用目的が規制された土地………669
Ⅳ　抵当権設定の要件・その3──被担保

債権 ……………………………………670
　1　総　説………………………………670
　2　債権の一部…………………………670
　3　数個の債権…………………………671
　4　付従性………………………………672
　　(1)　被担保債権の不発生 ……………672
　　(2)　将来の債権 ………………………673
　　(3)　債権の消滅と抵当権 ……………675
Ⅴ　抵当権設定の対抗要件 ……………675
　1　登記による公示……………………675
　2　登記事項……………………………676
　　(1)　必要的記載事項 …………………676
　　(2)　任意的記載事項 …………………676
　3　区分所有建物上の抵当権と登記…677
　4　抵当権の実行と登記………………677
　5　未登記抵当権の効力………………678
　6　登記内容と実体的権利との不一致の場合 …………………………………678
　7　無効登記の流用……………………680
　　(1)　問題の所在 ………………………680
　　(2)　判　例 ……………………………680
　　(3)　学　説 ……………………………682
　　(4)　若干の考察 ………………………684
Ⅵ　抵当権の実行──優先弁済権の実現

660　〔古積〕

第1節　総　則　　　　　　　　　　　　　　　§369　Ⅰ・Ⅱ

```
                            ……………………685          (1) 序 ……………………………………701
 Ⅶ　抵当権の侵害 …………………686          (2) 物上代位との関係 ……………………701
   1　総　説 ……………………686          (3) 損害賠償請求権の要件 ………………703
   2　物権的請求権……………687          (4) 抵当権実行の妨害による損害賠償
     (1) 抵当権の一体的支配への侵害の排         責任 …………………………………705
        除 ……………………687       4　期限の利益の喪失・増担保請求権……707
     (2) 無効登記による侵害 ……………688          (1) 期限の利益の喪失事由 ………………707
     (3) 占有による抵当権侵害 …………688          (2) 増担保請求の可否 ……………………707
   3　不法行為による損害賠償請求権………701
```

Ⅰ　本条の趣旨

　本条は，抵当権の意義・内容を定めたものである。1項では，抵当権は目的不動産から他の債権者に優先して債権の弁済を受けうる権利を有し，ただ，質権とは異なり，目的不動産の占有は抵当権者に移転されないことが定められている。ここでは，抵当権の客体は，質権とは異なり不動産に限定されることも示されている。2項では，不動産に準ずる権利，すなわち，地上権および永小作権も抵当権の客体となり，これらも不動産自体を客体とする場合と同等に扱われる旨が規定されている。抵当権の客体が不動産およびこれに準ずる権利に限定されるのは，占有が移転されない抵当権の客体は，権利の公示方法として登記・登録制度が導入されている財産にならざるをえないためである。

Ⅱ　抵当権設定の要件・その1──設定契約

1　当事者の意思表示・合意

　抵当権の設定も物権変動（176条）の1つであるため，その要件は，当事者の意思表示，すなわち，通常は二当事者間の抵当権設定の合意があれば充足される。ここでの合意には特別の方式は必要とされない（諾成契約）。もちろん，抵当権は債権を担保するための権利である以上，その設定の合意においては，目的物のほかに被担保債権が特定されていなければならない。現行法においては，一定の範囲に属する不特定の債権群を担保する根抵当も認められているが，その設定のためには，被担保債権群の範囲に一定の限定が付されなければならない（398条の2以下参照）。

〔古積〕　661

§369 Ⅱ　　　　　　　　　　　　第2編　第10章　抵当権

　なお，旧民法は一定の要件の下に遺言による抵当権設定を認めていたが（旧担212条），この規定は現行民法には承継されなかったので，遺言による抵当権設定を否定する見解が一般的であるが（高木104頁，近江118頁），これには異論もある（髙橋91頁）。

2　当　事　者

　抵当権は債権への付従性を有するため，抵当権者は被担保債権の帰属主でなければならない。他方で，抵当権の設定のためには，目的物の処分権，すなわち所有権を有しなければならない。したがって，抵当権の設定者は原則として目的物の所有者である。ただし，抵当権設定者は被担保債権の債務者であることを要しない。他人の債務を担保するために，自己の不動産に抵当権を設定することも有効である（物上保証）。

　物上保証人は，一般には，抵当権者に対して債務を負担せず，ただ抵当権の実行によってその財産を喪失するという不利益・責任を負うにすぎないと解されている（我妻129頁，高木104頁，道垣内85頁，河上121-122頁）。この点では，自分自身も債務を負うとされる保証人（446条1項）とは異なる。一部には，物上保証人も担保権者に対して担保不動産の価額に限定される債務を負うという説もあるが（鈴木禄弥「『債務なき責任』について」法学47巻3号〔1983〕1頁以下，山野目章夫「物上債務論覚書(上)～(下)」亜大23巻1号49頁以下，23巻2号31頁以下，24巻2号21頁以下〔1988～1990〕参照），これは少数説にとどまっている。しかし，物上保証人も，その責任が追及され，またはこれを免れるために第三者として弁済すれば，自己の財産をもって他人の債務を消滅させる点では保証人と共通する。それゆえ，かかる場合には，物上保証人は保証人の扱いに準じて債務者に対して求償権を行使しうることとされている（372条・351条）。そこで問題となるのが，明文の規定がない場面においても，物上保証人をどれだけ保証人に準じて扱うことができるかである（この問題については，淡路剛久＝新美育文＝椿久美子「保証法理の物上保証人等への適用可能性(1)～(5・完)」金法1263号6頁以下，1264号28頁以下，1266号16頁以下，1267号19頁以下，1268号18頁以下〔1990〕参照）。例えば，保証人は主たる債務者の有する反対債権による相殺の抗弁を援用しうるところ（457条3項），物上保証人にも同様の権利を認めることができるのか，また，保証人に認められる事前求償権（460条）は物上保証人にも認められるのか，という問題がある。

前者の問題については，保証人に関する規定の物上保証人への類推適用を肯定する裁判例があり（大阪高判昭56・6・23判タ446号117頁），物上保証人は債務を負わないという特質がその障害になるとは思われない。学説上も肯定する見解が多い（浅沼武〔判批〕金法517号〔1968〕12頁，椿久美子・前掲金法1266号19-20頁，高木105頁，髙橋92頁注3）。これに対して，後者の問題について判例は否定説をとっているが（最判平2・12・18民集44巻9号1686頁），学説には異論が多い。これについては後述する（→§372 III 2(2)）。

3 処分権限

抵当権が有効に成立するには，設定者が目的財産の処分権ないし所有権を有しなければならない。他人の所有物について抵当権設定契約を締結しても，抵当権は成立しない。

しかし，設定者が抵当権設定契約後に所有権を取得した場合については議論がある。判例は，被担保債権の債務者が，第三者から目的不動産を買い受けるに先立ち，抵当権設定契約を締結したケースにおいて，その所有権の取得とともに抵当権が有効に成立することを容認した。その理由として，「此場合ニ於テハ抵当権ハ債務者カ他日不動産ノ所有権ヲ取得スルト同時ニ設定セラルヘキヲ以テ債務者カ既ニ所有権ヲ有スル不動産ノ上ニ抵当権ヲ設定スルト当事者ノ利害ニ於テ何等択フ所ナケレハナリ」という（大決大4・10・23民録21輯1755頁）。通説もこれに同調していた（我妻228頁）。

学説の中には，抵当権設定契約が物権契約であるとして，処分権ないし所有権の存在を抵当権設定契約の有効要件と解する見解もある（柚木＝高木223頁）。しかし，これに対しては，この場合の抵当権設定契約は，抵当権を設定する義務を負う契約として有効に成立しえ，所有権の取得を停止条件とする約定の存否にかかわりなく，設定者が目的物の所有権を取得すれば当然に抵当権は成立するという批判がある（道垣内125-126頁。同旨，石田（穰）278頁）。

抵当権設定契約が物権契約であるとしても，問題は，その有効要件が契約時に具備されていなければ抵当権が成立しえないのかにあるといえよう。むしろ，処分権という効力発生要件が契約締結後に具備されても，契約の有効要件全体が追完されることにより，当該時点から当然に抵当権が成立すると見て問題はあるまい。

なお，第三者の所有する不動産について抵当権を設定する契約が結ばれた

場合において，その後，第三者が抵当権の設定を追認したときには，116条の類推適用により，抵当権は設定契約時に遡って有効に成立すると解されている（最判昭37・8・10民集16巻8号1700頁）。

III 抵当権設定の要件・その2——目的物

1 総　説

前述のように，抵当権の客体は不動産，地上権および永小作権とされている。地役権は，要役地の所有権に従属する性質を有するため，それ自体が独立しては抵当権の客体とはならない。

占有が公示方法とされる動産は，抵当権の客体となりえない。しかし，特別法によって，登記・登録による権利の公示方法が整備されている動産については，抵当権の設定も認められている（自抵3条等）。そのほかにも，登記・登録制度が整備されている各種の財産について，特別法により抵当権の設定が認められている。例えば，工場抵当法などの特別法による各種の財団，立木法の規定によって保存登記のなされた立木（立木法3条2項），採石権（採石4条3項），一定の種類の漁業権（漁業77条），採掘権（鉱業13条ただし書）等である。

2 一物一権主義

全面的支配権である所有権とは異なり，同一の客体に多数の抵当権を設定することは可能であるが，その場合には，対抗要件としての登記の前後によってこれらの順位が決定される（373条）。

これに対して，物の一部や物の集合の上に1つの抵当権を設定することはできない。ただし，本来であれば物の集合や物の一部であるにもかかわらず，特別法によって抵当権の設定が認められる財産もある。前述の各種の財団や立木がその例であるが，そのためには，これらを一個の権利客体とする特別の公示方法が具備されなければならない。

3 一筆の土地の一部

一筆の土地の一部に抵当権を設定する契約が締結されたが，その後，当該部分について分筆がされた場合に，その有効性が問題となる。一筆の土地が1つの物とされる以上，その一部には抵当権は成立しえないようにも思われる。しかし，土地所有権の範囲はもともと人為的な区画によるものであり，

いつでも分筆が可能であるため，一般に，土地の一部にも抵当権は有効に成立しうると解されている。もっとも，それが法的に一物となるのは分筆の時点であるから，抵当権も分筆の時点に成立すると解すべきである。

4 共有持分

(1) 問題の所在

共有不動産に関して，各共有者が有する持分に抵当権を設定することはできる。共有の法的構成については，多数の所有権の競合にほかならないという立場と，1つの所有権が割合的に分属したものという立場があるが，いずれにしても，共有持分も独立した権利として処分することは認められるからである。しかし，処分の自由が制限されている持分に関しては，抵当権の設定も制限される。

(2) 区分所有建物における共用部分

建物区分所有法において，区分所有者らは共用部分を共有するとされており（建物区分11条1項），また，その敷地利用権も通常は区分所有者らによる共有の対象となる。しかし，それぞれの持分を，区分所有権の対象となる専有部分から切り離して処分することは許されない（建物区分15条2項・22条1項本文）。これは，専有部分，共用部分および敷地利用権を一体的に取り扱うことによって法律関係を簡明にする意味を持っている。それゆえ，専有部分から切り離して共用部分および敷地利用権の持分に抵当権を設定することも，この趣旨に反することになり，許されない。

(3) 組合財産

組合財産は組合員の共有に属するとされているが（668条），持分権の処分や分割請求は，事業の維持との関係で制限されている（676条）。条文上，持分権の譲渡は，組合および第三者に対抗しえないとされるにとどまっているが，学説上，たとえ他の組合員の同意があっても譲渡の物権的効力は認められないと解されている（我妻栄・債権各論中巻二〔1962〕804頁）。したがって，そのような持分に抵当権の設定を認めれば，最終的には抵当権の実行によって持分権が移転されることになるため，抵当権の設定も認められない。

判例も同旨と思われる。すなわち，最高裁昭和37年6月22日判決（民集16巻7号1389頁）は，鉱業権が共有（準共有）されているケースにおいて，鉱業権の共有者間においては鉱業法43条5項によって当然に組合関係が生ず

ることを根拠に，各持分には抵当権を設定しえないとの判断を下している。

5 所有権・持分権の一部

しばしば，所有権または持分権の一部，例えば「所有権の2分の1」に抵当権を設定することができるのかが議論されている。登記実務は，このような約定では目的物が特定されないとして，抵当権の成立を認めていない（昭35・6・1民甲1340号民事局長通達・先例集追Ⅲ187頁，昭36・1・17民甲106号民事局長回答・先例集追Ⅲ438頁）。

学説においては，所有権の一部への抵当権の設定を認める見解も少なくない（柚木＝高木225頁，川井21頁，槇138頁，高木109頁）。そのメリットとしては，抵当権の対象となる1筆の土地の価格が被担保債権額を大きく上回っている場合に，土地を分筆することなく，抵当権の不可分性による負担から設定者を免れさせることができる点があげられている（柚木＝高木225頁）。高木説は，価値権である抵当権は，用益権とは異なり，その対象の物理的特定性は必要とせず，所有権の一部でもその量的特定により目的物の特定性の要求は充たされるとし，さらに，共有者の1人が自己の持分に抵当権を設定した後に他の共有者の持分を取得した場合には，抵当権は拡張した持分の一部分に成立すると見て，はじめから所有権ないし持分権の一部に抵当権を設定することも認められるべきという（高木多喜男・登記百選2版85頁）。しかし，これに対しては，かかる場合には2つの持分権が融合することはなく，むしろ，2つの持分権はそのままに，抵当権は従前の持分のみに存続すると解すべきとの批判が加えられている（道垣内127頁。179条1項ただし書の規定に準じてそのような取扱いを認める）。

たしかに，抵当権を目的物の交換価値を支配する権利として位置づける見解が有力であるが，このような価値支配という命題には問題があり，抵当権も物の上に成立する物権と捉えざるをえない（→Ⅶ2(2)(エ)）。そもそも，論者のいう「所有権の一部」の具体的内容もはっきりしない。これがもし部分的所有権という所有権の完全円満性に反するものであれば，その上の抵当権も認めがたい。もっとも，土地の単独所有者がその所有権を2つの持分に分解し，持分の1つに抵当権を設定するというのであれば，それは直ちに理論的に不可能とはいえないかもしれない。ここでは，共有持分が抵当権の対象となる限りにおいて，同一人に共有関係が成立しうるかが問われることになる。

6 建物の取扱い

(1) 問題の所在

日本民法においては，建物は土地から独立した不動産とされる（86条1項・370条本文参照）。したがって，敷地の抵当権の効力が建物に及ぶことはなく，敷地とは別個に建物に抵当権を設定することもできる。しかし，抵当権の客体は独立した不動産でなければならないから，建物としての独立性が抵当権の設定において問題となることもある。

(2) 完成前の建物

まず，建築段階において建造物が独立した不動産，すなわち登記能力をもつ財産となる時は，外壁をめぐらして屋根を葺いた時点と解されている（大判昭10・10・1民集14巻1671頁）。この時点において，工作物内が独立した生活空間となりうるからである。したがって，それ以前に建築途上の工作物に抵当権を設定する契約を結んでも，その効力は認められない。

では，建物の完成前に抵当権設定契約が締結された後に，契約で指定された通りの建物が完成した場合，抵当権は有効に成立するだろうか。登記実務はこれを否定し，抵当権が有効に成立するには，建物の完成以降に抵当権設定契約を要すると見ている（昭37・12・28民甲3727号民事局長回答・先例集追Ⅲ1128頁。なお，香川24頁参照）。これは，物権契約の効力は契約時にその要件（不動産の存在）が充たされなければ容認されない，という考え方に基づくものといえる。

これに対しては，建物となった段階で物権的効力発生の障害が除去されるので，抵当権は自動的に成立すると解する説（大阪地判昭13・8・2新聞4324号9頁，浦野雄幸「抵当権の目的となりうる物」中川善之助＝兼子一監修・不動産大系Ⅱ担保〔改訂版，1977〕113頁，槇138-139頁，柚木＝高木226頁，高木109-110頁），抵当権設定契約を抵当権設定の義務づけを伴うものと見て，建物完成時に改めて契約をすることなく抵当権は当然に成立するという説（道垣内127頁）がある。すでに述べたように（→Ⅱ3），この問題も物権契約の要件の追完として捉えるならば，改めての契約なしに抵当権は自動的に成立すると解することができよう。

(3) 附属建物

一棟の建物は，通常，一個の不動産と評価され，数棟の建物があれば，そ

れぞれ個別に所有権保存登記をすることができる。したがって，数棟の建物が一筆の敷地に存在している場合でも，それぞれについて個別に抵当権を設定することができる。しかし，取引通念上一方が他方に従属する関係にある場合には，これらが1つの不動産とされることもある。その例としては，事業用・居住用建物に近接して設置されている倉庫がある。登記簿上，倉庫も含めた全体を1つの建物として所有権保存登記がなされると（不登54条1項3号），抵当権も倉庫を包含した全体に設定されるのが原則となる。

　では，1つの建物の一部とされた倉庫等に抵当権を設定することができるだろうか。一物一権主義の観点からは，そのような抵当権設定契約をしても直ちにその効力は認められないだろう。ただし，その後に倉庫を1つの物・所有権の客体とする分割の登記がなされれば（不登54条1項1号），その時点において抵当権は当然に成立するといえる。

(4) 区分所有建物

　一棟の建物においても，その各部分が構造上他から独立性を有しており，かつ，それぞれを独立して利用しうる場合には，その各部分が独立した所有権の対象として認められ（建物区分1条），それぞれについて所有権保存登記もなされる（不登54条1項2号）。したがって，この場合には，独立した所有権の対象となる部分，すなわち専有部分に抵当権を設定することができる。

　区分所有建物の共用部分の持分は専有部分の処分に従うことになるため（建物区分15条1項），区分所有者がその専有部分に抵当権を設定すれば，その有する共用部分の持分にも抵当権の効力は及ぶ。逆に，共用部分の持分のみに抵当権を設定することはできない（建物区分15条2項）。さらに，区分所有建物の専有部分と敷地利用権（所有権・地上権・賃借権）は分離して処分しえないため（建物区分22条1項本文），専有部分または敷地利用権の持分の一方だけに抵当権を設定することはできない。ただし，規約に別段の定めがある場合には分離処分は有効であり（建物区分22条1項ただし書），また，分離処分が許されない点につき善意の第三者との関係では，分離処分が有効となる場合がある（建物区分23条本文）。

7　地上権および永小作権

　抵当権は，不動産に準ずる地上権および永小作権にも設定することができる。この場合に，不動産上の抵当権に関する規定が準用されるということは

（369条2項後段），基本的にその効力を不動産上の抵当権と同等に扱うことを意味する。

　例えば，抵当権の効力は目的不動産に付加して一体となった物にも及ぶことになっているが（370条本文），地上権や永小作権に抵当権が設定された場合にも，その効力は，当該地上権ないし永小作権の目的の範囲で土地に付加された物に及ぶと考えてよい（ただし，果実には直ちには及ばない）。したがって，地上権に抵当権が設定された場合に，地上権の対象である土地に根付いている立木にも抵当権の効力は及び，抵当権の実行によって地上権を取得する者は立木の権利も取得することになる。

　問題となるのは，地上権に抵当権が設定された場合において，地上権の客体である土地の上に存立する建物に対して，かかる抵当権の効力が認められるか否かである。この点は，従来ほとんど議論されていない。わが国では，土地と建物が別個の不動産とされ，370条も抵当地に存する建物に抵当権の効力が及ばないとしている点からは，地上権上の抵当権の効力も建物には及ばないかに思われる。しかし，そのように解すると，地上権上の抵当権の実行により，抵当権設定者は，建物所有権を奪われないといっても，その建物の存立基盤である利用権を持たない以上，いずれ建物自体を収去せざるをえなくなり，そのことは抵当権設定当事者の合理的意思に反するだろう。あるいは，この場合には，抵当権設定者たる建物所有者には388条による法定地上権が認められるという反論があるかもしれないが，仮にここで法定地上権を容認することになれば，地上権に設定された抵当権がほとんど意味を持たなくなってしまう。それゆえ，抵当権を設定した地上権者自身が所有する建物には，特段の事情がない限り，地上権上の抵当権の効力が及ぶと見るのが穏当である。そもそも，かかる建物所有権は土地の利用権たる地上権を基礎として成り立っている以上，地上権を把握する抵当権はこれに付随する建物も把握すると見るべきだからである。このように解する場合に，地上権上の抵当権の効力が建物にも及ぶことの公示ないし対抗要件が問われるが，地上権と建物所有権との一体的関係から，地上権についての抵当権設定登記に対抗要件としての意味を認めることも可能ではなかろうか（→§370Ⅱ5⑴）。

8　利用目的が規制された土地

　農地法は，農地についてはこれを農業経営に供する者が所有権および利用

権を保持するように，その譲渡および利用権の設定等は農業委員会の許可を条件とすることにしている（農地3条1項）。しかし，質権設定の場合とは異なり，抵当権が設定されただけでは農地の利用関係には変化が生じないので，これについては上記の許可は条件とされていない。ただし，抵当権の実行としての競売がなされる段階においては，執行裁判所は買受人の資格を農業経営者に限定することができる（民執規33条）。

国土利用計画法12条に基づいて知事が規制区域を指定すると，そこにある土地の所有権の移転および利用権の設定の契約は，知事の許可を条件とすることになる（国土利用14条1項）。ただ，その目的は，土地の投機的取引による弊害の防止や土地の合理的利用の確保にあるため，規制区域内の土地についても抵当権の設定は制限されない。

IV 抵当権設定の要件・その3——被担保債権

1 総説

抵当権に内在する優先弁済権は，目的物を金銭に換えて満足を受ける権利であるから，その被担保債権は原則として金銭債権である。もっとも，金銭債権以外の債権も，債務不履行によって金銭債権に転化する可能性があるから，そのような転化を前提にして金銭債権以外の債権を被担保債権とすることもできる。ただし，この場合には，第三者の利益を保護するために，対抗要件としての登記に抵当権によって担保される金額を明記しなければならない（不登83条1項1号）。

2 債権の一部

1つの債権の一部を担保する抵当権も有効に成立しうる（一部抵当）。例えば，AB間の消費貸借契約に基づく1000万円の金銭債権のうち，半額の500万円を担保するために抵当権を設定するという場合である。この場合には，抵当権設定登記には債権額が500万円と記され，登記原因として1000万円のうちの500万である旨が表示されるべきことになる（昭30・4・8民甲683号民事局長通達・先例集追Ⅰ327頁）。

ただし，このような一部抵当においては，抵当権者が実際に優先弁済を受けることのできる金額がどのようになるかが若干疑問となる。すなわち，抵

当権は，総額1000万円のうち500万円までの支払しか担保しないというものなのか（高木157頁，道垣内234頁，石田（穣）287頁），あるいは，いかなる場合でも，500万円を限度として抵当権者の優先弁済を確保するものなのか（我妻244頁），という点である。前者であれば，債務者が500万円を弁済すれば抵当権は消滅することになるが（高木157頁，道垣内234頁は，弁済の充当に関する規定によって，かかる結論が原則として導かれるとする），後者においては，債務者が全額を弁済しなければ抵当権は消滅せず，仮に500万円以上を弁済したとしても，残額について債務不履行となれば，抵当権者は目的不動産から優先弁済を受けることができる。

後者のほうが債権者にとって有利となるのは明らかであるが，この点は，結局，抵当権設定契約の内容，究極的にはその解釈によって決定する以外にない。

3 数個の債権

数個の債権を被担保債権とする抵当権も有効である。例えば，同一の債務者に対する数個の債権のみならず，債務者の異なる数個の債権を1つの抵当権の被担保債権とすることもできる。

問題となるのは，複数の債権者のために単一の抵当権を設定することの可否である。これは，複数の金融機関から共同の融資を受ける場合などに問題となる。登記実務はその有効性を否定している（昭35・12・27民甲3280号民事局長通達・先例集追Ⅲ419頁）。抵当権が他人の債権も担保してしまうというのがその根拠となっている（香川42-43頁）。これに対して，通説は，各債権者はまさに自己に帰属する債権を担保するために抵当権を共有（準共有）するものと捉え，このような抵当権も有効と考えている（我妻246頁，柚木＝高木227頁，槇142頁，高木111頁，道垣内128-129頁）。

ここで問われるべきは，抵当権が他人の債権を担保するという関係が本当に存在するかどうかである。1つの抵当権が数人の個別に有する債権を担保する場合には，各債権者はその金額を持分割合として抵当権を共有しているといえよう。そして，共有持分とはそれぞれ独立した権利である以上，各債権者は，自己の債権を担保するために個別に抵当権の持分を有しているにすぎない。それゆえ，登記実務のような取扱いは理論的根拠に乏しい。

4 付 従 性
(1) 被担保債権の不発生

被担保債権がなければ抵当権は成立しえない。したがって，抵当権設定契約が締結されても，被担保債権の基礎となる契約が無効となりこれが発生しなければ，抵当権も無効となる。かかる見地から，旧利息制限法に反する利息を担保するために抵当権設定契約が締結された事案において，抵当権設定登記手続の請求を否定した判例がある（最判昭30・7・15民集9巻9号1058頁）。

しかし，被担保債権の基礎となる消費貸借契約が締結され，実際に金員が交付されている場合には，契約の瑕疵によってこれが無効となっても，抵当権の効力を端的に否定するのが疑問となる場合がある。というのは，たとえ消費貸借契約が無効であっても，貸主とされた者は借主とされた者に対して不当利得返還請求権（703条・704条）を取得するため，その満足のために抵当権の行使が必要となるからである。

この問題に関する判例として，労働金庫が非組合員に対してそれとは知らずに融資を行い，その担保のために（根）抵当権設定契約を結んだが，非組合員が返済をしなかったため，抵当権の実行手続が開始し目的不動産の買受人が現れたところ，非組合員は消費貸借契約および抵当権の無効を主張して，買受人の所有権取得を争ったという事案がある。最高裁は，非組合員が当初は組合員を装いつつ，後になって消費貸借契約の無効とともに抵当権の効力を否定するのは信義則に反するとして，買受人の権利取得を認める結論をとった（最判昭44・7・4民集23巻8号1347頁）。これは，被担保債権が無効であれば原則として抵当権も無効であることを前提にしつつ，当該事案においては一般条項を介して例外的な処理をしたものといえよう。

これに対して，学説では，不当利得返還請求権が消費貸借契約による貸金債権に経済的に近似する点を重視し，抵当権は不当利得返還請求権を担保するものとして成立するという見解が有力化した（星野英一・民事判例研究第2巻1総則・物権〔1971〕38-39頁，高木112頁，道垣内〔三省堂版〕101-102頁，内田392頁）。たしかに，このように解しても，実際に発生する不当利得返還請求権の金額は，通常，消費貸借契約による貸金債権の金額を上回ることはないから，貸金債権を被担保債権とする抵当権設定登記が具備されている限り，他の債権者を害することもないであろう。

ただし，被担保債権が無効となる原因は様々であるとして，抵当権が不当利得返還請求権を担保するものとすることに疑問を呈する見解もある。すなわち，被担保債権の基礎となる消費貸借契約が貸主側の詐欺によって取り消された場合には，その保護の必要性が低く，他方で，物上保証のケースにおいては，必ずしも抵当権設定者は不当利得返還請求権をも担保するものとは予測しない。それゆえ，原則としては抵当権を無効と見つつ，具体的事情に応じて一般条項を援用する判例の立場が妥当であるという（道垣内130頁）。

　たしかに，いかなるケースにおいても抵当権が不当利得返還請求権を担保するものと捉えることは適切であるまい。ただ，抵当権の有効性を否定するのが妥当性を欠くケースにおいては，あくまで一般条項を介してその無効の主張を否定するのにとどめるのか，あるいは，抵当権は不当利得返還請求権を担保するものとして成立すると判断するのかが，最終的には問われよう。そして，当事者の仮定的意思をも考慮した抵当権設定契約の解釈という作業を通じて，後者の選択をとる余地も十分残されている。

(2) 将来の債権

　付従性の原理からは，抵当権が成立するためには債権が発生していなければならないと考えられる。将来発生する不特定の債権を担保するために，通常の抵当権を設定することはできない。現行法においては，不特定の債権を担保するための根抵当制度が認められているが，根抵当の設定のためには別個の要件を充足する必要がある。

　付従性の原理との関係で，従来，金銭消費貸借契約の合意とともに抵当権設定契約が締結されたが，なお金員が交付されていない段階でも，抵当権は成立するといえるのかが議論されている。消費貸借契約の効力は，目的物を受領した時点で発生するとされているので（587条），この段階では貸金債権自体が発生しているとはいえず，付従性のために抵当権も有効に成立しないかに思われるからである。

　しかし，実際に金員を交付した時点以降にしか抵当権が成立しえないとすると，抵当権設定登記もその時点以降にしか経由することができない。貸金を受領した債務者が担保の設定に協力しないというリスクも考慮すれば，貸金債権を保全するためには，貸金の交付の前に抵当権を設定する必要性も否定しえない。判例は，消費貸借の合意があれば金員の交付がなくとも抵当権

を有効に設定しうるとしている(大判大2・5・8民録19輯312頁)。学説もその結論を支持してきた。

ただ、かかる結論を付従性の修正と見るべきか、あるいは、上記のケースでも抵当権設定契約時にすでに被担保債権が発生しているとして、これを正当化するのかについては、なお議論の余地がある。というのは、近時では、とりわけ利息付の消費貸借契約では、当事者間の合意のみで消費貸借契約が有効に成立しうるとする見解が有力となり(新版注民(15)12頁以下〔広中俊雄〕)、さらに、平成29年の民法改正においては、書面による合意によって諾成的消費貸借が成立しうるとされたからである(587条の2第1項)。かかる諾成的消費貸借においては、合意の時点で貸金債権が発生していると解する余地もある。そこで、被担保債権が発生しているという前提の下に(ただし、「少なくとも条件付で」という留保がある)、抵当権が有効に成立するという見解もある(道垣内131頁)。この見解の背景には、債権発生の基礎となる具体的法律関係が存在する限り、被担保債権から独立した抵当権の経済的価値を認めることにはならない、という認識がある。

しかし、消費貸借契約の合意があれば直ちに金銭債権が発生するといっても、金員の授受がない段階では、およそ金銭債権の請求力は観念しがたく、そこでの発生とは極めて形式的なものにすぎない。この立場によるとしても、実際に金員を授受しなければ抵当権を行使しえないことには、疑問の余地がない。それゆえ、借主が金員を受領してはじめて貸金債権は発生すると見たうえで、将来発生する債権を担保するためにも抵当権は設定しうるが、その要件として次の2点が必要であると解すべきである。第1に、被担保債権は抵当権の内容を構成する以上、被担保債権の内容が特定されていることが不可欠である。第2に、事前の抵当権設定による保護に値するのは、金銭の貸与が義務づけられている場合であるから、かかる貸与の義務の存在も必要である(上記の見解の「債権発生の基礎となる具体的法律関係」とは、これを意味するといえる)。諾成的金銭消費貸借が成立した場合は、まさにこの2つの要件を充たすため、ここでは、たとえ金員の授受がなくとも、抵当権は将来に発生する貸金債権を担保するものとして有効に成立しうる。そのうえで、金員の授受がなされないこと、すなわち貸金債権の不発生が確定した場合には、抵当権も失効すると見るのが穏当であろう。

第1節　総　則

　同じ問題は，保証人が，債権者への弁済によって債務者に対して取得する将来の求償権の担保のために，債務者所有の不動産に抵当権の設定を受ける，というケースにおいても生ずる。判例は，このような抵当権の設定を有効と見てきた（大判昭14・5・5新聞4437号9頁，最判昭33・5・9民集12巻7号989頁）。この場合にも，被担保債権の特定，および債権発生への法的拘束という要件が充たされるために，抵当権は有効に成立すると見ることができる。というのは，保証契約の締結によって，保証人は債権者に対する弁済を義務づけられることにより，債権発生に対する法的拘束が存在するからである。

(3) 債権の消滅と抵当権

　いったん有効に成立した抵当権も，被担保債権が消滅すれば付従性により消滅する。この効果は，担保権の性質に基づく絶対的なものであり，抵当権設定登記が抹消されなくても当然に認められるものである（大判大9・1・29民録26輯89頁）。これに対して，被担保債権が存続するにもかかわらず抵当権者が抵当権を放棄する意思表示をした場合には，かかる抵当権消滅という物権変動は，177条の適用を受け，登記なくして第三者に対抗することができない（大決大10・3・4民録27輯404頁）。

　被担保債権の一部が弁済された場合には，抵当権はなお目的物全体に存続するが（不可分性），その優先弁済の範囲は当然に現存する債権額に限定され，かかる効果も登記なしに当然に認められる（前掲大判大9・1・29）。

V　抵当権設定の対抗要件

1　登記による公示

　抵当権の設定を第三者に対抗するには，その内容を明らかにする設定登記をしなければならない（対抗要件。177条）。抵当権設定登記が具備されれば，目的不動産の第三取得者に対しても抵当権の効力を主張することができる（追及効）。したがって，抵当権の実行によって目的不動産が競売されると，第三取得者はその所有権を失うことになるので，第三取得者がこれを免れるには債務者に代わって弁済しなければならない（474条）。

　全面的支配権である所有権の移転については，何時，誰から誰に所有権が移転されたのかが登記されていれば，第三者の利益を害することはない。こ

れに対して，抵当権の内容は被担保債権の内容によって決定されるため，単に抵当権の設定の時点やその当事者のみならず，被担保債権の内容も登記されることによって，はじめてその内容が明らかとなる。これによって，第三者は，なお目的不動産に残余価値があるか否かを判断することができ，その取引の安全が十分に保護されることになる。したがって，抵当権設定においては被担保債権の内容も登記事項とされる。

2 登 記 事 項
(1) 必要的記載事項
　まず，登記事項として必須とされるのが，被担保債権の本体，すなわち元本の金額である（不登83条1項1号）。金銭債権以外の債権を担保する場合にも，その価額が登記されなければならない。また，被担保債権の債務者の氏名または名称および住所，所有権以外の権利を対象とする場合にはその目的となる権利，共同抵当においては他の不動産ないしそれに関する権利，そして，外国通貨で債権額が指定されている場合には円で表示した担保限度額も，必須の登記事項とされる（不登83条1項2号〜5号）。

(2) 任意的記載事項
　当事者が抵当権の内容について特別の約定をしている場合には，これも登記事項とされる。

　(ア)　まず，利息債権の成立および範囲は当事者の約定によるが，かかる約定があれば，抵当権は元本債権に従属する利息債権も当然に担保する。それゆえ，利息に関する約定は登記事項となる（不登88条1項1号）。

　(イ)　次に，元本債務の不履行によって生ずる損害賠償債権も，元本債権に従属する債権であり，抵当権はこれを当然に担保する。金銭債務の不履行の場合には，損害賠償額は利率によるとされているが（419条1項），これを修正する損害賠償の約定も有効である（420条1項）。このため，損害賠償額の約定がある場合にはこれも登記事項とされる（不登88条1項2号）。

　(ウ)　さらに，被担保債権が条件付債権である場合には，かかる条件も登記事項となる（不登88条1項3号）。

　(エ)　抵当権の効力は，目的不動産本体のみならず，これに付加して一体となった物にも及ぶが（370条本文），抵当権設定契約においてこの取扱いを排除する約定も有効である（同条ただし書）。このため，かかる約定も登記事項

(オ) 最後に、抵当権が証券化された場合には、その旨が登記事項となるとともに、抵当証券の内容となる元本債権および利息債権の弁済期や支払場所も登記事項となる（不登88条1項5号・6号）。

3 区分所有建物上の抵当権と登記

前述のように、区分所有建物の専有部分と敷地利用権は一体的に処分されなければならず、抵当権は専有部分と敷地利用権の持分との双方に設定されなければならない（→Ⅲ6(4)）。かかる抵当権の一体的設定を対外的に公示する手段としては、まず、建物登記簿の表題部に敷地利用権の表示の登記をし（不登44条1項9号）、これを受けて、登記官の職権で土地登記簿の権利部の各区にそれらが敷地利用権である旨の登記がなされる（不登46条）。土地登記簿にかかる登記がなされると、以後は土地登記簿には独立の権利変動の登記ができなくなり、専有部分と敷地利用権への抵当権の一体的設定の公示は、建物登記簿への登記によって実現される（不登73条1項）。

4 抵当権の実行と登記

抵当権の実行として目的不動産の競売等を申し立てる際には、一般の強制執行とは異なり、債務名義（民執22条）は要求されない。旧来、強制執行が国家権力・裁判所による債務者の財産の管理処分権への介入と考えられるのに対して、抵当権に基づく競売はこれに内在する換価権に基づくものであるという認識の下に、前者については国家権力の介入を正当化するための債務名義が必要であるが、後者についてそれは必要ではないと解されてきた。しかし、抵当権による競売の申立てにおいてその権利行使の正当性を証する文書を厳格に要求しないまま、裁判所が競売を実行してしまうと、事後的に、利害関係人が抵当権の不存在を理由とする売却の無効を主張する可能性が残り、これが競売手続を不安定にする要因となっていた（この問題については、三ヶ月章「任意競売と強制競売の再編成」〔初出，1971〕同・民事訴訟法研究第6巻〔1972〕119頁以下参照）。

そのため、民事執行法は、抵当権の実行を一般の強制執行と分別する立場はとりつつ、抵当権の実行手続の開始のためには、その存在を証する一定の文書を要求する一方で（民執181条1項）、競売手続において買受人が代金を納付すると、もはや抵当権の不存在・消滅によってその権利取得が妨げられ

ることはないことにした（民執184条）。抵当権の実行の申立てにおいて要求される文書の代表例が，抵当権設定登記に関する登記事項証明書である（民執181条1項3号）。抵当権の実行としての競売が完了すれば目的不動産上の抵当権の効力は消滅するため，買受人が代金を納付して目的不動産の所有権を取得すると（民執188条・79条），抵当権設定登記は買受人への所有権移転登記をするとともに抹消される（民執188条・82条1項1号2号）。

5 未登記抵当権の効力

抵当権設定登記を伴わない抵当権の効力はどうなるか。物権変動について意思主義（176条）がとられている以上，抵当権設定契約があれば当事者間では抵当権は有効に成立し，その実行も一応可能とされている（最判昭25・10・24民集4巻10号488頁）。しかし，抵当権の実行の開始のためには裁判所に抵当権を証する一定の文書を提示しなければならないが，抵当権設定登記が具備されていない場合には，抵当権存在の確認訴訟における請求認容判決等を得なければならず（民執181条1項1号参照），登記のない抵当権の実行は困難である。もちろん，抵当権設定契約につき公正証書を作成していれば，その謄本の提出によって抵当権を実行することはできよう（民執181条1項2号）。しかし，この場合でも，その効力を第三者に対抗しえないため，執行手続においては，他の一般債権者に対して優先弁済権を主張することができない。

6 登記内容と実体的権利との不一致の場合

本来，登記は，実体法上成立した抵当権を公示するものであるから，その内容が実体法上の権利内容を反映していなければ，これを無効と解するのが筋である。しかし，その主たる目的は第三者の取引の安全にあるから，一部に実体法上の権利関係と齟齬があっても，なお実体法上の権利内容を十分推知しうるものであれば，これを有効と解してよい。判例は，登記官の過誤により，登記簿には，利率は2万円については年9分，8407円については年6分と記しておきながら，元本の部分は8407円と記されていた事案に関し，元本について2万円が脱落しているのは容易に判明することから，かかる登記も被担保債権元本額2万8407円の抵当権の対抗要件として認められ，抵当権者は後順位抵当権者に更正登記の承諾を求めることができるとした（大判大14・12・21民集4巻723頁）。また，登記簿上，物上保証人が債務者と表示

されていたために，物上保証人が抵当権者にその抹消登記手続を請求した事案において，かかる抵当権設定登記は無効ではなく，更正登記によって是正されるべきとした判例もある（最判昭56・2・24判タ436号119頁）。

　これに対して，下級審の裁判例には，現実の被担保債権額は95万5000円であったが，抵当権設定登記には債権額が400万円と記されていた事案において，抵当権設定者は抵当権者に対し，実体関係との同一性を欠く登記としてかかる登記の抹消登記手続を請求しうるとしたものがある（東京地判昭39・7・17下民集15巻7号1813頁）。上記の2つの判例においては，登記上の不備によって後順位抵当権者の取引の安全や抵当権設定者の利益が害される恐れがなかったのに対し，ここでは実際の抵当権より大きな負担が目的不動産上にあるかのような外観があり，抵当権設定者にはこれを除去する利益があったといえよう。これを更正登記によって実現するには，現実の権利内容との齟齬が大きすぎたといえる。しかし，このような登記がなされている場合でも，現実の債権額を基準に抵当権の第三者への対抗力を容認することは，取引の安全の観点からは，可能であろう。同様の観点から，登記された債権額が現実の債権額より低くても，登記された債権額を基準に抵当権の対抗力を認めることができる。

　いったん有効になされた抵当権設定登記が，登記官の過誤によって不当に抹消され，あるいは，第三者の偽造文書による申請のために不法に抹消された場合には，判例は，抵当権設定登記によって具備された対抗力は覆らないとの立場をとっている（前者について，大連判大12・7・7民集2巻448頁，大判昭10・4・4民集14巻437頁。後者について，最判昭36・6・16民集15巻6号1592頁）。これは，登記の抹消について抵当権者に帰責性がないことを考慮した結論といえよう。これに対し，抵当権者からある土地について抵当権設定登記の抹消登記手続を委託された司法書士が，誤って別の土地についての抵当権設定登記の抹消登記手続を申請した結果，抵当権設定登記が抹消された場合には，判例は，いったん具備された対抗力も消滅するとの立場をとる（最判昭42・9・1民集21巻7号1755頁）。これは，登記の手続を受託した者の過失は委託者の帰責性として位置づけることができるからと思われる。

7　無効登記の流用

(1) 問題の所在

抵当権は被担保債権の弁済によって消滅するが（付従性），新たな貸付けによって生ずる債権を担保するために，消滅したはずの抵当権がなお存続するがごとくその登記が流用される場合がある。そこで，このように登記が流用された場合に，その効力をどのように捉えるのかが問題となる。

かかる場合，あたかも登記上は旧抵当権が存在するかのような外観があるが，付従性によってこれは消滅した以上，登記の流用の合意がなされていても，新たに発生した債権の担保のために旧抵当権が復活することはありえない。それゆえ，登記の流用の合意は，基本的には，新たな債権の担保のために別の抵当権を成立させつつ，同時に旧抵当権の登記をその登記に代えるという合意と見るべきことになる。そこで，問われるのは，旧抵当権の登記を新たな抵当権設定の対抗要件として容認することができるのかである。

(2) 判　　例

(ア)　まず判例で問題になったのは，抵当権者Aが抵当権設定者Bから被担保債権について弁済を受けたにもかかわらず，旧抵当権の設定登記は存置され，旧抵当権者が新たに旧被担保債権と同額の貸付けをする際に，旧抵当権の登記の効力を存続させるという合意がなされたという事案である。これに対して，登記の流用の合意がなされた後に目的不動産を買い受けたCが，かかる流用登記の抹消登記手続を請求したところ，大審院は，次のように判断した（大判昭6・8・7民集10巻875頁）。登記は真正の事実に合致することを要するために，当初の抵当権の被担保債権が弁済によって消滅した以上，抵当権も同時に消滅したのであるから，当事者は当該登記の抹消登記手続をなすべきであり，被担保債権の消滅後たまたま同一金額の債権が当事者間に発生したとしても，すでに消滅した抵当権の登記を利用しその効力を維持すべきこととして，改めて同一目的物件に同額の債権の担保のために抵当権を設定したとする契約は，無効である。

(イ)　つづいて問題となったのは，同一不動産にAの1番抵当権，Cの2番抵当権が存在し，1番抵当権の被担保債権について弁済がなされたが，その登記が存置されていたところ，抵当権設定者Bが，新たにDから貸付けを受ける際にその担保として，Dに旧1番抵当権を譲渡したという形式を

第1節　総　則　　　　　　　　　　　　　　　　　§369　V

とり，抵当権譲渡の付記登記がなされたという事案である。CがDに対して抵当権の不存在の確認等を主張したところ，大審院は，この場合は，Bが，Dに対する債務のために不動産上に抵当権を設定したが，その登記をするにあたり，設定登記に代えて便宜的に抵当権譲渡の付記登記をしたことにほかならず，もとよりDは1番抵当権を有することはできないが，Dが2番抵当権を有することは妨げないとした（ただし，当事者の意思がDを1番抵当権者とするものであるならば，これは不能な事項を目的とするものであり，Dは全く抵当権を有することにならないともしている）。この際，かかる現実の権利関係と登記簿上の記載をいかにして一致させるべきかは，登記手続の問題であるとしている（大判昭8・11・7民集12巻2691頁）。

　(ウ)　さらには，抵当権設定者Bが，Cから金銭を借り受けて抵当権者Aに被担保債務を弁済し，これによってCに負う債務を担保するために同一不動産に抵当権を設定したが，かかる被担保債務の額がAに対する被担保債務の額と同じであったため，従前のAの被担保債権および抵当権がそのままCに譲渡されたとする付記登記をしたところ，その後，Dが登記上の債権，抵当権が存在するものとして目的不動産を買い受けた，という事案が問題となった。Cによる抵当権の実行に対し，Dは抵当権の不存在の確認と付記登記の抹消登記手続を請求したところ，大審院は次のように判断した（大判昭11・1・14民集15巻89頁）。すなわち，Dが，買受けの際にAの抵当権が存続していると考えていたのであれば，たとえ新たにCのために設定された抵当権の負担を受けることになっても，不測の事態にはならないから，DはCの抵当権の登記の欠缺を主張する正当な利益を有しない。ただし，仮にDがすべての事情を知ったうえでCの抵当権には対抗力がないとの前提で目的不動産を買い受けた場合は，この限りではないという。この判例は，流用登記には一般的には対抗要件としての効力がないことを前提にしているといえよう。

　(エ)　最高裁では，まず次のような事案が問題となった。BはAに負う500万円の債務の担保のためにB所有の不動産に抵当権を設定し，その登記が経由された後に，かかる被担保債務は弁済されたが，Bは，すぐにAから同額を弁済期以外は同じ条件で借り受けたので，再び同じ不動産にその債務の担保のために抵当権を設定したが，旧抵当権のための抵当権設定登記をそ

〔古積〕　681

のまま新抵当権のために流用することにした。ところが，その後，Bは抵当権の無効の確認を訴えたところ，最高裁は，「たとえ不動産物権変動の過程を如実に反映しなくても，登記が現実の状態に吻合するかぎり，それを後の抵当権のために流用したからといって，第三者に対する関係はしばらく措き，当事者間においては，当事者みずからその無効を主張するにつき正当の利益を有しない」と判断した（最判昭 37・3・15 裁判集民 59 号 243 頁）。

(オ) また，仮登記担保において仮登記が流用されたケースに関する判例もある。すなわち，自己が所有する甲土地に仮登記担保を設定したBが，仮登記担保権者Aに被担保債務を弁済したものの，仮登記は抹消されなかったところ，Bが，新たにCに債務を負ったため，その担保のためCに対して甲土地に仮登記担保を設定したが，Aの仮登記担保権がCに譲渡されたものとして，仮登記移転の付記登記がなされた。その後，BはDに負う債務の担保のために甲土地に仮登記担保を設定し，Dは，仮登記担保権の実行として甲土地の所有権を取得したうえで，Cに対して仮登記の抹消登記手続を請求した。これに対し，最高裁は，「たとえ不動産物権変動の過程を如実に反映していなくとも，仮登記移転の附記登記が現実の状態に符合するかぎり，当事者間における当事者はもちろん，右附記登記後にその不動産上に利害関係を取得した第三者は，特別の事情のないかぎり，右附記登記の無効を主張するにつき正当な利益を有しない」と判断して，その請求を棄却した（最判昭 49・12・24 民集 28 巻 10 号 2117 頁）。

(カ) 一連の判例を総合的に見ると，判例の立場はおよそ次のように捉えることができよう。まず，登記の流用の合意がなされても，旧抵当権の効力は復活しない。そこで，新たに成立した抵当権の対抗要件としての効力が流用登記に認められるかが問題となるが，これは基本的には否定される。ただし，流用登記が現実の担保権の内容を反映しているのであれば，流用に関わった当事者がその無効を主張することはできないし，さらには，登記の流用後に現れた第三者も，流用登記によって取引の安全が害されないのであれば，登記の欠缺または流用登記の無効を主張する正当な利益を有しないから，結論的には，当該第三者に対しても新たな担保権の成立を対抗しうる。

(3) 学　説

学説では，かつては，登記は現在の権利内容を反映していれば足りるとし

て流用登記の有効性を一般的に肯定する立場（末弘厳太郎〔判批〕判民昭和6年度367-368頁，石田・上128頁，勝本・下437頁）と，登記上の被担保債権が同一性を欠いているとしてその有効性を全面的に否定する立場（末川博〔判批〕論叢27巻6号〔1932〕123-124頁，吾妻85頁，香川156頁）が対立していた。

　しかし，現在では，第三者が現れない限りにおいて流用登記の有効性を認めるとともに，第三者との関係でも，登記の流用時と第三者の登場時との前後関係によってその効力を区別する見解が多数説になっている（我妻232頁，柚木＝高木243頁以下，川井30頁，北川弘治「無効登記の流用」中川善之助＝兼子一監修・不動産法大系Ⅳ登記〔改訂版，1974〕164-166頁，幾代通＝徳本伸一・不動産登記法〔4版，1994〕486-487頁）。すなわち，(2)(イ)のケースにおいては，既存の2番抵当権者は，1番抵当権の消滅によって順位が上昇する利益を有しており，これをその後の登記の流用によって奪うことは適切ではなく，流用登記に遡及的な対抗要件としての効力を認めることはできない。また，登記の流用がなされるまでに目的不動産に第三者が権利を取得した場合にも，かかる第三者は抵当権の負担のない不動産に権利を取得すべき地位にあるから，これに対しても流用登記をもって対抗することは認められない。以上に対して，(2)(ウ)および(オ)のようなケースにおいては，第三者が現れる前に目的不動産に新たな抵当権等が設定されており，かつ，その負担は旧担保権の設定登記の流用によって第三者も覚悟することができるから，流用登記の有効性は認められる。

　もっとも，第三者が先順位抵当権の消滅を知りつつその登記が流用されたことを知らないで取引に入った場合には，第三者の取引の安全を優先させて流用登記の効力を否定する見解（高津環「旧登記を新たな物権変動へ流用することは可能か」判タ177号〔1965〕127頁，半田正夫「無効登記の流用に関する諸問題」民研250号〔1978〕45頁）と，第三者に登記の流用の合意の有無を調査する義務を課してもよいとして，なお流用登記の効力を容認する立場（注民(6)197頁〔山田晟〕，北川・前掲論文166頁，丸山英気〔判批〕担保法の判例Ⅰ15頁）がある。また，(2)(ウ)および(オ)の事案のように，担保権が譲渡されたという付記登記の形で登記の流用がなされた場合には，流用の事実は付記登記という外形に示されていることを根拠に，このケースについては流用登記の対抗力を容認するという立場もある（高木119頁）。

〔古積〕

§369 Ⅴ　　　　　　　　　　　　第2編　第10章　抵当権

　他方で，近時でも，流用登記の有効性を否定する見解が再び主張されている。すなわち，流用登記に示された被担保債権は新たに成立した抵当権の被担保債権との同一性を欠き，その有効性は否定せざるをえない。ただし，流用に関わった当事者はその無効を主張しえず，また，流用の事実を知ってこれを前提に目的不動産に関する取引に入った第三者は，信義則上，新たに成立した抵当権の登記の欠缺を主張しえないという（道垣内138頁。髙橋101-102頁，角22頁もこれを支持する）。

(4)　若干の考察

　以上のように，今日では，登記の流用に関わった当事者がその無効を主張することができないという点には争いがないが，問題は新たに成立した抵当権の対抗力である。すでに目的不動産に有効に成立している権利との関係では，新たに成立した抵当権が劣後するのは当然の理であるが，新たに抵当権が成立した後に目的不動産に利害を持った第三者との関係は，どう見るべきだろうか。有力説は，旧抵当権の登記によって第三者の取引の安全は害されないと見て，この次元では流用登記の対抗要件としての効力を認めるのだろう。これに対して，一部の学説は，流用登記で示される抵当権ないし被担保債権が，新たに成立した抵当権ないし被担保債権とは同一ではないとして，その対抗要件としての効力を否定する。

　流用登記によって表示されている債権の元本額，利率等がすべて，新たな抵当権の被担保債権のそれと一致しているのであれば，これは新抵当権の権利内容をそのまま反映していることになる。判例は，いわゆる中間省略登記も現在の権利関係を反映しているとして，その対抗要件としての効力を容認している以上（最判昭44・5・2民集23巻6号951頁），抵当権設定登記の流用においても，同等の要件が充たされる限り，流用後に現れた第三者に対する関係では，対抗要件としての効力を容認すべきようにも思われる。しかし，もともと抵当権は同一不動産にいくつも成立しえ，旧抵当権と新抵当権とはあくまで別個の権利であるから，所有権の登記とは異なり，旧抵当権の登記の流用によっては，厳密には新たな抵当権の設定の公示がなされたとはいえない。だからこそ，旧抵当権が弁済によって消滅したことを知った者が，新抵当権の設定および登記の流用の事実を知らないで目的不動産の取引に入った場合に，その保護が問題となるのである。それゆえ，流用登記の対抗要件と

しての効力を基本的には否定し，ただ流用登記の存在によって取引の安全を害されなかった者は，登記の欠缺を主張する正当な利益を有しないとして，これを177条の「第三者」から排除するという解釈が穏当だろう。その結果として，新抵当権を対抗される者は，流用登記の無効を主張してその抹消登記手続を請求することができないと解すべきである。判例の立場もこれに近い。ただし，新抵当権に優先する物権を有する者は，流用登記によって自己の権利がこれに劣後するかのような外形が生じている以上，その抹消登記手続を請求しうると見るべきである。

VI　抵当権の実行——優先弁済権の実現

　抵当権者は，目的不動産から被担保債権の優先的満足を受けることができる。そのためには，目的不動産を換価しなければならず，その端的な方法が売却である。それゆえ，従前から，抵当権には目的物を換価・売却する権能が内在すると考えられ，民事執行法もその手続として抵当権に基づく競売（担保不動産競売）を定めている。しかし，目的物からの金銭的満足の方法は必ずしも売却に限られず，これを管理・賃貸することによって得られる賃料による満足も考えられる。平成15年の法改正がされるまでは，抵当権の非占有担保という特性から，目的不動産の収益に対する効力が否定的に捉えられていたため，収益からの満足のための手続は定められていなかったが，現行法では，抵当権者が収益から満足するための手続，担保不動産収益執行も定められている（詳しくは，→§371）。

　抵当権の実行としての競売の手続（担保不動産競売。民執180条1号）は，一般の債権者が行う強制執行・強制競売に準ずるものとして定められている。まず，抵当権者の申立てに基づく目的不動産の差押え（競売開始決定）がなされ（民執188条・45条），裁判所は，売却の期日を定めて買受人を募り（民執188条・64条），基本的には最高価額での買受けを申し出た者を買受人として決定し（売却許可決定。民執188条・69条），買受人による裁判所への代金の納付と引換えに所有権が買受人に移転され（民執188条・79条），買受人への所有権移転登記とともに抵当権設定登記が抹消され（民執188条・82条1項），代金から競売手続に要した費用を控除したうえで，残額が被担保債権額の範囲

で抵当権者に配当される（民執188条・84条以下参照）。しかし，一般債権者による強制競売と異なり，抵当権の実行手続の開始のためには，抵当権者には債務名義は要求されず，抵当権設定登記に関する登記事項証明書等を提出すれば足りる（民執181条1項参照）。手続の詳細については，民事執行法の体系書等を参照されたい（例えば，中野＝下村373頁以下参照）。

抵当権の実行のためには債務名義が必要とされない理由は，前述のように，抵当権には優先弁済の実現のために目的物を換価する権能が内在し，競売もこのような抵当権者の換価権の行使として位置づけられる点に求められてきた（→Ⅴ4）。これに対し，民事執行法においては，競売の具体的手続も，執行裁判所による差押えによって開始されるなど，一般の強制競売に近接している点を重視して，抵当権の実行手続をこれに内在する換価権の実現とは捉えない見解が主張されている（生熊長幸「執行権と換価権」岡山大学創立30周年記念論文集・法学と政治学の現代的展開〔1982〕285頁以下）。しかし，民事執行法の下でも，抵当権の実行としての競売をなおその換価権の行使と捉える見解が有力であり（中野貞一郎「担保執行の基礎」民商93巻臨時増刊号(2)〔1986〕211-212頁），後述のように（→Ⅶ2(3)(エ)），抵当権に換価権が内在することは否定しえない。

Ⅶ 抵当権の侵害

1 総　説

抵当権が設定されても目的不動産の占有は移転されず，所有者はなおその使用・収益権を有する。したがって，所有者の使用・収益権に属する行為は抵当権の侵害とはならない。この点に関しては，以下のような判例がある。

例えば，鉱業権に抵当権が設定された場合には，鉱業権者であれ無権限の第三者であれ，普通に鉱業権者のとるべき方法によって鉱物を採掘することは，抵当権侵害にはならない（大判大2・12・11民録19輯1010頁，大判大4・6・16民録21輯971頁）。また，抵当権の目的である土地の所有者が，土地を分割してその地目を変更する登記をしても，抵当権の効力はそのまま従前の土地にあるため，その侵害とはならない（大判大7・4・17民録24輯707頁）。

しかし，抵当権も物の上に成立する物権である以上，所有者の使用・収益

権を超えて目的不動産を滅失・損傷させる行為は抵当権の侵害に当たり，抵当権者は，所有者であれ，第三者であれ，かかる行為をする者に対して物権的請求権としてその停止や侵害の排除を請求しえ（物権的妨害排除・予防請求権），さらにこれによって損害が発生した場合には，不法行為に基づく損害賠償請求権も取得することには異論がない。たとえ抵当不動産の一部だけが侵害の対象となり，抵当権者はなお残余部分によって被担保債権の満足を実現しうるような場合でも，抵当権は本来，目的不動産の全体を支配している以上，抵当権者は目的物に対する一切の侵害を排除しうる請求権を有すると解すべきである（我妻386頁，道垣内185頁，高橋167-168頁，生熊148頁参照）。一部には，抵当権は交換価値を支配する権利であるという観点から，被担保債権の満足に支障がない場合には物権的請求権を否定する説も見られるが（川井120頁），これは抵当権が物上の権利，物権であることに相応しない。

近時では，抵当権者の不法占有者に対する明渡請求に関する判例において，担保価値維持請求権という概念が登場したこともあり（→2(3)(イ)），抵当権設定当事者間では，信義則上，設定者は目的物の価値を減少させない義務を負うとする見解がある（近江174-175頁）。この見解は，担保価値維持義務によってこそ所有者による損傷を全面的に禁止しうるとするようである。しかし，このような構成を採用しなくとも，物上の権利である抵当権の物権的請求権の内容として同様の結論を導くことはできる。むしろ，判例における担保価値維持請求権の法的性質・内容自体がはっきりせず，担保価値維持義務なる概念を採用することには根本的な疑問がある（→2(3)(エ)）。

以下では，抵当権への様々な侵害に対する救済の内容を見ていきたい。

2 物権的請求権

(1) 抵当権の一体的支配への侵害の排除

抵当権の効力は目的不動産の付加物ないし従物にも及ぶとされているため（→§370 II 1），正当な権限なくかかる付加物・従物を分離する行為は，抵当権の一体的支配を害するものであり，抵当権者はその停止を請求することができる。それゆえ，一般の債権者が抵当不動産の従物にのみ強制執行を申し立てても，抵当権者は第三者異議の訴えを提起してこれを排除しうると解されている（最判昭44・3・28民集23巻3号699頁）。

抵当不動産の付加物等が分離され，抵当不動産の外に搬出されてしまった

場合には，かかる分離物に対する抵当権の効力が特に問題となるため，これは370条の箇所で検討したい（→§370 II 6）。

(2) **無効登記による侵害**

同一不動産に2つの抵当権が設定されていたが，1番抵当権が消滅したにもかかわらず，その登記が抹消されない場合，かかる無効登記の存在は第1順位に上昇した抵当権の行使を事実上妨げる要因となる。このため，抵当権者にはかかる無効登記の抹消登記手続を請求する権利が認められている（大判大8・10・8民録25輯1859頁，大判昭15・5・14民集19巻840頁）。すなわち，かような無効登記も抵当権の侵害に当たり，抵当権に基づく妨害排除請求権としてその抹消登記手続請求が容認されるものといえる。

同様の請求権は，抵当権に優先する不動産保存の先取特権があるかのような不実登記が存在する場合にも，認められている（大判大4・12・23民録21輯2173頁）。

(3) **占有による抵当権侵害**

(ア) 問題の所在　目的不動産を第三者が無権原で，または抵当権者に対抗しうる利用権なくして占有することは，抵当権の侵害に当たるだろうか。抵当権が設定されても占有が移転されない点にかんがみ，抵当権には占有に干渉しうる権能が一切ないとすれば，ここでは抵当権の侵害はありえないことになる。ただ，もともと民法典制定時には，抵当権も物権の1つであり，その実行によって用益権を覆しうることは認識され，抵当権が一切占有に干渉しえない権利であるとは必ずしも考えられていなかったようである（この時期の学説の概要については，古積・換価権119-139頁参照）。しかし，その後，石田文次郎，我妻栄は，被担保債権への付従性が緩和されその流通性が高められているドイツ法の抵当制度を理想的なものと位置づけ，抵当権はもっぱら目的物の交換価値を支配すべきという理論を確立した（石田文次郎・投資抵当権の研究〔1932〕，我妻栄・近代法における債権の優越的地位〔1953〕。これについては，古積・換価権139頁以下参照）。とりわけ，我妻は，抵当権の占有ないし利用に対する干渉を否定する見解をとり，これが学説上支配的な見解となった。これに相応するように，大審院の判例も，抵当不動産が第三者によって無権原で占有されても抵当権は侵害されないという判断を下していた（大判昭9・6・15民集13巻1164頁）。

しかし，昭和の終期になると，抵当権に基づく競売の段階において目的不動産が第三者によって占有され，正常な価額での売却が妨げられるというケースが表面化し，抵当権者は，これによって抵当権が侵害されるとして，目的不動産の占有者に対しその明渡しを請求しうるか否かが，しばしば裁判上で問題になった。これを受けて，改めて学説でも抵当権の占有に対する効力が議論されるようになった。当時の裁判例に現れた抵当不動産の占有者は，抵当権の実行を妨害するために，抵当権設定登記より後れるものでも特別の対抗力が容認されていた，短期の賃貸借（平15改正前民395条本文）を盾にすることが多かったが，抵当権者にはこのような短期の賃貸借の解除請求権が認められ（平15改正前民395条ただし書），あるいは詐害的な賃貸借は端的に実体を欠くものとして無効とされる可能性があったので，かかる占有の多くは結論的には無権原占有と判定されるものであった。

なお，この問題に関しては，民事執行法における売却のための保全処分（民執55条）や売却後の引渡命令（民執83条）の制度が法改正により拡充され，執行手続において無権原占有者を抵当不動産から排除することが，以前より容易になったことにも留意が必要である。それゆえ，多くの事案ではこれらの制度によって抵当権者の不利益を防止することが可能であるが，これらはあくまで執行手続における取扱いであり，実体法上抵当権者が占有に対していかなる権能を有するのかは，これらとは区別して論じられなければならない。

(イ) 判例の展開

　(a) 抵当権者の請求に関する2つの構成　当初，下級審の裁判例は，抵当権者による無権原占有者に対する明渡請求に関して，否定例と肯定例に分かれていた（否定例としては，東京高判昭60・8・27判時1163号62頁等，肯定例としては，東京高判昭63・7・28判時1289号56頁等。当時の下級審判例の状況については，生熊長幸「抵当権併用賃借権の後順位短期賃借権排除効と抵当権に基づく短期賃借人に対する明渡請求権」岡法40巻3＝4号〔1991〕542頁以下参照）。これらの裁判例においては，抵当権者は，第三者の無権原占有によって抵当権が侵害されるとして，抵当権自体に基づく妨害排除請求として目的不動産の明渡しを求めるという主張や，抵当権設定者に対する被担保債権を保全するために，債権者代位権に基づき，設定者の占有者に対する明渡請求権を行使するという主張を

§369 VII

していた。

(b) 平成3年判決　ところが，最初に現れた最高裁判例は，抵当権者の明渡請求権を容認しなかった。すなわち，平成15年改正前民法395条本文によって保護される短期賃貸借に基づいて抵当不動産を占有する者に対し，競売を申し立てた抵当権者が，同条ただし書によって当該賃貸借の解除請求をするとともに，賃貸借の解除を条件として目的不動産の明渡しを求めた事案において，①占有権原を包含しない抵当権は第三者の占有によっては侵害されないという理由から，抵当権自体に基づく妨害排除請求権を否定するとともに，②第三者の不法占有自体によっては抵当不動産の担保価値は下落しないとして，債権者代位権に基づく所有者の明渡請求権の行使も否定する立場をとった（最判平3・3・22民集45巻3号268頁）。この判断に対しては，第三者の不法占有によって抵当不動産の売却が妨げられ，あるいは売却価額が下落するという実態を軽視するものとして，大多数の学説は批判的立場をとっていた（→(ウ)(a)）。

(c) 平成11年大法廷判決　すると，その8年後に最高裁は判例を変更するに至った。事案は，抵当権者が目的不動産の競売を申し立て，執行裁判所が競売開始の決定をしたが，目的不動産を不法に占有する第三者が存在し，期日までに買受けを申し出る者が現れなかったため，抵当権者は，不法占有者に対し，所有者の有する明渡請求権を債権者代位権に基づいて行使すると主張したケースである。最高裁は，以下のような理由からこれを容認する結論をとるに至った（最大判平11・11・24民集53巻8号1899頁）。まず，抵当権には占有権原がないものの，目的不動産の交換価値を実現して満足を受ける権利があり，第三者の不法占有によって競売手続の進行が害され適正な価額よりも売却価額が下落する恐れがあるなど，抵当不動産の交換価値の実現が妨げられる事態があれば，抵当権は侵害されているといえる。他方で，抵当不動産の所有者はかかる事態が生じないように目的不動産を適切に維持・管理することが予定されている以上，第三者の占有によって抵当権が侵害されれば，抵当権者は所有者に対して，その権利を適切に行使するなどして侵害を是正し，目的不動産を適切に維持・保存するように求める請求権を有する。そして，抵当権者は，かかる請求権を保全するために，民法423条の法意に従い，所有者の不法占有者に対する妨害排除請求権を代位行使すること

ができ，この際，抵当権者は自らに目的不動産を明け渡すように請求することができる。

　この大法廷判決は，抽象論においては，第三者の不法占有によって抵当権が侵害されている場合には，抵当権者は抵当権自体に基づく妨害排除請求権も行使しうることを認めていたが，その具体的内容は明らかではなかった。ただ，同判決には奥田裁判官の補足意見もあり，抵当権に基づく妨害排除請求権の成立時期，その内容に関して次のように述べていた。

　「抵当権は，抵当不動産の担保価値（交換価値）を排他的に支配し，競売手続において実現される交換価値から他の債権者に優先して被担保債権の弁済を受けることを内容とする物権である」。「抵当権に認められる抵当不動産の交換価値に対する排他的支配の権能は，交換価値が実現される抵当権実行時（換価・配当時）において最も先鋭に現われるが，ひとりこの時点においてのみならず，抵当権設定時以降換価に至るまでの間，抵当不動産について実現されるべき交換価値を恒常的・継続的に支配することができる点に，抵当権の物権としての意義が存するものとみられる。したがって，抵当権設定時以降換価に至るまでの間においても，抵当不動産の交換価値を減少させたり，交換価値の実現を困難にさせたりするような第三者の行為ないし事実状態は，これを抵当権に対する侵害ととらえるべきであり，かかる侵害を阻止し，あるいは除去する法的手段が抵当権者に用意されていなければならない」。

　「抵当権は目的物に対する事実的支配（占有）を伴わずにその交換価値を非有形的・観念的に支配する権利であるが，本件におけるように，第三者が抵当不動産を何らの正当な権原なく占有することにより，競売手続の進行が害され，抵当不動産の交換価値の実現が妨げられ抵当権者の優先弁済請求権の行使が困難となるような状態が生じているときは，右不法占有者に対し，抵当権者は，抵当権に基づき，妨害の排除，すなわち，不動産の明渡しを請求することができるものといわなければならない。もちろん，この場合に，抵当権者が自己への明渡しを請求し得るのか，抵当不動産の所有者への明渡しを請求し得るにとどまるのかは，更に検討を要する問題である」。

　他方で，同意見は，抵当権者は，抵当権設定時より恒常的に，抵当不動産の所有者に対し，抵当不動産の担保価値を維持または保存するよう求める請

求権(担保価値維持請求権)を有し,かかる担保価値維持請求権を保全するために,抵当不動産の所有者が侵害者に対して有する妨害排除請求権を代位行使することは,抵当権に基づく妨害排除請求権の内容がはっきりしていない状況においては,なお認められるべきであるとした。この場合,目的不動産の明渡しは,本来,所有者に対してなされるべきものであるが,所有者がその受領を拒み,または所有者において受領することが期待できないといった事情があるときは,抵当権者は,抵当不動産の所有者に代わって受領するという意味において,直接自己への明渡しを請求することができるという。そして,その場合に抵当権者が取得する占有は,抵当不動産の所有者のために管理する目的での占有であるとした。

　このように,最高裁は,不法占有者に対する関係では,債権者代位権に基づく明渡請求を容認したが,留意すべきは,従来の裁判例において,当事者たる抵当権者が,その明渡請求を基礎づける債権者代位権の被保全権利として被担保債権を援用していたにもかかわらず,大法廷判決は,被保全権利を被担保債権とはせず,むしろ,抵当権者が所有者に対して有する侵害是正・不動産保存請求権(ないしは担保価値維持請求権)という特別の請求権とした点である。これは,被保全権利を被担保債権としてしまうと,抵当権が債務者以外の者の所有する不動産に設定されている場合には,債権者代位権によっては抵当権者を救済しえない点や,抵当権者の明渡請求は債務者が無資力でない場合にも優先弁済権の実現のためには必要であり,債務者の資力状態に左右されない債権者代位権の行使を容認しなければならない点,を考慮したものと思われる(八木一洋〔判解〕最判解平11年下〔2002〕857頁)。

　しかし,同時に,抵当権自体に基づく妨害排除請求権の内容,これと所有者の明渡請求権の代位行使という構成との相互関係,抵当権者への明渡しが認められる範囲,および抵当権者の取得する占有の性質の究明が,将来的な問題となった。

　　(d) 平成17年判決　その後,抵当権に基づく妨害排除請求権の行使としての抵当権者への目的不動産の明渡請求を容認する判例が現れた。事案は,抵当不動産について競売開始決定がなされたが,抵当権設定後に締結された賃貸借契約および転貸借契約に基づいて抵当不動産を占有する者が存在し,これを買い受けようとする者が現れていない状況において,抵当権者は,

かかる占有者に対して抵当権自体に基づく妨害排除請求権の行使として明渡しを請求した，というものである。当該事案では，抵当権者は，目的不動産の占有によってその使用利益相当の損害を受けたとして，占有者に対して賃料相当額の賠償も請求していた（最判平17・3・10民集59巻2号356頁）。

最高裁は，まず，抵当権者の明渡請求を次のような理由から容認した。すなわち，抵当権設定登記後に抵当不動産の所有者から占有権原の設定を受けてこれを占有する者がいる場合に，その占有権原の設定に抵当権の実行としての競売手続を妨害する目的が認められ，その占有により抵当不動産の交換価値の実現が妨げられて抵当権者の優先弁済請求権の行使が困難となるときは，抵当権者は占有者に対し，抵当権に基づく妨害排除請求として，侵害状態の排除を求めることができる。なぜなら，抵当不動産の所有者は，抵当不動産を使用・収益するにあたり，抵当不動産を適切に維持管理することが予定されており，抵当権の実行としての競売手続を妨害するような占有権原を設定することは許されないからである。そして，抵当権に基づく妨害排除請求権の行使にあたり，抵当不動産の所有者が抵当権に対する侵害が生じないように抵当不動産を適切に維持管理することが期待できない場合には，抵当権者は占有者に対し，直接自己への抵当不動産の明渡しを求めることができる。

これに対し，賃料相当額の賠償請求は以下の理由から容認しなかった。抵当権者は，第三者による抵当不動産の占有によって賃料額相当の損害を被るものではない。なぜなら，抵当権者は，抵当不動産を自ら使用することはできず，民事執行法上の手続等によらずにその使用による利益を取得することもできないし，また，抵当権者が抵当権に基づく妨害排除請求により取得する占有は，抵当不動産の所有者に代わり抵当不動産を維持管理することを目的とし，抵当不動産の使用およびその使用による利益の取得を目的とするものではないからである。

この判例は，占有者が占有権原の設定を受けている場合でも，単なる不法占有の場合における抵当権侵害の要件が充足されるとともに，占有権原の設定に抵当権実行を妨害する目的があれば，抵当権の侵害を認定し，妨害排除請求権を容認するものといえる。これは，所有者の使用・収益権と抵当権者の交換価値把握の権能を調和する観点に立つものと考えられ〔戸田久〔判解〕

§369 VII

最判解平17年上〔2008〕162頁参照)、それゆえに、ここでの妨害目的は基本的に所有者について判断されるといえよう。また、妨害排除請求の内容として抵当権者自身への明渡しを認めつつ、抵当権者の占有をあくまで所有者に代わって抵当不動産を管理するための占有と位置づけ、抵当権者への明渡しは所有者による管理・維持を期待することができない場合にのみ容認している。したがって、この占有権原は目的不動産の利用権を伴うものではなく、使用利益についての賠償請求権は抵当権者には認められないことになる。

(ウ) 学説の展開

(a) 平成11年大法廷判決までの議論　平成3年判決については、一部にその結論を支持する学説もあった。すなわち、抵当権が目的物の交換価値を把握するという伝統的理論を前提にして、目的物の使用・収益権が設定者に留保されている以上、設定者らの目的物の通常の占有ないし使用・収益による評価額の減損は抵当権の侵害に当たらないとし、単なる第三者の占有によっては抵当権の侵害はなく、抵当権に基づく妨害排除請求は認められないという(鎌田薫「抵当権の侵害と明渡請求」高島平蔵古稀・民法学の新たな展開〔1993〕263頁以下、283頁)。しかし、大多数の学説は平成3年判決に対して批判的な立場をとり、とりわけ、同判決が第三者の占有によって抵当不動産の担保価値が減少しないとしたことは、実際の競売においてはこのような占有によって売却価格が下落している現実に相応しない、と強く批判されていた(鈴木正和〔判批〕手形研究453号〔1991〕11頁、吉田光碩〔判批〕判タ756号〔1991〕98頁、生熊長幸「短期賃貸借の解除と抵当権者の明渡請求」法時63巻9号〔1991〕51頁、近江幸治・担保物権法〔新版、1992〕166頁)。

平成3年判決の前から、学説の多数は抵当権者の明渡請求権、とりわけ、抵当権に基づく妨害排除請求権としての明渡請求権を認めていたが、このさい、抵当権者自身に対する明渡しも認められるのか、また、何時から抵当権者は明渡請求をなしうるのか、については説が分かれていた。前者については、抵当権者に占有権原がないという理由から所有者への明渡しのみを容認する説(近江幸治〔判批〕法時57巻9号〔1985〕95頁)もあったが、多くの学説は、所有者による抵当不動産の不受領などの問題があるとして、抵当権者自身への明渡しも容認した(鈴木禄弥〔判批〕判タ506号〔1983〕42頁、平井一雄〔判批〕法時58巻7号〔1986〕120頁、栗田隆〔判批〕判評337号(判時1218号)〔1987〕

35頁，井口博〔判批〕判タ705号〔1989〕13頁，生熊・前掲岡法40巻3＝4号〔1991〕584頁）。後者については，平成15年改正前民法371条1項ただし書などを根拠として，抵当権実行時以降に占有への干渉，明渡請求を認めるにとどめる学説が多かったが（鈴木・前掲判タ506号42頁，近江・前掲法時57巻9号94頁，栗田・前掲判評337号34頁，中野貞一郎「手続法からみた担保法の現代的課題（下）」NBL414号〔1988〕25頁），抵当権実行前の明渡請求を容認する見解もあった（井口・前掲判タ705号13頁，生熊・前掲法時63巻9号52頁）。

また，第三者の占有を抵当権の侵害とする根拠に関しても見解が分かれていた。すなわち，一方では，抵当権が交換価値を把握するという理論を前提にしつつ，第三者の不法占有によって目的物の売却価格が下落することが交換価値の減損であり，これが抵当権の侵害に当たるという見解があり（井口・前掲判タ705号10頁，安永正昭〔判批〕判評395号〔1992〕28頁，椿寿夫編・担保法理の現状と課題（別冊NBL31号）〔1995〕20-21頁〔伊藤進〕），他方では，「抵当権はその価値維持の範囲内で消極的にせよ確実に物的支配を行って」，「抵当権実行の段階に至っては，より積極的に目的物に対する物的支配を行うことは明白である」とする見解があった（近江・前掲法時57巻9号94頁）。さらには，目的物の占有に対する干渉を基礎づけるためにも，抵当権を価値権ではなく換価権として捉えるべきという見解も主張された（松井宏興・抵当制度の基礎理論〔1997〕205頁参照）。

(b) 平成11年大法廷判決以降の議論　平成11年大法廷判決後には，①抵当権者による明渡請求が何時から認められるのか，②代位構成の存在意義，そして，③抵当権者自身への明渡しの可否，が議論の主たる対象となった。

(i)　まず，平成11年大法廷判決の事案は，すでに抵当権者の申立てにより目的不動産の競売開始決定がなされていた場合であり，法廷意見が，「競売手続の進行が害され適正な価額よりも売却価額が下落するおそれがあるなど，抵当不動産の交換価値の実現が妨げられ抵当権者の優先弁済請求権の行使が困難となるような状態があるとき」に抵当権の侵害を認める点からは，債権者代位権に基づく請求であれ，抵当権自体に基づく妨害排除請求であれ，判例は明渡請求権を抵当権実行以降に認めるようにも思われる。しかし，奥田裁判官の補足意見によれば，抵当権の実行前における抵当権の侵害

や，抵当権者の所有者に対する恒常的な価値維持請求権が容認されており，抵当権実行前における明渡請求が認められる余地が十分に残っている。

　学説では，抵当権の実行段階においてはじめて明渡請求が認められるとする立場（松岡久和「抵当目的不動産の不法占有者に対する債権者代位権による明渡請求（中）」NBL682号〔2000〕40頁），あるいは，被担保債務について履行遅滞が生じた時点以降には明渡請求が認められるとする立場（生熊長幸〔判批〕銀法572号〔2000〕17頁，滝澤孝臣〔判批〕金法1569号〔2000〕14頁，平井一雄〔判批〕ジュリ1189号〔2000〕101頁，牧山市治〔判批〕法の支配117号〔2000〕73頁）が有力となった。ただ，何故このような限定が付されるべきことになるのかは必ずしも明らかではない。おそらくは，抵当権の優先弁済権は，被担保債務の弁済期が到来して抵当権の実行手続がなされた時点で現実化するため，占有による抵当権の侵害もその段階で顕在化するからであろう。

　もっとも，競売申立て以降には抵当権者は売却のための保全処分によって第三者の占有を排除することができる点に着目し，むしろ，法定手続によらない任意売却の可能性を確保するために，競売申立て前の明渡請求を容認すべきとする見解も少なくない（山野目章夫〔判批〕金法1569号〔2000〕53頁，山本和彦〔判批〕金法1569号〔2000〕61頁，村上正敏〔判批〕判タ1053号〔2001〕58-59頁）。しかし，これに対しては，「任意売却は抵当権の実行ではないのみならず，抵当権に基づく換価権ではなく所有者の処分権に基づき，しかも抵当権を外して行われるものであるから，この場合における妨害排除を抵当権の効力として認めるのは背理である」という批判がある（髙橋眞・抵当法改正と担保の法理〔2008〕151頁）。

　(ii)　次に，抵当権自体に基づく妨害排除請求権のほかに，なお所有者の物権的請求権の代位行使を認めることの是非が問われている。この点について，平成11年大法廷判決の奥田補足意見は，抵当権に基づく物権的請求権の内容が確立されていない状況では，なお代位行使の方法を認めるべきとしていたが，学説では，このような方法に対しては批判的な見解が少なくない。例えば，松岡久和は，代位行使において被保全権利とされる所有者に対する侵害是正請求権の実質は，抵当権の侵害に基づいて発生する妨害排除請求権が抵当権者と所有者との間に反映している仮象的なものにすぎないから，代位行使の構成は迂遠なものであり，端的に抵当権に基づく妨害排除請求を認

めるべきであるという(松岡・前掲論文(下)NBL683号〔2000〕37頁以下参照。平井・前掲ジュリ1189号102頁,平野裕之「執行・実行妨害」ジュリ1223号〔2002〕12頁も,結論として同様の立場をとる)。

これに対して,代位行使を肯定的に捉える見解は,債権者は本来の権利者が目的物を受領しない場合に代位権の行使によって自ら受領しうるとされていることから,代位構成によれば抵当権者自身への不動産の明渡しを容認しやすくなる旨を指摘する(滝澤・前掲金法1569号12頁,八木一洋〔判解〕ジュリ1174号〔2000〕43頁)。しかし,松岡は,代位債権者への直接的な給付が認められてきた例では,いずれも被保全債権自体が目的物の引渡しを内容とするものであり,代位行使の構成が直ちに抵当権者への明渡しという効果に結びつくわけではないと反論している(松岡・前掲NBL683号38頁,41頁)。代位構成に対しては,さらに,所有者との関係で利用権を有する占有者に対して明渡しを請求する場合には,代位行使の構成は適切ではなく,物上請求によらざるをえない旨も指摘された(佐久間弘道〔判批〕銀法572号〔2000〕26-27頁,松岡・前掲NBL683号38頁,牧山・前掲法の支配117号75頁)。

ちなみに,平成17年判決が,所有者による占有権原の設定に基づいて目的不動産を占有する者に対する妨害排除請求権の要件として,占有権原の設定に抵当権の実行としての競売手続を妨害する目的が存することを要求した点については,賛否両論がある。すなわち,一方では,賃貸借の契約内容の不当性自体が競売価額の低下につながるのではなく,そのような不当な契約を行う者の異常な占有によって買受けを躊躇させることが,抵当権侵害という評価を基礎づけるとして,妨害目的を独立した要件とする必要はなく,かかる要素は客観的な抵当権侵害の判定に取り込むこともできるとする見解がある(松岡久和〔判批〕ジュリ1313号〔2006〕78-79頁)。しかし,他方では,正常な賃貸借に基づく利用権者との関係では抵当権者の明渡請求を否定すべきとする観点から,抵当権実行妨害目的という要件を重視する見解が主張されている(生熊長幸〔判批〕民商133巻4=5号〔2006〕804-807頁,田髙寛貴〔判批〕法教301号〔2005〕83頁)。また,この要件を,395条の明渡猶予制度との関係で,正常な賃借人に対しての明渡請求を否定すべきとする考量が働いた結果と位置づける見解もある(道垣内弘人「占有権原のある抵当不動産占有者に対する抵当権者の妨害排除請求」同・諸相222-223頁)。

(iii)　最後に，特に抵当権自体に基づく妨害排除請求権を認める場合，抵当権者自身への明渡しまで容認しうるかは，抵当権に占有権原がないこととの関係で問題とされた。しかし，所有者への明渡しでは，所有者の不受領やそれによる適切な管理がなされない恐れがあるなど，抵当権の保全にとって十分ではない可能性があるため，抵当権者自身への明渡しも容認する立場が多い（佐久間・前掲銀法572号25頁，滝澤・前掲金法1569号12頁，山野目・前掲金法1569号53頁，道垣内・前掲論文211頁，平井・前掲ジュリ1189号102-103頁，村上・前掲判タ1053号60頁）。もっとも，後順位抵当権者の占有取得による先順位抵当権者への害などを考慮し，抵当権に基づく妨害排除請求権の内容としては，所有者への明渡しにとどめるべきとする見解も主張されている（松岡・前掲NBL683号41頁）。

　なお，平成17年判決が，抵当権者の取得する占有が管理のためのものであることを根拠に，抵当不動産の使用利益相当額の賠償請求を否定した点は，理論的には正当なものとして評価されている（吉田光碩〔判批〕判タ1182号〔2005〕121頁，松岡・前掲ジュリ1313号79頁，道垣内・前掲論文222-223頁）。かかる管理占有においては，抵当権者は所有者に対し目的財産を善良な管理者の注意をもって保管する義務を負い，また，保管のために要した費用の償還を所有者に対して請求しうると考えられている（福永有利〔判批〕銀法572号〔2000〕31頁参照）。しかし，抵当権者にとって善管注意義務はかなりの負担となること，また，かかる管理占有はいつまで続けられるべきか，などの問題点が指摘されている（滝澤孝臣〔判批〕銀法647号〔2005〕9頁，生熊長幸〔判批〕銀法647号〔2005〕19頁参照）。

　⑷　若干の考察

　(a)　以上のように，判例は，抵当権が目的不動産の交換価値を支配するという伝統的理論に近い立場をとり，抵当権には基本的には占有権原がないとしながら，第三者の無権原占有によって交換価値の実現が妨げられる場合には，抵当権の妨害排除請求権としてその占有を排除しうるとし，場合によっては抵当権者自身への明渡し，抵当権者の占有を容認する。そして，大多数の学説も，理論構成については多様な見解を示しながら，平成11年大法廷判決および平成17年判決の結論をおおむね支持している。しかし，判例が結論的に抵当権者の明渡請求を容認したのは，すでに抵当権者が競売を申

し立て執行裁判所による競売開始決定がなされていたケースにおいてであり、はたして、それ以前において抵当権者の請求を現実に認めるのかは定かではない。学説ではむしろ、抵当権者の明渡請求は基本的には抵当権の実行段階以降に認めるべきとする見解が有力である。

　仮に、平成11年大法廷判決の奥田補足意見のように、抵当権がその設定時から目的不動産の交換価値を支配するという理論を徹底するならば、被担保債務不履行ないしは抵当権実行時より前でも、第三者の不法占有等によって交換価値が減損する事態が生ずれば、それは抵当権の侵害であり、抵当権者は、妨害排除請求権の行使として第三者の占有を排除し、場合によっては自己への明渡しも求めることができるようになるだろう。しかし、学説の多くはそのような立場をとらない。それは、抵当権者の優先弁済権が現実化するのはあくまで抵当権実行時であり、それ以前に抵当権者に占有に干渉しうる権能を容認すると、本来抵当権実行時までに認められた所有者の使用・収益権能を不当に制限する恐れがあるからだろう。この点で、交換価値支配という命題は、それが独り歩きすると、所有者の権能を過大に制限する結論につながりかねない。

　より根本的には、抵当権の支配の対象とされる交換価値とは何かが問われることになる。交換価値とは目的不動産の評価額をさすと思われるが、これは決して、抵当権に基づく競売が実際になされた場合の売却価額と同一ではない。というのは、かかる売却価額は競売の実行時に、具体的な買受人の意思決定によってはじめて確定するものであって、抵当権が設定時から交換価値を支配するというのなら、その交換価値と競売における売却価額とは区別されなければならないからである。ところが、目的不動産の評価額、交換価値は、もともと人の主観的な判断によって決定されるものであり、本来的に評価主体によって区々になる以上、それをおよそ支配権の客体（客観的対象）とすることは理論的に不可能である。我妻は、ドイツの流通抵当を理想的な制度と考えて、抵当権をもっぱら交換価値のみを支配する権利として位置づけたが、ドイツにおいては、抵当権等の担保権の目標が金銭的満足にある点から、これを価値権という権利のカテゴリーに位置づける見解も一時は有力に主張されたものの、それらの見解も実は担保権が価値を法的に支配する権利だとは主張していなかった（古積・換価権11頁以下参照）。

§369 VII   第2編 第10章 抵当権

　他方で，判例や多くの学説は，抵当権者に対する明渡しも容認しているが，もともと占有権原は所有者に属するという前提を維持しているため，これを正当化するための理由づけや，結果的に認められる抵当権者の占有の性質について，特別の説明を余儀なくされている。そうまでして，抵当権者に対する明渡しを容認しなければならない，という実際上の要請にかんがみると，はたして，抵当権者には占有権原がないという命題が本当に絶対的なものなのかが疑われてくる。

　(b)　それゆえ，抵当権の占有に対する効力は，抵当権が物の上にいかなる権能を有するのかを正面から問うことによって判断されなければならない。もともと，ローマ法においては，抵当権は，債権の優先的満足のために目的物を売却する権利を内包し，かかる売却権の行使においては，所有者の占有権原を排除して目的物の占有権原も内包するものであったようである。ところが，近代のドイツ民法においては，抵当権の実行も，抵当権者の単なる私権の行使ではなく，あくまで国家権力の発動としての強制執行に服するという原則がとられたため，今日のドイツ法においては，抵当権者には占有権原がないことが当然の前提とされるようになった。しかし，わが国の法制においては全く事情が異なる。もともと，民法制定においては，抵当権等の担保権については強制執行の原則が採用されず，その後の民事執行法の制定によって，抵当権の実行手続は強制執行手続に準ずるものとはされたが，なお，その性質は一般の強制執行とは区別されており，抵当権に内在する占有権原を完全に否定する立法的決定はなされていない（以上につき，古積・換価権50頁以下・151頁以下参照）。

　369条は，抵当権設定において占有は移転されないと規定しているが，抵当権に認められる優先弁済権は，もともと上記のような売却権を予定とするものであったのであれば，抵当権者にはそれに相応した占有権原も認めるべきであろう。すなわち，抵当権の実行手続がとられていない段階においては，抵当権者には占有権原が認められないものの，抵当権の実行手続（競売手続）がとられれば，抵当権者自身が所有者を排して占有権原を有すると解することができる。したがって，抵当権の実行手続以降には，抵当権に対抗しうる利用権，占有権原を持たない占有者に対しては，抵当権者は，原則として，自己の占有権原を侵害するものとして目的不動産の明渡しを請求することが

できる（395条による占有者の保護が認められる場合には，これは制限される）。しかし，抵当権実行前には，誰が目的不動産を占有しようと，これを毀損するなどの物権侵害が生じない限り，抵当権者はその占有には干渉しえないと見るべきであろう。ただし，抵当権者の占有権原はあくまで目的不動産の売却との関係で認められるものであり，抵当権者自身に目的不動産の利用権限がない以上，抵当権者に対抗しうる利用権限を有しない者が目的不動産を占有していても，抵当権者は，利用権を害されたとして使用利益相当額の賠償を求めることはできない。この点で，平成17年判決の判断は正当である。もっとも，第三者の占有によって売却価額が下落したり，あるいは，抵当権者が申し立てた担保不動産収益執行の手続が妨害され，抵当権者が収益からの満足を逸した場合には，第三者には不法行為（709条）が成立し，抵当権者はこれによる損害の賠償を請求しうる余地がある（→3(4)）。

　以上の観点からは，所有者の物権的請求権の代位行使を基礎づけるために判例が提示した，所有者に対する侵害是正・不動産保存請求権ないし担保価値維持請求権は，不要な法的構成と考える。そもそも，かかる請求権の法的性質が明確ではない。すなわち，抵当権の効力として導かれる請求権なのか，あるいは抵当権設定契約から導かれる請求権なのか，を突き詰めなければならないが，前者であれば，抵当権者の物権的請求権のほかにかかる特殊な請求権を論ずることが疑問であるし，後者であれば，単なる設定契約のみによってそのような請求権を導出しうるかが問われるうえに，抵当不動産の第三取得者に対して請求権を主張することは難しくなる。

3　不法行為による損害賠償請求権

(1) 序

　他人の不法行為によって抵当不動産が滅失するなどして，抵当権者が債権の満足をしえなくなれば，一般の不法行為の規定（709条）によって抵当権者にも損害賠償請求権が認められるのが，一応の理論的帰結である。しかし，所有権侵害の場合とは異なり，抵当権侵害においては，抵当権があくまで債権の担保のために他人の所有物上に存在する権利であるという点において，特別の問題が生ずる。

(2) 物上代位との関係

　まず，所有者以外の第三者が故意・過失によって抵当不動産を滅失・損傷

§369 VII

させた場合には，372条で準用される304条により，抵当権者は所有者の有する損害賠償請求権について物上代位権を行使することができる。この物上代位権と，不法行為者に対する抵当権者の損害賠償請求権との関係が問われることになる。旧来は，所有者の損害賠償請求権と並んで抵当権者自身の損害賠償請求権が成立すると解されてきたようである（川井124頁，石田（穣）403頁）。一部には，債権侵害の場合に準じて，故意的な抵当権侵害の場合には抵当権者独自の賠償請求権も認めるという見解もある（山野目300-301頁）。しかし，これらの見解による場合，双方の請求権の目的・金額が重なり合う範囲でそれらの調整が必要となる。すなわち，その範囲では双方の債権が一種の連帯関係に立つと見るべきなのか（平野・総合81頁。田髙寛貴「担保権侵害による損害賠償請求に関する一考察」名法227号〔2008〕341頁以下は，この立場をとりつつ，被担保債権の弁済期前には基本的に所有者による賠償請求が優先するという立場をとる。しかし，弁済期前には担保権者の独自の請求を否定するという考え方は，物上代位の規定を優先的に適用する見解に通ずるであろう），あるいは，一方の請求権が他方に優先すると見るべきなのか（東京高判昭47・2・18判時661号42頁は，抵当権者は目的物の減損額について損害賠償請求をすることができ，所有者はかかる減損額から抵当権者の受ける賠償額を控除した金額について損害賠償請求をすることができるとするが，被担保債権の弁済期が到来している事案に関する）が突き詰められなければならない。

　このため，近時の多数説は，目的物の滅失等による全損害の賠償請求権はもっぱら所有者に帰属し，抵当権者はかかる債権の上に物上代位権を行使しうるにとどまるべきという（鈴木禄弥・抵当制度の研究〔1968〕128頁，加藤一郎・不法行為〔増補版，1974〕111頁，幾代通（徳本伸一補訂）・不法行為法〔1993〕75頁，高木166頁，近江181頁，内田445頁，道垣内188頁，松尾＝古積334頁〔古積〕，髙橋178頁）。すなわち，物上代位の規定（372条・304条1項）こそが，この場合の抵当権侵害に対する救済として，一般の不法行為責任（709条）に優先すると見るのである。物上代位の規定によると，304条1項ただし書の趣旨の解釈如何によっては抵当権者の利益が十分に保護されないとして，抵当権者自身の損害賠償請求権を容認すべきと説く見解もあるが（栗田隆「抵当権者の損害賠償請求権と所有者の損害賠償請求権」関法42巻3＝4号〔1992〕511頁以下参照。平井宜雄・債権各論Ⅱ〔1992〕44頁もこれに近い），抵当権が，本来，他人の財産の

上に優先弁済権を行使しうるという内容を有することからは、この場合は物上代位の規定によって律せられるというのが明快であろう。

なお、基本的には物上代位の規律を優先させる立場をとりつつ、所有者が損害賠償金を受領することによって抵当権者が物上代位権を行使できなくなった場合には、抵当権者は所有者に対し不当利得を根拠として代担保の提供を請求しうるという見解がある（加藤雅信「担保権侵害とその救済」同・現代民法学の展開〔1993〕215頁以下）。この見解は、所有者が損害賠償請求権を行使しようとしないときにも、抵当権者は不法行為者に対して代担保の提供を請求しうるとも解している。たしかに、抵当権者が本来有していたのは物的担保であるから、これが滅失した場合にはそれに代わる担保を提供するというのが、その本来的地位に相応する救済ともいえる。しかし、問題は、明文の規定なしにこのような代担保請求権を理論的にいかに基礎づけることができるのかである。これについては後述したい（→4(2)(ウ)）。

(3) **損害賠償請求権の要件**

(ア) 問題の所在　所有者自身が抵当不動産を故意・過失によって滅失・損傷させた場合には、物上代位を観念することはできないため、ここでは、抵当権者自身が所有者に対して損害賠償請求権を行使しうることには異論がない（ただし、債務者自身が所有者である場合には、もともと抵当権者は被担保債務の履行を請求できるから、損害賠償請求権の実益はほとんどない）。しかし、その場合でも、抵当権者の被る損害の範囲や発生時期が問題となる。すなわち、目的物の一部が損傷されるにとどまり、残余物が存立している場合には、残余物の売却によって被担保債権の満足が実現されうるときは、抵当権者には損害はないともいえそうであり、また、抵当権の優先弁済権は被担保債権の弁済期が到来してから現実化する以上、目的物の滅失等による損害もこの時点以降に現実化すると思われるからである。

(イ) 判例　前者の問題について、判例は、抵当山林の立木が所有者によって不当に伐採・搬出された事案において、本体である抵当不動産の売却によって被担保債権の満足が十分に得られない場合に損害があると判断した（大判昭3・8・1民集7巻671頁）。ただし、この事案においては、抵当権者は抵当山林の自己競落によって一応は被担保債権の満足を受けており、裁判所は、抵当権者が所有者に対して主張した損害賠償請求権を、競落人の地位に基づ

くものとして認めていた点には注意しなければならない。また，後者の問題については，判例は，やはり抵当山林の立木が所有者によって不当に伐採・搬出された事案において，損害は被担保債権の弁済期到来の時点にはじめて発生するという立場をとっている（大判昭7・5・27民集11巻1289頁）。ただし，損害賠償請求権の行使のために，抵当権の実行手続が開始していることは必要ではなく，損害額は，抵当権を実行したときにはその時点，それより前に損害賠償請求権を行使したときにはその時点（裁判では口頭弁論終結時）を基準に定められるとしている。

　(ウ)　学説　　学説では，抵当不動産の一部が損傷されても残余物によって抵当権者が満足しうる場合には，抵当権者には損害はないとするのが一般的見解であった（我妻386頁，高木166頁）。しかし，損害の発生する時期の問題については，抵当権者の優先弁済権はあくまで実行手続によって実現される点を重視して，滅失による損害もそのときに確定するとして，抵当権者は実行時点から損害賠償請求権を行使しうるという見解もあった（川島武宜〔判批〕判民昭和7年度348-349頁，柚木＝高木289頁）。この立場からの判例に対する批判として，目的物件の価格変動によって現実の損害額と抵当権者に認められる賠償額が食い違う可能性があるとも主張されている（鈴木252頁）。もっとも，通説は判例の立場を支持していた（我妻386頁，加藤・前掲書149-150頁，近江182頁）。

　これに対して，近時では，損害賠償請求権の範囲や発生時期に制限を付すことは，抵当権者が目的物を一体的に把握し，いずれの部分からも満足することができるという本来の性質に反するとの批判がなされている。そこで，たとえ目的物の一部が損傷されるにとどまっている場合でも，抵当権者は，被担保債権額の範囲で，直ちに一部損傷による損害全体について賠償請求権を行使しうるという見解がある（道垣内190頁，道垣内弘人「担保の侵害」同・諸相60頁）。

　(エ)　若干の考察　　たしかに，不可分性の観点からは，目的不動産の一部損傷においても，抵当権者がまず残余物から満足しなければならない義務はなく，損傷した部分について損害賠償請求権の行使によって満足することもその自由のはずである。ただ，上記の見解が被担保債権の弁済期前にも抵当権者が損害賠償請求権を行使しうるとする点には疑問がある。というのは，

これを認めれば，事実上，抵当権者は被担保債権の弁済期前でも満足しうることになり，少なくとも弁済期の到来までは所有者に目的物の利用権が留保されるという抵当権の構造にも相応しないからである。当事者間の特約や137条2号により債務者が期限の利益を喪失すれば問題はないが，一般論としては，抵当権者は被担保債権の弁済期以降に損害賠償請求権を行使しうると解すべきである。ただし，損害賠償請求にあたっては抵当権の実行手続は不要である。というのは，抵当権者による被担保債権額の範囲での損害賠償請求権の行使が，まさにこの局面での抵当権の行使・実行に相当するからである。たとえ残余物が存在する場合でも，抵当権者は，残余物上の抵当権と，不法行為者に対する損害賠償請求権との2つを担保的権利として有しているにすぎず，抵当権者は被担保債権額の範囲でいずれも自由に行使しうる。

ただ，一部損傷のケースで，判例が，残余物の抵当権を実行したときには損害額はその時点を基準にして定められ，損害賠償請求権を行使したときには損害額はその時点を基準にして定められるとしたことは，前者では，残余物の売却価額の決定と損害額の算定が同じ時点を基準にしているのに対し，後者では，双方が異なる時点を基準にせざるをえないことを意味し，その是非が問われる。損害はあくまで抵当権実行時に発生するという説による判例への批判は，この点を突いたものといえる。判例の立場は，先に残余物に対する抵当権を実行した場合には，仮に一部損傷がなければその時点で目的物全体の価額が決定されることに相応するものといえるが，抵当権者は残余物に対する権利と損害賠償請求権とのいずれも自由に行使しうることを考慮すれば，たとえ先に残余物上の抵当権を実行した場合でも，損害額の算定基準時はあくまで賠償請求権の行使時点に求めるというのが一貫する。

(4) **抵当権実行の妨害による損害賠償責任**

前述のように，判例は，一定の要件の下に目的不動産の占有による抵当権侵害も生ずるとして，抵当権者の明渡請求権も認めているが，その場合でも，抵当権者には利用権がないことから，使用利益相当額の賠償請求権は容認していない（→2(3)(イ)(d)）。しかし，目的不動産の占有が抵当権者の換価権の行使の妨害となり，その結果として抵当権者の優先弁済権が害されれば（損害との因果関係の存在），占有者は抵当権者に対して損害賠償責任を負うべきである（渡邉知行「抵当不動産の不法占有に関する不法行為」平井一雄喜寿・財産法の新

動向〔2012〕81頁以下は，この問題に焦点を当てる）。

　まず，抵当不動産の競売手続が開始されたにもかかわらず，第三者の占有によって売却が阻害され，その結果として目的不動産が適正価額より低い金額でしか売れず，抵当権者の受ける弁済額が減少すれば，これを占有者の不法行為による損害として位置づけることができる。実際に，抵当権者が目的不動産の競売を申し立てたのに対し，目的不動産の第三取得者が競売を遅らせるために不法に競売手続停止の仮処分を2度にわたって申請したため，その間の経済変動により目的不動産の価格が下落したとされる事案において，判例はその価格下落を不法行為による損害として認めている（大判昭11・4・13民集15巻630頁）。この際，判例は，経済変動によって目的不動産の交換価値が減少しそれが回復する見込みが到底ないといえるときは，競売が完了する前でも，抵当権者は損害賠償請求をすることができるとしている。下級審の裁判例では，かかる先例に依拠して，抵当不動産の競売開始決定後に第三者が目的不動産を占有している結果，最低売却価額が引き下げられ，それでもなお買受人が現れなかったという事案において，交換価値が回復する見込みはないものとして，最低売却価額の下落を抵当権者の損害として捉えたものがある（福岡高判平17・6・14判タ1213号174頁）。ただし，実際に抵当権者の満足する金額がどれだけ減少するかは，本来，買受人が決定された時に確定する。それゆえ，常に売却前でもこのような損害賠償請求をすることができるかにはなお検討の余地がある。

　また，第三者の不法占有によって売却価額が下落しないときでも，これによって買受人が現れるのが通常より遅れたと認定しうる場合には，抵当権者は，その間に優先弁済を受けることができなかったために，利息相当額の損害を受けたと評価しうる余地もある。

　同様のことは，抵当権者が目的不動産について収益執行手続の申立てをした場合にもあてはまる。すなわち，第三者が権原なくして目的不動産を占有しているために，これを速やかに管理して賃貸することができなかった結果，抵当権者がその間の収益による満足を受けることができなかったとすれば，これを第三者の不法行為によって抵当権者が受けた損害として位置づけることができる。

4　期限の利益の喪失・増担保請求権

(1)　期限の利益の喪失事由

　債務者は，抵当不動産を滅失・損傷させた場合には，被担保債務の期限の利益を喪失することになる（137条2号）。ここで，目的不動産の滅失・損傷について債務者に故意・過失が必要であるか否か，また，債務者ではない抵当権設定者による滅失・損傷の場合にも同じ取扱いが認められるか，については議論があるが，この点の解説は137条の箇所に譲りたい（学説の詳細については，椿久美子「増担保請求権の民法上の位置づけ」明治大学法科大学院論集11号〔2012〕15頁以下参照）。ただ，前者について，民法起草者は債務者の過失を必要と考えていたようである（法典調査会民法議事〔近代立法資料2〕781頁〔梅謙次郎発言〕参照）。

(2)　増担保請求の可否

　(ｱ)　問題の所在　債務者が期限の利益を喪失すれば，抵当権者は直ちに抵当権の実行を申し立てることも可能となるが，実務上は，特約により，担保が減少したときには，担保提供者にその代わりとなる担保を提供するように義務づけ，かかる増担保が提供されれば権利の行使を控えるというケースも多い。もともと，旧民法では，債務者の行為等によって担保が滅失・損傷した場合には，抵当権者はまず債務者に担保の補充を請求しうるものとし，債務者は，担保を補充しえないときは，担保の不十分な限度で弁済の責任を負うものとされていた（旧担201条2項・3項）。これに対して，現行民法は，増担保の請求権を容認すると増担保の適否に関する紛争が生じてしまうという理由から，債務者による担保の滅失等によって直ちに期限が到来するものとした（法典調査会民法議事〔近代立法資料2〕782頁〔梅謙次郎発言〕参照）。しかし，かかる取扱いには実務的上の要請に相応しないところもある。そこで，当事者間に明示的な特約がなくても，担保が減少したときに抵当権者は増担保を請求しうるかが議論されている。

　(ｲ)　従来の議論状況　この問題については明確な判例はない。初期の学説は，立法の経緯に忠実に増担保請求権を否定していた（富井553頁，三潴514頁）。しかし，その後は，債務者ないし抵当権設定者が故意・過失によって抵当不動産を滅失・損傷させた場合には，不法行為に基づく損害賠償請求権に代わるものとして（石田・上191-192頁），あるいは，抵当権に基づく物権

的請求権の内容として（勝本・下497頁），抵当権者は増担保を請求しうるとする見解が主張された。さらに，我妻は，抵当権を侵害した者に不法行為責任が成立する場合には，抵当権者は損害賠償に代えて増担保の請求をすることができるものとし，何人にも不法行為責任が成立しない場合には，抵当権設定契約時の事情にかんがみ，当事者間に被担保債権のために常に十分な担保を供与するという趣旨の約定があるとされるとき，あるいは，抵当権設定者が担保物の価値を維持する義務を負うと解されるときに，抵当権者は抵当権設定者に増担保を請求しうると主張した（我妻388頁）。

近時では，抵当権設定契約により，設定者は抵当権者に対して目的物の価値を減少させない義務（担保価値維持義務）を負い，目的物の損傷の場合には，かかる義務違反の効果として増担保を提供しなければならないとする見解（近江174頁）や，ドイツ法等における取扱いを参考にしつつ，抵当不動産の滅失等があれば，債務者（設定者）の帰責事由がなくても増担保請求権が認められるとする見解（石田（穣）406頁）もある。

(ウ)　若干の考察　解釈論上，抵当不動産の滅失・損傷に対する救済として増担保請求を認めるとすれば，民法にはこれを特別に定める規定がない以上，その根拠は基本的に不法行為責任に求めるべきであろう。物権的請求権は，物権自体が存続しつつその行使が妨害されている場合に成立するものであり，目的物が滅失・損傷した場合には，その範囲で物権自体が消滅してしまうことは否定しえないからである。それゆえ，増担保請求権は，故意・過失によって抵当不動産を滅失・損傷させた場合に成立する，損害賠償請求権に代替する救済手段として位置づけられるべきである。

ただし，不法行為責任を負う者が抵当不動産の所有者以外の者である場合には，所有者の損害賠償請求権との関係に留意しなければならない。所有者自身に損害賠償請求権が帰属する以上，抵当権者がこれと無関係に第三者に対して増担保を請求しうるとするのは問題である。この場合に目的物の滅失によって第一次的に損害を受けるのは所有者であり，日本法は金銭賠償の原則をとる以上（722条1項），所有者の取得する金銭賠償請求権を無視して抵当権者に増担保請求権を認めることはできないからである（代担保提供請求権を主張する前述の学説〔→3(2)〕が，所有者が賠償請求権を行使しないときに抵当権者の増担保請求を認めることも，この点で疑問である）。したがって，抵当権者には，

所有者の賠償請求権の上に自らの権利を行使すること，すなわち物上代位という救済のみが認められるべきである。

　所有者自身が不法行為責任を負う場合には，損害賠償に代えて担保の提供を求めることは，担保権者の本来の地位を回復させる点で合理的といえよう。これは，結局，不法行為に対する救済方法として，金銭賠償に代えて原状回復請求を認めることを意味し，金銭賠償の原則との関係が問われるが，所有者の提供した増担保につき抵当権者に異存がない場合には損害賠償請求権が消滅するとすれば，それは所有者にとっても都合がよい。もちろん，増担保を提供することができない場合には，被担保債権の弁済期の到来とともに所有者の責任は金銭賠償責任として確定するとすればよい。

　目的物の滅失・損傷について所有者に不法行為責任が成立しない場合には，原則として，抵当権者は増担保を請求することができない。ただし，代担保提供請求権を主張する前述の学説（一3(2)）は，第三者に不法行為責任が成立する場合に，所有者が賠償金を受領したときには，不当利得を根拠として抵当権者は所有者に対して賠償金に相当する代担保を請求しうると解している。これに対しては，不当利得と評価する点について批判もあるが（道垣内弘人「担保の侵害」同・諸相63-64頁），本来は自己所有の不動産に抵当権を負っていたところ，第三者の不法行為を原因としてこれに代わる賠償金を担保の負担なしに有することになった点を，一種の不当利得と評価するのは可能であろう。その場合の利得返還の方法としては，賠償金と同等の価格の不動産の上に抵当権を設定するというのが適合的である。そして，所有者が抵当権設定をせずに被担保債権の弁済期が到来すれば，抵当権者の有する不当利得返還請求権は，賠償金相当額の支払請求権として確定することとなろう。

　このように，目的物の滅失・損傷に対して，抵当権者は不法行為責任等を根拠として増担保を請求しうる以上，これ以外に担保価値維持義務なる概念を持ち出す必要はない。仮に，かかる義務が抵当権設定者の帰責性にかかわりなく常に増担保の提供を義務づけるというのであれば，これは不法行為責任を超えた義務といえようが，そのような義務が単なる抵当権設定契約だけで成立するというのは困難である。実際に，論者もそのような結論まで認めるわけではなさそうである。

〔古積健三郎〕

§370

第2編　第10章　抵当権

（抵当権の効力の及ぶ範囲）

第370条　抵当権は，抵当地の上に存する建物を除き，その目的である不動産（以下「抵当不動産」という。）に付加して一体となっている物に及ぶ。ただし，設定行為に別段の定めがある場合及び債務者の行為について第424条第3項に規定する詐害行為取消請求をすることができる場合は，この限りでない。

〔対照〕　フ民 2397，ド民 1120，ス民 805

〔改正〕　本条＝平 29 法 44 改正

（抵当権の効力の及ぶ範囲）
第370条　抵当権は，抵当地の上に存する建物を除き，その目的である不動産（以下「抵当不動産」という。）に付加して一体となっている物に及ぶ。ただし，設定行為に別段の定めがある場合及び第424条の規定により債権者が債務者の行為を取り消すことができる場合は，この限りでない

細目次

- I　本条の趣旨 …………………………… 711
- II　抵当権の効力の及ぶ範囲 …………… 711
  - 1　付加物の意義 ……………………… 711
    - (1)　問題の所在 …………………… 711
    - (2)　判例の展開 …………………… 712
    - (3)　学説の展開 …………………… 718
    - (4)　若干の考察 …………………… 721
  - 2　建物の処遇 ………………………… 724
    - (1)　抵当地上の建物 ……………… 724
    - (2)　主たる建物の抵当権の附属建物に対する効力 ……………………… 725
    - (3)　抵当建物と他の建物との合体の場合 ………………………………… 725
  - 3　付加物に対する効力の対抗要件 … 727
    - (1)　付加物たる動産 ……………… 727
    - (2)　附属建物の場合 ……………… 727
  - 4　付加物に対する効力の例外 ……… 729
    - (1)　242条ただし書が適用される場合 ……………………………………… 729
    - (2)　天然果実 ……………………… 729
    - (3)　設定行為に別段の約定がある場合（370条ただし書前段） …… 729
    - (4)　詐害行為にあたる場合（370条ただし書後段） ………………… 732
  - 5　抵当建物と敷地利用権との関係——従たる権利 ………………………… 733
    - (1)　敷地利用権への抵当権の効力 … 733
    - (2)　競売における利用権の移転に伴う問題 ……………………………… 735
  - 6　抵当不動産からの分離物の処遇 … 736
    - (1)　分離物に対する抵当権の効力 … 736
    - (2)　分離物に対する物権的請求権の内容 ……………………………… 742
    - (3)　分離物から優先弁済を受ける方法 ……………………………… 743
  - 7　抵当不動産が崩壊した場合 ……… 745

〔古積〕

第1節　総　則

I　本条の趣旨

　不動産に抵当権が設定された場合，その効力が不動産本体に及ぶことは当然であるが，目的不動産には居住・事業という目的のために必要な動産類が設置され，これらは事実上抵当不動産と一体的に使用されている。また，抵当権の設定後も，目的不動産の所有者は，通常の用法に従いこれを使用することができ，その利用の過程において，老朽化した部分に新たな材料をもって補強工事を施したり，また，当初用いられていた付属の器具が陳腐化したため，これを取り外して目的不動産に新たな器具を付属させることもある。その結果，実際に抵当権を実行する段階においては，抵当権の効力は，目的物本体のほかに，これに敷設されている物件，とりわけ，抵当権設定後に新陳代謝を繰り返して新たに敷設された物件にも及ぶのかが問われることになる。本条は，このような抵当権の効力の範囲を定める規定である。

　本条は，抵当権の効力が目的不動産に生ずる増加または改良にも及ぶとする旧民法債権担保編200条の規定を承継したものであり，フランス民法の規定がその模範となったとされている（本条の沿革および比較法については，新版注民(9)34-40頁〔山崎寛〕，角紀代恵「民法370条・371条（抵当権の効力の及ぶ目的）」百年Ⅱ593頁以下参照）。抵当権の効力が目的不動産に付加して一体となっている物（以下では「付加物」という。「付加一体物」と呼称する場合も多い）に及ぶとした理由は，①目的不動産と付加物が有する統一的価値を維持すべきという社会経済上の要請のほか，②それが抵当権設定当事者の通常の合理的意思にも相応する点，にあるといえる。ただ，①②のいずれに重点を置くかにより，抵当権の効力の及ぶ付加物の解釈にも微妙な差異が生ずる可能性がある。

Ⅱ　抵当権の効力の及ぶ範囲

1　付加物の意義
(1)　問題の所在

　本条にいう付加物とは，抵当不動産といかなる関係にある物をさすのだろうか。まず，目的不動産に付合した物件は不動産の一部になる以上，これに対して抵当権の効力が及ぶことには異論がない。すなわち，付加物には242

条の付合物が包含されることは，立法以来一貫して肯定されてきた。問題は，目的不動産と一体的に利用されているものの，なお法的には独立した動産と位置づけられる物件の取扱いであり，その代表例が従物（87条1項）である。この点について，起草者はいかなる立場にあったのだろうか。

　前述のように，本条は旧民法債権担保編200条の規定を承継したものであり，その模範となったフランス民法の規定の研究等から，旧民法の規定における「増加又ハ改良」という概念には，現行法における物の付合のみならず，従物の設置も含まれる意味があったことが指摘されている（我妻栄「抵当権と従物の関係について」〔初出，1933〕同・民法研究Ⅳ〔1967〕27頁以下参照）。もっとも，その後の現行法の規定の起草段階においては，起草者は付加物を付合物とほぼ同義に理解していたようである（法典調査会民法議事〔近代立法資料2〕797頁〔梅謙次郎発言〕）。この起草者の見解によれば，事業施設を構成する土地建物に抵当権が設定されても，その従物に相当する付属施設には抵当権の効力が及ばず，事業施設の一体的価値を把握することができなくなる。その結果，抵当権による信用が促進されないことが問題視されて，明治38年には工場抵当法が制定され，工場施設に関してはそのような難点が回避されるようになっていた。しかし，同法の定める工場概念に包含されない不動産施設については問題が残り，付加物の意義に関して判例・学説による議論が展開された。

(2)　判例の展開
(ア)　本条および87条2項についての解釈
　(a)　当初，大審院は，本条の付加物には付合物しか包含されないという立場をとり，さらに，動産が抵当権の客体として認められないことを根拠として，従物たる動産に対する抵当権の効力を否定した（大判明39・5・23民録12輯880頁）。事案は，鉱業用の建物に設置された器械に対する抵当権の効力が争われたケースであるが，大審院は，その理由として，「抵当権ハ其設定者ニ於テ物ノ占有ヲ債権者ニ移サスシテ単ニ之ヲ債務ノ担保ニ供スルモノナルニ動産ハ其性質トシテ唯タ類似品多ク甲ヲ以テ乙ニ代ヘ得ルノミナラス此ヨリ彼ニ転シ容易ニ其所在ヲ失シ債権弁済ノ担保トスル目的ヲ達シ難ク当事者間常ニ紛議ヲ生シ為メニ訴訟ヲ惹起シ公私共ニ其弊ヲ受クルニ至ルハ理ノ当然ナルヲ以テ動産ニ対シテハ抵当権ヲ設定スルコトヲ許サス而シテ動産カ不動産ニ附加シテ之ト一体ヲ成シ動産タルコトヲ変シテ不動産ノ一部分ヲ成

スニ於テハ前顕ノ如キ弊害ヲ生スル虞ナキニ依リ之ニ対シテ抵当権ヲ設定スルコトヲ許シタルモノトス」と述べていた。これは，動産上の抵当権に内在する公示の問題を指摘するものといえそうである。このさい，大審院は，抵当権の効力が付合物にしか及ばないとする本条の規定は，87条2項の規律を排除する意味も持つとしていた。

(b) しかし，これによれば，抵当権の実行・競売において事業施設としての主物・従物全体の価値を把握することができず，抵当権による信用が促進されないことが懸念された。梅謙次郎は，その注釈書の改訂版において，87条2項を根拠に，抵当権設定時の従物に対する効力を認める解釈論を提示していたところ（梅511-512頁），その後，大審院も立場を変更し，87条2項により，主物たる不動産への抵当権の設定によって，設定時に存在する従物たる動産には抵当権の効力が及ぶとするに至った（大連判大8・3・15民録25輯473頁）。

その事案は，抵当建物の畳建具や湯屋営業のために付設された道具・煙突等に抵当権の効力が及ぶのかが問題となったものであるが，大審院は，上記の結論と本条との関係を次のように説いた。369条および本条は，抵当権の効力が付加物以外の動産には及ばないとの解釈を受容しそうであるが，369条は，動産の種類を問わずこれを抵当権の独立の目的とすることができないとするにとどまり，抵当不動産の従物たる動産に抵当権の効力を及ぼすことを否定するものではない。そして，本条の規定は，主物と従物とを同一の法律関係に服従させることを目的とする87条2項と相反するものではないという。もっとも，大審院は，いかなる物を抵当権の効力が及ぶべき従物と認めるのかは，当事者の意思を基礎とする主観的標準によるべきではなく，一般取引上の観念によって定まる客観的標準に則るべきとする。したがって，ある物が建物の継続的利用のために建物に付設された場合には，これを建物から分離すると，建物の利用価値を失わせ，少なくともその物の経済的効用を減損させることになるから，これは建物の従物として抵当権の目的の範囲に属すべきものである。それゆえ，畳建具の如く通常建物の従物と見なされる物はともかく，営業用諸器具の如きは必ずしも常に建物の従物と見なすことはできない。これらが従物になるか否かは，建物の利用の目的如何によって定められる。

この判決は，本条の付加物に従物が含まれないという立場を修正したもの

ではなく，抵当権設定後に設置された従物に対する効力まで容認したわけではなかった。ただ，その後，大審院大正10年7月8日決定（民録27輯1313頁）は，建物に抵当権が設定された後に目的建物について増築された「茶の間」に対する抵当権の効力が争われた事案において，「茶の間」が建物の従物に当たるとしてこれを肯定した。この判断は，あたかも，大審院が抵当権設定後に設置された従物に対する抵当権の効力を認めたかのようにも思われる。しかし，そもそも「茶の間」を抵当建物とは別個の建物と捉えることは困難であり，むしろ，これは抵当建物の付合物であるがゆえに本条が適用され，抵当権の効力が容認されると考えなければならない（我妻栄〔判批〕判民大正10年度362頁参照）。それゆえ，この判決をもって，判例が抵当権設定後の従物にも抵当権の効力を容認したものと捉えることはできない。

　（c）　もっとも，建物に抵当権が設定された後に設置された畳建具を建物所有者から買い受けた者と建物の競落人との間で，抵当権の効力が問題になった事案に関し，大審院昭和5年12月18日判決（民集9巻1147頁）は，畳建具を一般的には建物からなお独立した動産と位置づけつつ，「雨戸或ハ建物入口ノ戸扉其ノ他建物ノ内外ヲ遮断スル建具類ノ如キハ一旦建物ニ備付ケラルルニ於テハ建物ノ一部ヲ構成スルニ至ルモノニシテ之ヲ建物ヨリ取外シ容易ナルト否トニ不拘独立ノ動産タル性質ヲ有セサルモノト云ハサルヘカラス蓋此等ノ建具類ハ取引ノ目的物タル建物ノ効用ニ於テ其ノ外部ヲ構成スル壁又ハ羽目ト何等ノ択フトコロナキヲ以テナリ」と判断して，建物の構成部分となった建具に対する抵当権の効力を容認する立場をとった。これは，付合物（構成部分）と従物との限界が微妙であることを示しており，抵当権設定後の従物に対する効力を肯定的に捉えている判例ともいえる。

　さらに，大審院は，建物抵当権の設定後に新築され，抵当建物と同じ登記用紙に登記された附属建物に対する抵当権の効力が問題となった事案において，原審が，かかる附属建物は抵当権設定後の従物であるために抵当権の効力は及ばない，としたのに対して，むしろ，建物の単位は登記簿上同一の用紙に記載されているか否かで決定されるべきであり，特別の事情がない限り，問題の附属建物は抵当建物の付加物に該当し，抵当権の効力が認められるとしている（大決昭9・3・8民集13巻241頁）。この附属建物は本来は主たる建物の従物に相当する物件であったが，抵当権の効力を容認する結論自体は穏当

第1節　総　則　　　　　　　　　　　　　　　　　　　§370　II

と思われる。というのは，附属建物が主たる建物と同一の登記用紙に記載されている以上，抵当権の附属建物に対する効力は十分に公示されており，第三者の取引の安全は害されないからである。ただ，この決定が附属建物を端的に付加物と認定したのは，当時の判例が抵当権設定後の従物に対する抵当権の効力を認めていなかったからであろう（我妻栄〔判批〕判民昭和9年度64-65頁は，建物の個数の判断においては当事者の意思もその基準の1つとなり，当事者が同一の登記用紙に附属建物を記載したことは，主たる建物と合わせてこれらを一個の建物とする意思が表明されたものと考えるべきとする）。

　(d)　その後，最高裁は，抵当権設定時に存在する従物に対する抵当権の効力を改めて肯定する立場をとった（最判昭44・3・28民集23巻3号699頁）。事案は，根抵当権の設定された宅地に植木，庭石および石灯籠が設置されていたところ，これらに対して一般の債権者が強制執行をしてきたので，根抵当権者がその執行を排除するために第三者異議の訴えを提起した，というものである。最高裁は，宅地の根抵当権の効力は，宅地の構成部分に及ぶことはもちろん，従物にも及び，「この場合右根抵当権は本件宅地に対する根抵当権設定登記をもって，その構成部分たる右物件についてはもちろん，抵当権の効力から除外する等特段の事情のないかぎり，民法370条により従物たる右物件についても対抗力を有する」として，抵当権者の訴えを容認した。

　かかる判例においても，抵当権の効力が及ぶ従物は抵当権設定当時に存在したものであり，最高裁は，先例として前掲大審院大正8年3月15日連合部判決を引用している。しかし，同時に，本条を根拠にして，抵当権設定登記が従物への効力の対抗要件として認められるとした点からは，判例は抵当権の従物に対する効力の根拠を本条に求めたものと考えられる（鈴木重信〔判解〕最判解昭44年上〔1972〕149頁参照）。なぜなら，従物に対する効力の対抗要件を抵当権設定登記に求めるためには，かかる効力を抵当権の本来的効力の1つとして位置づけざるをえず，そのことは，従物に対する効力も抵当権の効力の範囲に関する条項に服することを意味するからである。

　(e)　従物に対する抵当権の効力の根拠を本条に求めることになれば，抵当権設定後に設置された従物にも，その効力は容認されることになりそうである。実際に，その後，下級審の裁判例では抵当権設定後の従物に対する効力を容認するものも現れている。東京高裁昭和53年12月26日判決（判タ

〔古積〕　715

383号109頁）は，劇場とキャバレーを兼ねた建物に設定された抵当権の効力が，抵当権設定の前後にわたって設置された舞台照明器具，音響器具，その他の劇場用動産類にも及ぶとして，建物の競売における競落人がこれらの所有権も取得するとしたが，その際に，これらの施設を建物の従物と判定している。

　ただ，抵当権設定後の従物に対する効力をはっきりと認めた最高裁判例は現れていない。最高裁平成2年4月19日判決（判タ734号108頁）は，ガソリンスタンドの店舗とされている借地上の建物に抵当権が設定された場合に，ガソリンの供給のために設置された地下タンクは建物の従物に該当するとして，これにも抵当権の効力が及ぶとしたが，かかる地下タンクも抵当権設定当時に存在するものであった。この判例をめぐっては，地下タンクの評価額が232万9770円であるのに対し，建物の評価額は50万円とされていたので，はたして地下タンクを建物の従物と捉えていいのか，仮に従物と捉えるにしても，かように高価な物件に対して抵当権の効力を容認するのが妥当であるのかが，議論されるようになっている。これについては，後述したい（一(3)(オ)）。

　(イ)　抵当権の効力が肯定された具体的物件　　以上のように，現在では，判例は，抵当不動産の付合物および従物に対する抵当権の効力を容認するようになっているが，具体的にはいかなる物件に対して抵当権の効力を容認してきたのだろうか。ここで，最上級審の判例の主たる例を簡単に整理しておく（下級審も含めた裁判例の詳細は，新版注民(9)80頁以下〔山崎寛〕参照）。

　　(a)　土地抵当権の場合　　まず，土地抵当権の効力は土地に根付いた樹木にも及ぶとされてきた。例えば，山林上に抵当権を設定した場合，立木が立木法によって独立した不動産とされていない限り，これにも抵当権の効力が及ぶことは古くから認められてきている（大判大14・10・26民集4巻517頁，大判昭13・12・13新聞4362号13頁）。

　また，目的物が山林でない場合でも，同様の結論が認められている。すなわち，前掲最高裁昭和44年3月28日判決は，宅地上の抵当権の効力が庭園とするために植え付けられた植木にも及ぶとしており，この際，判例はかかる植木を宅地の構成部分，すなわち付合物と見ている。なお，同判例は，宅地に設置された取り外しが困難となっている庭石も宅地の構成部分と見て，これに対する抵当権の効力を容認し，さらに，石灯籠と取り外すことのでき

第 1 節　総　則

る庭石は宅地の従物に当たるとして，これらに対する抵当権の効力を容認している。

　(b)　建物抵当権の場合　　次に，前掲大審院大正 8 年 3 月 15 日連合部判決は，建物の畳建具はその従物に当たるとして（ただし，大判昭 5・12・18 民集 9 巻 1147 頁は，雨戸，建物の入口の戸扉など建物の内外を遮断する建具類を建物の付合物とみている），これに対する建物抵当権の効力を認めつつ，湯屋営業のために付設された道具・煙突等のような営業器具は，常に従物となるわけではなく，抵当権の効力が及ぶ従物となるか否かは，建物の利用目的如何によるとしている。おそらく，これは，抵当建物が営業用として使用されている場合であれば，営業器具の従物性，これに対する抵当権の効力を容認する趣旨といえよう。

　かかる考え方が現実に反映されたのが，前掲最高裁平成 2 年 4 月 19 日判決といえる。すなわち，ここでは，ガソリンスタンド営業用の建物との関連で設置された地下タンクという施設が，営業建物と一体的に機能している点にかんがみ，最高裁はこれを従物と判断して抵当権の効力を容認したものといえよう。

　また，大審院の判例では，抵当権の設定された建物に従属する建物に対する抵当権の効力もしばしば問題となった。前掲大審院大正 10 年 7 月 8 日決定は，抵当権設定後に増築された「茶の間」に対する抵当権の効力を容認しているが，前述のように，「茶の間」は，建物本体の構成部分，付合物であるから，この結論は当然といえるだろう。これに対して，前掲大審院昭和 9 年 3 月 8 日決定は，抵当権設定後に新築された 2 棟の附属建物が主たる建物と同一の登記用紙に記載された点に着目して，これを端的に付加物と位置づけて抵当権の効力を容認する判断を下したが，前述のように，この附属建物は従物に相当するものであったと思われる。しかし，大審院判例では従物が本条の付加物には当たらないとされていたため，抵当権設定後に設置された物件への効力を容認するには，これを端的に主たる建物の一部として捉えるしかなかったのであろう。それゆえ，抵当権設定時にすでに存在する附属建物については，これを従物と判定して抵当権の効力を認めることは十分可能である。現に，東京高裁昭和 63 年 12 月 15 日判決（金法 1240 号 35 頁）は，抵当権設定時にすでに存在していた付合物ではない附属建物に対する抵当権の

効力について，肯定的な判断を下している。

ただ，主たる建物の抵当権の効力がこれに従属する建物にも及ぶと解するとしても，その公示ないし対抗要件がいかに具備されるのかが問われよう。前掲最高裁昭和44年3月28日判決は，動産たる従物に対する効力については，主たる不動産の抵当権設定登記が対抗要件となりうるという立場をとっているが，1つの建物としての登記適格を持つ附属建物の場合には，主たる建物についての抵当権設定登記によって対抗要件が具備されると解することには，なお疑問が残るからである。これについては後述する（→3(2)）。

(3) 学説の展開

(ア) 87条2項により抵当権設定時の従物に対する効力を認める見解　まず，民法起草者の梅は，その注釈書の改訂版において，87条2項を根拠に抵当権設定時の従物に対する効力を認める解釈論を提示しつつ（梅507頁以下），本条の付加物は抵当権設定後に付合した物をさすとしていた。その理由として，抵当権設定の段階ですでに付加された物に効力が及ぶことは当然のことであり，そのことを示す意味がない旨，また，本条後段ただし書の詐害行為に対する取扱いも抵当権設定後に付加された物を想定している旨，などを挙げていた。そのため，これ以降の学説では，本条の付加物には従物は含まれないものの，抵当権設定時の従物には87条2項によってその効力が及ぶとする見解が一般化した（富井543-544頁，川名兼四郎・物権法要論〔訂正4版，1919〕275頁，三潴505頁，田島197頁）。

(イ) 付加物に従物も包含されるとする説の台頭　これに対して，我妻栄は，本条の沿革の研究を通じて，もともと付加物には付合物のみならず従物も含まれる趣旨があったことを明らかにし，端的に本条を根拠に抵当権の効力が目的不動産の従物にも及ぶという解釈論を展開した（我妻・前掲「抵当権と従物の関係について」参照）。すなわち，本条は旧民法債権担保編200条を承継したものであるが，旧民法において抵当権の効力が認められた「増加又ハ改良」は，従物の設置も包含する意味を持っていた。それにもかかわらず，現行法が付加物というあたかも従物が含まれないかのような文言を用いたのは，現行民法の制定の際に導入されたドイツ民法流の主物・従物概念との調整が十分になされなかったためである。しかし，本条の本来の趣旨からは，付加物には付合物のみならず従物も包含されると解すべきであり，これらが

抵当権設定の前後のいずれにおいて設置されたかは問題とならないという。この立場には石田文次郎も基本的に同調した（石田・上154頁以下）。

　もっとも，我妻は，87条2項も，単なる当事者の意思解釈の規定ではなく，主物・従物の持つ客観的・経済的一体性を考慮してこれらの法的運命を同じくさせるという意味を持つ点では本条と異ならず，87条2項によっても抵当権の従物に対する効力を正当化しうると見ていた。そのため，我妻説では，87条2項に対する本条の独自の意味が明確にされていなかったところ，於保不二雄は，我妻説に基本的に賛同しつつ，87条2項は当事者の意思解釈に関する規定であるのに対し，本条は，抵当権の付合物・従物に対する効力を定めるとともに，その対抗要件が抵当権設定登記で足りるとする点に独自の意味を有するとの見解を示した（於保不二雄「附加物及び従物と抵当権」民商29巻5号〔1954〕305頁以下）。

　㈢　87条2項適用説　　我妻説が本条を前面に出す解釈論を提示した後にも，学説においては，なおこの問題を87条2項によって処理しようとする立場もあった。すなわち，柚木馨は，本条の付加物という概念は，従物という概念を知らないフランス法に由来するものであり，むしろ，ドイツ法に倣って従物というカテゴリーを導入したわが国の民法の解釈としては，従物はあくまで付加物には包含されないとすべきとする。したがって，本条の付加物は付合物を意味するとし，さらに，付加物から抵当権設定前に設置された物を除外する積極的理由はないため，抵当権設定の前後を問わずに付合物は本条の付加物に該当するという（柚木237頁）。

　ただ，この解釈を前提にすると，抵当権設定後の従物に対する効力に疑念が生ずる。柚木説は，当初は，抵当権設定時に存在した従物には87条2項の適用によって抵当権の効力が及ぶとしつつ，逆に抵当権設定後の従物に対する効力には否定的であったが（柚木・判例物各285頁），後にその結論の実際上の不当性を考慮して説を改めている。すなわち，87条2項は主物・従物の経済的結合に基づいて両者の法律的運命を共通ならしめんとした規定であると解し，同項の「処分」は，抵当権設定という一時点の行為のみをさすのではなく，さらに，その後の抵当権の実行までの一体としての態様を意味するとして，抵当権の効力は，抵当権設定の前後を問わず目的不動産に設置された従物にも及ぶという（柚木237頁。近時でも，石田（穣)310頁がこれと同様の立

場をとる)。

　㈣　もっぱら付加物の解釈を重視する見解　　しかし，その後は，本条により抵当権の効力は設置の時期を問わず付合物および従物にも及ぶとする見解が一般化していった（我妻260頁・270頁，松坂303-304頁，槇150-152頁，内田397頁，髙橋104頁。もっとも，鈴木239頁は，抵当権設定時の従物に対する効力を87条2項によって基礎づける。学説の流れについては，湯浅道男「抵当権の効力の及ぶ範囲」民法講座(3)43頁以下参照）。ただ，抵当権の効力の及ぶ範囲がもっぱら本条によって律せられるとすると，逆に，従来の議論のように，付合物と従物を区別し，抵当権の効力が従物にも及ぶか否かという問題設定をすることに対して疑問が呈されるようになった（星野246頁，磯村保〔判批〕担保法の判例Ⅰ34頁，道垣内141-142頁参照）。

　すなわち，ここでの問題が付加物の解釈に過ぎないとすると，結局，具体的事例に現れる物件が本条の趣旨にかんがみて付加物に該当するか否かだけを検討すれば足り，具体的な物件が従物に当たるか否かを判定したうえで，さらに，従物が本条の付加物に当たるか否かを議論するというのは，無用な中間命題を定立するかの如きに思われるからである。

　㈤　抵当権の効力を制限的に解釈する見解　　他方で，近時では，本条によって抵当権の効力が従物に及ぶことを基本的に認めるとしても，これに何らかの限定を加えるべき旨を主張する学説も増えている。かかる議論の契機となったのが，前掲東京高裁昭和53年12月26日判決である。同判決は，劇場兼キャバレーの建物に設定された抵当権の効力が数億円もの劇場の施設にも及ぶとしたものであった。つまり，かくも高額な物件に抵当権の効力が及ぶというのは，必ずしも当事者，とりわけ抵当権設定者の合理的意思に相応しないのではないかという問題意識がある。

　まず，林良平は，抵当権が設定された後に目的物の収益は設定者に留保され，抵当権の実行までにその自然的変化は避けられないことからは，抵当権設定当事者はある程度の変化を予測しているといえ，その合理的予測の範囲では目的物の増減は容認されるべきであるとする。したがって，設定時に存在した従物が新たな従物に取り替えられた場合には，抵当権の効力は認められるが，極端に高価な従物への取り換えや従物の新設の場合には，無条件に抵当権の効力を認めることには疑問があり，むしろ，これらの場合には，特

第 1 節　総　則　　　　　　　　　　　　　　　§*370*　Ⅱ

別の表示がなくても当事者には反対の意思があると判定すべきではないかという（林良平「抵当権の効力」谷口知平＝加藤一郎編・新版民法演習2物権〔1979〕184-185頁，同「抵当権のおよぶ範囲」争点Ⅰ159頁）。

　この見解は，高額な従物が特に抵当権設定後に設置された場合には，明示的特約がなくても，本条ただし書前段の適用の可能性を示唆するものであろう。その後，この林説を基本的に支持して，高額な従物が抵当権設定後に設置された場合には，当事者にはこれを抵当権の対象から除外する意思があると見て抵当権の効力を否定すべきとする見解が少なくない（田中克志「土地の抵当権の効力の及ぶ範囲」金融担保法講座Ⅰ177-178頁，河上139頁。なお，磯村・前掲〔判批〕34頁参照）。他方では，債務を負担しない物上保証人および第三取得者との関係で，抵当権の効力を制限的に捉える見解も現れている（瀬川信久「抵当権と従物」谷口知平＝加藤一郎編・新版判例演習民法2〔1982〕233-235頁）。

　さらには，抵当権の効力が及ぶ範囲はもっぱら本条の付加物の解釈によるべきであるとしつつ，事業主が事業用不動産に抵当権を設定する場合と，一般の消費者が住宅ローンのために居住不動産に抵当権を設定する場合とでは，付加物の範囲も異なりうるという見解も主張された（鎌野邦樹「『抵当権と従物』論」早法64巻3号〔1989〕79頁以下）。すなわち，前者においては，すべての附属物を抵当権の目的物として担保価値の増大を図ることが要請されており，付加物の範囲に関しては経済的一体性を重視すべきであるが，後者においては，設定者の抵当不動産の利用および抵当権実行後の住生活を配慮すべきであり，付加物の範囲を制限的に解釈すべきという。例えば，抵当権が実行されても，抵当権設定者が抵当不動産に設置していたクーラー等を転居先で利用したり，換金する利益も考慮しなければならないという。

　(4)　若干の考察

　(ア)　以上のように，今日では，抵当権の効力は設置の時点を問わず目的不動産の付合物・従物に及ぶとする見解が一般的になっており，また，それを基礎づける条項も本条に求める見解が多数になっている。たしかに，ここでの問題の核心は，設定された抵当権の効力がどの範囲まで及ぶかという点にあるから，これを基礎づける条項はやはり本条というべきである。すなわち，本条は，物の有機的結合による一体的価値を維持するために，設置の時点を問わず付合物や従物に対する抵当権の効力を認めたものといえよう。民法制

§370 II

定時の本条の当初の文言は，抵当権設定後に付加された物を想起させるものであったが，その趣旨からは設定時の付加物を排除する積極的理由はなく，平成16年の民法改正によって現行法はそのような文言ではなくなっている。従物を付加物に包含させる解釈に対しては，付加物という文言が問題とされるが，我妻説のいうように，本条はもともと主物・従物の分類を知らなかった旧民法に由来するため，かような文言の不一致が生じているのであり，本来，これは不動産と機能的に連携する物を抵当権の一体的支配に服させる趣旨を有していたならば，目的論的に解釈して付加物は従物も包含すると見ることは十分に可能である。

　抵当権の効力が目的不動産とは一応別個の従物・動産にも及ぶとすることは，かつての判例では，動産抵当の禁止との関係で問題視されていたが，動産抵当禁止の根拠は抵当権の公示の不備にある以上，この問題は，結局，従物に対する抵当権の効力の公示の問題に行き着く。しかし，かかる公示も実質的には抵当権設定登記によって実現されていると見てよい。これについては後述する（→3(1)）。

　(イ)　ただ，なお現段階でも次の2点が問題とされなければならない。第1は，結論として従物に対する効力を認めるとしても，あくまで抵当権の効力が及ぶ範囲は付加物の解釈によって決定されるため，この解釈において従物概念に特別の有用性は認められないのか，である。第2は，従物に相当する物件が特に抵当権設定後に目的不動産に設置された場合に，当事者の明示的な約定がなくても，これに対する効力が否定される場合がありうるのか，である。

　まず，抵当権の効力の範囲が付加物の解釈によるというのは，まさにその通りである。しかし，そのことは，付加物の解釈において従物概念に有用性がないという結論には直結しない。本条の趣旨は，基本的には，抵当不動産と経済的一体性を組成する物件に対しては抵当権の効力を容認し，その一体的な価値を維持しようとする点にあることは疑いない。ここで維持されるべき経済的一体性には，1つの所有権の対象としておよそ全面的に一体性が維持されるべきというレベルのもの，すなわち，1つの物に付合してその構成部分とすべきという一体性のみならず，あくまで目的物を換価し優先弁済を受けるという抵当権の権能との関係で維持されるべき一体性も包含される。

第1節　総則　　　　　　　　　　　　　　　　　　　§370　Ⅱ

後者は，目的物を売却するなどの限定的局面においてのみ維持されるべき一体性にすぎない。それゆえ，本条の付加物には，不動産の完全な一部となった付合物のみならず，なお通常の使用・収益の内容として不動産から分離する権能が所有者に留保されつつ，不動産を換価・処分する際には，通常はその有機的関係から一体的に取り扱うのが有用とされる物も含まれることになる。民法は，まさにそのような有機的関係を持つ物として従物概念を規定し，これに該当する基準も提示している以上，具体的な物件が付加物に当たるか否かの判定は，結局，民法の規定する従物の基準を充たすか否かに依存することになるだろう。それゆえ，筆者は，本条の付加物に付合物，従物の双方が含まれるという命題には，なお解釈論的意義が認められると考える。

　第2点については，抵当権設定当事者が設定契約において特約を結ばない限り，基本的には抵当不動産への設置の時点を問わず抵当権の効力は従物に及ぶと考える。それは以下のような考量による。

　まず，抵当権設定当事者の合理的意思・予測を考慮して，特に抵当権設定後に設置された高価な従物に対する抵当権の効力に否定的な見解が有力であるが，大審院判例も示すように，従物に該当するか否かは主たる不動産の使用目的によって判断される以上，たとえ抵当権設定後に設置された動産であっても，従物と判定されるからには，主たる不動産の使用目的にかんがみてこれに従属すべき物件であるはずであり，そのような物件が設置されることは，当事者の合理的予測の範囲にあるといえるのではないだろうか。それゆえ，それが高価な物件であったとしても，これに抵当権の効力が及ぶことが抵当権設定者にとって不測の事態になるとは考えにくい。また，たとえ抵当権の効力が従物に及ぶことになっても，抵当権の実行・換価がなされる前の段階では，抵当不動産の所有者は，目的不動産の通常の使用・収益権限の範囲では，いったん付加した従物も不動産から分離し，処分する権限も有するのであり，抵当権設定者の財産管理権限を不当に制約することにはならないはずである。すなわち，抵当権設定後も設定者には使用・収益の自由が認められ，その裏腹として従物が目的不動産に設置される以上，抵当権もそのような使用・収益に対応する主物・従物の統一体を支配するものと捉えるのが，公平観念に合致する。抵当権設定者にとっても，抵当権の実行の際に，従物が主たる不動産から分離されるより，主物とともに一体として売却され，売

却益が高まることが有利であるともいえる。

　次に，物上保証人や第三取得者との関係でその保護のために抵当権の従物に対する効力を否定しようとする見解に対しては，これらの者も目的不動産の使用目的に応じてこれに従属する物件を設置している以上，抵当権の効力が及ぶことが不測の事態になるとはいえないし，また，設置した従物を通常の使用・収益権の範囲で取り外す権限も認められる以上，これらの者を特別に扱う必要はないと反論することができよう。すでに正当に指摘されているように，第三取得者は費用償還請求権（391条）が認められる範囲で保護すれば足りるのである（道垣内144頁参照）。

　最後に，事業用不動産に抵当権が設定された場合と，住宅ローンのために抵当権が設定された場合とを区別する見解には，次のような問題がある。論者は，住宅ローンの場合には，抵当権実行後の抵当権設定者の生活の保護のためにクーラーなどの従物に対する抵当権の効力を否定すべきというが，逆に，事業用不動産の場合でも，事業再生のために抵当権の効力を制限する必要が全くないとはいい切れず，両者のうち前者についてのみ抵当権の効力を制限するという論法には説得力がない。他方で，事業用不動産の場合のみならず，住宅ローンの場合でも，主物・従物の有する経済的一体性を保持する利益は存在するはずであり，この点でも両者を殊更に差別化することには合理性がない。結局，その意図するところは一般消費者の生活保護の思想だといえるが，このような社会政策的思想を一般私法の民法解釈論の決め手とすることには根本的な疑問がある。しかも，抵当権の実行において生活の本拠である住居を失ってしまう以上，従物のみを留保することにどれだけの意味があるのかも疑わしい。むしろ，生活保護の問題は，倒産法制や他の特別法による支援によって解決すべきではないだろうか。

2　建物の処遇
(1)　抵当地上の建物

　土地に抵当権を設定しても，抵当権の効力は土地上の建物には及ばない。本条は，このことを明示することによって，さらに土地およびその上の建物は別個の不動産であることも暗に示している。当初，法典調査会において本条に相当する原案が提示されたときには，抵当権の効力は付加物に及ぶとしか規定されていなかったが，これでは土地抵当権の効力が建物にも及ぶこと

になることが指摘され，土地と建物を別個の物と見ていたわが国の伝統に相応しないとして，建物を除くという文言が挿入された経緯がある（法典調査会民法議事〔近代立法資料2〕795頁以下参照）。同時に，土地に抵当権を設定した際には，土地が競売されても建物の存続のために特別に土地利用権を確保する必要性も認識されることになり，法定地上権の規定が設けられるに至った。

(2) 主たる建物の抵当権の附属建物に対する効力

抵当権が設定された建物の一部にはなっていないが，その効用を高めこれに従属している附属建物は，主たる建物の所有者がこれも所有する限り，本条の付加物に該当するといえる。附属建物に対する抵当権の効力を容認する判例（大決昭9・3・8民集13巻241頁）はこの点で正当である。もっとも，附属建物も1個の不動産と判定される以上，その上の権利関係は原則として登記によって公示されるべきこととなるから，主たる建物の抵当権の効力の公示・対抗要件をどのように捉えるかが問題となる。これについては後述する（→3(2)）。

(3) 抵当建物と他の建物との合体の場合

(ア) 主従関係がある場合　抵当権の目的物たる甲建物が他の乙建物と合体した場合，抵当権の効力はどうなるだろうか。甲建物の所有者が乙建物も所有し，乙建物が甲建物に従属するものであった場合には，もともと甲建物上の抵当権の効力は乙建物に及んでおり，抵当権は乙建物を包含した甲建物に存続するにすぎない。

(イ) 主従関係がない場合　それでは，主従関係にない甲，乙という2つの建物が合体した場合にはどう扱うべきか。この場合には，甲建物，乙建物が消滅して，新たに丙建物が成り立ったものと捉えることができそうである。実際に，旧不動産登記法においては，かかる場合には合体した甲建物，乙建物それぞれについて建物消滅の登記をし，新たに丙建物の表示登記をするという取扱いがなされていた。しかし，このような扱いを認めると，甲建物および乙建物の所有者は，従前は甲，乙が抵当権の目的であったとしても，新たに抵当権の負担のない丙建物の所有権を取得することになりかねず，甲建物等に抵当権を有していた者の地位が害される恐れがある。それゆえ，学説の一般的見解は，丙建物は甲建物および乙建物を受け継いだ物であり，丙建物には甲建物上の権利関係，乙建物上の権利関係が承継されるべきと考えて

いた。現在の不動産登記法においては，甲建物および乙建物の権利関係が丙建物の登記に承継される手続がとられるようになっている（不登49条・50条，不登則120条4項）。

問題は，甲建物および乙建物の権利関係がどのように丙建物に承継されるのかである。山田晟は，甲建物の所有者と乙建物の所有者が同一人であった場合には，丙建物を，一方では甲建物への乙建物の付加，他方では乙建物への甲建物の付加として位置づけることができるとして，それぞれに成立していた抵当権の効力は丙建物全体に及び，双方に同順位の抵当権が存在していたときには丙建物上に抵当権の準共有が成立すると解した（山田晟「建物の合棟・隔壁の除去とその登記方法(1)」法協84巻8号〔1967〕1013-1015頁）。しかし，甲建物の所有者が乙建物の所有者とは異なっていた場合には，上記の論理は妥当せず，それぞれの所有者は合体の時点の価格の割合で丙建物を共有し，甲乙それぞれに抵当権を有した者も，かかる共有持分のうえに抵当権を取得するという（山田晟「建物の合棟・隔壁の除去とその登記方法(2・完)」法協84巻11号〔1967〕1452-1453頁）。

これに対して，幾代通は，甲建物の所有権，乙建物の所有権の帰属主にかかわりなく，動産の付合に関する244条を類推適用し，甲建物の所有権，乙建物の所有権はそれぞれ丙建物の共有持分として存続し，その持分割合は各建物の価格割合によるとして，各建物の抵当権はかかる共有持分の上に存続すると解した（幾代通・不動産物権変動と登記〔1986〕187-188頁）。

その後，判例は，同一人が所有する主従の関係にない甲，乙2棟の建物が1棟の丙建物となった事案において，甲建物あるいは乙建物を目的として設定されていた抵当権は，丙建物のうちの甲建物または乙建物の価格の割合に応じた持分を目的とするものとして存続するとした。その根拠は，甲建物または乙建物の価値は丙建物の価値の一部として存続し，それぞれの価値は各建物の価格の割合に応じた丙建物の持分に相当するという点にある（最判平6・1・25民集48巻1号18頁）。これは幾代説と同じ立場にある。

山田説のように，甲建物上の抵当権と乙建物上の抵当権が単純に丙建物において抵当権の準共有に転化するとすると，本来，それぞれの抵当権の優先弁済の範囲は各建物の有した価格によって決定されていたにもかかわらず，丙建物の競売においてはこの点が無視され，単純に各抵当権の被担保債権額

第1節　総　則　　　　　　　　　　　　　　　　　　　　§370　II

によって優先弁済の範囲が決定されてしまう。その意味で，幾代説の立場が抵当権者間の公平に合致するといえよう（高木136頁は，この点を根拠に幾代説を支持する）。もっとも，幾代説に従う場合には，各抵当権者はあくまで丙建物の共有持分についてしか競売を申し立てることができず，抵当権者は著しい損害を受けてしまうという指摘もある（道垣内弘人「建物の合体と旧建物についての抵当権存続の肯否」同・諸相181頁参照）。しかし，旧建物上の権利関係が新建物の共有持分に存続するというのは，合体に相応した法的運命として受け入れるしかないのではないか。

3　付加物に対する効力の対抗要件
(1)　付加物たる動産

抵当不動産の付加物のうち付合物は不動産の一部である以上，これに対する抵当権の効力については特別の対抗要件は不要である。これに対して，従物たる動産は一応不動産とは別個の物であるため，これに対する抵当権の効力の対抗要件はいかにして具備されるかが問題となる。この点について，前掲最高裁昭和44年3月28日判決は，かかる対抗要件は370条により抵当権設定登記によって具備されるとの判断を下した。今日，この点に異論を唱える学説はないといってよい（道垣内144頁，髙橋108頁参照）。この判断は以下の理由から正当なものといえる。

すなわち，ある動産が他の不動産の効用を高める従物として判定される基準は，基本的にはその経済的用途に求められることになるが，従物となるには，それが主たる不動産に場所的・経済的な観点で従属していることが必要である。そうすると，主たる不動産の抵当権設定登記を見る者は，当然，従物の場所的・経済的従属性にかんがみ，取引通念上，かかる抵当権の効力が従物にも及ぶことは十分に推認しうるはずである。この点で，従物に対する抵当権の効力の公示は，主たる不動産の抵当権設定登記によって実質的に達成されているのである（注民(9)35-36頁〔柚木馨＝西沢修〕参照）。民法は，動産上の権利の公示を占有にゆだねることにしているものの，非占有担保としての抵当権についてはこれに代わる登記の公示がなされれば，その対抗要件は具備されたということができる。

(2)　附属建物の場合

問題は，建物抵当権の効力がその附属建物に及ぶ場合の取扱いである。附

属建物もなお1個の不動産である以上，その上の権利関係は主たる建物とは別個の登記によって公示されうるからである。これについては場合を分けて論ずるのが穏当である。

まず，附属建物についてそもそも登記簿が開設されていない場合には，これは事実上，公示の問題に関しては動産と同じ状況にある。それゆえ，この状況において主たる建物に設定された抵当権の附属建物に対する効力は，主たる建物の抵当権設定登記によってその対抗要件を具備すると解するのが穏当であろう。附属建物自体にも登記適格があることを根拠に，あくまで，主たる建物の附属建物としての表示の登記（不登44条1項5号）がなされた場合に，附属建物に対する抵当権の効力の対抗力を容認しようとする見解があるが（新版注民(9)81頁〔山崎寛〕），附属建物の主たる建物に対する場所的・経済的従属関係からは，主たる建物の抵当権設定登記によって抵当権の効力は一応公示されていると見ることができよう。

これに対して，附属建物について主たる建物から独立した登記簿が開設された場合には，単に主たる建物に抵当権設定登記がなされても，附属建物に対する抵当権の効力を第三者に対抗することはできないと解すべきである。たしかに，この場合でも附属建物は場所的・経済的には主たる建物に従属しているといえるが，登記による公示によってその別個・独立性が対外的に表示されている以上，むしろ，第三者は附属建物に対しては抵当権の効力が及ばないと判断することになるからである。それゆえ，この場合には，附属建物についても別途抵当権設定登記をして，はじめて抵当権の効力の対抗要件が具備される（星野249頁，高木126頁，髙橋109頁，河上140頁）。かつて，道垣内弘人は，附属建物について別個の登記がなされたとしても，実体法的には主たる建物の抵当権の効力が附属建物に及ぶ点には変わりがなく，附属建物の登記を信頼して取引に入った者は94条2項の類推適用によって保護すべきという見解を提示していたが（道垣内〔三省堂版〕114頁），その後，附属建物について別個の建物として登記がなされ，かつ，これに抵当権設定登記がない場合には，附属建物に抵当権の効力が及ばないとする公示がなされたものと解しうるとして，附属建物について抵当権設定登記がなければ，抵当権の効力を第三者に対抗しえないという立場に転じた（道垣内144頁）。

他方で，附属建物についてまさに主たる建物の附属建物としての表示登記

がなされた場合には，主たる建物についてなされた抵当権設定登記によって附属建物に対する効力も公示されることになる。ここでは，登記簿上は附属建物は主たる建物の一部とされ，全体が1つの不動産として扱われるからである。本来，附属建物であっても主たる建物に付合しない物件は，なお主たる建物とは別の不動産として扱うのが筋であるが，建物登記に関する実務的基準としては，建物の効用上一体として利用される数棟の建物を，所有者の意思に反しない限り，1個の建物として取り扱うことが許されているために（不動産登記事務取扱手続準則78条），このような一体的登記をすることができる。前掲大審院昭和9年3月8日決定は，まさにこのような登記がなされた事案において，抵当権の附属建物に対する効力を認めたものだった。

4 付加物に対する効力の例外

(1) 242条ただし書が適用される場合

第三者が権原をもって抵当不動産に付加した物は不動産に付合せず，独立した所有権が留保されるために，かかる付加物には抵当権の効力は及ばない（大判大6・4・12民録23輯695頁）。例えば，抵当不動産に地上権を有する者が植え付けた立木がこれに当たる。ただし，その要件として，第三者の占有権原が抵当権者に対抗しうるものでなければならない。また，山林に抵当権を設定する前に山林の所有者が立木を第三者に譲渡し，その明認方法が施された場合にも，立木上の所有権が第三者に留保されるため，抵当権の効力は立木には及ばない。

(2) 天然果実

抵当不動産の天然果実は概念的には付加物の範疇に属するが，実行段階までには収益に干渉しない抵当権の性質から，これについては371条が適用される。

(3) 設定行為に別段の約定がある場合（370条ただし書前段）

㋐ 特約の有効性　本条は，抵当不動産との一体的価値を保持するという経済的要請に基づくものではあるが，抵当権設定当事者の自由な意思によってそのような一体的価値を維持することなく，付加物を別個に扱うことまで絶対的に制限するものではない。それゆえ，設定行為において付加物を抵当権の対象から除外する約定があれば，その有効性が認められる。

ただし，付加物のうち付合物については別個の考慮が必要となる。付合が

成立しうる場合でも，権原によって付合物に独立した所有権を保持することが認められるとき（242条ただし書の場合。いわゆる「弱い付合」とされる場合）には，抵当権設定当事者の合意によってこれを抵当権の対象外とすることには格別の問題はない。しかし，そもそも独立した所有権の保持が絶対的に認められない場合（いわゆる「強い付合」の場合）には，付合物を抵当権の対象外とするのを認めれば，結果として1個の物の一部に抵当権が成立することとなる。それゆえ，このケースでは，当事者の約定によっても付合物を抵当権の対象外とすることはできない（道垣内145頁）。

(イ) 特約の対外的効力

(a) 問題の所在　当事者の約定によって付加物を抵当権の対象外とすることができる場合でも，このような約定は付加物を一体的に扱うという一般の取引通念に対する例外を意味する以上，その対外的効力を容認するためには，その公示が具備されている必要がある。したがって，かかる特別の約定は登記事項とされており（不登88条1項4号），そのような登記がない場合には，抵当権設定者は，抵当権に独立した利害を有する第三者に対して，付加物に抵当権の効力が及んでいないことを主張しえないというべきである。かかる第三者の例としては，抵当権に基づく競売における買受人，転抵当権者，および抵当権の譲受人が考えられる。すなわち，付加物を除外するという特約の登記がなければ，通常，競売においては本体の不動産とともに付加物も一括して売却されることになり，抵当権設定当事者の特約につき善意でこれらを買い受けた者の保護が問題となるため，かかる買受人を特約の登記がなければその効力を対抗しえない第三者として位置づけるべきかが問題となる。

(b) 判例　判例は，一方で，本来は建物抵当権の効力が及ぶべき畳建具を除外する特約があった事案において（その旨の登記はない），自らが建物の競落人となった抵当権者は，これを知っていたという理由から，畳建具の所有権を取得しないと判断した（大判昭9・7・2民集13巻1489頁）。他方で，山林上の立木を抵当権の対象から除外するという登記がなされていなかった事案（特約の存在自体も不明である）において，抵当不動産の山林を譲り受けた者は，抵当権の実行としての競売における競落人に対して，立木の所有権を主張しえないとした判例もある（大判昭13・12・13新聞4362号13頁）。同判例はその

理由づけの中で，「抵当権ノ目的タル土地ニ附加シテ一体ヲ為シタル樹木ハ設定行為ニ別段ノ定アル場合ニ限リ右抵当権ノ効力ノ及ハサルモノト認ムルコトヲ得レトモ此ノ場合ニ於テモ其ノ登記アルニアラサレハ第三者ニ対抗スルコトヲ得サル」と述べている。おそらく，判例の立場は，買受人も登記によって保護されるべき第三者にあたるが，抵当権設定当事者である買受人は，登記の欠缺を主張しえないというものと思われる。

　(c)　学説　　判例に対して，川島武宜は，抵当権者自身が競落人となった場合でも，抵当不動産の経済的一体関係を保全するという理想からは，抵当権者＝競落人を第三者として位置づけ付加物の所有権の取得を容認し，ただ，抵当権者は付加物の代金からは優先弁済を受けることができないと解すべきと主張した（川島武宜〔判批〕判民昭和 8 年度 776 頁）。我妻も，抵当権者が買受人になった場合にのみ付加物の所有権を取得しないというのは，競争締約の性質を有する競売の本質に反するとして，川島説の結論を支持した（我妻 265-266 頁）。これらの説も，買受人を特約の登記によって保護されるべき第三者として位置づけている。

　しかし，近時では，付加物を除外する旨の登記がないために付加物も含めて競売がなされたときには，買受人は民事執行法 184 条の規定によって保護すべきであるという説がある（道垣内 146 頁）。この説は，実体法的には，買受人との関係では，登記がなくても抵当権の効力が付加物に及ばないことを対抗しうると見るものと思われる（石田（穣）314 頁は，転抵当権者や抵当権の譲受人の地位も同様に捉える）。

　(d)　若干の考察　　たしかに，競売における買受人の所有権取得は抵当権者の換価権能を基礎とするため，その地位は抵当権から独立したものではない。しかしながら，不動産本体に抵当権設定契約が締結されれば，その効力は付加物にも及ぶというのが民法上の原則である以上，抵当権の効力を付加物に及ぼさないという当事者の約定は，本来成立する抵当権の内容を修正する意味をもつため，かかる修正についても買受人が当然に従属するというべきではない。それゆえ，付加物を除外する特約が登記されていなければ，買受人との関係では抵当権の効力は付加物にも及ぶことになり，買受人は付加物の所有権も取得しうると解することができよう。

　問題は，抵当権者自身が買受人となった場合の取扱いであるが，付加物の

§370 II

除外の特約をしない後順位抵当権者が存在する場合はともかく，単に特約の当事者である抵当権者自身が自らの抵当権の実行における買受人となった場合に，競売の性質という一事をもってその所有権取得を正当化することには疑問が残る。抵当不動産の所有者には付加物の売却代金を還元すれば，その保護として十分であるという考え方かもしれないが，かかる還元は必ずしも保証されるわけではない。それゆえ，抵当権者自身が買受人となった場合には，登記の欠缺を主張する正当な利益を有さないという観点から，買受人は除外された付加物の所有権を取得しえないと解すべきである。もっとも，特約をしなかった後順位抵当権者が存在する場合には，かかる後順位者の抵当権の効力が付加物の売却を正当化する原因となるので，買受人は有効にその所有権を取得しうる。

(4) **詐害行為にあたる場合（370条ただし書後段）**

資力状態の悪化した抵当権設定者が抵当不動産に付加物を設置すると，抵当権者を利する反面，他の一般債権者を害することになろう。ところが，付加物への抵当権の効力は，抵当権設定者による新たな担保権設定という法律行為によるものではなく，むしろ，抵当不動産への物の付加という事実行為により基礎づけられるため，債務者の法律行為を取り消すという旧来の詐害行為取消権の制度（平29改正前民424条1項）をこれにそのまま適用することは難しかった。しかしながら，法律行為ではないとはいえ，債務者の事実行為によって他の債権者を害する事情が生ずれば，抵当権の優先的効力は否定されなければならないだろう。そのことを明らかにしたのが平成29年改正前の本条ただし書後段であった。

ところが，解釈論上，詐害行為取消権の対象には，厳密な法律行為のみならず，弁済や債務の承認などの行為も包含されうると解されていたため，平成29年の法改正により，詐害行為取消権の対象も「法律行為」から「行為」へと修正されるに至った。しかし，後述のように，物の付加という事実行為による抵当権の効力は，詐害行為取消権におけるような債権者による取消請求・訴訟を待たずとも，詐害行為の要件が充たされれば当然に否定されると解されていたので，なお，一般の詐害行為取消権の規定のほかに本規定を存置する意味がある。そこで，平成29年の法改正では，本規定には詐害行為取消権の新規定の体裁に合わせた文言の修正が加えられた。

第1節　総　則

本条ただし書後段が適用される要件は，一般の詐害行為取消権の要件と同様になる。問題はその効果の具体的内容である。本来，詐害行為取消権が行使されると，法律関係は詐害行為前の原状に戻ると理解されているから，これを付加物のケースに当てはめれば，付加物に対する抵当権の効力は完全に否定されるというのがその効果となろう（我妻266頁，柚木＝髙木251頁，高橋106頁参照）。ただそうなると，一般の債権者は付加物を抵当不動産から分離して差し押さえうるであろうし（石田(穣)316頁参照），他方で，抵当権者は付加物を除外した抵当不動産本体にしかその換価権を行使しえないということになる。しかし，付加物に抵当権の効力を及ぼす根拠は，付加物と不動産との一体的価値を維持するという点にあるから，両者を分離して売却すれば，結局，抵当権設定者の責任財産を全体的に減少させることになりかねない。このことは，責任財産の保全という本条の目的にも相応しない。したがって，ここでの効果は，抵当権の付加物に対する効力を全面的に否定するものと解すべきではなく，ただ，付加物の代価に対する抵当権の優先弁済権を否定するものとして位置づけるのが穏当である（道垣内146頁もほぼ同旨か）。

従前から，本来の詐害行為取消権とは異なり，本条では法律行為の取消しがそもそも問題とはならないため，その要件が充足されれば当然に抵当権の優先的効力は否定されると解されている（我妻266頁，柚木＝高木251頁，道垣内146頁，髙橋106頁，石田(穣)316頁）。

5　抵当建物と敷地利用権との関係——従たる権利
(1)　敷地利用権への抵当権の効力

借地上の建物に抵当権を設定した場合，建物抵当権の効力が敷地の利用権に及ばないとすれば，抵当権の実行において，建物の売却価額は，利用権のない建物であることを基準に決定され極めて廉価となってしまう。しかし，借地上の建物に抵当権を設定する当事者の合理的意思は，抵当権が建物存立に必要な土地利用権も把握するというものであろう。判例は，「建物を所有するために必要な敷地の賃借権は，右建物所有権に付随し，これと一体となって一の財産的価値を形成しているものであるから，建物に抵当権が設定されたときは敷地の賃借権も原則としてその効力の及ぶ目的物に包含される」とした（最判昭40・5・4民集19巻4号811頁）。これに対して，敷地利用権が地上権である場合に関する最高裁判例はないが，大審院の判例には，建物抵当

権に基づく競売による差押えの効力は敷地の地上権にも及ぶとして、競落人による建物所有権および地上権の取得を認めたものもある（大判明37・2・5民録10輯79頁）。さらに、戦後の裁判例には、建物抵当権の効力が敷地の地上権に及ぶと明確に判断したものがある（名古屋高判昭42・2・20高民集20巻1号73頁）。

学説においては、かかる結論を、敷地利用権を建物に従たる権利、すなわち従物に準ずるものとして正当化する見解が一般的である（我妻273頁、柚木＝高木258頁、川井51頁、高木127頁参照）。このような考え方を背景に、建物抵当権の設定後に建物所有者が敷地の賃借権を取得した事案において、かかる従たる権利は370条の付加物に当たるとして、建物抵当権の敷地賃借権に対する効力を容認した裁判例もある（東京高判昭60・1・25高民集38巻1号1頁）。

たしかに、建物抵当権の効力が敷地利用権にも及ぶことは抵当権設定当事者の合理的意思に相応し、それは必ずしも抵当権設定時に存在した利用権に限定されないといえるだろう。しかし、この結論を基礎づけるために、敷地利用権の建物への従属性を過度に強調することには、敷地利用権に対する抵当権の効力の公示方法との関係でなお疑問が残る。すなわち、一般の学説は、建物抵当権の敷地利用権に対する効力の対抗要件は、建物の抵当権設定登記によって当然に具備されると見ているが（道垣内145頁参照）、敷地利用権が賃借権である場合にはこの取扱いには疑問の余地がない。賃借権には直接に抵当権を設定することができないし、賃借権上の抵当権を公示する登記制度もないからである。実際に、判例もこれをはっきりと容認している（最判昭52・3・11民集31巻2号171頁）。しかし、敷地利用権が地上権である場合には、建物に抵当権が設定される一方で、地上権にも抵当権が設定される可能性は否定しがたい。この場合に、一般的見解は、建物抵当権の設定登記が地上権上の抵当権の設定登記よりも早ければ、建物抵当権の地上権に対する効力が地上権上の抵当権に優先すると解するようだが（注民(9)41頁〔柚木馨＝西沢修〕、我妻274頁）、はたしてこれは妥当であろうか。

もともと譲渡の自由が保障されていない（612条1項）賃借権に関しては、建物の存立に不可欠である限りにおいて、建物上の権利関係にこれを従属させ、かつ、その対抗要件も建物の登記に従属させるというのは合理的である。しかし、独立した物権とされる地上権が当然に建物上の権利に従属すること

には疑問があり，むしろ，建物は地上権を基礎にしたものにすぎない（だからこそ，筆者は，地上権に設定された抵当権の効力はその上の建物にも及ぶべしという見解をとっている〔→§369 Ⅲ 7〕）。それゆえ，建物に抵当権が設定されその登記が経由される一方で，敷地の地上権にも抵当権が設定されその登記が経由された場合には，建物抵当権の効力は地上権にも及び，また地上権上の抵当権の効力は建物にも及ぶことを容認しながら，建物については建物抵当権の効力が優先し，地上権については地上権上の抵当権が優先するという解釈も十分成り立ちうるのではないか（香川167頁は，敷地の賃借権に質権が設定されその対抗要件が具備された場合にも，質権が建物抵当権の賃借権に対する効力に優先するという立場をとるが，むしろ，賃借権については建物上の権利に敷地利用権を従属させるのが穏当に思われる）。このように解しても，いずれの抵当権が実行されても地上権と建物が一括して売却されることになり，これらの一体的支配が害されることはない。もちろん，建物への抵当権設定，地上権への抵当権設定のそれぞれにおいて，建物または土地のみならず，土地または建物にも抵当権設定登記がなされた場合には，その登記の前後関係によって優劣を決定することはできる。

　これに対しては，借地借家法が，建物所有のための地上権設定，土地賃貸借の対抗要件は，建物所有権の保存登記で足りるとしていることから（借地借家10条1項），敷地利用権についての権利の公示は建物の登記によって尽くされるという考え方もありえよう。しかし，この規律はあくまで利用権自体の対抗力を認めるにすぎず，地上権をめぐる物権変動の対抗力が建物上の登記によって当然に認められるわけではない。

(2)　競売における利用権の移転に伴う問題

　地上権と賃借権との異同は，建物上の抵当権の実行としての競売において，建物所有権とともに敷地利用権が買受人に移転するとされる場合の法律関係にも現れる。敷地利用権が地上権である場合には，抵当権の効力が地上権に及ぶとされれば，建物所有権とともに地上権も買受人に当然に移転することになる。この点で，建物抵当権の効力が地上権にも及ぶというのは，実際上強力な効果を意味する。しかし，敷地利用権が賃借権である場合には，買受人は賃借権の移転を当然には敷地の賃貸人＝所有者に対抗することができず，その効力は賃貸人の承諾があってはじめて認められる（612条1項）。

もっとも，借地借家法は，建物買受人の保護のために，買受人の賃借権の取得が賃貸人に不利となるおそれがない場合には，買受人の申立てによって裁判所が賃貸人の承諾に代わる許可を与えることができることにした（借地借家20条）。

6 抵当不動産からの分離物の処遇
(1) 分離物に対する抵当権の効力

(ア) 問題の所在　抵当権の効力が及ぶ付加物が抵当不動産から分離された場合に，かかる分離物に対する抵当権の効力が問題となる。抵当不動産の所有者は，目的不動産を通常の用法に従って使用し収益をあげることができるから，付加物の分離・処分がかかる使用・収益権の範囲にある限り，抵当権の効力はもはや分離物には及ばないと解すべきである（占部洋之「ドイツ法における抵当不動産従物の処分(1)(2・完)」民商111巻3号〔1994〕427頁以下，4＝5号〔1995〕741頁以下は，この問題に関してドイツ法を検討する）。しかし，付加物の分離・処分が所有者の使用・収益権の範囲を超える場合には，どのように解すべきだろうか。

(イ) 判例　戦前の判例で問題となったのは，抵当権の目的である山林上の立木が伐採・処分されたという事案である。抵当権は地盤のみならずその上に生育する立木も一体的に支配する以上，抵当権者の承諾なしにこれを伐採・処分することは，所有者の使用・収益権の範囲を超えるといえよう。しかし，立木が伐採されれば，伐採された木はもはや不動産ではなく動産になるといわざるをえない。このため，当初の判例は，第三者が不法に立木を伐採した事案において，抵当権者は伐採木材に対して権利を行使することができないとした（大判明36・11・13民録9輯1221頁）。この判例は，その理由として以下のように述べていた。

「抵当権ハ物権ニシテ抵当権者ハ其目的物ノ存在スル所ニ追従シテ其権利ヲ行フコトヲ得可キモノナレハ立木カ不動産タル間ハ登記ノ規定アルカ故ニ既ニ立木ニ抵当権ノ目的トナリ居ルコトヲ知ラスシテ土地ニ生立セル立木ヲ買受ケタル第三者ハ自己ノ調査ノ不十分ナリシヨリ抵当権者ノ追従ノ為メ損失ヲ被ムルニ外ナラサル可シ然レトモ立木ノ伐採セラレテ材木トナリタル後之ニ対シテモ抵当権者カ依然抵当権ヲ実行シ追従スルコトヲ得ルモノトスルトキハ転輾シテ伐採シタル材木ヲ買受ケタル第三者マテモ意外ノ損失ヲ被ム

第1節　総　則　　　　　　　　　　　　　　　　§370　Ⅱ

ル可キカ故ニ法律ハ抵当権ノ目的ヲ不動産ニ限リタル所以ナリ而シテ民法第372条ニ規定スル如ク同法第304条ヲ準用シ抵当権ノ目的カ売買，賃借，滅失又ハ毀損等ニ因リ債務者カ受ク可キ金銭其他ノ物ニ対シテモ抵当権ヲ行フコトヲ許シタレトモ是レ抵当権ノ本然ノ効力ニ非サルカ故ニ抵当権者カ此利益ヲ受ケントスルニハ金銭其他ノ物ノ払渡又ハ引渡前ニ差押ヲ為スコトヲ要スル旨ノ規定アルモノトス」。

　つまり，この判例は，第三者の取引の安全のために抵当権者は伐採木材に直接権利を行使することができないとしつつも，なお，物上代位の規定による権利行使の余地を認めていた。すると，次に現れた判例は，抵当権の実行としての競売開始決定の後に，山林所有者から立木を善意で買い受けた者がこれを伐採したという事案において，抵当権者は不動産の差押えの効力によって伐採および伐採木材の搬出の禁止を求めることができる，という見解を示した（大判大5・5・31民録22輯1083頁）。この判決は，抵当権者は伐採木材に対して物上代位による権利行使をすることができるとしていた先例を考慮し，差押えの効力によって，伐採木材に対する抵当権の効力が容認されるとしたものであった。

　さらに，大審院は，抵当権の実行の有無にかかわりなく，抵当権者は，抵当権の物権的妨害排除請求権として，所有者に対して立木の伐採運搬の禁止を請求しうるという判断を下したが（大判昭6・10・21民集10巻913頁），最終的には，抵当権者は，物権的請求権の行使として第三者に対しても伐採木材の搬出の禁止を請求しうるという結論をとった（大判昭7・4・20新聞3407号15頁）。すなわち，抵当権は絶対権であるから，抵当物ないし抵当権そのものに対し危害を加えようとする者がある場合には，それが所有者であれ第三者であれ，抵当権者はこれに対し不作為の請求権を有するという。

　以上のように，大審院判例は，付加物が分離されただけではなお抵当権の効力を主張しうるという立場をとったといえよう。これに対して，分離物が抵当不動産から搬出された場合における抵当権の効力を明確に判断する大審院判例はなかったが，最高裁の時代になり，工場抵当のケースに関する判例が現れている（最判昭57・3・12民集36巻3号349頁）。すなわち，工場の建物に根抵当権が設定された時には，工場内には鉄製トラックスケールが設置されており，根抵当権設定に際して提出された工場抵当法旧3条所定の目録に

は当該機器も記載されていたにもかかわらず，工場の代表者がこのトラックスケールを自分の所有物と称して第三者に売却し，買主がこれを工場から搬出したため，根抵当権者が買主に対してこれを元に戻すように請求したところ，最高裁は，次の理由から根抵当権者の請求を認容した。①工場抵当法2条の規定により抵当権の目的とされた動産が，抵当権者の同意を得ないで備え付けられた工場から搬出された場合には，第三者が即時取得をしない限りその動産には抵当権の効力が及んでおり，抵当権者は第三者の占有する当該動産に対し抵当権を行使することができる（工抵5条参照）。②抵当権の担保価値を保全するためには，目的動産の処分等を禁止するだけでは足りず，搬出された目的動産を元の備付場所に戻して原状を回復する必要がある。

　工場抵当法2条1項は，工場に属する土地建物に設定された抵当権の効力が，土地建物の付加物のほかに，土地建物に設置された機械・器具などの工場の用に供された物件にも及ぶことにしている。したがって，この判例は，建物に設置されて抵当権の効力が及んでいた動産が処分され建物から搬出されても，抵当権の効力は消滅せず，抵当権者にはこれを元に戻すという物権的請求権が認められるとしたものといえる。ただ，工場抵当法は，抵当権の効力が及ぶ供用物件を登記事項とし（工抵3条），いったん抵当権の効力が及んだ供用物件が第三取得者に引き渡されても，なお抵当権の効力は存続するものとして（工抵5条1項），第三取得者は即時取得によってその負担を免れるにすぎないことにしている（工抵5条2項）。したがって，かような特別法の規律によらずして370条によって抵当権の効力が及ぶとされた付加物が，分離・処分・搬出された場合に，判例が同様の結論をとるのか否かは定かではない。

　(ウ) 学　　説
　　(a) 物上代位の規定による説　　判例を受けて，学説でも山林上の立木が伐採されたケースに関して議論が展開された。以前には，付加物に対する抵当権の効力を客観的な経済的結合に基づくものと見て，付加物が分離されてしまえば，もはやこれに対して抵当権の効力は及ばないとする見解があった（川名兼四郎・物権法要論〔訂正4版，1919〕273頁，石田・上192頁）。そのうえで，かつての判例と同様に，分離物に対する権利行使は物上代位の規定によるとする見解も主張された（勝本・下444頁，柚木248頁）。柚木は，滅失によ

り債務者が受けるべき金銭よりも，伐採木材には目的物を代表する度合いが強いから，抵当権者はこの上に物上代位権を行使しうるが，木材が設定者の財産と混同せずまたは他に処分されない間に，これを差し押さえる必要があるという（柚木248頁）。

(b) 搬出によって対抗力を失うという説　しかし，付加物・従物が抵当権の目的となった以上，その分離物も抵当権の効力に服するという学説もあった（松本烝治「従物又は附加物に対する抵当権の効力」法時2巻9号〔1930〕3頁以下）。その後，我妻は，抵当権は一面では付加物も含めて目的物の全部を支配する物権であるから，分離物にも支配力は及んでいるというべきであるが，他面では，抵当権は登記を対抗要件とする権利であるから，抵当権者は，分離物が抵当不動産の上に存在し登記による公示に包まれている限りにおいて，その上の効力を第三者に対抗しうるが，抵当不動産から搬出されたときにはもはや第三者に対抗しえなくなると主張した（我妻268頁）。それ以降は，かかる説を基本的に支持する見解が多数となっている（鈴木〔4訂版，1994〕198頁，槇155頁以下，近江139頁，道垣内184頁，平野・総合75頁，髙橋170頁）。

ただし，分離物の搬出による対抗力の喪失の持つ具体的な意味に関しては，論者によって微妙な差異がある。我妻は，伐採木材が抵当不動産の上に存在する間に第三者に譲渡されても，抵当権者はその権利を第三者に対抗しうるが，伐採木材が抵当不動産から搬出されると第三者に対する対抗力が失われ，抵当権は消滅するという（我妻268-269頁参照。その説明にはやや不明確なところがあるが，次の従物に関する説明との関係ではこのように考えているものといえる）。同じことは従物にもほぼあてはまり，従物が主物との場所的関係を維持した状態で第三者に譲渡された場合には，第三者は所有権を取得しつつも，その所有権は抵当権の拘束を受けることになるが，第三者が従物の現実の引渡しを受けて主物との場所的関係がなくなれば，抵当権の拘束はなくなるという（我妻271頁）。すなわち，我妻説は，目的物件の搬出の時点と第三者の出現の時点の前後関係を問わず，結果的に分離物・従物が搬出されてしまえば，抵当権の効力を第三者に対して主張しえなくなるという立場にある。この際，工場抵当法の適用を受ける抵当権において，抵当権の効力の及ぶ供用物件が搬出されても抵当権の追及力が容認されているのは（工抵5条），供用物件が登記事項の1つとされている点に基づいていると見て，これと普通の抵当権を

同列に論じることはできないとしている（我妻269頁）。

これに対して，槙悌次は，分離物の搬出があると，これによって失われた公示力を何らかの手段によって塡補しない限り，抵当権の効力はその後の取引者に対抗しえないと説明しており（槙155頁），搬出の後に第三者が出現した場合に限って対抗力を否定する立場をとるようである。その後，このことをより明確に主張したのが安永説である。すなわち，第三者の取引時に公示が具備されており抵当権を対抗しえた以上，その後公示が消滅しても，いったん抵当権を第三者に対抗しえたという効力は否定されない。もっとも，第三者の出現の後に分離物が搬出された場合でも，さらに分離物が別の第三者に譲渡されたときには，当該第三者に対して抵当権を対抗することはできなくなるという（安永正昭「登記・登録による公示と動産の善意取得」神戸42巻1号〔1992〕105頁。同旨，道垣内185頁，平野・総合75頁）。

(c) 搬出によって効力が消滅するとする説　現在ではほとんどその支持者を見ないが，学説の中には，分離物に対して抵当権の効力は及ぶとしつつ，これが抵当不動産から搬出されると抵当権の効力は消滅するという見解もあった（北川186頁は，結論としてこの立場をとる）。例えば，抵当権の効力は公示がある限度で認められるという見解（基本法コメ〔新版，1977〕196頁〔林良平〕）や，分離物は抵当不動産に存置されている限りなお付加物たる性質を失わないが，抵当不動産から搬出されると付加物たる性質を失うという見解（川井52頁）である。

(d) 搬出されてもなお対抗力が維持されるとする説　学説では(b)の説が支配的になりつつあったが，近時では，分離物が抵当不動産外に搬出されても，なお抵当権の対抗力は失われないとする見解も有力となっている。すなわち，抵当権者の関与しない設定者による無断の分離・搬出という事実によっては，いったん生じた抵当権の効力・対抗力は影響を受けず，抵当権者は，分離物の譲渡を受けた第三者に対して抵当権の効力を対抗しうる。ただし，第三者は，抵当権の存在につき善意無過失で取引に入った場合には，即時取得の規定の類推によって無負担の所有権を取得することができるという（星野252頁，高木132頁，内田444頁，山川一陽・担保物権法〔3版，2004〕159-160頁，松岡52-53頁）。これは，主として悪意の第三者は保護に値しないという利益考量に基づく。この問題を，いったんなされた登記が登記官の過誤によって

抹消された場合や，立木の取引においてなされた明認方法が事後的に消失した場合と比較しつつ，公示が事後的に消失した場合のリスク負担という観点から，付加物の分離・搬出によって対抗力は失われないとする見解もある（石田剛「抵当不動産から分離搬出された動産への抵当権の追及効」法教 407 号〔2014〕118 頁以下）。

㈣　若干の考察　まず，いったん抵当権の効力が及んでいた付加物が分離されたとしても，それが権限に基づかない行為である以上，分離物に対する抵当権の効力を否定する理由は見い出しがたい。現在では，判例，学説ともこの点では一致しているといえよう。同時に，この問題を物上代位によって処理するのも適切ではない。分離物に対する効力は，本来的目的物に対する抵当権の効力の存続にすぎず，本来の目的物が滅失した場合においてこれに代わる財産に対する効力を容認する物上代位とは異なるからである。

学説の中でなお一致していないのが，分離物が抵当不動産から搬出された場合の取扱いである。搬出という事実による変化は，分離物が目的不動産との場所的従属関係を失うという点であり，これによって生ずる影響は，抵当権設定登記による公示が実質的に消滅するという点であろう。それゆえ，日本民法において公示は物権変動の対抗要件として位置づけられている以上，搬出によって抵当権の効力自体が消滅するというのは適切ではなく，ここで問われるのはやはり第三者に対する対抗力にすぎない。この問題について，ドイツ民法は分離物の搬出によって抵当権の効力が消滅するという立場をとっているが（1121 条参照），ドイツでは公示は物権変動の効力発生要件とされている点に留意すべきである。搬出によって分離物が付加物の性質を失うという見解も，そもそも伐採木材は伐採・分離の段階で抵当山林の付加物たる性質を失っている点で，適切ではない。

問題は，公示の消滅のリスクを抵当権者，第三者のいずれに負わせるのが妥当であるのかである。(d)の説は，抵当権の存在につき悪意の第三者は保護に値しないとして，かかるリスクを基本的には第三者に負わせ，ただ善意無過失の第三者はそのリスクから免れるとするものであろう。この結論の背景には，公示の事実上の消滅について抵当権者に帰責性がないという発想があるかもしれない。たしかに，抵当権者に無断で分離・搬出がなされた場合には，抵当権者に直接の帰責性を認めることはできない。しかし，そもそも抵

当権の設定においては目的不動産の管理は所有者にゆだねられ，所有者は，使用・収益権の行使として，場合によっては付加物を分離・処分しうる権限も有する。そのため，抵当権者は所有者の権限外の分離・搬出の危険もある程度は予測しうるから，公示の消滅のリスクを原則として第三者に負わせることにも疑問が残る。それゆえ，公示が事実上消滅している以上，抵当権の効力はその後現れた第三者には対抗しえないことを原則とし，公示の消滅の帰責性が抵当権者にないことも考慮したうえで，抵当権の存在につき悪意であった者は公示の不存在を主張しえないものとして，これに対しては抵当権の効力を対抗しうると考えたい。ただし，安永説のいうように，公示が要求されるのは第三者の出現時であり，第三者の出現後に分離物が搬出されても，なおその第三者には抵当権を対抗しうると考えるべきである。

なお，分離物が抵当不動産内に存在する場合には，抵当権設定登記による公示が存続していることを考慮すれば，第三者が抵当権はないものと信じてかかる分離物を譲り受ける契約を結んでも，それには通常過失があると推定されよう。それゆえ，即時取得による救済は基本的には否定される。もっとも，所有者による分離・処分がその使用・収益権に属すると信じて取引に入った第三者が現れた場合には，これを即時取得によって保護する余地は十分にある（道垣内185頁参照）。

(2) **分離物に対する物権的請求権の内容**

抵当権の分離物に対する効力がなお認められる場合には，抵当権者は分離物に関していかなる物権的請求権を行使しうるのかが問題となる。すでに見たように，判例は，伐採木材がなお山林に存在する場合には，その搬出の禁止を請求することができるとしている（前掲大判昭7・4・20）。多くの学説もこれと同様の立場をとる（我妻268-269頁，道垣内184頁，髙橋167頁）。かかる請求権は抵当権者の妨害予防請求権として基礎づけることができよう。すなわち，伐採木材が山林上に存在する限り，これに対する効力は抵当権設定登記によって公示されているが，これを搬出することは，抵当権の公示を消滅させる点で抵当権の侵害として位置づけることができるからである。

伐採木材が山林外に搬出されても抵当権の効力が存続する場合には，学説では，抵当権者は伐採木材の占有者に対してこれを山林内に戻すよう請求しうる点には異論がないようである（我妻385頁参照）。前述のように，伐採木

第1節　総則　　　　　　　　　　　　　　　　　　§*370* II

材が山林外にある場合には抵当権の効力の公示が消滅しており，これ自体を抵当権の侵害と捉えることができる。それゆえ，抵当権者は，公示の回復のために，妨害排除請求権として占有者に対して木材を山林に戻すよう請求することができる。ただ，この請求権は，しばしば「返還請求権」と称されているが，決して，所有権に基づく物権的返還請求権と同種のものではない。なぜなら，これは，抵当権者の占有権原の侵害を理由とするものではないからである。むしろ，不動産の所有者が，不実登記の名義人に対して，物権的妨害排除請求権の行使としてその抹消登記手続を請求しうることに相当する。

　仮に抵当不動産の従物が不当に抵当不動産から分離・搬出された場合にも，抵当権の効力が存続する限り，抵当権者は分離物の占有者に対して分離物を元の場所に戻すよう請求することができよう。これも抵当権に基づく妨害排除請求権として基礎づけることができる。すなわち，この場合に分離物が搬出されていることは，抵当権の公示を消滅させるとともに，主たる不動産と従物を一体的に支配する抵当権を侵害しているからである。前掲最高裁昭和57年3月12日判決が，抵当権者が工場から搬出された供用物件を元の場所に戻すように請求したことを認容したのは，特に抵当権の一体的支配の侵害を重視した結論といえる。

(3)　分離物から優先弁済を受ける方法

　最後に問題となるのが，抵当権者が分離物から優先弁済を受ける手続はどうあるべきかである。この問題を直接判断する判例はないようである（我妻・判コメ280頁注15〔清水誠〕によれば，大判昭11・12・22判決全集4輯1号18頁および大判昭13・3・15判決全集5輯16号33頁が，動産競売の手続に否定的な判例ではないかとされている）。

　我妻は，伐採木材については，それが抵当不動産内にある限り，抵当権者は，不動産競売手続により不動産と分離物を売却して満足することができるが，伐採木材のみを動産競売の方法によって売却して満足することもできるという（我妻268頁。同旨，星野251-252頁）。しかし，伐採木材が抵当不動産外にある場合には，抵当権者は動産競売によって満足する以外にないとする（我妻269頁）。また，従物が抵当不動産から搬出され主物との場所的関係がなくなった場合には，伐採木材の場合と同様に動産競売の方法によって満足する以外にないと述べつつ，このことは従物が主物と経済的な一体をなして

特別の価値を有する点からは適当ではなく，抵当権の効力として，従物を主物と場所的関係のあるところまで戻して，両者を一体として競売する途を開くのが望ましいとしている（我妻272-273頁）。

　これに対して，近時では，あくまで抵当権者は，抵当権設定登記によって不動産を差し押さえるとともにその効力を分離物にも及ぼしたうえで（したがって，分離物が搬出されていた場合には，これを不動産上に戻しておく必要がある），これを不動産と一括して売却しうるにとどまるという見解が多数となっている（我妻・判コメ280頁〔清水誠〕，高木132-133頁，道垣内140頁注45，髙橋115頁，平野・総合78頁）。これは，分離物もあくまで不動産の付加物であったことを重視するものといえよう。近時の多数説の中には，動産競売の手続を認めて分離物の売却を執行官にゆだねることは，とりわけ後順位抵当権者が存在する場合に，公正な手続を担保するという観点からは適切ではないとする見解もある（高木133頁）。その一方で，分離物に対して抵当権を実行する方法を原則として動産競売とする説も主張されている（石田(穣)320頁）。

　この問題については，分離物全般を一括して論ずるべきではなく，我妻説のようにその種類に応じた考量も必要であろう。例えば，抵当不動産の従物として設置された機械等が不動産から搬出された場合でも，抵当権者は，その一体的支配を害するものとして，これを元に戻すように請求する権利を有し，それが実現されれば一体的支配は回復される。それゆえ，本来は不動産・従物を一体的に支配する抵当権の実行としては，分離物を不動産内に戻したうえで不動産競売手続によって不動産と一括して売却するのが筋であろう。これに対して，以前の判例で問題となった立木の伐採においては，伐採木材を立木として復元することは社会通念上不可能であり，抵当権の一体的支配は確定的に消滅し，抵当権は不動産の山林と伐採木材とを個別に支配しているというしかなくなる。ここでなお抵当権者に木材を山林に戻すよう請求する権利が認められるのは，木材に対する抵当権の効力の公示を回復してその消滅を阻止する以上の意味を持たない。それゆえ，この場合には，抵当権者は，木材を山林内に戻したうえで，抵当権設定登記による木材に対する効力の公示を根拠に，不動産競売手続によって木材を山林とともに売却することもできるが，端的に動産上の抵当権を主張して，その競売を求めることもできるというべきである。

第1節　総　則　　　　　　　　　　　　　　　　　§370　Ⅱ

　もっとも，伐採木材から動産競売の方法によって満足するためには，基本的には，抵当権者自身が木材を執行官に提出するか（民執190条1項1号），抵当権の存在を証する文書を執行裁判所に提出しなければならない（民執190条1項3号・2項）。このとき，抵当権設定についての登記事項証明書が抵当権の存在を証する文書として認められるかが問題となるが，木材を山林に戻している場合には，その場所的関係からこれを肯定する余地は十分にある。他方で，抵当権がその実行段階においては占有権原も包含するという私見による場合には（→§369 Ⅶ 2(3)(エ)），被担保債権の弁済期が到来している限り，抵当権者は，抵当権の実行のために木材の占有者にその引渡しを請求しうると解する余地がある。分離物全般について不動産競売手続によるべきという見解の根拠としては，後順位抵当権者等の保護も挙げられているが，伐採木材を常に不動産と一括してしか競売に供せないとすると，山林のみ，あるいは伐採木材のみであれば購入を希望する者が存在する場合に，これらを弾力的に売却することの妨げになるのではないか。

7　抵当不動産が崩壊した場合

　抵当不動産が火災等によって滅失した場合には，本来の抵当権の効力は消滅し，損害賠償請求権等に対する物上代位が問題となるにすぎないが，抵当建物が崩壊して不動産としての形態を喪失したものの，なお資材・木材が残存する場合には，抵当権の効力はどうなるか。判例は，抵当建物が崩壊した後に一般債権者が木材に対する強制執行をした事案において，抵当建物がもはや不動産としての性質を失い動産となった以上，抵当権は消滅し，また木材に対する物上代位も認められないとしたが（大判大5・6・28民録22輯1281頁），他方で，抵当権の実行としての競売手続の継続中に建物が崩壊した場合には，木材に対する抵当権の効力を容認している（大判大6・1・22民録23輯14頁）。

　通説も，抵当不動産が本体を失い登記が空虚なものとなった以上，もはや抵当権の効力は消滅すると解している（我妻269-270頁，川井340頁，近江140頁）。しかし，一部には，木材に対する物上代位を認める見解（柚木＝高木277頁）と，分離物の場合と同様に抵当権の効力はなお木材に対して及ぶとする見解がある（星野257頁，石田（穣）321頁）。

　まず，木材は本来の不動産を構成していた以上，ここでも物上代位を論ず

〔古積〕　745

るのは適切ではない。しかし，建物が不動産としての性質を失ったとしても，これを構成していた木材に対する抵当権の効力が当然に消滅することには疑問がある。通説は，分離物の場合とは異なり建物本体が消滅していることを強調するが，動産となった分離物に対する抵当権の効力を認める以上，建物崩壊後の木材に対する抵当権の効力も認めなければ一貫しない。むしろ，ここで問題となるのは抵当権の効力の公示であり，建物が崩壊したことによって，もはや抵当権設定登記による公示は機能しなくなった点が重視されるべきである。とすると，少なくとも抵当権設定者に対しては木材に対する抵当権の効力を主張することができ，ただそれを第三者に当然には対抗しえないにとどまるというべきである。それゆえにこそ，建物崩壊後に木材に強制執行をした第三者には抵当権の効力を主張しえないのに対し，抵当権の実行中に建物が崩壊した場合には，裁判所の執行手続によって抵当権の存在は対外的に示されているから，なお抵当権の効力は揺るがないのではなかろうか。

〔古積健三郎〕

第371条　抵当権は，その担保する債権について不履行があったときは，その後に生じた抵当不動産の果実に及ぶ。

〔対照〕　フ民 2397・2471，ド民 1120・1123・1124・1125，ス民 805・806
〔改正〕　本条＝平 15 法 134 全部改正

I　本条の趣旨

1　収益に対する抵当権の効力

抵当権は，その実行前には所有者の使用・収益権能を奪わない。しかし，抵当権は，目的不動産から優先弁済を受ける権利を包含し（369条1項），その手段として，所有者の所有権を奪い目的物を売却して金銭化する権能も内包する。かかる観点からは，抵当権者には，優先弁済の実現のために，所有者の使用・収益権能を奪って目的物を管理し，その収益から満足する権能も認めることができるはずである。

本条は，抵当権が目的物の管理によって収益・果実から満足する権能も有

第1節 総則　　　　　　　　　　　　　　　　　§371　Ｉ

することを明らかにすべく，その効力が果実にも及ぶことを明示した。これを受けて，民事執行法は，抵当権者が果実・収益から満足する手続，すなわち担保不動産収益執行の手続を定めている（民執180条2号・188条）。しかし，抵当権の効力が及ぶ果実は被担保債権の不履行後に生ずるものとされており，かかる限定がいかなる意味を持つのかに関しては，後述のように見解が一致していない状況にある。その原因は，本条は平成15年にそれまでの旧条文を改正した規定であり，かかる改正時の議論では，抵当権の果実に対する効力の範囲について十分なコンセンサスがなかったことに由来しているように思われる。そこで，以下ではまず，平成15年改正前民法371条がいかなる趣旨を有する規定であったのか，さらにそれがいかなる議論を経て本条への改正と至ったのかを説明したい。

2　平成15年法改正前の議論

平成15年改正前民法371条は，付加物に対する抵当権の効力を認める370条が果実には適用されないとしつつ（1項本文），ただ，抵当権の実行としての不動産の差押えがあった場合にはこの限りではないと規定していた（同項ただし書）。他方で，法定果実たる賃料については，もともと372条が先取特権に関する物上代位の規定を準用していた。民法起草者は，平成15年改正前民法371条にいう果実は天然果実を意味し，法定果実たる賃料については372条が適用されると考えていた（法典調査会民法議事〔近代立法資料2〕819-820頁〔梅謙次郎発言〕）。民法施行後の大審院判例も，平成15年改正前民法371条は付加物に関する370条の例外規定であることを考慮し，同条にいう果実はあくまで天然果実をさすにすぎないとの見解を示していた（大判大2・6・21民録19輯481頁）。さらに，初期の学説以来，平成15年改正前民法371条の果実は天然果実であり，法定果実たる賃料には物上代位の規定が適用されるという学説が支配的であった（梅〔初版〕461-462頁，我妻275頁）。

ところが，昭和期の後半になると，非占有担保としての抵当権の特質を考慮して，天然果実には抵当権実行段階までには効力が及ばないとしながら，同じく目的不動産の収益である賃料について端的に物上代位を認めることに批判的な見解が台頭した。その代表的な見解は，法定果実たる賃料にも天然果実と同様に平成15年改正前民法371条を適用し，抵当権の効力はその実行時に賃料にも及ぶとしつつ，基本的に賃料に対する物上代位を否定する

〔古積〕

§371　I

（鈴木〔改訂版, 1972〕182頁・185頁参照）。もともと，平成15年改正前民法371条の規定は旧民法債権担保編202条を基礎としたものであり，同条は「抵当財産ノ差押ナキ間ハ債務者ハ財産編第119条及ヒ第120条ニ定メタル期間其不動産ヲ賃貸スルコトヲ得又其果実及ヒ産出物ヲ譲渡シ及ヒ管理ノ総テノ行為ヲ為スコトヲ得」と規定していた。これは，抵当権の実行まではその効力は果実に及ばないが，競売のために不動産の差押えがなされると果実も不動産の一部とみなされる，というフランス法に由来するものである（鈴木禄弥・抵当制度の研究〔1968〕150頁以下，竹下守夫・不動産執行法の研究〔1977〕74頁以下参照）。それゆえ，もともと抵当権の効力がその実行時に果実・収益に対して及ぶことは，決して否定されていなかった。ところが，後述のように（→§372 II 1 (2)(ア)），現行民法の起草段階において，抵当権の物上代位の対象の範囲が拡張され，賃料も物上代位の対象とされたために，逆に上記の規定の射程は天然果実に限定されるようになったが，この措置については特に説得的な理由は述べられていなかった。その意味では，上記の見解は平成15年改正前民法371条の本来の姿に相応したものである。しかし，当時の法制では，抵当権者が不動産本体の差押えによって果実，とりわけ法定果実から満足する手続が整備されていなかった。このため，上記の見解は，そのような手続が整備されていない段階では，抵当権の実行としての競売手続が開始された限りにおいて，いわば便宜的に抵当権者には賃料に対する物上代位（賃料債権の差押えによる満足）を容認すべきと主張していた。

　その後，昭和54年には民事執行法が制定され，強制執行手続と担保権の実行手続が整備されるに至ったが，同法は，物上代位に関する手続を規定したものの，抵当権者が不動産本体に対する実行において果実から満足する手続は整備しなかった。というのは，非占有担保である抵当権の効力が果実・収益に及ぶとすることには疑問が持たれていたからである。

3　平成15年法改正

　しかし，最高裁判所は，抵当権者が抵当権の実行として目的不動産の競売を申し立てているか否かにかかわりなく，賃料に対する物上代位は無条件に認められるという判断を下した（最判平元10・27民集43巻9号1070頁）。このため，少なくとも実務においては賃料に対する抵当権の効力が容認されることになり，さらには，学説においても，たとえ抵当権が目的不動産の交換価

第1節　総　則

値しか把握しないとしても，抵当権実行時以降には果実に対する効力は肯定されるという見解が有力化した（→§372 II 2⑶(ｱ)）。しかし，そうであれば，抵当権者が果実から満足する方法として物上代位の手続しか用意しないことは，それによって不動産の維持・管理が適切になされない危険性が生ずる点で問題視され，不動産本体に対する抵当権の実行において果実から満足する手続を整備する立法案が提示されることになった。そこで問題となったのが，平成15年改正前民法371条の規定と物上代位の規定である。

　まず，平成15年改正前民法371条も抵当権実行段階においては果実に対する効力を否定していなかったが，前述のように，もともとそこで想定されている果実は天然果実であった。それゆえ，抵当権の効力は，目的不動産の収益から満足する手続の開始後の天然果実および法定果実に及ぶ，という規律を実体法上明確にしておく必要があった（谷口園恵＝筒井健夫編著・改正担保・執行法の解説〔2004〕56頁参照）。かくして，平成15年改正前民法371条は改正されるに至ったが，結果的に，本条は，債務不履行後に生じた果実に対して抵当権の効力が及ぶとしている。

　次に，抵当権者自身の不動産の差押えにより果実・収益から満足する手続を容認するならば，もはや賃料債権に対する物上代位は否定すべきとも思われる。抵当権者自身が不動産の収益管理を申し立てることができる以上，これに加えて，所有者が任意に締結した賃貸借契約から生ずる債権を抵当権者が差し押さえて満足する手続を認めると，抵当不動産の管理費用を確保しうる保証もなく（賃貸借契約で「賃料」とされているものの一部に実質的には不動産の管理費用が包含されている場合には，抵当権者がそのすべてを差し押さえることは，抵当不動産の適切な管理の妨げとなる），これによって抵当不動産が荒廃するという副作用も懸念されたからである。ただ，小規模の抵当不動産が所有者によって賃貸されている場合には，抵当権者が収益からの満足のために目的不動産の差押えを申し立て，所有者に代えて不動産の管理人を選任する手続をとると，事実上，それによる賃料の大半が管理の費用に充当されてしまい，結局，抵当権者は満足しえないという問題点もあり，このような場合には，従前から認められた物上代位による債権差押えの手続を認めるメリットも否定しえなかった（谷口＝筒井編著・前掲書55頁注39参照）。このため，物上代位に関する規定はそのまま存置されることになり，ただ，抵当権者が不動産本体を差し

〔古積〕

§371 I

押さえて収益から満足する手続（担保不動産収益執行手続）と物上代位の手続とを調整する措置が定められた。すなわち，担保不動産収益執行手続が開始すれば，すでになされた賃料債権に対する物上代位の手続は停止し，また，新たに物上代位の手続を申し立てることはできないこととされている（民執188条・93条の4第1項）。

4 現行法の問題点

以上のような経緯から，本条は債務不履行の後に生ずる果実に対する抵当権の効力を容認し，現行法にはこれと並んで賃料債権に対する物上代位の規定も存在する。しかし，ここには以下のような問題点がある。

第1に，平成15年改正前民法371条の改正に関する当時の法制審議会における要綱では，抵当権実行としての差押え以降には果実に抵当権の効力が及ぶとされていたが（平成15年2月5日法制審議会総会決定「担保・執行法制の見直しに関する要綱」NBL755号〔2003〕74頁参照），国会法案においては現規定の体裁に変更されたという経緯がある。ところが，このように法案において抵当権の効力が及ぶ果実の範囲に限定が付された理由ははっきりしていない。本条の文言を厳格に解釈する限り，債務不履行前に生じていた賃料には抵当権の効力が及ばないはずであるが，むしろ，改正審議にかかわった参事官の見解では，抵当権者が果実・賃料から満足する手続を申し立てた段階で，すでに生じていた賃料債権がなお残存していれば，抵当権者はこれに対しても優先権を行使しうるとされている（谷口＝筒井編著・前掲書57頁注44参照）。この立場は，結論的に，債務不履行前に発生した果実に対しても抵当権の効力を認めるものであろう。かかる結論の根拠としては，民事執行法が，担保不動産収益執行の手続に一般の債権者に認められる強制管理の規定を準用し，強制管理の規定では差押えの段階で残存している賃料債権からの満足が容認されることが挙げられている（山野目章夫＝小粥太郎「平成15年法による改正担保物権法・逐条研究(3)」NBL780号〔2004〕49頁）。

たしかに，担保不動産収益執行と強制管理との間で，満足に供せられる果実の範囲に齟齬が生ずることには疑問もあるかもしれない（道垣内153頁）。しかし，抵当権者の優先権の範囲を強制管理の場合と同様にしようとするならば，本条の規定は，債務不履行の「後に生じた抵当不動産の果実に及ぶ」ではなく，債務不履行の「後に抵当不動産の果実に及ぶ」となるべきであり，

第1節　総則　　　　　　　　　　　　　　　　　　§371　Ⅰ

そもそも，抵当権者の優先権の範囲を強制管理と同様にしなければならない必然性もない。賃料債権に対する物上代位に関する判例法理との整合性も考慮して，本条のこの文言は解釈論として無視すべきという見解もあるが（松岡50頁），むしろ，本条が「債務不履行後に生じた果実」を対象とするのは，非占有担保としての抵当権の特質が反映したものとして積極的に捉えるべきであろう。すなわち，抵当権が目的不動産の所有者の使用・収益権能に干渉しうるのは，本来は抵当権実行以降であることを考慮すれば，抵当権の効力が及ぶ果実は，少なくとも，被担保債務の不履行後に生じたもの，より厳密には，抵当権の実行手続が開始された以降に生じたものに限定されなければならない。これに対して，強制管理は，一般の債権者が債務者の有する財産一般から満足するための強制執行の1つにすぎず，ここには特定の財産に対する物権的効力ないしは優先権がない一方で，執行の対象となる債務者の財産に特に限定が付されることはない。それゆえ，現行法の解釈論としては，法文に忠実に抵当権の優先弁済権の対象は債務不履行後に生じた果実に限定すべきである。より根本的な立法論としては，抵当権の効力が及ぶ果実は実行手続としての差押え以降に生ずるものに限定すべきであろう。

　第2に問われなければならないのは，果実に対する効力を定める2つの規定の相互関係である。すなわち，本条に関して，抵当権の効力が及ぶのはあくまで債務不履行後に生じた果実であるという立場をとるならば，賃料債権に対する物上代位に関しても，そのような限定を付すべきではないのかが問題となる。この点は，法改正時においては十分議論されていなかったようである。それゆえ，あくまで両者を別次元の制度として捉えて，本条の限定は物上代位には及ばないという割り切りもありうるが，両者とも等しく抵当権の果実・収益に対する効力を定める制度である以上，その内容が区々となるのは理論的一貫性に欠けた取扱いになるだろう。この点については，賃料債権に対する物上代位の箇所において改めて検討することにしたい（→§372 Ⅱ2⑶(ｱ)）。

　これらの問題は，法改正時に立法者による明確な態度決定がなされなかったことに起因するものであり，結果的には，解釈論にゆだねられたものと考えざるをえない。

II 収益からの満足とその範囲

1 担保不動産収益執行手続の概要

　抵当権の実行としての収益管理の手続（担保不動産収益執行。民執180条2号）は，競売手続と同様に，一般の債権者が行う強制執行・強制管理に準ずるものとして定められている。まず，抵当権者の申立てを受けて，執行裁判所が目的不動産を差し押さえる旨を宣言し，さらに，所有者に対して収益の処分を禁止するなどの命令を出すことによって手続が開始する（民執188条・93条1項）。執行の申立てに際して債務名義の提出が必要でないことは，競売の場合と同様であり，抵当権を証する一定の文書の提出があれば足りる（民執181条1項）。執行裁判所は，収益執行手続の開始とともに目的不動産の管理人を選出し（民執188条・94条），以後はかかる管理人が所有者に代わって目的不動産の管理権限を有し，収益の収取および換価をすることになる（民執188条・95条）。具体的には，管理人は目的不動産の賃貸借によって生ずる賃料を取り立て，また，目的不動産から生じた天然果実を売却して金銭を受領することができる。そして，かくして得られた収益から執行費用等を控除した金額が抵当権者の配当に供せられる（民執188条・106条1項・98条1項参照）。手続の詳細については，民事執行法の体系書等を参照されたい（例えば，中野＝下村593頁以下参照）。

　担保不動産収益執行の手続は，担保不動産競売の手続とは別個に申し立てることができる。しかし，担保不動産収益執行手続のほかに担保不動産競売手続または強制競売手続が開始しており，目的不動産の競売ないし強制競売の手続が完了すると，担保不動産収益執行手続の根拠となる抵当権が消滅するから，かかる手続も終了する。

2 優先権の範囲

(1) 優先弁済の対象となる果実の範囲

　担保不動産収益執行手続が準拠する強制管理手続では，債権者らの満足に供される収益は，「後に収穫すべき天然果実及び既に弁済期が到来し，又は後に弁済期が到来すべき法定果実」とされている（民執188条・93条2項）。したがって，担保不動産収益執行手続が開始した場合にも，手続開始後に発生する賃料債権のみならず，すでに発生していた賃料債権についても，弁済が

未了であれば、管理人は取り立て、抵当権者の満足に供することができそうである。実際にそのように解する見解があることは、すでに述べた通りである（→Ⅰ4）。

しかし、このように解すると、被担保債権の不履行前に生じた法定果実に対しても抵当権の効力を容認することになり、本条との関係が問われる。前述のように、抵当権の非占有担保としての特質にかんがみ、抵当権の効力があくまで不履行以降に生ずる果実にのみ及ぶと解するならば、強制管理手続に関するこの規定の収益執行手続への準用は、不履行後に発生する賃料債権に限定すべきであろう（結論同旨、中野＝下村604-605頁注6）。

(2) 他の利害関係人との優劣

すでに賃貸借契約が締結されている不動産について、担保不動産収益執行手続が開始した場合には、管理人は従前の賃貸借関係を続行し目的不動産を管理することになる。この場合に発生する賃料債権については第三者が利害を有することもあり、抵当権者はこれに優先して満足しうるのかが問題となる。最高裁は、担保不動産収益執行における管理人からの賃料支払請求に対して、目的不動産の賃借人が、抵当権設定登記前に取得していた反対債権による相殺の抗弁を主張したケースにおいて、以下のように述べて相殺の効力が優先するとした（最判平21・7・3民集63巻6号1047頁）。

「被担保債権について不履行があったときは抵当権の効力は担保不動産の収益に及ぶが、そのことは抵当権設定登記によって公示されていると解される。そうすると、賃借人が抵当権設定登記の前に取得した賃貸人に対する債権については、賃料債権と相殺することに対する賃借人の期待が抵当権の効力に優先して保護されるべきであるから」、「担保不動産の賃借人は、抵当権に基づく担保不動産収益執行の開始決定の効力が生じた後においても、抵当権設定登記の前に取得した賃貸人に対する債権を自働債権とし、賃料債権を受働債権とする相殺をもって管理人に対抗することができるというべきである」。

この判決は、抵当権の賃料債権に対する物上代位と反対債権による相殺との優劣に関する最高裁平成13年3月13日判決（民集55巻2号363頁）を引用しており、判例が、本条による抵当権の収益に対する効力と賃料債権に対する物上代位を基本的に同等に位置づけていることがうかがえる。また、この

§372 Ⅰ　　　　　　　　　　　　　　　　　第2編　第10章　抵当権

判決は，担保不動産収益執行手続が開始しても賃料債権は賃貸借契約を締結した抵当不動産の所有者に帰属するとして，賃借人が所有者に対してなした相殺の意思表示を有効なものと判断している。

〔古積健三郎〕

（留置権等の規定の準用）
第372条　第296条，第304条及び第351条の規定は，抵当権について準用する。

細目次

Ⅰ　296条の準用——不可分性 ……………754
　1　不可分性の意義 ……………………754
　2　不可分性の原理に関わる諸問題………755
　　(1)　不可分性の例外 ………………755
　　(2)　不可分性の解釈論上の意義 ………755
Ⅱ　304条の準用——物上代位 ……………757
　1　総説 ………………………………757
　　(1)　意義・法的性質 ………………757
　　(2)　抵当権の物上代位の規定の沿革 …758
　2　物上代位の対象 …………………760
　　(1)　総説 …………………………760
　　(2)　売却 …………………………761
　　(3)　賃貸 …………………………763
　　(4)　滅失・損傷 …………………771
　　(5)　物権設定の対価 ………………772
　3　372条・304条1項ただし書の趣旨 …773
　　(1)　総説 …………………………773
　　(2)　判例の展開 …………………773
　　(3)　学説の展開 …………………780
　　(4)　若干の考察 …………………784
　4　物上代位権の行使の要件 …………789
　　(1)　弁済期の到来・法定の手続 …789
　　(2)　配当要求による権利行使の可否 …790
　5　物上代位権の保全手続 ……………792
　　(1)　従前の議論状況 ………………792
　　(2)　若干の考察 …………………793
　6　特別法上の物上代位 ………………794
Ⅲ　351条の準用——物上保証人の求償権
　　　…………………………………………796
　1　物上保証人の求償権の趣旨 ………796
　2　債務者に対する求償権の要件・内容 …797
　　(1)　事後求償権 …………………797
　　(2)　事前求償権の可否 ……………797

Ⅰ　296条の準用——不可分性

1　不可分性の意義

被担保債権全体の弁済を受けるまで目的物全体に担保権を行使しうるという原理を不可分性といい，これは担保物権に共通して妥当する性質とされている（通有性）。留置権の場合には，債権全額の弁済を受けるまでは，留置権者は目的物全体を留置・占有しうることを意味するが（296条），抵当権の場

第1節　総則　　　　　　　　　　　　　　　　　　　§*372* I

合には，債権全額の弁済を受けるまでは，抵当権者は目的物全体に対して換価権・優先弁済権を行使しうることを意味する。したがって，抵当権の設定後に被担保債権の一部が弁済されても，目的物全体に対する抵当権の効力に変動はなく，被担保債権の残額について債務不履行があれば，抵当権者は目的物全体を換価することができる。もちろん，抵当権は被担保債権の満足のために存在する以上，実際に優先弁済を受けることができるのは被担保債権の残額にとどまる。

2　不可分性の原理に関わる諸問題
(1)　不可分性の例外

民法上，不可分性の原理を修正する制度としては，代価弁済（378条）および抵当権消滅請求（379条以下）があげられよう。これらの制度は，一定の要件の下に，抵当不動産を買い受けた第三者が支払うべき代金を抵当権者が受領すると，抵当権者による換価権の行使なしに抵当権が消滅することを容認するものであり，しかも，かかる代金が被担保債権全額を満足させるに足りなくとも，抵当権は消滅するからである。

共同抵当において抵当権者が各不動産から満足しうる金額についての取扱い（392条）も，不可分性の原理を修正するものと捉えられている（我妻257頁）。というのは，不可分性を貫けば，各不動産のうちの1つから任意に被担保債権全額の満足を受けることもできるが，392条の規律はこれを制限しているからである。

(2)　不可分性の解釈論上の意義

不可分性の性質が解釈論を左右する論点としては，抵当権侵害における損害賠償請求権の範囲の問題がある（→§369 Ⅶ3(3)(エ)）。すなわち，抵当不動産が所有者または第三者の不法行為によって損傷した場合，残余物の価額が被担保債権額を超えるとしても，被担保債権全体の満足を受けるまで抵当権者は目的物全体に換価権を行使しうるという性質からは，損傷による価格減少の部分について，抵当権者の損害賠償請求権，あるいは所有者の取得する損害賠償請求権に対する物上代位を容認することができるはずである。

また，被担保債権の一部が弁済された後に抵当権設定登記がなされる場合でも，抵当権設定登記手続の請求は，抵当権設定契約に基づく履行を求めるものであるため，登記簿上に表示すべき被担保債権を特定する意味から，債

〔古積〕　755

権者はその債権全額および利息金について抵当権設定登記手続を請求しうると解した判例があり（最判昭39・12・25民集18巻10号2260頁），これを不可分性の理論を基礎とするものと見る向きもある（槇悌次〔判批〕民商53巻3号〔1965〕424頁，新版注民(9)〔改訂版〕43頁〔小杉茂雄〕）。すなわち，かかる判例の背後には，被担保債権全額が弁済されるまで，抵当権は目的物全体のみならず登記もそのまま支配しうるという考え方があるという。

しかし，この判例の結論は，抵当権設定登記が設定された抵当権の内容を公示する役割を有することに基づくものではないだろうか。もちろん，現実に被担保債権額が減少している状況で元の債権額を登記すると，対外的には抵当不動産の余剰価値が不当に低く評価される原因となる点で，設定者にとって不利になる。ただ，そのような不利益から設定者を保護しようとするならば，被担保債権額の減少を抵当権の内容変更として登記しうる権利を設定者に認めれば足りるように思われる（大判昭12・5・1判決全集4輯10号11頁は，これを認める）。それが物権変動の内容を正確に反映すべきという公示の要請にもかなうからである。

さらには，抵当権の被担保債権とされた債権のうち利息債権の一部が存在しなかった場合でも，「抵当権の性質上，別段の特約その他特別の事情のないかぎり被担保債権の各部分が抵当目的物の全体によって担保されているものと解され，本件のごとく被担保債権元本に対する利息債権の一部が有効に発生しなかったからといって，そのことの故に抵当権の全部または一部に消長をきたすことはない」とした判例がある（最判昭42・5・19判時494号38頁）。これは，たしかに不可分性の原理を根拠としているように思われる。しかし，この問題の本質は，抵当権設定契約において当事者が想定した債権の一部が欠けても，かかる抵当権設定契約が残余の債権を担保する抵当権の設定契約として有効に成立しうるか，という一種の契約解釈にあるといえよう。

最後に，判例は，375条により利息・遅延損害金について抵当権者の優先弁済権の範囲が限定される場合でも，抵当権設定者および第三取得者が，抵当権を消滅させるためには，利息・遅延損害金の全額を弁済しなければならないとしており（大判大4・9・15民録21輯1469頁，大判昭15・9・28民集19巻1744頁），後順位抵当権者による弁済の場合でも同様の立場をとる（大判昭12・3・17裁判例11巻民71頁。ただし，後順位抵当権者による代位弁済の可否が問題と

なった事例である)。伝統的通説もこれと同様の立場にあった(我妻249-250頁)。これは、優先弁済権の範囲が限定されても、抵当権の効力は元本、利息および遅延損害金全額について認められ、不可分性の原理によって、その全額が弁済されない限り抵当権は消滅しないとするものといえよう。もっとも、近時では、抵当権設定者以外の第三者の登記に対する信頼を重視して、第三者は利息等については375条の範囲での弁済によって抵当権の消滅を主張しうるとする見解(道垣内235頁)や、根抵当権に関する398条の22第1項を類推して、物上保証人、第三取得者および後順位抵当権者は、同様の範囲での弁済によって抵当権の消滅を主張しうるという見解(鈴木236頁、石田(穣)296頁)がある。

II　304条の準用——物上代位

1　総　説
(1)　意義・法的性質

先取特権において認められている物上代位の規定(304条)は、本条によって抵当権に準用されている。物上代位が本来の目的物に代替する財産に対して担保権の効力を容認する制度であり、それが公平の観念に合致することには異論はないであろう。しかし、この制度の性質をさらに具体的にどのように捉えるかについては、従来、大きく2つの立場に分かれていた。すなわち、価値権説と特権説である。

例えば目的物の滅失のケースについては、両説はそれぞれ次のように説明する。価値権説によれば、抵当権が目的物の交換価値を支配するものである以上、たとえ目的物が滅失しても、交換価値の具体化と位置づけうる損害賠償債権等にその効力は当然に及ぶという(鳩山秀夫〔判批〕判民大正12年度〔1925〕164頁以下、我妻276頁)。これに対して、特権説は、目的物が滅失すれば、本来、物権たる抵当権も消滅するはずであるが、抵当権者を特に保護するために目的物の代替財産である損害賠償債権等にも優先権を認めたとする(嘩道文藝〔判批〕京都法学会雑誌11巻11号〔1916〕70頁以下、大連判大12・4・7民集2巻209頁)。

しかし、条文においては、物上代位が認められるのは滅失の場合だけでは

ない。賃貸のケースについては，上記の説明がそのまま当てはまるとはいい難い。このため，物上代位の制度趣旨ないしその性質を一元的に説明することに対しては，近時では異論が多くなっており（近江57頁，道垣内68頁，河上155頁参照），この制度を多元的に説明する見解（代替的物上代位，付加的物上代位という分類）が有力化している（→2⑶(ｱ)(a)）。とりわけ，抵当権に関して物上代位の規定を一元的に説明することが困難となる背景には，現行法の制定過程においてその射程が広がりすぎたという事情がある。そこでまず，簡単にその沿革を見てみよう。

⑵　抵当権の物上代位の規定の沿革

(ｱ)　対象の範囲　　旧民法債権担保編133条1項は，先取特権について，目的物の滅失ないし損傷の場合に，債務者の有する損害賠償の権利について物上代位を容認し，同条2項は，同じことが目的物の売却または賃貸の対価，さらには，目的物に物権が設定された場合の対価にもあてはまる旨を定めていた。しかし，旧民法では，現行法のようにこれを抵当権に準用する規定はなく，むしろ，債権担保編201条は，目的物の滅失ないし損傷の場合にのみ抵当権者に同様の権利を認めるにとどめていた。他方で，債権担保編202条は，抵当権の実行段階においてはその効力が果実一般に及ぶことを容認していたが，旧民法には保険金については物上代位を容認する規定が置かれず，ただ，旧商法641条2項が，抵当権者らの保険金に対する優先権を容認するにとどめていた。

このように，旧民法が，目的物の滅失等における損害賠償の権利に対する効力を物上代位の基本としていたのは，ボワソナードが，物上代位を，担保権の目的物に対する効力が消滅したときに目的物の代償となる財産へその効力が移転するものと見ていたことに基づいている。そのため，目的不動産が第三者に譲渡されてもなお効力が揺るがない抵当権については，滅失・損傷の場合に物上代位が容認されるにとどまったのに対し，先取特権においては，追及効が制限されているために，これに加えて，売却，賃貸，さらには物権設定の場合にも物上代位が容認されていたと考えられる（古積・換価権231-232頁参照）。すなわち，追及効のない先取特権の目的物が売却され，あるいはその上に地上権が設定されると，先取特権の効力はこれらに劣後せざるをえず，その代償として，売買代金や地代に対する権利行使を容認する必要が

あった。また，旧民法においては賃借権が物権の1つとして規定されていたために，先取特権の目的物に賃借権が設定されると，先取特権がこれにも劣後することとなり，その代償として賃料に対する権利行使を認める必要があった（宮城浩蔵・民法正義債権担保編1巻〔1890〕648-649頁）。この点からは，第三取得者や賃借人が現れてもなお従前の効力を維持しうる抵当権について，売買および賃貸の場合に物上代位を容認しなかったのは，いわば当然のことといえよう。また，旧民法の時代に保険金に対する優先権が別個に規定されていた点も，保険金が必ずしも目的物の法的な代償であるとはいえないため，フランス法において，担保権者による保険金に対する権利行使が許されるか否かが議論されていたことを反映するものであった（ボアソナード氏起稿・再閲修正民法草案註釈第3編中巻〔1883〕329-333丁）。

ところが，現行法においては，物上代位の射程がより広げられ，先取特権についての規定がそのまま抵当権に準用されるとともに，目的物の滅失における保険金についても，特に損害賠償金と区別されることはなくなってしまった。しかし，抵当不動産が滅失した場合と単に売却・賃貸がされた場合とでは，抵当権者の地位に大きな差異があるにもかかわらず，何故双方において抵当権者に同等の権利を認めるに至ったのかについては，起草者はほとんど何も説明しておらず，ただ，かように先取特権の規定を抵当権に準用することが立法編成上便利である旨が，語られていたにすぎない（法典調査会民法議事〔近代立法資料2〕819頁〔梅謙次郎発言〕）。これは，物上代位の射程がその本来の趣旨を十分考慮することなく不当に拡張されたものといってよく，このことが，その後，学説において，抵当不動産の売却，賃貸における物上代位を否定する見解が有力化した原因ともいえよう。

(イ) 372条・304条1項ただし書の趣旨　他方で，現行法304条1項ただし書は旧民法債権担保編133条1項ただし書を基本的に引き継いだが，旧民法で担保権者に要求されたのは，差押えではなく「払渡差押」となっていた。もともと，この部分は，ボワソナード草案では「異議」とされていたが，法律取調委員会で「故障」とされ，さらに，再調査委員会では「払渡差留」となり，最終的に旧民法の表現に改められたものであることは，谷口安平の研究によって明らかにされてから久しい（谷口安平「物上代位と差押」奥田ほか編・民法学3・104頁以下参照）。かかる用語の変遷の理由ははっきりしていない

が，ボワソナードが担保権者に「異議」を要求した理由は，第三債務者が弁済を誤る危険に陥らないようにした点にある（ボアソナード氏起稿・前掲296-297丁）。すなわち，彼は，担保権の効力が本来の目的物に代わる財産，債権に及ぶのが物上代位であるならば，かかる目的債権の債務者は，本来の債権者に弁済をしてもその効力を担保権者に主張することができず，担保権者による支払請求を拒絶することができないという危険が生ずるため，担保権者がかかる弁済の前に第三債務者に対して「異議」を申し出なければ，第三債務者による弁済を有効として担保権者の権利主張を否定することにしたようである。

ところが，現行民法制定の審議過程においては，担保権者に「払渡し又は引渡し」前の差押えを要求する理由が，目的債権の弁済によって物上代位の対象となる金銭の特定性が喪失することを防止する点にあるような説明がなされるようになり（「第九回帝国議会衆議院民法中修正案委員会速記録　明治二十九年三月七日（第七号）」103頁（広中俊雄編著・第9回帝国議会の民法審議〔1986〕195頁））、梅謙次郎の注釈書においても，これと同様の説明がなされていた（梅〔初版〕291頁）。この点が，後に304条1項ただし書の趣旨を物上代位の対象の特定性の維持にあるとする見解が有力となった一因と思われる。しかし，これらの説明は，物上代位の対象が本来は滅失等によって債務者らが取得する債権であり，金銭自体が物上代位の直接の対象となるわけではないことを，半ば無視したものであった。そのことを端的に反映しているのが，物上代位の対象に関する現行法の文言である。もともと，旧民法債権担保編133条1項本文は，「先取特権アル債権者ハ」「賠償ニ於ケル債務者ノ権利ヲ行フコトヲ得」と定めていたにもかかわらず，現行法304条1項本文は，「債務者が受けるべき金銭その他の物に対しても」「行使することができる」となっている（この点は民法典の制定時からそうなっている）。しかし，現行法の起草者らは，かかる変化についても何ら積極的理由を述べていなかった（以上の経緯の詳細については，古積・換価権228-238頁およびそこでの引用文献を参照）。

2　物上代位の対象

(1)　総　説

上述のように，現行法の条文上は，物上代位の対象となるのは「債務者が受けるべき金銭その他の物」とされているが，今日では，一般的に，物上代

位の対象となるのは，金銭その他の物自体ではなく，これらの引渡しを目的とする請求権ないし債権であると解されている（大決昭 5・9・23 民集 9 巻 918 頁，我妻 284 頁，星野 255 頁，高木 146 頁，近江 57 頁，道垣内 148 頁）。なぜなら，目的物の滅失等によって所有者がその代わりに獲得する財産は，金銭ではなくその支払を求める債権であるからである。したがって，本来は旧民法のような規定の体裁が適切であり，現行法の規定の文言は妥当性を欠いている。また，物上代位の規定を抵当権に準用するにあたって，目的債権を有するのは，「債務者」ではなく，抵当不動産の「所有者」と解さなければならない（大判明 40・3・12 民録 13 輯 265 頁参照）。なぜなら，先取特権とは異なり，抵当不動産の所有者は必ずしも債務者であるとは限らないからである。この点についても異論はない。

　問題は，304 条 1 項・2 項が掲げているすべてのケースに関して，抵当権にも物上代位を認めるべきかである。前述のように，かかる制度の出発点は，本来の目的物に対する担保権の効力が消滅したときに，これに代わる財産への効力を容認するというものであった。それゆえ，滅失・損傷の場合以外に物上代位を認めることには当然疑問が生ずる。そこで，この点に関して従来なされた議論を見ていこう。

　(2) 売　却

　(ア)　問題の所在　　抵当不動産の所有者がこれを第三者に売却しても，対抗要件が具備されている限り，抵当権の効力はそのまま存続する。したがって，これとは別個に売買代金債権への効力を容認すれば，抵当権者に二重の権利を認めることになりかねないため，物上代位の可否が問題となる。

　(イ)　判例　　この問題について判例の立場ははっきりしていない。古くは，大審院が，水難救護法による遭難船舶の公売において，船長または船舶所有者が受け取るべき公売代金に対する船舶抵当権の物上代位を認めているが（大判明 40・6・19 民録 13 輯 685 頁），ここでは抵当権の船舶に対する効力は公売によって消滅することとなっているため，目的物の売買において抵当権の追及効が認められているケースでも，物上代位を容認したわけではない。また，最高裁は，買戻特約付きで売却された不動産に設定された抵当権について，買戻権の行使によって買戻代金債権に対する物上代位の可否が問題となった事案において，当該買戻代金は，「目的不動産の価値変形物として」「目的物

の売却又は滅失によって債務者が受けるべき金銭」に当たるとして，これを容認した（最判平11・11・30民集53巻8号1965頁）。しかし，この事案では，買戻権の行使によって抵当権が消滅することになっており，ここでの代金債権は，目的不動産の滅失における損害賠償債権にかなり近似する（道垣内151頁参照）。したがって，この判例を一般的に売却における物上代位を容認したものと捉えるのは適切ではない。

ただ，判例は，抵当不動産に対する仮差押えの解放のために抵当権設定者によって供託された金銭の返還請求権を，仮差押えの目的である抵当不動産に代わるものとして，供託金返還請求権に対する物上代位を容認し，この場合，抵当権者は抵当不動産に対し抵当権を実行するか，供託金返還請求権に対し権利行使をするかを選択することができるとした（最判昭45・7・16民集24巻7号965頁）。この判例の調査官解説は，かかる供託金返還請求権を売却代金債権に準ずるものとして物上代位を正当化している（柳川俊一〔判解〕最判解昭45年〔1973〕556頁）。供託金返還請求権を抵当不動産に代わるものとする判断に対しては批判があるが（生熊長幸・物上代位と収益管理〔2003〕83-84頁），抵当権の目的不動産に対する効力が存続する場合においても物上代位を容認するという判断にかんがみると，判例は，必ずしも売買代金債権に対する物上代位を否定しない立場にあるのかもしれない。

(ウ) 学説　従来の通説は，売買代金債権に対する物上代位を認めつつ，抵当権者は，物上代位と目的不動産に対する効力を選択的に主張することができるとして，二重の権利行使を回避する立場をとっていた（我妻281頁，松坂306頁，川井57頁，近江142頁，平野・総合86頁）。けれども，売買代金額が抵当権の負担を計算して定められるケースを考慮すると，選択的な権利の行使によって両者の調整は十分図られるとはいえない。それゆえ，近時では，追及効の認められる抵当権には304条1項のうち売却は準用されないとして，売買代金債権に対する物上代位を否定する見解が多数となっている（鈴木禄弥・抵当制度の研究〔1968〕118頁，高木141頁，内田403頁，石田(穣)329-330頁，髙橋117-118頁，安永270頁）。その根拠として，目的物の売却の場合には，抵当権者には代価弁済（378条）によって売買代金から満足する機会が与えられていることを指摘する見解も有力である（道垣内150頁・169頁）。すなわち，抵当不動産の所有者が任意に売買契約を結んだ場合に，抵当権者が自己の意

思のみで強制的に代金債権に権利行使をすることを容認してしまうと、後順位抵当権者が存在するときにはその利益が害される恐れも生ずるため（そもそも代金額が廉価に定められていると、その者はほとんど満足しえない）、売買代金債権に対する物上代位は適切ではなく、むしろ、このような場合は、関係者の合意によって抵当権者の満足を図る、代価弁済の制度こそが機能すべき局面であるという。

(エ) 若干の考察　前述のように（一1(2)(ア)）、現行法の規定が、旧民法とは異なり、売買代金に対する物上代位を抵当権にも拡張したことには理論的正当性を見出すことができない。本来の目的物への効力の消滅に対する代償という観点にはこれは全く相応しないし、抵当権者に2つの権利を認めることは、その相互関係の調整という点で法律関係を錯綜させるからである。今日、解釈論として抵当権の売買代金に対する物上代位を否定する見解が支配的になっていることは、自然な流れといえる。

(3) **賃　貸**
(ア) 物上代位の可否
　(a) 平成15年法改正までの議論
　(i) 問題の所在　民法起草者は、天然果実に対する抵当権の効力は平成15年改正前民法371条によって律せられるのに対し、法定果実たる賃料に対する効力は372条が準用する304条1項によって律せられると考えていた（法典調査会民法議事〔近代立法資料2〕819-820頁〔梅謙次郎発言〕）。しかし、抵当不動産を所有者が第三者に賃貸した場合にも、目的物本体に対する抵当権の効力は存続する。しかも、賃料は目的物の収益にほかならず、抵当権はその設定後も目的物の占有・利用を所有者にとどめおく性質を有するから、賃料債権に対する物上代位を認めることには疑問も生ずる。このため、賃料債権に対する物上代位の可否は、判例・学説において活発に議論されてきた。

　(ii) 判例の展開　大審院の判例は、起草者の見解と同様に、天然果実に対する抵当権の効力は平成15年改正前民法371条によって律せられ、法定果実たる賃料に対する効力は372条によって律せられるという立場をとりつつ、物上代位が認められるには目的物本体に対する抵当権の実行が不可能であることを要するとして、抵当権者が目的物に対して競売を行っている場合には、賃料債権に対する物上代位を否定すべきとした（大判大6・1・27民録

23輯97頁)。これは，物上代位が目的物本体に対する効力が否定される場合に容認される，という思想に合致している。

戦後にこの点についての最高裁判例はすぐに現れなかったが，昭和期の後半に現れた裁判例では，賃料債権に対する物上代位は否定されるべきとする決定（大阪高決昭61・8・4判タ629号209頁）や，抵当不動産に賃借権が設定されその負担によって目的物の価値が下落し，賃料がこれを補填する意味を持つ場合にのみ物上代位を容認するという決定（大阪高決昭54・2・19判時931号73頁）が現れた。

しかし，平成になって現れた最高裁判決は，先順位抵当権者によって抵当不動産が競売されたが，後順位（根）抵当権者が物上代位を根拠として抵当不動産の賃借人が供託していた賃料の払渡しを受けたことに対し，抵当不動産の第三取得者が不当利得返還請求権を主張した事案において，以下のような理由から，賃料債権への物上代位を無条件に認める立場をとった（最判平元・10・27民集43巻9号1070頁）。すなわち，①抵当権は，目的物に対する占有を抵当権設定者の下にとどめ，設定者が目的物を自ら使用しまたは第三者に使用させることを許す性質の担保権であるが，抵当権のこのような性質は先取特権と異なるものではない。②抵当権設定者が目的物を第三者に使用させることによって対価を取得した場合に，その対価について抵当権を行使することができるものと解したとしても，抵当権設定者の目的物に対する使用を妨げることにはならない。

(iii) 学説の展開　前述のように，民法起草者は賃料債権に対する物上代位を容認しており，民法施行後もしばらくは，一部には，抵当権者が所有者の使用・収益に干渉しえないという点を根拠に物上代位を否定する説もあったものの（中島1067頁)，ほとんどこの点に異論を唱える見解はなかった。その後，石田文次郎，我妻栄によって，抵当権が目的物の交換価値を支配するという理論が確立されたが，両者とも，賃料債権に対する物上代位も抵当権の交換価値支配という性質から当然に導かれるという立場をとった（石田・上62-63頁・72-73頁，我妻〔初版，1936〕23頁・228頁)。とりわけ，我妻は，賃料を目的物の交換価値のなし崩し的実現と位置づけていた。

しかし，一方では，天然果実に対する効力が抵当権の実行時までには認められないとしながら，他方では，法定果実たる賃料については端的に物上代

位を容認することには疑問が残る。このため，昭和期の後半になると，賃料債権に対する物上代位を認めるべきではなく，むしろ，賃料についても抵当権実行時以降にのみ抵当権の効力を容認し，ただ，その実行手続が整備されていないことを考慮して，抵当権の実行・競売のための差押えがなされた以降にのみ，賃料債権に対する物上代位権の行使を認めるべきとする見解が有力に主張された（鈴木〔改訂版〕182頁・185頁参照）。さらには，賃料債権に対する物上代位を全面的に否定する見解も主張された（道垣内〔三省堂版〕119頁。高橋智也「抵当権の物上代位に関する一考察(3・完)」東京都立大学法学会雑誌39巻2号〔1999〕799頁は，物上代位を抵当権の実行不能の場面に限定すべきとの見地から否定的立場をとる）。

　ところが，最高裁が賃料債権に対する物上代位を無条件に肯定した後には，賃料債権に対する物上代位を基本的には容認し，その具体的な範囲やこれを正当化する要因をより詳細に検討する学説が多くなった。

　例えば，すでに最高裁判例の前に，抵当権が目的不動産の価値を把握するという観点に従い，抵当権設定後に目的不動産につきなされた短期の賃貸借が対抗力を有するために（平成15改正前民395条本文），その負担によって抵当不動産の価値が下落する場合においてのみ，その見返りとしての賃料に対する物上代位を肯定すべきとする見解が主張されていたが（新田宗吉「物上代位に関する一考察（4）」明治学院論叢法学研究30号〔1984〕49-60頁参照），手続法学者の伊藤眞も，これとほぼ同様の観点から，抵当権設定後の賃借権の設定によって抵当不動産の価値が下落する場合においてのみ，その対価たる賃料に対する物上代位が正当化されるという立場をとった（伊藤眞「賃料債権に対する抵当権者の物上代位（上）」金法1251号〔1990〕9-10頁）。

　これに対して，鎌田薫は，賃料債権に対する物上代位の可否は，抵当権の本質論等に基づく形式論理的な演繹的構成によるのではなく，抵当権者と抵当権設定者との利益衡量によって決定されるべきとの観点をとり，抵当権者が賃料への物上代位を期待して抵当権の設定を受けることにも合理性があり，他方では，物上代位も抵当権の実行である以上，その行使の要件として被担保債務の不履行が前提とされるから，本来，競売によって所有権を失う可能性のある抵当権設定者は，賃料が抵当権者の満足に充てられても不当に害されることはないとして，賃料債権に対する物上代位を肯定した（鎌田薫「賃料

債権に対する抵当権者の物上代位」石田喜久夫ほか還暦・金融法の課題と展望〔1990〕25頁以下）。

　他方で，松岡久和は，抵当権が目的物の交換価値を把握するという命題を前提にしつつ，かかる交換価値は目的物の競売によって現実化する以上，その内容には抵当権実行後の目的不動産の使用・収益価値も包含されるとして，被担保債務について不履行が生じ，いわば抵当権の実行としての賃料債権の差押えがなされた後には，かかる使用・収益価値たる賃料債権に対する優先的支配を認めることができるとした（松岡久和「物上代位権の成否と限界(1)」金法1504号〔1998〕6頁以下参照）。すなわち，抵当権の交換価値支配ないしはこれに包含される使用・収益価値支配が現実化するのは，抵当権の実行段階においてであるというのが，松岡説の基本的考え方といえよう（松岡久和「抵当権の本質論について」高木多喜男古稀・現代民法学の理論と実務の交錯〔2001〕20-23頁参照。ただし，松岡67-68頁では，差押えの時点で差押え前に発生していた賃料債権も残存していれば，これに対する効力を認めるに至っている）。

　さらに，髙橋眞は，やはり抵当権が交換価値を把握するという命題を前提にして，抵当権の収益価値に対する効力はあくまで目的不動産に対する抵当権の実行・競売によって正当化されるという観点の下に，賃料債権に対する効力も，天然果実と同様にあくまで平成15年改正前民法371条によって正当化されるという見解を示した（髙橋眞・抵当法改正と担保の法理〔2008〕14頁）。ただ，最終的には，抵当権の賃料債権に対する効力が現実化するための要件としては，被担保債務の不履行で足りるのか，あるいは抵当不動産の差押えが必要となるのか，さらにはこれに加えて賃料債権の差押えも要することになるのかは，利益衡量によるとするにとどまっている（髙橋・前掲書57頁以下参照）。

　このように，学説においては，賃料債権に対する物上代位を一定の範囲で容認する見解が多数になっていたが，それとともに，かかる物上代位を滅失における損害賠償債権に対する物上代位とは区別する傾向が強くなった。すなわち，しばしば，目的物本体に代わって生じた財産に対する物上代位が代償的ないし代替的物上代位と称され，賃料債権に対する物上代位が派生的ないし付加的物上代位と称されている（髙橋・前掲書14頁，松岡・前掲金法1504号12頁，高木138頁，道垣内148頁）。

(b) 371条との関係——平成15年法改正後の問題　平成15年の法改正によって，抵当権の果実に対する効力を認める371条が設けられた後には，同条と賃料債権に対する物上代位との関係が問題となっている。すでに述べたように（→§371 I 4），これは，法改正時に十分詰められなかった論点といえよう。

まず，371条はあくまで担保不動産収益執行の基礎となるにすぎず，同条と372条・304条は相互に無関係なものであり，抵当権の効力が及ぶ果実を債務不履行後に生ずるものに限定する371条の規律は，賃料債権に対する物上代位に影響を及ぼすことはないという見解がある（滝澤孝臣「担保不動産の収益執行制度の新設による物上代位制度への影響」銀法624号〔2003〕35-36頁，中野＝下村699頁）。その根拠としては，平成15年の改正においては，特に物上代位の規律に修正を加える動きはなかったという点（生熊長幸「担保不動産収益執行と民法371条改正および敷金返還請求権に関する若干の問題」ジュリ1272号〔2004〕102頁参照），従前の判例理論が賃料債権に対する物上代位の効力について時間的制限を加える立場にはなかったという点（滝澤・前掲論文36頁）が挙げられる。

これに対して，賃料債権に対する物上代位を付加的物上代位と位置づけ，他の物上代位と区別する論者は，371条の規律が賃料債権に対する物上代位にも及ぶとする傾向にある。これは，双方が収益に対する効力という点で共通することを考慮するものといえよう。その結果，担保不動産収益執行でも物上代位でも，抵当権の優先権の範囲は債務不履行後に生じた果実に限定される（高木129-130頁142-143頁，道垣内153頁，生熊44頁）。とりわけ，高木多喜男は，現行法では，371条を賃料債権に対する物上代位の実質的根拠として位置づけ，372条・304条を，抵当権者が債権差押えという手続によって満足することを認める規定と捉える（高木129頁・143頁。同旨，安永269頁）。道垣内弘人も，賃料債権に対する物上代位の規定を果実に対する抵当権の実行手続を簡易化したものと捉える（道垣内149頁）。これらは，賃料債権に対する抵当権の効力との関係では，372条の意義はもっぱら債権執行手続による満足を認めた点にあるにすぎないとするものであろう。

ただし，371条の規律が賃料債権に対する物上代位にも及ぶことを容認する立場の中にも，強制管理手続との平仄という観点から，抵当権者による差押えの時点で債務不履行前に生じた賃料債権が残存している場合には，これ

に対する抵当権者の優先権を容認する見解もある（山野目章夫＝小粥太郎「平成15年法による改正担保物権法・逐条研究(3)」NBL780号〔2004〕49頁）。他方で，賃料に対する抵当権の効力はもっぱら372条・304条によって律せられ，371条の制限に服さないという立場もある（水津太郎「抵当権に基づく賃料の把握」法教421号〔2015〕73頁）。これには，賃料債権に対する物上代位に関して従前の判例法理が認めていた効力をそのまま尊重しようという発想がある。

以上に対して，担保不動産収益執行と並んで賃料債権に対する物上代位を認めること自体に疑問を呈する見解もある。すなわち，物上代位は抵当権の本来的効力の及ばない財産に対する権利行使を容認する制度であり，賃料に対する効力が371条によって認められた以上，物上代位を否定するのが理論的帰結であるという（鎌田薫「物上代位」山田卓生ほか・分析と展開 民法Ⅰ〔3版，2004〕291頁，髙橋117頁参照。内田407頁，鈴木250頁も物上代位に否定的な立場をとる）。

(c) 若干の考察　旧民法において賃料債権に対する物上代位が認められた実質的根拠は，先取特権の目的物に対する効力が賃借権によって制限されるという事態にあった（一1⑵⑺）。それゆえ，そのような問題が生じない現行民法においては，本来これは否定されるべきであったのであり，賃料に対する権利行使は，抵当権の本来的効力の1つとして規律されるべきであった。この観点からは，新たな371条が抵当権の果実・収益に対する効力を正面から規定している現行法では，賃料債権に対する物上代位を否定するという考え方にも説得力がある。しかし，債権執行による簡易な満足のメリットを考慮して，372条・304条の規定がそのまま存置されたという法改正の経緯からは，これを完全に無視するわけにはいかない。それゆえ，371条と372条・304条が併存する現行法においては，賃料債権に対する物上代位も抵当権の本来的効力の1つとして再構成するのが解釈論としては穏当である。すなわち，物上代位権の行使としての賃料債権の差押えは，抵当権の収益に対する実行の一態様として見るべきである。結局，一部の学説のいうように，現行法においては，372条・304条の賃料に関する規律は，抵当権者の賃料からの満足を簡易な債権執行によって容認するものとして捉えるべきであろう。

したがって，債務不履行後に生ずる果実に対して抵当権の効力が及ぶとい

第1節 総 則　　　　　　　　　　　　　　　　　　　§372 II

う371条の規律は，物上代位にも及ぶと解すべきであり，抵当権者の差押えの段階において債務不履行前に生じていた賃料債権が残存していても，これに対する優先権は否定されるべきである。むしろ，抵当権はその実行段階までは所有者の収益権能を奪わないという本来の性質を徹底するならば，その優先権を差押え以降に生ずる賃料債権に限定するのが望ましい（詳しくは，古積・換価権205頁以下参照）。

(イ) 賃料債権に準ずるものの取扱い

(a) 転貸賃料債権　平成初期のバブル経済崩壊の頃には，抵当不動産の転貸賃料債権に対しても物上代位を主張しうるかが問題となった。これは，抵当権設定者が，賃料債権への物上代位を妨害するために，自分に近しい者との間で形式的に賃貸借契約を締結したうえで，さらに本来ならば直接の賃借人となるべき者へ転貸させるという方法をとり，賃貸借の賃料額を極めて低く設定する一方で，実質的な賃料に相当する転貸賃料債権から利益を得んとする事態が頻繁に生じたためである。

かくして，転貸賃料債権に対する物上代位の可否が裁判例において問題となり，学説では，これを肯定する見解，全面的に否定する見解，原則として否定しつつ一定の場合には例外的に肯定する見解があったが，最後の見解が有力であったと思われる。そして，最後の立場には，主に，①賃貸借契約および転貸借契約の締結が抵当権者の権利行使を妨げる詐害的なものである場合に，物上代位を肯定する見解，②賃貸借契約の締結が抵当権設定登記の後であれば物上代位を容認する見解，③抵当不動産の競売開始決定後に生ずる転貸賃料債権については物上代位を認める見解，があった（当時の裁判例・学説については，松岡久和「物上代位権の成否と限界(2)」金法1505号〔1998〕13頁以下参照）。

最高裁判所は，次のように，転貸賃料債権に対する物上代位を原則として否定しつつ，例外的にこれが認められる場合もありうるという立場をとった（最決平12・4・14民集54巻4号1552頁）。すなわち，「民法372条によって抵当権に準用される同法304条1項に規定する『債務者』には，原則として，抵当不動産の賃借人（転貸人）は含まれない」。「けだし，所有者は被担保債権の履行について抵当不動産をもって物的責任を負担するものであるのに対し，抵当不動産の賃借人は，このような責任を負担するものではなく，自己に属

する債権を被担保債権の弁済に供されるべき立場にはないからである」。「また，転貸賃料債権を物上代位の目的とすることができるとすると，正常な取引により成立した抵当不動産の転貸借関係における賃借人（転貸人）の利益を不当に害することにもなる」。もっとも，「所有者の取得すべき賃料を減少させ，又は抵当権の行使を妨げるために，法人格を濫用し，又は賃貸借を仮装した上で，転貸借関係を作出したものであるなど，抵当不動産の賃借人を所有者と同視することを相当とする場合には，その賃借人が取得すべき転貸賃料債権に対して抵当権に基づく物上代位権を行使することを許すべきもの」としている。

この判例は，抵当不動産の所有者とは異なり物的責任を負わない賃借人の権利に対して，抵当権者の優先権を容認する根拠はないとするものであろう。ただし，所有者が賃借人を単なるダミーとして介在させたような場合には，転貸賃料債権こそが所有者に実質的に帰すべき賃料債権ともいえる点を重視し，賃借人を所有者と同視しうる場合には，転貸賃料債権に対する物上代位を容認するものといえる。このとき，賃借人と所有者を同視しうるという判断の要素としては，所有者と賃借人との人的関連性（例えば，所有者と賃借人が家族関係にあったり，賃借人が所有者たる会社の代表取締役であるなど），さらには，賃料額が低廉であるか否かなどがあげられよう。

　(b)　管理委託を受けた者が取得する賃料債権　　転貸賃料債権の物上代位の可否に類似する問題として，抵当不動産の所有者からその管理の委託を受けた者が第三者との間で結んだ賃貸借契約に基づいて取得する賃料債権に対し，抵当権者は物上代位を主張しうるかという問題がある。

下級審の裁判例では，管理委託を受けた業者が賃借人から受領した賃料のうち諸費用を控除した残額を抵当不動産の所有者に支払っていたという事案に関し，「法形式的には，抵当権設定者である抗告人が本件建物の一室又は数室を直接第三債務者らに賃貸しているのではなく，抗告人から業務委託を受けた訴外会社が賃貸しているのではあるが，経済的・実質的には，抗告人が自ら賃貸した場合と異なるものではないから，抵当権者である相手方は，民法372条，304条の規定の趣旨に従い，第三債務者との間の賃貸借契約締結の時期の如何を問わず，訴外会社が第三債務者らに対して取得する賃料債権を差し押さえることができると解するのが相当である」としたものがある

（東京高決平 8・4・15 判タ 936 号 251 頁）。これは，管理委託を受けた者が目的不動産に独立の利用権を有しないケースであり，実質的には所有者自身が直接に賃貸している場合と変わらないことを考慮したものといえよう。したがって，逆に管理委託を受けた者が独立した利用権の取得のために所有者に適正な対価を支払っているケースにおいては，管理業者の取得する賃料債権に対して抵当権者が物上代位権を行使することは許されないといえよう。

(c) 不法占有者に対する損害賠償債権　抵当不動産の所有者が無権原の占有者に対して使用利益相当額の損害賠償請求権を取得するときに，抵当権者がその上に物上代位を主張することはできるだろうか。かかる損害賠償債権の実質はほぼ賃料債権と異ならない以上，これを否定する理由はない（新版注民(9)〔改訂版〕61-62 頁〔小杉茂雄〕参照）。

(d) その他　以上のほか，賃貸借契約に伴う保証金，権利金，更新料，共益費，管理費および消費税等の取扱いも問題とされているが，これらについては，新版注釈民法を参照されたい（新版注民(9)〔改訂版〕62-63 頁〔小杉〕）。

(4) 滅失・損傷

(ｱ) 損害賠償債権　目的物の滅失・損傷において，所有者が不法行為者に対して取得する損害賠償債権に物上代位が認められる点については異論がない（大判大 5・6・28 民録 22 輯 1281 頁，大判大 6・1・22 民録 23 輯 14 頁）。ただ，この場合には，そもそも所有者の損害賠償債権と並んで抵当権者自身の損害賠償債権を認めるべきかが問題となる点には注意を要する（→§369 Ⅶ 3 (2)）。また，目的物の一部が損傷したにとどまる場合において，残存物の価額によって抵当権者が十分に満足しうるときでも，所有者の損害賠償債権に対する物上代位を認めるべきかが問題となる。この問題に関しては，抵当権者には物上代位を認める必要はないとする見解と，抵当権者は，残存物に対する抵当権の行使も，損害賠償債権に対する物上代位権の行使もすることができるという見解（道垣内 150 頁）がありうる。抵当権はもともと目的不動産を不可分的に把握しているという点が，後者の根拠となる。

(ｲ) 用地買収契約における補償金債権　抵当不動産が公権力による土地収用等の対象となると，これに対する抵当権の効力も消滅することになるが，この場合には，所有者にはその補償金を求める債権が帰属する。そこで，かかる補償金債権に対する物上代位を認める規定が，土地収用法等に置かれて

いる (→6)。

　ただ，地方公共団体が土地所有者と土地の買収の契約を結んだ場合において，当該土地上に存在する建物が抵当権の目的であるときには，用地買収に伴い建物を収去せざるをえない土地所有者には，その補償金債権が認められるが，かかる補償金債権には土地収用法等における物上代位の規定は適用されない。しかし，この場合の補償金債権は建物の滅失によって生じる債権といってよく，民法の物上代位の規定の適用を認めるべきである。判例も物上代位を容認している（最判平14・3・12民集56巻3号555頁）。

　(ウ)　保険金債権　　火災等によって抵当不動産が滅失したときに所有者が取得する保険金債権についても，判例は物上代位を肯定しており（大判明40・3・12民録13輯265頁），通説も同様の立場をとっている（我妻285頁，星野254頁，高木146頁，近江143頁，道垣内153頁，石田(穣)339頁，髙橋120頁）。ただし，一部には，ドイツ法やフランス法に関する比較法的研究に基づいて，保険金債権に対する物上代位は理論的に当然には認められないという説も主張されている（大森忠夫・続保険契約の法的構造〔1956〕70頁以下，西島梅治「保険金債権に対する物上代位」法政研究23巻1号〔1955〕57頁以下）。その背景には，保険金は目的不動産の法的な代償とはいい難く，所有者が任意に締結した保険契約によって保険料の対価として獲得される財産であるという認識がある。

　たしかに，保険金債権を損害賠償債権と完全に同視することはできず，だからこそ，旧民法では保険金債権の取扱いは他と区別されていた。しかし，保険金債権に対する抵当権者の優先権は当時でも否定されていたわけではなく，現行民法の起草者は明らかに保険金債権に対する物上代位を容認していた。したがって，これを否定する解釈論は困難といえよう。ただし，現行法がこれを他の物上代位と統合する形で規定したことには問題がある。目的物と保険金との経済的連関を考慮すれば，少なくとも他の一般債権者に優先する地位を抵当権者に認めるという政策論は十分に成り立つが，まさにこれは政策的な特権にすぎず，その具体的効力を他の物上代位と区別することにも合理性があるからである。この問題は3において検討したい。

　(5)　物権設定の対価

　現行法は，物権設定の対価，例えば，地上権設定における地代，永小作権設定における小作料に対する物上代位を認める規定を置いている（304条2

項)。学説には，抵当不動産の所有者に収益権能が留保されることを重視して，物権設定の対価に対する物上代位を否定する見解もあったが（中島1067頁），通説は，これらを賃料に準ずるものとして物上代位を容認してきた（我妻282頁）。

しかし，物上代位の規定の沿革からは，通説の立場には根本的な疑問がある。もともと旧民法において地代等について物上代位が認められたのは，先取特権に追及効がないために，目的物に物権が設定されると先取特権はこれに劣後し，その代償として地代に対する権利行使の必要があったからである。それゆえ，第三者に対する対抗力が具備されている抵当権においては，地代等に対する物上代位を否定するのが穏当であろう（同旨，道垣内150頁）。

3 372条・304条1項ただし書の趣旨

(1) 総　説

現行法は，抵当権者の権利行使の要件として，「払渡し又は引渡し」の前に目的債権を差し押さえなければならないとしている（372条・304条1項ただし書参照）。この規律はいくつかの論点を内包する。第1は，この条項は，目的債権の差押えがなされないまま「払渡し又は引渡し」がなされてしまうと，抵当権者の優先権を否定することを意味するが，なぜ現行法がそのような帰結を導くことしたのかであり，それとの関係で，「払渡し又は引渡し」の前の差押えは，あくまで抵当権者によるものでなければならないのかである。第2は，抵当権者が目的債権から満足するには自身による差押えが必要であるのか，例えば，他の一般債権者による差押えの手続において，配当要求による権利行使は認められないのかである。第3は，「払渡し又は引渡し」の前にあくまで本来の意味での差押えをしなければ，物上代位の効力は保全されないのかである。

従来，活発に議論されてきたのは第1の論点である。そこで，ここでは第1の論点に焦点を当て，従来の判例，学説上の議論を見ていく。第2および第3の論点については項を改めて検討したい（→4, 5）。

(2) 判例の展開

(ア) 特定性維持説　　すでに見たように，旧民法ではもともとこの条項は第三債務者の保護を目的としていたが，現行法の起草者は，むしろ物上代位の対象の特定性の維持にその意義を求めるようになっていた。当初の大審院

§372　II　　　　　　　　　　　　第2編　第10章　抵当権

判例もこれに近い立場をとった。
　すなわち，大審院大正4年3月6日判決（民録21輯363頁）は，抵当不動産が旧鉱業法に基づく土地収用の対象となり，その補償金債権について一般債権者のための差押え・転付命令が抵当権者の差押えに先行した，という事案において，次のような理由から，抵当権者自身が目的債権を差し押さえなくとも，他の債権者が差押えをすれば物上代位の権利は保存されるとして，抵当権の物上代位が他の債権者の転付命令に優先するという判断を下した。
　「鉱業法第69条ノ規定ハ民法第304条ニ規定スル物上代位ノ原則ノ適用ヲ示シタルモノニシテ物上担保ヲ有スル債権者カ担保物ヲ代表スル補償金ニ対シテ其権利ヲ行使スルニハ其払渡前ニ之カ差押ヲ為スコトヲ要スルハ民法第304条ニ於ケルト同一ナリ蓋シ此場合ニ於ケル差押ハ被収用者タル債務者ニ対シテ補償金ノ処分ヲ禁シ収用者タル第三債務者カ弁済其他ノ方法ニ因リ之カ請求権ヲ消滅セシメ債権者ヲシテ代表物タル補償金上ニ有スル優先権ヲ喪失セシムルノ結果ヲ予防スルヲ以テ唯一ノ目的トスルモノニシテ優先権ノ目的タル補償金ハ差押ノ処分ニ依リテ完全ニ保存セラレ優先権者ハ之ニ依リテ其権利ノ目的ヲ達スルコトヲ得ヘシ何トナレハ補償金ニ対スル差押ハ一面其代表物タル特定性ヲ保全スルト同時ニ他ノ一面ニ於テ其消滅ヲ防止シ以テ優先権者ヲシテ補償金上ニ其権利ヲ行使スルコトヲ得セシムルモノナレハナリ」。
　これに続いて現れた大審院大正4年6月30日判決（民録21輯1157頁）も，旧土地収用法による抵当不動産の収用における物上代位について，ほぼ同様の見解を示した。
　このように，当初の判例は，目的債権の弁済がない限りその転付命令があっても物上代位の効力は揺るがないとし，その際に，差押えの意義として特定性の保全に重点を置いていた。しかし，同時に，これらの判例は，差押えには弁済による目的債権の消滅ないしは優先権の喪失を防止する意味もあるとしており，これには目的債権の帰属主によるその処分は本来有効であるという認識が見て取れる。この点を徹底するならば，抵当権者による差押え前になされた譲渡や転付命令の効力は物上代位に優先することになりかねない。その意味で，判例の理論は必ずしも一貫したものではなかった。
　現に，これらの判例に対しては，睦道文藝が，抵当権者による差押えを優

先権保存のための要件とすべきと批判していた。すなわち，304条1項ただし書の目的は目的債権を譲り受けた第三者の保護にもあるとし，抵当権者による目的債権の差押えは，あたかも不動産先取特権の保存の要件とされる登記と同じ意義を有するとして，差押えに他の債権者のための転付命令が先行している場合には，もはや物上代位の効力は認められないという（曄道文藝〔判批〕京都法学会雑誌11巻6号〔1916〕72-74頁）。

(イ) 優先権保全説への転換　その後，大審院は，従来の立場を変更し，差押えはあくまで抵当権者自身によらねばならず，それがなければ優先権は保全されないとした。すなわち，大審院大正12年4月7日連合部判決（民集2巻209頁）は，抵当不動産が火災によって滅失したために抵当権設定者が取得した保険金債権について，一般債権者の差押え・転付命令が抵当権者による差押えに先行した事案で，以下のような理由から，物上代位の効力を否定する結論をとっている。

「民法第304条第1項及第372条ニ依レハ抵当権ハ其ノ目的物ノ滅失ニ因リ債務者カ受クヘキ金銭ニ対シテ之ヲ行フコトヲ得ルモ之ヲ行フニハ其ノ金銭払渡前ニ抵当権者ニ於テ差押ヲ為スコトヲ要スルモノニシテ其ノ差押ハ抵当権者自身ニ於テ之ヲ為スコトヲ要シ他ノ債権者カ其ノ債権保全ノ為ニ為シタル差押ハ抵当権者ノ右権利ヲ保全スルノ効ナキモノト解スルヲ当然トス蓋シ抵当権ハ本来其ノ目的物ノ滅失ニ因リテ消滅シ債務者受クヘキ金銭ニ付テハ当然存スルモノニ非スト雖民法ニ於テ特ニ如上ノ規定ヲ設ケタルハ畢竟抵当権者ヲ保護センカ為ニ其ノ目的物ノ滅失ニ因リ債務者カ第三者ヨリ金銭ヲ受取ルヘキ債権ヲ有スルニ至ルトキハ其ノ債権ニ対シテモ抵当権者ニ之ヲ保存セシメ優先権ヲ行フコトヲ得セシムルヲ適当ト認メタルニ因ルモノニ外ナラスシテ右債権ニ付抵当権者カ差押ヲ為スコトハ其ノ優先権ヲ保全スルニ缺クヘカラサル要件タルコト法文上明白ナレハナリ」。

さらに，大審院昭和5年9月23日決定（民集9巻918頁）は，土地区画整理における補償金債権に対する物上代位の事案で，抵当権者による差押えの前に目的債権の譲渡の対抗要件が具備されれば，もはや物上代位は認められないとの結論をとった。この判例は，旧耕地整理法が補償金の供託を第三債務者に義務づけているにもかかわらず，次のように判断したのである。

「民法第372条第304条第1項ニ依レハ抵当権ハ債務者カ抵当不動産ノ売

却滅失等ニ因リテ他人ヨリ金銭其ノ他ノ物ヲ受クヘキ債権ニ対シテモ之ヲ行フコトヲ得ヘシト雖抵当権者カ其ノ権利ヲ第三者ニ対シ保全スルニ付テハ金銭其ノ他ノ物ノ払渡又ハ引渡ニ因リ債権消滅スルニ先チ債務者ニ対シテ差押ヲ為スコトヲ要スルモノトス惟フニ民法カ『払渡又ハ引渡前ニ差押ヲ為スコトヲ要ス』ト為シタル所以ノモノハ一面ニ於テ債務者カ金銭其ノ他ノ物ノ交付ヲ受ケタル後其ノ金銭其ノ他ノ物ニ対シ尚抵当権ヲ追随セシムルカ如キハ債務者固有ノ財産トノ間ニ混雑ヲ生シ徒ニ権利関係ヲ紛糾セシムルニ止マルノ虞アレハ抵当権ノ存在ハ債務者カ金銭其ノ他ノ物ノ交付ヲ受クル前ニ於テノミ之ヲ認ムルヲ至当ナリトシ抵当権ノ目的トシテ抵当不動産ニ代位スルハ債権其ノモノナルコトノ趣旨ヲ明ニスルト同時ニ他ノ一面ニ於テ債権ニハ登記ノ如キ公示方法ナキヨリ第三者ヲ保護スルノ方法トシテ不動産ニ代位スルコトヲ明確ニシ抵当権ヲ第三者ニ対シ保全スルノ要件トスル趣旨ヲ定メタルモノト解スヘケレハナリ」。

　これらの判例により，物上代位の目的は金銭ではなく債権であり，さらには，抵当権者の債権の上の優先権はその差押えによって保全され，それ以前に設定者による目的債権の譲渡等がなされれば，もはや物上代位が認められないことが確立された。

　㋒　第三債務者保護説の採用　　最高裁判所の時代になってから，抵当権の物上代位について，この論点に関する判例は久しく現れなかった。ただ，下級審では，抵当権設定登記の後に，目的不動産の所有者が火災保険契約に基づく保険金債権に第三者のために質権を設定する契約を結び，その対抗要件が具備されたところ，抵当権者が保険金債権に対して物上代位を主張したという事案において，質権設定の対抗要件が抵当権者の差押えに先行しているという理由から，抵当権者の主張を退けた裁判例があった（福岡高宮崎支判昭32・8・30下民集8巻8号1619頁）。この判決は大審院の優先権保全説に依拠している。

　その後，最高裁昭和58年12月8日判決（民集37巻10号1517頁）は，土地区画整理法上の換地処分によって生ずる清算金請求権への物上代位に関して，抵当権者がこれを差し押さえる前に，目的債権について他の債権者のために転付命令が出され，あるいは譲渡がなされても，なお物上代位の効力が存続するという立場をとったが，これは特別法上の物上代位に関するものであっ

第1節 総則　　　　　　　　　　　　　　　　　　　　§372　Ⅱ

た（一6）。むしろ，その直後に現れた判例は，動産売買先取特権の物上代位について，担保権者による目的債権の差押えの前に債権譲渡の対抗要件が具備されれば，もはや物上代位は認められないという立場を示していた（最判昭59・2・2民集38巻3号431頁，最判昭60・7・19民集39巻5号1326頁）。

　ところが，バブル経済崩壊後に，抵当権の賃料債権に対する物上代位を妨害するために抵当不動産の所有者が事前に賃料債権を包括的に譲渡する，という事案が多発し，物上代位と債権譲渡との優劣関係が実務上重要な問題となった。最高裁は，372条・304条1項ただし書の趣旨が主に第三債務者を二重弁済の危険から保護する点にあるとして，抵当権者による差押えの前に目的債権の譲渡の対抗要件が具備されても，なおそれが弁済されていない限り抵当権者は優先権を行使しうるという判断を下した（最判平10・1・30民集52巻1号1頁。以下では「平成10年判決」という）。同判決は，その理由としてさらに次の4点を挙げている。

　①304条1項の「払渡し又は引渡し」という言葉は当然には債権譲渡を含むものとは解されないし，物上代位の目的債権が譲渡されたことから必然的に抵当権の効力が目的債権に及ばなくなるものと解すべき理由もない。②物上代位の目的債権が譲渡された後に，抵当権者が物上代位権に基づき目的債権の差押えをした場合において，第三債務者は，差押命令の送達を受ける前に債権譲受人に弁済した債権については，その消滅を抵当権者に対抗することができ，弁済をしていない債権については，供託をすれば免責されるのであるから，抵当権者に目的債権の譲渡後における物上代位権の行使を認めても，第三債務者の利益が害されることにはならない。③抵当権の効力が物上代位の目的債権についても及ぶことは，抵当権設定登記により公示されている。④仮に対抗要件を備えた債権譲渡が物上代位に優先すると解するならば，抵当権設定者は，抵当権者からの差押えの前に債権譲渡をすることによって，容易に物上代位権の行使を免れることができる。

　この判決の直後にも，最高裁は同様の判決を下している（最判平10・2・10判タ964号79頁）。

　㈎　相殺との優劣　　平成10年判決が出た頃には，抵当権者による賃料債権に対する物上代位の主張に対し，賃借人ないし第三債務者が相殺の抗弁をもって対抗するという事案も多く見られるようになっていた。最高裁は，

〔古積〕　777

かかる事案においては、以下の理由から、抵当権設定登記が賃借人の反対債権の取得に先行する限り、抵当権者による目的債権の差押えの後に相殺の意思表示がなされても、物上代位が相殺の効力に優先するとした（最判平13・3・13民集55巻2号363頁。以下では「平成13年判決」という）。

「けだし、物上代位権の行使としての差押えのされる前においては、賃借人のする相殺は何ら制限されるものではないが、上記の差押えがされた後においては、抵当権の効力が物上代位の目的となった賃料債権にも及ぶところ、物上代位により抵当権の効力が賃料債権に及ぶことは抵当権設定登記により公示されているとみることができるから、抵当権設定登記の後に取得した賃貸人に対する債権と物上代位の目的となった賃料債権とを相殺することに対する賃借人の期待を物上代位権の行使により賃料債権に及んでいる抵当権の効力に優先させる理由はないというべきであるからである」。

この平成13年判決は、同時に、たとえ相殺の合意が抵当権者の差押えの前になされていても、反対債権が抵当権設定登記の後に取得されたときは、「物上代位権の行使としての差押えがされた後に発生する賃料債権については、物上代位をした抵当権者に対して相殺合意の効力を対抗することができない」としていた。このため、当該事案では、相殺の合意があらかじめなされていたものの、反対債権は抵当権設定登記の後に取得されたものであったため、差押え以降に生ずる賃料債権について物上代位が優先することになった。

平成10年判決も、平成13年判決も、抵当権設定登記による公示を基礎にして物上代位の優先的効力を認めた点では、同様の立場にあると思われる。最高裁は、抵当権設定登記より前に目的不動産の賃貸借契約による賃料債権が一般債権者によって差し押さえられた場合には、かかる差押えが物上代位に優先するという立場もとっており（最判平10・3・26民集52巻2号483頁）、判例が物上代位の優先的効力の基礎を抵当権設定登記による公示に求めていることは明らかである。しかし、2つの判例の論理には看過しえないズレもある。すなわち、第三債務者の弁済を特別に保護するという平成10年判決の前提には、抵当権の効力が物上代位によって目的債権に確定的に及んでいるという視点があった。ところが、平成13年判決は、第三者債務者保護という観点を全く示さないばかりか、むしろ、抵当権の効力が差押えによって

はじめて目的債権に及ぶと説明している。しかも，平成10年判決は，その結論が物上代位の目的となる賃料債権の弁済期の如何を問わず妥当するとしていたのに対し，平成13年判決は，物上代位の相殺の合意に対する優先的効力は，差押え後に発生する賃料債権に限られるという結論をとっている。すなわち，物上代位と相殺との優劣については，第三債務者保護という論理がほとんど機能していない。このように，判例は賃料債権に対する物上代位の事案で第三債務者保護という理論を提示したものの，必ずしもこの理論は徹底されていなかった。

(オ) 転付命令との優劣　その後，第三債務者保護という理論の一般的妥当性に決定的な疑問を投げかける判例が現れた。すなわち，地方公共団体の用地買収によって生ずる建物に関する補償金債権に対する物上代位の事案で，最高裁は，以下の理由から，他の一般債権者のための転付命令が抵当権者による差押えに先行する場合には，もはや物上代位は認められないという立場を示した（最判平14・3・12民集56巻3号555頁。以下では「平成14年判決」という）。

「けだし，転付命令は，金銭債権の実現のために差し押さえられた債権を換価するための一方法として，被転付債権を差押債権者に移転させるという法形式を採用したものであって，転付命令が第三債務者に送達された時に他の債権者が民事執行法159条3項に規定する差押等をしていないことを条件として，差押債権者に独占的満足を与えるものであり（民事執行法159条3項，160条），他方，抵当権者が物上代位により被転付債権に対し抵当権の効力を及ぼすためには，自ら被転付債権を差し押さえることを要し（最高裁平成13年（受）第91号同年10月25日第一小法廷判決・民集55巻6号975頁），この差押えは債権執行における差押えと同様の規律に服すべきものであり（同法193条1項後段，2項，194条），同法159条3項に規定する差押えに物上代位による差押えが含まれることは文理上明らかであることに照らせば，抵当権の物上代位としての差押えについて強制執行における差押えと異なる取扱いをすべき理由はなく，これを反対に解するときは，転付命令を規定した趣旨に反することになるからである」。

この平成14年判決は，304条1項ただし書の趣旨に触れることなく，もっぱら執行制度ないし転付命令制度の趣旨からその結論を導いている。仮に

§372 Ⅱ　　　　　　　　　　　　　　第 2 編　第 10 章　抵当権

第三債務者の保護という観点を重視するならば，目的債権の転付命令があっても第三債務者による弁済がなければ，なお抵当権者は物上代位の効力を主張しうるというのが素直であろう。同年，最高裁は，賃料債権に対する物上代位と敷金の充当によるその消滅との関係について，抵当権者が目的債権の差押えの前には収益に干渉しえないこと等を理由として，賃貸借契約の終了および明渡しに伴う敷金充当による賃料債権消滅の効果が物上代位に優先するという結論をとった（最判平 14・3・28 民集 56 巻 3 号 689 頁）。しかし，この判決でも，平成 10 年判決が示した第三債務者保護という観点は前面に出されていない。

　(カ)　判例理論のまとめ　　以上のように，最高裁は，平成 10 年判決において，一応は 372 条・304 条 1 項ただし書の趣旨を第三債務者の保護に求める見解を示したが，かかる命題が物上代位の効力に関して一般的な妥当性を有しているとは考えにくい。むしろ，平成 10 年判決の結論にとって決定的な理由は，事前の包括的債権譲渡による物上代位の妨害から抵当権者を保護するという観点にあるともいえ，他方で，平成 13 年判決が抵当権者の優先権の対象を差押え以降に生ずる賃料債権に限定したのも，むしろ，抵当権がその実行までは収益に干渉しえないという特質を考慮しているように思われる。さらに，平成 14 年判決は，物上代位の妨害という事情がなかったために，ここではむしろ，大審院以来の優先権保全説による帰結を採用したともいえそうである。

　そもそも，最高裁判例が抵当権設定登記を根拠として物上代位の優先的効力を容認したのは，賃料債権に対する物上代位の事案においてであった。しかも，相殺との優劣に関する判例に現れているように，物上代位の優先的効力はすべての賃料債権について認められるわけではない。それゆえ，判例が認める登記による優先的効力は，あくまで賃料債権に対する物上代位について妥当するものであり，それも限定的なものと見るべきである。したがって，目的不動産の滅失における物上代位に関しては，判例は，なお大審院以来の優先権保全説の立場にあるといってよいのではないか。

　(3)　学説の展開

　(ア)　特定性維持説の通説化　　前述のように，民法起草者の梅謙次郎は，物上代位権の行使が否定される場面としては，条文上明示されている差押え

第1節　総則

前の目的債権の弁済のみを想定し、その理由を金銭の払込みによる特定性の喪失に求めていたが、その後の判例は優先権保全説の立場をとるに至った。これに対し、学説では、抵当権が目的物の交換価値を支配するという命題を前提にして、改めて、304条1項ただし書の趣旨を物上代位の対象の特定性の維持に求める見解が主張された。

鳩山秀夫は、物が滅失してもその経済価格が残存するときには担保物権は存続するのが本則であり、物上代位の原則は担保物権のこの性質に基づいた当然の規定であるから、その要件としては、ただ担保の目的物に代わるべき価格が独立すること、すなわち、債務者の他の財産と混合されないで存在することのみを必要とすべきであると主張した（鳩山秀夫〔判批〕法協42巻6号〔1924〕1132頁）。我妻も、これに同調して、物上代位の目的債権の差押えは担保権者自身によることを要せず、何人によって差し押さえられてもその特定的存在が持続すればよいとした（我妻〔初版、1936〕231頁）。その結果、抵当権が目的物の交換価値のみを支配するという価値権理論が支配的になるとともに、学説上は、304条1項ただし書の趣旨を特定性維持にのみ求め、差押え前に債権譲渡や転付命令があっても、なお物上代位権を行使することができるという見解が支配的になった（柚木252頁、鈴木〔改訂版、1972〕183頁、川井61頁参照）。

(イ)　損害賠償金と保険金を区別する見解　しかし、昭和期の後半には物上代位の規定の沿革に関する研究が進展し、価値権理論から物上代位の性質や304条1項ただし書の趣旨を演繹的に解釈する傾向に対しては、批判が展開されることになる。

まず、ドイツ法やフランス法に関する比較法的研究から、保険金債権に対する物上代位が理論的に当然に認められるわけでないことが明らかとなり（大森忠夫・続保険契約の法的構造〔1956〕70頁以下）、物上代位のすべてのケースを価値権理論によって説明することには疑問が呈された。すなわち、公用徴収による補償金債権や不法行為による損害賠償債権に対する物上代位は、価値権理論から導かれるとしても、保険金債権は本来の目的物と等価と評されるものではなく、ここでの物上代位は一種の特権として理解されるべきという見解が主張された（槇悌次「物上代位と差押」柚木馨ほか編・判例演習（物権法）〔増補版、1973〕212-216頁、白羽祐三「抵当権と物上代位」奥田ほか編・民法学3・95-

98頁)。この見解は，担保権者に要求される差押えの意義も物上代位の対象によって区別し，価値権理論に基づく物上代位については特定性維持説を，特権とされる物上代位については優先権保全説を支持する。

　(ウ)　優先権保全説の有力化　　昭和の末期になると，沿革的研究を背景にして，学説上，優先権保全説が有力化した。すなわち，吉野衛は，物上代位が担保権の価値権という性質に基づいて認められるとしても，そのことから当然に，304条1項ただし書の趣旨を対象の特定性維持に求めることはできないという。そして，その沿革も考慮しつつ，物上代位権の行使も執行手続の中でなされるべきである以上，目的債権について他の債権者による執行手続が開始したにもかかわらず，その手続期間に担保権者が差押えや配当要求などの措置をとらなかったならば，もはや権利行使は否定されるべきとした（吉野衛「物上代位に関する基礎的考察(上)(中)(下)」金法968号6頁以下，971号6頁以下，972号6頁以下〔1981〕参照)。鎌田も，特定性維持説に対して，目的債権に当然に抵当権の効力が及ぶとすれば，理論的には第三債務者による弁済が抵当権者には対抗できないことになり，このことと304条1項ただし書は矛盾すると批判し，基本的に吉野説に賛同した（鎌田薫「物上代位と差押」〔初出，1982〕同・民法ノート物権法①〔初版，1992〕194-196頁)。

　近時でも，抵当権者に差押えを要求する理由をその優先権の保全に求める見解は有力である（生熊長幸・物上代位と収益管理〔2003〕202頁，内田413-414頁)。一部には，抵当権者の差押えをその権利を第三者に対抗するための要件として捉える見解もある（近江149頁，松井47頁)。

　(エ)　第三債務者保護説　　学説にも，304条1項ただし書の沿革を重視し，その趣旨を第三債務者の保護に求め，目的債権の譲渡や転付命令があっても物上代位の効力は左右されず，抵当権者による差押えの前に第三債務者による弁済がなされない限り，抵当権者は目的債権を差し押さえて優先的に満足することができるとする見解がある（清原泰司・物上代位の法理〔1997〕27頁以下)。この学説は，その立論の射程を特に限定することなく，物上代位全般に及ぶものとし，最高裁が平成14年判決において物上代位が転付命令に劣後するという判断をとったことに対しては，理論的一貫性がないと批判する（清原泰司〔判批〕銀法621号〔2003〕86頁以下)。

　これに対して，第三債務者保護という観点を重視しつつも，抵当権者によ

る差押えの前に目的債権について転付命令が第三債務者に送達されれば，物上代位は認められないとする見解もある。道垣内は，第三債務者にとって，物上代位の存在は抵当権設定登記だけでは必ずしも明確ではなく，また，抵当権者が現実に物上代位権を行使するか否かも不明であることから，372条・304条1項ただし書は，抵当権者による差押えの前になされた弁済を保護する意味を持つとして，その趣旨は差押え前の反対債権との相殺や免除にも及ぶが，抵当権者の差押えの前に目的債権の譲渡，その上の質権設定，さらには他の一般債権者による差押えがあっても，物上代位はこれらには優先するとする（道垣内155-158頁）。というのは，譲渡，質権設定，他の債権者による差押えにおいては，抵当権者と他の債権者による目的債権をめぐる争いが問題となっているために，ここでは他の債権者を保護する必要はないからであるという。しかし，目的債権について取立てが完了し，あるいは転付命令が送達された場合には，目的債権による他の債権者の独占的満足が認められ，目的債権をめぐる争いの状態は消滅しているとして，もはや物上代位は認められないという（道垣内159頁）。

(オ) 賃料債権を分別する議論　昭和期までに判例で問題になった物上代位の多くは，目的物の滅失またはこれに準ずるケースに関するものであり，その頃の学説も，主にそのようなケースを想定して372条・304条1項ただし書の趣旨を議論していた。しかし，平成以降には賃料債権に対する物上代位が頻繁に問題となり，特に将来発生する賃料債権の包括的譲渡と物上代位との優劣という問題に関連して，372条・304条1項ただし書の意義が議論されるようになった。債権譲渡との優劣関係については，(2)(ウ)において言及した平成10年判決が現れるまでには，主に，①債権譲渡の対抗要件具備と抵当権者による差押えとの前後によって優劣を決定する説（道垣内弘人「賃料債権に対する物上代位と賃料債権の譲渡」銀法522号〔1996〕9頁以下。ただし，二次的な立論である），②抵当権設定登記と債権譲渡の対抗要件具備との前後によって優劣を決定する説（秦光昭「将来債権の譲渡と抵当権に基づく物上代位との優劣」金法1455号〔1996〕4頁以下，小林明彦〔判批〕金法1456号〔1996〕6頁以下等），③抵当権設定登記が債権譲渡の対抗要件具備に先行する限り，抵当権者による差押え以降に生ずる賃料債権については物上代位が優先すると解する説（松岡久和「物上代位権の成否と限界(3)」金法1506号〔1998〕13頁以下，槇悌次「抵当不

動産の将来の賃料をめぐる譲渡と物上代位との衝突」民商117巻2号〔1997〕212頁以下等），④基本的には①と同じ基準によるが，債権譲渡が詐害的なものである場合には，平成15年改正前民法395条ただし書を類推適用して，物上代位権の行使を容認するという説（佐久間弘道「賃料債権の包括的譲渡と物上代位による差押えとの優劣」銀法530号〔1997〕4頁以下）があった。

かような議論の中で，学説においては，賃料債権に対する物上代位を付加的物上代位と称して，他と区別する見解が有力となってきた。特に，抵当権の実行段階においてその収益に対する効力を肯定する見解は，債権譲渡との優劣に関しては上記の③の立場をとっていた。これは，抵当権の性質，賃料の特性を考慮した立論といえよう。抵当権者による差押えの後に生ずる賃料債権について物上代位の優先的効力を容認するという結論は，抵当権の収益に対する本来的効力に相応すると考えられる（古積健三郎「将来の賃料債権の包括的譲渡と抵当権における物上代位の衝突」筑波法政23号〔1997〕127頁以下参照）。

もっとも，賃料債権に対する物上代位を付加的物上代位と位置づける見解のすべてが，372条・304条1項ただし書の趣旨について，これを他の物上代位から区別しているわけではない。例えば，前述の道垣内説は，付加的物上代位の特性に言及しつつも（道垣内154頁・158頁），抵当権者に求められる差押えの趣旨について特に分別した立論はしていない。

(4) 若干の考察

(ア) 代位の対象による区別の必要性　前述のように，賃料債権に対する物上代位は，抵当権の本来的効力の問題として捉えるべきであり，抵当権の優先的効力はその実行段階以降に生ずる賃料に限定するのが望ましい（→2(3)(ア)(c)）。それゆえ，解釈論としては賃料債権に対する物上代位を認めるとしても，目的物の滅失という本来のケースとは区別して，372条・304条1項ただし書の意義を解釈するのが望ましい。そこで，まず，目的物の滅失またはこれに準ずる場合の物上代位について，抵当権者に差押えが要求されることの理由を検討したい。

(イ) 滅失またはこれに準ずるケース　旧民法においては第三債務者の保護のために導入されていた措置が，現行法の起草段階においては代位の対象の特定性を維持するための措置として考えられたのは，すでに見たとおりである（→1(2)(イ)）。たしかに，現行法の解釈論として本来重視すべきものは，

現行法の起草者の意思かもしれない。しかし，目的物の滅失によって抵当不動産の所有者が第1に獲得するのは，明らかに金銭自体ではなく，金銭による賠償を求める債権であり，かかる債権が代位の第一次的対象となることは否定しえない。そして，目的物に代わる債権に抵当権の効力が移行するのが物上代位であるとすれば，抵当権の効力が及ぶことになった債権について，第三債務者が本来の債権者に弁済したとしても，その効力は優先的権利者である抵当権者に対抗しえなくなる可能性がある。したがって，これによる危険から第三債務者を保護するために，抵当権者が目的債権について特別の措置をとらない限り，第三債務者によるその債権者に対する弁済の効力を抵当権者にも主張しうることにしたという説明は，説得的である。

　特定性維持説をとる論者も，物上代位の対象が金銭そのものではなく，その支払を求める債権であることは否定しないようである。しかし，そうであれば，本来，抵当権の効力が及ぶ債権につき第三債務者がなした弁済の効力自体が問われなければならない（髙橋122頁は，372条・304条1項が「抵当権の設定ないし履行期の到来の時点から，この金銭等の受領権限が抵当権者に移転することを規定するものではなく，また差押えがされる以前に弁済を禁ずる根拠もない」とするが，抵当権の効力が債権に及ぶとするならば，その効力を覆す目的債権の処分・弁済は理論的には制限されるべきものであり，このことは，抵当権者が目的債権につき任意に弁済受領をする権限を有するか否かとは別次元の問題である）。それにもかかわらず，特定性維持説はこれを等閑視して，代位の対象を直ちに第三債務者が支払った金銭自体へとすり替え，これを受領した抵当不動産の所有者の一般財産への混入によって特定性が消滅するという説明をする。ここには明らかに論理の飛躍がある（我妻291頁は，抵当権設定登記による物上代位の第三債務者への公示に問題があるとして，その弁済によって請求権は消滅し，物上代位も目的を失う，と説明しているが，この説明では逆に，金銭の混入による特定性の喪失という本来の前提が崩れてしまっており，いずれにしてもその説明に一貫性がない）。そえゆえ，金銭の混入による特定性の消滅という起草者の説明には合理性がない以上，現行法の解釈論においても，その基礎となった旧民法時の議論を重視すべきではないか。

　滅失またはこれに準ずるケースに関する限り，物上代位とは端的に抵当権の効力が目的債権に及ぶことを意味するならば，たとえ抵当権者の差押えの前に目的債権が譲渡され，あるいはその上に質権が設定されても，物上代位

の効力は揺るがないと見るべきである。同様のことは，目的債権について他の債権者のために転付命令が出された場合にもあてはまる。この問題について，道垣内説は，転付命令の場合には目的債権をめぐる争いの状態が消滅しているとして，物上代位の効力を否定するけれども，例えば，他の債権者が目的債権を代物弁済として譲り受けた場合はどう説明するのだろうか。平成10年判決ではまさにこのような事例が問題となっていたが，転付命令の場合に上記の理由で物上代位の効力を否定するのであれば，代物弁済の場合でも同様に扱うべきことにならないだろうか。それでもなお，転付命令の場合にのみ物上代位の効力を否定するとなると，両者の差別化の根拠は，転付命令の場合には法定の手続に従った措置がとられていることに求めるしかなくなる。はたして，平成14年判決の理由づけはこのような考え方に近い。

たしかに，転付命令を得た債権者は，執行手続では目的債権の金額の範囲で満足したものとして取り扱われるから，事後的に抵当権者の物上代位権の行使を容認すると，その地位が覆されるため，執行手続に対する信頼が損なわれる恐れが生ずる。しかし，この問題については，質権が設定されている債権の被転付適格に関する判例との権衡も考慮しなければならない。というのは，最高裁は，一般の債権者が転付命令の申立てをした場合，その目的債権が質権の客体であっても転付命令の妨げにはならないと判断し，質権の行使によって転付命令を得た債権者が目的債権を失ったならば，事後の法律関係は不当利得によって解決されるべきとしているからである（最決平12・4・7民集54巻4号1355頁）。これとの整合性を考慮するならば，物上代位を目的不動産の代替財産である債権に抵当権の効力が及ぶものと捉える限り，たとえ転付命令があってもその効力は消滅しないと解すべきである。これに対して，平成14年判決の調査官解説は，質権が目的債権の差押えを要することなしに優先権を行使しうる権利である点で物上代位とは異なるとして，物上代位と債権質との区別を正当化している（三村晶子〔判解〕最判解平14年上〔2005〕292-293頁）。しかし，権利の行使に法定手続を要するという一事のみによって，実体法上確定的に存在する権利を失効させることはできないだろう。物上代位の容認によって執行手続の安定・信頼が損なわれることを防ごうというのであれば，そもそも抵当権の効力の及ぶ債権の被転付適格を否定すべきではないのか。そのような措置をとらないまま，執行裁判所が一般の債権者

のために転付命令を発することにより，物上代位の効力が消滅するというのは，裁判所による不当な権利侵害ともいえる。というのは，抵当権の補償金債権・損害賠償債権に対する物上代位の場合，他の債権者の差押えの申立てを受けた執行裁判所は，本来の抵当不動産の登記記録を照合することによって，抵当権者の優先権を認定することもできるからである。

もともと，最初に現れた大審院判例も土地収用における補償金債権に対する物上代位に関するものであり，そこでも転付命令との優劣が問題となっていた。それでも当初の判例は物上代位を優先させていたのである。

なお，目的債権についての免除や反対債権による相殺も弁済に準じて保護すべきかが問題となるが，これは否定すべきと考える（反対，道垣内156-157頁）。第三債務者による弁済が保護される理由は，物上代位の公示の不備ではなく，むしろ，公示の如何にかかわりなく第三債務者は本来弁済を義務づけられている点にあるとすれば，その義務とは関係しない免除や相殺をこれと同等に保護することはできないからである。したがって，たとえ抵当権設定者が第三債務者に対して免除の意思表示をしても，その効力を抵当権者に対抗することはできない。また，第三債務者が反対債権による相殺の意思表示をしても，反対債権の取得が抵当権設定登記に後れる限り，かかる相殺の効力を抵当権者に対抗することもできない（反対債権が抵当権設定登記より先に取得された場合でも，抵当不動産を滅失・損傷させた不法行為者の相殺を物上代位に優先させることには疑問がある）。

(ウ)　賃料債権の場合　　しかし，第三債務者保護という思想は明らかに目的物の滅失を想定していたものである以上，これを賃料のケースに及ぼすのは適切ではない。その意味で，平成10年判決が，賃料債権に対する物上代位のケースで，この観点を372条・304条1項ただし書の趣旨としたことには問題がある。

賃料債権に対する物上代位は，抵当権にはその実行によって収益からも満足しうる権能があることを反映したものであるとすれば，抵当権の効力がその実行手続を介してそれ以降に生ずる賃料債権に及ぶことは，抵当権設定登記によって一般的に第三者に対抗しうるものと考えるべきである。それゆえ，ここでは，抵当権者による差押えの前に「払渡し又は引渡し」がなされればその効力が優先するというのは，抵当権の実行手続開始前までに所有者に留

保された収益権能の具体的な効果として捉えるべきである（→2(3)(ア)(c)）。すなわち，抵当権の実行手続としての差押えがなされるまでに生ずる賃料債権の処分権限は所有者に留保されているので，その取立て・受領の場合はもとより，第三者への譲渡や反対債権との相殺の場合にも，その効力が抵当権に優先するため，もはや物上代位は認められない。しかしながら，抵当権の実行手続開始後に生ずる賃料債権の処分権限も所有者に認められるわけではなく，たとえ抵当権者による差押えの前に所有者がこれらについて事前に取り立て，あるいはこれらを第三者に譲渡しても，その効力は物上代位に劣後する。相殺の場合も同様である。それゆえ，抵当権者は，事前に弁済・譲渡等があったとしても，なお賃料債権を差し押さえてその支払を第三債務者に対して請求することができよう。

　かかる観点からは，抵当権者による差押え以降に生ずる賃料債権については，賃貸借の終了における敷金充当による賃料債権の消滅の効果も，抵当権者には対抗しえないと解するのが一貫するであろう。しかし，そうなると，賃借人は賃貸人＝抵当権設定者の無資力によって敷金が返還されないリスクを負うことになるが，賃貸借契約締結に際して事実上敷金を交付せざるをえない賃借人にとっては，この結論は酷である。それゆえ，敷金充当の効果を抵当権者に対抗しうるという判例の結論は，かような政策的配慮から正当化されうるものといえよう。もっとも，立法論としては，賃借人から交付された敷金を賃貸人の一般財産から分離する措置を導入することによって，抵当権者に損失を負わせることなしに賃借人を保護することが望ましい（古積健三郎「敷金に関する一考察」新報110巻7＝8号〔2003〕132頁以下参照）。

　(エ)　保険金の特殊性　　現行民法の規定の射程は保険金債権にも及ぶことになっている。しかし，前述のように（→2(4)(ウ)），この場合の物上代位の効力を，端的に滅失または公用徴収における損害賠償債権または補償金債権に対する物上代位の効力と同視することは困難である。保険金債権は，担保物件の所有者が任意に結んだ保険契約により，しかも保険料を対価として発生するものであるからである。したがって，保険金債権に対する優先権を抵当権者に認めるとしても，これを従前の抵当権の効力の1つとして捉えることはできない。むしろ，保険金債権に対する物上代位は，他の一般債権者との公平性を考慮して政策的に認められた特別の優先権というしかない。

第1節　総　則　　　　　　　　　　　　　　§*372* Ⅱ

それゆえ，保険金債権に対する物上代位の効力は，一般的に第三者に対抗しうるものとはいえず，法律による新たな特権の付与という意味を持つことになろう。とすれば，抵当権者による差押えがない段階で，目的債権が譲渡されまたは転付命令の対象となった場合には，その効力が物上代位に優先すると解するのが穏当であり，その意味で，抵当権者の優先権は目的債権の差押えによってはじめて保全される。すなわち，ここでは，372条・304条1項ただし書は，第三債務者による弁済だけでなく目的債権の譲渡や転付命令にも適用されるというべきである。大審院が優先権保全説を採用して物上代位の効力が転付命令に劣後するとしたのも，保険金債権に対する物上代位の事案においてであったことには留意すべきである。その結論自体は穏当なものであったといえよう。しかし，大審院が同様の考え方を土地収用における補償金債権に対する物上代位にまで拡張したことは問題であった。

4　物上代位権の行使の要件

(1)　弁済期の到来・法定の手続

抵当権者は，物上代位の目的となる債権が発生すると，被担保債権の弁済期が到来していない段階でも，直ちにこれに対して権利行使をすることができるだろうか。目的物が滅失した場合の物上代位のケースでは，抵当権者は弁済期到来前にも権利行使をしうるという見解もある (道垣内160頁)。

たしかに，賃料債権に対する物上代位の場合とは異なり，目的物の滅失において所有者が取得する損害賠償債権に関しては，物上代位は目的債権の発生とともにこれに抵当権の効力が及ぶことを意味する。しかし，目的債権に対して抵当権の効力が及んでも，それだけでは優先弁済権の行使の要件が充足されたことにはならない。なぜなら，抵当権者が本来の目的物である不動産から優先弁済を受けるためにも，被担保債権の弁済期が到来していることは不可欠の要件であり，物上代位に関してのみこの要件を無視してよい理由はないからである。それゆえ，物上代位権の行使の要件としても，被担保債権の弁済期の到来は必要であると解すべきである。

問題は，権利行使の方法・手続である。もともと，ボワソナードは，担保権者が目的債権から満足するために，差押えという法定の手続を要求していたわけではない。しかし，現行法では担保権者には「払渡し又は引渡し」の前の差押えが要求されるに至ったため，今日，少なくとも，担保権者は目的

〔古積〕

債権からの満足のためには法定の手続をとらなければならないという点には争いがない（特定性維持説の論理を徹底すれば，抵当権者は任意に目的債権の取立てをすることができそうであるが〔我妻290頁参照〕，これを積極的に容認する見解はなさそうである）。このため，民事執行法も，物上代位権の行使のために，執行裁判所に担保権の存在を証する文書を提示して目的債権の差押えを申し立てることを要求している（民執193条1項後段・2項参照）。

(2) 配当要求による権利行使の可否

(ｱ) 従前の議論状況　　他の債権者が目的債権を差し押さえた場合に，抵当権者には，その手続において配当要求（民執154条1項）による権利行使が認められるか。

最高裁判所は，動産先取特権の物上代位の事案においては，抽象論で物上代位権者の配当要求を認めるかのような判断を下していたが（最判昭62・4・2判タ645号162頁），抵当権の賃料債権に対する物上代位の事案において，「民法372条において準用する同法304条1項ただし書の『差押』に配当要求を含むものと解することはできず，民事執行法154条及び同法193条1項は抵当権に基づき物上代位権を行使する債権者が配当要求をすることは予定していない」という理由で，抵当権者の配当要求による権利行使を否定する立場をとった（最判平13・10・25民集55巻6号975頁）。

学説上は，従来，配当要求による権利行使を容認する見解も少なくなかった。例えば，動産先取特権の物上代位に関して配当要求を認める判例の趣旨は，抵当権の物上代位にも同様に妥当するという見解（山本克己「債権執行・破産・会社更生における物上代位権者の地位(2)」金法1456号〔1996〕23頁以下）や，関係者の利益衡量を根拠として，抵当権者の配当要求に対し肯定的姿勢をとる見解（大西武士「抵当権の物上代位権による配当要求」銀法584号〔2000〕24頁以下）があった。これに対し，否定説は判例と同様に条文の文言を重視している（天野勝介「物上代位権の行使(1)」金法1509号〔1998〕6頁以下）。

ただ，上記の最高裁判例が現れた後には，判例の理由づけについては少なからず疑問が呈されたものの，学説の多数はその結論に反対しなくなっている（生熊長幸〔判批〕ジュリ1224号〔2002〕72頁以下，松岡久和「物上代位に関する最近の判例の転換（上）」民研543号〔2002〕3頁以下，坂田宏〔判批〕民商127巻2号〔2002〕251頁以下，道垣内弘人〔判批〕法協128巻4号〔2011〕1096頁以下）。

(イ) **若干の考察** しかし，以下の理由から，配当要求による権利行使も認められる余地が十分にあると考えられる。

まず，372条・304条1項ただし書の規定が，第三債務者の保護のため，抵当権者が弁済を差し止める手続をとるまで，弁済の効力を認めることにしたものであるならば，抵当権者が他の債権者の差押えに便乗して配当要求をした場合も，自身で差押えをした場合と同等に，その地位は第三債務者との関係で保全されると解することができる。というのは，配当要求の文書は第三債務者に送達されなければならないため（民執154条2項），これにより第三債務者から見ても，目的債権から抵当権者が満足すべきことは明らかとなるからである。それゆえ，配当要求を304条1項ただし書の差押えに準ずるものとして扱うことができよう。

問題は，民事執行法154条1項が配当要求をしうる者として物上代位権者をあげていない点である。たしかに，法律解釈としては抵当権者には配当要求が認められないとするのは筋であろう。しかし，現行法が配当要求をしうる者として物上代位権者を明示しなかったのは，民事執行法制定当時における物上代位の効力に関する議論状況とも関連しているようであり，抵当権者の配当要求を絶対的に否定する趣旨ではなかったように思われる。すなわち，大審院大正12年4月7日連合部判決（民集2巻209頁）以来，判例は304条1項ただし書の解釈について優先権保全説をとっていたため，物上代位権者はあくまで自身で差押えをしなければ権利を保全しえない，とする傾向が当時は強かったといえる。しかも，当時の裁判例の中にはここでの差押えを物上代位権の対抗要件と捉えるものが多く（札幌高決昭52・7・30判タ360号184頁，大阪高決昭54・7・31判タ398号110頁，東京高決昭56・3・16判タ441号117頁），これによれば，他の債権者による差押えが先行すれば，もはや物上代位権者が優先権を行使することはできなくなる。そのため，条文には，配当要求をしうる者として物上代位権者は明記されなかったのかもしれない。はたして，物上代位権者に配当要求を認める規定が成立しなかったのは，民法との調整がつかなかったためであるともいわれている（香川監修・注釈(6)424頁注10〔富越和厚〕参照）。

しかし，抵当不動産の滅失またはこれに準ずるケースにおいては，物上代位は抵当権の効力が目的債権に及ぶことにほかならず，その効力は一般的に

第三者に対抗しうるものであるとすれば，単に一般の債権者が目的債権を差し押さえただけでその地位が覆されるはずがない。このような実体法上の物上代位の効力に民事執行法の解釈・運用も相応すべきとすれば，抵当権者の配当要求を容認するのが穏当である。同法はもともと，債権者の権利行使方法として，自ら差し押さえる方式と，他の債権者による差押えに便乗する方式（配当要求）を認めている以上，抵当権の物上代位に限って後者を否定する理由はないからである。それでも条文の文言に固執して配当要求を否定すれば，これが認められる一般の債権者との間に不均衡が生じかねない。少なくとも，立法論としては，民事執行法154条1項に物上代位権者を明記すべきではないだろうか。

もっとも，賃料債権に対する物上代位における372条・304条1項ただし書の趣旨は，滅失の場合とは区別されなければならない。ここでは，かかる規定は，抵当権はその実行手続によってそれ以降に生ずる賃料債権から満足しうるという性質を反映したものと捉えられる。ただし，抵当権実行の手続としては，必ずしも抵当権者自身による差押えは必要でなく，他の債権者の差押手続における配当要求をこれに代えることも十分に可能である。それゆえ，このケースでも配当要求による権利行使を否定することには疑問が残る。

5　物上代位権の保全手続
(1)　従前の議論状況

抵当権者が目的債権を差し押さえる前に弁済がなされれば，物上代位の効力は否定されることになるとしても，このように物上代位の効力が消滅することのないように，抵当権者が本来の差押え以外にも弁済を差し止める手続をとることができるかが議論されている。というのは，差押えの手続は被担保債権の満足を目的とするものであり，本来，その要件としては被担保債権の弁済期の到来が必要となるが，これでは，被担保債権の弁済期前には，第三債務者の弁済により物上代位の効力が消滅することを抵当権者が阻止しえないことになるからである。

この問題について判断した判例は見当たらないが，古くから，学説の多くは，304条1項ただし書の差押えの目的が目的債権の特定性の維持あるいは優先権の保全にあるとして，担保権者は，被担保債権の弁済期が到来する前の段階でも，目的債権につき仮差押えをすることができると解してきたよう

である（横田秀雄・物権法〔改版増補，1909〕610頁，富井354頁以下，中島657頁，石田・上83頁）。ただ，そのような保全措置のためになぜ仮差押えの手続をとることができるのかについては，十分な理論的説明がなされていなかった。

これに対して，生熊長幸は，304条1項ただし書の沿革を考慮して，ここでの差押えの目的は物上代位の効力の保全にある以上，かかる差押えには，目的債権から満足するという物上代位権の行使としての差押えと，純粋に物上代位権を保全するための差押えとの2つが包含されることを明らかにしつつ，訴訟を提起する一般の債権者が将来の満足のために債務者の財産一般に対して申し立てる仮差押えは，後者の差押えとして適切ではなく，むしろ，後者の差押えとなりうるのは，特定の財産に対してなされる処分禁止の仮処分であるとした（生熊長幸・物上代位と収益管理〔2003〕133頁以下）。

ただ，民事保全法が認める仮処分は，権利の存否がいまだ明らかではない段階（本案訴訟の判決確定前）で，将来の権利行使を実効的にするための処分であるのに対し，ここで求められる措置は，権利が存在することを前提にその消滅を阻止するためのものである。したがって，一口に保全といっても両者の間には明らかな違いがある。このため，物上代位の効力の保全のために処分禁止の仮処分を認めることには，手続上の様々な問題点が内在していることを指摘しつつ（要するに，ここで処分禁止の仮処分を導入すると，一般原則に対して様々な修正を加えざるをえないという問題がある），むしろ，被担保債権の弁済期前でも，物上代位の効力の保全のために，民事執行法193条が認める債権差押えの手続をとることを容認する見解もある（山本克己「物上代位権の『保全』のための差押と物上代位権を被保全権利とする保全処分」米田實古稀・現代金融取引法の諸問題〔1996〕103頁以下参照）。

(2) 若干の考察

被担保債権の弁済期前の保全措置の可否についても，物上代位の対象の種類に応じた考量が必要であろう。

まず，滅失またはこれに準ずるケースにおいては，372条・304条1項ただし書は，基本的には，第三債務者の二重弁済のリスクを防止するために，担保権者の申立てによる弁済差止めの措置があるまで，弁済の有効性を容認したものである。しかも，沿革上，その措置は必ずしも担保権者の満足を予定した手続である必然性はなかった。それゆえ，条文は差押えと規定するが，

〔古積〕

これには被担保債権の満足を目的とする差押えしか当てはまらないと解すべきではなく，他の弁済差止めの措置もこれに該当しうると解すべきである。さもなければ，被担保債権の弁済期が到来していない段階で抵当権者の地位を不当に害することになりかねない。もっとも，弁済差止めの措置としては，ボワソナードが認めた単なる担保権者による異議の申出で足りるとすることにも疑問がある。むしろ，関係者の利害を公正に調整するために，抵当権者の優先権を判定した裁判所による差止めの措置が必要であろう。しかし，現行法ではかかる措置に関する直接の規定はなく，この問題の解決は最終的には立法論によらざるをえない。

なお，最終的な立法論としては，特別法における物上代位に関して認められているように，第三債務者には目的債権について供託の義務を課し，担保権者は供託金還付請求権の上に権利を行使しうる，という方策も検討に値しよう。

他方で，賃料債権に対する物上代位の効力は，抵当権の実行としての差押えによってはじめて現実化するものであり，たとえ差押え以降に生ずる賃料債権について事前に弁済・処分がなされていても，抵当権者は差押えによってその上の優先権をなお主張しうるのであるから，これについては被担保債権の弁済期前の保全処分を認めるべきではない。

6 特別法上の物上代位

担保権の物上代位を定める特別法の規定は枚挙にいとまがない。ここでは，特に抵当権に関して比較的重要なケースを挙げるにとどめたい。

まず，民法上，抵当権は基本的に不動産の上にしか認められないため，動産の上に抵当権を認めるためには特別法が不可欠となり，逆に特別法が動産について抵当権を容認する場合には，おのずから物上代位に関する規定も必要となる。その例が，自動車抵当法8条，航空機抵当法8条，建設機械抵当法12条等である。これらの条項の内容は，304条1項と同様であり，特別の解説は不要であろう。

他方で，抵当不動産が公用徴収等の対象となる場合においては，かかる公用徴収等を規律する特別法が物上代位の規定を置いていることが少なくない。したがって，この場合には304条1項は適用されず，物上代位の効力はもっぱら特別法の規定の解釈による。その代表例が，土地収用法104条，鉱業法

107条, 土地改良法123条, 土地区画整理法112条である。これらには, 民法上の物上代位の規定には見られない特徴がある。

まず, 公権力による典型的な土地の徴収について定める土地収用法においては, 304条1項ただし書とほぼ同様の規律があるが（収用104条ただし書), 物上代位の対象は収用の補償金または抵当不動産と交換される替地になっており, ここでは, 代位の対象がはじめから特定の不動産となる可能性がある。鉱業法107条もこれを準用する。本来, 民法上の物上代位の対象は, 条文上は金銭債権に限定されていないが, 実務上問題となるのは金銭を目的とする債権であることを考慮して, 304条1項ただし書の趣旨は議論されている。それゆえ, 特定性維持説を唱えた我妻は, その理論が替地が物上代位の対象となる場合には妥当しないことを認め, この場合には, 仮に抵当権者による差押えの前に元の土地の所有者が替地の引渡しを受けたとしても, 物上代位の効力は否定されず, 第三者が替地に対して対抗力を具備した権利を取得する前に抵当権者が替地にその権利を登記すれば, 物上代位の効力は保全されるという（我妻284頁・292頁）。

これに対して, 土地改良法は, 土地の徴収を目的とするものではなく, むしろ, 土地の有効活用のために従前の所有地とは別の土地を提供するものであるが, ここでは, 土地の交換等によって生ずる清算金または補償金が物上代位の対象とされている。ところが, ここでは, 304条1項ただし書のように抵当権者にはその払渡しの前の差押えは要求されておらず, むしろ, 第三債務者は, 抵当権者が不要の意思を申し出ない限り, これらを供託する義務を負うことになっている（土地改良123条1項）。そして, 抵当権者はかかる供託金の還付請求権について権利を行使しうる（土地改良123条2項）。土地区画整理法でも, ほぼ同様の措置がとられている（区画整理112条1項・2項）。この取扱いは, 抵当不動産に代わる補償金ないし清算金債権の上に抵当権の効力が及ぶことが物上代位であり, そのことは抵当権設定登記によって第三者に対抗しうる, という思想に相応している。抵当権の目的債権に対する効力が登記によって公示されているにもかかわらず, 第三債務者がこれを無視して有効に弁済をしうるとすることには疑問が残るからである。このような場合には, 第三債務者が抵当権者の地位に配慮して目的債権につき供託の義務を負うとする措置は, 民法上の物上代位に関しても, 立法論としては参考に

値しよう。

III 351条の準用——物上保証人の求償権

1 物上保証人の求償権の趣旨

他人の債務の担保のために自己所有の財産に質権を設定した者に認められる求償権の規定（351条）は，他人の債務の担保のために自己所有の財産に抵当権を設定した場合にも準用される。かかる求償権の規定の趣旨は，すでに質権設定のケースにおいて説明された通りであり（→§351 I），それは，物上保証全般に等しく当てはまるからである。すなわち，抵当権の負担から免れるために物上保証人が弁済をし（474条），または抵当権の実行によって債務者が免責されれば，物上保証人は他人の債務を免責させたことになるから，保証人が債権者に弁済した場合と同様に，債務者は物上保証人に対する関係で自己の受けた利益を償還しなければならない。

372条・351条は，抵当権者を満足させた物上保証人の債務者に対する求償権に関する規定であるから，これが準拠する保証債務の規定としては，459条，459条の2および463条をあげることができる。

しかし，事前求償権に関する460条および461条，連帯債務者の1人についての保証における他の連帯債務者に対する求償権に関する464条，ならびに共同保証人間の求償権に関する465条も，物上保証人にあてはめてよいのかは問題である。ただ，債務自体は負わないという物上保証の特性にかんがみても，464条の趣旨は保証人と同様に物上保証人にもあてはまるといえよう。これに対して，共同の物上保証が問題となった場合には，物上保証人相互間の利益調整は弁済による代位（501条3項3号）によって実現されるため，これに加えて物上保証人相互間に求償権を認めることの是非が問題となる。学説には，これを否定する見解（山田誠一「求償と代位——担保提供者相互間の法律関係」民商107巻2号〔1992〕190頁，寺田正春〔判批〕担保法の判例II 237頁）と肯定する見解（新版注民(9)〔改訂版〕83頁〔小杉茂雄〕）があるが，否定説が穏当であろう。というのは，もともと物上保証人は債権者との関係で金銭債務を負担しないにもかかわらず，他の物上保証人による弁済等があると，負担部分の範囲とはいえ金銭債務を負うとすることには疑問があるからである。弁済

その他の免責行為をした物上保証人は，他の物上保証人に対して弁済による代位を主張しうるにとどまると解し，他の物上保証人は代位による抵当権の実行による不利益のみ甘受するというのが穏当ではなかろうか。

事前求償権の取扱いについては後述する（→2(2)）。

2　債務者に対する求償権の要件・内容

(1)　事後求償権

①他人の債務を担保するために抵当権を設定した者は，②その債務を弁済し，または抵当権の実行によって所有権を失った場合に，債務者に対して求償権を取得する。求償権の範囲が，委託を受けたことによる抵当権設定の場合（459条）とそうでない場合（462条）とでは異なり，また，弁済期前の弁済の場合には求償権の範囲が制限されることは（459条の2），保証人の求償権の場合と同様である。さらに，債務者に対する弁済前の通知または弁済後の通知を怠っている場合にも，求償権の行使が制限されることがある（463条1項・3項）。

①の要件との関係で問題となるのは，物上保証人から目的不動産を譲り受けた第三取得者の地位である。判例は，かかる第三取得者が物上保証人に類似する地位にあるとして，「自己の出捐をもって債権者に対してした任意弁済に基づく求償関係については民法372条，351条の規定を準用し，かつ，その求償権の範囲については，物上保証人に対する債務者の委任の有無によって民法459条ないし462条の規定を準用すると解すべき」であるとした（最判昭42・9・29民集21巻7号2034頁）。

(2)　事前求償権の可否

(ア)　問題の所在　物上保証人にも460条による事前求償権を容認することができるか。前述のように，351条の規定は，あくまで弁済等があった後の法律関係を問題にしているからである。

伝統的学説によれば，保証人の事前求償権は，委任事務処理に要する費用の前払請求権（649条）に相当するものと説明されてきた（我妻栄・新訂債権総論〔1964〕487-488頁，於保不二雄・債権総論〔新版，1972〕278頁，奥田昌道・債権総論〔増補版，1992〕403-404頁，鈴木禄弥・債権法講義〔4訂版，2001〕447頁参照）。すなわち，保証の委託を受けた場合には，必然的に債務を負担することが委託されているため，究極的には弁済も委託の内容に包含されるといえる。それ

ゆえ，委託を受けた保証人は，債務者に対して弁済費用の前払として事前求償権を行使しうることになる。かかる理解を前提にした場合には，債務を負担しない物上保証の委託においては，債務の弁済まで委託されているとはいいがたいため，事前求償権を容認することは難しくなる。

　(イ)　判例　　この問題に関し，債務者から委託を受けて根抵当権を設定した物上保証人が，目的不動産について競売手続が継続しているがなお債権者が満足を受けていない段階で，債務者に対し事前求償権を主張した事案において，最高裁は，以下の理由からこれを否定する立場をとった（最判平2・12・18民集44巻9号1686頁）。すなわち，①372条・351条の規定は，債務者に対してあらかじめ求償権を行使することを許容する根拠となるものではない。②「物上保証の委託は，物権設定行為の委任にすぎず，債務負担行為の委任ではないから，受託者が右委任に従って抵当権を設定したとしても，受託者は抵当不動産の価額の限度で責任を負担するものにすぎず，抵当不動産の売却代金による被担保債権の消滅の有無及びその範囲は，抵当不動産の売却代金の配当等によって確定するものであるから，求償権の範囲はもちろんその存在すらあらかじめ確定することはできず，また，抵当不動産の売却代金の配当等による被担保債権の消滅又は受託者のする被担保債権の弁済をもって委任事務の処理と解することもできないのである。したがって，物上保証人の出捐によって債務が消滅した後の求償関係に類似性があるからといって，右に説示した相違点を無視して，委託を受けた保証人の事前求償権に関する民法460条の規定を委託を受けた物上保証人に類推適用することはできないといわざるをえない」。

　①は形式的理由にすぎず，より重要となるのが②の理由である。判例は，保証人の事前求償権の性質を費用前払請求権として位置づけてはいないが（富越和厚〔判解〕最判解平2年〔1992〕508頁参照），物上保証人の事前求償を否定する理由の中で，物上保証人による弁済は委任事務処理ではないことを強調している点からは，逆に，保証人による弁済は委任事務処理に当たると判断するものと思われる。それゆえ，判例が事前求償権を否定する決定的理由は，保証とは異なり，物上保証においては弁済が委託されていないという点にあるといえよう。弁済を委託されていないからこそ，事前に求償しうる金額が確定しえないという問題も生じるからである。

第 1 節 総　則　　　　　　　　　　　　　　　　　　§*372* III

　(ウ)　学説　　物上保証人に事前求償権を容認しうるかは，上記の判例を契機として学説上も活発に議論されるようになったが，判例を支持する学説もあるものの（川井健〔判批〕平 2 重判解 70 頁，伊藤進〔判批〕民商 105 巻 1 号〔1991〕84 頁），多くの学説は，物上保証人にも事前求償権を容認すべきという立場をとっている（新美育文「保証法理の物上保証人等への適用可能性(4)」金法 1267 号〔1990〕19-22 頁，並木茂〔判批〕金法 1288 号〔1991〕10 頁，山田誠一〔判批〕金法 1304 号〔1991〕52 頁，米倉明〔判批〕法協 109 巻 4 号〔1992〕701 頁，山野目章夫「物上保証人の事前求償権」判タ 811 号〔1993〕26 頁）。その根底には，物上保証人も，他人の債務のために担保を供し経済的支出を余儀なくされるという点では，利害状況において保証人とは変わらないという考量がある。

　もっとも，物上保証を保証と同等に扱うべきとする発想については共通しつつも，物上保証人の事前求償権の解釈論的基礎づけについては，見解が多岐に分かれている。主なものとして，①事前求償権を費用前払請求権の一種として捉えつつ，物上保証人が担保権の実行によって財産を喪失することも委任事務処理費用と位置づけ，その前払として事前求償権も容認するという見解（新美・前掲金法 1267 号 19-22 頁，山野目・前掲判タ 811 号 28-30 頁），②そもそも，保証人による弁済は保証委託契約における委任事務の処理には当たらないとしたうえで，事前求償権を保証人のみならず物上保証人にも認めようとする見解（山田・前掲金法 1304 号 54-55 頁，米倉・前掲法協 109 巻 4 号 709-712 頁，並木・前掲金法 1288 号 14-15 頁），③ 460 条の事前求償権を，一定の事由が生じた後には保証人が債務者に対してその責任から解放するように請求しうるもの（免責請求権）と解して，同条を債務を負担しない物上保証人にも類推適用しうるとする見解（髙橋眞・求償権と代位の研究〔1996〕57 頁以下。福田誠治・保証委託の法律関係〔2010〕78 頁以下は，基本的にこれを支持する）がある。

　(エ)　若干の考察　　しかし，まず①の見解については，費用前払請求権として事前求償権が容認されるという以上，その前提には弁済の委託がなければならないが，債務を負担する保証人にはこれを容認しえても，物上保証人をこれと同等に扱うことには困難が伴う。また，②の見解については，保証の委託においても弁済の委託がないというならば，保証と物上保証との異同は解消するけれども，逆に，それではなぜ弁済の委託を受けていない者が事前に一定金額の支払請求権を取得しうるのか，という点の基礎づけに問題が

出てくる。最後に，③の見解については，たしかに，事前求償権がもともとは沿革上論者のいう免責請求権に相当するものであったことは，フランス法等の研究によって明らかにされている（國井和郎「フランス法における支払前の求償権に関する一考察」阪法145＝146号〔1988〕245頁以下，福田誠治「中世末期における保証人の事前求償権」上智大学法学会編・変容する社会の法と理論〔2008〕324頁以下参照）。また，弁済期後には，保証委託契約において保証人が債務者に容認した信用供与の期間は終了しており，保証人には債務者に対して保証の責任からの解放を求める権利を容認すべきという立論にも説得力はある。しかし，解釈論として，460条の事前求償権を端的に免責請求権と解することには疑問が残る。というのは，460条の請求権が免責請求権であるならば，本来，その目的は保証人が責任から免れるために必要な行為となるはずであり，460条の挙げる事由が生じたからといって，それが直ちに一定金額の支払請求権として具体化するという立論には飛躍があるからである。

以上からすると，一定金額の弁済の委託がなされているという前提がなければ，その金額の事前の支払を求める権利は十分に正当化しえないと考えられる。その意味で，460条の事前求償権は，債務を負担する保証人には弁済の委託がなされているという前提の下に容認されたものであり，債務を負担しない物上保証人にまでこれをあてはめるのは困難であろう。もっとも，本来，債務者と保証人との関係では，債務者が第一次的に弁済をすることが想定されており，保証人への弁済委託を半ば擬制したうえでの事前求償権の制度には，立法論としては疑問の余地がある。むしろ，保証人にであれ物上保証人にであれ認められるべき権利は，弁済期の到来，破産手続の開始の後には，自己に不利益が生じないように，債務者に対してその責任から解放するように請求する権利，すなわち，免責請求権なのかもしれない（以上につき，古積健三郎「保証人の事前求償権の法的性質」新報113巻7＝8号〔2007〕27頁以下）。

〔古積健三郎〕

事 項 索 引

あ 行

遺言による抵当権の設定 …………………662
一般先取特権 ……………………………187
　――公示の原則との関係 ……………189
　――行使の制限 ………………………415
　――実行 ………………………………209
　――登記 ………………………………437
　――特別法 ……………………………190
　――目的物 ……………………………189
一般先取特権の効力制限 ………………434
一般先取特権の順位 ……………………398
　――一般先取特権間 …………………206
　――特別先取特権との間 ……………206
一般先取特権の対抗力 …………………437
員外貸付 ……………………………649, 672
運河法 ………………………………11, 635
運輸の先取特権 …………………………275
　――即時取得 …………………………278

か 行

会社法上の質権 …………………………558
　――株式 ………………………………558
　――社債 ………………………………558
　――新株予約権 ………………………558
　――新株予約権付社債 ………………558
解除条件付質権譲渡説 …………………490
果実 ………………………………………501
果実収取権 ………………………………91
価値権説 ……………………………617, 653
株式質 ……………………………………560
　――振替株式 …………………………585
株式質の効力 ……………………………571
株式質の実行 ……………………………598
株式質の設定 ………………………560, 586
　――株券発行会社 ……………………560
　――株券発行会社における株券発行前 …561
　――株券不発行会社 …………………560
　――自己株式取得規制との関係 ……565
　――質権設定契約 ……………………560
　――譲渡制限株式 ……………………563

　――譲渡担保との区別 ………………561
　――単元未満株式 ……………………563
　――当事者意思の認定 ………………561
株式質の対抗要件 …………………566, 588
　――株券の占有 ………………………567
　――債権質の対抗要件との関係 ……569
株式質の物上代位
　――会社法151条 …………………571, 574
　――株式の割当てを受ける権利 ……583
　――行使方法（会社法152条～154条が適用されない場合）……………………579
　――行使方法（会社法152条・153条）…575
　――行使方法（会社法154条）………578
　――剰余金の配当を受ける権利 …581, 597
　――振替株式を目的とする質権 ……594
株式等の振替に関する業務規程 ………585
株式の譲渡担保 …………………………562
仮専用実施権の質権 ……………………602
仮通常実施権の質権 ……………………602
仮登記担保契約に関する法律……………11
代担保 ……………………………………120
換価権 ………………………………619, 652
観光施設財団抵当法 ………………11, 634
完成前の建物 ……………………………667
企業担保権 …………………………635, 647
企業担保法 ………………………………11
企業担保権 ………………………………635
期限の利益の喪失 ………………………707
軌道ノ抵当ニ関スル法律……………11, 635
共益費用の先取特権 ……………………211
　――趣旨 ………………………………211
　――順位 ………………………………400
共同質入説 ………………………………490
共同担保と特別担保 ……………………614
共有された特許権 ………………………604
共有著作権 ………………………………607
漁業財団抵当法 ……………………11, 634
近代の抵当権論 …………………………638
経営維持の機能 …………………………10
形式的競売 ………………………………76
軽便鉄道法 ………………………………635

801

事項索引

建設機械抵当法 …………………………11, 637
権利客体説 ………………………………616
権利質 ……………………………………527
　── 準用すべき規定の範囲 …………540
　── 動産質に関する規定の準用 ……543
　── 不動産質に関する規定の準用 …543
権利質の効力 ……………………………555
　── 先取特権との競合 ………………433
権利質の効力の及ぶ範囲 ………………467
権利質の設定
　── 証書 ………………………………529
権利質の対抗要件 ………………………457
権利質の法的性質 ………………………527
権利質の目的
　── 効力の及ぶ範囲 …………………549
　── 所有権・地役権・入会権 ………540
　── 担保物権 …………………………540
　── 地上権・永小作権 ………………539
　── 目的となる権利 …………………532
権利抵当権 …………………………616, 647
牽連関係 ……………………………………54
鉱業抵当法 ………………………………11, 634
工業労務の先取特権 ……………………314
航空機抵当法 …………………………11, 637
公示の原則 ……………………631, 639, 644
工場財団抵当権 …………………………634
工場抵当法 ……………………………11, 633
公信の原則 ………………………………641
行旅病人及び行旅死亡人取扱法上の先取特権
　……………………………………………229
港湾運送事業法 ………………………11, 634
雇用関係の先取特権 ……………………216
　── 趣旨 ………………………………216
　── 被担保債権 ………………………219

さ　行

債権質の効力 ……………………………530
債権質の効力
　── 換価優先弁済権能の実現 ………551
　── 供託金・弁済として受けた物 …554
　── 賃入債権の直接取立て …………551
　── 質権者による取立て ……………548
　── 質権設定者に及ぼす拘束力 ……549
　── 第三債務者に及ぼす拘束力 ……550

　── 被担保債権の範囲 ………………551
　── 物上代位 …………………………551
債権質の設定
　── 電子記録債権 ……………………591
債権質の対抗要件 ………………………545
債権質の目的
　── 効力の及ぶ範囲 …………………551
　── 質権付債権の質入れ ……………536
　── 定期預金の書換え ………………533
　── 抵当権付債権の質入れ …………535
　── 普通預金債権 ……………………533
　── 不動産賃借権 ……………………536
　── 目的債権が保証債務で担保されている
　　とき ……………………………………536
　── 目的債権にならない債権 ………537
債権者平等の原則 ………………………3, 6
債権法改正 ………………………………659
財団抵当権 ………………………………647
財団抵当法 ………………………………634
債務と責任の分離 ………………………623
債務なき責任 ………………………623, 662
先取特権 …………………………………131
　── 沿革 ………………………………137
　── 公示 ………………………………151
　── 実行手続 …………………………152
　── 社会的機能 ………………………133
　── 随伴性 ……………………………145
　── 担保物権の通有性 ………………145
　── 倒産手続における効力 …………155
　── 排除特約の効力 ……………142, 148
　── 評価と課題 ………………………136
　── 不可分性 ……………………145, 185
　── 付従性 ……………………………145
　── 物上代位性 ………………………145
　── 法的性質 …………………………139
　── 目的物 ……………………………150
　── 優先弁済的効力 …………………151
先取特権と動産質権との競合 …………431
先取特権の効力 …………………………413
　── 効力の及ぶ目的物の範囲 ………414
　── 追及効 ……………………………421
　── 抵当権規定の準用 ………………456
　── 倒産手続 …………………………418
　── 被担保債権の範囲 ………………414

事項索引

── 優先弁済的効力 ·················143, 415
先取特権の順位 ························155, 340
　── 一般先取特権相互間 ·········342, 398
　── 一般先取特権と特別先取特権 ········399
　── 決定基準 ·································346
　── 同一順位の先取特権 ···············410
　── 動産先取特権相互間 ·········344, 401
　── 同順位の先取特権相互間 ···········345
　── 不動産先取特権相互間 ·····345, 406
　── 民法上の一般先取特権と特別法上の一
　　般先取特権 ·································348
　── 民法上の動産先取特権と特別法上の動
　　産先取特権 ·································371
　── 民法上の不動産先取特権と特別法上の
　　不動産先取特権 ··························392
先取特権の消滅 ······························157
先取特権の侵害 ······························146
先取特権の即時取得 ························278
　── 趣旨 ·······································279
　── 善意・無過失の判定時期 ············281
　── 占有改定 ·································280
　── 盗品・遺失物・動物 ··················284
先取特権の不可分性 ························185
先取特権の物上代位 ························159
　── 沿革 ·······································160
　── 代替的物上代位・付加的物上代位 ···161
先取特権目的動産の第三取得者への引渡し
　···421
　──「行使することができない」の意味
　···427
　──「第三取得者」の意義 ··············424
　──「引き渡した」の意義 ··············425
敷　金 ··268
事後求償権 ······································797
事実上の優先弁済 ······························79
事前求償権 ······································797
質　権
　── 社会的機能 ····························459
　── 譲渡担保との区別 ············463, 561
質権質入説 ······································490
質権者の義務
　── 質物保管義務 ·························502
　── 使用・賃貸・担保供与 ···············502
質権者の権能

　── 果実収取権能 ·························501
　── 費用償還請求権 ······················502
　── 目的物の使用権能 ···················501
質権設定契約 ···································466
質権設定者による代理占有 ···············480
質権設定の禁止 ············476, 556, 602, 606
質権の効力
　── 質権者に優先する債権者 ··········488
　── 質物の返還 ····························481
　── 使用・収益権能 ······················471
　── 第三者異議権 ·························472
　── 被担保債権に関する特約 ··········486
　── 被担保債権の消滅時効 ············503
　── 被担保債権の範囲 ···················482
　── 不可分性 ·································499
　── 付従性 ····································461
　── 物上代位 ·································499
　── 留置的権能 ····························487
質権の効力の及ぶ範囲 ······················467
質権の消滅 ······································474
　── 質物の返還 ····························481
質権の処分 ······································472
質権の侵害 ······································473
質権の設定 ······································466
　── 遺言 ·······································480
　── 共同占有 ·································479
　── 質権設定契約 ·························478
　── 設定者による代理占有 ············480
　── 占有改定 ·································479
　── 対抗要件 ·································469
　── 代替物（金銭等）への質権の設定 ···477
　── 電子記録債権 ·························557
　── 引渡しの意義 ·························479
　── 被担保債権 ····························468
　── 複数の質権 ····························462
　── 目的物 ····························467, 475
質権の対抗
　── 質物の返還 ····························481
質権の内容
　── 換価優先弁済権能 ···················469
　── 留置的権能 ····························469
質権の物上代位
　── 設定した物権の対価 ···············500
　── 賃料債権 ·································499

803

事項索引

――売却代金債権………………499
――保険金請求権………………500
――目的物の滅失・損傷………499
質権の法律的性質………………461
質権の目的
――付従性………………………461
質物再度質入説…………………490
質屋営業者………………………496
自動車交通事業法………………635
自動車抵当法………………11, 637
自動車抵当法上の先取特権……293
借地借家法上の先取特権…256, 319
社債株式等振替法…………558, 585
社内預金の返還債権……………221
従たる権利………………………733
宿泊料及び飲食料………………273
種苗又は肥料の供給の先取特権…307
順位確定の原則……………639, 644
順位昇進の原則…………………632
準物権説…………………………616
証券化の原則……………………642
証券保管振替機構………………585
商事質……………………………496
商事留置権………………………27
――破産手続における効力……39
承諾転質…………………………493
譲渡担保
――株式…………………………562
使用人……………………………219
商人間留置権
――建物建築請負代金債権……30
――手形取立金…………………33
――電子化された債権・証券…35
消滅時効…………………………649
侵害是正請求権……………623, 701
信託受託者の費用等償還請求権の優先権…293
随伴性……………………………16
――先取特権……………………145
――質権…………………………461
――抵当権………………………629
――留置権………………………26
生活保護法上の先取特権………228
製作物供給契約…………………297
清算金債権（譲渡担保・仮登記担保）による

目的物の留置……………………72
責任権説……………………617, 652
責任転質…………………………490
――の効果………………………491
――の法的性質…………………490
――の要件………………………491
セキュリタイゼーション………13
セキュリティ・トラスト…462, 466, 637
前期・当期・次期………………267
船舶先取特権………………289, 306
船舶抵当権………………………636
占有回収の訴え…………………508
専用実施権の質権………………601
善良な管理者の注意……………98
造作代金債権による建物の留置…70
葬式費用…………………………225
葬式費用の先取特権……………223
――「債務者」の意義…………227
――趣旨…………………………223
即時取得…………………………278

た 行

代価弁済…………………………762
第三権説…………………………617
第三債務者保護説……………776, 782
代替的物上代位………………161, 766
代担保 →代（かわり）担保
諾成的消費貸借…………………674
建 物………………………………667
建物買取代金債権による敷地の留置…71
建物区分所有法上の先取特権…293, 320
建物の区分所有等に関する法律による先取特権……………………215
単独買入説………………………490
担保・執行法の改正……………657
担保価値維持義務……………625, 687
担保価値維持請求権…623, 687, 692, 701
担保権信託 →セキュリティ・トラスト
担保付（附）社債信託法………11, 637
「担保」という言葉……………1
担保の提供による留置権の消滅…119
担保物権の機能…………………8
担保物権の効率性………………8
担保物権の通有性………………14

事 項 索 引

──担保物権のモニタリング機能……………10
担保不動産収益執行……………………750, 752
　　──賃借人による相殺………………753
　　──賃料債権に対する物上代位との調整
　　　……………………………………749
地上権を目的とする抵当権…………669, 734
知的財産権法上の質権……………………601
著作権法上の質権…………………………606
　　──効力………………………………609
　　──設定………………………………606
著作物を利用する権利を目的とした質権…608
通常実施権の質権…………………………601
抵当権
　　──現代民法典制定後の改正………654
　　──債権法改正による変更…………659
抵当権設定契約………………………661, 663
　　──完成前の建物……………………667
抵当権設定の対抗要件……………………675
　　──区分所有建物……………………677
　　──司法書士の過誤による抹消……679
　　──第三者による不法抹消…………679
　　──登記官による不当抹消…………679
　　──登記事項…………………………676
　　──登記内容と実体的権利の不一致…678
　　──附属建物…………………………727
　　──無効登記の流用……………648, 680
抵当権に関する特別法……………………633
抵当権の客体…………………………615, 664
　　──一物一権主義……………………664
　　──一筆の土地の一部………………664
　　──完成前の建物……………………667
　　──共有持分…………………………665
　　──区分所有建物………………668, 677
　　──区分所有建物における共有持分…665
　　──組合財産…………………………665
　　──所有権・持分権の一部…………666
　　──地上権・永小作権………………668
　　──附属建物……………………667, 725
抵当権の効力
　　──換価権……………………………619
　　──効力の及ぶ範囲…………………710
　　──債務なき責任……………………623
　　──侵害是正請求権……………623, 701
　　──担保価値維持義務………………625

　　──担保価値維持請求権………623, 701
　　──追及効……………………………622
　　──抵当権者の占有権原……………700
　　──物権的請求権…………622, 737, 742
　　──物上代位…………………………757
　　──妨害排除請求権…………………650
　　──優先弁済的効力…………………621
抵当権の効力の及ぶ範囲…………………710
　　──学説の展開………………………718
　　──果実………………………………746
　　──具体例……………………………716
　　──敷地利用権が地上権であるとき…734
　　──収益………………………………746
　　──従たる権利………………………733
　　──地上権に抵当権が設定されたときの建
　　　物……………………………………669
　　──抵当権設定後の従物……………713
　　──抵当権設定時の従物……………713
　　──抵当建物崩壊による木材………745
　　──抵当地上の建物…………………724
　　──天然果実…………………………729
　　──被担保債権に係る債務の不履行前の果
　　　実…………………………………750, 752
　　──付加物（付加一体物）………646, 711
　　──付加物（付加一体物）の対抗要件…727
　　──付加物の設置が詐害行為となる場合
　　　……………………………………732
　　──付合物……………………………712
　　──附属建物…………………………725
　　──附属建物の対抗要件……………727
　　──分離物……………………………736
　　──分離物（学説）…………………738
　　──別段の定め………………………729
抵当権の実行………………………………685
　　──担保不動産収益執行……………752
　　──登記………………………………677
　　──分離物の動産競売………………743
抵当権の社会的意義………………………612
抵当権の消滅
　　──付従性……………………………675
抵当権の諸原則
　　──公示の原則……………631, 639, 644
　　──順位確定の原則……………639, 644
　　──順位昇進の原則…………………632

805

事項索引

── 特定の原則 …………………631, 639, 644
抵当権の侵害 ……………………………686
　── 有者の故意・過失による抵当不動産の
　　　滅失・損傷 …………………………703
　── 第三者による抵当不動産の占有　→抵
　　　当不動産の不法占有の排除
　── 付加物等の分離 ………………687, 736
　── 物権的請求権 …………………687, 742
　── 不法行為による損害賠償請求権 ……701
　── 増担保請求権 ………………………707
　── 無効登記の存在 ……………………688
抵当権の性質
　── 随伴性 ………………………………629
　── 不可分性 ………………629, 675, 754
　── 不可分の例外性 ……………………755
　── 付従性 …………627, 640, 648, 672, 675
　── 物上代位性 …………………………630
抵当権の成立
　── 債権譲渡の異義なき承諾 …………649
抵当権の設定 ……………………………661
　── 遺言 …………………………………662
　── 員外貸付 ………………………649, 672
　── 完成前の建物 ………………………667
　── 規制区域 ……………………………670
　── 将来債権を被担保債権にするとき …673
　── 諾成的消費貸借 ……………………674
　── 抵当権設定契約 ……………………661
　── 農地 …………………………………669
　── 付従性 ………………………………672
　── 物上保証人の地位 …………………662
　── 保証人の求償権を被担保債権にすると
　　　き ……………………………………675
抵当権の対抗要件　→抵当権設定の対抗要件
抵当権の被担保債権 ……………………670
　── 員外貸付 ………………………649, 672
　── 債権の一部 …………………………670
　── 消滅時効の援用権者 ………………649
　── 将来債権 ……………………………673
　── 数個の債権 …………………………671
　── 諾成的消費貸借 ……………………674
　── 被担保債権の発生原因たる契約の無効
　　　………………………………………672
　── 保証人の求償権 ……………………675
抵当権の物上代位 ………………………757

　── 沿革 …………………………………758
　── 買戻代金債権 ………………………761
　── 果実収取権との関係 ………………767
　── 仮差押解放金 ………………………762
　── 管理受託者の取得する賃料債権 ……770
　── 差押え ………………………………647
　── 差押えの意義（学説）………………780
　── 差押えの意義（判例）………………773
　── 損害保険金請求権 …………………651
　── 賃料債権 ………650, 748, 763, 783, 787
　── 賃料債権に対する物上代位と賃借人に
　　　よる相殺 ……………………………753
　── 転貸賃料債権 ………………………769
　── 転付命令との優劣 …………………779
　── 売却代金債権 ………………………761
　── 配当要求 ……………………………790
　── 物権設定の対象 ……………………772
　── 不法行為による損害賠償請求権との関
　　　係 ……………………………………701
　── 不法占有者に対する損害賠償債権 …771
　── 弁済期の到来 ………………………789
　── 保険金債権 ……………772, 781, 788
　── 保全手続 ……………………………792
　── 滅失・損傷による損害賠償債権 ……771
　── 目的債権の相殺 ……………………787
　── 目的債権の免除 ……………………787
　── 用地買収契約における補償金債権 …771
抵当権の物上保証人
　── 求償権 ………………………………796
　── 事後請求権 …………………………797
　── 事前求償権 …………………………797
抵当権の妨害
　── 抵当権実行の妨害 …………………705
抵当権の法的性格
　── 責任権説 ……………………………652
　── 非占有性 ………………618, 652, 700
抵当権の法的性質 ………………………613
　── 価値権説 ……………………………617
　── 権利客体説 …………………………616
　── 準物権説 ……………………………616
　── 責任権説 ……………………………617
　── 第三権説 ……………………………617
　── 物権性否定説 ………………………617
抵当権の本質論 …………………………652

事項索引

抵当権の目的物　→抵当権の客体
抵当証券 ……………………………………637
抵当建物と他の建物との合体 ……………725
抵当建物崩壊による木材 …………………745
抵当不動産の不法占有者の排除 …………688
　──学説の展開 …………………………694
　──債権者代位権 …………………690,696
　──使用利益相当額の賠償 ……………698
　──抵当権者自身への明渡請求の可否…697
　──排除可能時期 ………………………695
　──判例の展開 …………………………689
　──妨害目的の要否 ……………………697
鉄道財団抵当権 ……………………………634
鉄道抵当法……………………………………11
手荷物 ………………………………………273
典型担保 ………………………………………5
電子記録債権 ………………………557,591
転　質 ………………………………………488
　──の効果 ………………………………491
　──の法律的性質 ………………………490
　──の要件 ………………………………491
天然果実 ……………………………………729
登記をした不動産保存・不動産工事の先取特
　権 …………………………………………451
動産先取特権 ………………………………234
　──沿革 …………………………………235
　──公示の原則との関係 ………………237
　──趣旨 …………………………………235
　──追及効 …………………………416,421
　──特別法 ………………………………238
動産先取特権の順位 ………………………401
　──一般先取特権との間 ………………249
　──動産先取特権間 ……………………250
動産先取特権の物上代位
　──請負代金債権 ………………………165
　──賃料債権 ……………………………168
　──動産売買の先取特権 ………………302
　──売買代金債権 ………………………165
　──目的物の滅失・損傷の場合 ………169
動産質 ………………………………………506
　──先取特権との競合 …………………431
　──占有侵奪 ……………………………507
　──占有の喪失 ……………………506,509
動産質の効力の及ぶ範囲 …………………467

動産質の実行 ………………………………509
　──簡易な弁済充当 ……………………510
動産質の順位 ………………………………512
動産質の対抗要件 …………………………506
動産抵当権 …………………………………636
動産の保存費 ………………………………288
動産売買の先取特権 ………………………294
　──買主の倒産 …………………………304
　──権利等の売買 ………………………298
　──趣旨 …………………………………294
　──製作販売代金債権への物上代位 …303
　──製作物供給契約 ……………………297
　──動産の代価 …………………………296
　──物上代位 ……………………………302
　──目的物の特定性・同一性 …………300
動産保存の先取特権 ………………………286
　──権利の保存・承認・実行に要した費用
　　 …………………………………………291
　──趣旨 …………………………………287
　──動産に関する権利 …………………290
同時履行の抗弁権 ……………………………22
投資リスクの分解 ……………………………12
登録株式質 …………………………………560
登録譲渡担保 ………………………………561
道路交通事業抵当法 …………………11,634
特定性維持説 ………………………773,780
特定の原則 ……………………631,639,644
特別先取特権の順位 ………………………399
特別法…………………………………………11
特別法上の一般先取特権 …………190,207
特別法上の抵当権
　──物上代位 ……………………………794
特別法上の動産先取特権 …………………238
　──順位 …………………………………250
　──追及効の制限 ………………………430
独立の原則 …………………………640,645
特許権の質権 ………………………………601
特許法上の質権 ……………………………602
　──効力 …………………………………605
　──設定 …………………………………602
特許を受ける権利の質権 …………………602

な　行

日用品供給の先取特権 ……………………229

807

事項索引

──「最後の6箇月間」の起算点 ……… 232
──趣旨 ………………………………… 229
──「日用品」の意義 ………………… 232
──扶養すべき同居の親族及び家事使用人
  ………………………………………… 231
ネガティブ・プレッジ …………………… 14
根質権 …………………………………… 468
根不動産質権 …………………………… 526
農業動産信用法 ………………………… 11
農業動産信用法上の先取特権 … 293, 306, 311
農業労務の先取特権 …………………… 312

は　行

派生的物上代位 ………………… 766, 162
払渡し又は引渡し ……………………… 177
引換給付判決 …………………………… 82
必要費 …………………………………… 113
非典型担保 ……………………………… 5
付加一体物 ……………………………… 646
付加的物上代位 ………………… 162, 766
付加物（付加一体物）
  ──対抗要件 ………………………… 727
  ──従物との関係 …………………… 711
付加物（付加一体物）の意義 ………… 711
不可分性 ………………………………… 15
  ──先取特権 ………………… 145, 185
  ──質権 ……………………… 499, 461
  ──抵当権 ………… 629, 675, 754
  ──留置権 …………………………… 83
付従性 …………………………………… 15
  ──先取特権 ………………………… 145
  ──抵当権 ……… 627, 640, 648, 672, 675
  ──留置権 …………………………… 26
附属建物 …………………… 667, 725, 727
普通預金債権の担保化 ………………… 533
物権性否定説 …………………………… 617
物財団 …………………………………… 634
物上義務 ………………………………… 623
物上債務 ………………………… 625, 662
物上代位 ………………………… 159, 499
  ──請負代金債権 …………………… 165
  ──価値権説 ………………… 162, 757
  ──株式質 …………………………… 571
  ──行使要件 ………………………… 172

  ──差押えの意義 …………………… 773
  ──「差押え」の趣旨 ……………… 173
  ──製作販売代金債権 ……………… 303
  ──存在理由 ………………………… 162
  ──代替的物上代位・付加的物上代位
    …………………………………… 161, 766
  ──賃料債権 ………………………… 168
  ──抵当権 ………………… 647, 650
  ──動産売買の先取特権 …………… 302
  ──特権説 …………………… 163, 757
  ──配当要求 ………………………… 790
  ──売買代金債権 …………… 165, 167
  ──「払渡し又は引渡し」の意義 … 177
  ──物権設定の対価 ………………… 171
  ──振替株式を目的とする質権 …… 594
  ──弁済期の到来 …………………… 789
  ──保険金請求権 …………………… 170
  ──補償金・清算金等 ……………… 170
  ──保全手続 ………………………… 792
  ──目的物の滅失・損傷の場合 …… 169
物上代位権と質権との競合 …………… 181
物上代位権の行使手続 ………………… 180
物上代位性 ……………………………… 15
物上代位における差押え
  ──第三債務者保護説 ……………… 174
  ──多元説 …………………………… 174
  ──特定性維持説 …………………… 173
  ──判例 ……………………………… 174
  ──優先権保全説 …………………… 173
物上抵当権 ……………………………… 615
物上保証人の求償権 ………… 503, 796
  ──第三取得者 ……………………… 505
物的担保制度の機能 …………………… 2, 6
不動産 …………………………………… 317
不動産工事の先取特権 ………………… 326
  ──工事後の価格上昇 ……………… 333
  ──「工事」の意義 ………………… 329
  ──債権者の範囲 …………………… 328
  ──趣旨 ……………………………… 326
  ──抵当権との競合 ………………… 451
  ──登記 ……………………… 333, 443
  ──登記手続と登記内容 …………… 447
  ──被担保債権 ……………………… 330
不動産財団 ……………………………… 634

事項索引

不動産先取特権
　──登記 …………………………417
不動産先取特権の順位 …………406
　──一般の先取特権との間 ………321
　──他の担保物権との間 …………321
　──不動産先取特権間 ……………321
不動産先取特権の物上代位
　──賃料債権 ……………………168
　──売買代金債権 ………………167
　──目的物の滅失・損傷の場合 …169
不動産質 …………………………514
　──買戻しとの区別 ……………464
　──抵当権の規定の準用 ………524
　──不動産先取特権との競合 ……433
　──立法論 ………………………460
不動産質権者
　──果実収取権 …………………515
　──管理の費用等の負担 ………516
　──使用・収益権能 ……………514
　──善管注意 ……………………515
不動産質の効力
　──使用・収益に関する特約 …520
　──担保不動産収益執行の開始 …520
　──利息に関する特約 …………519
　──利息の請求の禁止 …………518
不動産質の効力の及ぶ範囲 ……467
不動産質の実行 …………………470
不動産質の存続期間 ……………521
　──定めのない場合 ……………523
不動産賃貸の先取特権 …………252
　──沿革 …………………………252
　──敷金との関係 ………………268
　──趣旨 …………………………253
　──即時取得 ……………………278
　──賃借権譲渡・転貸 …………261
　──賃借権譲渡・転貸（沿革）………262
　──賃借人が備え付けた動産 …259
　──賃貸人の承諾なき賃借権譲渡・転貸
　　………………………………265
　──被担保債権 ……………254, 265
　──目的物 ………………………257
不動産の保存費 …………………323
不動産売買の先取特権 …………335
　──沿革 …………………………336
　──趣旨 …………………………335
　──抵当権・不動産質権との競合 ……453
　──登記 ……………………338, 453
不動産保存の先取特権 …………322
　──権利の保存・承認・実行に要した費用
　　………………………………324
　──趣旨 …………………………322
　──抵当権との競合 ……………451
　──登記 ……………………325, 439
　──不動産に関する権利 ………324
振替株式を目的とする質権 ……585
　──実行 …………………………598
　──消滅 …………………………587
　──剰余金の配当を受ける権利 …597
　──設定 …………………………586
　──対抗要件 ……………………588
　──複数の質権の設定 …………591
　──物上代位 ……………………594
プロジェクトファイナンス………13
分離物 ……………………………736
妨害排除請求権 …………………650
法定担保物権 ………………………4
法定地上権 ………………………651
保険業法上の先取特権 …………222

ま 行

増担保請求 ………………………707
未登記抵当権 ……………………678
身元保証金返還債権 ……………221
民事執行法の改正 ………………655
民法の現代語化 …………………658
無効登記の流用 ……………648, 680
　──仮登記担保 …………………682

や 行

約定担保物権 …………………5, 626
有益費 ……………………………113
優先権保全説 ………………775, 782
優先弁済効の位置づけ ……………9

ら 行

略式株式質 ………………………560
略式譲渡担保 ……………………561
流質契約 ……………………494, 599

809

事項索引

――性質 …………………………… 497
流質の効果 ……………………………… 498
留置権 …………………………………… 17
　――沿革 …………………………… 19
　――随伴性 ………………………… 26
　――同時履行の抗弁権との関係 …22, 86
　――付従性 ………………………… 26
　――法的性質 ……………………… 24
留置権者の果実収取権 ………………… 89
　――果実収取義務 ………………… 92
　――果実の換価 …………………… 92
　――果実の充当 …………………… 97
　――果実の範囲 …………………… 94
　――使用利益 ………………… 95, 106
　――占有者の果実収取権との関係 … 93
留置権者の義務
　――保管義務 ……………………… 98
留置権者の費用償還請求権 …………… 111
　――占有者の費用償還請求権との違い …115
留置権の行使と消滅時効の完成猶予 … 117
留置権の効力
　――果実収取義務 ………………… 92
　――果実収取権 …………………… 89
　――果実の換価 …………………… 92
　――起草過程 ……………………… 44
　――競売権 ………………………… 76
　――国税滞納処分 ………………… 41
　――事実上の優先弁済 …………… 79
　――担保提供 ……………………… 100
　――破産手続 ……………………… 38
　――引換給付判決 ………………… 82
　――被担保債権の消滅時効 ……… 116
　――費用償還請求権 ……………… 111
　――保存に必要な使用 …………… 103
　――民事再生・会社更生手続 …… 40
　――目的物の使用 ………………… 100
　――目的物の賃貸 …………… 94, 100
　――優先弁済的効力 ……………… 20
　――立法論 ………………………… 42

――留置的効力 ……………………… 75
留置権の消滅
　――代担保の提供 …………… 86, 119
　――準消費貸借 …………………… 73
　――消滅請求権 ………………107, 123
　――占有侵奪 ……………………… 127
　――占有の喪失 …………………… 125
　――任意の返還と占有の再取得 … 128
留置権の成否
　――準消費貸借 …………………… 73
　――清算金（譲渡担保・仮登記担保）…… 72
　――造作代金債権 ………………… 70
　――建物買取請求権の行使による代金債権
　　　………………………………… 71
留置権の成立要件 ……………………… 45
　――占有が不法行為によって始まった場合
　　　………………………………… 64
　――他人物性 ……………………… 46
　――特約 …………………………… 69
　――被担保債権の存在と弁済期 … 52
　――物と債権の牽連関係（学説） … 54
　――物と債権の牽連関係（裁判例）… 60
　――「物」の範囲 ………………… 50
　――目的物の占有 ………………… 63
留置権の不可分性 ……………………… 83
　――目的物可分のとき …………… 85
　――目的物の一部の返還 ………… 88
　――目的物複数のとき …………… 87
留置権の目的物 ………………………… 50
　――効力の及ぶ範囲 …………50, 88
　――登記 …………………………… 52
流通性確保の原則 ……………………… 641
立木抵当権 ……………………………… 635
立木ニ関スル法律 ……………………… 11
立木の先取特権 …………………… 256, 320
旅館宿泊の先取特権 …………………… 270
　――即時取得 ……………………… 278
老人福祉法上の先取特権 ……………… 229

810

判 例 索 引

明 治

大判明 32・3・16 刑録 5 輯 3 巻 76 頁………281
大判明 33・5・2 民録 6 輯 5 号 1 頁…………655
大判明 35・2・22 民録 8 輯 2 巻 93 頁………114
大判明 36・11・13 民録 9 輯 1221 頁 ……736
大判明 37・2・5 民録 10 輯 79 頁…………734
大判明 37・3・25 民録 10 輯 330 頁 ………54
大判明 37・4・5 民録 10 輯 431 頁 …………494
大判明 37・6・22 民録 10 輯 861 頁…………329
大判明 37・10・14 民録 10 輯 1258 頁………487
大判明 37・11・11 民録 10 輯 1437 頁 ………52
大判明 39・5・23 民録 12 輯 880 頁…………712
大判明 40・3・12 民録 13 輯 265 頁
　………………………………170, 172, 761, 772
大判明 40・6・19 民録 13 輯 685 頁…………761
大判明 41・3・20 民録 14 輯 313 頁…………494
大判明 41・6・4 民録 14 輯 658 頁 …………479
大阪控判明 42・2・22 新聞 560 号 10 頁……495
大阪控判明 43・5・11 新聞 648 号 11 頁……329
大判明 43・10・18 民録 16 輯 699 頁
　………………………………323, 329, 330, 334, 449
大判明 44・3・20 刑録 17 輯 420 頁…………489
東京控判明 44・5・6 新聞 738 号 19 頁………68
大阪地判年月日不明・新聞 751 号 24 頁（明
　治 44 年）…………………………………301

大 正

大判大元・10・2 民録 18 輯 772 頁 …………500
大阪地判大 2・5・7 新聞 882 号 9 頁…………323
大判大 2・5・8 民録 19 輯 312 頁……………674
大判大 2・6・21 民録 19 輯 481 頁 …………747
大判大 2・7・5 民録 19 輯 609 頁…165, 169, 170
大判大 2・12・11 民録 19 輯 1010 頁 ………686
大判大 3・7・4 民録 20 輯 587 頁……………259
大判大 3・12・26 民録 20 輯 1208 頁 ………329
大判大 4・3・6 民録 21 輯 363 頁……………774
大決大 4・3・9 民録 21 輯 252 頁……………656
大判大 4・6・16 民録 21 輯 971 頁……………686
大判大 4・6・30 民録 21 輯 1157 頁…………774
大判大 4・7・1 民録 21 輯 1313 頁…………651
大判大 4・9・15 民録 21 輯 1469 頁 …………756

大決大 4・10・23 民録 21 輯 1755 頁 ………663
大判大 4・12・23 民録 21 輯 2173 頁 …449, 688
東京控判大 5・2・21 新聞 1098 号 27 頁
　………………………………………………323, 329
東京地判大 5・5・5 新聞 1136 号 23 頁 ……495
大判大 5・5・30 民録 22 輯 1074 頁 …………74
大判大 5・5・31 民録 22 輯 1083 頁…………737
大判大 5・6・28 民録 22 輯 1281 頁
　………………………………………169, 745, 771
大判大 5・9・5 民録 22 輯 1670 頁 …………550
大阪区判大 5・11・21 新聞 1201 号 21 頁 …213
大判大 5・12・25 民録 22 輯 2509 頁 …481, 516
大判大 6・1・22 民録 23 輯 14 頁……745, 771
大判大 6・1・27 民録 23 輯 97 頁 …………763
大判大 6・2・9 民録 23 輯 244 頁
　………………………………333, 418, 442, 444, 449
大判大 6・4・12 民録 23 輯 695 頁 …………729
大判大 6・7・26 民録 23 輯 1203 頁
　………………………………………280, 417, 425, 427
大判大 6・9・19 民録 23 輯 1483 頁…………523
大判大 6・10・3 民録 23 輯 1639 頁…………469
大判大 6・11・3 民録 23 輯 1875 頁…………523
萩区判大 6・12・14 新聞 1397 号 29 頁 ……497
大決大 7・1・18 民録 24 輯 1 頁 ……………523
大判大 7・3・25 民録 24 輯 531 頁 …………74
大判大 7・4・17 民録 24 輯 707 頁 …………686
大判大 7・10・29 新聞 1498 号 21 頁 …94, 97
大連判大 8・3・15 民録 25 輯 473 頁
　………………………………………713, 715, 717
大判大 8・10・8 民録 25 輯 1859 頁……632, 688
大判大 9・1・29 民録 26 輯 89 頁…………675
大判大 9・3・29 民録 26 輯 411 頁 …………487
大決大 10・3・4 民録 27 輯 404 頁 …………675
東京控判大 10・3・23 新聞 1890 号 22 頁……68
大判大 10・6・1 民録 27 輯 1032 頁 …………310
大判大 10・6・18 民録 27 輯 1168 頁 ………429
大決大 10・7・8 民録 27 輯 1313 頁……714, 717
大判大 10・12・23 民録 27 輯 2175 頁 ………68
大判大 11・6・3 民集 1 巻 280 頁……………231
大判大 11・8・21 民集 1 巻 498 頁…………55
大判大 11・9・23 民集 1 巻 525 頁 …………621

判 例 索 引

大判大 11・11・27 民集 1 巻 692 頁…………509
大連判大 12・4・7 民集 2 巻 209 頁
　　　…………163, 170, 173, 651, 757, 775, 791
大連判大 12・7・7 民集 2 巻 448 頁…………679
大判大 12・7・23 民集 2 巻 545 頁 …………627
大判大 13・6・12 民集 3 巻 272 頁 …………538
朝鮮高判大 14・3・3 評論 14 民 492 頁………502
大連決大 14・7・14 刑集 4 巻 484 頁 ………489
大判大 14・10・26 民集 4 巻 517 頁…………716
大判大 14・12・21 民集 4 巻 723 頁…………678
大判大 15・3・18 民集 5 巻 185 号……………549
大判大 15・7・12 民集 5 巻 616 頁……………268

昭和元〜21 年

大判昭 2・6・29 民集 6 巻 415 頁…………52, 86
大判昭 3・6・2 民集 7 巻 413 頁 ……………219
大判昭 3・6・28 民集 7 巻 533 頁 ……………621
大判昭 3・8・1 民集 7 巻 671 頁 ……………703
大判昭 4・1・30 新聞 2945 号 12 頁…………504
大判昭 4・5・4 新聞 3004 号 12 頁……………74
大判昭 5・6・27 民集 9 巻 619 頁……………550
大決昭 5・7・1 民集 9 巻 834 頁 ……………656
大決昭 5・9・23 民集 9 巻 918 頁
　　　………………………163, 173, 761, 775
大判昭 5・9・30 新聞 3195 号 14 頁…………104
大判昭 5・12・18 民集 9 巻 1147 頁……714, 717
大判昭 6・1・17 民集 10 巻 6 頁………………70
東京区判昭 6・4・7 新報 258 巻 27 頁…………231
大判昭 6・8・7 民集 10 巻 875 頁……………680
大判昭 6・10・21 民集 10 巻 913 頁…………737
大判昭 6・10・30 民集 10 巻 982 頁…………310
大判昭 6・12・28 法学 1 巻上 646 頁 …………330
大判昭 7・2・23 民集 11 巻 148 頁……………466
大判昭 7・4・20 新聞 3407 号 15 頁……737, 742
大判昭 7・5・27 民集 11 巻 1289 頁…………704
東京控判昭 7・6・10 新聞 3442 号 15 頁………51
大決昭 7・8・29 民集 11 巻 1729 頁…………493
大判昭 8・2・24 民集 12 巻 265 頁……………74
大判昭 8・3・14 民集 12 巻 350 頁……………533
大判昭 8・4・8 新聞 3553 号 7 頁……………259
大判昭 8・7・19 民集 12 巻 2229 頁…………649
大決昭 8・8・18 民集 12 巻 2105 頁…………649
大判昭 8・10・7 新聞 3622 号 9 頁……………496
大判昭 8・11・7 民集 12 巻 2691 頁…………681

大決昭 9・3・8 民集 13 巻 241 頁
　　　…………………………714, 717, 725, 729
東京控判昭 9・3・24 新聞 3702 号 16 頁 ……63
大判昭 9・3・31 新聞 3685 号 7 頁 …………536
大判昭 9・5・21 新聞 3703 号 10 頁
　　　…………………333, 418, 442, 444, 449
大判昭 9・6・2 民集 13 巻 931 頁…479, 481, 515
大判昭 9・6・15 民集 13 巻 1164 頁……650, 688
大判昭 9・6・27 民集 13 巻 1186 頁……53, 113
大判昭 9・6・30 民集 13 巻 1247 頁……………72
大判昭 9・7・2 民集 13 巻 1489 頁 …………730
東京控判昭 9・8・31 新聞 3755 号 12 頁………547
大判昭 9・10・23 裁判例 8 条民 249 頁…………50
大判昭 10・1・12 判決全集 14 巻 10 頁 ………547
大判昭 10・2・12 民集 14 巻 204 頁 …………270
大判昭 10・4・4 民集 14 巻 437 頁 …………679
大判昭 10・5・13 民集 14 巻 876 頁……96, 104
大判昭 10・10・1 民集 14 巻 1671 頁 ………667
大判昭 10・12・24 新聞 3939 号 17 頁………104
大判昭 11・1・14 民集 15 巻 89 頁……………681
大判昭 11・1・24 判決全集 3 巻 2 号 18 頁 …83
大判昭 11・4・13 民集 15 巻 630 頁 …………706
大判昭 11・5・26 民集 15 巻 998 頁……………96
大判昭 11・7・17 民集 15 巻 1456 頁 ………533
大判昭 11・10・2 民集 15 巻 1756 頁 ………296
大判昭 11・12・22 判決全集 4 輯 1 号 18 頁
　　　…………………………………………743
大判昭 12・3・10 民集 16 巻 313 頁…………310
大判昭 12・3・17 裁判例 11 巻民 71 頁 ……756
大判昭 12・5・1 判決全集 4 輯 10 号 11 頁…756
大判昭 12・7・7 民集 16 巻 1112 頁…………550
大判昭 12・7・8 民集 16 巻 1132 頁…………269
大判昭 12・12・14 民集 16 巻 1843 頁…334, 448
大判昭 13・2・14 判決全集 5 輯 5 号 31 頁 …75
大判昭 13・3・15 判決全集 5 輯 16 号 33 頁
　　　…………………………………………743
大判昭 13・4・16 民集 17 巻 714 頁 …………68
大判昭 13・4・19 民集 17 巻 758 頁 …50, 80, 97
大判昭 13・5・5 民集 17 巻 842 頁 …………620
大阪地判昭 13・8・2 新聞 4324 号 9 頁……667
千葉地判昭 13・8・17 新聞 4327 号 7 頁……53
大判昭 13・12・13 新聞 4362 号 13 頁…716, 730
大判昭 13・12・17 新聞 4377 号 14 頁…………96
大判昭 14・4・28 民集 18 巻 484 頁 …………50

812

判 例 索 引

大判昭 14・5・5 新聞 4437 号 9 頁 ………675
大判昭 14・8・24 民集 18 巻 877 頁 ……72
大判昭 15・1・18 新聞 4528 号 9 頁 ……97
東京地判昭 15・4・22 評論 29 巻民 632 頁 …51
大判昭 15・5・14 民集 19 巻 840 頁………688
大判昭 15・9・28 民集 19 巻 1744 頁 ……756
大判昭 16・4・30 法学 10 巻 1097 頁 ……105
大判昭 16・6・18 新聞 4711 号 25 頁
　……………………………168, 255, 425
大判昭 17・10・27 法学 12 巻 421 頁………96
大判昭 18・2・18 民集 22 巻 91 頁………72
大判昭 18・3・6 民集 22 巻 147 頁
　……………………………158, 254, 259, 425
大判昭 18・5・17 民集 22 巻 373 頁………268

昭和 22～30 年
東京地判昭 25・6・27 下民集 1 巻 6 号 1000
　頁 ………………………………………437
最判昭 25・10・24 民集 4 巻 10 号 488 頁……678
東京地判昭 26・11・13 下民集 2 巻 11 号
　1306 頁 ……………………………509
最判昭 27・11・27 民集 6 巻 10 号 1062 頁 …82
最判昭 28・5・29 民集 7 巻 5 号 608 頁 ……546
最判昭 29・1・14 民集 8 巻 1 号 16 頁 ………70
福岡高決昭 29・5・25 高民集 7 巻 5 号 419 頁
　………………………………………26
最判昭 29・7・22 民集 8 巻 7 号 1425 頁 ……70
東京地決昭 29・10・4 金法 55 号 5 頁………437
高松高判昭 30・2・22 下民集 6 巻 2 号 326 頁
　………………………………………104
最判昭 30・3・4 民集 9 巻 3 号 229 頁………105
最判昭 30・7・15 民集 9 巻 9 号 1058 頁……672
東京地判昭 30・10・27 下民集 6 巻 10 号
　2251 頁 ……………………………546

昭和 31～40 年
最判昭 31・6・19 民集 10 巻 6 号 678 頁……310
最大判昭 32・1・16 民集 11 巻 1 号 1 頁……644
金沢地判昭 32・4・3 下民集 8 巻 4 号 683 頁
　………………………………………533
福岡高宮崎支判昭 32・8・30 下民集 8 巻 8 号
　1619 頁 ……………………………776
最判昭 33・1・17 民集 12 巻 1 号 55 頁
　………………………………109, 113

横浜地判昭 33・3・10 下民集 9 巻 3 号 384 頁
　………………………………………126
最判昭 33・3・13 民集 12 巻 3 号 524 頁 ……82
名古屋高金沢支判昭 33・4・4 下民集 9 巻 4
　号 585 頁 …………………49, 80, 126
最判昭 33・5・9 民集 12 巻 7 号 989 頁 ……675
最判昭 33・6・6 民集 12 巻 9 号 1384 頁 ……83
最判昭 33・6・20 民集 12 巻 10 号 1585 頁…299
最判昭 33・6・24 裁判集民 32 号 437 頁 ……74
大阪高判昭 34・8・14 下民集 10 巻 8 号 1671
　頁 ………………………………………51
最判昭 34・9・3 民集 13 巻 11 号 1357 頁……61
東京地判昭 34・11・4 判タ 101 号 50 頁 ……97
東京高判昭 35・3・14 下民集 11 巻 3 号 521
　頁 ………………………………………97
最判昭 35・6・24 民集 14 巻 8 号 1528 頁 …299
最判昭 35・9・20 民集 14 巻 11 号 2227 頁 …96
最判昭 36・6・16 民集 15 巻 6 号 1592 頁 …679
東京高判昭 36・8・30 下民集 12 巻 8 号 2106
　頁 ………………………………………51
最判昭 37・3・15 裁判集民 59 号 243 頁……682
最判昭 37・6・22 民集 16 巻 7 号 1389 頁 …665
最判昭 37・8・10 民集 16 巻 8 号 1700 頁 …664
最判昭 37・10・12 裁判集民 62 巻 867 頁 …479
最判昭 38・2・19 民集 21 巻 9 号 2489 頁 …50
最判昭 38・5・31 民集 17 巻 4 号 570 頁
　………………………………107, 108
最大判昭 38・10・30 民集 17 巻 9 号 1252 頁
　………………………………………117
最判昭 39・1・23 民集 18 巻 1 号 76 頁 ……429
大阪高決昭 39・7・10 下民集 15 巻 7 号 1741
　頁 ………………………………………99
東京地判昭 39・7・17 下民集 15 巻 7 号 1813
　頁 ……………………………………679
東京高判昭 39・11・11 下民集 15 巻 11 号
　2662 頁 ……………………………105
最判昭 39・12・25 民集 18 巻 10 号 2260 頁
　………………………………………756
大阪高判昭 40・1・18 民集 21 巻 9 号 2490 頁
　………………………………………50
最判昭 40・5・4 民集 19 巻 4 号 811 頁 ……733
最判昭 40・7・15 民集 19 巻 5 号 1275 頁
　……………………………100, 108, 502
最判昭 40・10・7 民集 19 巻 7 号 1705 頁 …533

813

判例索引

昭和 41～50 年

大阪地判昭 41・2・15 判時 457 号 49 頁……105
最判昭 41・3・3 民集 20 巻 3 号 386 頁………68
最判昭 41・4・14 民集 20 巻 4 号 611 頁
　………………………………………185, 420
最判昭 41・12・23 民集 20 巻 10 号 2211 頁
　………………………………………………170
名古屋高判昭 42・2・20 高民集 20 巻 1 号 73
　頁………………………………………734
最判昭 42・5・19 判時 494 号 38 頁………756
大阪高判昭 42・6・27 判時 507 号 41 頁……105
最判昭 42・9・1 民集 21 巻 7 号 1755 頁……679
最判昭 42・9・29 民集 21 巻 7 号 2034 頁
　………………………………………505, 797
最判昭 42・11・30 民集 21 巻 9 号 2477 頁 …50
東京高決昭 42・12・14 下民集 18 巻 11＝12
　号 1160 頁……………………………449
最判昭 43・9・26 民集 22 巻 9 号 2002 頁…649
最大判昭 43・11・13 民集 22 巻 12 号 2510 頁
　………………………………………………118
最判昭 43・11・21 民集 22 巻 12 号 2765 頁…61
最判昭 44・3・28 民集 23 巻 3 号 699 頁
　…………………………687, 715, 716, 718, 727
最判昭 44・5・2 民集 23 巻 6 号 951 頁……684
最判昭 44・7・4 民集 23 巻 8 号 1347 頁……672
最判昭 44・9・2 民集 23 巻 9 号 1641 頁
　………………………………………135, 221
最判昭 44・11・6 判時 579 号 52 頁………72
最判昭 44・11・27 民集 23 巻 11 号 2251 頁
　………………………………………………118
東京高決昭 44・11・28 判タ 246 号 296 頁
　………………………………333, 442, 444, 449
最判昭 45・4・10 民集 24 巻 4 号 240 頁……539
広島地呉支判昭 45・4・27 下民集 21 巻 3＝4
　号 607 頁………………………………136
最大判昭 45・6・24 民集 24 巻 6 号 587 頁…179
最判昭 45・7・16 民集 24 巻 7 号 965 頁
　………………………………………171, 762
最判昭 45・12・4 民集 24 巻 13 号 1987 頁…466
最判昭 46・3・25 民集 25 巻 2 号 208 頁……72
最判昭 46・7・16 民集 25 巻 5 号 749 頁……68
最判昭 46・10・21 民集 25 巻 7 号 969 頁
　………………………………………136, 232
名古屋高判昭 46・11・2 判時 654 号 63 頁 …49

東京高判昭 47・2・18 判時 661 号 42 頁……702
最判昭 47・3・30 判時 665 号 51 頁………104
最判昭 47・9・7 民集 26 巻 7 号 1314 頁
　………………………………………136, 220
最判昭 47・11・16 民集 26 巻 9 号 1619 頁
　………………………………………60, 76, 83
名古屋高判昭 47・12・14 判時 703 号 40 頁…87
最判昭 48・2・2 民集 27 巻 1 号 80 頁………268
最判昭 48・6・15 民集 27 巻 6 号 700 頁……563
大阪地判昭 48・6・30 下民集 24 巻 5～8 号
　438 頁…………………………………184, 419
最判昭 49・3・19 民集 28 巻 2 号 325 頁……516
東京地判昭 49・5・16 判時 757 号 88 頁……129
最判昭 49・9・2 民集 28 巻 6 号 1152 頁……53
最判昭 49・9・20 金法 734 号 27 頁…………54
最判昭 49・12・24 民集 28 巻 10 号 2117 頁
　………………………………………………682
最判昭 50・7・17 民集 29 巻 6 号 1119 頁……74
最判昭 50・7・25 民集 29 巻 6 号 1147 頁……72
最判昭 50・10・29 判タ 798 号 22 頁…136, 449
東京地判昭 50・12・24 下民集 26 巻 9～12 号
　1032 頁………………………………136, 281

昭和 51～60 年

最判昭 51・6・17 民集 30 巻 6 号 616 頁…61, 68
最判昭 52・3・11 民集 31 巻 2 号 171 頁……734
福岡高判昭 52・7・7 下民集 28 巻 5～8 号
　775 頁…………………………………………136
札幌高決昭 52・7・30 判タ 360 号 184 頁 …791
大阪高判昭 52・10・28 下民集 28 巻 9～12 号
　1133 頁………………………………………136
最判昭 52・12・8 金法 850 号 38 頁…………52
高松高判昭 52・12・9 判時 895 号 114 頁 …136
東京高判昭 53・12・19 判タ 383 号 114 頁…136
東京高判昭 53・12・26 判タ 383 号 109 頁
　………………………………………715, 720
大阪高決昭 54・2・19 判時 931 号 73 頁……764
大阪高決昭 54・7・31 判タ 398 号 110 頁 …791
福岡地判昭 55・5・26 下民集 31 巻 5～8 号
　417 頁…………………………………………136
最判昭 56・2・24 判タ 436 号 119 頁………679
東京高決昭 56・3・16 判タ 441 号 117 頁 …791
東京高判昭 56・3・30 高民集 34 巻 1 号 11 頁
　………………………………………566, 574

判 例 索 引

大阪高判昭56・6・23判タ446号117頁 …663
大阪高決昭56・9・21判タ465号108頁 …166
最判昭57・3・12民集36巻3号349頁
　………………………………………737, 743
大阪地判昭57・8・9判タ483号104頁
　……………………………………184, 419
浦和地判昭58・2・22判タ498号155頁
　…………………………333, 442, 444, 449
最判昭58・3・24判タ496号84頁………136
最判昭58・3・24判タ533号144頁 ………136
最判昭58・3・31民集37巻2号152頁 …73
最判昭58・6・30民集37巻5号835頁……547
福岡高判昭58・9・28訟月30巻4号603頁
　………………………………………………136
最判昭58・12・8民集37巻10号1517頁…776
最判昭59・2・2民集38巻3号431頁
　………………………135, 175, 177, 304, 419, 777
最判昭59・3・27判タ527号99頁………136
東京地判昭59・7・12判タ542号243頁…226
大阪高決昭59・7・16判タ531号160頁…166
仙台高決昭59・9・4判タ542号220頁 …75
東京高決昭59・10・3判タ546号138頁…166
浦和地判昭59・12・26判タ549号223頁…136
東京高判昭60・1・25高民集38巻1号1頁
　………………………………………………734
東京高決昭60・5・16判タ554号319頁…428
東京地決昭60・5・17判時1181号111頁 …78
最判昭60・7・19民集39巻5号1326頁
　………………………………135, 175, 178, 777
東京高判昭60・8・27判時1163号62頁……689
大阪高決昭60・10・2判タ583号95頁……166
東京高判昭60・11・21金法1119号46頁…444

昭和61〜64年

東京地判昭61・1・28判タ623号148頁…226
大阪地判昭61・5・16判タ596号92頁……305
大阪高決昭61・8・4判タ629号209頁……764
東京地判昭61・9・10判時1210号65頁…166
大阪高決昭61・9・16判タ624号176頁…166
仙台高決昭61・10・20判タ625号228頁…166
広島高松江支判昭61・10・20判タ630号
　217頁 ………………………………………296
名古屋地判昭61・11・17判タ627号210頁
　………………………………………………305

東京地判昭61・11・20判タ647号172頁…167
東京高決昭62・3・4判タ657号249頁……301
最判昭62・4・2判タ645号162頁……180, 790
仙台高判昭62・5・28金法1162号85頁
　…………………………136, 333, 442, 444, 449
最判昭62・7・10金法1180号36頁…………61
東京高決昭62・10・5判タ660号231頁…69
東京高決昭62・10・27判タ671号218頁…136
最判昭62・11・10民集41巻8号1559頁
　………………………………………135, 426
大阪高決昭63・4・7判タ675号227頁
　…………………………………167, 297, 303
東京高決昭63・7・28判時1289号56頁 …689
東京地判昭63・8・29判時1308号128頁 …69
東京高決昭63・12・15金法1240号35頁…717

平成元〜10年

大阪高決平元・3・10判タ709号267頁……69
東京高判平元・4・17判タ693号269頁
　……………………………………300, 428
大阪高決平元・9・29判タ711号232頁 …428
最判平元・10・27民集43巻9号1070頁
　……………………………136, 169, 651, 748, 764
福岡高判平元・12・21判タ731号176頁
　……………………………………181, 289
山口地下関支決平元・12・27判タ724号260
　頁 ……………………………………………69
最判平2・4・19判タ734号108頁……716, 717
最判平2・12・18民集44巻9号1686頁
　………………………………504, 663, 798
最判平3・3・22民集45巻3号268頁
　………………………………650, 690, 694
東京高決平3・7・3判タ772号270頁 ……428
最判平3・7・16民集45巻6号1101頁…83, 89
仙台高決平3・12・2判時1408号85頁…68, 69
広島高松江支決平5・4・26判時1457号104
　頁 …………………………………………448
東京地判平5・11・15金法1395号61頁…69
最判平5・12・17民集47巻10号5508頁…657
最判平6・1・25民集48巻1号18頁………726
東京高決平6・2・7判タ875号281頁……31
仙台高判平6・2・28判時1552号62頁…128
最判平6・7・14民集48巻5号1126頁……633
大阪高判平6・12・16金判972号14頁……427

815

判例索引

東京高決平 6・12・19 判タ 890 号 254 頁……32
最判平 7・9・19 民集 49 巻 8 号 2805 頁 ……49
大阪地判平 8・3・29 判タ 919 号 169 頁……529
東京高決平 8・4・15 判タ 936 号 251 頁……771
神戸地判平 8・9・4 判タ 936 号 223 頁 ……529
福岡高決平 8・11・18 判タ 944 号 163 頁 ……166
最判平 9・4・11 裁判集民 183 号 241 頁 ……73
福岡地判平 9・6・11 判タ 947 号 291 頁 ……32
福岡地判平 9・6・11 判タ 947 号 297 頁 ……31
最判平 9・7・3 民集 51 巻 6 号 2500 頁
　　……………………………………102, 109
最判平 9・12・18 民集 51 巻 10 号 4210 頁
　　……………………………………304, 428
最判平 10・1・30 民集 52 巻 1 号 1 頁
　　…136, 146, 162, 169, 172, 174, 175, 176, 179,
　　582, 583, 648, 777, 778, 779, 780, 783, 786, 787
最判平 10・2・10 判タ 964 号 79 頁
　　……………136, 146, 162, 172, 175, 179, 777
最判平 10・3・26 民集 52 巻 2 号 483 頁
　　………………………………136, 172, 175, 778
東京高決平 10・6・12 金判 1059 号 32 頁……32
最判平 10・7・14 民集 52 巻 5 号 1261 頁
　　………………………………………………33, 39
東京高決平 10・11・27 判タ 1004 号 268 頁
　　………………………………………………32, 40
東京高決平 10・12・11 判タ 1004 号 265 頁…32
最決平 10・12・18 民集 52 巻 9 号 2024 頁
　　………………………………………137, 166, 169

平成 11～20 年

東京高決平 11・2・9 金法 1545 号 43 頁……213
最判平 11・2・26 判タ 999 号 215 頁……73, 118
最決平 11・4・16 民集 53 巻 4 号 740 頁……549
東京高決平 11・7・23 判タ 1006 号 117 頁 …32
最判平 11・9・9 民集 53 巻 7 号 1173 頁
　　………………………………………………468, 552
最判平 11・10・21 民集 53 巻 7 号 1190 頁…650
最大判平 11・11・24 民集 53 巻 8 号 1899 頁
　　………………623, 650, 690, 694, 695, 696, 698, 699
最判平 11・11・30 民集 53 巻 8 号 1965 頁
　　………………………………………………171, 762
東京高決平 12・3・17 判タ 1103 号 198 頁
　　………………………………………………297, 303
最決平 12・4・7 民集 54 巻 4 号 1355 頁

……………………………………………531, 786
最決平 12・4・14 民集 54 巻 4 号 1552 頁 …769
東京地判平 12・11・14 金法 1622 号 52 頁 …63
東京高判平 13・1・30 判タ 1058 号 180 頁 …31
最判平 13・3・13 民集 55 巻 2 号 363 頁
　　………………136, 142, 179, 753, 778, 779, 780
東京地判平 13・3・28 判タ 1092 号 229 頁 …64
最判平 13・10・25 民集 55 巻 6 号 975 頁
　　……………………………………………180, 790
最判平 13・11・22 民集 55 巻 6 号 1056 頁…535
最判平 14・1・22 判タ 1085 号 176 頁……451
最決平 14・2・5 判タ 1094 号 114 頁 ………289
東京高判平 14・2・5 判時 1781 号 107 頁 …127
最判平 14・3・12 民集 56 巻 3 号 555 頁
　　…………137, 175, 178, 772, 779, 780, 782, 786
最判平 14・3・28 民集 56 巻 3 号 689 頁
　　………………………………………………137, 780
東京高決平 14・6・6 判時 1787 号 124 頁……62
名古屋高判平 14・6・28 判タ 1139 号 129 頁
　　………………………………………………63, 64
東京地判平 15・5・23 金法 1702 号 77 頁……62
東京高決平 15・6・19 金法 1695 号 105 頁
　　………………………………………………297, 303
東京高決平 15・7・31 判時 1830 号 37 頁……62
東京高決平 15・9・30 判タ 1155 号 291 頁…290
最判平 16・3・24 民集 58 巻 1160 号 292 頁…221
最判平 17・2・22 民集 59 巻 2 号 314 頁
　　………………137, 146, 162, 172, 175, 178, 179
最判平 17・3・10 民集 59 巻 2 号 356 頁
　　……………619, 692, 693, 697, 698, 701
東京地判平 17・6・10 判タ 1212 号 127 頁 …40
福岡高判平 17・6・14 判タ 1213 号 174 頁…706
東京地判平 18・7・19 判時 1962 号 116 頁
　　………………………………………………50, 63
最決平 18・10・27 民集 60 巻 8 号 3234 頁 …79
最判平 18・12・21 民集 60 巻 10 号 3964 頁
　　………………………………………549, 550, 625
横浜地川崎支判平 20・2・26 判タ 1277 号
　　433 頁………………………………………80
東京高決平 20・5・26 判タ 1287 号 261 頁…167

平成 21～30 年

最判平 21・3・10 民集 63 巻 3 号 385 頁 ……49
最判平 21・7・3 民集 63 巻 6 号 1047 頁……753

東京高決平 21・10・20 金法 1896 号 88 頁
　……………………………………224, 226
東京高決平 22・7・26 金法 1906 号 75 頁……31
東京高決平 22・9・9 判タ 1338 号 266 頁……32
大阪地判平 23・1・28 金法 1923 号 108 頁 …37
大阪高判平 23・6・7 金判 1377 号 43 頁…32, 33
最判平 23・11・22 民集 65 巻 8 号 3165 頁…536

最判平 23・12・15 民集 65 巻 9 号 3511 頁
　………………………………………33, 77
最決平 24・2・7 判タ 1379 号 104 頁…………78
名古屋地判平 25・1・25 判時 2182 号 106 頁
　………………………………………………37
東京高決平 26・2・28 判タ 1402 号 123 頁 …74
最判平 29・12・14 民集 71 巻 10 号 2184 頁…31

新注釈民法(6) 物 権(3)
New Commentary on the Civil Code of Japan Vol. 6

平成 31 年 3 月 30 日 初版第 1 刷発行

| 編　　者 | 道　垣　内　弘　人 |
| 発　行　者 | 江　草　貞　治 |

発　行　所　株式会社　有　斐　閣
東京都千代田区神田神保町 2-17
電話(03)6629-8203〔編集〕
　　(03)3265-6811〔営業〕
郵便番号 101-0051
http://www.yuhikaku.co.jp/

印　　刷　株式会社　精　興　社
製　　本　牧製本印刷株式会社

Ⓒ 2019, Hiroto DOGAUCHI. Printed in Japan
落丁・乱丁本はお取替えいたします。
★定価はケースに表示してあります。
ISBN 978-4-641-01755-9

[JCOPY] 本書の無断複写(コピー)は、著作権法上での例外を除き、禁じられています。複写される場合は、そのつど事前に(一社)出版者著作権管理機構(電話03-5244-5088, FAX03-5244-5089, e-mail:info@jcopy.or.jp)の許諾を得てください。

有斐閣コンメンタール　　　◎＝既刊　＊＝近刊

新注釈民法　全20巻
編集代表　大村敦志　道垣内弘人　山本敬三

◎	第 1 巻　総 則 1	1条〜89条 通則・人・法人・物	山野目章夫編
	第 2 巻　総 則 2	90条〜98条の2 法律行為(1)	山本　敬三編
	第 3 巻　総 則 3	99条〜174条　法律行為(2)・期間 の計算・時効	佐久間　毅編
	第 4 巻　物 権 1	175条〜179条 物権総則	松岡久和編
	第 5 巻　物 権 2	180条〜294条 占有権・所有権・用益物権	小粥太郎編
◎	第 6 巻　物 権 3	295条〜372条　留置権・先取特権 ・質権・抵当権(1)	道垣内弘人編
＊	第 7 巻　物 権 4	373条〜398条の22 抵当権(2)・非典型担保	森田　修編
	第 8 巻　債 権 1	399条〜422条の2 債権の目的・債権の効力(1)	磯村　保編
	第 9 巻　債 権 2	423条〜465条の10　債権の効力 (2)・多数当事者の債権及び債務	沖野眞已編
	第10巻　債 権 3	466条〜520条の20　債権の譲渡 ・債務の引受け・債権の消滅・他	山田誠一編
	第11巻　債 権 4	521条〜548条の4 契約総則	渡辺達徳編
	第12巻　債 権 5	549条〜586条 贈与・売買・交換	池田清治編
	第13巻　債 権 6	587条〜622条の2　消費貸借・使 用貸借・賃貸借・借地借家法	森田宏樹編
◎	第14巻　債 権 7	623条〜696条　雇用・請負・委任・ 寄託・組合・終身定期金・和解	山本　豊編
◎	第15巻　債 権 8	697条〜711条　事務管理・不当利 得・不法行為(1)	窪田充見編
＊	第16巻　債 権 9	712条〜724条の2 不法行為(2)	大塚　直編

◎	第17巻	親族1	725条〜791条 総則・婚姻・親子(1)	二宮周平編
	第18巻	親族2	792条〜881条　親子(2)・親権・ 後見・保佐及び補助・扶養	大村敦志編
＊	第19巻	相続1	882条〜959条　総則・相続人・相 続の効力・他	潮見佳男編
	第20巻	相続2	960条〜1050条 遺言・配偶者の居住の権利・遺 留分・特別の寄与	水野紀子編